阴法鲁 主编

# 古文观止译注

（修订本）

北京大学出版社
PEKING UNIVERSITY PRESS

图书在版编目(CIP)数据

古文观止译注/阴法鲁主编. —2版(修订本). —北京：北京大学出版社, 2011.6
(博雅文渊阁)
ISBN 978-7-301-18748-7

Ⅰ.①古… Ⅱ.①阴… Ⅲ.①古典散文—作品集—中国②古文观止—译文③古文观止—注释 Ⅳ.①H194.1

中国版本图书馆CIP数据核字(2011)第055982号

| | |
|---|---|
| 书　　名 | 古文观止译注（修订本） |
| 著作责任者 | 阴法鲁　主编 |
| 责任编辑 | 徐丹丽 |
| 标准书号 | ISBN 978-7-301-18748-7 |
| 出版发行 | 北京大学出版社 |
| 地　　址 | 北京市海淀区成府路205号　100871 |
| 网　　址 | http://www.pup.cn　新浪微博:@北京大学出版社 |
| 电子邮箱 | 编辑部 wsz@pup.cn　总编室 zpup@pup.cn |
| 电　　话 | 邮购部 62752015　发行部 62750672　编辑部 62752022 |
| 印刷者 | 北京中科印刷有限公司 |
| 经销者 | 新华书店 |
| | 880毫米×1230毫米　A5　28.125印张　785千字 |
| | 2011年6月第1版　2025年8月第20次印刷 |
| 定　　价 | 88.00元 |

未经许可，不得以任何方式复制或抄袭本书之部分或全部内容。
**版权所有，侵权必究**
举报电话：010-62752024　电子邮箱：fd@pup.cn
图书如有印装质量问题，请与出版部联系，电话：010-62756370

## 再版前言

《古文观止译注》一书,自从1981年12月第一次出版发行(平装本)以来,受到广大读者的关注和欢迎,一再重印,并于1992年荣获全国首届古籍整理图书三等奖。由于编撰之初,时间比较仓卒,书中存在一些错讹之处。广大读者在给予肯定和鼓励的同时,也热情地提出不少宝贵意见。我们汇总这些意见,加上我们自己后来的学习心得,进行了修订。今决定重新排印,并由原来的吉林人民出版社和后来由该社分出的吉林文史出版社改由北京大学出版社出版发行。我们企盼继续得到广大读者的支持,不吝赐教,使之更加完美。

阴法鲁 1996年5月14日

# 译 注 说 明

《古文观止》为清代吴楚材、吴调侯编,最初刊行于康熙三十四年(1695年)。吴楚材和吴调侯是两位好读经史,同时又擅长写作八股文的文人。本书是他们为当时的学童和其他读书人编纂的一部启蒙读物。

我国古代曾出现过许多古文选本,但其中大部分被人们遗忘了。这部《古文观止》是两位不大知名的文人编的通俗性选本,却一直传世不衰,流传很广,影响甚大。这是什么原因呢?

原来,《古文观止》确实有一些长处。本书共选录自先秦到明朝末年的二百二十二篇古文。编者认为这些文章都是古文中的精华,所以用吴公子季札观赏乐舞《韶箾》时发出的赞词"观止矣(好极了)"(见本书《季札观周乐》)来命名这部书。

这部书吸收了宋代以来各种古文选本的一些优点,选用了大量堪称"观止"的古文。这些文章大部分思想性、艺术性都比较高,千百年来一直脍炙人口,经受了时代的考验,成为我们今天所要批判继承的优秀文化遗产的一部分。例如大家所熟知的《左传》中的《曹刿论战》《宫之奇谏假道》,《国语》中的《召公谏厉王止谤》,《国策》中的《邹忌讽齐王纳谏》《鲁仲连义不帝秦》,李斯的《谏逐客书》,司马迁的《报任安书》,贾谊的《过秦论》,诸葛亮的《出师表》,陶渊明的《归去来辞》《桃花源记》以及韩愈、柳宗元、欧阳修、苏轼等人的许多文章,都是历来公认的佳作,今天看来也是古文中的精华。

本书选收文章能注意到题材和文体风格的多样性。这里不仅有史传、论说文,还有见闻札记、山水游记、杂文小品和其他应用文,大体上可以反映出古文的绚丽多姿的面貌。此外还破例选录了少量为历代传诵的著名的骈文和韵文。在编排上,以时代为序,也显得眉目清楚。选文长短相间,总的分量对一般读者来说也比较适当。这些大概就是这本书一直受人欢迎的主要原因吧。

当然,这个选本在今天看来,也存在着一些明显的缺点。先秦诸子,如庄子、荀子、墨子、韩非都有许多精彩的作品,本书编者却囿于古文家的偏见,一篇也没有选收。后世的曹操被称为"改造文章的祖师",他的作品也被排斥在外。此外,由于清王朝的专制统治,实行残酷的文字狱,一些表现强烈民族气节的文章也不曾入选,而为变节行为辩护的《李陵答苏武书》却不辨真伪地收了进来。还有,已入选的著名作家,其作品也不都是本人的代表作,像司马迁和苏轼的许多作品即是这样。

这个选本中也有不少文章,其客观意义超出了编者的主观意图。例如《公羊传·春王正月》《檀弓·晋献公杀世子申生》《檀弓·曾子易篑》等篇,虽说其主旨在宣扬旧伦理道德,却可以使我们从一个侧面认识旧伦理道德的表现形式及它的反动实质。又如《国语·里革断罟匡君》原是歌颂直言敢谏的忠臣,而我们却从中得到了"伐木禁伐小树,捕鱼禁捕小鱼,幼兽要待它成长,鸟卵不准损伤"等保护自然资源的最早的文献资料。因此,这一类即使思想性、艺术性不高的文章,也可能有某些认识价值。

至于像伪托苏洵所作的《辨奸论》那样颠倒是非,进行人身攻击的坏文章,还是极为个别的。即使是这种文章也未尝不可一读,因为有比较才有鉴别,从正反两方面才能对事物有更深刻的认识,读一点坏文章,也可能增长些见识。

总之,本书是瑕瑜互见,瑕不掩瑜。对于初步了解古文的内容、文体和风格,并通过这些增长历史、文学知识,认识古代社会以及提高阅读古文的能力,这个选本无疑是有一定价值的。因此,我们认为今天为这个传统的选本重作译注还是有意义的。

本书所收文章,原编者在选录时已有增删改字等情况。后来广泛流传,又有多种版本。为方便读者起见,我们这次就采用了现在通行的中华书局的排印本,同时参照清朝乾隆年间映雪堂刻本加以比勘。文中的古体字、异体字和繁体字都改为现在通行的规范字、简体字。对于通假字一律不改,在注文中加以说明。

原书的评注有许多精辟的见解，但因用的是文言，而且有许多地方着重于所谓"义法"，即宣扬儒家思想和从作八股文的观点来分析篇章结构的，注重于"转折""唱叹"、回环变幻的说明，这些都是准备八股策论的举子所要研摩的东西，今天看来用处不大，所以不便保留。其中有些可取之处，则尽量吸收在我们的题解、注释之中。在译注过程中我们还参考、吸收了现在一些古文选本的译注成果，为行文简约起见，也不再一一注明。注释因为已有译文，所以一般比较简略。译文根据不同性质的文章和文中的不同情况，采用直译和意译相结合的方式，试图尽可能准确地传达出原作的精神实质，便于读者学习、欣赏。

本书是由北京大学中文系古典文献专业部分师生编写的。参加译注工作的有：向仍旦、王世厚、陈宏天、高秀芳、安平秋、王春茂老师；本专业1977级同学王瑞来、王凌、冯宝志、吕艺、江宝章、李国新、吴杰、吴仁华、陈植锷、张力伟、郑仁甲、杨继波、郑超、胡友鸣、黄爱萍、隽雪艳、葛兆光、詹鄞鑫、薛亮、戴燕。初稿完成以后又经几位教师反复修改。全书最后由阴法鲁先生在王世厚、陈宏天等同志协助下定稿。

由于我们水平有限，而时间又比较仓促，译注中错误和不妥之处，肯定是不少的，希望读者多加指正。

1980年11月于北京大学

# 《古文观止》原序

  余束发就学时,辄喜读古人书传。每纵观大意,于源流得失之故,亦尝探其要领。若乃析义理于精微之蕴,辨字句于毫发之间,此衷盖阙如也。

  岁戊午,奉天子命抚八闽,会稽章子、习子,以古文课余子于三山之凌云处。维时从子楚材,实左右之。楚材天性孝友,潜心力学,工举业,尤好读经史,于寻常讲贯之外,别有会心,与从孙调侯,日以古学相砥砺。调侯奇伟倜傥,敦尚气谊,本其家学,每思继序前人而光大之。二子才气过人,下笔洒洒数千言无懈漫,盖其得力于古者深矣。

  今年春,余统师云中,寄身绝塞,不胜今昔聚散之感。二子寄余古文观止一编,阅其选,简而该,评注详而不繁,其审音辨字,无不精切而确当。披阅数过,觉向时之所阙如者,今则輘然以喜矣。以此正蒙养而裨后学,厥功岂浅鲜哉。亟命付诸梨枣,而为数语,以弁其首。

康熙三十四年五月端阳日愚伯兴祚题

# 目　录

## 周　文

郑伯克段于鄢 …………………………………………… (1)
周郑交质 ………………………………………………… (7)
石碏谏宠州吁 …………………………………………… (9)
臧僖伯谏观鱼 …………………………………………… (11)
郑庄公戒饬守臣 ………………………………………… (14)
臧哀伯谏纳郜鼎 ………………………………………… (17)
季梁谏追楚师 …………………………………………… (21)
曹刿论战 ………………………………………………… (25)
齐桓公伐楚盟屈完 ……………………………………… (27)
宫之奇谏假道 …………………………………………… (31)
齐桓公下拜受胙 ………………………………………… (34)
阴饴甥对秦伯 …………………………………………… (35)
子鱼论战 ………………………………………………… (38)
寺人披见文公 …………………………………………… (41)
介之推不言禄 …………………………………………… (43)
展喜犒师 ………………………………………………… (45)
烛之武退秦师 …………………………………………… (47)
蹇叔哭师 ………………………………………………… (50)
郑子家告赵宣子 ………………………………………… (52)
王孙满对楚子 …………………………………………… (56)
齐国佐不辱命 …………………………………………… (58)
楚归晋知罃 ……………………………………………… (61)
吕相绝秦 ………………………………………………… (64)
驹支不屈于晋 …………………………………………… (70)

| 祁奚请免叔向 | (73) |
| 子产告范宣子轻币 | (76) |
| 晏子不死君难 | (78) |
| 季札观周乐 | (80) |
| 子产坏晋馆垣 | (85) |
| 子产论尹何为邑 | (89) |
| 子产却楚逆女以兵 | (92) |
| 子革对灵王 | (94) |
| 子产论政宽猛 | (99) |
| 吴许越成 | 以上左传(102) |
| 祭公谏征犬戎 | (105) |
| 召公谏厉王止谤 | (110) |
| 襄王不许请隧 | (113) |
| 单子知陈必亡 | (116) |
| 展禽论祀爰居 | (123) |
| 里革断罟匡君 | (127) |
| 敬姜论劳逸 | (130) |
| 叔向贺贫 | (134) |
| 王孙圉论楚宝 | (137) |
| 诸稽郢行成于吴 | (140) |
| 申胥谏许越成 | 以上国语(144) |
| 春王正月 | (146) |
| 宋人及楚人平 | (149) |
| 吴子使札来聘 | 以上公羊传(151) |
| 郑伯克段于鄢 | (155) |
| 虞师晋师灭夏阳 | 以上穀梁传(157) |
| 晋献公杀世子申生 | (160) |
| 曾子易箦 | (161) |
| 有子之言似夫子 | (163) |
| 公子重耳对秦客 | (165) |

杜蒉扬觯 ……………………………………（167）
晋献文子成室 ……………………… 以上礼记（169）

## 秦　文

苏秦以连横说秦 …………………………（171）
司马错论伐蜀 ……………………………（178）
范雎说秦王 ………………………………（182）
邹忌讽齐王纳谏 …………………………（187）
颜斶说齐王 ………………………………（189）
冯谖客孟尝君 ……………………………（191）
赵威后问齐使 ……………………………（197）
庄辛论幸臣 ………………………………（199）
触龙说赵太后 ……………………………（203）
鲁仲连义不帝秦 …………………………（207）
鲁共公择言 ………………………………（216）
唐雎说信陵君 ……………………………（218）
唐雎不辱使命 ……………………………（219）
乐毅报燕王书 ……………………… 以上国策（223）
李斯谏逐客书 ………………………… 秦文（230）
卜居 ………………………………………（237）
宋玉对楚王问 ……………………… 以上楚辞（240）

## 汉　文

五帝本纪赞 ………………………………（243）
项羽本纪赞 ………………………………（246）
秦楚之际月表 ……………………………（248）
高祖功臣侯年表 …………………………（251）
孔子世家赞 ………………………………（254）
外戚世家序 ………………………………（256）
伯夷列传 …………………………………（258）

管晏列传 ………………………………………………… (264)
屈原列传 ………………………………………………… (271)
酷吏列传序 ……………………………………………… (280)
游侠列传序 ……………………………………………… (282)
滑稽列传 ………………………………………………… (288)
货殖列传序 ……………………………………………… (293)
太史公自序 …………………………………以上史记(298)
报任安书 ……………………………………司马迁(306)
高帝求贤诏 ……………………………………………… (322)
文帝议佐百姓诏 ………………………………………… (324)
景帝令二千石修职诏 …………………………………… (326)
武帝求茂材异等诏 ……………………………………… (328)
贾谊过秦论(上) ………………………………………… (329)
贾谊治安策(一) ………………………………………… (337)
晁错论贵粟疏 …………………………………………… (348)
邹阳狱中上梁王书 ……………………………………… (354)
司马相如上书谏猎 ……………………………………… (365)
李陵答苏武书 …………………………………………… (367)
路温舒尚德缓刑书 ……………………………………… (376)
杨恽报孙会宗书 ……………………………以上西汉文(382)
光武帝临淄劳耿弇 ……………………………………… (387)
马援诫兄子严敦书 …………………………以上东汉文(389)
诸葛亮前出师表 ………………………………………… (391)
诸葛亮后出师表 ……………………………以上后汉文(396)

## 六 朝 文

陈情表 …………………………………………李 密(403)
兰亭集序 ………………………………………王羲之(407)
归去来辞 ………………………………………………… (410)
桃花源记 ………………………………………………… (414)

五柳先生传 ……………………… 以上陶渊明(417)
北山移文 ……………………………… 孔稚珪(419)

## 唐　文

谏太宗十思疏 ……………………… 魏　徵(427)
为徐敬业讨武曌檄 ………………… 骆宾王(430)
滕王阁序 …………………………… 王　勃(436)
与韩荆州书 ……………………………… (446)
春夜宴桃李园序 ………………… 以上李　白(451)
吊古战场文 ………………………… 李　华(453)
陋室铭 ……………………………… 刘禹锡(459)
阿房宫赋 …………………………… 杜　牧(461)
原道 ……………………………………… (465)
原毁 ……………………………………… (474)
获麟解 …………………………………… (478)
杂说一 …………………………………… (480)
杂说四 …………………………………… (481)
师说 ……………………………………… (483)
进学解 …………………………………… (486)
圬者王承福传 …………………………… (493)
讳辩 ……………………………………… (497)
争臣论 …………………………………… (502)
后十九日复上宰相书 …………………… (509)
后二十九日复上宰相书 ………………… (513)
与于襄阳书 ……………………………… (519)
与陈给事书 ……………………………… (523)
应科目时与人书 ………………………… (526)
送孟东野序 ……………………………… (528)
送李愿归盘谷序 ………………………… (534)
送董邵南序 ……………………………… (539)

送杨少尹序 ……………………………………… (541)
送石处士序 ……………………………………… (544)
送温处士赴河阳军序 …………………………… (548)
祭十二郎文 ……………………………………… (551)
祭鳄鱼文 ………………………………………… (557)
柳子厚墓志铭 ………………………… 以上韩 愈(561)
驳《复仇议》 …………………………………… (568)
桐叶封弟辨 ……………………………………… (574)
箕子碑 …………………………………………… (576)
捕蛇者说 ………………………………………… (580)
种树郭橐驼传 …………………………………… (583)
梓人传 …………………………………………… (587)
愚溪诗序 ………………………………………… (594)
永州韦使君新堂记 ……………………………… (597)
钴鉧潭西小丘记 ………………………………… (601)
小石城山记 ……………………………………… (604)
贺进士王参元失火书 ………………… 以上柳宗元(606)

## 宋　文

待漏院记 ………………………………………… (611)
黄冈竹楼记 …………………………… 以上王禹偁(616)
书《洛阳名园记》后 ………………………… 李格非(619)
严先生祠堂记 …………………………………… (622)
岳阳楼记 ……………………………… 以上范仲淹(625)
谏院题名记 …………………………………… 司马光(628)
义田记 ………………………………………… 钱公辅(630)
袁州州学记 …………………………………… 李　觏(634)
朋党论 …………………………………………… (638)
纵囚论 …………………………………………… (643)
释秘演诗集序 …………………………………… (646)

梅圣俞诗集序 …………………………………… (649)
送杨寘序 ………………………………………… (653)
五代史伶官传序 ………………………………… (655)
五代史宦者传论 ………………………………… (659)
相州昼锦堂记 …………………………………… (662)
丰乐亭记 ………………………………………… (666)
醉翁亭记 ………………………………………… (670)
秋声赋 …………………………………………… (673)
祭石曼卿文 ……………………………………… (676)
泷冈阡表 ………………………………… 以上欧阳修(680)
管仲论 …………………………………………… (687)
辨奸论 …………………………………………… (693)
心术 ……………………………………………… (697)
张益州画像记 ……………………………… 以上苏　洵(702)
刑赏忠厚之至论 ………………………………… (707)
范增论 …………………………………………… (711)
留侯论 …………………………………………… (715)
贾谊论 …………………………………………… (719)
晁错论 …………………………………………… (725)
上梅直讲书 ……………………………………… (728)
喜雨亭记 ………………………………………… (732)
凌虚台记 ………………………………………… (735)
超然台记 ………………………………………… (738)
放鹤亭记 ………………………………………… (742)
石钟山记 ………………………………………… (746)
潮州韩文公庙碑 ………………………………… (750)
乞校正陆贽奏议进御札子 ……………………… (757)
前赤壁赋 ………………………………………… (761)
后赤壁赋 ………………………………………… (765)
三槐堂铭 ………………………………………… (769)

方山子传 …………………………………… 以上苏 轼(773)
六国论 ………………………………………………… (776)
上枢密韩太尉书 ……………………………………… (780)
黄州快哉亭记 ………………………………… 以上苏 辙(784)
寄欧阳舍人书 ………………………………………… (787)
赠黎安二生序 ………………………………… 以上曾 巩(792)
读孟尝君传 …………………………………………… (795)
同学一首别子固 ……………………………………… (796)
游褒禅山记 …………………………………………… (799)
泰州海陵县主簿许君墓志铭 ………………… 以上王安石(802)

## 明　　文

送天台陈庭学序 ……………………………………… (806)
阅江楼记 ……………………………………… 以上宋 濂(809)
司马季主论卜 ………………………………………… (814)
卖柑者言 ……………………………………… 以上刘 基(817)
深虑论 ………………………………………………… (819)
豫让论 ………………………………………… 以上方孝孺(823)
亲政篇 ………………………………………… 王 鏊(827)
尊经阁记 ……………………………………………… (833)
象祠记 ………………………………………………… (839)
瘗旅文 ………………………………………… 以上王守仁(844)
信陵君救赵论 ………………………………… 唐顺之(848)
报刘一丈书 …………………………………… 宗 臣(854)
《吴山图》记 ………………………………………… (858)
沧浪亭记 ……………………………………… 以上归有光(861)
《青霞先生文集》序 ………………………… 茅 坤(864)
蔺相如完璧归赵论 …………………………… 王世贞(869)
徐文长传 ……………………………………… 袁宏道(872)
五人墓碑记 …………………………………… 张 溥(878)

# 周 文

## 郑伯克段于鄢  隐公元年

### 左 传

【题解】

　　本篇及以下三十三篇均选自《左传》。《左传》是《春秋左氏传》的简称。《春秋左氏传》原名《左氏春秋》,是我国现存最早的一部记事详明的编年史,所记年代大致与鲁国官修史书《春秋》相当,都是依照鲁国十二个君主的次序叙述历史的。起自鲁隐公元年(前722年),止于鲁哀公二十七年(前468年),所记史事比《春秋》多十一年。书末并附记鲁悼公四年(前463年)事一条,还提到晋国韩氏、魏氏灭知伯事,此事应在鲁悼公十四年(前453年)。《左传》似未完之作。

　　关于《左传》的作者,历来众说纷纭。古代相传,为春秋时期鲁国史官左丘明所作。现在一般认为,它是战国时人的作品,后人又有增补。

　　《左传》保了许多重要的历史文献,记录了春秋至战国初期周王朝和各主要诸侯国的盛衰兴亡,以及当时政治、经济、军事、文化等方面一系列重大事件,虽然故事细节未必完全可信,但对于奴隶主贵族、新兴地主阶级和下层人民生活状况的反映,大体上是真实的。

　　《左传》又是一部优秀的文学作品,作者善于运用生动精练的语言,写出错综复杂的历史事件。特别是对于大规模战争的过程,常常叙述得委曲详明,而且首尾完整。书中对各种人物形象的刻画也很细致生动。此外,还记录了许多出色的外交辞令。《左传》在史学、文学、语言学等方面,对后世都有深远的影响。

　　本篇所记载的是郑庄公图谋霸业之前的一段插曲。周平王东迁以后,周天子便渐渐失去了驾驭各国诸侯的力量。这时郑国即首先崛起。郑庄公又做了周王朝的卿士,具有"挟天子以令诸侯"的有利条件,正雄心勃勃地谋取霸主的地位。但就在这时,他的家族内部发生了一场争夺权力的斗争。郑庄公以逸待劳,一举粉碎了其弟共叔段发动的政变。

文中描绘庄公的老谋深算、共叔段的贪得无厌、姜夫人的助子为虐,都活灵活现,有声有色,生动地反映出奴隶主贵族内部母子、兄弟之间冷酷无情的关系,但这种关系有时又需要罩上一层温情脉脉的孝悌面纱,于是庄公和他母亲演出了一场在地道里重新会面的滑稽戏。篇目标题是后加的。

初[1],郑武公娶于申[2],曰武姜[3],生庄公及共叔段[4]。庄公寤生[5],惊姜氏,故名曰寤生。遂恶之。爱共叔段,欲立之。亟请于武公[6],公弗许。

及庄公即位,为之请制[7]。公曰:"制,岩邑也[8]。虢叔死焉[9],他邑唯命。"请京[10],使居之,谓之京城大叔。

祭仲曰[11]:"都城过百雉[12],国之害也[13]。先王之制,大都不过参国之一[14],中五之一,小九之一。今京不度[15],非制也。君将不堪。"公曰:"姜氏欲之,焉辟害[16]!"对曰:"姜氏何厌之有!不如早为之所。无使滋蔓。蔓,难图也。蔓草犹不可除,况君之宠弟乎!"公曰:"多行不义必自毙。子姑待之。"

既而大叔命西鄙、北鄙贰于己[17]。公子吕曰[18]:"国不堪贰,君将若之何?欲与大叔,臣请事之;若弗与,则请除之。无生民心。"公曰:"无庸[19],将自及。"大叔又收贰以为己邑,至于廪延[20]。子封曰:"可矣,厚将得众[21]。"公曰:"不义不昵[22],厚将崩。"

大叔完聚[23],缮甲兵[24],具卒乘[25],将袭郑。夫人将启之[26]。公闻其期,曰:"可矣!"命子封帅车二百乘以伐京[27]。京叛大叔段。段入于鄢[28]。公伐诸鄢。五月辛丑[29],大叔出奔共。

书曰[30]:"郑伯克段于鄢[31]。"段不弟[32],故不言弟;如二君,故曰克;称郑伯,讥失教也;谓之郑志[33],不言出奔,难之也[34]。

遂置姜氏于城颍[35],而誓之曰:"不及黄泉,无相见也。"

既而悔之。颍考叔为颍谷封人㊱,闻之,有献于公。公赐之食。食舍肉。公问之。对曰:"小人有母,皆尝小人之食矣,未尝君之羹㊲,请以遗之㊳。"公曰:"尔有母遗,繄我独无㊴!"颍考叔曰:"敢问何谓也?"公语之故,且告之悔。对曰:"君何患焉!若阙地及泉㊵,隧而相见㊶,其谁曰不然?"公从之。公入而赋㊷:"大隧之中,其乐也融融!"姜出而赋:"大隧之外,其乐也泄泄㊸!"遂为母子如初。

君子曰㊹:颍考叔,纯孝也㊺。爱其母,施及庄公㊻。《诗》曰:"孝子不匮㊼,永锡尔类㊽。"其是之谓乎!

## 【注释】

① 初:当初。这是古书上追述往事时常用的说法。
② 郑武公:前770年至前744年在位。文中的"公"指郑庄公。郑,国名,姬姓,在今河南新郑一带。 娶于申:从申国娶妻。申,国名,姜姓,在今河南南阳一带。
③ 武姜:"武"是丈夫的谥号,"姜"是母家的姓氏。这是当时贵族的一种习惯称呼。
④ 庄公:前743年至前701年在位。 共(Gōng)叔段:庄公的弟弟,名段。共,国名,在河南辉县。庄公弟后来曾逃亡到这里,故称共叔。
⑤ 寤(wù)生:逆生,难产。
⑥ 亟(qì):屡次。
⑦ 请制:要制这个地方做领地。制,郑地名,一名虎牢,在今河南汜水西,原为东虢(Guó)国属地,前767年东虢为郑所灭。虢国,故地原在今陕西宝鸡东,史称西虢;周室东迁后,虢国迁到今河南陕县东南,史称东虢。
⑧ 岩邑:险要的城邑。
⑨ 虢叔:东虢国国君。
⑩ 京:郑地名,在今河南荥阳东南。
⑪ 祭(Zhài)仲:郑大夫,字足。
⑫ 都:这里泛指一般城邑。 城:这里指城墙。 雉(zhì):古代计算城墙长度的单位,长三丈,高一丈,为一雉。
⑬ 国:指国家。

⑭ 参国之一:国都的三分之一。此处的国是指国都。
⑮ 度:法度、规定。
⑯ 辟:通"避"。
⑰ 鄙:边邑。 贰于己:一方面属庄公,一方面属自己。贰,两属,属二主。
⑱ 公子吕:即下文的子封,郑大夫。
⑲ 庸:用。
⑳ 廪(Lǐn)延:郑地名,在今河南延津北。
㉑ 厚:雄厚,这里指扩大土地。
㉒ 昵:指亲近兄长。
㉓ 完聚:修葺、积聚,这里指修治城郭、集结兵力。
㉔ 缮:修理、整治。 甲:指铠甲一类的戎装。 兵:兵器。
㉕ 具:准备。 乘(shèng):车乘,指战车。
㉖ 启之:指开城门,做内应。
㉗ 帅:通"率"。 二百乘:春秋时战车,一乘有甲士三人,步卒七十二人。二百乘有甲士六百人,步卒一万四千多人。
㉘ 鄢(Yān):郑地名,在今河南鄢陵北。
㉙ 五月辛丑:鲁隐公元年(前722年)五月二十三日。古代以天干、地支配合纪日,如甲子、辛丑等。
㉚ 书:指《春秋》上的记述。以下是解释《春秋》经文的话,所谓"书法"。
㉛ 郑伯:指郑庄公。春秋时有五等爵,公、侯、伯、子、男。郑国君属伯爵,故称郑伯。 克:战胜。
㉜ 弟:通"悌"(tì)。旧时指顺从兄长。
㉝ 郑志:指郑伯有杀弟的意图。志,意图。
㉞ 难:责难。
㉟ 置:安置,这里有放逐的意思。 城颍:郑地名,在今河南临颍西北。
㊱ 颍考叔:郑大夫。 颍谷:郑国边邑名,在今河南登封西。 封人:掌管疆界的官。
㊲ 羹(gēng):有肉有汤的食物,这里泛指肉食。
㊳ 遗(wèi):赠给,这里是留给的意思。
㊴ 繄(yī):句首语气词。
㊵ 阙:通"掘",挖掘。
㊶ 隧:动词,挖成隧道。

㊷ 赋:赋诗,这里指诵读诗句。
㊸ 泄(yì)泄:与"融融"意义相近,都是快乐的意思。
㊹ 君子:这是作者直接表示意见时所假托的评论者。
㊺ 纯:纯正。
㊻ 施(yì):扩展。
㊼ 匮(kuì):亏缺。
㊽ 锡:赐予。这两句见于《诗经·大雅·既醉》。

## 【译文】

当初,郑武公从申国娶了一位夫人,名叫武姜,生下庄公和共叔段兄弟二人。庄公生时难产,惊吓过姜氏,所以起名叫寤生。姜氏便不喜欢他,而偏爱共叔段,总想立共叔段做太子,多次向武公请求,武公一直不肯答应。

后来庄公即位做了国君,姜氏就要求把制邑封给共叔段。庄公说:"制是个险要的城邑,从前虢叔曾在那里丧命,封给共叔不大妥当;其他地方,可以唯命是从。"姜氏于是要求京城,庄公同意共叔住在那里。从此,人们称他为京城太叔。

有个名叫祭仲的大夫说:"一般都邑的城墙如果超过三百丈,就会成为国家的祸患。先王遗留下来的制度,大城不得超过国都的三分之一,中等的不得超过五分之一,小城不得超过九分之一。现在京城超过规定,不合制度,将来恐怕您会感到受不了的。"庄公说:"姜氏要这样做,又怎么能规避这场祸患呢!"祭仲说:"姜氏哪里会有满足的时候!我看不如早点为太叔作出安排,以免这个祸根滋生蔓延。一旦蔓延起来,可就难对付了。蔓草尚且难以除掉,何况您那受宠的弟弟呢!"庄公说:"坏事做多了,必然自取灭亡。您且等着瞧吧!"

不久,太叔又命令西部和北部边境地区表面上属于庄公,而实际却归自己管辖。公子吕对庄公说:"国家不能容忍这种两属的情况,您究竟打算怎么办吧?若是想把君位让给太叔,就请允许我去侍奉他吧;若是不想交给他,那就请您赶紧除掉他,不要让百姓产生疑心。"庄公还是说:"不必这样做,他会自找倒霉的。"后来太叔又进一步把两属的地方公开划归自己所有，一直扩展到廪延一带。公子吕又对庄公说："现在该动手了。土地扩大，就能控制更多的人力。"庄公说："对国君不尽义，对兄长不亲昵，土地越多，崩溃得越彻底。"

太叔修治城郭，集结兵力，整治装备武器，征调士卒和战车，就要偷袭郑都了。姜氏也准备开城门做内应。庄公了解到他们约定的日期，就说："现在可以了！"他命令公子吕统率二百辆战车去攻打京城。京城人背叛了太叔，太叔只好逃到鄢邑。郑伯又亲率军队攻打鄢邑。五月辛丑这一天，太叔逃出郑国，投奔到共国去了。

《春秋》上写道："郑伯克段于鄢。"意思是说，太叔不讲孝悌之道，所以不称"弟"；如同两国的国君在交战，所以用了"克"字；称庄公为"郑伯"，是讥刺他对弟弟不加管教。这里说郑伯早有杀弟的意图，而又不明说太叔出奔，都是对庄公的责备。

此后，庄公就把姜氏安置在边远的城颍，并对她发誓说："不到黄泉之下，决不再见面了。"可是，不久他又后悔了。当时颍考叔正在颍谷一带做掌管疆界事务的官，他听说此事以后，便借贡献礼物的时机来见庄公。庄公赐给他食物，颍考叔吃的时候，故意把肉挑出来放在一边。庄公便问他这是什么意思。他回答说："小人家里有老母，总是吃自己带回去的食物，还从来没吃过您的东西，请允许我把这些食物带给她吃吧。"庄公说："你有母亲可以孝敬，我却偏偏没有啊！"颍考叔便说："敢问这话是什么意思呢？"庄公把此事的前因后果告诉了他，并且说自己已经感到后悔。颍考叔回答说："您何必在这件事上发愁呢！如果挖掘土地，直到见了泉水，然后你们就在地道里相见，又有谁能说不是在黄泉下相见的呢？"庄公按照他的话去做了。庄公进入地道里赋诗说："大地道里面啊，那是很快乐的！"姜氏出来也赋诗说："大地道外面啊，那是很舒畅的！"于是母子和好，仍然和当初一样。

君子说：颍考叔的孝行真纯正呀！他不仅尊敬自己的母亲，而且还影响到庄公。《诗经》上说："孝子行孝道，没有亏缺，上天就永远赐给你们福禄。"大概说的就是这种情况吧！

# 周郑交质 隐公三年

## 左　传

【题解】

本篇宣扬信和礼的作用，意在维护当时以周王室为中心的统治秩序，但同时也暴露出统治阶级内部尔虞我诈的状况。

郑武公、庄公为平王卿士①。王贰于虢②，郑伯怨王。王曰："无之。"故周郑交质③。王子狐为质于郑，郑公子忽为质于周。王崩，周人将畀虢公政④。四月，郑祭足帅师取温之麦⑤；秋，又取成周之禾⑥。周郑交恶。

君子曰⑦："信不由中⑧，质无益也。明恕而行⑨，要之以礼⑩，虽无有质，谁能间之？苟有明信，涧溪沼沚之毛⑪，蘋、蘩、蕰、藻之菜⑫，筐、筥、锜、釜之器⑬，潢污行潦之水⑭，可荐于鬼神，可羞于王公，而况君子结二国之信，行之以礼，又焉用质？《风》有《采蘩》《采蘋》⑮，《雅》有《行苇》《泂酌》⑯，昭忠信也。"

【注释】

① 卿士：执政大臣。郑武公、庄公父子相继以诸侯身份兼掌周王室实权。
② 王贰于虢：周平王担心郑庄公权力太大，想分一部分权力给虢公。贰，两属。虢，这里指西虢公。
③ 质：指人质。古代派往别国去做抵押品的人，多由王子或世子充当。
④ 畀（bì）：给予。
⑤ 祭（Zhài）足：即祭仲，郑大夫。　温：周地名，在今河南温县西南。

⑥ 成周:周地名,在今河南洛阳市东北。
⑦ 君子:《左传》作者直接表示意见时所假托的评论者。
⑧ 中:内心。
⑨ 恕:恕道,过去儒家提倡的伦理道德。
⑩ 要(yāo):约束。
⑪ 毛:草。
⑫ 蘋(pín)、蘩(fán)、蕴、藻:四种野菜。蘋,浮萍。蘩,白蒿。蕴,一种可做菜的水草。藻,藻类植物。
⑬ 筐、筥(jǔ)、錡(qí)、釜:四种器物。筐、筥,竹器。方的称筐,圆的称筥。錡、釜,两种釜类容器。有足的称錡,没有足的称釜。
⑭ 潢污(huángwū):停积不流动的水。 行潦(hánglǎo):流动的水。
⑮ 《风》:指《诗经·国风》。 《采蘩》《采蘋》:《国风·召南》中的两篇,描写妇女采集野菜,用筐、筥提回,用錡、釜烹煮,举行祭祀等情况。
⑯ 《雅》:这里指《诗经·大雅》。 《行苇》《泂(jiǒng)酌》:《大雅·生民之什》中的两篇,描写宴享祭祀的情况。

【译文】

　　郑武公、郑庄公相继做周平王的执政官。周平王想把郑庄公掌握的权力分一部分给西虢公,于是郑庄公便对周平王心怀不满。周平王却说:"没有这件事。"为了消除猜忌,周朝便和郑国互相交换质子。周平王的儿子姬狐到郑国做质子,郑庄公的儿子姬忽到周朝做质子。后来,周平王死了,周人就准备让虢公掌管一部分权力。四月,郑国的祭足率领军队强收温地的麦子;秋天,又强收成周的谷子。从此,周朝和郑国就互相仇视。

　　君子说:"信任如果不是出自内心,即使是互相交换质子,也是没有用的。如果依照忠恕之道行事,并受礼法的约束,虽然没有质子,又有谁能离间他们呢?如果有光明磊落的信任心,即使是山涧、水溪、沼池、水沚的野草,浮萍、白蒿、蕴、藻一类的野菜,筐、筥、錡、釜一类的器具,积聚或流动的水,也可以用来祭祀鬼神,可以用来进献给王公,更何况君子结成两国之间的信任,按礼行事,又哪里用得着质子呢?《国风》中有《采蘩》《采蘋》,《大雅》中有《行苇》《泂酌》,

都是申明忠信之道的。"

# 石碏谏宠州吁 隐公三年

## 左 传

【题解】

隐公四年(前719年),卫国公子州吁杀死卫桓公,自立为国君。本篇记述的是此事件发生以前的事情。

当时,卫大夫石碏已经敏锐地看到了这种潜在的危机,因此劝说卫庄公不要过分宠爱州吁。但卫庄公对于这种逆耳忠言却听不进去,终于造成了卫公室内讧的严重后果。

这里记载的虽然是两千年前的事,但对于今天做父母的人来说,仍有启发和借鉴的意义。

卫庄公娶于齐东宫得臣之妹①,曰庄姜。美而无子,卫人所为赋《硕人》也②。

又娶于陈③,曰厉妫。生孝伯,蚤死④。其娣戴妫生桓公⑤,庄姜以为己子。

公子州吁,嬖人之子也⑥。有宠而好兵,公弗禁,庄姜恶之。

石碏谏曰⑦:"臣闻爱子,教之以义方,弗纳于邪。骄奢淫佚,所自邪也;四者之来,宠禄过也。将立州吁,乃定之矣;若犹未也,阶之为祸⑧。夫宠而不骄,骄而能降,降而不憾,憾而能眕者⑨,鲜矣。且夫贱妨贵,少陵长,远间亲,新间旧,小加大,淫破义,所谓'六逆'也。君义,臣行,父慈,子孝,兄爱,弟敬,所谓'六顺'也。去顺效逆,所以速祸也。君人者,将祸是务去,而速之,无乃不可乎?"

弗听。其子厚与州吁游,禁之,不可。桓公立,乃老。

## 【注释】

① 卫庄公:前757年至前735年在位。卫,国名,姬姓,在今河南淇县一带。齐:国名,姜姓,在今山东北部、中部。　东宫:太子宫,这里代指太子。得臣:齐太子名,早死,没有继承君位。
② 赋:动词,赋诗。不歌而诵,称赋。　《硕人》:《诗经·卫风》篇名。古代相传,认为是赞美庄姜的诗。
③ 陈:国名,妫(Guī)姓,在今河南东部和安徽西部。
④ 蚤:通"早"。
⑤ 娣:这里指妹妹。　戴妫:"戴"和上文"厉妫"的"厉",都是谥号。
⑥ 嬖(bì)人:旧时指受宠爱的婢妾。
⑦ 石碏(què):卫大夫。
⑧ 阶:阶梯。这里是逐渐的意思。
⑨ 眕(zhěn):安重,忍耐而不轻举妄动。

## 【译文】

卫庄公娶了齐国太子得臣的妹妹为夫人,名叫庄姜。庄姜容貌很美,可是没有儿子,卫国人便为她作了一首名为《硕人》的诗。

庄公又从陈国娶了一位夫人,名叫厉妫,厉妫生孝伯,早死。厉妫的妹妹戴妫生了桓公,庄姜便把桓公当作自己的儿子。

公子州吁(xū)是卫庄公嬖妾的儿子,受到庄公的宠爱。他喜欢玩弄兵器,庄公不加禁止,可是庄姜却很讨厌他。

大夫石碏向庄公进谏说:"我听说疼爱儿子,应当用道义来教育他,防范他走入邪路。骄横奢侈,纵欲放荡,是走上邪路的开始;而这四种恶习的养成,则是由于所得到的宠爱和享受太过分的缘故。如果要立州吁为太子,就赶快决定;如果还不决定,就要逐步发展成大祸患了。至于那种受到宠爱而不骄横,骄横而能约束自己,约束自己而不埋怨,埋怨也能安分守己的人,那是少有的。而且卑贱的人欺压尊贵的人,年少的人凌辱年长的人,关系疏远的人离间关系亲近的人,新来的人离间旧有的人,名位低的人压制名位高的人,淫乱的人侵犯正直的人,这就叫'六逆'。而为君者举动能合乎礼义,为臣者能执行君命,为父者能慈爱子女,为子者能孝顺父母,为兄者能友爱弟弟,为弟者能敬重哥哥,这就叫'六顺'。抛弃'六顺'而效法'六逆',这正是加快祸乱到来的做法。作为治民的君主,务必尽力避免祸乱的发生,但如今反而加快祸乱的来临,这恐怕不行吧?"

庄公不听石碏的规劝,继续宠爱州吁。石碏的儿子石厚常与州吁来往,石碏加以制止,他不听。卫桓公继位后,石碏便告老辞官。

# 臧僖伯谏观鱼 隐公五年

## 左 传

【题解】

古代史家认为,国君的一举一动都要符合礼法,作为臣下和民众的表率。鲁隐公为了个人享乐,不听臧僖伯的忠告,终于在历史上留下了"矢鱼于棠"的记载。

春①,公将如棠观鱼者②。

臧僖伯谏曰③:"凡物不足以讲大事④,其材不足以备器用⑤,则君不举焉。君将纳民于轨物者也⑥。故讲事以度轨量⑦,谓之'轨';取材以章物采,谓之'物'。不轨不物,谓之乱政。乱政亟行⑧,所以败也。故春蒐⑨,夏苗,秋狝,冬狩,皆于农隙以讲事也。三年而治兵⑩,入而振旅,归而饮至⑪,以数军实⑫。昭文章⑬,明贵贱,辨等列,顺少长,习威仪也。鸟兽之肉,不登于俎⑭,皮革齿牙、骨角毛羽,不登于器,则君不射,古之制也。若夫山林川泽之实,器用之资,皂隶之事⑮,官司之守,非君所及也。"

公曰:"吾将略地焉。"遂往,陈鱼而观之。

僖伯称疾不从。

书曰:"公矢鱼于棠⑯。"非礼也,且言远地也。

【注释】

① 春:指鲁隐公五年(前718年)春季。
② 公:指鲁隐公,前722年至前712年在位。 棠:也写作唐,邑名,在今山东鱼台县东北。 鱼:通"渔",动词,捕鱼。
③ 臧僖伯:鲁国公子姬彄(kōu),封于臧,僖是谥号。
④ 物:物品,这里指下文所说的鸟兽一类的东西。 讲:讲习。 大事:指祭祀和军事。
⑤ 材:材料。这里指下文的皮革齿牙、骨角毛羽一类东西。 器用:和下文的"器"都是指军用物资。
⑥ 纳:纳入。 轨物:法度与礼制。
⑦ 度(duó):动词,衡量。
⑧ 亟(qì):屡次。
⑨ 蒐(sōu):"蒐"和下文的"苗""狝"(xiǎn)、"狩",分别为春夏秋冬四季狩猎的称谓。蒐,搜索,猎取没有怀胎的禽兽;苗,猎取残害庄稼的禽兽;狝,秋猎,可杀伤禽兽;狩,围猎,不加区分,都可猎取。
⑩ 治兵:与下文的"振旅"都是整治队伍的意思,是古代的一种军事演习活动。外出称治兵,归来称振旅。外出时少者在前,归来时少者在后。
⑪ 饮至:古代的一种典礼。诸侯朝拜、会盟、征伐完毕,回到宗庙里饮酒庆贺。
⑫ 军实:这里指车徒器械和猎获物。
⑬ 昭:表明。 文章:这里指不同的车服旌旗。
⑭ 登:装入。 俎:古代祭祀时盛祭品的礼器。
⑮ 皂隶:古代对贱役的称呼。

⑯ 矢:通"施",陈设。

**【译文】**

隐公五年春季,鲁隐公打算到棠邑去观赏捕鱼。

臧僖伯进谏说:"凡是物品,如果不能用于讲习祭祀和军事,材料不能用于制造军用器物,那么君主就不必亲自去办理。国君的职责,就是使人民的行为符合法度与礼制的规定。所以,用讲习大事的行动来检验法度的差等,就称为法度;用材料来表明器物的文采,就称为礼制。既不合乎法度,又不合乎礼制,这就称为乱政。乱政屡次出现,就是导致衰败的原因。因此,春猎称蒐,夏猎称苗,秋猎称狝,冬猎称狩,都是为了在农闲的时间用这些方式来讲习大事的。每隔三年,还要整治军队,出去举行大演习,演习完毕,再整治队伍回来,到庙堂里饮酒庆贺,祭祀祖宗,清点军用器物。表明器物的文采,分清贵贱的区别,辨别等第伦次,安排少年和老人的顺序,这都是为了熟悉这种表示威仪的礼制的。如果鸟兽之肉不是用于祭祀,皮革齿牙、骨角毛羽不是用于军用器物,国君就不亲自去猎取,这是自古以来的制度。至于那些山林川泽中的资源,固然都是制造器物所需要的,但那是贱役的小事,有关官吏的职责,不是国君要亲自过问的。"

鲁隐公说:"我要去巡视边境。"于是前往棠邑,在那里陈设捕鱼的器具,加以观赏。

臧僖伯托病,没有随从前往。

史官记载说:"鲁隐公在棠邑陈设捕鱼器具。"意思是说,鲁隐公这一行动不合礼法,并且讥讽他跑到远离国都的棠邑去。

# 郑庄公戒饬守臣 隐公十一年

## 左 传

【题解】

鲁隐公十一年(前712年)七月,郑、齐、鲁三国联合攻打许国,许国弱小,很快便被攻占了。原先,齐国主张把许国的土地让给鲁国,但鲁隐公不接受。于是,齐、鲁两国便决定让给郑国,这正合郑庄公的意图。郑庄公当即让许大夫百里侍奉许庄公的弟弟许叔主持许国国政,而另派郑大夫公孙获对他进行监督。

郑庄公对百里和公孙获的告诫,委婉曲折,分析透彻。文章说明《左传》作者不仅善于描写战争,而且善于记述外交辞令。

秋七月①,公会齐侯、郑伯伐许②。庚辰③,傅于许④。颍考叔取郑伯之旗"蝥弧"以先登⑤,子都自下射之⑥,颠。瑕叔盈又以"蝥弧"登⑦,周麾而呼曰⑧:"君登矣!"郑师毕登。壬午⑨,遂入许。许庄公奔卫⑩。齐侯以许让公,公曰:"君谓许不共⑪,故从君讨之。许既伏其罪矣,虽君有命,寡人弗敢与闻⑫。"乃与郑人。

郑伯使许大夫百里奉许叔以居许东偏⑬,曰:"天祸许国,鬼神实不逞于许君⑭,而假手于我寡人。寡人唯是一二父兄不能共亿⑮,其敢以许自为功乎?寡人有弟⑯,不能和协,而使糊其口于四方,其况能久有许乎?吾子其奉许叔以抚柔此民也,吾将使获也佐吾子⑰。若寡人得没于地⑱,天其以礼悔祸于许,无宁兹许公复奉其社稷⑲。唯我郑国之有请谒焉,如旧昏媾⑳,其能降以相从也㉑。无滋他族实逼处此,以与我郑国争此土也。吾子孙其覆亡之不暇,而况能禋祀许乎㉒?寡人之使吾子处此,不惟许国之为,亦聊以固吾圉也㉓。"乃使公孙获处许西偏,曰:"凡而器用财贿㉔,无置于许,我死,乃亟去之。吾先君新邑于此㉕;王室而既卑矣㉖,周之子孙日失其序。夫许,大岳之胤也㉗。天而既厌周德矣,吾其能与许争乎?"

君子谓:"郑庄公于是乎有礼。礼,经国家,定社稷,序人民,利后嗣者也。许,无刑而伐之,服而舍之;度德而处之,量力而行之,相时而动,无累后人,可谓知礼矣。"

## 【注释】

① 秋:指鲁隐公十一年秋季。
② 公:指鲁隐公,前722年至前712年在位。 齐侯:指齐僖公,前730年至前698年在位。齐国属侯爵,姜姓。 郑伯:指郑庄公,前743年至前701年在位。郑国属伯爵,姬姓。 许:国名,又写作鄦(Xǔ),姜姓,在今河南许昌一带。春秋时受郑、楚等大国逼迫,多次迁徙。后被楚灭,一说灭于魏。
③ 庚辰:七月一日。
④ 傅:傅着,逼近的意思。
⑤ 颍考叔:郑大夫。 蝥(máo)弧:一种旗帜的名称。
⑥ 子都:郑大夫公孙阏(è)。郑师出发前,郑庄公在宗庙分发武器,公孙阏和颍考叔曾发生过争车事件,因此,公孙阏对颍考叔怀有仇恨。
⑦ 瑕叔盈:郑大夫。
⑧ 周麾(huī):向着四面挥舞旗帜。麾,通"挥",召集。
⑨ 壬午:七月三日。
⑩ 卫:国名,姬姓,在今河南淇县、滑县一带。
⑪ 共:通"供"。
⑫ 弗敢与(yù)闻:指鲁庄公拒绝接受许国的土地事。与闻,参与听命之事,即听从的意思。
⑬ 许叔:许庄公的弟弟,即后来的许穆公。 偏:边境地区。
⑭ 实:表情态的语气副词,下文"实逼处此"中的"实"同。 逞:快意。

⑮ 一二父兄:指同姓群臣。 共亿:相安无事。亿,安。
⑯ 弟:指共叔段。
⑰ 获:指公孙获,郑大夫。使公孙获辅佐许大夫,实际是监管许国。
⑱ 得没于地:指寿终后得埋骨于地下。
⑲ 兹:旧注"此"。按此"兹"字可能和下文"无滋他族"的"滋"字相同,是"滋长"的意思,引申为"使有机会"的意思。
⑳ 昏媾:婚姻,这里指亲戚关系。昏,通"婚"。
㉑ 降:屈尊的意思。以尊者照顾微贱者,使尊者受屈。
㉒ 禋(yīn)祀:古代祭祀天神的一种礼仪。先烧柴升烟,再加牲体、玉帛于柴上焚烧。
㉓ 聊:依恃。 圉(yǔ):边境。
㉔ 而:通"尔",代词,你。 贿:财物。
㉕ 先君:指郑武公。 新邑:指建立新郑的时间还不长。郑,原在今陕西华县,周幽王时,郑桓公开始往东迁移。郑武公即位后,在新郑(今河南新郑)建立郑国。郑武公到郑庄公,仅两代。
㉖ 卑:衰微。
㉗ 大(Tài)岳:传说为尧舜时候的四方部落首领,姜姓。许国也是姜姓,所以郑庄公说它是太岳的后代。 胤(yìn):后代。

## 【译文】

　　鲁隐公十一年秋季七月,鲁隐公会同齐僖公、郑庄公讨伐许国。初一这一天,三国的军队都逼近许国城下。颍考叔拿起郑庄公的大旗"蝥弧",首先登城,子都从下面射他,颍考叔坠落下来。瑕叔盈连忙接过"蝥弧"登城,然后向四面挥动,召集大军,并大声呼喊:"国君登上城墙了!"这样,郑国的军队便全部攻上去了。初三,就攻进了许国。许庄公逃奔到卫国去。齐僖公要把许国的土地让给鲁国,鲁隐公说:"您说许国不供纳贡赋,所以我们就跟着您来讨伐它。现在许国既然已经认罪了,那么,虽然您有命令,我也不敢听从。"于是他们就把许国让给了郑国人。

　　郑庄公派许大夫百里侍奉许叔,居住在许国的东部边境上。并对他说:"上天降给许国灾祸,鬼神也对许国国君不满,因而借助于我的手来惩罚他。我只有一两个同姓的臣属,尚且不能相安无事,难道还敢把许国的事情也揽来料理吗?我自己有弟弟,尚且不能和睦相处,而使他寄食于四方,更何况长期占有许国呢?你侍奉许叔来安抚、怀柔这里的人民,我要派公孙获来辅佐你。倘若我能善终,埋骨于地下,而上天又能重新对许国以礼相待,对降祸给许国的事表示懊悔,宁可使许庄公有机会再主国政。那时郑国如有所请求,希望许国像老亲戚一样,能赐予照顾,使郑国如愿以偿。不要让其他宗族乘机强住在这里,同我郑国争夺这块土地。我郑国的子孙对自己覆亡的命运,尚且来不及挽救,更何况占有许国呢?我所以使你们居住在这里,不光是为了许国,也是想利用这种形势来巩固我们的边境。"郑庄公于是使公孙获居住在许国西部边境上,并且对他说:"凡是你的器用财物,都不要放置在许国,我死后,你就赶快离开。我们的先君最近才在这里建国;而周王室已经衰落了,周朝子孙互相攻伐,秩序日益混乱。许国是太岳的后代。上天既然已经厌弃周王朝了,我们怎么能和许国相争呢?"

  君子认为:"郑庄公在这件事上做得很合乎礼法。礼法是治理国家,安定社会,使人民尊卑有序,对后代子孙有利的东西。当许国不执行礼法的时候就讨伐它,而它认罪以后,又赦免它;度量自己的德行来与人相处,估计自己的力量去办事,选择有利时机,然后采取行动,而又不拖累后人,这真可以说是懂得礼法了。"

# 臧哀伯谏纳郜鼎 桓公二年

## 左 传

【题解】

  宋国太宰华督杀死了宋殇公,这在当时是一种大逆不道的行为,很可能受到鲁、齐等诸侯国的干预。因此,华督便向这些诸侯国行贿。鲁桓公接受了华督贿赂的郜鼎,并把它陈列在太庙里。为此,鲁国大夫臧哀伯就向鲁桓公进谏,指出了国君以身作则的重要性。

  夏四月①,取郜大鼎于宋②,纳于大庙③。非礼也。

  臧哀伯谏曰④:"君人者,将昭德塞违,以临照百官⑤;犹惧或失之,故昭令德以示子孙。是以清庙茅屋⑥,大路越席⑦,大羹不致⑧,粢食不凿⑨,昭其俭也。衮冕黻珽⑩,带裳幅舃⑪,衡紞纮綖⑫,昭其度也。藻率鞞鞛⑬,鞶厉游缨⑭,昭其数也。火龙黼黻⑮,昭其文也。五色比象⑯,昭其物也⑰。钖鸾和铃⑱,昭其声也。三辰旂旗⑲,昭其明也。夫德,俭而有度,登降有数。文物以纪之⑳,声明以发之,以临照百官,百官于是乎戒惧而不敢易纪律。今灭德立违,而置其赂器于大庙,以明示百官。百官象之㉑,其又何诛焉?国家之败,由官邪也;官之失德,宠赂章也㉒。郜鼎在庙,章孰甚焉?武王克商,迁九鼎于洛邑㉓,义士犹或非之㉔,而况将昭违乱之赂器于大庙,其若之何?"公不听㉕。

  周内史闻之㉖,曰:"臧孙达其有后于鲁乎㉗,君违,不忘谏之以德。"

### 【注释】

① 夏四月:指鲁桓公二年(前710年)夏季四月。
② 郜(Gào):国名,在今山东成武东南。 鼎:原为炊器,多用青铜制成,一般为圆形,三足两耳,也有方形四足的。古代统治者把鼎作为立国的重器,国家政权的象征。 宋:国名,子姓,在今河南商丘一带。鲁桓公二年春,宋太宰华督杀死宋殇公,为避免鲁、齐等诸侯国的干涉,用郜国的大鼎贿赂鲁桓公。
③ 大(tài)庙:帝王的祖庙,这里指鲁国始祖周公姬旦的庙。
④ 臧哀伯:鲁大夫,又名臧孙达。臧僖伯的儿子。

⑤ 临照:显示,示范。
⑥ 清庙:古代庙堂是祭祀祖先的地方,必须保持肃穆清净,所以叫清庙。茅屋:这里指用茅草装饰清庙的屋顶。
⑦ 大路:玉路,天子祭祀时用的车。路,或写作"辂"。 越(kuò)席:用蒲草织成席子。越,通"括",结成。
⑧ 大(tài)羹:古代祭祀时用的肉汁。 不致:不用五味(泛指各种作料)调和。
⑨ 粢(zī)食(sì):古代供祭祀用的各类食物。 凿:动词,细舂,将糙米加工成精米。
⑩ 衮:古代帝王及上公的礼服。 冕:古代帝王、诸侯及卿大夫所戴的礼帽。 黻(fú):古代用作祭服的蔽膝,用皮革制成。 珽(tǐng):古代帝王所持的玉笏,又称大圭。
⑪ 带:古人束衣的革带。 裳:下身衣服。 幅:邪幅,即绑腿布。 舄(xì):古代一种不怕泥、不怕湿的复底鞋。
⑫ 衡、紞(dǎn)、纮(hóng)、綖(yán):古代冠冕上的四种装饰品。衡,使冠冕固着在头发上的横簪。紞,系瑱(冠冕上垂于两侧、用以塞耳的玉)的带子。纮,冠冕上的纽带,由颔下挽上而系于笄的两端。綖,覆盖在冕上的布。
⑬ 藻率(lǜ):也写作"藻缫"。放置圭、璋等玉器的垫子,用皮革制成,上绘花纹。 鞞(bǐng)、鞛(běng):刀鞘上的装饰品。鞛,又写作"琫"。
⑭ 鞶(pán)厉:古代衣服上的大带。鞶是束腰的革带,厉是腰带的下垂部分。 游(liú):通"旒"。旌旗下边悬垂的装饰品。 缨:马胸前的装饰品,即马鞅。
⑮ 火龙:画在或绣在衣服上的火焰和游龙。 黼黻(fǔfú):古代礼服上绣的图案。黑白相间,称黼。黑青相间,称黻。
⑯ 五色比象:古人把车服器械上的五种颜色,象征天地四方,即所谓东青、南赤、西白、北黑、天玄、地黄;以玄色间于赤黑之间,不在正色之列,所以只称五色。
⑰ 物:这里指车服器械等。
⑱ 钖(yáng)鸾(luán)和铃:古代车马旌旗上的四种有音响的金属装饰品。钖,系在马头上。鸾,系在马勒上。和,也是一种铃,一说系在轼上,一说系在衡上。铃,这里指系在旂(qí)上的铃。

⑲ 三辰：指日、月、星。古人把日月星画在旗上，象征事业光辉灿烂。旂旗：这里泛指旗帜。有铃或画交龙的，称旂；画熊虎的，叫旗。
⑳ 纪：通"记"，标识。
㉑ 象：效尤，即学坏样子。
㉒ 章：显著。
㉓ 九鼎：相传为夏禹所铸，后成为传世之宝。夏朝灭亡后，殷商承受，殷商灭亡后，周武王迁九鼎于洛邑（今河南洛阳市）。后来，周成王建成王城，定鼎于此。
㉔ 义士：指伯夷一类的人。周文王死后，周武王伐纣，伯夷叩马相谏，后来隐居首阳山，不食周粟而死。
㉕ 公：这里指鲁桓公。
㉖ 内史：周朝官名。相传掌书王命之事。
㉗ 有后于鲁：指臧哀伯在鲁国后继有人。臧僖伯曾劝谏鲁隐公观鱼，臧哀伯发扬其父敢于进谏的精神，又劝谏鲁桓公纳郜鼎于太庙事。

## 【译文】

鲁桓公二年夏季四月，鲁桓公从宋国取来了郜国的大鼎，并把它搬进太庙。这是不合礼制的。

为此，臧哀伯进谏说："作为一个国君，应宣扬美德，防止违反礼制的行为，并以此为准则来显示于各级官吏；即使这样做，还担心或许仍然会有所违失，所以要宣扬美德，用它来教育子孙后代。因此，祖宗的庙寝要用茅草装饰屋顶，华丽的玉辂要铺块草席做垫子，太古风味的肉汁不加任何作料，祭祀用的糙米不经细舂，这是为了表明节俭的美德。礼服、礼帽、蔽膝、玉笏，衣带、衣裳、邪幅、鞋子，横簪、瑱系、帽带、头巾，表明尊卑的法度。玉器的垫子、刀鞘的装饰，腰带旌旗飘带以及马鞦，表明尊卑的等级。礼服上绘绣的火焰、飞龙、黼黻图案，是表明尊卑的花纹。五色象征天地四方，表明器物的颜色。钖鸾和铃，表明声音。旗帜上的日月星辰，表明光彩。因此，所谓美德，就是节俭而有法度，升降而有等级。以花纹和物色作为标志，以声音和光彩作为象征，把这些显示给各级官吏，各级官吏这才谨慎警惕起来，而不敢忽视纲纪法律。可是，现在您却抛弃德行，炫耀违礼的行为,把贿赂的器物安置在太庙里,公然将它显示在各级官吏面前。假如各级官吏效法,还怎么去责备他们呢?一个国家的衰败,总是由官吏违反礼制的行为开始的;而官吏的美德一旦丧失,那些徇私图贿的行为就会公开化而无所忌惮。把郜鼎摆在太庙里,那么,徇私图贿行为的公开化还有比这桩事情更严重的吗?武王战胜殷商,把九鼎搬到洛邑,有些义士尚且非难他,更何况把表明违礼乱法的贿赂器物放在太庙里,这怎么能行呢?"鲁桓公没有听臧哀伯的规劝。

周朝的内史听到了这件事,说:"臧孙达在鲁国一定会后继有人啊,君主违礼时,没有忘记以美德进行规劝。"

# 季梁谏追楚师 桓公六年

## 左 传

【题解】

"民为神主,先民后神",是本篇的中心思想。春秋时期,随着周王朝的衰落,各诸侯国经济政治势力的发展,奴隶和平民的不断反抗,使季梁这样一些进步人士也提高了对人民所起的作用的认识。他们开始认识到,只有改善人民的物质生活,整顿好国内政治,才能保持政权和战胜敌国。

《左传》中类似这样的一些记载,为我们研究春秋时期的政治思想史提供了重要材料。

楚武王侵随①,使薳章求成焉②,军于瑕以待之③。随人使少师董成④。斗伯比言于楚子曰⑤:"吾不得志于汉东也⑥,我则使然。我张吾三军⑦,而被吾甲兵,以武临之,彼则惧而协以谋我,故难间也。汉东之国随为大。随张,必弃小国。小国离,楚之利也。少师侈⑧,请羸师以张之⑨。"熊率且比曰⑩:"季梁在⑪,何益?"斗伯比曰:"以为后图,少师得其君。"王毁军而纳少师⑫。

少师归,请追楚师。随侯将许之,季梁止之曰:"天方授楚⑬,楚之羸,其诱我也,君何急焉？臣闻小之能敌大也,小道大淫。所谓道,忠于民而信于神也。上思利民,忠也。祝史正辞⑭,信也。今民馁而君逞欲,祝史矫举以祭,臣不知其可也。"公曰⑮:"吾牲牷肥腯⑯,粢盛丰备⑰,何则不信？"对曰:"夫民,神之主也。是以圣王先成民而后致力于神。故奉牲以告曰:'博硕肥腯。'谓民力之普存也,谓其畜之硕大蕃滋也,谓其不疾瘯蠡也⑱,谓其备腯咸有也。奉盛以告曰:'洁粢丰盛。'谓其三时不害⑲,而民和年丰也。奉酒醴以告曰⑳:'嘉栗旨酒㉑。'谓其上下皆有嘉德,而无违心也。所谓馨香,无谗慝也㉒。故务其三时,修其五教㉓,亲其九族㉔,以致其禋祀㉕。于是乎民和而神降之福,故动则有成。今民各有心,而鬼神乏主,君虽独丰,其何福之有？君姑修政而亲兄弟之国,庶免于难。"随侯惧而修政,楚不敢伐。

【注释】

① 楚武王:前740年至前690年在位。楚国,芈(mǐ)姓,子爵,所以又称楚王为楚子。西周时,立国于荆山(在今湖北),后疆土扩大到长江中游。随:西周初年分封的诸侯国,姬姓,在今湖北随州。
② 蒍(Wěi)章:楚大夫。 成:讲和。
③ 瑕:春秋时随地。
④ 少师:官名。此人姓名不详。 董:主持。
⑤ 斗(Dǒu)伯比:楚大夫。
⑥ 汉东:汉水以东。春秋初年,楚国与随国以汉水为界。
⑦ 张(zhāng):张大。 三军:指中军、左军、右军。
⑧ 侈:狂妄自大。
⑨ 羸(léi)师:这里指故意使军容表现出软弱的样子。羸,弱。这里用作动

词,是使动用法。
⑩ 熊率(lú)且(jū)比:楚大夫。
⑪ 季梁:随贤臣。
⑫ 毁军:损坏军容。
⑬ 授:给予。这里指上天给予好运气。
⑭ 祝:掌管祭礼的官。 史:掌管祭祀时记事的官。 正辞:祝词不虚妄,符合实际。
⑮ 公:指随侯。
⑯ 牲:这里指祭祀用的牲畜。 牷(quán):毛色纯一的牲畜。 腯(tú):肥壮。
⑰ 粢盛(zīchéng):装在祭器内用于祭祀的谷物。
⑱ 瘯蠡(cùluǒ):牲畜病名,即疥癣。
⑲ 三时:指春夏秋三季农忙季节。
⑳ 醴(lǐ):甜酒。
㉑ 栗:谷实不秕,称栗。
㉒ 馨(xīn)香:散布很远的香气。 谗(chán):诬陷他人的坏话。 慝(tè):邪恶。
㉓ 五教:指儒家所宣扬的五种伦理道德标准,即父义、母慈、兄友、弟恭、子孝。
㉔ 九族:说法不一。一般指从高祖到玄孙九代。
㉕ 禋(yīn)祀:古代祭天神的一种礼仪,先烧柴升烟,然后再加牲体及玉帛于柴上焚烧。这里泛指祭祀。

## 【译文】

楚武王侵犯随国,派薳章去议和,把军队驻扎在瑕地,等待谈判的结果。随国人派少师去主持议和的事情。斗伯比对楚子说:"我们不能在汉水以东得志,这种结果是我们自己造成的。我们扩大了自己的三军,增加了装备,依靠武力来和邻国相处,它们由于恐惧就联合起来,共同对付我们,所以很难离间它们。在汉水以东的诸国中,随是最大的。随国如果扩张,必定抛弃那些小国。小国离散,对楚国有利。少师这个人一向狂妄自大,请故意使我们的军容表现出非常软弱的样子,用这种办法使他更加傲慢起来。"熊率且比说:"季梁在,用这种计策又有什么好处?"斗伯比说:"以后再来对付他,现在少师这个人正受到随国国君的宠信。"于是,楚武王便故意损害军容,迎接少师的到来。

　　少师回去以后,果然请求追击楚军。随侯正准备这样做,季梁急忙阻止他说:"老天正在帮助楚国,楚军的软弱,恐怕是为了诱惑我们吧,您何必急于出师呢?我听说小国之所以能够抗拒大国,是由于小国得道,而大国失道的缘故。所谓得道,就是忠于人民而取信于鬼神。国君经常考虑如何使人民得到好处,这就是忠。祝官史官的言辞不虚妄,这就是信。现在人民在挨饿,而国君却放纵私欲,祝官史官用虚报功德的祷词祭祀鬼神,我不知道这样的行为是否可以抵抗大国!"随侯说:"我在祭祀上用的牲畜毛色纯正,膘肥肉壮,盛放在祭器里的黍稷丰盛而又完备,怎么不能取信于鬼神?"季梁回答说:"人民,是鬼神的主人。因此,圣明的君主总是先把人民的事情办好,然后才致力于对鬼神的祭祀。所以在进献牺牲时就祷告说:'硕大肥壮。'这句话是说人民生产的力量普遍存在,是说他们的牲畜肥大而且繁殖众多,是说他们的牲畜不患疾病,是说他们的牲畜充足而无缺失。在进献盛在祭器里的黍稷时就祷告说:'洁净的黍稷非常丰盛。'这句话是说他们春夏秋三季都没有灾害,因而人民和睦,收成丰富。在进献各种好酒时就祷告说:'好米酿成的美酒。'这是说他们上上下下都有美德,没有违背良心的事情。所谓香气远闻,是说没有说别人坏话的邪恶行为。所以他们专心进行三时的农事,讲习五教,亲近九族,来致力于他们的虔诚的祭祀。这样一来,人民就和睦而鬼神也就赐给他们幸福,所以他们的一举一动都会有成就。如今,老百姓各有自己的心事,而鬼神也就缺少主人,您虽然独自使祭品丰盛,这又会得到什么幸福呢?您还是先整顿内政,和周围兄弟国家建立亲密的关系吧,这样,也许可以免于灾难。"随侯感到恐惧,于是整顿内政,楚国终于不敢侵犯它。

# 曹刿论战 庄公十年

## 左 传

【题解】

本篇记述了鲁庄公十年(前684年)齐、鲁两国交战于长勺,弱小的鲁国战胜强大的齐国的过程。

齐鲁长勺之战,是我国历史上以弱胜强的典型战例之一,毛泽东同志在论述战略防御的原则时,曾引用过这一战例(见《中国革命战争的战略问题》第三节)。

文章阐述了进行战争和取胜的条件:在政治上,要取信于民;在战略战术上,要知己知彼,并善于掌握反攻和追击的时机。

文章剪裁得当,文字简练,论点集中,处处突出"论战"这一中心思想,是短而精的作品。

齐师伐我①。公将战②。曹刿请见③。其乡人曰④:"肉食者谋之⑤,又何间焉⑥?"刿曰:"肉食者鄙,未能远谋。"遂入见。

问:"何以战?"公曰:"衣食所安,弗敢专也⑦,必以分人。"对曰:"小惠未遍,民弗从也。"公曰:"牺牲玉帛⑧,弗敢加也,必以信。"对曰:"小信未孚⑨,神弗福也。"公曰:"小大之狱,虽不能察,必以情。"对曰:"忠之属也⑩,可以一战,战则请从。"

公与之乘,战于长勺⑪。公将鼓之,刿曰:"未可。"齐人三鼓,刿曰:"可矣。"齐师败绩。公将驰之,刿曰:"未可。"下视其辙⑫,登轼而望之⑬,曰:"可矣。"遂逐齐师。

既克,公问其故。对曰:"夫战,勇气也。一鼓作气;再而衰⑭;三而竭⑮。彼竭我盈⑯,故克之。夫大国,难测也,惧有伏焉。吾视其辙乱,望其旗靡,故逐之。"

## 【注释】

① 齐师:齐国的军队。　我:指鲁国。这里用的是鲁国史官的口气。相传《左传》的作者是鲁国的左丘明。

② 公:指鲁庄公,前693年至前662年在位。

③ 曹刿(guì):鲁国人。有的古书认为就是《史记·刺客列传》中的曹沫。

④ 乡人:同一个乡的人。乡是古代的一种地方行政单位,相传周制以一万二千五百户为乡。

⑤ 肉食者:吃肉的人,指有权位的上层人物。

⑥ 间:参与。　焉:兼词,相当于"于此"。

⑦ 专:独享。

⑧ 牺牲玉帛:都是古代祭祀用的物品。牺牲,指牛羊豕之类。玉,玉器。帛,丝织品。

⑨ 孚(fú):大信,使人深信不疑。

⑩ 忠:忠诚,忠于职守。　属:类。

⑪ 长勺:鲁地名,在今山东莱芜东北。

⑫ 视:细看。　辙(zhé):车轮碾过的痕迹。

⑬ 轼(shì):古代车厢前面供人手扶的横木。

⑭ 再:两次。

⑮ 竭:这里指士气没有了。

⑯ 盈:这里指士气正旺盛。

## 【译文】

　　齐国的军队攻打我们鲁国。鲁庄公准备迎战。曹刿要去求见庄公。他的同乡对他说:"有权位的人会去谋划的,你又何必参与?"曹刿回答说:"有权位的人都很浅陋,没有深谋远虑。"于是他进见庄公。

　　曹刿问道:"依靠什么去打仗?"庄公回答说:"衣食等这些安定

生活的东西,我不敢独自享受,一定分给别人。"曹刿说:"这些小恩小惠也没有能普遍施行,人民不会跟从您去作战的。"庄公又说:"祭祀用的牺牲玉帛这些东西,我按照定例不敢虚报,总是以老实的态度对待鬼神。"曹刿说:"这只是小信,还没有做到使神深信不疑,神不会来保佑您。"庄公又说:"我对于大大小小的诉讼案件,虽然不能一一审查清楚,但都力求做到合情合理。"曹刿说:"这是属于尽力为人民办事的行动,可以凭借这一点打一仗。打仗时请允许我跟着您。"

庄公和他同乘一辆战车,在长勺和齐军交战。一开始,庄公就要擂鼓进军,曹刿说:"不行。"等到齐国人擂了三通战鼓,曹刿说:"可以了。"结果,齐军大败。这时,庄公又要下令驱车追击,曹刿说:"不行。"于是他下车详细察看了齐军的车辙,又登上车前横木瞭望齐军撤退的情况,这才说:"可以了。"于是追击齐军。

战争已经胜利了,鲁庄公问他所以取胜的缘故。曹刿回答说:"打仗这件事情,靠的是勇气。擂第一通战鼓,士气振作了起来;擂第二通战鼓,士气就开始衰落下去;擂第三通战鼓,士气就没有了。敌方士气没有了,而我方士气正旺盛,所以战胜了敌人。大国的行动是难于揣测的,怕他们有埋伏。我看到他们的车辙混乱,又望见他们的战旗倒下去了,确实是败退的样子,所以才决定追击他们。"

# 齐桓公伐楚盟屈完 僖公四年

## 左 传

**【题解】**

公元前656年,齐桓公为称霸天下,亲率齐、鲁、宋、卫、郑、许、曹、陈八国军队攻打楚国。楚国当时也正处于强盛时期,所以毫不示弱。本文记述的就是齐楚两国之间军事、外交斗争的一些片段。当时,楚国为制止齐国的军事进攻,曾两度派遣使者前往齐国的军营。齐国自恃强大,对楚国忽而威胁,忽而笼络,真是软硬兼施;而楚国使者却随机应变,忽而强硬,忽而恭顺,不亢不卑,针锋相对地予以回答,致使齐国始终不能折服楚国,于是双方讲和,签订盟约。文中波澜起伏,节节生锋,确实是一篇辞令妙品。

春①,齐侯以诸侯之师侵蔡②,蔡溃,遂伐楚③。楚子使与师言曰④:"君处北海⑤,寡人处南海⑥,唯是风马牛不相及也⑦。不虞君之涉吾地也⑧,何故?"管仲对曰⑨:"昔召康公命我先君太公曰⑩:五侯九伯⑪,女实征之⑫,以夹辅周室。赐我先君履⑬:东至于海⑭,西至于河⑮,南至于穆陵⑯,北至于无棣⑰。尔贡包茅不入⑱,王祭不共⑲,无以缩酒⑳,寡人是征。昭王南征而不复㉑,寡人是问。"对曰:"贡之不入,寡君之罪也,敢不共给。昭王之不复,君其问诸水滨!"师进,次于陉㉒。

夏,楚子使屈完如师㉓。师退,次于召陵㉔。齐侯陈诸侯之师,与屈完乘而观之。齐侯曰:"岂不谷是为㉕?先君之好是继。与不谷同好,何如?"对曰:"君惠徼福于敝邑之社稷㉖,辱收寡君,寡君之愿也。"齐侯曰:"以此众战,谁能御之?以此攻城,何城不克?"对曰:"君若以德绥诸侯㉗,谁敢不服?君若以力,楚国方城以为城㉘,汉水以为池,虽众,无所用之。"

屈完及诸侯盟。

【注释】

① 春:指鲁僖公四年(前656年)春季。
② 齐侯:指齐桓公,前685年至前643年在位。齐属侯爵。　诸侯之师:指鲁、宋、陈、卫、郑等国的军队。　侵:不宣而战。　蔡:国名,在今河南汝南、上蔡、新蔡一带。蔡是楚的盟国。
③ 楚:国名,主要地域在今湖北、湖南、安徽一带。当时国都在郢(今湖北江陵)。

④ 楚子:指楚成王,前671年至前626年在位。楚属子爵。
⑤ 北海:古人称渤海为北海,齐临渤海。
⑥ 南海:楚境不到南海,这里是泛指,表示与齐相隔很远。
⑦ 唯:语气词。 风:放牧。这句的意思是,楚与齐相距甚远,马牛即使走失,也不会误入对方境内。一说,风是雌雄相诱的意思。
⑧ 虞:料想。 涉:这里是进入的意思。
⑨ 管仲:名夷吾,字仲。春秋时期著名的政治家,辅佐齐桓公进行改革。
⑩ 召(Shào)康公:周文王庶子姬奭(shì)封于召(初封地在今陕西岐山县西南)。康是他的谥号。召公与周公为周王室世卿。 先君:对本国已故君主的称呼。 太公:即姜太公吕尚,齐国的始祖,因辅佐周文王、武王灭商有功,封于齐。
⑪ 五侯九伯:此处泛指所有的诸侯。五侯,指五等爵位,即公、侯、伯、子、男;九伯,指九州之长。
⑫ 实:句中语气词。 征:讨伐。
⑬ 履:指所践履的地区,即权力可以达到的范围。
⑭ 海:泛指东部大海,包括渤海、黄海。
⑮ 河:黄河。当时黄河流经齐国的西境,在今河北沧县东北入海,和现在的河道不同。
⑯ 穆陵:齐地名,即今山东临朐(qú)县南的穆陵关。
⑰ 无棣:齐地名,在今山东无棣县一带。
⑱ 包茅:成捆的菁茅。菁茅是楚地的特产,楚国应向周王进贡,供祭祀时用。
⑲ 共:通"供",供给。
⑳ 缩酒:祭祀时以茅滤酒去滓。
㉑ 昭王:周昭王,成王的孙子,名瑕。 征:远行。相传昭王巡行南方,渡汉水时乘坐一只用胶粘起来的船,行至江中,船坏而死。
㉒ 次:军队驻扎。 陉(Xíng):山名,在今河南偃城南。
㉓ 屈完:楚大夫。
㉔ 召陵:楚地名,在今河南郾城东。
㉕ 不谷:不善,国君自称的谦辞。
㉖ 徼(yāo):求。 敝邑:对自己国家的谦称。 社稷:社是土地神,稷是谷神。祭祀社稷的地方也称社稷。当时建立国家,必立社稷,所以社稷就成为国家的象征。

㉗　绥：安抚。
㉘　方城：楚山名，在今河南叶县南。春秋时楚筑长城，即经此山东麓。

## 【译文】

　　春天，齐桓公统率诸侯的军队侵入蔡国，蔡国的军队溃败了，于是又去攻打楚国。楚王派使臣对齐桓公说："您住在北海，我住在南海，真是风马牛不相及。不料您却来到我的土地上，这是什么缘故呢？"管仲代表桓公回答说："从前召康公曾命令我先君太公说：五等诸侯，九州伯长，如有罪过，你都可以讨伐，以便辅佐周王室。他还给我先君指定了可到达的区域：东到大海，西到黄河，南到穆陵，北到无棣。你们应该贡献的包茅不按时送来，不供应周王祭祀的用品，没有渗酒的东西，这是我要向你征询的。还有，昭王南巡而未能返回，这是我要向你质问的。"楚使回答说："贡品没能按时进献，这是我们国君的罪过，怎么敢不供给呢！至于昭王南巡为何没有返回，请您到水边去问吧！"这时齐国的军队又向前开进，驻扎在陉邑。

　　夏天，楚王派屈完到齐营来。齐军向后撤退，驻扎在召陵。齐桓公命令诸侯的军队摆成阵势，然后让屈完和他同乘一辆车，检阅了一番。齐桓公对屈完说："这难道是为了我个人？这是为了继承我们先君的友好关系罢了。跟我们和好吧，怎么样？"屈完回答说："承蒙您的恩惠，使我们的国家得以保全。您不顾蒙受耻辱收容我们，这是我们国君的衷心愿望。"齐桓公又说："我用这么多的军队去打仗，谁能抵挡得住？我用这么多的军队去攻城，哪一座城攻不下来？"屈完回答说："您若用恩德来安抚诸侯，谁敢不服从？您若想依仗武力，我们楚国就将以方城山作为城墙，以汉水作为护城河，您的军队虽然众多，也是无济于事的。"

　　于是，屈完就和诸侯订立了和好的盟约。

# 宫之奇谏假道 僖公五年

## 左 传

【题解】

　　本篇写虞大夫宫之奇对虞公的谏诤。宫之奇对当时的政治形势,晋、虞、虢三国的历史和相互关系,都有深刻的了解。他以透辟的分析,批驳了虞公的宗族观念和神权思想,表现出一位政治家的深谋远虑。可惜昏庸的虞公固执己见,拒不接受忠告,使虞国终于灭亡,虞公本人也成了阶下囚。

　　"唇亡齿寒",道理至深,这个典故后来广泛流传。

　　晋侯复假道于虞以伐虢①。宫之奇谏曰②:"虢,虞之表也③。虢亡,虞必从之。晋不可启,寇不可玩,一之谓甚④,其可再乎？谚所谓'辅车相依,唇亡齿寒'者⑤,其虞、虢之谓也。"

　　公曰:"晋,吾宗也⑥,岂害我哉?"对曰:"大伯、虞仲,大王之昭也⑦。大伯不从⑧,是以不嗣。虢仲、虢叔,王季之穆也⑨,为文王卿士⑩,勋在王室,藏于盟府⑪。将虢是灭,何爱于虞？且虞能亲于桓、庄乎⑫,其爱之也？桓、庄之族何罪,而以为戮,不唯逼乎？亲以宠逼,犹尚害之,况以国乎？"

　　公曰:"吾享祀丰洁,神必据我。"对曰:"臣闻之,鬼神非人实亲⑬,惟德是依。故《周书》曰⑭:'皇天无亲,惟德是辅。'又曰:'黍稷非馨⑮,明德惟馨。'又曰:'民不易物,惟德繄物⑯。'如是,则非德民不和,神不享矣。神所冯依⑰,将在德矣。若晋取虞而明德以荐馨香⑱,神其吐之乎？"

　　弗听,许晋使。宫之奇以其族行,曰:"虞不腊矣⑲。在此行也,晋不更举矣。"冬晋灭虢。师还,馆于虞⑳,遂袭虞,灭之,执虞公。

**【注释】**

① 晋侯:指晋献公,前676年至前652年在位。 假道:借路。这里指军队借路通过。僖公二年(前658年),晋曾向虞借路伐虢,这是第二次,所以说"复假道"。 虞:国名,在今山西平陆北。 虢(Guó):国名,这里指的是北虢,主要地域在今山西平陆南。
② 宫之奇:虞大夫。
③ 表:外表,这里是屏障的意思。
④ 谓:通"为"。
⑤ 辅:面颊。 车:牙车,即牙床骨。
⑥ 晋吾宗也:晋、虞都是姬姓,原为同一祖先。当时晋的地域主要在今山西西南部。
⑦ 大(Tài)伯、虞仲:都是周太王的儿子。 大(tài)王:周太王,周朝的先王,名古公亶(dǎn)父。 昭:昭和下文的"穆"都是指宗庙里神主的位次。始祖的神主居中,其余分列左右,昭在左,穆在右。父子异列,祖孙同列。太王为穆,其子为昭。
⑧ 大伯不从:事实是太伯知道其父要传位给幼弟王季,就和虞仲一起出走,所以没有嗣立。
⑨ 王季:周文王的父亲。
⑩ 卿士:又作"卿事""卿史",周王室的执政大臣。
⑪ 盟府:掌管盟约、典策的官府。
⑫ 桓、庄:桓叔、庄伯,晋献公的曾祖和祖父。桓、庄之族,指献公的同祖兄弟各支。鲁庄公二十五年(前669年),晋献公尽诛同族诸公子。
⑬ 实:指示代词,复指提前的宾语"人"。
⑭ 《周书》:这里所说的《周书》早已亡佚,下面两句见于今本伪《古文尚书·蔡仲之命》篇。
⑮ 黍:黄黏米。 稷:粟(谷子)。 馨(xīn):芳香:散布很远的香气。这两句见于今本伪《古文尚书·君陈》篇。
⑯ 繄(yì):语气词。这两句见于今本伪《古文尚书·旅獒(áo)》,"民"作"人","繄"作"其"。

⑰　冯(píng):通"凭",凭依。
⑱　荐:献、进。
⑲　腊:腊祭,年终合祭众神。
⑳　馆:宾馆,这里作动词用,即借住。

## 【译文】

　　晋侯再次向虞国借路,去攻打虢国。宫之奇规劝虞公说:"虢国是咱们虞国的屏障,虢国若是灭亡了,虞国也必定跟着灭亡。我们不能轻易答应,以免引起晋国的贪心,对敌人的阴谋也决不可以疏忽。上次我们允许晋国借路,已经是很过分了,怎么可以再来第二次?俗话说'辅车相依,唇亡齿寒',说的正是虞国和虢国这种情况吧。"

　　虞公说:"晋国是我们的同宗,它岂能伤害我们呢?"宫之奇回答说:"当年的太伯和虞仲都是周太王的儿子,太伯不听从父命,所以没有继承王位。虢仲、虢叔都是王季的儿子,又都做过周文王的执政大臣,对王室来说是有功劳的。他们受封的典策,至今还藏在盟府里。现在晋国既然连虢国都想灭掉,对于虞国还有什么可爱惜的呢?再说,它对虞国还能比对桓、庄的后代更亲昵吗?桓、庄的后代有什么罪?竟成了杀戮的对象。这还不是因为他们对晋侯构成了威胁吗?亲族之间由于权势的威胁,尚且加以杀戮,何况您据有一个国家,不是更使晋侯感到威胁吗?"

　　虞公又说:"我举行祭祀,供品丰盛而又洁净,鬼神必定会保佑我。"宫之奇回答说:"我听说,鬼神对人并不分亲疏,只是保佑有德行的人。所以《周书》上有这样的话:'上天不分亲疏,只保佑有德行的人。'又说:'黍稷的味道并不真正香,只有品德高尚的人献来的才真正香。'又说:'人们进献的祭品相同,只有有德行的人进献的,鬼神才享用。'如此说来,那么,如果没有德行,他那里的百姓就不服从,鬼神也不享用他的祭品。鬼神所保佑的,只是那些有德行的人。假若晋国吞并了虞国,而崇尚德行,进献它的祭品,鬼神还会把它的东西吐出来不成?"

　　虞公不听劝告,还是答应了晋国使臣的请求。宫之奇便率领他的家族逃走了。他说:"虞国来不及举行年终腊祭了。晋国就在这次军事行动中灭掉虞国,不必再次调动军队了。"这年冬天,晋国灭掉虢国。晋师回来,驻扎在虞国,于是袭击虞国,把它灭掉了,并且捉住了虞公。

## 齐桓公下拜受胙 僖公九年

## 左 传

【题解】

本篇记述齐桓公接受周天子赏赐祭肉时的一个场面。文字简短,但对齐桓公受宠若惊的情态,写得十分细腻生动,使人看了如临其境,如闻其声。

会于葵丘①,寻盟②,且修好,礼也。王使宰孔赐齐侯胙③。曰:"天子有事于文武④,使孔赐伯舅胙⑤。"齐侯将下拜。孔曰:"且有后命。天子使孔曰:'以伯舅耋老⑥,加劳,赐一级,无下拜。'"对曰:"天威不违颜咫尺⑦,小白余敢贪天子之命'无下拜'!恐陨越于下⑧,以遗天子羞,敢不下拜!"下,拜,登,受⑨。

【注释】

① 会于葵丘:鲁僖公九年(前651年)夏季,鲁僖公、周天子使臣宰孔、齐桓公、宋襄公、卫文公、郑文公、许僖公、曹共公在葵丘盟会。葵丘,宋地名,在今河南兰考。
② 寻:通"燖"(xún),把冷了的东西重新温一温。这里指重申过去的盟约。
③ 王:这里的"王"和下文的"天子"都指周襄王。 宰孔:宰,官名;孔,人名。周天子使臣。 齐侯:指齐桓公姜小白。 胙(zuò):祭祀时用的

肉。根据周礼,天子祭祀社稷宗庙时用的肉,只赏赐给同姓诸侯。齐是姜姓国,不应受赏。周襄王赐给齐桓公祭肉,这是表示对齐国的一种特殊礼遇。
④ 有事于文武:指祭祀周文王、周武王事。
⑤ 伯舅:周王室与异姓诸侯通婚,所以尊称他们为伯舅。
⑥ 耋(dié):老。年七十称耋。
⑦ 违:离开。 咫(zhǐ)尺:比喻距离很近。咫,八寸。
⑧ 陨越:倒下去。
⑨ 下、拜、登、受:臣属领受天子赏赐时的四种动作。下阶,再拜稽首(叩头至地),然后登堂,受赐。

【译文】

　　齐桓公在葵丘与各国诸侯聚会,为的是重申过去的盟誓,并且使大家更加和好,这是合乎礼的做法。为此,周襄王派宰孔赏赐给齐侯一块祭肉。宰孔说:"天子正忙于祭祀文王、武王的事,派我赏赐给伯舅一块祭肉。"齐侯就要下阶拜谢。宰孔说:"且慢,后面还有命令呢。天子让我告诉您:'因为伯舅年老,应重加慰劳,赐爵一级,不必下阶拜谢。'"齐桓公回答说:"上天的威严距离我的颜面,不过咫尺之远,小白我岂敢贪受天子之命,'不必下阶拜谢'!那样,恐怕就要倒在下面,而使天子蒙受羞耻,怎敢不下阶拜谢!"于是走下堂阶,再拜稽首,然后登堂,领受了赏赐。

# 阴饴甥对秦伯 僖公十五年

## 左　传

【题解】

　　这是一篇绝妙的外交辞令。

鲁僖公十五年(前645年)九月十三日,秦、晋在韩原(今陕西韩城西南,一说在今山西芮城)交战,晋国战败,晋惠公被俘。后因穆姬夫人(秦穆公夫人,晋惠公姐姐)和晋国诸大夫的努力,秦答应同晋讲和。

阴饴甥虽是战败国晋国的代表,但在秦穆公面前表现得不卑不亢,他抓住回答问题的机会,巧妙地引用晋国国内的舆论,向秦国施加压力。引君子的话,使秦伯快意,引小人的话,使秦伯畏惧,从而迫使秦穆公释放晋侯回国。

十月①,晋阴饴甥会秦伯②,盟于王城③。秦伯曰:"晋国和乎?"对曰:"不和。小人耻失其君,而悼丧其亲,不惮征缮以立圉也④。曰:'必报仇,宁事戎狄。'君子爱其君而知其罪,不惮征缮以待秦命⑤。曰:'必报德,有死无二。'以此不和。"秦伯曰:"国谓君何?"对曰:"小人戚,谓之不免;君子恕,以为必归。小人曰:'我毒秦⑥,秦岂归君?'君子曰:'我知罪矣,秦必归君。贰而执之⑦,服而舍之⑧,德莫厚焉,刑莫威焉。服者怀德,贰者畏刑,此一役也,秦可以霸。纳而不定⑨,废而不立,以德为怨,秦不其然⑩。'"秦伯曰:"是吾心也。"改馆晋侯,馈七牢焉⑪。

## 【注释】

① 十月:指鲁僖公十五年(前645年)十月。
② 阴饴甥:戎大夫。复姓瑕吕,名饴甥,封于阴(今河南陕县至陕西商县一带),因此又称阴饴甥。　秦伯:指秦穆公,前659年至前621年在位。秦穆公曾攻灭十二国,称霸西戎,当时秦国疆域包括今陕西中部和甘肃东南部。
③ 王城:秦地名,在今陕西大荔东。
④ 圉(yǔ):晋惠公太子姬圉。
⑤ 秦命:指秦国释放晋惠公的命令。
⑥ 我毒秦:指下面一些事件。晋惠公在秦时曾和秦国定约,如果秦国帮助他进入晋国做了国君,就割黄河以西五个城邑给秦国,但晋惠公在秦国帮

助下做了国君以后,便废弃前约。又晋国曾两次发生饥荒秦国都给晋国运去了大量粮食,但当秦国发生饥荒到晋国来籴粮时,晋国不仅拒不卖给,反而乘人之危,出兵攻打秦国。毒,对人苛酷无情。
⑦ 贰:二心,背叛。
⑧ 舍:释放。
⑨ 纳:进入。这里指秦穆公帮助晋惠公入国做国君事。
⑩ 其:语气词,表示一种推测的语气。
⑪ 馈:赠送。　七牢:古代招待诸侯的礼节。牛羊豕各一,为一牢。

**【译文】**

　　鲁僖公十五年十月,晋国的阴饴甥会见秦穆公,双方在王城结盟。秦穆公问阴饴甥:"你们晋国意见一致吗?"阴饴甥回答说:"不一致。那些小人对失去了自己的国君感到耻辱,并且对丧失了自己的亲人感到悲伤。他们不怕多征赋税和进一步修治甲兵,而且主张拥立太子圉为国君。他们说:'宁肯事奉戎狄,也一定要报这个仇。'那些君子则爱戴他们的国君,但是也知道自己的罪过了。他们也不怕多征赋税和进一步修治甲兵,为的是等待秦国的命令。他们说:'一定要报答秦国的恩德,即使是死了也决无二心。'因此意见不一致。"秦穆公又问:"你们国内对国君的命运有些什么看法?"阴饴甥回答说:"小人感到忧愁,说国君不免被害;君子则感到宽慰,认为一定会回来。小人说:'我们对秦国太毒了,秦国岂能归还国君?'君子则说:'我们已经认罪了,秦国一定会归还国君的。背叛时就把他抓起来,臣服时就释放他,恩德没有比这种行动更深厚的了,刑罚没有比这种行动更有威力的了。臣服的感怀恩德,有二心的害怕刑罚,由于这一战役,秦国就可以成就霸业了。如果帮助人家回国做国君,又不使他安定下来,废除了君位,又不立即使他恢复,就会把恩德变成仇恨,秦国恐怕不会这样做的。'"秦穆公说:"这正是我的想法。"于是让晋侯改住宾馆,并以诸侯之礼相待。

# 子鱼论战 僖公二十二年

## 左 传

【题解】

齐桓公死后,楚、宋争霸。鲁僖公二十二年(前638年)夏,宋襄公发兵攻打依附于楚国的郑国;楚国为援救郑国,便攻打宋国。十一月,两国在泓水交战。战争开始,宋国本处于有利地位。如果宋襄公听从子鱼的劝告,利用有利时机对楚军发动攻击,便可以取胜。但宋襄公在"不鼓不成列""不重伤,不擒二毛"的思想指导下,一再坐失战机,致使宋国遭受失败,宋襄公本人也受伤而死。

本文重点在记述子鱼的军事思想,但宋襄公的教训,给人印象尤深。毛泽东同志曾批评宋襄公这种在战争中与敌人讲"仁义"的行动,是一种"蠢猪式的仁义道德"(见《毛泽东选集》第二卷《论持久战》一文)。

楚人伐宋以救郑[①]。宋公将战[②]。大司马固谏曰[③]:"天之弃商久矣[④],君将兴之,弗可赦也已[⑤]。"弗听。

及楚人战于泓[⑥]。宋人既成列,楚人未既济,司马曰:"彼众我寡,及其未既济也,请击之。"公曰:"不可。"既济而未成列,又以告。公曰:"未可。"既陈而后击之[⑦],宋师败绩,公伤股,门官歼焉[⑧]。

国人皆咎公。公曰:"君子不重伤[⑨],不禽二毛[⑩]。古之为军也,不以阻隘也。寡人虽亡国之余[⑪],不鼓不成列[⑫]。"子鱼曰:"君未知战。勍敌之人[⑬],隘而不列,天赞我也。阻而鼓之,不亦可乎?犹有惧焉。且今之勍者,皆吾敌也。虽及胡耇[⑭],获则取之,何有于二毛?明耻教战,求杀敌也。伤未及死,如何勿重? 若爱重伤,则如勿伤⑮;爱其二毛,则如服焉。三军以利用也⑯,金鼓以声气也⑰。利而用之,阻隘可也。声盛致志,鼓儳可也⑱。"

### 【注释】

① 楚人伐宋以救郑:宋襄公为了和楚成王争霸,于鲁僖公二十二年夏季,出兵攻打当时依附于楚国的郑国,楚国为援救郑国,便出兵攻打宋国。
② 宋公:指宋襄公,前650年至前637年在位。
③ 大司马:官名,掌管军政。当时宋襄公的庶兄子鱼任此职。
④ 天之弃商久矣:宋国是商朝的后裔。从公元前11世纪商朝灭亡到宋襄公时,中间经历四百多年。古人认为一个国家和部族的兴衰是由天意决定的。
⑤ 也已:句末语气词连用,表示一种直陈、肯定的语气。
⑥ 泓(Hóng):水名,故道在今河南柘(Zhè)城西北。
⑦ 陈(zhèn):通"阵"。军队作战时摆开阵势,这里用作动词。
⑧ 门官:古时保卫国君的近卫军官,平时守门,战时跟随国君。
⑨ 重(chóng)伤:对已经受伤的人再加伤害。
⑩ 禽:通"擒"。 二毛:指头发花白的人。
⑪ 亡国之余:宋国君主是商王的后裔,而商朝早已在公元前11世纪就灭亡了,所以宋襄公这样说。
⑫ 鼓:这里用作动词,鸣鼓进攻的意思。古代打仗,击鼓表示进攻。
⑬ 劼(qíng):强劲有力。
⑭ 胡耇(gǒu):年老的人。
⑮ 如:不如,下句"如"用法同。
⑯ 三军:春秋时大国一般设置三军,称为中军、左军和右军。这里泛指军队。
⑰ 金鼓:古时作战用鼓声来鼓舞士气,表示进击;鸣金表示收兵。
⑱ 儳(chán):混乱。

## 【译文】

楚国攻打宋国,其目的在援救郑国。宋襄公打算迎战。大司马坚决地谏阻说:"老天抛弃商已经很久了,您打算复兴它,这种违背天意的罪过是不能赦免的啊。"但宋襄公不听。

宋国人和楚国人在泓水交战。当宋国人已经摆好了阵势,而楚国人还没有完全渡过河的时候,司马说:"对方兵多,我方兵少,趁着他们还没有完全渡过河的时候,请下令攻击他们。"宋襄公说:"不可以。"当楚国军队已经全部渡过了河,但还没有摆成阵势时,司马又把请求下令进击的话告诉宋襄公。宋襄公还是说:"不可以。"等楚国人已经布完了阵势,宋国人才发动攻击,结果宋军大败,宋襄公伤了大腿,门官被歼灭。

国人都责备宋襄公。襄公说:"君子对已经受了伤的人,就不再伤害他;也不俘虏那些老人。古代打仗,不攻击处于险阻狭隘地方的敌人。我虽然是亡了国的商朝的后裔,但仍然不攻击还没有摆好阵势的军队。"子鱼说:"您不懂得战争。强大的敌人因处于狭隘的地方而不能列阵,这正是上天在帮助我们。乘敌人处于险阻的地方而攻击他们,不是很好吗?这样还担心不能取胜呢。况且现在那些强劲有力的人,都是我们的敌人。虽然碰上的是老年人,能俘获的也要把他们抓过来,对于那些头发花白的人还有什么顾忌呢?使将士知道什么是耻辱,教给他们怎样打仗,目的就在多杀敌人。对于那些受伤未死的敌人,为什么不可以再杀伤他们?如果是不忍心再杀伤他们,那就不如一开始就别杀伤他们;如果是不忍心杀伤头发花白的敌人,那就不如屈服。凡是军队,都要选择有利的时机而行动,鸣金击鼓是为了鼓舞士气的。乘敌人处于险阻狭窄的地方时,我们发动攻击,完全是可以的。我们的声势盛大,斗志昂扬,乘敌人处于混乱的状态,而击鼓进攻,也完全是可以的。"

# 寺人披见文公 僖公二十四年

## 左 传

【题解】

本篇记述晋文公的仇人寺人披怎样说服晋文公抛开旧仇接见了他,从而使晋文公避免了一场灾难。

寺人披趋炎附势的品行固然不足取,但齐桓公、晋文公开阔的心胸和气魄对他们事业的开展还是起了作用的。

吕、郤畏逼①,将焚公宫而弑晋侯②。寺人披请见③。公使让之,且辞焉。曰:"蒲城之役④,君命一宿,女即至⑤。其后,余从狄君以田渭滨⑥,女为惠公来求杀余⑦。命女三宿,女中宿至。虽有君命,何其速也?夫袪犹在⑧,女其行乎!"对曰:"臣谓君之入也,其知之矣;若犹未也,又将及难。君命无二,古之制也。除君之恶,唯力是视。蒲人、狄人,余何有焉?今君即位,其无蒲、狄乎?齐桓公置射钩而使管仲相⑨,君若易之,何辱命焉?行者甚众,岂唯刑臣⑩!"

公见之,以难告。晋侯潜会秦伯于王城⑪。己丑晦⑫,公宫火。瑕甥、郤芮不获公,乃如河上,秦伯诱而杀之。

【注释】

① 吕、郤(xì):吕甥、郤芮(ruì),都是晋惠公、晋怀公的旧臣。吕甥复姓瑕吕,名饴甥。下文又作瑕甥。
② 晋侯:指晋文公重耳。
③ 寺人披:即勃鞮。寺人,即后世所说的宦官。披,人名。　见:谒见。

④ 蒲城之役:晋献公听信骊姬谗言,逼死太子申生之后,又想捕捉公子重耳和夷吾,然后使骊姬的儿子奚齐继承君位。鲁僖公五年(前655年),晋献公使寺人披攻打重耳居住的蒲城(今山西隰县西北),逼令重耳自杀,重耳逾墙逃走。

⑤ 女:通"汝"。下文中"女"同。

⑥ 狄:春秋时居住在北方的少数民族。 田:也写作"畋"。打猎。渭:渭河。

⑦ 为惠公来求杀余:晋献公死后,公子夷吾继位,即晋惠公。晋惠公六年(前645年),派寺人披到狄国去谋杀重耳,由于重耳事先得知消息,谋杀未成。

⑧ 袪(qū):衣袖。寺人披在蒲城追捕晋文公时,曾把他的衣袖割断。

⑨ 齐桓公置射钩而使管仲相:鲁庄公九年(前685年),鲁国帮助齐国公子纠和齐桓公小白争君位,战于乾时(在今山东临淄东南)。管仲当时辅佐公子纠,在战争中射中齐桓公的衣带钩。后来齐桓公听从鲍叔牙的劝说,不念旧恶,仍然重用管仲。置,弃。这里是搁置的意思。

⑩ 刑臣:寺人披受过宫刑,所以这样自称。

⑪ 秦伯:指秦穆公。 王城:在今陕西大荔东。

⑫ 己丑:三月二十九日。 晦:阴历每月的最后一天。

## 【译文】

　　吕甥、郤芮怕受到迫害,准备放火焚烧晋文公的宫室,杀死晋侯。这时寺人披请求谒见晋文公。晋文公派人斥责他,并且推辞不见。说:"蒲城那次战役,国君命令你第二天到达,你当天就赶到了。以后,我跟从狄国国君在渭水边上打猎,你又为惠公来到这里千方百计地想杀我。他命令你三天到达,你第二天就赶到了。虽然有国君的命令,为什么来得那么快?那只衣袖至今还在,你快走开吧!"寺人披回答说:"我以为您回到国内,已经明白做国君的道理了;如果仍没有明白,还要遭受灾难。对于国君的命令不能怀有二心,这是自古以来的制度。为国君除掉恶人,有多大力量就得出多大力量。至于国君所认为的恶人,是蒲人还是狄人,那和我有什么相干呢?您现在即位了,难道就没有蒲人和狄人了吗?齐桓公不计较射带钩的往事,而使管仲辅佐自己,您如果采取不同于齐桓公的做法,又何必劳您命令我走开呢?而且走的人一定很多,岂止我一个!"

晋文公接见了寺人披,寺人披把吕、郤准备发难的密谋告诉了晋文公。于是晋文公在王城暗地里与秦伯会晤。三月二十九日是这个月的最后一天,晋文公的宫室果然起火。吕甥、郤芮没有抓到晋文公,就赶到黄河边上,秦伯于是诱捕并杀死他们。

# 介之推不言禄 僖公二十四年

## 左 传

【题解】

本篇颂扬了介之推母子不求禄、不图名的品行。

在晋文公逃难过程中,介之推曾追随多年。但当文公返国,众臣争名求禄的时候,他却独自超脱于纷争之外,这在当时是高出一般人之上的。

介母三番设问,意在考验儿子是否坚决,并非指使儿子去追求名利。作者笔法新奇,值得玩味。

晋侯赏从亡者①,介之推不言禄②;禄亦弗及。

推曰:"献公之子九人,唯君在矣。惠、怀无亲,外内弃之。天未绝晋,必将有主。主晋祀者,非君而谁?天实置之,而二三子以为己力,不亦诬乎?窃人之财,犹谓之盗,况贪天之功以为己力乎?下义其罪,上赏其奸,上下相蒙,难与处矣。"

其母曰:"盍亦求之?以死谁怼③?"对曰:"尤而效之,罪又甚焉。且出怨言,不食其食。"其母曰:"亦使知之,若何?"对曰:"言,身之文也;身将隐,焉用文之?是求显也。"其母曰:"能如是乎?与汝偕隐。"遂隐而死。

晋侯求之不获,以绵上为之田④,曰:"以志吾过,且旌善人。"

【注释】

① 晋侯:指晋文公,前636年至前628年在位。
② 介之推:又称介推,春秋时晋国贵族。曾跟随晋文公流亡国外。 禄:禄赏,赏赐。
③ 怼(duì):怨恨。
④ 绵上:晋地名,在今山西介休东南。

【译文】

晋文公赏赐曾跟随他流亡国外的人员,介之推从来不谈论禄赏;而赐禄赏时也没有考虑到他。

介之推说:"献公的儿子有九个,现在只剩下文公一人了。惠公、怀公都没有亲近的人,国内、国外都厌弃他们。上天不想断绝晋国的世系,晋国还是会有君主的。主持晋国祭祀的人,不是文公还会是谁呢?这实在是由于上天要立他,但那些随从他逃亡的人却以为是自己的功劳,这不也是骗人的话吗?偷窃别人的财物,还要称他为盗贼,更何况贪求上天的功劳以为自己的力量呢?居于下位的人把这种罪恶看作正义的行为,而处于上位的人对这种奸诈的行为却又给予赏赐,上下互相蒙骗,已经难于和他们相处了。"

他的母亲说:"你何不也去请求赏赐呢?不去求赏,这样死了,又能抱怨谁呢?"回答说:"既然认为那些人的行为是罪过,而又去效法他们,这个罪过就更加严重。而且我已经说出了抱怨的话,即决不吃他的禄赏。"他的母亲又说:"也应当让他们知道你的心思,你看怎么样?"回答说:"言语是自身的文饰;我本身即将隐居,还用得着言语来文饰吗?这样做,那正是企求显达呀。"他母亲说:"你真能这样做吗?那么,我和你一起去隐居。"于是他们就隐居山林,直到死去。

晋文公到处寻找他们都没有找到,就把绵上作为介之推的祭田,说:"以此记下我的过错,并以此表彰心地善良的人。"

# 展喜犒师 僖公二十六年

## 左 传

【题解】

本篇记述鲁国的一次出色的外交活动。

鲁僖公二十六年(前634年)夏季,齐孝公攻打鲁国。当时齐强鲁弱,鲁国又发生饥荒,实无力抵抗。但使臣展喜由于展禽面授机宜,在与齐孝公的谈判中,利用两国先君的关系和盟誓,以及齐孝公的虚荣心,慷慨陈词,理直气壮,使得齐孝公无言以对,不得不撤军。

齐孝公伐我北鄙①。公使展喜犒师②,使受命于展禽③。齐侯未入竟④,展喜从之。曰:"寡君闻君亲举玉趾⑤,将辱于敝邑⑥,使下臣犒执事⑦。"齐侯曰:"鲁人恐乎?"对曰:"小人恐矣,君子则否⑧。"齐侯曰:"室如悬罄⑨,野无青草,何恃而不恐?"对曰:"恃先王之命。昔周公、大公⑩,股肱周室⑪,夹辅成王。成王劳之,而赐之盟。曰:'世世子孙,无相害也。'载在盟府⑫,太师职之⑬。桓公是以纠合诸侯⑭,而谋其不协,弥缝其阙,而匡救其灾,昭旧职也。及君即位,诸侯之望曰:'其率桓之功⑮。'我敝邑用不敢保聚,曰:'岂其嗣世九年⑯,而弃命废职,其若先君何⑰?'君必不然。恃此以不恐。"

齐侯乃还。

【注释】

① 我:指鲁国。相传《左传》为鲁国史官左丘明所编纂,所以这里采取了这

种口气。　鄙:边疆。
② 公:指鲁僖公,前659年至前627年在位。　展喜:鲁大夫。　犒师:慰劳军队。师,这里指前来攻伐鲁国的齐国军队。
③ 展禽:姓展,名获,字禽,谥号惠。因食邑于柳下,所以又称柳下惠。展喜是他的弟弟。
④ 竟:通"境"。这里指鲁国国境。
⑤ 举玉趾:尊称别人行止的敬辞。趾,指腿脚。
⑥ 辱于敝邑:谦辞。意思是您到我国来,是使您蒙受耻辱的事情。敝邑,对自己国家的谦称。
⑦ 执事:古代指君主左右办事的人。这里是对齐孝公的敬称。
⑧ 君子:这里指有地位的人。
⑨ 悬磬(qìng):形容空无所有,贫穷之极。磬,乐器,中间空虚。
⑩ 周公:指周武王之弟周公姬旦。曾辅助武王灭商。武王死后,成王年幼,由他摄政。他的长子伯禽是鲁国的始祖。　大(tài)公:指齐国始祖吕望,也称姜太公。在建立和巩固周王朝的过程中,周公和姜太公都建立了很大的功勋。
⑪ 股肱:这里比喻帝王左右的得力大臣。股,大腿;肱(gōng),胳膊。
⑫ 载:载书,指盟约。也称盟书。　盟府:古代掌管盟约的官府。
⑬ 太师:应为太史,官名,掌管国家典籍。　职:掌管。
⑭ 桓公:指齐桓公,前685年至前643年在位。
⑮ 率:遵循。　桓:指齐桓公。
⑯ 嗣世九年:指齐孝公从鲁僖公十八年即位,到鲁僖公二十六年这九年时间。
⑰ 先君:指齐太公、齐桓公。

## 【译文】

　　齐孝公进攻我北部边境。僖公派展喜去犒劳齐军,先让他到展禽那里去听取犒军的辞令。齐侯还没有进入鲁国的国境,展喜就迎上去。他对齐孝公说:"我国国君听说您亲自前来,将要屈尊驾临我国,特派我来犒劳您的办事大臣。"齐孝公问:"你们鲁国人害怕了吗?"展喜回答说:"小人害怕了,君子则不害怕。"齐孝公说:"你们家家空虚,赤地千里,仗恃什么而不害怕?"回答说:"仗恃先王的命令。

过去周公、太公,都是周王室的得力大臣,共同辅佐成王。成王慰劳他们,命令他们结盟。盟约说:'世世代代、子子孙孙都不要互相侵害。'这盟约至今还保存在盟府里,由太史掌管着。齐桓公联合诸侯,解决了他们之间的纠纷,弥补了他们之间的裂痕,从而将他们从灾难中挽救过来,这样做,正是为了表明仍然在履行太公辅佐周王室的固有职责啊。到您即位之后,诸侯都抱着很大的希望,说:'他能继承桓公的事业。'因此,我国也就不敢集结兵力,防守边境,说:'难道他即位刚刚九年,就抛弃了先王的遗命,废除了自己的固有职责,这怎么能对得住过去的君主?'您一定不会这样做的。我国的君子就是仗恃着这种信心而不感到害怕的。"

于是,齐侯就撤兵回去了。

# 烛之武退秦师 僖公三十年

## 左 传

【题解】

鲁僖公三十年(前630年),秦晋联军包围了郑国的国都。在兵临城下的危急时刻,郑国老臣烛之武只身来到敌营。由于他对秦晋之间貌合神离的关系了如指掌,抓住他们之间的矛盾,处处从对方的利害立言,终以唇枪舌剑折服了秦穆公,于是秦国单独与郑国媾和,罢兵回国。在这种形势下,晋军也只好撤退。

晋侯、秦伯围郑①,以其无礼于晋②,且贰于楚也③。晋军函陵,秦军汜南④。佚之狐言于郑伯曰⑤:"国危矣!若使烛之武见秦君,师必退。"公从之。辞曰:"臣之壮也,犹不如人;今老矣,无能为也已。"公曰:"吾不能早用子,今急而求子,是寡人之过也。然郑亡,子亦有不利焉!"许之。

夜缒而出⑥。见秦伯曰:"秦、晋围郑,郑既知亡矣。若亡郑而有益于君,敢以烦执事⑦。越国以鄙远⑧,君知其难也。焉用亡郑以陪邻?邻之厚,君之薄也。若舍郑以为东道主⑨,行李之往来⑩,共其乏困⑪,君亦无所害。且君尝为晋君赐矣⑫,许君焦、瑕⑬,朝济而夕设版焉⑭,君之所知也。夫晋何厌之有?既东封郑⑮,又欲肆其西封⑯。若不阙秦⑰,将焉取之?阙秦以利晋,唯君图之。"

秦伯说⑱,与郑人盟,使杞子、逢孙、杨孙戍之⑲,乃还。子犯请击之⑳,公曰:"不可。微夫人之力不及此㉑。因人之力而敝之㉒,不仁;失其所与㉓,不知㉔;以乱易整㉕,不武㉖。吾其还也。"亦去之。

【注释】

① 晋侯:指晋文公。 秦伯:指秦穆公。 郑:国名,姬姓,在今河南中部。
② 以:因。 无礼:晋文公为公子时曾流亡各诸侯国,经过郑国时,郑文公没有以礼相待。
③ 贰:两属,这里是依附的意思。
④ 军:作动词用,驻扎。 函陵:地名,在今河南新郑北。 氾(Fàn):水名,指东氾,早已淤塞,故道在今河南中牟县南。
⑤ 佚之狐:郑大夫。 郑伯:指郑文公,前672年至前628年在位。
⑥ 缒(zhuì):系在绳子上放下去。
⑦ 执事:敬辞,左右办事的人,这里实际是指秦穆公本人。
⑧ 鄙:边疆。
⑨ 东道主:东路上的主人。郑在秦东,故可以招待秦国过往使者。
⑩ 行李:外交使者。
⑪ 共:通"供"。 乏困:指食宿方面的不足。
⑫ 赐:恩惠,指秦国支持晋惠公、晋文公取得君位的往事。
⑬ 焦、瑕:晋国二邑名,都在今河南陕县附近。
⑭ 济:渡河,指晋惠公渡河归国事。 版:打土墙用的夹版。这里指版筑防

御工事。晋惠公为报答秦君,曾许给秦国焦、瑕二地,但回国后马上赖账了。
⑮ 封:疆界。这里作动词用,即"以……为疆界"的意思。
⑯ 肆:放肆,指极力扩展。
⑰ 阙:损害。
⑱ 说:通"悦"。
⑲ 杞子、逢孙、杨孙:三人都是秦大夫。
⑳ 子犯:即狐偃,晋文公的舅父。
㉑ 微:没有。　夫人:指秦穆公。
㉒ 敝:损害。
㉓ 所与:同盟者,与国。
㉔ 知:通"智"。
㉕ 乱:这里是分裂混乱的意思。　易:代替。　整:这里是联盟的意思。
㉖ 武:英武,与"仁"一样,都是当时抽象的道德观念。

## 【译文】

　　晋文公和秦穆公联合起来围攻郑国,这是因为郑国国君对晋文公曾有过失礼的行为,而且又依附楚国,对晋国怀有二心。当时晋国的军队进驻函陵,秦国的军队进驻氾水的南面。佚之狐对郑文公说:"国家很危险了!如果派遣烛之武去见秦国国君,他们的军队一定会撤退的。"郑文公听从了他的建议。可是烛之武却推辞说:"老臣在年富力强的时候,尚且不如别人;如今年老了,更做不了什么事啦!"郑文公说:"我不能及早用你,现在有急事才来求你,这是我的过错。但是郑国灭亡了,对你也很不利啊!"烛之武这才答应了。

　　当天夜里,烛之武用绳子缚住身体,从城墙上坠下去。见到了秦穆公,说:"秦晋两国军队围攻郑国,郑国人已经知道自己就要灭亡了。假如郑国灭亡了对您有好处,那就麻烦您进行这次战争吧!一个国家要越过另一个国家,在遥远的土地上开辟自己的边邑,您会懂得这是很难办的。您何必灭掉郑国来扩大邻国的疆域呢?邻国的实力增强了,就等于贵国的势力削弱了。假如保留下郑国,作为您的东道主,贵国的使者来往经过这里,也能供应他们缺乏的东西,这对您也没有坏处。再说,您曾经对晋惠公施与恩惠,他答应以焦、瑕两城作为酬谢,可是他早晨刚渡河回国,晚上就修筑工事来防备您,这些您都是知道的。晋国哪里会有满足的时候?等到他在东边把疆土扩大到郑国,就会再向西边扩展疆土。那时候如果不去损害秦国,又能到哪里去取得土地呢?损害秦国来增强晋国,请您好好考虑这件事吧。"

秦穆公听了这番话,很高兴,就和郑国订立了盟约,委派杞子、逢孙和杨孙等人,留守在那里,自己率领大军回去了。这时狐偃请求出兵袭击秦军。晋文公说:"不行。假如当初没有这个人的帮助,我也不会有今天。得过人家的帮助,反而去伤害人家,这是不仁;失掉了自己的同盟者,这是不智;以混战代替联盟,这是不武。我们还是撤回去吧。"于是,晋国的军队也撤出了郑国。

# 蹇叔哭师 僖公三十二年

## 左 传

【题解】

蹇叔是秦国富有经验的老臣,他预见到秦军千里远征,必然失败。秦穆公不仅没有听从他的忠告,反而加以辱骂、嘲笑。蹇叔只好哭送出征的军队。第二年,秦军果然大败而归。结果证明蹇叔的意见是正确的。

杞子自郑使告于秦曰①:"郑人使我掌其北门之管②,若潜师以来,国可得也。"穆公访诸蹇叔③,蹇叔曰:"劳师以袭远,非所闻也。师劳力竭,远主备之,无乃不可乎④?师之所为,郑必知之。勤而无所,必有悖心⑤。且行千里,其谁不知?"

公辞焉。召孟明、西乞、白乙⑥,使出师于东门之外。蹇叔哭之,曰:"孟子,吾见师之出而不见其入也。"公使谓之曰:"尔何知!中寿⑦,尔墓之木拱矣!⑧"

蹇叔之子与师,哭而送之,曰:"晋人御师必于殽⑨。殽有二陵焉⑩:其南陵,夏后皋之墓也⑪;其北陵,文王之所避风雨也。必死是间,余收尔骨焉。"秦师遂东。

【注释】

① 杞子:秦大夫。僖公三十年(前630年),秦穆公与郑人订立盟约以后,派杞子等三位大夫留守在郑国。
② 管:钥匙。
③ 蹇(Jiǎn)叔:秦国元老。
④ 无乃:恐怕,表示委婉的语气词。
⑤ 悖(bèi):怨恨。
⑥ 孟明、西乞、白乙:三人都是秦国的将领,即百里视(字孟明)、西乞术、白乙丙。
⑦ 中寿:六十岁左右,此时蹇叔已七八十岁,过了中寿。
⑧ 木拱:树木已有两手合抱那么粗了。
⑨ 殽:通"崤"(Xiáo),山名,在今河南洛宁西北,地势险要。
⑩ 二陵:指南陵和北陵,相距三十五里。陵,大山。
⑪ 夏后皋(gāo):夏朝帝王,名皋,夏桀的祖父。

【译文】

杞子从郑国派人报告秦穆公说:"郑国人叫我掌管都城北门的钥匙,假若能暗中发兵来此,就可以取得郑国。"为此,秦穆公就去征求蹇叔的意见。蹇叔回答说:"兴师动众,长途消耗,去袭击远方的国家,这是我从来没听说过的。兵马疲劳,气力耗尽,远方的郑国也早有了准备,这样做恐怕是不行的。况且出兵的举动,郑国必然知道。辛苦劳累而毫无所得,士兵必然产生怨恨的情绪。再说,要走上千里的路,谁会不知道我们的举动呢?"

穆公不听他的劝告。召集孟明、西乞、白乙三员大将,命令他们带领军队从东门外出发。蹇叔哭着送他们,说:"孟明啊,我恐怕只看到这支军队出去,再也看不到它回来了。"穆公派人对蹇叔说:"你知道什么!你若是中寿就死了的话,现在坟墓上的树木都有两手合抱那么粗了!"

　　蹇叔的儿子也参加了这支出征的队伍,蹇叔哭着送他,说:"晋国人必然要在崤山一带狙击我军。那里有两座大山:南面的称南陵,是夏朝帝皋的坟墓;北面的称北陵,是周文王避过风雨的地方。你必定会死在那里,我要到那里去收拾你的尸骨。"秦军于是就向东行进。

# 郑子家告赵宣子　文公十七年

## 左　传

【题解】

　　这是郑晋外交斗争的一个回合。郑国处于晋、楚两个大国之间,对近邻晋国要侍奉,对强大的楚国也要周旋,但是晋国对此很不满意。于是郑国执政大臣子家便给晋国执政大臣赵宣子写了这封信,历数郑君对晋国的朝见活动,暗示郑对于晋的恭顺已无以复加,如果再加逼迫,郑国可能铤而走险,或投靠楚国,或与晋人拼死一战。

　　子家利用晋楚的矛盾,说明了郑国的观点和态度,寓坚强于恭顺,凛然难犯。书信写得很得体,所以晋人竟无言以对,不得不和解了。

　　晋侯合诸侯于扈①,平宋也②。于是晋侯不见郑伯③,以为贰于楚也④。

　　郑子家使执讯而与之书⑤,以告赵宣子⑥。曰:"寡君即位三年⑦,召蔡侯而与之事君⑧。九月,蔡侯入于敝邑以行。敝邑以侯宣多之难⑨,寡君是以不得与蔡侯偕⑩。十一月,克减侯宣多,而随蔡侯以朝于执事⑪。十二年六月,归生佐寡君之嫡夷⑫,以请陈侯于楚,而朝诸君⑬。十四年七月,寡君又朝,以蒇陈事⑭。十五年五月,陈侯自敝邑往朝于君⑮。往年正月,烛之武往朝夷也⑯。八月,寡君又往朝。以陈、蔡之密迩于楚而不敢贰焉⑰,则敝邑之故也。虽敝邑之事君,何以不免? 在位之中,一朝于襄,而再见于君。夷与孤之二三臣相及于绛⑱。虽我小国,则蔑以过之矣⑲。今大国曰⑳:'尔未逞吾志㉑。'敝邑有亡,无以加焉。古人有言曰:'畏首畏尾,身其余几?'又曰:'鹿死不择音㉒。'小国之事大国也,德,则其人也;不德,则其鹿也。铤而走险㉓,急何能择? 命之罔极㉔,亦知亡矣,将悉敝赋,以待于鯈㉕,唯执事命之。文公二年㉖,朝于齐。四年,为齐侵蔡,亦获成于楚㉗。居大国之间而从于强令㉘,岂其罪也! 大国若弗图㉙,无所逃命。"

晋巩朔行成于郑㉚,赵穿、公婿池为质焉㉛。

【注释】

① 晋侯:指晋灵公,前620年至前607年在位。 扈:郑地名,在今河南原阳县。
② 平宋:平息宋国内乱。
③ 郑伯:指郑穆公,前627年至前606年在位。
④ 贰:二心。指郑国对晋怀有二心,而同楚亲近。
⑤ 子家:郑公子归生,字子家。郑国执政大夫。 执讯:负责通讯、联络的官。 书:信。
⑥ 赵宣子:即赵盾,晋国执政大夫。
⑦ 三年:指郑穆公即位的第三年(前625年)。
⑧ 蔡侯:指蔡庄公。 君:指襄公,前627年至前621年在位。
⑨ 侯宣多:郑大夫。因援助郑穆公即位有功,恃宠专权。

⑩ 偕:同行。
⑪ 克减:稍稍平定。克,胜。减,损。  执事:指侍从左右的人。用以代称对方,表示尊敬。这里实际指晋襄公。
⑫ 嫡:嫡子,正妻所生的长子。  夷:郑国太子名,即后来的郑灵公。
⑬ 陈侯:指陈共公,前631年至前614年在位。陈共公要去朝见晋国,又担心楚国不高兴,所以归生辅助郑太子夷为他请命于楚国。
⑭ 蒇(chǎn):完成。
⑮ 陈侯:指陈灵公,前613年至前599年在位。
⑯ 烛之武:郑大夫。  往朝夷:太子夷往朝于晋。这是倒装句。
⑰ 密迩:亲近。
⑱ 孤:侯王的自称。这里是对外称自己的国君。  二三臣:指郑国烛之武、子家本人等几个臣子。  绛:晋国都城,在今山西翼城县东。
⑲ 蔑:无。
⑳ 大国:指晋国。
㉑ 逞:满足。
㉒ 荫:通"荫",指庇荫之处。言外之意是,如果晋国逼迫太紧,郑国就要投靠楚国。
㉓ 铤(tǐng):快跑的样子。
㉔ 命:指晋国的要求。  罔极:无穷。
㉕ 悉:尽。  赋:这里指军队。古时按田赋出兵。  儵(Chóu):地名,在晋郑交界处。
㉖ 文公二年:指郑文公二年(前671年)。
㉗ 获:得。  成:讲和。蔡是楚的盟国,郑攻打蔡国,当时楚国反与郑国讲和。
㉘ 强令:强制性的命令。
㉙ 图:体谅。
㉚ 巩朔:晋大夫。
㉛ 赵穿:晋国的卿。  公婿池:晋灵公的女婿,名池。

【译文】

晋灵公在扈会合诸侯,商议平定宋国内乱事。这个时候,晋灵公没有会见郑穆公,他认为郑国想投靠楚国,对晋国已怀有二心。

郑国的执政大夫子家差遣一名执讯官,带着一封信,向晋国执政大夫赵宣子加以申述。信中说:"我们国君登位三年,便叫蔡侯和他一起来侍奉你们的君主。九月,蔡侯来到我们国家,从这里出发,到了晋国。当时我们这里因为有侯宣多作乱的事,所以我们国君没能和蔡侯同行。十一月,大体上平定了侯宣多的叛乱,我们的君主就继蔡侯之后,朝见你们君主。十二年六月,我归生陪伴太子夷,为陈国朝见晋国的事请命于楚国,然后来朝拜晋君。十四年七月,我们君主又来朝见晋君,从而促成了晋国与陈国和好的事。十五年五月,陈侯又从我们这里去朝见晋君。去年正月,烛之武陪伴太子夷也来朝见过晋君。八月,我们君主又亲去朝见晋君。陈国、蔡国这样亲近楚国,却不敢对晋国怀有二心,这就是由于我们郑国起了作用的缘故。虽然我国这样尽心地侍奉晋君,结果仍然不免于获罪,这是为什么呢?我们君主在位期间,一次朝见襄公,两次朝见灵公。太子夷和我们君主左右的大臣又接连不断地来到你们国都。我们虽然是一个小国,但侍奉晋君还没有超过我们的。现在你们说:'你们还没有满足我的心愿。'这样,我国只有灭亡一条路了,无法在侍奉你们方面再增加什么了。古人有句话说:'畏首畏尾,去了两头,身子剩下来的还能有多少呢?'又说:'鹿在生死关头,就顾不得选择庇荫的地方了。'小国侍奉大国,大国如果能以恩德相待,那么,他们就是人;如果不能以恩德相待,那么,他们就是鹿。鹿飞奔在险路上,在危急时刻还有什么选择呢?如果你们的要求简直没有个边,我们也知道终究是要亡国了,那只好把我国的兵士全都调动起来,开到儵地去等待你们,现在只听候您的命令了。文公二年,我国也曾朝见过齐国。四年,为了齐国攻打过蔡国,结果反而和楚国讲和了。居住在两个大国之间,服从大国的强制性命令,难道是它的罪过吗!大国如果不予体谅,那也不能不听您的命令了。"

晋国于是差遣巩朔到郑国来讲和,并把赵穿和公婿池两个人留在郑国,作为人质。

# 王孙满对楚子 宣公三年

## 左 传

【题解】

　　春秋时期,周王朝逐渐衰落,诸侯称雄争霸。公元前606年,楚庄王先后吞并了一些小国以后,便陈兵于周朝边境,并询问九鼎的轻重,伺机取代周朝王权。周大夫王孙满为维护周王朝的地位,讲了九鼎的来历以及"在德不在鼎"的道理,回答了楚庄王。文中滴水不漏,句句针对楚国的意图。

　　楚子伐陆浑之戎①,遂至于洛②,观兵于周疆。定王使王孙满劳楚子③。楚子问鼎之大小轻重焉④。对曰:"在德不在鼎。昔夏之方有德也,远方图物⑤,贡金九牧⑥。铸鼎象物,百物而为之备,使民知神奸⑦。故民入川泽山林,不逢不若⑧。螭魅罔两⑨,莫能逢之。用能协于上下,以承天休⑩。桀有昏德⑪,鼎迁于商,载祀六百⑫。商纣暴虐,鼎迁于周。德之休明⑬,虽小,重也;其奸回昏乱⑭,虽大,轻也。天祚明德⑮,有所厎止⑯。成王定鼎于郏鄏⑰,卜世三十,卜年七百,天所命也。周德虽衰,天命未改。鼎之轻重,未可问也。"

【注释】

① 楚子:指楚庄王,前613年至前591年在位。　陆浑之戎:古代西北少数民族之一。古戎人的一支,原居秦、晋西北,后迁到伊川(今河南伊河流域)。
② 洛:水名。源出陕西,经河南入黄河。
③ 定王:周定王,前606年至前586年在位。　王孙满:周大夫。
④ 鼎:相传为夏禹所铸,共九个,是夏、商、周三代传国之宝,也是王朝权力

的象征。因此,问鼎轻重,反映了觊觎(jìyú)王权的意图。
⑤ 图物:绘制各地奇异之物。
⑥ 贡金:贡献金属品。 九牧:九州之长。
⑦ 神奸:鬼神怪异之物。
⑧ 若:顺。
⑨ 螭(chī)魅:通"魑魅",传说是山林里的精怪。 罔两:通"魍魉",传说是河川里的精怪。
⑩ 休:保佑。
⑪ 昏德:昏乱的行为。
⑫ 载祀:载与祀都是年的别名。
⑬ 休明:美好清明。
⑭ 奸回:奸恶邪僻。
⑮ 祚(zuò):赐福。
⑯ 厎(zhǐ)止:限度。
⑰ 成王:指周成王。 定鼎:九鼎为传国重器,王都所在,即鼎之所在,因而称定都为定鼎。 郏鄏(Jiárǔ):地名,在今河南洛阳。

## 【译文】

楚庄王讨伐陆浑戎人,于是把军队带到洛水边上,并在周朝边境上摆列阵势。周定王派王孙满前往慰劳楚庄王。楚庄王便乘机询问九鼎的大小轻重。王孙满回答说:"王朝的兴亡在于德政,而不在于鼎的大小。从前,夏朝实行德政的时候,远方各地把他们那里的奇异之物绘制成图,进献给朝廷,九州的长官也都把金属品贡献出来。禹王于是把这些金属品做成九鼎,上面铸出各种奇物的图像,所有的奇物都铸在上边,目的在让百姓都知道鬼神妖怪的形状。所以,那时百姓进入川泽山林,不会遇到不顺利的事情。山川木石的妖怪,人们就不会遇到他们。因此,上下和睦,都能承受上天所赐予的福分。夏桀有昏乱的行为,九鼎就迁移到商朝,商朝保持六百年。后来商纣王暴虐无道,九鼎又迁移到周朝。德行如果美好清明,鼎虽然很小,也是很重的;德行如果奸邪昏乱,鼎即使很大,也是很轻的。上天保佑德行高尚的人,也是有限度的。成王定鼎于郏鄏的时候,曾占卜过,可以传代三十,历年七百,这是上天的意旨。现在周朝的德行虽然衰落,可是天命还没有改变。关于九鼎的轻重,也就不必询问了!"

# 齐国佐不辱命 成公二年

## 左 传

【题解】

　　公元前589年,齐、晋发生鞌之战,齐顷公骄傲轻敌,战败逃归,晋军继续追击。齐国派出使臣国佐与晋人谈判。晋人提出十分苛刻的条件,国佐从容不迫,逐条驳斥,取得了外交上的胜利。

　　晋师从齐师①,入自丘舆②,击马陉③。齐侯使宾媚人赂以纪甗、玉磬与地④。"不可,则听客之所为。"

　　宾媚人致赂,晋人不可,曰:"必以萧同叔子为质⑤,而使齐之封内尽东其亩⑥。"对曰:"萧同叔子非他,寡君之母也。若以匹敌⑦,则亦晋君之母也。吾子布大命于诸侯,而曰必质其母以为信,其若王命何⑧?且是以不孝令也。《诗》曰:'孝子不匮,永锡尔类⑨。'若以不孝令于诸侯,其无乃非德类也乎⑩?先王疆理天下⑪,物土之宜而布其利⑫。故《诗》曰:'我疆我理,南东其亩⑬。'今吾子疆理诸侯,而曰'尽东其亩'而已,唯吾子戎车是利⑭,无顾土宜,其无乃非先王之命也乎?反先王则不义,何以为盟主? 其晋实有阙⑮!四王之王也⑯,树德而济同欲焉;五伯之霸也⑰,勤而抚之,以役王命。今吾子求合诸侯,以逞无疆之欲。《诗》曰:'敷政优优,百禄是遒⑱。'子实不优,而弃百禄,诸侯何害焉? 不然,寡君之命使臣,则有辞矣。曰:'子以君师辱于敝邑,不腆敝赋⑲,以犒从者⑳。畏君之震㉑,师徒挠败㉒。吾子惠徼齐国之福㉓,不泯其社稷㉔,使继旧好。唯是先君之敝器土地不敢爱,子又不许。请收合余烬㉕,背城借一。敝邑之幸,亦云从也。况其不幸,敢不唯命是听!'"

【注释】

① 从:追击。
② 丘舆:齐地名,在今山东费县。
③ 马陉:齐地名,在今山东益都西南。
④ 齐侯:指齐顷公,前598年至前582年在位。 宾媚人:即国佐,齐大夫。 纪:古国名,在今山东寿光南,为齐所灭。 甗(yǎn):炊器,青铜或陶制。 玉磬(qìng):玉制乐器。这是齐灭纪国时所得到的两件国宝。
⑤ 萧同叔子:指齐顷公的母亲。萧,国名。同叔,萧国国君的字,此人为齐顷公的外祖父。子,指女儿。晋人不便直言,所以这样称呼她。 质:人质。
⑥ 尽东其亩:使田间的垄埂顺着东西的方向。晋人企图以兵车进攻齐国时易于通行。
⑦ 匹敌:指国君地位平等。
⑧ 王命:指先王关于以孝治天下的命令。
⑨ 匮(kuì):竭尽。 锡:赐予。诗句见《诗经·大雅·既醉》。
⑩ 无乃:委婉的语气词,有"恐怕"的意思。
⑪ 疆理:指对田地的划分与治理。疆,定疆界。理,治理,指划定沟渠和道路。
⑫ 物:察看。 布:分布。
⑬ 南东其亩:指垄埂走向,或顺着南北方向,或顺着东西方向。诗句见《诗经·小雅·信南山》。南、东都是动词。
⑭ 戎车:兵车。
⑮ 阙:过失。
⑯ 四王:指禹、汤、周文王、周武王。 王(wàng):是以德治天下的意思。
⑰ 五伯:指夏的昆吾、商的大彭、豕韦、周的齐桓、晋文。也有人认为是指齐

桓公、宋襄公、晋文公、秦穆公、楚庄王。伯,通"霸"。
⑱ 敷:施行。 优优:宽大平和的样子。 禄:幸福。 遒(qiú):聚集。诗句见《诗经·商颂·长发》。
⑲ 腆(tiǎn):厚。 赋:这里指军队。
⑳ 犒:本指慰劳军士,这是外交辞令,指与晋人作战。
㉑ 震:引申为"威力"的意思。
㉒ 挠败:挫折失败。
㉓ 徼(yāo):求。
㉔ 泯:毁灭。
㉕ 烬:烧残的灰。这里比喻残余的军队。

## 【译文】

晋军追击齐军,从丘舆进入,攻打马陉。齐顷公派遣宾媚人向晋国赠送纪国的甗和玉磬,还有土地。并交代他说:"这样,如果晋人还不答应,那只好听从他们所采取的行动了。"

宾媚人送上礼物以后,晋人果然还不答应,说:"必须用萧同叔的女儿作为人质,而且要使齐国境内的所有田垄都顺着东西方向走,才可以退兵。"宾媚人回答说:"萧同叔的女儿不是别人,那是我们君主的母亲啊。如果把两国的地位平等看待,那么,她也就是晋君的母亲啊!您向诸侯发布命令,说必须把晋国国君的母亲作为人质,以为凭信,这样您把先王以孝治天下的命令又置于何地?而且这是令人做不孝的事情。《诗经》上说:'孝子行孝道,没有亏缺,上天就永远赐给你们福禄。'假如用不孝的行为去号令诸侯,恐怕不能算是把孝道推行于自己的族类吧?先王划分疆界,治理土地,要察看土地宜于做什么用处,然后安排如何取得收益的事情。所以《诗经》上说:'我划分疆界,我治理土地,那田埂有的是南北走向,也有的是东西走向。'现在您划分和治理各国的土地,却说'田埂必须是东西走向',这只是为了您的兵车进攻的方便,不顾地势是否适宜,这恐怕不是先王的命令吧?违反先王的命令就是不义,又凭什么做盟主呢?晋国确实有过错!四王治理天下的时候,都是树立德政,满足诸侯的共同愿望;五霸称霸的时候,也是勤勤恳恳地安抚大家,共同执行先王的命令。现在您想联合诸侯,却只企图满足自己无限的欲望。《诗经》上说:'施行宽和的政治,各种福禄都会汇集了来。'您施行的政治实在不宽和,因而抛弃了各种福禄,这对诸侯又有什么害处呢?假如您始终不答应,我们君主命令我还有话说。他说:'您带领你们的军队到我们的国土上来,我们用不强大的兵力来慰劳您的军士。我们慑于您的威力,军队遭到挫折。幸而您希望求得齐国先君的福气,没有毁灭齐国的社稷,使我们能够继续保持过去的友好关系。因此,我们毫不吝惜自己的宝物和土地,可是,您又不答应。既然如此,那就请您允许我们收拾残兵剩卒,背靠着我们的城池,借一次决战的机会。我国如果侥幸得胜,当然也还是要听从您的命令。如果不幸战败,那就更不敢不听从您的命令了。'"

# 楚归晋知䓨 成公三年

## 左 传

【题解】

本篇记载了晋大夫知䓨与楚王的几段对话。身为累囚的知䓨在楚王面前,毫无卑躬屈膝的表现,有力地回答了楚王无理的要求。

文中楚王的问话句句紧逼,知䓨的答话处处撇开,最后一段所答非所问,尤其巧妙。结果,楚王反而被他折服。

晋人归楚公子谷臣与连尹襄老之尸于楚[1],以求知䓨[2],于是,荀首佐中军矣[3],故楚人许之。

王送知䓨[4],曰:"子其怨我乎?"对曰:"二国治戎,臣不才,不胜其任,以为俘馘[5]。执事不以衅鼓[6],使归即戮[7],君之惠也。臣实不才,又谁敢怨?"王曰:"然则德我乎?"对曰:

"二国图其社稷,而求纾其民⑧。各惩其忿⑨,以相宥也⑩。两释累囚⑪,以成其好。二国有好,臣不与及,其谁敢德?"王曰:"子归,何以报我?"对曰:"臣不任受怨,君亦不任受德,无怨无德,不知所报。"王曰:"虽然,必告不榖⑫。"对曰:"以君之灵⑬,累臣得归骨于晋⑭,寡君之以为戮,死且不朽⑮。若从君之惠而免之,以赐君之外臣首⑯,首其请于寡君而以戮于宗⑰,亦死且不朽。若不获命,而使嗣宗职⑱,次及于事⑲,而帅偏师以修封疆⑳,虽遇执事,其弗敢违。其竭力致死,无有二心,以尽臣礼,所以报也。"王曰:"晋未可与争。"重为之礼而归之。

## 【注释】

① 谷臣:楚庄王的儿子。 连尹襄老:楚臣。连尹,官名。襄老,人名。公元前597年晋楚邲之战时,晋国俘获谷臣,射死襄老,把尸首运回晋国。楚国俘获知䓨。
② 知䓨(yīng):晋大夫,荀首之子。
③ 荀首:即知庄子,晋国的上卿。 佐:辅,任副职的意思。 中军:古代军事编制,分左中右三军,主帅亲率中军。
④ 王:指楚共王,前590年至前560年在位。
⑤ 俘馘(guó):俘虏。馘,截掉耳朵。古代战时以割取敌人尸首左耳来记战功。
⑥ 执事:侍从左右的人。这里实际指楚共王。 衅鼓:古代的一种祭礼。用牲畜的血来涂抹钟鼓。这里是被杀掉的意思。
⑦ 即:动词,就。
⑧ 纾(shū):宽舒。这里是解除苦难的意思。
⑨ 惩:克制。
⑩ 宥(yòu):宽赦。这里是原谅的意思。
⑪ 累:捆绑。
⑫ 不榖:不善。这是诸侯自称的谦辞。
⑬ 灵:威灵。这里是福气的意思。
⑭ 累臣:被俘虏的人。这里是知䓨的自称。
⑮ 不朽:不腐烂。这里指对国君忠贞不渝。

⑯ 外臣:对别国君主称本国的臣。这里指知罃的父亲荀首。
⑰ 宗:宗族。
⑱ 嗣:继承。　宗职:家族世袭的官职。
⑲ 事:军事,这里指担任军中职务。
⑳ 偏师:副将所率军队。　修封疆:保卫边境。

## 【译文】

　　晋国人将楚国公子谷臣和连尹襄老的尸骨送到楚国,想要以此赎回知罃,这个时候,知罃的父亲荀首已经做了晋国中军的副帅,所以楚国人答应了。

　　楚王送知罃回国时,对他说:"你怨恨我吗?"知罃回答说:"两国交战,我没有才能,不能胜任自己的职务,因而成了俘虏。您没有把我杀掉,使我能够回到晋国去受刑,这是您对我的恩惠。我实在是没有才能,还敢怨恨谁呢?"楚王又说:"那么,你感激我吗?"知罃回答说:"两国交战,都是为了谋求各自国家的利益,解除百姓们的苦难。现在双方克制了自己的愤怒,因而达成互相的谅解。双方释放战俘,建立了友好关系。两国友好,这和我个人并无关系,我能感激谁呢?"楚王说:"你回到晋国,怎样报答我呢?"知罃回答说:"我没有什么被人怨恨的地方,您没有什么让人感激的恩德,咱们互相是既无怨恨,又无恩德,我不知道应该怎样报答。"楚王说:"话虽然这么说,你还是一定要告诉我。"知罃回答说:"托您的福气,我这把骨头能够回到晋国,假如我们国君把我杀掉了,我死了也是忠贞不渝的。若是由于您的恩惠,我们国君免我一死,把我交给您的外臣荀首,荀首再请命于我们国君,然后在宗族内将我处死,那我死了也是忠贞不渝的。如果荀首的请求没有获得允许,而且又让我继承宗族世袭的官位,轮到我担任军职,率领一部分军队去保卫边境,那时我即使是遇到了您,也不会回避。我将竭尽全力作战,直到战死,没有二心,以此来尽到臣子之礼,这就是我对您的报答。"楚王说:"看来是不能同晋国争斗啊!"于是为知罃举行隆重的礼仪,送他回国。

# 吕相绝秦 成公十三年

## 左 传

【题解】

　　春秋中期,在几个争霸的大国之间,秦晋两国的关系最为微妙。他们是比邻,又有亲戚关系,彼此来往很多,但有时又打得不可开交。

　　公元前580年,晋厉公与秦桓公约好在令狐会盟,秦君却临时变卦,背弃了盟约,后来又挑唆北方的狄族和南方的楚国夹攻晋国。于是晋君命吕相表达了同秦绝交的意见。

　　本篇历数秦晋邦交的历史和秦国背信弃义的行为,深文曲笔,句句紧逼,可称辞令方面的代表作。但其中指责秦国的罪状,有的地方与史实不符。

　　晋侯使吕相绝秦①,曰②:

　　昔逮我献公及穆公相好③,勠力同心④,申之以盟誓⑤,重之以昏姻⑥。天祸晋国⑦,文公如齐,惠公如秦。无禄⑧,献公即世⑨。穆公不忘旧德,俾我惠公用能奉祀于晋⑩。又不能成大勋⑪,而为韩之师⑫。亦悔于厥心,用集我文公,是穆之成也⑬。

　　文公躬擐甲胄⑭,跋履山川,逾越险阻,征东之诸侯⑮——虞、夏、商、周之胤⑯——而朝诸秦,则亦既报旧德矣。郑人怒君之疆埸⑰,我文公帅诸侯及秦围郑。秦大夫不询于我寡君,擅及郑盟。诸侯疾之,将致命于秦⑱。文公恐惧,绥靖诸侯。秦师克还,无害,则是我有大造于西也。⑲

　　无禄,文公即世,穆为不吊⑳,蔑死我君㉑,寡我襄公㉒,迭我殽地㉓,奸绝我好㉔,伐我保城㉕,殄灭我费滑㉖,散离我兄弟,挠乱我同盟㉗,倾覆我国家。我襄公未忘君之旧勋,而惧社稷之陨㉘,是以有殽之师㉙。犹愿赦罪于穆公㉚。穆公弗听,而即楚谋我㉛。天诱其衷㉜,成王陨命,穆公是以不克逞志于我㉝。

穆、襄即世㉞,康、灵即位㉟。康公我之自出㊱,又欲阙剪我公室㊲,倾覆我社稷,帅我蟊贼㊳,以来荡摇我边疆。我是以有令狐之役㊴。康犹不悛㊵,入我河曲㊶。伐我涑川㊷,俘我王官㊸,剪我羁马㊹。我是以有河曲之战㊺。东道之不通,则是康公绝我好也。

及君之嗣也㊻,我君景公引领西望,曰:"庶抚我乎?"君亦不惠称盟。利吾有狄难㊼,入我河县㊽,焚我箕、郜㊾,芟夷我农功㊿,虔刘我边陲㉛。我是以有辅氏之聚㉜。君亦悔祸之延,而欲徼福于先君献、穆㊻,使伯车来命我景公㊾,曰:"吾与女同好弃恶,复修旧德,以追念前勋。"言誓未就,景公即世。我寡君是以有令狐之会㊿。君又不祥㊻,背弃盟誓。白狄及君同州㊼,君之仇雠㊽,而我之昏姻也。君来赐命曰:"吾与女伐狄。"寡君不敢顾昏姻,畏君之威,而受命于使。君有二心于狄,曰:"晋将伐女。"狄应且憎,是用告我。楚人恶君之二三其德也,亦来告我曰:"秦背令狐之盟,而来求盟于我,昭告昊天上帝、秦三公、楚三王㊿,曰:'余虽与晋出入,余唯利是视。'不谷恶其无成德,是用宣之㊻,以惩不一。"诸侯备闻此言,斯是用痛心疾首,昵就寡人㊼。寡人帅以听命,惟好是求。君若惠顾诸侯,矜哀寡人,而赐之盟,则寡人之愿也。其承宁诸侯以退,岂敢徼乱?君若不施大惠,寡人不佞㊽,其不能以诸侯退矣。

敢尽布之执事㊾,俾执事实图利之!

【注释】

① 晋侯:指晋厉公,前 580 年至前 573 年在位。 吕相:人名,晋大夫魏锜之子。
② 曰:以下都是吕相代表晋厉公说的话。
③ 昔逮:自从。 献公:晋献公。 穆公:秦穆公。
④ 勠(lù)力:并力。
⑤ 申:表明。这里是确定的意思。
⑥ 重:加重。 昏姻:即婚姻。昏,通"婚"。指秦穆公娶晋献公的女儿为夫人事。
⑦ 天祸晋国:指晋献公死后,由于他的几个儿子争位所造成的内乱。重耳(晋文公)、夷吾(惠公)等公子先后逃出晋国,流亡各地。
⑧ 无禄:无福禄,不幸。
⑨ 即世:去世。
⑩ 用:因而。 奉祀:主持祭祀。这里指立为国君。
⑪ 大勋:大功。
⑫ 韩之师:僖公十五年(前 645 年)秦伐晋,战于韩原,秦国俘获晋惠公。
⑬ 成:成全。
⑭ 躬:亲自。 擐(huàn):穿。
⑮ 征:率领。
⑯ 胤(yìn):后代。
⑰ 怒:侵犯。 疆埸(yì):边境。埸,疆界。
⑱ 致命:拼死决战。
⑲ 造:恩德。 西:指秦国。秦在晋西。
⑳ 吊:吊唁。
㉑ 蔑:轻视。
㉒ 寡:少。这里是欺侮的意思。
㉓ 迭:通"軼"(yì),突然侵袭。 殽(Xiáo):通"崤",山名,在今河南洛宁西北。
㉔ 奸绝:拒绝。奸,通"扞(hàn)"。
㉕ 保城:指晋国防守的边城。
㉖ 殄(tiǎn)灭:毁灭。 费(Bì)滑:滑国的都城,在今河南偃师附近。

㉗ 挠乱:扰乱。 同盟:郑国、滑国都是晋国的同姓盟国,所以称“兄弟”“同盟”。

㉘ 陨(yǔn):通“殒”,灭亡。

㉙ 殽之师:指僖公三十三年(前627年)秦晋崤山之战。

㉚ 赦罪:求和解。

㉛ 即:接近。

㉜ 诱:引导。 衷:内心。

㉝ 逞:满足,施展。

㉞ 穆:秦穆公。 襄:晋襄公。

㉟ 康:秦康公。 灵:晋灵公。

㊱ 康公我之自出:秦康公为晋献公女伯姬所生,所以说出自晋国。

㊲ 阙:通“掘”,挖掘。 剪:截断。

㊳ 蟊(móu)贼:食禾苗的害虫。这里比喻危害国家的人,指晋文公之子公子雍。公子雍一直寄居秦国,晋襄公死后,有人主张立他为嗣,由于襄公夫人穆嬴等反对未遂。

㊴ 令狐之役:指鲁文公七年(前620年)秦晋令狐之战。令狐,晋地名,在今山西猗氏西。

㊵ 悛(quān):悔改。

㊶ 河曲:晋地名,指今山西芮城西风陵渡一带。

㊷ 涑川:水名,在今山西西南部。

㊸ 俘:掳掠。 王官:晋地名,在今山西闻喜南。

㊹ 剪:削弱。 羁(jī)马:晋地名,在今山西永济南。

㊺ 河曲之战:指文公十二年(前579年)秦晋两国在河曲一带发生的战事。

㊻ 君:指秦桓公。 景公:晋景公。

㊼ 狄难:指晋灭赤狄潞氏。

㊽ 河县:指滨河的县邑,即下文的箕、郜等地。

㊾ 箕:箕邑,即今山西蒲县箕城。 郜:在今山西祁县西。

㊿ 芟(shān)夷:铲除,毁坏。 农功:农作物。

(51) 虔刘:杀戮。 边陲:边境。

(52) 辅氏之聚:指鲁宣公十五年(前594年),晋在辅氏聚众抗秦事。辅氏,晋地名,在今陕西大荔县。

(53) 徼(yāo):求。 献:晋献公。 穆:秦穆公。

(54) 伯车:秦桓公的儿子。 景公:晋景公。

(55) 令狐之会:事在鲁成公十一年(前580年)。

(56) 祥:善。这里是善心的意思。

(57) 白狄:狄族的一支。 州:指雍州。

(58) 仇雠(chóu):仇敌。

(59) 昊(hào)天:上天。昊,大。 秦三公:指秦穆公、康公、共公。 楚三王:楚成王、穆王、庄王。

(60) 宣:揭露。

(61) 昵:亲近。

(62) 不佞:不才。

(63) 执事:对于对方的尊称。这里实际指秦穆公。

## 【译文】

晋侯派遣吕相和秦国绝交,说:

从我们献公和你们穆公开始,两国的关系一直是互相友好、同心协力的,并把这种关系用盟约确定下来,又结为婚姻来加深这种关系。后来,上天降灾给晋国,文公奔往齐国,惠公奔往秦国。不幸,秦献公去世了。秦穆公不忘旧日的情谊,使得我惠公能够继承晋国的君位。但是秦穆公又不能始终保持支持晋国的这一伟大功勋,而对我们发动了韩原之战。他后来也有些后悔,因此,支持我文公顺利地登上君位,这是秦穆公成全晋国的结果。

我文公身穿铠甲,戴上头盔,跋山涉水,历尽艰难险阻,率领东方诸侯——虞、夏、商、周四代帝王的后裔,一齐朝于秦国,这也可以算是报答了秦国往日的恩德了。郑国人侵犯您的边境,我文公便率领诸侯和秦国的军队一起去围攻郑国。当时秦大夫不征询我国君的意见,就擅自和郑国订立了盟约。诸侯都很痛恨这件事,都要和秦国拼命。文公为秦国担忧,便安抚诸侯,使秦军得以安然回国,没有受到危害,这也算是我们给予秦国的很大的恩德了。

不幸,我文公去世,秦穆公却不来吊唁,轻视我去世的君主,欺侮我寡弱的襄公,并且袭击我殽地,拒绝与我国和好,攻打我防守的边城,灭掉我与国费滑,离间我兄弟国的关系,破坏我同盟国的关系,企图颠覆我国家。襄公虽然没有忘记昔日贵国支持我们的功勋,但深恐国家遭到灭亡,不得已才向殽地发兵。我国仍然希望秦穆公多加宽宥。但穆公不听,而且勾结楚国,一起谋害我们。只是上天有灵,引导人们的心意,不来谋害我们,而使楚成王被人杀死,因此,秦穆公侵犯我国的阴谋未能得逞。

穆公、襄公去世以后,康公、灵公登上君位。秦康公是我们晋国女子所生,但也想毁灭我们宫室,颠覆我们国家,还带着我国公子雍那个蟊贼,一起来骚扰我们的边境。因此,我们与秦国又发生了令狐之战。秦康公还是不肯改过,又侵入我河曲,攻打我涑川,劫掠我王官,毁灭我羁马。因此,我们与秦国又发生了河曲之战。秦晋断绝邦交,完全是由于秦康公拒绝与我们和好的缘故。

到您继位以后,我君主景公伸长脖子向西张望,说:"这回秦国也许会来安抚我们吧?"不料您也不肯施恩与我们缔结盟约。并且乘我们遇到赤狄作乱的时刻,侵入我们黄河一带,焚烧我们的箕、郜,割去并践踏我们的庄稼,杀戮我们边疆的百姓。因此,我们才在辅氏集结兵力,对抗秦国。不久,您又对这种关系的不断恶化感到懊悔,想要向先君献公、穆公求福,派遣伯车来吩咐我们景公说:"我和你一起抛弃旧怨,共同和好,重新促进过去的情谊,以此来追念先君的功勋吧!"盟约尚未成立,我景公就去世了。这样,我厉公又和秦国举行了令狐的会盟。但是,您又不怀善意,背弃了盟约。白狄和你们同处一州,它是你们的冤家,却是我们的亲戚。您派人来传令说:"我和你们一起讨伐白狄!"我们君主不敢顾及亲戚关系,慑于您的威力,就接受了来使的命令。可是您又讨好白狄,对他说:"晋国将要攻打你们了。"白狄虽然口头上加以应付,心里却很憎恶你们,因此把这些话告诉我们了。现在楚国人也很讨厌您这种反复无常的品德,也来告诉我们说:"秦国背叛令狐之盟,来与我们楚国结盟,他们对着皇天上帝、秦三公、楚三王发誓:'我们同晋国虽然有友好往来,但纯粹是唯利是图。'我楚王讨厌他这种缺德的做法,所以全给他宣扬出来,以便惩戒表里不一的人。"诸侯都听到了这番话,因而感到痛心疾首,更亲近我们。现在我们君主率领诸侯前来听命,目的只求和好。您若是能看在诸侯的面子上,并且怜悯我们,肯与我们结盟,这是我君的愿望。这样,我君就会奉命安抚诸侯,让他们罢兵,岂敢自求战乱。您若还不肯施与大恩,我君便实在没有本事了,恐怕无法让诸侯退兵了。

话全对您讲了,请您仔细权衡得失利弊吧!

## 驹支不屈于晋 襄公十四年

### 左 传

【题解】

春秋时期,姜戎族是分布在西北方的古戎族的一支。他们原住在瓜州(在今甘肃敦煌西)一带,后迁徙到晋南(今山西南部),依附晋国。

本文记载姜戎族首领驹支,遭到晋国大臣范宣子的指责后,据理反驳,取得胜利。从中不仅可以看出当时各民族间既联合又斗争的错综复杂关系,而且可以看出怎样运用辞令进行外交斗争。

会于向①,将执戎子驹支②。

范宣子亲数诸朝③。曰:"来,姜戎氏!昔秦人迫逐乃祖吾离于瓜州④,乃祖吾离被苫盖⑤,蒙荆棘⑥,以来归我先君。我先君惠公有不腆之田⑦,与女剖分而食之。今诸侯之事我寡君,不如昔者,盖言语漏泄。则职女之由⑧。诘朝之事⑨,尔无与焉!与,将执女!"

对曰:"昔秦人负恃其众,贪于土地,逐我诸戎。惠公蠲其大德⑩,谓我诸戎,是四岳之裔胄也⑪,毋是翦弃⑫。赐我南鄙之田,狐狸所居,豺狼所嗥。我诸戎除剪其荆棘,驱其狐狸豺狼,以为先君不侵不叛之臣,至于今不贰。昔文公与秦伐郑,秦人窃与郑盟而舍戍焉⑬,于是乎有殽之师⑭。晋御其上,戎亢其下⑮,秦师不复,我诸戎实然。譬如捕鹿,晋人角之,诸戎掎之⑯,与晋踣之⑰,戎何以不免? 自是以来,晋之百役,与我诸戎相继于时以从执政,犹殽志也。岂敢离逷⑱? 今官之师旅⑲,无乃实有所阙,以携诸侯⑳,而罪我诸戎! 我诸戎饮食衣服,不与华同,贽币不通㉑,言语不达,何恶之能为? 不与于会,亦无瞢焉㉒!"赋《青蝇》而退㉓。

宣子辞焉,使即事于会,成恺悌也㉔。

# 【注释】

① 向:春秋吴地。在今安徽怀远。鲁襄公十四年(前 559 年),晋国召集诸侯的使臣,在这里商议共同讨伐楚国的事情。
② 戎子:姜戎族首领。姜戎是古戎人之一。 驹支:姜戎族首领的名字。
③ 范宣子:晋国大臣,士氏,名丐。 朝:原指朝廷,这里指诸侯使臣一起会商事情时临时设立的朝位。
④ 吾离:姜戎族的远祖。
⑤ 被:通"披"。 苫(shān)盖:用草编成的覆盖物。
⑥ 蒙:戴。 荆棘:指用荆条编成的帽子。
⑦ 腆(tiǎn):丰厚。
⑧ 职:主要。 由:缘故。
⑨ 诘朝(zhāo):明日。
⑩ 蠲(juān):显示。
⑪ 四岳:传说为尧、舜时的四方部落首领。 裔胄(zhòu):后代。
⑫ 翦弃:灭绝。
⑬ 舍戍:留下戍守的人。鲁僖公三十年,晋与秦国攻郑国,郑之老臣烛之武说服秦穆公,秦与郑私下订立盟约,留下戍守的将士,班师回国。
⑭ 殽之师:指僖公三十年晋军在崤山一带袭击秦军一事。殽,即崤山。在今河南西部。
⑮ 亢:同"抗",抗击。
⑯ 掎(jǐ):拉住。

⑰ 踣(bó)：仆倒。
⑱ 逷(tì)：疏远。
⑲ 师旅：指师帅、旅帅等晋国大夫。
⑳ 携：携贰，叛离。
㉑ 贽币：礼品，引申为礼仪。
㉒ 瞢(méng)：惭愧。
㉓ 青蝇：《诗经·小雅》篇名。诗中有"恺悌君子，无信谗言"的语句。
㉔ 恺悌：和蔼可亲。

## 【译文】

晋国在向地同各国使臣聚会，准备逮捕姜戎族首领驹支。

范宣子亲自在盟会朝堂上列举驹支的罪状。他说："过来，姓姜的戎人！过去秦国人把你们先祖吾离从瓜州赶出来，你们先祖吾离当时身披茅草衣，头戴着荆棘帽，来投靠我们先君。我们先君惠公当时只有很少的土地，却同你们平分了，让你们也吃上饭。现在诸侯们服侍我们君主，不像从前那么恭顺了，大概有些什么言语被泄露出去。这主要是由于你们的缘故。明天诸侯集会，你不要参加了！你若是参加，就逮捕你！"

驹支回答说："从前，秦国人仗恃着自己强大的武力，贪婪地扩展土地，驱逐我们戎人。惠公表现了高尚的品德，认为我们戎族人是四岳的后代子孙，不应该这样被灭绝。所以，将南方边远地方的田地赐给我们，那是个狐狸居住，豺狼嗥叫的地方。我们戎人铲除了那里的荆棘，赶跑了那里的狐狸豺狼，从此成了你们先君的不内侵也不外叛的臣子，直至今日没有二心。当初文公与秦国一起讨伐郑国，后来秦人私下与郑国结盟，留下戍守的将士就班师回国了，这样就发生了秦晋殽之战。当时晋国从前面抵御秦兵，我们戎人从后面抗击秦兵，使得秦军全军覆没，这也是由于我们戎人效力，才取得这样结果的。譬如捕捉一只鹿，晋人抓住它的角，戎人掣住它的腿，是我们与你们一起把它拖倒的，那么，我们戎人为什么还不能免罪呢？从此以后，晋国多次征战，凡是交给我们诸戎的事，我们都是一直随时听从你们执政的使令,如同殽之战一样,始终没有二心。我们又怎么敢同你们背离疏远呢?现在晋国的将帅等大夫,可能是自己有缺失之处,所以使诸侯有二心,您却责怪我们戎人!我们戎人吃的穿的,与你们华夏族不一样,礼仪不相同,言语不相通,怎么能去做那种坏事?不参加盟会,也不会感到惭愧!"说完后,诵读了一首名为《青蝇》的诗,便告退了。

范宣子自觉失言,连忙赔罪,请驹支去参加盟会,这是为了成全自己恺悌君子的名声。

# 祁奚请免叔向 襄公二十一年

## 左 传

【题解】

晋国老臣祁奚是一个以正直无私而闻名的人。本文记述的是有关他的言行的另一个片断:祁奚告老还乡以后,听说叔向无辜受株连,就不顾年老、路远,急忙赶来全力营救。本文巧妙地运用了反衬、烘托等手法,深刻地揭示出人物的内心世界,塑造出鲜明的形象。因此,祁奚的品德给人留下了深刻的印象,而他所讲的道理,也给人以有益的启示。

栾盈出奔楚①。宣子杀羊舌虎②,囚叔向③。人谓叔向曰:"子离于罪④,其为不知乎?"叔向曰:"与其死亡若何?《诗曰》⑤:'优哉游哉,聊以卒岁。'知也。"

乐王鲋见叔向曰⑥:"吾为子请。"叔向弗应,出不拜。其人皆咎叔向。叔向曰:"必祁大夫⑦。"室老闻之曰⑧:"乐王鲋言于君无不行。求赦吾子,吾子不许。祁大夫所不能也,而曰必由之,何也?"叔向曰:"乐王鲋从君者也,何能行?祁大夫外举不弃仇⑨，内举不失亲，其独遗我乎？《诗》曰⑩：'有觉德行，四国顺之。'夫子，觉者也。"

晋侯问叔向之罪于乐王鲋，对曰："不弃其亲，其有焉？"

于是祁奚老矣，闻之，乘驲而见宣子⑪，曰："《诗》曰⑫：'惠我无疆，子孙保之。'《书》曰⑬：'圣有谟勋，明征定保。'夫谋而鲜过，惠训不倦者，叔向有焉。社稷之固也。犹将十世宥之，以劝能者。今壹不免其身，以弃社稷，不亦惑乎？鲧殛而禹兴⑭，伊尹放大甲而相之⑮，卒无怨色。管蔡为戮⑯，周公右王。若之何其以虎也弃社稷？子为善，谁敢不勉，多杀何为？"宣子说，与之乘，以言诸公而免之。不见叔向而归，叔向亦不告免焉而朝。

【注释】

① 栾盈：晋大夫，因与范宣子争权，事败，逃奔楚国。
② 宣子：即范宣子。　羊舌虎：晋大夫，是栾盈的同党。
③ 叔向：即羊舌肸(xī)，羊舌虎之兄，也是晋大夫，曾为太子太傅。
④ 离：通"罹"，遭遇不幸的事。
⑤ 《诗》：以下所引诗句见《诗经·小雅·采菽》，但不全。
⑥ 乐王鲋(fù)：晋大夫。
⑦ 祁大夫：即祁奚，字黄羊。
⑧ 室老：古时大夫都有家臣，家臣中为首的称室老。
⑨ 不弃仇：祁奚告老时，晋君问他何人可以替他，他推举自己的仇人解狐。解狐不久去世，他又推举自己的儿子祁午。当时人们称赞他"外举不避仇，内举不避亲"。
⑩ 《诗》：以下两句出自《诗经·大雅·抑》。　觉：正直。
⑪ 驲(rì)：古代驿站专用的车。
⑫ 《诗》：以下两句出自《诗经·周颂·烈文》。
⑬ 《书》：以下两句见伪《古文尚书·胤征》篇。　谟：谋略。　征：证明。
⑭ 鲧(Gǔn)：传说中我国原始时代的一个部落首领，禹的父亲。因治水无功，被舜杀死在羽山。　殛(jí)：诛戮。

⑮ 伊尹:商朝初年的大臣,曾辅佐商汤灭夏桀。 大甲:即太甲,商汤的嫡长孙。传说他即位以后,破坏商汤成法,被伊尹放逐,三年后太甲悔过复位,伊尹仍辅佐他治理国政。
⑯ 管蔡:管叔、蔡叔,周公旦的弟弟,因发动叛乱被杀逐。

## 【译文】

栾盈逃奔楚国。范宣子杀了羊舌虎,囚禁了叔向。有人对叔向说:"您受这样的罪,不是太不明智吗?"叔向说:"这比那些死了的,又怎么样呢?《诗经》上有句话:'好清闲安逸啊,姑且了此一生吧!'这就是明智啊!"

乐王鲋见到叔向说:"我去为您求情。"叔向没有应声,客人走时,他也不拜谢。旁人都埋怨叔向。叔向说:"只有祁大夫能够救我。"他的家臣听到这话以后问他说:"乐王鲋在国君面前说的话,没有不被采纳的。他要去请求赦免您的罪,您却不应声。祁大夫办不了这桩事,您却说非他不可,这是为什么呢?"叔向说:"乐王鲋是顺从国君的人,他怎么能做这件事?祁大夫推荐别人时不舍弃仇人,推荐自己的人时也不舍弃亲人,他难道会单单把我丢弃了吗?《诗经》上说:'有正直的德行,天下人都会服从他。'祁大夫这个人,就是一个正直的人啊!"

晋君向乐王鲋询问叔向的罪过,乐王鲋回答说:"他这个人不会背弃自己的亲人,通谋的事也许是有的吧?"

当时,祁奚已经告老还乡了,听到这桩事以后,便乘着驿站的车子来见范宣子,对他说:"《诗经》上说:'祖先给我们带来无穷的幸福,后代子孙永远享用吧。'《尚书》上说:'圣贤而又有谋略和功劳,应该对他的安宁和保佑有明显的表示。'参与谋划国家大事,而又很少过错,给人很多教益,却从来不知疲倦,叔向就具有这种品德。国家就是要靠他这样的人来巩固的。假使他的后代子孙有过失,还应加以宽宥,这样才足以勉励那些有才能的人。今天他偶尔获罪一次,就连他本人都不能赦免,从而导致国家的倾覆,这不是太糊涂了吗?过去鲧被处死,他的儿子禹却得到重用;伊尹曾放逐过太甲,后来又辅佐太甲,太甲对他始终没有怨恨的表示。管叔、蔡叔被杀逐,而他们的兄长周公却仍然辅佐着成王。我们怎么可以由于一个羊舌虎,就丢弃了整个国家呢?您如果能行善,谁还敢不勉励自己,何必多杀人呢?"范宣子听了以后很高兴,就和他一起乘车到晋平公那里,说出了他们的想法,叔向因此得到赦免。事情办完以后,祁奚没有去见叔向,径直回家去了;叔向也没有去面谢祁奚,径直去朝见君王去了。

# 子产告范宣子轻币 襄公二十四年

## 左 传

【题解】

本文反映了春秋末年一些小国对于大国的反抗。当时晋为盟主,大量征收贡品,加重了各诸侯小国的负担。子产是郑国有才干的政治家,他机智地采取了寄书说理的反抗方式,利用晋国想极力保住盟主地位和希望得到美好声誉的心理,阐明应该"轻币"的道理,从而使晋国不得不减轻对诸侯的剥削。

文章采取对比的手法,使树立美德和聚敛财物两种治国方法所产生的后果鲜明突出。语言精练,用危语、赞语交替说明"重币""轻币"的利害关系,具有很强的说服力。

范宣子为政①,诸侯之币重②。郑人病之③。二月,郑伯如晋④。子产寓书于子西以告宣子⑤,曰:"子为晋国,四邻诸侯,不闻令德⑥,而闻重币,侨也惑之。侨闻君子长国家者,非无贿之患,而无令名之难。夫诸侯之贿聚于公室,则诸侯贰⑦。若吾子赖之⑧,则晋国贰。诸侯贰,则晋国坏;晋国贰,则子之家坏。何没没也⑨!将焉用贿?夫令名,德之舆也⑩;德,国家之基也。有基无坏,无亦是务乎⑪!有德则乐,乐则能久。《诗》云⑫:'乐只君子,邦家之基。'有令德也夫!'上帝临女⑬,无贰尔心。'有令名也夫!恕思以明德⑭,则令名载而行之,是以远至迩安⑮。毋宁使人谓子,子实生我,而谓子浚我以生乎⑯?象有齿以焚其身⑰,贿也。"宣子说⑱,乃轻币。

【注释】

① 范宣子:春秋时晋国大臣。范文子之子。士氏,名匄。晋平公时执掌国政。
② 币:帛,古代通常用作礼物。这里指诸侯向盟主晋国进献的贡品。
③ 病:忧患。
④ 郑伯:指郑简公。
⑤ 子产:即公孙侨,一字子美。郑简公十二年(前554年)为卿,积极倡导改革。 寓:寄托。 子西:即公孙夏,郑大夫,当时从郑简公朝晋。
⑥ 令:美。
⑦ 贰:有二心,即离心。
⑧ 赖:取得,这里指私自占有。
⑨ 没没:沉湎、执迷的样子。
⑩ 舆:车。
⑪ 无亦:等于说"何不"。
⑫ 诗:即《诗经》。这里前二句引文出自《诗经·小雅·南山有台》篇。后二句出自《诗经·大雅·大明》篇。
⑬ 女(rǔ):通"汝",你。
⑭ 恕思:心存宽厚之意。
⑮ 迩(ěr):近。
⑯ 浚:榨取。
⑰ 焚:毙。
⑱ 说(yuè):通"悦",高兴。

【译文】

范宣子主持晋国的政事,加重征收诸侯对晋国贡献的财物。郑国以此为苦。二月,郑简公到晋国朝会。子产托子西给宣子带去一封信,说:"您治理晋国,四邻的诸侯没有听到您有什么美德,只听到您加重了诸侯缴纳的贡品,我对此感到困惑不解。我听说君子掌管国家政事的,不是担心没有财物,而是担心没有美好的声誉。如果把诸侯的财物都集中到晋国的公室,那么诸侯对晋国就会产生二心。假如您私自占有,您就会失去晋国的民心。诸侯有了二心,晋国就不能保全;晋国人民不信任您,您也不能保家。为什么这样执迷不悟呢?要这些财富又有什么用呢?好的声誉,是传播美德的车子;而美德,是国家的基础。有了好的基础,就不会败亡。为什么不尽力推行美德,以求得美好的名声呢!在位者有美德,人民就喜悦,人民喜悦,国家就能保持长久。《诗经》上说:'使人民喜悦的君子啊,他们是国家的基础。'这就因为君子有美德啊!'上帝监护着你,人民不会有二心。'这就因为有美好的声誉啊!以宽厚的心情来推行美德,那么好的声誉就会载着美德到处传诵,因此远的就会来归附,近的也会安居乐业。是让人们说您使我们生存了下来呢,还是让人们说您榨取了我们的血汗以养活自己呢?大象生了牙齿而丧命,就是因为象牙是珍贵的财物。"宣子看了信以后很高兴,于是就减轻了诸侯的贡品。

# 晏子不死君难  襄公二十五年

## 左 传

【题解】

晏婴是齐国富有经验的政治家。庄公因为淫乱被崔杼杀死。晏婴表示既不应为他殉难,也不应为他逃亡,更不能置之不理,因为这都不符合国家的利益,而应当做到哀痛尽礼。晏婴的这种处理方法,在当时的史家看来,是很恰当的,所以在这里特别记载了一笔。

崔武子见棠姜而美之①,遂取之。庄公通焉②。崔子弑之。

晏子立于崔氏之门外③,其人曰:"死乎?"曰:"独吾君也乎哉,吾死也?"曰:"行乎?"曰:"吾罪也乎哉,吾亡也?"曰:"归乎?"曰:"君死安归?君民者,岂以陵民④?社稷是主。臣君者,岂为其口实⑤?社稷是养。故君为社稷死,则死之;为社稷亡,则亡之;若为己死,而为己亡,非其私昵⑥,谁敢任之?且人有君而弑之⑦,吾焉得死之?而焉得亡之?将庸何归⑧?"

门启而入,枕尸股而哭,兴,三踊而出⑨。人谓崔子:"必杀之。"崔子曰:"民之望也,舍之得民。"

## 【注释】

① 崔武子:即崔杼,齐国卿。 棠姜:齐国大夫棠公的夫人。棠公死,崔杼娶她为妻。
② 庄公:指齐庄公。
③ 晏子:即晏婴(?—前500年),字平仲。历仕灵公、庄公、景公三世。公元前556年任齐卿(相当于后来的宰相),以干练、节俭、擅长辞令闻名。
④ 陵:超越,凌驾。
⑤ 口实:口中食物,即俸禄。
⑥ 私昵(nì):最亲近的人。
⑦ 人:指崔杼。 有君:指受到国君的宠信。
⑧ 庸何:怎么。
⑨ 踊:跳。这里指因哀痛而跺脚。

## 【译文】

崔武子看见棠姜长得美,于是娶她为夫人。齐庄公和她私通。崔武子便杀死了庄公。

晏婴站在崔家的大门外,他的随从问他:"您是打算为国君殉难吗?"晏婴说:"他是我一个人的国君吗?我为什么为他死呢?"那人问:"那么,打算逃走吗?"晏婴说:"我有罪吗?我为什么逃走呢?"那人又问:"那么,回去吗?"晏婴说:"国君死了,我们怎么能回去呢?做人君的难道凌驾于百姓之上?一切都应当是为了主持国家。做臣子的难道是为了个人的俸禄?一切都应当是为了供养国家。因此,倘若国君是为了国家而死,臣子也应该跟着去死;国君是为了国家而逃亡,臣子也应该跟着逃亡;倘若国君是为个人而死,为个人而逃亡,那么,除了他身边的亲信,谁又会这样做呢?人家受到国君的信任,尚且把国君杀了,我怎么能为他去死?怎么能为他逃亡?又怎么能回去呢?"

　　崔家的大门开了以后,晏婴便走进去,把庄公的尸体放在自己的腿上,哭了一阵,然后站起来,哀痛得再三跺脚,这才走出去。有人对崔武子说:"一定要把他杀掉。"崔武子说:"他是百姓仰望的人,放掉他可以得到民心。"

# 季札观周乐 襄公二十九年

## 左　传

【题解】

　　公元前544年,吴王派遣季札访问鲁、齐、郑、卫诸国。鲁国是当时的一个文化中心,保存着宗周的典籍、文物制度和各种古典乐舞。季札在鲁国欣赏了周朝以及相传夏、商各代的乐舞,把乐舞作为政治的象征加以分析评论。

　　本文为了解春秋时期音乐、舞蹈的发展状况提供了重要的文献依据,但记述未必完全可信。

　　吴公子札来聘①,请观于周乐②。使工为之歌《周南》《召南》③,曰:"美哉!始基之矣④,犹未也。然勤而不怨矣!"为之歌《邶》《鄘》《卫》⑤,曰:"美哉,渊乎!忧而不困者也。吾闻卫康叔、武公之德如是⑥,是其卫风乎?"为之歌《王》⑦,曰:"美哉!思而不惧,其周之东乎?"为之歌《郑》⑧,曰:"美哉!其细已甚⑨,民弗堪也。是其先亡乎?"为之歌《齐》⑩,曰:"美哉!泱泱乎⑪,大风也哉⑫!表东海者,其大公乎⑬?国未可量也。"为之歌《豳》⑭,曰:"美哉,荡乎!乐而不淫,其周公之东乎?"为之歌《秦》⑮,曰:"此之谓夏声⑯!夫能夏则大,大之至也!其周之旧乎?"为之歌《魏》⑰,曰:"美哉,沨沨乎⑱!大而婉,险而易行。以德辅此,则明主也!"为之歌《唐》⑲,曰:"思深哉!其有陶唐氏之遗民乎⑳?不然,何忧之远也?非令德之后㉑,谁能若是!"为之歌《陈》㉒,曰:"国无主,其能久乎?"自《郐》以下㉓,无讥焉。

为之歌《小雅》㉔,曰:"美哉!思而不贰,怨而不言,其周德之衰乎?犹有先王之遗民焉!"为之歌《大雅》㉕,曰:"广哉,熙熙乎㉖!曲而有直体,其文王之德乎?"

为之歌《颂》㉗,曰:"至矣哉!直而不倨,曲而不屈;迩而不逼,远而不携;迁而不淫,复而不厌;哀而不愁,乐而不荒;用而不匮,广而不宣;施而不费,取而不贪;处而不底,行而不流。五声和㉘,八风平㉙;节有度,守有序。盛德之所同也。"

见舞《象箾》《南籥》者㉚,曰:"美哉!犹有憾。"见舞《大武》者㉛,曰:"美哉!周之盛也,其若此乎!"见舞《韶濩》者㉜,曰:"圣人之弘也,而犹有惭德。圣人之难也。"见舞《大夏》者㉝,曰:"美哉!勤而不德,非禹其谁能修之!"见舞《韶箾》者㉞,曰:"德至矣哉!大矣,如天之无不帱也㉟,如地之无不载也!虽甚盛德,其蔑以加于此矣。观止矣!若有他乐,吾不敢请已!"

**【注释】**

① 公子札:季札,吴王寿梦最小的儿子。 聘:访问。吴王夷昧立为君主不

久,派遣季札到各国访问。
② 周乐:周朝王室的乐舞。成王曾赐给鲁国以天子之乐,所以在鲁国可以欣赏到周乐。
③ 工:乐工。 《周南》《召(Shào)南》:周、召是周公、召公最初的封地。后来长江、汉水、汝水一带隶属周朝版图,即由周公、召公分别管辖,因此,这里的乐歌称为《周南》《召南》。
④ 始基:开始。过去有人认为,《周南》《召南》产生的时代较早,是周文王教化百姓的开始。
⑤ 《邶(Bèi)》《鄘(Yōng)》《卫》:采自这三个诸侯国的乐歌。邶,周武王封殷纣王之子武庚于此,故地在今河南汤阴县东南的北城镇;鄘,周武王弟管叔的始封之地,故地在今河南汲县东北鄘城;卫,周武王弟康叔的始封之地,故地包括今河南北部和河北南部。
⑥ 卫康叔:康叔,周公的弟弟,封于卫。 武公:康叔的九世孙。传说康叔与武公都是卫国的贤君。
⑦ 《王》:指采自王城一带的乐歌。王城,西周的东都,平王东迁后定都于此,故地在今河南洛阳市。
⑧ 《郑》:指采自郑国的乐歌。春秋时期的郑国在今河南新郑、郑州、荥阳一带。
⑨ 细:本指音节的细碎,这里又象征政令烦琐细碎,所以下文说百姓很难忍受。
⑩ 《齐》:指采自齐国的乐歌。春秋时的齐国包括今山东东北部和中部。
⑪ 泱(yāng)泱:深广宏大的样子。
⑫ 大风:大国的气魄。
⑬ 大公:指姜太公吕尚,齐国始封的君主。
⑭ 《豳(Bīn)》:指采自豳地的乐歌。豳,在今陕西旬邑西。
⑮ 《秦》:指采自秦国的乐歌。春秋时期的秦国,在今陕西、甘肃一带。
⑯ 夏声:古代的一种乐歌。
⑰ 《魏》:指采自魏国的乐歌。西周和春秋时期的魏国在今山西芮(Ruì)城。前661年为晋所灭。
⑱ 渢(fēng)渢:指音节轻盈飘浮。
⑲ 《唐》:指采自唐地的民歌。唐,在今山西南部。
⑳ 陶(Yáo)唐氏:即唐尧,传说中的古代帝王。

㉑ 令德:美德。
㉒ 《陈》:指采自陈国的乐歌。春秋时期的陈国,在今河南东南部及安徽北部。
㉓ 《郐(Kuài)》:郐,本妘(Yún)姓国,后为郑武公所灭,故地在今河南密县东北。《诗经》中《郐风》以下还有《曹风》。
㉔ 《小雅》:主要是贵族的作品,也有些是民间歌谣。大部分出于西周晚期,小部分是东周时期的作品。
㉕ 《大雅》:西周贵族的作品。
㉖ 熙熙:和美。
㉗ 《颂》:贵族用于祭祀的作品,有《周颂》《鲁颂》《商颂》。
㉘ 五声:也称五音,即五声音阶中的宫、商、角、徵(zhǐ)、羽五个音级。
㉙ 八风:也称八音。指金、石、土、革、丝、木、匏(páo)、竹八类乐器。
㉚ 《象箾(shuò)》:执竿而舞,好像作战时击刺的动作,是一种武舞。箾,竹竿。一说,"箾"同"箫",即"排箫"。《南籥(yuè)》:以籥伴奏的舞蹈,是一种文舞。籥,古管乐器,即"箫"。
㉛ 《大武》:歌颂周武王的乐舞。
㉜ 《韶濩(huò)》:歌颂商汤的乐舞。
㉝ 《大夏》:歌颂夏禹的乐舞。
㉞ 《韶箾(xiāo)》:一作"箫韶"。虞舜时的乐舞。
㉟ 帱(dào):覆盖。

## 【译文】

吴国公子季札到鲁国来访问,请求观赏周朝的乐舞。鲁君便让乐工为他演唱《周南》《召南》。季札说:"好啊!这是文王教化百姓的开始,虽然教化还不够普遍,不过已经反映出人民勤劳而没有怨恨的情绪。"乐工为他演唱《邶风》《鄘风》《卫风》,他说:"好啊!音调非常深沉,反映出人民忧伤而不困惑的情绪。我听说卫国的康叔和武公的品德就是如此。这些大概都是卫国的乐曲吧?"乐工为他演唱《王风》,他说:"好啊!反映出人民有所怀念但并不惶恐的情绪。这大概是周室东迁以后的乐曲吧?"乐工为他演唱《郑风》,他说:"好啊!反映出政令过于烦琐苛细,百姓不能忍受的情绪。这大概是它很早就要灭亡的原因吧?"乐工为他演唱《齐风》,他说:"好啊!声音宏大,反映出大国的气派。可以做东海一带诸侯的表率的,莫非就是姜太公吧?国运是无法估量的。"为他演唱《豳风》,他说:"好啊!开朗得很哪,欢乐而又有节制,莫非是反映周公东征的情景?"为他演唱《秦风》,他说:"这是夏声!能产生这种夏声,气势自然是非常宏大的,大到极点了!这大概是周朝旧地的乐曲吧?"为他演唱《魏风》,他说:"好啊!轻盈飘逸,宏大而委婉,迫促而悠扬圆润。倘若用有美德的人加以扶持,那一定是个英明的君主了!"为他演唱《唐风》,他说:"忧思多么深沉哪!这里也许有唐尧故国的遗民吧?否则,忧思怎么会如此深沉?若不是继承唐尧美德的后代,谁人能够如此!"为他演唱《陈风》,他说:"国家没有君主,难道能够维持长久吗?"自《郐风》往下,他没有加以评论。

为他演唱《小雅》,他说:"好啊!有忧思而无叛离的二心,有怨恨,但不直言,大概是周朝的国运已经衰败了吧?不过那时还有先王的遗民!"为他演唱《大雅》,他说:"深广啊,多么和谐!曲折舒缓,但刚劲有力,这大概是文王德行的象征吧?"

为他演唱《颂》,他说:"好极了!刚直而不傲慢,委婉而不屈不挠;亲近而不互相逼迫,疏远而不离心;变化而不过分,反复而不令人厌倦;哀思而不忧伤,安乐而不颓唐;供人取用而不会匮乏,广大而不张扬;施与而不费损,求取而不贪得;宁静而不停滞,流动而不泛滥。五音和谐,乐器协调;节奏有一定的规律,乐器配合有一定的准则。乐舞中表现出来的,与圣贤的美德是一致的。"

当他看到表演《象箾》和《南籥》舞时,他说:"好啊!好像还有不足之处。"看到表演《大武》舞时,他说:"好啊!当年周朝的盛况,大概就像这个样子吧!"他看到表演《韶濩》舞时,他说:"表现了圣人宽宏大量的品德,却好像还有于心有愧的情绪。圣人处世也是很不容易的。"他看到表演《大夏》舞时,他说:"好啊!表现了勤劳而不居功的精神,除了禹,还有谁能建树这样的功德呢!"看到表演《韶箾》舞时,他说:"功德达到了极点!广大无限,如同天那样覆盖着一切,如同地那样承载着一切!即使还有高尚的功德,恐怕也不会超过这种境界了。我观赏的乐舞至此达到极点了!如果还有其他的乐舞,我不敢请求观赏了。"

# 子产坏晋馆垣 襄公三十一年

## 左 传

【题解】

春秋末年,周王室衰微,诸侯争做盟主,战争频仍。郑是一个比较小的国家,处于晋楚两大国之间,不时受到威胁。为了求得生存,郑君常常是夏朝晋而冬朝楚,处境困难。子产执政以后,在内政外交上取得了很大成就。鲁襄公三十一年(前542年),子产辅佐郑简公到晋国参加会盟,遭到冷遇,由于子产的机智和辩才,才为郑国争得了荣誉和尊严。本文记叙了这次成功的外交活动和巧妙的外交辞令,并就这一事件充分肯定了语言在交际中的巨大作用。

子产相郑伯以如晋①,晋侯以我丧故②,未之见也。子产使尽坏其馆之垣③,而纳车马焉。士文伯让之曰④:"敝邑以政刑之不修⑤,寇盗充斥,无若诸侯之属辱在寡君者何,是以令吏人完客所馆,高其闬闳⑥,厚其墙垣,以无忧客使。今吾子坏之,虽从者能戒,其若异客何?以敝邑之为盟主,缮完葺墙⑦,以待宾客。若皆毁之,其何以共命?寡君使匄请命。"对曰:"以敝邑褊小⑧,介于大国,诛求无时⑨,是以不敢宁居,悉索敝赋,以来会时事⑩。逢执事之不闲⑪,而未得见;又不获闻命,未知见时。不敢输币,亦不敢暴露。其输之,则君之府实也,非荐陈之⑫,不敢输也;其暴露之,则恐燥湿之不时而朽蠱⑬，以重敝邑之罪。侨闻文公之为盟主也⑭，宫室卑庳⑮，无观台榭⑯，以崇大诸侯之馆。馆如公寝，库厩缮修⑰，司空以时平易道路⑱，圬人以时塓馆宫室⑲。诸侯宾至，甸设庭燎⑳，仆人巡宫，车马有所，宾从有代，巾车脂辖㉑，隶人牧圉㉒，各瞻其事；百官之属，各展其物。公不留宾，而亦无废事；忧乐同之，事则巡之；教其不知，而恤其不足。宾至如归，无宁灾患？不畏寇盗，而亦不患燥湿。今铜鞮之宫数里㉓，而诸侯舍于隶人。门不容车，而不可逾越。盗贼公行，而夭厉不戒㉔。宾见无时，命不可知。若又勿坏，是无所藏币，以重罪也。敢请执事，将何所命之？虽君之有鲁丧，亦敝邑之忧也㉕。若获荐币，修垣而行，君之惠也，敢惮勤劳㉖？"

文伯复命。赵文子曰㉗："信。我实不德。而以隶人之垣以赢诸侯㉘，是吾罪也。"使士文伯谢不敏焉。

晋侯见郑伯，有加礼，厚其宴好而归之。乃筑诸侯之馆。

叔向曰㉙："辞之不可以已也如是夫！子产有辞，诸侯赖之，若之何其释辞也㉚！《诗》曰㉛：'辞之辑也㉜，民之协矣；辞之怿矣㉝，民之莫矣㉞。'其知之矣。"

## 【注释】

① 子产（？—前522年）：公孙侨，字子产，一字子美，春秋时有名的政治家。郑伯：指郑简公，前565年至前529年在位。
② 晋侯：指晋平公，前557年至前532年在位。 我丧：指鲁襄公之丧。这里用的是鲁国史官的口气。
③ 馆：招待宾客的馆舍。 垣：墙。
④ 士文伯：晋大夫，名匄，字伯瑕。与范宣子士匄同族同名。
⑤ 敝邑：对自己国家的谦称。
⑥ 闬（hàn）：馆门。 闳（hóng）：巷门。
⑦ 缮完：修治。 葺（qì）墙：用茅草覆盖墙头。
⑧ 褊（biǎn）小：狭小。

⑨ 诛求:索取。
⑩ 会时事:按时朝会纳贡。时事,春秋时一种按时朝贡的制度。
⑪ 执事:对对方表示尊敬的称呼。这里指晋平公。
⑫ 荐:进献。 陈:陈列。古时宾主相见,当庭陈列礼品。
⑬ 蠹(dù):蛀蚀。
⑭ 文公:指晋文公,前636年至前628年在位。
⑮ 庳(bēi,又读bǐ):低下。
⑯ 观(guàn):宫门两旁高大的建筑物。 台:高而平的建筑物。 榭(xiè):建在高台上的敞屋。
⑰ 厩(jiù):马棚。
⑱ 司空:官名,掌管土木工程。 易:修整。
⑲ 圬(wū)人:泥瓦匠。 塓(mì):粉刷墙壁。
⑳ 甸:即甸人,掌管薪火之官。 庭燎:庭中用以照明的火炬。
㉑ 巾车:官名,掌管车辆。 脂:动词,涂油。 辖:古代车轴两端的键。这里指车轴。
㉒ 隶人:古代从事洒扫一类劳役的人。 牧:看守、放牧牛羊的人。 圉(yǔ):养马的奴隶。
㉓ 铜鞮(dī)宫:晋国国君的别宫。故址在今山西沁县南。
㉔ 天厉:流行疫疾。
㉕ 敝邑之忧:晋国、郑国都与鲁国同姓,所以鲁丧不但是晋国的悲伤,而且也是郑国的悲伤。
㉖ 惮(dàn):怕。
㉗ 赵文子:名武,晋大夫。
㉘ 赢(yíng):接受。这里是接待的意思。
㉙ 叔向:即羊舌肸(xī),晋大夫。
㉚ 释:放弃。
㉛ 《诗》:指《诗经》。引文见《诗经·大雅·板》。
㉜ 辑:和谐。
㉝ 怿(yì):败坏的意思。
㉞ 莫:通"瘼",是病的意思。

【译文】

　　子产辅佐郑简公到晋国会盟,晋平公因为鲁襄公丧事的缘故,没有接见他们。子产派人把晋国接待宾客的馆舍的垣墙全部毁坏,而将郑国的车马赶到里面。士文伯责备他说:"我国因为政治刑法施行得不好,盗贼非常多,对于屈尊来访问我国国君的诸侯,无法保证他们的安全,因此派人修缮宾客所住的馆舍,加高了它的大门,增厚了它的墙壁,使宾客没有什么担忧的事情。现在你把它毁坏了,虽然你的随从能够自行戒备,但其他国家的宾客怎么办呢?因为我国是盟主,所以修葺垣墙,接待宾客。假若都把它毁坏了,那拿什么来满足大家的需要呢?我的国君派我来问问你为什么要拆毁垣墙。"子产回答说:"因为我国地方狭小,处在大国中间,你们大国向郑国勒索财物,没有一定的时间,因此不敢安居,要尽量搜索我国的财富,拿来作为朝会时进献的贡品。正巧遇上你们国君没有空闲,不能见面;又没有听到接见的命令,不知道什么时候才能接见。既不敢贸然缴纳币帛贡品,又不敢让它暴露在外面。若是缴纳了,这当然就是你们府库中的物品了,可是不经过荐陈的仪式,我是不敢随便缴纳的;若是让它们暴露在外面,又怕因晴雨无常而腐烂或被蛀蚀,因而更加重了我国的罪过。我听说晋文公当诸侯盟主的时候,他的宫室低下矮小,没有观台楼阁,却建筑高大的宾馆来招待诸侯。那宾馆就像文公的宫室一样,仓库、马棚也修缮得很好,司空按时修建平整道路,圬人按时粉刷宾馆宫室。诸侯宾客来了,甸人在庭院设置火炬照明,仆人巡逻馆舍,车马有安置的地方,宾客随从也都有人替代,巾车给车轴上油,隶人和牧人、圉人也都各司其事;朝中百官都拿出他们的珍贵物品来招待宾客。文公不留难宾客,也不会耽误他们事情;忧宾客之忧,乐宾客之乐,如遇意外事故,就亲自巡视;宾客有什么不了解的就加以教导,有什么困难就加以接济。宾客来到晋国,就如同回到自己家里一样,哪里还会担心什么灾患呢?既不怕盗贼,又不担忧晴雨无时。可是现在铜鞮宫广阔数里,而诸侯的馆舍却像奴隶的住所一样。馆门狭小,连车马都进不去,周围又有墙垣阻隔,无法越过。盗贼公然偷窃抢劫,而对天灾疫病没有任何防备措施。接见宾客没有定时,会见的命令也无从知道。假如又不毁坏垣墙,币帛不能运进来,就没有地方收藏,这只能加重我们郑国的罪过。请允许我冒昧地问一声,您将命令我们把这些币帛放在什么地方?虽然说晋国有鲁国的丧事,可是这也同样是我们郑国的悲伤。假若能早献上贡品,我们就修复垣墙而回国,这是你们的恩德,我们哪里还怕这一点辛劳?"

士文伯回报了责问子产的情况。赵文子说:"确实是这样。我们对待宾客实在不好。用奴隶的住所来招待诸侯,这是我们的过错。"于是派士文伯向子产道歉,说明自己办事疏忽的罪过。

晋平公很快就接见了郑简公,接见时特别加重了礼仪,盛情款待,热烈友好地送他回去。于是建筑了接待诸侯的宾馆。

叔向说:"辞令不可以不讲究,此事竟然是这样重要啊!子产一席话,诸侯得到了益处,怎么能不讲究辞令呢!《诗经》上说:'辞令和平,民心协同;辞令乖张,人民遭殃。'子产是懂得这个道理的。"

# 子产论尹何为邑 襄公三十一年

## 左 传

【题解】

郑国的上卿子皮想派年轻而忠厚的尹何任邑大夫。子产不同意,认为应该先让尹何学习政事,然后再来治理政事。他采取了各种比喻,反复说明不经过学习就去从政的危险,终于使子皮心服。

本文通过对话,刻画出不同的人物性格。子产推心置腹,深谋远虑。子皮虚怀若谷,从善如流,最后以家国大政委托子产。读后耐人寻味。

子皮欲使尹何为邑①。子产曰②:"少,未知可否。"子皮曰:"愿③,吾爱之,不吾叛也。使夫往而学焉,夫亦愈知治矣。"子产曰:"不可。人之爱人,求利之也。今吾子爱人则以政,犹未能操刀而使割也,其伤实多。子之爱人,伤之而已,其谁敢求爱于子?子于郑国,栋也,栋折榱崩④,侨将厌焉⑤,敢不尽言!子有美锦,不使人学制焉。大官大邑,身之所庇也⑥,而使学者制焉。其为美锦,不亦多乎?侨闻学而后入政,未闻以政学者也。若果行此,必有所害。譬如田猎,射御贯则能获禽⑦;若未尝登车射御,则败绩厌覆是惧,何暇思获?"子皮曰:"善哉!虎不敏。吾闻君子务知大者远者,小人务知小者近者。我,小人也!衣服附在吾身,我知而慎之;大官、大邑所以庇身也,我远而慢之⑧。微子之言⑨,吾不知也。他日我曰:'子为郑国,我为吾家⑩,以庇焉,其可也。'今而后知不足。自今请虽吾家,听子而行。"子产曰:"人心之不同,如其面焉。吾岂敢谓子面如吾面乎?抑心所谓危,亦以告也。"子皮以为忠,故委政焉。子产是以能为郑国。

## 【注释】

① 子皮:名罕虎,字子皮,郑卿公孙舍之子,代父为上卿。 尹何:子皮的年轻的家臣。 为:作动词用,治。 邑:这里泛指一般采邑。
② 子产:公孙侨,字子产。春秋时有名的政治家。郑简公时为执政大夫,积极倡导改革。
③ 愿:谨慎老实。
④ 榱(cuī):屋椽子。
⑤ 厌(yā):通"压"。
⑥ 庇(bì):掩护。这里是寄托的意思。
⑦ 御:驾驶车马。 贯:通"惯",习惯。
⑧ 慢:轻忽。
⑨ 微:无。
⑩ 家:指古代大夫的封地。

## 【译文】

子皮想让尹何治理一个采邑。子产说:"尹何年轻,不知能否胜任。"子皮说:"这个人忠厚谨慎,我喜爱他,他一定不会背叛我的。

让他到那里学习一下,就会更加懂得治理政事的方法。"子产说:"不行。一个人假如真正喜爱别人,那就应该让他得到好处。现在您喜爱别人,就想让他来管理政事,这就如同让一个还不会拿刀的人去割肉一样,多半会割伤自己。您的所谓爱人,只不过是伤害人家罢了,那么以后谁还敢求得您的喜爱呢?您在郑国如同房屋的栋梁,栋梁折断了,屋椽自然要崩塌,我也会被压在屋子底下,因此怎敢不把自己的全部想法说出来呢!譬如您有一块美丽的锦缎,您一定不肯让人用它来练习剪裁衣服。担任大官、治理大邑,这些都是人们身家性命之所寄托,却让一个正在学习的人来担当。大官大邑与美丽的锦缎相比,不是更加贵重吗?我只听说过学好了然后才去管理政事,没听说过就用治理政事的方式来让他学习的。如果真这么做,一定会受到伤害。比方打猎吧,射箭、驾车这一套练熟了,才能猎获禽兽;假若从来就没有登过车、射过箭和驾过车,总是为翻车发生事故(翻车压死)而提心吊胆,那么,哪里还顾得上猎获禽兽呢?"子皮说:"太好了!我这个人很笨。我听说过,君子总是努力使自己懂得那些重大的遥远的事情,小人总是使自己懂得那些微小的眼前的事情。我是个小人啊!衣服穿在我身上,我是知道加以爱惜的;大官、大邑,这是身家性命之所寄托,我却认为是遥远的事情而忽视它。假如没有您这番话,我是不会懂得这个道理的。从前我说过:'您治理郑国,我治理我的家,在您的庇荫之下,还是可以把家治理好的。'从现在起才知道,这样做还是不够的。从今以后我请您允许,就是治理我的家,也要听您的意见行事。"子产说:"人心的不同,就像人的面貌一样。我怎敢说您的面貌同我的一样呢?不过我心里认为危险的事情,还是要奉告的。"子皮认为子产非常忠实,所以就把郑国的政事委托给他。子产因此才能治理郑国。

## 子产却楚逆女以兵 昭公元年

### 左 传

【题解】

春秋中叶以后,楚国国力强盛,争得了霸主地位,经常攻伐周围弱小国家。楚康王死后,公子围任令尹,权势日重。鲁昭公元年(前541年),他以聘问迎娶为借口,率兵众企图袭击郑国。郑子产在楚兵逼临城下的危急时刻,及时识破并戳穿了他们的阴谋,使郑国转危为安。本文就是记叙此事的始末,以及郑、楚使者针锋相对的谈判斗争。

楚人辞婉而理直,企图陷郑人于无言可对的困境。但子羽却以犀利的言辞,一针见血地揭露了他们所包藏的祸心,终于使楚人知郑国早有防备,不敢轻举妄动。

  楚公子围聘于郑①,且娶于公孙段氏②。伍举为介③。将入馆,郑人恶之。使行人子羽与之言④,乃馆于外。

  既聘,将以众逆。子产患之⑤,使子羽辞曰:"以敝邑褊小⑥,不足以容从者,请墠听命⑦!"令尹使太宰伯州犁对曰⑧:"君辱贶寡大夫围⑨,谓围:'将使丰氏抚有而室⑩。'围布几筵⑪,告于庄、共之庙而来⑫。若野赐之,是委君贶于草莽也!是寡大夫不得列于诸卿也⑬!不宁唯是,又使围蒙其先君,将不得为寡君老⑭,其蔑以复矣⑮。唯大夫图之!"子羽曰:"小国无罪,恃实其罪⑯。将恃大国之安靖己⑰,而无乃包藏祸心以图之。小国失恃而惩诸侯,使莫不憾者,距违君命⑱,而有所壅塞不行是惧!不然,敝邑,馆人之属也,其敢爱丰氏之祧⑲?"

  伍举知其有备也,请垂櫜而入⑳。许之。

## 【注释】

① 公子围:春秋楚共王次子,名围。楚王郏敖时为令尹,后杀死郏敖,即王位为楚灵王,前540年至前529年在位。 聘:访问。
② 公孙段:字伯石。因食邑于丰,又称丰氏。郑大夫。
③ 伍举:楚大夫。伍子胥的祖父。 介:副使。
④ 行人子羽:即公孙挥,字子羽,任郑国行人,以官为氏。行人,管朝觐聘问的官。
⑤ 子产:即公孙侨,一字子美。春秋时有名的政治家。郑简公十二年(前554年)为卿,积极倡导改革。
⑥ 褊(biǎn):狭小。
⑦ 墠(shàn):扫除地面供祭祀之用。
⑧ 令尹:楚国官名。这里指公子围。 太宰:官名,管理宫廷内外事务,辅助国君治理国家。 伯州犁:楚国的宗子,楚康王时任太宰。
⑨ 贶(kuàng):赐予。
⑩ 丰氏:指公孙段女。 抚有而室:指将丰氏女嫁给公子围。抚,占有。而,汝,指公子围。
⑪ 布几筵:指陈设筵席。
⑫ 庄、共:指楚庄王、楚共王,公子围的祖父、父亲。
⑬ 寡大夫:指公子围。
⑭ 老:大臣称老,古时公卿大夫的尊称。
⑮ 蔑:无。
⑯ 恃(shì):依靠。
⑰ 安靖:安定。
⑱ 距:通"拒",抗拒。
⑲ 祧(tiāo):祖庙。
⑳ 垂:倒悬。 櫜(gāo):古代盛衣甲或弓箭的袋子。倒悬箭袋,表示没有带弓箭。

## 【译文】

楚国公子围访问郑国,并且将要娶公孙段的女儿为妻。伍举担任副使。将要进入国都准备住宾馆的时候,郑国人表示厌恶。派担任行人的子羽向他们说明此意,于是他们居住在城外。

　　访问礼仪结束以后,楚国提出要以兵众进入国都迎亲。子产非常忧虑这件事,派子羽辞谢他们说:"因为我们国都狭小,容纳不了随从的人,就请在城外设埠,举行婚礼,我们听从您的命令!"令尹公子围派太宰伯州犁回答说:"蒙郑君厚赐我大夫公子围,告诉他:'将把丰家女儿嫁给你作为妻室。'为此,公子围特意置办筵席,在庄王、共王的庙堂里禀告了自己的祖宗,然后才来到郑国。假若在野外受赐,就等于把郑君的赏赐抛弃在草莽之间!这样,敝国的寡德的大夫公子围也就不能立于诸卿的行列了!不仅如此,这样做又使公子围欺骗了自己的祖先,也就不能做楚君的大臣了,而且也无脸面再回到楚国去。希望大夫考虑一下这样做是否妥当!"子羽说:"小国没有什么罪过,一心依赖大国而毫无防备,这倒真是它的罪过。我们本来也打算依靠你们大国来安定自己的国家,怎奈你们包藏祸心,要来图谋我们。我们担心的是假如郑国受欺而失去了依靠,那些依附楚国的诸侯都会以郑国为戒,没有不恨楚国的,因而抗拒楚君的命令,楚君的命令就会受到阻碍而不能施行,这倒是我们担心的!假如楚国没有其他意图,那么,郑国对于楚国就像守馆舍的人一样,难道还敢吝惜丰氏的祖庙,而不许在那里成礼吗?"

　　伍举知道郑国有了准备,就请允许他们倒悬弓衣进城。子产这才答应了他们。

# 子革对灵王　昭公十二年

## 左　传

【题解】

　　春秋后期,楚国在消灭了许多小国以后,国力强盛。这时长江下游兴起了吴、越两个国家,吴、楚曾多次发生过战争。鲁昭公十二年(前530年),楚灵王借出游打猎为名,包围了吴的附属国徐国,并以此来威胁吴国扩大疆土。这时子革对灵王进行了讽谏,本文主要就是记叙他的谏辞。

文中对话有鲜明的个性,人物形象生动。对楚灵王从皮冠、翠被等服饰的描绘到求鼎、求田的发问,无不表现出其骄奢自满、贪得无厌的霸主形象。写子革语言婉转,既使灵王爱听,又指出他不体谅民力,有"醉饱之心"的错误。作者成功地刻画了一个有经验的谏臣的形象。

楚子狩于州来①,次于颍尾②,使荡侯、潘子、司马督、嚣尹午、陵尹喜帅师围徐以惧吴③。楚子次于乾谿④,以为之援。雨雪,王皮冠,秦复陶⑤,翠被⑥,豹舄⑦,执鞭以出,仆析父从⑧。

右尹子革夕⑨,王见之。去冠被,舍鞭,与之语曰:"昔我先王熊绎⑩,与吕伋、王孙牟、燮父、禽父⑪,并事康王⑫,四国皆有分⑬,我独无有。今吾使人于周,求鼎以为分⑭,王其与我乎?"对曰:"与君王哉!昔我先王熊绎,辟在荆山⑮,筚路蓝缕⑯,以处草莽,跋涉山林,以事天子。唯是桃弧、棘矢⑰,以共御王事⑱。齐,王舅也⑲;晋及鲁、卫,王母弟也⑳。楚是以无分,而彼皆有。今周与四国服侍君王,将唯命是从,岂其爱鼎?"王曰:"昔我皇祖伯父昆吾㉑,旧许是宅㉒。今郑人贪赖其田,而不我与。我若求之,其与我乎?"对曰:"与君王哉!周不爱鼎,郑敢爱田?"王曰:"昔诸侯远我而畏晋,今我大城陈、蔡、不羹㉓,赋皆千乘,子与有劳焉。诸侯其畏我乎?"对曰:"畏君王哉!是四国者㉔,专足畏也,又加之以楚,敢不畏君王哉?"

工尹路请曰㉕:"君王命剥圭以为鏚柲㉖,敢请命。"王入视之。

析父谓子革:"吾子,楚国之望也!今与王言如响,国其若之何?"子革曰:"摩厉以须㉗,王出,吾刃将斩矣。"

王出,复语。左史倚相趋过㉘。王曰:"是良史也,子善视之。是能读《三坟》《五典》《八索》《九丘》㉙。"对曰:"臣尝问焉。昔穆王欲肆其心㉚,周行天下,将皆必有车辙马迹焉。祭公谋父作祈招之诗㉛,以止王心,王是以获没于祇宫㉜。臣问其诗而不知也;若问远焉,其焉能知之?"王曰:"子能乎?"对曰:"能。其诗曰:'祈招之愔愔㉝,式昭德音㉞。思我王度,式如玉,式如金。形民之力,而无醉饱之心。'"

　　王揖而入。馈不食㉟,寝不寐,数日。不能自克,以及于难㊱。

　　仲尼曰㊲:"古也有志:'克己复礼,仁也。'信善哉!楚灵王若能如是,岂其辱于乾谿?"

**【注释】**

① 楚子:楚灵王,楚共王次子,名围,即位以后改名虔。前540年至前529年在位。　狩(shòu):冬猎。　州来:楚地名,在今安徽凤台北。
② 颍尾:颍水入淮处,在今安徽颍上东南。
③ 荡侯、潘子、司马督、嚣尹午、陵尹喜:都是楚大夫。　徐:小国名,在吴、楚之间,今安徽泗县北。
④ 乾谿:地名,在今安徽亳县东南。
⑤ 秦复陶:秦国所赠羽衣,可以防雨雪。
⑥ 翠被:用翠羽装饰的披肩。被,就是"帔",披肩。
⑦ 豹舄(xì):豹皮做的木底鞋。
⑧ 仆析父:楚大夫。
⑨ 右尹:官名。春秋时楚国长官多称尹。　子革:郑大夫子然之子,名丹。由郑奔楚。　夕:暮见。
⑩ 熊绎:楚国开始受封的国君。
⑪ 吕伋:齐太公吕尚之子。　王孙牟:卫始封的君主康叔之子。　燮父:晋始封的君主唐叔之子。　禽父:周公之子,名伯禽,始封于鲁。
⑫ 康王:指周康王。
⑬ 四国:指齐、晋、鲁、卫。　分:分器。古代天子把宗庙的宝器分给诸侯,世代保存,称为分器。

⑭ 鼎:相传禹铸九鼎,历经夏、商、周三代,为周室的国宝。
⑮ 辟:通"僻",偏僻。 荆山:楚人最早的发祥地,在今湖北南漳西。
⑯ 筚路:柴车。 蓝缕:破旧衣服。
⑰ 桃弧:桃木做的弓。 棘矢:酸枣木做的箭。
⑱ 共御:供奉。"共"通"供"。
⑲ 王舅:周成王的母亲是齐太公的女儿,所以说齐君是周王的舅父。
⑳ 王母弟:晋祖唐叔是周成王的同母弟。鲁祖周公、卫祖康叔都是周武王的同母弟。
㉑ 皇祖伯父昆吾:陆终氏生六子,长名昆吾,少名季连。季连是楚国的远祖,故称昆吾为"皇祖伯父"。皇祖,远祖。
㉒ 许:小国名,在今河南许昌。昆吾曾在此处居住。
㉓ 陈、蔡:皆小国名。陈在今河南淮阳一带。蔡在今河南上蔡东南一带。不羹(láng):楚地名,有东西二城。东不羹在今河南舞阳北,西不羹在今河南襄城东。
㉔ 四国:指陈、蔡和东、西不羹。国,这里指地区。
㉕ 工尹路:人名。楚工尹寿之后,以世官为氏。
㉖ 圭:古玉器名,长方形,上尖下方。 鏚(qī):斧子。 柲(bì):兵器的柄。
㉗ 摩厉以须:子革把自己的言语比作刀刃,磨快以等待时机。摩厉,通"磨砺",磨刀刃。须,等待。
㉘ 左史:官名。周代史官有左史、右史之分。左史记事,右史记言。一说左史记言,右史记事。 倚相:楚国的史官。
㉙ 《三坟》《五典》《八索》《九丘》:都是古书名,已失传。
㉚ 穆王:指周穆王。
㉛ 祭(Zhài)公谋父:周穆王的卿士。 祈招:旧注认为是人名,即司马祈父,名招,掌管军事。《先秦文学史参考资料》疑"招"是"韶"的假借字,《祈招》是乐名。这种解释较妥。
㉜ 祇宫:周穆王的别宫。
㉝ 愔(yīn)愔:深厚平和。
㉞ 式:发语词。
㉟ 馈(kuì):进餐。
㊱ 难(nàn):遭难。鲁昭公十三年(前529年),楚灵王为公子子比等所逼,

在乾谿自杀而死。

㊲ 仲尼:孔子(前551年—前479年),名丘,字仲尼。春秋末期的思想家、教育家,儒家学派的创始人。

## 【译文】

楚灵王到州来一带打猎,驻扎在颍尾,派遣荡侯、潘子、司马督、嚣尹午、陵尹喜率领军队围攻徐国,借以威胁吴国。楚灵王自己进驻于乾谿,作为他们的后援。当时天正在下雪,灵王戴着皮帽,穿着秦国赠送的羽衣,披着翠羽装饰的披肩,穿着豹皮做的鞋,手中拿着马鞭出来,仆析父在后面跟随着。

傍晚,右尹子革来朝见,灵王接见了他。灵王摘下帽子,脱下披肩,放下鞭子,对他说:"以前我们的祖先熊绎,与吕伋、王孙牟、燮父、禽父共同侍奉周康王,四国都有分器,只有楚国没有。假若现在我派人到周朝要求把宝鼎作为我的分器,周王肯给我吗?"子革回答说:"会给您啊!从前我们先王熊绎,居住在偏僻的荆山,驾着柴车,穿着破衣裳,出入草丛荒野之间,跋山涉水,穿越森林,来侍奉周天子。总是把桃木弓、棘木箭贡献给王室使用。齐君是周王的舅父;晋国、鲁国和卫国的祖先,也都是周王的同母弟。这就是楚国所以没得到分器,而他们都有一份的原因。现在周王朝和这四国都来服侍您,都要唯命是从,难道还会吝惜宝鼎吗?"灵王说:"从前我皇祖伯父昆吾,居住在原来的许国故地。现在郑国贪图并且赖在这片土地,不肯还给我。我假若要回这个地方,他能给我吗?"子革回答说:"会给您啊!周王朝尚且不吝惜宝鼎,郑国还敢吝惜土地?"灵王说:"过去诸侯疏远我而怕晋国,现在我已经把陈、蔡和不羹等地的城池,大加修筑,这些地方的兵赋都是千乘,这里也有你的功劳。这样,诸侯会怕我吧?"子革回答说:"会怕您啊!仅这四国的力量,就足够使诸侯害怕的了,再加上楚国,他们敢不怕您吗?"

工尹路请示说:"您命令剖开玉圭,装饰斧柄,请问制作成什么式样。"于是,灵王进去观看。

析父对子革说:"你是楚国有声望的人!今天你顺着王的意思回答,

就像回声一样,这样下去,国家前途将会怎样呢?"子革说:"我已经把刀刃磨快了,正在等待时机,等王出来,我的刀锋就将斩断他的念头了。"

灵王出来以后,又和子革谈话。左史倚相急速走过。灵王说:"他是一位很好的史官,你要好好对待他。这个人能读《三坟》《五典》《八索》《九丘》。"子革回答说:"我曾经问过他。从前周穆王想要实现自己的欲望,周游天下,在各地都留下他的车辙马迹。祭公谋父作了一首叫《祈招》的诗,用来劝阻穆王的企图,穆王因此才能在祇宫善终。我问这首诗,倚相尚且不知道;假若问更远的事,他怎么能知道呢?"灵王说:"你知道吗?"子革回答说:"我知道。这首诗说:'《祈招》深厚平和,显示出周王的美德。希望我王的风度,像玉一样纯洁,像金一样坚实。按照人民的力量而使用他们,估计自己的食量而不存醉饱之心。'"

灵王听完,拱手作揖,进入室内。几天之中,送上饮食,吃不下,躺在床上睡不着,但终究不能克制自己,因而招致祸难而身死。

仲尼说:"古书上有这样的记载:'克制自己的欲望,使言行都合于古礼,这就是仁。'这句话确实好啊!楚灵王假若能这样做,哪能在乾谿蒙受耻辱呢?"

# 子产论政宽猛 昭公二十年

## 左 传

【题解】

宽猛,指宽政和猛政,与后人所说的王道、霸道的意思相近,都是古代统治者统治人民的手段。子产临死向他的继承人子太叔传授治国方法时,指出只有德行高尚的人才能对人民施行宽政。子太叔没有遵从他的遗嘱,结果引起社会动乱,奴隶纷纷起义。后来,他改变做法,对奴隶起义采用了严厉镇压的措施,使国内稍稍平定下来。他们都受到孔子的赞扬。孔丘并从中进一步总结统治经验,认为最好的方法是"宽猛相济",即宽政和猛政两种方法交替使用。但主要的一手仍然是猛政,只是把猛政解释为仁政罢了。

郑子产有疾①,谓子大叔曰②:"我死,子必为政。唯有德者能以宽服民,其次莫如猛。夫火烈,民望而畏之,故鲜死焉;水懦弱,民狎而玩之③,则多死焉。故宽难。"疾数月而卒。大叔为政,不忍猛而宽。郑国多盗,取人于萑苻之泽④。大叔悔之曰:"吾早从夫子,不及此。"兴徒兵以攻萑苻之盗,尽杀之。盗少止。

仲尼曰⑤:"善哉!政宽则民慢,慢则纠之以猛;猛则民残,残则施之以宽。宽以济猛,猛以济宽,政是以和。《诗》曰⑥:'民亦劳止,汔可小康⑦。惠此中国,以绥四方。'施之以宽也。'毋从诡随⑧,以谨无良。式遏寇虐⑨,惨不畏明⑩。'纠之以猛也。'柔远能迩⑪,以定我王。'平之以和也。又曰:'不竞不絿⑫,不刚不柔。布政优优⑬,百禄是遒⑭。'和之至也。"及子产卒,仲尼闻之,出涕曰:"古之遗爱也!"

【注释】

① 子产:春秋时有名的政治家。名侨,字子产。郑简公时为执政大夫。
② 子大(tài)叔:指游吉。郑简公、郑定公时为卿。定公八年(前522年)继子产执政。
③ 狎(xiá):轻忽。
④ 取人于萑苻(Huánfú)之泽:诬指起义者劫取财物。周景王二十三年(前522年),郑国的奴隶会集于萑苻之泽(今河南中牟北),举行武装起义。后被子太叔派兵镇压下去。
⑤ 仲尼:孔子(前551年—前479年),名丘,字仲尼。春秋末期的思想家、教育家,儒家学派的创始人。
⑥ 《诗》:即《诗经》。语见《诗经·大雅·民劳》篇。
⑦ 汔(qì):但愿。

⑧ 诡随:欺诈善变。这里指欺诈善变的人。
⑨ 式:句首语气词。
⑩ 憯:通"憯",副词,用法和"曾经"相似。
⑪ 柔:安抚。　能:亲善。　迩:近。
⑫ 竞:争。　絿(qiú):急。这四句诗见《诗经·商颂·长发》篇。
⑬ 优优:平和的样子。
⑭ 遒(qiú):积聚。

## 【译文】

郑国子产有病,对子太叔说:"我死了,你必然掌管国家的政事。只有德行高尚的人,才能用宽政使人民服从,而德行较差的人治国,就不如用猛政。火性猛烈,人们远远望见就会害怕它,所以很少有人被烈火烧死;水性懦弱,人们常常接近而忽视它,因此被水淹死的人就很多。所以实行宽政是不容易的。"子产病了几个月就死了。太叔执政,不忍施行猛政,而采用宽政。于是郑国的强盗就多起来了,他们聚集在萑苻泽中,劫取别人的财物。太叔感到后悔,说:"假如我早听子产的话,就不至于到这一步。"于是发兵攻打萑苻的强盗,全部杀死他们。这样,郑国的强盗才稍微减少了一些。

孔子说:"好啊!施行宽政,人民就怠慢,怠慢,就用猛政加以纠正;施行猛政,人民就受到残害,受到残害,再施行宽政。用宽政来补救猛政的缺失,用猛政来补救宽政的缺失,政治因此就会平和。《诗经》说:'人民也劳苦了,希望能够稍稍得到安康。爱抚京师的人民,以安定四方。'这就是施行宽政。'不要纵容诡诈善变的人,警惕他们居心不良。制止掠夺暴虐的行为,从不害怕他们足智逞强。'这就是用猛政来纠正。'怀柔远方,如同近处,从而安定我们君王。'这就是用平和的政治措施来使国家安定。又说:'不残暴,不松弛,不刚愎,不优柔。施政平和,各种福禄聚归如流。'这就是平和政治的极点。"子产死了,孔子听到这个消息,流着眼泪说:"子产继承了古人仁爱的遗风!"

# 吴许越成 哀公元年

## 左 传

【题解】

　　鲁定公十四年（前496年），吴王阖闾在檇李被越王勾践战败，伤足而死。哀公元年（前494年）吴王夫差在夫椒击败越国，为他的父亲报了仇。越王勾践派人求和，夫差准备答应他。大夫伍员劝说吴王拒绝越国的请求，本文主要就是记叙他的谏辞。

　　文章运用以宾做主的笔法，略述勾践而详论夏朝少康中兴的历史，深刻地说明了去病必除根的道理。

　　吴王夫差败越于夫椒①，报檇李也②。遂入越。越子以甲楯五千保于会稽③，使大夫种因吴太宰嚭以行成④。吴子将许之⑤。

　　伍员曰⑥："不可。臣闻之：'树德莫如滋⑦，去疾莫如尽。'昔有过浇杀斟灌以伐斟鄩⑧，灭夏后相⑨。后缗方娠⑩，逃出自窦⑪，归于有仍⑫，生少康焉，为仍牧正⑬。惎浇⑭，能戒之。浇使椒求之⑮，逃奔有虞⑯，为之庖正⑰，以除其害。虞思于是妻之以二姚⑱，而邑诸纶⑲，有田一成⑳，有众一旅㉑。能布其德，而兆其谋㉒，以收夏众，抚其官职㉓。使女艾谍浇㉔，使季杼诱豷㉕，遂灭过、戈，复禹之绩㉖。祀夏配天，不失旧物。今吴不如过，而越大于少康，或将丰之，不亦难乎？句践能亲而务施㉗，施不失人，亲不弃劳，与我同壤而世为仇雠㉘。于是乎克而弗取，将又存之，违天而长寇雠㉙。后虽悔之，不可食已㉚。姬之衰也㉛，日可俟也㉜。介在蛮夷㉝，而长寇雠，以是求伯㉞,必不行矣。"

弗听。退而告人曰:"越十年生聚,而十年教训,二十年之外,吴其为沼乎㉟!"

### 【注释】

① 夫差:春秋末年吴国国君,吴王阖闾的儿子。前495年即位,前473年越灭吴后自杀。 夫(Fú)椒:山名,在今江苏苏州西南太湖中(一说夫、椒为二山)。哀公元年(前494年),吴王夫差曾在此打败越国。

② 报:报复。 檇(Zuì)李:在今浙江嘉兴西南。鲁定公十四年(前496年),吴伐越,越王勾践在檇李击败吴军,吴王阖闾伤足而死。

③ 越子:指越王勾践,春秋末年越国国君。前496年至前465年在位。越国曾被吴国战败,屈辱求和。勾践卧薪尝胆,发愤图强,"十年生聚,十年教训",终于转弱为强,灭了吴国。 甲楯(dùn):指披甲执楯的兵。楯,通"盾",盾牌。 会(Kuài)稽:山名,在今浙江绍兴南。

④ 种:文种,字子禽(一作少禽)。越国大夫。曾协助越王勾践保存越国,消灭吴国。后勾践听信谗言,赐剑令其自杀。 因:介词,通过。 太宰:官名。 嚭(Pǐ):吴王的宠臣。 行成:议和。

⑤ 吴子:指吴王夫差。

⑥ 伍员:字子胥。楚大夫伍奢次子。伍奢被杀,他逃奔吴国为大夫,帮助吴王阖闾夺取王位,因功封于申(今河南南阳),所以又称申胥。

⑦ 滋:增益。

⑧ 过(Guō):古国名,在今山东莱州北。 浇(Ào):人名。相传是东夷族首领寒浞之子,封于过。 斟灌、斟鄩(xún):夏同姓诸侯。

⑨ 相:传说中夏朝君主,夏启之孙。相传夏王太康被东夷族首领后羿夺去王位,后来寒浞又杀死后羿,取代夏政。夏王相往依斟灌、斟鄩,寒浞使其子浇灭二斟,杀相。

⑩ 后缗(mín):传说中夏王相之妻,有仍氏的女儿。 娠(shēn):怀孕。

⑪ 窦:孔穴。

⑫ 有仍:部落名。在今山东济宁市东南。

⑬ 牧正:主管畜牧的官长。

⑭ 惎(jì):憎恨。

⑮ 椒:浇的臣子。
⑯ 有虞:传说中古部落名,即有虞氏,舜是这个部落的领袖,居蒲阪(今山西永济西)。这里指舜的后代封国,在今河南虞城县北。
⑰ 庖正:主管膳食的官长。
⑱ 虞思:虞的国君。 二姚:虞思的两个女儿。姚,有虞的姓。
⑲ 邑:动词。封予采邑。 诸:介词。之、于二字的合音。 纶:虞的地名,在今河南虞城东南。
⑳ 成:古代土地面积单位名。十方里为一成。
㉑ 旅:古代以步卒五百人为一旅。
㉒ 兆:开始。
㉓ 抚:安定。
㉔ 女艾:少康臣。 谍:侦察。
㉕ 季杼:少康子。 豷(Yì):寒浞的儿子,封于戈。
㉖ 禹:传说中古代部落联盟领袖,姒姓,因治水有功,继舜位。他的儿子启建立了夏王朝。
㉗ 句(gōu):同"勾"。 亲:亲近。 施:施恩。
㉘ 仇雠(chóu):仇敌。
㉙ 违天:违背天意。伍子胥认为吴国战胜越国是天的意旨,这是一种迷信的说法。 长(zhǎng):增加,这里指增强越国的势力。
㉚ 食:消除。
㉛ 姬:吴为姬姓,这里指吴国。
㉜ 俟(sì):等待。
㉝ 蛮:古人对南方各族的蔑称。 夷:古人对东方各族的蔑称。"蛮""夷"也泛指四方的少数民族。
㉞ 伯(bà):通"霸"。指春秋时势力强大、处于领导地位的诸侯。
㉟ 沼:池子。这里指吴灭亡以后,吴国的宫室废坏,将变为池沼。

**【译文】**

吴王夫差在夫椒打败了越国,报了槜李之战的仇。于是进占越国。越王勾践带领披甲执盾的五千名土卒,退守会稽山,并派大夫文种,通过吴国太宰嚭向吴王求和。吴王夫差准备答应他。

伍员说:"不可以。我听说:'树立品德,最好是日积月累,治疗疾病,最好是彻底除根。'古时过国的国君浇,杀了斟灌,打败了斟鄩,消灭了夏王相。当时后缗正怀孕,从墙洞里逃出,回到娘家有仍,生了少康。少康长大后在有仍做了主管畜牧的官吏。少康特别憎恨浇,并能对他有所戒备。浇派臣子椒四处搜寻少康,少康逃到虞国,做了主管膳食的官,从而避免了这场灾难。虞国的国君思就把他的两个女儿嫁给了少康,并把纶地分封给他做采邑。于是,少康有了一成土地和一旅军队。他能广布恩德,开始实行他的谋略,召集夏朝的遗民,给他们封官定爵。他又派出女艾刺探浇的情况,还让季杼去引诱豷,终于灭了过国和戈国,恢复了夏禹的功业。祭祀夏代的祖先,以配享天帝,保全了夏朝的典章制度。现在吴国不如过国强大,而越国却比少康强大,如果让越国强盛起来,岂不成了吴国的灾难吗?一方面勾践能够亲近臣民,注意赏施,注意赏施就不失民心,亲近臣民就不会忽略有功劳的人。另一方面越国与吴国土地相连,而又世世代代结为仇敌。这个时候战胜了它,不但不消灭它,反而打算保全它,这样违背天意而助长仇敌,将来即使后悔,也不可能把它消灭了。吴国的衰亡,是指日可待了。处在蛮夷之间而又帮助敌人,想用这种办法来谋求霸主地位,必定是不能成功的。"

吴王不听劝告。伍员下来告诉别人说:"越国将用十年时间养育百姓,聚集财富,再用十年教育人民和训练军队,二十年以后,吴国的宫室恐怕将要变成池沼了啊!"

# 祭公谏征犬戎 周语上

## 国 语

【题解】

《国语》是我国第一部国别史性质的书。它记载了从西周穆王十二年(前990年)至东周定王十六年(前453年)期间周、鲁、齐、晋、郑、楚、吴、越等八国贵族的一些言论。其中,记"晋语"较详,记"齐语""郑语""吴语"和"越语"只侧重于几个人物和事迹,内容很不平衡,有些内容与《左传》互有详略异同。

《国语》的故事流传到战国中期,经儒家之手,汇编并加工而成书。儒家的思想在《国语》中表现得比较明显。

西周贵族祭公,很不满意穆王穷兵黩武劳师远征的举动,因而向他进谏。他进谏的方法一是讲述周先王的传统经验,注意以德服人,而不轻易动兵,一旦动兵,就可达到"动则威"的效果;二是讲先王规定的法制,对荒远地区的民族只要求保持名义上的宗主关系就行了。但穆王不接受劝告,结果威信扫地,得到的只是狼、鹿八只而已。讽刺文笔,极为尖刻。

祭公对无辜受欺凌的犬戎表示同情,这种态度应予肯定。

穆王将征犬戎①。祭公谋父谏曰②:"不可!先王耀德不观兵③。夫兵,戢而时动④,动则威;观则玩,玩则无震。是故周文公之《颂》曰⑤:'载戢干戈,载櫜弓矢⑥。我求懿德,肆于时夏⑦。允王保之。'先王之于民也,茂正其德⑧,而厚其性;阜其财求⑨,而利其器用;明利害之乡,以文修之⑩,使务利而避害,怀德而畏威。故能保世以滋大。

"昔我先世后稷⑪,以服事虞夏;及夏之衰也⑫,弃稷弗务。我先王不窋用失其官⑬,而自窜于戎、翟之间⑭。不敢怠业,时序其德,纂修其绪⑮,修其训典;朝夕恪勤⑯,守以惇笃⑰,奉以忠信;奕世载德⑱,不忝前人⑲。至于武王⑳,昭前之光明,而加之以慈和,事神保民,莫不欣喜。商王帝辛㉑,大恶于民,庶民弗忍,欣戴武王,以致戎于商牧㉒。是先王非务武也,勤恤民隐而除其害也㉓。

"夫先王之制:邦内甸服㉔,邦外侯服㉕,侯、卫宾服㉖,夷、蛮要服㉗,戎、翟荒服㉘。甸服者祭,侯服者祀,宾服者享,要服者贡,荒服者王。日祭,月祀,时享,岁贡,终王,先王之训也。有不祭则修意㉙,有不祀则修言㉚,有不享则修文㉛,有不贡则修名㉜,有不王则修德㉝;序成而有不至,则修刑。于是乎有刑不祭,伐不祀,征不享,让不贡,告不王。于是乎有刑罚之辟,有攻伐之兵,有征讨之备,有威让之令,有文告之辞。布令陈辞,而又不至,则又增修于德,无勤民于远。是以近无不听,远无不服。

"今自大毕、伯仕之终也㉞,犬戎氏以其职来王,天子曰:'予必以不享征之㉟,且观之兵。'其无乃废先王之训,而王几顿乎?吾闻夫犬戎树惇能帅旧德㊱,而守终纯固㊲,其有以御我矣!"

王不听,遂征之,得四白狼、四白鹿以归。自是荒服者不至。

**【注释】**

① 穆王:周穆王,前1001年—前947年在位。他与犬戎、徐戎都进行过战争。后来的《穆天子传》写了他西游的故事传说。 犬戎:古代西北戎人的一支。
② 祭(Zhài)公谋父:周公的后代。祭,封邑名。谋父,是字。时为周王卿士。
③ 耀德:光大德治。 观兵:显示兵威。
④ 戢(jí):聚,集结。下文"载戢干戈"的"戢",收藏。
⑤ 周文公:周公姬旦,"文"是他的谥号。 《颂》:这里指《诗经·周颂·时迈》篇。古代相传,此诗是歌颂武王巡狩诸侯的乐歌,周公所作。
⑥ 载:句首助词。 櫜(gāo):收藏盔甲、弓矢的器具。这里作动词用,收藏。
⑦ 肆:传布。 时:指示代词,相当于"这""这个"。 夏:华夏族,这里指中国。
⑧ 茂:勉励。
⑨ 阜:丰富,盛多。
⑩ 文:这里指法典。
⑪ 后稷:周民族的始祖,姓姬名弃。传说他善种百谷,帝尧命他为农师(后

⑪ 稷)。其子孙世袭后稷的官职。
⑫ 夏之衰:指夏启之子太康因溺于游畋而失帝位。
⑬ 不窋(zhì):弃的后代。
⑭ 翟(dí):通"狄"。
⑮ 纂(zuǎn):同"缵",继续。 绪:前人未竟的事业。
⑯ 恪(kè):谨慎。
⑰ 惇(dūn):敦厚。
⑱ 奕(yì)世:累代。 载:承受。
⑲ 忝(tiǎn):玷污。
⑳ 武王:周武王姬发,周文王之子。灭掉商朝,成为西周王朝的建立者。
㉑ 帝辛:商纣王,名辛。
㉒ 商牧:商朝都城朝歌的郊外牧野,在今河南淇县南。
㉓ 恤(xù):怜悯。 隐:痛苦。
㉔ 邦内甸服:指天子直辖地区,人民为天子种田纳租税。甸,治田。服,服侍于天子。
㉕ 侯服:天子分封给诸侯的土地。
㉖ 侯、卫宾服:介于诸侯与边疆地区之间的土地。卫,卫畿,保卫王畿的地区。宾,朝见。
㉗ 要:通"徼"(jiào),边境。
㉘ 荒服:在要服之外。荒,边远。当地民族因迁徙无常,只在首领更换或中原王朝新王嗣位时,入朝一次。
㉙ 修意:检查自己的意图。
㉚ 修言:检查自己的言论号令。
㉛ 修文:检查国家的法令制度。
㉜ 修名:检查尊卑的名号。
㉝ 修德:检查自己的德行。
㉞ 大毕、伯仕:犬戎族的两个君主。
㉟ 享:享献,即每季一次向天子贡献祭品,本是"宾服"诸侯的职分,这里用来责备"荒服"的犬戎,是妄加罪名。
㊱ 树:建立。 惇:敦厚。也有人认为树惇是犬戎君长的名字。
㊲ 守终:指能守住终生入朝一次的职分。 纯固:专一。

## 【译文】

周穆王打算征伐犬戎。祭公谋父规劝说:"不行!先王历来先扬他们的德治,而不轻易炫耀武力。军队在平时保存力量,只有在必要的时机才动用,一动用就得显出威力;轻易显示威力,便是滥用,滥用就不能使人惧怕。所以周公的《颂》诗说:'收好戈盾,藏好弓箭。我王讲求美德,传遍全中国。我王一定能永远保持这种美德。'先王对于百姓,总是鼓励他们端正自己的德行,使他们的性情更加敦厚;多方满足他们的物质要求,使他们有称心的器物用具;使他们了解利害之所在,用礼法教育他们,使他们从事有利的事情而避免有害的事情,使他们感激德治而畏惧威力。因此,先王创建的事业就能够世代相承,发展壮大。

"从前我们的先王后稷、不窋相继为农官,侍奉虞舜、夏禹;到了夏朝开始衰落的时候,才废掉后稷这个官职,不再理会农事了。我们先王不窋因为失去了农官的职务,只好自己逃到戎、狄之中。但他对农业仍然不敢懈怠,时时宣扬弃的德行,继续完成他没做完的事业,学习他的教导和典则;早晚谨慎勤恳,用纯朴笃实的态度加以保持,用忠诚信实的态度加以奉行;世世代代继承他的德行,不玷污前人。到了武王,他发扬前人光明磊落的德行,又加上慈爱与和善的性情,侍奉神灵,保护百姓,所以百姓没有不感到欢欣鼓舞的。那时商纣王对百姓太凶恶,百姓不堪忍受,都乐于拥护武王,这样才出兵于商郊牧野。这并不是先王崇尚武力,而是为了忧虑体恤百姓的痛苦,为他们除害。

"先王的制度是:邦内甸服,邦外侯服,侯、卫宾服,夷、蛮要服,戎、狄荒服。甸服地区要给天子供献祭祀祖父、父亲的祭品,侯服地区要给天子供献祭祀高祖、曾祖的祭品,宾服地区要给天子供献祭祀远祖的祭品,要服地区要给天子供献祭神的祭品,荒服地区的诸侯要进来朝见天子。供献祭祀祖父、父亲的祭品,每天一次;供献祭祀高祖、曾祖的祭品,每月一次;供献祭祀远祖的祭品,每季一次;供献祭神的祭品,每年一次;入朝见天子,终生一次。这是先王的遗训。如果有不来供日祭的,天子就检查自己的思想;有不来供月祭的,就检查自己的言论;有不按季献祭品的,就检查自己的法令;有不来进岁贡的,就检查自己规定的尊卑名号;有不来朝见的,就检查自己的德行;依次检查完了,如果还有不来供献朝见的,就检查刑法。因此,有惩罚不祭的,征伐不祀的,讨伐不享的,谴责不贡的,晓谕不朝见天子的措施。因此,有惩罚的法律,有攻打的军队,有讨伐的武备,有严厉谴责的命令,有晓谕的文辞。如果宣布法令,发出文告后,还有不来供献朝见的,那就再从自己的德行上检查,也不轻易劳民远征。这样,近处的诸侯没有不听从的,远处的诸侯没有不信服的。

"现在,自从大毕、伯仕去世以后,犬戎君长已经按照'荒服者王'的职分来朝见天子,但您却说:'我一定要按照宾服不享的罪名去讨伐它,并对它炫耀兵威。'这恐怕违背先王的教导,使'荒服者王'的制度几乎遭到破坏了吧?我听说犬戎的君长具有敦厚的性情,能遵循他先人的德行,保持终世入朝的礼节,坚定不移,这样,他们就有理由来抵抗我们了。"

周穆王不听,去攻打犬戎,结果只得到四只白狼、四只白鹿回来。从此以后,荒服的诸侯就不来朝见天子了。

# 召公谏厉王止谤 <sub>国语上</sub>

## 国　语

【题解】

周厉王以刑杀为威,压制国人对他的批评,终于被愤怒的国人所驱逐。

对人民群众是让他们说话、虚心听取,还是采取高压手段、堵住他们的嘴,这是事关国家兴亡的大事。两千多年前的政治家就有体会了,召公谏厉王止谤,就是一个很好的例子。"防民之口,甚于防川"的比喻,非常形象,也非常深刻。

厉王虐①,国人谤王。召公告曰②:"民不堪命矣!"王怒,得卫巫③,使监谤者④,以告,则杀之。国人莫敢言,道路以目。

王喜,告召公曰:"吾能弭谤矣⑤,乃不敢言。"召公曰:"是障之也⑥。防民之口,甚于防川;川壅而溃,伤人必多,民亦如之。是故为川者,决之使导;为民者,宣之使言⑦。故天子听政,使公卿至于列士献诗⑧,瞽献典⑨,史献书⑩,师箴⑪,瞍赋⑫,矇诵⑬,百工谏⑭,庶人传语⑮,近臣尽规,亲戚补察⑯。瞽、史教诲⑰,耆、艾修之⑱,而后王斟酌焉,是以事行而不悖⑲。

"民之有口也,犹土之有山川也,财用于是乎出;犹其有原隰衍沃也⑳,衣食于是乎生。口之宣言也,善败于是乎兴;行善而备败㉑,所以阜财用衣食者也㉒。夫民虑之于心而宣之于口,成而行之㉓,胡可壅也?若壅其口,其与能几何㉔?"

王弗听。于是国人莫敢出言,三年,乃流王于彘。

# 【注释】

① 厉王:周厉王,前878年至前842年在位。由于暴虐无道,引起人民反抗。他逃奔到彘(今山西霍县),后死于此地。
② 召(Shào)公:姬虎,谥号穆公。周厉王的卿士,后辅佐周宣王。
③ 巫(wū):以侍奉鬼神为职业的人。
④ 监:监视。
⑤ 弭(mǐ):消除。
⑥ 障:阻塞。
⑦ 宣:引导,开放。
⑧ 公卿至于列士:周王室官职分为公、卿、大夫、士各级。士是下层官员,又分上士(元士)、中士、下士三个等级。
⑨ 瞽:盲艺人。这里指乐官太师。 典:指乐典。有人认为当是"曲"字,因形近而误。此说较妥。
⑩ 史:史官。

⑪ 师：少师，低于太师的乐官。　箴（zhēn）：一种寓有劝诫意义的文辞，箴言。

⑫ 瞍（sǒu）：没有瞳仁的盲人。

⑬ 矇：有瞳仁而看不见东西的盲人。

⑭ 百工：指管理各种工奴的工官。

⑮ 庶人：没有官爵的平民。

⑯ 亲戚：指与天子有亲属关系的大臣。

⑰ 瞽、史：是承接上文"瞽献典，史献书"而言。

⑱ 耆、艾：年高有德的人。　修：劝诫。

⑲ 悖（bèi）：违背。

⑳ 其：代指土地。　原：高而平的土地。　隰（xí）：洼地。　衍：平原。沃：肥田。

㉑ 备：预防。

㉒ 阜：增多，丰厚。

㉓ 成：成熟。

㉔ 与：追随者，同盟者。

## 【译文】

　　周厉王暴虐无道，国都里的人都在咒骂他。召公告诉厉王说："百姓忍受不了你的命令啦！"厉王很恼怒，找到一个卫国的巫师，叫他去监视咒骂王的人。只要卫巫来报告，厉王就把被告发的人杀掉。住在国都里的人都不敢说话了，熟人在路上相遇，也只能彼此互递眼色而已。

　　周厉王很高兴，告诉召公说："我能够消除人民对我的咒骂了，他们居然不敢讲话了。"召公说："这是堵塞了他们的嘴！封住人民的嘴，比堵截江河的水还危险得多；江河的水被堵塞，就要决口奔流，被伤害的人一定很多，禁止人们讲话也像这样。因此，善于治水的人要排除水道的壅塞，使它畅通；善于治理人民的人，要引导他们敢于讲话。所以天子处理政事，让公卿大夫直到列士都献诗，盲艺人献乐曲，史官献古文献，少师进箴言，瞍者朗诵，矇者吟咏，各色工匠分别谏诤，百姓的议论辗转上达，左右近臣尽心规劝，宗室姻亲补过纠偏，乐官史官施行教诲,元老重臣对天子经常劝诫,然后由天子亲自斟酌裁决,因此,政事施行起来才不违背情理。

"人民有嘴,就像土地上有山有水一样,财富、器物才从这里生产出来;又像那大地上有高原、洼地、平川和沃野一样,衣服食物才从这里产生。由于人民用嘴发表意见,国家政事的成功或失败才能从这里反映出来;做人民所赞成的事,防止人民所憎恶的事,这正是增加财富、器物、衣服、食品的好办法啊。人民心里怎么想,嘴里就怎么说,他们考虑成熟以后,就自然流露出来,怎么能堵住他们的嘴呢?如果堵住他们的嘴,那么,跟随的人还能有几个呢?"

周厉王不听劝告。从此,都城里的人没有一个敢讲话。过了三年,人们便把他赶到彘地去了。

# 襄王不许请隧 周语中

## 国　语

【题解】

本文记叙周襄王在复位之初十分困难的处境中,婉言回绝晋文公请隧葬的要求。

襄王在晋文公面前不肯放弃享有的特权,又不敢说半个"不"字,只得利用"亲亲、尊尊"的宗法等级思想和旁敲侧击的方式,一步紧似一步地透露出"不许"的主意,使晋文公放弃了这一要求。

晋文公既定襄王于郏①,王劳之以地②,辞,请隧焉③。王弗许,曰:"昔我先王之有天下也,规方千里,以为甸服④,以供上帝山川百神之祀⑤,以备百姓兆民之用,以待不庭、不虞之患。其余⑥,以均分公、侯、伯、子、男,使各有宁宇,以顺及天地,无逢其灾害。先王岂有赖焉⑦?内官不过九御⑧,外官不过九品⑨,足以供给神祇而已⑩,岂敢厌纵其耳目心腹⑪,以乱百度⑫?亦唯是死生之服物采章⑬,以临长百姓而轻重布之⑭,王何异之有?

"今天降祸灾于周室⑮,余一人仅亦守府⑯,又不佞以勤叔父⑰,而班先王之大物⑱,以赏私德⑲,其叔父实应且憎,以非余一人,余一人岂敢有爱也?先民有言曰:'改玉改行⑳。'叔父若能光裕大德㉑,更姓改物㉒,以创制天下,自显庸也㉓,而缩取备物㉔,以镇抚百姓,余一人其流辟于裔土㉕,何辞之与有?若犹是姬姓也,尚将列为公侯,以复先王之职㉖,大物其未可改也。叔父其茂昭明德㉗,物将自至。余敢以私劳变前之大章㉘,以忝天下㉙,其若先王与百姓何?何政令之为也?若不然,叔父有地而隧焉,余安能知之?"

文公遂不敢请,受地而还。

## 【注释】

① 晋文公:姓姬名重耳,文公是谥号。春秋时期五霸之一。　襄王:周襄王,前651年至前619年在位。前649年,其异母弟带勾结戎人,夺取王位,襄王逃到郑国。第二年,晋文公接受襄王的要求,出兵救周,支持襄王在郏地复位。　郏(Jiá):邑名,在今河南洛阳附近。

② 地:这里指包括阳樊(今河南济源西南)、温(今河南温县附近)、原(今河南济源西北)、攒茅(今河南修武北)等地。

③ 隧(suì):指墓道。这里用作动词。古代天子死后,灵柩从地下挖掘的通道入葬。诸侯不得用此葬礼。

④ 甸服:指京城的四郊地区,有向天子定期纳贡赋的职分。

⑤ 上帝:天神。　山川百神:地神,指五岳河海以及大地丘陵诸神。

⑥ 其余:指甸服以外的地区。这些地区分封给大小诸侯,他们定期向天子纳贡。

⑦ 赖:利,盈余。

⑧ 内官:王宫中的女官。　九御:九嫔(pín),九种女官。

⑨ 外官:王朝政府的官吏。　九品:指九卿,九种行政官。
⑩ 祇(qí):地神。
⑪ 厌纵:尽情放纵。厌,满足。
⑫ 度:法令、规定。
⑬ 服物采章:衣服和祭物的彩色和花纹。采章,指彩色和花纹的配合。古代等级制度在衣服、器物的彩色和花纹的配合上,也有特殊规定。
⑭ 临长(zhǎng):统治。　轻重:这里指尊卑、贵贱的等级。
⑮ 天降祸灾:指叔带之乱。襄王认为是上天降下的灾难。
⑯ 余一人:古代帝王自称,也称孤、寡人。
⑰ 叔父:天子称同姓诸侯为叔父。
⑱ 大物:这里指隧,即天子的葬礼。下文的"物",同此。
⑲ 赏私德:酬谢别人对自己的恩德。
⑳ 改玉改行(xíng):换了佩玉,就要改变步伐。古代贵族因身份地位不同,腰上系的佩玉也有区别。因此,行走时的步伐与佩玉节奏声的应和也不同。
㉑ 光裕大德:发扬伟大的德行。
㉒ 更姓改物:古代君王易姓,即指改朝换代,要改正朔(历法),易服色,表示朝代的变更。
㉓ 庸:功用。
㉔ 缩取:敛取。　备物:天子的全部葬礼。
㉕ 流辟(pì):因受刑罚而流放。
㉖ 复:恢复。
㉗ 茂昭:勉力发扬。昭,光明。
㉘ 大章:指服物采章的规定。
㉙ 忝:玷辱。

## 【译文】

晋文公使周襄王在郏邑复位,襄王拿出土地作为对他的酬劳,晋文公辞谢,要求允许他死后用天子灵柩通过墓道埋葬的隧葬礼。襄王不允许,说道:"从前我们的先王掌管天下,划出方圆千里的土地作为甸服,用来供奉天神和地神的祭祀,用来提供百姓万民的用度,以便对待不服从朝廷和不能预料到的患难。其余的土地,平均分给公、侯、伯、子、男,使他们各有安定的居处,从而顺应天地尊卑的法则,不致因触犯它而遭受灾害。先王哪里有什么特别利益呢?他的内官只有九嫔,外官只有九卿,足够用来供奉天地神灵的祭祀罢了,哪里敢尽情满足他耳目心腹的嗜欲,而破坏各种法度呢?只是这死后和生时的衣服和祭物的彩色花纹有区别,用来表示是治理百姓的君长,并表示尊卑贵贱的区别,除此之外,天子和其他人还有什么两样呢?

"现在上天给周王室降下灾祸,寡人也只是看守住先王故府的遗规,再加上自己无能,以致烦劳叔父,如果分出先王的葬礼,用来报答叔父对自己的恩德,恐怕叔父即使接受它,也会感到憎恶,甚至会责备我,我个人怎么敢存吝惜的心情呢?前人有句话说:'换了佩玉,就要改变步伐。'如果叔父能使自己的伟大德行发扬光大,更换姓氏和制度,创建掌管天下的大业,显示了自己的功劳,那么,采取天子的服物采章,来统治安抚百姓,我个人也许被处罚流放到边远的地方,还能和你说什么呢?如果你还姓姬,仍将处于诸侯的地位,来恢复先王规定的职分,只有天子才能用的隧葬礼就不可以更改了。叔父还是努力发扬光明的德行,天子的隧葬礼将会不招自来。我怎么敢为了酬谢对我个人的恩德,就改变从前的庄严规章,玷辱天下的人民,这样做怎么对得起先王和百姓呢?还要政令干什么呢?假如不是这样,叔父有土地,就开墓道行隧葬礼,我又哪里能知道呢?"

晋文公于是不敢再提请隧葬的要求,接受了土地就回去了。

# 单子知陈必亡 周语中

## 国 语

【题解】

单襄公作为东周王朝的使臣,途经陈国时遭到冷遇,使他深有所感。

他首先列举"陈必亡"的十五条事实,然后引古证今,前后对比,阐述"陈必亡"的原因,指出自取灭亡,绝非偶然。

文中多用偶句,由于有议论穿插其间,也不觉文字滞板。

定王使单襄公聘于宋①,遂假道于陈②,以聘于楚③。火朝觌矣④,道茀不可行也⑤,候不在疆⑥,司空不视涂⑦,泽不陂,川不梁,野有庾积⑧,场功未毕⑨,道无列树,垦田若蓺⑩,膳宰不致饩⑪,司里不授馆⑫,国无寄寓⑬,县无旅舍⑭,民将筑台于夏氏⑮。及陈,陈灵公与孔宁、仪行父南冠以如夏氏⑯,留宾弗见。

单子归,告王曰:"陈侯不有大咎⑰,国必亡。"王曰:"何故?"对曰:"夫辰角见而雨毕⑱,天根见而水涸⑲,本见而草木节解⑳,驷见而陨霜㉑,火见而清风戒寒。故先王之教曰:'雨毕而除道,水涸而成梁,草木节解而备藏,陨霜而冬裘具,清风至而修城郭宫室。'故夏令曰㉒:'九月除道,十月成梁。'其时儆曰:'收而场功㉓,偫而畚挶㉔,营室之中㉕,土功其始。火之初见,期于司里。'此先王之所以不用财贿,而广施德于天下者也。今陈国:火朝觌矣,而道路若塞,野场若弃,泽不陂障,川无舟梁,是废先王之教也。

"周制有之曰:'列树以表道,立鄙食以守路㉖;国有郊牧㉗,疆有寓望,薮有圃草㉘,囿有林池,所以御灾也㉙。其余无非谷土,民无悬耜㉚,野无奥草,不夺农时,不蔑民功。有优无匮,有逸无罢㉛;国有班事㉜,县有序民㉝。'今陈国道路不可知,田在草间,功成而不收㉞,民罢于逸乐,是弃先王之法制也。

"周之《秩官》有之曰:'敌国宾至,关尹以告㉟;行理以节逆之㊱,候人为导,卿出郊劳㊲,门尹除门,宗祝执祀㊳,司里授馆,司徒具徒㊴,司空视涂,司寇诘奸㊵,虞人入材㊶,甸人积薪㊷,火师监燎㊸,水师监濯㊹,膳宰致飧㊺,廪人献饩㊻,司马陈刍㊼,工人展车㊽,百官各以物至,宾入如归。是故大小莫不怀爱。其贵国之宾至,则以班加一等,益虔㊾。至于王使,则皆官正莅事㊿,上卿监之。若王巡守○51,则君亲监之。'今虽朝也不才,有分族于周○52,承王命以为过宾于陈○53,而司事莫至,是蔑先王之官也。

"先王之令有之曰:'天道赏善而罚淫○54。故凡我造国,无从匪彝○55,无即慆淫○56;各守尔典,以承天休○57。'今陈侯不念胤续之常○58,弃其伉俪妃嫔,而帅其卿佐以淫于夏氏,不亦渎姓矣乎○59?陈,我大姬之后也○60;弃衮冕而南冠以出○61,不亦简彝乎○62?是又犯先王之令也。

"昔先王之教,茂帅其德也,犹恐殒越○63;若废其教而弃其制,蔑其官而犯其令,将何以守国?居大国之间而无此四者,其能久乎?"

六年○64,单子如楚。八年,陈侯杀于夏氏。九年,楚子入陈。

【注释】

① 定王:周定王,前606年至前586年在位。　单(Shàn)襄公:名朝,也称单子,周定王的卿士,"襄"是谥号。　聘:访问,代表本国政府访问友邦。　宋:国名,在今河南省商丘境。
② 陈:国名,在今河南开封市以东,至安徽亳县以北地区,国都宛丘,在今河南省淮阳县。
③ 楚:国名,在今湖南、湖北、安徽、江苏、浙江等省境内,国都在郢(今湖北省江陵县北)。
④ 火:古星名,也称大火。即心宿二,属天蝎座。心宿是二十八宿中东方苍龙的第五宿。在立冬节前后,人们可以在早晨看见它。　觌(dí):见。
⑤ 道茀(fú):道路荒芜。
⑥ 候:候人,主管迎送来往的宾客的小官。

⑦ 司空:也称司工,掌管土木、水利工程的官。
⑧ 庾(yǔ):露天积谷。
⑨ 场:打谷场。
⑩ 蕺(jí):茅草芽。
⑪ 饩(xì):粮食或饲料。
⑫ 司里:主管房屋的官吏。
⑬ 国:都城。
⑭ 县:地方行政单位。春秋时,县设在内地。
⑮ 台:供人远望的高平建筑物。 夏氏:指陈国大夫夏征舒家。夏氏原姓妫,夏征舒之母夏姬是陈灵公的从祖母,陈灵公和孔宁、仪行父与她私通。不久夏征舒杀灵公,自立为陈侯,后又被楚庄王杀死。
⑯ 南冠:楚冠。
⑰ 咎(jiù):凶。
⑱ 辰角:角宿早晨出现。辰,通"晨"。角,角宿。东方苍龙七宿中的第一宿,共二星,属室女座。它在寒露节早晨出现。 见:通"现"。
⑲ 天根:氐宿的别名。东方苍龙七宿中的第三宿,共四星,属天秤座。它在寒露节后五日的早晨出现。
⑳ 本:氐宿别名。
㉑ 驷:房宿,东方苍龙七宿中的第四宿,属天蝎座。霜降节时,它在早晨出现。 陨(yǔn):下落。
㉒ 夏令:夏代的月令。
㉓ 而:同"尔",你,你的。下同。
㉔ 侍(zhì):备办。 畚(běn)挶(jū):用竹、木、铁片等作的盛土和抬土的器具。
㉕ 营室:室宿,又叫定星。它是北方玄武七宿中的第六宿,二星,属飞马座。夏历十月的黄昏,它运行到天空的正中。古人认为这时可以营造宫室。
㉖ 鄙食:在郊外路边供饮食的庐舍。
㉗ 牧:放牧场。
㉘ 薮(sǒu):洼地。 圃草:茂盛的草。圃,通"甫",多,大。
㉙ 灾:指自然灾害。
㉚ 耜(sì):古代一种与锹相似的农具。
㉛ 罢(pí):同"疲"。

㉜ 班事：力役按次序进行。
㉝ 序民：百姓轮番服役或休息。
㉞ 功成：指农业的劳动成果。
㉟ 关尹：古代把守关门的官吏。
㊱ 行理：又称行李、行人，是主管外交使节朝觐、聘问的官吏。 节：符节，使者用作凭证的信物。
㊲ 劳：慰劳。
㊳ 宗祝：宗伯的属官，主管祭祀、祈祷的官吏。
㊴ 司徒：掌管土地、人口、物产的官。
㊵ 司寇：掌管刑狱、纠察的官。
㊶ 虞人：主管山泽的官吏。
㊷ 甸人：主管柴火的官吏。
㊸ 燎：夜间照明的火烛。
㊹ 水师：主管洗涤的官吏。
㊺ 飧(sūn)：熟食。
㊻ 廪人：主管粮食的官吏。
㊼ 司马：这里指主管养马的官吏。 刍(chú)：喂牲畜的草料。
㊽ 工人：也称工师，工正，主管各种手工业的官吏。
㊾ 虔(qián)：恭敬。
㊿ 莅(lì)：莅临。
㉛ 巡守：天子到诸侯国去巡视。
㊾ 分族：亲族的分支。
㊾ 过宾：路过的客人。
㊾ 天道：天理。
㊾ 匪彝(yí)：不法。匪，通"非"。
㊾ 慆(tāo)淫：怠惰放荡。
㊾ 休：吉祥。
㊾ 胤续：继嗣。
㊾ 渎(dú)姓：亵渎同姓。
㊾ 大姬：周武王的长女，嫁给陈的始祖虞胡公为妻，是陈的祖妣。
㊾ 衮(gǔn)冕：古代君王的礼服和礼帽。
㊾ 简：简慢。

㉓ 陨(yǔn)越:坠落。
㉔ 六年:周定王六年(前601年)。

**【译文】**

周定王派单襄公访问了宋国,于是向陈国借道,以便到楚国访问。那时已是早晨能见到心星的时节,但在陈国,路上长满了杂草,难以通行,候人不在边境迎宾,司空不巡视道路,湖泊不设堤防,河上不架桥梁,田野有露天堆积的谷物,场院的农事还未结束,路旁没有种植树木,田地里的晚秋作物小得像茅草芽,膳夫不供应食物,里宰不提供客馆,国都没有寄宿的寓所,县城没有旅舍,百姓还要给夏氏修筑楼台。到了陈国都城,陈侯和他的两个大夫孔宁和仪行父戴了楚冠到夏姬家里,丢下客人不见。

单襄公回来报告给周定王说:"陈侯如果没有杀身之祸,国家也一定要灭亡。"周定王说:"这是什么缘故呢?"单襄公回答说:"当角星在早晨出现的时候,雨水便没有了;天根星在早晨出现的时候,水沟中的水便枯竭了;氐星在早晨出现的时候,草木便凋落了;房星在早晨出现的时候,便要下霜了;心星在早晨出现的时候,凉风便预告严寒的到来。所以,先王的教导说:'没有雨水了,就修理道路;河水枯干了,就造好桥梁;草木凋落了,就储备收藏谷物;下了霜,就置办好冬衣;凉风吹来,就修整城郭房屋。'所以夏代的月令说:'九月修治道路,十月建成桥梁。'它及时警告人们说:'结束你的场院的农事,备齐你的盛土和抬土的工具,定星到了天空正中,开始营造房屋;心星刚在早晨出现的时候,就到里宰那里会合。这是先王之所以不花费财物,就能给天下百姓普遍地施与恩德的原因呵!现在在陈国早晨能见到心星了,可是道路好似被堵塞一样,田野的场院好像已被丢弃,湖泊不设堤防,水上没有船只和桥梁,这是废弃先王的教导呵!'

"《周制》有这样的话:'种植树木,用来标明道路的远近;在郊外沿途设立供应饮食的房屋,接待来往的客人;都城的近郊有牧场;边境有客舍和迎送宾客的人;洼地里长有茂盛的野草;苑囿中有树林和水池;都是用来防备灾害的啊。其余的地方,也没有不种五谷的,百姓不把农具挂起来，田野里没有深草；不耽误农业季节，不浪费农民的劳力；百姓生活富裕而不致困乏，生活安乐而不觉疲劳；都城的劳役有一定的安排，郊县的民工也有轮番服役的规定。'而今，陈国的路程无从计算，田地埋没在乱草中间，谷物成熟却不收获，百姓由于陈侯腐化享乐的行为而疲惫不堪，这是丢掉先王法规制度的表现呵！

"周代的《秩官》有这样的说法：'具有同等地位的国家的宾客来访，关尹便报告国君，行理拿着符节去迎接他，候人充当向导，卿士到郊外慰劳，门尹扫除门庭，宗伯和大祝陪同宾客到宗庙执行祭仪，里宰安排馆舍，司徒调派仆役，司空视察道路，司寇盘查奸盗，虞人供应木材，甸人积聚柴火，火师监察门庭的火烛，水师监察盥洗事宜，膳夫送上熟食，廪人进献粮食，司马摆出喂牲口的草料，匠人检修客人的车辆，百官各自送来供应的物品。宾客来了，好像回到自己家里一样。宾客不论身份高低，没有哪个不感到怀念和喜欢。如果大国的宾客到来，就依照序列提高一等，更加敬重。若是天子的使臣到来，就派主管部门的长官亲临接待，使上卿监察他们。如果天子来巡视，那么国君便亲自照管接待的事。'现在我虽然没有才能，在周王室里有着亲族关系，秉承天子的命令，作为过路的宾客到了陈国，然而主管宾客的官吏没有谁来照面，这是蔑视先王的官职呵！

"先王的遗训有这样的话：'天道奖赏善良，惩罚淫邪。所以凡是我们治理国家，不许可非法的事情，不迁就怠惰和淫乱的人；各自遵守自己的常规，承受上天的福佑。'现在陈侯不考虑继嗣的常规，抛弃他的后妃，反而率领他的左右大臣到夏氏那里纵情淫乐，不是亵渎姬姓宗室了吗？陈国是我们大姬的后代呵，陈侯扔下礼服礼冠，反而戴着楚冠出去，不是轻忽正常礼法了吗？这又是违犯先王的命令呵！

"从前，人们对于先王的教导，努力遵循他的意旨去做，还怕坠落跌倒，如果废除他的教导，从而抛弃他的礼制，蔑视他的官职，从而违犯他的命令，将来凭什么保住国家呢？处在大国之间，却没有这四种东西，难道能维持得久吗？"

周定王六年，单襄公去楚国。八年，陈侯被夏征舒杀死。九年，楚庄王攻进陈国。

# 展禽论祀爰居 鲁语上

## 国　语

【题解】

柳下惠根据传统的祭祀标准,从政治上批评臧文仲既不了解海鸟的来历,也不研究它对百姓有没有益处,就把它当作神物来祭祀,使臧文仲在事实面前承认了错误。

我国古代的祭祀,起源于对祖先的崇拜,原是对于在文化发展史上有贡献的人物的一种纪念方式;但也掺杂了神权迷信思想,是要加以区别的。

　　海鸟曰"爰居",止于鲁东门之外二日。臧文仲使国人祭之①。展禽曰②:"越哉,臧孙之为政也!夫祀,国之大节也,而节,政之所成也。故慎制祀以为国典。今无故而加典,非政之宜也。

"夫圣王之制祀也,法施于民则祀之③,以死勤事则祀之④,以劳定国则祀之⑤,能御大灾则祀之⑥,能捍大患则祀之⑦。非是族也,不在祀典。昔烈山氏之有天下也⑧,其子曰柱⑨,能植百谷百蔬;夏之兴也,周弃继之⑩,故祀以为稷。共工氏之伯九有也⑪,其子曰后土⑫,能平九土,故祀以为社。黄帝能成命百物⑬,以明民共财,颛顼能修之⑭。帝喾能序三辰以固民⑮,尧能单均刑法以仪民⑯,舜勤民事而野死⑰,鲧障洪水而殛死⑱,禹能以德修鲧之功⑲,契为司徒而民辑⑳,冥勤其官而水死㉑,汤以宽治民而除其邪㉒,稷勤百谷而山死,文王以文昭㉓,武王去民之秽㉔。故有虞氏禘黄帝而祖颛顼㉕,郊尧而宗舜㉖;夏后氏禘黄帝而祖颛顼,郊鲧而宗禹㉗;商人禘舜而祖契㉘,郊冥而宗汤;周人禘喾而郊稷,祖文王而宗武王。幕㉙,能帅颛顼者也,有虞氏报焉;杼㉚,能帅禹者也,夏后氏报焉;上甲微㉛,能帅契者也,商人报焉;高圉、太王㉜,能帅稷者也,周人报焉。凡禘、郊、祖、宗、报,此五者国之典祀也!

"加之以社稷、山川之神,皆有功烈于民者也;及前哲令德之人,所以为民质也。及天之三辰,民所以瞻仰也;及地之五行,所以生殖也㉝;及九州名山川泽,所以出财用也。非是,不在祀典。

"今海鸟至,己不知而祀之㉞,以为国典,难以为仁且知矣㉟。夫仁者讲功,而知者处物。无功而祀之,非仁也;不知而不问,非知也。今兹海其有灾乎?夫广川之鸟兽恒知而避其灾也。"

是岁也,海多大风,冬暖。文仲闻柳下季之言,曰:"信吾过也,季子之言㊱,不可不法也。"使书以为三策㊲。

## 【注释】

① 臧文仲:鲁国的卿士,复姓臧孙,名辰。"文"是谥号。
② 展禽:鲁国大夫,名获,字禽,又字季。又名柳下惠,"柳下"是地名,"惠"是谥号。
③ 施:施行。这句指的是黄帝、颛顼、喾、尧、契、周文王等"圣王"。尧、舜、禹及其以前的历史人物,都出于传说。
④ 死:不顾性命。这句指的是舜、鲧、冥、后稷。
⑤ 定:安定。这句指的是柱、弃、后土、幕、杼、上甲微、高圉、太王。
⑥ 御:防御。这句指的是禹。
⑦ 捍:抵挡。这句指的是商汤、周武王。
⑧ 烈山氏:一作厉山氏,即炎帝。传说是上古时代姜姓部落首领。一说是神农氏。
⑨ 柱:在夏代以前已被祀为谷神。
⑩ 弃:周族的始祖,传说他降生后被多次抛弃,故名弃。后做农官,叫稷,死

后稷为谷神。

⑪ 共工氏:上古时代的部落首领。
⑫ 后土:名句龙,共工氏部落的后裔。辅佐黄帝,为土官。
⑬ 黄帝:传说姓姬,号轩辕氏,中原各族的共同祖先。曾打败炎帝与蚩尤的部落,成为各部落联盟领袖,有很多创造发明。 成命:定名。
⑭ 颛顼(Zhuānxū):传说是上古时代部落首领,号高阳氏。他对原始宗教有所改革,使民政与巫术脱离。
⑮ 帝喾(Kù):传说是上古时代的部落首领,号高辛氏。对于天文历法有贡献。
⑯ 尧:名放勋,号陶唐氏。是父系氏族社会后期部落联盟首领。曾选拔舜为继承人,一说尧被舜杀死。 单:通"殚",竭尽。
⑰ 舜:姓姚,名重华,号有虞氏。是父系氏族社会后期部落联盟首领,曾选拔禹为继承人。一说舜被禹放逐,死于苍梧。
⑱ 鲧(Gǔn):传说是父系氏族社会后期部落首领,号崇伯。尧命他治水,因筑堤防水失败,被尧杀死于羽山。
⑲ 禹:姓姒,号文命。是父系氏族社会末期部落联盟首领。他改进其父鲧的治水方法,以疏导为主,取得成功。史称夏禹或夏后氏。
⑳ 契(Xiè):商族的始祖。帮助禹治水有功,被舜任为司徒,掌管教化。
㉑ 冥:传说是契的六世孙,在夏代为水官。 官:职务。
㉒ 汤:又称成汤,成唐。商族首领。任用伊尹执政,在征服邻近小国后,灭夏桀,建立商朝。 邪:邪恶势力,指夏桀。
㉓ 文王:周族首领,姓姬,名昌,"文"是谥号。周武王之父。传说他被纣王囚禁期间,对《周易》的思想内容有所发挥。
㉔ 武王:姓姬,名发,"武"是谥号。他利用其父开创的基业,率领四方诸侯在牧野打败纣王,建立西周王朝。 秽:恶势力,指纣王。
㉕ 禘(dì):古时天子祭祀先祖的大典,称大祭。 祖:指祀开国之祖的祭礼。这里,禘、祖都用作动词。
㉖ 郊:天子在郊外祭天地的礼,也可以配祭祖先。 宗:祭宗族长的礼。这里,郊、宗都用作动词。
㉗ 郊鲧:夏代实行父死子继制度,所以郊鲧而宗禹。
㉘ 禘舜:与"有虞氏郊尧"同属于对他们的崇拜,不是血缘关系。
㉙ 幕:传说是舜的后代,在夏朝成为本部族的首领。 报:报答恩德的

祭礼。
㉚ 杼(Zhù):传说是禹的后代,少康之子。
㉛ 上甲微:契的后代,商汤的六世祖。其父王亥被有易氏首领绵臣杀死,他为父复仇,从有易氏手中夺回被抢的牛羊。
㉜ 高圉(yǔ):弃的十世孙,周族的首领。　太王:即古公亶父,高圉的曾孙,文王的祖父。
㉝ 生殖:生育繁殖。
㉞ 己:原作"已",因形似而误,依别本改正。
㉟ 难:不容易。　知:通"智"。
㊱ 子:古代对男子的美称。
㊲ 策:古代用竹片或木片写字,用绳编连起来。一篇文字称为一策。

**【译文】**

　　一只叫作"爰居"的海鸟,停留在鲁国都城的东门外已有两天了。臧文仲命令都城的人去祭祀它。展禽说:"超出祭祀范围了,臧孙这样处理政事啊!祭礼是国家的重大的制度,而制度是政事取得成功的条件。所以要慎重地制定祀礼,以作为国家的大典。现在无缘无故地增加典礼,不是处理政事的适宜的做法。

　　"圣王制定祀礼:凡能施行法令,保证百姓利益的,祭祀他;为辛勤办事而献出生命的,祭祀他;用劳绩安定国家的,祭祀他;能够防御大灾难的,祭祀他;能够抵御大祸患的,祭祀他。不是这一类的,不在祀典之内。从前炎帝掌管天下的时候,他的儿子叫作柱,能种植各种谷物和菜蔬;当夏朝兴起的时候,周人的始祖弃继承了柱的事业,所以把他们当作谷神祭祀。共工氏称霸九州的时候,他的儿子叫作后土,能治理九州的土地,所以当作土神祭祀。黄帝能够给各种事物确定名称,使百姓明了,向君主提供赋税,颛顼能接续他的功业。帝喾能按照日、月、星的运行规律,安排季节的顺序,使百姓安居乐业,尧能够尽力使刑法公平施行,作为百姓行动的准则,舜辛勤治理民事,却死在野外,鲧防堵洪水却被尧杀死,禹以高尚的德行接续并改进鲧治水的功业,契做司徒,使百姓和睦相处,冥辛勤尽忠职守,却死在水里,汤用宽厚的态度治理百姓,并且除掉了压迫他们的邪恶势力,稷辛勤地种植百谷却死在山上,文王以文德著名,武王剪除了百姓的祸害。所以有虞氏大祭黄帝,祖祭颛顼,郊祭尧,宗祭舜;夏后氏大祭黄帝,祖祭颛顼,郊祭鲧,宗祭禹;商人大祭舜,祖祭契,郊祭冥,宗祭汤;周人大祭喾,郊祭稷,祖祭文王,宗祭武王。幕能遵循颛顼的德政,有虞氏对他举行报祭;杼能遵循禹的德政,夏后氏对他举行报祭;上甲微能遵循契的德政,商人对他举行报祭;高圉和太王能遵循稷的德政,周人对他们举行报祭。共有禘祭、郊祭、祖祭、宗祭和报祭,这五种祭祀,都是国家的祭祀大典!

"再加上土地、五谷、山水的神,都是对百姓有功德的;以及从前有智慧、有美德的人,是被百姓信任的。天上的日、月、星,是百姓仰望的;地上的金、木、水、火、土,是百姓依靠它们而生存繁殖的;九州的名山、大川,是出产财物用品的。不属于这几类的,就不在常祀之列。

"现在海鸟飞来,自己不明白便祭祀它,列为国家的祀典,这就很难认为是仁爱而明智了。仁爱的人讲求功绩,有智慧的人考察事物的道理。没有功绩而祭祀它,不是仁爱;不懂得却不询问,不是明智。现在大海恐怕要发生灾难了吧?那大海的鸟兽,常常预先知道而躲避这场灾难。"

这一年,海上多次起大风,冬季温暖。文仲听到柳下惠的话,说道:"这真是我的错误,柳下惠的话,不能不听从。"他叫人把柳下惠的话书写成三份简策。

# 里革断罟匡君 鲁语上

## 国　语

【题解】

本文写鲁宣公不顾时令,下网捕鱼,里革当场割破渔网,强行劝阻的经过。

里革先声夺人,引古论今,批评宣公任意捕鱼的行动,是出于贪心。乐师存也是快人快语,使"匡君"的主题更加突出。

注意保护自然资源,古人很早就从实践中总结出来了。本文借里革之口对此作了很好的阐述。鲁宣公不懂得这个道理,受到里革的批评,但他那种勇于改正错误的精神还是值得肯定的。

宣公夏滥于泗渊①,里革断其罟而弃之②,曰:"古者大寒降③,土蛰发④,水虞于是乎讲罛罶⑤,取名鱼,登川禽⑥,而尝之寝庙⑦,行诸国人,助宣气也⑧。鸟兽孕,水虫成,兽虞于是乎禁罝罗⑨,猎鱼鳖以为夏槁⑩,助生阜也⑪。鸟兽成,水虫孕,水虞于是乎禁罝䴏⑫,设阱鄂⑬,以实庙庖,畜功用也。且夫山不槎蘖⑭,泽不伐夭⑮,鱼禁鲲鲕⑯,兽长麑麃⑰,鸟翼鷇卵⑱,虫舍蚔蝝⑲,蕃庶物也⑳,古之训也。今鱼方别孕,不教鱼长,又行网罟,贪无艺也㉑。"

公闻之曰:"吾过而里革匡我,不亦善乎!是良罟也,为我得法。使有司藏之,使吾无忘谂㉒。"师存侍曰:"藏罟,不如置里革于侧之不忘也。"

# 【注释】

① 宣公:鲁宣公,前608年至前591年在位。"宣"是谥号。　滥:下网捕鱼。　泗:泗水,发源于今山东省泗水县,经曲阜、济宁等县流入江苏境内。
② 里革:鲁大夫。　罟(gǔ):渔网。
③ 大寒:二十四节气之一,在阳历一月下旬。
④ 土蛰(zhé):在地下冬眠的动物。
⑤ 水虞:掌管水产及有关政令的官。　讲:谋划。　罛(gù):大渔网。罶(liǔ):捕鱼的竹篓子。窄颈,腹大而长,底部开口,鱼从底部进去后,便出不来,也叫笱(gǒu)。
⑥ 登:通"得",求取。　川禽:水中动物,即下文的"鱼鳖""水虫"一类。
⑦ 尝:尝新,古代的一种祭祀。统治者把应时的新鲜食品,先用于祭祀祖

宗。寝庙:这里指宗庙。古代统治阶级的宗庙有庙和寝两部分,前面的称庙,后面的称寝,合称"寝庙"。
⑧ 宣:疏通。 气:这里指阳气。孟春的气温渐暖,称阳气上升。
⑨ 兽虞:掌管鸟兽及有关政令的官。 罝(jū):捕兔的网。 罗:捕鸟的网。
⑩ 猎(cuò):刺取。 槁:干枯。这里指干鱼。
⑪ 阜:生长。
⑫ 罛罶(lù):当为"罜(zhǔ)䍡",小渔网。
⑬ 阱(jǐng):捕兽的陷坑。 鄂:埋有尖木桩的陷坑。
⑭ 槎(chá):砍伐。 蘖(niè):树木经砍伐后再生的新枝。
⑮ 夭(yāo):还未长大的草木。
⑯ 鲲:鱼子。 鲕(ér):小鱼。
⑰ 麑(ní):小鹿。 麆(yǎo):小驼鹿。
⑱ 鷇(kòu):初生的小鸟。 卵:辅助。这里是保护的意思。
⑲ 舍:舍弃。 蚳(chí):蚁的幼虫。 蝝(yán):蝗的幼虫。古人用它做酱。
⑳ 庶物:万物。
㉑ 艺:限度。
㉒ 谂(shěn):规谏。

**【译文】**

鲁宣公在夏天到泗水的深潭中下网捕鱼,里革割破他的渔网,把它丢在一旁,说:"古时候,大寒以后,冬眠的动物便开始活动,水虞这时才计划用渔网、渔笱捕大鱼捉龟鳖等,拿这些到寝庙里祭祀祖宗,同时这种办法也在百姓中间施行,这是为了帮助散发地下的阳气。当鸟兽开始孕育,鱼鳖已经长大的时候,兽虞这时便禁止用网捕捉鸟兽,只准刺取鱼鳖,并把它们制成夏天吃的鱼干,这是为了帮助鸟兽生长。当鸟兽已经长大,鱼鳖开始孕育的时候,水虞便禁止用小渔网捕捉鱼鳖,只准设下陷阱捕兽,用来供应宗庙和庖厨的需要,这是为了储存物产,以备享用。而且,到山上不能砍伐新生的树枝,在水边也不能割取幼嫩的草木,捕鱼时禁止捕小鱼,捕兽时要留下小鹿和小驼鹿,捕鸟时要保护雏鸟和鸟卵,捕虫时要避免伤害蚂蚁和蝗虫的幼虫,这是为了使万物繁殖生长,这是古人的教导。现在正当鱼类孕育的时候,却不让它长大,还下网捕捉,真是贪心不足啊!"

宣公听了这些话以后说:"我有过错,里革便纠正我,不是很好的吗?这是一挂很有意义的网,它使我认识到古代治理天下的方法,让主管官吏把它藏好,使我永远不忘里革的规谏。"有个名叫存的乐师在旁伺候宣公,说道:"保存这个网,还不如将里革安置在身边,这样就更不会忘记他的规谏了。"

# 敬姜论劳逸 鲁语下

## 国　语

【题解】

本文记叙一个贵族孀妇敬姜夫人教子的言论。古代君主在开创基业的时候常常是兢兢业业、十分辛勤的,但是随着地位的变化,他们的后代很快就开始放纵腐化起来。敬姜夫人用前代勤劳从政的业绩和当时的礼法来教育她的儿子,就是要防止这种转化。这些道理今天听起来,也还是很有意义的。

公父文伯退朝①,朝其母②,其母方绩。文伯曰:"以歜之家,而主犹绩③,惧干季孙之怒也④,其以歜为不能事主乎!"其母叹曰:"鲁其亡乎!使僮子备官而未之闻邪⑤?居,吾语女。

"昔圣王之处民也,择瘠土而处之,劳其民而用之,故长王天下⑥。夫民劳则思,思则善心生;逸则淫,淫则忘善,忘善则恶心生。沃土之民不材⑦,淫也;瘠土之民莫不向义,劳也。

"是故天子大采朝日⑧,与三公、九卿祖识地德⑨;日中考政,与百官之政事,师尹惟旅牧⑩,相宣序民事⑪。少采夕月⑫,与太史、司载纠虔天刑⑬;日入监九御⑭,使洁奉禘、郊之粢盛⑮,而后即安。

"诸侯朝修天子之业命,昼考其国职,夕省其典刑,夜儆百工⑯,使无慆淫⑰,而后即安。卿大夫朝考其职,昼讲其庶政,夕序其业,夜庀其家事⑱,而后即安。士朝受业,昼而讲贯⑲,夕而习复,夜而计过无憾⑳,而后即安。自庶人以下,明而动,晦而休,无日以怠。

"王后亲织玄紞㉑,公侯之夫人加之以纮、綖㉒,卿之内子为大带㉓,命妇成祭服㉔,列士之妻加之以朝服㉕,自庶士以下,皆衣其夫。

"社而赋事㉖,烝而献功㉗,男女效绩,愆则有辟㉘,古之制也。君子劳心,小人劳力,先王之训也。自上以下,谁敢淫心舍力?

"今我寡也,尔又在下位㉙,朝夕处事,犹恐忘先人之业;况有怠惰,其何以避辟?吾冀而朝夕修我曰㉚:'必无废先人。'尔今曰:'胡不自安?'以是承君之官㉛,余惧穆伯之绝祀也㉜!"

仲尼闻之曰㉝:"弟子志之,季氏之妇不淫矣㉞。"

## 【注释】

① 公父文伯:即公父歜(chù),敬姜之子,春秋时鲁大夫。父,同"甫"。
② 朝:古代儿子见父母,也称"朝"。
③ 主:大夫或大夫之妻称主。这里指敬姜。敬姜是鲁大夫公父穆伯之妻,季康子的叔祖母,生公父文伯,早寡。"敬"是谥号。
④ 干:冒犯。 季孙:季康子,名肥,季桓子之子。鲁国的卿。
⑤ 僮:通"童"。 备官:做官。 之:代指做官的道理。
⑥ 王(wàng)天下:称王天下。
⑦ 不材:不成才,无用。

⑧ 大采:五彩礼服。 朝日:古代天子祭祀日神的一种礼仪。每年春分节穿着五彩礼服,朝拜日神。

⑨ 三公:周朝中枢的最高长官,太师、太傅、太保。 九卿:周朝中枢分管各部门的最高行政长官,冢宰、司徒、宗伯、司马、司寇、司空、少师、少傅、少保。 祖:熟习。 地德:古人将土地能生长万物,养育人民的这种功用称为地德。这里指土地上所生长的五谷。

⑩ 师尹:大夫官。 惟:与。 旅:众。 牧:地方长官。

⑪ 相(xiàng):辅佐。

⑫ 少采:三彩礼服。 夕月:古代天子祭祀月神的一种礼仪,每年秋分节穿着三彩礼服,祭祀月神。 夕:夜间祭祀。

⑬ 太史:古代编著史书兼管星历的官吏。 司载:主管天文的官。载,岁。古人纪年以木星在周天移动的位置作为标准,观察日月星辰的变化,以辨吉凶。 纠:恭。 虔:敬。 刑:法。

⑭ 九御:九嫔。指天子内宫的各种女官。

⑮ 禘(dì):古时天子祭祀祖先的大典,也称大祭。 郊:天子在郊外祭天地的大礼,也可以祖先配祭。 粢盛(zīchéng):古代盛在祭器内以供祭祀用的谷物。

⑯ 儆(jǐng):警戒。

⑰ 慆(tāo)淫:怠慢、放荡。

⑱ 庀(pǐ):治理。 家:这里指古代大夫的封地。

⑲ 讲贯:讲解学习。

⑳ 计过:计数过失,即省察自己的言行。

㉑ 玄纮(dǎn):王冠两旁用来悬瑱(tiàn,古代冠冕上垂在两侧以塞耳的玉)的黑色丝绳。

㉒ 纮(hóng):古代冠冕上的带子,由颔下挽上而系在笄的两端。 綖(yán):覆在冠冕上的布。

㉓ 大带:缁带,用黑帛做的束腰带。

㉔ 命妇:有封号的妇女。这里指大夫之妻。

㉕ 列士:周代的士,分元士、中士、下士三等。下士也称庶士。

㉖ 社:祭祀土地神,春分节举行。 赋事:布置农桑一类事务。

㉗ 烝:冬天的祭祀。 献功:献出劳动得来的成果,如五谷布帛。

㉘ 愆(qiān):过失。 辟:罪过,处罚。

㉙ 下位:这里指大夫,在当时的统治阶级中地位较低。
㉚ 而:通"尔",你。 修:勉励。
㉛ 承:担任。
㉜ 绝祀:断绝了祭祀人。
㉝ 仲尼:孔丘(前551年—前479年),春秋时鲁国人。他是儒家学派的开创者,也是个教育家。
㉞ 淫:安逸。

## 【译文】

  公父文伯退朝,去见他的母亲。他的母亲正在纺麻。文伯说:"像我们这样的家庭,主还要纺麻,恐怕会招惹季孙氏生气,他会认为我不能服侍主啊!"他的母亲叹息道:"鲁国大概要灭亡了吧!让你这样的孩子做官,你没有听说过做官的道理吗?坐下,我告诉你。

  "从前圣王安置百姓,总是拣瘠薄的土地安置他们,使用他们,使他们劳苦,所以能够长久地统治天下。百姓劳苦就会想到俭约,想到俭约,就会产生善心;安逸了就要放荡,放荡就会忘掉善心,忘掉善心,就会产生坏心。住在肥沃土地上的百姓没有成才的,这是由于放荡的缘故;住在瘠薄土地上的百姓没有一个不向往正义的,这是由于劳苦的缘故。

  "因此,天子在每年的春分,穿上五彩的礼服朝拜日神,和三公、九卿熟习和了解五谷的种植情况;日中考察朝政和百官的政事,大夫官和众地方长官,辅佐天子普遍地安排百姓的事情。每年秋分,天子穿上三彩的礼服祭祀月神,和太史、司载恭敬地观察上天显示的征兆;日入则监督九嫔,使她们把禘祀、郊祀的祭品都料理好,保持洁净,然后才睡觉。

  "诸侯在早上处理天子交下的任务和命令,白天考察自己邦国的事务,傍晚检查自己执行法令的情况,夜间告诫百官,使他们不敢怠慢和放荡,然后才睡觉。卿大夫在早上考察自己的职责,白天讲习各种政事,傍晚检点他经办的事务,夜间治理自己封地的事务,然后才睡觉。士人在早上接受任务,白天讲习政事,傍晚再复习,夜间省察自己有没有过失,没有过失,然后才睡觉。从百姓以下,天亮做事,夜晚休息,没有一天可以怠惰。

"王后亲自编织玄紞,公侯的夫人还要编织紘和綖,卿的妻子编织大带,大夫的妻子做祭服,列士的妻子还要做朝服,从下士以下的妻子,都给自己丈夫做衣裳。

"春分祭祀的时候,布置农事,冬天祭祀的时候,要献出劳动成果,男女都尽力作出成绩,发生过失就治罪,这是古代的制度。君子用心力操劳,小人用体力操劳,这是先王的教导。从上到下,谁敢放荡而不尽力工作?

"现在我成了寡妇,你又处在大夫的职位,就是一天到晚置身于政事之中,还恐怕忘了祖宗的业绩;何况已经有了怠惰的念头,你还怎样避免处罚呢?我本希望你早晚提醒我说:'一定不要丢掉祖宗的业绩。'你现在却说:'为什么不自图安逸?'你用这种态度来承受国君任命的官职,我担心你亡父的祭祀要断绝了!"

孔子听到敬姜这番话,说道:"弟子们记住这些话,季氏的妇人可以算是不图安逸的人。"

# 叔向贺贫 晋语八

## 国 语

【题解】

晋卿韩起,认为自己有卿的名而无其实。跟富有的卿大夫相比,感到寒碜,因而发愁。叔向知道了,却向他道贺。叔向认为关键问题不在于贫富,而在于有没有德行。没有德行,愈富有,祸害愈大,有了德行则可转祸为福。

中外古今,各个阶级都有各自的道德标准,但是各个阶级的代表人物都把德放在第一位来要求它的成员,则是一致的,这篇文章所论述的,就是一例。

叔向见韩宣子①,宣子忧贫,叔向贺之。宣子曰:"吾有卿之名,而无其实②;无以从二三子③,吾是以忧。子贺我,何故?"

对曰:"昔栾武子无一卒之田④,其宫不备其宗器⑤,宣其德行,顺其宪则,使越于诸侯⑥。诸侯亲之,戎狄怀之,以正晋国,行刑不疚⑦,以免于难⑧。及桓子⑨,骄泰奢侈⑩,贪欲无艺,略则行志⑪,假货居贿⑫,宜及于难;而赖武之德,以没其身。及怀子⑬,改桓之行,而修武之德,可以免于难;而离桓之罪⑭,以亡于楚。夫郤昭子⑮,其富半公室,其家半三军⑯,恃其富宠,以泰于国。其身尸于朝,其宗灭于绛⑰。不然,夫八郤五大夫、三卿⑱,其宠大矣;一朝而灭,莫之哀也,惟无德也!

"今吾子有栾武子之贫,吾以为能其德矣,是以贺。若不忧德之不建,而患货之不足,将吊不暇⑲,何贺之有?"

宣子拜,稽首焉,曰:"起也将亡,赖子存之。非起也敢专承之⑳,其自桓叔以下㉑,嘉吾子之赐㉒。"

【注释】

① 叔向:羊舌氏,名肸(xī),字叔向,春秋时晋大夫。 韩宣子:韩起,"宣子"是谥号,春秋时晋国的卿。
② 实:实际。这里指财产。
③ 二三子:这里指同朝的卿大夫。
④ 栾武子:栾书,"武子"是谥号,春秋时晋国的上卿。 一卒之田:百顷田地。这是上大夫的俸禄。上卿的俸禄应有一旅之田五百顷。古时五百人为旅,百人为卒。
⑤ 宫:居室。一本作"官"。先秦时住宅都称宫室,至秦汉以后,"宫"才专指帝王的住宅。
⑥ 越:超越国界,传播美名。 诸侯:古代天子统辖下的各国君主的统称。
⑦ 不疚(jiù):没有弊病。

⑧ 难:指对栾书杀死晋悼公事的追究。
⑨ 桓子:栾黡(yǎn),栾书之子,任下军元帅,春秋时晋大夫。"桓"是谥号。
⑩ 泰:过分。
⑪ 略:干犯。　则:指宪则,法度。
⑫ 居贿:囤积财物。
⑬ 怀子:栾盈,栾黡之子,春秋时晋国下卿。"怀"是谥号。黡死后,其母叔祁与人私通,诬告栾盈将作乱,被驱逐到楚国。后回国,身死族灭。
⑭ 离:同"罹",遭受。
⑮ 郤(xī)昭子:郤至,春秋时晋国的卿,因有军功自傲,和郤锜(qí)、郤犨(chōu)控制朝政,被晋厉公派亲信杀死,家族被诛灭。
⑯ 三军:晋国的军事编制。晋文公重耳开始实行上军、中军、下军的编制,每军万人。
⑰ 绛:晋国的国都,今山西翼城东南。
⑱ 三卿:即郤至、郤犨、郤锜,都是晋国的卿。
⑲ 吊:吊丧。
⑳ 专承:独自承受。
㉑ 桓叔:名成师,号桓叔,晋穆侯之子。桓叔之子名万,受封于韩邑,称韩万。所以,韩起尊桓叔为韩氏的祖先。
㉒ 嘉:赞许。这里是感激的意思。

**【译文】**

叔向去见韩宣子,宣子正为贫困而发愁,叔向却向他表示祝贺。宣子说:"我只有晋卿的虚名,却没有它的财产,没有什么可以和卿大夫们交往的,我正因此发愁。你却祝贺我,这是什么缘故呢?"

叔向回答说:"从前栾武子没有百人的田产,他家里连祭祀的器具都不齐全,可是他能够发扬美德,执行法度,美名传播于诸侯各国。诸侯亲近他,戎、狄归附他,因此使晋国安定下来,执行法度,没有弊病,因而避免了灾难。传到桓子时,他骄傲自大,奢侈无度,贪得无厌,干犯法度,任意胡为,借贷牟利,囤积财物,该当遭到祸难;但依赖他父亲栾武子的余德,才得以善终。传到怀子时,怀子改变他父亲桓子的行为,学习他祖父武子的德行,本来可以凭这一点免除灾难;可是受到他父亲桓子的罪孽的连累,因而逃亡到楚国。那个郤昭子,他的财产抵得上晋国公室财产的一半,他家的子弟在三军中担任将佐的占了半数,他依仗自己的财产和势力,在晋国过着极其奢侈的生活。最后他自身在朝堂陈尸示众,他的宗族也在绛邑灭绝。如果不是这样的话,那八个姓郤的有五个做大夫、三个做卿,他们的势力够大了;可是一旦被消灭,没有一个人同情他们,只是因为没有德行的缘故!

"现在你有栾武子的清贫境况,我认为你能够继承他的德行,所以表示祝贺。如果不忧虑道德的不曾建树,却只为财产不足而发愁,要表示哀吊还来不及,哪里还会祝贺呢?"

宣子于是下拜,并叩头说:"我正在趋向灭亡的时候,全靠你拯救了我。不但我本人蒙受你的教诲,也许从桓叔以后的子孙都会感激你的恩德。"

# 王孙圉论楚宝 楚语下

## 国　语

【题解】

什么是最宝贵的东西,不同的人是有不同的看法的,自古以来就是这样。王孙圉这篇对楚国宝贝的评论,很有启发性,值得一读。

晋楚当时都是大国,王孙圉作为一个使臣,在对方企图污辱自己国家的时候,机智从容地回击了对方,保持了本国的尊严。

本文写赵简子"鸣玉"的骄态和王孙圉回答的从容气度,笔法褒贬分明。

王孙圉聘于晋①,定公飨之②。赵简子鸣玉以相③,问于王孙圉曰:"楚之白珩犹在乎④?"对曰:"然。"简子曰:"其为宝也几何矣?"曰:"未尝为宝。楚之所宝者,曰观射父⑤,能作训辞⑥,以行事于诸侯⑦,使无以寡君为口实⑧。又有左史倚相⑨,能道训典,以叙百物,以朝夕献善败于寡君,使寡君无忘先王之业;又能上下说乎鬼神⑩,顺道其欲恶⑪,使神无有怨痛于楚国。又有薮曰云连徒洲⑫,金、木、竹、箭之所生也⑬。龟、珠、角、齿、皮、革、羽、毛⑭,所以备赋⑮,以戒不虞者也⑯,所以共币帛⑰,以宾享于诸侯者也⑱。若诸侯之好币具⑲,而导之以训辞,有不虞之备,而皇神相之,寡君其可以免罪于诸侯,而国民保焉。此楚国之宝也。若夫白珩,先王之玩也,何宝焉?

"圉闻国之宝,六而已:圣能制议百物,以辅相国家,则宝之;玉足以庇荫嘉谷⑳,使无水旱之灾,则宝之;龟足以宪臧否㉑,则宝之;珠足以御火灾,则宝之;金足以御兵乱,则宝之;山林薮泽,足以备财用,则宝之。若夫哗嚣之美,楚虽蛮夷㉒,不能宝也。"

## 【注释】

① 王孙圉(yǔ):春秋末期楚大夫。 聘:访问,代表本国政府访问友邦。
② 定公:晋定公,前511年至前476年在位。 飨(xiǎng):用酒食招待客人。
③ 赵简子:赵鞅,又名志父,春秋末期晋国的卿。 相(xiàng):相礼。辅佐国君执行礼仪。
④ 珩(héng):系在玉佩上部的横玉。
⑤ 观射父(Guànyìfǔ):春秋末期楚大夫。
⑥ 训辞:外交辞令。
⑦ 行事:交往。
⑧ 口实:话柄。
⑨ 倚相:春秋末期楚史官。
⑩ 上下:指天地。 说:同"悦"。古代相传,史官能和鬼神交往。
⑪ 道:通"导"。
⑫ 云连徒洲:即云梦泽,也称云土、云杜,在今湖北监利县北。
⑬ 金:指铜、铁等金属。 箭:箭竹。

⑭ 龟:龟甲。古代用龟甲占卜,并记载吉凶征兆。　珠:珍珠。古代相传,珍珠可以防御火灾。　角:兽角,可以做弓弩的构件。　齿:象牙,可以做珍贵的工艺品。　皮:兽皮,如虎皮可做垫席,鱼皮可做盛弓箭、刀剑的囊、鞘。　革:犀牛皮,可做甲胄。　羽:鸟类的羽毛。　毛:牦牛尾,又叫旄头,用来做旗杆顶端的装饰品。
⑮ 赋:兵赋,军用物资。
⑯ 戒:防备。　不虞:没有料到的患难。
⑰ 共:同"供",供给。
⑱ 宾:招待。　享:馈赠。
⑲ 好(hào):喜爱。　币具:礼品。
⑳ 玉:指用于祭祀的玉器。
㉑ 宪:表明。　臧否(pǐ):吉凶。
㉒ 蛮、夷:我国古代对东南地区少数民族的蔑称。楚国的经济、文化开化较晚,王孙圉谦称蛮夷,意思是说"落后"。

## 【译文】

王孙圉到晋国访问,晋定公设宴招待他。赵简子礼服上的佩玉相触发响,到席间担任傧相。他问王孙圉道:"楚国的白珩还在吗?"王孙圉回答说:"还在。"简子说:"它作为宝贝,有多大价值呢?"王孙圉说:"我们不曾把它当作宝贝。楚国所视为宝贝的,叫作观射父,他善于辞令,因此,能到各诸侯国办事,使人家无法拿我们国君作话柄。又有左史倚相,能根据古代典籍,来说明各种事物,时时对我们国君提供前人的成败事例,使我们国君不忘记先王的业绩;他还能上下博得天地神灵的欢心,顺应它们的好恶之情,使神灵对楚国没有怨恨。此外,又有一个大沼泽,叫作云连徒洲,那是金、木、竹、箭、龟、珠、角、齿、皮、革、羽、毛等物产的来源。这些物产可以提供兵赋,预防意外事件;可以作为币帛,供招待和馈赠诸侯之用。如果诸侯喜欢这些礼品,再用辞令加以疏通,有了预防意外事件的准备,又得到天神的保佑,我们国君也许可以不得罪于诸侯,而国家和人民也得以保全了。这些才是楚国的宝贝。至于那白珩,不过是先王的一种小玩意,它有什么可贵的呢?

"我听说国家的宝贝,不过六种:有才德,能创造、评判各种事物,并能辅佐治理国家的人,就把他作为宝贝;玉器足以保证好年成,使它不受水旱灾害,就把它作为宝贝;龟甲能表明吉凶,就把它作为宝贝;珍珠足以防御火灾,就把它作为宝贝;铜、铁金属做成武器,足以防御战乱,就把它作为宝贝;山林湖泽足以供给财物用品,就把它作为宝贝。至于那声音喧嚣的美玉,楚国虽然是落后的蛮夷之邦,也不能把它当成宝贝。"

# 诸稽郢行成于吴 吴语

## 国 语

【题解】

公元前494年,吴王夫差大败越师于夫椒。其后,夫差再次兴兵攻打越国,越王勾践为了保存实力,再次派遣诸稽郢到吴国讲和。事实证明,越王勾践在敌强我弱的情势下,作出必要的让步,引诱敌方走上犯错误的道路,以便在适当时机,置敌于死地,这个计划是正确的。这篇文章在这方面给我们提供了一个很好的历史范例。

吴王夫差起师伐越①,越王句践起师逆之江②。

大夫种乃献谋曰③:"夫吴之与越,唯天所授,王其无庸战。夫申胥、华登④,简服吴国之士于甲兵,而未尝有所挫也。夫一人善射,百夫决拾⑤,胜未可成。夫谋必素见成事焉,而后履之,不可以授命。王不如设戎,约辞行成,以喜其民,以广侈吴王之心⑥。吾以卜之于天,天若弃吴,必许吾成而不吾足也⑦,将必宽然有伯诸侯之心焉⑧;既罢弊其民,而天夺之食⑨,安受其烬⑩,乃无有命矣。"

越王许诺,乃命诸稽郢行成于吴⑪,曰:"寡君句践使下臣郢,不敢显然布币行礼⑫,敢私告于下执事曰⑬:'昔者,越国见祸,得罪于天王⑭,天王亲趋玉趾⑮,以心孤句践⑯,而又宥赦之。君王之于越也,繄起死人而肉白骨也⑰。孤不敢忘天灾⑱,其敢忘君王之大赐乎?今句践申祸无良,草鄙之人,敢忘天王之大德,而思边陲之小怨⑲,以重得罪于下执事?句践用帅二三之老,亲委重罪,顿颡于边⑳。今君王不察,盛怒属兵,将残伐越国。越国固贡献之邑也,君王不以鞭棰使之㉑,而辱军士,使寇令焉!句践请盟。一介嫡女,执箕帚以晐姓于王宫㉒;一介嫡男,奉盘匜以随诸御㉓。春秋贡献,不解于王府㉔。天王岂辱裁之?亦征诸侯之礼也。'

"夫谚曰:'狐埋之而狐搰之㉕,是以无成功。'今天王既封殖越国㉖,以明闻于天下,而又刈亡之㉗,是天王之无成劳也。虽四方之诸侯,则何实以事吴?敢使下臣尽辞,唯天王秉利度义焉!"

## 【注释】

① 夫差(Fūchāi):吴王夫差,前495年至前473年在位。吴王阖闾之子。前496年,阖闾听说越王允常去世,乘机伐越,被勾践射伤脚趾,重伤而死。前494年,夫差伐越复仇,大败越师。勾践派文种去吴求和。之后,吴又兴师伐越,勾践又一次派诸稽郢去吴求和。
② 句践:越王勾践,前497年至前465年在位。越王允常之子。由于他牢记卑身事吴的教训,卧薪尝胆,长期积蓄力量,终于灭掉吴国。句,同"勾"。 逆:迎击。
③ 大夫种:文种,字少禽(或子禽),越大夫。
④ 申胥:即伍员,字子胥,楚大夫伍奢之子。因父兄在楚国被害,入吴避祸,辅佐阖闾伐楚,报父兄之仇。吴王封以申邑,后称申胥。在吴越战争中,他坚持灭越,遭到夫差忌恨,命他自杀。 华登:吴国大夫。原为宋人,因避祸奔吴。
⑤ 决拾:射箭用具。决,射箭用的扳指,带在右手大指上,用它钩弓弦。拾,

皮革制品,套在左臂上,以免衣袖妨碍开弓。这里,决拾作动词用,即佩戴决拾。
⑥ 广侈:扩张,这里有使存骄心的意思。
⑦ 足:即"足虑"的意思,值得忧虑。
⑧ 伯:通"霸",称霸。
⑨ 天夺之食:指遭受天灾,粮食歉收。
⑩ 烬:灰烬。这里比喻吴国在遭受天灾人祸后的残局。
⑪ 诸稽郢:越大夫。
⑫ 币:古人用于馈赠的礼品,如玉、帛、皮、马等。
⑬ 下执事:这里指吴王手下的办事官员,实际上指吴王本人。诸稽郢这样称呼吴王,是表示对吴王的尊敬。
⑭ 天王:对吴王的尊称。这句话指勾践射伤阖闾事。
⑮ 趋玉趾:即"劳大驾"的意思。玉,对人表示尊敬之词。趾,脚。这句话指吴国在夫椒打败越国事。
⑯ 孤:舍弃。
⑰ 繄(yī):就是。
⑱ 孤:这里是代勾践自称语。
⑲ 边陲(chuí):边境。
⑳ 顿颡(sǎng):即叩头。颡,前额。
㉑ 鞭棰(chuí):打马的器具,即鞭策。
㉒ 箕帚:畚箕、笤帚。代指洒扫一类事情。 晐(gāi)姓:纳诸姓女子于天子之宫。晐,备。这里指勾践把"嫡女"送给夫差做嫔妃。
㉓ 盘匜(yí):古代盥洗用具。盘,用以盛水。匜,用以注水。
㉔ 解:通"懈"。
㉕ 搰(hú):掘出。这句用来比喻夫差的多疑。
㉖ 封殖:培植。
㉗ 刈(yì)亡:割除。

【译文】

吴王夫差发兵攻打越国,越王勾践出兵在长江沿岸迎击。

大夫文种于是向越王献计说:"吴国和越国谁存谁亡,只看天意,您不用打仗了。伍子胥和华登训练的吴国士卒,投入战争,还不曾遇到什么挫折。在吴国,一个人善于射箭,就有一百人拿起决拾,我们能否战胜吴国,还很难说。凡是计划一件事,一定要预见到可以成功的把握,然后才去实行,不能轻易地去送命。您不如暗中部署军队设防,却用谦卑的话向吴国求和,让他的百姓高兴,使吴王的野心越来越大。我们也可以拿这件事向上天占卜,上天如果要抛弃吴国,吴人就一定会允许我们求和,而且会认为我们是不值得忧虑的,那么,他们也就一定会肆无忌惮地企图实现称霸诸侯的野心;等到他们的百姓疲惫了,又有天灾,夺去了他们的粮食,那时我们再稳稳当当地收拾它的残局,吴国就失去了上天的支持了。"

勾践赞成他的意见,就命令诸稽郢到吴国去求和。诸稽郢对吴王说:"我们的寡君勾践派遣我这个小臣来,不敢公然陈列玉帛,表示敬礼,只能冒昧地私下告诉您的办事官员说:'过去,越国遭祸,冒犯了天王,天王亲劳大驾,本来打算灭掉我勾践,却又饶恕了我。君王对于我们越国,真是让死人复活,使白骨长出肌肉来。我们的君王不敢忘记上天降下的灾祸,又怎敢忘记天王的厚赐呢?现在我勾践重遭灾祸,没有善良德行,我们这些草野鄙贱的人,怎敢忘记天王的大恩大德,而对边境小怨,耿耿于怀,以至再次得罪于您的办事官员?勾践因此率领几个老臣,亲自承担重大的罪过,在边境上叩着响头,向您请罪。如今您不了解情况,就勃然大怒,调集军队,打算狠狠地讨伐越国。越国本来是称臣纳贡的城邑,君王不拿着鞭策驱使它,却使您的将士屈尊,使他们执行御寇的命令!勾践请求缔结盟约。今送来一个嫡生女儿,到王宫里拿着箕帚伺候您;还送来一个嫡生儿子,捧着盘匜,跟着那些宦仆侍奉您。春秋两季,我们给您的府库进献物品,决不懈怠。天王又何必屈尊用兵加以消灭?这也就是天子向诸侯征税的礼制。'

"谚语说:'狐狸埋了它,狐狸却又把它掘出来,所以没有成功。'现在天王既然已经扶植了越国,您的明智已在天下传播,却又要消灭它,这就是天王对越国的扶植徒劳无功。虽然四方的诸侯想服侍吴国,吴国又用什么来取信于诸侯呢?让我冒昧地把话说清楚,只希望天王就利和义两方面加以权衡。"

# 申胥谏许越成 吴语

## 国 语

【题解】

　　这篇文章可以同上一篇合读。上一篇文章写的是越国君臣以妥协让步的策略,保全自己,待机战胜吴国。这一篇写的是吴国大臣申胥对吴越两国形势的分析,戳穿了越国求和所包藏的祸心,建议趁着现在的有利时机一举灭越。可是,骄傲轻敌的夫差对这些正确的意见全然听不进去,终于陷进了勾践的圈套,招致最后失败,成为一个历史教训。

　　吴王夫差乃告诸大夫曰①:"孤将有大志于齐,吾将许越成,而无拂吾虑②。若越既改,吾又何求?若其不改,反行③,吾振旅焉④。"

　　申胥谏曰⑤:"不可许也。夫越非实忠心好吴也,又非慑畏吾甲兵之强也⑥。大夫种勇而善谋,将还玩吴国于股掌之上⑦,以得其志。夫固知君王之盖威以好胜也⑧,故婉约其辞⑨,以从逸王志⑩,使淫乐于诸夏之国⑪,以自伤也。使吾甲兵钝弊,民人离落,而日以憔悴,然后安受吾烬⑫。夫越王好信以爱民,四方归之,年谷时熟,日长炎炎⑬,及吾犹可以战也⑭。为虺弗摧⑮,为蛇将若何?"

　　吴王曰:"大夫奚隆于越⑯?越曾足以为大虞乎?若无越,则吾何以春秋曜吾军士⑰?"乃许之成。

　　将盟,越王又使诸稽郢辞曰⑱:"以盟为有益乎?前盟口血未干⑲,足以结信矣。以盟为无益乎?君王舍甲兵之威以临使之⑳,而胡重于鬼神而自轻也?"吴王乃许之,荒成不盟㉑。

## 【注释】

① 夫差:姬姓,吴王阖闾之子。他连续大败越师后,因胜利而骄傲专横,终于被勾践打败,身死国灭。
② 而:通"尔"。人称代词,你们。
③ 反:同"返"。
④ 振旅:兴师。
⑤ 申胥:即伍员,字子胥。原为楚人,入吴避祸,吴王封以申地,因此也称申胥。
⑥ 慑畏:害怕。
⑦ 还(xuán)玩:转弄。还,通"旋"。
⑧ 盖威:尚威,崇尚威力。 好(hào)胜:喜欢胜过别人。
⑨ 婉约:卑顺委婉。
⑩ 从(zòng)逸:放纵安逸。从,通"纵"。
⑪ 诸夏之国:指春秋时期的中原各国。
⑫ 烬(jìn):灰烬。这里指吴国在灾祸后的残局。
⑬ 日长(zhǎng)炎炎:天天增长,蒸蒸日上。炎炎,兴旺的样子。
⑭ 及:趁着。
⑮ 虺(huǐ):小蛇。
⑯ 奚:何以,为什么。
⑰ 曜:通"耀",炫耀。
⑱ 辞:谢绝。
⑲ 口血未干:指定盟时间不长。古代举行盟会时,杀牲饮血,以表示诚意。
⑳ 舍:丢开。
㉑ 荒:虚空,没有实际行动。

## 【译文】

吴王夫差于是告诉大夫们说:"我要为实行一项宏大计划而去征服齐国,我打算答应越国讲和的要求,希望你们不要反对我的计划。如果越王已经改悔,我还要求什么呢?如果他不改悔,我从齐国返回来,再兴兵去攻打他。"

伍子胥劝阻说:"不能答应越国讲和的要求。越国人并不是真心实意地要和吴国和好,也不是惧怕我们武力的强大。越国大夫文种勇敢而善谋,他是打算把吴国放在他的大腿上和手心里转弄,以达到他最后灭亡吴国的目的。他本来知道君主崇尚武力,而且处处都想胜过别人,所以说些恭维的话,来使您的意志放纵而喜好安逸,使您进攻中原各国,贪图到那里享乐,以自取灭亡。他们想使我们的军队疲惫,武器损耗,百姓背叛、逃亡,国力一天比一天削弱,然后他们稳稳当当地收拾我们的残局。越王崇尚信义,而且爱护百姓,各处的人民都归附他。越国每年五谷丰登,国势蒸蒸日上,趁我们还能打败他们的时候,就应当消灭他们。如果它还是小蛇的时候,不打死它;长成了大蛇,可怎么办呢?"

吴王说:"你为什么对越国如此重视?越国竟然形成了我们的严重忧患了吗?倘若没有越国,那么在春秋两季检阅军队的时候,又到什么地方去炫耀我们的军威呢?"于是答应越国讲和的要求。

就要举行盟誓的时候,越王又派诸稽郢推辞说:"你们认为盟誓是有益的事情吗?那么,上次盟誓时,留在嘴边的血迹还没有干,那次盟誓就足以表示是结成信义的行动了。你们认为盟誓是无益的事情吗?那么,您就可以放弃武力的威胁,而亲自来役使我们就行了,又何必看重鬼神而轻视自己呢?"吴王便赞同他们的意见,只是在口头上达成了讲和的协议,没有再举行盟誓仪式。

# 春王正月 隐公元年

## 公羊传

【题解】

《公羊传》也称《春秋公羊传》。它与《左传》《穀梁传》合称为《春秋》三传,也是解释《春秋》的一部书。传说是孔子再传弟子公羊高所作,最初口耳传授,到汉景帝时由公羊寿和胡母生写定成书。

《公羊传》的体例,一般是先引"经文",然后自问自答,以阐述《春秋》的"微言大义"。

《公羊传》是今文经学的主要典籍,是我们研究战国到秦汉间儒家思想的重要资料。

本文是对《春秋》经文"元年春王正月"的解说。它借隐公摄行政事,阐发儒家所谓"辨尊卑、别嫡庶"的"正名"思想。

春秋时期,有些地区仍用夏历或殷历。孔子在《春秋》中记事每年开头都记"春王正月",表明他尊周天子为天下宗主的大一统思想。

隐公元年即鲁隐公元年(前722年)。

元年者何?君之始年也。春者何?岁之始也。王者孰谓?谓文王也[①]。曷为先言王而后言正月[②]?王正月也[③]。何言乎王正月?大一统也[④]。

公何以不言即位[⑤]?成公意也。何成乎公之意?公将平国而反之桓[⑥]。曷为反之桓?桓幼而贵,隐长而卑。其为尊卑也微,国人莫知[⑦]。隐长又贤,诸大夫扳隐而立之[⑧]。隐于是焉而辞立,则未知桓之将必得立也;且如桓立,则恐诸大夫之不能相幼君也[⑨]。故凡隐之立,为桓立也。隐长又贤,何以不宜立?立适以长不以贤[⑩],立子以贵不以长。桓何以贵?母贵也。母贵,则子何以贵?子以母贵,母以子贵。

**【注释】**

① 文王:周文王,殷纣时为诸侯,称西伯。他为建立周王朝奠定了基础。
② 曷:通"何"。
③ 王正月:上古时代,改朝换代即改变正(正月)朔(初一),以表示国运更新。这里指周历正月。
④ 大一统:天下统一,各地都服从天子的政令。
⑤ 公:鲁隐公,鲁惠公妾所生的长子。惠公夫人无子,隐公因其母卑贱,故

不能正式做国君。

⑥ 反:归还。　桓:桓公,鲁惠公之子,也是庶子。其母受惠公宠爱。惠公死时,桓公年幼,由隐公摄政。后来桓公杀隐公,自立为国君。

⑦ 国人:国都里的人。

⑧ 扳(pān):通"攀",引,拥戴。

⑨ 相(xiàng):辅助。

⑩ 适:通"嫡",正妻。这里是正妻之子。

## 【译文】

"元年"是什么意思?就是君主即位的第一年。"春"是什么意思?就是一年的开始。王,指的是谁?是指周文王。为什么先说"王",然后才说"正月"?是指周王的正月。为什么说周王的正月?是表明天下统一,各地都实行王的政令。

为什么不说隐公即位?这是为了成全隐公的心愿。为什么要成全隐公的心愿?隐公打算治好国家,就把政权归还给桓公。为什么要把政权归还给桓公?因为桓公年幼而尊贵,隐公年长而卑贱。他们身份尊卑的区别很微小,国都的人都不了解。隐公年长而且贤明,诸大夫拥戴隐公,拥立他为国君。如果隐公在这个时候辞让君位,还不知道桓公会不会一定能立为国君;而且如果桓公即位的话,恐怕诸大夫还不肯辅佐这位年幼的君主。因此,凡是隐公即位时所考虑的都是为了桓公做国君的事情。隐公年长而且贤明,为什么不宜于做国君呢?因为立嫡夫人的儿子做国君,只凭年长,不凭贤明;立媵妾的儿子做国君,只凭尊贵,不凭年长。桓公为什么尊贵?因为他的母亲尊贵啊。母亲尊贵,那么,儿子为什么尊贵?儿子由于母亲而尊贵,母亲由于儿子而尊贵。

# 宋人及楚人平 宣公十五年

## 公羊传

【题解】

本文的标题是《春秋》中的一句"经文"。本文叙述的是《公羊传》的作者对楚国的子反和宋国的华元主动讲和的行动所作的评论。

文章充分说明，当时的统治阶级所发动的战争，给人民造成的灾难是多么严重，以至连某些指挥战争的将领都不愿继续打下去了。

外平不书①，此何以书？大其平乎己也②。何大其平乎己？庄王围宋③，军有七日之粮尔！尽此不胜，将去而归尔。于是使司马子反乘堙而窥宋城④。宋华元亦乘堙而出见之。司马子反曰："子之国何如？"华元曰："惫矣！"曰："何如？"曰："易子而食之，析骸而炊之。"司马子反曰："嘻！甚矣，惫！虽然，吾闻之也，围者柑马而秣之⑤，使肥者应客。是何子之情也⑥？"华元曰："吾闻之：君子见人之厄则矜之⑦，小人见人之厄则幸之。吾见子之君子也，是以告情于子也。"司马子反曰："诺，勉之矣！吾军亦有七日之粮尔！尽此不胜，将去而归尔。"揖而去之⑧。

反于庄王⑨。庄王曰："何如？"司马子反曰："惫矣！"曰："何如？"曰："易子而食之，析骸而炊之。"庄王曰："嘻！甚矣，惫！虽然，吾今取此，然后而归尔。"司马子反曰："不可。臣已告之矣，军有七日之粮尔。"庄王怒曰："吾使子往视之，子曷为告之⑩？"司马子反曰："以区区之宋⑪，犹有不欺人之臣，可以楚而无乎？是以告之也。"庄王曰："诺，舍而止。虽然,吾犹取此,然后归尔。"司马子反曰:"然则君请处于此,臣请归尔。"庄王曰:"子去我而归,吾孰与处于此?吾亦从子而归尔。"引师而去之。故君子大其平乎己也。此皆大夫也,其称"人"何?贬。曷为贬?平者在下也⑫。

## 【注释】

① 外平不书:这里指鲁宣公十二年(前597年),楚庄王攻破郑国,郑伯乞降,庄王与他讲和的事。《春秋》中没有记载。外,别国。平,讲和。书,记载。
② 大:赞扬。　平乎己:讲和在于自己。此指华元、子反主动讲和。
③ 庄王围宋:鲁宣公十四年,楚庄王派大夫申舟到齐国去聘问,通过宋境时却不向宋国借道。宋国大夫华元怒杀申舟,于是楚庄王便在同年九月发兵围宋。
④ 司马子反:楚大夫。司马,官名,掌管军政。　堙(yīn):小土山,这里指用以攻城拒敌的工事。
⑤ 拑(qián)马:使马嘴衔住木棍。
⑥ 情:真实情况。
⑦ 厄(è):困难。　矜(jīn):怜悯。
⑧ 揖(yī):作揖,是一种礼节。
⑨ 反:同"返",还。
⑩ 曷:同"何"。
⑪ 区区:很小的样子。
⑫ 在下:处在下位。

## 【译文】

　　楚国和别国讲和,不曾记载,这次楚宋两国讲和为什么记载呢?这是为了赞扬这次讲和出于大夫本身的主动。为什么要赞扬这次讲和出于大夫本身的主动呢?楚庄王围攻宋国都城,他的军队只有七天的口粮!吃完这些粮食,还不能取胜,就打算离开这里回去了。于是派司马子反登上土堙,窥探宋国都城的情况。宋国的华元也登上土堙,并且出来会见子反。司马子反说:"你们国家的情况怎么样?"华元说:"疲惫不堪啊!"子反说:"疲惫得怎么样?"华元说:"交换孩子吃,劈开骨头当柴火做饭。"子反说:"唉!疲惫是厉害呀!虽然这样,我听说过,被围困的人,总是使一般的马衔着木棍,不能吃草料,而把肥马牵出来给客人看。您怎么这样对我吐露真情呢?"华元说:"我听说过,君子看到别人的困难就表示同情,小人看到别人的困难就幸灾乐祸。我看您是个君子,所以对您说出了真情。"司马子反说:"嗯,努力防守吧!我们的军队也只有七天的口粮了,吃完这些粮食,还不能取胜,就打算离开这里回去了。"说罢,向华元作揖告别。

司马子反回到楚庄王那里。庄王说:"敌情怎样?"司马子反说:"疲惫不堪啊!"庄王说:"疲惫得怎么样?"司马子反说:"交换孩子吃,劈开骨头当柴火做饭。"庄王说:"嘻,真是疲惫到极点了!虽然这样,我要攻下宋城,然后回去。"司马子反说:"不行。我已经告诉对方了,我们的军队也只有七天的口粮了。"庄王气愤地说:"我叫你去侦察敌情,你为什么把自己的情况告诉对方?"司马子反说:"这个小小的宋国,尚且有不欺骗人的大臣,楚国怎能没有这样的人呢?因此我就告诉对方了。"庄王说:"嗯,在这里安营住下。虽然口粮不足,我还是要攻取宋城,然后才回去呢。"司马子反说:"既然这样,就请你住在这里好啦,我可要请求回去。"庄王说:"你丢下我回去,我和谁一起住在这里呢?我也跟着你一同回去算了!"他们便带领军队离开了宋国。因此君子就赞扬这次讲和出于华元和子反两个人的主动。他们都是大夫,怎么又称他们是"人"呢?这是表示贬低他们。为什么要贬低他们?因为讲和的是下面的人。

# 吴子使札来聘 襄公二十九年

## 公羊传

【题解】

本文的标题是《春秋》中的一句"经文"。

"吴子"是对吴王余祭(zhài)的尊称。因他派遣季札访问鲁国,学习中原文化,所以不称"吴人"而尊称"吴子"。但是,在孔子看来,季札虽是个贤者,由于他是"夷狄"之人,所以不依"贤者不名"的惯例,而直写其名。

本文作者认为季札把吴国政权让给兄长,以及他对侄辈间的骨肉相残采取不介入的态度,都符合儒家的"礼让"精神,所以对他的"让国"事迹,叙述得很详尽。

最后,作者对"经文"的"笔法"也作了一点说明。吴国属于"夷狄"之邦,既没有"贤君",也没有"贤父",因此,作为人臣、人子的季札,就不能被认为是完美的人。这充分反映出《春秋》的偏见。

吴无君、无大夫①,此何以有君、有大夫?贤季子也②。

何贤乎季子?让国也。

其让国奈何?谒也③、余祭也、夷昧也,与季子同母者四。季子弱而才④,兄弟皆爱之,同欲立之以为君。谒曰:"今若是迮而与季子国⑤,季子犹不受也。请无与子而与弟,弟兄迭为君,而致国乎季子。"皆曰:"诺。"故诸为君者,皆轻死而为勇⑥,饮食必祝曰⑦:"天苟有吴国⑧,尚速有悔于予身!"故谒也死,余祭也立;余祭也死,夷昧也立;夷昧也死,则国宜之季子者也。

季子使而亡焉⑨。僚者⑩,长庶也⑪,即之。季子使而反,至而君之尔⑫。阖闾曰⑬:"先君之所以不与子而与弟者⑭,凡为季子故也。将从先君之命与⑮,则国宜之季子者也;如不从先君之命与,则我宜立者也。僚恶得为君乎⑯?"于是使专诸刺僚⑰,而致国乎季子。季子不受,曰:"尔弑吾君⑱,吾受尔国,是吾与尔为篡也;尔杀吾兄⑲,吾又杀尔,是父子兄弟相杀,终身无已也!"去之延陵⑳,终身不入吴国㉑。故君子以其不受为义,以其不杀为仁。

贤季子,则吴何以有君、有大夫?以季子为臣,则宜有君者也。

"札"者何？吴季子之名也。

《春秋》贤者不名②，此何以名？许夷狄者，不一而足也。

季子者，所贤也，曷为不足乎季子？许人臣者必使臣，许人子者必使子也。

## 【注释】

① 吴无君、无大夫：这句话是说，吴国是夷狄之邦，无儒家的君臣上下之礼。襄公十四年（前559年），吴与其他国家会盟，只称"吴"，不知其国君和大夫的名字。

② 贤：赞许。 季子：季札，春秋时吴王寿梦的幼子。寿梦想立他为嗣，他坚辞不受，封于延陵。寿梦死，让国给兄诸樊。曾出使中原各国。

③ 谒：又称诸樊，吴王寿梦的长子。下文的余祭、夷昧，也是寿梦的儿子。

④ 弱：年少。

⑤ 迮(zé)：仓促。

⑥ 轻死：对死亡不在意。

⑦ 祝：祷告。

⑧ 有吴国：指保存吴国。

⑨ 亡：动词，在外未归。

⑩ 僚：吴王僚。又名州于，吴王夷昧之子。曾多次兴兵伐楚，后被专诸刺死。

⑪ 长庶：众子中最年长者。

⑫ 君之：以之以君，把僚当作国君。

⑬ 阖闾：名光，吴王谒之子，派专诸刺僚，自立为君，曾灭徐破楚。后在吴越战争中被越王勾践射伤致死。

⑭ 先君：已经去世的国君。这里指吴王谒、余祭和夷昧。

⑮ 与：通"欤"。语助词。下文"与"字同。

⑯ 恶(wū)：怎么。

⑰ 专诸：春秋时吴国人。公子光欲杀吴王僚自立，命他把短剑藏在鱼腹中，借着宴会献鱼的机会，把吴王僚刺死，他也当场被杀。

⑱ 弑(shì)：旧时臣下杀死君主或子女杀死父母称"弑"。

⑲ 吾兄：这里是"吾兄"之子的意思。指吴王僚。

⑳ 延陵:吴邑名,在今江苏常州境。
㉑ 吴国:指吴国都城。
㉒ 贤者不名:这里指"春秋笔法"。《春秋》作者对具有儒家德行的人,称他的字,或称"子",反之称他的名,以示褒贬。又古代士大夫都有名有字,称字表示尊重。

## 【译文】

吴国没有国君、没有大夫,这里为什么有国君、有大夫呢?这是为了赞美季子。

为什么要赞美季子?他把君位让给兄长了。

他把君位让给兄长,是怎么一回事?谒、余祭、夷昧和季子,是同母所生的四兄弟。季子年少有才能,哥哥们都喜欢他,共同想立他做国君。谒说:"现在如果这样匆忙地就把君位交给季子,他还是不肯接受的。咱们不要传位给儿子,而传位给弟弟,兄弟依次做国君,就可以把吴国的君位传给季子了。"大家都说:"好。"因此,这几个做国君的,都认为视死如归就是勇敢,进食时一定祷告说:"上天如果想让吴国存在下去,就快把灾难加到我身上!"因此,谒死了,余祭做国君;余祭死了,夷昧做国君;夷昧死后,吴国的君位就应该传到季子的身上了。

那时季子正出使在外,没有回来。有个叫僚的,是已去世的国君的子侄中最年长的,他即位做了国君。季子出使归来,便奉僚为国君。阖闾对他说:"先君之所以采用不传子而传给弟弟的方式,都是为了季子的缘故呵。如果打算听从先君的命令,那么,君位就应该授给季子;如果不听从先君的命令,那么我就应该做国君。僚怎么能做国君呢?"于是便派专诸把僚刺死,并且把君位交给季子。季子不接受,说道:"你杀了我的国君,我接受你的君位,这是我参与你篡位的事;你杀了我哥哥的儿子,我再杀你,这是父子兄弟相互残杀,一辈子没有结束的时候!"他离开国都到延陵去,一生也没有再回都城。因此,君子便认为他不接受君位是义,不做互相残杀的事情是仁。

赞美季子,那么,吴国为什么就有国君、有大夫了呢?因为季子是臣,所以就应当有国君啊。

"札"字是什么意思?是吴国季子的名。

《春秋》书上将贤者称字不称名,这里为什么称名?赞许夷狄,不能因为它有一件好事,就认为一切都完美了。

季子是被赞美的人,为什么还认为他不完美呢?因为赞美人臣,要把他摆在臣的地位,赞美人子,要把他摆在子的地位。

# 郑伯克段于鄢 隐公元年

## 穀梁传

【题解】

《穀梁传》也称《春秋穀梁传》,与《左传》《公羊传》合称为《春秋》三传,据说也是解释《春秋》的史书。《穀梁传》传说为孔子再传弟子穀梁赤所作。最初口耳相传,汉初才写定成书。其观点和体例与《公羊传》相近。

本文的标题是《春秋》中的一句"经文",内容是对经文的注解。《左传》中也记载了这个故事。

克者何?能也。何能也?能杀也。何以不言杀?见段之有徒众也①。

段,郑伯弟也②。何以知其为弟也?杀世子、母弟,目君③。以其目君,知其为弟也。

段,弟也,而弗谓弟;公子也,而弗谓公子,贬之也,段失子弟之道矣。贱段而甚郑伯也④。

何甚乎郑伯?甚郑伯之处心积虑,成于杀也。

于鄢⑤,远也。犹曰取之其母之怀中而杀之云尔。甚之也。

然则为郑伯者,宜奈何?缓追逸贼⑥,亲亲之道也⑦。

**【注释】**

① 段:姓姬,名段。郑庄公的弟弟。因封在京邑,故称京城太叔。后叛逃到共国,又称共叔段。 徒众:士兵和百姓。
② 郑伯:指郑庄公,前743年至前701年在位。
③ 世子:古代天子和诸侯的嫡长子。 目:称为,视为。
④ 甚:这里是加重责备的意思。
⑤ 鄢:郑邑名,在今河南鄢陵县境。
⑥ 贼:做大坏事的人。这里指共叔段。
⑦ 亲亲:亲爱自己的亲属。

**【译文】**

"克"是什么意思呢?就是"能做到"的意思。能做到什么呢?就是能"杀"的意思。为什么不说"杀"呢?因为看到共叔段拥有士卒和百姓。

共叔段是郑伯的弟弟。怎么知道是弟弟呢?凡杀死世子或同母弟的,都称为君。因为这里称他为君,所以知道共叔段是弟弟。

共叔段是弟弟,可是不称弟;是公子,可是又不称公子,这是《春秋》贬斥他的意思,共叔段丧失了做子弟的道德。贬低共叔段,但更重责郑伯。

重责郑伯什么呢?重责郑伯处心积虑,故意使自己的弟弟走上犯罪的道路。

"于鄢",即在遥远的地方。这种写法如同说,从母亲怀里把他拖出来杀掉一样,如此而已。目的在于重责郑伯。

那么,作为郑伯,他该怎么做才算恰当呢?慢慢地追击逃走的贼子,这才是表示亲爱己亲的做法。

# 虞师晋师灭夏阳 僖公二年

## 榖梁传

【题解】

"虞师晋师灭夏阳"是《春秋》中的一句经文。本文是对这句经文的解释。虞君贪财拒谏,目光短浅,把本国的土地借给强大的晋国作为进兵的道路,终于招致灭亡。这里记叙的是前658年(鲁僖公二年)和前655年(鲁僖公五年)虞公两次借道的情况。第二次借道,晋公灭亡了虢国,随后就袭破虞国,并俘虏了虞君。

文中所记晋大夫荀息的话,对虞国事务了如指掌,分析深刻而中肯,表现出一个老谋深算的政治家的修养。

非国而曰灭,重夏阳也①。虞无师②,其曰师,何也?以其先晋③,不可以不言师也。其先晋何也?为主乎灭夏阳也④。夏阳者,虞虢之塞邑也⑤。灭夏阳而虞、虢举矣。

虞之为主乎灭夏阳,何也?晋献公欲伐虢⑥,荀息曰⑦:"君何不以屈产之乘⑧、垂棘之璧,而借道乎虞也⑨?"公曰:"此晋国之宝也。如受吾币⑩,而不借吾道,则如之何?"荀息曰:"此小国之所以事大国也。彼不借吾道,必不敢受吾币。如受吾币而借吾道,则是我取之中府⑪,而藏之外府。取之中厩⑫,而置之外厩也。"公曰:"宫之奇存焉⑬,必不使受之也。"荀息曰:"宫之奇之为人也,达心而懦,又少长于君⑭。达心则其言略,懦则不能强谏,少长于君则君轻之。且夫玩好在耳目之前⑮,而患在一国之后,此中知以上乃能虑之;臣料虞君,中知以下也。"公遂借道而伐虢。

宫之奇谏曰："晋国之使者,其辞卑而币重,必不便于虞。"虞公弗听,遂受其币,而借之道。宫之奇又谏曰:"语曰:'唇亡则齿寒'⑯,其斯之谓与!"挈其妻子以奔曹⑰。

献公亡虢,五年,而后举虞⑱。荀息牵马操璧而前曰:"璧则犹是也,而马齿加长矣⑲!"

## 【注释】

① 重:重视。　夏阳:当作"下阳"。虢邑名,在今山西平陆北。
② 虞:春秋时的小国,在今山西平陆。
③ 先:先导。　晋:春秋时诸侯国。国都绛,在今山西翼城附近。晋军攻打虢国,必须通过虞境。
④ 主:祸首。指虞公贪图贿赂,允许晋师借道伐虢。
⑤ 虢(Guó):春秋时国名。这里指北虢,在今山西平陆和河南陕县一带。
⑥ 晋献公:春秋时晋国国君,前676年至前651年在位。
⑦ 荀息:晋大夫。
⑧ 屈:晋邑名,在今山西吉县北。盛产良马。　乘(shèng):马四匹为一乘。这里指屈地所产的良马。
⑨ 垂棘:晋地名,以出产美玉著称。
⑩ 币:馈赠的财物。这里指上文所说的良马、美玉。币本指帛,后来扩大到玉、马、皮等物。
⑪ 中府:国君宫中藏财宝的仓库。下文"外府",指宫外藏财宝的仓库。
⑫ 中厩(jiù):国君宫中的马棚。下文"外厩",指宫外的马棚。荀息把虞国比作晋国的"外府""外厩",意思是说将来灭了虞国,良马美玉还是晋国的。
⑬ 宫之奇:虞大夫。
⑭ 长(zhǎng):长大。
⑮ 玩好(hào):供玩赏的物品。
⑯ 唇亡则齿寒:嘴唇没有了,牙齿就感到寒冷。比喻虞虢两国关系密切,利害与共。
⑰ 挈(qiè):带领。　曹:春秋时小国,都陶丘,在今山东定陶西南。

⑱　五年:鲁僖公五年。
⑲　马齿:马的牙齿可以表示它的年龄。

## 【译文】

　　不是一个国家,而说它灭亡,这是重视夏阳被占领这件事。虞国没有出动军队,经文说到军队,这是为什么呢?因为虞国引导晋师前来,不能不说是虞国也出动了军队。为什么它要引导晋师呢?由于它是灭夏阳的首恶。夏阳这个地方是虞、虢两国边境上的重要城镇。夏阳一陷落,虞、虢两国就可以被攻取了。

　　虞国成了夏阳灭亡事件的首恶,这是什么原因呢?当时,晋献公想攻打虢国,荀息说:"您怎么不用屈地出产的良马和垂棘出产的玉璧,去向虞国借道呢?"晋献公说:"这些是晋国的宝物啊。假如对方接受我的礼物,却不借给我道路,怎么办呢?"荀息说:"这些是小国用来侍奉大国的东西。他们如果不肯借给我们道路,就一定不敢接受我们的礼物。如果接受了我们的礼物,借给我们道路,那就是,我们把美玉从宫中的府库取出来,存放到宫外的府库;把良马从宫中的马棚牵出来,安置在宫外的马棚。"献公说:"宫之奇在那里,一定不让虞公接受这些礼物。"荀息说:"宫之奇为人处世的特点是,考虑透彻,可是办事胆小,而且是从小就和虞公一起长大的。他考虑透彻,说话就简略,办事胆小,就不能坚决劝阻,从小和虞公一起长大,虞公就不会重视他。再说,供玩赏的物品摆在虞公眼前,而忧患在灭亡虢国之后,这是中等智力以上的人才能考虑到的;我料想虞公是个中等智力以下的人。"献公于是向虞国借道,攻打虢国。

　　宫之奇劝告虞公说:"晋国的使者说话谦恭,而且礼品丰厚,一定会对虞国不利。"虞公不听,便接受了晋国的礼物,并借道给晋国。宫之奇再次劝告虞公说:"谚语说'唇亡则齿寒',大概就是说的这种情况吧!"他带领着老婆孩子跑到曹国去了。

　　晋献公灭亡了虢国,事在鲁僖公五年,随后便攻取了虞国。荀息牵着马,拿着玉璧,走到晋献公面前说:"玉璧还是老样子,只是马的牙齿增加了。"

# 晋献公杀世子申生 檀弓上

## 礼 记

【题解】

《礼记》是儒家经典之一,主要记述关于礼制的一些评论和关于孔子及其弟子的一些故事传说。书中包括《檀弓》《大学》《中庸》《乐记》等四十九篇。

本文选自《礼记·檀弓上》,描写晋国世子申生为了奉行"忠孝",甘受骊姬诬陷,在面临死亡时的心理状态。作者通过这个故事,宣扬"亲亲"的宗法思想。

晋献公将杀其世子申生①。公子重耳谓之曰:"子盖言子之志于公乎②?"世子曰:"不可。君安骊姬,是我伤公之心也。"曰:"然则盖行乎?"世子曰:"不可。君谓我欲弑君也③。天下岂有无父之国哉?吾何行如之?"

使人辞于狐突曰④:"申生有罪,不念伯氏之言也,以至于死,申生不敢爱其死。虽然,吾君老矣,子少⑤,国家多难⑥,伯氏不出而图吾君;伯氏苟出而图吾君,申生受赐而死⑦。"再拜稽首,乃卒。是以为恭世子也⑧。

【注释】

① 晋献公:春秋时晋国国君,前676年至前651年在位。 世子:古代天子或诸侯的嫡长子。晋献公的夫人齐姜生太子申生。晋献公又娶狐氏姊妹,生重耳、夷吾。后得骊姬,生奚齐。骊姬恃宠,图谋废申生立奚齐,竟在供祭祀的肉中私放毒药,嫁祸于申生,逼迫他自杀。

② 盖(hé):通"盍",何不。下文"然则盖行乎"的"盖"同。

③ 弑：古代臣杀君或子杀父称弑。
④ 狐突：姓狐名突，字伯。下文的"伯氏"是表示尊敬的意思。他是申生的师傅。晋献公派申生伐东山皋落氏时，狐突曾劝他逃走，他没有听从。狐突在伐东山皋落氏以后，推托有病，住在家里。
⑤ 子：指骊姬之子奚齐。
⑥ 国家多难：指申生死后，其弟兄将因争夺君位而相互残杀。
⑦ 赐：恩惠。
⑧ 为：谓。 恭：申生的谥号。

【译文】

　　晋献公要杀他的太子申生。公子重耳对申生说："你怎么不对君主讲明你的想法呢？"申生说："不行。君主有了骊姬，才能得到安逸。我如果这样做，就会伤了他的心！"重耳说："那么，你何不逃走呢？"申生说："不行。君主会说我图谋弑君。天下难道会有没有父亲的国家吗？我逃到哪里去呢？"

　　申生派人向狐突诀别说："申生有罪，没有记住您的劝告，以至将陷于死亡，我不敢吝惜性命。虽然如此，君主老了，弟弟年幼国家会多灾多难，您不出来为国君筹划政事便罢了；如果您出来为国君筹划政事，我死了，也蒙受您的恩惠。"申生拜了两拜，叩头后，便自尽了。于是就称他恭世子。

# 曾子易箦  檀弓上

## 礼 记

【题解】

　　春秋战国之交，正是社会制度发生大变革的时候，原来所规定的礼法已经开始瓦解。鲁大夫季孙把只有大夫才能享用的华美光泽的席子，送给未曾做过大夫的曾参,就是这种情况的反映。本文通过曾参换席这个故事来宣扬他严守礼制的精神。

　　曾子寝疾①,病。乐正子春坐于床下②,曾元、曾申坐于足③,童子隅坐而执烛④。童子曰:"华而睆⑤,大夫之箦与⑥?"子春曰:"止!"曾子闻之,瞿然曰⑦:"呼⑧!"曰:"华而睆,大夫之箦与?"曾子曰:"然!斯季孙之赐也⑨,我未之能易也。元起易箦!"曾元曰:"夫子之病革矣⑩!不可以变。幸而至于旦,请敬易之!"曾子曰:"尔之爱我也,不如彼。君子之爱人也以德,细人之爱人也以姑息。吾向求哉?吾得正而毙焉,斯已矣!"举扶而易之,反席未安而没。

【注释】

① 曾子:春秋时鲁国人,名参,字子舆,曾点之子,孔子的弟子。他以遵守"孝道"著称。
② 乐正子春:曾参的弟子。乐正,公室乐官。
③ 曾元、曾申:都是曾参之子。
④ 隅(yú)坐:靠墙角坐着。
⑤ 华:华美。　睆(huàn):光亮。
⑥ 箦(zé):竹席。
⑦ 瞿(jù)然:惊骇的样子。
⑧ 呼:发声欲问之词,如"哦"字。
⑨ 季孙:鲁大夫。
⑩ 革(jí):危急。

【译文】

　　曾子病卧在床上,病情很重。乐正子春坐在床下,曾元、曾申坐在曾子的脚旁,一个僮仆拿着烛坐在墙角里。僮仆说:"这席子既华美又光亮,是大夫用的吧?"子春说:"别说话!"曾子听见僮仆的话,表现出吃惊的样子说:"哦!"僮仆又说:"这席子既华美又光亮,是大夫用的吧?"曾子说:"是的!这是季孙氏的赏赐,我因为生病没有能更换它。元扶我起来更换这张席子!"曾元说:"您的病情危急!不宜于转动身子。希望挨到天明,请允许我很恭敬地更换它。"曾子说:"你爱护我,还不如这个僮仆。君子爱护别人,是根据道德;小人爱护别人,是使人取得暂时的安逸。我还有什么要求呢?只要能够合乎礼制而死,那就行了。"曾元只好扶他起来,更换了席子,等他回到床上,还没有躺好就死了。

# 有子之言似夫子 檀弓上

## 礼 记

【题解】

本文通过孔门三个弟子的对话,说明这样一个道理:对于孔子说过的某些话,应该像有若那样联系孔子的一贯主张,像子游那样联系他说话时所指的具体对象、所处的环境去理解。如果像曾子那样,只抓住孔子的片言只语去理解,就要犯断章取义的错误。

这个故事所说明的道理,对我们仍然有参考价值。

有子问于曾子曰①:"问丧于夫子乎②?"曰:"闻之矣:'丧欲速贫,死欲速朽。'"有子曰:"是非君子之言也。"曾子曰:"参也闻诸夫子也。"有子又曰:"是非君子之言也。"曾子曰:"参也与子游闻之③。"有子曰:"然。然则夫子有为言之也。"

曾子以斯言告于子游。子游曰:"甚哉,有子之言似夫子也!昔者,夫子居于宋④,见桓司马自为石椁⑤,三年而不成。夫子曰:'若是其靡也⑥,死不如速朽之愈也。''死之欲速朽',为桓司马言之也。南宫敬叔反⑦,必载宝而朝⑧。夫子曰：'若是其货也，丧不如速贫之愈也。''丧之欲速贫'，为敬叔言之也。"

　　曾子以子游之言告于有子。有子曰："然！吾固曰非夫子之言也。"曾子曰："子何以知之？"有子曰："夫子制于中都⑨：四寸之棺，五寸之椁。以斯知不欲速朽也。昔者，夫子失鲁司寇⑩，将之荆⑪，盖先之以子夏⑫，又申之以冉有⑬。以斯知不欲速贫也。"

## 【注释】

① 有子：名若，字子有。　曾子：名参，字子舆。都是鲁国人，孔子弟子。
② 问：当作"闻"。　丧(sàng)：丢失。这里指丧失职位。
③ 子游：姓言，名偃，字子游。春秋时吴国人，孔子弟子。
④ 宋：古国名，在今河南商丘一带。
⑤ 桓司马：桓魋(tuí)，宋国的司马（主管军事的官）。　椁(guǒ)：套在棺材外面的大棺材。
⑥ 若是其靡：即"其靡若是"。是，代词，这里指"自为石椁，三年而不成"的情况。靡，奢侈。
⑦ 南宫敬叔：也称仲孙阅。春秋时鲁国人。他曾在鲁国失去官职而离开鲁国。　反：通"返"。这里指回到鲁国。
⑧ 载宝而朝：带着财宝朝见国君。这里是行贿的意思。
⑨ 制：用作动词，规定法度。　中都：鲁邑名，在今山东汶山县西。孔子曾在这里做地方行政长官。
⑩ 司寇：主管司法刑狱的官。
⑪ 之：通"至"。　荆：楚国。楚庄王想任用孔子，因大夫子西反对而作罢。
⑫ 子夏：卜商，字子夏。孔子弟子，春秋时卫国人。
⑬ 冉有：也称冉求，字子有。孔子弟子，春秋时鲁国人。

## 【译文】

　　有若问曾子："你在夫子那里听说过关于丧失职位的话吗？"曾子说："听到过这种话：'丧失职位，希望快一点贫穷；死了，希望快一点腐烂。'"有若说:"这不是君子说的话。"曾子说:"这是我从夫子那里听来的。"有若又说:"这不是君子说的话。"曾子说:"我和子游听到夫子说过。"有若说:"是这样。但是,那是夫子有所指而说的。"

曾子把有若的话告诉子游。子游说:"真是像极了,有子的话像夫子说的!从前,夫子住在宋国,看见桓司马为自己造石椁,三年还没有造成。夫子说:'像这样的奢侈,死了不如快点腐烂为好。''死了,希望快点腐烂'这句话,是针对桓司马说的。南宫敬叔回到鲁国之后,总是带着珍宝去朝见鲁君。夫子说:'像这样的行贿,丧失职位不如快一点贫穷为好。''丧失职位,希望快一点贫穷'这句话,是针对敬叔说的。"

曾子把子游的话告诉有若。有若说:"对呀!我本来说这不是夫子的话。"曾子说:"你怎样知道的?"有若说:"夫子在中都定下制度:棺厚四寸,椁厚五寸。因此知道夫子不希望死后快点腐烂。从前,夫子丧失鲁国司寇的职位,打算到楚国去,大概让子夏先去表明心意,以后又让冉有去重申他的心意。因此,知道夫子不希望快点贫穷。"

# 公子重耳对秦客 檀弓下

## 礼 记

【题解】

本文通过秦穆公派人吊丧,窥探重耳的动向,以及重耳虚与周旋的故事,来宣扬儒家所谓"仁爱思亲"的思想。

公元前655年,晋公子重耳被赶出晋国,带着舅犯等谋臣,到外祖家狄人那里避难。前651年晋献公死。重耳和舅犯本想乘此时机回国夺取君位,只因条件还不成熟,不便行动,却借口"仁亲"加以掩饰。秦穆公对重耳赞不绝口,同样是为了掩饰自己的政治目的而借题发挥罢了。

撕下这层"仁亲"的虚伪面纱,统治集团之间的尔虞我诈,就昭然若揭了。

晋献公之丧①,秦穆公使人吊公子重耳②,且曰:"寡人闻之③:'亡国恒于斯,得国恒于斯。'虽吾子俨然在忧服之中④,丧亦不可久也⑤,时亦不可失也,孺子其图之⑥!"以告舅犯⑦。舅犯曰:"孺子其辞焉!丧人无宝,仁亲以为宝。父死之谓何?又因以为利,而天下其孰能说之?孺子其辞焉!"

公子重耳对客曰:"君惠吊亡臣重耳。身丧父死,不得与于哭泣之哀,以为君忧。父死之谓何?或敢有他志以辱君义⑧。"稽颡而不拜⑨。哭而起,起而不私。

子显以致命于穆公。穆公曰:"仁夫,公子重耳!夫稽颡而不拜,则未为后也,故不成拜⑩。哭而起,则爱父也;起而不私,则远利也。"

## 【注释】

① 晋献公:春秋时晋国国君,前676年至前651年在位。他在临死前托大夫荀息扶立骊姬之子奚齐为君。当时公子重耳、夷吾已逃亡在外。
② 秦穆公:春秋时秦国国君,前659年至前621年在位。嬴姓,名任好。娶申生姊为夫人。 人:即下文的子显,秦穆公之子。
③ 寡人:国君对自己的谦称。以下是子显转述秦穆公的话。
④ 俨(yǎn)然:庄重的样子。
⑤ 丧:这里指失去地位,流亡在外。
⑥ 孺(rú)子:古代能继承君位的人。这里指重耳。
⑦ 舅犯:即狐偃,字子犯。重耳的舅父。
⑧ 他志:别的想法。这里指谋取君位。
⑨ 稽颡(qīsǎng):古代在服丧期间答拜宾客的一种礼节。下拜时,用额触地。 不拜:不拜谢。这里表示重耳拒绝秦穆公策动他回国袭位的建议,故不再拜。
⑩ 成拜:古时丧礼之一。主丧人对吊唁者先稽颡,后拜谢,称"成拜"。重耳认为自己不是晋国君位的继承人,故不能主丧,不行"成拜"礼。

## 【译文】

晋献公死了,秦穆公派遣子显去吊唁公子重耳,并且说:"寡人听到过这样的话:'丧失国家,常在这个时候;取得国家,也常在这个时候。'虽然您庄重地处于丧期,可是在外流亡也不宜过久,争取君位的时机也不宜错过,您还是准备一下吧!"重耳把这些话告诉舅犯。舅犯说:"您还是辞谢了他的好意!一个流亡者没有什么可宝贵的,只有仁爱思亲才是可宝贵的。死了父亲,怎么办?要乘此机会谋求个人利益,天下的人有谁能为您辩护呢?您还是辞谢了他的好意吧!"

公子重耳回答客人说:"贵国君主仁慈地吊唁了亡命之臣重耳。我本人流亡在外,死了父亲不能参与葬礼,以哭泣表示哀痛,贵国国君把这种情况引为忧虑的事。死了父亲,怎么办?我如果怀有别的想法,就会辜负贵国国君对我的情义。"说罢,就在地上叩头,但不拜谢秦客。他哭泣着站起身,站起来也不和秦客私下交谈。

子显将上述情况报告给秦穆公。秦穆公说:"真是个仁人啊,公子重耳!他叩头后却不拜谢宾客,就是表示不愿成为国君的继承人,所以不行'成拜'之礼。他哭泣着站起来,就是表示哀悼他父亲;站起来不和客人私下交谈,就是表示他抛开了个人的利益。"

# 杜蒉扬觯 檀弓下

## 礼 记

## 【题解】

这是一篇宣扬礼制的作品。但厨师可以向国君进谏,而国君又能欣然接受,这在历史上也是很难得的。本文对杜蒉的举止言谈的描绘,反映出他的精明、幽默的性格,给人留下了很深的印象。

知悼子卒①,未葬,平公饮酒②,师旷、李调侍③,鼓钟。杜蒉自外来④,闻钟声,曰:"安在?"曰:"在寝。"杜蒉入寝,历阶而升,酌曰:"旷饮斯!"又酌曰:"调饮斯!"又酌,堂上北面坐饮之⑤,降趋而出。

平公呼而进之,曰:"蒉!曩者尔心或开予,是以不与尔言。尔饮旷,何也?"曰:"子卯不乐⑥。知悼子在堂⑦,斯其为子卯也大矣!旷也,太师也⑧,不以诏,是以饮之也。""尔饮调,何也?"曰:"调也,君之亵臣也。为一饮一食忘君之疾,是以饮之也。""尔饮,何也?"曰:"蒉也,宰夫也⑨。非刀匕是共⑩,又敢与知防⑪,是以饮之也。"平公曰:"寡人亦有过焉,酌而饮寡人!"杜蒉洗而扬觯⑫。公谓侍者曰:"如我死,则必毋废斯爵也!"

至于今,既毕献⑬,斯扬觯,谓之杜举。

### 【注释】

① 知(Zhì)悼子:荀盈,春秋时晋大夫。其先封邑为知,以邑为氏,又称知盈。谥悼子。
② 平公:晋平公,前557年至前532年在位。
③ 师旷:春秋时晋国的著名乐师。 李调:晋平公的宠臣。
④ 杜蒉(kuì):晋平公的厨师。
⑤ 坐:跪。古人席地而坐,两膝着地,臀部压在脚跟上。
⑥ 子卯不乐(yuè):古代相传商纣和夏桀分别死于甲子日和乙卯日,后来就以甲子、乙卯两日为国君的忌日,不许饮酒奏乐。
⑦ 堂:殿堂,是举行吉凶大礼的地方。这里指停灵在堂。
⑧ 太师:周代对乐官的称呼。
⑨ 宰夫:厨师。
⑩ 匕(bǐ):羹匙。 共:通"供"。
⑪ 与:参与。 知防:察觉和防止违礼之事。
⑫ 觯(zhì):古时一种饮酒器具。
⑬ 献:这里指敬酒。

## 【译文】

　　知悼子死了,还没有安葬,晋平公便喝起酒来,师旷和李调在旁边陪着,并击钟助兴。杜蒉从外面进来,听到钟声就问道:"在哪里?"有人回答说:"在内室。"杜蒉走进内室,登台阶而上。他斟了一杯酒,说:"师旷,你喝这杯!"又斟了一杯酒,说:"李调,你喝这杯!"接着斟了第三杯酒,他自己在殿堂上向北跪着一口喝干,随后走下台阶快步走出殿堂。

　　平公喊他进去,对他说:"杜蒉!刚才你心里好像有什么话要启发我,所以我没有和你说话。你罚师旷喝酒,是什么意思?"杜蒉回答说:"每逢子卯忌日,君主不得饮酒作乐。如今知悼子的灵柩还停放在殿堂上,这种事情比子卯忌日更为重要!师旷是太师,竟然不禀告,所以罚他一杯。"平公又问道:"你罚李调喝酒,又是为什么呢?"杜蒉回答说:"李调是君主宠信的近臣,他为了贪吃贪喝,忘掉君主应忌讳的事情,所以罚他一杯。"平公又问道:"你自己喝一杯,又是什么意思?"杜蒉回答说:"我是个厨师,不专心供应刀匙餐具,而敢于参与了解和防止这种事情,所以罚自己一杯。"晋平公说:"我也有错误,斟上酒,罚我一杯吧!"杜蒉把觯洗干净,举起来,献给平公。平公对侍候的人说:"如果我死了,一定不要丢弃这个觯!"

　　直到今天,每当主人向宾客敬酒完毕,就把觯举起来,人们称这种举动为杜举。

# 晋献文子成室 <small>檀弓下</small>

## 礼　记

## 【题解】

　　赵武的新居落成,宾朋临门祝贺。本文通过一颂、一祷,既写出张老谈言微中的幽默性格,也写出赵武居安思危、从善如流的风度。

  晋献文子成室①,晋大夫发焉②。张老曰:"美哉,轮焉③,美哉,奂焉④。歌于斯⑤,哭于斯,聚国族于斯!"文子曰:"武也,得歌于斯,哭于斯,聚国族于斯,是全要领以从先大夫于九京也⑥。"北面再拜稽首。君子谓之善颂,善祷⑦。

【注释】

① 献文子:赵武。春秋时晋大夫。"献文"是谥号。
② 发:送礼庆贺。
③ 轮:高大。
④ 奂(huàn):通"焕"。华丽。
⑤ 歌:唱诗。古代祭祀时奏乐唱诗。
⑥ 要领:古代的两种刑罚,即腰斩和砍头。要,通"腰"。领,颈。　先大夫:指赵武死去的父亲、祖父。　九京:即九原。春秋时晋国卿大夫的墓地。
⑦ 祷:祈福免祸。

【译文】

  晋国赵武的新居落成,晋国的大夫都去送礼庆贺。大夫张老说:"真是美极了,这样高大!真是美极了,这样金碧辉煌!既可以在这里祭祀唱诗,也可以在这里居丧哭泣,还可以在这里宴请国宾,聚会宗族。"赵武说:"我呀,能够在这里唱诗祭祀,在这里居丧哭泣,在这里宴请国宾,聚会宗族,这样能保全身体和头颈,以便随我先祖、先父一起葬在九原。"说完,朝着北面拜了两拜,叩头答谢。当时的君子都称赞他们一个善于赞颂,一个善于祈祷。

# 秦　文

## 苏秦以连横说秦

### 国　策

**【题解】**

《国策》，即《战国策》，是记载战国时代各国史事的一部资料书。上继《春秋》，下至战国末年，包括东周、西周、秦、齐、楚、赵、魏、韩、燕、宋、卫、中山等十二策。原作者已不可考。此书经西汉刘向校编而成，共三十三篇。

《战国策》保存了当时游说之士从事政治活动的大量记载，具有独特的论辩风格，善用比喻说明抽象的道理，语言流畅犀利，所刻画的人物形象活跃生动，因此，它也可以称为一部文学作品。

本文描写苏秦在游说秦惠王失败后，发愤自励，又去赵国进行游说，取得成功的事迹。它形象地描绘了苏秦在失意时所遭到的冷遇和成功后所受到的尊重，并且通过这一鲜明的对比，宣扬了苏秦为"取卿相之尊"而发愤读书的名利思想。

作者运用排比句式，充分地渲染气氛，给人以深刻的印象。

本文标题是后人摘取文章的第一句话加上的，其实整篇内容并不在于"说秦"。

　　苏秦始将连横说秦惠王①，曰："大王之国，西有巴蜀汉中之利②，北有胡貉代马之用③，南有巫山黔中之限④，东有殽函之固⑤。田肥美，民殷富，战车万乘，奋击百万，沃野千里，蓄积饶多，地势形便⑥，此所谓天府，天下之雄国也。以大王之贤,士民之众,车骑之用,兵法之教,可以并诸侯,吞天下,称帝而治。愿大王少留意⑦,臣请奏其效⑧!"秦王曰:"寡人闻之:毛羽不丰满者,不可以高飞;文章不成者⑨,不可以诛罚;道德不厚者,不可以使民;政教不顺者,不可以烦大臣。今先生俨然不远千里而庭教之,愿以异日⑩。"

苏秦曰:"臣固疑大王之不能用也。昔者神农伐补遂⑪,黄帝伐涿鹿而禽蚩尤⑫,尧伐骧兜⑬,舜伐三苗⑭,禹伐共工⑮,汤伐有夏⑯,文王伐崇⑰,武王伐纣⑱,齐桓任战而霸天下⑲。由此观之,恶有不战者乎?古者使车毂击驰⑳,言语相结㉑,天下为一。约从连横㉒,兵革不藏㉓,文士并饬㉔,诸侯乱惑,万端俱起,不可胜理!科条既备,民多伪态。书策稠浊,百姓不足。上下相愁,民无所聊㉕。明言章理,兵甲愈起。辩言伟服,战攻不息。繁称文辞,天下不治。舌敝耳聋,不见成功。行义约信,天下不亲。于是乃废文任武,厚养死士,缀甲厉兵,效胜于战场㉖。夫徒处而致利,安坐而广地,虽古五帝、三王、五霸㉗,明主贤君,常欲坐而致之,其势不能,故以战续之。宽则两军相攻,迫则杖戟相撞㉘,然后可建大功。是故兵胜于外,义强于内,威立于上,民服于下。今欲并天下,凌万乘,诎敌国㉙,制海内,子元元㉚,臣诸侯,非兵不可。今之嗣主,忽于至道,皆惛于教,乱于治,迷于言,惑于语,沉于辩,溺于辞。以此论之,王固不能行也。"

说秦王书十上,而说不行。黑貂之裘敝,黄金百斤尽,资用乏绝。去秦而归,羸縢履𫏋㉛,负书担囊㉜,形容枯槁,面目犂黑㉝,状有愧色。归至家,妻不下纴㉞,嫂不为炊,父母不与言。苏秦喟然叹曰㉟:"妻不以我为夫,嫂不以我为叔,父母不以我为子,是皆秦之罪也。"乃夜发书,陈箧数十㊱,得太公《阴符》之谋㊲,伏而诵之,简练以为揣摩㊳。读书欲睡,引锥自刺其股,血流至足。曰:"安有说人主不能出其金玉锦绣,取卿相之尊者乎?”期年㊴,揣摩成,曰:“此真可以说当世之君矣。”

于是乃摩燕乌集阙㊵,见说赵王于华屋之下㊶,抵掌而谈㊷。赵王大说㊸,封为武安君㊹,受相印。革车百乘,锦绣千纯㊺,白璧百双,黄金万镒㊻,以随其后。约从散横,以抑强秦。故苏秦相于赵,而关不通。

当此之时,天下之大,万民之众,王侯之威,谋臣之权,皆欲决于苏秦之策。不费斗粮,未烦一兵,未战一士,未绝一弦,未折一矢,诸侯相亲,贤于兄弟。夫贤人任而天下服,一人用而天下从。故曰:“式于政,不式于勇;式于廊庙之内㊼,不式于四境之外。”当秦之隆,黄金万镒为用,转毂连骑,炫煌于道㊽。山东之国,从风而服,使赵大重。

且夫苏秦,特穷巷掘门、桑户棬枢之士耳㊾。伏轼撙衔㊿,横历天下,庭说诸侯之主,杜左右之口,天下莫之伉(51)。

将说楚王,路过洛阳。父母闻之,清宫除道,张乐设饮,郊迎三十里;妻侧目而视,侧耳而听;嫂蛇行匍伏,四拜自跪而谢。苏秦曰:“嫂!何前倨而后卑也?”嫂曰:“以季子位尊而多金。”苏秦曰:“嗟乎!贫穷则父母不子,富贵则亲戚畏惧,人生世上,势位富厚,盖可以忽乎哉(52)?”

【注释】

① 苏秦:字季子,战国时洛阳人,纵横家代表人物。他先用连横之说说秦,后又主张合纵,为东方六国君主所任用。后来因在齐国为燕昭王从事反间活动,被齐发觉,车裂而死。 连横:当时主张秦与齐、楚等国个别联合,以打击其他诸侯国的一种策略。与主张东方六国联合抗秦的策略“合纵”相对。 说(shuì):劝说。 秦惠王:秦国国君,姓嬴,名驷,秦孝公之子。前 337 年至前 311 年在位。

② 巴:今四川东部。 蜀:今四川西部。汉中:今陕西南部。

③ 胡貉(hé):指北方少数民族地区出产的貉皮。貉形似狸,皮可制裘。代

马:指今山西、河北北部出产的马。

④ 巫山:山名,在今四川巫山县以东。 黔中:地域名,指今湖南沅水、澧水流域,湖北清江流域、四川黔江流域和贵州东北部一带。

⑤ 殽(Xiáo)函:崤山和函谷关的合称。相当于今陕西潼关以东至河南新安县境。

⑥ 地势形便:地理形势,便于攻守。

⑦ 少留意:稍加注意。

⑧ 奏:陈述。

⑨ 文章:这里指法令。

⑩ 愿以异日:希望将来再领受教诲。

⑪ 神农:传说中上古原始氏族社会的一个首领,曾发明农业、医药等。补遂:上古部落名。

⑫ 黄帝:传说中中原各族的共同祖先,有很多创造发明。 涿鹿:今河北涿鹿东南。 禽:通"擒"。 蚩尤:传说中九黎族首领。

⑬ 尧:传说中父系氏族社会后期的一个部落联盟首领。 驩兜(Huāndōu):尧臣名,历史上称为凶人。

⑭ 舜:传说中父系氏族社会后期的一个部落联盟首领。 三苗:古代部落名。在今湖北武昌、湖南岳阳、江西九江一带。

⑮ 禹:传说中父系氏族社会后期的一个部落联盟首领,也称夏禹。 共工:尧舜时为水官,据说很残暴,历史上称为凶人。

⑯ 汤:商朝开国帝王,灭夏桀称王。 有夏:夏朝,这里指夏桀。有,词头,无义。

⑰ 文王:周武王的父亲。 崇:商代小国名,在今陕西户县。这里指崇侯虎。传说他助纣为恶,为文王诛灭。

⑱ 武王:周朝开国帝王。 纣:商朝末世帝王。

⑲ 齐桓:齐桓公,前685年至前643年在位。春秋五霸之一。

⑳ 车毂(gǔ):车轮中心的圆木,周围与车辐的一端相接,中有圆孔,用以插轴。

㉑ 结:结交。

㉒ 约从(zòng):即合纵。

㉓ 兵革:武器。

㉔ 饬:通"饰",巧饰。

㉕ 聊:依赖。
㉖ 效:获致,争取。
㉗ 五帝:一般指黄帝、颛顼(Zhuānxū)、帝喾(Kù)、尧、舜。　三王:夏商周三代开国帝王。夏禹、商汤、周文王和武王。　五霸:有不同说法,一般指春秋时的齐桓公、宋襄公、晋文公、秦穆公、楚庄王。
㉘ 杖:木梃。
㉙ 诎:通"屈"。使屈服。
㉚ 子:动词,以为儿子,即治理的意思。　元元:百姓。
㉛ 羸縢(léiténg):裹着绑腿。　屩(juē):草鞋。
㉜ 囊:口袋。这里指行李袋。
㉝ 黧(lí):黄黑色。
㉞ 纴(rèn):纺织。这里指织机。
㉟ 喟(kuì)然:长叹声。
㊱ 箧(qiè):小箱子。
㊲ 《阴符》:指姜太公(吕望)的兵法《阴符经》。
㊳ 简练:摘要熟读。
㊴ 期(jī)年:满一年。
㊵ 摩:走近。　燕乌集阙:不详。或称宫殿名,或称宫阙名。阙,宫门前面两侧供瞭望的楼。
㊶ 赵王:指赵肃侯,前349年至前326年在位。
㊷ 抵掌:拍手。这句指谈得很投机,情不自禁地拍起手来。
㊸ 说(yuè):通"悦"。
㊹ 武安:地名,在今河北武安县西南。
㊺ 纯(tún):匹,束。
㊻ 镒(yì):二十两为一镒。
㊼ 廊庙:古代帝王祭祖的地方,也在此商讨国政。这里指朝廷。
㊽ 炫煌:光辉闪耀。
㊾ 掘门:掘墙为门。　桑户:桑木做的门板。　棬(quān)枢:用弯木枝做门轴。
㊿ 搏衔:拉着马缰绳。
㉛ 伉:通"抗",匹敌。
㉜ 盖:通"盍"(hé),何。

## 【译文】

苏秦最初用连横的主张游说秦惠王,说道:"大王的国家,西边有巴、蜀、汉中的富饶物产,北边有胡貉、代马的供应,南边有巫山、黔中的天然屏障,东边有崤山、函谷关的坚固关塞。田地肥沃美好,百姓殷实富裕,有兵车万辆,有勇猛善战的士兵百万人,有广阔肥沃的原野,储备充足,而地理形势又便于攻守,这就是人们所说的天然的富饶仓库,天下的强国了。依靠大王的贤明,人民的众多,车马的功用,兵法的锻炼,可以兼并诸侯,统一天下,称帝号而使天下大治。希望大王稍加注意,我请求允许我说明这样做的成效!"秦王说:"寡人听说过这样的话:羽毛长得不丰满的,不能高飞;法令不完备的,不能使用刑罚;恩德不深厚的,不能役使百姓;施行政令教化不顺利的,不能烦劳大臣。现在您郑重地不远千里来到朝廷赐教,请改日再谈吧。"

苏秦说:"臣本来就怀疑大王不能采用我的主张。从前,神农讨伐补遂,黄帝用兵涿鹿,擒获了蚩尤,尧讨伐驩兜,舜讨伐三苗,禹讨伐共工,汤讨伐夏桀,文王讨伐崇侯虎,武王讨伐商纣,齐桓公用战争成为天下的霸主。从这些情况看来,哪有不使用战争的呢?从前,各国使者奔驰,车毂互相碰击,都用言语结交,使天下统一起来。但自合纵连横之说兴起,战争从此不息,文人辩士都巧饰辞令,使诸侯昏乱迷惑,各种事端层出不穷,以致无法治理!法令条规越完备,百姓应付的办法就越多。文书典策越繁杂,百姓越穷困。君臣都发愁,百姓失去依靠。冠冕堂皇的言论和道理,却使战争越来越多。逞口才、穿盛装的辩士越多,战争就越发不能停息。繁征博引的文辞越多,天下越难治理。说的人舌头疲惫,听的人耳朵震聋,还是看不到有成功的希望。实行仁义,以诚信相约,天下就越发不相亲善。于是放弃文治,采用武力,优待敢死之士,制作盔甲,磨砺兵器,要在战场上取胜。无所事事,却企图获得利益,安安稳稳地坐着,却想扩大领土,即使是古代的五帝、三王、五霸和贤明的君主,如果常想坐着而取得这种成功,在那种形势之下也是做不到的,因此,跟着就用战争去解决。两军距离远，互相用战车攻击，距离近，就用剑戟冲刺，这样才可以建立伟大的功业。所以，军队能对外打胜仗，国家由于施行仁义之政而强盛，君主的权威就树立起来，下面的百姓自然服从了。如今想兼并天下，压倒大国，制服敌国，控制海内，使百姓像自己的子女一样，使诸侯臣服，非用武力不可。当今继位的君主，忽视这个最正确的道理，都不懂得教化，政治混乱，被巧言花语所迷惑，陷溺在烦琐的言辞之中而不能自拔。照这样说来，大王本来就不能采纳我的主张。"

苏秦游说秦王的奏章上了十次，可是他的主张始终未能得到采纳。他的黑貂皮袄破了，百斤黄金也用完了，生活费用已经用尽。他离开秦国回家，裹着绑腿布，穿着草鞋，背着书，挑着行李袋，容貌憔悴，脸色又黄又黑，显出惭愧的神情。回到家里，妻子不下织机迎接，嫂子不给他做饭，父母不和他说话。苏秦长叹一声说："妻子不把我当作丈夫，嫂子不把我当作弟弟，父母不把我当作儿子，这都是我的罪过。"于是，在夜间翻检书籍，摆出几十只书箱，终于找到了姜太公的兵法《阴符经》，伏案诵读，选择要点，反复诵读，加以揣摩领会。读得疲倦想睡的时候，就拿锥子刺自己的大腿，鲜血一直流到脚上。他说："哪有去游说君主不能使他拿出黄金、白玉和锦缎，取得卿相的高贵地位的呢？"一年以后，他揣摩有了成果，说："这次的确可以游说当今的君主了。"

苏秦于是走近燕乌集阙，在华丽的宫室里，对赵王拍着手谈论起来。赵王非常高兴，封他为武安君，授予相印。随后又交给他百辆兵车，千匹锦缎，百双白玉璧，二十万两黄金，运载着随在他的身后，以便联合六国，瓦解连横的盟约，以此抵抗强大的秦国。所以苏秦在赵国为相，六国与函谷关以外就断绝了交往。

在这个时候，天下这样大，百姓这样多，王侯这样威严，谋臣这样用权术，都要取决于苏秦的策略。没有耗费一斗粮饷，没有烦劳一个兵，没有派遣一个士，没有断一根弓弦，没有损失一支箭，诸侯就彼此亲爱，胜过兄弟。贤人在位，天下的百姓才归服，一人受重用，天下的诸侯都服从。所以说："要用在政治上，不要用在战争上；要用在朝廷上，不要用在国境之外。"当苏秦得势的时候，二十万两黄金归他使用,车轮飞奔,骑兵成行,在路上仪仗闪耀。太行山以东的各国,都顺随着这种气势而表示服从,使赵国大受尊重。

再说苏秦不过是住在小巷子里的挖墙洞为门、用桑木做门板、弯树枝做门轴的贫苦人家的书生罢了。现在却乘车骑马,神气十足地周游天下,在朝廷上游说各国君主,堵塞住左右大臣的嘴,天下的人谁能和他比。

苏秦将要去游说楚威王的时候,路过洛阳。他的父母听到这个消息,便整理书屋,打扫道路,演奏音乐,摆设酒席,到郊外三十里去迎接;他的妻子斜着眼看他,斜着耳朵听他说话;他的嫂子伏身在地,像蛇那样爬行,向他拜了四拜,就跪着谢罪。苏秦说:"嫂嫂!你为什么以前那么傲慢而现在这么谦卑了呢?"嫂子说:"因为弟弟的地位尊贵,而且有很多黄金。"苏秦感叹地说:"唉!一个人贫穷了,父母不把他当作儿子,富贵了,亲戚都畏惧他,人生在世,对于权势、名位和金钱,怎么可以忽视呢?"

# 司马错论伐蜀

## 国 策

【题解】

秦惠王后元九年(前316年),秦王想利用巴蜀发生战乱之机,兴兵伐蜀,不料韩师侵犯秦境。他面对这种局势,举棋不定。于是,司马错和张仪在秦王面前发生了一场关于"伐蜀"与"伐韩"的争论。经过这场争论,秦国解决了用什么战略统一天下的大问题。

本文记述这场辩论,颇有特色,处处紧扣双方争论的主旨,把一个复杂的问题,写得使人一目了然。

## 司马错论伐蜀

司马错与张仪争论于秦惠王前①。司马错欲伐蜀,张仪曰:"不如伐韩。"王曰:"请闻其说!"

对曰:"亲魏善楚,下兵三川②,塞轘辕、缑氏之口③,当屯留之道④,魏绝南阳⑤,楚临南郑⑥,秦攻新城、宜阳⑦,以临二周之郊⑧,诛周主之罪⑨,侵楚、魏之地。周自知不救,九鼎宝器必出⑩。据九鼎,按图籍⑪,挟天子以令天下,天下莫敢不听,此王业也。今夫蜀,西僻之国而戎狄之长也。敝名劳众⑫,不足以成名;得其地,不足以为利。臣闻争名者于朝,争利者于市。今三川、周室,天下之市朝也,而王不争焉,顾争于戎狄⑬,去王业远矣。"

司马错曰:"不然。臣闻之:欲富国者务广其地,欲强兵者务富其民,欲王者务博其德,三资者备,而王随之矣。今王之地小民贫,故臣愿从事于易。夫蜀,西僻之国也,而戎狄之长也,而有桀纣之乱⑭。以秦攻之,譬如使豺狼逐群羊也。取其地足以广国也,得其财足以富民缮兵⑮,不伤众而彼已服矣。故拔一国而天下不以为暴,利尽四海⑯,诸侯不以为贪,是我一举而名实两附⑰,而又有禁暴止乱之名。今攻韩,劫天子⑱,劫天子,恶名也,而未必利也,又有不义之名。而攻天下之所不欲,危!臣请谒其故:周,天下之宗室也;韩,周之与国也⑲。周自知失九鼎,韩自知亡三川,则必将二国并力合谋,以因乎齐、赵而求解乎楚、魏,以鼎与楚,以地与魏,王不能禁。此臣所谓危,不如伐蜀之完也⑳。"

惠王曰:"善,寡人听子。"卒起兵伐蜀,十月取之,遂定蜀。蜀主更号为侯,而使陈庄相蜀㉑。蜀既属,秦益强富厚,轻诸侯。

【注释】

① 司马错:战国时秦将。 张仪:战国时魏国人,主张"连横"的纵横家的代

表人物,曾几次担任秦国的相,主张用各个击破的策略削弱六国,使秦国更加强大。后死于魏国。　秦惠王:即秦惠文王嬴驷,公元前337年至前311年在位。
② 三川:在今河南洛阳一带,因境内有黄河、伊河、洛河,故称"三川"。
③ 镮辕(Huányuán):山名,在今河南登封西北。　缑(Gōu)氏:山名,在今河南偃师东南,地当嵩山山口。
④ 屯留:在今山西屯留南。太行山的羊肠坂道通过此地。
⑤ 南阳:在今河南焦作、博爱一带。
⑥ 南郑:在今河南新郑。
⑦ 新城:在今河南伊川西南。　宜阳:在今河南宜阳西。
⑧ 二周:战国时期的两个小国,西周和东周。周考王(前440年至前426年在位)封其弟姬揭于河南(在今洛阳西),是为西周桓公。历传威公、惠公。西周惠公时,以其长子为西周公,又于周显王二年(前367年)封其少子于巩(今河南巩义),以奉王室,是为东周惠公。从此有东西二周君。前315年,周赧王即位,迁都西周,在名义上仍是天下宗主,实即寄居西周君篱下。
⑨ 周主:指东周、西周两国国君。
⑩ 九鼎:传说夏禹造,夏商周三代传国宝器,是古代国家政权的象征。
⑪ 图籍:疆域图和户口册。
⑫ 名:在句中意不可通,当是"兵"字之误。
⑬ 顾:反而。
⑭ 桀纣之乱:指蜀王兄弟间的战争。桀、纣,夏、商两朝的末代暴君。
⑮ 缮:整治。
⑯ 四海:当是"西海"之误。指蜀国。这里所说的海,是财富聚积的意思。也有人认为,四海指四周地区而言。
⑰ 附:归属。
⑱ 劫:胁迫。
⑲ 与国:友邦。
⑳ 完:万全。
㉑ 陈庄:人名,秦国官吏,前314年受命出任蜀相。

## 【译文】

　　司马错和张仪在秦惠王面前进行了一场争论。司马错要攻打蜀国,张仪说:"不如攻打韩国。"惠王说:"请你们说说各自的见解,让我听听。"

张仪回答说:"应先与魏、楚两国表示亲善,然后出兵三川,堵住镮辕和缑氏的山口,挡住屯留的山道,让魏国出兵切断南阳的通路,楚国派兵逼近南郑,而秦国的军队则攻击新城和宜阳,兵临二周的近郊,声讨周君的罪过,再乘机侵袭楚、魏两国的土地。周王室知道已经不能拯救自身,一定会交出九鼎和宝物。我们占有了九鼎,掌握地图和户籍,挟持周天子,用他的名义来号令天下,天下没有敢于违抗的,这就能建立王业了。如今,蜀国是西边偏僻的国家,而且以戎狄为君长。攻打蜀国,会使士兵疲惫,百姓劳苦,却不能以此来建立名望;即使夺取了那里的土地,也算不得什么利益。我听说,争名的要在朝廷上争,争利的要在市场上争。现在三川、周王室就是天下的市场和朝廷,可是大王不到那里去争,反而向戎狄的君长去争,这就离开王业太远了。"

司马错说:"不对。我听到过这样的话:想使国家富庶的一定要扩大他的领土,想使军队强大的一定让他的百姓富足,想建立王业的一定要广布他的恩德,这三个条件齐备了,那么,王业就会随之实现。现在大王的土地小,百姓贫困,所以我宁愿去做容易见成效的事。蜀国是西边偏僻的国家,以戎狄为君长,而且有像桀、纣一样的祸乱。用秦国的军队前往攻打,就如同用豺狼驱赶羊群一样。得到它的土地,能够扩大秦国的疆域,得到它的财富,能够使百姓富足,整治军备,这样,不伤害百姓,蜀国已经归服了。因此,夺取了一个国家,但天下都不认为暴虐,取尽了蜀国的财富,诸侯也不认为贪婪,这就是说,我们的一次举动就名利双收了,而且又有制止暴乱的美名。如果现在去攻打韩国,胁迫周天子,胁迫周天子必然招致坏名声,而且不一定有利,又有不义的名声。去进攻天下人都不希望进攻的地方,这是很危险的!请允许我讲明这个缘故:周王室,现在还是天下的宗室;韩国,是周国的友好邻邦。如果周天子自己知道要失去九鼎,韩王自己知道要丧失三川,那么,两国一定会联合起来,共同采取对策,依靠齐国和赵国,并且向楚、魏两国求援,以解除危难,把九鼎送给楚国,把土地送给魏国,大王是不能阻止的。这就是我所说的危险,不如攻打蜀国万无一失。"

秦惠王说:"很对。我采纳你的意见。"结果,出兵进攻蜀国,这年十月,夺取了那里的土地,于是平定了蜀国。蜀国的君主改称为侯,秦国派遣陈庄去辅佐蜀侯。蜀国归附以后,秦国就更加强大富庶,看不起其他诸侯国了。

# 范雎说秦王

## 国　策

【题解】

秦昭王时,国内出现了以宣太后及其弟穰侯为主的贵族外戚集团。他们把持朝政,富逾王室,成为王朝的内部隐患。昭王得到范雎的帮助,才逐步制服了这股势力,使秦政权得到巩固和加强。本文记述了范雎初见秦昭王时的辞令。

秦昭王在宫中秘密接见范雎,求教心切,但范雎并不回答他。直到范雎了解了昭王的态度后,才点出了宣太后和魏冉的问题,并对昭王的处境表示关切。他老练审慎,言辞恳切,态度明朗、坚决,深得昭王的信任。

　　范雎至[1],秦王庭迎范雎[2],敬执宾主之礼。范雎辞让。是日见范雎,见者无不变色易容者。秦王屏左右[3],宫中虚无人。秦王跪而进曰[4]:"先生何以幸教寡人?"范雎曰:"唯唯。"有间,秦王复请。范雎曰:"唯唯。"若是者三。秦王跽曰:"先生不幸教寡人乎?"

　　范雎谢曰:"非敢然也。臣闻:昔者,吕尚之遇文王也[5],身为渔父,而钓于渭阳之滨耳。若是者,交疏也。已[6],一说而立为太师,载与俱归者,其言深也。故文王果收功于吕尚,卒擅天下,而身立为帝王。即使文王疏吕望而弗与深言,是周无天子之德,而文武无与成其王也。今臣,羁旅之臣也,交疏于王,而所愿陈者,皆匡君臣之事,处人骨肉之间⑦。愿以陈臣之陋忠,而未知王心也。所以王三问而不对者,是也。

"臣非有所畏而不敢言也。知今日言之于前,而明日伏诛于后,然臣弗敢畏也。大王信行臣之言,死不足以为臣患,亡不足以为臣忧;漆身而为厉⑧,被发而为狂⑨,不足以为臣耻。五帝之圣而死⑩,三王之仁而死⑪,五霸之贤而死⑫,乌获之力而死⑬,奔、育之勇而死⑭。死者,人之所必不免,处必然之势;可以少有补于秦,此臣之所大愿也,臣何患乎?

"伍子胥橐载而出昭关⑮,夜行而昼伏,至于菱夫⑯,无以糊其口,膝行蒲伏⑰,乞食于吴市⑱,卒兴吴国,阖闾为霸⑲。使臣得进谋如伍子胥,加之以幽囚不复见,是臣说之行也,臣何忧乎?箕子、接舆⑳,漆身而为厉,被发而为狂,无益于殷楚;使臣得同行于箕子、接舆,可以补所贤之主,是臣之大荣也,臣又何耻乎?

"臣之所恐者,独恐臣死之后,天下见臣尽忠而身蹶也㉑,因以杜口裹足,莫敢向秦耳。足下上畏太后之严㉒,下惑奸臣之态,居深宫之中,不离保傅之手㉓,终身暗惑,无与照奸。大者宗庙灭覆㉔,小者身以孤危,此臣之所恐耳。若夫穷辱之事,死亡之患,臣弗敢畏也。臣死而秦治,贤于生也。"

秦王跪曰:"先生,是何言也!夫秦国僻远,寡人愚不肖,先生乃幸至此,此天以寡人慁先生㉕,而存先王之庙也。寡人得受命于先生,此天所以幸先王㉖,而不弃其孤也。先王奈何而言若此?事无大小,上及太后,下至大臣,愿先生悉以教寡人,无疑寡人也。"范雎再拜,秦王亦再拜。

## 【注释】

① 范雎(jū):战国时魏国人,字叔。游说秦昭王得到信用,后为国相,封于应(今河南宝丰西南),称应侯。

② 秦王:秦昭襄王嬴则,前306年至前251年在位,秦武王的异母弟,由养母芈(Mǐ)八子伙同她的异父弟魏冉拥立为王。封芈八子为宣太后,魏冉为穰(ráng)侯,封宣太后同父弟芈戎为华阳君。前266年废宣太后,命魏冉、芈戎回到各自封地。

③ 屏(bǐng):使退出。 左右:指秦王身边的人。

④ 跪:使双膝着地。下文的"跽"(jì),长跪,双膝着地,挺身直腰。

⑤ 吕尚:原是姜姓部落的后代,字子牙。封于吕,又称吕尚。传说他垂钓于渭水之滨,周文王和他一见如故,立为太师。太师为军队的统帅。后佐武王灭纣,封于齐,为齐国始祖。 文王:周文王,周武王之父。商纣时为西伯,被囚于羑里(Yǒulǐ),释放后蓄积力量,为建立周王朝奠定了基础。

⑥ 已:已而,片刻之间。

⑦ 骨肉:比喻父母兄弟子女等亲人。

⑧ 漆身:用漆涂身。 厉:通"癞"(lài)。这里指人体因中漆毒而生肿癞。

⑨ 被:通"披",散。

⑩ 五帝:一般指黄帝、颛顼(Zhuānxū)、帝喾(Kù)、尧、舜。

⑪ 三王:夏商周三代的开国帝王。夏禹、商汤、周文王与武王。

⑫ 五霸:有不同说法,一般指齐桓公、宋襄公、晋文公、秦穆公、楚庄王。

⑬ 乌获:秦武王的力士。

⑭ 奔、育:孟奔(也作"贲")和夏育,都是卫国的勇士。

⑮ 伍子胥:春秋时楚国人,名员。其父兄被楚平王杀死,他潜逃至吴,佐吴王阖闾伐楚复仇。 橐(tuó):口袋。这里是动词。 昭关:在今安徽含山县西北。

⑯ 菱夫:当是陵水,也称溧水,在今江苏溧阳一带。"菱"是"陵"的借字。"夫"是"水"字之误。

⑰ 蒲伏:同"匍匐",爬行。

⑱ 吴市:约指今江苏溧阳一带。

⑲ 阖闾:春秋时吴国国君,任用伍子胥攻破楚国后,被越王勾践打败,重伤而死。

⑳ 箕子:名胥余,商纣王的叔父,官为太师,封于箕(在今山西太谷东)。纣王拒谏,他便披发佯狂为奴。 接舆:春秋时楚国隐者。姓陆,名通。
㉑ 蹶(jué):跌倒。这里是死亡的意思。
㉒ 太后:宣太后芈八子。
㉓ 保傅:这里指左右近臣。
㉔ 宗庙:祭祀祖先的宫室。国君的宗庙的存废,表示其统治权的延续或灭亡。
㉕ 恩(hùn):打扰。
㉖ 幸:宠幸。

## 【译文】

　　范雎到了秦国,秦王在宫廷前迎接范雎,恭敬地行宾主之礼。范雎表示推辞谦让。这一天看到范雎会见秦王这个场面的人,没有不感到惊讶失色的。秦王让身边的人退出去,宫中没有剩下别人。秦王跪着上前说:"先生用什么指教我呢?"范雎说:"啊,啊。"过了一会,秦王再向他请教。范雎说:"啊,啊。"像这样反复多次。秦王挺直上身跪着说:"先生不愿意指教我吗?"

　　范雎谢罪说:"不敢这样做啊。我听说:以前吕尚遇到文王的时候,他不过是个渔父,在渭水北岸钓鱼罢了。像这种情况,说明他们的交情是很浅的。但顷刻之间一经交谈,文王就任命他为太师,和他一起坐车回去,这是他们谈得很深的缘故。所以文王果然依靠吕尚取得成功,终于占有了天下,而且文王自己成为帝王。假使当初文王疏远了吕尚,不和他深谈,这就是周室没有称天子的德行,而文王武王要完成统一天下的事业也就没有帮助他们的人了。如今,我是个旅居异乡的人,和大王的交情很浅,可是,我希望陈述的都是纠正君臣关系的大事,而这些事又属于亲属骨肉之间的关系。我愿意向您陈述自己的浅见,以表示我的忠诚,可是我还不了解大王的心思。大王再三催问而我没作回答的原因,就是这样。

　　"我不是有所畏惧而不敢讲话。我明知今天把话说出来,明天就可能受到杀戮,可是我并不害怕。只要大王真正肯听信并且实行我的主张,死亡并不成为我的祸患,逃亡在外边不能成为我的忧虑;用漆涂身,变成癞子,披头散发,变成狂人,也说不上是我的耻辱。五帝那样圣明的人也要死,三王那样仁爱的人也要死,五霸那样贤能的人也要死,乌获那样有力气的人也要死,孟奔和夏育那样勇敢的人还是要死。死亡,是人必不能避免的事情,这是必然的趋势;能够对秦国稍有补益,这就是我的最大愿望,我又有什么可忧虑的呢?

"伍子胥藏在口袋里,用车子运出昭关,夜里赶路,白天躲藏,走到溧水,没有什么东西可以糊口,只好爬行着,在吴国市镇上讨饭,但他终于使吴国复兴,吴王阖闾成为霸主。倘使我能够像伍子胥那样进献计谋,即使被幽禁起来,不能再见到大王,只要我的主张能以实行,我还忧虑什么呢?箕子和接舆用漆涂身,变成癞子,披头散发,变成狂人,对于殷朝和楚国毫无益处;倘使我能和箕子、接舆有同样的行为,可以有利于自己钦佩的君主,这就是我的莫大荣幸,我还有什么可耻辱的呢?

"我所担心的,只是怕我死了以后,天下人见我因尽忠而身亡,因而闭口不言,裹足不前,没有哪一个再肯来秦国罢了。大王对上畏惧太后的威严,对下被奸臣的媚态所迷惑,身居深宫之中,离不开左右保傅的包围,一生糊涂迷惑,没有人协助察明奸邪的人。这样下去,大则使宗庙毁灭,小则使自己处于孤立危险的境地,这才是我所担心的。至于穷困和耻辱的事情,死亡和逃亡的祸患,我是不会畏惧的。我死了,可是秦国强盛起来了,这比我活在世上还要好呢。"

秦王跪着说:"先生,这是什么话!秦国处在偏僻荒远的地方,寡人又愚昧无能,先生今天幸临此地,这是上天为了寡人才打扰先生,而保存先王的宗庙。寡人能够受先生的教诲,这也是上天降福先王,并且不肯抛弃他的子孙后代的缘故。先生为什么说这样的话呢?从此以后,朝廷里的事情不论大小,上到太后,下到大臣,希望先生无保留地指教寡人,对寡人不要怀疑。"范雎拜谢两次,秦王也回拜两次。

# 邹忌讽齐王纳谏

## 国　策

【题解】

本文写邹忌如何劝说齐王纳谏,正确对待自己、励精图治的故事,很有教育意义。

文中围绕他两次"窥镜",以及同妻、妾、客的问答,把他与徐公比美前后的心理变化,刻画得活灵活现。这个故事所阐明的道理,虽然浅近,但富有启发性。

邹忌修八尺有余①,而形貌昳丽②。朝服衣冠,窥镜③,谓其妻曰:"我孰与城北徐公美?"其妻曰:"君美甚,徐公何能及君也!"城北徐公,齐国之美丽者也。忌不自信,而复问其妾曰:"吾孰与徐公美?"妾曰:"徐公何能及君也?"旦日,客从外来,与坐谈,问之:"吾与徐公孰美?"客曰:"徐公不若君之美也。"

明日,徐公来。熟视之,自以为不如;窥镜而自视,又弗如远甚。暮,寝而思之,曰:"吾妻之美我者,私我也;妾之美我者,畏我也;客之美我者,欲有求于我也。"

于是入朝见威王④,曰:"臣诚知不如徐公美。臣之妻私臣,臣之妾畏臣,臣之客欲有求于臣,皆以美于徐公。今齐地方千里,百二十城,宫妇左右莫不私王⑤,朝廷之臣莫不畏王,四境之内莫不有求于王。由此观之,王之蔽甚矣!"

王曰:"善。"乃下令:"群臣吏民能面刺寡人之过者,受上赏;上书谏寡人者,受中赏;能谤议于市朝,闻寡人之耳者,受下赏。"令初下,群臣进谏,门庭若市;数月之后,时时而间进⑥;期年之后⑦,虽欲言,无可进者。燕、赵、韩、魏闻之,皆朝于齐。此所谓战胜于朝廷⑧。

**【注释】**

① 邹忌:战国时齐人,又名"驺忌子",齐威王时任齐相,辅佐威王改革政治。
  修:长。这里指身高。
② 昳(yì)丽:潇洒漂亮。昳,通"逸"。一说昳(dié)是日侧的样子,有"光艳"的意思。
③ 窥镜:对着镜子端详自己的相貌。
④ 威王:战国时齐国国君,田氏,名因齐。前356年至前320年在位。
⑤ 宫妇:后宫的后妃和宫女。 左右:指近侍之臣。
⑥ 间(jiàn):间隔,断断续续。
⑦ 期(jī)年:一周年。
⑧ 战胜于朝廷:意思是把国内的事情办好,不必用兵就能制服敌国。

**【译文】**

邹忌身高八尺多,体形容貌潇洒漂亮。早晨穿戴好衣帽,照着镜子,对他的妻子说:"我跟城北的徐公相比,谁漂亮?"他的妻子说:"您漂亮极了,徐公哪能比得上您!"城北的徐公是齐国的美男子。邹忌不相信自己比他漂亮,又问他的妾说:"我跟徐公,谁漂亮?"他的妾说:"徐公哪里比得上您!"第二天,有位客人从外面来,邹忌和他坐着交谈,就问他说:"我和徐公,谁漂亮?"那个客人说:"徐公不如您漂亮。"

又过了一天,徐公来了。邹忌仔细地看他,自认为不如他漂亮;照着镜子瞅着自己,更觉得远不如他。晚上,他躺下来琢磨这件事,说道:"我的妻子说我漂亮,是偏爱我;我的妾说我漂亮,是怕我;客人说我漂亮,是有求于我。"

于是邹忌上朝去朝见齐威王,说:"我确实知道自己不如徐公漂亮。可是,我的妻子偏爱我,我的妾怕我,我的客人有求于我,都说我比徐公漂亮。如今齐国的领土方圆千里,有一百二十座城池,大王的后妃和左右近臣没有谁不偏爱大王,朝廷上的臣子没有谁不怕大王,全国没有谁不有求于大王。由此看来,大王受到的蒙蔽是非常厉害的。"

齐威王说:"对。"于是下令:"各大臣、官吏和百姓,能够当面指出寡人的错误的,得上等奖赏;能够上书规劝寡人的,得中等奖赏;能够在市场或朝廷上批评议论而传入寡人的耳朵的,得下等奖赏。"命令刚下达的时候,臣子们上朝规劝,门庭若市;几个月以后,就只有断断续续地上朝规劝的;一年以后,有人虽然想提意见,也没有什么可说的了。燕国、赵国、韩国和魏国听到这种情况后,都来齐国朝拜。这就是人们说的在朝廷里征服了敌国。

# 颜斶说齐王

## 国　策

【题解】

春秋战国时期的士阶层,一般都是为统治阶级服务的知识分子。但其中也有些不愿为统治者效劳的人。这种人清高自赏,不畏威权,不慕富贵,是士中的隐者。本文即通过颜斶和齐王的对话来表现和赞扬这种思想品德。

齐宣王见颜斶曰①:"斶前!"斶亦曰:"王前!"宣王不说。左右曰:"王,人君也;斶,人臣也。王曰'斶前',斶亦曰'王前',可乎?"斶对曰:"夫斶前为慕势,王前为趋士;与使斶为慕势,不如使王为趋士。"王忿然作色曰:"王者贵乎?士贵乎?"对曰:"士贵耳,王者不贵!"王曰:"有说乎?"斶曰:"有。昔者秦攻齐,令曰:'有敢去柳下季垄五十步而樵采者②,死不赦!'令曰:'有能得齐王头者,封万户侯,赐金千镒③!'由是观之,生王之头,曾不若死士之垄也。"

宣王曰:"嗟乎!君子焉可侮哉!寡人自取病耳④。愿请受为弟子。且颜先生与寡人游,食必太牢⑤,出必乘车,妻子衣服丽都⑥。"颜斶辞去,曰:"夫玉生于山,制则破焉,非弗宝贵矣,然太璞不完⑦。士生乎鄙野⑧,推选则禄焉⑨,非不尊遂也⑩,然而形神不全。斶愿得归,晚食以当肉⑪,安步以当车⑫,无罪以当贵,清净贞正以自虞⑬。"则再拜而辞去。

君子曰:"斶知足矣,归真反璞⑭,则终身不辱。"

## 【注释】

① 齐宣王:战国时齐国国君,齐威王之子,田氏,名辟疆。前319年至前301年在位。 颜斶(chù):齐国的隐士。
② 柳下季:又称柳下惠,即展禽,鲁国的贤士。食采邑于"柳下","惠"是谥号。 垄:坟墓。
③ 镒:古代重量单位,二十两为一镒。
④ 病:羞辱。
⑤ 太牢:古代帝王、诸侯祭祀社稷时,供品中牛、羊、豕三牲全备为太牢。
⑥ 丽都:华美。
⑦ 太璞:蕴藏着玉的石块。
⑧ 鄙野:城镇以外边远的地方。
⑨ 禄:禄位。
⑩ 遂:显达。
⑪ 晚食:推迟吃饭的时间,感到饥饿,才吃得香。
⑫ 安步:从容不迫地步行。
⑬ 自虞:使自己愉快。虞,通"娱",快乐。
⑭ 归真反璞:指颜斶恢复了自己本来的隐士面目。

## 【译文】

齐宣王召见颜斶,说:"颜斶,到我跟前来!"颜斶也对齐王说:"大王,到我跟前来!"齐王很不高兴。他身边的人对颜斶说:"王是君主,你是臣子。王说'颜斶到我跟前来',你也说'大王到我跟前来',能这样吗?"颜斶回答说:"我到大王跟前去,是贪慕权势,大王到我跟前来,是接近士人;与其让我贪慕权势,不如让大王接近士人。"齐王愤怒得变了脸色,说:"做王的尊贵呢,还是士人尊贵呢?"回答说:"士人尊贵,做王的不尊贵!"齐王说:"有什么根据?"颜斶说:"有。从前秦国出兵攻打齐国的时候,秦王下命令说:'有敢到离柳下惠坟墓五十步的地方去打柴的人,处以死刑,决不赦免。'又下一道命令说:'有能取得齐王首级的,封为万户侯,赏给黄金二万两!'由此可见,活着的国王的头,简直抵不上死了的士人的坟墓呢。"

齐宣王说:"唉!对君子怎么可以侮辱呢!寡人是咎由自取。希望先生接受我做弟子。而且颜先生如果能和我交游,吃饭一定有各种肉食,外出一定给车子坐,妻和子女都穿上华丽的衣服。"颜斶谢绝而离去,说:"璞玉生在山上,加工之后就破坏了它,并不是不贵重,但璞玉却不完整了。士人生长在乡野,经过推选,取得禄位,他的地位、身份并不是不尊贵、显达,但形体和精神却受到了损伤。颜斶情愿回去,晚些吃饭,粗饭也和肉食一样可口,从容不迫地步行就当作坐车,不犯罪就算是地位尊贵,保持清净的生活和纯正的节操,以此为乐。"说完,拜了两拜,辞别而去。

君子说:"颜斶知道满足,终于回到了纯真质朴的生活。这样,一生也不会蒙受侮辱了。"

# 冯谖客孟尝君

## 国　策

**【题解】**

战国时期是个社会大变动的时期,各国统治集团为了维护和扩大自己的统治权益,都大力网罗人才,培植亲信,使"养士"的风气盛行一时。齐国的孟尝君就是以"养士"最多而著称的。冯谖是他的食客之一。本文记述了他如何为孟尝君奔走策划,经营三窟,从而巩固了孟尝君的政治地位的事迹。

从冯谖三次弹剑高歌,惹得周围的人嘲笑、厌恶,矫命焚券又引起孟尝君的不满,直到孟尝君罢相、复相的一番周折,才充分反映出冯谖足智多谋而又敢做敢当的形象。

齐人有冯谖者①,贫乏不能自存,使人属孟尝君②,愿寄食门下。孟尝君曰:"客何好?"曰:"客无好也。"曰:"客何能?"曰:"客无能也。"孟尝君笑而受之,曰:"诺。"左右以君贱之也,食以草具③。

居有顷,倚柱弹其剑,歌曰:"长铗归来乎④,食无鱼!"左右以告。孟尝君曰:"食之,比门下之客⑤!"居有顷,复弹其铗,歌曰:"长铗归来乎,出无车!"左右皆笑之,以告。孟尝君曰:"为之驾⑥,比门下之车客!"于是乘其车,揭其剑⑦,过其友曰:"孟尝君客我!"后有顷,复弹其剑铗,歌曰:"长铗归来乎,无以为家!"左右皆恶之,以为贪而不知足。孟尝君问:"冯公有亲乎?"对曰:"有老母。"孟尝君使人给其食用,无使乏。于是冯谖不复歌。

后孟尝君出记⑧,问门下诸客:"谁习计会⑨,能为文收责于薛者乎⑩?"冯谖署曰⑪:"能。"孟尝君怪之,曰:"此谁也?"左右曰:"乃歌夫'长铗归来'者也!"孟尝君笑曰:"客果有能也!吾负之⑫,未尝见也。"请而见之,谢曰⑬:"文倦于是⑭,愦于忧⑮,而性懧愚,沉于国家之事,开罪于先生⑯。先生不羞⑰,乃有意欲为收责于薛乎?"冯谖曰:"愿之!"于是约车治装,载券契而行。辞曰:"责毕收,以何市而反?"孟尝君曰:"视吾家所寡有者。"驱而之薛,使吏召诸民当偿者,悉来合券⑱。券遍合,起矫命⑲,以责赐诸民,因烧其券,民称万岁。长驱到齐,晨而求见。孟尝君怪其疾也,衣冠而见之,曰:"责毕收乎？来何疾也？"曰："收毕矣。""以何市而反？"冯谖曰："君云'视吾家所寡有者',臣窃计,君宫中积珍宝,狗马实外厩[20],美人充下陈[21];君家所寡有者,以义耳,窃以为君市义。"孟尝君曰："市义奈何？"曰："今君有区区之薛,不拊爱子其民[22],因而贾利之[23];臣窃矫君命,以责赐诸民,因烧其券,民称万岁,乃臣所以为君市义也。"孟尝君不说[24],曰："诺。先生休矣！"

后期年[25],齐王谓孟尝君曰[26]："寡人不敢以先王之臣为臣！"孟尝君就国于薛,未至百里,民扶老携幼,迎君道中终日。孟尝君顾谓冯谖："先生所为文市义者,乃今日见之！"

冯谖曰："狡兔有三窟,仅得免其死耳;今有一窟,未得高枕而卧也。请为君复凿二窟！"孟尝君予车五十乘,金五百斤。西游于梁[27],谓梁王曰[28]："齐放其大臣孟尝君于诸侯,先迎之者,富而兵强。"于是梁王虚上位[29],以故相为上将军,遣使者黄金千斤,车百乘,往聘孟尝君。冯谖先驱,诫孟尝君曰："千金,重币也;百乘,显使也。齐其闻之矣。"梁使三反,孟尝君固辞不往也。

齐王闻之,君臣恐惧,遣太傅赍黄金千斤[30],文车二驷[31],服剑一,封书谢孟尝君曰："寡人不祥,被于宗庙之祟[32],沉于谄谀之臣,开罪于君！寡人不足为也[33],愿君顾先王之宗庙,姑反国统万人乎！"冯谖诫孟尝君曰："愿请先王之祭器,立宗庙于薛[34]！"庙成,还报孟尝君曰："三窟已就,君姑高枕为乐矣。"

孟尝君为相数十年,无纤介之祸者[35],冯谖之计也。

**【注释】**

① 冯谖(xuān):孟尝君的门客,又作冯骥。
② 属(zhǔ):同"嘱",嘱托。　孟尝君:战国时齐国人,姓田,名文。承袭其

父的封爵,封于薛(今山东滕州东南),号孟尝君。是时为齐相,门下有食客数千人。
③ 草具:粗劣的食物。
④ 铗(jiá):剑把。这里指剑。
⑤ 比:仿照。据说,孟尝君将门客分为三等:上客食鱼、乘车,中客食鱼,下客食菜。
⑥ 驾:指准备车马。
⑦ 揭:高举。
⑧ 记:文告。
⑨ 计会(kuài):管理和计算财务的工作。
⑩ 责:通"债",债款。
⑪ 署:签名。
⑫ 负:辜负,对不起。
⑬ 谢:道歉。
⑭ 是:这个。指国事。
⑮ 愦(kuì):昏乱。
⑯ 开罪:得罪。
⑰ 不羞:不以此为羞。
⑱ 合券:验对债券。古时的契约,由借贷双方各持其半,作为凭信。对证时,将两券合一。
⑲ 矫命:假托孟尝君的命令。
⑳ 外厩(jiù):宫外的牲口棚。
㉑ 下陈:台阶下面。
㉒ 拊:通"抚",抚爱。 子:爱之如子。
㉓ 贾(gǔ)利:以商贾的手段谋利。
㉔ 说:通"悦"。
㉕ 期(jī)年:一周年。
㉖ 齐王:指齐湣王田地,前300年至前284年在位。齐宣王之子。
㉗ 梁:魏国。当时魏国都城在大梁(今河南开封市),故称梁国。
㉘ 梁王:指梁襄王,前318年至前296年在位。
㉙ 上位:指相位。
㉚ 太傅:官名。 赍(jī):送物给人。

㉛ 文车:绘有文彩的车子。 驷:四匹马拉的车。二驷,即二乘。
㉜ 祟(suì):灾祸。
㉝ 不足为:不值得一说。为,通"谓"。
㉞ 立宗庙于薛:在薛邑建立齐国先王的宗庙。这就可以使孟尝君的地位更加巩固。
㉟ 纤:细丝。 介:通"芥",小草。

## 【译文】

齐国人有个叫冯谖的,穷得活不下去了,托人请求孟尝君,表示愿意在他门下寄居吃饭。孟尝君说:"客人有什么爱好?"回答说:"客人没有什么爱好。"又问:"客人有什么才能?"回答说:"客人没有什么才能。"孟尝君笑了笑,接受了他的请求,说:"好吧。"旁边的人因为主人看不起他,就供给他粗劣的食物。

住了不久,冯谖倚着柱子弹他的剑,唱道:"长剑呵,我们还是回去吧,吃饭没有鱼!"左右的人把这事告诉给孟尝君。孟尝君说:"给他鱼吃,同吃鱼的门客一样款待!"住了不久,冯谖又弹他的剑,唱道:"长剑呵,我们还是回去吧,出门没有车!"孟尝君左右的人都取笑他,又把这件事告诉给孟尝君。孟尝君说:"给他配备车子,同乘车的门客一样款待!"冯谖于是乘坐他的车,举着他的剑,拜访他的朋友,说:"孟尝君把我当作客人了!"此后不久,他又弹着他的剑,唱道:"长剑呵,我们还是回去吧,没有钱养家!"左右的人都厌恶他,认为他贪得无厌。孟尝君问道:"冯公有父母吗?"回答说:"有个老母亲。"孟尝君派人供给她吃的和用的东西,不让她感到短缺什么。于是冯谖不再唱了。

后来,孟尝君发了一个文告,征询诸门客说:"谁懂得会计,能够为我到薛邑去收债呢?"冯谖签上名,说:"我行。"孟尝君看了感到奇怪,问道:"这人是谁呀?"左右的人说:"就是唱'长剑呵,我们还是回去吧'的那个人。"孟尝君笑着说:"客人果真有才能啊!我对不起他,还不曾见过一面呢。"于是请他来会见,向他道歉说:"我被这些琐事弄得很疲劳,由于忧愁感到心烦意乱,而我的生性又懦弱愚笨,陷在国家事务中,因而得罪了先生。先生不认为是屈辱,还有意替我到薛邑去收债吗?"冯谖说:"我愿意去!"于是准备车辆,整理行装,运载着契约去收债。他辞别孟尝君时说:"债收齐后,买些什么东西带回来呢?"孟尝君说:"看我家里缺少什么东西。"冯谖驱车到了薛邑,派官吏召集应该还债的人,都来验对债券。债券全部验对后,冯谖于是假传孟尝君的命令,把债赐给百姓们,因此烧了那些债券,百姓们高呼万岁。冯谖驱车一直赶回齐国都城。清早就求见孟尝君。孟尝君对他往返迅速感到奇怪,穿戴好衣帽去见他,说:"债都收完了吗?怎么回来这么快呀?"回答说:"收完了。"问道:"买些什么带回来了?"冯谖说:"您说'看我家里缺少什么东西',我私下考虑,您家里堆满了珍宝,狗马挤满了宫外的厩棚,阶下站满了美女;您家里缺少的,只是义罢了,窃给您买回了义。"孟尝君说:"买义,是怎么回事?"回答说:"现在您有个小小的薛邑,不把那里的百姓当作自己的子女一样加以抚爱,却用商贾手段向他们敛取利息;我擅自假托您的命令,把债赏给那些百姓,因而烧了那些债券,百姓欢呼万岁,这就是我给您买义的做法。"孟尝君很不高兴,说:"好吧,先生算了吧!"

过了一年,齐王对孟尝君说:"寡人不敢把先王的臣当作自己的臣!"孟尝君只好前往自己的封地薛邑,距离薛邑还有一百里,老百姓就扶老携幼,在路旁迎接孟尝君整整一天。孟尝君回头对冯谖说:"先生所做的给我买义的事,今天才看到!"

冯谖说:"狡兔有三窟,仅仅可以逃脱一死;现在您只有一窟,还不能枕着高枕头躺着呢。请允许我为您再挖掘其他两窟!"孟尝君给他五十辆车,五百斤黄金。冯谖向西到梁国去游说,对梁惠王说:"齐王把他的大臣孟尝君放逐到诸侯国去,首先迎接他的国家就能国富而兵强。"于是梁王空出相位,把原来的相调任为上将军,派遣使者带着千斤黄金,百辆车子,去聘请孟尝君。冯谖先驱车回薛邑,告诫孟尝君说:"千斤黄金,是隆重的聘礼,出动百辆车子,是显赫的使节。齐国大概听说这件事了。"梁国的使者往返多次,孟尝君坚决推辞不去。

齐王听到这些情况,君臣上下极为恐慌,于是派遣太傅送去黄金千斤,彩车两辆,佩剑一把,写了一封书信,向孟尝君表示歉意,说:"寡人的运气不好,遭受祖宗降下的灾祸,被谄媚奉承之臣所迷惑,得罪了您!寡人是不值得一提的,但希望您可否顾念先王的宗庙,暂且回到朝廷,治理万民!"冯谖告诫孟尝君说:"希望求得祭祀先王的礼器,在薛邑建立宗庙!"宗庙建成后,冯谖回去向孟尝君报告说:"您的三窟已经营就,您可以暂且高枕而卧,过快乐的日子了。"

孟尝君做了几十年的相,没有遭到一点点灾祸,全仗冯谖的计谋啊。

# 赵威后问齐使

## 国　策

【题解】

本文记述了赵威后对齐王的间接批评。赵威后从以民为"本"、以君为"末"的思想出发,对于齐王用人失策的状况,直问到底,不讲客套。这虽有自我标榜之意,却表明她是个有政治远见的人物。

齐王使使者问赵威后①,书未发②,威后问使者曰:"岁亦无恙耶③?民亦无恙耶?王亦无恙耶?"使者不说④,曰:"臣奉使使威后,今不问王而先问岁与民,岂先贱而后尊贵者乎?"威后曰:"不然。苟无岁何有民?苟无民何有君?故有问,舍本而问末者耶?"

乃进而问之曰:"齐有处士曰钟离子⑤,无恙耶?是其为人也,有粮者亦食⑥,无粮者亦食;有衣者亦衣⑦,无衣者亦衣。是助王养其民者也,何以至今不业也⑧?叶阳子无恙乎⑨?是其为人,哀鳏寡,恤孤独,振困穷,补不足。是助王息其民者也⑩,何以至今不业也?北宫之女婴儿子⑪,无恙耶?撤其环瑱⑫,至老不嫁,以养父母。是皆率民而出于孝情者也,胡为至今不朝也⑬?此二士弗业,一女不朝,何以王齐国,子万民乎⑭?於陵子仲尚存乎⑮?是其为人也,上不臣于王,下不治其家,中不索交诸侯。此率民而出于无用者,何为至今不杀乎?"

## 【注释】

① 齐王:战国时齐王田建,齐襄王之子,前264年至前221年在位。 赵威后:赵孝成王之母,即《触龙说赵太后》中的赵太后。 问:聘问。
② 发:启封。
③ 恙(yàng):这里指灾害。
④ 说:通"悦"。
⑤ 处士:指有道德才能而隐居不做官的人。 钟离子:齐国处士,复姓钟离。
⑥ 食(sì):拿东西给人吃。
⑦ 衣(yì):给人衣服穿。
⑧ 不业:不让他成就功业。
⑨ 叶(Shè)阳子:齐国处士,复姓叶阳。
⑩ 息:养育。
⑪ 北宫之女婴儿子:齐国有名的孝女,姓北宫,名婴儿子。
⑫ 环瑱(tiàn):泛指女子的装饰品。环,耳环、手镯。瑱,作耳饰的玉。
⑬ 不朝:不上朝。按古代妇女有封号的才能上朝。这里实指不给封号。
⑭ 子:动词,当作子女。
⑮ 於(Wū)陵:齐邑名,在今山东邹平东南。 子仲:人名。齐隐士。

## 【译文】

齐王派遣使者去看望赵威后,书信还未启封,威后就问使者道:"贵国的年成还好吧?百姓还好吧?齐王也好吧?"使者很不高兴,说:"臣奉命问候您,现在您不问齐王,却先问起年成和百姓来,难道把卑贱的放在前头,把尊贵的放在后头吗?"威后说:"不是这样。假如没有收成,哪里有百姓?假如没有百姓,哪里有国君?因此,有所询问,难道不先问根本反而先问枝节吗?"

于是又进一步问使者道:"齐国有个隐士叫钟离子的,他很好吧?这个人的为人,对于有粮食的人,他给他们东西吃,对于没有粮食的人,他也给他们东西吃;对于有衣服穿的人,他给他们衣服穿,对于没有衣服穿的人,他也给他们衣服穿。这是一个帮助齐王抚养他的百姓的人,为什么到现在还没有让他成就功业呢?叶阳子很好吧?这个人的为人,哀怜那些无妻无夫的人,抚恤那些无父无子的人,赈济那些困苦和贫穷的人,补助那些衣食不足的人。这是一个帮助齐王养育他的百姓的人,为什么到现在还没有让他成就功业呢?北宫氏的女儿婴儿子很好吧?她摘掉自己的首饰,到老不嫁,来奉养父母。这是引导百姓尽孝心的人,怎么到现在还没受到齐王接见呢?两个贤士没有成就功业,一个孝女没有封号,齐王怎么能统治齐国,做万民的父母呢?於陵子仲还在吗?这个人的为人,对上不向齐王称臣,对下不治理自己的家庭,对自己不谋求结交诸侯。这是一个引导百姓走上无所作为的道路的人,为什么到现在还不杀掉呢?"

# 庄辛论幸臣

## 国 策

【题解】

本文记载了楚顷襄王在鄢都失守逃到城阳后,庄辛告诫他的话。用层层比喻说明只图眼前享乐,必招严重后患的道理。引喻从小到大,由物及人,步步紧逼,直到打中顷襄王的要害。在《国策》中,运用比喻帮助说理的文章很多,这篇文章可以说是其中的代表作。

　　臣闻鄙语曰①:"见兔而顾犬,未为晚也;亡羊而补牢,未为迟也。"臣闻昔汤、武以百里昌,桀、纣以天下亡。今楚国虽小②,绝长续短③,犹以数千里,岂特百里哉?

　　王独不见夫蜻蛉乎? 六足四翼,飞翔乎天地之间,俯啄蚊虻而食之④,仰承甘露而饮之,自以为无患,与人无争也;不知夫五尺童子方将调饴胶丝⑤,加己乎四仞之上⑥,而下为蝼蚁食也。

　　夫蜻蛉其小者也,黄雀因是以⑦。俯噣白粒⑧,仰栖茂树,鼓翅奋翼,自以为无患,与人无争也;不知夫公子王孙左挟弹,右摄丸,将加己乎十仞之上,以其类为招⑨,昼游乎茂树,夕调乎酸咸。倏忽之间⑩,坠于公子之手。

　　夫雀其小者也,黄鹄因是以。游乎江海,淹乎大沼⑪,俯噣鳝鲤,仰啮菱衡⑫,奋其六翮⑬,而凌清风,飘摇乎高翔,自以为无患,与人无争也;不知夫射者方将修其碆卢⑭,治其矰缴⑮,将加己乎百仞之上,被𥓒磻⑯,引微缴,折清风而抎矣⑰。故昼游乎江湖,夕调乎鼎鼐⑱。

　　夫黄鹄其小者也,蔡灵侯之事因是以⑲。南游乎高陂⑳,北陵乎巫山㉑,饮茹溪流㉒,食湘波之鱼㉓。左抱幼妾,右拥嬖女㉔,与之驰骋乎高蔡之中㉕,而不以国家为事;不知夫子发方受命乎灵王㉖,系己以朱丝而见之也。

　　蔡灵侯之事其小者也,君王之事因是以。左州侯,右夏侯㉗,辇从鄢陵君与寿陵君㉘,饭封禄之粟㉙,而载方府之金㉚,与之驰骋乎云梦之中㉛,而不以天下国家为事,而不知夫穰侯方受命乎秦王㉜,填黾塞之内㉝,而投己乎黾塞之外㉞。

【注释】

① 臣:庄辛自称。庄辛是楚庄王的后代,故以"庄"为姓,后封为成陵君。

② 今楚虽小:指秦将白起于前278年攻陷郢都(在今湖北江陵县北),楚顷襄王熊横流亡城阳(今河南息县西北)后的情况。
③ 绝长续短:即截长补短。
④ 虻(méng):类似蝇一类的飞虫,口有刺,喜蜇牲畜和人。
⑤ 饴(yí):用米麦制成的糖浆。 胶:动词,粘着。
⑥ 仞:古时以七尺或八尺为一仞。
⑦ 因是以:意思是"如同这样呢"。因,犹,如同。是,这样。以,同"已",句末语气词。
⑧ 噣:通"啄"。
⑨ 招:靶子,目的物。
⑩ 倏(shū)忽:一刹那。按,这句连同下句共十字,疑是倒文,当在"昼游乎茂树"之前。
⑪ 淹:休息。
⑫ 啮(niè):咬。 衡:通"荇",水草。
⑬ 六翮(hé):指翅膀。鸟翅一般有六根大羽毛。翮,羽毛的茎。
⑭ 磻(bō):石箭头。 卢:黑色。这里指黑色的弓。
⑮ 矰缴(zēngzhuó):系有丝绳的箭。缴,系在箭上的丝绳。
⑯ 劲(jiān):锐利。 磻(bō):通"磻"。
⑰ 抎:通"陨"(yǔn),落下。
⑱ 鼎鼐(nài):烹饪器。鼐,一种大鼎。
⑲ 蔡灵侯:春秋时蔡国国君。公元前531年,被楚灵王诱杀于申(今河南南阳北)。
⑳ 高陂(bēi):高山坡。
㉑ 巫山:山名,今四川巫山县北。
㉒ 茹溪:水名,在今四川巫山县东。
㉓ 湘波:指湘水。由湖南零陵流入洞庭湖。
㉔ 嬖(bì)女:受宠爱的女子。
㉕ 驰骋(chěng):奔驰。 高蔡:今河南上蔡县。
㉖ 子发:春秋时楚大夫。据《左传》昭公十一年记载,受楚灵王的命令围上蔡的是公子弃疾,不是子发。
㉗ 州侯、夏侯:都是楚顷襄王的宠臣。
㉘ 辇(niǎn)从:跟随在楚王辇车之后。 鄢陵君、寿陵君:皆楚顷襄王的

宠臣。

㉙ 封禄之粟：指封邑所供给的粮食。

㉚ 方府之金：指四方交纳给国库的金银。

㉛ 云梦：楚国大泽名，在今湖北监利南。

㉜ 穰（ráng）侯：即秦相魏冉。　秦王：指秦昭王。

㉝ 填：指布满军队。　黾（Méng）塞：古关塞名，也称冥塞。即今河南信阳西南的平靖关。

㉞ 投：扔，驱逐。白起率军入黾塞，攻陷郢都，故说"内"；顷襄王出奔至咸阳，在黾塞之北，故说"外"。

## 【译文】

我听到有句俗话说："看见了野兔，再回过头来招呼猎犬去追捕，还不算晚；丢失了羊，再来修补羊圈，不算迟。"我还听说，从前商汤和周武王依靠百里大的地方兴盛起来，夏桀和商纣虽有整个天下，最后也灭亡了。现在楚国的领土虽然很小了，但截长补短，拼合在一起，还有几千里，岂止百里呢？

大王难道没有看见那蜻蜓吗？它有六只脚，四个翅膀，飞翔在天空中，低头啄取蚊、虻一类飞虫，把它们吃掉，抬头接住甜美的露水，把它喝下，自以为没有祸患，不和别人争什么了；可是没想到那五尺高的小孩子正调好糖浆，涂在丝绳上，在四仞高的地方粘住自己，掉下来让蝼蛄和蚂蚁吃了。

蜻蜓的遭遇还是其中的小事，黄雀也有同样的情况呢。向下啄食米粒，向上停息在茂密的树枝上，展翅奋飞，自以为没有祸患，和别人不争什么了；可是没想到那公子王孙左手拿着弹弓，右手拿着弹丸，要在十仞高的地方射击自己，正把它们这类小鸟作为弹射的目的物，白天还在茂密的树枝上游玩，晚上就用酱醋加以烹调。一会的工夫，就落到公子手里。

黄雀的遭遇还是其中的小事，天鹅也有同样的情况呢。它在江、海遨游，在大水池旁边休息，低头啄食水中的黄鳝和鲤鱼，抬头吃菱角和水草，举起它的翅膀，驾着清风，在空中上下飞翔，自以为没有祸患,和别人不争什么了;可是没想到那射手正准备他的箭头和弓,整理他的系有丝绳的箭,要在百仞高的地方射击自己,它带着锐利的箭头,拖着箭上的细丝绳,在清风中翻转了一下身子就坠落下来。因此,白天在江湖中遨游,晚上便放进鼎鬲中加以烹调了。

天鹅的遭遇还是其中的小事,蔡灵侯也有同样的情况呢。他南游高丘,北登巫山,在茹溪河畔饮马,吃湘江的鲜鱼。他左手抱着年轻的爱妾,右手搂着心爱的美女,和她们一起坐着车子奔驰在高蔡的路上,而不把国家的安危当作正事;可是没想到子发正从楚王那里接受了攻打蔡国的命令,最后自己被红色的丝绳绑起来去见楚王。

蔡灵侯的遭遇还是其中的小事,君王也有同样的情况呢。左边有州侯,右边有夏侯,辇车后面还跟着鄢陵君和寿陵君,吃着由封邑供给的粮食,载着各地所贡纳的金银,和他们一起驾着车子奔驰在云梦的路上,而不把天下国家的安危当作正事,没想到穰侯正从秦王那里接受了攻打楚国的命令,陈兵在黾塞之内,而把自己驱逐到黾塞之外了。


# 触龙说赵太后

## 国　策


【题解】

本文记述了赵国老臣触龙说服赵太后放他的幼子长安君到齐国做人质以取得援军救赵的故事。

赵太后溺爱幼子,拒绝群臣诤谏。而触龙却能针对赵太后的心理,迂回委婉地平息了她的怒气,并使她自愿地为赵国,也为幼子的长远利益,而送长安君去做人质。


赵太后新用事①,秦急攻之。赵氏求救于齐。齐曰:"必以长安君为质②,兵乃出。"太后不肯,大臣强谏。太后明谓左右③:"有复言令长安君为质者,老妇必唾其面④!"

左师触龙愿见⑤。太后盛气而揖之⑥。入而徐趋⑦,至而自谢曰:"老臣病足,曾不能疾走⑧,不得见久矣,窃自恕,恐太后玉体之有所郄也⑨,故愿望见⑩。"太后曰:"老妇恃辇而行⑪。"曰:"日食饮得无衰乎?"曰:"恃鬻耳⑫。"曰:"老臣今者殊不欲食,乃自强步,日三四里,少益嗜食,和于身。"曰:"老妇不能。"太后之色少解。

左师公曰:"老臣贱息舒祺,最少,不肖;而臣衰,窃爱怜之,愿令补黑衣之数⑬,以卫王宫。没死以闻⑭!"太后曰:"敬诺。年几何矣?"对曰:"十五岁矣。虽少,愿及未填沟壑而托之⑮。"太后曰:"丈夫亦爱怜其少子乎?"对曰:"甚于妇人。"太后曰:"妇人异甚!"对曰:"老臣窃以为媪之爱燕后⑯,贤于长安君。"曰:"君过矣,不若长安君之甚!"

左师公曰:"父母之爱子,则为之计深远。媪之送燕后也,持其踵为之泣⑰,念悲其远也,亦哀之矣。已行,非弗思也,祭祀必祝之,祝曰:'必勿使反⑱!'岂非计久长,有子孙相继为王也哉?"太后曰:"然。"

左师公曰:"今三世以前⑲,至于赵之为赵⑳,赵王之子孙侯者㉑,其继有在者乎?"曰:"无有。"曰:"微独赵,诸侯有在者乎?"曰:"老妇不闻也。""此其近者祸及身,远者及其子孙。岂人主之子孙则必不善哉?位尊而无功,奉厚而无劳㉒,而挟重器多也㉓。今媪尊长安之位,而封以膏腴之地,多予之重器,而不及今令有功于国;一旦山陵崩㉔,长安君何以自托于赵?老臣以媪为长安君计短也,故以为其爱不若燕后。"太后曰:"诺,恣君之所使之。"于是为长安君约车百乘㉕,质于齐,齐兵乃出。

子义闻之㉖,曰:"人主之子也,骨肉之亲也,犹不能恃无功之尊,无劳之奉,以守金玉之重也,而况人臣乎!"

## 【注释】

① 赵太后新用事:公元前266年,赵惠文王死,因其子孝成王年幼,由惠文王之妻赵威后执政。
② 长安君:赵威后幼子的封号。 质:抵押。
③ 左右:指赵太后身边的近臣。
④ 唾(tuò):吐唾沫。
⑤ 触龙:赵国的左师(官名)。龙原作"詟",据长沙马王堆汉墓出土帛书《战国策纵横家书》及《史记·赵世家》改。
⑥ 胥:应作"胥","胥"同"须",等待。
⑦ 徐趋:触龙患脚疾,做出快步走的样子,但走得很慢。趋,快步走。古时见到尊长时的一种表示。
⑧ 曾:竟然。
⑨ 郄:"郤"(xī)的借字。郤,疲劳。
⑩ 望见:远远地望见。这是一种谦恭的说法。
⑪ 辇(niǎn):古代一种人推人拉的车。
⑫ 鬻(zhù):通粥。
⑬ 黑衣:卫士的代称。当时王宫的卫士皆穿黑色衣服。
⑭ 没死:冒死。
⑮ 填沟壑(hè):指死,是委婉的说法。
⑯ 媪(ǎo):对老年妇女的称呼。 燕后:赵威后的女儿,嫁给燕王为妻。
⑰ 持其踵(zhǒng):这是写送别燕后的情景,她上车后,赵威后在车下握着她的脚后跟,舍不得她离去。一说,古代车辕的尾端称"踵"。
⑱ 必勿使反:一定不要让她被送回来。古代诸侯的女儿远嫁别国,只有被废或亡国才能回本国。反,同"返"。
⑲ 三世以前:指赵肃侯时。三世,三代,指武灵王、惠文王和孝成王三代。
⑳ 赵之为赵:指赵烈侯由晋国的大夫开始建立赵国。
㉑ 王:当作"主"。按,赵国开国之君为赵肃侯,非"王"。
㉒ 奉:通"俸",俸禄。
㉓ 重器:指金玉珍宝钟鼎等贵重器物。
㉔ 山陵崩:喻称国君死亡。这里指赵威后。

㉕ 乘(shèng):四马一车为一乘。
㉖ 子义:赵国的贤士。

## 【译文】

赵太后刚刚开始执政,秦国就派兵猛攻赵国。赵国向齐国求援。齐国表示:"必须以长安君为人质,才能出兵。"太后不愿意,大臣们极力劝说。太后公开告诉她身边的那些人:"有再说使长安君去做人质的,我一定当面啐他一脸唾沫!"

左师触龙要求拜见太后。太后怒气冲冲地等着他。触龙进了门,缓慢地碎步前进,到了太后跟前,便主动请罪说:"老臣患脚病,竟然不能快走,很久没有见到太后了,只好私下宽恕自己。可是又总惦记着太后贵体有什么不舒适,所以希望看望太后。"太后说:"我只好靠辇车走动。"左师问:"每天饮食该不会减少吧?"太后回答说:"只是靠吃点稀粥罢了。"左师说:"老臣近来特别不想吃东西,于是自己就勉强散步,每天走三四里,才稍微增加了点自己喜欢吃的东西,调养身体。"太后说:"我做不到。"太后的怒色稍微消除了一些。

左师公说:"老臣的贱子舒祺,年纪最小,不成才;可是老臣日益衰老了,心里很疼爱他,希望能让他补一名黑衣卫士,以便守卫王宫。我冒着死罪来禀告太后。"太后说:"可以。他有多大了?"左师公回答说:"十五岁了。虽然年轻,但我希望趁我没有死的时候把他托付给您。"太后说:"男子汉也疼爱自己的小儿子吗?"回答说:"比妇人家疼爱得还要厉害。"太后说:"妇人家疼爱得特别厉害。"左师公又说:"老臣私下认为您老人家疼爱燕后,胜过长安君。"太后说:"你弄错了,不像疼爱长安君那么厉害。"

左师公说:"父母疼爱儿女,总是替他们作长远打算。您老人家送别燕后的时候,握住她的脚后跟,为她哭泣,为她远离自己而惦念、悲伤,实在是使人感到哀痛。她走了以后,并不是就不想念她了,每逢敬神祭祖时总要为她祷告,祝福说:'一定别让她回来!'难道不是为长远打算,希望她子孙世代相继做燕国的国王吗?"太后说:"正是这样。"

左师公问道:"从现在数三辈以前,一直上推到赵国刚建立的时候,赵国君主的子孙封侯的,他们的继承人还有存在的吗?"太后回答说:"没有。"左师公又问:"不只我们赵国,其他诸侯的子孙封侯的,他们的继承人还有存在的吗?"太后回答说:"我没有听说过。"左师公说:"这大概就是,近的祸患落到自己身上,远的祸患落到他的子孙身上。难道国君的子孙就一定都不好吗?只是因为他们地位高贵而没有什么功勋,俸禄丰厚而没有什么劳绩,却拥有大量的贵重财宝。现在您老人家使长安君的地位很尊贵,并且分封给他肥沃的土地,又多给他贵重的财宝,赶不上趁早叫他对国家建功劳;有朝一日您百年之后,长安君凭什么在赵国站稳脚跟?为此,老臣认为您老人家没有替长安君作长远打算啊,所以我认为您对他的疼爱不如对燕后。"太后说:"好吧,任凭你怎样指使他都行。"于是给长安君套了一百辆车,到齐国去做人质,齐国的军队这才出动。

子义听到这件事,说:"国君的儿子,也是骨肉之亲,尚且不能依靠没有功勋的高贵地位,没有劳绩的丰厚俸禄,来保住他的黄金、白玉那些贵重的财宝,更何况是做臣子的呢!"

# 鲁仲连义不帝秦

## 国　策

【题解】

公元前258年,秦军包围了赵国都城邯郸,赵王向魏国求救。魏国君臣慑于秦国威力,暗中派使者劝赵王尊秦王为帝,屈膝称臣,以期解邯郸之围。鲁仲连挺身而出,针对魏国使者畏秦、尊秦的精神状态,晓以大义,动以利害,终于说服了魏国使者,并且增强了赵国抗秦的决心和信心。最后,在魏无忌的救援下,秦军退却,邯郸保卫战取得了胜利。

文中通过鲁仲连的言论,刻画了他的远见卓识和不尊强秦为帝的坚决态度;特别是通过他在胜利之后辞封爵、拒千金、飘然远去的行动,热烈地歌颂了他那排难解纷的品德。

秦围赵之邯郸①。魏安釐王使将军晋鄙救赵②。畏秦,止于荡阴不进③。

魏王使客将军辛垣衍间入邯郸④,因平原君谓赵王曰⑤:"秦所以急围赵者,前与齐闵王争强为帝⑥,已而复归帝,以齐故;今齐闵王益弱⑦,方今唯秦雄天下,此非必贪邯郸,其意欲求为帝。赵诚发使尊秦昭王为帝⑧,秦必喜,罢兵去。"平原君犹豫未有所决。

此时鲁仲连适游赵⑨,会秦围赵,闻魏将欲令赵尊秦为帝,乃见平原君,曰:"事将奈何矣?"平原君曰:"胜也何敢言事!百万之众折于外⑩,今又内围邯郸而不去。魏王使客将军辛垣衍令赵帝秦,今其人在是。胜也何敢言事!"鲁连曰:"始吾以君为天下之贤公子也,吾乃今然后知君非天下之贤公子也。梁客辛垣衍安在⑪?吾请为君责而归之。"平原君曰:"胜请为召而见之于先生。"

平原君遂见辛垣衍,曰:"东国有鲁连先生,其人在此,胜请为绍介,而见之于将军。"辛垣衍曰:"吾闻鲁连先生,齐国之高士也。衍,人臣也,使事有职,吾不愿见鲁连先生也。"平原君曰:"胜已泄之矣。"辛垣衍许诺。

鲁连见辛垣衍而无言。辛垣衍曰:"吾视居此围城之中者,皆有求于平原君者也。今吾视先生之玉貌⑫,非有求于平原君者,曷为久居此围城之中而不去也?"鲁连曰:"世以鲍焦无从容而死者⑬,皆非也。今众人不知,则为一身。彼秦,弃礼义、上首功之国也⑭,权使其士,虏使其民,彼则肆然而为帝,过而遂正于天下⑮,则连有赴东海而死耳,吾不忍为之民也！所为见将军者，欲以助赵也。"辛垣衍曰："先生助之奈何？"鲁连曰："吾将使梁及燕助之，齐楚固助之矣。"辛垣衍曰："燕则吾请以从矣；若乃梁，则吾乃梁人也，先生恶能使梁助之耶⑯？"鲁连曰："梁未睹秦称帝之害故也；使梁睹秦称帝之害，则必助赵矣。"辛垣衍曰："秦称帝之害将奈何？"鲁仲连曰："昔齐威王尝为仁义矣⑰，率天下诸侯而朝周，周贫且微，诸侯莫朝，而齐独朝之。居岁余，周烈王崩⑱，诸侯皆吊，齐后往。周怒⑲，赴于齐曰⑳：'天崩地坼㉑，天子下席㉒，东藩之臣田婴齐后至，则斫之㉓！'威王勃然怒曰：'叱嗟㉔！而母㉕，婢也！'卒为天下笑。故生则朝周，死则叱之，诚不忍其求也。彼天子固然，其无足怪！"

辛垣衍曰："先生独未见夫仆乎？十人而从一人者，宁力不胜、智不若邪？畏之也。"鲁仲连曰："然，梁之比于秦，若仆邪？"辛垣衍曰："然。"鲁仲连曰："然则吾将使秦王烹醢梁王㉖！"辛垣衍怏然不说㉗，曰："嘻！亦太甚矣，先生之言也！先生又恶能使秦王烹醢梁王？"鲁仲连曰："固也！待吾言之：昔者鬼侯、鄂侯、文王㉘，纣之三公也。鬼侯有子而好㉙，故入之于纣，纣以为恶，醢鬼侯；鄂侯争之急，辨之疾㉚，故脯鄂侯㉛；文王闻之，喟然而叹，故拘之于牖里之库百日㉜，而欲令之死。曷为与人俱称帝王，卒就脯醢之地也？

"齐闵王将之鲁，夷维子执策而从㉝，谓鲁人曰：'子将何以待吾君？'鲁人曰：'吾将以十太牢待子之君㉞。'夷维子曰：'子安取礼而来待吾君？彼吾君者，天子也。天子巡狩，诸侯避舍，纳筦键㉟，摄衽抱几，视膳于堂下；天子已食，而听退朝也㊱。'鲁人投其籥㊲，不果纳，不得入于鲁。将之薛㊳，假涂于邹㊴。当是时，邹君死，闵王欲入吊。夷维子谓邹之孤曰㊵：'天子吊，主人必将倍殡柩㊶，设北面于南方，然后天子南面吊也。'邹之群臣曰：'必若此，吾将伏剑而死。'故不敢入于邹。

邹、鲁之臣,生则不得事养,死则不得饭含⑫,然且欲行天子之礼于邹、鲁之臣,不果纳。今秦万乘之国,梁亦万乘之国,交有称王之名。睹其一战而胜,欲从而帝之,是使三晋之大臣⑬,不如邹、鲁之仆妾也。

"且秦无已而帝,则且变易诸侯之大臣,彼将夺其所谓不肖,而予其所谓贤,夺其所憎,而予其所爱;彼又将使其子女谗妾⑭,为诸侯妃姬,处梁之宫,梁王安得晏然而已乎?而将军又何以得故宠乎?"

于是辛垣衍起,再拜谢曰:"始以先生为庸人,吾乃今日而知先生为天下之士也!吾请去,不敢复言帝秦!"

秦将闻之,为却军五十里。适会公子无忌夺晋鄙军以救赵击秦⑮,秦军引而去⑯。

于是平原君欲封鲁仲连。鲁仲连辞让者三,终不肯受。平原君乃置酒,酒酣,起,前,以千金为鲁连寿。鲁连笑曰:"所贵于天下之士者,为人排患释难、解纷乱而无所取也。即有所取者,是商贾之人也,仲连不忍为也。"遂辞平原君而去,终身不复见。

## 【注释】

① 秦围赵之邯郸:事在赵孝成王八年(前258年)。 邯郸:赵国都城,在今河北邯郸西南。
② 魏安釐(xī)王:魏国国君,前276年至前243年在位。釐,通"僖"。 晋鄙:魏国的大将。
③ 荡阴:地名,在今河南汤阴,当时是赵魏两国交界处。
④ 客将军:别国人在此国做将军,称客将军。 辛垣衍:姓辛垣,名衍。
⑤ 平原君:赵孝成王之叔,名胜,时为赵相。 赵王:即赵孝成王,前265年至前245年在位。
⑥ 前与齐闵王争强为帝:齐闵王(前300年—前284年在位)于前288年与秦昭王相约同时称帝,闵王称东帝,昭王称西帝。后闵王接受苏代的劝

告,废去帝号,昭王因之也把帝号去掉,即下文所说的"复归帝"。
⑦ 今齐闵王益弱:"闵王"疑为误增字。前284年,燕将乐毅率五国联军破齐时,闵王已死。秦围邯郸时,齐国君主是襄王。
⑧ 秦昭王:秦国国君,姓嬴名则。前306年至前251年在位。他多次打败敌国,奠定了秦统一六国的基础。
⑨ 鲁仲连:又称鲁连。齐国的高士,一生不做官,好为人排难解纷。下文的"东国鲁连先生"的"东国",即指"齐国",因齐国在赵国东边。
⑩ 百万之众折于外:指秦将白起在前260年大破赵军于长平(在今山西高平西北),坑赵降卒四十万。"百万"是夸大的说法。
⑪ 梁:即指魏国。魏国原都安邑(在夏县西北),前361年,魏惠王迁都大梁(今河南开封),故魏也称梁。
⑫ 玉貌:对别人的容貌的敬称。
⑬ 鲍焦:春秋时隐士,以砍柴、拾橡实为生,后抱树饿死。一般人误认为他气量狭小,仅是为个人而死。其实他是对现实不满,不是为个人打算。鲁仲连举这个例子是用来回答辛垣衍的。
⑭ 上首功:奖励作战时多杀敌人。上,通"尚",崇尚。首功,斩首之功。
⑮ 过:这里大概是"甚而""竟然"的意思。 正:通"政",统治。
⑯ 恶(wū):疑问词,怎么。
⑰ 齐威王:齐国国君,姓田,名婴齐,一作因齐。前356年至前320年在位。
⑱ 周烈王:前375年至前369年在位。
⑲ 周:指周显王,前368年至前321年在位。
⑳ 赴:通"讣",报丧。
㉑ 天崩地坼(chè):喻指天子死亡。
㉒ 下席:这里指离开原来的宫室,寝于草席上守丧。
㉓ 斫(zhuó):斩杀。
㉔ 叱嗟(chìjuē):怒斥声。
㉕ 而:通"尔",你的。
㉖ 烹醢(hǎi):古代的一种酷刑。烹,下油锅。醢,剁成肉酱。
㉗ 说:通"悦"。
㉘ 鬼侯、鄂侯、文王:传说是商纣王时的三公。
㉙ 子:女儿。 好:貌美。
㉚ 辨:通"辩",争论。 疾:剧烈。

㉛ 脯:古代的一种酷刑。把人杀死后,做成肉干。
㉜ 牖(Yǒu)里:也作羑里。地名,在今河南汤阴北。 库:监狱。
㉝ 夷维子:齐人,以邑为姓。夷维,地名,在今山东潍县。子,男子的美称。
㉞ 太牢:牛羊猪各一,称太牢。用十太牢,表示最高的礼仪。
㉟ 筦键:钥匙。筦或作"管"。
㊱ 而听退朝:当作"退而听朝"。
㊲ 投其籥:指闭关下锁,把钥匙放在他处。籥,通"钥"。
㊳ 薛:国名,战国初为齐所灭。在今山东滕州东南。
㊴ 涂:通"途"。 邹:战国时小国,在今山东邹县。
㊵ 孤:指邹国的新君,父死称孤。
㊶ 倍殡柩:把灵柩换到相反的方位。古代以坐北朝南为正位,故国君的灵柩放在北面。天子来吊丧,天子要面向南,这样就得把灵柩移到坐南朝北的方位。倍,通"背"。
㊷ 饭含:古时殡礼,把粟米放在死人口中称饭,把玉放在死人口中称含。
㊸ 三晋:这里指韩、赵、魏三国。晋国本是春秋时的强国,后来分裂为韩、赵、魏。这里称"三晋",含有讥讽之意。
㊹ 子女:这里专指女。 谗妾:爱说别人坏话的妾妇。
㊺ 公子无忌夺晋鄙军:公子无忌,即信陵君,魏昭王的少子,魏安釐王的异母弟弟。他为了救赵,托魏王的爱姬如姬盗出兵符,又亲自假传魏王的命令,杀晋鄙夺得兵权。
㊻ 引:撤退。

**【译文】**

秦国的军队围困了赵国的都城邯郸。魏安釐王派遣将军晋鄙去援救赵国。晋鄙畏惧秦国,驻扎在荡阴,不敢前进。

安釐王另派一位客籍将军辛垣衍从小路潜入邯郸,通过平原君会见赵王,说:"引起秦国加紧围困赵国的原因,是从前秦昭王和齐湣王互相争胜称帝,后来秦昭王取消了帝号,就是由于齐湣王撤销帝号的缘故;现在齐国更加衰弱,只有秦王能称雄天下了,这次秦国不一定是贪图攻占邯郸,它的用意是想要称帝。赵国果真能派出使者表示拥戴昭王称帝,他一定高兴,就会撤兵离邯郸而去。"平原君心里犹豫不决。

这时,鲁仲连恰巧在赵国游历,正遇到秦军围困邯郸,听说魏国打算使赵王拥戴秦王称帝,就去拜见平原君,说:"您对这件事打算怎么办?"平原君说:"我怎么还敢谈论这件事情!在外面我们百万军队遭到损失,现在秦军又深入国内围困邯郸而不肯撤离。魏王派遣客籍将军辛垣衍使赵王拥戴秦昭王称帝,现在这个人还在这里。我怎么还敢谈论这件事!"鲁仲连说:"最初我把您当作天下的贤明公子,我现在听了您的这些话,才知道您不是天下的贤明公子。梁客辛垣衍在哪里?我要替您责备他,让他回去。"平原君说:"让我叫他来会见先生。"

平原君就去会见辛垣衍,说:"齐国有位鲁仲连先生,这个人正在这里,让我介绍他会见将军。"辛垣衍回答说:"我听说鲁仲连先生是齐国的一位道德高尚而不做官的人。我呢,只是人主的一个臣子,出使到这里办事,有自身的职责,我不愿会见鲁仲连先生。"平原君说:"我已经把您的情况透露给他了。"辛垣衍这才答应。

鲁仲连见到辛垣衍后却不言语。辛垣衍说:"我观察住在这个围城里的人,都是对平原君有所要求的。现在我观察先生的神色,不是对平原君有什么要求,那么,为什么长期住在这个围城之中而不离开呢?"鲁仲连说:"社会上那些认为鲍焦是因为心胸不开阔而死的人,都是不对的。现在有很多人不理解他,还以为他只为个人打算。那个秦国,是一个废弃礼义、崇尚战功的国家,用权诈的手段役使他的士兵,用对待俘虏的办法役使他的百姓,而秦王却肆无忌惮地自称为帝,如果竟然顺利地统一了天下,那么我只有跳入东海自杀了,我不忍心做他的百姓!我会见将军的目的,就是想借此帮助赵国。"辛垣衍说:"先生怎样帮助它?"鲁仲连说:"我打算让梁国和燕国帮助它,齐、楚两国早已帮助它了。"辛垣衍说:"燕国嘛,我以为它是会听从您的;至于梁国,那么,我就是梁国人,先生怎么能使梁国帮助赵国呢?"鲁仲连说:"梁国还没有认识到秦国称帝的危害;假如让梁国认识到秦国称帝的危害,就一定会帮助赵国了。"辛垣衍说:"秦国称帝的危害将会怎么样?"鲁仲连说:"从前齐威王曾经实行仁义,率领天下的诸侯去朝见周天子,当时周朝贫困而且弱小,诸侯都不去朝见,只有齐威王单独去朝见他。过了一年多,周烈王死去,诸侯们都去吊唁,齐威王后去。周显王发了脾气,向齐国报丧说:'天子死了,如同天崩地裂一般,新即位的天子也睡在草席上守丧,但东方的藩臣田婴齐竟然最后才到,就该砍掉你的头!'齐威王勃然大怒,骂道:'呸!你娘不过是个奴婢!'他终于被天下人所讥笑。为什么周烈王活着的时候就去朝见他,死后就骂他,实在是由于不堪忍受周显王的苛求。那天子本来就是这样,那是不足为怪的。"

辛垣衍说:"先生难道没有看见那奴仆吗?他们十个人跟从一个主人,难道是他们的力量敌不过他,智慧不如他吗?不是,是由于惧怕主人的缘故。"鲁仲连说:"如此说来,梁国和秦国相比,就像奴仆吗?"辛垣衍说:"是这样。"鲁仲连说:"那么,我要叫秦王油炸梁王,把他剁成肉酱!"辛垣衍很不高兴,说:"嘻!先生的论调,也太过分了!先生又怎能叫秦王油炸梁王,将他剁成肉酱呢?"鲁仲连说:"当然!待我说明这个道理:从前,鬼侯、鄂侯和文王是商纣王的三公。鬼侯有个女儿长得很美,所以进献给了纣王,纣王却认为她长得很丑,把鬼侯剁成了肉酱;鄂侯为这件事急忙诤谏,极力辩护,因此,把鄂侯的尸体做成肉干;文王听到后,长叹了一口气,因此又把文王拘留在牖里的牢房里,关了一百天,还想把他置于死地。为什么和别人同样地称帝王,却终于落到被人晒成肉干、剁成肉酱的地步呢?

"齐闵王要到鲁国去,夷维子执鞭驾车随行,对鲁国人说:'你们打算用什么礼节款待我们的国君?'鲁国人说:'我们准备用牛羊豕各十头来款待你们的国君。'夷维子说:'你们是根据哪一种礼节来款待我们的国君?我们的国君是天子。天子到诸侯国中巡察,诸侯要离开自己的官殿,交纳锁钥,提起衣襟,亲自捧着几案,在堂下伺候天子用饭;等天子吃过饭,诸侯才能退回去处理政务。'鲁国人听了夷维子的话,就闭关下锁,竟然拒不接待,闵王不能进入鲁国。闵王打算到薛国去,向邹国借道。在这个时候,邹国的国君死去,闵王想入境吊唁。夷维子对邹君的遗孤说:'天子来吊唁,主人一定要把灵枢移到相反的方位,从朝南的方位移到朝北的方位,然后天子才能面向南方吊唁。'邹国的大臣们说:'一定要这样做的话,我们情愿伏剑自杀。'所以,闵王不敢进入邹国。邹、鲁两国的臣子在国君活着的时候不能侍奉供养,在他们死后也不能举行把米和玉放入死者口中的殡礼,然而当闵王想把对待天子的礼节强加给邹、鲁两国的臣子时,他们却不肯接受。如今,秦国是拥有万辆兵车的大国,梁国也是拥有万辆兵车的大国,彼此都有称王的名分。看见秦王打了一次胜仗,就想服从他,并尊他为帝,这是使三晋的大臣不如邹、鲁两国的奴仆姬妾呢。

"而且秦昭王由于欲望无限而称帝,就会撤换诸侯的大臣,他将要免去他认为不贤的人,而任用他认为贤能的人,除去他所憎恶的人,而把职位给他所喜欢的人;他还要把他的女儿和说坏话的姬妾充当诸侯的嫔妃姬妾,住在梁国的后宫里,到那时,梁王哪里能平安无事呢?而且将军您又能用什么办法取得往日的恩宠呢?"

于是辛垣衍起身,对鲁仲连拜了两拜,谢罪说:"最初,我把先生当作平庸的人,我现在才认识到先生是天下的贤士!我请求离开这里,不敢再说尊秦为帝的话了!"

秦国的将领听到这个消息,为此退兵五十里。恰好遇上魏国的信陵君夺得了晋鄙的军队来援救赵国,袭击秦军,秦军撤退,离开了邯郸。

于是平原君打算赐给鲁仲连爵位和土地。鲁仲连多次辞谢推让,始终不肯接受。平原君就设置酒席宴请他,酒兴正浓的时候,平原君起身,走到鲁仲连面前,拿出千金厚礼,为鲁仲连祝寿。鲁仲连笑着说:"对于天下之士来说,所宝贵的,在于为人排除忧患,解除苦难,消除纷乱,而不要什么报酬。如果要什么酬劳,这就是做买卖的商人了。我不屑于做这种人。"于是辞别平原君走了,终生没有再来见他。

# 鲁共公择言

## 国　策

【题解】

　　本文记述了鲁共公在梁王宴会上的即兴发言,只在开头和结尾处描写了当时的情景。文字不长,但写得生动,内容也有一定的教育意义。

　　梁王魏婴觞诸侯于范台①,酒酣,请鲁君举觞。鲁君兴,避席择言曰:"昔者帝女令仪狄作酒而美②,进之禹;禹饮而甘之③,遂疏仪狄,绝旨酒。曰:'后世必有以酒亡其国者。'齐桓公夜半不嗛④,易牙乃煎、熬、燔、炙⑤,和调五味而进之⑥;桓公食之而饱,至旦不觉。曰:'后世必有以味亡其国者。'晋文公得南之威⑦,三日不听朝,遂推南之威而远之,曰:'后世必有以色亡其国者。'楚王登强台而望崩山⑧,左江而右湖,以临彷徨,其乐忘死,遂盟强台而弗登,曰:'后世必有以高台、陂池亡其国者。'今主君之尊⑨,仪狄之酒也;主君之味,易牙之调也;左白台而右闾须⑩,南威之美也;前夹林而后兰台⑪,强台之乐也。有一于此,足以亡其国,今主君兼此四者,可无戒与?"梁王称善相属⑫。

【注释】

① 梁王魏婴:即梁惠王,前369年至前319年在位。婴,一作"䓨"。因魏国国都在惠王时由安邑迁到大梁,所以魏又称梁。　诸侯:指公元前359年来朝见惠王的鲁共公、宋剔成、卫成侯和韩釐侯。　范台:梁国台

② 帝女：传说是夏禹的女儿。一说尧、舜女。　仪狄：传说夏禹时的酿酒人。
③ 甘：甜美。
④ 齐桓公：前685年至前643年在位。春秋时"五霸"之一。　不嗛(qiè)：不满足。这里指吃得不饱。
⑤ 易牙：名雍巫，齐桓公的厨师。　燔(fán)：烧。　炙(zhì)：烤。
⑥ 五味：酸、甜、苦、辣、咸。这里泛指各种调味品。
⑦ 晋文公：前637年至前628年在位。春秋时"五霸"之一。　南之威：美女名，也称南威。之，语助词。
⑧ 楚王：即楚庄王，前613年至前591年在位。　强台：即章华台。在今湖北潜江西南。　崩山：荆山。在今湖北武当山东南，汉水南岸。
⑨ 主君：指梁惠王。　尊：通"樽"。
⑩ 白台、闾须：皆美女名。
⑪ 夹林：楚国地名。　兰台：楚国的宫苑，旧址在今湖北钟祥东。
⑫ 属(zhǔ)：连续。

## 【译文】

梁王在范台请诸侯饮酒，正在酒兴酣畅的时候，他请鲁共公举杯。鲁共公起身，离开座席，选择善言说："从前夏禹王的女儿仪狄酿酒，酒味甜美，献给夏禹；禹喝了，认为味道好，因此就疏远仪狄，戒绝美酒。说：'后代君主一定会有因嗜酒而断送他的国家的。'齐桓公在一天的半夜里感到肚子饿，想吃东西，易牙便拣他爱吃的东西，或煎或熬，或烧或烤，五味调和，献给桓公；桓公吃得很饱，到了天明还没有睡醒。他说：'后代君主一定会有因贪图美味而断送他的国家的。'晋文公得到美人南之威，连续三天不上朝，于是离开南之威，不再接近她，说：'后代君主一定会有因好女色而断送他的国家的。'楚王登上强台，眺望崩山，左边有长江，右边有大湖，登山临水，流连忘返，那种快乐足以使人忘却死亡的来临，于是他发誓永不再登强台，说：'后代君主一定会有因流连高台、陂池而断送他的国家的。'现在主君的酒杯里，是仪狄酿造的美酒；主君吃的，是易牙烹调的美味;左边有白台,右边有闾须,都是南之威那样的美女;前边有夹林,后边有兰台,使人有登强台那样的快乐。这种情况中有一项,便足以断送他的国家,现在主君却兼有这四项,能不引起警惕吗?"梁王听了,连声称好。

# 唐雎说信陵君

## 国　策

【题解】

公元前260年,秦军在歼灭赵军的主力后,包围了邯郸。赵王向魏国告急。魏王虽派出大将晋鄙援救,但因畏惧秦军,而逡巡不前。

在这种情况下,信陵君通过如姬的帮助,盗取了魏王的兵符,杀死晋鄙,亲自率军救赵,使赵国转危为安。本文写唐雎在信陵君即将受到赵王隆重的欢迎时,对他提出的忠告。

唐雎对信陵君只讲四句话,要他在这个时候,切忌以恩人自居。话虽不多,却发人深省。

信陵君杀晋鄙①,救邯郸②,破秦人,存赵国。赵王自郊迎③。唐雎谓信陵君曰④:"臣闻之曰:事有不可知者,有不可不知者;有不可忘者,有不可不忘者。"信陵君曰:"何谓也?"对曰:"人之憎我也,不可不知也;我憎人也,不可得而知也。人之有德于我也,不可忘也;吾有德于人也,不可不忘也。今君杀晋鄙,救邯郸,破秦人,存赵国,此大德也。今赵王自郊迎,卒然见赵王⑤,愿君之忘之也!"信陵君曰:"无忌谨受教。"

【注释】

① 信陵君：魏无忌，魏昭王之子，安釐王的异母弟。他窃兵符救赵，受到赵王的隆重礼遇。
② 邯郸：赵国都城，在今河北邯郸西南。
③ 赵王：赵孝成王，前265年至前245年在位。
④ 唐雎(jū)：魏国人。
⑤ 卒(cù)：同"猝"，突然。

【译文】

信陵君杀了晋鄙，解救了邯郸，击败了秦军，保存了赵国。赵王亲自到郊外迎接。唐雎对信陵君说："我听人说，事情有不可以知道的，有不可以不知道的；有不可以忘记的，有不可以不忘记的。"信陵君问："这是说的什么意思？"回答说："别人憎恨我，我不可以不知道；我憎恨别人，不可以使别人知道。别人对我有恩德，我不可以忘记；我对别人有恩德，我不可以不忘记。现在您杀了晋鄙，解救了邯郸，击败了秦军，保存了赵国，这是很大的恩德。现在赵王亲自到郊外迎接，您会很快见到赵王，希望您忘记那件事情！"信陵君说："我真诚地领受教诲。"

# 唐雎不辱使命

## 国　策

【题解】

本文描写唐雎出使秦国，由于坚持正义，敢于斗争，终于战胜强暴，胜利地完成了使命。

此事发生在秦王嬴政统一中国的前夕。秦王在灭亡韩、魏之后,企图用威逼利诱的手段轻易地夺取安陵,却遭到对方的坚决抵制。

唐雎和秦王对话,真是唇枪舌剑,气氛紧张。文章对人物的口吻和情态描绘得很生动。

秦王使人谓安陵君曰[1]:"寡人欲以五百里之地易安陵[2],安陵君其许寡人!"安陵君曰:"大王加惠,以大易小,甚善。虽然,受地于先王,愿终守之,弗敢易。"秦王不说[3]。安陵君因使唐雎使于秦[4]。

秦王谓唐雎曰:"寡人以五百里之地易安陵,安陵君不听寡人,何也?且秦灭韩亡魏[5],而君以五十里之地存者,以君为长者,故不错意也[6]。今吾以十倍之地,请广于君[7],而君逆寡人者,轻寡人与[8]?"唐雎对曰:"否,非若是也。安陵君受地于先王而守之,虽千里不敢易也,岂直五百里哉?"

秦王怫然怒[9],谓唐雎曰:"公亦尝闻天子之怒乎[10]?"唐雎对曰:"臣未尝闻也。"秦王曰:"天子之怒,伏尸百万[11],流血千里。"唐雎曰:"大王尝闻布衣之怒乎[12]?"秦王曰:"布衣之怒,亦免冠徒跣[13],以头抢地耳[14]。"唐雎曰:"此庸夫之怒也,非士之怒也[15]。夫专诸之刺王僚也[16],彗星袭月[17];聂政之刺韩傀也[18],白虹贯日[19];要离之刺庆忌也[20],苍鹰击于殿上[21]。此三子皆布衣之士也,怀怒未发,休祲降于天[22],与臣而将四矣。若士必怒,伏尸二人,流血五步,天下缟素[23],今日是也!"挺剑而起。

秦王色挠[24],长跪而谢之[25],曰:"先生坐!何至于此!寡人谕矣[26]。夫韩、魏灭亡,而安陵以五十里之地存者,徒以有先生也。"

【注释】

[1] 秦王:即秦始皇嬴政。当时尚未称皇帝。　安陵君:魏襄王之弟,封于安

陵,称安陵君。这里的安陵君是他的后裔。
② 安陵:魏国的附庸国,在今河南鄢(Yān)陵县西北。
③ 说:同"悦",高兴。
④ 使:前"使"字为派遣;后"使"字为出使。 唐雎(jū):魏国人,也写作唐且。
⑤ 灭韩亡魏:秦王政十七年(前230年)灭韩国,二十二年(前225年)灭魏国。
⑥ 错意:放在心上。错,通"措"。
⑦ 广:扩大。
⑧ 与(yú):通"欤",疑问语气词。
⑨ 怫(fú)然:勃然,愤怒的样子。
⑩ 公:古时对人的尊称。
⑪ 伏尸:尸横在地。
⑫ 布衣:平民。
⑬ 徒跣(xiǎn):光着脚。
⑭ 抢(qiāng):撞。
⑮ 士:古时为统治阶级服务的知识分子和武士。
⑯ 专诸之刺王僚:公元前514年,吴国公子光(后来的吴王阖闾)和吴王僚争夺君位,派专诸将短剑藏在鱼腹中,借着献食的机会,刺死王僚。专诸,春秋时吴国勇士。
⑰ 彗星袭月:传说专诸刺王僚影响很大,惊动了上天,竟使彗星扫及月亮。彗星,扫帚星。
⑱ 聂政之刺韩傀(kuǐ):韩国大夫严仲子和韩相傀有仇,聂政替他刺死韩傀。聂政,战国时勇士。
⑲ 贯:穿过。
⑳ 要(Yāo)离之刺庆忌:吴王阖闾(即公子光)夺了吴王僚君位以后,王僚子庆忌逃到卫国。阖闾欲杀庆忌,吴国勇士要离假装得罪于吴王,走见庆忌,取得庆忌信任,最后将庆忌杀死。
㉑ 苍:青黑色。
㉒ 休祲(jìn)降于天:休,指吉兆。祲,指凶兆。"休祲"这里指上天的征兆。上文的"彗星袭月""白虹贯日"和"苍鹰击于殿上",都是一些与人事无关的现象,唐雎把它说成是某种人事变化的征兆,其用意在于说明他即

将采取的行动也会得到上天的支持。
㉓ 缟(gǎo)素:都是白色的丝织品。这里指戴孝,暗示唐雎将刺杀秦王。
㉔ 色挠:脸上的傲气收敛下来。
㉕ 长跪:古人席地而坐,坐时两膝着地,臀部靠在脚跟上。跪时耸身挺腰,比坐着高了一些,所以叫长跪。
㉖ 谕:通"喻",明白。

## 【译文】

　　秦王派人转告安陵君,说:"我打算拿方圆五百里的土地来换取安陵,安陵君该答应寡人了吧!"安陵君说:"承蒙大王施与恩惠,拿大块土地换取小块土地,真是好得很。虽然如此,可是我从先王那里继承了这块封地,总想一直守着它,不敢换掉。"秦王听了很不高兴。为此,安陵君派遣唐雎出使秦国。

　　秦王对唐雎说:"寡人拿方圆五百里的土地来换取安陵,安陵君却不答应,这是什么道理呢?况且秦国已经灭了韩国和魏国,而你们安陵君只凭着五十里大的地方还能存在,只不过是因为我把他当作长辈看待,所以没有放在心上。现在我拿出十倍的土地,请安陵君扩大领土,可是安陵君却拒绝寡人的好意,这不是轻视寡人吗?"唐雎回答说:"不,不是这样。安陵君从先王手里接受了封地,并守卫它,即使有一千里的土地也不敢换掉,何况只有五百里呢?"

　　秦王听了,非常生气,对唐雎说:"你也听说过天子发怒的情形吗?"唐雎说:"我没有听说过。"秦王说:"天子一发怒,就会使百万尸首倒下,流血千里。"唐雎说:"大王曾听说平民发怒的情况吗?"秦王说:"平民发怒,不过是摘下帽子,光着脚,用头撞地罢了。"唐雎说:"这是庸人发怒,不是士人发怒。当年专诸刺杀王僚的时候,彗星侵袭月亮;聂政刺杀韩傀的时候,白虹穿过太阳;要离刺杀庆忌的时候,苍鹰在宫殿上搏击。这三个人都是普通的士人,当胸中怀着的愤怒还未发作的时候,上天就降下征兆了,连我算在一起,就要成为四个人了。假如士人果真发了怒,倒下尸首两具,鲜血只流五步远,但天下的人都要穿白戴孝,今天就要发生这种情况!"他一面拔剑,一面站了起来。

秦王的脸色颓丧,挺直上身跪着向唐雎道歉说:"先生请坐!何至于这样呢!寡人明白了。韩国和魏国都灭亡了,可是安陵这个小国凭着五十里的地方还能够保存下来,只是因为有先生啊。"

# 乐毅报燕王书

## 国　策

【题解】

战国时,七国之中燕国较弱。燕王哙时,国家几乎被齐国所灭,燕昭王为了强国,锐意求贤,用乐毅为上将军,终于战胜了东方强国齐国,并使燕国一度强大起来。昭王死后,惠王即位。惠王中了齐国的反间计,迫使乐毅出奔,燕国战败。惠王害怕乐毅利用这个机会攻燕,就写了一封信责难他。这里选的是乐毅的回信。乐毅在信中极力赞扬先王的贤明,委婉地回答了惠王的责难,同时表明自己出奔赵国是为了"免身全功,以明先王之迹",绝不会做出乘人之危的不义的事情来。

此信言辞委婉,主旨鲜明,充分显示出乐毅的坦荡胸怀和善始善终的品德。

昌国君乐毅①,为燕昭王合五国之兵而攻齐②,下七十余城,尽郡县之以属燕。三城未下③,而燕昭王死。惠王即位④,用齐人反间⑤,疑乐毅,而使骑劫代之将⑥。乐毅奔赵,赵封以为望诸君⑦。齐田单诈骑劫⑧,卒败燕军,复收七十余城以复齐。

燕王悔,惧赵用乐毅乘燕之敝以伐燕。燕王乃使人让乐毅,且谢之曰:"先王举国而委将军,将军为燕破齐,报先王之仇,天下莫不振动,寡人岂敢一日而忘将军之功哉! 会先王弃群臣,寡人新即位,左右误寡人。寡人之使骑劫代将军,为将军久暴露于外,故召将军,且休计事⑨。将军过听,以与寡人有隙,遂捐燕而归赵。将军自为计则可矣,而亦何以报先王之所以遇将军之意乎!"

望诸君乃使人献书报燕王曰:"臣不佞⑩,不能奉承先王之教,以顺左右之心,恐抵斧质之罪⑪,以伤先王之明,而又害于足下之义⑫,故遁逃奔赵。自负以不肖之罪,故不敢为辞说。

"今王使使者数之罪⑬,臣恐侍御者之不察先王之所以畜幸臣之理⑭,而又不白于臣之所以事先王之心,故敢以书对。

"臣闻贤圣之君不以禄私其亲,功多者授之;不以官随其爱,能当者处之。故察能而授官者,成功之君也;论行而结交者,立名之士也。臣以所学者观之,先王之举错⑮,有高世之心,故假节于魏王⑯,而以身得察于燕。先王过举,擢之乎宾客之中⑰,而立之乎群臣之上,不谋于父兄⑱,而使臣为亚卿⑲。臣自以为奉令承教,可以幸无罪矣⑳,故受命而不辞。

"先王命之曰:'我有积怨深怒于齐,不量轻弱,而欲以齐为事。'臣对曰:'夫齐,霸国之余教而骤胜之遗事也㉑,闲于甲兵㉒,习于战攻。王若欲伐之,则必举天下而图之。举天下而图之,莫径于结赵矣㉓。且又淮北、宋地㉔,楚、魏之所同愿也㉕,赵若许约,楚赵宋尽力,四国攻之,齐可大破也。'先王曰:'善。'臣乃口受令,具符节㉖,南使臣于赵。顾反命㉗,起兵随而攻齐,以天之道,先王之灵㉘,河北之地,随先王举而有之于济上㉙。济上之军奉令击齐,大胜之。轻卒锐兵,长驱至国㉚。齐王逃遁走莒㉛,仅以身免㉜。珠玉财宝、车甲珍器,尽收入燕。大吕陈于元英㉝,故鼎反乎历室㉞,齐器设于宁台㉟。蓟邱之植㊱,植于汶篁㊲。自五伯以来㊳,功未有及先王者也。

先王以为顺于其志㊴,以臣为不顿命㊵,故裂地而封之,使之得比乎小国诸侯。臣不佞,自以为奉令承教,可以幸无罪矣,故受命而弗辞。

"臣闻贤明之君,功立而不废,故著于春秋㊶;蚤知之士㊷,名成而不毁,故称于后世。若先王之报怨雪耻,夷万乘之强国㊸,收八百岁之蓄积㊹,及至弃群臣之日㊺,遗令诏后嗣之余义,执政任事之臣,所以能循法令、顺庶孽者㊻,施及萌隶㊼,皆可以教于后世。臣闻善作者不必善成,善始者不必善终。昔者伍子胥说听乎阖闾㊽,故吴王远迹至于郢㊾;夫差弗是也,赐之鸱夷而浮之江㊿。故吴王夫差不悟先论之可以立功㋐,故沉子胥而弗悔;子胥不蚤见主之不同量㋑,故入江而不改。

"夫免身全功,以明先王之迹者,臣之上计也。离毁辱之非㋒,堕先王之名者㋓,臣之所大恐也。临不测之罪,以幸为利者,义之所不敢出也。

"臣闻古之君子,交绝不出恶声;忠臣之去也,不洁其名㋔。臣虽不佞,数奉教于君子矣㋕。恐侍御者之亲左右之说,而不察疏远之行也㋖。故敢以书报,唯君之留意焉。"

**【注释】**

① 昌国君乐(Yuè)毅:燕昭王时任亚卿。前284年率燕军破齐,封为昌国君。燕惠王即位,中齐反间计,怀疑乐毅,乐毅出奔赵国,被封为望诸君,后死在赵国。
② 燕昭王:前311年至前279年在位。　五国之兵:即赵、楚、魏、韩、燕五国联军。
③ 三城未下:指聊城、莒(Jǔ)、即墨三城。未下者实为二城,即莒(今山东莒县)与即墨(今山东平度东南)。
④ 惠王:燕惠王,前278年至前272年在位。
⑤ 反间(jiàn):用计离间敌人,使之内讧。

⑥ 骑劫:人名,燕将。
⑦ 望诸君:赵国给乐毅的封号。
⑧ 田单:战国时齐国临淄人。乐毅破齐时他坚守即墨,用反间计使乐毅奔赵,又用火牛阵击败骑劫,被齐襄王任为相国。
⑨ 且休计事:暂时休息,商议军国大事。
⑩ 不佞(nìng):不才。自谦之辞。
⑪ 斧质之罪:杀身之罪。斧质,杀人刑具。质,通"锧",腰斩用的垫座。
⑫ 足下:对对方的尊称。
⑬ 数(shǔ):列举罪状。
⑭ 侍御者:不敢直斥惠王本人,故以此指代,如"执事""左右"等。
⑮ 举错:措施。错,通"措"。
⑯ 假:借。 节:外交使臣所持的符节。 魏王:指魏昭王(前295年—前277年在位),魏襄王之子。
⑰ 擢(zhuó):提拔。
⑱ 父兄:指与燕王同族的宗室大臣。当时,国君有重大措施,都要和同姓大臣商量。
⑲ 亚卿:官名,官位次于上卿。亚,次。
⑳ 幸:侥幸。
㉑ 霸国:指春秋时国势强大,处于领导地位的诸侯国。齐国国君齐桓公曾称霸诸侯,后来齐湣王也曾自称东帝(秦昭王为西帝),所以这里称齐国为霸国。 骤胜:数胜。
㉒ 闲:通"娴",熟练。
㉓ 径:直接。
㉔ 淮北:淮河以北地区。 宋地:今江苏铜山、河南商丘、山东曲阜之间的地区。前286年,齐、魏、楚灭宋,各得地三分之一。上述两地后皆属齐。
㉕ 楚、魏之所同愿:指楚国想夺取淮北地区,魏国想从齐国手中夺取原来的宋国土地。
㉖ 具:准备。
㉗ 顾:不久。 反:回复。
㉘ 灵:指威望。
㉙ 河北之地:指黄河以北的齐国土地。 济上:济水旁边。
㉚ 国:指齐国国都临淄。

㉛ 齐王:即齐湣(mǐn)王,前300年至前284年在位。
㉜ 身免:单身逃脱。
㉝ 大吕:钟名。 元英:燕国宫殿名。
㉞ 故鼎:指齐军杀燕王哙时掠夺去的燕鼎。 历室:燕国的宫殿名。
㉟ 宁台:燕国的台名。在今河北蓟县北。
㊱ 蓟邱:燕国都城,在今北京市。 植:旗杆一类东西。这里代指旗帜。
㊲ 汶篁(huáng):齐国汶水(今山东大汶河)边的竹田。
㊳ 五伯:春秋五霸。通常指齐桓公、宋襄公、晋文公、秦穆公、楚庄王。
㊴ 顺于其志:合乎他的志愿。
㊵ 顿:耽误。
㊶ 春秋:这里指一般史书。
㊷ 蚤:通"早"。
㊸ 万乘:指大国。当时以"乘"(一车四马)的多少来表示国家的强弱。这里实指齐国。
㊹ 八百岁:指前1065年周武王封姜太公于齐,至前284年乐毅破齐,共781年。
㊺ 弃群臣:指燕昭王死去。
㊻ 庶孽(niè):妾生的儿子。
㊼ 施(yì):延续。 萌(méng)隶:百姓。
㊽ 伍子胥:春秋时吴大夫,帮助吴王阖闾攻破楚国。后来因他劝阻夫差伐齐,抵制越国求和,被夫差赐死。尸首装在皮囊里,沉入江中。 阖闾:春秋末年吴国国君,前514年至前496年在位。
㊾ 郢:楚国都城,在今湖北江陵。这里指公元前505年吴国攻破郢都的事。
㊿ 鸱(chī)夷:皮革制的口袋。
㉝ 先论:指伍子胥生前曾指出吴国如果不灭掉越国,而去攻打齐国,吴国就将被越国攻灭。
㉜ 量:气量。
㉝ 离:通"罹",蒙受。
㉞ 堕(huī):毁坏。
㉟ 洁:这里是表白的意思。
㊱ 数(shuò):屡次。
㊲ 疏远:乐毅自指。乐毅认为自己是被燕惠王疏远的人。

## 【译文】

　　昌国君乐毅,替燕昭王联合五国的军队,去攻打齐国,攻下七十多座城邑,都划为燕国所属的郡县。还有三座城没有攻下来,可是燕昭王死了。燕惠王即位,因为中了齐国人的反间计,怀疑乐毅,便派遣骑劫接替他率领军队。乐毅逃到赵国,赵王封他为望诸君。齐国大将田单用计欺骗了骑劫,终于打败燕军,重新收回七十余城,恢复了齐国的领土。

　　燕惠王感到后悔,又害怕赵王任用乐毅乘燕国战败的时候来攻打燕国。燕惠王于是派人去责备乐毅,并且向乐毅表示谢意,说:"先王把整个国家托付给将军,将军为燕国攻破齐国,为先王报了仇,天下人无不受到震动,我怎敢一刻忘记您的功劳呢!当时适逢先王去世,寡人刚刚即位,身边的臣子蒙骗了寡人。但寡人所以派遣骑劫接替您,是因为您长期在野外作战,想把您调回,暂时休息,并且共商国是。将军误信流言,因而和寡人有了隔阂,抛弃燕国,投奔到赵国去了。您为自己打算是可以的,然而又怎样来报答先王对待您的恩情呢?"

　　望诸君乐毅于是派人进献书信,回答惠王说:"臣子无才,不能奉行承受先王的遗教,从而顺从左右大臣的心意,生怕回来受到斩杀的罪刑,以致损害了先王的明察,而且对您的君臣之义也有损害,所以才逃奔到赵国。自己甘愿承担不贤的罪名,所以不敢进行辩白。

　　"现在大王派遣使者历数我的罪过,我唯恐左右大臣不明了先王任用和重视我的理由,而且也不明白我为什么要这样尽力侍奉先王的心意,所以才敢于用书信回答。

　　"我听说贤能圣明的君主,不把爵禄私自赏给他的亲信,而是对功劳多的才给予;不把官职随意授给他喜爱的人,而是对能力胜任的才安排在相应的位置上。所以考察能力而授予官职的,就是能成就功业的君主;根据德行结交朋友的,就是能建立名声的贤士。我用自己所学的知识来观察,觉得先王的举动,反映了高出世上一般君主的理想,所以我才凭借魏王使臣的身份进入燕国,被燕王信任录用。先王破格提拔,把我从宾客中提升起来,而且高居于群臣之上,不和宗室大臣商议,就任命我做亚卿。我自以为奉行命令,承受教导,可以侥幸免于罪罚了,所以接受了命令而不敢推辞。

"先王命令我说:'我国对齐国有几代的深仇大恨,不考虑自己力量的微弱,打算把攻打齐国作为自己的任务。'我回答说:'齐国是一个具有霸主传统而又有多次取胜经验的国家,熟悉军事,擅长进攻。大王倘要攻打它,就一定要发动天下的力量去对付它。发动天下的力量去对付它,没有比直接联合赵国更有效的了。况且还有淮北和故宋国土地,楚、魏两国都想夺取它,赵国如果同意结约,楚、赵、宋大力协作,用四国的兵力攻打它,就可以大破齐国了。'先王说:'好。'于是我接受先王亲口下的命令,准备好符节,向南出使赵国。我不久回复了命令,就发兵随先王攻打齐国,靠上天的保佑和先王的威望,黄河以北的土地随着先王指挥的军队的到达而全部被攻占,并推进到济水边上。接着,推进到济水边上的军队又奉命进攻齐国都城,取得了很大的胜利。轻装的士卒使用锐利的武器,一直攻入齐国都城。齐王逃往莒国,仅仅免于死难。而所有的珠玉财物、车甲珍宝,全部收归燕国。大吕钟挂在元英殿里,被齐国夺去的鼎又运回历室宫,齐国的宝物陈设在燕国宁台。燕国的旗帜,插遍了齐国土地。从五霸以来,功勋没有赶得上先王的。先王认为这个结果符合了他的心意,认为我没有贻误命令,所以分地封爵,使我得到相当于小国诸侯一样的地位。我虽然没有才能,但自认为奉行命令,承受教导,可以侥幸免于罪罚了,所以才接受命令而不敢推辞。

"我听说贤明的君主建立了功业就不再让它废弃,所以载之于史册;有先见之明的贤士,成了名也不再让它败坏,所以受到后世的赞扬。像先王立志报仇雪耻,征服了强大的敌国,没收它八百来年的所有积蓄,一直到他去世那一天,还留下命令告诫后王的遗训,这都是执政任事的大臣,遵循法令,处理好嫡庶关系的依据,并把他的遗训推行到百姓中间,都可以用来教育后代。我听说善于创始的人不一定善于完成,善于开端的人不一定善于结束。从前,伍子胥的意见被吴王阖闾接受,所以吴王能远征,到达郢都;吴王夫差就不是这样,而是给他一个皮囊,将他抛入长江。原来吴王夫差不知道伍子胥生前的话可以用来建功立业,所以沉伍子胥于长江而不悔恨;而伍子胥不能预见夫差和阖闾这两个君主听取意见的气量不同,所以一直到被抛入长江也不改变原来的主张。

"脱身免祸,保全大功,用来表明先王的业绩,这是我的上策。遭受诋毁和侮辱的责备,毁坏先王的美名,这是我最大的恐惧。面临遭受不可预测的大罪,而又侥幸图谋私利,这样的事,从道义上讲,我是不敢做的。

"我听说古代的君子,即使断绝了交情,也不说人的坏话;忠臣即使含冤离开一个国家,也不为自己的声名辩白。我虽然没有才能,但也多次受到君子的教诲。恐怕大王轻信身边大臣的话,却不体谅被疏远的人的行为。所以冒昧地用书信回报,希望您对此事好好考虑一下。"

# 李斯谏逐客书

## 秦 文

**【题解】**

本文现见于《史记·李斯列传》。题目是后人加的。

李斯(?—前208年),楚国上蔡(在今河南上蔡西南)人,战国后期法家代表人物。

他到秦国做吕不韦的门客,后来深受秦始皇的信任,由长史累官至丞相。他对内主张巩固中央集权,剥夺宗室大臣的特权;对外主张武力兼并,为统一中国作出了一定的贡献。

秦始皇死后,李斯被赵高陷害,腰斩于咸阳,夷灭三族。

本文是公元前237年秦国下达"逐客令"后,他给秦王政上的奏章。

文中用今昔对比的手法,列举大量事实说明商鞅等客卿在秦国所作的重大贡献,指出"王者不却众庶"的用人原则是符合秦国利益的。接着,笔锋一转,剖析"逐客"的思想原因,在于秦王政重物轻人,缺乏政治远见,这样势必把大批人才赶到敌对的国家去,前途不堪设想。

文章论据确凿,议论纵横,逻辑性强,是一篇很有影响的作品。

秦宗室大臣皆言秦王曰:"诸侯人来事秦者,大抵为其主游间于秦耳①。请一切逐客②。"李斯议亦在逐中。

斯乃上书曰:"臣闻吏议逐客,窃以为过矣。

"昔穆公求士③,西取由余于戎④,东得百里奚于宛⑤,迎蹇叔于宋⑥,求丕豹、公孙支于晋⑦。此五子者,不产于秦,而穆公用之,并国二十⑧,遂霸西戎。孝公用商鞅之法⑨,移风易俗,民以殷盛,国以富强,百姓乐用,诸侯亲服,获楚魏之师⑩,举地千里,至今治强。惠王用张仪之计⑪,拔三川之地⑫,西并巴蜀⑬,北收上郡⑭,南取汉中⑮,包九夷⑯,制鄢、郢⑰,东据成皋之险⑱,割膏腴之壤⑲,遂散六国之从⑳,使之西面事秦,功施到今㉑。昭王得范雎㉒,废穰侯㉓,逐华阳㉔,强公室,杜私门㉕,蚕食诸侯,使秦成帝业。此四君者,皆以客之功。由此观之,客何负于秦哉!向使四君却客而不内,疏士而不用,是使国无富利之实,而秦无强大之名也。

"今陛下致昆山之玉㉖,有随和之宝㉗,垂明月之珠,服太阿之剑㉘,乘纤离之马㉙,建翠凤之旗㉚,树灵鼍之鼓㉛。此数宝者,秦不生一焉,而陛下说之㉜,何也?必秦国之所生然后可,则是夜光之璧不饰朝廷㉝,犀象之器不为玩好㉞,郑魏之女不充后宫㉟,而骏马駃騠不实外厩㊱,江南金锡不为用,西蜀丹青不为采㊲。所以饰后宫、充下陈㊳、娱心意、悦耳目者,必出于秦然后可,则是宛珠之簪㊴、傅玑之珥㊵、阿缟之衣㊶、锦绣之饰不进于前;而随俗雅化㊷、佳冶窈窕㊸、赵女不立于侧也。

夫击瓮叩缶㊹,弹筝搏髀㊺,而歌呼呜呜、快耳目者,真秦之声也;郑卫桑间㊻,韶虞武象者㊼,异国之乐也。今弃击瓮而就郑卫,退弹筝而取韶虞,若是者何也?快意当前,适观而已矣。今取人则不然,不问可否,不论曲直,非秦者去,为客者逐。然则是所重者在乎色乐珠玉,而所轻者在乎人民也。此非所以跨海内、制诸侯之术也。

"臣闻地广者粟多,国大者人众,兵强则士勇。是以泰山不让土壤,故能成其大;河海不择细流,故能就其深;王者不却众庶,故能明其德。是以地无四方,民无异国,四时充美,鬼神降福㊽,此五帝三王之所以无敌也㊾。今乃弃黔首以资敌国㊿,却宾客以业诸侯,使天下之士退而不敢西向,裹足不入秦。此所谓'藉寇兵而赍盗粮'者也(51)。

"夫物不产于秦,可宝者多;士不产于秦,而愿忠者众。今逐客以资敌国,损民以益雠(52),内自虚而外树怨于诸侯(53),求国之无危,不可得也。"

秦王乃除逐客之令,复李斯官。

【注释】

① 游间:游说离间。据说,当时韩国为了使秦国消耗人力,以延缓秦的兼并行动,派了水工郑国入秦,游说开凿郑国渠,后被发觉,便发生了这次"逐客"事件。

② 客:指"客卿"。他国人在本国做官,称为客卿。

③ 穆公:指秦穆公任好,前659年至前621年在位。春秋五霸之一。

④ 由余:春秋时秦大夫。原是晋国人,后逃亡到西戎(当时西北地区的少数民族)。西戎王派他出使秦国,秦穆公用计使他归秦,并采用他的计谋,统一了西戎各个部落。

⑤ 百里奚:秦大夫,其身世,说法不一。一说他是楚国宛(今河南南阳)人,曾做过楚国大夫,后又沦为楚国奴隶,秦穆公用五张羊皮赎出,任为相,所以又称五羖(gǔ)大夫。

⑥ 蹇(Jiǎn)叔:百里奚的好友,由百里奚推荐,秦穆公把他从宋国请来,任为上大夫。

⑦ 丕(Pī)豹:晋国人,其父被晋惠公杀死后,他投奔秦穆公,助秦攻晋。公孙支:岐州(今陕西凤翔一带)人,字子桑,游于晋,从晋国入秦,任大夫之职。

⑧ 二十:虚指兼并很多小国。

⑨ 孝公:秦孝公渠梁,前361年至前338年在位。任用商鞅实行变法,经过十年,秦国从一个比较落后的国家一跃而为先进强国。 商鞅:战国时法家代表人物,卫国公族。入秦后帮助秦孝公实行变法,使秦国很快强盛起来。秦孝公死后,被秦惠文王车裂而死。

⑩ 获楚魏之师:前340年,商鞅攻魏国,俘虏魏军主将公子卬;同年,秦军又南攻楚国。

⑪ 惠王:指秦惠文王嬴驷,前337年至前311年在位。他于前325年称王,此后秦国国君都称王。 张仪(?—前310年):魏国人,主张"连横"的纵横家,曾几次任秦丞相,他用各个击破的策略削弱六国,使秦更加强大。

⑫ 拔三川之地:此计出自张仪,但在秦惠王时未实行。直到前306年,秦武王才派甘茂攻取三川。三川之地,指今河南洛阳一带,因境内有黄河、伊河、洛河,故称"三川"。

⑬ 西并巴蜀:当时少数民族聚居地区,在今四川东部和西部。前316年,秦将司马错领兵灭巴蜀。

⑭ 上郡:魏地,郡城在今陕西榆林东南。前328年,魏国战败请和,向秦献上郡十五县地。

⑮ 汉中:在今陕西汉中地区。前313年,张仪诡称给楚国六百里土地,诱使楚国与齐国断交。事后只答应给六里。楚王一怒攻秦,反而丧失楚国汉中六百里土地。

⑯ 九夷:指巴蜀和楚国南阳一带的少数民族。"九"是虚指,表示最多数。

⑰ 鄢(Yān):在今湖北宜城,楚国旧都。 郢(Yǐng):楚国国都,故址在今湖北江陵北。

⑱ 成皋(gāo):当时周朝都邑以东的要塞,即今河南荥(Xíng)阳县的虎牢。

⑲ 膏腴(yú):肥沃。

⑳ 从:同"纵",合纵。

㉑ 施(yì):延续。

㉒ 昭王:秦昭襄王嬴则,前306年至前251年在位。秦武王异母弟。秦武王死后,他由养母芈(Mǐ)八子和她的异父弟魏冉拥立为王(秦国政权被这个外戚集团控制)。 范雎(jū):字叔游,魏国人。被秦昭王任为丞相。

㉓ 穰(ráng)侯:魏冉的封号。前255年被废黜。

㉔ 华阳:即华阳君,芈八子的同父弟芈戎的封号。后被遣回封地华阳(今河南新郑东)。

㉕ 杜私门:指范雎帮助秦昭王从穰侯和华阳君等人手中夺回实权。私门,指魏冉等权贵家族。

㉖ 陛(bì)下:对帝王的尊称。 昆山:在今新疆和田西北,古代著名产玉地区。

㉗ 随:随侯珠,春秋时随侯的一颗夜明珠。 和:和氏璧,楚人卞和在山中发现的一块美玉。

㉘ 太阿(ē):宝剑名。相传是春秋时吴国名匠干将铸造的名剑。

㉙ 纤离:骏马名。

㉚ 翠凤之旗:用翠凤的羽毛做装饰的旗帜。翠凤,一种珍奇的鸟。

㉛ 灵鼍(tuó):鳄鱼类,俗名"猪婆龙",皮可蒙鼓。

㉜ 说:同"悦"。

㉝ 夜光:玉名。

㉞ 犀(xī):犀牛角。 象:象牙。

㉟ 后宫:嫔妃居住的宫室。

㊱ 駃騠(juétí):古代北方名马。 外厩(jiù):设在宫外的马棚。

㊲ 丹青:颜料。 采:彩饰。

㊳ 下陈:指站在后列姬妾。

㊴ 宛珠之簪(zān):用宛地出产的珠子装饰的发簪。

㊵ 傅:附着。 玑:非圆形的珠子,这里泛指珠子。 珥(ěr):耳环。

㊶ 阿缟(gǎo):齐国东阿(今山东东阿)出产的白色丝织品。

㊷ 随俗雅化:既合时俗,又显得雅致。

㊸ 佳冶窈窕(yǎotiǎo):指女子善于打扮自己,使自己的容貌体态艳丽美好。

㊹ 瓮(wèng):汲水的瓦器。 缶(fǒu):小口大腹的瓦罐。秦国把这两种

瓦器用作打击乐器。
- ㊺ 筝:古代秦国地方的弦乐器。 搏髀(bì):拍着大腿打拍子。
- ㊻ 郑、卫:指郑国、卫国地方的民间音乐。 桑间:卫国濮水边上的一个地名。相传这个地方的民歌十分动听。
- ㊼ 韶虞:也称箫韶,相传是歌颂虞舜的乐舞。 武象:周初的一种乐舞。
- ㊽ 鬼神降福:鬼神降福人间,是迷信的说法。
- ㊾ 五帝:通常指黄帝、颛顼、帝喾、尧、舜。 三王:指三代开国之王夏禹、商汤和周文王、周武王。
- ㊿ 黔首:百姓。黔,黑色。
- ㉑ 藉:借。 赍(jī):送给。
- ㉒ 雠:通"仇",仇敌。
- ㉓ 树怨于诸侯:指"客"被逐后必逃往其他诸侯国,因而树立仇怨。

## 【译文】

秦王的宗室大臣都对秦王说:"各诸侯国来事奉秦国的人,大都是替他们各自的君主到秦国来从事游说离间活动的。请把所有客卿一律驱逐出境。"李斯也在计议驱逐之列。

李斯于是给秦王写了一封奏议书说:"我听说宗室大臣在计议驱逐在秦国的客卿的事,我个人认为这是错误的。

"过去,秦穆公访求贤才,西边把由余从西戎争取了来,东边在宛得到了百里奚,从宋国迎来了蹇叔,从晋国招来了丕豹和公孙支。这五位贤士都不出生在秦国,可是穆公重用他们,于是兼并了二十个小国,成为西部诸侯的霸主。孝公采用了商鞅的办法,移风易俗,人民因而富足兴旺,国家因而富强,百姓愿意为国家出力,各国诸侯都表示亲近归服,战胜了楚、魏两国的军队,占领了上千里的土地,直到今天秦国社会安定,势力强盛。惠王采用张仪的计策,攻占了三川地区,西边兼并了巴蜀,北边接收了上郡,南边攻取了汉中,并席卷了南方各族地区,控制了鄢、郢两都,东边占据了成皋,割取了大量肥沃的土地,这样就拆散了六国的合纵联盟,迫使他们面向西边事奉秦国,功绩一直延续到今天。昭王得到范雎,罢免穰侯,赶走华阳君,加强了秦王室的权力,制服了豪门贵族的势力,逐步吞并各诸侯国,使秦国建成帝王的基业。这四位国君都凭借了客卿的功劳。从这些事实看来,客卿有什么对不起秦国的地方呢! 假使当初四位国君拒绝客卿而不予接纳,疏远士人而不予任用,这就不会使国家出现富饶的实际状况,秦国也不会有强大的名声了。

"如今陛下得到了昆山的美玉,占有了随侯珠、和氏璧那样的宝物,悬挂着如同明月的珍珠,佩戴着太阿宝剑,骑着纤离骏马,立起翠凤羽毛装饰的锦旗,树起灵鼍皮的大鼓。这许多宝物,秦国不出产一件,可是陛下却喜爱它们,这是为什么呢?如果一定要秦国出产的东西才能用,那么,夜光之璧就不能装饰在朝廷上,犀角、象牙制造的器皿就不能成为玩赏的东西,郑国、魏国的少女就不能充满后宫,駃騠名马也不能在马厩里饲养,江南金属就不能用来制作器物,西蜀的丹青也不能用来渲染彩色。如果用来装饰后宫嫔妃的珠宝、充当姬妾的美女、娱乐心意和耳目的东西,都一定要秦国出产的才行,那么,宛珠装饰的簪子、镶满小珠子的耳环、东阿的丝绸衣服、精致华美的花边,就不可以呈献在眼前;而那些善于随着社会风尚而装扮雅致,善于把自己打扮得艳丽窈窕的赵国美女,也不能侍立在身旁了。敲瓮击缶、弹筝拍腿,又呜呜呀呀地唱着,以娱乐耳目的,这是真正的秦国音乐;而郑国、卫国和桑间的新调,韶虞、武象之类的古代乐舞,都是外地的音乐。如今抛弃敲瓮击缶的声音而听取郑、卫的时兴乐歌,停止弹筝而采用韶虞乐舞,这样做是为什么呢?无非是由于娱乐心意的事物已出现在眼前,都适合美观动听的要求罢了。现在选择人才,却不是这样,不问是否适用,不问是否相宜,不论是非曲直,凡不是秦国的人就得离开,凡是外来的客卿都要被驱逐。这样做,就说明重视的是女色、音乐、珠宝、美玉,而轻视的则是人。这不是用来统一天下、制服诸侯的做法。

"我听说,土地广阔的,粮食就充足;国家强大的,人口就众多;武器精良的,兵士就勇敢。因此,泰山由于不拒绝土壤,所以变得那样大;河海不嫌弃细流,所以才达到那样深;做王的人不拒绝民众,所以能显示恩德。因此,地无四方之别,民无国家之异,四季生活富足美满,鬼神都来降福,这就是五帝三王无敌于天下的原因。现在却抛弃百姓,来帮助敌国,排斥客卿,来使别国诸侯建立功业,使得天下贤士退缩而不敢向西,裹足而不敢进入秦国。这正是所谓'借武器给敌寇,送粮食给盗贼'。

"不出产在秦国而值得宝贵的东西很多,不出生在秦国而愿意为秦国效忠的人也很多。如今驱逐客卿来帮助敌国,拒绝民众而增加敌国的人口,对内削弱了自己的国家,对外则在各诸侯国中树敌,这样下去,希望秦国不发生危机,是不可能的。"

秦王于是废除了逐客令,恢复了李斯的官职。

# 卜 居

## 楚 辞

【题解】

"楚辞"是战国时代以屈原为代表的楚国人创作的诗歌,它是在民间歌谣的基础上加工创新的一种独特的文体。西汉刘向把屈原、宋玉等人的这种作品汇编成集,题名《楚辞》。

屈原(前340年—前278年),名平,字原,出身于楚国的贵族家庭,有很高的文学修养和政治才能,曾任楚怀王的左徒、三闾大夫等官。由于他强烈反对腐朽、黑暗的政治,主张联齐抗秦,遭到反动贵族集团的仇视和迫害,长期过着流放生活,最后投汨罗江而死。

屈原的代表作品,有《离骚》《九歌》《天问》《九章》等。它猛烈地抨击了楚国的贵族集团,表现了进步的政治理想和炽热的爱国感情,以及对身受诬陷打击的愤懑;他的诗篇具有浓烈的积极浪漫主义特色。

本文相传为屈原所作,实际上是楚人哀悼屈原的作品。通过问卜,提出了怎样做人、怎样处世的严肃问题。

文中采用排比、比喻方法,把社会生活中一系列"善"与"恶"、"光明"与"黑暗"的斗争生动而形象地揭示出来,歌颂了屈原坚持真理、不向奸佞妥协的战斗精神,也表达了人民的爱憎感情。

屈原既放①,三年不得复见。竭智尽忠,而蔽障于谗;心烦虑乱,不知所从。乃往见太卜郑詹尹②,曰:"余有所疑,愿因先生决之。"詹尹乃端策拂龟③,曰:"君将何以教之?"

屈原曰:"吾宁悃悃款款、朴以忠乎④,将送往劳来、斯无穷乎⑤?宁诛锄草茅、以力耕乎⑥,将游大人以成名乎⑦?宁正言不讳以危身乎⑧,将从俗富贵以媮生乎⑨?宁超然高举以保真乎⑩,将哫訾栗斯⑪,喔咿嚅唲⑫,以事妇人乎⑬?宁廉洁正直以自清乎⑭,将突梯滑稽⑮,如脂如韦⑯,以絜楹乎⑰?宁昂昂若千里之驹乎⑱,将泛泛若水中之凫乎⑲,与波上下、偷以全吾躯乎?宁与骐骥亢轭乎⑳,将随驽马之迹乎㉑?宁与黄鹄比翼乎㉒,将与鸡鹜争食乎㉓?此孰吉孰凶?何去何从?世溷浊而不清㉔:蝉翼为重,千钧为轻㉕;黄钟毁弃㉖,瓦釜雷鸣㉗;谗人高张㉘,贤士无名。吁嗟默默兮,谁知吾之廉贞!"

詹尹乃释策而谢曰:"夫尺有所短,寸有所长;物有所不足,智有所不明;数有所不逮㉙,神有所不通㉚。用君之心,行君之意。龟策诚不能知此事。"

## 【注释】

① 放:流放。屈原在前304年至前302年曾被放逐汉北(今湖北竹山对岸)一带。
② 太卜:官名,卜官之长。 郑詹尹:人名。
③ 策:蓍(shī)草。 龟:龟壳。策和龟都是古代占卜用的工具。
④ 悃(kǔn)悃款款:忠心耿耿的样子。
⑤ 送往劳来:这里指钻营奔走,随处周旋。劳,慰劳。
⑥ 诛:铲除。
⑦ 游大人:奔走于达官贵人之间。
⑧ 危身:使自身受到危害。
⑨ 媮(tōu)生:苟且偷生。媮,通"偷"。

⑩ 高举:这里指隐居。 真:本性。
⑪ 呢訾(zúzǐ):阿谀奉承的样子。 栗斯:小心献媚的样子。斯,虚词。
⑫ 喔咿(wòyī)嚅唲(rúer):强颜欢笑的样子。喔咿,强笑声。嚅唲,曲从的样子。
⑬ 妇人:指郑袖,楚怀王的宠妃。
⑭ 自清:使自己清白。
⑮ 突梯、滑(gǔ)稽:都是联绵词,圆滑诡诈的意思。
⑯ 脂:脂膏。 韦:熟皮。
⑰ 絜(xié)楹:形容态度圆滑的样子。絜,用绳子围绕圆柱形物体。楹,柱子。
⑱ 昂昂:气概不凡的样子。
⑲ 泛泛:浮游无定的样子。 凫(fú):野鸭。
⑳ 骐、骥(jì):两种良马名。 亢:通"伉",并列。 轭:车辕前面用来驾马的曲木。
㉑ 驽马:劣马。
㉒ 黄鹄(hú):天鹅。
㉓ 鹜(wù):鸭。
㉔ 混(hún):通"浑",水不清。
㉕ 钧:古代重量单位,三十斤为一钧。
㉖ 黄钟:这里指乐器,钟名。
㉗ 瓦釜(fǔ):陶土制的锅。
㉘ 高张(zhàng):窃居高位,趾高气扬。张,骄横自大。
㉙ 数:术数,这里指占卜。 逮:达到。
㉚ 神:神灵。 通:了解。以上几句说明卜官占卦,并不能解决屈原所提的问题。

## 【译文】

屈原被放逐后,有三年没有再见到怀王。他使出全部智慧来效忠国家,可是受到谗佞之人的压制;他心烦意乱,不知道应该怎么办。于是去见太卜郑詹尹,说:"我有疑惑的事情,希望由先生作出判断。"詹尹便摆出蓍草,拂去龟壳上的灰尘,说:"有何见教?"

屈原说:"我宁肯忠心耿耿,保持诚朴而忠实的心地呢,还是应当到处周旋逢迎,力求不陷于困境呢?宁肯锄掉茅草,尽力耕作呢,还是应当和达官贵人交游,来沽名钓誉呢?宁肯直言不讳,从而招致危害呢,还是应当随波逐流,谋求富贵,苟且偷生呢?宁肯远离尘世,隐居山林,保持自己的本性呢,还是应当阿谀谄笑,唯唯诺诺,去迎合那个女人呢?宁肯廉洁正直,使自己清白无瑕呢,还是应当圆滑诡诈,像脂膏、熟皮那样毫无骨气地围着别人转呢?宁肯昂头引颈,像那日行千里的骏马呢,还是应当浮游不定,像那水中的野鸭,随着波浪的起伏,苟且保全我的身躯呢?宁肯与良马骐骥并驾齐驱呢,还是跟着劣马的脚印亦步亦趋呢?宁肯与黄鹄比翼高飞呢,还是和鸡鸭一起争食呢?所有这些,哪个吉利?哪个凶险?到哪里去?从哪里来?社会浑浊不清:以蝉翅为重,以千钧为轻;黄钟被毁弃,瓦锅却发出雷鸣般的响声;谗佞的人高高在上,气焰嚣张,贤士却不被人称道。唉!还有什么可说的呢,谁了解我的纯洁和坚贞!"

詹尹于是放下蓍草,表示抱歉说:"尺有显得短的时候,寸有显得长的时候;事物有欠缺的地方,智慧有不明了的地方;占卜有预见不到的地方,神灵有不能洞察的地方。按照您的心意,实行您的主张。龟壳和蓍草实在不能知道这些事情。"

# 宋玉对楚王问

## 楚　辞

【题解】

宋玉是战国后期楚国的辞赋家。相传他是伟大诗人屈原的学生,在楚怀王、楚襄王时做过文学侍从之类的官。他的作品富有想象力,且有浪漫主义色彩。

本文未必是宋玉所作,但它采用的夸大、比喻的手法,和宋玉赋有相似之处。文中保存了重要的音乐史料。

楚襄王问于宋玉曰①:"先生其有遗行与②?何士民众庶不誉之甚也③?"

宋玉对曰:"唯,然。有之。愿大王宽其罪,使得毕其辞。

"客有歌于郢中者④,其始曰《下里》《巴人》⑤,国中属而和者数千人⑥;其为《阳阿》《薤露》⑦,国中属而和者数百人;其为《阳春》《白雪》⑧,国中属而和者不过数十人;引商刻羽,杂以流徵⑨,国中属而和者不过数人而已。是其曲弥高,其和弥寡。

"故鸟有凤而鱼有鲲⑩。凤凰上击九千里,绝云霓⑪,负苍天⑫,足乱浮云,翱翔乎杳冥之上⑬;夫藩篱之鷃⑭,岂能与之料天地之高哉!鲲鱼朝发昆仑之墟⑮,曝鬐于碣石⑯,暮宿于孟诸⑰;夫尺泽之鲵⑱,岂能与之量江海之大哉!

"故非独鸟有凤而鱼有鲲也,士亦有之。夫圣人瑰意琦行⑲,超然独处,世俗之民,又安知臣之所为哉?"

【注释】

① 楚襄王:楚顷襄王,战国末期楚国国君。前298年至前263年在位。
② 遗行:品行有缺点。遗,遗失。
③ 不誉:不称赞。
④ 郢(Yǐng):楚国都城,在今湖北江陵东北。
⑤ 《下里》《巴人》:楚国的通俗曲名。
⑥ 属(zhǔ):接续。
⑦ 《阳阿》《薤(xiè)露》:楚国比较高雅的歌曲名。
⑧ 《阳春》《白雪》:楚国高雅的歌曲名。
⑨ 引商刻羽,杂以流徵(zhǐ):这里指音乐造诣深,有很高的演唱技巧。古代有五声,后增加二变声为七声,即(1)宫、(2)商、(3)角、(4)变徵、(5)徵、(6)羽、(7)变宫。由宫至高宫形成八度。杨荫浏同志把这两句解释为:"引用第二度音,刻画第六度音,夹杂运用流动的第五度音。"认为这

里已经反映了调式的变化。(见《中国古代音乐史稿》第三编第四章)

⑩ 鲲:传说中最大的鱼。
⑪ 绝云霓:穿越云彩。
⑫ 负:背(bēi)着。
⑬ 杳(yǎo)冥:高远的天空。
⑭ 鹦:一种小鸟名。
⑮ 昆仑:我国西南地区的著名大山。
⑯ 鬐(qí):鱼脊。 碣(jié)石:山名,在今河北昌黎北。
⑰ 孟诸:古泽名,在今河南商丘东北。
⑱ 鲵(ní):小鱼。
⑲ 瑰意琦行:卓越的思想和不平凡的行为。瑰、琦,奇异。

## 【译文】

楚襄王问宋玉说:"先生也许有不检点的行为吧？为什么士人百姓都那么不称赞你呢？"

宋玉回答说:"是的,是这样,有这种情况。希望大王宽恕我的罪过,允许我把话说完。

"有个客人在都城里唱歌,起初他唱《下里》《巴人》,都城里跟着他唱的有几千人;后来唱《阳阿》《薤露》,都城里跟着他唱的有几百人;等到唱《阳春》《白雪》的时候,都城里跟着他唱的不过几十人;最后引用商声,刻画羽声,夹杂运用流动的徵声时,都城里跟着他应和的不过几个人罢了。这样看来,歌曲越是高雅,和唱的人也就越少。

"所以鸟类中有凤凰,鱼类中有鲲鱼。凤凰展翅上飞九千里,穿越云霓,背负着苍天,两只脚搅乱浮云,翱翔在那极高远的天上;那跳跃在篱笆下面的小鹦雀,岂能和它一样了解天地的高大！鲲鱼早上从昆仑山脚下出发,中午在渤海边的碣石山上晒脊背,夜晚在孟诸过夜;那一尺来深水塘里的小鲵鱼,岂能和它一样测知江海的广阔！

"所以不光是鸟类中有凤凰,鱼类中有鲲鱼,士人之中也有杰出人才。圣人的伟大志向和美好的操行,超出常人而独自存在,一般的人又怎能知道我的所作所为呢？"

# 汉 文

## 五帝本纪赞

### 史 记

【题解】

本文选自司马迁所著的《史记》。

司马迁(约前145年—前93年以后),字子长,汉武帝时左冯翊夏阳(今陕西韩城)人。我国古代伟大的历史学家和杰出的文学家。他幼年刻苦读书,青年时期游历各地,后在朝廷做官,出使西南,并随汉武帝多次出巡。前108年(元封三年),继承父亲司马谈的官职为太史令。

司马迁广泛收集史料,于前104年(太初元年)开始写作《史记》。前99年(天汉二年),因替李陵败降匈奴事辩解,遭受腐刑。出狱后,发愤著书,以毕生精力完成了伟大的历史名著《史记》。

《史记》是我国第一部以人物为中心的纪传体通史,上起传说中的黄帝,下迄汉武帝太初年间,记载了上下三千年的历史。全书包括十二本纪、十表、八书、三十世家、七十列传,共一百三十篇。反映了我国汉武帝太初以前社会经济、政治、文化演进的概貌,记述了有关生产斗争和阶级斗争的发展与变化,勾勒出帝王将相、官吏、学者、医生、商贾、游侠、农民起义领袖等社会各阶层的形形色色的人物。记事"不虚美,不隐恶",较为实事求是。许多地方,突破了传统观念,有同情被压迫者的倾向,因而有高度的思想性。刻画人物形象鲜明,语言简洁生动,具有高度的艺术性,历来又被认为是一部优秀的文学作品。

《五帝本纪》是全书的第一篇,记述了传说中上古五个帝王——黄帝、颛顼、帝喾、尧、舜的事迹。这里所选的《赞》是本篇最后一段,是说明本篇史料的来源和作者见解的。

文中表明司马迁对有关史料作了考订、分析,并到有关地区进行过考察,得出古文《尚书》和不被儒者们重视的《五帝德》《帝系姓》等书所记载的史料接近历史真实情况的结论。他以严肃审慎的态度对这些材料进行了综合与研究,选择了他认为是信实可靠的部分,写成《五帝本纪》。

本文是一篇言简意赅的说明性短文,是研究《史记》的史料价值和司马迁的史学思想的重要资料,历来被《史记》的研究者所重视。

太史公曰①:学者多称五帝,尚矣②。然《尚书》独载尧以来③,而百家言黄帝,其文不雅驯④,荐绅先生难言之⑤。孔子所传《宰予问五帝德》及《帝系姓》⑥,儒者或不传⑦。余尝西至空峒⑧,北过涿鹿⑨,东渐于海⑩,南浮江淮矣,至长老皆各往往称黄帝、尧、舜之处⑪,风教固殊焉。总之,不离古文者近是⑫。予观《春秋》《国语》⑬,其发明《五帝德》《帝系姓》章矣⑭,顾弟弗深考⑮,其所表见皆不虚⑯。《书》缺有间矣⑰,其轶乃时时见于他说⑱。非好学深思,心知其意,固难为浅见寡闻道也。余并论次,择其言尤雅者,故著为本纪书首⑲。

【注释】

① 太史公:司马迁自称。
② 尚:久远。
③ 《尚书》:是一部奴隶制时代的历史文献汇编,主要记载商、周帝王的言论与文告,同时也有东周、战国时代人根据传说编造的虞、夏史事的记载。从汉代起也称为《书经》。
④ 雅驯:正确可信。雅,正确。驯,通"训"。这里是说得通、合理的意思。
⑤ 荐绅先生:这里指有地位的人。荐绅,即搢绅,又作缙绅。古代官员上朝时把手里拿着的手板(笏 hù)插在腰带上,称为"搢绅"。搢,插。绅,腰带。先生,长者。
⑥ 《宰予问五帝德》及《帝系姓》:是《大戴礼》和《孔子家语》中的篇名,有些儒者认为不是圣人之言,不可信,因而不传学。
⑦ 或:有的人。

⑧ 空峒(tóng):山名,也写作"崆峒",在今甘肃平凉西。传说黄帝曾到过这里。
⑨ 涿鹿:山名,在今河北涿鹿东南。山侧有涿鹿城,传说黄帝、尧、舜都曾在这里建都。
⑩ 渐:入,这里是"到"的意思。
⑪ 长(zhǎng)老:年长的人。
⑫ 古文:指《尚书》《宰予问五帝德》《帝系姓》等用上古文字写成的古籍。
⑬ 予:我。 《春秋》:春秋时期鲁国的编年体史书。 《国语》:西周末至春秋时期周、鲁、齐、晋、郑、楚、吴、越八国的国别史。
⑭ 章:明。
⑮ 顾:但。 弟:通"第"。只是。
⑯ 见(xiàn):通"现"。
⑰ 有间(jiàn):指年月长。
⑱ 轶(yì):通"佚"。散失。
⑲ 著为本纪书首:写成《五帝本纪》,放在《史记》全书的开头。

## 【译文】

太史公说:学者们常常说到五帝,五帝距离今天已经很久远了。就是《尚书》也只是记载了尧以来的历史,而诸子百家提到黄帝,他们的记述都不严谨可信,就连有地位的长者也无法说清楚。孔子传下来的《宰予问五帝德》和《帝系姓》,有的儒者并不传习。我曾经西到空峒山,北过涿鹿山,东临大海,南浮于长江、淮河之上,所到之处,年长的人都往往指称黄帝、尧、舜的遗迹,但这些地方的风俗教化原来彼此并不相同。总起来说,不违背古文记载的说法接近于历史的真实情况。我看《春秋》《国语》,它们对《五帝德》《帝系姓》的阐发是很明白的,只是学者们没有深入考察,我发现《五帝德》《帝系姓》所反映出来的史实都是可信的。《尚书》残缺已经有些年头了,它所缺失的内容常常在其他著作中见到。除了好学深思、领会书中的意旨的人,本来就很难和见识浅薄、孤陋寡闻的人说清楚。我把有关五帝的材料综合起来,加以论定编排,选择那些记述最为正确可信的,写成《五帝本纪》,作为全书的开头。

# 项羽本纪赞

## 史 记

【题解】

这是《史记·项羽本纪》的最后一段,是司马迁对项羽的评论。

司马迁肯定了项羽继陈涉之后起兵反秦、推翻秦王朝的历史功绩,分析了项羽失败的原因,批驳了他的宿命论思想。但司马迁没有看到项羽失败的更重要的原因是他损害了人民的利益,以及分封诸王侯所造成的天下分裂局面,背离历史前进的方向。相反,却把"分裂天下而封王侯"作为项羽的功绩加以肯定,这正反映了司马迁的局限性。

本文不到二百字,扼要地指明项羽成败的历程和教训。写得很有气势。

太史公曰:吾闻之周生曰①,"舜目盖重瞳子"②,又闻项羽亦重瞳子。羽岂其苗裔邪③?何兴之暴也④!夫秦失其政,陈涉首难⑤,豪杰蜂起,相与并争,不可胜数⑥。然羽非有尺寸⑦,乘势起陇亩之中⑧,三年,遂将五诸侯灭秦⑨,分裂天下而封王侯,政由羽出,号为霸王。位虽不终,近古以来⑩,未尝有也。及羽背关怀楚⑪,放逐义帝而自立⑫,怨王侯叛己,难矣。自矜功伐⑬,奋其私智而不师古,谓霸王之业⑭,欲以力征经营天下,五年,卒亡其国,身死东城⑮,尚不觉寤⑯,而不自责,过矣⑰。乃引"天亡我,非用兵之罪也"⑱,岂不谬哉!

【注释】

① 周生:汉代的一个姓周的儒生。
② 重(chóng)瞳子:双瞳孔。

③ 苗裔(yì):后代子孙。
④ 暴:突然。
⑤ 陈涉:即陈胜。秦末农民起义领袖。
⑥ 胜(shēng):尽。
⑦ 尺寸:指尺寸之封地。
⑧ 陇亩:田野,这里指民间。
⑨ 五诸侯:指原来的齐、赵、韩、魏、燕五国。
⑩ 近古:司马迁是指春秋、战国以来的时代。
⑪ 背:这里是放弃的意思。关:指关中之地,即秦地。
⑫ 义帝:前208年(秦二世二年),项梁立楚怀王的孙子熊心为王,仍称楚怀王。前206年,项羽分封诸王,表面上尊楚怀王心为义帝。项羽称"西楚霸王",定都彭城(今江苏徐州),使义帝从彭城迁都郴县(今湖南郴县)。前205年,项羽派人在途中杀义帝。
⑬ 矜:夸耀。 伐:功劳。
⑭ 谓:以为。
⑮ 东城:在今安徽定远县东南。项羽在垓下突围后,被刘邦的军队所追赶,逃至东城时,只剩下二十八个人了,又向南至乌江边自刎而死。这里说他"身死东城"是泛指那个地区。
⑯ 寤:通"悟"。
⑰ 过:错误。
⑱ 引:援引,据为理由。

【译文】

　　太史公说:我听周生说,"舜的眼睛大概是双瞳孔",又听说项羽的眼睛也是双瞳孔。项羽莫非是舜的后代吗?他怎么能兴起得这样迅猛!秦朝政治衰败,陈涉首先发难起义,天下豪杰蜂起,相互竞争,多得不可胜数。而项羽并没有一尺一寸的地盘,只是趁着这种形势从民间崛起,三年的时间,便统率五国诸侯灭掉了秦朝,把天下分封给各个王侯,一时天下政令都由他制定,号称"霸王"。他的王位虽然没有保持下来,但像他这样,从近古以来,还不曾有过。待他放弃关中,怀恋楚地,赶走义帝而自立为王,这就失去了人心,再怨恨那些王侯背叛自己,那就很难了。项羽自以为有功,骄傲自大,运用个人才智而不效法古人,以为霸王大业只靠武力征伐,就可以统治天下,只有五年的时间,他的国家就灭亡了,直到他身死东城,还不曾觉悟而责备自己,这实在是个大错误。他竟然说"是上天使我失败的,不是我用兵的过错",岂不是非常荒谬!

# 秦楚之际月表

## 史　记

【题解】

　　"表"是司马迁在《史记》中创立的一种史书体例,是以表格的形式表现某一时期的史事、人物的。秦楚之际是指秦二世在位时期和项羽统治时期。时间虽短,但事件变化多端,所以按月来记述,称为"月表"。

　　本文是司马迁在《秦楚之际月表》前面所写的序言。这篇序言概括了秦楚之际政治形势的特点,即陈涉发难、项羽灭秦、刘邦称帝,而这些又都是在短促的时间内发生的。文章回顾了历史上一些帝王统一天下的艰难历程,分析了秦楚之际"号令三嬗",而汉高祖终于称帝的原因,结论有独到之处,但仍不免受宿命论的局限。


　　太史公读秦楚之际曰:初作难,发于陈涉①,虐戾灭秦自项氏②,拨乱诛暴、平定海内、卒践帝祚③、成于汉家。五年之间④,号令三嬗⑤,自生民以来,未始有受命若斯之亟也⑥。

　　昔虞、夏之兴⑦,积善累功数十年,德洽百姓⑧,摄行政事⑨,考之于天⑩,然后在位。汤、武之王⑪,乃由契、后稷⑫,修仁行义十余世,不期而会孟津八百诸侯⑬,犹以为未可。其后乃放弑⑭。秦起襄公⑮,章于文、缪⑯、献、孝之后⑰,稍以蚕食六国⑱。百有余载,至始皇乃能并冠带之伦⑲。以德若彼,用力如此,盖一统若斯之难也!

秦既称帝,患兵革不休,以有诸侯也,于是无尺土之封,堕坏名城⑳,销锋镝㉑,钽豪杰㉒,维万世之安㉓。然王迹之兴,起于闾巷㉔,合从讨伐㉕,轶于三代㉖。乡秦之禁㉗,适足以资贤者为驱除难耳㉘。故愤发其所为天下雄,安在无土不王㉙?此乃传之所谓大圣乎!岂非天哉?岂非天哉?非大圣孰能当此受命而帝者乎!

【注释】

① 陈涉:又名陈胜,秦末农民起义领袖。
② 项氏:指项羽。
③ 践:登。帝祚(zuò):帝位。
④ 五年之间:指前209年陈胜起义称王,前206年项羽尊楚怀王(即楚怀王之孙熊心)为义帝,前205年项羽派人杀义帝,前后历五年。
⑤ 嬗(shàn):变更。
⑥ 亟(jí):急促。
⑦ 虞:虞舜。夏:夏禹。都是传说中我国父系氏族社会后期的部落联盟领袖。
⑧ 洽(qià):润泽。
⑨ 摄:代理。
⑩ 考:验证。
⑪ 汤:商汤,商朝的建立者。武:周武王,周朝的建立者。
⑫ 契(Xiè):人名,传说中商的始祖。后稷:人名,传说中周的始祖。
⑬ 孟津:古黄河津渡名,在今河南省孟津县东北、孟州西南。相传周武王伐纣,在这里盟会诸侯。
⑭ 放弑:指汤放桀,武王伐纣事。
⑮ 襄公:秦襄公,秦国国君,前777年至前766年在位。
⑯ 文:秦文公,前765年至前716年在位。缪:秦穆公,前659年至前621年在位。缪同"穆"。
⑰ 献:秦献公,前384年至前362年在位。孝:秦孝公。前361年至前

338 年在位。

⑱ 稍:逐渐。　六国:指战国时期与秦并立的六个大国——齐、楚、燕、韩、赵、魏。

⑲ 始皇:秦始皇嬴政,前246年至前221年为秦王,前221年至前210年为始皇帝。　冠带之伦:戴冠束带之流。这里指五国诸侯。

⑳ 堕:通"隳"(huī),毁坏。

㉑ 镝(dí):箭头。

㉒ 钼(chú):通"锄",铲除。

㉓ 维:打算。

㉔ 间巷:里巷,指民间。

㉕ 合从(zòng):本指战国后期燕、齐、韩、赵、魏、楚六国联合抗秦的策略,这里借用,表示"联合"。从,通"纵"。

㉖ 轶(yì):超过。　三代:夏、商、周。

㉗ 乡(xiàng):从前。

㉘ 贤者:指汉高帝刘邦。

㉙ 无土不王:当时流传的古语。

【译文】

　　太史公研读关于秦楚之际的记载,说:最早发难的是陈涉,残酷暴戾地灭掉秦朝的是项羽,拨乱反正、诛除凶暴、平定天下、终于登上帝位、取得成功的是汉家。五年之间,号令变更了三次,自从有人类以来,帝王受天命的变更,还不曾有这样急促的。

　　当初虞舜、夏禹兴起的时候,他们积累善行和功劳的时间长达几十年,百姓都受到他们恩德的润泽,他们代行君主的政事,还要受到上天的考验,然后才即位。商汤、周武称王是由契、后稷开始讲求仁政,实行德义,经历了十几代,到周武王时,竟然没有约定就有八百诸侯到孟津相会,他们还认为时机不到。从那时以后,才放逐了夏桀,杀了殷纣王。秦国自襄公时兴起,在文公、穆公时显示出强大的力量,到献公、孝公之后,逐步侵占六国的土地。经历了一百多年以后,到了始皇帝才兼并了六国诸侯。实行德治像虞、夏、汤、武那样,使用武力像秦国这样,才能成功,统一天下是如此艰难!

秦称帝之后,忧虑过去的战争所以不断,是由于有诸侯的缘故,因此,对功臣、宗室连一尺土地都没有分封,而且毁坏有名的城池,销毁刀箭,铲除各地的豪强势力,打算保持万世帝业的安定。然而帝王的功业,兴起于民间,天下英雄豪杰互相联合,讨伐暴秦,气势超过了三代。从前秦国的那些禁令,恰好用来资助贤能的人排除创业的患难而已。因此,发奋有为而成为天下的英雄,怎么能说没有封地便不能成为帝王呢?这就是上天把帝位传给所说的大圣吧!这难道不是天意吗?这难道不是天意吗?如果不是大圣,谁能在这乱世承受天命建立帝业呢!

# 高祖功臣侯年表

## 史　记

【题解】

汉初,跟随汉高祖刘邦的功臣中有一百多人被封为侯。《史记·高祖功臣侯者年表》(本书标题删"者"字)就是记载这些人的经历和他们后代情况的。本文是司马迁在这份年表前所写的序言。

作者指出,这些功臣侯者及其后人到后来绝大部分被杀或被废黜,其原因一方面固然是汉朝法网日益严密;另一方面,也是更重要的原因,即是由于这些功臣侯者的后代对当时的法律无所畏惧、触犯刑律造成的。事实未必全是这样,但作者表明,列出这份年表的目的是为了总结经验教训。

太史公曰:古者人臣,功有五品,以德立宗庙、定社稷曰勋①,以言曰劳,用力曰功,明其等曰伐,积日曰阅。封爵之誓曰:"使河如带,泰山若厉②,国以永宁,爰及苗裔③。"始未尝不欲固其根本,而枝叶稍陵夷衰微也④。

余读高祖侯功臣,察其首封,所以失之者,曰:异哉所闻!《书》曰⑤:"协和万国。"迁于夏、商,或数千岁。盖周封八百,幽、厉之后⑥,见于《春秋》⑦。《尚书》有唐、虞之侯伯⑧,历三代千有余载,自全以蕃卫天子⑨,岂非笃于仁义、奉上法哉⑩?汉兴,功臣受封者百有余人。天下初定,故大城名都散亡,户口可得而数者十二三,是以大侯不过万家,小者五六百户。后数世,民咸归乡里,户益息⑪,萧、曹、绛、灌之属或至四万⑫,小侯自倍,富厚如之。子孙骄溢⑬,忘其先,淫嬖⑭。至太初⑮,百年之间,见侯五⑯,余皆坐法陨命亡国,耗矣⑰。罔亦少密焉⑱,然皆身无兢兢于当世之禁云⑲。

居今之世,志古之道⑳,所以自镜也,未必尽同。帝王者各殊礼而异务,要以成功为统纪,岂可绲乎㉑?观所以得尊宠及所以废辱,亦当世得失之林也㉒,何必旧闻?于是谨其终始,表见其文,颇有所不尽本末,著其明,疑者阙之㉓。后有君子,欲推而列之,得以览焉。

**【注释】**

① 宗庙:古代帝王、诸侯或大夫、士祭祀祖宗的庙宇。这里指帝业。 社稷:土神和谷神,古代用以象征国家。
② 厉:同"砺",磨刀石。
③ 爰(yuán):乃。
④ 稍:逐渐。 陵夷:衰颓。
⑤ 《书》:指《尚书》。下面的引文见于《尚书·尧典》。
⑥ 幽:周幽王,前781年至前771年在位。 厉:周厉王,前857年至前842年在位。幽、厉都是西周的暴君。
⑦ 《春秋》:春秋时期鲁国官修的编年体史书。
⑧ 唐:唐尧。 虞:虞舜。都是我国传说中父系氏族社会后期部落联盟领袖。 侯:古代五等爵位中的第二等。 伯:古代五等爵位中的第三等。
⑨ 蕃(fān):同"藩"。屏障。 卫:屏卫。
⑩ 笃(dǔ):忠实。

⑪ 息:繁育。
⑫ 萧:萧何。 曹:曹参。 绛:绛侯周勃。 灌:灌婴。以上四人都是汉初的主要功臣,被封为侯。
⑬ 溢:过度。
⑭ 淫嬖(bì):淫乱邪恶。
⑮ 太初:汉武帝的年号(前104年—前101年)。
⑯ 见(xiàn):现存。
⑰ 耗(máo):尽、无。
⑱ 罔:同"网",法网。
⑲ 兢(jīng)兢:小心谨慎的样子。
⑳ 志:记住。
㉑ 绲(gǔn):缝合。
㉒ 林:比喻聚集在一起。
㉓ 阙:通"缺"。

## 【译文】

太史公说:古时候臣子的功劳分为五等,用德行来建立帝业、安定国家的称为"勋",用言论的称为"劳",用武力的称为"功",使功绩等第突出的称为"伐",逐日积累功绩的称为"阅"。封爵的誓词说:"即使黄河变得像衣带那样窄,泰山变得像磨石那样小,封国也永远安宁,以至于延续到子孙后代。"看来,起初未尝不想使它的根本牢固,但到后来,它的枝叶却逐渐颓败衰落了。

我研读高祖时被封为侯的功臣的材料,考察他们起初被封和后来失去侯爵的原因之后,说:这和我前面所听到的誓词不一样了!《尚书》说:"尧以前有许多国家和睦相处。"延续到夏、商时,有的已经几千年了。周朝封了八百诸侯,到周幽王、周厉王以后,八百诸侯的后代在《春秋》上还有记载。《尚书》上记有唐尧、虞舜的后世子孙为侯、为伯的,经历了三个朝代一千多年,自己仍然保全下来,承担护卫天子的任务,这难道不是由于他们坚定地保持仁义的品德,遵守天子的法令吗?汉朝建国的时候,功臣受封的有一百多人。当时天下刚刚平定,所以大城市和著名都会的人口流散死亡,户口计算起来实际只有十分之二三,因此大侯的封地不过一万家,小的只有五六百户。后来过了几代,人民都回到乡里了,户口日益增多,萧何、曹参、周勃、灌婴等,有的户口多到四万户,小侯的户数也比初封时增加了一倍,他们财富的增加也是如此。这样,他们的子孙便骄奢过度,忘却了祖先创业的艰难,行为淫乱邪恶。从汉初到太初年间,经过一百年的时间,留下的侯只有五个了,其他的都因为犯罪而丧命,失去封国,都完了!国家的法网对他们也稍微严密了些,然而他们对当时的法律都不是小心谨慎地遵守的。

处在当今的社会,记住古代的道理,是为了给自己作借鉴,不一定要和古时候都一样,从来帝王的礼法各不相同。他们所致力的方面也不一样,总是以成功作为目标,怎么可以要求他们完全一样呢?观察人臣所以得到尊宠或遭受废辱的原因,可以看到当代就存在着或得或失的许多事例,何必一定回顾过去的情况呢?因此,我慎重地记载了他们的经历始末,用表格来反映文字记载,有一些地方不能把事情的本末说得详尽,只记叙那些清楚显著的部分,有疑惑的空下来。今后如果有人打算详细记载,可以参阅这个表。

# 孔子世家赞

## 史　记

【题解】

《史记·孔子世家》是为孔子立的传。这里所选的赞,是司马迁在这篇传记的最后直接对孔子进行的评论,充分表达了作者对孔子的推崇心情,有些话显然是过分的赞誉。

太史公曰:《诗》有之①,"高山仰止②,景行行止③"。虽不能至,然心乡往之④。余读孔氏书⑤,想见其为人。适鲁⑥,观仲尼庙堂、车服、礼器,诸生以时习礼其家,余低回留之,不能去云。天下君王至于贤人众矣,当时则荣,没则已焉。孔子布衣,传十余世,学者宗之。自天子王侯,中国言六艺者折中于夫子⑦,可谓至圣矣!

## 【注释】

① 《诗》:《诗经》,我国最早的一部诗歌总集。原称为《诗》或《诗三百》,汉代把《诗》奉为经典,始称《诗经》。下面的两句引诗,见于《诗经·小雅·车舝》。
② 止:句尾语气词,表示决定的语气。
③ 景行(háng):大道。这里比喻行为光明正大。
④ 乡:通"向"。倾向。
⑤ 孔氏书:主要指记录孔子及其弟子言行的《论语》。孔子,名丘,字仲尼。春秋末期鲁国人,生于前551年,死于前479年。在鲁国做过司寇,后曾周游列国,一生主要从事于讲学和著述。是我国古代的思想家、教育家、儒家学派的创始人。他代表的是没落的奴隶主阶级,他的思想有时代和阶级的局限性。
⑥ 适:到。 仲尼:孔丘的字。
⑦ 六艺:《易》《礼》《乐》《诗》《书》《春秋》,也称为六经。 折中:取正,用以断定事物正确与否的准则。 夫子:古代对男子的尊称。这里指孔子。

## 【译文】

太史公说:《诗经》上有这样的话,"巍巍的高山,人们在仰望;宽广的大道,人们在沿着它前进"。我虽然不能达到这种境地,但我的心却是一直在向往着。我读了孔子的书,想象到他的为人。我到鲁国,看到仲尼的庙堂、他乘坐过的车子、穿过的服装、用过的礼器,学生们按时在孔子的家庙里学习礼仪,使我徘徊留恋,舍不得离去。天下的君王乃至贤人很多,他们在世的时候总是十分荣耀,死后就都完了。而孔子只是一个平民,他的学说却传了十几代,读书人都尊崇他。从天子、王侯起,中国讲六艺的都以孔子的学说为准则。孔子这个人,可以说是道德学问最高尚的人了!

# 外戚世家序

## 史　记

【题解】

《史记·外戚世家》记述了汉高帝、文帝、景帝、武帝四朝的皇后(吕后因另有传,不包括在内)、太后及其家族的情况。这里选的是《外戚世家》的序。

司马迁在序文中论证了自古以来帝王的成功或失败都与外戚有密切关系,强调了帝王慎重择婚的特殊意义。文中引经据典,论说入情入理,有很强的说服力。

　　自古受命帝王及继体守文之君①,非独内德茂也,盖亦有外戚之助焉。夏之兴也以涂山②,而桀之放也以妹喜③;殷之兴也以有娀④,纣之杀也嬖妲己⑤;周之兴也以姜原及大任⑥,而幽王之禽也淫于褒姒⑦。故《易》基《乾》《坤》⑧,《诗》始《关雎》⑨,《书》美厘降⑩,《春秋》讥不亲迎⑪。夫妇之际,人道之大伦也。礼之用,唯婚姻为兢兢⑫。夫乐调而四时和。阴阳之变,万物之统也,可不慎与？人能弘道⑬,无如命何。甚哉妃匹之爱⑭,君不能得之于臣,父不能得之于子,况卑下乎！既欢合矣,或不能成子姓⑮;能成子姓矣,或不能要其终⑯,岂非命也哉？孔子罕称命,盖难言之也。非通幽明之变,恶能识乎性命哉⑰？

## 【注释】

① 受命帝王:指一国一朝的开创者。受命,承受天命。 继体:继承先帝的政体。 守文:遵守先帝留下的成法。

② 涂山:地名,在今安徽境内。上古居住在这里的部落称为涂山氏。传说夏禹娶涂山氏的女子,生下夏启。这里指的是涂山氏之女。

③ 桀:夏桀,相传夏朝最后一个帝王,名履癸,暴虐无道。商汤把他流放于南巢(今安徽巢县西南)。 妹喜:夏桀的宠妃。相传夏桀对她言听计从,后与桀都死在南巢。

④ 有娀(sōng):古国名,在今山西运城蒲州镇。传说有娀氏的女子简狄吞燕卵而生契,成为殷的始祖。

⑤ 纣(Zhòu):商代的最后一个帝王,亦称帝辛,相传性情极残暴,后为周武王所灭,兵败自杀。 嬖(bì):宠爱。 妲(Dá)己:商纣的宠妃。传说她助纣为虐,纣王死后被杀。

⑥ 姜原:传说是周的始祖后稷的母亲、帝喾(Kù)的妃子。 大任:即太任,周文王的母亲。

⑦ 幽王:周幽王,西周的最后一个帝王,前781年至前771年在位。 禽:通"擒"。 褒姒(sì):周幽王的宠妃。传说生来不好笑,周幽王为博得她一笑,妄举烽火,戏弄诸侯。后犬戎入侵,周幽王再举烽火告急,诸侯都不再来,终被犬戎所杀,褒姒被虏。

⑧ 《易》:《周易》相传为周人所作,通过八卦形式推测社会和自然的变化,认为阴阳两种势力的相互作用是产生万物的根源,含有朴素的辩证法思想。 《乾》《坤》:《周易》中开头两卦的卦名,分别表示阳与阴、男与女等。 基:始。

⑨ 《诗》:《诗经》,我国最早一部诗歌总集。《关雎》是《诗经》的第一篇。过去一些解释《诗经》的人,认为这一篇是歌颂后妃之德的,用来教化天下夫妇的诗歌。

⑩ 《书》:《尚书》,上古时代的史料汇编。 厘(lí)降:指尧亲自办理把自己的两个女儿下嫁给舜的婚事。厘,料理。降,下嫁。

⑪ 《春秋》:春秋时期鲁国的编年体史书。 迎(yìng):迎娶。

⑫ 兢兢:小心谨慎的样子。

⑬ 弘(hóng):发扬。

⑭ 甚:超过。 妃:通"配"。
⑮ 子姓:子孙。姓,生息。
⑯ 要(yāo):求得。
⑰ 恶(wū):怎么。

**【译文】**

　　自古受天命创业的帝王以及继承先帝的政体和遵守先帝成法的君主,不仅仅因为个人内在的德行完美,大约也是因为有外戚的协助。夏朝的兴起是因为娶了涂山氏的女子,而夏桀被流放则是因为宠爱妹喜;殷朝的兴起是因为娶了有娀氏的女子,商纣的兵败自杀则是因为他宠爱妲己;周朝的兴起是因为娶了姜原和太任,而周幽王的被擒则是因为他淫乐于褒姒。所以,《周易》的开头是《乾》卦与《坤》卦,《诗经》的第一篇是《关雎》,《尚书》赞美尧亲自料理女儿的婚事,《春秋》则讥讽娶妻而不亲自迎接。夫妇之间的关系,表示人类道义中最重要的伦理。礼的运用,唯独在婚姻上要特别慎重。音乐谐调,四时的气候才能正常。阴阳的变化,是万物生长的根源,能不对此持慎重态度吗?人能发扬道义,对命运却无可奈何。夫妻之间的爱超过了一切,君主不能从臣下那里得到,父亲不能从儿子那里得到,何况更卑贱的人呢!夫妇之间既已相爱而结合,有的不能生儿育女;能生儿育女的,又有的不能白头到老,这岂不是命运吗?孔子很少说到命运,大约是因为难于说清楚。不能通晓阴阳的变化,怎么能懂得人性与命运呢?

# 伯 夷 列 传

## 史 记

**【题解】**

　　这是《史记》七十篇列传中的第一篇。

文中简要记述了孤竹君的两个儿子伯夷、叔齐的事迹,歌颂了他们注重节义的品德,纠正了关于他们死时毫无怨恨的说法。并以许由、务光与之对比,说明伯夷、叔齐名闻后世,与孔子称颂有直接关系。

周武王伐纣是符合历史发展的正义行动。伯夷、叔齐反对武王伐纣和不食周粟的行为是错误的,但文中尖锐地提出了"天之报施善人,其何如哉"的疑问,是对封建统治阶级的天道观的大胆否定,同时还表示了对当时社会现状的不满。

本文以议论为主,以叙事为辅,以含蓄的笔法提出尖锐的问题,纵横议论,气势连贯。

夫学者载籍极博①,犹考信于六艺②。《诗》《书》虽缺③,然虞、夏之文可知也④。尧将逊位⑤,让于虞舜。舜、禹之间,岳牧咸荐⑥,乃试之于位,典职数十年⑦,功用既兴,然后授政,示天下重器⑧。王者大统,传天下若斯之难也。而说者曰,尧让天下于许由⑨,许由不受,耻之逃隐。及夏之时,有卞随、务光者⑩。此何以称焉⑪?太史公曰:余登箕山⑫,其上盖有许由冢云。孔子序列古之仁圣贤人,如吴太伯、伯夷之伦详矣⑬。余以所闻由、光义至高,其文辞不少概见,何哉?

孔子曰:"伯夷、叔齐,不念旧恶,怨是用希⑭。""求仁得仁,又何怨乎⑮?"余悲伯夷之意,睹轶诗可异焉⑯。其传曰:伯夷、叔齐,孤竹君之二子也⑰。父欲立叔齐,及父卒,叔齐让伯夷。伯夷曰:"父命也。"遂逃去。叔齐亦不肯立而逃之,国人立其中子。于是伯夷、叔齐闻西伯昌善养老⑱,"盍往归焉⑲"!及至,西伯卒。武王载木主⑳,号为文王,东伐纣㉑。伯夷、叔齐叩马而谏曰:"父死不葬,爰及干戈㉒,可谓孝乎?以臣弑君,可谓仁乎?"左右欲兵之。太公曰㉓:"此义人也。"扶而去之。武王已平殷乱,天下宗周,而伯夷、叔齐耻之,义不食周粟,隐于首阳山㉔,采薇而食之㉕。及饿且死,作歌,其辞曰:"登彼西山兮,采其薇矣。以暴易暴兮,不知其非矣。

神农、虞、夏忽焉没兮㉖,我安适归矣?于嗟徂兮㉗,命之衰矣!"遂饿死于首阳山。由此观之,怨邪非邪?

或曰:"天道无亲,常与善人㉘。"若伯夷、叔齐可谓善人者非邪?积仁洁行如此而饿死!且七十子之徒,仲尼独荐颜渊为好学㉙。然回也屡空,糟糠不厌,而卒蚤夭。天之报施善人,其何如哉?盗跖日杀不辜㉚,肝人之肉,暴戾恣睢㉛,聚党数千人,横行天下,竟以寿终,是遵何德哉?此其尤大彰明较著者也。若至近世,操行不轨,专犯忌讳,而终身逸乐,富厚累世不绝;或择地而蹈之,时然后出言,行不由径,非公正不发愤,而遇祸灾者,不可胜数也㉜。余甚惑焉,傥所谓天道,是邪非邪?

子曰㉝:"道不同,不相为谋。"亦各从其志也。故曰㉞:"富贵如可求,虽执鞭之士,吾亦为之;如不可求,从吾所好。""岁寒,然后知松柏之后凋㉟。"举世混浊,清士乃见。岂以其重若彼,其轻若此哉?

"君子疾没世而名不称焉㊱。"贾子曰㊲:"贪夫徇财,烈士徇名,夸者死权,众庶冯生㊳。"同明相照,同类相求㊴。"云从龙,风从虎,圣人作而万物睹㊵。"伯夷、叔齐虽贤,得夫子而名益彰,颜渊虽笃学,附骥尾而行益显。岩穴之士㊶,趋舍有时㊷,若此类名堙灭而不称㊸,悲夫!闾巷之人,欲砥行立名者㊹,非附青云之士㊺,恶能施于后世哉㊻!

【注释】

① 载籍:书籍。
② 六艺:即六经,《诗》《书》《礼》《乐》《易》《春秋》。
③ 《诗》:我国最早的一部诗歌总集,汉代开始尊为经典,称为《诗经》。《书》:《尚书》,上古时代的史料汇编,汉代开始称为《书经》。《诗》《书》到秦始皇时遭焚毁,有所缺失。
④ 虞:虞舜。  夏:夏禹。《尚书》中的《尧典》《舜典》记载了尧、舜禅让的

传说。

⑤ 逊:退让。

⑥ 岳:指四岳,传说是尧、舜时分掌四方部落的四个首领。 牧:指九牧,九州之长。

⑦ 典:主持。

⑧ 重器:象征国家权力的宝物,如鼎等。

⑨ 许由:传说为上古隐士,尧要把天下让给他,他拒不接受,逃隐到颍水以北。

⑩ 卞随:夏桀时人,相传汤灭夏桀后曾让天下于卞随,卞随不受,投水而死。务光:夏桀时人,相传汤灭夏桀后曾让天下于务光,务光不受而逃隐。

⑪ 称:说。

⑫ 箕山:在今河南登封南。篇中插入的"太史公曰",是司马迁转述其父司马谈的话。

⑬ 吴太伯:周朝祖先古公亶父的长子,让位于弟弟季历(周文王姬昌的父亲),自己出走到吴地。

⑭ 引文见于《论语·公冶长》。 是用:因此。用,通"以",因。

⑮ 引文见于《论语·述而》。

⑯ 轶(yì)诗:指下文的《采薇歌》,不见于《诗三百》中。轶,散失。

⑰ 孤竹君:孤竹国国君,姓墨胎。孤竹,商时国名,在今河北卢龙。

⑱ 西伯昌:即周文王姬昌,当时他是西方诸侯之长,故称西伯。

⑲ 盍(hé):何不。

⑳ 木主:木牌位。

㉑ 纣(Zhòu):商代的最后一个帝王,也称帝辛。

㉒ 爰(yuán):乃。这里是"竟"的意思。

㉓ 太公:本姓姜,字子牙。又名吕尚,称太公望。辅佐周武王伐纣、建立周朝,封于齐国。

㉔ 首阳山:在今山西永济南。

㉕ 薇:野菜,可生食。

㉖ 神农:神农氏,传说中的远古帝王。

㉗ 于嗟:即"吁嗟",感叹词。 徂(cú):通"殂",死。

㉘ 与:赞助。

㉙ 仲尼:孔丘的字。 颜渊:名回,字子渊。孔子的弟子。孔子认为他是弟

子中最好学的一个。
㉚ 盗跖(Zhí):相传为春秋时期反抗贵族统治的领袖,历史上诬为大盗。不辜:无辜,没有罪的人。
㉛ 恣睢(suī):放肆行凶。
㉜ 胜(shēng):尽。
㉝ 子:指孔子。下句引文见于《论语·卫灵公》。
㉞ 引文见《论语·述而》。
㉟ 此句见《论语·子罕》。
㊱ 此句见《论语·卫灵公》。
㊲ 贾子:贾谊,西汉初年杰出的政论家。引文见《鵩鸟赋》。
㊳ 冯(píng):仗恃,这里有贪求的意思。
㊴ 这两句是从《易·乾卦》中的"同声相应,同气相求"脱化来的。
㊵ 引文见《易·乾卦》。
㊶ 岩穴之士:隐士。
㊷ 趋:进取,指成名于世。 舍:舍弃,指湮没无闻。
㊸ 堙(yīn)灭:或作"湮灭",埋没。
㊹ 砥(dǐ):磨刀石。这里用作动词,磨炼的意思。
㊺ 青云之士:高超的人。这里指孔子。
㊻ 恶(wū):何。 施(yì):延续。

## 【译文】

　　读书人见到的书籍极为广博,还要用六艺去核实材料的可靠性。《诗》《书》虽有缺失,但关于虞舜、夏禹的记载还是可以看到。尧将要退位时,把天下让给舜。舜和禹在即位以前,四岳、九牧都推荐了他们,让他们担任职务,试行执政,掌管职务几十年,功效已经显示出来了,才正式把天下政权交给他们,出示国家的重器。帝王是最高的权位,传天下是如此慎重。可是有人说尧曾经把天下让给许由,许由不肯接受,引以为耻,逃走隐居去了。到夏朝时,又有卞随、务光这样的人。这些说法是根据什么呢? 太史公说:我登上箕山,上面原来有许由的坟墓。孔子论述古代圣人、贤人的事迹,如吴太伯、伯夷之类,是很详细的。我所听到的许由、务光的德义都很高尚,但在孔子编修的书中,却见不到有关他们的简略记载,这是为什么呢?

孔子说:"伯夷、叔齐不记旧仇,因而怨恨很少。""目的在于求仁,而得到的正是仁,又有什么可怨恨的呢?"我对伯夷兄弟互相让位和不食周朝粮食而饿死的意志,深表同情,看到他们遗散的诗,似乎还是有怨意,令人感到诧异。他们的传文中说:伯夷、叔齐是孤竹君的两个儿子。父亲想要叔齐继位,到父亲死后,叔齐让位给伯夷,伯夷说:"这是父亲的决定啊!"于是逃离了孤竹国。叔齐也不肯继位,逃走了。国中的人便立了孤竹君的二儿子为国君。这时候,伯夷、叔齐听说西伯姬昌能很好地奉养老人,说"何不去投奔他呢"!到了那里,西伯已死。周武王用车子载着西伯的牌位,追封西伯为文王,东进讨伐纣王。伯夷、叔齐拉住武王的马缰绳劝说道:"父亲死了不去埋葬,竟然大动干戈,能说是孝吗?身为臣子却要弑杀君主,能说是仁吗?"武王左右的人要杀掉他们,太公吕尚说:"这是有节义的人哪!"把他们搀扶起来,让他们走了。武王平定殷纣之乱以后,天下都归附周朝,而伯夷、叔齐认为这是很可耻的,坚持节义,不吃周朝的粮食,隐居在首阳山,采食薇菜为生。等到他们饿得快死的时候,作了一首歌,歌词说:"登上那座西山啊,采掘山上的薇菜。用暴虐去代替暴虐啊,还不自知为非。神农、虞舜、夏禹的时代都匆匆过去了,我归向何方呢?哎呀,要死去了啊,命中注定要衰亡了!"于是饿死在首阳山上。由此看来,是怨恨呢,还是不是呢?

有人说:"上天对人没有偏私,总是赞助善人的。"像伯夷、叔齐可以说是善人呢,还是不是呢?这样仁德纯厚、品行高洁的人竟会饿死!还有,在七十弟子之中,仲尼唯独推举颜渊是最好学的人。但颜回常常遭受贫困之苦,连糟糠都吃不饱,终于过早地死去了。上天对善人的报施,又怎么样呢?盗跖成天杀害无辜的人,吃人心肝,残暴凶狠,无法无天,聚集党徒几千人,横行天下,竟得以寿终,这又是根据什么样的仁德呢?这是特别彰明较著的事啊。至于到了近代,有的人操行不合规范,专门干犯法纪,但终身享受安乐,财产富厚,一代一代地享用无穷;有的人选好了地方才下脚,到了时候才说话,走路都不敢走小路,不是公正的事决不发愤去做,但自身却遭受灾难,像这种情况，是数不胜数的。对此，我感到困惑不解。倘使像前面所说的上天赞助善人，是这样呢，还是不是呢？

孔子说："主张不同，不必互相磋商。"这意思也是各从自己的志向啊！所以说："如果富贵可以求得，即使做个拿着鞭子为人开路的人，我也干；如果不可以求得，那就按照我所喜好的去做。""到了严冬季节，才能知道松柏是最后落叶的。"如果整个社会都是混浊污秽的，那么高洁之士便会显现出来。这或许是因为俗人对富贵是看得那样的重，而高洁之士对富贵却看得这样的轻吧！

"君子所怕的是死后名声不被人们所称道。"贾子说："贪婪的人为财而死，好义的人为名献身，夸耀权势的人死于争权，普通的百姓贪求生存。"同是具有光芒的，便会互相映照；同属一类的，便会彼此应求。"云从龙，风从虎，圣人兴起而世间万物都会随之兴起。"伯夷、叔齐虽有贤德，而得到了孔子的赞誉则声名越发显著，颜渊虽然专心好学，也是因为附在千里马的尾巴上才能名声显著。居住山林的隐士，或成名于世，或湮没无闻，都在于时运，像这类声名湮灭而不为后世所称道的，实在可悲呀！普通的人要想修养品德，建立声名，不依附于德高望重的人，怎么可能使声名留传到后世呢！

# 管晏列传

## 史 记

【题解】

本文是《史记》列传部分的第二篇。管仲、晏婴都是齐国的名臣。管仲辅佐桓公成为春秋时期第一个霸主；晏子辅佐景公，使齐达到治世。文中除记述二人事迹外，还着重写了鲍叔和晏子知人善用的故事。管仲出身贫寒，又因侍奉公子纠而获罪于桓公，但他得到鲍叔多次援助，又被推荐给桓公，这才有施展才能的机会。晏子贵为国相,却以越石父为知己,待为上宾,以车夫为贤能,荐为大夫,实在难能可贵。司马迁赞美二人的品德,实际是自叹不遇解骖赎罪的知己。文末以愿为晏子执鞭来抒发他内心深处的感慨,寓意尤其深刻。

通篇以"知己"立论,上下篇有内在联系,前后贯通,浑然一体。

管仲夷吾者①,颍上人也②。少时常与鲍叔牙游③,鲍叔知其贤。管仲贫困,常欺鲍叔,鲍叔终善遇之,不以为言。已而鲍叔事齐公子小白④,管仲事公子纠⑤。及小白立为桓公,公子纠死,管仲囚焉。鲍叔遂进管仲。管仲既用,任政于齐,齐桓公以霸。九合诸侯,一匡天下,管仲之谋也。

管仲曰⑥:"吾始困时,尝与鲍叔贾⑦,分财利多自与,鲍叔不以我为贪,知我贫也。吾尝为鲍叔谋事而更穷困,鲍叔不以我为愚,知时有利不利也。吾尝三仕三见逐于君,鲍叔不以我为不肖,知我不遭时也。吾尝三战三走⑧,鲍叔不以我为怯,知我有老母也。公子纠败,召忽死之⑨,吾幽囚受辱,鲍叔不以我为无耻,知我不羞小节而耻功名不显于天下也。生我者父母,知我者鲍子也。"

鲍叔既进管仲,以身下之。子孙世禄于齐有封邑者十余世⑩,常为名大夫。天下不多管仲之贤而多鲍叔能知人也。

管仲既任政相齐,以区区之齐在海滨,通货积财,富国强兵,与俗同好恶。故其称曰⑪:"仓廪实而知礼节,衣食足而知荣辱,上服度则六亲固⑫。""四维不张⑬,国乃灭亡。""下令如流水之源,令顺民心。"故论卑而易行。俗之所欲,因而予之;俗之所否,因而去之。

其为政也,善因祸而为福,转败而为功。贵轻重⑭,慎权衡⑮。桓公实怒少姬,南袭蔡⑯,管仲因而伐楚,责包茅不入贡于周室⑰。桓公实北征山戎⑱,而管仲因而令燕修召公之政⑲。于柯之会,桓公欲背曹沫之约⑳,管仲因而信之,诸侯由是归齐。故曰㉑:"知与之为取,政之宝也。"

管仲富拟于公室,有三归、反坫㉒,齐人不以为侈。管仲卒,齐国遵其政,常强于诸侯。

后百余年而有晏子焉。

晏平仲婴者,莱之夷维人也㉓。事齐灵公、庄公、景公㉔,以节俭力行重于齐。既相齐,食不重肉,妾不衣帛。其在朝,君语及之,即危言;语不及之,即危行。国有道,即顺命;无道,即衡命。以此三世显名于诸侯。

越石父贤㉕,在缧绁中㉖。晏子出,遭之途,解左骖赎之㉗,载归。弗谢,入闺,久之。越石父请绝。晏子戄然㉘,摄衣冠谢曰:"婴虽不仁,免子于厄,何子求绝之速也?"石父曰:"不然。吾闻君子诎于不知己而信于知己者㉙。方吾在缧绁中,彼不知我也。夫子既已感寤而赎我,是知己;知己而无礼,固不如在缧绁之中。"晏子于是延入为上客。

晏子为齐相,出,其御之妻从门间而窥其夫㉚。其夫为相御,拥大盖,策驷马,意气扬扬,甚自得也。既而归,其妻请去。夫问其故。妻曰:"晏子长不满六尺,身相齐国,名显诸侯。今者妾观其出,志念深矣,常有以自下者。今子长八尺,乃为人仆御,然子之意自以为足,妾是以求去也。"其后夫自抑损。晏子怪而问之,御以实对。晏子荐以为大夫。

太史公曰:吾读管氏《牧民》《山高》《乘马》《轻重》《九府》㉛,及《晏子春秋》㉜,详哉其言之也。既见其著书,欲观其行事,故次其传。至其书,世多有之,是以不论,论其轶事。

管仲,世所谓贤臣,然孔子小之。岂以为周道衰微,桓公既贤,而不勉之至王,乃称霸哉?语曰:"将顺其美,匡救其恶,故上下能相亲也。"㉝岂管仲之谓乎?

方晏子伏庄公尸哭之,成礼然后去㉞,岂所谓"见义不为,无勇"者邪㉟?至其谏说,犯君之颜,此所谓"进思尽忠,退思补过"者哉㊱!假令晏子而在,余虽为之执鞭,所忻慕焉。

## 【注释】

① 管仲:管敬仲(?—前645年),春秋初期齐国的政治家。名夷吾,字仲,颍上(今安徽颍上一带)人。今存《管子》一书,其中多为战国时齐国管子学派的著作。共二十四卷,原八十六篇,今存七十六篇。
② 颍:水名,源出河南登封,至今安徽寿县之正阳关入淮河。
③ 鲍叔牙:春秋时齐大夫,以知人著称。他推荐管仲给齐桓公。
④ 公子小白:即齐桓公,姓姜,名小白,齐襄公之弟。前685年至前643年在位。他任用管仲,进行改革,成为春秋时第一个霸主。
⑤ 公子纠:齐襄公之弟。与公子小白争夺君位,失败后被杀。
⑥ 管仲曰:以下引自《列子・力命》。
⑦ 贾(gǔ):坐地经商。
⑧ 走:跑。这里是战败的意思。
⑨ 召(Shào)忽:齐人,与管仲一起事公子纠。纠被杀后,召忽自杀。
⑩ 十余世:指鲍叔的子孙后世。
⑪ 称曰:这里引自《管子・牧民》。引文与今本《管子》稍有出入。
⑫ 上:指君主或尊长。 服度:遵守法度。服,行。 六亲:指父、母、兄、弟、妻、子。
⑬ 四维:指礼、义、廉、耻。维,纲纪。
⑭ 轻重:价格的高低。这里指控制物价,调节商品和货币流通的理论和实践。
⑮ 权衡:本指秤。这里指理财。
⑯ 袭蔡:齐桓公二十九年(前657年),桓公与夫人少姬戏于船中,少姬因摇荡船只惊吓了桓公,被送回蔡国。后蔡国使少姬另嫁,桓公恼怒,遂于三十年兴师伐蔡。蔡,古国名,在今河南上蔡、安徽凤台一带。
⑰ 包茅:古代祭祀时,用裹束着的青茅,滤去酒渣,故称此青茅为包茅。
⑱ 北征山戎:齐桓公二十三年山戎伐燕,齐桓公救燕而伐山戎。山戎,古族名,又称北戎。春秋时,分布在今河北北部一带。
⑲ 召(Shào)公:又称召康公。姓姬,名奭(shì),周代燕国的始祖。周成王时任太保。

⑳ 曹沫之约:齐桓公五年,齐桓公与鲁庄公会盟于柯(今山东东阿西南)。鲁将曹沫以匕首挟持齐桓公,要求归还被侵占的土地,桓公应允。不久,桓公又想背约,管仲劝他实践诺言,于是归还了鲁国的土地。

㉑ 故曰:下文引自《管子·牧民》。

㉒ 三归:三座高台,供游赏之用。 反坫(diàn):堂屋两柱间设有土台,供放置酒器之用。按"礼",诸侯才有三归和反坫,管仲是大夫,不应享有。

㉓ 莱:古国名,今山东黄县东南有莱子城,即古莱国。 夷维:今山东高密。

㉔ 齐灵公:前581年至前554年在位。 齐庄公:前553年至前548年在位。 齐景公:前547年至前490年在位。

㉕ 越石父:齐国的贤人。

㉖ 缧绁(léixiè):拘系犯人的绳索。这里作囚禁解。

㉗ 骖:指一车三马或四马中两旁的两匹马。

㉘ 憬(jué):惊异的样子。

㉙ 诎:通"屈"。 信:通"申"。

㉚ 御:驾驶车马。这里指驾车的人。

㉛ 《牧民》《山高》《乘马》《轻重》《九府》:皆为《管子》一书中的篇名。

㉜ 《晏子春秋》:书名,作者不详,旧题晏婴撰,共七篇。

㉝ 语曰:这里引自《孝经·事君》。

㉞ 成礼然后去:据《左传》记载,齐大夫崔杼杀死庄公,晏婴进去,抱着庄公的尸体痛哭,尽了君臣之礼,然后才离去(见本书《晏子不死君难》)。

㉟ 见义不为:引文出自《论语·为政》。

㊱ 进思尽忠:引文出自《孝经·事君》。

## 【译文】

管仲,名夷吾,是颍水边上的人。他年轻时常常和鲍叔牙交游,鲍叔知道他是很有才能的。管仲家中生活很贫困,常常占鲍叔的便宜,鲍叔始终对他很好,没有怨言。后来鲍叔侍奉齐国的公子小白,管仲侍奉公子纠。等到小白立为齐桓公,公子纠被杀死,管仲也被囚禁起来了。鲍叔于是向桓公推荐管仲。管仲被任用以后,执掌齐国的政事,齐桓公的霸业得以成功。九次会集诸侯,使天下一切得到匡正,都是管仲的计谋。

管仲说:"我当初贫困的时候,曾经和鲍叔一起经商,分财利时自己常常多拿一些,但鲍叔并不认为我贪财,知道我是由于贫穷的缘故。我曾经为鲍叔办事,结果使他更加穷困,但鲍叔并不认为我愚笨,而是知道时机有利和不利。我曾经三次做官,三次都被君主免职,鲍叔并不认为我没有才干,知道我是没有遇到好的时机。我曾三次作战,但三次都失败逃跑,鲍叔不认为我是胆小,而是知道我还有老母的缘故。公子纠失败了,召忽为他而死,我被囚禁起来受屈辱,鲍叔并不认为我不知羞耻,而是知道我不拘泥小节,以功名不显扬于天下为羞耻。生我的是父母,但了解我的却是鲍叔啊!"

鲍叔推荐管仲辅佐齐桓公以后,就情愿身居管仲之下。鲍叔的子孙世代都在齐国享受俸禄,十几代人都得到了封地,常常是有名的大夫。所以天下人不称赞管仲的贤能,却称赞鲍叔能够了解人。

管仲在齐国执政,辅佐齐桓公以后,使海滨的小小齐国,流通货物,积聚财帛,富国强兵,办事能够与百姓同好恶。所以他说:"仓库充实了,才能知道礼仪节操,衣食富足了,才能懂得荣誉与耻辱,君主如果能遵守法度,那么,父母兄弟妻子之间就会亲密无间。""礼义廉耻得不到伸张,国家就要灭亡。""国家颁布的政令,就像流水的源泉,畅通无阻,因为它能顺应民心。"所以道理浅显,容易实行。百姓所要求的,就顺应着他们的愿望提供给他们;百姓所不赞同的,就顺着他们的愿望抛弃它。

管仲治理国家,善于利用祸害而得福,把失败转变为成功。非常重视控制物价,谨慎地处理财政。桓公事实上怨恨少姬,于是南下袭击蔡国,但管仲却借这个机会去攻打楚国,责备楚国不向周天子进贡包茅。桓公事实上北伐山戎,但管仲却借这个机会,命令燕国实行召公的政令。桓公在柯地与鲁国会盟,后来又想违背同曹沫的盟约,但管仲借助这个盟约使桓公树立信义,因此诸侯都来归附齐国。所以说:"认识到给予就是索取的道理,这是治理国政的法宝。"

管仲的财富可以和公室相比,他有三归高台,又有反坫,但齐国人并不认为他奢侈。管仲死后,齐国仍然遵循他的政令法规,常比各国诸侯都强大。

经过一百多年以后，齐国又出现了一位晏子。

晏平仲，名婴，是夷维人，曾侍奉过齐灵公、齐庄公、齐景公。他尽力实行节俭，为齐国人民所推重。他辅佐三公时，不吃两样的肉食，妻妾不穿丝绸衣裳。他在朝廷上，国君有话问他，他即严肃地回答；不向他问话，他就严肃地办事。当国家有道的时候，就顺命行事；无道的时候，就权衡度量着去行事。凭着这种品德，在三世中能显扬名声于诸侯。

越石父是个贤能的人，犯了罪被囚禁。晏子外出，在路上遇见他，晏子就解下左边的马，赎出了石父，并让他上车，一同回家。晏子没有向石父告辞，就进入内室，许久不出来。于是越石父请求断绝交情。晏子大吃一惊，整理自己的衣冠道歉说："我虽然没有仁德，但也帮助您脱离了困境，您为什么这样快就要求断绝交情呢？"石父说："不能这样说。我听说君子在不了解自己的人那里受屈，但在知己人的面前受到尊敬。当我在囚禁期间，那些人是不了解我的。您既然了解我，并且把我赎出来，这就是知己了；知己而待我无礼，当然不如在囚禁中。"晏子于是请他进来，待为上宾。

晏子做了齐国的宰相，一次外出，他车夫的妻子从门缝里偷看她的丈夫。她的丈夫替宰相驾车，坐在车盖下边，鞭打着四匹马，意气昂扬，表现出非常得意的样子。车夫回家以后，他的妻子就请求离去。车夫问她为什么。妻子说："晏子身长不满六尺，却做了齐国的宰相，名声显扬于诸侯。今天我看他出来，意志深远，常常流露甘居人下的情态。现在你身长八尺，却给人家当车夫，但看你的心意却自以为满足，因此我要求离去。"从此以后，她丈夫就变得谨慎谦虚了。晏子感到奇怪，就问他，车夫如实作了回答。晏子推荐他做了齐国的大夫。

太史公说：我读管氏的《牧民》《山高》《乘马》《轻重》《九府》，以及《晏子春秋》，书中说得详细极了。看了他们所著的书以后，还想了解他们的所作所为，因此，编写了他们的传记。至于他们的著作，世上已有很多，所以不再论述，传里只讲述他们的轶事。

世人都说管仲是贤臣，但孔子却轻视他。难道是因为周室衰微，桓公既然很贤明，而管仲不勉励他去谋求王道，却辅佐他完成了霸业吗？古语说："帮助发扬君主的美德，纠正他的过错，所以上下就能互相亲近。"说的就是管仲吧？

当晏子伏在庄公尸体上痛哭，尽到为臣的礼仪以后，才肯离去，难道这是所说的"见义不为，就是没有勇气"的人吗？至于他的直率的规劝，冒犯君主的威严，这就是"在朝廷上要竭尽忠心，下朝则反省补救过失"的人啊！假若晏子现在还活着，我就是替他执鞭效劳，也是我喜欢和羡慕的事。

# 屈 原 列 传

## 史 记

**【题解】**

本文是《史记·屈原贾生列传》中有关屈原的部分，其中又删去了屈原的《怀沙》赋。这是现存关于屈原最早的较完整的史料，是研究屈原生平的重要依据。

屈原是两千多年前我国的一位伟大诗人。他生活的时代大约是公元前340年至前278年间，即战国后期。当时齐、楚、燕、韩、赵、魏、秦七个大国正频繁地互相攻伐，争相完成统一大业。屈原是楚国人，他生在楚王朝没落和衰败的时期，他的直谏精神和进步主张得不到楚王和权臣的支持，因而造成了他一生的悲剧。

屈原的作品，据《汉书·艺文志》记载，有《离骚》《九歌》《天问》等二十五篇。

本文夹叙夹议，文辞委婉典雅。作者以强烈的感情歌颂了屈原卓越的才能和他真挚的爱祖国、恋乡土的精神，反复慨叹他不幸的遭遇，读来感人至深。

屈原者，名平，楚之同姓也①。为楚怀王左徒②。博闻强志，明于治乱，娴于辞令③。入则与王图议国事，以出号令；出则接遇宾客，应对诸侯。王甚任之。

上官大夫与之同列④，争宠，而心害其能。怀王使屈原造为宪令，屈平属草稿未定⑤。上官大夫见而欲夺之，屈平不与，因谗之曰："王使屈平为令，众莫不知，每一令出，平伐其功，曰⑥：以为'非我莫能为'也。"王怒而疏屈平。

屈平疾王听之不聪也，谗谄之蔽明也，邪曲之害公也，方正之不容也，故忧愁幽思，而作《离骚》⑦。"离骚"者，犹离忧也。夫天者，人之始也；父母者，人之本也。人穷则反本，故劳苦倦极，未尝不呼天也；疾痛惨怛⑧，未尝不呼父母也。屈平正道直行，竭忠尽智以事其君，谗人间之，可谓穷矣！信而见疑，忠而被谤，能无怨乎？屈平之作《离骚》，盖自怨生也⑨。《国风》好色而不淫⑩，《小雅》怨诽而不乱⑪，若《离骚》者，可谓兼之矣！上称帝喾⑫，下道齐桓⑬，中述汤、武⑭，以刺世事。明道德之广崇，治乱之条贯⑮，靡不毕见。其文约，其辞微，其志洁，其行廉。其称文小而其指极大，举类迩而见义远⑯。其志洁，故其称物芳。其行廉，故死而不容。自疏濯淖污泥之中⑰，蝉蜕于浊秽，以浮游尘埃之外，不获世之滋垢⑱，皭然泥而不滓者也⑲。推此志也，虽与日月争光可也。

屈原既绌⑳，其后秦欲伐齐。齐与楚从亲㉑。惠王患之㉒，乃令张仪详去秦㉓，厚币委质事楚㉔，曰："秦甚憎齐，齐与楚从亲，楚诚能绝齐，秦愿献商、於之地六百里㉕。"楚怀王贪而信张仪，遂绝齐。使使如秦受地，张仪诈之曰："仪与王约六里，不闻六百里。"楚使怒去，归告怀王。怀王怒，大兴师伐秦。秦发兵击之，大破楚师于丹、淅㉖，斩首八万，虏楚将屈匄㉗，遂取楚之汉中地㉘。怀王乃悉发国中兵，以深入击秦，战于蓝田㉙。魏闻之，袭楚至邓㉚。楚兵惧，自秦归。而齐竟怒，不救楚,楚大困。

明年㉛,秦割汉中地与楚以和。楚王曰:"不愿得地,愿得张仪而甘心焉。"张仪闻,乃曰:"以一仪而当汉中地,臣请往如楚。"如楚,又因厚币用事者臣靳尚㉜,而设诡辩于怀王之宠姬郑袖。怀王竟听郑袖,复释去张仪。是时屈原既疏,不复在位,使于齐,顾反㉝,谏怀王曰:"何不杀张仪?"怀王悔,追张仪,不及。

其后,诸侯共击楚,大破之,杀其将唐眛㉞。

时秦昭王与楚婚㉟,欲与怀王会。怀王欲行,屈平曰:"秦,虎狼之国,不可信。不如无行!"怀王稚子子兰劝王行:"奈何绝秦欢!"怀王卒行。入武关,秦伏兵绝其后,因留怀王以求割地。怀王怒,不听。亡走赵,赵不内。复之秦,竟死于秦而归葬。

长子顷襄王立,以其弟子兰为令尹㊱。楚人既咎子兰以劝怀王入秦而不反也。屈平既嫉之,虽放流㊲,眷顾楚国㊳,系心怀王,不忘欲反。冀幸君之一悟,俗之一改也。其存君兴国,而欲反覆之,一篇之中,三致意焉。然终无可奈何,故不可以反。卒以此见怀王之终不悟也。

人君无愚智、贤不肖,莫不欲求忠以自为,举贤以自佐。然亡国破家相随属,而圣君治国累世而不见者㊴,其所谓忠者不忠,而所谓贤者不贤也!怀王以不知忠臣之分,故内惑于郑袖,外欺于张仪,疏屈平而信上官大夫、令尹子兰。兵挫地削,亡其六郡,身客死于秦,为天下笑。此不知人之祸也。《易》曰㊵:"井渫不食㊶,为我心恻,可以汲。王明,并受其福。"王之不明,岂足福哉!

令尹子兰闻之大怒㊷,卒使上官大夫短屈原于顷襄王。顷襄王怒而迁之。

屈原至于江滨,被发行吟泽畔㊸。颜色憔悴,形容枯槁。

渔父见而问之曰:"子非三闾大夫欤㊹?何故而至此?"屈原曰:"举世混浊而我独清,众人皆醉而我独醒,是以见放。"渔父曰:"夫圣人者,不凝滞于物而能与世推移。举世混浊,何不随其流而扬其波?众人皆醉,何不餔其糟而啜其醨㊺?何故怀瑾握瑜㊻,而自令见放为?"屈原曰:"吾闻之:新沐者必弹冠,新浴者必振衣。人又谁能以身之察察㊼,受物之汶汶者乎㊽!宁赴常流㊾,而葬乎江鱼腹中耳。又安能以皓皓之白㊿,而蒙世之温蠖乎㈤!"乃作《怀沙》之赋㈥。

于是怀石,遂自投汨罗以死㈦。

屈原既死之后,楚有宋玉、唐勒、景差之徒者㈧,皆好辞而以赋见称。然皆祖屈原之从容辞令,终莫敢直谏。其后楚日以削,数十年竟为秦所灭㈨。

自屈原沉汨罗后百有余年,汉有贾生㈩,为长沙王太傅㈤。过湘水,投书以吊屈原㈥。

太史公曰㈦:余读《离骚》《天问》《招魂》《哀郢》㈧,悲其志。适长沙,过屈原所自沉渊,未尝不垂涕,想见其为人。及见贾生吊之,又怪屈原以彼其材游诸侯,何国不容,而自令若是!读《鵩鸟赋》㈨,同死生,轻去就㈤,又爽然自失矣!

【注释】

① 楚之同姓:楚本姓芈(Mǐ)。楚武王的儿子瑕封于屈(相传在今湖北秭归东),其后代遂以屈为姓。瑕为屈原的祖先。
② 楚怀王:前328年至前299年在位。 左徒:楚官名,职次仅次于令尹。
③ 娴(xián):熟练。
④ 上官大夫:楚大夫。"上官"是复姓。一说即下文的靳尚。
⑤ 属(zhǔ):撰著。
⑥ 曰:此字疑为衍文。
⑦ 《离骚》:屈原作品中最长的一篇抒情诗。
⑧ 惨怛(dá):忧伤。

⑨ 盖:承接连词,承上文,解释原因。
⑩ 《国风》:《诗经》的组成部分之一。包括《周南》《召南》等十五国的民间歌谣,共一百六十篇。
⑪ 《小雅》:《诗经》的组成部分之一。其中多是指斥朝政缺失、反映丧乱的政治诗,共七十四篇。
⑫ 帝喾(Kù):古代传说中的古帝王名,为黄帝曾孙,号高辛氏。
⑬ 齐桓:即齐桓公,前685年至前643年在位。春秋五霸之一。
⑭ 汤:又称商汤,灭夏建立商朝。 武:周武王,灭商建立西周王朝。
⑮ 条贯:条理。
⑯ 迩:近。
⑰ 濯淖(zhuónào):污浊。
⑱ 获:玷辱。 滋:通"兹",黑。
⑲ 皭(jiào)然:洁白的样子。 滓(zǐ):污黑。
⑳ 绌(chù):通"黜",贬退。指屈原被免去左徒的职位。
㉑ 从(zòng)亲:指两国合纵相亲。当时楚、齐等六国联合抗秦,称为合纵。楚怀王为纵长。从,通"纵"。
㉒ 惠王:指秦惠王,前337年至前311年在位。
㉓ 张仪:魏人,主张"连横",游说六国事奉秦国。 详:通"佯"。
㉔ 委:呈献。 质:通"贽",礼物。
㉕ 商、於(Wū):秦二地名。这里指商、於两邑间地区。商,在今陕西商县东南。於,在今河南西峡县境。
㉖ 丹、淅(Xī):二水名。丹江发源于陕西商县西北,东南流入河南。淅水,为丹江的支流。
㉗ 屈匄(gài):楚大将军。
㉘ 汉中:郡名,在今湖北西北部、陕西东南部一带。
㉙ 蓝田:秦县名,在今陕西蓝田西。
㉚ 邓:春秋时蔡地,后属楚,在今河南郾城东南。
㉛ 明年:指楚怀王十八年(前311年)。
㉜ 靳尚:楚大夫。一说即前文的上官大夫。
㉝ 顾反:回来。顾,还。反,通"返"。
㉞ 唐昧(mèi):楚将。楚怀王二十八年(前301年),秦、齐、韩、魏攻楚,杀唐昧。

㉟ 秦昭王:前306年至前251年在位。
㊱ 令尹:楚官名,为楚国的最高行政长官。
㊲ 虽流放:以下几句与前后文中屈原流放的记叙,在时间上有矛盾,文意也不连贯,前人多疑有脱误。
㊳ 眷顾:眷恋。
㊴ 世:古称三十年为一世。
㊵ 《易》:《周易》,又称《易经》。引文是《易经·井卦》的爻辞。
㊶ 渫(xiè):淘去泥污。这里以淘净的水,比喻贤人。
㊷ 之:指前文"屈平既嫉之"的事实。
㊸ 被:通"披"。
㊹ 三闾大夫:掌管楚国王族昭、屈、景三姓事务的官。
㊺ 餔(bǔ):通"哺",食。 糟:酒渣。 啜(chuò):喝。 醨(lí):薄酒。
㊻ 瑾、瑜:都是美玉。
㊼ 察察:洁白的样子。
㊽ 汶(mén)汶:昏暗的样子。
㊾ 常流:即"长流",指江水。
㊿ 皓(hào)皓:皎洁的样子。
㉑ 温蠖(huò):旧注昏聩。方以智《通雅》解为"尘滓深曲之状",较好。
㉒ 《怀沙》:《楚辞·九章》的篇名。系屈原怀念长沙的诗。
㉓ 汨罗(Mìluó):江名。在湖南东北部,流经汨罗入洞庭湖。
㉔ 宋玉、唐勒、景差:相传宋玉为楚顷襄王时人,屈原的弟子。唐勒、景差与宋玉同时。
㉕ 数十年:公元前223年秦灭楚。距楚顷襄王即位(前299年)共七十六年。
㉖ 贾生:贾谊(前200年—前168年),洛阳(今河南洛阳东)人。西汉政论家、文学家。
㉗ 长沙王:吴差,是汉朝开国功臣吴芮的玄孙。 太傅:官名,辅佐国王。
㉘ 书:指贾谊所写的《吊屈原赋》。
㉙ 太史公:本文作者司马迁自称。
㉚ 《天问》《招魂》《哀郢》:都是屈原所作《楚辞》中的篇名。
㉛ 《鵩鸟赋》:贾谊所作。
㉜ 去:指被贬官放逐。 就:指在朝任职。

## 【译文】

屈原,名平,与楚国的王族同姓。他做过楚怀王的左徒。见闻广博,记忆力很强,通晓国家治乱的道理,擅长应对辞令。在朝内与国王谋划商议国事,发号施令;对外接待宾客,应酬诸侯。怀王很信任他。

上官大夫与屈原的官位相同,想争得宠幸,心里嫉妒屈原的才能。怀王让屈原制定国家的重要法令,屈原起草的法令尚未定稿。上官大夫见了就想夺走,屈原不肯给他,他就在怀王面前进谗言说:"大王使屈原制定法令,大家没有不知道的,每发出一项号令,屈原就夸耀自己的功劳,说是'除了我,别人是做不出来的'。"怀王听了很生气,因而疏远了屈原。

屈原痛心怀王不能听信忠言、明辨是非,被谗言和谄媚之辞所蒙蔽,以致所见不明,邪恶的小人危害公正的人,端方正直的君子不为朝廷所容,所以屈原忧愁苦闷,写出了《离骚》。"离骚"就是遭遇忧患的意思。上天,是人类的原始;父母,是人的根本。人在处境危难的时候就会追念上天和父母,所以到了极其劳苦疲倦的时候,没有不喊天的;遇到病痛或忧伤的时候,没有不呼叫父母的。屈原为人端方正直,竭尽了自己的忠诚和智慧来辅佐君主,但被小人离间,可以说是处境困难到极点!诚信而遭怀疑,忠实反被诽谤,怎么能没有怨恨呢?屈原之所以作《离骚》,就是由怨恨所引起的。《国风》虽然多写男女的爱情,但并不过分,《小雅》虽然有抱怨指责的言辞,但并未宣扬叛乱。像《离骚》,可以说是兼有二者的特点!它对远古称述帝喾,近世称述齐桓公,中古称述商汤和周武王,用这些史事来讽刺当时的政事。阐明道德的广大崇高,国家治乱的前因后果,无不完全表现出来。他的文笔简练,用词微妙,他的志趣高洁,行为方正。文章说到的虽然细小,但含义却极其远大,列举事例虽在眼前,但所体现的意义却极其深远。由于志趣高洁,所以文中多引用芳草香花作比喻。由于行为正直,所以宁死也不肯苟且取容。自己远离混浊的泥潭,像蝉蜕壳一样,超脱于尘世之外,不受浊世的玷辱,能保持皎洁的品德,出污泥而不染。可以推断,屈原这种高洁的意志,即使说它能同日月争辉,也是可以的!

屈原已经免官,后来秦国准备攻打齐国。齐国本来与楚国合纵相亲,联合抗秦。秦惠王对此感到忧虑,于是让张仪假意离开秦国,带着丰厚的礼物呈献给楚王,表示愿意事奉楚王。张仪对楚王说:"秦国很憎恨齐国,而齐国又与楚国合纵相亲,如果楚国确实能与齐国绝交,秦国愿意把商、於之间的六百里土地献给楚国。"楚怀王起了贪心,听信张仪的话,于是和齐国断绝了交往。然后派遣使臣到秦国接受土地,张仪抵赖说:"我和楚王相约的是六里,未听说有六百里。"楚国使臣愤怒地离开秦国,回去报告怀王。怀王发怒,出动大批军队去讨伐秦国,秦国出兵还击,大破楚军于丹江和淅水之滨,杀了八万人,俘虏了楚国的大将屈匄,于是夺取了楚国汉中一带的土地。怀王又发动全国的兵力,深入秦地,攻打秦国,交战于蓝田。魏国听到这种情况,就出兵偷袭楚国,打到楚国邓地。楚军恐惧,从秦国撤退。这时齐国终因怨恨楚国,不肯援救,楚国处境十分困窘。

第二年,秦国割汉中地给楚国来讲和。楚王说:"我不愿意得到土地,情愿得到张仪才甘心。"张仪听了,说:"用一个张仪来抵挡汉中地方,我请求到楚国去。"到了楚国,他又用丰厚的礼物贿赂当权的大臣靳尚,通过靳尚捏造诡诈的言辞,去说动怀王的宠姬郑袖,怀王终于听了郑袖的话,再次放还张仪。这时屈原已被疏远,不在朝中任职,出使到齐国去了。他从齐国回来,劝怀王说:"为什么不杀了张仪?"怀王很后悔,派人去追赶张仪,已经来不及了。

后来诸侯联合攻打楚国,大破楚军,杀了楚将唐眛。

这时秦昭王与楚国通婚,要求与怀王会面。怀王想去,屈原说:"秦国是虎狼一样的国家,是不可以信任的,不如不去!"怀王的幼子子兰劝怀王去,说:"怎么能断绝和秦国的友好关系?"怀王终于去了。一进入武关,秦国的伏兵就截断了他的归路,扣留了怀王,强求割让土地。怀王很气愤,不听秦国的要挟。逃往赵国,赵国不肯收留。他只好又到了秦国,终于死在秦国,后来尸体被运回楚国埋葬了。

怀王的长子顷襄王即位后,任用他的弟弟子兰为令尹,楚国人都抱怨子兰,因为他劝怀王入秦而终于未能回来。屈原也为此嫉恨子兰,虽然流放在外,仍然眷恋着楚国,心里惦记着怀王,盼望能再回到朝中任职。他希望国君能够觉悟,习俗能够转变。屈原关怀君主,一心使国家复兴,想使它转弱为强的愿望,在他的每篇作品中,都反复地表现出来。但是终于无法实现,所以也不能回朝任职。由此可以看出怀王始终没有觉悟。

做君主的,不论愚笨或高明、贤明或昏庸,没有不希望得到忠臣来效忠自己,举拔贤能来辅佐自己的。但是国破家亡的事例所以接连发生,而圣明君主治好国家的事例所以多少世代以来没有出现过,乃是因所谓忠臣并不忠,所谓贤人并不贤的缘故!怀王因为不明白忠臣的职分,所以在内被郑袖所迷惑,在外被张仪所欺骗,疏远屈原而信任上官大夫和令尹子兰。结果是战败割地,失去了六郡的土地,自身也被扣留而死在秦国,终于被天下人所耻笑。这就是由于不了解人所带来的灾祸。《易经》上说:"井淘干净了,还没有人吃井里的水,我心里很难过,因为井水是供汲取饮用的。如果君主明智,天下人就都能得福。"如果君主不明智,难道还称得上福吗?

令尹子兰听见屈原的话,非常愤怒,终于让上官大夫在顷襄王面前说屈原的坏话。顷襄王很愤怒,因而放逐了屈原。

屈原到了江边,披散头发,沿湖畔边走边吟咏着诗赋。他面色憔悴,身体干瘦。渔父看见他,便问道:"您不是三闾大夫吗?为什么到了这个地方?"屈原说:"整个社会都是混浊的,只有我一人清白,众人都醉了,只有我独自清醒,因此遭到放逐。"渔父说:"圣人,不受外界事物所拘束,而能够随着世俗变化。世上都混浊,为什么不随波逐流而且推波助澜呢?众人都醉了,为什么不吃点酒糟,喝一点薄酒呢?为什么一定要怀抱美玉一般的节操,自取被放逐的灾难呢?"屈原说:"我听说:刚洗过头的人,一定要弹掉帽子上的灰尘;刚洗过澡的人,一定要抖去衣服上的灰尘。高尚的人,谁能让自己高洁的身躯,蒙受世俗的污垢?我宁肯投入江心,葬身鱼腹,又怎能使自己高洁的品德,蒙受世俗灰尘渣滓的沾染呢?"于是作了《怀沙》之赋。

就在这时,屈原抱着石头,投汨罗江而死。

屈原死后,楚国有宋玉、唐勒、景差这些人,都爱好文学,以善于作赋而被称道。他们的作品都效法屈原辞令委婉含蓄的一面,终于不敢直言规劝。在这之后,楚国领土一天天缩小,几十年后,终于被秦国灭掉。

自从屈原沉没汨罗江后,经过一百多年,汉朝有个贾谊,担任长沙王的太傅。他在路过湘水时撰写文章,投入江心,用来凭吊屈原。

太史公说:我读了《离骚》《天问》《招魂》《哀郢》,为屈原的志向不能实现而悲伤。前往长沙,经过屈原自沉的地方,未尝不落泪,追怀他的为人。看到贾生凭吊他的文章,文中责怪屈原如果以他那样的才能去游说诸侯,哪个国家不能容纳?而自己偏要选择这样的道路!读了《鹏鸟赋》,体会到应当把死生的事情等同看待,把去就的行为等闲视之,这使我又感到茫茫然失去了什么依据。

# 酷吏列传序

## 史 记

【题解】

酷吏,就是执法严酷的官吏。《酷吏列传》揭露了这批酷吏的残暴行为。这里选的是《酷吏列传》的序文,是一篇借论述酷吏而针砭时弊的文章。文中用孔子、老子的言论,并用秦末的吏治情况与汉初相对比,来说明作者的论点,简洁有力,余意深长。

孔子曰①:"道之以政②,齐之以刑③,民免而无耻④;道之以德,齐之以礼,有耻且格⑤。"老氏称⑥:"上德不德⑦,是以有德;下德不失德⑧,是以无德。法令滋章⑨,盗贼多有。"太史公曰:信哉是言也!法令者治之具,而非制治清浊之源也。

昔天下之网尝密矣⑩,然奸伪萌起⑪,其极也,上下相遁⑫,至于不振。当是之时,吏治若救火扬沸⑬,非武健严酷,恶能胜其任而愉快乎?言道德者,溺其职矣⑭,故曰⑮:"听讼吾犹人也⑯,必也使无讼乎!""下士闻道大笑之。"⑰非虚言也。

汉兴,破觚而为圜⑱,斫雕而为朴⑲,网漏于吞舟之鱼,而吏治烝烝⑳,不至于奸,黎民艾安㉑。由是观之,在彼不在此。

【注释】

① 孔子:即孔丘。引文见《论语·为政》。
② 道:通"导"。引导。
③ 齐:统一行动。
④ 免:免于犯罪。
⑤ 格:至。引申为归服的意思。
⑥ 老氏:指老子,道家学派的创始人老聃。引文见《老子》三十八章。
⑦ 上德:最有德的人。
⑧ 下德:最无德的人。
⑨ 滋:愈加。　章:严明。这里是严酷的意思。
⑩ 昔:指秦始皇时。
⑪ 萌起:像草木初生那样出现,形容不断发生的意思。
⑫ 遁:逃。这里是逃避的意思。
⑬ 救火:指负薪救火。　扬沸(fèi):指扬汤止沸。都是比喻于事无益。扬,舀起再倾下。汤,热水。
⑭ 溺职:失职,职务沉滞不能开展。
⑮ 故曰:这里指孔子说。引文见《论语·颜渊》。
⑯ 听讼(sòng):审理案件。
⑰ 下士:下愚的士人。引文见《老子》四十一章。
⑱ 破觚(gū)而为圜(yuán):把方形东西的棱角去掉而变成圆形。这里比喻法制简约浑厚。觚,有棱角的酒器。圜,通"圆"。
⑲ 斫(zhuó)雕而为朴:把物品上雕刻的花纹削去而使它回复原来的朴素形态,即返璞归真。
⑳ 烝(zhēng)烝:兴盛、美好的样子。这里有成绩辉煌的意思。

㉑ 艾(yì)安:平安无事。艾,通"乂",治理。

【译文】

　　孔子说:"用政令引导他们,用刑法统一他们的行动,人民虽免于犯罪却不知羞耻;用道德引导他们,用礼教统一他们的行动,人民懂得羞耻而且心服。"老子说:"最有德的人不标榜自己有德,因此有德;最无德的人标榜自己有德,因此无德。法令愈加严酷,盗贼便愈多。"太史公说:这些话说得对!法令是治理国家的工具,而不是社会治理得好坏的本源。想当初国家的法网曾经是很严密的,但是邪恶伪诈的事不断发生,发展到极点时,上上下下,都一层一层地规避法网,以至于国家无法振兴起来。在当时,官吏用法治,如同负薪救火、扬汤止沸,都于事无补,不采取强硬严酷的手段,官吏们哪能完成职务而心情愉快呢?主张用道德治理人民的官吏,必然使职务沉滞而不能开展。所以说:"审理案件我和别人一样,所不同的只是我主张一定要使诉讼事件不要发生!""下愚的士人听说用德治,便嘲笑它。"这些都不是假话。

　　汉朝初年,国家的法律简约宽厚,废除繁规苛法,提倡返璞归真,法网宽大得可以漏掉吞舟之鱼,而官吏治民的成绩却很辉煌,人民没有邪恶的行为,百姓平安无事。由此看来,治理国家在于用德,而不在于用刑。

# 游侠列传序

## 史　记

【题解】

　　《游侠列传》是《史记》中具有强烈人民性的一篇。游侠是出身于下层的除暴安良的英雄。他们讲信义,救危难,不畏强暴,往往干犯当时政府的法令,而为受凌辱受压迫的人们所称颂。

这里选的是《游侠列传》的序。儒、墨、法三家都轻视游侠,当政者更反对游侠,唯独作者力排众议,立传加以歌颂,态度十分鲜明,显示了不同寻常的见解和胆识。

作者以文王、武王和王者亲属以及独善其身的儒者季次、原宪作为陪衬,极力阐明游侠高尚和可贵的品行,使人不能不为之心服。

韩子曰[①]:"儒以文乱法,而侠以武犯禁。"二者皆讥,而学士多称于世云。至如以术取宰相、卿、大夫,辅翼其世主,功名俱著于春秋[②],固无可言者。及若季次、原宪[③],闾巷人也[④],读书怀独行君子之德[⑤],义不苟合当世[⑥],当世亦笑之。故季次、原宪终身空室蓬户[⑦],褐衣疏食不厌[⑧]。死而已四百余年,而弟子志之不倦[⑨]。今游侠,其行虽不轨于正义[⑩],然其言必信,其行必果,已诺必诚,不爱其躯,赴士之厄困[⑪],既已存亡死生矣,而不矜其能[⑫],羞伐其德[⑬],盖亦有足多者焉[⑭]。

且缓急[⑮],人之所时有也。太史公曰:昔者虞舜窘于井廪[⑯],伊尹负于鼎俎[⑰],傅说匿于傅险[⑱],吕尚困于棘津[⑲],夷吾桎梏[⑳],百里饭牛[㉑],仲尼畏匡[㉒],菜色陈、蔡[㉓],此皆学士所谓有道仁人也,犹然遭此灾,况以中材而涉乱世之末流乎[㉔]?其遇害何可胜道哉[㉕]!

鄙人有言曰[㉖]:"何知仁义,已向其利者为有德[㉗]。"故伯夷丑周[㉘],饿死首阳山,而文、武不以其故贬王;跖、蹻暴戾[㉙],其徒诵义无穷。由此观之,"窃钩者诛[㉚],窃国者侯;侯之门,仁义存",非虚言也。

今拘学或抱咫尺之义[㉛],久孤于世,岂若卑论侪俗[㉜],与世浮沉而取荣名哉!而布衣之徒,设取予然诺[㉝],千里诵义,为死不顾世,此亦有所长,非苟而已也[㉞]。故士穷窘而得委命[㉟],此岂非人之所谓贤豪间者邪[㊱]?诚使乡曲之侠,予季次、原宪比权量力㊲,效功于当世,不同日而论矣。要以功见言信㊳,侠客之义又曷可少哉㊴!

古布衣之侠,靡得而闻已㊵。近世延陵、孟尝、春申、平原、信陵之徒㊶,皆因王者亲属,藉于有土卿相之富厚,招天下贤者,显名诸侯,不可谓不贤者矣。比如顺风而呼,声非加疾,其势激也。至如闾巷之侠,修行砥名,声施于天下㊷,莫不称贤,是为难耳。然儒、墨皆排摈不载。自秦以前,匹夫之侠,湮灭不见㊸,余甚恨之。以余所闻,汉兴有朱家、田仲、王公、剧孟、郭解之徒㊹,虽时扞当世之文罔㊺,然其私义,廉洁退让,有足称者。名不虚立,士不虚附。至如朋党宗强㊻,比周设财役贫㊼,豪暴侵凌孤弱,恣欲自快,游侠亦丑之。余悲世俗不察其意,而猥以朱家、郭解等令与豪暴之徒同类而共笑之也㊽。

## 【注释】

① 韩子:韩非,战国时期法家代表人物,著有《韩非子》。这里的引文见《韩非子·五蠹》。
② 春秋:这里泛指史书,不是专指鲁史《春秋》。
③ 季次:孔子弟子公皙哀,字季次。 原宪:孔子弟子,字子思。两人都终身没有做官。
④ 闾(lú)巷:里巷,指民间。
⑤ 怀:怀抱。 独行(xìng):独善其身。
⑥ 苟:随便。
⑦ 蓬户:用蓬草编成的门扇。
⑧ 褐衣:粗布上衣。 疏食:粮食少,以蔬菜为主的食物。疏,通"蔬"。 厌:通"餍",满足。
⑨ 志:怀念。
⑩ 轨:合。 正义:当时社会的道德准则,这里指国法。
⑪ 厄:灾难。
⑫ 矜:炫耀。

⑬ 伐：自夸。
⑭ 多：称道。
⑮ 缓急：偏义复词，急难。
⑯ 虞舜：传说中父系氏族社会后期部落联盟领袖。古代传说，舜未称帝时，他的父亲瞽叟宠爱后妻的儿子象。瞽叟和象设计谋害舜，叫舜去修理粮仓，却放火烧粮仓；叫他去淘井，他们又想乘机活埋他。舜几次都脱了险，没有被害。  廪：粮仓。
⑰ 伊尹：商汤的贤相。传说先前伊尹曾做过厨师。  负：背着。  鼎：烹煮用的炊具。  俎(zǔ)：切肉的砧板。
⑱ 傅说(yuè)：殷王武丁的贤相。传说他在见武丁之前曾在傅险居住，做泥瓦工。  匿：隐藏。  傅险：即傅岩，在今山西平陆东。
⑲ 吕尚：又称姜子牙、太公望。据记载，吕尚先前曾在棘津当过卖食物的小贩，后辅佐周武王灭殷建立周朝。  棘津：在今河南延津东北，现已湮没。
⑳ 夷吾：春秋时齐桓公的相管仲，字夷吾。管仲起初曾辅佐公子纠与齐桓公争夺齐国政权。公子纠失败后，管仲被囚。  桎：脚镣。  梏(gù)：手铐。
㉑ 百里：秦穆公的贤相百里奚。他在见秦穆公之前，曾卖身为奴，替人喂牛。  饭(fàn)：喂养。
㉒ 仲尼：孔丘的字。孔子路过匡，匡人误认他是仇人阳货，几乎被害。  畏：指受到威胁。  匡：春秋时卫国地名，在今河南长垣西南。
㉓ 菜色陈、蔡：指孔子路过陈、蔡时被困挨饿。菜色，因饥饿而面有菜色。陈，国名，建都宛丘（今河南淮阳）。蔡，国名，原建都上蔡（今河南上蔡），后迁都州来（今安徽寿县西北）。
㉔ 涉：经历。  末流：末世，即衰败时期。
㉕ 胜(shēng)：尽。
㉖ 鄙人有言：即俗谚说。鄙人，乡野的人。
㉗ 已：通"以"。  向：通"享"。
㉘ 伯夷：殷末孤竹君的长子。  丑：耻。
㉙ 跖(zhí)：古史中称为"盗跖"，春秋时反对贵族统治的人民领袖。  蹻(juē)：庄蹻，战国时楚国反对贵族统治的人民领袖。这两人在历史上都被诬称为大盗。  戾(lì)：横行无忌。

㉚ 钩:衣带上的钩。引号中文字从《庄子·胠箧》篇脱化而来。
㉛ 拘学:拘谨固执的书生。 咫(zhǐ)尺:形容微小。咫,古代长度单位,八寸为一咫。
㉜ 卑论:放低论调。 侪(chái)俗:混同于流俗。
㉝ 设:建立。这里是重视的意思。
㉞ 苟:随便。
㉟ 委命:把性命委托给他人。
㊱ 间者:杰出的人才。
㊲ 予:通"与"。
㊳ 要(yāo):总之。 见:通"现",显著。
㊴ 曷(hé):何。 少:轻。
㊵ 靡(mǐ):无。
㊶ 延陵:春秋时吴国公子季札,因封于延陵,故称延陵季子。 孟尝:孟尝君,齐国贵族田文。 春申:春申君,楚考烈王的相黄歇。 平原:平原君,赵惠文王之弟赵胜。 信陵:信陵君,魏安釐王异母弟无忌。孟尝君、春申君、平原君、信陵君四人被称为战国四公子。
㊷ 施(yì):及,这里是传遍的意思。
㊸ 湮(yān)灭:埋没。
㊹ 朱家、田仲、王公、剧孟、郭解:这五人都是汉初著名的游侠,救人急难,不自夸,不图报,威望很高。
㊺ 扞(hàn):触犯。 文罔:指法网。
㊻ 朋党:结党营私的人。 宗强:豪强。
㊼ 比周:彼此勾结。 设:利用。
㊽ 猥(wěi):混杂。

【译文】

　　韩非子说:"儒者用文献扰乱国家的法度,而游侠用暴力来违犯国家的禁令。"儒者与游侠都受到韩非的讥议,而儒者却大多受到世人的称道。至于像那些靠法术取得宰相、卿、大夫等高官的人,辅佐当世的君主,功名都载于史册,本来就没有什么值得一说的。至于像季次、原宪,都是里巷平民,一心读书,谨守着独善其身的人所具有的品德,坚持道义,不与世俗同流合污,当时的人们也常讥笑他们。所以,季次、原宪终生住在用蓬草编成门扇的空屋子里,连粗布衣服、野生蔬菜都得不到满足。死后四百多年,他们的信奉者对他们的怀念依然不变。如今的游侠,行为虽不合于道德准则,但是他们说话必定讲信用,办事一定要取得成功,已经应允的事情一定真心实意地去做,为了解救别人的急难,不吝惜自己的生命,已经做到使陷于危难者得以生存,却不夸耀自己的本事,以称道自己对别人的恩德为耻,这样的游侠,似乎也有值得称颂的地方吧!

况且急难的事是人们所常常遇到的。太史公说:当初,舜在淘井和修粮仓的时候受到过迫害,伊尹曾背着鼎俎当过人家的厨子,傅说曾隐藏在傅岩,吕尚曾困居在棘津,管仲带过手铐脚镣,百里奚替人喂过牛,孔子曾在匡地受到威胁,在陈、蔡两地断炊挨饿,面有饥色,这些人都是儒者们所说的有道德的仁人,尚且遭到这样的灾难,何况一个只有中等才能的人而又处于乱世的最黑暗的时期呢?他们所遭受的祸害怎么能说得完呢!

俗话说:"谁知道什么仁义不仁义,自身享受到谁的好处,谁就是有德的人。"所以,伯夷认为周武王伐纣的行为是可耻的,因而不吃周朝的粮食,饿死在首阳山,但是周文王、周武王的威望并没有因此受到损害;盗跖、庄蹻残暴无忌,而他们的党徒却永远称颂他们的义气。由此看来,"偷衣带钩的小偷要杀头,而窃国大盗却成为王侯;王侯的门庭就存在仁义了",这话一点也不假。

如今那些拘谨的儒者,有的死守着他们所认定的狭隘的道义,把自己长久地孤立于世俗之外,这哪如降低论调、附和流俗、与世俗共浮沉、去猎取功名呢!而那些平民出身的游侠,却重视收受或给予的准则以及其他应允办理的事情,义气传诵千里,为此而死,全不管世俗的议论,这也是他们的长处,不是随便乱来的。所以士人到了穷困窘迫的时候,就把自己的命运委托给游侠了,这些游侠难道不是人们所说的贤人、豪杰等特出人物吗?如果让这些民间游侠与季次、原宪等儒者比较地位、衡量能力、看他们对当代的贡献,那么儒者就不能和游侠相提并论。总之,办事见成效、说话讲信用,游侠的义气又怎么可以轻视呢!

古时候民间的游侠,已经不得而知。近世的延陵季子、孟尝君、春申君、平原君、信陵君之类的人,都是国君的亲属,凭借着卿相的地位和封地的大量财产,招揽天下贤能的人,使自己名扬于诸侯,不能说他们是不贤的人。但这就像顺风呼喊,声音本身并没有加大,是风势促使它传播得很远。至于像民间的游侠,修养自己的品德,成就自己的名望,天下传扬,没有不说他们贤能的,这是很不容易的!但是儒家、墨家都排斥游侠,不记载他们的事迹。秦以前民间的游侠都被埋没而不见于史籍,对此我深以为憾。就我所知,汉朝建立以来,有朱家、田仲、王公、剧孟、郭解一类人物,虽然他们时常触犯当世的法网,但他们个人的道德信义,他们的廉洁与谦让的行为,很有值得称颂的地方。他们的名声不是凭空建立起来的,一般士人也不是无缘无故就依附他们的。至于像那种结党营私的人和强宗豪族,彼此勾结,利用钱财役使贫困的人,依仗势力侵害、欺侮那些势孤力弱的人,放纵私欲,只图自身逸乐,对这种行径,游侠也是很憎恶的。我感到痛心的是,世俗之人不体察游侠的心意,却不分青红皂白地把朱家、郭解等人同那些豪强横暴之徒视为同类,而一起加以讥笑。

# 滑 稽 列 传

## 史 记

【题解】

《史记·滑稽列传》是专叙滑稽人物的类传。

司马迁所说的滑稽人物是指那些不随波逐流,不争权夺利,能通行上下的人。这种人能言善辩,常用婉转的讽喻或反话进行规劝,在谈笑之间,以含蓄微妙的语言点出事物的要害。司马迁把滑稽与"六艺"相提并论,高度赞扬了这种人物。

本文比喻新奇浅近,寓意深刻明白。行文韵散相间,错落有致。人物形象鲜明生动。写滑稽人物,用滑稽笔墨,形式也和内容互相协调。

孔子曰[①]:"六艺于治一也[②]。《礼》以节人,《乐》以发和,《书》以导事[③],《诗》以达意,《易》以神化,《春秋》以道义。"太史公曰[④]:天道恢恢,岂不大哉!谈言微中,亦可以解纷。

淳于髡者[⑤],齐之赘婿也[⑥]。长不满七尺。滑稽多辨[⑦],数使诸侯,未尝屈辱。齐威王之时[⑧],喜隐[⑨],好为淫乐长夜之饮,沉湎不治[⑩],委政卿大夫。百官荒乱,诸侯并侵,国且危亡,在于旦暮。左右莫敢谏。淳于髡说之以隐曰:"国中有大鸟,止王之庭,三年不蜚又不鸣[⑪],王知此鸟何也?"王曰:"此鸟不蜚则已,一蜚冲天;不鸣则已,一鸣惊人。"于是乃朝诸县令长七十二人[⑫],赏一人[⑬],诛一人[⑭],奋兵而出。诸侯振惊,皆还齐侵地。威行三十六年。语在《田完世家》中[⑮]。

威王八年[⑯],楚大发兵加齐。齐王使淳于髡之赵请救兵,赍金百斤[⑰],车马十驷[⑱]。淳于髡仰天大笑,冠缨索绝[⑲]。王曰:"先生少之乎?"髡曰:"何敢!"王曰:"笑岂有说乎?"髡曰:"今者臣从东方来,见道旁有穰田者[⑳],操一豚蹄,酒一盂,而祝曰:'瓯窭满篝[㉑],污邪满车[㉒]。五谷蕃熟,穰穰满家。'臣见其所持者狭而所欲者奢,故笑之。"于是齐威王乃益赍黄金千镒[㉓],白璧十双,车马百驷。髡辞而行。至赵,赵王与之精兵十万,革车千乘[㉔]。楚闻之,夜引兵而去。威王大说,置酒后宫,召髡赐之酒。问曰:"先生能饮几何而醉?"对曰:"臣饮一斗亦醉,一石亦醉。"威王曰:"先生饮一斗而醉,恶能饮一石哉!其说可得闻乎?"髡曰:"赐酒大王之前,执法在傍,御史在后[㉕],髡恐惧俯伏而饮,不过一斗径醉矣。若亲有严客[㉖],髡帣韝鞠跽[㉗],侍酒于前,时赐余沥,奉觞上寿[㉘],数起,饮不过二斗径醉矣。若朋友交游,久不相见,卒然相睹,欢然道故,私情相语,饮可五六斗径醉矣。若乃州闾之会㉙,男女杂坐,行酒稽留㉚,六博投壶㉛,相引为曹㉜,握手无罚,目眙不禁㉝,前有堕珥,后有遗簪,髡窃乐此,饮可八斗而醉二参㉞。日暮酒阑㉟,合尊促坐㊱,男女同席,履舄交错㊲,杯盘狼藉,堂上烛灭,主人留髡而送客,罗襦襟解㊳,微闻芗泽㊴,当此之时,髡心最欢,能饮一石。故曰:'酒极则乱,乐极则悲。'万事尽然,言不可极,极之而衰。"以讽谏焉。齐王曰:"善!"乃罢长夜之饮,以髡为诸侯主客㊵。宗室置酒,髡尝在侧。

## 【注释】

① 孔子(前551年—前479年):春秋末期的思想家、教育家,儒家学派的创始人。名丘,字仲尼。
② 六艺:即下文的《礼》《乐》《书》《诗》《易》《春秋》六经。
③ 导:通"道",叙说。
④ 太史公:司马迁自称。
⑤ 淳于髡(kūn):人名。淳于是复姓,名髡。
⑥ 赘(zhuì)婿:旧时男子到女家结婚,叫赘婿。所生子女从母姓,作为母方后代。
⑦ 滑(gǔ)稽:能言善辩,言词机智、诙谐。 辨:通"辩",争论。
⑧ 齐威王:前356年至前320年在位。
⑨ 隐:即隐语,谜语的古称。
⑩ 沉湎(miǎn):沉溺。这里指嗜酒无度。
⑪ 蜚(fēi):通"飞"。
⑫ 县令长:一县的长官。人口万户以上的为令,万户以下的为长。
⑬ 赏一人:此"一人",指即墨大夫。
⑭ 诛一人:此"一人",指阿大夫。
⑮ 《田完世家》:《田敬仲完世家》,在《史记》第四十六卷。
⑯ 威王八年:即公元前349年。
⑰ 赍(jī):以物送人。这里是"带着"的意思。
⑱ 驷(sì):古代同驾一车的四匹马,称"驷"。
⑲ 冠缨:系在颔下的帽带。 索:尽。

⑳ 穰田:为田地求丰收。穰,庄稼丰熟。
㉑ 瓯窭(lóu):狭小的高地。 篝(gōu):竹笼。
㉒ 污邪(yé):地势低下,易于积水的劣田。
㉓ 镒(yì):古代重量单位,二十两或二十四两为一镒。
㉔ 革车:古代的一种战车,也叫重车。重车一乘,甲士步卒七十五人。
㉕ 御史:官名,主管纠察。这里指执行酒令,监察失仪的人。
㉖ 亲:指父母。
㉗ 卷(juàn):通"卷"。 韝(gōu):臂套。 鞠:弯曲。 跽(jì):小跪。
㉘ 觞(shāng):古代酒器。
㉙ 州闾:指乡里。
㉚ 稽留:停留。
㉛ 六博:古代的赌博游戏。类似近代的走棋。 投壶:古代宴会的一种礼制,也是流行于士大夫中的一种游戏。方法是用箭投入特制的壶中,以投中多少决胜负,负者罚饮酒。
㉜ 曹:辈。这里作集体游戏的分组解。
㉝ 握手无罚,目眙(chì)不禁:古时礼教很严,男女授受不亲。但乡饮时可以互相握手,互相注视也不禁止。眙,直视。
㉞ 参:通"三"。
㉟ 酒阑(lán):宴饮将散。 阑:尽。
㊱ 尊:古代酒器。
㊲ 履(lǚ)舄(xì)交错:鞋子错杂满地。古时席地而坐,入席必先脱鞋,所以鞋子错乱。舄,木底鞋。
㊳ 襦(rú):短衣。
㊴ 芗泽:香气。芗,通"香"。
㊵ 诸侯主客:接待诸侯宾客的官吏。主客,官名。

## 【译文】

孔子说:"六经在政治上的作用都是一样的。《礼》是用来节制人的行为的,《乐》是发扬和气的,《尚书》是记述政事的,《诗经》是表达意志的,《易》是表现事物的微妙变化的,《春秋》是阐明礼义的。"太史公说:天道广阔无限,真是宏大啊!谈笑之间,果真说得切合正道,也是可以排难解纷的。

淳于髡是齐国入赘的女婿。他身长不满七尺,可是诙谐善辩,多次出使到各诸侯国去,从来不曾受过屈辱。当时,齐威王喜欢隐语,并且喜欢放荡享乐,通宵饮酒,沉溺在酒色之中,不理国事,把政事委托给公卿大夫。于是百官懈怠混乱,诸侯一齐来侵扰,国家危亡,就在旦夕之间。左右大臣没有敢直言规劝的。淳于髡用隐语对齐威王说:"国中有一只大鸟,落在国王的宫廷里,三年不飞也不叫,大王知道这只鸟是为什么吗?"威王说:"这只鸟不飞便罢,一飞冲天;不鸣便罢,一鸣惊人。"于是就召见了各县长官七十二人,奖赏了一人,杀了一人,整顿兵马,出去作战。诸侯都很惊恐,全部归还了以前侵占齐国的土地。齐威王威震天下三十六年。这事记载在《田完世家》中。

齐威王八年,楚国大规模地发兵侵犯齐国。齐王派遣淳于髡到赵国去请求救兵,让他送去黄金一百斤,四匹马驾的车十辆。淳于髡仰天大笑,连帽带都挣断了。威王说:"先生嫌这些东西少吗?"髡说:"怎么敢呢!"威王说:"先生大笑,难道有什么道理要讲吗?"髡说:"刚才我从东方来,看见路旁祈求田地丰收的人拿着一只小猪蹄和一壶酒,祷告说:'高坡上的旱地收成满笼,低洼的水田收成满车。五谷丰登,堆满家中。'我看见他拿的东西很少,而想得到的却极多,所以才笑的。"于是齐威王就增加到黄金二万两,白璧十双,四匹马驾的车子一百辆。淳于髡辞别齐王出发。到了赵国,赵王给他精兵十万,战车一千辆。楚国听到这个消息,当夜就撤兵回去了。威王非常高兴,在后宫摆了酒席,召淳于髡前来,赐给他酒。威王问道:"先生能饮多少酒才醉呢?"回答说:"我饮一斗也醉,饮一石也醉。"威王说:"先生饮一斗就醉了,怎么能饮一石呢?这个说法可以讲给我听吗?"髡说:"在大王面前喝赏赐的酒,旁边有执行酒令的官员,后面有监察的官员,我非常恐惧地低着头伏在地上饮酒,这样不超过一斗就醉了。假如在父母的尊严的客人面前,我卷起衣袖,弯着身子跪在那里,侍奉他们饮酒,有时他们赏赐些剩酒给我,我就举杯祝寿,这样屡次起身应酬,饮不过二斗就醉了。假若朋友交游,很久没有见面,忽然相逢,高兴地追述往事,彼此倾谈衷情,可以饮到五六斗就要醉了。至于乡里举行的集会,男女杂坐在一起,彼此敬酒,留在那里慢慢地喝着,同时下棋、投壶,结伴搭伙,拉拉手也不受责罚,注目看人也可以随随便便,前面有掉在地上的珠玉耳环,后面有遗失的发簪,我暗自喜欢这种情景,这样可以饮酒到八斗,才会有二三分醉意。天色将晚,酒快喝完了,大家把剩酒合起来,促膝而坐,男女同在一席,鞋子满地错杂,杯子盘子杂乱地摆着,堂上的蜡烛熄灭了,主人送走客人而留我再饮,这时把丝罗短衣的衣襟解开,可以闻到芬芳的香气,当这种时候,我的心情最为欢乐,能饮酒一石。所以说:'饮酒过分了,就会昏乱失礼;行乐到了极点就会转化为悲哀。'万事都是如此,说的是做事不要过分,一过分就走向衰亡。"淳于髡用这些话委婉地规劝齐王。齐王说:"说得好啊!"于是取消了通宵达旦的宴饮。并任用淳于髡为接待诸侯的主客大夫。每逢齐国王族举行宴会,淳于髡也常常在旁作陪照应。

# 货殖列传序

## 史　记

【题解】

　　本文是《史记·货殖列传》的开头部分。货殖,指货物的生产和交换。

　　这里,司马迁指出了自然界的物产是极其丰富的,依靠农、工、商、虞的努力和密切配合,可以做到富国裕民。而人没有不追求富足的,政府应该顺应这种心理,根据实际情况,引导他们积极进行生产和交换,不必强行干涉,更不能同他们争利。

　　文章否定了《老子》所设想的"老死不相往来"的社会,肯定了春秋齐国的富国裕民之道,摆事实,讲道理,虽属说理文章,读来颇有趣味。

　　《老子》曰①:"至治之极②,邻国相望,鸡狗之声相闻,民各甘其食③,美其服,安其俗,乐其业,至老死不相往来。"必用此为务,挽近世涂民耳目④,则几无行矣。

太史公曰:夫神农以前,吾不知已⑤。至若《诗》《书》所述虞、夏以来,耳目欲极声色之好,口欲穷刍豢之味⑥,身安逸乐,而心夸矜势能之荣,使俗之渐民久矣⑦。虽户说以眇论⑧,终不能化。故善者因之,其次利道之,其次教诲之,其次整齐之,最下者与之争。

夫山西饶材、竹、榖、纑、旄、玉石⑨,山东多鱼、盐、漆、丝、声色⑩,江南出楠、梓、姜、桂、金、锡、连、丹沙、犀、玳瑁、珠玑、齿、革⑪,龙门、碣石北多马、牛、羊、旃、裘、筋、角⑫,铜、铁则千里往往山出棋置⑬。此其大较也⑭。皆中国人民所喜好,谣俗被服饮食奉生送死之具也⑮。故待农而食之,虞而出之⑯,工而成之,商而通之。此宁有政教发征期会哉?人各任其能,竭其力,以得所欲。故物贱之征贵⑰,贵之征贱,各劝其业⑱,乐其事,若水之趋下,日夜无休时,不召而自来,不求而民出之。岂非道之所符而自然之验邪⑲?

《周书》曰⑳:"农不出则乏其食,工不出则乏其事,商不出则三宝绝㉑,虞不出则财匮少㉒。"财匮少而山泽不辟矣㉓。此四者,民所衣食之原也。原大则饶,原小则鲜㉔。上则富国,下则富家。贫富之道,莫之夺予,而巧者有余,拙者不足。故太公望封于营丘㉕,地潟卤㉖,人民寡,于是太公劝其女功,极技巧,通鱼盐,则人物归之,繦至而辐凑㉗。故齐冠带衣履天下,海岱之间敛袂而往朝焉㉘。其后齐中衰,管子修之㉙,设轻重九府㉚,则桓公以霸㉛,九合诸侯,一匡天下㉜;而管氏亦有三归㉝,位在陪臣㉞,富于列国之君。是以齐富强至于威宣也㉟。

故曰:"仓廪实而知礼节㊱,衣食足而知荣辱。"礼生于有而废于无。故君子富,好行其德;小人富,以适其力。渊深而鱼生之,山深而兽往之,人富而仁义附焉。富者得势益彰,失势则客无所之,以而不乐㊲。谚曰:"千金之子,不死于市。"此非空言也。故曰:"天下熙熙㊳,皆为利来;天下壤壤㊴,皆为利往。"夫千乘之主㊵,万家之侯㊶,百室之君㊷,尚犹患贫,而况匹夫编户之民乎!

【注释】

① 老子:记载道家创始人老聃哲学思想的一部书。这里的引文见《老子》下篇第八十篇(王弼注本),文字略有不同。
② 至治:治理得极好的社会。至,极。治,与"乱"相对,指政治清明。
③ 甘:美。
④ 挽(wǎn)近世:即近代。挽,通"晚"。
⑤ 已:通"矣"。
⑥ 刍(chú)豢(huàn):泛指各种牲畜的肉。刍,吃草的牲畜,如牛、羊。豢,吃粮食的牲畜,如猪、狗。
⑦ 渐(jiān):沾染。
⑧ 眇(miào):通"妙",微妙。
⑨ 山西:太行山以西。 饶:富有。 榖(gǔ):木名,即楮(chǔ)木,树皮可以造纸。 纑(lú):野麻,可以织布。 旄(máo):古代在旗杆头上用牦牛尾作装饰的旗子。
⑩ 山东:太行山以东。 声色:当时的统治者把音乐和女色也看作供享乐用的商品,所以也列入货物中。
⑪ 桂:也叫木樨,珍贵的芳香植物。 连:同"链",铅矿石。 丹沙:即丹砂,矿物名,俗称朱砂。 犀(xī):犀牛角。 玳瑁(dàimào):海中动物,似龟,甲壳可做珍贵的装饰品。 玑:不圆的珠子。
⑫ 龙门:即龙门山,在今山西河津西北、陕西韩城东北。 碣石:即碣石山,在今河北昌黎北。 旃:通"毡"。 筋、角:兽筋、兽角,用以制造弓弩。
⑬ 棋置:像棋子那样密布。
⑭ 大较:大略。
⑮ 谣俗:民间习俗。因歌谣可以反映民间的习俗,故以谣俗代指民间习俗。被服:衣服。
⑯ 虞:掌管山林水泽的官员。

⑰ 征:寻求。
⑱ 劝:勤勉。
⑲ 道:指经济法则。 验:证明。
⑳ 《周书》:周代的文诰,现已失传。
㉑ 三宝:指粮食、器物、财富。
㉒ 匮(kuì):缺乏。
㉓ 辟:开辟。
㉔ 鲜(xiǎn):少。
㉕ 太公望:即姜尚。他辅佐周武王灭殷,封于营丘(今山东昌乐东南),国号为齐。
㉖ 潟(xì)卤(lǔ):不适宜耕种的盐碱地。
㉗ 繦(qiǎng):用绳索穿好的钱串。 辐(fú):车辐,车轮中间的直木,一头集中插在车毂上,一头插在车辋上。 凑:聚集。
㉘ 海岱之间:今山东半岛。海,指今渤海。岱,泰山。 袂(mèi):衣袖。
㉙ 管子:管仲。
㉚ 轻重:古代以物价调节商品的办法。 九府:周代掌管财物的九个官府。
㉛ 桓公:齐桓公,春秋五霸之一,前685年至前643年在位。
㉜ 匡:正。
㉝ 三归:台观名。相传管仲曾为自己修筑了游赏的台观。说明他的财势超过一般的大臣。
㉞ 陪臣:春秋时期诸侯的大夫对周天子自称为陪臣,这里指管仲。
㉟ 威:齐威王田因齐,前356年至前320年在位。 宣:齐宣王田辟疆,前319年至前301年在位。
㊱ 廪(lǐn):粮仓。这两句引文见《管子·牧民》。
㊲ 以:因。
㊳ 熙熙:形容拥挤、热闹的样子。
㊴ 壤壤:通"攘攘",与"熙熙"同义。
㊵ 千乘之主:指天子。千乘,一千辆兵车。
㊶ 万家之侯:指诸侯。
㊷ 百室之君:指大夫。

【译文】

《老子》上说:"太平盛世到了极盛时期,虽然邻近国家的人民互相望得见,鸡、狗的叫声也可以彼此听到,而百姓却都认为自己的饮食甘美,自己的服装漂亮,习惯于本地的风俗,喜爱自己的事业,以至于老死也不相往来。"到了近世,如果还一定按照这一套去办事,等于堵塞人民的耳目,就几乎无法行得通。

太史公说:神农以前的情况,我不了解。至于像《诗经》《尚书》里所讲的从虞舜、夏朝以来,人们总是要使自己的耳目极力地取得音乐、女色的享受,使口尝遍牲畜肉类的美味,身体安于舒适、安乐的环境,而内心又夸耀有权势、有才干的光荣,让这样的风气浸染民心已经很久了,即使用《老子》的这些微妙言论挨家挨户地去劝导,也终于不能改变了。所以,对于人民,最好的办法是听其自然,其次是引导,其次是教诲,其次是制定规章制度来约束他们,最下策是与民争利。

太行山以西富有木材、竹子、楮木、野麻、牦牛尾和玉石,太行山以东盛产鱼、盐、漆、丝和音乐、女色,江南出产楠木、梓木、生姜、木樨、金、锡、铅矿石、丹砂、犀牛角、玳瑁、珠玑、兽牙、皮革,龙门山、碣石山以北盛产马、牛、羊、毛毡、毛皮和兽筋、兽角,铜铁则分布在千里的地域,常常出产在山间,密布有如棋子。这是物产分布的大略情况。这些都是为中原人民所喜好的,是老百姓穿衣饮食养生送死所需要的东西。所以,要靠农民耕作来供给人们食物,山泽由虞人开采,器物由工匠制造,货物由商人流通。这哪里用得着发布政令、征发人民按期集会的办法呢?人们都自动地发挥自己的才能,竭尽自己的力量,来满足自己的欲望。所以,卖东西,到物价贵的地方去;买东西,到物价贱的地方去,都各自勤勉致力于他们的本业,乐于从事他们的工作,就像水向下流,日日夜夜没有休止的时候一样,人不用召唤便自己来了,东西不用去寻求而人民就把它生产出来了。这难道不是符合于规律而得以自然发展的证明吗?

《周书》上说:"农民不种田,粮食就会缺乏,工匠不生产,器物就会短缺;商人不做买卖,吃的、用的和钱财就会断绝;虞人不开发山泽,资源就会减少。"资源缺少了,山泽也得不到开辟。这四个方面,是人民穿衣吃饭的来源。来源大就富裕,来源小就贫乏。来源大了,上可以富国,下可以富家。或贫或富,没有人可以改变,而机敏的人总是感到有余,愚笨的人总是感到不足。所以,姜太公封在营丘,那里的土地本来是盐碱地,人口少,这时姜太公就鼓励妇女纺织,极力提倡工艺的技巧,把鱼和盐运输到其他地区去卖。这样,其他地方的人都来到齐国,货物也运了来,就像钱串一样,络绎不绝,像辐条一样,聚集到这里。所以齐国制造的帽子、带子、衣服、鞋子供天下所用,从沿海到泰山之间的诸侯都整理衣袖去朝拜齐国。从那时以后,齐国一度衰落,管仲重振太公的事业,设立调节物价的九个官府,齐桓公因此得以称霸,多次以霸主的身份会合诸侯,使天下政治得到匡正。而管仲自己也建筑了三归台,他的地位仅仅是个陪臣,却比各国的君主还要富有。从此,齐国富强,一直持续到齐威王、齐宣王的时候。

所以说:"粮仓充实了,百姓就会懂得礼节;衣食充足了,百姓就会知道光荣与耻辱。"礼产生于富有,而废弃于贫穷。因此,君子富有了,就愿意去做仁德的事;小人富有了,就把力量用在适当的地方。渊深了,里面就会有鱼;山深了,野兽就会到那里去;人富有了,仁义也就归他所有。富有者得势,越发显赫;失势,客人就没处去了,因而心情不快。谚语说:"千金之家的子弟便不会因犯法而在市上处死。"这不是空话。所以说:"天下之人,熙熙攘攘,都是为利而来,为利而往。"有千乘兵车的天子,有万家封地的诸侯,有百室封邑的大夫,尚且担心贫穷,何况编在户口册子上的普通老百姓呢!

# 太史公自序

## 史　记

**【题解】**

　　本文是司马迁自传的一部分,从中可以了解到他写作《史记》的过程和宗旨,是研究司马迁及其《史记》的重要资料。

《自序》开头就揭示了作者的胸襟和使命,以继承周公、孔子为己任。接着极力赞颂《春秋》"上明三王之道,下辨人事之纪""别嫌疑""明是非""拨乱世,反之正"的作用,实际上也是阐述自己写作《史记》的宗旨。最后表明自己在著作过程中,遭到了巨大的不幸,也曾经一度灰心,但最后还是决心忍辱负重,发愤写作,实现自己终生的誓愿,完成一部包括数千年社会变迁的通史。

太史公曰[①]:"先人有言[②]:'自周公卒五百岁而生孔子[③],孔子卒后至于今五百岁,有能绍明世[④],正《易传》[⑤],继《春秋》[⑥],本《诗》《书》《礼》《乐》之际[⑦]。'意在斯乎!意在斯乎!小子何敢让焉[⑧]!"

上大夫壶遂曰[⑨]:"昔孔子何为而作《春秋》哉?"太史公曰:"余闻董生曰[⑩]:'周道衰废,孔子为鲁司寇[⑪],诸侯害之,大夫壅之[⑫]。孔子知言之不用、道之不行也,是非二百四十二年之中[⑬],以为天下仪表。贬天子,退诸侯,讨大夫,以达王事而已矣[⑭]。'子曰:'我欲载之空言,不如见之于行事之深切著明也。'夫《春秋》,上明三王之道[⑮],下辨人事之纪[⑯],别嫌疑,明是非,定犹豫,善善恶恶,贤贤贱不肖,存亡国,继绝世,补敝起废,王道之大者也。《易》著天地、阴阳、四时、五行,故长于变;《礼》经纪人伦,故长于行;《书》记先王之事,故长于政;《诗》记山川、溪谷、禽兽、草木、牝牡、雌雄[⑰],故长于风;《乐》乐所以立,故长于和;《春秋》辨是非,故长于治人。是故《礼》以节人,《乐》以发和,《书》以道事[⑱],《诗》以达意,《易》以道化,《春秋》以道义。拨乱世,反之正,莫近于《春秋》[⑲]。《春秋》文成数万,其指数千,万物之散聚皆在《春秋》。《春秋》之中,弑君三十六,亡国五十二,诸侯奔走不得保其社稷者,不可胜数。察其所以,皆失其本已。故《易》曰[⑳]:'失之毫厘,差以千里。'故曰[㉑]:'臣弑君,子弑父,非一旦一夕之故也,其渐久矣。'故有国者不可以不知《春秋》,前有谗而弗见,后有贼而不知㉒。为人臣者不可以不知《春秋》,守经事而不知其宜㉓,遭变事而不知其权。为人君父而不通于《春秋》之义者,必蒙首恶之名。为人臣子而不通于《春秋》之义者,必陷篡弑之诛,死罪之名。其实皆以为善,为之不知其义,被之空言而不敢辞㉔。夫不通礼义之旨,至于君不君,臣不臣,父不父,子不子。君不君则犯,臣不臣则诛,父不父则无道,子不子则不孝。此四行者,天下之大过也。以天下之大过予之,则受而弗敢辞。故《春秋》者,礼义之大宗㉕也。夫礼禁未然之前,法施已然之后;法之所为用者易见,而礼之所为禁者难知。"

壶遂曰:"孔子之时,上无明君,下不得任用,故作《春秋》,垂空文以断礼义㉖,当一王之法。今夫子上遇明天子㉗,下得守职,万事既具,咸各序其宜,夫子所论,欲以何明?"太史公曰:"唯唯,否否,不然。余闻之先人曰:'伏羲至纯厚㉘,作《易》八卦;尧、舜之盛㉙,《尚书》载之,礼乐作焉;汤、武之隆㉚,诗人歌之。《春秋》采善贬恶,推三代之德,褒周室,非独刺讥而已也。'汉兴以来,至明天子,获符瑞㉛,建封禅㉜,改正朔㉝,易服色㉞,受命于穆清㉟,泽流罔极。海外殊俗,重译款塞㊱,请来献见者,不可胜道。臣下百官力诵圣德,犹不能宣尽其意。且士贤能而不用,有国者之耻;主上明圣而德不布闻,有司之过也。且余尝掌其官,废明圣盛德不载,灭功臣世家贤大夫之业不述,堕先人所言,罪莫大焉!余所谓述故事,整齐其世传,非所谓作也,而君比之于《春秋》,谬矣。"

于是论次其文。七年而太史公遭李陵之祸㊲,幽于缧绁㊳,乃喟然而叹曰:"是余之罪也夫!是余之罪也夫!身毁不用矣。"退而深惟曰㊴:"夫《诗》《书》隐约者,欲遂其志之思也。昔西伯拘羑里㊵,演《周易》;孔子厄陈、蔡㊶,作《春秋》;屈原放逐㊷,著《离骚》㊸;左丘失明㊹,厥有《国语》㊺;孙子膑脚㊻,而论兵法;不韦迁蜀㊼,世传《吕览》㊽;韩非囚秦㊾,《说难》《孤愤》㊿;《诗》三百篇,大抵贤圣发愤之所为作也。此人皆意有所郁结,不得通其道也,故述往事,思来者。”于是卒述陶唐以来(51),至于麟止(52),自黄帝始(53)。

【注释】

① 太史公:司马迁自称。

② 先人:指司马迁的父亲司马谈。

③ 周公:姓姬,名旦。周武王之弟,周成王之叔。武王死后,成王年幼,周公摄政,改定官制,使周代礼法更加完备。

④ 绍:继续。

⑤ 《易传》:《周易》,相传为周人所撰,通过八卦的形式推演阴阳变化,含有朴素的辩证法。因全书分作“经”和“传”两部分,所以也称《易传》。

⑥ 《春秋》:春秋时期鲁国的编年体史书。

⑦ 《诗》:《诗经》。我国最早的一部诗歌总集。今本保存西周及春秋前期的诗歌三百零五篇。 《书》:《尚书》。是记载上古帝王言论和政治文告的书。 《礼》:《仪礼》。记载了周代的礼仪制度。 《乐》:指《乐经》。汉代即已失传。

⑧ 让:谦。

⑨ 上大夫:汉代沿用古制,分大夫为上、中、下三等。 壶遂:官职为詹事(职掌皇后太子家事),位在上大夫之列。

⑩ 董生:指董仲舒。生,是尊称,即“先生”“老师”的意思。

⑪ 司寇:春秋时掌管刑法、监狱的官。

⑫ 壅:阻塞。

⑬ 是非:动词,褒贬。 二百四十二年:《春秋》记事,从鲁隐公元年(前722年)起,到鲁哀公十四年(前481年)止,共二百四十二年。

⑭ 王事:即王道。

⑮ 三王:夏禹、商汤、周文王。

⑯ 纪:秩序。这里指伦常秩序。

⑰ 牝(pìn):雌性的鸟、兽。 牡(mǔ):雄性的鸟、兽。

⑱ 道:通“导”,指导,引导。下文“《易》以道化”的“道”字同。

⑲ 近:切合。

⑳ 失之毫厘:两句见于《易纬·通卦验》,今本《易经》里没有。

㉑ 臣弑君:这几句见于《易·坤卦·文言》,末句稍有不同。

㉒ 贼:叛逆作乱的人。

㉓ 经:常。

㉔ 被:加。

㉕ 宗:根本。

㉖ 空文:指文章。与具体功业相对而言,所以说是"空文"。

㉗ 明天子:圣明的天子。指汉武帝。

㉘ 伏羲:即太昊。传说中的三皇之一。

㉙ 尧、舜:都是传说中父系氏族社会后期的部落联盟领袖。

㉚ 汤:成汤,又称商汤,商朝的开国帝王。 武:周武王,姓姬,名发,周文王之子,率诸侯伐纣,建立周朝。

㉛ 符瑞:吉祥的象征。这是古代一种迷信的说法。这里指汉武帝元狩元年(前122年)获白麟事。符,凭证。瑞,祥瑞。

㉜ 封禅(shàn):古代帝王祭祀天地的隆重典礼。封,在泰山上修建土台祭天。禅,在泰山底下的梁父山上祭地。这里指元封元年(前110年)汉武帝到泰山封禅事。

㉝ 改正朔:改历法。正,岁首。朔,初一。

㉞ 易服色:改变衣着及器物的颜色。汉朝建立后,沿用秦朝历法,以十月为岁首,崇尚黑色。汉武帝太初元年(前104年)改历法,以正月为岁首,崇尚黄色。

㉟ 穆清:指天。

㊱ 重(chóng)译:辗转翻译。这里指远方使者通过辗转翻译,前来请见。款:叩。

㊲ 遭李陵之祸:司马迁曾为李陵投降匈奴事辩护,汉武帝认为是诋毁贰师将军李广利,判处司马迁宫刑。李陵,汉朝名将李广之孙,曾率兵与匈奴交战,因矢尽援绝,投降匈奴。

㊳ 缧绁(léixiè):捆绑用的绳索。这里指监狱。

㊴ 惟:思。

㊵ 西伯:周文王姬昌。 羑里(Yǒulǐ):在今河南汤阴县境内,周文王曾在这里被殷纣王囚禁。

㊶ 孔子厄陈、蔡:孔子周游列国,在陈蔡受到围攻、绝粮等困厄,以后回到鲁国写作《春秋》。
㊷ 屈原:战国时期楚国诗人。他忠于楚国,因别人谗毁,被楚怀王放逐。
㊸ 《离骚》:屈原所作的抒情长诗。
㊹ 左丘:左丘明,春秋时期鲁国史官。相传《国语》是他作的。
㊺ 《国语》:西周末至春秋时期周、鲁、齐、晋、郑、楚、吴、越八国的国别史。
㊻ 孙子:战国时大军事家孙膑。他的同学庞涓为魏惠王的将军,妒忌孙膑的才能,把他骗到魏国,挖去他的膝盖骨。他后来逃到齐国做官,打败了庞涓统率的魏军。著有兵法。膑,古代酷刑,即挖去膝盖骨。
㊼ 不韦:秦始皇的相国吕不韦。秦始皇十年,吕不韦因罪免职,后又奉命迁蜀,在去蜀的路上自杀。
㊽ 《吕览》:吕不韦为丞相时,让他的门客著书,称为《吕氏春秋》,又名《吕览》。《吕览》作于吕不韦迁蜀之前。
㊾ 韩非:韩国的公子,后到秦国,被李斯陷害,下狱而死。
㊿ 《说难》《孤愤》:韩非的著作《韩非子》里的篇名,作于到秦国去之前。
㉛ 陶唐:陶唐氏,即尧。因他先被封在陶,后又迁到唐,所以史称陶唐氏或唐尧。
㉜ 麟:兽名,这里用作动词。指元狩元年,汉武帝至雍狩猎,得一白麟事。
㉝ 黄帝:轩辕氏,传说中的远古帝王,中原各族的共同祖先。

## 【译文】

太史公说:"先父曾说过:'周公死后五百年而孔子出生,孔子死后至今又五百年了,到了接续清明盛世,纠正对《周易》的解释,续作《春秋》,根据《诗》《书》《礼》《乐》衡量一切的时候了。'这番话的意思就在这里吧!意思就在这里吧!我怎敢谦让呢!"

上大夫壶遂说:"从前孔子为什么作《春秋》呢?"太史公说:"我听董先生说:'周朝的制度衰落废弃,孔子做鲁国的司寇,诸侯把他视为对他们的危害,大夫处处给他设置障碍。孔子知道自己的意见不被采用,主张不能施行,便对二百四十二年的历史予以评论、褒贬,以此为天下的法则。他贬责天子,斥责诸侯,声讨大夫,只是为了要实行王道罢了。'孔子说:'我想只提出褒贬的空论,不如寓褒贬于当时所发生事情的记述中,更为深刻切实而又清楚明白。'《春秋》这部书,上能阐明三王之道,下能分辨人世的伦理纲常,判别嫌疑纠葛,辨明是非,判断犹豫难定的事情,表彰善良,贬斥丑恶,推崇贤良,鄙视不肖之人,恢复已经灭亡的国家,接续断绝了的世系,弥补残缺,振兴衰废,起了复兴王道的重大作用。《易》说明天地、阴阳、四时、五行的关系,所以特点在于表示变化;《礼》是人世伦常的纲纪,所以特点在于指导行动;《书》记载过去帝王的事业,所以特点在于施行仁政;《诗》记述山川、溪谷、禽兽、草木、牝牡、雌雄的状况,所以特点在于表现风俗;《乐》培养人们立身处世的怡悦之情,所以特点在于使人和乐;《春秋》明辨是非,所以特点在于教育人民。因此,《礼》用来节制人的行动,《乐》用来抒发和乐之情,《书》用来指导政事,《诗》用来表达心意,《易》用来推演事物的变化,《春秋》用来引导人们遵守道义。如要扭转乱世,恢复正轨,没有比《春秋》更切合需要的了。《春秋》字数有几万,条例有几千,万事万物的成败,或聚或散的道理都在这部书里了。在《春秋》一书中,记载杀死国君的有三十六起,国家灭亡的有五十二个,诸侯逃亡失去政权的,数不胜数。考察所以如此的缘故,都是由于失去了礼义这个根基。所以,《易》上说:'失之毫厘,差以千里。'所以说:'臣子杀死君主,儿子杀死父亲,这种情况不是一朝一夕所造成的,而是在很长时间内逐步发展的。'因此,治理国家的人不能不通晓《春秋》,不通晓《春秋》,面前有人进谗言,却看不出,背后有叛逆作乱的人,也不了解。为人臣的不能不通晓《春秋》,不通晓《春秋》,就不知道日常事务怎样办理才恰当,遇到事变就不会相机应付。作为君主、父亲,而不通晓《春秋》大义的,一定会蒙受首恶的名声。作为臣下、儿子,而不通晓《春秋》大义的,一定会陷于因篡上弑父而被诛杀之罪,落个死罪的名声。其实,他们都以为是在做好事,只是因为不知礼义,人家给他们加上空洞的罪名也不敢推卸。由于不通晓礼义的要旨,就会造成君不像君、臣不像臣、父不像父、子不像子的状况。君不像君,就会受到臣下的干犯;臣不像臣,就会被诛杀;父不像父,就会抛弃人伦之道;子不像子,就会成为不孝之徒。这四种行为构成天下的大过错。用天下大过错的罪名加给他们，那么也只好接受而不敢推卸。所以，《春秋》包含了礼义的根本。礼的作用是防止一些坏事于发生之前，法的作用是处置一些坏事于发生之后；法起作用的原因显而易见，而礼起的防止作用却不易为人所了解。"

壶遂说："孔子那时候，上无圣明君主，下不被重用，所以才作《春秋》，用文辞来判断礼义之分，作为一个圣王的法典。现在，您上遇圣明的天子，下有固定职守，万事齐备，各项事情都安排得各得其宜，您续作《春秋》，想要说明什么呢？"太史公说："啊啊，不不，不是这个意思。我听我父亲说：'伏羲极其纯朴厚道，他作了《易》的八卦；尧、舜有那样的盛德，《尚书》加以记载，礼、乐由此而兴；商汤、周武功业那样地兴隆，诗人加以歌颂。《春秋》举善贬恶，推崇夏、商、周三代的盛德，褒扬周朝，不仅仅是讽刺而已。'从汉朝建立以来，直到当今的圣明天子，这期间，获得了吉祥的符瑞，举行了祭天地的大典，改革历法，变更衣服器物的颜色，受命于上天，天子的恩泽广大无边。四海之外，殊俗之域，派来的使者通过辗转翻译，叩击边塞大门，请求朝见，这样的人多得数不清。臣下百官极力歌颂天子的圣德，也仍然不能表达自己的心意。况且，士人贤能而不被重用，是当权者的耻辱；主上圣明而他的盛德不能宣扬于天下，是有关官员的过错。而我曾担任史官的职务，不去记载圣明天子的盛德却任其废弃，不去记述功臣、世家、贤大夫的功业而任其泯灭，背弃了父亲的嘱咐，没有比这罪过更大的了！我所记述的历史事实，不过是整理、归纳社会传闻，算不上什么著作，而您把它比作《春秋》，就不对了。"

于是我把有关史料加以论定编排，写成文章。写作七年，太史公遭受李陵之祸，幽禁于监狱之中，于是喟然长叹道："这是我的罪过啊！这是我的罪过啊！身体已经残废，没有什么用了！"事后仔细思考："《诗》《书》的文义所以含蓄隐约，是作者出于要实现自己的意志这样一种考虑。当初西伯被拘禁在羑里，却推演出《周易》；孔子在陈、蔡遭到困厄，回到鲁国便作《春秋》；屈原被放逐，却著作了《离骚》；左丘明双目失明，这才写出了《国语》；孙子被挖去膝盖骨，而兵法得以写成;吕不韦因罪迁居西蜀,他主持编写的《吕览》却流传于世;韩非在秦被捕下狱,却写出了《说难》《孤愤》等篇;《诗》三百篇,大都是贤人、圣人抒发内心的愤懑而作出来的。这些人都是由于心意有所抑郁闷结,自己的理想不能实现,所以才追述过去的事情,期望未来的人对自己能有所了解。"于是,我终于又着手记述从黄帝开始,经陶唐,直至武帝获麟为止的历史。

# 报 任 安 书

## 司马迁

【题解】

这是司马迁给他的朋友任安的信。

任安,字少卿,汉武帝时人。他在任益州刺史时曾给司马迁写信,要司马迁利用在汉武帝身边任职的便利条件(司马迁出狱后,为中书令,是宫廷中的机要官员)"推贤进士"。司马迁没能及时回信,到汉武帝太始四年(前93年)十一月,任安获罪当死,司马迁才写了这封回信。

司马迁在这封信里,述说了因李陵事件而蒙受奇耻大辱的始末,倾诉了郁积在内心的痛苦和愤懑,披露了封建最高统治者的专断不公,并说明自己所以隐忍苟活,是为了完成能流传后世的不朽著作。历史上遗留下来有关这位伟大的史学家的资料不多,这封信是了解司马迁思想和为人的少有的第一手史料。

信中感情沉痛悲愤,言辞委婉深沉,文势起伏跌宕而呼应绵密,前人评价这篇文章"慷慨啸歌,大有燕赵烈士之风;忧愁忧思,则又直与《离骚》对垒",实在是我国古代书信体散文中的杰出之作。

太史公牛马走司马迁再拜言①,少卿足下:曩者辱赐书②,教以慎于接物,推贤进士为务③。意气勤勤恳恳,若望仆不相师④,而用流俗人之言。仆非敢如此也!仆虽罢驽⑤,亦尝侧闻长者之遗风矣。顾自以为身残处秽⑥,动而见尤⑦,欲益反损,是以独抑郁而谁与语。谚曰:"谁为为之?孰令听之?"盖钟子期死⑧,伯牙终身不复鼓琴⑨。何则?士为知己者用,女为说己者容。若仆大质已亏缺矣⑩,虽才怀随和⑪,行若由夷⑫,终不可以为荣,适足以见笑而自点耳⑬。书辞宜答,会东从上来⑭,又迫贱事⑮,相见日浅,卒卒无须臾之闲⑯,得竭志意。今少卿抱不测之罪,涉旬月⑰,迫季冬⑱,仆又薄从上雍⑲,恐卒然不可为讳⑳,是仆终已不得舒愤懑以晓左右㉑,则长逝者魂魄㉒,私恨无穷。请略陈固陋。阙然久不报㉓,幸勿为过。

仆闻之:修身者,智之符也;爱施者,仁之端也;取予者,义之表也;耻辱者,勇之决也;立名者,行之极也㉔。士有此五者,然后可以托于世,而列于君子之林矣。故祸莫憯于欲利㉕,悲莫痛于伤心,行莫丑于辱先,诟莫大于宫刑㉖。刑余之人,无所比数,非一世也,所从来远矣。昔卫灵公与雍渠同载㉗,孔子适陈;商鞅因景监见㉘,赵良寒心㉙;同子参乘㉚,袁丝变色㉛:自古而耻之。夫中材之人,事有关于宦竖㉜,莫不伤气,而况于慷慨之士乎?如今朝廷虽乏人,奈何令刀锯之余荐天下之豪俊哉!仆赖先人绪业㉝,得待罪辇毂下㉞,二十余年矣。所以自惟,上之不能纳忠效信,有奇策材力之誉,自结明主;次之又不能拾遗补阙㉟,招贤进能,显岩穴之士㊱;外之不能备行伍,攻城野战,有斩将搴旗之功;下之不能积日累劳,取尊官厚禄,以为宗族交游光宠。四者无一遂,苟合取容,无所短长之效,可见于此矣。向者仆亦尝厕下大夫之列㊲,陪奉外廷末议㊳,不以此时引纲维㊴,尽思虑,今已亏形为扫除之隶㊵,在阘茸之中㊶,乃欲仰首伸眉,论列是非,不亦轻朝廷、羞当世之士邪?嗟乎!嗟乎!如仆尚何言哉!尚何言哉!

　　且事本末未易明也。仆少负不羁之才㊷,长无乡曲之誉㊸。主上幸以先人之故,使得奏薄伎㊹,出入周卫之中㊺。仆以为戴盆何以望天,故绝宾客之知㊻,亡室家之业,日夜思竭其不肖之才力,务一心营职,以求亲媚于主上。而事乃有大谬不然者!

　　夫仆与李陵㊼,俱居门下,素非能相善也。趋舍异路㊽,未尝衔杯酒、接殷勤之余欢。然仆观其为人,自守奇士,事亲孝,与士信,临财廉,取与义,分别有让,恭俭下人,常思奋不顾身,以殉国家之急。其素所蓄积也,仆以为有国士之风。夫人臣出万死不顾一生之计,赴公家之难,斯已奇矣。今举事一不当,而全躯保妻子之臣,随而媒蘖其短㊾,仆诚私心痛之。且李陵提步卒不满五千,深践戎马之地,足历王庭㊿,垂饵虎口,横挑强胡㊶,仰亿万之师㊷,与单于连战十有余日,所杀过当,虏救死扶伤不给。旃裘之君长咸震怖㊸,乃悉征其左右贤王㊹,举引弓之人,一国共攻而围之。转斗千里,矢尽道穷,救兵不至,士卒死伤如积。然陵一呼劳军,士无不起,躬自流涕,沫血饮泣㊺,更张空弮㊻,冒白刃,北向争死敌者㊼。陵未没时,使有来报,汉公卿王侯皆奉觞上寿。后数日,陵败书闻,主上为之食不甘味,听朝不怡,大臣忧惧,不知所出。仆窃不自料其卑贱,见主上惨怆怛悼㊽,诚欲效其款款之愚㊾。以为李陵素与士大夫绝甘分少㊿,能得人之死力,虽古之名将,不能过也。身虽陷败,彼观其意㊶,且欲得其当而报于汉。事已无可奈何,其所摧败,功亦足以暴于天下矣。仆怀欲陈之,而未有路,适会召问,即以此指㊷,推言陵之功㊸,欲以广主上之意,塞睚眦之辞㊹。未能尽明,明主不晓,以为仆沮贰师㊺,而为李陵游说,遂下于理㊻。拳拳之忠㊼,终不能自列㊽,因为诬上,卒从吏议。家贫,货赂不足以自赎㊾;交游莫救视,左右亲近不为一言。身非木石,独与法吏为伍,深幽囹圄之中⑩,谁可告诉者!此真少卿所亲见,仆行事岂不然乎?李陵既生降,颓其家声,而仆又佴之蚕室⑪,重为天下观笑⑫。悲夫!悲夫!事未易一二为俗人言也。

仆之先非有剖符丹书之功⑬,文史星历⑭,近乎卜祝之间⑮,固主上所戏弄,倡优所畜⑯,流俗之所轻也。假令仆伏法受诛,若九牛亡一毛,与蝼蚁何以异?而世俗又不能与死节者次比⑰,特以为智穷罪极,不能自免,卒就死耳。何也?素所自树立使然也。人固有一死,死或重于泰山,或轻于鸿毛,用之所趋异也⑱。太上不辱先,其次不辱身,其次不辱理色,其次不辱辞令,其次诎体受辱⑲,其次易服受辱,其次关木索、被箠楚受辱⑳,其次剔毛发、婴金铁受辱㉑,其次毁肌肤、断肢体受辱,最下腐刑极矣!传曰㉒:"刑不上大夫。"此言士节不可不勉励也。猛虎在深山,百兽震恐,及在槛阱之中㉓,摇尾而求食,积威约之渐也㉔。故士有画地为牢,势不可入,削木为吏,议不可对,定计于鲜也㉕。今交手足,受木索,暴肌肤,受榜箠㉖,幽于圜墙之中。当此之时,见狱吏则头抢地,视徒隶则心惕息㉗。何者?积威约之势也。及以至是,言不辱者,所谓强颜耳,曷足贵乎?且西伯㉘,伯也㉙,拘于羑里㉚;李斯㉛,相也,具于五刑㉜;淮阴㉝,王也,受械于陈㉞;彭越㉟、张敖㊱,南面称孤,系狱抵罪;绛侯诛诸吕㊲,权倾五伯,囚于请室㊳;魏其㊴,大将也,衣赭衣⑩⑩,关三木⑩⑪;季布为朱家钳奴⑩⑫;灌夫受辱于居室⑩⑬。此人皆身至王侯将相,声闻邻国,及罪至罔加⑩⑭,不能引决自裁,在尘埃之中。古今一体,安在其不辱也?由此言之,勇怯,势也;强弱,形也。审矣,何足怪乎?夫人不能早自裁绳墨之外⑩⑮,以稍陵迟,至于鞭箠之间,乃欲引节⑩⑯,斯不亦远乎!古人所以重施刑于大夫者,殆为此也。夫人情莫不贪生恶死,念父母,顾妻子。至激于义理者不然,乃有所不得已也。今仆不幸,早失父母,无兄弟之亲,独身孤立,少卿视仆于妻子何如哉?且勇者不必死节,怯夫慕义,何处不勉焉?仆虽怯懦欲苟活,亦颇识去就之分矣,何至自沉溺缧绁之辱哉⑩!且夫臧获婢妾⑩,犹能引决,况仆之不得已乎?所以隐忍苟活,幽于粪土之中而不辞者,恨私心有所不尽,鄙陋没世,而文采不表于后世也。

古者富贵而名磨灭,不可胜记,唯倜傥非常之人称焉⑩。盖文王拘而演《周易》⑩;仲尼厄而作《春秋》⑪;屈原放逐⑫,乃赋《离骚》⑬;左丘失明⑭,厥有《国语》⑮;孙子膑脚⑯,兵法修列⑰;不韦迁蜀⑱,世传《吕览》⑲;韩非囚秦⑳,《说难》《孤愤》㉑;《诗》三百篇㉒,大底贤圣发愤之所为作也㉓。此人皆意有所郁结,不得通其道,故述往事,思来者。乃如左丘无目,孙子断足,终不可用,退而论书策,以舒其愤,思垂空文以自见。仆窃不逊,近自托于无能之辞,网罗天下放失旧闻,略考其事,综其终始,稽其成败兴坏之纪㉔,上计轩辕㉕,下至于兹,为十表,本纪十二,书八章,世家三十,列传七十,凡百三十篇。亦欲以究天地之际,通古今之变,成一家之言。草创未就,会遭此祸。惜其不成,是以就极刑而无愠色。仆诚已著此书㉖,藏之名山,传之其人,通邑大都,则仆偿前辱之责㉗,虽万被戮,岂有悔哉!然此可为智者道,难为俗人言也。

且负下未易居㉘,下流多谤议。仆以口语遇遭此祸,重为乡党所戮笑,以污辱先人,亦何面目复上父母之丘墓乎?虽累百世,垢弥甚耳!是以肠一日而九回,居则忽忽若有所亡,出则不知其所往。每念斯耻,汗未尝不发背沾衣也!身直为闺阁之臣㉙,宁得自引深藏岩穴邪?故且从俗浮沉,与时俯仰,以通其狂惑㉚。今少卿乃教以推贤进士,无乃与仆私心刺谬乎㉛?今虽欲自雕琢,曼辞以自饰㉜,无益,于俗不信,适足取辱耳。要之㉝,死日然后是非乃定。书不能悉意㉞,略陈固陋。谨再拜。

### 【注释】

① 太史公:汉代史官太史令的通称,这里是司马迁自指。 牛马走:像牛马那样被驱使的仆人,这是司马迁自谦的说法。走,这里是"仆"的意思。
② 曩(nǎng):从前。
③ 务:事。
④ 望:怨恨。
⑤ 罢驽:疲弱无能的劣马,这里比喻才能庸劣。罢,通"疲",疲弱。驽(nú),劣马。
⑥ 顾:只是。
⑦ 尤:指责。
⑧ 钟子期:春秋时楚国人,最会欣赏伯牙的琴音。
⑨ 伯牙:春秋时楚国人,善于弹琴,钟子期最会欣赏他的琴音。钟子期死后,伯牙认为世无知音,便破琴绝弦,从此不再弹琴。
⑩ 大质:身体。
⑪ 随和:随侯珠与和氏璧,都是战国时最贵重的宝物。
⑫ 由夷:许由与伯夷。传说两人都是古代品德高洁的人。
⑬ 点:通"玷",污。
⑭ 会:适逢。 上:当今皇帝,指汉武帝。这是指汉武帝太始四年(前93年)三月司马迁随从武帝东巡泰山,五月回到长安事。
⑮ 迫:急。 贱事:谦辞,指自己所担负的烦琐事务。
⑯ 卒(cù)卒:匆促。卒,通"猝"。 须臾:片刻。 闲:空暇。
⑰ 涉:渡过。 旬月:满月。
⑱ 迫:接近。 季冬:十二月。汉代法律规定,十二月是行刑的时期。
⑲ 薄:迫近。 雍:地名,在今陕西凤翔南。当时雍筑有祭五帝的坛,汉武帝常到这里来祭祀。据《汉书·武帝纪》载,太始四年冬十二月汉武帝到雍祭祀。
⑳ 卒然:突然。 不可为讳:委婉说法,即不可避忌的事,指任安将被处死刑。
㉑ 左右:指任安。不直称对方,而说奉书于对方左右的人,表示尊敬。
㉒ 长逝者:死者,指任安。任安这次并没有死,司马迁写这封信后不久,任

安就被赦免了。过了两年,汉武帝征和二年(前91年),任安在北军使者护军任上,因接受了戾太子刘据要他起兵讨江充的命令,而被汉武帝处以死刑。

㉓ 阙然:指隔了很久。

㉔ 行(xìng):品行。　极:最高准则。

㉕ 憯(cǎn):通“惨”。　欲:贪欲。

㉖ 诟(gòu):耻辱。　宫刑:古代割除男性生殖器官的一种刑法。

㉗ 卫灵公:卫国国君,前534年至前493年在位。他和夫人同车出游,令太监雍渠坐在旁边,让孔子坐在后面车上。孔子认为这是耻辱,便离开卫国。

㉘ 商鞅:秦孝公时的政治家,曾协助秦孝公变法。　景监:秦孝公宠幸的太监。

㉙ 赵良:秦孝公时的贤士,曾劝商鞅引退。　寒心:感到恐惧。

㉚ 同子:汉文帝时的宦官赵谈,“子”是尊称。司马迁因父亲司马谈与赵谈同名,为避父讳,称他为“同子”。　参(cān)乘:古时乘车陪坐在车子右面的人。

㉛ 袁丝:袁盎,字丝,汉文帝时的大臣。

㉜ 宦竖:宦官。宦,宦官。竖,宫廷中供役使的小臣。

㉝ 绪业:余业,先人未完成的事业。

㉞ 待罪:即做官,谦辞。　辇毂(niǎngǔ)下:指皇帝所在的京城。辇毂,皇帝的车驾。

㉟ 拾遗补阙:为皇帝拾取遗漏、弥补缺失,即向皇帝进谏以纠正皇帝的过错。

㊱ 岩穴之士:指隐士。

㊲ 厕:夹杂。　下大夫:汉代沿用古制,分大夫为上、中、下三等,太史令属下大夫。

㊳ 外廷:本为皇帝与大臣议事的朝堂,这里指外朝官。汉朝官员分外朝官与中朝官。太史令属外朝官。　末议:微末的意见,谦辞。

㊴ 纲维:指国家的法度。

㊵ 扫除之隶:谦辞,指地位低下的人。

㊶ 阘茸(tàróng):卑贱。

㊷ 负:怀抱。

㊸ 乡曲:乡里。
㊹ 奏:贡献。 薄伎:微薄的才能。
㊺ 周卫:严密防卫的地方,指宫禁。
㊻ 知:知遇、了解,这里指交往。
㊼ 李陵:汉朝名将李广的孙子,汉武帝时的将领。曾率兵与匈奴交战,矢尽援绝,投降匈奴。李陵曾任侍中,与太史令都是能出入宫门的人,所以后面说"俱居门下"。
㊽ 趋舍:进退。
㊾ 媒蘖(niè)其短:指把李陵的过失构陷成大罪。媒蘖,酒曲,这里做动词用,酿成的意思。
㊿ 王庭:匈奴首领单(chán)于居住的地方。
㉟ 横(hèng)挑:勇猛地挑战。
㉑ 仰:仰攻。李陵军被围在山谷中,匈奴军居高临下,所以李陵军是仰攻。
㉝ 旃(zhān)裘:匈奴人用的毛毡、皮裘,这里代指匈奴。旃,通"毡"。
㉞ 左右贤王:左贤王与右贤王,匈奴君主单于下面的最高官位,各统率一万余骑兵。
㉟ 沬(huì)血:血流满面。沬,洗脸。
㊱ 张:举。 弮(quān):弩弓。
㊲ 死敌:为同敌人战斗而死。
㊳ 惨怆怛(dá)悼:悲哀伤心。
㊴ 款款:忠实恳切的样子。
㊵ 士大夫:这里指李陵的部下将领。 绝甘:甘美的东西自己不吃。 分少:把仅有的少量的物品分给别人。
㉖ 彼观:观彼。
㉗ 指:意思。
㉘ 推言:阐述。
㉙ 睚眦(yázì):瞪眼怒视。
㉚ 沮:毁谤。 贰师:指贰师将军李广利。他是汉武帝的宠妃李夫人的哥哥。征和三年,汉武帝派李广利率军征匈奴,以李陵为辅助。李陵被围,李广利未及时救援。司马迁为李陵辩护,汉武帝认为他意在诋毁李广利。
㉛ 理:大理,掌管刑法的官。

⑥⑦ 拳拳:忠诚恭谨的样子。
⑥⑧ 列:陈说。
⑥⑨ 自赎:汉代法律规定,可以用钱赎罪。
⑦⓪ 囹圄(língyǔ):监狱。
⑦① 佴:即"耻"字。 蚕室:刚受过宫刑的人怕风寒,必须住在严密、温暖的屋子里。它像养蚕的房子一样,所以称蚕室。
⑦② 重(zhòng):深深地。
⑦③ 剖符:剖分开的信符。古代的符一分为二,君臣各执一半,上写誓词,以示信守。 丹书:丹书铁券,在铁券上用朱砂写上誓词。汉初规定,凡受封剖符丹书的有功之臣,后世子孙有罪可以赦免。
⑦④ 文史星历:都是太史令掌管的事。文,文献。史,史籍。星,天文。历,历法。
⑦⑤ 卜:负责占卜的官。 祝:祭祀时负责祭礼的人。
⑦⑥ 倡优:古代的伶人、乐工等伎艺人,社会地位极低。 所畜:被豢养。
⑦⑦ 次比:相提并论。
⑦⑧ 用之所趋异也:死亡的作用不同。用,名词,用处、作用。之,连词,相当于"的"。所趋,趋向的目标。
⑦⑨ 诎体:指被捆绑。诎,通"屈"。
⑧⓪ 关:套上。 木索:刑具,木枷和绳索。 棰楚:指用来打犯人的棍棒、棰杖。楚,荆条。
⑧① 剔毛发:髡(kūn)刑。剔,通"剃"。 婴金铁:脖子上戴着铁圈,即钳(qián)刑。婴,缠绕。
⑧② 传(zhuàn):记载。引文见《礼记·曲礼上》。
⑧③ 槛:关兽的笼子。 阱:捕兽的陷坑。
⑧④ 约:约制。 渐:逐步形成。
⑧⑤ 鲜(xiān):明,指态度鲜明,即自杀。
⑧⑥ 榜:鞭打。
⑧⑦ 徒隶:狱卒。 惕息:胆战心惊。
⑧⑧ 西伯:周文王姬昌。
⑧⑨ 伯:方伯,一方诸侯之长。周文王曾为西方诸侯之长。
⑨⓪ 羑里(Yǒulǐ):殷纣王囚禁周文王的地方,在今河南汤阴境内。
⑨① 李斯:秦始皇的丞相。

(92) 具五刑：指先后受五种刑罚，即劓（割鼻子）、刖（斩左右趾）、笞杀（打死）、枭首（斩首）、菹（剁成肉酱）。具，具备。

(93) 淮阴：汉高祖刘邦的大将淮阴侯韩信。

(94) 受械于陈：刘邦打败项羽后，封韩信为楚王。后有人告发韩信谋反，刘邦就以游云梦泽为借口，在陈地乘韩信谒见的时机，把他抓起来。韩信被赦免后，降为淮阴侯。械（xiè），手铐脚镣一类的刑具。

(95) 彭越：刘邦的功臣，被封为梁王。后因有人告发他谋反，被夷灭三族。

(96) 张敖：刘邦的功臣赵王张耳的儿子、刘邦的女婿。张耳死后，他继嗣为赵王，因谋反罪被捕入狱。

(97) 绛侯：刘邦的功臣绛侯周勃。　诸吕：刘邦之妻吕后的亲族。

(98) 请室：请罪之室。一说官署名，应作“清室”，皇帝外出时请室令在前清道。请室有特设的监狱。周勃曾因有人诬告谋反，被囚于请室。

(99) 魏其：汉景帝时的大将军魏其侯窦婴。

(100) 衣（yì）：动词，穿。　赭衣：囚犯所穿的赭色衣服。

(101) 三木：在头、手、足三处所加的刑具，即枷、手铐和脚镣。

(102) 季布：项羽的将领。项羽失败后，刘邦用重金购求季布，季布便髡（剃毛发）、钳（颈带铁圈），卖身于当时鲁国的大侠朱家为奴，以避祸。

(103) 灌夫：汉景帝时为中郎将，汉武帝时为太仆，因得罪丞相田蚡，被囚居室。居室：官署名，当时拘讯犯罪贵族的地方。

(104) 罔：通“网”，法网。

(105) 绳墨：指法律。

(106) 引节：等于说死节，为坚持气节而死。

(107) 沉溺：陷入。　缧绁（léixiè）：指捆缚囚犯的绳索。缧，大绳子。绁，长绳子。

(108) 臧获：古时对奴婢的贱称。

(109) 倜傥（tìtǎng）：卓越。

(110) 演：推演。　《周易》：相传周文王被拘羑里时，推演六十四卦，成为《周易》一书的纲要。

(111) 厄：困厄。孔子周游列国，受到围攻、绝粮等困厄，便回到鲁国写作《春秋》。　《春秋》：春秋时期鲁国的编年体史书。

(112) 屈原：战国时期楚国人，我国古代第一个伟大诗人。他忠于楚国，却因别人谗毁，被楚怀王放逐到江南。

⑬ 《离骚》:屈原所作的抒情长诗。
⑭ 左丘:左丘明,春秋时期鲁国史官。传说《国语》是他作的。
⑮ 《国语》:西周末至春秋时期周、鲁、齐、晋、郑、楚、吴、越八国的国别史。
⑯ 孙子:战国时大军事家孙膑,著有兵法。 膑:挖去膝盖骨。
⑰ 修列:编成。
⑱ 不韦:秦始皇的相国吕不韦。秦始皇十年,吕不韦因罪免职,后又奉命迁蜀,在途中自杀。
⑲ 《吕览》:吕不韦为丞相时,命他的门客著书,书名为《吕氏春秋》,又称《吕览》。《吕览》作于吕不韦迁蜀之前。
⑳ 韩非:韩国的公子,战国时法家的代表人物,后到秦国,为李斯所陷害,下狱而死。
㉑ 《说难》《孤愤》:《韩非子》中的篇名,作于韩非到秦国去之前。
㉒ 《诗》:《诗经》,是我国最早的一部诗歌总集,收西周和春秋时期的诗歌三百零五篇。在汉代以前只称为《诗》,到汉代把《诗》奉为经典,才称为《诗经》。
㉓ 大底:大抵。
㉔ 稽:考察。 纪:纲纪,这里指道理、规律。
㉕ 轩辕:即黄帝,传说中中原各族的祖先。
㉖ 已:通"以"。
㉗ 责:通"债"。
㉘ 负:背负。 下:低下,这里指因有罪受刑而带来的坏名声。
㉙ 直:副词,只不过。 闺阁之臣:指宦官。
㉚ 通:抒发。 狂惑:指内心的悲愤和矛盾。
㉛ 剌(là)谬:违背。
㉜ 曼:美。
㉝ 要之:总之。
㉞ 悉:尽。

## 【译文】

仆人太史公司马迁在少卿面前再拜陈言。前些时候承您屈尊赐信给我,教我谨慎地待人接物,并担负起向皇帝推荐人才的责任。信中情意诚挚恳切,好像是抱怨我没能遵从您的意见行事,反而听信了世俗之人的话。我是不敢这样做的！我虽然平庸无能,也曾听过德高望重的长者遗留下来的风尚。只是我认为自己的身体已经残废,而又处于可耻的地位,稍有举动就要受到责难,想要对事情有所补益,反而会招致损害,因此独自愁闷而无处诉说。正如谚语所说的:"为谁做呢? 又让谁听呢?"钟子期死了,伯牙终生不再弹琴。为什么呢? 因为士人为了解自己的人去效力,女子为喜爱自己的人去打扮。像我这样身体已经残废的人,即使才能像随侯珠、和氏璧那样可贵,品德如许由、伯夷那样高洁,终究不能引以为荣,恰恰足以被人耻笑而自己受辱罢了。来信本该回复,适逢随从皇帝东巡回来,又忙于烦琐的事务,彼此能相见的日子很少,而我又匆匆忙忙地没有片刻空闲得以详尽地说明我的心意。如今你遭到无法揣测的罪过,过一个月就接近十二月了,我随从皇帝去雍地的日期也迫近了,恐怕转眼之间你就会遭到不幸,这样,我便终生不能抒发心中的愤懑让你有所了解,而死去的人由于得不到回信,他的灵魂是会抱憾无穷的。请允许我大略地说说鄙陋之见。过了很久还没有回信,希望不要见责。

　　我听说,加强自我修养,是有智慧的象征;乐于施舍,是行仁德的开端;索取与给予得当,是守道义的标志;如何对待耻辱,是判断一个人是否勇敢的标准;树立好的名声,是品行的最高准则。一个士人具备了这五条,才可以在社会上立足,而进入君子的行列。所以,灾祸没有比贪图私利更悲惨的了,悲哀没有比伤心更痛苦的了,行为没有比使祖先受辱更丑恶的了,耻辱没有比受宫刑更严重的了。受过宫刑的人,没有人肯和他们相提并论,这不是一朝一代的事,由来已久了。当初卫灵公与雍渠同车,孔子感到耻辱,便离开卫国到了陈国;商鞅通过景监见到秦孝公,赵良便感到寒心;赵谈为皇帝的参乘,袁盎满面怒容。自古以来,人们就对这种人耻于为伍。就是一般人,涉及有关宦官的事,没有不感到羞辱的,何况激昂刚毅而又有志气的人呢! 如今朝廷虽然缺乏人才,怎么能让受过刑罚的人推荐天下的豪杰俊士呢? 我靠了父亲的余业,得以在京师任职,已经二十多年了。平日自己常想,对上,未能献出忠心和信诚,也没有策略卓越和才干特殊的声誉,以取得圣明君主的信任;其次,又不能替君主拾遗补阙,招延、推荐贤能之人和隐居之士;在外,不能参与军队攻城野战,取得斩将拔旗的功绩;对下,不能逐步积累功劳取得高官厚禄,使宗族、朋友增光得宠。四个方面没有一个方面有成就,我苟且迎合主上的心意,以保持现在的位置,也不会有所建树,从此也可以看出来了。过去我也曾居于下大夫的行列,侍奉朝堂之上,发表些微不足道的议论,不在当时伸张国家的法度,为国竭尽智谋,如今形体已残废,成了地位低下的人,处于卑贱者的行列里,竟要昂首扬眉,评论是非,不是轻蔑朝廷、羞辱当今的士人吗?唉!唉!像我这样的人还说什么呢!还说什么呢!

况且,事情的原委不容易明了。我年轻时怀有高远不可限量的才能,长大成人不能博得乡里的称誉,幸赖主上因为我父亲的关系使我得以贡献微薄的才能,出入于宫禁之中。我认为顶着盆子怎么还能望见天呢,所以我断绝了与宾朋的交往,把家庭私事抛在一边,日夜想着竭尽我微薄的才力,专心致力于本职事务,以期取得主上的信任和宠幸。然而竟然会出现与此全然相反的情况!

我和李陵都在宫中任职,平素并没有很深的关系,各人走各人的路,不曾在一起饮过一杯酒,互相表示殷勤的情谊。但是,我看他的为人,确是个能自守节操的出众人物,他侍奉双亲很孝敬,结交士人讲信用,处理财物能保持廉洁,待人接物都合乎礼义,能分别尊卑长幼,谦让有礼,恭敬节俭,甘居人下,常常想着奋不顾身,为国家的急难而献身。他平素所修养的品德,我以为具有国家杰出人才的风度。作为臣子,出于宁肯万死,不求一生的考虑,去解救国家的危难,这已经是很出众的了!如今行事一有不当,那些贪生怕死、保全自己和家室的臣子,随即夸大他的过失,以图酿成大罪,对此我实在感到非常痛心。况且,李陵率领不到五千名步兵,深入胡地,足迹到达单于的王庭,这就像在虎口边设下诱饵,勇猛地向强大的胡人挑战,向居高临下的为数众多的敌军展开进攻,与单于率领的军队连战十几天,所杀敌人超过自己军队的数目,敌军连救死扶伤都顾不上。胡人的君长都震惊了,便征调了左贤王、右贤王,出动了所有能拉弓射箭的人,全国共同围攻他们。李陵军转战千里,箭矢已尽,无路可走,而救兵不至,死伤的士卒堆积如山。但是李陵一声号召,疲劳的士卒便无不复起,人人眼里流泪,脸上流血,暗自抽泣,于是拉开空弓,冒着敌人的刀剑,向北争着与敌人决死搏斗。李陵没有全军覆没的时候,有使者来报战况,朝廷的公卿王侯都向主上举杯祝贺。过了几天,李陵兵败的奏章报来,主上为此吃饭无味,听政不高兴,大臣们担忧害怕,不知如何是好。我个人不度量地位的卑贱,看到主上极度悲伤痛心,实在想献出自己诚恳的愚昧见解。我认为李陵对部下能做到有好吃的东西自己不吃,把仅有的少量物品分给别人,因而能得到部下拼死出力,即使古代的名将,也不比他强。李陵虽然失败被俘,看他的心意,是想得到适当的机会立功报效汉朝。事已至此,无可奈何,但他摧败敌人的功劳也足以显示于天下。我要把所想的这些向主上陈说,而没有机会,适逢主上召见询问,我就本着这个意思,论说李陵的功绩,想要以此宽慰主上之心,堵塞那些对李陵怨恨的言辞。我没能完全表达明白,明主不明白我的心意,以为我诋毁贰师将军而替李陵开脱,于是把我交给大理寺问罪。我的诚恳的忠心始终没有机会表白,于是被定了诬上的罪名,主上终于同意了法吏的判决。我因为家贫,没有那么多钱财用来赎身;朋友们没有谁来营救,主上身边的人谁也不替我说句话。我本身不是木石,独自和法官打交道,拘禁在监狱之中,能向谁去诉说呢!这些正是你亲眼看到的,我做事难道不是这样吗?李陵已经活着投降了,败坏了他家族的声誉,而我又在蚕室中蒙受耻辱,深为天下人所讥笑。可悲呀!可悲呀!这些事情是不容易对世俗人说明的。

　　我的先人并没有受赐剖符丹书那样的功劳,只是掌管文献、历史、天文、历法,与卜官、祝官相近似,本是为主上所戏弄,像乐师、优伶那样被豢养,而为世人所看不起的。假使我依法被杀,如同九牛失去一毛,同死去一只蝼蚁、蚂蚁有什么不同呢?而世俗又不把我和为坚持气节而死的人相提并论,只是认为智虑穷尽,罪恶极大,不能自脱,终于被杀而已。为什么呢?平素自己立身于世的职业使人们有这样的看法。人总有一死,有的人死得比泰山还重,有的人死得比鸿毛还轻,这是因为他们死的作用有所不同。最好是不使祖先受辱,其次是自身不受辱,其次是不因别人的脸色而受辱,其次是不因别人的言辞而受辱,其次是被捆绑而受辱,其次是换上罪人的衣服而受辱,其次是戴刑具、被杖打而受辱,其次是剃毛发、戴铁圈而受辱,其次是毁坏肌肤、截断肢体而受辱,最下等的是腐刑,受辱到了极点!书上记载说:"刑罚不能加到大夫身上。"这是说作为士人不可不勉励自己。猛虎在深山里,足以使百兽震恐,一旦关进陷坑和笼子里,便摇着尾巴向人求食,这是由于威势的逼迫而逐渐造成的状况。所以,有这样的士人,在地上画个圈圈做监牢,他也决不进入;削个木头人做狱吏,他也决不同他对答,而是决计在受辱之前便自杀。如今捆绑了手脚,戴上了刑具,暴露肌肤,被杖打、幽禁在牢狱之中。当这时候,见到狱吏就叩头,看见狱卒就吓得不敢喘气。为什么呢?这是由于威势的逼迫而逐渐造成的状态。已经到了这种地步,却说自己没有受辱,不过是厚着脸皮而已,怎么还值得尊重呢!况且,西伯是一方诸侯之长,而被拘禁在羑里;李斯是丞相,身受五种刑罚;淮阴侯本是王,却在陈地戴上了刑具;彭越、张敖都是面向南方、称孤道寡的王,却被捕入狱抵罪;绛侯灭掉诸吕,权势超过春秋五霸,却被囚禁在请室之中;魏其侯是大将军,却穿上赭色囚衣,戴上木枷、手铐和脚镣;季布剃去头发、戴上项圈自卖给朱家做奴隶;灌夫在居室之中受辱。这些人都是身至王侯将相,声闻邻国,及至犯罪落入法网,却不能自尽,而被囚禁在监狱之中。古今一样,哪里有不受屈辱的呢?由此说来,勇怯强弱都是形势所造成的。明白了这个道理,还有什么值得奇怪的呢?一个人不能早在法律制裁之前自尽,因而逐渐受挫而颓唐,到了身受杖打的时候,才想为守气节而死,这不也太晚了吗!古人不轻易对大夫施刑的原因,大概就是由于这个缘故。按人之常情,没有不贪生恶死、顾念父母妻儿的,至于为义理所激发的人不是这样,他们是有不得已之处。如今我不幸父母早逝,没有兄弟亲人,独自一人孤立世上,你看我对妻儿怎么样呢!而且勇敢的人不一定为节义而死,怯懦的人如果仰慕节义,在什么情况下不能勉励自己呢?我虽然怯懦,想苟且活下来,也很懂得舍生就义的道理,何至于甘心陷入囚禁而受污辱呢?而且奴仆婢妾尚且能够自杀,何况我处在不得已的情况下,不是更该一死吗?我所以暗自忍耐着苟活下来,幽禁在污秽的监狱中而甘愿忍受,是因为我怨恨心中想做的事尚未完成,如果在耻辱中离开人世,我的文章著述便不能表明于后世。

古时候富足尊贵而声名磨灭不传的人,多得无法记述,唯有卓越特出的人能受到后人的称道。周文王被拘禁而推演出《周易》;孔子受困厄而著作《春秋》;屈原被放逐,才写出《离骚》;左丘明双目失明,写出《国语》;孙子被挖去膝盖骨,而兵法得以编写出来;吕不韦迁居蜀地,《吕览》流传于后世;韩非在秦国被捕下狱,写出了《说难》《孤愤》;《诗》三百篇,大都是贤人、圣人抒发他们内心的愤懑而作出来的。这些人都是心意有抑郁闷结之处,理想不得实现,所以才追述过去的事,而寄希望于未来的人。就像左丘明双目失明,孙子被挖去膝盖骨,再也不能被重用了,于是退隐著书,以此抒发内心的愤懑,期望文章能流传后世,使自己的心意得以表白。近年来,我不自量力,运用拙劣的文辞,搜集天下散失的历史传闻,大略地考订其事实,综合起来,说明事实的本末,考察其成功、失败、兴起、衰亡的规律,上从黄帝算起,下至于今,写成表十篇、本纪十二篇、书八篇、世家三十篇、列传七十篇,共一百三十篇。也是想用来弄清天象和人事的关系,通晓从古到今的变化,而成为一家之言。草创未成,遭逢这起灾祸。我痛惜全书没有完成,因此,受极残酷的刑罚而没有怨恨的表示。如果我真能著成这部书,把它藏在名山之中,传播于大都邑里能了解我的人,那么,我就还了受屈辱的债,即使受刑被杀一万次,有什么可后悔的呢!然而这些只可以向有智慧的人去说,难于对世俗的人去讲。

而且,背负着因罪受刑的坏名声,在社会上不容易居处;处于低下卑贱地位的人常常受到诽谤、非难。我因说话而遭逢这场灾祸,深为乡里所耻笑。因为玷污辱没了祖上,我又有什么脸面再到父母的坟墓上去呢?即使延续到百世,耻辱仍会越来越深。因此,痛苦之情在肠中整天转来转去,平日在家往往恍惚迷离,若有所失,出门常常不知要到何处去。每当念及这桩耻辱,未尝不汗流浃背、沾湿衣服。我仅是一个宦官,岂能自我引退隐居山中呢?所以,暂且随世俗而浮沉、与时势相俯仰地活下去,以抒发自己内心的郁结。如今少卿竟教我推贤进士,恐怕和我个人的想法相违背吧?现在即使我想用推贤进士的行动、用美好的言辞来自我粉饰,也没有用,不会取得世俗的信任,恰恰足以得到耻辱而已。总之,人死了之后是非才能有定论。这封信不能详尽地表达我的心意,只是大略地陈说我的鄙陋之见。谨再拜。

# 高帝求贤诏

## 西汉文

【题解】

　　本文选自《汉书·高帝纪》。《汉书》一百卷,东汉班固(32 年—92 年)撰,记载了西汉二百多年的历史,内容丰富,是一部有价值的断代史著作。

　　高帝即汉高祖刘邦(前 206 年—前 195 年在位),字季,沛(今江苏沛县)人,汉朝第一个皇帝。他继承秦制,实行中央集权,重农抑商,奖励农业生产,对社会经济、文化的发展作出了贡献。他在用人的问题上主张论功行赏,量才录用,反对任人唯亲。本文就是刘邦征集人才的文告。他以王霸自许,从长远统治出发,把选才任人作为帝王事业能否成功的重要条件。文章很有气魄,显示出高瞻远瞩、今人不让古人的进取精神。

　　盖闻王者莫高于周文①,伯者莫高于齐桓②,皆待贤人而成名。今天下贤者、智能,岂特古之人乎③?患在人主不交故也,士奚由进④!今吾以天之灵、贤士大夫定有天下,以为一家。欲其长久,世世奉宗庙亡绝也⑤。贤人已与我共平之矣,而不与吾共安利之,可乎?贤士大夫有肯从我游者,吾能尊显之。布告天下,使明知朕意。御史大夫昌下相国⑥,相国酂侯下诸侯王⑦,御史中执法下郡守⑧。其有意称明德者⑨,必身劝,为之驾,遣诣相国府,署行、义、年⑩。有而弗言,觉,免。

年老癃病⑪,勿遣。

【注释】

① 周文:周文王,姓姬,名昌。原是商朝末年的一个诸侯,后在姜尚的帮助下吞并了许多小国,扩大统治范围,为其子武王推翻商朝,建立周王朝奠定了基础。
② 伯:通"霸",诸侯联盟的首领。　桓(huán):齐桓公,姓姜名小白。春秋时期第一个霸主。
③ 特:只。
④ 士:指知识分子。下文"士大夫"指官僚阶层。　奚由:从何,通过什么途径。
⑤ 亡:通"无"。
⑥ 御史大夫:汉朝中枢机构的最高长官之一。协助相国,掌管机要文书和监察事务。　昌:人名,姓周。　下:下达。　相国:即丞相,秉承皇帝旨意处理国家政事的最高行政长官。
⑦ 酂(zàn)侯:指萧何。
⑧ 御史中执法:又称御史中丞。地位仅次于御史大夫。　郡守:郡的最高行政长官。
⑨ 意:美好的名声。　称(chèn):相副。　明德:美德。
⑩ 署:题写。　行:事迹。　义:通"仪",像貌。　年:年龄。
⑪ 癃(lóng):腰部弯曲、背部隆起。这里泛指残疾。

【译文】

听说古代帝王没有超过周文王的,霸主没有超过齐桓公的,他们都是得到贤人的帮助才建立起功名的。现在天下就有贤人和有智慧、有才能的人,难道只有古代才有吗?可忧虑的是人主不去交接他们,贤士通过什么途径进身呢!现在我已经依靠上天的神灵和贤士大夫的力量平定了天下,把天下作为一家。希望长久保持下去,奉祀宗庙,世代不绝。贤人已经同我一起平定了天下,如果不同我一起使它安定兴盛,那怎么行呢?贤士大夫肯跟我一起共事的,我能使他得到显贵的地位。把我的旨意布告天下,使大家都明白知道。御史大夫周昌下达给相国，相国萧何下达给诸侯王，御史中执法下达给郡守。如有美名和美德相称的人，一定亲自劝他出来，替他准备车马，请到相国府，记录下他的事迹、相貌和年龄。如果有贤人而不报告，一经发觉，就免除当事者的官职。衰老残废和有病的人，不要送来。

# 文帝议佐百姓诏

## 西汉文

【题解】

本文选自《汉书·文帝纪》。

汉文帝刘恒在位二十三年（前179年—前157年在位），进一步削弱割据势力，发展农业经济，并积极防御匈奴贵族的侵犯，对加强西汉政权作出了一定贡献。

西汉初年，社会十分贫困，人口减少很多，农业生产恢复很慢。加上连年灾荒，粮食问题非常严重。这篇文告就是针对这些问题，要求臣属提供办法而颁发的。

在一篇短文中反复设问、层层逼近，表现出要求解决民食问题的迫切心情。

间者①，数年比不登②，又有水旱疾疫之灾，朕甚忧之。愚而不明，未达其咎③。意者④，朕之政有所失⑤，而行有过与？乃天道有不顺⑥，地利或不得，人事多失和，鬼神废不享与⑦？何以致此？将百官之奉养或费⑧，无用之事或多与？何其民食之寡乏也？夫度田非益寡⑨，而计民未加益，以口量地，其于古犹有余，而食之甚不足者，其咎安在？无乃百姓之从事于末⑩，以害农者蕃，为酒醪以靡谷者多⑪，六畜之食焉者众与⑫？细大之义，吾未能得其中⑬，其与丞相、列侯、吏二千石、博士议之⑭。有可以佐百姓者，率意远思⑮，无有所隐！

### 【注释】

① 间：近来。
② 比：屡屡。 登：庄稼成熟。
③ 达：通晓。 咎(jiù)：灾祸,弊病。
④ 意者：疑问词,置于句首表示猜想。
⑤ 朕(zhèn)：我。秦始皇以后,皇帝自称。
⑥ 乃：还是。用于选择句中表示疑问。
⑦ 废：停止。 享：祭献。 与：通"欤",下同。
⑧ 将：还是,选择连词。 或：也许,选择连词。
⑨ 度(duó)：量,计算。
⑩ 无乃：恐怕,只怕。 末：指工商业。
⑪ 醪(láo)：酒酿,浊酒。 靡(mǐ)：耗费。
⑫ 食(sì)：通"饲",喂养牲畜、禽类。
⑬ 中(zhòng)：适中。
⑭ 其：语气词,表示祈求、命令。 列侯：汉制,群臣异姓封侯者称列侯或彻侯。 二千石：汉代对郡守的通称。 博士：官名。掌管书籍文献,通古今史事,出谋献策。
⑮ 率意：随从己意。意思是不要有顾虑。

### 【译文】

　　近年来,连续不断地收成不好,又加上水旱和瘟疫的灾难,我非常忧虑。自己愚笨,不聪明,不晓得弊病出在什么地方。我想,会不会是我的政治措施有失策的地方,行为有过失呢？还是因为天时不顺,地利或许没能利用,人们相处多失和睦、废弃了对鬼神的祭祀呢？为什么弄到这个地步呢？还是百官的奉养也许太费了,没有用的事情也许兴办得过多了？百姓的食物怎么这么缺乏呢？计算田地不是愈来愈少,计算人口没有比从前增加,按人口计量土地,比古代还多,但粮食却非常不足,弊病究竟在什么地方呢？是否百姓因从事工商业而损害农业生产的太多,做米酒因而浪费粮食的太多,饲养六畜的人太多了呢?大小缘由很多,我还把握不住究竟是什么缘由,希望同丞相、列侯、郡守和博士们一起讨论。如果有可以帮助百姓解决困难的意见,就坦率地提出长远的想法,不要有什么隐讳。

# 景帝令二千石修职诏

## 西汉文

【题解】

　　本文选自《汉书·景帝纪》。

　　汉景帝刘启(前156年—前141年在位)很重视发展农业生产,在位期间继续执行重农抑商政策,维护国家统一,加强边防建设,并对违反国家法纪的官员坚决地加以处置。这篇诏令就是他为整顿吏治而下达的。

　　雕文刻镂①,伤农事者也;锦绣纂组②,害女红者也③。农事伤,则饥之本也;女红害,则寒之原也。夫饥寒并至,而能无为非者寡矣。朕亲耕,后亲桑,以奉宗庙粢盛、祭服④,为天下先。不受献⑤,减太官⑥,省徭赋,欲天下务农蚕,素有畜积⑦,以备灾害。强勿攘弱⑧,众勿暴寡⑨,老耆以寿终⑩,幼孤得遂长。今岁或不登⑪,民食颇寡,其咎安在?或诈伪为吏,吏以货赂为市,渔夺百姓,侵牟万民⑫。县丞⑬,长吏也⑭,奸法与盗盗,甚无谓也。其令二千石各修其职⑮!不事官职,耗乱者⑯,丞相以闻⑰,请其罪。布告天下,使明知朕意!

【注释】

① 雕文刻镂(lòu):在玉石、金属器物上雕刻花纹。

② 纂(zuǎn):五彩绦带。 组:用丝织成的阔带子,古代用作佩玉或佩印的绶。
③ 女红:即女工。指纺织、刺绣、缝纫等事。
④ 粢盛(zīchéng):盛在祭器内以供祭祀用的谷物。
⑤ 献:汉朝规定的赋税之一种。百姓每年除向政府缴纳人头税、户赋之外,还要缴给皇帝若干钱,称为献费。
⑥ 太官:也叫大官,掌管宫廷膳食的官。
⑦ 畜(xù):通"蓄",积储。
⑧ 攘(rǎng):夺取,排除。
⑨ 暴(bào):损害。
⑩ 耆(qí):古称六十岁为耆,这里指老年人。
⑪ 岁:指年成。 或:又。 登:庄稼成熟。这里指丰收。
⑫ 牟(móu):夺取。
⑬ 县丞(chéng):辅佐县令的官员。
⑭ 长吏:这里指县中官吏之长。
⑮ 二千石:汉代对郡守和国相的通称,因为他们的俸禄都是二千石。
修职:整顿吏治,使官吏尽忠职守。
⑯ 耗(mào)乱:昏乱不明。通"眊"。
⑰ 丞相:秉承皇帝旨意,管理国家政事的最高行政长官。 闻:上报。这里是报告给皇帝,让皇帝知道的意思。

【译文】

雕琢刻镂花纹,是损害农业生产的;织锦刺绣,制作绦绶,是损害女工的。农业生产受到损害,是饥饿的根子;女工受到损害是受寒的本源。到饥寒交迫的时候,却能不进行非法活动的很少。我亲自耕种,皇后亲自采桑养蚕,用来供奉祭祀宗庙的谷物和祭服,作为全国的表率。不受献费,减少膳食费用,减轻百姓的劳役和赋税,希望全国都从事农业生产,植桑养蚕,平时有积蓄,以防备灾害。使强者不掠夺弱者,多数人不欺侮少数人,老年人能终其天年,幼儿孤子得以长大成人。现在年成又不好,民食非常缺乏,这个过错在什么地方呢?或许是奸伪不正的人当了官吏,官吏用货物贿赂作生意,劫掠百姓,侵夺万民。县丞是一县的官吏之长,知法而仍做奸邪之事,帮助盗贼进行盗窃,实在不符合国家法纪。现在命令郡守国相等二千石官员各自整顿吏治。不尽忠职守和昏乱不称职的,丞相把他们报上来,问他们的罪。布告天下,使大家明白我的用意。

# 武帝求茂材异等诏

## 西汉文

【题解】

本文选自《汉书·武帝纪》。

汉武帝刘彻(前140年—前87年在位),是我国历史上一位有作为的皇帝。他在位期间,国家的政治、经济、军事、文化、外事各方面都得到了很大的发展。

本文是前106年命令州郡官察举人才而下达的文告。文告说要建立非常的功业,必须不拘一格,破除世俗之见,选拔和重用人才。

  盖有非常之功,必待非常之人。故马或奔踶而致千里①,士或有负俗之累而立功名②。夫泛驾之马③,跅弛之士④,亦在御之而已⑤。其令州郡察吏民有茂才异等可为将相及使绝国者⑥。

【注释】

① 踶(dì):踢。
② 负俗:被世人讥讽嘲笑。 累(lěi):毛病。
③ 泛驾:指马狂奔乱跑不走正路。泛,通"覂"(fěng),翻覆。
④ 跅弛(tuòchí):放荡不守礼法。

⑤ 御:驾驶。
⑥ 其:语气词,表祈求、命令。 州:这里是监察区的名称。汉武帝在全国设立了十三个大监察区称作"州",由朝廷派刺史主管其事。 郡:地方行政区域名称。 察:考察荐举。 绝国:极为辽远的国家。

【译文】

大概要建立不平常的功绩,必定要靠不平常的人才。所以马有狂奔踢人但能跑千里路的,士人有受世俗嘲讽的毛病但能建立功业和名声的。那种狂奔乱跑不走正路的马,放荡不守礼法的士人,也在善于驾驭和使用罢了。命令州郡考察吏民中的秀才和出类拔萃可以担任将相和出使远方国家的人。

# 贾谊过秦论(上)

## 西汉文

【题解】

贾谊(前200年—前168年),洛阳人,西汉初年著名的政治家和文学家。曾任博士、太中大夫等官,后贬为长沙王太傅及梁怀王太傅等。他曾多次上书,针对国家存在的问题,提出改革政治的建议,对巩固西汉中央政权起了一定作用。贾谊很有抱负和才识,因受权贵的嫉妒和排挤,才能不能施展,抑郁而死,终年三十三岁。他的著作经后人整理成《新书》十卷。《过秦论》是政论文的代表作之一,是贾谊早期所写论述秦帝国兴亡的重要文章。它肯定了秦孝公支持商鞅变法所起的重要作用,文章的主旨在于"过秦",即谴责秦的过失。在贾谊看来,秦始皇吞并六国时,处于攻势,靠权术和暴力取得了成功;但在他夺得天下之后,形势不同了,就不该只是用暴力手段对待百姓了,而应施行仁义,注重教化,才能维持住威势,避免灭亡。秦王朝没有改变政策,所以迅速灭亡了。

贾谊从秦末农民起义的伟大斗争中总结出一个很重要的教训:人心的向背关系到国家的兴亡。他的施行仁义的主张,就是为了缓和阶级矛盾,推迟封建王朝的灭亡。

《过秦论》分上下两篇,本文是上篇。文章开头极写秦国的强盛,铺张渲染,逐层推进,气势磅礴,"及至始皇"一段达到了极点。转而写陈涉,并同九国之师对比,九国的人才和庞大的武装力量所不能战胜的秦国,却被一群斩木为兵的农民军给推翻了,写得波澜起伏,又步步紧逼,到结尾处才推出中心论点,大有画龙点睛之妙。

本文是一篇生动优美的散文作品,它运用了丰富的辞藻,加上排比、夸张、比喻等各种修辞手段,使得文章酣畅流利,感染力很强。但对某些史实,由于夸张渲染而有失实之处。

秦孝公据殽函之固[1],拥雍州之地[2],君臣固守,以窥周室[3],有席卷天下、包举宇内、囊括四海之意[4],并吞八荒之心。当是时也,商君佐之[5],内立法度,务耕织,修守战之具;外连衡而斗诸侯[6]。于是秦人拱手而取西河之外[7]。

孝公既没,惠文、武、昭蒙故业[8],因遗策,南取汉中[9],西举巴蜀[10],东割膏腴之地,收要害之郡。诸侯恐惧,会盟而谋弱秦,不爱珍器、重宝、肥饶之地,以致天下之士,合从缔交[11],相与为一[12]。当此之时,齐有孟尝[13],赵有平原[14],楚有春申[15],魏有信陵[16]。此四君者,皆明智而忠信,宽厚而爱人,尊贤而重士,约从离横[17],兼韩、魏、燕、赵、宋、卫、中山之众[18]。于是六国之士,有宁越、徐尚、苏秦、杜赫之属为之谋[19],齐明、周最、陈轸、召滑、楼缓、翟景、苏厉、乐毅之徒通其意[20],吴起、孙膑、带佗、儿良、王廖、田忌、廉颇、赵奢之伦制其兵[21]。尝以十倍之地,百万之众,叩关而攻秦[22]。秦人开关而延敌[23],九国之师逡巡而不敢进。秦无亡矢遗镞之费,而天下诸侯已困矣。于是从散约解,争割地而赂秦[24]。秦有余力而制其弊[25],追亡逐北[26],伏尸百万,流血漂橹。因利乘便,宰割天下,分裂河山。强国请服㉗,弱国入朝㉘。

施及孝文王、庄襄王㉙,享国之日浅,国家无事。

及至始皇,奋六世之余烈㉚,振长策而御宇内,吞二周而亡诸侯㉛,履至尊而制六合㉜,执敲扑以鞭笞天下㉝,威振四海。南取百越之地㉞,以为桂林、象郡㉟;百越之君,俯首系颈,委命下吏㊱。乃使蒙恬北筑长城而守藩篱㊲,却匈奴七百余里。胡人不敢南下而牧马,士不敢弯弓而报怨。于是废先王之道,燔百家之言㊳,以愚黔首㊴;隳名城㊵,杀豪俊,收天下之兵聚之咸阳㊶,销锋镝㊷,铸以为金人十二,以弱天下之民。然后践华为城㊸,因河为池,据亿丈之城、临不测之溪以为固。良将劲弩㊹,守要害之处;信臣精卒,陈利兵而谁何㊺。天下已定,始皇之心,自以为关中之固㊻,金城千里,子孙帝王万世之业也。始皇既没,余威震于殊俗。

然而,陈涉㊼,瓮牖绳枢之子㊽,氓隶之人㊾,而迁徙之徒也㊿;材能不及中庸,非有仲尼、墨翟之贤㈤,陶朱、猗顿之富㈥;蹑足行伍之间㈦,俛起阡陌之中㈧,率罢弊之卒,将数百之众,转而攻秦。斩木为兵,揭竿为旗,天下云集而响应,赢粮而景从㈨,山东豪俊遂并起㈩,而亡秦族矣。

且夫天下非小弱也㊿⑦,雍州之地,殽函之固,自若也;陈涉之位不尊于齐、楚、燕、赵、韩、魏、宋、卫、中山之君也;锄、耰、棘矜㊿⑧,不铦于钩、戟、长铩也㊿⑨;谪戍之众㊅,非抗于九国之师也;深谋远虑,行军用兵之道,非及曩时之士也㊆,然而成败异变,功业相反。

试使山东之国,与陈涉度长絜大㊇,比权量力,则不可同年而语矣。然秦以区区之地,致万乘之权㊈,招八州而朝同列㊉,百有余年矣。然后以六合为家,殽函为宫。一夫作难而七庙隳㊊,身死人手㊋,为天下笑者,何也?仁义不施,而攻守之势异也!

## 【注释】

① 秦孝公:姓嬴,名渠梁。前361年至前388年在位。他任用商鞅,实行变法,使秦成为强国,为秦始皇统一中国奠定了基础。 殽(Xiáo):又写作"崤",山名。在今河南省西部。 函:指函谷关,在今河南灵宝东北。当时殽山、函谷关是秦国的东部边境。

② 雍州:古九州之一。这里指秦国当时统治的主要地区,相当于今陕西东部、北部及甘肃部分地区。

③ 窥(kuī):偷看。这里有等待时机夺取的意思。

④ 包举:用布包把东西收起来。举,收取。 囊括:用口袋把东西装起来。

⑤ 商君:商鞅(约前390年—前338年),姓公孙,名鞅,卫国人。是战国中期杰出的法家代表人物,深得秦孝公的信任,实行变法,使秦国富强。孝公封给他商於等十五邑的地方,称商君。

⑥ 连衡:也作"连横",指西方的秦国分别同东方的魏、韩、赵、燕、齐、楚等国订立盟约,以期利用六国的矛盾而各个击破的策略。

⑦ 拱手:两手合抱。这里是轻而易举的意思。 西河:指当时秦魏交界的黄河西岸地区,原属魏国。公元前340年商鞅攻魏,魏割西河地区与秦。随后,秦又向东扩展,所以这里说"取西河之外"。

⑧ 惠文:秦孝公之子,又称惠王,名驷。前337年至前311年在位。 武:秦惠文王之子秦武王,名荡。 昭:秦武王的异母弟秦昭襄王,又称昭王,名则。

⑨ 汉中:今陕西汉中一带。

⑩ 巴蜀:两个国名,都在今四川。

⑪ 合从:即"合纵",指东方六国南北联合,共同抗秦的策略。

⑫ 相与:互相交结。

⑬ 孟尝:孟尝君田文,齐国贵族田婴的儿子。

⑭ 平原:平原君赵胜,赵惠文王之弟。

⑮ 春申:春申君黄歇,曾任楚国的令尹。

⑯ 信陵:信陵君魏无忌,魏安釐王的异母弟。

⑰ 约从离横:相约"合纵",拆散秦国的"连横"。

⑱ 兼:聚合。 宋、卫、中山:这是战国时三个较小的国家,当时分别附属于齐、魏、赵。一本于"燕"下有"楚、齐"二字,合韩、魏、燕、赵、宋、卫、中山

共为九国。

⑲ 宁越:赵国人。　徐尚:宋国人。　苏秦:东周洛阳人,主张合纵抗秦的代表人物。当时曾任"纵约长"。　杜赫:周人。

⑳ 齐明:东周臣。　周最:东周君的儿子。"最"一本作"冣(jù)。　陈轸(zhěn):楚国人。　召滑:楚国臣。　楼缓:赵国人,曾任魏相。　翟景:魏国人。　苏厉:苏秦之弟。　乐毅:中山国人,曾任燕昭王的亚卿。

㉑ 吴起:卫人,战国前期著名军事家。　孙膑(bìn):齐国人,战国中期著名军事家。　带佗(tuó):楚将。　兒(Ní)良、王廖:两人都是军事家。兒,通"倪"。　田忌:齐国大将。　廉颇、赵奢:两人都是赵国名将。

㉒ 叩关:这里是直攻函谷关的意思。齐、燕、韩、赵、魏等五国,曾于前318年进攻秦国,楚、赵、韩、燕、魏等五国,曾于前241年进攻秦国,两次联合进攻均遭失败。

㉓ 延敌:这里是迎击敌人的意思。延,延纳。

㉔ 赂(lù):贿赂。

㉕ 制其弊:意为利用六国衰败的时候控制它们。

㉖ 亡:逃跑。　北:败北。北,通"背"。败者背身逃走。

㉗ 请服:请求臣服。

㉘ 朝:朝拜。

㉙ 施(yì):延续。　孝文王:秦昭襄王的儿子,名柱。前250年即位,即位三天就死了。　庄襄王:秦孝文王的儿子,名子楚。前249年即位,在位三年。

㉚ 六世:指孝公、惠文王、武王、昭襄王、孝文王、庄襄王。　余烈:遗留下来的辉煌功业。

㉛ 二周:战国时两个小国西周、东周。西周建都河南(今河南洛阳西),东周建都在巩(今河南巩义),分别在前256年、前249年为秦所灭。

㉜ 履至尊:登上帝位。　六合:天地和四方,这里泛指天下。

㉝ 敲朴:棍子。短的称"敲",长的称"朴"。　笞(chī):鞭子、竹板。这里是鞭打的意思。

㉞ 百越:当时居住在我国东南地区各个越族部落的总称。

㉟ 桂林:郡名,在今广西壮族自治区北部。　象郡:郡名,在今广西壮族自治区南部及其以南、以西部分地区。

㊱ 委命:把性命交出去,任凭处置。

㊲ 蒙恬(tián):秦始皇的主要将领。前214年,秦始皇派他率军队三十万人,渡黄河北逐匈奴,修筑长城,西起临洮(今甘肃岷县),东至辽东(今辽宁东南),共长万余里。 藩篱:篱笆,屏障。

㊳ 燔(fán)百家之言:指前213年,秦始皇下令烧毁儒家经典、各国史记和诸子书。燔,焚烧。

㊴ 愚黔(qián)首:使百姓愚昧无知。

㊵ 隳(huī)名城:毁坏坚固有名的城池,以防止各国的人民据城抗秦。

㊶ 兵:兵器。 咸阳:秦朝的都城(在今陕西咸阳市东北)。

㊷ 锟(dí):通"镝",箭头。

㊸ 践:登,踩。 华:华山(在今陕西华阴西南)。

㊹ 劲弩:强有力的弓。弩,用机栝(kuò)发箭的弓。

㊺ 谁何:呵问是谁,即盘问。何,通"呵"。

㊻ 关中:指自函谷关以西,战国时期秦国所占有的地域。

㊼ 陈涉:陈胜。中国历史上第一次大规模农民起义的领袖。前209年,陈涉、吴广率领戍卒九百人起义,反抗秦的暴政,得到全国响应。

㊽ 瓮牖(yǒu)绳枢:用破瓮口作窗,用绳子拴门轴。形容住宅简陋,出身贫苦。

㊾ 氓(méng)隶:自己没有土地,从事农业劳动的人,即雇农。

㊿ 迁徙:指前209年陈涉等被征发到渔阳(在今北京密云西南)守边的事情。因罪流放到边远地区,也叫迁徙。

(51) 仲尼:孔丘。春秋末年鲁国人,是儒家学派的创始者。 墨翟(dí):春秋后期思想家,是墨家学派的创始人。

(52) 陶朱:范蠡(lǐ)。春秋末年越国大夫,因弃官到陶(在今山东定陶西北)地经商成为巨富,号陶朱公。 猗(Yī)顿:春秋时鲁国人,在猗氏(在今山西临猗南)经营盐业(一说畜牧牛羊),成为巨富。

(53) 蹑足:插足,参加。 行伍:军队,军队的行列。

(54) 俛(miǎn)起:奋起。俛,通"勉",尽力。 阡陌(mò):田间小路,这里指农村。

(55) 赢(yíng):肩挑、背负。 景从:像影子跟着形体似的。景,通"影"。

(56) 山东:崤山以东。指东方六国。

(57) 且夫:语气词。放在句首有"再说"的意思。

(58) 耰(yōu):平整土地的一种农具,形如榔头。 棘矜:枣木棍。

(59) 铦(xiān):锋利。 钩:似剑而弯的兵器。一说“钩戟”就是带钩的戟。铩(shā):大矛。

(60) 谪(zhé)戍之众:指陈涉、吴广带领的九百戍卒。谪,降职或流放,这里指被征发守边。

(61) 曩(nǎng)时之士:指上文说的宁越、徐尚等六国之士。曩,从前。

(62) 度(duó)长:量长短。 絜(xié)大:比粗细。

(63) 万乘:周制,天子地方千里,有兵车万乘;诸侯地方百里,有兵车千乘。因此,称天子为万乘。

(64) 招(qiáo):攻取。 八州:相传古代分中国为九州,这里指除秦所占雍州之外的全国土地。 朝同列:使原与秦处于同等地位的诸侯国向秦朝拜。

(65) 作难(nàn):发难,奋起反抗。 七庙:天子宗庙。周制,天子宗庙奉祀七代祖先。

(66) 身死人手:本身被杀死。这里指秦二世被赵高杀死,子婴被项羽杀死,都不得善终。

## 【译文】

秦孝公依据殽山、函谷关的险固地势,占有雍州地方,君臣牢牢地固守着,以寻找机会夺取周王朝的政权。他们怀着席卷天下,征服列国,控制四海,吞并八方的雄心。在这个时候,商鞅辅佐他,对内建立法律制度,发展农业和纺织业,整治攻守的器械;对外实行连衡的策略,使各国诸侯自相争斗。这样,秦国人轻而易举地取得了魏国黄河西岸及其以外的一片土地。

秦孝公死后,惠文王、武王、昭襄王继承了固有的事业,遵循着传统的策略,向南攻占了汉中,向西夺取了巴蜀,向东割取了肥沃的土地,接收了险要的州郡。各国诸侯感到恐惧,他们集会订盟,图谋削弱秦国,不惜拿珍贵的器物、贵重的财宝、肥沃富饶的土地来招纳天下的士人,联合山东各国缔结盟约,互相支持,结为一体。在这个时候,齐国有孟尝君,赵国有平原君,楚国有春申君,魏国有信陵君,这四个人都明智、正直、讲信义、宽厚而且爱护百姓,尊敬而且能重用贤者,相约合纵以拆散连衡,聚合起韩、魏、燕、赵、宋、卫、中山等国的众多人力。这时,六国的士人当中,有宁越、徐尚、苏秦、杜赫这一类人替他们出谋划策,有齐明、周最、陈轸、召滑、楼缓、翟景、苏厉、乐毅这一伙人为他们沟通意见,有吴起、孙膑、带佗、兒良、王廖、田忌、廉颇、赵奢这一批人统率他们的军队。他们曾以比秦国大十倍的土地和百万士兵,直抵函谷关来攻打秦国。秦国人开关迎敌,九国军队退的退,逃的逃,不敢前进。秦国没有破费一支箭,一个箭头,可是天下诸侯已经陷入困境了。于是合纵拆散了,盟约瓦解了,诸侯争着割让土地贿赂秦国。秦国有充分的力量利用诸侯的困难去制服他们,追逐败逃的敌人,击毙上百万士兵,流的血把盾牌都漂浮起来了。秦国依靠有利的条件,乘着大好的形势,控制天下,分裂列国的山河。强国请求臣服,弱国到秦国朝拜。

延续到了孝文王、庄襄王的时候,他们在位的日子短,国家没有发生重大的事变。

到了秦始皇,他继承、光大了六代君主遗留下来的辉煌功业,挥动长鞭驾驭天下,吞并了东、西二周,灭亡了各个诸侯国,登上了至高无上的皇帝宝座,统治着上下四方,用严刑镇压天下人民,声威震动四海。他向南攻取了百越的土地,设立桂林郡和象郡,百越的君主低着头,脖子上系着绳索,把性命交给秦国的下级官吏。于是派蒙恬北筑长城并且守卫着这道屏障,使匈奴退却七百多里。胡人不敢南下牧马,他们的士卒也不敢拿起武器报复。于是废弃了先王的仁义之道,烧毁百家的书,使百姓愚昧;拆毁了坚固的名城,杀死了有势力的豪杰,收取天下的兵器,集中到咸阳,销熔刀箭,铸成十二个金人,用来削弱天下百姓的力量。然后凭借华山为城墙,依靠黄河为城壕,据守亿丈之高的城,下有深不可测的河水,使这些山河险阻成为坚固的屏障。派优秀的将领,用强劲的弓弩,守卫着要害的地方;让可靠的大臣,精锐的士兵,拿着锐利的武器,盘问来往行人。天下已经平定,始皇的心思,自以为关中地势险固,千里金城,已经完成子子孙孙称帝称王,万世不败的基业了。秦始皇死后,他留下的威势还震撼着风俗不同的边远地区。

但是,陈涉这个贫寒家庭的子弟,没有土地的农民,而且是被征发去守边的人;才能比不上一般人,没有孔丘、墨翟那样的贤能,陶朱、猗顿那样的富有;夹杂在戍卒队伍里面,奋起于村野百姓之间,带领着几百名疲惫的戍卒,却转过矛头向秦王朝进攻。砍断树干当兵器,举起竹竿做旗帜,天下百姓像云彩一样地汇集起来,像回声一样地迅速地追随着他,背着粮食,像影子伴随形体一样地不离开他,六国的豪杰于是一齐行动起来,灭亡了秦国!

再说,秦国的力量本来并不微弱,雍州的地势、殽函的险固,还是原来那样;陈涉的地位并不比齐、楚、燕、赵、韩、魏、宋、卫、中山等国的君主尊贵;锄、櫌和枣木杆并不比钩、戟和长矛锋利;流放到边境去守边的一帮人,抵不上九国军队的强大;深谋远虑,指挥部队作战的本领,比不上从前六国的将士,可是成功和失败却发生了异常的变化,成就的功业完全相反。

假使山东的诸侯国,同陈涉来比比长短粗细,较量一下权势力量,是不能相提并论的。可是秦国凭借它很小的一块地盘,发展到了有万乘战车的兵力,取得了八州的土地,使原来和秦国地位同等的诸侯来朝拜,已经一百多年了。此后秦王以天下为一家所有,把殽函地区作为他的宫殿。但是一个普通人发难,秦王朝的宗庙就被毁掉了,皇帝自己也被杀死,受到天下人讥笑,这是什么道理呢?是因为不施行仁义,而攻打天下和守卫天下的形势发生了根本变化!

# 贾谊治安策(一)

## 西汉文

【题解】

本文又名《陈政事疏》,选自《汉书·贾谊传》。

贾谊生活在西汉初年。当时天下初定,但社会矛盾还是很尖锐的。他指出了诸侯王的分裂割据势力同中央政权的对立,匈奴贵族不断入侵掠夺,富商大贾的奢侈浪费严重破坏封建经济基础等现象,向汉文帝献了一篇《治安策》。这里选录的是其中的一部分。在这部分中,贾谊建议实行"众建诸侯而少其力"的措施,以保证中央政权的集中统一。这个进步主张被汉文帝采纳了。到汉武帝时又加以发展,终于战胜了诸侯王的分裂割据势力,使统一的西汉帝国得到巩固。

　　作者为了阐明"欲天下之治安,莫若众建诸侯而少其力"这一论点,纵谈天下形势,铺陈典型事例,比喻深刻生动,情文并茂,具有很强的说服力。

　　夫树国固①,必相疑之势②,下数被其殃③,上数爽其忧④,甚非所以安上而全下也。今或亲弟谋为东帝⑤,亲兄之子西乡而击⑥,今吴又见告矣⑦。天子春秋鼎盛⑧,行义未过,德泽有加焉,犹尚如是,况莫大诸侯,权力且十此者乎?然而天下少安,何也?大国之王幼弱未壮,汉之所置傅、相方握其事⑨。数年之后,诸侯之王大抵皆冠⑩,血气方刚,汉之傅相称病而赐罢,彼自丞尉以上遍置私人⑪,如此,有异淮南、济北之为邪⑫!此时而欲为治安,虽尧舜不治⑬。

　　黄帝曰⑭:"日中必熭⑮,操刀必割。"今令此道顺而全安⑯,甚易;不肯早为,已乃堕骨肉之属而抗刭之⑰,岂有异秦之季世乎⑱?夫以天子之位,乘今之时,因天之助,尚惮以危为安⑲,以乱为治;假设陛下居齐桓之处⑳,将不合诸侯而匡天下乎?臣又知陛下有所必不能矣。假设天下如曩时㉑,淮阴侯尚王楚㉒,黥布王淮南㉓,彭越王梁㉔,韩信王韩㉕,张敖王赵㉖,贯高为相㉗,卢绾王燕㉘,陈豨在代㉙,令此六七公者皆无恙㉚,当是时而陛下即天子位,能自安乎?臣有以知陛下之不能也。天下殽乱㉛,高皇帝与诸公并起,非有仄室之势以豫席之也㉜。诸公幸者乃为中涓㉝,其次廑得舍人㉞,材之不逮至远也。高皇帝以明圣威武即天子位,割膏腴之地以王诸公,多者百余城,少者乃三四十县,德至渥也。然其后七年之间,反者九起㉟。陛下之与诸公,非亲角材而臣之也㊱,又非身封王之也。自高皇帝不能以是一岁为安,故臣知陛下之不能也。

然尚有可诿者㊲,曰疏。臣请试言其亲者。假令悼惠王王齐㊳,元王王楚㊴,中子王赵㊵,幽王王淮阳㊶,共王王梁㊷,灵王王燕㊸,厉王王淮南㊹,六七贵人皆亡恙,当是时陛下即位,能为治乎?臣又知陛下之不能也。若此诸王,虽名为臣,实皆有布衣昆弟之心㊺,虑亡不帝制而天子自为者。擅爵人㊻,赦死罪,甚者或戴黄屋㊼,汉法令非行也。虽行,不轨如厉王者㊽,令之不肯听,召之安可致乎!幸而来至,法安可得加?动一亲戚,天下圜视而起㊾。陛下之臣虽有悍如冯敬者㊿,适启其口,匕首已陷其胸矣。陛下虽贤,谁与领此○51?故疏者必危,亲者必乱,已然之效也○52。其异姓负强而动者,汉已幸胜之矣,又不易其所以然○53。同姓袭是迹而动,既有征矣,其势尽又复然!殃祸之变,未知所移。明帝处之尚不能以安,后世将如之何!

屠牛坦一朝解十二牛○54,而芒刃不顿者,所排击剥割皆众理解也○55。至于髋髀之所○56,非斤则斧○57。夫仁义恩厚,人主之芒刃也;权势法制,人主之斤斧也。今诸侯王皆众髋髀也,释斤斧之用,而欲婴以芒刃,臣以为不缺则折。胡不用之淮南、济北?势不可也。

臣窃迹前事○58,大抵强者先反。淮阴王楚,最强,则最先反;韩信倚胡○59,则又反;贯高因赵资,则又反;陈豨兵精,则又反;彭越用梁,则又反;黥布用淮南,则又反;卢绾最弱,最后反。长沙乃在二万五千户耳○60,功少而最完,势疏而最忠,非独性异人也,亦形势然也。曩令樊、郦、绛、灌据数十城而王○61,今虽已残,亡可也。令信、越之伦列为彻侯而居○62,虽至今存,可也。然则天下之大计可知已○63。欲诸王之皆忠附,则莫若令如长沙王；欲臣子之勿菹醢⁶⁴，则莫若令如樊、郦等；欲天下之治安，莫若众建诸侯而少其力。力少则易使以义⁶⁵，国小则亡邪心。令海内之势，如身之使臂，臂之使指，莫不制从⁶⁶。诸侯之君不敢有异心，辐凑并进而归命天子⁶⁷。虽在细民，且知其安，故天下咸知陛下之明。割地定制，令齐、赵、楚各为若干国，使悼惠王、幽王、元王之子孙毕以次各受祖之分地⁶⁸，地尽而止，及燕、梁他国皆然。其分地众而子孙少者，建以为国，空而置之，须其子孙生者，举使君之。诸侯之地，其削颇入汉者⁶⁹，为徙其侯国及封其子孙也⁷⁰，所以数偿之⁷¹。一寸之地，一人之众，天子亡所利焉，诚以定治而已，故天下咸知陛下之廉。地制一定，宗室子孙莫虑不王，下无倍畔之心⁷²，上无诛伐之志，故天下咸知陛下之仁。法立而不犯，令行而不逆，贯高、利几之谋不生⁷³，柴奇、开章之计不萌⁷⁴，细民乡善，大臣致顺，故天下咸知陛下之义。卧赤子天下之上而安⁷⁵；植遗腹⁷⁶，朝委裘⁷⁷，而天下不乱。当时大治，后世诵圣。一动而五业附⁷⁸，陛下谁惮而久不为此？

　　天下之势方病大瘇⁷⁹。一胫之大几如要⁸⁰，一指之大几如股，平居不可屈信⁸¹，一二指搐⁸²，身虑无聊⁸³。失今不治，必为锢疾⁸⁴，后虽有扁鹊⁸⁵，不能为已。病非徒瘇也，又苦跂戾⁸⁶。元王之子，帝之从弟也，今之王者，从弟之子也；惠王之子，亲兄子也，今之王者，兄子之子也。亲者或亡分地以安天下⁸⁷，疏者或制大权以逼天子⁸⁸。臣故曰：非徒病瘇也，又苦跂戾。可痛哭者，此病是也。

**【注释】**

① 树国：建立诸侯国。　　固：强大。
② 相疑(nǐ)：指诸侯国实力膨胀，在各方面都超过中央的规定而同中央政权相比拟、相对立。疑，通"拟"。

③ 数(shuò):屡次。
④ 爽:忧伤。
⑤ 亲弟:指淮南厉王刘长,汉文帝之弟。汉文帝前元六年(前174年),刘长阴谋勾结匈奴谋反,事败后自杀。淮南国都于寿春(今安徽寿县),位于长安以东,所以说他"谋为东帝"。
⑥ 亲兄之子:指济北王刘兴居。刘兴居是汉文帝之兄刘肥的儿子。他在文帝起兵去太原抗击匈奴的时候,企图起兵西去荥(xíng)阳,后被击败,自杀。 乡:通"向"。
⑦ 吴:指吴王刘濞(bì),汉高祖刘邦的侄子。在当时诸侯王中,实力较大,有谋反的迹象,被告发。
⑧ 春秋:指年龄。 鼎盛:正当壮年。
⑨ 傅:朝廷派到诸侯王国的辅佐之官。 相:朝廷派到诸侯王国的最高行政长官。
⑩ 冠:成年。古时男子二十岁举行冠礼,表示长大成人的意思。天子、诸侯则在十二岁时加冠。
⑪ 丞、尉:县的文武官吏。
⑫ 邪:通"耶",疑问助词。
⑬ 尧、舜:都是传说中的部落联盟领袖,古代称为圣人。
⑭ 黄帝:传说中我国原始社会的部落联盟领袖。
⑮ 熭(wèi):曝晒。
⑯ 道:道理。这里指机不可失的道理。
⑰ 已乃:以后就。 堕(huī):通"毁"。 抗刭(jǐng):杀头。
⑱ 季世:末世。这句指秦二世在世时用赵高的计谋,大肆屠杀秦始皇的大臣和诸公子,使人人自危。
⑲ 以危为安:把危险变为平安。
⑳ 齐桓:齐桓公,姓姜,名小白。前685年至前643年在位。他在政治家管仲的辅佐下,使齐国兵强国富。当时,周王室衰微,天下大乱。齐桓公曾经多次联合中原各国,反击戎狄的侵扰,"九合诸侯,一匡天下"。
㉑ 曩(nǎng):从前,指汉高祖统一天下的初期。
㉒ 淮阴侯:韩信,汉高祖刘邦的大将。先后被封为齐王、楚王,后被贬为淮阴侯。高祖十一年(前196年),因勾结陈豨谋反,被处死。 王(wàng):统治,称王。 楚:汉代楚国在今江苏铜山、徐州一带。

㉓ 黥(Qíng)布:英布。汉初封为淮南王,高祖十一年(前196年),因叛乱被杀。 淮南:今安徽淮南市、寿县一带。
㉔ 彭越:汉初封为梁王,高祖十一年(前196年),因反叛被处死。 梁:在今河南商丘一带。
㉕ 韩信:指韩王信(战国韩襄王后代),汉初封为韩王,后投降匈奴,发动叛乱,兵败被杀。
㉖ 张敖:赵王张耳之子,张耳死后继立为赵王。后因其相谋刺刘邦,降为宣平侯。 赵:在今河北邯郸一带。
㉗ 贯高:赵王张敖的相,因谋刺刘邦被捕,自杀。
㉘ 卢绾(wǎn):汉初封为燕王。高祖十二年(前195年)投靠匈奴。 燕:在今北京一带。
㉙ 陈豨(xī):汉初被封为阳夏侯,统帅赵、代两地军队。后叛汉,兵败被杀。 代:在今河北蔚县一带。
㉚ 公:王公。这里是一种尊称。 亡恙(wúyàng):无病。这里是健在的意思。
㉛ 殽(xiáo)乱:混乱。
㉜ 仄(zè)室:非正妻所生之子。这里指亲属。仄,通"侧"。 豫:通"预",预先。 席:凭借。
㉝ 乃:才。 中涓(juān):皇帝近侍官员。这里指倚重的大臣。
㉞ 廑(jǐn):通"仅",才。 舍人:地位低于中涓的近侍官员。
㉟ 九起:指黥布、彭越、韩王信、卢绾、陈豨、韩信、贯高和臧荼(tú)、利几等九人叛汉事。后两起发生在高帝五年(前202年),其余七起发生在高帝十一年(前196年)前。
㊱ 角:较量。
㊲ 诿(wěi):推托。
㊳ 悼惠王:齐悼惠王,高祖长子刘肥。 齐:在今山东淄博一带。
㊴ 元王:楚元王。高祖弟刘交。
㊵ 中子:赵隐王,高祖第三子刘如意。
㊶ 幽王:赵幽王,高祖子刘友。原为淮阳王,后徙赵。
㊷ 共(gōng)王:赵共王,高祖子刘恢。原为梁王,后徙赵。
㊸ 灵王:燕灵王,高祖子刘建。
㊹ 厉王:淮南厉王,高祖子刘长。

㊺ 布衣:平民。　昆弟:兄弟。

㊻ 擅(shàn):自作主张。　爵人:授爵位给人。

㊼ 黄屋:皇帝乘的车,车盖用黄缯(zēng)做里。

㊽ 不轨:不遵守法度。轨,法度。

㊾ 圜(yuán)视:瞪眼怒视。圜,通“圆”。

㊿ 冯敬:御史大夫,曾揭发淮南王刘长谋反事,并建议判处刘长死刑,后被刺客杀死。

(51) 领:治理。　此:指诸侯王。

(52) 已然:已经成为事实。　效:证明。

(53) 所以然:意思是造成“危”“乱”的条件和根源。

(54) 屠牛坦:春秋时一位著名的宰牛人,名坦。

(55) 排击剥割:剖牛的各种动作。　理:肌肉纹理。　解:四肢关节,骨头之间的缝隙。

(56) 髋(kuān):胯骨。　髀(bì):大腿骨。

(57) 斤:砍刀。

(58) 窃:用于表示个人意见的谦辞。

(59) 韩信:指韩王信。　胡:古代对北方少数民族的蔑称。这里指匈奴。

(60) 长沙:指长沙王吴芮(ruì)。　乃:只。　在:通“才”。

(61) 樊:樊哙(kuài)。汉初封为舞阳侯,因参加镇压诸侯王叛乱和其他功劳,升为左丞相。　郦(Lì):郦商,汉初封为曲周侯,后升至右丞相。　绛(jiàng):绛侯周勃,文帝时为右丞相。　灌:颍阴侯灌婴,官至太尉、丞相。上述四人在封地内只收租税,无行政权。

(62) 彻侯:爵位名,又称通侯、列侯。是秦汉二十级爵位的最高一级。　居:处于。

(63) 已:通“矣”,语气词。

(64) 菹醢(zūhǎi):古代一种把人剁成肉酱的酷刑。

(65) 义:道义。这里指汉朝的法令。

(66) 制从:服从。清人王念孙认为此二字应为“从制”,即服从命令的意思。

(67) 辐凑:聚集在一起。辐,车轮上的辐条。凑,聚集。

(68) 次:次序。这里指年龄长幼的次序。　分(fèn)地:分内的土地,指诸侯王的封地。

(69) 削:削减、剥夺。这里指诸侯王因犯罪而被削减或剥夺了封地。　颇:

大量。
⑩ 徙(xǐ):搬迁。这里指调整。
⑪ 所以数偿之:按照被削减或剥夺的土地数量偿还。"所"可能是一个错字或误增字。
⑫ 倍畔:通"背叛"。
⑬ 利几:原为项羽部将,归汉后封为颍川侯。后因叛乱被杀。
⑭ 柴奇、开章:都是淮南王刘长的谋士,参与谋反。 萌:发生。
⑮ 赤子:初生儿。这是指年幼的皇帝。
⑯ 植:立。 遗腹:遗腹子。
⑰ 朝(cháo):朝拜。 委裘:指已故皇帝的衣裘。委,放置。
⑱ 一动:一项措施,指"众建诸侯而少其力"。 五业:五项功业。指上文说的明、廉、仁、义、圣。
⑲ 瘇(zhǒng):脚肿病。
⑳ 胫(jìng):小腿。 要:通"腰"。
㉑ 信:通"伸"。
㉒ 搐(chù):牵动。
㉓ 无聊:无所依赖。这里是难以支持的意思。
㉔ 锢疾:难治之症。锢,通"痼"。
㉕ 扁鹊:姓秦,名越人,战国时名医。
㉖ 跖(zhí):脚掌。 戾(lì):扭折。
㉗ 亲者:指汉文帝的近亲,即他自己的子孙。
㉘ 疏者:指汉文帝的远亲,如上文所举"从弟之子""兄子之子"。

**【译文】**

　　诸侯王国的力量强大,必然造成同天子对等的形势,臣下因此屡次遭受祸害,皇上也多次担心这种忧患。这实在不是安定朝廷、保全臣民的办法。如今有亲弟图谋在东部地区当皇帝,亲侄子也向西面袭击朝廷,现在吴王谋反的事件又报上来。天子正当壮年,行事合乎道义,没有什么差错,恩德又施加到他们身上,他们尚且如此,更何况最大的诸侯,力量十倍于此的呢?但是天下还是比以前稍为安宁,这是什么原因呢?因为大诸侯王国的王还没有成年,汉朝安置在那里的太傅、丞相正掌握着王国的大权。几年以后,诸侯王大都加冠成人,精力志气正旺盛,而汉朝委派的太傅、丞相则不得不托病被迫归家,而那些诸侯王则从丞、尉以上普遍安插自己的亲信,像这样,他们的行为能和淮南王、济北王有什么不同呢!到了这个时候,要想使天下太平安宁,即使唐尧虞舜也是办不到的。

黄帝说:"太阳当头时一定要晒东西,拿着刀子一定要宰割什么。"现在按照这个道理行事,全下安上就很容易做到;假如不肯及早行动,以后就会破坏骨肉之情,而且要拿起刀来互相残杀,难道这会和秦朝末年有什么不同吗?凭着天子的权位,乘着当今的好形势,靠着上天的保佑,尚且对转危为安、改乱为治的措施有顾虑;假如陛下处在齐桓公那种境地,恐怕不会有联合诸侯而恢复天下秩序的行动吧?我知道陛下一定不能这样做的。假如国家的形势还像从前那样,淮阴侯韩信还统治着楚国,黥布统治着淮南,彭越统治着梁国,韩王信统治着韩国,张敖统治着赵国,贯高做赵国的相,卢绾统治着燕国,陈豨还在代国,假如这六七个王公都健在,就在这个时候,陛下即天子位,自己能觉得安全吗?我有理由认为是不能的。在那天下混乱的时候,高皇帝和这些王公们一同起事,事先并没有亲族的势力可以依靠。这些王公中的幸运者做了中涓,其次仅仅当个舍人,他们的才能不及高祖,差得很远。高皇帝凭着他的圣明威武,即天子位,分割肥沃的土地,封这些王公为诸侯王,多的一百多个城,少的也有三四十个县,恩德是极厚的了。可是在此以后的七年当中,反叛的事件发生了九起。陛下跟这些王公的关系,并非亲自同他们较量过才能而使他们甘心称臣的,也不是亲自封他们当诸侯王的。高皇帝尚且不能因此得到一年的安宁,所以我知道陛下也是不能得到安宁的。

不过,还有一个可以推托的借口,就是和那些王公的关系疏远。那就请允许我试着说说关系亲近的同姓王吧。假如让悼惠王还在齐国称王,元王还在楚国称王,中子还在赵国称王,幽王在淮阳称王,共王在梁国称王,灵王在燕国称王,厉王在淮南称王,假如这六七位贵人都仍然健在,在这个时候,陛下即天子位,能使天下太平吗?我又知道陛下是不能的。像这些王,虽然名义上是臣子,实际上心里都认为自己和天子的关系就跟平民百姓间的兄弟关系一样,他们没有一个不想采用天子的礼仪制度自己当天子的。他们擅自封人爵位,赦免有死罪的囚犯,甚至有人乘坐天子专用的黄屋车,汉朝的法令在那里不能推行。即使能推行,对于不守法纪如厉王那样的人,命令他都不肯听从,召见他,又怎么肯来呢! 幸而来了,法律怎么能施加到他身上? 动了一个亲戚,诸王就圆睁着眼,起来反抗了。陛下的臣子当中,虽然有冯敬那样勇敢的人,但刚要开口,刺客的匕首就已经插进他的胸膛了。陛下虽然贤明,谁能同您一起来治理这些诸侯王呢? 所以关系疏远的异姓王一定要危害国家,关系亲近的同姓王也一定要发动叛乱,这已经是事实所证明了的。那些自恃强大而发动叛乱的异姓王,汉朝已经侥幸战胜他们了,可是并没有改变那种造成叛乱的条件。同姓王沿着这条道路发动叛乱,已经有征兆了,这种形势完全会重演! 灾祸的变化,还不知道要转移到什么地方。英明的皇帝处在这种情况下,尚且不能使国家安宁,后代又将怎么办!

  屠牛坦一个早晨宰十二头牛,可是屠刀的芒刃并没有变钝,这是因为他排击剥割的地方都在肌肉和骨头的缝隙之间。遇到那胯骨、大腿骨所在的地方,他不是用砍刀就是用斧子。仁义恩厚是君主的芒刃,权势和法制是君主的砍刀和斧子。如今诸侯王都像一些胯骨和大腿骨,不用砍刀、斧子,而要用芒刃去切割,我认为不碰出缺口就得折断。为什么不用仁义恩厚去对待淮南王、济北王呢? 因为形势不允许了。

  我自己考察从前发生的事情,发现大都是势力强大的先反叛。淮阴侯韩信,称王于楚,势力最强,就最先反叛;韩王信依靠匈奴的力量,继续反叛;贯高依靠赵国的条件,又反叛;陈豨队伍精锐,又反叛;彭越利用梁国的力量,又反叛;黥布依靠淮南的力量,又反叛;卢绾势力最弱,最后反叛。长沙王吴芮封地内人口才二万五千户,功劳很小,却保存得最完善,关系疏远,却对汉朝最忠诚,这不只是由于性情和别的诸侯王不同,也是形势使他这样的。假使从前让樊哙、郦商、周勃、灌婴占据几十个城,做了诸侯王,现在即使他们的势力已经衰弱了,也是不可以的。假使让韩信、彭越之流只居于彻侯地位,即使他们至今还存在,也是可以的。既然这样,那么天下大计就可以知道了。希望诸侯王都忠心依附汉朝,那么最好让他们像长沙王一样;希望臣子不至于剁成肉酱,那么最好让他们像樊哙、郦商等人一样;希望天下太平安宁,最好多多建立诸侯小国,缩小他们的势力。势力小,容易用法令来调遣他们;国小,就不会有邪心。倘使全国的形势,如同身体指挥胳臂,胳臂指挥手指一样,没有不服从的。诸侯王不敢抱二心,就会像辐条一样一齐凑向车毂,都听命于天子。那么,即使一般老百姓也会感到国家安定,所以天下人都知道陛下的英明。分割土地、规定制度,使齐、赵、楚几个大诸侯王国各分成若干小国,使悼惠子、幽王、元王的子孙,都按长幼次序,各自承受祖先的一份封地,一直到分完为止。至于燕、梁和其他诸侯王国,也都这样办。那些封地多而子孙少的王国,也在封地内建立若干小国,可以空着君位,等他们有了子孙,全部让他们当国君。诸侯王的土地被大量削减而收归朝廷,用来调剂侯国封地,或将来封给他们的子孙,并且如数补偿。一寸土地,一个百姓,天子都不贪图他们的,确实是只为国家的安定太平罢了,因此,天下都知道陛下的廉洁。分割封地的制度一确定,宗室子孙没有谁担心不能封王的,下面没有背叛的心思,上面没有诛杀讨伐的想法,因此,天下都知道陛下的仁爱。法制建立起来,没有人触犯,命令通行了,没有人违抗,贯高、利几之类的阴谋不会发生,柴奇、开章之类的诡计不会重演,老百姓都趋向善良,大臣们都表示顺从,因此,天下都知道陛下的正义。这样,即使让幼主当天子,天下也是安定的;即使立遗腹子,让臣下朝拜先帝遗留下来的皮袭,天下也不会混乱。当代能大治,后代称颂陛下圣明。采取这一项措施,就能建树五项功业,陛下还顾虑什么而长期不这样做呢?

  目前天下的形势,就像人正在患严重的脚肿病。一条小腿肿得差不多像腰粗,一个脚趾头肿得差不多像大腿,平时不能屈伸,一两个脚趾抽动,就感到浑身都痛苦难熬。现在不及时治疗,一定会变成难治的顽症,以后即使有扁鹊也无能为力了。而且这病还不只是脚肿呢,又苦于脚掌扭折。元王的儿子是皇帝的堂弟,现在继承王位的,是您堂弟的儿子;惠王的儿子是您亲哥哥的儿子,现在继承王位的,是您哥哥的儿子的儿子。近亲当中有的还没有分地,来保持天下的安定局面,而疏远的人有的却掌握着大权,威胁天子。所以我说不只是害了脚肿病,还苦于脚掌扭折。使人痛哭的,正是这种病啊。

# 晁错论贵粟疏

## 西汉文

【题解】

　　晁错(前200年—前154年),颍川人,是西汉文帝、景帝时期的著名政治家。青年时代学习了申不害、商鞅的法家学说。文帝时曾为太子家令,景帝时任内史、御史大夫,是景帝的主要谋士,称为"智囊"。晁错力主改革政治,奖励农耕,抗击匈奴。他针对吴王刘濞(bì)等蓄谋反叛的形势,向景帝建议削藩。刘濞等以"请诛晁错,以清君侧"为名,发动了七国叛乱。景帝恐惧,杀了晁错。

　　《论贵粟疏》是前168年晁错向汉文帝提出的关于重视粮食储备、发展农业生产的奏疏。他的主张在当时是有进步意义的。当然,"入粟拜爵"和减轻田赋,受益最大的还是大地主,农民的处境是不会得到多大改善的。

　　本文文笔流畅生动,分析透彻,逻辑谨严,很有说服力,是历来公认的好文章。

　　圣王在上而民不冻饥者①,非能耕而食之②,织而衣之也③,为开其资财之道也。故尧、禹有九年之水④,汤有七年之旱⑤,而国无捐瘠者⑥,以畜积多而备先具也⑦。今海内为一,土地人民之众不避禹汤,加以亡天灾数年之水旱⑧,而畜积未及者,何也?地有余利,民有余力,生谷之土未尽垦,山泽之利未尽出也,游食之民未尽归农也。民贫则奸邪生⑨。贫生于不足,不足生于不农,不农则不地著⑩,不地著则离乡轻家。民如鸟兽,虽有高城深池,严法重刑,犹不能禁也。

夫寒之于衣,不待轻暖;饥之于食,不待甘旨;饥寒至身,不顾廉耻。人情一日不再食则饥,终岁不制衣则寒。夫腹饥不得食,肤寒不得衣,虽慈母不能保其子,君安能以有其民哉?明主知其然也,故务民于农桑,薄赋敛⑪,广畜积,以实仓廪、备水旱,故民可得而有也。

民者,在上所以牧之,趋利如水走下,四方无择也。夫珠玉金银,饥不可食,寒不可衣,然而众贵之者,以上用之故也。其为物轻微易藏,在于把握,可以周海内而亡饥寒之患。此令臣轻背其主,而民易去其乡,盗贼有所劝,亡逃者得轻资也。粟米布帛⑫,生于地,长于时,聚于力,非可一日成也。数石之重⑬,中人弗胜,不为奸邪所利,一日弗得而饥寒至。是故,明君贵五谷而贱金玉。

今农夫五口之家,其服役者不下二人,其能耕者不过百亩,百亩之收不过百石。春耕,夏耘,秋获,冬藏,伐薪樵,治官府,给徭役。春不得避风尘,夏不得避暑热,秋不得避阴雨,冬不得避寒冻,四时之间,无日休息。又私自送往迎来,吊死问疾,养孤长幼在其中。勤苦如此,尚复被水旱之灾,急政暴虐⑭,赋敛不时,朝令而暮改。当其有者,半贾而卖⑮,亡者取倍称之息⑯。于是有卖田宅、鬻子孙以偿债者矣⑰。而商贾大者积贮倍息⑱,小者坐列贩卖,操其奇赢⑲,日游都市,乘上之急,所卖必倍。故其男不耕耘,女不蚕织,衣必文采,食必粱肉,亡农夫之苦,有阡陌之得。因其富厚,交通王侯,力过吏势;以利相倾⑳,千里游敖㉑,冠盖相望,乘坚策肥,履丝曳缟㉒。此商人所以兼并农人,农人所以流亡者也。今法律贱商人,商人已富贵矣;尊农夫,农夫已贫贱矣。故俗之所贵,主之所贱也;吏之所卑,法之所尊也。上下相反,好恶乖迕㉓,

而欲国富法立,不可得也。

　　方今之务,莫若使民务农而已矣。欲民务农,在于贵粟,贵粟之道,在于使民以粟为赏罚。今募天下入粟县官㉔,得以拜爵,得以除罪。如此,富人有爵,农民有钱,粟有所渫㉕。夫能入粟以受爵,皆有余者也。取于有余以供上用,则贫民之赋可损,所谓损有余、补不足,令出而民利者也。顺于民心,所补者三:一曰主用足,二曰民赋少,三曰劝农功。今令民有车骑马一匹者,复卒三人㉖。车骑者,天下武备也。故为复卒。神农之教曰㉗:"有石城十仞㉘,汤池百步㉙,带甲百万,而亡粟,弗能守也。"以是观之,粟者,王者大用,政之本务。令民入粟受爵,至五大夫以上㉚,乃复一人耳,此其与骑马之功相去远矣。爵者,上之所擅,出于口而无穷;粟者,民之所种,生于地而不乏。夫得高爵与免罪,人之所甚欲也。使天下人入粟于边,以受爵免罪,不过三岁,塞下之粟必多矣。

【注释】

① 在上:在上位。
② 食(sì):给他们吃。
③ 衣(yì):给他们穿。
④ 尧、禹:传说中原始社会末期的两位部落联盟的领袖。据说尧时有洪水为灾,禹领导治水成功。
⑤ 汤:成汤,商朝开国的君主。
⑥ 捐瘠(jí):饿死的和瘦弱的人。捐,捐弃。
⑦ 畜:通"蓄"。下同。
⑧ 亡:通"无"。下文除"亡逃""流亡"的"亡"字外,其余"亡"字均通"无"。
⑨ 奸邪:这里主要指农民因穷困而进行的反抗斗争。晁错笼统地斥之为"奸邪",表明他的严重的阶级局限性。
⑩ 地著:定居在一个地方。著,附着,固定。
⑪ 薄:减轻。　赋敛(liǎn):向国家缴纳的田地税。
⑫ 布帛:泛指布匹。这里指布帛的原料。古代麻织品叫"布",丝织品叫"帛"。

⑬ 石:容量单位。汉时一石相当于今两斗。
⑭ 急政:催逼征收赋税。政,通"征"。
⑮ 贾:通"价"。
⑯ 倍称(chèn)之息:加倍的利息。
⑰ 鬻(yù):卖。
⑱ 贾(gǔ):有固定营业场所的商人。
⑲ 奇赢(yíng):高额利润。
⑳ 倾:倾轧。
㉑ 敖:通"遨",游玩。
㉒ 履丝曳缟(yègǎo):穿着丝鞋,披着丝织长衣。缟,一种精细洁白的丝织品。汉初,刘邦实行"重农抑商"政策,规定商人不得乘车骑马和穿丝绸衣服,子孙不得做官。
㉓ 乖迕(wǔ):违背。
㉔ 县官:汉代对官府的通称。
㉕ 渫(xiè):分散。把原来囤积在私人手中的粮食,掌握在国家手中,流通到需要的地方去。
㉖ 复卒:免除兵役。
㉗ 神农:传说中原始社会中期的部落首领。
㉘ 仞(rèn):古代以七尺或八尺为一仞。
㉙ 汤池:护城河像充满沸水,不可靠近,比喻防御严密。 步:古代一般以五尺或六尺为一步。
㉚ 五大夫:一种爵位。汉代沿袭秦朝的制度,侯以下分二十级,五大夫在第九级。纳粟四千石,可封"五大夫"。

【译文】

贤明君主在位的时候,百姓不会挨饿受冻,这并不是因为君主能亲自种粮食给他们吃,能亲自织布给他们穿,而是因为他有替百姓开发资源增加财富的办法。所以唐尧、夏禹的时候有连续九年的水灾,商汤的时候有连续七年的旱灾,可是国内却没有饿死饿瘦的人,这是因为粮食蓄积得多并且事先有了准备。现在全国统一了,土地的辽阔,人口的众多,并不亚于夏禹和商汤的时候,又加上没有遇到连续几年的水旱天灾,但是积蓄却比不上禹、汤的时候,这是什么原因呢?因为地力没有全部利用,百姓还有多余的力量没有发挥出来,能生长庄稼的土地没有全部开垦,山林湖沼的资源还没有全部开发出来,外出游荡求食的人也还没有完全回来从事农业生产。百姓贫困就要产生奸邪的行为。贫困产生于不富足,不富足产生于不从事农业生产,不从事农业生产,百姓就不会定居下来,不定居就会轻易地离开家乡。要是百姓像鸟兽一样随处觅食,即使有很高的城墙,很深的护城河,严厉的法令,残酷的刑罚,也还是限制不住他们的。

人在寒冷的时候,不会等到有了又轻又暖的好衣服才穿;饥饿的时候,也不会等到有美味可口的食物才吃;饥寒交迫,就顾不得廉耻。人之常情是,一天不吃两顿饭就挨饿,整年不做衣服就受冻。肚子饿了没有饭吃,身子冷了没有衣服穿,即便是慈母,也不能保住她的儿子,国君又怎能掌握他的百姓呢?贤明的君主知道这个道理,所以鼓励老百姓从事于农耕,植桑养蚕,减轻他们的赋税,普遍积蓄粮食,以便充实仓廪,防备水旱灾荒,这样就可以得到人民的拥护。

老百姓的行动,全在君主如何管理他们。他们追逐利益,如同水往低处流一样,是不管东南西北的。那珠玉金银,饿了不能吃,冷了不能穿,但是大家都珍贵它,就是由于君主需要用它的缘故。这种东西轻便微小而又容易收藏,拿在手里,可以周游全国,而没有饥饿寒冷的忧虑。它会使臣子轻易背叛他的君主,百姓随便离开他的家乡,盗贼的活动受到引诱,逃亡的人有了轻便好带的财宝。粮食衣着出产在田地里,生长要有一定的季节,收获要靠一定的人力,不是一天就可以办成的。几石重的粮食,中等体力的人是扛不动的,所以它也不能为坏人所利用,可是一天没有它就要挨饿受冻。因此,贤明的君主珍视粮食而轻视金玉。

现在五口之家的农户,至少有两个人服劳役,他们能耕种的土地不过百亩,百亩土地的收成不超过百石。他们春天耕种,夏天锄草,秋天收割,冬天贮藏;还要砍木柴、修治官府、服劳役。春天不能避风沙,夏天不能避暑热,秋天不能避阴雨,冬天不能避严寒,一年四季,没有一天休息的机会。在这中间,还有私人之间的交际往来,吊祭死者,探望病人,扶养孤老,抚育幼童。这样辛勤劳苦,还遭受水旱灾害,催逼赋税,残暴肆虐,而征收又没有定时,早上下命令,晚上就更改。人民有粮食的,就半价出卖,人民没有粮食的,只好用加倍的利息去借贷。于是就出现卖田地、房屋,卖儿子、孙子来偿还债务的事情了。而那些商人,大的囤积货物,榨取成倍的利润,小的摆摊贩卖,牟取暴利,他们整天在城市里转悠,趁着朝廷需用急迫的时候,卖出的商品必定要加倍抬高价格。因此,这些人中,男的不耕种土地,女的不养蚕织布,却穿着华丽的衣裳,吃着上等的米和肉,没有农民的劳苦,却坐享田地的收成。他们依仗自己的财富,交结王侯,势力超过了官吏;他们凭借财富,互相倾轧炫耀,千里路程,到处游逛,来来往往,彼此可以望见冠服和车盖,他们乘着坚固的车,骑着肥壮的马,穿着丝鞋,披着绸衣。这就是商人所以掠夺农民,而农民所以逃亡的缘故。现在法律上把商人看得很卑贱,可是商人已经富贵起来了;法律上尊重农民,可是农民却已经贫贱了。一般人所尊重的,正是君主所轻视的;一般官吏所轻视的,正是法律所尊重的。君主和人民恰恰相反,喜好和厌恶正相违背。在这种情况下,要想国家富强,法制生效,是不可能的。

当前的事务,没有比使百姓从事农业生产更重要的了。要想使百姓从事农业生产,就在于重视粮食,重视粮食的方法,在于使百姓用粮食来求赏免罚。现在号召天下的人向官府交纳粮食,可以封爵,可以免罪。这样一来,富人有了爵位,农民有了钱,粮食也可以分散到需要的地方去。能够交纳粮食来取得爵位的,都是富裕的人。从富裕的人那里取得多余的粮食,供给朝廷使用,就可以减轻穷人的赋税,这就是所谓损有余,补不足,这个法令一经施行,百姓就得到好处。符合人民的心愿,好处有三方面:一是国君需用的粮食充足了,二是百姓的赋税减少了,三是鼓励人民从事农业生产。现行法令规定,民间有一匹战马的,可以免除三个人的兵役。车马是国家的军事装备,所以可以使人免除兵役。神农教导说:"有七八丈高的石头城,百步宽的防御严密的护城河,上百万的士兵,但没有粮食,是守不住的。"由此看来,粮食是帝王最有用的东西,是治理国家最重要的东西。百姓交纳粮食,换取爵位,爵位高到五大夫以上,也才免除一个人的兵役,这和一匹战马的功用相比,差得远了。封爵位,是国君专有的权力,只要开口,就可以无穷无尽地封给别人;粮食是百姓耕种的收获,生长在土地上而不会缺乏。得到高的爵位和免除罪刑,这是人们都很希望的。假如天下的人都交纳粮食,用于边塞,然后给予爵位,免除罪刑,过不了三年,边塞的粮食就一定会多起来。

# 邹阳狱中上梁王书

## 西汉文

【题解】

邹阳(约前206年—前129年),西汉文学家。齐(今山东东部)人。他为人正直,有智谋、才略。起初在吴王濞门下做官,发现吴王濞有反叛之意,上书谏阻,吴王不听,遂投奔梁孝王。当时大臣爰盎等人反对景帝立孝王为嗣,孝王同羊胜、公孙诡等人商量派人刺杀爰盎,邹阳极力劝阻。公孙诡乘机毁谤邹阳,孝王把他下狱。他在狱中写了这封信。劝孝王不要听信左右的逸言,要听取多方面的意见,独自判断是非,这样,忠信之士才会为王所用。

作者在信中列举了大量历史事实和通俗而深刻的比喻、谚语来说明他的论点,论证雄辩有力,情词恳切。孝王读信后被打动了,立刻释放了他,并且待为上客。

邹阳从梁孝王游①。阳为人有智略,慷慨不苟合,介于羊胜、公孙诡之间②。胜等疾阳,恶之孝王。孝王怒,下阳吏③,将杀之。阳乃从狱中上书曰:

"臣闻'忠无不报,信不见疑',臣常以为然,徒虚语耳。昔荆轲慕燕丹之义④,白虹贯日,太子畏之⑤;卫先生为秦画长平之事⑥,太白食昴⑦,昭王疑之。夫精变天地,而信不谕两主,岂不哀哉! 今臣尽忠竭诚,毕议愿知,左右不明,卒从吏讯,为世所疑。是使荆轲、卫先生复起,而燕秦不寤也⑧。愿大王熟察之。昔玉人献宝,楚王诛之⑨;李斯竭忠,胡亥极刑⑩。是以箕子阳狂⑪,接舆避世⑫,恐遭此患也。愿大王察玉人、李斯之意,而后楚王、胡亥之听,勿使臣为箕子、接舆所笑。臣闻比干剖心⑬,子胥鸱夷⑭,臣始不信,乃今知之。愿大王熟察,少加怜焉!

"语曰:'有白头如新,倾盖如故。'⑮何则? 知与不知也。故樊於期逃秦之燕⑯,藉荆轲首以奉丹事;王奢去齐之魏⑰,临城自刭,以却齐而存魏。夫王奢、樊於期非新于齐、秦而故于燕、魏也,所以去二国死两君者,行合于志,慕义无穷也。是以苏秦不信于天下⑱,为燕尾生⑲;白圭战亡六城⑳,为魏取中山。何则? 诚有以相知也。苏秦相燕,人恶之燕王,燕王按剑而怒,食以䮄騠㉑;白圭显于中山,人恶之于魏文侯,文侯赐以夜光之璧。何则? 两主二臣剖心析肝相信,岂移于浮辞哉!

"故女无美恶,入宫见妒;士无贤不肖,入朝见嫉。昔司马喜膑脚于宋㉒,卒相中山;范雎拉胁折齿于魏㉓,卒为应侯。此二人者,皆信必然之画,捐朋党之私,挟孤独之交,故不能自免于嫉妒之人也。是以申徒狄蹈雍之河㉔,徐衍负石入海㉕。不容于世,义不苟取比周于朝㉖,以移主上之心。故百里奚乞食于道路㉗,缪公委之以政;宁戚饭牛车下㉘,桓公任之以国。此二人者,岂素宦于朝,借誉于左右,然后二主用之哉? 感于心,合于行,坚如胶漆,昆弟不能离,岂惑于众口哉? 故偏听生奸,独任成乱。昔鲁听季孙之说逐孔子㉙,宋任子冉之计囚墨翟㉚。夫以孔、墨之辩,不能自免于谗谀,而二国以危。何则?'众口铄金㉛,积毁销骨'也㉜。秦用戎人由余而伯中国㉝,齐用越人子臧而强威、宣㉞。此二国岂系于俗,牵于世,系奇偏之浮辞哉㉟!公听并观,垂明当世。故意合则吴越为兄弟,由余、子臧是矣;不合则骨肉为仇敌,朱、象、管、蔡是矣㊱。今人主诚能用齐、秦之明,后宋鲁之听,则五伯不足侔,而三王易为也。

"是以圣王觉寤,捐子之之心㊲,而不说田常之贤㊳,封比干之后,修孕妇之墓㊴,故功业覆于天下。何则?欲善无厌也。夫晋文亲其仇㊵,强伯诸侯;齐桓用其仇㊶,而一匡天下。何则?慈仁殷勤,诚加于心,不可以虚辞借也。至夫秦用商鞅之法㊷,东弱韩魏,立强天下,卒车裂之;越用大夫种之谋㊸,禽劲吴而伯中国,遂诛其身。是以孙叔敖三去相而不悔㊹,於陵子仲辞三公为人灌园㊺。今人主诚能去骄傲之心,怀可报之意,披心腹,见情素㊻,堕肝胆㊼,施德厚,终与之穷达,无爱于士,则桀之犬可使吠尧㊽,跖之客可使刺由㊾。何况因万乘之权,假圣王之资乎?然则轲湛七族㊿,要离燔妻子(51),岂足为大王道哉!

"臣闻明月之珠,夜光之璧,以暗投人于道,众莫不按剑相眄者。何则?无因而至前也。蟠木根柢,轮囷离奇(52),而为万乘器者,以左右先为之容也(53)。故无因而至前,虽出随珠和璧(54),只怨结而不见德;有人先游(55),则枯木朽株树功而不忘。今夫天下布衣穷居之士,身在贫羸,虽蒙尧舜之术,挟伊、管之辩(56),怀龙逢、比干之意(57),而素无根柢之容,虽极精神,欲开忠于当世之君,则人主必袭按剑相眄之迹矣。是使布衣之士,不得为枯木朽株之资也。是以圣王制世御俗,独化于陶钧之上(58),而不牵乎卑乱之语,不夺乎众多之口。故秦皇帝任中庶子蒙嘉之言以信荆轲(59),而匕首窃发(60);周文王猎泾渭(61),载吕尚归(62),以王天下。秦信左右而亡,周用乌集而王(63)。何则?以其能越挛拘之语(64),驰域外之议,独观乎昭旷之道也。

今人主沉谄谀之辞,牵帷墙之制⑥,使不羁之士,与牛骥同皂⑥。此鲍焦所以愤于世也⑥。

"臣闻盛饰入朝者⑱,不以私污义;底厉名号者⑲,不以利伤行。故里名'胜母',曾子不入⑳;邑号'朝歌',墨子回车㉑。今欲使天下寥廓之士,笼于威重之权,胁于位势之贵,回面污行,以事谄谀之人,而求亲近于左右,则士有伏死窟穴岩薮之中耳,安有尽忠信而趋阙下者哉!"

## 【注释】

① 梁孝王:刘武,西汉文帝次子,景帝同母弟。文帝十二年(前168年)封为梁王。
② 羊胜、公孙诡:都是梁孝王的门客。孝王怨恨爰盎等人阻止景帝立自己为汉嗣,胜、诡二人与孝王谋划刺杀爰盎等十余人。事被景帝发觉,派人到梁国追查,二人受孝王命自杀。
③ 吏:指掌司法的官吏。
④ 荆轲:战国末卫人。 燕丹:燕太子丹。丹曾在秦国为人质,秦王很不尊重他,他逃回燕国后,厚养荆轲,让他去刺杀秦王。传说荆轲的精诚感动了上天,出现了"白虹贯日"的现象。
⑤ 畏之:指燕丹害怕荆轲不敢去行刺。荆轲因为等一个事先约好的同伴,所以迟迟没有动身,太子丹就怀疑他不想去了。
⑥ 卫先生:秦人。 长平之事:秦将白起伐赵,在长平(今山西高平西北)地方大败赵军,打算乘胜灭赵,派卫先生说秦昭王增兵输粮,但被范雎所阻。下文"昭王疑之"即指此事。
⑦ 太白:金星的古名。 昴(mǎo):星宿名。二十八宿之一。古人认为昴宿在赵国分野,太白星侵犯昴宿,预示赵国将受到军事打击。
⑧ 寤(wù):通"悟",觉悟。
⑨ 玉人:这里指楚人卞和。传说卞和得璞(未经雕琢的玉石),先是献给楚武王,经玉工鉴定,说是块石头,武王一气之下把卞和的左脚砍掉了;文王即位,卞和又献,经玉工鉴定,还认为是块石头,文王又把他的右脚砍掉了。到了成王的时候,卞和抱着璞在郊外痛哭了三天三夜,流出了血泪,于是成王命令玉工去治,果然得到了宝玉。后人称这块玉为"和氏

璧"或"和璧"。下文的"诛之",也指砍脚。

⑩ 李斯:战国末期楚人。曾任秦国的廷尉、丞相等职。他辅佐秦始皇统一中国,巩固政权,建立了很大的功绩。秦始皇死,二世胡亥即位,荒淫无道。李斯上书force谏,不听。后胡亥听信了赵高的谗言,斩李斯于咸阳。

⑪ 箕子:名胥余,殷纣王的叔父。纣荒淫昏乱,箕子为避祸假装疯癫。阳:通"佯",假装。

⑫ 接舆:春秋时楚国的隐者。

⑬ 比干:殷纣王的叔父。因极力谏纣,纣大怒,说:"我听说圣人的心有七窍",于是,剖出比干的心来看。

⑭ 子胥:姓伍,名员。春秋时楚人。他的父兄都被楚平王杀死,他自己逃到吴国,辅佐吴王阖闾夺得王位。吴王夫差时,战败了越国,因劝吴王拒绝越国求和,停止北上伐齐,得罪了吴王。后来,吴王命他自杀。死后,尸体被装入皮口袋,扔进江中。 鸱(chī)夷:皮口袋。

⑮ 倾盖:两辆车路上相遇,紧紧地靠在一起,以致挤歪车盖。盖,车盖,形状像伞。

⑯ 樊於期:原为秦将,因被谗逃到燕国。秦始皇以重金购求他的头,并杀死他的全家。燕太子丹派荆轲去刺秦王,苦于无见面礼,樊於期听说后就自杀了,让荆轲献他的头给秦王。

⑰ 王奢:原为齐国大臣,逃亡到魏。在魏国遭到齐国征伐时,王奢登城对齐将说:"你们现在来,不过是为了我,我不愿意苟且偷生,连累魏国。"说完,自刎而死。

⑱ 苏秦:战国时纵横家,曾任山东列国的纵约长。后来由于秦国的破坏,纵约瓦解,诸侯不再信任他。但燕昭王始终相信他,命他入齐从事反间活动。

⑲ 尾生:人名。传说他同一个女子约定在桥下相见,女子未到,洪水涨起,他也不离开,终于抱住桥柱淹死。这里指极守信用的人。

⑳ 白圭(guī):战国时期中山国的大将。国君因他失掉六城,要杀他。他逃到魏,受到魏文侯的厚遇,助魏征服了中山。

㉑ 食(sì):给人吃。一说是"赐"字之误。 䮀䮫(juétí):良马。

㉒ 司马喜:战国时人。传说在宋受了膑刑,后来三次做中山国的相。 膑(bìn):古代的一种刑法,砍掉膝盖骨。

㉓ 范雎(jū):战国时魏人。魏相魏齐怀疑范雎把魏国的机密泄露给齐国,

用毒刑拷打他,以致肋断齿脱。范雎逃到秦国为相,封应侯。　拉(là):折断。

㉔ 申徒狄:殷末人。

㉕ 徐衍:周末人。

㉖ 比(bì)周:结党。

㉗ 百里奚:春秋时虞人。他听说秦缪公(秦穆公)英明,就去投奔,但没有路费,只好行乞。后来秦缪公任他为相。

㉘ 宁戚:春秋时卫人。齐桓公在夜里听到宁戚敲着牛角唱歌,就召他谈话,知道他是贤者,任为大夫。　饭:喂。

㉙ 季孙:指季孙氏,春秋末年鲁国的上卿,又称季桓子。曾经两次瓜分鲁公室的土地和奴隶,在生产关系上进行了改革。孔子对这些改革是反对的,因而为鲁国所不容。作者认为由于孔子被逐而使鲁国遭到危害,这种看法是错误的。

㉚ 墨翟(dí):战国初鲁人,是墨家学派的创始人。"宋任子冉之计囚墨翟",事实不详。

㉛ 众口铄(shuò)金:比喻大家传谣,足以致人于死地。铄,熔化。

㉜ 积毁销骨:多次毁谤可以销熔坚硬的骨头。

㉝ 由余:人名。春秋时西戎的官吏,戎人派他到秦国考察,秦缪公看到他是个人才,就设计使他为秦国效劳,征服了西戎。　伯:通"霸"。

㉞ 子臧:人名。事迹不详。　威、宣:齐威王和齐宣王,是春秋时齐国两位比较有作为的君主。

㉟ 系:束缚。　牵:牵累。　奇偏:片面。

㊱ 朱、象、管、蔡:四个人,即丹朱、象、管叔、蔡叔。丹朱是尧的儿子,因为不贤,尧不愿传位给他而禅位于舜。象是舜的后母弟,传说象曾同他的父母共同谋害舜。管叔、蔡叔都是周武王之弟,封于殷故地以监视纣王的儿子武庚。武王死,成王继位,周公摄政。管、蔡同武庚一起发动叛乱。周公杀武庚、管叔,流放蔡叔。

㊲ 子之:战国时燕王哙的相。他曾骗得哙的信任,哙让王位给他,结果燕国大乱。

㊳ 说:通"悦"。　田常:陈恒。春秋齐简公的臣。齐简公欣赏他的才干。他杀了简公,篡夺齐国的政权。

㊴ 修孕妇之墓:传说殷纣王曾剖孕妇之腹以观胎儿。武王灭殷后,为被害

者修墓。

㊵ 仇(chóu)：仇敌。这里指晋献公时宫中小臣勃鞮(dī)。晋文公为公子时，勃鞮受献公之命驱逐文公，并斩断了文公的衣袖。后来，文公归国即位，晋臣吕甥、郤芮要杀文公，勃鞮告密，使文公免于难。

㊶ 仇：指管仲。齐公子纠和公子小白争位，管仲事公子纠，在交战中射中小白带钩。后来小白即位，是为齐桓公。桓公用管仲为相，使齐国成为霸主。

㊷ 商鞅：战国中期著名法家代表人物，曾辅佐秦孝公进行改革，使秦国富强。孝公死，宗室贵族把商鞅车裂（用车分裂人的身体）。

㊸ 种：文种。春秋时越王勾践的大臣，曾辅佐勾践战败吴国，后被迫自杀。

㊹ 孙叔敖：楚人。在楚庄王时，曾三次任相，但并不欢喜；三次免相，也不怨恨。

㊺ 於(Wū)陵：战国齐地。　子仲：陈仲子。楚王以重金聘请他为相，他举家逃走去为人家灌园。　三公：周代指司马、司徒、司空。西汉时以丞相、太尉、御史大夫为三公。

㊻ 见(xiàn)：显露出。　情素：真情实意。

㊼ 堕肝胆：破开肝胆。这里指真诚对人。堕，落下。

㊽ 桀：传说中夏朝最末一个君主，昏庸暴虐。　尧：传说中上古的圣明君主。

㊾ 跖(Zhí)：古代传说中的大盗。实际是奴隶起义领袖。　由：许由。传说尧打算把天下让给他，被他拒绝了。

㊿ 湛：通"沉"，消灭。　七族：从曾祖到曾孙。

㈤ 要离：春秋时吴人。吴王阖闾派要离去刺杀庆忌，要离为了接近庆忌，让阖闾砍断其右手，烧死了他的妻子，他假装犯罪逃走。　燔(fán)：烧。

㈥ 轮囷(qūn)离奇：盘绕屈曲的样子。

㈦ 容：雕刻装饰。

㈧ 随珠：传说随侯因救活了一条受伤的蛇，蛇衔来一颗明珠报答他。随，又作"隋"，春秋时国名。

㈨ 游：宣扬。

㈩ 伊：伊尹。辅佐汤灭夏建商的主要功臣。　管：管仲。

㊄ 龙逢(péng)：关龙逢，夏代的贤臣。桀昏庸无道，龙逢强谏，被桀处死。

㊅ 陶钧：陶工使用的转轮。这里比喻政权。

(59) 中庶子：太子的属官。 蒙嘉：人名。荆轲到秦国后贿赂蒙嘉，因蒙嘉引进，得见秦王。

(60) 匕首窃发：荆轲见到秦王，献上樊於期的首级和燕国都亢地方的地图，在展开地图的时候，拿起藏在地图中的匕首去刺秦王。

(61) 泾、渭：两条河流名，在今陕西省。

(62) 吕尚：姜太公。因祖先封于吕，所以称吕尚。吕尚在渭水边上钓鱼，遇到了文王，文王很赏识他。后来辅佐武王灭商，是周朝开国功臣。

(63) 乌集：乌鸦聚集在一起。这里指偶然相识的人，即吕尚。

(64) 挛(luán)拘：拳曲。这里是固执有偏见的意思。

(65) 帷墙：指妻妾宠臣。

(66) 皂：喂牛马的槽。

(67) 鲍焦：周代的一个有操守的人，不愿为当局所用，甘心穷困，抱木而死。

(68) 盛饰入朝：穿戴整齐的礼服到朝廷上议事。这里指忠于国事。

(69) 底厉：通“砥砺”，磨刀石。这里用作动词，修养。

(70) 曾子：曾参，春秋时鲁人。传说他极为孝顺，用“胜母”做地名的地方他是不进去的，因为这名称不合孝道。

(71) 墨子回车：商代帝乙、帝辛所建别都名“朝歌”(今河南淇县)。墨子主张“非乐”，因朝歌和自己的主张不合，所以到了那里就回车不入。

## 【译文】

邹阳侍奉梁孝王。邹阳为人聪明而有谋略，胸怀大志，不苟且迎合。和羊胜、公孙诡同为孝王门客。羊胜等人嫉恨他，在孝王面前说他的坏话。孝王发怒，把邹阳交狱吏定罪，将要杀他。于是，邹阳从狱中上书说：

“我听说‘忠贞的人没有得不到报答的，诚实守信用的人不会被人猜疑’，过去我常认为这话是对的，现在看来，这只不过是一句空话罢了。从前荆轲仰慕燕太子丹的义气，他的诚心竟使得白虹穿过太阳，但太子丹还担心荆轲不去刺秦王；卫先生为秦国谋划长平的战事，他的忠心使得太白星遮住了昴宿，可是秦昭王还是不信任他。那种精诚感动了天地，却仍不能取信于两位君主，难道不是可悲痛的事吗？现在我竭尽忠诚，说尽了我的看法，希望您了解，可是大王不明真相，还是听信了狱吏审讯之词，使我受到世人的怀疑。这样，就是让荆轲和卫先生再生，而终于得不到燕太子和秦王的谅解了。希望大王仔细地审察一下。从前卞和献宝，楚王却砍了他的脚；李斯竭尽忠心，却受到了胡亥的极刑。因此，箕子假装疯癫，接舆逃避尘世，他们都害怕遭到这种祸害。希望大王考察卞和和李斯的心意，不要像楚王和胡亥那样听信谗言，不要叫我被箕子和接舆所讥笑。我听说忠臣比干挖了心，子胥装进皮口袋里，起初我不信，现在才明白这是真的。希望大王过细地审察，稍微加以怜悯！

"俗话说：'有的人在一起相处到老，仍然像新交一样，有的人在路上相遇就跟老朋友一般。'这是什么原因呢？就是由于相知和不相知的缘故。所以樊於期从秦国逃到燕国，把头颅借给荆轲，以便执行燕太子丹的任务；王奢离开齐国到魏国，在城墙上面对齐师自刎，使齐国退兵，保存了魏国。王奢、樊於期和齐、秦两国并非新交，而同燕、魏两国也不是旧交，他们之所以离开齐、秦而为燕丹和魏君效死，是因为燕丹和魏君的行为符合他们的志向，他们仰慕道义的心情是无限深厚的。所以苏秦不被六国信任，却是燕王最信用的人；白圭做中山国大将的时候，失掉了六座城池，他逃到了魏国却为魏国攻下了中山。这是什么原因呢？实在是由于彼此相知的缘故。苏秦辅佐燕王的时候，有人在燕王面前说他的坏话，燕王对那个人按剑怒视，却把他的良马骏騠宰了宴请苏秦；白圭因攻下中山而地位显赫，有人在魏文侯面前说他的坏话，魏文侯反而赐给白圭夜光之璧。这是什么原因呢？就是由于两个国君和两个大臣能够推心置腹互相信赖，怎么会被一些流言蜚语所动摇呢！

"所以女子不分美丑，入了王宫就遭到妒忌，士人不分优劣，进了朝廷就遭到妒忌。从前，司马喜在宋国受了膑刑，终于做了中山国的相；范雎在魏国被打断了肋骨，打掉了牙齿，后来到秦国封为应侯。这两个人都深信自己必然能实现的计划，摒弃结党营私的心，只保持很少的几个知交，这就不免受到别人的嫉妒了。因此，申徒狄只好投进雍水，徐衍只好背着石头投海。他们不为当世所容，却坚守正义，不肯贪取眼前的私利，在朝廷上结党营私，去影响主上的心。从前，百里奚在路上讨饭,秦缪公把政事委托给他;宁戚在车下喂牛,齐桓公把国家的重任交给他。这两个人难道一向在朝里做官,依靠左右的人替他说好话,然后两国君主才加以任用的吗?这是因为两个人的心同主上的心相通,两个人的行为同主上的行为相合,君臣之间的关系坚固如胶漆,像兄弟一样无法离间,难道能为众人之口所惑乱吗?所以偏听一面之词,就发生奸邪事端,只信任一个人就要造成祸乱。从前鲁国君主听信了季孙氏的话,驱逐了孔子,宋国君主听信了子冉的计谋,拘禁了墨翟。以孔子、墨翟的雄辩,尚且不能使自己免于坏人的诬陷,而鲁、宋两国也受到了危害,这是什么原因呢?这是由于'众口铄金,积毁销骨'的缘故。秦君任用戎人由余而称霸中原各国,齐国任用越人子臧而使威王、宣王时的国势强盛。这两个国家的君主难道是被世俗所牵制,被没根据的片面之词所局限的人!他们能听取多方面的意见,从各方面进行观察,从而使他们的英明声誉流传于世。所以意见相合,吴越可以成为兄弟,由余和子臧就是这样;意见不合,就是亲骨肉也可以变成仇敌,丹朱、象、管叔和蔡叔就是这样。假如人主真能采用齐秦两国国君的明智做法,不要像宋君、鲁君那样偏听偏信,那么,五霸的事业不足以相比,而三王的功业也是很容易做到的。

"因此,圣明的君主很明智,能摒弃子之的心意,不欣赏田常的贤能,而是封比干的后嗣,修缮孕妇的坟墓,所以他们的功业大得可以覆盖天下。这是什么原因呢?这是因为存心行善就永远不会感到满足的。晋文公亲近他的仇人勃鞮,在诸侯中成为强霸;齐桓公任用他的仇人管仲,使天下一切得到匡正。这是什么原因呢?这是因为他们仁慈殷勤,心意真诚,不是凭着空话办事的缘故!至于那个秦国,用商鞅的新法,向东削弱了韩、魏,很快成为天下的强国,而最后却把商鞅车裂了;越国用大夫文种的计谋,制服了强大的吴国,而称霸中原,而后文种却被迫自杀。所以孙叔敖三次免相而不悔恨,於陵子种辞掉三公的高官,去给人家浇菜园。现在的人主真能克服骄傲之心,抱着有功必报的宗旨,推心置腹,出以诚意,披露肝胆,施加厚恩,不论挫折、顺利,始终同士人在一起,对他们无所吝惜,那么桀的狗可以对尧嗥叫，跖的门客可以刺杀许由。何况凭着国君的威权，又借助圣王的恩泽呢？既然如此，那么荆轲不怕灭七族，要离甘愿烧死妻子的事，难道还有必要给大王讲吗？

"我听说，拿明月珠、夜光璧在夜里向路人投去，人们没有不握剑怒目斜视的。这是什么原因呢？这是由于无故落到面前的缘故。弯曲的树，盘绕离奇，却变成了天子的贵重器物，这是因为左右的人已经事先对它加以雕饰。所以无故落到面前，虽然投出的是随侯珠、和氏璧，也只能结下怨仇而无人感恩；假如有人事先替他宣扬一番，那么，即使是枯木朽株，也可以建立功勋而不为人所遗忘。现在天下处于困窘境地的士人，贫困病弱，虽然学到了尧舜的治国之术，掌握了伊尹、管仲的学说，怀着龙逢、比干的忠心，可是他们平素没有像树根那样经过雕饰，尽管用尽精力，愿意向当世君主表达忠心，但人主必定要照着握剑怒目斜视的老办法对待他们。这就使普通士人连枯木朽株的资质都不如了。因此，圣明的君王治理天下，像陶工转钧一样，要独自掌握不受愚昧混乱的话所牵制，不为纷纭众说所动摇。过去秦始皇听了中庶子蒙嘉的话，信任荆轲，就发生了用匕首暗杀的事件；周文王在泾渭打猎，载吕尚归国重用，因而称王于天下。秦王信用左右的人而亡国，周文王任用偶然相识的人，称王于天下。这是什么原因呢？这是因为周文王能摆脱左右有偏见的话，听取朝廷以外的议论，独自看到了光明宽广的大道。假如人主沉湎于阿谀奉承的赞扬声中，受左右宠臣的牵制，让不受世俗拘束的士人跟牛马同槽，这就是鲍焦之所以愤世嫉俗的缘故啊。

"我听说严肃处理国事的人，不因私情玷污道义；修养品德，注重名声的人，不因私利损害德行。所以遇到里巷称为'胜母'的，曾参不进去；城邑称为'朝歌'的，墨子掉转车子。假如现在想使天下高尚的士人，受有威权者所笼络，受有地位势力的贵族所胁迫，而改换面孔，玷污品行，去服侍那些阿谀奉承的人，企图以此亲近君主，那么，士人只有隐居山洞和湖沼之间直至老死罢了，怎么还能有对君主尽忠信，而走向宫阙的人呢！"

# 司马相如上书谏猎

## 西汉文

【题解】

本文选自《汉书·司马相如传下》。

司马相如(前179年—前117年),字长卿。西汉著名的辞赋家。蜀郡成都(今属四川)人。景帝时为武骑常侍。武帝欣赏他作的辞赋,召为郎,升孝文园令。所著以《子虚赋》《上林赋》为代表作。其赋多为描绘天子、诸侯的田猎盛况,宫苑的豪华壮丽,颂扬帝王的权势。渲染铺张,辞藻华丽,富于文采,是典型的宫廷文学。但在文学形式的创新和语言的运用方面,是有贡献的。

《上书谏猎》是作者规劝汉武帝不要亲自打猎的一篇奏章。"上书"是说理陈情一类的文体。由于作者把抽象的说理同生动的叙事结合起来,所以在当时起了"于悚然可畏之中,复委婉易听"的效果。

相如从上至长杨猎①。是时天子方好自击熊豕,驰逐野兽。相如因上疏谏曰:

"臣闻物有同类而殊能者,故力称乌获②,捷言庆忌③,勇期贲育④。臣之愚,窃以为人诚有之,兽亦宜然。今陛下好陵阻险,射猛兽,卒然遇逸材之兽⑤,骇不存之地,犯属车之清尘⑥,舆不及还辕,人不暇施巧,虽有乌获、逄蒙之技不得用⑦,枯木朽株尽为难矣。是胡越起于毂下⑧,而羌夷接轸也⑨,岂不殆哉?虽万全而无患,然本非天子之所宜近也。且夫清道而后行⑩,中路而驰,犹时有衔橛之变⑪;况乎涉丰草,骋丘墟,前有利兽之乐,而内无存变之意,其为害也不难矣!夫轻万乘之重,不以为安,乐出万有一危之涂以为娱⑫,臣窃为陛下不取。盖明者远见于未萌,而知者避危于无形,祸固多藏于隐微,而发于人之所忽者也。故鄙谚曰:'家累千金,坐不垂堂⑬。'此言虽小,可以喻大。臣愿陛下留意幸察。"

## 【注释】

① 长杨:秦汉宫殿名,故址在今陕西周至。
② 乌获:战国时大力士。传说能力举千钧。
③ 庆忌:春秋时吴王僚的儿子。传说他跑起来,连马都追不上。
④ 贲育:战国时武士孟贲和夏育。
⑤ 卒(cù)然:突然。 逸材:才能超群。这里指野兽凶猛异常。
⑥ 属车之清尘:实指皇帝,是委婉的说法。属车,随从车辆。清,洁净。尘,走过以后带起的尘土。
⑦ 逢蒙:古代善射箭的人。
⑧ 胡越:古代对北方、南方少数民族的泛称。 毂(gǔ)下:皇帝车驾之下。
⑨ 羌(qiāng)夷:古代对西方、东方少数民族的泛称。 轸(zhěn):车厢的底框。这里指车。
⑩ 清道:旧时帝王或大官外出,事先要清除道路,驱逐行人,以确保安全。
⑪ 衔:铁制马具。放在马口内,用以勒马。 橛:车钩心,固定车厢底部和车轴之间的木橛。
⑫ 涂:通"途"。
⑬ 垂堂:靠近屋檐处。屋檐处容易掉下瓦片伤人,所以把它比喻为危险的地方。

## 【译文】

司马相如随从皇帝到长杨宫去打猎,这时候天子正喜欢亲自射击狗熊和野猪,驾着车追击野兽。相如因而上奏章规劝说:

"我听说同样的物而功能却不相同,所以论力气要数乌获,论敏捷要算庆忌,论勇敢必定是孟贲和夏育。就我的愚昧见解,私自以为人类诚然有这种情况,野兽也该是这样。现在陛下喜欢登上险要的地方,射击猛兽,要是突然碰到凶猛异常的野兽,它在不能存身的地方惊慌起来,扑到陛下随从车辆所扬起的飞尘中,车子来不及调转车辕,人来不及施展武艺,这时即便有乌获、逢蒙的技艺也用不上,连枯木朽株都成了障碍物了。这就像胡越起兵于皇帝的车驾之下,而羌夷逼近车厢一样,难道不危险吗?即使万分安全而不发生灾祸,但那本来就不是天子所应走近的地方。再说,在清道之后出行,在大路中间奔驰,还时常发生脱衔断橄的变故;何况越过茂密的草地,驰骋在丘陵野地上面,眼前有贪求野兽的乐趣,心里却没有防止变故的准备,那么,造成灾祸就不是稀罕事了!忽视天子的尊贵地位,都不能认为安全,而喜欢奔驰在万分有一分危险的道路上却认为快乐,我私自以为陛下不该这样做。因为有远见的人能预见事故于未发生之前,有智慧的人能在危害没有形成的时候就避开它,灾祸本来多半藏匿在隐微的地方,而发生在人们疏忽大意的时候。所以俗话说:'家有千金财,不坐屋檐下。'这话虽然讲的是小事,却可以说明大道理。我希望陛下留意明察,我就感到庆幸了。"

# 李陵答苏武书

## 西汉文

【题解】

　　李陵(?—前74年),字少卿。西汉陇西成纪(今甘肃秦安北)人。为名将李广的孙子。武帝时为骑都尉。天汉二年(前99年)自请率五千步兵出居延(今甘肃额济纳旗境内)击匈奴,遭到敌八万余骑兵包围,一直战斗到"壮士从者十余人",以"无颜报陛下"而降。单于封他为右校王,并把女儿嫁给他。后病死于匈奴。

　　西汉自建国以来,长期遭受北方匈奴贵族集团的侵犯。边地每年都有上万人被掳去或杀死,财物损失无法计算。汉武帝时,反击条件成熟,经过几次大战役，基本上解除了匈奴的威胁。在战争中涌现了不少著名的将领和英勇不屈的民族英雄，但也出现了像李陵这样一些丧失民族气节的人。

李陵虽然英勇善战，立有战功，汉朝也确因错信了俘虏的不实之词而误杀了他的全家，使他断绝了归念。但信中说投降是为了找机会报国，他和苏武所走的道路不同是由于不可抗拒的命运，等等，竭力为他的投降行为辩护，则是极端错误的。

这封信所描写的远居边疆的悲凉情景和孤军血战的壮烈场面都很动人，文笔委婉生动，对后世有一定影响。另外，书信对汉朝的黑暗吏治也有所揭露。

《李陵答苏武书》，苏轼等人认为非李陵所写，而是后人伪作。

子卿足下①：

勤宣令德，策名清时②，荣问休畅③，幸甚，幸甚！

远托异国，昔人所悲；望风怀想，能不依依！昔者不遗，远辱还答，慰诲勤勤，有逾骨肉，陵虽不敏，能不慨然！

自从初降，以至今日，身之穷困，独坐愁苦。终日无睹，但见异类。韦韝毳幕④，以御风雨；膻肉酪浆，以充饥渴；举目言笑，谁与为欢？胡地玄冰，边土惨裂，但闻悲风萧条之声。凉秋九月，塞外草衰，夜不能寐，侧耳远听，胡笳互动，牧马悲鸣，吟啸成群，边声四起。晨坐听之，不觉泪下。嗟乎，子卿！陵独何心，能不悲哉！

与子别后，益复无聊。上念老母，临年被戮；妻子无辜，并为鲸鲵⑤；身负国恩，为世所悲。子归受荣，我留受辱，命也何如！身出礼义之乡，而入无知之俗；违弃君亲之恩，长为蛮夷之域，伤已！令先君之嗣，更成戎狄之族，又自悲矣！功大罪小，不蒙明察，孤负陵心区区之意。每一念至，忽然忘生。陵不难刺心以自明，刎颈以见志，顾国家于我已矣，杀身无益，适足增羞，故每攘臂忍辱⑥，辄复苟活。左右之人，见陵如此，以为不入耳之欢，来相劝勉。异方之乐，只令人悲，增忉怛耳⑦!

嗟乎子卿!人之相知,贵相知心。前书仓卒,未尽所怀,故复略而言之。昔先帝授陵步卒五千,出征绝域,五将失道,陵独遇战。而裹万里之粮,帅徒步之师,出天汉之外⑧,入强胡之域,以五千之众,对十万之军,策疲乏之兵,当新羁之马。然犹斩将搴旗,追奔逐北,灭迹扫尘,斩其枭帅⑨,使三军之士视死如归。陵也不才,希当大任。意谓此时,功难堪矣。

匈奴既败,举国兴师,更练精兵⑩,强逾十万,单于临阵,亲自合围。客主之形既不相如,步马之势又甚悬绝。疲兵再战,一以当千,然犹扶乘创痛,决命争首。死伤积野,余不满百,而皆扶病,不任干戈。然陵振臂一呼,创病皆起,举刃指虏,胡马大奔走;兵尽矢穷,人无尺铁,犹复徒首奋呼,争为先登。当此时也,天地为陵震怒,战士为陵饮血!单于谓陵不可复得,便欲引还。而贼臣教之⑪,遂使复战,故陵不免耳。

昔高皇帝以三十万众困于平城⑫。当此之时,猛将如云,谋臣如雨,然犹七日不食,仅乃得免。况当陵者,岂易为力哉?而执事者云云⑬,苟怨陵以不死。然陵不死,罪也。子卿视陵,岂偷生之士而惜死之人哉?宁有背君亲、捐妻子而反为利者乎?然陵不死,有所为也。故欲如前书之言,报恩于国主耳。诚以虚死不如立节,灭名不如报德也。昔范蠡不殉会稽之耻⑭,曹沫不死三败之辱⑮,卒复勾践之仇,报鲁国之羞。区区之心窃慕此耳。何图志未立而怨已成,计未从而骨肉受刑。此陵所以仰天椎心而泣血也⑯。

足下又云:"汉与功臣不薄。"子为汉臣,安得不云尔乎!昔萧樊囚絷⑰,韩彭菹醢⑱,晁错受戮⑲,周魏见辜⑳;其余佐命立功之士,贾谊亚夫之徒㉑,皆信命世之才,抱将相之具,而受小人之谗,并受祸败之辱,卒使怀才受谤,能不得展。彼二子之遐举㉒,谁不为之痛心哉!陵先将军㉓,功略盖天地,义勇冠三军,徒失贵臣之意,到身绝域之表。此功臣义士所以负戟而长叹者也!何谓"不薄"哉?且足下昔以单车之使,适万乘之虏,遭时不遇,至于伏剑不顾[24];流离辛苦,几死朔北之野[25];丁年奉使,皓首而归;老母终堂,生妻去帷。此天下所希闻,古今所未有也。蛮貊之人尚犹嘉子之节[26],况为天下之主乎?陵谓足下当享茅土之荐[27],受千乘之赏。闻子之归,赐不过二百万,位不过典属国[28],无尺土之封加子之勤。而妨功害能之臣尽为万户侯,亲戚贪佞之类悉为廊庙宰。子尚如此,陵复何望哉?且汉厚诛陵以不死,薄赏子以守节,欲使远听之臣望风驰命,此实难矣。所以每顾而不悔者也。陵虽孤恩,汉亦负德。昔人有言:"虽忠不烈,视死如归。"陵诚能安,而主岂复能眷眷乎?男儿生以不成名,死则葬蛮夷中,谁复能屈身稽颡[29],还向北阙[30],使刀笔之吏弄其文墨耶?愿足下勿复望陵。

　　嗟乎,子卿!夫复何言!相去万里,人绝路殊,生为别世之人,死为异域之鬼,长与足下,生死辞矣!幸谢故人[31],勉事圣君。足下胤子无恙[32],勿以为念!努力自爱。时因北风,复惠德音。李陵顿首[33]。

## 【注释】

① 子卿:苏武(?—前60年),字子卿,西汉杜陵(今陕西西安东南)人。天汉元年(前100年),出使匈奴被扣。匈奴贵族威胁利诱,汉降将李陵劝降,苏武均予以拒绝,坚贞不屈。留匈奴十九年,在北海(今贝加尔湖)牧羊。昭帝始元六年(前81年),匈汉和好,始获释回朝,受到朝野敬重。足下:称对方的敬辞。
② 策名:古时官吏的姓名都写在官府的简策上,称为策名。这里指做官。
③ 荣问:美好的名声。问,通"闻"。
④ 韦韝(gōu):皮臂套,用来束衣袖。 毳(cuì)幕:毡帐。
⑤ 鲵鲵(ní):鲸鱼,这里用作动词,是作为鲸鲵加以杀戮的意思。

⑥ 攘臂:捋袖伸臂,振奋或发怒的样子。
⑦ 忉怛(dāodá):忧伤。
⑧ 天汉:指汉朝主要统治地区。
⑨ 枭(xiāo)帅:骁勇的将领。据《汉书》记载,李陵进军至浚稽山(在今蒙古人民共和国布尔根省境内)和匈奴三万骑兵相遇,展开白刃战,杀敌数千,首战告捷。
⑩ 更练精兵:匈奴战败后,又挑选骑兵八万余人,大举反攻,李陵且战且退,又杀敌数千。练,通"拣",挑选。
⑪ 贼臣:指管敢。管敢是李陵部下的低级军官。李陵军队伤亡惨重,向南撤退。单于怕有伏兵,准备回师。这时,李陵部队还剩三千人,由他直接带领的仅有八百,走在部队的前面。管敢投降了匈奴,将陵军情况报告给单于,并教匈奴集中精兵专攻李陵,直到包围歼灭。
⑫ 困于平城:汉高帝七年(前200年),韩王信叛汉与匈奴勾结。刘邦亲征,至平城被匈奴围困,七日后解围,双方罢兵。平城,县名,在今山西大同市东北。
⑬ 执事:左右供使令的人。又是对对方的委婉的称呼。这里指汉武帝。
⑭ 范蠡(lǐ):春秋时越国大夫。吴王夫差攻入越国,越王勾践退守会稽(今浙江绍兴东南),用范蠡计与吴国讲和,终于灭掉吴国。
⑮ 曹沫(mèi):春秋时鲁庄公的大将。鲁国和齐国交战,多次战败,割地求和。后鲁国和齐国会盟,曹沫以匕首劫持齐桓公,要求齐国退回所侵占的土地,桓公被迫同意。
⑯ 椎(chuí)心而泣血:捶胸痛哭,流出血泪,形容悲痛之极。
⑰ 萧樊囚絷:萧,萧何。汉初功臣,官至相国。樊,樊哙,汉初将领,以功封舞阳侯,官至左丞相。萧何曾建议开放"上林苑"中空地让百姓耕种,刘邦大怒,把萧何逮捕入狱。后因其他大臣的援救,始得释放。刘邦病重时,有人说樊哙和吕后结党,想在刘邦死后杀死戚夫人家族和赵王如意等人。刘邦于是命令陈平斩樊哙于军中。陈平因怕吕后,只把樊哙逮捕,送到长安,后被吕后释放。絷,捆绑。
⑱ 韩彭:韩信和彭越。汉初,二人均以军功封诸侯王,后均以造反罪被杀。菹醢(zūhǎi):古代一种酷刑,把人剁成肉酱。
⑲ 晁错:汉景帝的主要谋士,官至御史大夫。他针对吴王刘濞等蓄谋反叛的形势,建议削藩。刘濞等以"请诛晁错,以清君侧"为名,发动了七国叛

乱。景帝杀了晁错。

⑳ 周魏见辜：周，指周勃，汉初功臣。以功封绛侯，文帝时任右丞相。有人上书诬告他谋反，被捕入狱。后因薄太后的助力得以昭雪。魏，指魏其侯窦婴，是西汉大臣，以破七国之乱有功，封魏其侯。武帝初任丞相，不久免官。丞相田蚡(fén)和他有仇，说他诽谤君主，把他杀害。

㉑ 贾谊：汉初著名的政治家和文学家。汉文帝非常赏识他的才能和学识。后因受到一些贵族和大臣的攻击诬陷，被疏远贬谪，抑郁而死。　亚夫：周亚夫，西汉名将。文帝时，匈奴进犯，他以河内守为将军，防守细柳(陕西咸阳西南)，军容严整。景帝时为太尉，平定吴楚七国之乱，迁为丞相。后因其子私买御物，被捕入狱，绝食而死。

㉒ 二子：指贾谊和周亚夫。　遐举：远行，这里指死亡。

㉓ 先将军：指李陵已故的祖父李广。李广在景帝、武帝时任陇西、北地等郡太守，后任右北平太守，匈奴数年不敢侵扰，称之为"飞将军"。元狩四年(前119年)，随大将军卫青攻匈奴，以失道被责自杀。前后与匈奴作战七十余次，以勇敢善战著称。

㉔ 伏剑：用剑自杀。苏武到匈奴后，匈奴内部有人策划劫夺单于的母亲，杀死丁令王卫律。策划人同汉朝副使张胜联系，张胜表示支持。事败，单于令卫律审讯苏武。苏武不愿受辱，拔佩刀自杀，经抢救未死。

㉕ 朔北：北方，这里指匈奴。苏武拒绝了单于的威胁利诱，被送到了荒无人烟的北海去放羊，粮食供应断绝，几乎饿死。

㉖ 蛮貊(mò)：泛指四方的少数民族。这里指匈奴。

㉗ 茅土：分茅裂土，分封诸侯的仪式。古代皇帝社祭的坛用五色土建成。分封诸侯时，把诸侯所在的那个方位的泥土用茅草包好授给受封的人，作为分得土地的象征。

㉘ 典属国：官名，掌管少数民族事务。

㉙ 稽颡(qǐsǎng)：古时一种最敬礼，屈膝下拜，以额触地。

㉚ 北阙：古代宫殿北面的门楼，为臣子等候朝见或上书的地方。这里指朝廷。

㉛ 故人：老朋友。这里指大将军霍光、左将军上官桀和任立政。武帝死，昭帝立，霍和上官两人辅政。两人对李陵比较熟悉，派李的老友任立政到匈奴去召回李陵，李陵不肯。

㉜ 胤(yìn)子：儿子。苏武在匈奴娶匈奴女为妻，生一子名通国。

㉝ 顿首:叩头。

## 【译文】

子卿足下:

您努力发扬自己的美德,在政治清明的时代做官,光荣的名声在广泛地流传,实在值得庆幸,值得庆幸!

远远地寄居异国,这是前人所悲痛的;我回忆您的风采,深深地在怀念您,怎能不令人依恋呢!以前蒙您不弃,老远地给我写回信,恳切地安慰和教诲,简直超过了骨肉亲人,我虽然愚笨,也不能不感慨万端!

自从投降以来,一直到今天,自己的苦闷实在难以排遣,总是独坐发愁。整天看不见别的,只见异族人。我只得系着皮臂套,住在毡帐幕里来挡风遮雨;只能用膻羊肉、乳浆来充饥解渴;此外,能同谁谈谈笑笑,一起欢乐呢?所看到的只是胡地厚厚的灰暗的冰雪,边塞上冻裂的土地,所听到的只是悲惨凄凉的风声。凉秋九月,塞外草木零落,夜里不能入睡,侧着耳朵往远处听,处处吹起胡笳声,牧马悲哀地嘶叫,胡笳声、马叫声交织成一片,边塞的声音从四面响起。清晨坐起来听着,不知不觉地流下了眼泪。唉,子卿!我是什么心情,怎能不悲痛呢!

跟您分别之后,更加感到无聊。上念老母,临到老年还被杀戮;妻子儿女有什么罪过,也一起惨遭杀害;我自己辜负了国家的恩德,被世人所悲叹。您回去得到荣誉,我留在这里蒙受羞辱,命运怎么会是这样呢!我出身于讲究礼义的国家,却进入了蒙昧无知的社会,背弃了国君和双亲的恩德,终身生活在蛮夷地方,真感到伤心!让先父的后嗣,变成了戎狄的族人,想到这些就更加暗自悲伤了!我功大罪小,没有承蒙主上明察,辜负了我微小的心意。每次想到这里,就立刻不想活了。我如果刺心来表白自己,自刎来显示真心,都是不难做到的,但国家对我已经恩断义绝,自杀并没有益处,恰好足以加重羞辱,因此我每当因忍辱而感到愤慨时,却常常又苟且地活下去。周围的人看见我这个样子,就说些不中听的欢乐的话来劝慰我。但异国的欢乐，只能引人悲哀，增加忧伤罢了！

唉，子卿啊！人的相互了解，以相互知心为贵。上次的信写得仓促，心里的话没有说完，所以再简略地说一说。从前先帝交给我五千步兵，出征极远的地方，五位大将都走错了路，只有我的部队遇上了敌人，进行战斗。我带着远行万里的粮食，率领徒步作战的队伍，走出天汉圣朝统辖地区之外，进入了强大的胡人的区域，用五千士兵，对付十万大军，指挥疲乏的战士，抵挡刚刚出营的马队。但是仍然能斩将拔旗，追逐败逃的敌人，就像消灭脚印，扫除尘土一样，杀死敌方勇猛的将帅，使得我们三军将士视死如归。我的能力有限，但希望担当起重大任务。我想这时的功勋是难以胜过的了。

匈奴战败之后，全国出动，重新挑选精兵，强大的队伍超过十万人，单于临阵亲自指挥，从四面包围。外来部队比本地部队，形势既不相当，步兵和骑兵的力量对比又非常悬殊。疲劳的士兵连续作战，一个人要抵挡上千人，但是还带伤忍痛，豁出性命争着冲杀。死伤的人在野地上堆满了，剩下不到一百个人，而且还都带着伤痛，不能拿起兵器作战。但是我举起胳臂一呼，伤病士卒又都振奋起来，举着刀直奔敌房，杀得匈奴骑兵赶快逃跑。就是到了武器用光，箭支射完，士兵手里再也没有一尺铁器，没有盔甲光着头的时候，还高呼杀敌，争先恐后地往上冲。在这个时候，真是天地为我愤怒，战士为我吞着血泪！单于对部下讲，李陵是再也捉不住了，要准备退兵回去。但是叛汉贼臣教他们继续进攻，于是又继续开战，因此，我终究不能免于失败。

从前高皇帝带领三十万部队，被围困在平城。这时猛将如云，谋臣如雨，但在围困中仍然七天没有吃上东西，仅仅免于歼灭。何况像我这种情况，难道就容易施展力量吗？执事者议论纷纭，随便责备我苟且偷生而不死节。但是我不死节，是有罪的。子卿你看我，难道是个贪生怕死的人吗？哪里会有背弃国君和双亲，抛弃妻子和儿女，反而认为是对自己有利的人？但是我不死节，是有所为的。原来是想如上次信上说的，为了报恩于主上罢了。实在因为白白死掉不如立节，牺牲性命不如报答恩德。从前范蠡不为会稽之耻而殉难，曹沫蒙受了三次战败的羞辱，也不去寻死，他们终于为勾践报了仇，替鲁国雪了耻。我的心里只是羡慕这两个人罢了。怎能料到,志愿还没有实现,怨恨却造成了,计划还没能实行,亲骨肉却遭到了刑戮。这就是我之所以仰望苍天,捶胸流泪的原因!

足下又说:"汉朝对待功臣不薄。"您是汉朝的大臣,怎么能不这样说呢?从前萧何、樊哙遭拘禁,韩信、彭越剁成肉酱,晁错被斩,周勃和魏其侯判罪;其余辅佐天子、建立功勋的人,贾谊、周亚夫一流的人,确实都是当世杰出的人才,有将相的本领,却遭受了小人的谗言,蒙受了灾祸和失败的羞辱,终于使他们怀抱才能而受到诽谤,才能得不到施展。贾、周两个人的死亡,谁不感到痛心呢!我的祖父功劳和谋略压倒一世,义气和勇敢在全军数第一,只是失去了贵臣的欢心,自杀于极远的国土之外。这就是功臣义士扛着武器而长叹的缘故!怎么能说"不薄"呢?足下从前只是凭借一个单车使臣身份到兵力强大的匈奴王庭,由于没有碰到好时候,以致伏剑自杀而不在乎;颠沛流离,千辛万苦,几乎死在北方的荒野里;丁壮之年出使,白发苍苍而归;年老的母亲死去,年轻的妻子改嫁。这是天下很少听到的,从古到今所没有的事情啊。匈奴人尚且称赞你的节操,何况是天下的君主呢?我以为足下应当享有分封诸侯的待遇,得到千乘之国的赏赐。但听说你回去之后,赏赐不过二百万钱,官位不过是典属国,没有一尺土地的封赏,来鼓励你效忠国家的功劳。但是那些破坏功业、陷害贤者的臣子,却都封了万户侯,皇亲贵戚和贪赃谄媚的人也都做了朝廷的高官。你尚且是这种情况,我还有什么指望呢?况且汉朝因为我不死节而大加杀戮,而为了您守节操却只给予微薄的奖赏,这样对待功臣,还想使在远处听候命令的臣子,看到他们的作为就奔驰效命,这实在是困难的事情。这些情况就是我每次回首往事总不觉悔恨的原因。我辜负了汉朝的恩情,但汉朝也辜负了我的德行。从前的人有句话:"有忠心,即使不曾死节,但也能做到视死如归。"我果真安心死节了,主上难道还能怀念我吗?男子汉活着不成名,死了就埋葬在蛮夷的土地里,谁还肯折腰叩头请罪,回到朝廷,让狱吏舞文弄墨、随意乱说呢?但愿足下别再期望我返回汉朝了!

唉,子卿!还说什么呢?相离万里,人们来往断绝,道路不通,活着是另一个世间的人，死去是另一地域的鬼，永远和足下生离死别了！希望向老朋友们致谢，勉力事奉圣明的君主。您的儿子很好，不要挂念！愿您努力珍重身体。盼您时时依托北风的方便，不断给我教导。李陵顿首。

# 路温舒尚德缓刑书

## 西汉文

【题解】

本文选自《汉书·路温舒传》。

路温舒，字长君，西汉巨鹿（今河北平乡）人。狱吏出身，昭帝时任署奏曹掾、守廷尉史，宣帝时官至临淮太守。作者企图乘汉宣帝刚刚即位的时机，把过去一直存在着的酷吏制造大量冤案使得社会不得安宁的严重状况加以改变。奏章中较为深刻地指出了秦汉以来狱吏的罪恶，也指出了秦朝压制正直的言论，只爱听阿谀赞美的话是亡国的一个原因。因此，他建议废除诽谤之罪，崇尚道德教化，放宽刑罚，直到废除刑狱。路温舒在当时的情况下，敢于向皇帝提出这些问题，是难能可贵的，但他的意见从根本上说是行不通的，因为这些问题并不是个人的罪恶所造成的，而是和整个封建专制制度联系在一起的。

文章总结历史教训，用以针砭时弊，是很有力量的，非一般空言尚德缓刑之作所能比拟。

昭帝崩①，昌邑王贺废②，宣帝初即位③。路温舒上书，言宜尚德缓刑。其辞曰：

"臣闻齐有无知之祸④，而桓公以兴⑤；晋有骊姬之难⑥，而文公用伯⑦。近世赵王不终⑧，诸吕作乱⑨，而孝文为太宗⑩。由是观之，祸乱之作，将以开圣人也。故桓文扶微兴坏，尊文武之业，泽加百姓，功润诸侯，虽不及三王⑪，天下归仁焉。文帝永思至德，以承天心，崇仁义，省刑罚，通关梁，一远近，敬贤如大宾，爱民如赤子，内恕情之所安，而施之于海内，是以囹圄空虚，天下太平。夫继变化之后，必有异旧之恩，此贤圣所以昭天命也。往者，昭帝即世而无嗣，大臣忧戚，焦心合谋，皆以昌邑尊亲，援而立之。然天不授命，淫乱其心，遂以自亡。深察祸变之故，乃皇天之所以开至圣也。故大将军受命武帝⑫，股肱汉国，披肝胆，决大计，黜亡义，立有德，辅天而行，然后宗庙以安，天下咸宁。

"臣闻《春秋》正即位⑬，大一统而慎始也⑭。陛下初登至尊，与天合符，宜改前世之失，正始受命之统，涤烦文，除民疾，存亡继绝，以应天意。

"臣闻秦有十失，其一尚存，治狱之吏是也。秦之时，羞文学，好武勇，贱仁义之士，贵治狱之吏，正言者谓之诽谤，遏过者谓之妖言。故盛服先生不用于世⑮，忠良切言皆郁于胸，誉谀之声日满于耳，虚美熏心，实祸蔽塞。此乃秦之所以亡天下也！方今天下赖陛下恩厚，亡金革之危、饥寒之患，父子夫妻，勠力安家。然太平未洽者，狱乱之也。夫狱者，天下之大命也，死者不可复生，绝者不可复属。《书》曰⑯：'与其杀不辜，宁失不经。'今治狱吏则不然，上下相驱，以刻为明，深者获公名，平者多后患。故治狱之吏皆欲人死。非憎人也，自安之道在人之死。是以死人之血流离于市，被刑之徒比肩而立，大辟之计岁以万数，此仁圣之所以伤也。太平之未洽，凡以此也。夫人情安则乐生，痛则思死。棰楚之下，何求而不得？故因人不胜痛，则饰辞以视之⑰；吏治者利其然，则指道，以明之；上奏畏却，则锻练而周内之⑱。盖奏当之成⑲，虽咎繇听之⑳，犹以为死有余辜。何则？成练者众，文致之罪明也㉑。是以狱吏专为深刻,残贼而亡极,愉为一切㉒,不顾国患,此世之大贼也。故俗语曰:'画地为狱,议不入;刻木为吏,期不对。'此皆疾吏之风,悲痛之辞也。故天下之患,莫深于狱;败法乱正,离亲塞道,莫甚乎治狱之吏。此所谓一尚存者也。

"臣闻乌鸢之卵不毁,而后凤皇集;诽谤之罪不诛,而后良言进。故古人有言㉓:'山薮藏疾,川泽纳污,瑾瑜匿恶,国君含诟。'唯陛下除诽谤以招切言,开天下之口,广箴谏之路,扫亡秦之失,尊文武之德,省法制,宽刑罚,以废治狱,则太平之风可兴于世,永履和乐,与天亡极,天下幸甚!"

上善其言。

【注释】

① 昭帝:西汉昭帝刘弗陵,前86年至前74年在位。
② 昌邑王:刘贺,汉武帝的孙子。昭帝死后无嗣,由昌邑王刘贺即位。不久,因行为淫乱被废。
③ 宣帝:指西汉宣帝刘询,前73年至前49年在位。他是汉武帝的曾孙,昭帝时为庶人。刘贺废黜后,刘询即帝位。
④ 无知:公孙无知,春秋齐人。公孙无知杀死齐襄公自立,不久即为国人所杀。
⑤ 桓公:指齐桓公姜小白,前685年至前643年在位,是春秋时期五霸之一。他是齐襄公之弟,因襄公无道,被迫流亡国外。公孙无知杀襄公,姜小白回国即位,是为齐桓公。
⑥ 骊姬:春秋时晋献公的宠妃。献公年老,骊姬想让她自己生的儿子继位,就说三个公子的坏话,结果逼死了太子申生,逼走了另外两个公子重耳和夷吾。
⑦ 文公:指晋文公重耳,前636年至前628年在位。年轻时受到他父亲献公和骊姬的迫害,在外流亡了十九年。后来,在秦国的帮助下回国掌握了政权,使晋国强大起来,成为春秋五霸之一。 伯:通"霸"。
⑧ 赵王:刘如意,汉高祖的儿子。其母为戚夫人。刘邦死,刘如意被吕后

毒死。
⑨ 诸吕:吕氏家族。汉惠帝刘盈死,太后吕雉专政,封他的侄子吕台、吕产、吕禄和吕台的儿子为王,吕氏家族中很多人封为列侯。吕雉死,诸吕害怕遭到大臣和诸侯王的诛伐,图谋作乱,为太尉周勃、丞相陈平等所消灭。
⑩ 孝文:汉文帝刘恒,前179年至前157年在位。原为代王,在诸吕势力消灭后,陈平、周勃等大臣迎立刘恒为皇帝。 太宗:是刘恒的庙号。
⑪ 三王:指夏禹、商汤和周文王。
⑫ 大将军:指霍光。汉武帝临死时任光为大司马、大将军,辅佐幼主。一切军政大事均取决于光。昭帝死后,昌邑王刘贺的立废,都是霍光主持的。
⑬ 《春秋》:春秋时期记载鲁国历史的书。
⑭ 大一统:重视统一。古代帝王改朝换代之始,都要改正朔。正,就是一年开始的那个月,即正月;朔,就是每月开始的那一天。改正朔,表示帝王受天命,使全国各地一律遵守新的规定,境内是统一的。
⑮ 盛服先生:指尽忠于国事的大臣。"生"原作"王",据《汉书·路温舒传》改。"盛服"见于《左传·宣公二年》。晋灵公昏庸,恨大臣赵盾多次进谏,派刺客到赵盾家行刺。刺客清早到赵家时,见赵盾"盛服将朝",因为时间还早,正在坐着假寐,刺客心想这是忠于国事的大臣,是"民之主也",于是不忍下手而自杀。
⑯ 书:《尚书》,又称《书经》,是春秋战国以前的政治文告和历史资料的汇编。引文见《大禹谟》篇。
⑰ 视:通"示"。这里是招供的意思。
⑱ 锻练:冶炼金属。这里是诬陷的意思。练,通"炼"。 周内(nà):罗织罪状,故意陷人于罪。内,通"纳",使陷入。
⑲ 当:判罪。
⑳ 咎繇(Gāoyáo):人名,即皋陶。相传为舜时掌管刑法的官,曾制定法律,建造牢狱。
㉑ 文致:玩弄法律条文,致人于罪。
㉒ 愉:通"偷",苟且。 一切:一时权宜。如用刀切东西,不顾纵横长短。
㉓ 古人:指春秋时晋国大夫伯宗,引文见《左传·宣公十五年》。意思是自然界的高山大川也免不了藏毒纳污,名贵的玉石也会有斑点,事情都不会是十全十美的,所以国君也要能忍受辱骂。

## 【译文】

汉昭帝逝世,昌邑王刘贺被废黜,汉宣帝刚刚开始登上皇位。路温舒呈上奏章,主张应当崇尚德治,放宽刑罚。他的奏章说:

"我听说齐国有公孙无知的祸患,桓公才得以兴起;晋国遭受骊姬的灾难,文公才成了霸主。近世的赵王不得善终,诸吕起来作乱,却使孝文帝成为太宗。由此看来,祸乱的发生,就将引出圣明的君主。所以齐桓、晋文扶起弱国,振兴亡国,尊崇周文王、武王的功业,恩德加于百姓,功劳惠及诸侯,虽然赶不上三王的功勋,但天下的人都归附他们了。文帝有深远的思虑和极高的道德,用来承受上天的意旨,崇尚仁义,减轻刑罚,关口和桥梁畅通无阻,统一远近的地方,尊敬贤人如同尊敬贵宾,爱护百姓如同爱护自家的婴儿,自己感觉心安的事就推行于四海之内,所以牢狱里面空虚无人,天下太平。紧接政局变动之后,一定要有比过去不同的恩德加于百姓,这就是圣贤用来显示上天授予使命的表现。先前,昭帝去世后没有子嗣,大臣们发愁,焦急地在一起谋划,都认为昌邑王尊贵亲近,于是引进宫内,立为皇帝。但是上天不授予他帝王的使命,使他内心淫乱,于是自取灭亡。我仔细地考查发生祸乱的原因,知道这是上天借此引出最圣明的君主。所以大将军受武帝的嘱托,辅佐汉朝,披肝沥胆,决定大计,废除无义的人,拥立有德的圣君,辅助上天行事,然后朝廷才安定,天下全境太平。

"我听《春秋》上讲,帝王刚即位要更改正朔,这是为了统一全境和谨慎地对待事业的开始。现在,陛下刚刚登上皇位,正与上天的意旨相符,应该纠正前代的失误,整饬才开始受命的纲纪,除掉烦琐的法令,解除人民的疾苦,使灭亡的得以生存,断绝的继续下去,用来顺应天意。

"我听说秦朝有十条过失,其中一条现在仍然存在,就是关于司法官吏的过失。秦时轻视儒术,崇尚武勇,看不起仁义之士,尊重司法的官吏,认为直言是诽谤,防止过失是散布妖言。因此,尽忠国事的人不为当时所重用,忠良切实的言论只能郁积在胸中,赞美奉承的声音整天充塞了君主的耳朵,虚假的称誉熏陶着君主的心,实际的灾祸却掩盖起来。这就是秦朝所以亡国的原因!现在天下依靠陛下的大恩,没有战争的危险、饥寒的忧患,父子夫妻合力齐心,安居家园。但太平之治所以不完满,则是刑狱乱加于人民的结果。刑狱是天下的大事,死了的不能再活过来,断头的不能再接上。《尚书》说:'与其杀死没罪的人,宁肯犯不按成法办案的过错。'现在的司法官吏却不是这样,上上下下互相勾结,把苛刻作为明察,十分苛刻的得到了公正的名声,公平的人反而多有后患。所以司法官吏都想置人于死地。这并不是因为他们憎恨谁,而是保全自己的办法就在于致别人于死罪。因此,死人的血淋漓于市场,受刑罚的人肩膀挨着肩膀站着,处死刑的计簿上每年数以万计,这就是仁人圣人悲伤的原因。太平盛世所以不完满,都是由于这个缘故。按人的常情,平安就喜欢活着,痛苦就想寻死。在棍棒打击之下,要什么口供不能得到呢?因此,被拘禁的人受不了痛苦,就说假话去招供;而官吏办案就利用他们的假口供,指出法令的根据,说明他们罪行;上报的时候又害怕驳回,于是玩弄文字,罗织罪状,使人陷入法网。由于上奏的判罪理由完备,即使皋陶听了也要认为死有余辜。为什么呢?因为玩弄文字所构成的罪行很多,玩弄法令条文所构成的罪名也很明确。所以司法官吏专做残酷苛刻的事,残害人民而没有止境,苟且地只顾一时而不管国家的祸患,这就是世上的大害。所以俗话说:'就是画地做牢狱,也不打算进去;就是木头刻的狱吏,也一定不要同他对质。'这都是憎恶司法官吏的民谣,是悲痛的语词。所以国家的祸害,没有比刑狱更厉害的了;败坏法纪,混淆是非,离散亲属,堵塞道义,没有比司法官吏更严重的了。这就是前面说的仍然存在的一条过失。

"我听说乌鸦鹞鹰的蛋不被毁掉,然后凤凰才敢飞来;犯有诽谤的罪而不处死,然后忠良的话才能进谏。所以古人有句话:'大山洼地藏着有毒害之物,河流湖沼容纳污泥浊水,美玉包含着斑点,国君要能忍受辱骂。'希望陛下废除诽谤的罪,以吸取切实的言论,让天下的人都敢讲话,开拓规劝批评的道路,消除已亡的秦朝的过失,尊崇周文王、周武王的美德,减省法制,放宽刑罚,以至于废止刑狱,那么,太平风气就可以在社会上兴盛起来,人们永远生活于安乐之中,同苍天一样长久无限,天下的人都会感到非常幸福!"

皇上认为他的话很好。

# 杨恽报孙会宗书

## 西汉文

【题解】

本文选自《汉书·杨敞传》。

杨恽(?—前54年),字子幼,西汉华阴(今属陕西)人,是丞相杨敞的儿子,司马迁的外孙。宣帝时为郎,素有才力,好结交豪杰、儒生,在朝廷上很有名望。因告发霍光子孙谋反,封平通侯,升中郎将,官至光禄勋(郎中令)。恽为人廉洁公平,但好揭发别人的阴私,因此,遭受同僚的怨恨。后来,宣帝近臣太仆戴长乐上书告他平时语言不敬,遂免为庶人。后又因发生日食,有人上书说是由于杨恽骄奢不悔being所致,宣帝便将他逮捕入狱,并搜出他写给孙会宗的信,于是判定大逆不道的罪名,腰斩。其妻子被流放到酒泉(今属甘肃),同杨恽友好的官吏,包括孙会宗一律罢官。

本文作者胸怀不平,嬉笑怒骂,发为文章,表现了自己的真情实感,反映出敢于向权贵挑战的性格。历来论者以为有其外祖父《报任安书》的风格。

恽既失爵位家居,治产业,起室宅,以财自娱。岁余,其友人安定太守西河孙会宗①,知略士也,与恽书,谏戒之。为言大臣废退,当阖门惶惧,为可怜之意;不当治产业,通宾客,有称誉。恽宰相子,少显朝廷,一朝暗昧,语言见废,内怀不服。报会宗书曰:

"恽材朽行秽,文质无所底②,幸赖先人余业,得备宿卫。

遭遇时变,以获爵位;终非其任,卒与祸会。足下哀其愚蒙,赐书教督以所不及,殷勤甚厚。然窃恨足下不深推其终始,而猥随俗之毁誉也。言鄙陋之愚心,若逆指而文过;默而息乎,恐违孔氏'各言尔志'之义③。故敢略陈其愚,唯君子察焉。

"恽家方隆盛时,乘朱轮者十人④,位在列卿⑤,爵为通侯⑥,总领从官⑦,与闻政事。曾不能以此时有所建明,以宣德化,又不能与群僚同心并力,陪辅朝廷之遗忘,已负窃位素餐之责久矣。怀禄贪势,不能自退,遭遇变故,横被口语,身幽北阙⑧,妻子满狱。当此之时,自以夷灭不足以塞责,岂意得全首领,复奉先人之丘墓乎?伏惟圣主之恩不可胜量。君子游道,乐以忘忧;小人全躯,说以忘罪⑨。窃自私念,过已大矣,行已亏矣,长为农夫以没世矣。是故身率妻子,戮力耕桑,灌园治产,以给公上。不意当复用此为讥议也。

"夫人情所不能止者,圣人弗禁。故君父至尊亲,送其终也⑩,有时而既。臣之得罪已三年矣。田家作苦,岁时伏腊⑪,烹羊炰羔⑫,斗酒自劳。家本秦也,能为秦声,妇赵女也,雅善鼓瑟,奴婢歌者数人。酒后耳热,仰天拊缶⑬,而呼乌乌。其诗曰:'田彼南山,芜秽不治,种一顷豆,落而为萁。人生行乐耳,须富贵何时?'是日也,拂衣而喜,奋袖低昂,顿足起舞,诚淫荒无度,不知其不可也。恽幸有余禄,方籴贱贩贵,逐什一之利。此贾竖之事,污辱之处,恽亲行之。下流之人,众毁所归,不寒而栗。虽雅知恽者,犹随风而靡,尚何称誉之有?董生不云乎⑭:'明明求仁义,常恐不能化民者,卿大夫意也;明明求财利,尚恐困乏者,庶人之事也。'故道不同,不相为谋。今子尚安得以卿大夫之制而责仆哉?

"夫西河魏土⑮,文侯所兴⑯。有段干木、田子方之遗风⑰,漂然皆有节概,知去就之分。顷者,足下离旧土,临安定,安定山谷之间,昆戎旧壤⑱,子弟贪鄙,岂习俗之移人哉?于今乃睹子之志矣!方当盛汉之隆,愿勉旃⑲,毋多谈!"

## 【注释】

① 安定:郡名,治所在高平(今宁夏固原)。 西河:郡名,治所在平定(今内蒙古东胜县境)。 孙会宗:安定太守,西河人。
② 厎:通"抵",达到。
③ 各言尔志:各自说说你们的志向。这是孔丘对他的弟子讲的话,原话是:"盍各言尔志?"
④ 朱轮:用丹漆涂车毂(gǔ)的车子。汉制,公卿列侯及二千石以上的官员才能乘朱轮。
⑤ 列卿:汉代中央政府主管各个官署的长官。
⑥ 通侯:也称列侯或彻侯。汉代刘姓子孙封侯的称"诸侯",异姓功臣封侯的称"通侯"。
⑦ 从官:皇帝的侍从官。杨恽曾任光禄勋,管辖所有的侍从官,并负责监察弹劾群臣,所以说"总领从官"。
⑧ 北阙:古代宫殿北面的门楼。臣子都在这里上书奏事。犯罪的臣子也拘禁在这里听候处罚。
⑨ 说:通"悦"。
⑩ 终:死亡。给长辈安排丧事,称送终。这里指为国君和父亲服丧。按古制,臣子为君父服丧三年。三年后,起居和行动就不再受丧服的限制。所以下文说"有时而既"。
⑪ 伏腊:泛指一般节日。伏,夏至后第三个庚日叫初伏,古代伏祭在这一天,是个大节日。腊,也是一个祭日,汉代在冬至后第三个戌日。
⑫ 炰(páo):裹起来烧。
⑬ 拊缶(fǔfǒu):拍打着缶。缶是一种瓦制乐器。
⑭ 董生:指董仲舒。是汉景帝时的大儒。引文出自董仲舒的《对贤良策》三,文字略有不同。
⑮ 西河:郡名。战国时魏国的领土,辖境在今陕西东部黄河西岸地区。汉代的西河郡,即孙会宗出生的地方,和魏国的西河本不是一个地方。杨恽这样说,是为了讽刺孙会宗。
⑯ 文侯:魏文侯,前445年至前396年在位。当时认为是贤君。

⑰ 段干木、田子方：两人都是魏文侯的老师，当时的贤人。
⑱ 昆戎：殷和西周时代在中国西部的一个部族。
⑲ 旃(zhān)：语气词，之焉的合音。

## 【译文】

  杨恽已经失去了爵位，在家里住着。治理田产，兴建住宅，经营家财，自取娱乐。过了一年多，他的朋友安定太守、西河人孙会宗，一位有知识和谋略的士人，给杨恽一封信，加以劝诫。他认为大臣免职之后，应当惶恐地闭门思过，表示可怜的心情；不应当治理产业，结交宾客，博取别人的称赞。杨恽是丞相的儿子，年轻时在朝廷上就很有名声，因为一时糊涂，说话不慎而被罢黜，心里很不服气。他复孙会宗的信说：

  "我才智粗陋，行为卑劣，文采和品质都没有取得成就，幸而依靠先人的余荫，得以充当皇上的侍卫。由于遇到事变，获得了爵位；但这究竟不是我所能胜任的，终于遭到了大祸。您哀怜我愚昧无知，赐给我书信，教育和纠正我做得不够的地方，情意诚恳深厚。但我遗憾的是您不肯仔细推究事情的原委，而轻易地相信世俗对我的诽谤。现在我说出自己鄙俗粗陋的见解，好像是违拗您的旨意而文过饰非；沉默着不说话呢，又恐怕违背孔子'各言尔志'的意义，所以才敢约略地陈述愚见，希望您明察。

  "我家正当兴盛的时候，乘坐朱轮车的有十人，我自己官位在列卿，爵位是通侯，总管侍从官员，参与政事。在这个时候，既不能有所建树，有所阐明，来宣扬恩德教化，又不能跟同事们齐心协力辅佐朝廷，来弥补考虑不周的地方，因此，受到窃据高位、白吃闲饭的责备，已经很久了。因为贪图俸禄和权势，不能自行引退，于是遭到变故，意外地受到诬陷，自身拘禁在北阙，妻子儿女都关在牢狱里。当这个时候，自以为受杀戮也不足以抵塞罪责，怎能料想到会保住头颅，又能供奉祖宗的坟墓呢？恭敬地想想圣明君主的恩德，那是没法计量的。君子沉湎在'道'里面，快乐得忘记了忧愁；小人保全住了身躯，就高兴得忘记了罪过。我暗自思量，自己的过失已经很大，行为已经有了欠缺,只好做个农夫一直到老死了。于是亲自率领妻子儿女尽力种田植桑,灌溉田园,治理产业,来供给官府的赋税。没有想到,正是因为这件事又遭到议论讥笑。

"按照人情所不能禁止的事,圣人也不禁止。所以最尊贵的国君和最亲近的父亲,送终之后,居丧的时间也是有个终结的。我获罪已经三年了。农家耕作非常辛苦,逢年过节,烹羊烧羔,喝一斗酒,自我慰劳。我的老家本在秦地,我能唱秦地的歌曲,妻子是赵地的女子,善于弹瑟,奴婢中还有几个能唱歌。喝酒之后,耳朵发热,仰首望天,手拍陶缶,乌乌地唱起来。唱的那首诗是:'种田种在南山坡,长满荒草不去管,豆子种了一百亩,掉下豆粒成豆秆。人生不过为行乐,富贵等到哪一天?'这天,高兴地抖动着衣服,上上下下挥舞着袖子,踩着脚跳起舞来,确实是欢乐过度,没有节制,不知道这样做是不许可的。我幸而还有一点余下的俸禄,才能买贱卖贵,追求十分之一的利润。这种商贩奴仆之事,招致污辱的地方,悭亲自去做。人处于品德低下的境地,便成了众人毁谤的集中对象,想起来真使人不寒而栗。即使是很了解我的人,也随着这种风传而信以为真,还会有什么称赞的话呢?董先生不是说过吗:'明明追求仁义,还常常担心不能教化百姓,这是卿大夫的想法;明明追求钱财,还担心穷困贫乏,这是平民百姓的事情。'所以走的道路不同,是不能在一起商量事情的。现在您怎么能用卿大夫的标准来要求我呢?

"想那西河郡原是魏国的土地,是魏文侯设置的。有贤人段干木、田子方流传下来的风尚,人们高尚有节操,懂得取舍的道理。近来,您离开老家,到达安定郡。安定高山深谷之间,是昆戎族的旧地,他们的子弟贪婪卑鄙,难道是习俗改变了人吗?到了今天才看出您的志向了!正当强大的汉朝隆盛的时候,希望你勉力供职,不必多讲了!"

# 光武帝临淄劳耿弇

## 东汉文

【题解】

本文选自《后汉书·耿弇传》。《后汉书》一百二十卷,记载了东汉光武帝刘秀到献帝刘协近二百年的历史。书中纪传的作者是南朝刘宋范晔,志的作者是晋司马彪。

刘秀(光武帝)在借助农民起义的力量推翻新莽王朝之后,建立了东汉政权。他为了巩固政权,即位后进行了频繁的战争。公元29年冬,刘秀命令建威将军耿弇讨伐割据青州的大军阀张步,战事指挥得很成功,迅速地取得了大胜。刘秀亲自赶到临淄劳军,表彰耿弇的功劳,同时提到对待在逃敌将的政策,用以瓦解敌军。

本文长不过百余字,但能恰当地运用史实阐明观点,使文章生动有力。最后,"有志者事竟成"已经成了激励人们克服困难的习惯用语。

车驾至临淄①,自劳军,群臣大会。帝谓弇曰②:"昔韩信破历下以开基③,今将军攻祝阿以发迹④。此皆齐之西界,功足相方。而韩信袭击已降⑤,将军独拔勍敌⑥,其功乃难于信也。又田横烹郦生⑦,及田横降,高帝诏卫尉不听为仇⑧。张步前亦杀伏隆⑨,若步来归命,吾当诏大司徒释其怨⑩,又事尤相类也。将军前在南阳建此大策⑪,常以为落落难合,有志者事竟成也!"

【注释】

①　车驾:即车。皇帝外出时乘用,因用来代指皇帝。这里指光武帝刘秀。

① 临淄:县名,在今山东淄博市西北。
② 帝:指刘秀,公元25年至57年在位。南阳蔡阳(今湖北枣阳西南)人,西汉皇族。新莽末年,爆发了大规模的农民起义,刘秀弟兄乘机起兵,加入绿林起义军。推翻王莽政权后,自立为帝,定都洛阳,建立东汉政权。
  弇(yǎn):即耿弇,字伯昭。曾随刘秀起兵,后拜为建威大将军,封好畤侯。在扫灭齐地割据势力张步的战争中,立有大功。
③ 韩信(?—前196年):汉初名将,先后被封为齐王、楚王、淮阴侯。历下:县名,在今山东济南市东。韩信破赵后,引兵向齐,趁齐国撤除守备的机会袭破了历下,占领了齐国首都临淄。
④ 祝阿(ē):县名,在今山东历城西南。耿弇扫灭齐王张步的战役是从攻取祝阿开始,然后逐步扩大战果,夺取全胜的,因而说他"发迹"于此。
⑤ 袭击已降:韩信袭破历下之前,刘邦已派郦食其(yǐ)到齐,游说齐王,齐王同意与汉和好,并撤除了对汉的防御。韩信知道了这件事,仍然向齐进军,攻灭齐国。
⑥ 勍(qíng)敌:劲敌。
⑦ 田横烹郦生:在韩信攻克历下后,齐相田横认为受了郦食其(即郦生)的骗,就把他烹死。田横,齐贵族,曾领兵击项羽,收复齐地,立田广为齐王,自为相国。
⑧ 卫尉:官名。西汉时掌管宫门警卫,统领宫廷屯卫兵。这里指郦商。齐国被袭破之后,田广被俘,田横率部下逃亡到海岛上。刘邦叫他回来,他说:"我烹死了陛下的使者郦食其,现在听说郦食其的弟弟郦商身居卫尉之职,我不敢回去。"刘邦就告诉郦商说:"田横如果回来,敢伤害他的人就要治以灭族的罪。"警告郦商不得报仇。
⑨ 张步:西汉末在剧(今山东寿光南)练兵,是齐地较大的军阀。公元27年,刘秀派伏隆使齐,拜步为东海太守。梁王刘永闻讯后赶紧立步为齐王。张步接受了刘永的任命,杀了伏隆。后来,耿弇破齐,张步降。
⑩ 大司徒:官名,地位相当于汉初的丞相。这里指伏隆的父亲伏湛。
⑪ 南阳:郡名,治所在宛县(今河南南阳)。 大策:指公元27年耿弇在舂陵(属南阳郡)向刘秀提出的一套军事计划:向北征集上谷的部队,平定渔阳的彭宠、涿郡的张丰,回过头来收服富平、获索两支农民起义队伍,然后向东消灭张步,平定齐地。

## 【译文】

光武帝到了临淄,亲自慰劳军队,群臣都在这里聚会。光武帝对耿弇说:"从前韩信攻破历下,因而开创了汉家的根基,现在将军你攻取了祝阿,因而开始了显赫的功业。这两处都是齐国的西界,而功绩又足以相比。但是韩信袭击的是已经降伏的对手,而将军你却是独自战胜了实力强大的敌人,这个功绩的建立确实比韩信要难。另外,田横烹杀了郦生,到田横投降的时候,汉高帝诏告卫尉郦商不能听任他去报仇。张步以前也曾杀死伏隆,如果张步来归顺,我也要诏告大司徒伏湛,解除他们的冤仇,这两件事又更加相似。将军你从前在南阳提出的这项宏伟的计划,我原来常常以为迂远疏阔,很难实现,现在看起来,真是有志者事竟成!"

# 马援诫兄子严敦书

## 东汉文

## 【题解】

本文选自《后汉书·马援传》。

马援(前14年—49年),东汉初扶风茂陵(今陕西兴平东北)人,字文渊。新莽末,为新城大尹(汉中太守)。后归刘秀。建武十七年(41年)任伏波将军,镇压交阯征侧、征贰的反抗。在交阯写了这封信,信中以自己的平生经验告诫他两个侄子为人处世的原则。同时举现实人物作例,并用了生动的俗语来说明自己的意思,写得具体、亲切。

援兄子严、敦并喜讥议①,而通轻侠客。援前在交阯②,还书诫之曰:

"吾欲汝曹闻人过失,如闻父母之名,耳可得闻,口不可得言也。好议论人长短,妄是非正法,此吾所大恶也,宁死不愿闻子孙有此行也。汝曹知吾恶之甚矣,所以复言者,施衿结缡③,申父母之戒,欲使汝曹不忘之耳。

"龙伯高敦厚周慎④,口无择言,谦约节俭,廉公有威。吾爱之重之,愿汝曹效之。杜季良豪侠好义⑤,忧人之忧,乐人之乐,清浊无所失,父丧致客,数郡毕至。吾爱之重之,不愿汝曹效也。效伯高不得,犹为谨敕之士,所谓'刻鹄不成尚类鹜'者也⑥;效季良不得,陷为天下轻薄子,所谓'画虎不成反类狗'者也。讫今季良尚未可知,郡将下车辄切齿⑦,州郡以为言,吾常为寒心,是以不愿子孙效也。"

【注释】

① 严:马严,字威卿。 敦:马敦,字孺卿。两人都是马援哥哥马余的儿子。马余在王莽时曾任扬州牧。
② 交阯:阯,一作"趾"。郡名,辖境在今越南北部。
③ 施衿(jīn)结缡(lí):古代父母送女儿出嫁时,要亲自给她系上带子,系上佩巾,并且再三叮嘱她到夫家要恭顺,不要出差错等等。
④ 龙伯高:名述,京兆(治所在今西安市西北)人。初为山都(治所在今湖北襄阳西北)长,刘秀看到马援给兄子严、敦的信后,提升他为零陵郡(治所在今湖南零陵)太守。
⑤ 杜季良:名保,京兆人。光武时,官越骑司马。后有人上书光武,告他"为行浮薄,乱群惑众",被免官。
⑥ 鹄(hú):天鹅。 鹜(wù):家鸭。
⑦ 郡将:郡守。汉代郡守都兼武事,所以称郡将。

【译文】

马援的侄子马严、马敦都爱讥笑议论别人,而且结交轻薄的侠客。马援以前在交阯的时候,写回信来训诫他们说:

"我希望你们听到别人的过失,就像听到父母的名字一样,耳朵里可以听着,嘴里却不可以说出来。爱议论别人的长短,胡乱评论正当的礼法,这是我最讨厌的事了,宁肯死去也不愿听到子孙有这种行为。你们已经知道我对这种行为讨厌极了,现在所以还要再向你们讲,就如同送女儿出嫁,在给她系上带子和佩巾的时候,申明父母的训诫一样,只是希望你们终生不忘罢了。

"龙伯高厚道周密而又谨慎,口里没有可挑剔的话,谦逊平易,生活节俭,清廉公正,态度威严。我敬爱他,尊重他,希望你们学习他。杜季良豪放侠义,好主持公道,忧虑别人所忧虑的,喜欢别人所喜欢的,人无论贵贱善恶,他都不疏远,为父亲办丧事时,招待客人,几个郡的人都到了。我敬爱他,尊重他,但是不希望你们学习他。学习伯高不成,还可以成为一个谨慎严肃的士人,正所谓'刻鹄不成尚类鹜';学习季良不成,就会堕落成天下轻浮的人,正所谓'画虎不成反类狗'了。到现在杜季良还不知道会怎样呢,郡守到这里的时候,往往咬牙切齿地表示痛恨他,州郡官把这种情况说给我听,我常常为他寒心,所以不愿意我的子孙学习他的样子。"

# 诸葛亮前出师表

## 后汉文

【题解】

  诸葛亮(181年—234年),字孔明,琅玡阳都(今山东沂南)人。三国时期杰出的政治家和军事家。
  东汉末年,豪强割据,军阀混战。诸葛亮随叔父避乱荆州,隐居于南阳隆中(今湖北襄阳西),号称"卧龙"。建安十二年(207年)得到刘备三顾草庐的知遇,其后,辅佐刘备建立了蜀国,与魏、吴形成三分鼎立的局势。公元221年,刘备称帝,诸葛亮任丞相。章武三年(223年),刘备病死,刘禅继位,封诸葛亮为武乡侯,领益州牧。政无大小,均由他决定。他当政期间,一方面,励精图治,改善了与西南各少数民族的关系,以巩固政权;一方面,东联孙吴,北伐曹魏，积极争取统一，复兴汉室。

建兴五年(227年)，诸葛亮率军北驻汉中，准备征伐曹魏。行前，感到刘禅暗弱，颇有内顾之忧，所以上表劝诫，这就是《前出师表》。

文中分析精辟，情词真切，比喻中肯。至于追述受任创业的艰辛，尤诚挚恳切。

诸葛亮的著作经晋朝陈寿整理，编为二十四篇，其中很多篇现已不存。今所传《诸葛亮集》是后人从史传中辑录而成的。

臣亮言：先帝创业未半而中道崩殂[1]，今天下三分[2]，益州疲敝[3]，此诚危急存亡之秋也。然侍卫之臣不懈于内，忠志之士忘身于外者，盖追先帝之殊遇，欲报之于陛下也[4]。诚宜开张圣听[5]，以光先帝遗德，恢宏志士之气，不宜妄自菲薄，引喻失义，以塞忠谏之路也。宫中府中俱为一体[6]，陟罚臧否[7]，不宜异同。若有作奸犯科及为忠善者，宜付有司论其刑赏[8]，以昭陛下平明之治，不宜偏私，使内外异法也。

侍中、侍郎郭攸之、费祎、董允等[9]，此皆良实，志虑忠纯，是以先帝简拔以遗陛下。愚以为宫中之事[10]，事无大小，悉以咨之，然后施行，必能裨补阙漏[11]，有所广益。将军向宠[12]，性行淑均，晓畅军事，试用于昔日，先帝称之曰能，是以众议举宠以为督。愚以为营中之事，事无大小，悉以咨之，必能使行阵和穆[13]，优劣得所也。亲贤臣，远小人，此先汉所以兴隆也；亲小人，远贤臣，此后汉所以倾颓也。先帝在时，每与臣论此事，未尝不叹息痛恨于桓、灵也[14]。侍中、尚书、长史、参军[15]，此悉贞亮死节之臣也，愿陛下亲之信之，则汉室之隆，可计日而待也。

臣本布衣[16]，躬耕于南阳[17]，苟全性命于乱世，不求闻达于诸侯[18]。先帝不以臣卑鄙[19]，猥自枉屈[20]，三顾臣于草庐之中，咨臣以当世之事，由是感激，遂许先帝以驱驰。后值倾覆[21]，受任于败军之际，奉命于危难之间，尔来二十有一年矣[22]。先帝知臣谨慎,故临崩寄臣以大事也㉓。受命以来,夙夜忧叹,恐托付不效,以伤先帝之明,故五月渡泸㉔,深入不毛㉕。今南方已定,兵甲已足,当奖帅三军㉖,北定中原㉗,庶竭驽钝㉘,攘除奸凶,兴复汉室,还于旧都㉙。此臣之所以报先帝而忠陛下之职分也。

至于斟酌损益㉚,进尽忠言,则攸之、祎、允之任也。愿陛下托臣以讨贼兴复之效;不效,则治臣之罪,以告先帝之灵。若无兴德之言,则责攸之、祎、允之咎㉛,以彰其慢㉜。陛下亦宜自谋,以咨诹善道㉝,察纳人言,深追先帝遗诏,臣不胜受恩感激。今当远离,临表涕泣,不知所云。

## 【注释】

① 先帝:去世的皇帝,这里指刘备,公元221年至223年在位。 崩殂(cú):古代帝王死亡称崩,殂也是死亡的意思。
② 三分:指当时魏、蜀、吴三国鼎立的局势。
③ 益州:相当于今四川的大部分及云南、贵州的一部分地区。
④ 陛下:古代臣下对帝王的尊称。这里指刘备的儿子刘禅,公元223年至263年在位。
⑤ 圣:对皇帝的尊称,这里指刘禅。
⑥ 宫中:指刘禅的宫廷内部。 府中:指丞相府。建兴元年(223年)诸葛亮任丞相,开府治事。这句指宫中常在皇帝身边侍奉的近臣和在丞相府中任职的官吏。
⑦ 陟(zhì)罚臧(zāng)否(pǐ):赏善罚恶。陟,升迁,赏。臧,善。否,恶。
⑧ 有司:专管某事的官吏或部门。司,管。
⑨ 侍中:官名。侍从皇帝左右,备应对顾问。 侍郎:官名。皇帝宫廷的近侍,初任称郎中,三年称侍郎,管理车、骑、门户并内充侍卫,外从作战。郭攸之:字演长。时任侍中。 费祎(yī):字文伟。时任侍中。 董允:字休昭,时任黄门侍郎。
⑩ 愚:自我谦称。
⑪ 裨(bì):补益。 阙:通"缺",过失。 漏:疏漏。

⑫ 向宠:初任牙门将,后任典宿卫兵。当初,刘备伐吴时遭到惨败,只有向宠的部队未受损失,诸葛亮认为向宠善于治军,故临行留他掌管军事。
⑬ 行(háng)阵:这里指军队。 穆:通"睦"。
⑭ 桓、灵:指东汉末年的皇帝桓帝刘志和灵帝刘宏。他们宠用宦官、外戚,捕杀贤能,朝政腐败。
⑮ 尚书:协助皇帝处理政务的官吏。这里指陈震。 长(zhǎng)史:汉丞相及三公(太尉、司徒、司空)府均设长史,为三公辅佐。这里指张裔。 参军:汉末至南北朝丞相及诸王开府者,皆置参军,为重要幕僚。这里指蒋琬。
⑯ 布衣:平民。古代平民衣服用麻类制成,除老年外不得用丝料,故"布衣"就成为"平民"的代称。
⑰ 躬耕:亲自耕种。 南阳:郡名。治所在宛县(今河南南阳市)。这里指南阳郡邓县的隆中(今湖北襄阳西)。
⑱ 闻达:显达。 诸侯:西周、春秋时分封的各国国君。这里泛指东汉末年各地的豪强势力和政治集团。
⑲ 卑鄙:浅陋。这里是谦辞。
⑳ 猥(wěi)自:使自己降低身份。猥,卑下。这里是谦辞。
㉑ 倾覆:大败。指建安十三年(208年),在当阳的长坂(今湖北当阳东北),刘备被曹操战败一事。
㉒ 尔来:从那时以来。建安十二年(207年)刘备与诸葛亮相遇,到建兴五年(227年)上《出师表》时共二十一个年头。
㉓ 寄:托付。章武三年(223年),刘备伐吴失败后死于白帝城(今四川奉节东),临终时将蜀汉军政大权托付给诸葛亮,要他辅佐刘禅。
㉔ 泸:泸水,即金沙江。
㉕ 深入不毛:深入不生五谷的未开发地带。建兴三年(225后)诸葛亮南征,平定了益州郡的豪强和夷族统治者的叛乱,改善了同少数民族的关系,稳定了后方。
㉖ 三军:春秋时各大国多设有左、中、右三军。这里指全军。
㉗ 中原:黄河流域。这里指曹魏所占的地区。
㉘ 庶:但愿。 竭:尽。 驽(nú)钝:比喻自己才能低劣,谦辞。驽,劣马。钝,刀刃不锋利。
㉙ 旧都:这里指两汉国都长安和洛阳。曹操掌权后迁都许昌,曹丕称帝后

仍以洛阳为国都。"还于旧都"指平定曹魏,改变偏安的局面。
㉚ 斟酌:衡量考虑。　损益:减、增。指政治上兴利除弊。
㉛ 咎(jiù):过失。
㉜ 彰:显明。这里是揭示的意思。
㉝ 咨诹(zōu):询问。

## 【译文】

　　臣诸葛亮上言:先帝创立的事业还没有完成一半,就中途去世了,现在天下已分成三国,益州地区人力物力疲惫困乏,这实在是危急存亡的关键时刻。但是,侍奉保卫皇帝的臣子在宫廷内从不懈怠,忠诚有志的将士在外舍生忘死,这都是由于怀念先帝对他们特殊的恩遇,想把这种恩情报答给陛下的缘故。陛下确实应该广泛倾听群臣的意见,发扬先帝遗留下的美德,振奋起志士的勇气,不应该随便看轻自己,讲话时称引、譬喻不合大义,以致堵塞忠臣进言规劝的道路。宫廷的近臣和丞相府的官吏,是一个整体,赏善罚恶,不应该有差别。假若有做奸邪之事,违犯法纪和尽忠为善的人,都应该交给主管的官吏,来评定应得的惩罚或奖励,来表明陛下公平严明的治理方针,不应有所偏袒,使得内廷和外府有不同的法度。

　　侍中郭攸之、费祎、黄门侍郎董允等人,都是善良、诚实,意志忠厚纯正的人,因而先帝选拔出来留给陛下。我认为宫廷里的事,无论大小,都要征求他们的意见,然后施行,这样,一定能够弥补欠缺遗漏的地方,得到补救和增益的效果。将军向宠,品行善良公正,精通军事,当年试用他的时候,先帝称赞他能干,因此群臣举荐他做中部督。我以为军营里的事不论大小,都要征询他的意见,这样就一定能够使军中和睦,才能高低的将士都能安排得当。亲近贤臣,疏远小人,这是西汉所以兴盛的原因;亲近小人,疏远贤臣,这是东汉所以衰败的原因。先帝在世的时候,每次和我谈论到这些历史事实,对桓、灵二帝没有不感到叹息和遗憾的。侍中郭攸之、费祎、尚书陈震、长史张裔、参军蒋琬,都是坚贞、正直、能以死殉节的忠臣,希望陛下亲近他们,信任他们,那么,汉朝的兴隆,就指日可待了。

我本来是个平民,亲自在南阳耕种,只想在乱世中保全性命,不想去向诸侯谋求高官显爵。先帝却不因为我卑贱浅陋而介意,甘受耻辱,亲自屈就,三次到草庐来看我,征询关于当时大事的意见,因此我深为感激,就答应为先帝奔走效劳。其后,遇上战争覆败,就在这军事失利的时候,我接受了委任,在危急艰难的时刻奉命出使,自从那时以来,已经有二十一个年头了。先帝知道我谨慎,所以在临终的时候把国家大事托付给我。自从接受命令以来,我日夜忧虑叹息,唯恐对所托付的事情做不出成效,以致损害先帝的英明,所以五月渡过泸水,深入不毛之地。现在南方已经平定,武器已经充足,应当鼓励和率领全军向北平定中原,我希望能竭尽低劣的能力,铲除邪恶的势力,复兴汉朝的皇室,返回旧都。这就是我用来报答先帝,并尽忠陛下的职责和本分。

至于考虑政事的得失、兴废,尽量进献忠言,那就是郭攸之、费祎、董允的责任。希望陛下责成我对讨伐奸贼复兴汉室做出成效;如果没有成效,就请治以重罪,以告先帝的英灵。假若没有发扬盛德的言辞,就责备攸之、祎、允等人的过错,以揭示他们的怠慢。陛下自己也应该考虑谋划,征询治理国家的好办法,明察并采纳群臣有益的言论,深切记取先帝的遗训,这样,我就受恩感激不尽了。现在我就辞别远行,写表时激动得流泪,不知道还要说些什么。

# 诸葛亮后出师表

## 后汉文

【题解】

诸葛亮在平定南部诸郡,巩固蜀汉政权以后,于建兴五年(227年),率军驻汉中,准备北伐。临行前,他上表(即《前出师表》)给刘禅,要他尊贤远佞。

次年又针对朝廷内部有些反对北伐曹魏的意见,再次上表,以坚定刘禅的信心,这就是《后出师表》。

本文指出敌强己弱,不征伐就是"坐而待亡"的形势以后,陈述了乘时伐魏的必要性和迫切性。接着以六"未解",进一步论证"和"与"战"、"安"与"危"的辩证关系。最后他虽知成败难以预料,但仍以"鞠躬尽力,死而后已"自勉。文章情真词切,激励人心,感染力极强,和前表一起,皆为千古传颂的名篇。

先帝虑汉、贼不两立①,王业不偏安②,故托臣以讨贼也。以先帝之明,量臣之才,固知臣伐贼,才弱敌强也;然不伐贼,王业亦亡,惟坐而待亡,孰与伐之?是故托臣而弗疑也。

臣受命之日,寝不安席,食不甘味。思惟北征③,宜先入南④。故五月渡泸⑤,深入不毛⑥,并日而食⑦。臣非不自惜也,顾王业不可偏安于蜀都⑧,故冒危难,以奉先帝之遗意,而议者谓为非计⑨。今贼适疲于西⑩,又务于东⑪。兵法乘劳,此进趋之时也。谨陈其事如左:

高帝明并日月⑫,谋臣渊深,然涉险被创⑬,危然后安。今陛下未及高帝,谋臣不如良、平⑭,而欲以长策取胜,坐定天下,此臣之未解一也⑮。

刘繇、王朗⑯,各据州郡,论安言计,动引圣人,群疑满腹,众难塞胸,今岁不战,明年不征,使孙策坐大,遂并江东⑰,此臣之未解二也。

曹操智计,殊绝于人⑱,其用兵也,仿佛孙、吴⑲,然困于南阳⑳,险于乌巢㉑,危于祁连㉒,逼于黎阳㉓,几败北山㉔,殆死潼关㉕,然后伪定一时尔㉖。况臣才弱,而欲以不危而定之,此臣之未解三也。

曹操五攻昌霸不下㉗,四越巢湖不成㉘。任用李服,而李服图之㉙。委任夏侯,而夏侯败亡㉚。先帝每称操为能,犹有此失,况臣驽下㉛,何能必胜?此臣之未解四也。

自臣到汉中，中间期年耳㉜，然丧赵云、阳群、马玉、阎芝、丁立、白寿、刘郃、邓铜等及曲长、屯将七十余人㉝，突将无前；賨叟、青羌散骑、武骑一千余人㉞。此皆数十年之内所纠合四方之精锐，非一州之所有。若复数年，则损三分之二也。当何以图敌？此臣之未解五也。

　　今民穷兵疲，而事不可息。事不可息，则住与行，劳费正等。而不及早图之，欲以一州之地，与贼持久，此臣之未解六也。

　　夫难平者，事也。昔先帝败军于楚㉟，当此时，曹操拊手㊱，谓天下已定。然后先帝东连吴越㊲，西取巴、蜀㊳，举兵北征，夏侯授首㊴。此操之失计，而汉事将成也。然后吴更违盟，关羽毁败㊵，秭归蹉跌㊶，曹丕称帝㊷。凡事如是，难可逆料。臣鞠躬尽力㊸，死而后已。至于成败利钝，非臣之明所能逆睹也。

## 【注释】

① 汉：指蜀汉。　贼：指曹魏。
② 王业：这里指复兴汉室、统一中国的事业。　偏安：偏处一方以自安。这里指蜀汉仅据益州之地，未能统一。
③ 惟：这里是思量的意思。　北征：指北伐曹魏。
④ 南：指益州南部诸郡。
⑤ 泸：泸水，即金沙江。
⑥ 不毛：不长树木和庄稼的地区，即未开发的荒凉地区。
⑦ 并日而食：两天只吃一天的粮食。
⑧ 顾：但。
⑨ 议者：蜀汉朝廷中议论朝政的官吏。　非计：并非上计。
⑩ 适疲于西：建兴六年（228年）春，诸葛亮率军攻祁山（今甘肃礼县东），当时魏属南安、天水、安定三郡（今甘肃东部一带）叛魏应蜀，关中震动。
⑪ 又务于东：同年秋，吴将陆逊于石亭（今安徽潜山东北）大败魏将曹休。务：致力。这里指战事。

⑫ 高帝:汉高祖刘邦(前202年—前195年在位),汉王朝的建立者。字季,沛县(今属江苏)人。
⑬ 涉险:历尽艰险。 被创:身受创伤。
⑭ 良、平:指汉高祖刘邦的著名谋臣张良、陈平。
⑮ 解:理解。一说解读"懈"。懈怠。
⑯ 刘繇(yóu):东汉末任扬州(时治所在今安徽合肥市)刺史。 王朗:东汉末为会稽郡(治所在今浙江绍兴)太守。
⑰ 江东:指长江中、下游及江南地区。
⑱ 殊绝:超群绝伦,没有可以相比的。
⑲ 孙、吴:孙膑、吴起,都是战国时著名的军事家。
⑳ 困于南阳:建安二年(197年),曹操在宛城被张绣击败,为流矢所中,操长子曹昂等战死。南阳,郡名,东汉末,治所在宛城(今河南南阳市)。
㉑ 险于乌巢:建安五年,曹操与袁绍相持于官渡(今河南中牟东北)。袁绍运积大量军粮于乌巢(今河南延津东南),时曹军粮少,仅可供一月食用,士卒疲乏,形势危急,准备还军许都(今河南许昌)。后用许攸计,夜袭乌巢,进而在官渡大破绍军,转危为安。
㉒ 危于祁连:此段史实待考。
㉓ 逼于黎阳:建安七年,袁绍病死,其子袁谭、袁尚屯黎阳(今河南浚县东)。次年曹操征之,谭、尚固守,连战不下。
㉔ 几败北山:建安二十四年,操将夏侯渊为刘备所杀,曹操从长安出斜谷,至阳平(今陕西勉县西)北山。刘备凭险拒守,积月不拔,操军多逃亡,引军还长安。
㉕ 殆死潼关:建安十六年,曹操西征马超、韩遂于潼关。将渡河,超军突然而至,操急入船,河水急,流四五里,超骑追赶射击,矢下如雨。殆(dài),几乎。
㉖ 伪:诸葛亮以蜀为正统,故指曹魏为"伪"。
㉗ 五攻昌霸不下:建安五年,东海昌霸(即昌豨)背叛曹操,依附刘备,曹操屡攻不下。此后,曹操命于禁、夏侯渊并力出击,昌霸降,为于禁所杀。
㉘ 四越巢湖不成:魏以合肥为重镇,巢湖在合肥东南,与吴接界。曹操屡次从巢湖进攻孙权,多无功而还。
㉙ 李服图之:建安四年,汉献帝舅车骑将军董承奉密诏,与将军吴子兰、王服、刘备等谋杀曹操。五年春计谋泄露,董、王等被捕杀。据前人考证,

这里的李服当是王服之误。
㉚ 夏侯败亡：曹操的大将夏侯渊曾留守汉中，为蜀将黄忠击杀于定军山（今陕西勉县东南）。汉中遂为刘备所据。
㉛ 驽：劣马。比喻才能低下。谦辞。
㉜ 期(jī)年：周年。
㉝ 赵云：蜀汉名将。　阳群：蜀将，曾任巴西太守。阳群以下的六人事迹不详。　曲长、屯将：都是军官的职衔。曲、屯，古代军队的编制单位。
㉞ 賨叟(Cóngsǒu)、青羌(qiāng)：都是西南少数民族的名称。这里指当时蜀汉军中少数民族的将士。
㉟ 败军于楚：指建安十三年，刘备败于当阳（今属湖北）长坂事。当阳属古楚国地。
㊱ 拊(fǔ)手：拍手。这里指拍手称快。
㊲ 东连吴越：指建安十三年，刘备联合在江东的孙吴，共同打败曹操的事。孙吴版图包括古吴、越两国地。
㊳ 西取巴、蜀：建安十六年，刘备率军入巴、蜀，十九年围取成都，益州牧刘璋投降，刘备遂据益州。巴，古代巴国，在今川东、鄂西一带。蜀，古蜀国，在今四川西部。
㊴ 夏侯授首：指魏将夏侯渊被蜀将黄忠斩于定军山一事。
㊵ 关羽毁败：关羽，蜀汉名将。建安二十四年，孙权袭取荆州，遣将击杀关羽及其子关平。
㊶ 秭(zǐ)归蹉(cuō)跌：刘备因孙权击杀关羽，兴师伐吴，章武二年（222年）至秭归（今属湖北），为吴军所败。蹉跌，失足跌倒，比喻失败。
㊷ 曹丕称帝：汉献帝延康元年（220年），曹操死，其子曹丕废汉献帝自立，即魏文帝。改年号延康为黄初。
㊸ 鞠躬：弯腰。这里是对事谨慎勤勉的意思。

【译文】

　　先帝忧虑蜀汉与魏贼不能两存，汉室的王业不能偏处于一州之地，所以临终时把讨贼的责任托付给我。凭先帝的英明，度量我的才能，固然知道由我伐贼，我的才能薄弱而敌人强大；但不去伐贼，王业也是要灭亡的，与其坐而待毙，何如去讨伐他们呢？因此把这件事托付给我，而毫不怀疑。

我自从受命以来,每天总是睡不安席,食不辨味。考虑到要举行北伐,应该先平定益州南部诸郡。所以五月渡过泸水,深入到未开发的不毛之地,两天只吃一天的粮食。我并不是不爱惜自己,但是想到王业不能偏安于蜀地,所以冒着危险和艰难来实行先帝的遗志,但是议论朝政的人却认为北征并非上计。现在魏军既在西方疲于奔命,又在东边进行战争。兵法规定,要趁敌人疲劳的时候去进击,这正是进攻的大好时机。现在我恭敬地把这方面的意见陈述如左:

汉高帝的英明,可与日月相比,他的谋臣知识渊博,计谋深远,但仍然是经历了艰险,身受创伤,才转危为安的。现在陛下比不上高帝,谋臣不如张良、陈平,但是想用长期相持的办法来战胜敌人,安安稳稳地平定天下,这是我不能理解的第一点。

刘繇、王朗,都占据着州郡,他们议论安危,高谈计谋,动不动就引用古代圣贤的话,但是大家满腹疑虑,众人胸中充满疑难,他们今年不打仗,明年也不出征,以致使孙策安然强大起来,吞并了江东地区,这是我不能理解的第二点。

曹操的智谋韬略,超群绝伦,他用兵,好像战国著名的军事家孙膑和吴起一样,但是在南阳遭到围困,在乌巢遇到艰险,在祁连处于危难之中,受逼迫于黎阳,几乎大败于北山之下,在潼关又差一点死掉。曹操经过这许多危险,然后才僭称国号于一时。何况我的才能薄弱,却想不经过危难来平定天下,这是臣所不能理解的第三点。

曹操五次围攻昌霸不下,四次越过巢湖伐吴不成。任用李服,李服图谋杀害他。委任夏侯渊,夏侯渊遭到了败亡。先帝常常称赞曹操很有才干,还经历了这么多的失败,何况臣的才能低劣,怎能保证一定胜利呢?这是我不能理解的第四点。

自从我驻军汉中以来,已经一周年了,这期间就死了赵云、阳群、马玉、阎芝、丁立、白寿、刘郃、邓铜等以及曲长、屯将七十多人,都是冲锋陷阵、所向无敌的勇士;还丧失了賨、叟、青羌等族的散骑、武骑共一千多人。这是数十年之内从四面八方聚合起来的精锐部队,并非属于一州所有。若再经过数年,就会损失三分之二。还怎样去对付敌人呢?这是我不能理解的第五点。

现在人民穷困,士兵疲劳,但战争却不可以停息。战争不停息,防守和出击,所消耗的劳力和费用正是相等的。如果不乘机早日出征,却想用一州的地方与敌人长期相持,这是我不能理解的第六点。

难以推测的就是战事。过去,先帝在楚地遭到失败,那时曹操拍手称快,认为天下已定。但是后来先帝东连孙吴,西取巴地、蜀地,兴师北伐,击杀了夏侯渊。这是曹操的失计。看来复兴汉室的事业将要成功了。但是后来孙吴又违背盟约,关羽失败被杀,在秭归又受到挫折,曹丕代汉称帝。一切事情都是这样,是很难预料的。我只有鞠躬尽力,死而后已。至于究竟是成功,还是失败,是顺利,还是困难,那就不是我的聪明才智所能预见的了。

# 六朝文

## 陈情表

### 李密

【题解】

李密(224年—287年),字令伯,一名虔。晋犍为武阳(今四川彭山县东)人。以当时著名学者谯周为师,博览五经,尤长于《春秋左氏传》。曾任蜀国尚书郎,晋灭蜀后,晋武帝征他为太子洗马,他以祖母年老多病,无人奉养为由,推辞不就。后祖母去世,他才出仕,历任尚书郎、汉中太守。后因赋诗得罪晋武帝被免官,卒于家。

表,是古代臣下给皇帝的奏章。在这篇《陈情表》中,李密向晋武帝陈述了自己与祖母刘氏相依为命,暂时不能应召为官的苦衷。作者把自己的处境和祖孙之间真挚深厚的感情写得婉转凄恻,感人肺腑。语言尤具特色,如"茕茕孑立,形影相吊""日薄西山,气息奄奄""人命危浅,朝不虑夕",形象而又生动。所以后人称赞它"沛然从肺腑中流出,殊不见斧凿痕"。

臣密言:臣以险衅[1],夙遭闵凶[2]。生孩六月,慈父见背[3]。行年四岁,舅夺母志[4]。祖母刘,愍臣孤弱[5],躬亲抚养。臣少多疾病,九岁不行,零丁孤苦,至于成立[6]。既无叔伯,终鲜兄弟[7]。门衰祚薄[8],晚有儿息[9]。外无期功强近之亲[10],内无应门五尺之童[11],茕茕孑立[12],形影相吊[13]。而刘夙婴疾病[14],常在床蓐[15]。臣侍汤药,未尝废离。

逮奉圣朝[16],沐浴清化[17]。前太守臣逵[18],察臣孝廉[19]。后刺史臣荣⑳,举臣秀才。臣以供养无主,辞不赴命。诏书特下,拜臣郎中㉑,寻蒙国恩㉒,除臣洗马㉓。猥以微贱㉔,当侍东宫㉕,非臣陨首所能上报㉖。臣具以表闻,辞不就职。诏书切峻㉗,责臣逋慢㉘,郡县逼迫,催臣上道。州司临门㉙,急于星火。臣欲奉诏奔驰,则以刘病日笃㉚,欲苟顺私情,则告诉不许㉛。臣之进退,实为狼狈。

伏惟圣朝以孝治天下㉜,凡在故老,犹蒙矜育㉝,况臣孤苦,特为尤甚。且臣少事伪朝㉞,历职郎署㉟,本图宦达㊱,不矜名节㊲。今臣亡国贱俘,至微至陋,过蒙拔擢㊳,岂敢盘桓㊴,有所希冀㊵?但以刘日薄西山㊶,气息奄奄㊷,人命危浅㊸,朝不虑夕。臣无祖母,无以至今日,祖母无臣,无以终余年。母孙二人,更相为命,是以区区不能废远㊹。臣密今年四十有四,祖母刘今年九十有六,是臣尽节于陛下之日长,报刘之日短也。乌鸟私情㊺,愿乞终养。

臣之辛苦,非独蜀之人士及二州牧伯所见明知㊻,皇天后土,实所共鉴。愿陛下矜愍愚诚㊼,听臣微志。庶刘侥幸㊽,卒保余年㊾,臣生当陨首,死当结草㊿。臣不胜犬马怖惧之情(51),谨拜表以闻。

【注释】

① 险衅(xìn):灾难与祸患。指命运不好。险,这里是命运坎坷不平的意思。
② 夙(sù):早。 闵(mǐn)凶:忧患凶险,指不幸的事情。
③ 见背:背我,弃我而去。
④ 舅夺母志:李密的舅父强迫李密的母亲改嫁。
⑤ 愍(mǐn):通"悯",怜悯。
⑥ 成立:成人。
⑦ 终:这里是"又"的意思。 鲜:少。
⑧ 门:家门。 衰:衰微。 祚(zuò):福气。
⑨ 息:子女。

⑩ 期(jī):服丧一年。 功:服丧九个月叫"大功",服丧五个月叫"小功"。期、功均指近门亲属。 强(qiǎng)近:比较亲近。
⑪ 应门:照看门户。 五尺:汉代的五尺相当于现在的三市尺多。 童:通"僮",少年仆人。
⑫ 茕(qióng)茕:孤单的样子。
⑬ 吊:慰问。
⑭ 婴:缠绕。
⑮ 蓐(rù):草垫子。
⑯ 逮:到了。 圣朝:指晋。
⑰ 清化:清明的政治教化。
⑱ 太守:郡的长官。
⑲ 孝廉:汉武帝时,察举科目之一,令郡国向中央推举当地能孝顺父母和操行清廉的人。魏晋沿袭此制。
⑳ 刺史:州的长官。
㉑ 郎中:官名,尚书曹司的官员。
㉒ 寻:不久。
㉓ 除:授职。 洗(xiǎn)马:也作"先马",太子的属官,晋时改掌图籍。
㉔ 猥:鄙。谦辞。
㉕ 东宫:太子居东宫,因而用作太子的代称。
㉖ 陨首:丢掉脑袋。陨,坠落。
㉗ 切峻:急切而严厉。
㉘ 逋(bū)慢:回避怠慢。逋,逃。
㉙ 州司:州官。
㉚ 笃:重。
㉛ 告诉:向长官申诉。
㉜ 伏惟:敬语,伏地思量。
㉝ 矜育:怜悯,养育。
㉞ 伪朝:指被晋国灭掉的蜀国。
㉟ 郎署:指尚书台的官署。
㊱ 宦达:官位显达。
㊲ 矜:夸耀。
㊳ 拔擢(zhuó):提拔。

㊴ 盘桓:逗留,迟疑不决的样子。

㊵ 有所希冀:指有其他非分的希望。李密本是蜀臣,现在固辞新职,怕被人指为故意标榜名节,所以反复说明。

㊶ 日薄西山:太阳接近西山,比喻人年老将死。薄,迫近。

㊷ 奄奄:气息微弱,将要断绝的样子。

㊸ 危浅:危急,活不长。

㊹ 区区:渺小的意思。指私衷。 废远:放弃奉养而远离。

㊺ 乌鸟私情:相传乌鸦能反哺其母,人们常用来比喻为人子者能孝养其亲。

㊻ 二州牧伯:指刺史荣和太守逵。二州,梁州和益州。牧伯,指州郡行政长官。

㊼ 矜愍:怜悯。

㊽ 庶:庶几,或许。

㊾ 卒:终。

㊿ 结草:春秋时晋大夫魏颗的父亲魏武子[魏犨(chōu)]临终遗嘱要将宠妾殉葬,魏颗没有照办。后与秦将杜回交战,见一老人结草把杜回绊倒,因而将杜回擒获。夜间梦见老人,自称是魏武子宠妾的父亲,特来报恩。这个故事见《左传·宣公十年》。

(51) 不胜(shèng):不尽。

## 【译文】

臣李密上言:我因为命运坎坷,幼年便遭不幸。刚生下来六个月,慈父就去世了。到了四岁,舅父强迫母亲改变了守节的心愿。祖母刘氏怜恤我孤单病弱,亲自抚养我。我小时候经常生病,九岁还不能行走,孤苦伶仃,直到成人。既没有叔伯,又没有兄弟。门庭衰败,福分浅薄,很晚才有儿子。外面没有近亲,家里没有可以照应门户的僮仆。孤孤单单,形影相伴。而祖母刘氏多年疾病缠身,时常卧床不起。我侍奉汤药,不曾间断和离开过。

到了圣朝,我承受着清明政治的教化。前次太守逵,察举我为孝廉。后来刺史荣,又荐举我为秀才。我因祖母无人供养,都表示辞谢,没有应命前往。陛下特地下达诏书,任命我为郎中,不久又蒙国家的恩典,授职为太子洗马。以我这样微贱之人,担当侍奉太子的官职,我即使肝脑涂地,也无法报答皇上的恩遇。当时我把自己的想法上表奏闻,表示辞谢,不能就职。现在诏书又下,言辞急切而严峻,指责我有意回避和怠慢,郡县官府,层层逼迫,催我上路,州司官员登门催促,像流星的火光一样急速。我想奉命急速就道,但刘氏的病一天比一天加重,想暂时迁就自己的私情,向长官申诉,又得不到允许。我的处境实在是进退两难,十分狼狈。

我想圣朝以孝道治理天下,凡属老年人,尚且都受到怜悯和抚养,何况我孤单贫苦,更是不同寻常。再说,我年轻时在伪朝任职,一直做到郎官,本来就希图宦途显达,并不夸耀名节。现在我是卑贱的俘虏,极其渺小和浅陋,却受到了过分的提拔,我怎敢徘徊观望,而有非分的要求呢?只因为刘氏已经到了风烛残年,奄奄一息,生命垂危,朝不保夕的地步。我没有祖母,不能活到今天,祖母没有我,不能度过剩下的岁月。祖孙二人,相依为命,因此,我的一点心意是不愿放弃对祖母的侍奉而远远地离开她的。我今年四十四岁,祖母刘氏九十六岁。这样看来,我尽忠于陛下的日子还长,而报答刘氏的日子却不多了。我怀着乌鸦反哺的心情,乞求陛下允许我为祖母养老送终。

我的苦衷,不单是蜀中人士以及二州长官看到并且了解,天地神明实在也都看得清清楚楚。希望陛下怜悯我的诚心,准许我实现这个微小的心愿。或许刘氏可以侥幸地平安寿终,我活着应当为陛下献出生命,死后也当像结草老人那样在暗中报答陛下之恩。我怀着如同犬马在主人面前那种恐惧的心情,恭敬地上表奏报陛下。

# 兰亭集序

## 王羲之

【题解】

王羲之(321年—379年),字逸少,东晋琅玡临沂(今山东临沂)人,居住在东晋会稽山阴(今浙江绍兴)。士族出身,曾任江州刺史、会稽内史、右军将军等职,世称"王右军",是我国历史上著名的书法家。

东晋穆帝永和九年(353年),王羲之和谢安、孙绰等四十一人在兰亭聚会,饮酒赋诗,事后把这些诗篇汇编成集。"兰亭集序"就是王羲之为这个诗集所写的序。

文章描绘了聚会的欢快,也反映出人生无常的消极情绪。但他有力地驳斥了庄子"一死生""齐彭殇"的虚妄论调,这在崇尚玄学、老庄思想的东晋时代还是比较可贵的。

文章清新自然,虽然运用了较多的骈句,却并不拘谨呆板,这在同类文章中,是很少有的。这篇文章当时由王羲之以他绝妙的行书书写,成为后世极为推崇的著名法帖。

永和九年①,岁在癸丑。暮春之初,会于会稽山阴之兰亭②,修禊事也③。群贤毕至,少长咸集。此地有崇山峻岭,茂林修竹。又有清流激湍,映带左右,引以为流觞曲水④。列坐其次⑤,虽无丝竹管弦之盛⑥,一觞一咏,亦足以畅叙幽情。是日也,天朗气清,惠风和畅⑦。仰观宇宙之大,俯察品类之盛⑧,所以游目骋怀,足以极视听之娱,信可乐也!

夫人之相与,俯仰一世⑨。或取诸怀抱,晤言一室之内;或因寄所托,放浪形骸之外⑩。虽取舍万殊,静躁不同,当其欣于所遇,暂得于己,快然自足,曾不知老之将至。及其所之既倦⑪,情随事迁,感慨系之矣。向之所欣,俯仰之间,已为陈迹,犹不能不以之兴怀,况修短随化⑫,终期于尽⑬?古人云:"死生亦大矣!"⑭岂不痛哉?

每览昔人兴感之由,若合一契⑮,未尝不临文嗟悼,不能喻之于怀。固知一死生为虚诞⑯,齐彭殇为妄作⑰。后之视今,亦犹今之视昔,悲夫!故列叙时人,录其所述。虽世殊事异,所以兴怀,其致一也⑱。后之览者,亦将有感于斯文。

## 【注释】

① 永和:东晋穆帝年号。永和九年即公元353年。
② 会稽(Kuàijī):郡名。治所在今浙江绍兴。 山阴:县名。治所在今浙江绍兴。 兰亭:亭名。在山阴西南。
③ 修:治。这里引申为举行的意思。 禊(xì):祓禊,起源于周代。最早是在每年阴历三月上旬的巳日,到水边用香薰草药沐浴,以祓除不祥。曹魏以后固定在三月三日,内容也变成了水边宴饮、郊外游春一类活动。
④ 流觞(shāng):修禊时的一种活动。用耳杯盛酒放在水上,让它随着流水漂浮,流到谁面前谁就拿起酒杯喝酒。 曲水:回环的水溪。
⑤ 次:次第。
⑥ 丝竹管弦:泛指音乐。丝,指弦类乐器。竹,指管类乐器。
⑦ 惠风:和风。
⑧ 品类:这里指万物。
⑨ 俯仰:俯仰之间,时间短促。
⑩ 形骸:指身体。
⑪ 之:到。引申为"经历"的意思。
⑫ 化:指生死变化的自然现象。
⑬ 期:期限。
⑭ 死生亦大矣:《庄子·德充符》中所引孔子的话。
⑮ 契:古代的契有左右两半,各执其一,相合为信。
⑯ 一死生:庄子认为生死同时存在于一体,生死没有区别。一,用作动词。
⑰ 齐彭殇:庄子认为长寿与短命没有区别。齐,等同。彭,彭祖,相传为古代的长寿者。殇,夭折的人。
⑱ 致:情趣。

## 【译文】

　　永和九年,是癸丑年。三月上旬,在会稽郡山阴县的兰亭聚会,举行祓禊活动。有贤德的人全来了,年长的年轻的,都会集在一起。这里有崇山峻岭,茂密的树林和高大的竹丛。又有清水急流,辉映环绕在左右,把它引来作为泛觞的曲水。大家依次坐在水边,虽然没有管弦齐奏的盛况,但是,边饮酒、边赋诗,也足以畅叙内心深处的情怀。这一天,天空晴朗,空气清新,微风和暖。仰观广大的宇宙,俯瞰繁盛的万物,借此放眼远览,舒展胸怀,足以尽享耳目的欢娱,实在快乐!

  人与人相处,一生的时间是很短促的。有的人和朋友在室内晤谈,倾吐自己的心里话;有的人则把自己的志趣寄托在所爱好的事物上,旷达开朗,不拘泥行动小节。虽然所采取和所舍弃的不一样,性格的恬静或浮躁也不相同,但是当他们因遇到的事物而喜悦,暂时得意,也感到心满意足,这时竟然连衰老将要到来的事都忘记了。等到他们对于所到达的地方已感厌倦,心情也随着事物的变化而改变,感慨就会随之而来。以前所享受的快乐,顷刻之间已成为过去的事情,尚且不能不因此而发生感慨,又何况人的寿命有长有短,随着天地间的变化,终归于尽呢?古人说:"死和生,也是大事情呵!"怎能不悲痛呢?

  每当我看到前人发生感慨的缘由,与我所感叹的如同符契那样相合,未曾不面对着前人的文章而嗟叹悲伤,心里却又不明白为什么会这样。本来就知道把死亡和生存看作一样是荒诞的,把长寿和短命看作一样也是虚妄的。后人看待今人,也像今人看待前人一样,这是可悲的事情!因此,我把此时与会的人,一一记下,抄录了他们所写的诗篇。尽管时代不同,事情也不一样,但引起人们兴叹的原因是一样的。后代的读者,大概也将由这些诗文引起同样的感慨吧。

# 归去来辞

## 陶渊明

【题解】

  陶渊明(365年—427年),一名潜,字元亮,浔阳柴桑(今江西九江西南)人。东晋文学家,我国历史上著名诗人之一。他出身于一个没落官僚地主家庭,曾做过几任小官。他少怀壮志,但由于处在当时门阀等级制度森严,士族地主把持政权的恶劣环境中,他不可能施展自己的才能。几次出仕,使他对当时黑暗的社会有了较深的认识,决心不同流合污,在四十一岁那年,辞去了仅做了八十余天的彭泽(今江西彭泽县西南)县令。从此归田隐居,并亲身参加一些劳动,在贫寒处境中度过了余生。

陶渊明长于诗文辞赋,喜欢描绘大自然的秀丽景色、农村生活的情趣以及自己的劳动感受。他的不少优秀作品,对当时的政治有批判,但也时常流露出一种逃避现实的消极情调。陶渊明的艺术风格淡雅自然,优美含蓄,一反当时追求形式、内容空洞的文风,对后世文学有很大影响。

《归去来辞》是陶渊明辞赋中的名篇,写于他辞去彭泽县令之后。这篇小赋生动地描述了他摆脱官场生活的束缚、远道归来的喜悦心情和向往淳朴的农村田园生活的高洁情趣,感情真切,音节和谐,是一首优美的抒情诗。

归去来兮[1],田园将芜,胡不归!既自以心为形役[2],奚惆怅而独悲!悟已往之不谏,知来者之可追[3]。实迷途其未远,觉今是而昨非[4]。舟摇摇以轻飏,风飘飘而吹衣。问征夫以前路[5],恨晨光之熹微[6]。乃瞻衡宇[7],载欣载奔[8]。僮仆欢迎,稚子候门。三径就荒[9],松菊犹存。携幼入室,有酒盈樽[10]。引壶觞以自酌[11],眄庭柯以怡颜[12]。倚南窗以寄傲,审容膝之易安[13]。园日涉以成趣,门虽设而常关。策扶老以流憩[14],时矫首而遐观[15]。云无心以出岫[16],鸟倦飞而知还。景翳翳以将入[17],抚孤松而盘桓[18]。

归去来兮,请息交以绝游。世与我而相违[19],复驾言兮焉求[20]!悦亲戚之情话,乐琴书以消忧。农人告余以春及,将有事于西畴[21]。或命巾车[22],或棹孤舟[23]。既窈窕以寻壑[24],亦崎岖而经丘。木欣欣以向荣,泉涓涓而始流。羡万物之得时,感吾生之行休[25]!

已矣乎!寓形宇内复几时,曷不委心任去留[26]?胡为遑遑欲何之[27]?富贵非吾愿,帝乡不可期[28]。怀良辰以孤往,或植杖而耘耔㉙。登东皋以舒啸㉚,临清流而赋诗。聊乘化以归尽㉛,乐夫天命复奚疑!

【注释】

① 归去来:归去之意。来,语气词。
② 心:指心灵。 形:指身体。 役:役使。
③ 悟已往之不谏,知来者之可追:这两句出自《论语·微子》:"往者不可谏,来者犹可追。"谏,劝止。这里是挽回的意思。追,这里是补救的意思。
④ 今是:指现在的归隐。 昨非:指以前的入仕。
⑤ 征夫:行人。
⑥ 熹(xī)微:晨光微弱。
⑦ 衡宇:横木为门的房屋。形容居处简陋。
⑧ 载:语气词,且。
⑨ 三径:这里借用汉朝蒋诩的典故。据说蒋诩归隐后,在院中开出三条小路,只和两个知己往来。
⑩ 樽(zūn):酒器。
⑪ 引:举起。
⑫ 眄(miǎn):斜视。这里指随意浏览。 庭柯:院中的树木。
⑬ 审:深知。 容膝:形容屋小只能容下双膝。
⑭ 策:拄。 扶老:这里指拐杖。 流:周游。 憩(qì):休息。
⑮ 矫首:抬头。 遐观:远望。
⑯ 岫(xiù):山。这里泛指峰峦。
⑰ 景:日光。 翳(yì)翳:昏暗的样子。
⑱ 盘桓:徘徊,流连。
⑲ 相违:意志不合。违,一本作"遗",据李公焕《笺注陶渊明集》改。
⑳ 驾:驾车。 言:语气词。
㉑ 事:指农事。 畴:田亩。
㉒ 巾车:有帷幕的车子。
㉓ 棹(zhào):船桨。这里用作动词。
㉔ 窈窕(yǎotiǎo):山水幽深曲折的样子。 壑(hè):山沟。
㉕ 行休:行将结束。

㉖ 寓形宇内:寄身于天地之间,即活在世上。　委心:随心。
㉗ 遑遑:心神不定的样子。
㉘ 帝乡:这里指仙境。
㉙ 植杖:把拐杖竖在一边。　耘:除草。　耔(zǐ):培土。
㉚ 皋:水边高地。　舒啸:舒气长啸。
㉛ 乘化:顺应自然界万物变化的规律。　归尽:指至死。

## 【译文】

　　回去吧！田园快要荒芜了,为什么还不回去！既然自己曾经使心灵为形体所奴役,又为什么惆怅而独自悲伤！认识到过去的错误已经不可挽回,却知道未来的事情还可以补救。走入迷途确实还不算太远,认识到如今做得正确而过去却非常错误。归舟在遥远的征途中轻快地漂荡,微风徐徐吹拂着衣襟。向行人打听前面的路程,只恨晨光还是这样朦胧不清。刚刚望见自己的家门,便高兴地向前飞奔。家僮出来欢迎,幼儿等候在门庭。荒草已经生满庭园的小路,青松秋菊仍然茂盛。拉着幼儿跨进房门,屋里摆着盛满酒的酒樽。我端起酒杯自斟自饮,观赏那庭院的树木是多么惬意开心。倚凭南窗寄托傲世的情怀,环视小屋也容易使人心绪安宁。每天在庭园散步很有乐趣,尽管有大门却时常关闭。拄着拐杖各处走动,随意休息,不时地举目眺望那远处的烟云。云彩无意飘出山巅,鸟儿飞倦了,也知归林。斜晖渐渐地暗下来,即将隐入西山,我用手抚摸着孤松而流连忘返。

　　回去吧！让我谢绝与世俗的交游。世俗既然同我的志向不合,我还出去追求什么！亲戚间的知心话能使人快乐,独自弹琴读书也足以消愁解闷。农人们告诉我春天已经来临,将要到西边的田里去耕耘。我时而坐着小车,时而划着扁舟。有时循幽深曲折的溪水进入山谷,有时沿崎岖坎坷的小路走过山丘。树木欣欣向荣,细细的泉水开始流动。我羡慕万物得到春天的滋润,感叹自己的一生将要罢休！

　　算了吧！寄身于天地之间还有多少时间,为什么不按照自己的心意决定去留？为什么还心神不定地想去追求什么？富贵既然不是我的心愿,仙境又不可寻求。只希望有个好日子独自出游,或者是把拐杖插在一边,去田间除草、培土。登上东边的山冈放声长啸,面对清澈的溪流而写作诗章。姑且顺应自然的变化,了此一生吧,乐天知命还有什么疑虑！

# 桃 花 源 记

## 陶渊明

【题解】

  本文是陶渊明晚年所写的《桃花源诗》的序言。

  这篇序描绘了一个没有君主、没有压迫和剥削的理想社会,人们过着安宁、和睦、自给自足的淳朴生活。这虽然是一个空想的社会,但它表现了作者对这种美好社会的向往,并在一定程度上反映了广大人民群众渴望摆脱剥削压迫和频繁的战乱、追求幸福和安宁生活的愿望。这当然也是对黑暗腐朽社会的一种含蓄而又深刻的批判。正因为如此,"世外桃源"在千百年来的封建社会中,成了人们心目中理想社会的代称。

  文章笔调流畅,描写逼真,使人读后如临其境,如闻其声,具有很强的艺术感染力。

  晋太原中①,武陵人捕鱼为业②。缘溪行③,忘路之远近。忽逢桃花林,夹岸数百步,中无杂树,芳草鲜美,落英缤纷④。渔人甚异之,复前行,欲穷其林⑤。

  林尽水源,便得一山。山有小口,仿佛若有光。便舍船,从口入。初极狭,才通人。复行数十步,豁然开朗。土地平旷,屋舍俨然⑥,有良田、美池、桑竹之属⑦。阡陌交通⑧,鸡犬相闻。其中往来种作,男女衣着,悉如外人⑨。黄发垂髫⑩,并怡然自乐。见渔人,乃大惊,问所从来,具答之⑪。便要还家⑫,设酒杀鸡作食。村中闻有此人,咸来问讯⑬。自云先世避秦时乱,率妻子邑人来此绝境⑭,不复出焉,遂与外人间隔。问今是何世,乃不知有汉,无论魏、晋。此人一一为具言所闻,皆叹惋。余人各复延至其家⑮,皆出酒食。停数日,辞去。此中人语云:"不足为外人道也。"

既出,得其船,便扶向路⑯,处处志之⑰。及郡下,诣太守⑱,说如此。太守即遣人随其往,寻向所志,遂迷,不复得路。

南阳刘子骥⑲,高尚士也。闻之,欣然规往⑳。未果㉑,寻病终㉒。后遂无问津者㉓。

【注释】

① 太原:又作"太元",东晋孝武帝的年号,公元376年至396年。
② 武陵:郡名。治所在今湖南常德境内。
③ 缘:沿着。
④ 落英缤纷:形容桃花盛开的样子。落英,初开的花朵。
⑤ 穷:尽。
⑥ 俨(yǎn)然:整齐的样子。
⑦ 属:类。
⑧ 阡陌:田间的小路,南北方向称"阡",东西方向称"陌"。
⑨ 悉:完全。
⑩ 黄发垂髫(tiáo):指老老少少。黄发,老人的头发由黑变白,又由白变黄。垂髫,儿童头上下垂的短发。
⑪ 具:通"俱"。
⑫ 要(yāo):通"邀"。
⑬ 咸(xián):都。 问:问候。 讯:消息,这里用作动词,打听消息。
⑭ 邑人:同邑的人,这里指乡亲邻人。古时小城市、县、村落都可称为"邑"。
⑮ 延:邀请。

⑯ 扶:沿着。 向:以往。
⑰ 志:记,这里指在心里暗暗记住。
⑱ 诣:到。
⑲ 南阳:郡名。郡治在今河南南阳市。 刘子骥:名骥(lín)之,是当时的隐士。
⑳ 规往:打算前往。规,原作"亲"(亲),据《拜经楼丛书》本《陶靖节诗集》改。
㉑ 果:实现。
㉒ 寻:不久。
㉓ 问津:原意是问渡口,这里引申为访求、寻找的意思。

## 【译文】

　　晋太元年间,武陵有个靠捕鱼为生的人。一天,他沿着溪水行船,也不知走了多远,忽然遇到一片桃花林,只见两岸几百步以内,没有别的树,芳草鲜美,桃花盛开。渔人觉得奇怪,便把小船继续向前划去,想达到桃林的尽头。

　　桃林的尽头,正是溪水发源的地方。那里有一座山,山下有个小洞口,仿佛有光亮透出来。渔人便丢下船,从洞口走进去。刚进去,看到地方十分狭窄,仅容一人通过。再向前走几十步,豁然开朗。土地平坦广阔,房屋整整齐齐,有肥沃的田地、幽美的池塘、桑树竹林等等。田间的小路纵横交错,传来鸡鸣狗吠的声音。人们来往耕作的情形,男男女女的衣着装束,都和外界一样。老老少少全都自由自在,快乐逍遥。他们看见渔人,大为惊讶,问他是从哪里来的,渔人原原本本地告诉了他们。人们就邀请他回到家中,摆酒杀鸡来款待。村里听说有这样一个客人,都来问候和打听消息。他们自称祖先为了躲避秦代的战乱,领着妻子儿女和乡亲来到这个与世隔绝的地方,再没出去,于是和外边的人断绝了来往。询问现在是什么朝代,竟然不知道有汉朝,更不要说魏和晋了。渔人就把他所知道的外界情形一五一十地讲给他们听,他们听了都惊叹感慨。其余的人也都相继邀请渔人到家中,拿出酒饭来招待他。渔人一连住了好几天,才告辞离开。这里的人叮嘱他说:"用不着对外面的人说起。"

渔人出了洞口,找到了自己的船,顺着来时的路,一处一处地记住。回到郡里,便到太守那里说了这个情况。太守随即派人跟着他前往,寻找以前记住的地方,结果迷失了方向,没有再找到那条路。

南阳人刘子骥,是个志趣高尚的人。听说这件事,兴致勃勃地打算去寻访,没有去成,不久就病死了。后来就再也没有去探访的人了。

# 五柳先生传

## 陶渊明

【题解】

陶渊明在本文中借用他人的口吻,以史传的手法为自己作传,叙述自己的性格志向,表现了他不慕荣利、旷达自任、安贫乐道的情趣。文章虽短,意味深长,不加修饰,自然活泼,既吸取了史传文学有叙有议的特点,又加上自己特有的清淡闲远的笔法,使文章的形式与所要表达的思想得到完美的结合。

先生不知何许人也①,亦不详其姓字。宅边有五柳树,因以为号焉。闲静少言,不慕荣利。好读书,不求甚解②。每有会意,便欣然忘食。性嗜酒,家贫,不能常得。亲旧知其如此,或置酒而招之。造饮辄尽③,期在必醉④,既醉而退,曾不吝情去留⑤。环堵萧然⑥,不蔽风日。短褐穿结⑦,箪瓢屡空⑧,晏如也⑨。常著文章自娱⑩,颇示己志。忘怀得失,以此自终。

赞曰⑪:黔娄有言⑫,不戚戚于贫贱⑬,不汲汲于富贵⑭。

其言兹若人之俦乎⑮?衔觞赋诗⑯,以乐其志,无怀氏之民欤,葛天氏之民欤⑰?

## 【注释】

① 何许:何处,什么地方。
② 不求甚解:不刻意寻求深奥的解释。实际上是指不咬文嚼字地穿凿附会。
③ 造:到。 辄:每每。
④ 期:希望。
⑤ 吝情:拘泥。
⑥ 环堵:四周的墙壁。 萧然:空空的样子。指穷困无物。
⑦ 短褐(hè):粗布短衣。 穿:破损。 结:打结,打补丁。
⑧ 箪(dān):竹制食器。 瓢:饮器。
⑨ 晏如:安然自得的样子。
⑩ 自娱:自己使自己欢乐。
⑪ 赞:史传的一种评论文字的名称。本文是陶渊明用史传体写的,所以用"赞"来对自己作评论。
⑫ 黔娄:春秋时鲁国的一个不求仕进、独善其身的清高名士。
⑬ 戚戚:感伤、忧虑的样子。
⑭ 汲汲:竭力求取的样子。
⑮ 俦:类。
⑯ 衔觞(shāng):口含酒杯,指饮酒。觞是古时一种酒杯。
⑰ 无怀氏、葛天氏:传说中上古时代的氏族首领。据说在他们的时代,风俗淳厚朴实。

## 【译文】

　　五柳先生不知是什么地方的人,也不清楚他的姓名和字号。他的宅旁有五棵柳树,因而以此作为他的称号。他悠闲恬静,寡言少语,不羡慕荣华利禄。喜欢读书,但并不过分寻求深奥的解释。每当读到会心得意处,便欢喜得连吃饭都忘记了。他好喝酒,但家里很穷,不能常得到酒喝。亲戚朋友知道他这种境况,有时便摆下酒席去邀请他。他前去饮酒,总要一饮而尽,希望大醉才心满意足。醉后便退出,毫不拘泥于去留。他家中四壁空空,连风雨太阳也遮蔽不住。身上的粗布衣服破烂不堪,常常没有饭吃,但他总是安然自若。他常常写文章自我欣赏,很能表示自己的志向。他忘却那世俗的得失,愿意这样度过自己的一生。

赞说:黔娄曾说过,不为贫贱而忧愁哀伤,也不为富贵而奔走追求。这话所说的就是像五柳先生这样的人吧?饮酒作诗,使自己的志向常常得到满足快乐,他是无怀氏时代的人呢,还是葛天氏时代的人呢?

# 北 山 移 文

## 孔稚珪

【题解】

孔稚珪(447年—501年),字德璋,会稽山阴(今浙江绍兴)人。南朝齐文学家。他少以博学闻名,曾做过刘宋王朝的主簿、记室参军,齐时官至太子詹事,加散骑常侍。他为人不乐世务,爱山水,善诗文。

《北山移文》是一篇揭露假隐士面目的文章。"移文"是一种与檄文相似的文体,多用于晓喻或责备。南北朝时,隐逸之风盛行。山林隐居不仅是士人逃避现实的手段,同时也往往是标榜清高,以求官禄的晋身之阶。作者假托北山山神之意,淋漓尽致地揭露了假隐士的丑态,鲜明地表达了作者对这种丑恶社会现象的痛恨。

通篇都用赋的形式写成。作者以丰富的想象力,通过拟人化的手法,把山林草木描绘得富于情感,有声有色。

钟山之英①,草堂之灵,驰烟驿路②,勒移山庭③。

夫以耿介拔俗之标④,潇洒出尘之想,度白雪以方洁⑤,干青云而直上⑥,吾方知之矣。若其亭亭物表,皎皎霞外,芥千金而不盼⑦,屣万乘其如脱⑧,闻凤吹于洛浦⑨,值薪歌于延濑⑩,固亦有焉。岂期终始参差,苍黄反复⑪,泪翟子之悲⑫,恸朱公之哭⑬。乍回迹以心染⑭,或先贞而后黩⑮,何其谬哉。呜呼,尚生不存⑯,仲氏既往⑰。山阿寂寥,千载谁赏?

世有周子⑱,俊俗之士;既文既博,亦玄亦史⑲。然而,学遁东鲁⑳,习隐南郭㉑;窃吹草堂㉒,滥巾北岳㉓。诱我松桂,欺我云壑。虽假容于江皋㉔,乃缨情于好爵㉕。

其始至也,将欲排巢父㉖,拉许由㉗,傲百氏,蔑王侯。风情张日㉘,霜气横秋。或叹幽人长往,或怨王孙不游。谈空空于释部㉙,核玄玄于道流㉚。务光何足比㉛,涓子不能俦㉜。

及其鸣驺入谷㉝,鹤书赴陇㉞。形驰魄散,志变神动。尔乃眉轩席次㉟,袂耸筵上㊱,焚芰制而裂荷衣㊲,抗尘容而走俗状㊳。风云凄其带愤,石泉咽而下怆。望林峦而有失,顾草木而如丧。

至其纽金章㊴,绾墨绶㊵,跨属城之雄㊶,冠百里之首㊷。张英风于海甸㊸,驰妙誉于浙右㊹。道帙长摈㊺,法筵久埋㊻。敲扑喧嚣犯其虑㊼,牒诉倥偬装其怀㊽。琴歌既断,酒赋无续。常绸缪于结课㊾,每纷纶于折狱㊿。笼张赵于往图㈤,架卓鲁于前录㈥。希踪三辅豪㈦,驰声九州牧㈧。使其高霞孤映,明月独举,青松落荫,白云谁侣。涧户摧绝无与归㈨,石径荒凉徒延伫㈩。至于还飙入幕㊲,写雾出楹㊳,蕙帐空兮夜鹤怨㊴,山人去兮晓猿惊。昔闻投簪逸海岸㊵,今见解兰缚尘缨㊶。

于是,南岳献嘲,北陇腾笑㊷,列壑争讥,攒峰竦诮㊸。慨游子之我欺㊹,悲无人以赴吊㊺。故其林惭无尽,涧愧不歇,秋桂遣风,春萝摆月,骋西山之逸议㊻,驰东皋之素谒㊼。

今又促装下邑㊽,浪栧上京㊾。虽情投于魏阙㊿,或假步于山扃㉛。岂可使芳杜厚颜㉒,薜荔蒙耻,碧岭再辱,丹崖重滓㉓。尘游躅于蕙路㉔,污渌池以洗耳。宜扃岫幌㉕,掩云关,敛轻雾,藏鸣湍,截来辕于谷口,杜妄辔于郊端㉖。于是丛条瞋胆㉗,叠颖怒魄㉘。或飞柯以折轮㉙,乍低枝而扫迹。请回俗士驾,为君谢逋客㉚。

# 【注释】

① 钟山:今南京紫金山。因在建康(今南京)城北,又叫北山。山南有草堂寺。　英:精灵。此处指山神。
② 驿路:古代供驿马传送文书的大道。
③ 勒:刻。
④ 耿介:正直。　拔俗:超出世俗之上。　标:风度。
⑤ 度(duó):衡量。　方:比。
⑥ 干:凌驾。
⑦ 芥:小草。这里用作动词,是轻视的意思。这句用战国时高士鲁仲连援助赵国退秦军却拒绝接受千金之酬的故事。
⑧ 屣(xǐ):草鞋。这里用作动词,也是轻视的意思。　万乘:万辆车。指帝王之位,这句用尧让天下于舜的故事。
⑨ 闻凤吹于洛浦:相传周灵王太子晋,即王子乔,不愿继承王位,常漫游于伊水与洛水之间,好吹笙,声如凤鸣。　洛浦:洛水边。
⑩ 值薪歌于延濑:晋人孙登在延濑遇见一位砍柴人,问他:你就这样度过一生吗? 砍柴人说,我听说圣人没有什么企求,只是以道德为本,对于砍柴为生,有什么值得奇怪而表示悲哀的呢? 于是作歌两章而去。值,遇上。延濑(lài),如同说长河。延,长。濑,水流沙上。
⑪ 苍黄反复:青色和黄色变化无常。
⑫ 泪:用如动词,流泪。　翟(dí)子之悲:翟子指墨翟,战国时哲学家。墨翟见了白色的丝而哭泣,因为觉得它既可以被染成黄色,也可以被染成黑色。
⑬ 恸(tòng):大哭。　朱公之哭:朱公指杨朱,战国初哲学家。杨朱见歧路而哭,因为歧路既可以往南,也可以往北。上两句的"悲""哭"都是感伤人的态度,反复无常,没有坚定的操守。

⑭ 乍:刚才。
⑮ 黩(dú):污浊。
⑯ 尚生:指尚长,字子平,东汉隐士。王莽时,大司空王邑推荐他做官,固辞不仕。
⑰ 仲氏:指仲长统,字公理。东汉末著名政论家。为人放荡不羁。州郡召他做官,他总是称病推辞。
⑱ 周子:旧说指南齐周颙。颙隐居钟山草堂,后应召为海盐县令。但考《南齐书·周颙传》,颙并无先隐后宦之事,更未曾任海盐县令。这里的周子当系伪托。
⑲ 玄:指玄学,魏晋南北朝时盛行的一种以庄老学说和《周易》作为理论基础的哲学思想。
⑳ 东鲁:指颜阖。春秋时隐士。鲁君派人用重币聘请颜阖,希望他出来做官,他却支开使者逃走。
㉑ 南郭:指南郭子綦。古时超然物外,远离世俗的隐士。
㉒ 窃吹草堂:这里借用南郭先生滥竽充数的典故,说明周子是伪装的隐士。
㉓ 滥巾:不是隐士而滥用隐者的服饰。 北岳:北山。
㉔ 假容:指假装隐者的模样。 皋(gāo):水边高地。
㉕ 缨:系。 爵:官爵。
㉖ 排:推开。传说巢父和许由,都是尧时的隐士。许由听了尧让他做九州长的话,认为玷污了自己的耳朵,到河边去洗耳。巢父到此饮牛,问明缘由,怕洗耳的水玷污了牛的嘴,便到上游去饮牛。
㉗ 拉:摧折。
㉘ 张(zhàng):这里是遮蔽的意思。
㉙ 空空:佛家语。佛教认为一切事物都是虚幻的,都无实体,称作空。 释部:指佛经。
㉚ 玄玄:道家用语,形容"道"的微妙无形。
㉛ 务光:传说夏时人,商汤让天子位给他,他拒不接受,负石沉水。
㉜ 涓子:齐人,隐居于宕山。 俦(chóu):匹敌。
㉝ 鸣驺(zōu):指古代达官贵人出行时,前呼后拥的侍从。鸣,指喝道。
㉞ 鹤书:书体名。也称"鹤头书"。古时写诏书有用这种字体的。
㉟ 尔乃:于是,就。 轩:高扬,飞举。 席次:席侧。
㊱ 袂(mèi):衣袖。

㊲ 芰(jì)制:用菱叶做的衣裳。比喻隐者的服饰。

㊳ 抗:高举。这里是显露的意思。　走:表现出。

㊴ 纽:纽带,系结用的带子。这里是系、佩带的意思。　金章:铜印。

㊵ 绾(wǎn):系。　墨绶:黑色绶带。

㊶ 属城:指一郡所属的各县。

㊷ 百里:县境大约方圆百里。这里用来代指县。

㊸ 英风:美好的声望。　海甸:滨海地区。

㊹ 浙右:指浙江(今钱塘江)北面,即今浙江省的北部地区。

㊺ 道帙(zhì):指道家的书。帙,书套。　摈:弃置。

㊻ 法筵:讲佛法的座席。

㊼ 敲扑:拷打犯人。　喧嚣:审讯犯人的喧哗声。

㊽ 牒(dié):公文。　诉:诉讼。　倥偬(kǒngzǒng):繁忙。

㊾ 绸缪(móu):束缚、纠缠。　结课:考课,考核官吏的成绩。

㊿ 纷纶:忙碌。　折狱:断案。

(51) 笼:包括。　张赵:指张敞、赵广汉。二人都是西汉名臣,都做过京兆尹。　图:法度。这里指政绩。

(52) 架:通"驾",超越。　卓:指卓茂。东汉人,做过密云县令,颇有政绩。　鲁:指鲁恭。东汉人,做过中牟县令,颇负德名。　录:前代的典籍史传等。这里指政绩。

(53) 踪(zōng):追随。　三辅:西汉京畿地方分成三个相当于郡的政区,即京兆尹、左冯翊、右扶风,合称三辅。　豪:豪杰。西汉时,赵广汉、张敞、王尊、王章、王骏曾先后做过三辅长官,有政绩,称为三辅豪。

(54) 九州牧:传说古代把天下分为九州,州的长官称牧。这里指全国各地方行政长官。

(55) 涧户:涧两边的山构成门户形状。

(56) 延伫(zhù):长久站立。

(57) 还飙:旋风。还,通"旋"。

(58) 写雾:流动的雾。写,通"泻"。　楹(yíng):厅堂前边的柱子。

(59) 蕙帐:指隐士的用蕙草编成的帷帐。蕙,香草名。

(60) 投簪(zān):指脱掉乌纱帽,弃官归隐。簪,冠簪。这句用的是汉代疏广弃官到东海隐居的故事。

(61) 兰:指兰佩。传说是隐士的服饰。　尘缨:尘世的冠带。

㉒ 北陇：北山。
㉓ 攒（cuán）峰：聚在一起的山峰。 竦（sǒng）：伸长脖子、提起脚跟站着。
㉔ 游子：离家远游的人。这里指周颙。
㉕ 吊：慰问。指北山因受周颙之欺，周围的峰峦都讥诮它，却没有人去慰问。
㉖ 骋：疾速传播。 西山：当指首阳山。伯夷、叔齐隐居于此，曾唱"登彼西山兮，采其薇矣"的歌。
㉗ 东皋：东面的水边高地。东晋陶渊明隐居不仕，曾有"登东皋以舒啸，临清流而赋诗"的话，抒写他隐居之乐。 素谒：陈述真情。
㉘ 下邑：对京城来说，县称下邑。这里指周子所主管的县。
㉙ 浪栧（yì）：使船快行。浪，鼓动。栧，桨。 上京：国都，这里指建康（今南京）。
㉚ 魏阙：宫门外两侧巍然高耸的楼观，其下为悬布法令的地方。这里指朝廷。
㉛ 或：又。 假步：借步。 山扃（jiōng）：山门。
㉜ 芳杜：香草，即杜若。
㉝ 滓：污秽。
㉞ 尘：污染。 游躅（zhuó）：指隐者留下的足迹。
㉟ 扃：关闭。这里用作动词。 岫（xiù）幌：山穴的帷幔。岫，山穴。幌，帷幔，窗帘。
㊱ 杜：杜绝，阻塞。 妄辔：擅自来的车马。
㊲ 瞋（chēn）胆：使肝胆发怒。瞋，怒。
㊳ 叠颖：这里指重重叠叠的草穗。
㊴ 柯：树枝。
㊵ 君：这里指北山山神。 逋（bū）客：指周子。逋，逃亡。

【译文】

　　钟山的精英，草堂的神灵，从驿路上腾云驾雾地驰骋而来，在山前刻下了这篇移文。

　　凭着耿直磊落、超尘脱俗的风度，怀着潇洒从容、与世俗不同的理想，自以为品行可以与白雪比纯洁，可以与青云比高逸的人，我现在是了解他的了。像那超然处于世俗之外，洁身自好地站在云霞之上,把千金看作草芥而不予顾盼,把万乘视如草鞋而可以随意脱去,在洛浦听到凤鸣般的音乐,于延濑遇到唱樵歌的隐者,本来也是有的。可是,谁能料想到竟会有人前后不一,反复无常,真令人为墨翟所悲而悲,为杨朱所痛而痛。这种人刚刚隐居山林,而内心却深深地被俗气所污染,或许开始还是纯洁的,可后来却变得污浊不堪,这是多么荒唐啊!唉,尚生不在人间,仲氏也已逝去。山角落里寂寞清冷,千载以来,又有谁来观赏?

世间有个周先生,是才智出众的人;文采超群,学识渊博,既懂玄学,又通史书。可是他却仿效颜阖逃遁,学作南郭归隐,在草堂冒充隐士,在北山伪装清高。诱惑我青松丹桂,欺侮我云霞涧壑。他虽然在江畔山丘上装模作样,内心却始终惦记着封官晋爵。

他刚来的时候,很想压倒巢父,折服许由,藐视百家,轻蔑王侯。气宇似乎能遮蔽阳光,神情好像胜过秋霜。时而慨叹隐士早已逝去,时而埋怨王孙不来交游。高谈一切皆空的佛经,深究玄而又玄的道家学派。就连务光也无法与他相比,涓子更不能与他匹敌。

等到朝廷的使臣带着前呼后拥的随从,来到山里,征召的诏书送到北山,他就得意忘形,神魂颠倒,志向变化,心情动摇。于是在筵席上眉飞色舞,举袖伸拳,焚毁了菱花衣,撕破了荷叶裳,露出了尘世的面目,表现了庸俗的举止。因此,风云哀愁含恨,石下清泉呜咽悲伤。遥望层林峰峦,它们茫然若有所失,环顾花草树木,它们似乎也黯然神伤。

而他身佩铜印,系着黑色的绶带,掌管一郡中的大县,成为首屈一指的县令。炫耀英名于东海之滨,传播声誉于浙江之右。从此,道家经典永远摒弃了,讲佛法的讲台长期尘封了,审讯拷打的喧嚣声扰乱着他的思虑,公文诉状紧迫地塞满了他的胸怀,中断了抚琴吟唱,停止了饮酒赋诗。考核官吏的事务经常缠身,忙碌于审问案件。想兼有往日张敞、赵广汉那样的政绩,超过旧时卓茂、鲁恭那样的功德,企图追随三辅贤豪的足迹,在天下官吏中传播自己的盛名。这样,就使山中高悬的云霞、皎洁的明月孤独地映照天空,青松徒然洒下清荫,白云有谁作为伴侣,涧谷石门崩塌无人回还,石径荒凉等待何人。

旋风吹入帐幕,云雾飘出堂前,香草帐幔空悬,夜间白鹤悲怨,山中隐士已去,早晨猿猴惊异。过去听说有人弃官逃到海边隐居,今天却看到有人解下兰佩戴上世俗的冠缨。

于是,引起南山嘲讽,北岭讥笑。沟沟谷谷争相讽刺,峰峰岭岭伸长脖子来斥责。既慨叹周先生欺侮了我,又感伤没有人前来慰问。因此,林木羞惭不已,涧水愧悔无及,秋桂辞谢了传香的清风,春萝避开了增色的月光,西山宣布隐逸的清议,东皋宣布内心的真情。

如今,周先生又在县城里急治行装,催船赶赴京师。他虽然一心向往朝廷,或借此时机再游北山。怎能让杜若厚颜相陪,薛荔遭受耻辱,碧岭再蒙受羞耻,丹崖重新遭到玷污。踩脏了芬芳小道上的足迹,玷污了清澈的洗耳的池水。应该拉上山洞的窗帷,紧闭白云的关口,收起轻雾,藏起鸣泉,把他的车子挡在谷口,把狂妄的马匹拦在山外。于是簇簇枝条震怒,层层野草扬威,有的扬起树枝打断车轮,忽然又垂下枝条扫去车辙的痕迹。请俗士的车驾赶快转回,我代表北山山神,谢绝你这个逃客。

# 唐 文

## 谏太宗十思疏

### 魏 徵

【题解】

本文是魏徵写给唐太宗李世民的一篇奏议。

魏徵(580年—643年),字玄成,魏州曲城(今河北巨鹿)人。年轻时做过道士,后参加隋末李密起义军。起义失败,投奔唐高祖李渊,后成为唐太宗的重要辅臣,官至左光禄大夫,封郑国公。是唐初杰出的政治家和历史学家。

唐太宗在隋末跟随他父亲李渊转战南北,艰苦创业,但即帝位以后,却滋长了骄傲情绪,并开始过分地追求享乐。魏徵对此十分担忧,曾多次上疏劝谏。本文就是贞观十一年(637年)写的奏议。文中提醒唐太宗要"居安思危,戒奢以俭",并十分具体地提出十个要经常考虑的问题,指出作为一个国君应该如何正确处理眼前的各种事物,其中含有许多辩证的观点。

据说唐太宗看到此文后有所感悟,亲自写了诏书答复魏徵,承认自己的过失,并对魏徵这种敢于直谏的精神表示赞赏,还把这个奏章放在案头上,经常对照反省。魏徵写奏章的目的是为了使唐王朝的封建统治能长治久安,但他在奏章中所讲的这些道理,对后世是有借鉴作用的。

文章深寓哲理,词锋犀利,特别是以排比的句式写出的"十思",有如警句格言,令人铭心刻骨。

臣闻:求木之长者,必固其根本;欲流之远者,必浚其泉源①;思国之安者,必积其德义。源不深而望流之远,根不固而求木之长,德不厚而思国之安,臣虽下愚,知其不可,而况于明哲乎?人君当神器之重②,居域中之大③,不念居安思危,戒奢以俭,斯亦伐根以求木茂,塞源而欲流长也。

凡昔元首④,承天景命⑤,善始者实繁,克终者盖寡⑥。岂取之易,守之难乎?盖在殷忧⑦,必竭诚以待下;既得志,则纵情以傲物⑧。竭诚,则吴、越为一体⑨;傲物,则骨肉为行路⑩。虽董之以严刑⑪,振之以威怒⑫,终苟免而不怀仁,貌恭而不心服。怨不在大,可畏惟人⑬。载舟覆舟⑭,所宜深慎。

诚能见可欲,则思知足以自戒;将有作⑮,则思知止以安人;念高危,则思谦冲而自牧⑯;惧满盈⑰,则思江海下百川;乐盘游⑱,则思三驱以为度⑲;忧懈怠,则思慎始而敬终⑳;虑壅蔽㉑,则思虚心以纳下;惧谗邪,则思正身以黜恶;恩所加,则思无因喜以谬赏;罚所及,则思无以怒而滥刑。总此十思,宏兹九德㉓。简能而任之㉔,择善而从之,则智者尽其谋,勇者竭其力,仁者播其惠,信者效其忠㉕。文武并用,垂拱而治㉖。何必劳神苦思,代百司之职役哉㉗?

【注释】

① 浚(jùn):深挖。
② 神器:指帝位。
③ 域中:这里指天地之间。
④ 元首:这里指君主。
⑤ 景:大。
⑥ 克:能够。
⑦ 殷忧:深忧。
⑧ 物:这里指人和事。
⑨ 吴越:春秋时期东南方的两个大国。公元前496年越国几乎被吴国灭掉。后来越国经过二十年的休养生息,一举消灭了吴国。这里用吴越两国比喻仇恨很深。
⑩ 骨肉:亲属。 行路:过路人。
⑪ 董:监督。

⑫ 振:通"震",镇压。
⑬ 人:即"民"。因避唐太宗李世民的名讳,改为"人"。
⑭ 载舟覆舟:这里用船和水的关系比喻统治者和人民的关系。水能承载船,也能颠覆船。
⑮ 作:这里指从事劳民伤财的建造事项。
⑯ 冲:谦和。 牧:这里指修养。
⑰ 满、盈:都是溢出的意思,比喻骄傲自满。
⑱ 盘游:游乐,这里指打猎等。
⑲ 三驱:一年打猎三次。因为打猎时必须驱赶禽兽,所以称打猎为"驱"。一说,网开一面,由三面围合驱捕禽兽。
⑳ 敬:慎。
㉑ 壅:堵塞。 蔽:蒙蔽。
㉒ 黜:排斥。
㉓ 宏:扩大。 兹:此。 九德:古代的九种道德标准,即"宽而栗,柔而立,愿而恭,乱而敬,扰而毅,直而温,简而廉,刚而塞,强而义"。"德"原作"得",据《贞观政要》改。
㉔ 简:选择。
㉕ 信:诚实。
㉖ 垂拱:天子垂衣拱手,表示无为而治。
㉗ 百司:百官。

**【译文】**

我听说过:要使树木生长得好,就一定要加固它的根本;要使河水流得长远,就一定要深挖它的源头;要使国家安定,就一定要多积聚道德仁义。源泉挖得不深,却希望水流得长远,树根埋得不牢,却希望树木生长得很好,道德仁义不深厚,却希望国家很安定,我虽然愚笨,但也知道这是不可能的,更何况明智的人呢?国君担负着帝王的重任,处于天下最高的地位,不能居安思危,力戒奢侈,厉行节俭,这也就像砍断树根却要求树木茂盛,堵塞泉源却要使流水长远一样啊。

大凡以前的国君,承受上天的大命,创业时做得好的确实很多,但能坚持到底的却很少。难道取得天下容易,守住天下就很难吗?

这大概是因为他们在忧患中创业的时候，必然尽心尽意地对待在下的人；而一旦得志，便放纵情欲，傲视他人。如果尽心尽意地待人，那么，即使像吴越这样的世仇，也能团结在一起；如果傲视别人，那么，骨肉之亲也会疏远得像过路人一样。如果这样，即使用严酷的刑罚加以督责，用威严的势力加以镇压，最后也只能使人苟且地免除刑罚，而不会怀念君王的恩惠，表面上恭敬，可是内心却不悦服。怨恨不在大小，可怕的只是百姓。百姓像水一样，可以载船，也可以翻船，这是应该特别谨慎对待的。

要真能做到：看见自己喜爱的东西，就想到知足，以便警诫自己；将要大兴土木，就想到要适可而止，以便使人民安定；考虑到地位高随时会有危险，就想到要谦虚，并加强自我修养；怕自己骄傲自满，就想到要像江海一样甘居百川的下游，容纳一切；喜欢游乐，就想到国君每年打猎三次的限度；担心意志懈怠，就想到要始终谨慎；担心上下蔽塞，就想到要虚心地接受臣下的意见；怕偏听谗佞之言，就想到要正心修身，斥退邪恶的人；有所赏赐时，就想到不要因为自己高兴而赏赐不当；施行刑罚时，就想到不要因为自己恼怒而滥用刑罚。要完全做到十思，发扬九种美德。选拔有才能的人而任用他，择取好的意见而采用它，那么，聪明的人就能竭尽他的智谋，勇敢的人就会竭尽他的气力，仁义的人就会传播他的美德，诚实的人就会贡献他的忠心。文武并重，就可以垂衣拱手、无为而治了。何必一定要国君来劳神苦思，代行百官的职务呢？

# 为徐敬业讨武曌檄

## 骆宾王

【题解】

　　骆宾王，浙江义乌人，"初唐四杰"之一。他在政治上很不得志，只担任过武功主簿、侍御史等官职。武后时,因多次上书言事,被贬为临海丞。

武曌,即武则天(624年—705年),初为太宗才人(女官名),太宗死后被高宗召为嫔妃,并立为皇后,代高宗决百司奏事。中宗即位,开始临朝称制。不久又废中宗,立睿宗。从公元690年开始改国号为周,称"圣神皇帝",成为中国历史上唯一的女皇。在位期间采取一些措施,削弱了士族地主和宗室勋臣等保守势力,加强了封建中央集权。

公元684年,武后废中宗准备自立,大肆杀戮李唐子孙,统治阶级内部矛盾进一步激化。于是被贬为柳州司马的徐敬业带头起兵反抗。在徐敬业军中任艺文令的骆宾王,便替他写了这篇檄文。

檄文为了孤立、声讨武后,争取众人的支持,采用了抑扬的手法,对武后的政治面目和私生活都进行了无情的揭露,并把它列为罪状公之于众,而描绘徐敬业一方则大义凛然,气壮山河,赏功伐罪,充满必胜的信心。末尾一段更是有声有色,动之以情,说之以理,很有号召力。不过文中有些属于人身攻击,有夸大失实之处,这些都是不足取的。

伪临朝武氏者①,性非和顺,地实寒微②。昔充太宗下陈③,曾以更衣入侍④。洎乎晚节⑤,秽乱春宫⑥。潜隐先帝之私⑦,阴图后房之嬖。入门见嫉⑧,蛾眉不肯让人⑨;掩袖工谗⑩,狐媚偏能惑主⑪。践元后于翚翟⑫,陷吾君于聚麀⑬。加以虺蜴为心⑭,豺狼成性,近狎邪僻⑮,残害忠良⑯,杀姊屠兄⑰,弑君鸩母⑱。人神之所同嫉⑲,天地之所不容。犹复包藏祸心,窥窃神器⑳。君之爱子,幽之于别宫㉑;贼之宗盟,委之以重任㉒。呜呼!霍子孟之不作㉓,朱虚侯之已亡㉔。燕啄皇孙㉕,知汉祚之将尽㉖;龙漦帝后㉗,识夏庭之遽衰㉘。

敬业,皇唐旧臣㉙,公侯冢子㉚,奉先君之成业㉛,荷本朝之厚恩。宋微子之兴悲㉜,良有以也㉝,袁君山之流涕㉞,岂徒然哉?是用气愤风云㉟,志安社稷㊱,因天下之失望,顺宇内之推心㊲,爰举义旗㊳,以清妖孽。南连百越㊴,北尽山河㊵,铁骑成群㊶,玉轴相接㊷。海陵红粟㊸,仓储之积靡穷;江浦黄旗㊹,匡复之功何远?班声动而北风起㊺,剑气冲而南斗平㊻。喑呜则山岳崩颓㊼,叱咤则风云变色㊽。以此制敌,何敌不摧?以此图功,何功不克㊾?

公等或居汉地㊿,或协周亲㊿,或膺重寄于话言㊿,或受顾命于宣室㊿。言犹在耳,忠岂忘心?一抔之土未干㊿,六尺之孤何托?倘能转祸为福,送往事居㊿,共立勤王之勋㊿,无废大君之命㊿,凡诸爵赏,同指山河。若其眷恋穷城,徘徊歧路,坐昧先几之兆㊿,必贻后至之诛㊿。请看今日之域中㊿,竟是谁家之天下!

## 【注释】

① 伪:当时认为非法的、不被人承认的政权。　临朝:亲临朝廷听政。
② 地实寒微:指武则天门第低下。地,通"第",门第。
③ 下陈:下列。这里指姬妾。古代宫殿中,婢妾都站列在堂下。
④ 更衣:借用汉武帝皇后卫子夫的典故。汉武帝即位数年无子,一天,过平阳公主家,遇到歌女卫子夫,卫子夫因侍候汉武帝更衣得到宠幸。这里用来比喻武则天,说她来路不正。
⑤ 洎(jì):及,到。　晚节:原来是晚年的意思,这里指年纪稍大之后。
⑥ 春宫:太子居住的宫。当时高宗李治为太子。
⑦ 先帝之私:武则天原为太宗的妃子,太宗死后削发为尼,又入宫成为高宗的妃子。
⑧ 入门见嫉:选进后宫的嫔妃,都遭到她的嫉妒。见,表示被动。
⑨ 蛾眉:眉细长,如蚕蛾之眉。形容女子的美貌。
⑩ 掩袖:以袖掩鼻。战国时,魏王送给楚怀王一个美人。楚怀王妃子郑袖怕她夺去自己的宠幸,就骗美人说,大王爱你的美貌,但不喜欢你的鼻子,你如果见了大王,必须掩住鼻子。美人照着办了。楚王问郑袖这是什么缘故。郑袖说,大概是不喜欢闻到您的口臭。楚王大怒,让人割掉了美人的鼻子。这里是说武则天像郑袖一样阴险。　工:擅长。
⑪ 狐媚:用狡猾手段迷惑人。
⑫ 践元后于翚(huī)翟(dí):指登上皇后之位。元后,即皇后。翚,有彩色羽毛的野鸡。翟,长尾野鸡。唐代皇后的礼服饰以翚翟图形。
⑬ 聚麀(yōu):原指两头公鹿共有一母鹿。这里指父子共一个配偶,乱了人

伦。聚,共。麀,雌鹿。
⑭ 虺(huǐ):毒蛇的一种。 蜴(yì):蜥蜴,俗称四脚蛇。
⑮ 邪僻:邪恶的人。这里指许敬忠、李义府。许、李等人曾帮助高宗立武则天为皇后,并帮助武则天驱逐褚遂良,逼杀长孙无忌、上官仪等大臣。
⑯ 忠良:忠诚善良的人,指褚遂良、长孙无忌、上官仪等人。三人都反对高宗立武则天为后。因此,褚遂良被贬,郁郁而死,长孙无忌被迫自缢而死,上官仪下狱死。
⑰ 杀姊:实指杀姐姐之女。据说武则天的姐姐韩国夫人,有女贺兰氏在宫中受宠,武则天用毒药将她毒死。 屠兄:武则天为皇后以后,其异母兄元庆、元爽分别为宗正少卿、少府少监。武则天受她生母荣国夫人的指使,将元庆调出京城,做龙州刺史,元庆到任后便死去。又将元爽调出京城,任濠州刺史,不久又发配振州,也死在那里。
⑱ 弑(shì)君鸩(zhèn)母:这里将高宗和武则天的母亲杨氏的死都算作武后的罪过。其实,二人都是病死,并非被害。弑,古代子杀父、臣杀君,称为"弑"。鸩,鸟名,羽毛有毒,浸酒可以毒杀人。
⑲ 嫉:通"疾",憎恶。
⑳ 神器:指帝位。
㉑ 君之爱子,幽之于别宫:唐高宗死,唐中宗李显即位,武则天以皇太后名义临朝称制。公元684年,武则天废中宗为庐陵王,立睿宗李旦为皇帝,但实际上也把他软禁起来。幽,软禁。
㉒ 贼之宗盟,委之以重任:武则天称帝,封武承嗣等多人为王,并委以重任。贼,指武则天。宗盟,指同姓宗族。
㉓ 霍子孟:霍光,字子孟,汉武帝时为奉车都尉,受武帝托孤之嘱,立汉昭帝,以大司马大将军辅政。昭帝死,昌邑王刘贺嗣位,荒淫无道。霍光废昌邑王,改立汉宣帝刘询,使汉朝安定下来。
㉔ 朱虚侯:刘章,西汉齐悼惠王刘肥的次子,封朱虚侯。汉高祖刘邦死后,吕后掌权,吕后一死,诸吕阴谋叛乱。刘章与太尉周勃、丞相陈平等一起消灭诸吕,迎立文帝即位。以上两句暗责朝中没有辅佐李家王朝的大臣。
㉕ 燕啄皇孙:西汉成帝时,赵飞燕入宫为皇后,妹为昭仪。姐妹都无子,妒忌别人,暗中杀害了许多皇子,使成帝无嗣,后来姐妹因此事而死。当时流传童谣:"燕飞来,啄皇孙,皇孙死,燕啄矢。"武则天为皇后,先杀太子李弘,废太子李贤为庶人,不久李贤也死在巴州。这里把武则天比作赵飞燕。

㉖ 祚(zuò):皇位,国统。
㉗ 龙漦(lí)帝后:传说夏朝衰落的时候,有二龙落于夏庭,自称是褒地的二君。夏帝把龙留下的涎沫藏起来。到周厉王末年,涎沫流了出来,变成黑鼋,后宫一个未成年的宫女遇上了,便怀了孕,生下一个女孩,即褒姒。褒姒后来成为周幽王的妃子,周幽王宠爱她,于是废申后及太子,申后的父亲申侯引犬戎(北方少数民族)入侵,杀幽王于骊山(在今陕西临潼东南)下,西周灭亡。这里,把武则天比作褒姒。漦,涎沫。
㉘ 识:知道。
㉙ 皇:大。
㉚ 冢子:长子。
㉛ 先君:指徐敬业的祖父李勣、父李震。李勣因辅佐唐太宗建立唐朝有功,封为英国公,并赐姓李。以后子孙世袭英国公。
㉜ 宋微子之兴悲:微子名启,商纣王的庶兄。商亡后,受周武王封,建国于宋(今河南商丘),所以称宋微子。宋微子朝周,路过殷故都,见一片荒草蓬蒿,触景伤怀,作《麦秀》诗抒怀寄意。
㉝ 良:确实。 有以:有根据,有道理。
㉞ 袁君山:袁安。东汉和帝即位,帝幼弱,窦太后称制,窦宪擅权。袁安为司徒,屡与窦宪争论。每与公卿论及国事,常痛哭流涕,帝与大臣咸倚重之。
㉟ 是用:因此。
㊱ 社:土地神。 稷:五谷神。古代天子诸侯都立社稷,每年举行祭祀。后来就把"社稷"作为国家的代称。
㊲ 推心:等于说人心所向。推,迁移。
㊳ 爰:句首助词,无义。
㊴ 百越:泛指我国南方及东南方一带。越,南方少数民族的总称。
㊵ 山河:应作"三河"。三河,指汉代所设河南、河东、河内三郡。地域相当于今河南、黄河南北及山西一部,是古代帝王相继建都的地方。徐敬业起兵于扬州,三河在其北,所以说"北尽山(三)河"。
㊶ 铁骑:指战马。
㊷ 玉轴:指战车。
㊸ 海陵:今江苏泰州姜堰区,唐属扬州,汉吴王刘濞曾置仓积粟于此。 红粟:陈年的粟。粟因堆积年久而呈红色。
㊹ 江浦:属江苏省,与南京市隔江相望。海陵、江浦,都是起兵之地。

㊺ 班声:马鸣声。班马,盘旋之马。

㊻ 剑气:传说晋初牛、斗(古星宿名)之间有紫气。张华问于雷焕,雷焕回答说:“是宝剑的精气,上达于天。”后来果然在豫章丰城监牢房基下得到两把宝剑。 南斗:斗宿,二十八宿之一。

㊼ 喑(yīn)呜:怒气郁积。

㊽ 叱咤:呼喝。

㊾ 克:完成。

㊿ 公等:指朝廷和地方的文武官员。 汉地:汉朝的封地。这里借指唐朝的封地。唐人诗文中常借用汉代之名来说唐代事。

(51) 协:合于。 周亲:至亲。

(52) 膺:受。

(53) 顾命:帝王临终时的嘱托。 宣室:汉代宫殿名。这里指受顾命的地方。

(54) 一抔(póu)之土:一小堆土,指坟墓。抔,用手捧东西。

(55) 往:往者,死者,指高宗。 居:生者,指中宗李显。

(56) 勤王:古代天子有难,起兵救助,称为勤王。

(57) 大君:即天子,指高宗。

(58) 坐:白白地,徒然。 昧:看不清楚。 几:显示吉兆。

(59) 贻(yí):遗留。这里有招致的意思。 后至之诛:相传禹会诸侯于江南,防风氏后到,被戮。这里指怠忽军令,不积极响应勤王号召者,将受到制裁。

(60) 域:邦国。

## 【译文】

僭窃帝位的武氏,本性就不和顺,出身非常贫寒低贱。她从前充当太宗的才人,曾利用服侍皇帝的方便,得到宠幸。等到年事稍长,又秽乱于太子宫中。她隐瞒了同先帝的私情,暗地里谋求在后宫的宠幸。入宫的嫔妃,都被她妒忌,她总想以自己的美貌压倒别人;施展阴谋,巧于谗毁,卖弄姿色,迷惑君主。终于窃据了皇后的名位,致使我们的君主败乱了人伦。加上她心如蛇蝎,性同豺狼,亲近奸邪,残害忠良,杀害姐妹兄弟,谋害君主,毒死母亲。使得人神所共恨,天地所不容。甚而至于包藏祸心,阴谋篡夺君位。君王的爱子,被幽禁在别宫;武家的同族,却委以重任。唉!霍子孟没有兴起,朱虚侯已销声匿迹。"燕啄皇孙",预示着汉朝将要灭亡;"龙漦帝后",标志着西周将很快走向灭亡。

　　徐敬业是大唐的旧臣,公侯的直系子孙,继承先辈的功业,蒙受朝廷的厚恩。宋微子触景生悲,确实有缘由;袁君山痛哭流涕,难道是平白无故的感伤吗?因此,由于气愤而激起风云,目的在安定国家。趁着天下百姓对武氏的失望情绪,顺应海内民心的向背,于是举起义旗,决心清除妖孽。南至百越,北达三河,铁骑成群结队,战车首尾相接。海陵的红粟,仓廪的储积,无穷无尽;江浦一带,黄旗遍野,匡复天下的大功,指日可待。班马长鸣,若北风卷起;剑光冲天,与南斗相齐。怒气勃发,可使山岳崩摧;气愤呼号,可使风云变色。用这样的军队对付敌人,什么样的敌人不能摧毁?用这样的军队建立功业,什么样的功业不能完成?

　　你们,有的享有国家的封地,有的身为皇室的至亲,有的承担重要的委任,有的在内廷领受先帝的遗嘱。先帝的遗言还在耳边回响,对李家的忠诚难道就忘却了吗?先帝的坟墓还没有干,幼小的孤君交托于何人?倘若你们能转祸为福,送别去世的先帝,而拥戴继位的幼君,共同建立扶助皇室的勋业,不废弃先帝的遗命,那么所有封爵赏赐,都可以指山河为信。如果仍然留恋孤单的城池,在歧路上徘徊观望,徒然错过早已显出的微妙吉利的征兆,必然因迟迟不动而自取灭亡。请看今日之域中,究竟是谁家的天下!

# 滕王阁序

## 王　勃

【题解】

　　王勃(649年—676年),字子安,绛州龙门(今山西稷山县)人。初唐著名文学家。他从小聪明多才,七岁就能写很好的文章,不到二十岁,任朝散郎、沛王府修撰。当时,诸王贵戚之间盛行斗鸡,王勃作了一篇《檄英王鸡》的游戏文章,触怒了唐高宗,因而被赶出王府。此后,他漫游剑南,曾一度任虢州参军,又因性格高傲,得罪同僚而被革职。他父亲王福畤,也由于他的缘故被贬为交趾令。唐高宗上元二年(675年),他往交趾省亲,在渡海时溺水而死,年仅二十八岁。

王勃著作很多,涉及面也很广。他有雄心大志,希望在政治上有一番作为,可是一直郁郁不得志。因此,在他的诗文中时时常流露出一种愤懑忧郁的心情。

滕王阁,是唐高祖的儿子李元婴在洪州任都督时修建的一座楼阁,故址在今江西南昌市赣江畔。落成时,李元婴封为滕王,所以命名为"滕王阁"。唐高宗时,洪州都督阎某又重新修缮。王勃在赴交趾省亲途中,正遇到阎氏于重九日在滕王阁大宴宾客,他受邀参加了宴会并写下了这篇著名的序文。

六朝以来,骈文多流于纤丽绮靡,空洞无物,而王勃在这篇骈文中,却能运用较为贴切的典故,发挥骈文铺陈描写的特点,写出秀丽如画的风景,寥廓雄壮的山川,情景俱佳,声色并陈。同时抒发了自己怀才不遇的悲凉感情和不甘于失败的上进心理。这种矛盾交织的思想感情,正是他的生活遭遇的真实反映,表现出一个奋发向上但又受到压抑的青年的内心痛苦和创伤。

南昌故郡[①],洪都新府。星分翼轸[②],地接衡庐[③]。襟三江而带五湖[④],控蛮荆而引瓯越[⑤]。物华天宝[⑥],龙光射牛斗之墟[⑦];人杰地灵,徐孺下陈蕃之榻[⑧]。雄州雾列,俊采星驰[⑨]。台隍枕夷夏之交[⑩],宾主尽东南之美。都督阎公之雅望[⑪],棨戟遥临[⑫];宇文新州之懿范[⑬],襜帷暂住[⑭]。十旬休暇,胜友如云[⑮];千里逢迎,高朋满座。腾蛟起凤,孟学士之词宗,紫电清霜,王将军之武库。家君作宰,路出名区[⑯],童子何知[⑰],躬逢胜饯[⑱]。

时维九月,序属三秋[⑲]。潦水尽而寒潭清[⑳],烟光凝而暮山紫。俨骖騑于上路[㉑],访风景于崇阿[㉒]。临帝子之长洲[㉓],得仙人之旧馆。层峦耸翠,上出重霄。飞阁流丹[㉔],下临无地㉕。鹤汀凫渚㉖,穷岛屿之萦回㉗;桂殿兰宫㉘,列冈峦之体势。披绣闼㉙,俯雕甍㉚,山原旷其盈视㉛,川泽盱其骇瞩㉜。闾阎扑地㉝,钟鸣鼎食之家㉞。舸舰迷津㉟,青雀黄龙之轴㊱。虹销雨霁㊲,彩彻云衢㊳,落霞与孤鹜齐飞,秋水共长天一色。渔舟唱晚,响穷彭蠡之滨㊴,雁阵惊寒,声断衡阳之浦㊵。遥吟俯畅,逸兴遄飞㊶,爽籁发而清风生㊷,纤歌凝而白云遏㊸。睢园绿竹㊹,气凌彭泽之樽㊺;邺水朱华㊻,光照临川之笔㊼。四美俱㊽,二难并㊾。穷睇眄于中天㊿,极娱游于暇日。天高地迥(51),觉宇宙之无穷。兴尽悲来,识盈虚之有数(52)。望长安于日下,指吴会于云间(53)。地势极而南溟深(54),天柱高而北辰远(55)。关山难越,谁悲失路之人(56)?萍水相逢,尽是他乡之客。怀帝阍而不见(57),奉宣室以何年(58)?

呜呼!时运不齐(59),命途多舛(60)!冯唐易老(61),李广难封(62)。屈贾谊于长沙(63),非无圣主;窜梁鸿于海曲(64),岂乏明时?所赖君子安贫,达人知命(65)。老当益壮,宁移白首之心(66)?穷且益坚,不坠青云之志(67)。酌贪泉而觉爽(68),处涸辙以犹欢(69)。北海虽赊(70),扶摇可接(71)。东隅已逝(72),桑榆非晚(73)。孟尝高洁(74),空怀报国之心;阮籍猖狂(75),岂效穷途之哭!

勃,三尺微命(76),一介书生(77)。无路请缨(78),等终军之弱冠(79);有怀投笔(80),慕宗悫之长风(81)。舍簪笏于百龄(82),奉晨昏于万里(83)。非谢家之宝树(84),接孟氏之芳邻(85)。他日趋庭(86),叨陪鲤对(87)。今晨捧袂,喜托龙门(88)。杨意不逢,抚凌云而自惜(89)。钟期既遇,奏《流水》以何惭(90)?

呜呼!胜地不常,盛筵难再。兰亭已矣(91),梓泽丘墟(92)。临别赠言,幸承恩于伟饯,登高作赋。是所望于群公,敢竭鄙诚,恭疏短引(93),一言均赋,四韵俱成(94):

滕王高阁临江渚,佩玉鸣鸾罢歌舞(95)。画栋朝飞南浦云,朱帘暮卷西山雨。闲云潭影日悠悠,物换星移几度秋。阁中帝子今何在？槛外长江空自流。

【注释】

① 南昌：一作"豫章"。豫章是汉时郡名，郡治在南昌（今江西南昌县）。隋时曾一度改为洪州，唐代成为江南道洪州中都督府治所，所以下面又说是"洪都新府"。
② 星分翼轸(zhěn)：古人用天上二十八宿星座的方位来区分地面的区域，称之为分野。其中翼轸二星的分野在楚地，洪州位于旧楚地，所以说是"星分翼轸"。
③ 衡庐：衡山和庐山。
④ 三江：泛指长江中下游。据说古时大江流过彭蠡湖（今鄱阳湖），分成三道入海，即所谓三江。鄱阳湖在洪州附近，所以说三江像洪州的衣襟。这里，襟指衣领。古代衣领作交领形。 五湖：指太湖、鄱阳湖、青草湖、丹阳湖、洞庭湖。洪州在五湖之间。五湖环绕，如腰间束带上的白玉。
⑤ 控：控制，镇守。 蛮荆：荆即楚，古史中有时称为蛮荆。 引：连接。瓯(ōu)越：泛指今浙江南部及福建一带。洪州在古楚地，与古闽越相接。
⑥ 物华：指人世诸物的光华。 天宝：天上的宝气。
⑦ 龙光：这里指宝剑的光芒。 牛斗之墟：二十八星宿中两个称为牛、斗的星宿所在的方位。据《晋书·张华传》记载，西晋张华看到牛、斗二星间有紫气，便问雷焕，雷焕说这是由于丰城有宝剑的精气上通于天的缘故。丰城属洪州，所以王勃用这句话赞美和形容洪州的宝物。墟，原指居住的地方，这里指星座。
⑧ 徐孺：徐稚。稚字孺子，南昌人，东汉时名士。 陈蕃：东汉时太尉，曾做过豫章太守。《后汉书·徐稚传》说，陈蕃素来不接待宾客，只有徐稚来访才招待，还为他特设一榻，以示尊敬。王勃用这个典故称赞洪州有杰出的人才。
⑨ 俊彩星驰：俊彩，指人才出众。星驰，形容人才像繁星一样放射光芒。意为人才很多，很出色。
⑩ 台隍：亭台城池。指洪州。 夷夏之交：古代将东南地区称为夷蛮之地，中原称为华夏，洪州正处于二地之间，所以用这句话来形容洪州地位的重要。
⑪ 雅望：崇高的名望。

⑫ 棨(qǐ)戟:有衣套的戟,用作官吏出行时的仪仗。这里借指阎都督。 遥临:远道来临。

⑬ 宇文新州:一个姓宇文的新任州牧。名字及事迹不详。或认为新州为州名,在今广东新兴县。 懿范:美德的楷模。

⑭ 襜(chān)帷:车子的帷幔。这里借指新任州牧的车马。 暂驻:暂时停留。指参加宴会。

⑮ 十旬:唐制,官员十天休息一天,称旬休。这里指适逢十日休假的一天。 胜友:才华卓越的友人。

⑯ 家君作宰:家君,是对自己父亲的称呼。作宰,指王勃的父亲当时正在交趾任地方长官。 名区:指洪州。

⑰ 童子:当时王勃很年轻,所以自称童子。

⑱ 躬:亲身。

⑲ 序:时序。 三秋:秋季三个月,这里指秋季第三个月,即九月。

⑳ 潦(lǎo)水:雨后地面的积水。

㉑ 俨(yǎn):整齐的样子。 骖(cān)騑(fēi):驾车的马,左称骖,右称騑。这里指车马。 上路:地势高的路。

㉒ 崇阿:高大的丘陵。

㉓ 帝子:指滕王。 长洲:古苑名。这里指滕王阁所在的地址。

㉔ 飞阁:高阁如腾空飞起。 流丹:泛出红光。因阁用红色油漆所涂饰。

㉕ 下临无地:因为滕王阁建立在江边上,所以登阁下望江面,不见陆地。

㉖ 汀(tīng):水边或水中平地。 凫(fú):野鸭。 渚:(zhǔ):小洲。

㉗ 穷:极尽。 萦(yíng)回:盘旋回绕的样子。

㉘ 桂殿兰宫:用桂和木兰修筑的宫殿,形容滕王阁的华美。

㉙ 披绣闼(tà):打开雕着花纹的门。

㉚ 甍(méng):屋脊。

㉛ 盈视:全部映入眼帘。

㉜ 盱(xū):张大眼睛。 骇瞩(zhǔ):对着看到的景物感到吃惊。

㉝ 闾(lǚ)阎:里巷的门。这里泛指房屋。 扑地:遍地。

㉞ 钟鸣鼎食:古时贵族吃饭时要奏乐列鼎,鼎中盛食物。所以钟鸣鼎食之家常用来指富贵人家。

㉟ 迷津:一作弥津,塞满渡口。

㊱ 舳(zhú):通"舳"。船后安舵的地方。这里泛指船。

㊲ 霁(jì):雨雪停止。

㊳ 云衢(qú):指天空。云朵交错纵横,有如衢道。

㊴ 彭蠡(lǐ):彭蠡湖,即鄱阳湖。

㊵ 衡阳之浦:旧时传说大雁南飞,到衡阳回雁峰就不再南行。所以这里说“声断”衡阳之浦。衡阳,今湖南衡阳。浦,水边。

㊶ 遄(chuán):急速。

㊷ 爽籁:参差不齐的排箫。爽,参差。籁,一种由多根竹管编排而成的管乐器。

㊸ 纤歌:柔细的歌声。 凝:余音袅袅不绝。 遏(è):止,不动。

㊹ 睢园:汉梁孝王在睢水旁修建的竹园,他常和一些文人在此聚会。

㊺ 彭泽:指东晋末著名诗人陶渊明。他好饮酒,做过彭泽令。 樽:酒杯。

㊻ 邺水朱华:邺(今河南临漳)是曹操兴起的地方。曹氏父子在这里常和文人聚会。朱华即荷花。曹植《公宴诗》曾提到这里的荷花。王勃借用“邺水朱华”来比喻滕王阁的盛会。

㊼ 临川:指南朝山水诗人谢灵运。谢灵运曾任临川内史。王勃借“临川之笔”来比喻宾客中文士的才华。

㊽ 四美:指良辰、美景、赏心、乐事。

㊾ 二难:指贤主、嘉宾。

㊿ 睇眄(dìmiàn):斜视,指目光上下左右地观览。 中天:半空中。

(51) 迥(jiǒng):远。

(52) 盈虚:这里指兴衰、贵贱、穷通等。王勃是说命运的盛衰、贵贱、穷通,像月亮一样有盈有虚。

(53) 吴会(kuài):指吴县,即今苏州。

(54) 极:远。 南溟:传说中极南的海。

(55) 天柱:传说昆仑山上有一根铜柱,高入天际,称为天柱。 北辰:北极星。

(56) 失路:比喻不得志。

(57) 帝阍(hūn):原指天帝的守门者,这里指皇帝的宫门。阍,门。

(58) 宣室:汉代未央宫前的正室。贾谊曾在此被汉文帝召见,却不受重用。

(59) 时运不齐:等于说命运不好。

(60) 舛(chuǎn):错乱,这里指不幸、不顺利。

(61) 冯唐:西汉人,有才干而一直不受重用,很老了还只做一个职位很低的官。

(62) 李广:西汉名将。抗击匈奴几十年,身经百战,功劳很大,却终身不得

㊶ 封侯。

㊷ 贾谊：西汉著名政论家、文学家，汉文帝曾想任命他为公卿，后听信谗言，疏远了他，让他做长沙王太傅，以致未能发挥他的政治才能。

㊸ 梁鸿：东汉时高士，由于受汉章帝猜忌，隐姓埋名，躲到齐鲁一带为人做佣工舂米。　海曲：海隅，指滨海的地方。

㊹ 达人：通达事理的人。

㊺ 宁(nìng)：难道。　移：原作"知"，据《王子安集注》改。

㊻ 青云之志：比喻远大的志向。

㊼ 贪泉：古代传说，广州有贪泉，人喝了这里的水就会变得贪婪。　爽：神志清爽。

㊽ 涸(hé)辙：干涸的车辙。《庄子·外物篇》有一则寓言说，有一条鱼在干涸的车辙里奄奄待毙，哀求一个过路的人给一瓢水，那人却许诺它引西江的水来救它。它生气地说，那样，还不如到卖干鱼的地方去找我的尸体。这里用鱼处涸辙来比喻处境很困难。

㊾ 赊：远。

㊿ 扶摇：旋风。

○72 东隅(yú)：东方日出处，指早晨。

○73 桑榆：日落时，余光照在桑树、榆树的顶端，因用桑榆喻黄昏，也用来比喻人的晚年。

○74 孟尝：字伯周，东汉时一个贤能的官吏，但不被重用。

○75 阮籍：魏晋时一个不拘礼法、放荡好饮的文学家。他不满现实，但又无法解脱心中的愤懑，因此常驾车乱走，走到路尽头，便大哭而返。

○76 三尺微命：三尺，指衣带下垂部分，即"绅"的长度。三尺，是当时士大夫中最低一级绅的长度。微命，等于说身份卑微。

○77 一介：一个。

○78 请缨：请求皇帝赐给长缨，意为要求杀敌报国立功。缨，系在马颈上用来驾车的皮条。

○79 等：同，相当。　终军：西汉人，字子云，二十多岁时曾请缨去缚南越王。　弱冠：指二十岁。

○80 投笔：指弃文从武。《后汉书·班超传》说班超早年家贫，为官府抄写文书度日。有一天他投笔于地，说：大丈夫应该"立功异域，以取封侯"。

○81 宗悫(què)：南朝宋人，少年时就很有抱负，说要"乘长风破万里浪"。

㉒ 簪(zān)笏(hù):簪是古人束发戴冠时用以固定冠的长针。笏是旧时官吏朝见皇帝时所捧的手版。这里代指俸禄。 百龄:百年,一生。
㉓ 奉:侍奉。 晨昏:古人早晚要向父母请安。
㉔ 谢家之宝树:东晋谢安曾称赞其侄谢玄为"吾家之宝树"。意为家族里出类拔萃的人才。
㉕ 孟氏之芳邻:传说孟子的母亲为了使孟子有良好的环境来培养他的品德和学问,曾三次搬家寻找好邻居。王勃在这里是说,自己是在良好的环境中长大的。
㉖ 趋庭:快步走过庭院。
㉗ 叨(tāo):惭愧,表示自谦。 鲤对:孔子曾在其子孔鲤走过庭前时对他进行教育。后人称回答长辈的教诲为"鲤对"。这里王勃用以指自己不久将到父亲身边聆听教诲。
㉘ 捧袂(mèi):捧着衣袖,形容恭敬的样子。 龙门:地名,在今山西稷山县西北。黄河流经龙门山时,从山中开出一道通路,状似门阙,称为龙门。民间传说鲤鱼跃过龙门则化为龙。后人常用龙门比喻人德高望重。这里是王勃指自己被阎都督邀请,十分感激喜悦,好像依傍了龙门。
㉙ 杨意:即杨得意。汉武帝时宫廷中的狗监。西汉辞赋家司马相如便是由他推荐给汉武帝的。 凌云:这里指司马相如的赋。据说司马相如的赋使汉武帝读后有飘飘然凌云之感。
㉚ 钟期:即钟子期。传说中的古代懂琴音的人。有名的琴师伯牙把他当作唯一知音。所以后人用钟期作为知己的代称。 流水:据说伯牙鼓琴"志在流水",钟期便说"洋洋兮若江河"。
㉛ 兰亭:在会稽郡山阴县(今浙江绍兴)。东晋王羲之等曾在这里举行宴集。
㉜ 梓泽:西晋石崇所建的金谷园的别称,故址在今河南洛阳。 坵墟:意为变为废墟。
㉝ 疏:条陈、撰写的意思。 引:引言,指这篇序。
㉞ 四韵:指下面的八句诗。
㉟ 佩玉鸣鸾:佩玉是古代士大夫的一种玉制衣饰,走路时,玉与玉相碰,发出音响。鸣鸾,车上鸾铃的声音。 罢:全句指宴罢客散,歌舞停歇。

【译文】

　　这里是汉代的南昌郡城,如今称洪州都府,在天上属于翼、轸两星宿的分野，在地下联结着衡、庐两山的峰峦。以三江为衣领，以五湖作衣带，控制楚地，接连闽越。物类有光华，天上有宝气，宝剑的光芒直冲上牛、斗两个星宿的区域；人中有俊杰，大地有灵气，陈蕃专为徐孺设下几榻。雄伟的州城，在烟雾中若隐若现，英俊的人才，像繁星一般活跃异常。城池，坐落在夷夏交界的地方，主人与宾客，都是东南地区的英俊。都督阎公，享有崇高的名望，远道来到洪州坐镇；宇文州牧，是美德的楷模，赴任途中在此暂留。正逢十日休假的一天，杰出的友人云集；高贵的宾客，也都不远千里来到这里聚会。文坛领袖孟学士，文章的气势像腾起的蛟龙、飞舞的彩凤；王将军的武库里，刀光剑影，如紫电、如清霜。由于父亲在交趾做县令，我在探亲途中经过这个著名的地方。我年幼无知竟有幸亲身参加了这次盛大的宴会。

　　时当九月，秋高气爽。积水消尽，寒潭清澈，天空凝结着淡淡的云烟，暮霭中山峦呈现一片紫色。在山路上驾着马车，在崇山峻岭中访求风景。来到昔日帝子的长洲，找到仙人居住过的宫殿。这里山峦重叠，青翠的山峰耸入云霄。凌空的楼阁，红光在水中荡漾，从上面看不到地面。白鹤、野鸭停息的小洲，岛屿纡曲回绕，没有尽头；华丽的宫殿，排列得像起伏的山峦。推开雕花的阁门，俯视彩色的屋脊，山峰平原尽在眼底，河流沼泽使人看了感到吃惊。遍地是里巷宅舍，不少钟鸣鼎食的富贵人家。舸舰塞满渡口，许多是雕上了青雀黄龙花纹的大船。正值雨过天晴，虹消云散，阳光照耀天空，晚霞与野鸭一起飞翔，秋水和长天连成一片。傍晚渔舟中传出的歌声，响彻彭蠡湖滨，雁群感到寒意而发出的惊叫，回荡在衡阳的水边。放声长吟，登高俯视而感到舒畅，豪情逸兴勃然而起，排箫的音响引来徐徐清风，柔细的歌声吸引住飘动的白云。像睢园竹林的聚会，这里善饮的人，酒量超过彭泽令陶渊明；像邺水边赞咏荷花，这里诗人的文采足以和谢灵运媲美。良辰、美景、赏心、乐事，自古难全，贤主、嘉宾，千载难遇，今天一时俱备。极目眺望长空，假日里尽情欢娱。苍天高远，大地寥廓，令人感到宇宙的无穷无尽。欢乐逝去，悲哀袭来，我明白了兴衰贵贱都由命中注定。远眺长安，在西边的夕阳下，遥指吴会,在缥缈的白云间。地势倾斜,尽头是极深的南溟,天柱高耸,遥指北斗星。关山难以越过,有谁同情不得志的人?萍水偶尔相逢,大家都是异乡之客。心里怀念朝廷,却不能去朝见,什么时候,才能像贾谊那样在宣室承蒙召见?

啊!命运是那样不好,前途是那么坎坷!冯唐容易衰老,李广难得封侯。使贾谊蒙受委屈,贬于长沙,并不是没有圣明的君主;使梁鸿被迫隐匿在齐鲁海滨,难道不是政治昌明的时代?只不过由于君子安于贫贱,通达的人知道自己的命运罢了。年纪虽老,志气应当更加旺盛,怎能在白头时改变心情?遭遇越困难,节操越坚定,不能抛弃自己的凌云壮志。即使喝了贪泉的水,心境依然清爽无尘;即使身处干涸的车辙中,胸怀也依然坦荡开朗。北海虽然十分遥远,乘着羊角旋风还能达到。早晨虽然已经过去,而珍惜黄昏却也为时不晚。孟尝是高洁之士,白白地怀抱报国的热情;而阮籍疯疯癫癫,我们怎能学他那种穷途的哭泣!

我地位卑微,只是一个书生。虽然和终军一样年已二十,却无处去请缨杀敌;我也有投笔从戎之志,羡慕宗悫那种"乘长风破万里浪"的英雄气概。如今,我抛弃一生的功名,不远万里去朝夕侍奉父亲。虽然称不上谢家的"宝树",却也从小和众贤士过往交游。不久我将见到父亲,聆听他的教诲。而今天,我又侥幸地参加盛宴,高兴地登上龙门。假若不碰上杨得意那样引荐的人,就只有抚摸着文章而自己珍惜。既然已经遇到了钟子期,就弹奏一曲流水,又有什么羞愧呢?

啊!名胜之地不能常存,盛大的宴会也难再逢。兰亭宴集已成陈迹,梓泽也变为废墟。侥幸在盛大的宴会上承蒙恩情,临别时作这一篇序文,至于登高作赋,只有指望在座诸公。我只是冒昧地尽我微薄的诚意,作了短短的引言,在座诸位都按各自分到的韵字赋诗,我已写成了四韵八句:

巍峨的滕王阁,耸立在大江之畔,佩玉铿锵,歌舞停歇,宴罢客散。南浦的云霞,早晨飞过雕梁画栋,西山的风起雨落,傍晚卷起朱红的画帘。闲静的白云,潭水的倒影,日日悠然自在,大地沧桑,暑往寒来,经过了多少变幻。往日阁中的帝子,今日又何在?只有门槛外的江水,白白地东流不回。

# 与韩荆州书

## 李　白

【题解】

　　李白(701年—762年),字太白,是我国唐代伟大的诗人。祖籍陇西成纪(今甘肃天水),生于碎叶城(今吉尔吉斯斯坦境内楚河南岸)。五岁时随父迁居绵州昌明青莲乡(今四川江油南),自号青莲居士。

　　李白二十五岁时出蜀到各地漫游,行迹近半个中国,遍览名山大川,也体验了社会生活,写下了许多著名的诗篇。李白在少年时就怀有远大的抱负,但是,直到四十二岁时才因吴筠的推荐被唐玄宗召见,任为翰林学士。三年后,因蔑视权贵,遭到逸言陷害,便愤然去职。安史之乱中,他参加永王李璘的军队讨伐叛乱。后李璘起兵反对唐肃宗失败,李白受到牵连,被流放夜郎,中途遇赦放还。晚年漂泊困苦,最后死在当涂(今属安徽)。李白以诗著称,被称作"诗仙",他的文章也独具一格,清新峻拔,流畅自如,可惜传世不多。有《李太白文集》。

　　本文是李白在漫游荆襄时写给荆州长史韩朝宗的一封信。韩朝宗好荐拔后进之士,曾推荐过崔宗之、严武等人,所以很多人才都归附在他的门下。李白为了寻找机会施展才能,做一番事业,也想走这一条路子,于是给韩朝宗写了这封信。信中赞誉了韩朝宗的举贤任能,并表白了自己的才智和雄心,希望韩朝宗能帮助自己。李白素来以才自负,所以这封恳求他人的信不仅写得不卑不亢,还有一股咄咄逼人的气势。此信用典自如,言辞绚丽;音节铿锵,读来朗朗上口。

　　白闻天下谈士相聚而言曰:"生不用封万户侯[1],但愿一识韩荆州。"何令人之景慕一至于此②?岂不以周公之风③,躬吐握之事④,使海内豪俊,奔走而归之,一登龙门⑤,则身价十倍!所以龙蟠凤逸之士⑥,皆欲收名定价于君侯⑦。君侯不以富贵而骄之⑧,寒贱而忽之,则三千之中有毛遂⑨。使白得颖脱而出⑩,即其人焉。

白,陇西布衣⑪,流落楚汉⑫。十五好剑术,遍干诸侯⑬。三十成文章,历抵卿相。虽长不满七尺,而心雄万夫⑭。皆王公大人许与气义⑮。此畴曩心迹⑯,安敢不尽于君侯哉⑰?君侯制作侔神明⑱,德行动天地,笔参造化⑲,学究天人。幸愿开张心颜⑳,不以长揖见拒㉑。必若接之以高宴,纵之以清谈㉒,请日试万言,倚马可待㉓。今天下以君侯为文章之司命㉔,人物之权衡㉕,一经品题㉖,便作佳士。而今君侯何惜阶前盈尺之地㉗,不使白扬眉吐气,激昂青云耶?

昔王子师为豫州㉘,未下车㉙,即辟荀慈明㉚,既下车,又辟孔文举㉛;山涛作冀州㉜,甄拔三十余人,或为侍中、尚书㉝,先代所美。而君侯亦一荐严协律㉞,入为秘书郎㉟,中间崔宗之、房习祖、黎昕、许莹之徒㊱。或以才名见知,或以清白见赏。白每观其衔恩抚躬㊲,忠义奋发。白以此感激,知君侯推赤心于诸贤之腹中㊳,所以不归他人,而愿委身国士㊴。倘急难有用,敢效微躯。

且人非尧舜㊵,谁能尽善?白谟猷筹画㊶,安能自矜㊷?至于制作,积成卷轴㊸,则欲尘秽视听㊹。恐雕虫小技,不合大人。若赐观刍荛㊺,请给纸笔,兼之书人,然后退扫闲轩,缮写呈上。庶青萍、结绿㊻,长价于薛、卞之门㊼。幸推下流,大开奖饰。唯君侯图之。

【注释】

① 万户侯:汉代制度,列侯食邑,大者万户,小者五六百户。"万户侯"即食

邑万户的侯。
② 景慕:景仰、倾慕。 一:竟。
③ 周公:西周初年的政治家,姓姬名旦,是周武王的弟弟。因封地在周(今陕西岐山东北),称为周公。他很重视挑选任用有才能的人。
④ 躬:身体,这里是亲身实行的意思。 吐握:吐哺和握发。《史记·鲁周公世家》记载,周公说:"我一沐三捉发,一饭三吐哺(bǔ,口里嚼着的食物),起以待士,犹恐失天下之贤人。"后常用来比喻礼贤下士或为招揽人才而操心忙碌。
⑤ 登龙门:传说鲤鱼跃龙门就能变化成龙,故以龙门喻德高望重的人。得其接引而提高声誉,叫作登龙门。
⑥ 龙蟠(pán)凤逸:这里比喻有才能的人待时而动,就像龙那样盘旋,像凤那样起飞。蟠,盘旋。逸,奔跑,这里是飞翔的意思。
⑦ 君侯:对韩朝宗的敬称。
⑧ 骄:作动词用,傲视。
⑨ 毛遂:战国时赵国平原君赵胜的门客,三年默默无闻。后秦国围赵国都邯郸,赵国派平原君到楚国求救,毛遂以"锥处囊中"作比喻,自荐前往,在与楚怀王的谈判中,由于他直陈利害,才促成了谈判。
⑩ 颖脱而出:这是毛遂用的比喻,"使遂蚤(早)处囊中,乃颖脱而出"。意思是锥子放在口袋里,就会露出它的尖端来,比喻有才能的人一有机会就能表现自己。
⑪ 陇西:郡名,治所在甘肃陇西县南。按陇西成纪(今甘肃天水)是李白的祖籍,而不是他的故乡。 布衣:指平民。
⑫ 楚汉:春秋战国时,楚国的中心地域位于汉水流域,即今湖北省。
⑬ 干:求,这里是谒见的意思。
⑭ 雄:超过。
⑮ 王、公、大人:泛指高级官僚。
⑯ 畴曩(nǎng):往昔。 心迹:存心与行事。
⑰ 尽:这里是全部倾吐出来的意思。
⑱ 制作:这里指建立的功业,后面的"制作"指文章、著述。 侔(móu):相等。
⑲ 参:参与。 造化:创造、化育。
⑳ 开张心颜:即开心张颜,意思是和颜悦色真诚相待。
㉑ 长揖:古代宾主以平等身份相见时所行的礼。 见:被。

㉒ 清谈:指高雅的言谈。
㉓ 倚马可待:比喻文思敏捷。典出自《世说新语·文学》。东晋桓温北征,因立即要写一份文书,唤袁虎(一作"宏")起草,袁虎倚在马前,手不停笔,一下就写了七张纸,又快又好。
㉔ 司命:古星名,迷信的人认为它主宰生死、赏罚、善恶。这里指品定文章的最高权威。
㉕ 权衡:称物轻重的器具。权,秤砣。衡,秤杆。引申为衡量的标准。
㉖ 品题:品评人物,定其高下。
㉗ 盈:满。
㉘ 王子师(137年—192年):名允,东汉太原祁县(今属山东)人。汉灵帝时任豫州刺史,汉献帝即位,任司徒,后与吕布密谋诛杀董卓,不久被董卓部将李傕、郭汜所杀。
㉙ 未下车:这里指未到任;下句的"既下车"意思是上任后。
㉚ 辟:任用。 荀慈明:东汉人,名爽,一名谞,官至司空。
㉛ 孔文举:名融,东汉鲁(今山东曲阜)人,孔子后代。汉献帝时为北海相,立学校,后为太中大夫,被曹操所杀。
㉜ 山涛:字巨源,西晋名士,"竹林七贤"之一,曾任冀州刺史,又任吏部尚书,选举官吏,能得人才。
㉝ 侍中:官名,汉代为加官,在皇帝左右侍应杂事。后权力逐渐增大,到南北朝以后,实际就是宰相,唐代一度改称左相。 尚书:官名,隋唐置尚书省,下设吏、户、礼、兵、刑、工六部,六部长官为尚书。
㉞ 严协律:据说即严武,但史书并没有记载他做过协律郎。
㉟ 秘书郎:官名,掌管图书经籍。
㊱ 崔宗之:唐代人,名成辅。袭封齐国公,历任左司郎中、侍御史,后贬官金陵。曾与李白交游。 房习祖、黎昕、许莹:唐代人,生平不详。
㊲ 衔恩:不忘提拔之恩。 抚躬:意思是自己追思身世。
㊳ 推赤心于诸贤腹中:对贤人推心置腹。
㊴ 国士:对韩朝宗的尊称。
㊵ 尧、舜:传说中的原始社会末期部落联盟的首领,被后人尊为圣王。
㊶ 谟猷(móyóu):谋划。
㊷ 矜(jīn):矜持。这里是自负才能的意思。
㊸ 卷轴:古代在纸或帛上写诗作文,然后卷在轴上,就是一卷。

㊽ 尘秽视听:玷污了您的耳目,这是请别人看自己文章的自谦说法。
㊺ 刍荛(chúráo):指割草打柴的人,后多指草野之人。这里是李白对自己的谦称。
㊻ 庶:表示推测之词,有"或许"的意思。　青萍:宝剑名。　结绿:美玉名。
㊼ 薛:薛烛,春秋时越国人,善相剑。　卞:卞和,春秋时楚国人,善识玉,曾在荆山得璞玉,先后献给楚厉王、楚武王,被认为以石充玉,欺骗国君,砍掉了两足;后楚文王派匠人打磨璞玉,果然是一块好玉,称"和氏之璧"。

## 【译文】

我听到天下善于谈论的士人聚集在一起时说:"人生在世上不必定要封作万户侯,只希望能结识一下韩荆州。"为什么您让人景仰、倾慕到这种程度呢?还不是因为您能以周公那样的风度,亲自实行吐哺握发的美德,使得四海之内的豪杰,争相投奔到您的门下,一旦被您接待引荐,就如同鲤鱼跃过龙门,立刻身价提高十倍。所以那些才能超群的士人,都想要在您这里获得名声和评价。您不因自己地位高贵而傲视他们,也不因他们贫贱而轻视他们,那么您众多的门人中就会有毛遂那样的人物。假如给我表现才能的机会,那我就是毛遂了。

我本是陇西的平民,流落在楚汉之地。十五岁时喜好剑术,到处谒见诸侯,三十岁时写就文章,多次拜访卿相。我虽然身高不到七尺,而雄心壮志在万人之上。王公大臣都很赞许我的气节道义。这些都是我平日的心情和行为,怎敢不尽情向您倾吐呢?您的功绩可与神灵相比,您的品德操行惊动天地,您的文章阐发了大道,您的学问把天道与人事研究透了。希望您能真诚、愉快地接纳我,不因为我礼节简慢而加以拒绝。如果真的用盛宴招待我,听任我纵情畅谈,那么请您用一天写出上万字的文章来考我,只要片刻就能完成。现在天下的人把您当作品评文章的权威、衡量人物的标准,一经得到您的品评、赞许,就可成为公认的优秀士人。您何必舍不得用台阶前不满一尺的地方接见我,而不让我扬眉吐气、施展抱负,直上青云呢?

当初,王允出任豫州刺史,还未到任,就聘请了荀慈明;上任不久,又任用了孔融。山涛任冀州刺史时,选拔了三十多人,有的做了侍中,有的做了尚书。这都是前代人所称道赞美的。而您也曾举荐严协律,使他做了秘书郎,还有崔宗之、房习祖、黎昕、许莹等人。有的因为才华名气为您所知,有的因为品行纯洁被您赏识。我常看到他们怀恩感德,追思自己的身世,因而忠义之心激励奋发。我因此感动,知道您能推心置腹地接待贤人,这就是我不投奔他人而愿把自己托付给您的原因。倘若急难之中有用我之处,愿为您献身。

况且人不是尧舜,谁能够尽善尽美?我在谋划计策方面,怎么敢自我夸耀?至于撰写文章,累积成许多卷轴,那是很想烦您过目的。只怕这些雕虫小技,不能受到您的赏识。假如蒙您赐恩,想要观览我的文章的话,就请赐给我纸笔和抄写的人,那么我就回来扫除静室,誊写清楚便献上。或许那青萍宝剑、结绿玉石,能在薛烛、卞和的手里提高它们的价值。我这个地位低下的人,希望您能恩泽下人,多予奖励称誉。请您加以考虑。

# 春夜宴桃李园序

## 李 白

【题解】

本文生动地记述了李白和众兄弟在春夜聚会,饮酒赋诗的情景。抒发了作者热爱生活、热爱自然的欢快心情。虽然作者因受道家思想的影响,流露出"浮生若梦,为欢几何"的感伤情绪,但文章的基调是积极向上的。

文章写得潇洒自然,精彩的骈偶句式,使文章更加生色。

夫天地者,万物之逆旅①。光阴者,百代之过客。而浮生若梦②,为欢几何?古人秉烛夜游③,良有以也④!况阳春召我以烟景⑤,大块假我以文章⑥。会桃李之芳园,序天伦之乐事⑦。群季俊秀⑧,皆为惠连⑨。吾人咏歌,独惭康乐⑩。幽赏未已,高谈转清⑪。开琼筵以坐花⑫,飞羽觞而醉月⑬。不有佳作,何伸雅怀?如诗不成,罚依金谷酒数。⑭

【注释】

① 逆旅:客舍。
② 浮生:人生短促,飘浮无定。
③ 秉烛夜游:指人生短暂,应该及时行乐。秉,拿。
④ 良:确实。 以:原因。
⑤ 烟景:指春天烟雾朦胧的秀丽景色。
⑥ 大块:天地,这里指大自然。 文章:指锦绣河山。
⑦ 序:通"叙"。这里是畅谈的意思。 天伦:旧指父子、兄弟等亲属关系。这里指兄弟关系。
⑧ 群季:诸弟。季,古代兄弟按年龄排行,称伯、仲、叔、季。
⑨ 惠连:指谢惠连。南朝文学家。十岁能作诗文。是当时著名诗人谢灵运的族弟,时称他们为"大小谢"。作者在这里赞美诸弟都有谢惠连的才华。
⑩ 康乐:谢灵运袭封康乐公,世称谢康乐。作者自谦无灵运之才。
⑪ 清:清雅。
⑫ 琼筵:华贵的筵席。
⑬ 飞羽觞:比喻杯盏交错,开怀痛饮。羽觞,古代的一种双耳酒杯。
⑭ 金谷:园名。晋人石崇建金谷园,宴客赋诗,凡不能写诗的,罚酒三杯。

【译文】

　　天地是万物的旅舍,时光是百代的过客。人生飘浮无常,好似梦幻一般,欢乐的日子能有多少呢?古人拿着蜡烛,在夜间游乐,确实是有原因的!何况清明温和的春天以秀美的景色来召唤我们,大自然又给我们提供了一派锦绣风光。现在聚会在桃李芬芳的花园里,畅谈兄弟间的乐事。诸弟聪明过人,都有谢惠连的才华。大家咏诗歌唱,唯独我不能和谢康乐相比而感到羞愧。静静地欣赏春夜的景色还没有完了,纵情的谈论又转向清雅。摆出豪华的筵席,坐在花丛中间,酒杯频传,醉倒在月光之下。没有好的诗篇,怎能抒发高雅的情怀?如有作诗不成的,按照金谷园的先例,罚酒三杯。

# 吊古战场文

## 李 华

【题解】

李华(715年—766年),字遐叔,赵州赞皇(今属河北)人,唐玄宗开元二十三年进士。历官监察御史、右补阙。安史之乱时,被叛军俘获,接受凤阁舍人官职。乱平后被贬为杭州司户参军。后又曾充任吏部员外郎,因病辞职隐居。唐初文坛受六朝华靡文风的影响,骈文流行,内容空虚,形式绮靡。李华与萧颖士等提倡古文,力图改革文风,起了一定的作用。著有《李遐叔文集》。

本文是作者精心构思的名篇,借描写古战场上空旷荒凉、极目悲怆的情景,以及回顾昔日战争惊心动魄的场面,极力渲染战争的阴森可怖。作者联想到古往今来中原与四方少数民族时战时和的历史,对战争中阵亡的将士表示了痛惜,表达了希望和平、停止战争的善良愿望。但历史上的战争各有其不同的性质,不能一概而论。这是作者认识不到的。

本篇虽是骈文,但写得比较质朴,笔调哀婉,感情真挚,时而凄厉,时而忧郁,行文回环往复,凄凄切切,有很强的艺术感染力量。

浩浩乎平沙无垠①,敻不见人②。河水萦带③,群山纠纷④。黯兮惨悴⑤,风悲日曛⑥。蓬断草枯⑦,凛若霜晨。鸟飞不下,兽铤亡群⑧。亭长告余曰⑨:"此古战场也。常覆三军⑩。往往鬼哭,天阴则闻。"伤心哉!秦欤,汉欤,将近代欤?

吾闻夫齐魏徭戍⑪,荆韩召募⑫。万里奔走,连年暴露⑬。沙草晨牧,河冰夜渡。地阔天长,不知归路。寄身锋刃,腷臆谁诉⑭?秦汉而还,多事四夷⑮。中州耗斁⑯,无世无之。古称戎夏⑰,不抗王师。文教失宣⑱,武臣用奇⑲。奇兵有异于仁义,王道迂阔而莫为⑳。呜呼噫嘻!

吾想夫北风振漠,胡兵伺便㉑。主将骄敌,期门受战㉒。野竖旄旗㉓,川回组练㉔。法重心骇,威尊命贱。利镞穿骨㉕,惊沙入面。主客相搏㉖,山川震眩㉗。声析江河㉘,势崩雷电。至若穷阴凝闭㉙,凛冽海隅;积雪没胫㉛,坚冰在须;鸷鸟休巢㉜,征马踟蹰㉝;缯纩无温㉞,堕指裂肤。当此苦寒,天假强胡,凭陵杀气㉟,以相剪屠㊱。径截辎重㊲,横攻士卒。都尉新降㊳,将军覆没。尸填巨港之岸㊴,血满长城之窟㊵。无贵无贱,同为枯骨,可胜言哉!鼓衰兮力尽,矢竭兮弦绝,白刃交兮宝刀折,两军蹙兮生死决㊶。降矣哉?终身夷狄。战矣哉?骨暴沙砾㊷。鸟无声兮山寂寂,夜正长兮风淅淅㊸。魂魄结兮天沉沉㊹,鬼神聚兮云幂幂㊺。日光寒兮草短,月色苦兮霜白。伤心惨目,有如是耶!

吾闻之:牧用赵卒㊻,大破林胡㊼,开地千里,遁逃匈奴。汉倾天下㊽,财殚力痛㊾。任人而已,其在多乎?周逐猃狁㊿,北至太原㈤,既城朔方㈥,全师而还。饮至策勋㈦,和乐且闲,穆穆棣棣㈧,君臣之间。秦起长城,竟海为关,荼毒生灵㈨,万里朱殷㈩。汉击匈奴㈦,虽得阴山㈧,枕骸遍野㈨,功不补患。

苍苍蒸民㈠,谁无父母?提携捧负㈡,畏其不寿。谁无兄弟,如足如手?谁无夫妇,如宾如友?生也何恩?杀之何咎㈢?其存其没,家莫闻知。人或有言,将信将疑,悁悁心目㈣,寝寐见之。布奠倾觞,哭望天涯。天地为愁,草木凄悲。吊祭不至,精魂何依㈤?必有凶年㈥,人其流离。呜呼噫嘻!时耶?命耶?从古如斯。为之奈何?守在四夷㈦。

【注释】

① 浩浩:辽阔广大的样子。　垠(yín):边际。
② 夐(xiòng):空旷。
③ 萦带:像带子一样环绕着。萦,环绕。
④ 纠纷:交错杂乱的样子。
⑤ 黯:暗淡无光。　惨悴:凄惨忧伤。
⑥ 曛(xūn):落日的余光。这里指天色昏暗不明。
⑦ 蓬:草名。枯后根断,遇风飞旋,又名飞蓬。
⑧ 铤(tǐng):快跑。
⑨ 亭长:秦汉制度,十里一亭,设亭长一人,掌捕劾盗贼。唐代亭长是地方上掌管治安和传达禁令的小官吏。
⑩ 三军:春秋时诸侯大国多设有左、中、右三军。
⑪ 齐魏:与下文荆韩是战国时的大国。这里代指战国时代。　徭:劳役。戍:守边。
⑫ 荆:即楚国。　召募:指招募兵员。
⑬ 暴(pù):这个字今写作"曝",指日晒。　露:指露宿野外。
⑭ 膇臆(bìyì):郁闷的心情。
⑮ 事:指征伐用兵之事。　夷:指边疆的少数民族。
⑯ 中州:指中原地区。　敦(dù):败坏。
⑰ 戎夏:指中原及边疆各民族。戎,指边疆少数民族。夏,指中原民族。
⑱ 文教:旧称用以统治天下的典章制度,如礼、乐等。　失宣:不提倡。
⑲ 奇:指奇诡的计谋。
⑳ 王道:古代儒家所宣扬的用仁义礼乐治理天下的办法。　迂阔:迂远而不切实际。
㉑ 胡:古代对北方、西方各少数民族的通称。　伺便:乘机。
㉒ 期门:汉武帝外出,必与禁中侍卫及北地良家子能骑射者期(约会)于殿门,所以把执兵器护送的人叫作"期门"。这里指军门,兵营的大门。
㉓ 旄(máo)旗:用牦牛尾装饰的旗子。这里泛指军旗。
㉔ 回:这里是来回奔跑的意思。　组练:本指战士所穿的两种衣甲,引申为军队。
㉕ 镞(zú):箭头。

㉖ 主客:指敌我双方。

㉗ 眩:迷乱。

㉘ 析:这里是崩裂的意思。

㉙ 穷阴:天色很阴沉。 凝闭:浓云密布。

㉚ 海隅:海角,这里指边地。

㉛ 胫(jìng):小腿。

㉜ 鸷鸟:凶猛的鸟。 休巢:歇巢不出。

㉝ 踟蹰:徘徊不前。此指畏寒而不前。

㉞ 缯(zēng)纩(kuàng):指丝和棉做成的衣服。缯,丝织品的总称。纩,棉絮。

㉟ 凭陵:依凭。

㊱ 剪:剪径,抢掠。

㊲ 径截:恣意截击。 辎重:军用物资的统称。

㊳ 都尉:武官名。与下文"将军"都是泛指武官。

㊴ 港:河。

㊵ 窟:孔穴。

㊶ 蹙(cù):迫近,此指两军相接。

㊷ 砾(lì):碎石。

㊸ 淅淅:萧瑟凄凉。风声。

㊹ 魂魄:古代称人的精神灵气为魂魄。

㊺ 幂(mì)幂:阴森,凄惨的样子。

㊻ 牧:李牧,战国时赵国抗击匈奴的名将。据《史记》记载,他大破匈奴,杀十余万骑。

㊼ 林胡:匈奴的一支。

㊽ 汉倾天下:指汉朝从文帝时开始积蓄力量,到武帝时,发动三次大规模抗击匈奴的战争,以致耗竭全国财力。

㊾ 殚(dān):竭尽。 痡(pū):病。这里指疲敝。

㊿ 猃狁(Xiǎnyǔn):也作"玁狁",我国北方的一个民族。

(51) 太原:在今山西省西南部。《诗经·小雅·弓月》:"薄伐玁狁,至于太原。"

(52) 既城朔方:语出《诗经·小雅·出车》:"天子命我,城彼朔方。"城,筑城。朔方,北方。

(53) 饮至:古时诸侯朝见、会盟、征伐完毕都要到宗庙里告祭祖先,饮酒庆贺,叫作“饮至”。 策勋:把功勋记在简策上。

(54) 穆(mù)穆:仪表端庄恭敬,多用以颂扬帝王。 棣(dì)棣:仪态娴雅和顺。

(55) 荼(tú)毒:毒害、残害。荼,苦菜。毒,螫人的虫。

(56) 朱殷:这里指血。朱,红色。殷,赤黑色。

(57) 汉击匈奴:汉武帝时,由大将军卫青,骠骑将军霍去病率兵北征匈奴,占领阴山一带,并设兵屯守,匈奴从此势衰。但汉朝也损失极重。

(58) 阴山:山名。起于河套西北,绵亘内蒙古自治区东北,与内兴安岭相接。

(59) 枕骸:尸骨相枕,形容死人极多。

(60) 苍苍:盛多的样子。 蒸:通“烝”,众。

(61) 提携捧负:此指尽心尽力供养父母。提携,搀扶。捧,两手承托。负,以背载物。

(62) 咎(jiù):罪过。

(63) 悁(juān)悁:忧闷的样子。

(64) 布奠:陈列祭品。 倾觞(shāng):把酒杯里的酒倒在地上。觞,盛酒器。

(65) 精魂:战死者的灵魂。

(66) 凶年:荒年。《老子》:“大军(指战争)之后,必有荒年。”

(67) 守在四夷:意思是只有行“王道”,四夷才能各为帝王守土。

## 【译文】

广漠的沙场,无边无际,渺无人影。河水蜿蜒如带,群山交错纵横。景色黯淡愁惨,风声悲惨,天色昏暗不明。蓬根断折,野草枯萎,寒气凛冽如同降霜的早晨。鸟儿惊飞不停,野兽狂奔失群。亭长告诉我说:“这里是古代的战场,军队常常在这里全军覆没。天阴时节,往往可以听到鬼的哭声。”伤心啊!这是秦代的战场,汉代的战场,还是近代的战场呢?

我听说,战国时各国征发徭役,招募兵员,戍守边塞。他们万里跋涉,常年露宿荒野,遭受日晒雨淋。早晨,在沙漠中的草原上放牧,深夜,从结冰的黄河上穿过。天远地阔,不知何处是归途。置身于枪锋刀刃之间,郁闷的心情向谁倾诉?秦汉以来,四方边境的军事行动不停,中原凋敝破败,没有一个朝代不是如此。古人说,中原和四方都不敢抗拒帝王的军队。但是后来礼乐教化废而不用,武将的奇谋却得以施展。背弃仁义而用奇兵偷袭,认为儒家的王道迂阔而置之不理。唉,哎呀!

我想,在那北风掀动沙漠的时候,胡兵便乘机入侵。主帅骄傲轻敌,在军门仓皇应战。原野上树起军旗,沿着河岸往来飞奔。军法严厉,人心恐惧,将军的威严至高无上,而士兵的生命极为卑贱。利箭穿骨,飞沙扑面,两军激战,厮杀声震撼山川。激战的声浪似江河崩裂,攻势如同雷鸣闪电。至于在天气阴沉、乌云密布的日子里,寒气侵袭边地;积雪没过小腿,冰凌挂在胡须;凶猛的飞禽躲在巢中,战马徘徊踟蹰;丝棉衣服不能保暖,冻断手指,冻裂皮肤。在这凄苦寒冷的时候,老天总是帮助强胡,让他们凭着严寒天气,前来抢掠屠杀。从正面截取辎重,从侧面攻杀士卒。都尉刚刚投降,将军又战败身亡。尸体堆积在河流两岸,鲜血注满了长城的洞窟。不论贵贱,一同化作枯骨,那悲惨情景怎能说得尽呢!鼓声低落啊,气力耗尽,箭枝用光啊,弓弦断绝,白刃相击啊,宝刀断裂,两军相迫啊,生死相决。投降吗?终身成为夷狄。拼死吗?尸骨暴露于荒漠。鸟儿无声啊,山谷寂寂,长夜漫漫啊,风声凄凄。魂魄集结啊,天色沉沉,鬼神相聚啊,阴云森森。日光寒冷啊,百草不长,月色惨淡啊,映照白霜。令人伤心惨不忍睹的竟是这样的景象!

我听说:李牧率领赵国的士兵,大败林胡,开辟千里土地,使匈奴逃往远方。汉朝动用了全国之力攻打匈奴,致使财尽力竭。戍守边疆,在于用人得当罢了,难道在于戍边军队的众多吗?周朝驱逐猃狁,一直赶到北面的太原,在北方筑起了城墙,军队凯旋。回到国都告祭祖先,记载功勋,君臣和睦闲适,彼此相敬相安。秦国修筑长城,关口一直设到海边,残害百姓,血流万里。汉朝进击匈奴,虽然夺了阴山,却使尸骨遍野,功劳不能弥补损失。

天下这么众多的百姓,谁人没有父母?即使尽心供养,还担心他们不能长寿。谁人没有兄弟,相亲相爱如同手足?谁人没有夫妻相敬如宾,相爱如友?他们活着,难道是谁的恩德?他们被杀死在战场,难道对谁犯了罪过?他们或生或死,家人无从得知。偶尔听到有人谈起他们战死的消息,也是半信半疑,心里忧愁。只能在梦中见到他们。洒酒设祭,望着天边哭泣。天地为他们忧愁,草木替他们悲伤。祭奠之情达不到远方,魂魄依附何处呢?大战之后必有荒年,人们又将到处流离。唉,哎呀!是时运决定的呢,还是命中注定的呢?自古以来一直如此。这又有什么办法呢?只有使四方各族都为天子守卫疆土。

# 陋 室 铭

## 刘禹锡

【题解】

　　刘禹锡(772年—842年),字梦得,彭城(今江苏徐州市)人。唐德宗贞元年间中进士,是唐代一位进步的思想家,又是一位有成就的文学家。

　　刘禹锡生活在安史之乱以后的中唐时期,他关心社会现实,忧虑国计民生,很有抱负。曾参加较进步的王叔文集团,推行过一些革新措施。改革失败后,长期被贬,直到晚年才回到洛阳。

　　刘禹锡长于诗文。他的诗在学习、吸收巴蜀民歌的基础上,形成了自己朴素、自然、清新、开朗的风格。居洛阳时与白居易唱和很多,世称"刘白"。有《刘梦得文集》传世。

　　本文借描述简陋居室的生活,抒发自己的情怀,使一个坦荡乐观、孤芳自赏、不屑与世俗同流合污的文人的形象跃然纸上,文章虽短,意趣洋溢。

　　山不在高,有仙则名;水不在深,有龙则灵。斯是陋室①,唯吾德馨②。苔痕上阶绿,草色入帘青。谈笑有鸿儒③,往来无白丁④。可以调素琴,阅金经⑤。无丝竹之乱耳⑥,无案牍之劳形⑦。南阳诸葛庐⑧,西蜀子云亭⑨。孔子云:"何陋之有⑩?"

【注释】

① 斯:此,这。
② 馨(xīn):能散布到远处去的芳香。这里指德行的美好。
③ 鸿儒:指学识渊博的学者。鸿,大。
④ 白丁:无官职的平民。这里指缺乏文化的人。
⑤ 金经:指用泥金(一种用金箔和胶水制成的金色颜料)书写的佛经。
⑥ 丝竹:丝,指弦乐器。竹,管乐器。这里泛指乐器发出的声音。
⑦ 案牍:指官府的文书。
⑧ 诸葛:指诸葛亮。三国时蜀国丞相。未出山前,曾隐居在南阳郡邓县之隆中(今湖北襄阳西)茅庐中。
⑨ 子云:扬雄字子云,成都人,西汉辞赋家。
⑩ 何陋之有:语出《论语·子罕》篇:"子曰:'君子居之,何陋之有?'"这里只引用"何陋之有",即含有"君子居之"的意思。

【译文】

　　山不在高,有神仙就会著名;水不在深,有蛟龙就显示神灵。这小屋虽然简陋,但我的德行却远近传闻。碧绿的苔痕布满台阶,青青的草色映进门帘。博学之士在这里谈笑风生,往来的朋友都是有知识的人。既可以弹奏朴素无华的琴,又可以阅读金字的经。没有管弦乐曲扰乱心境,也没有官府文书劳神伤身。如同南阳的诸葛庐,又像西蜀的子云亭。孔子说过:"这有什么简陋?"

# 阿房宫赋

## 杜 牧

【题解】

杜牧(803年—853年),字牧之,唐代京兆万年(今陕西长安)人。出身于官僚士族家庭,二十六岁中进士,官至中书舍人。

杜牧生活在晚唐多事之秋,朝廷内外矛盾重重,唐王朝已经走上了衰亡的道路。杜牧站在维护唐王朝统治阶级的立场上,研究时政,总结历史,企图恢复盛唐时期的繁荣局面。在文学上,杜牧提倡文以致用,在文学史上占有重要地位。他擅长写诗歌、散文,诗歌创作有很高的成就,因此被称为"小杜"以别于杜甫。

唐代晚期的帝王大修宫室,骄奢淫逸。杜牧因此作《阿房宫赋》,假借秦事以讽刺当朝,告诫当世的统治者,只贪图享乐,剥削过度,就会重蹈秦朝的覆辙。

这篇赋以铺叙、夸张的手法描写了阿房宫的华丽建筑,以丰富的想象、新颖的比喻、瑰丽的语言描绘出一幅宏伟画卷。其中,有对景物的刻画,有对人物的特写,虚实结合,华而不浮,寓意深刻。同时,文章还充满抑扬顿挫的音乐美,使人读后,更觉回肠荡气,具有余音绕梁的艺术效果。

六王毕①,四海一。蜀山兀②,阿房出③。覆压三百余里,隔离天日。骊山北构而西折④,直走咸阳⑤。二川溶溶⑥,流入宫墙。五步一楼,十步一阁;廊腰缦回,檐牙高啄⑦,各抱地势,钩心斗角。盘盘焉,囷囷焉⑧,蜂房水涡,矗不知其几千万落。长桥卧波,未云何龙?复道行空⑨,不霁何虹⑩?高低冥迷,不知西东。歌台暖响,春光融融;舞殿冷袖,风雨凄凄。

一日之内,一宫之间,而气候不齐。

妃嫔媵嫱⑪,王子皇孙,辞楼下殿,辇来于秦⑫。朝歌夜弦,为秦宫人。明星荧荧,开妆镜也;绿云扰扰,梳晓鬟也⑬。渭流涨腻,弃脂水也;烟斜雾横,焚椒兰也⑭。雷霆乍惊,宫车过也;辘辘远听,杳不知其所之也。一肌一容,尽态极妍,缦立远视⑮,而望幸焉⑯。有不得见者三十六年。燕赵之收藏,韩魏之经营,齐楚之精英,几世几年,取掠其人,倚叠如山。一旦不能有,输来其间。鼎铛玉石⑰,金块珠砾,弃掷逦迤⑱,秦人视之,亦不甚惜。

嗟乎! 一人之心,千万人之心也。秦爱纷奢,人亦念其家。奈何取之尽锱铢⑲,用之如泥沙? 使负栋之柱,多于南亩之农夫;架梁之椽,多于机上之工女;钉头磷磷⑳,多于在庾之粟粒㉑,瓦缝参差,多于周身之帛缕;直栏横槛,多于九土之城郭;管弦呕哑㉒,多于市人之言语。使天下之人,不敢言而敢怒。独夫之心,日益骄固。戍卒叫,函谷举㉓,楚人一炬,可怜焦土!

呜呼! 灭六国者,六国也,非秦也。族秦者,秦也,非天下也。嗟夫! 使六国各爱其人,则足以拒秦;秦复爱六国之人,则递三世,可至万世而为君,谁得而族灭也? 秦人不暇自哀,而后人哀之。后人哀之而不鉴之,亦使后人而复哀后人也㉔!

## 【注释】

① 六王:指燕、赵、韩、魏、齐、楚六国君主。 毕:完毕。这里指六王统治的结束。
② 兀(wù):山顶平秃。这里指山上的树木被砍光了。
③ 阿房宫:遗址在今西安市西阿房村。
④ 骊山:在今陕西临潼东南。
⑤ 咸阳:在今陕西咸阳东北。

⑥ 二川:指渭川和樊川。 溶溶:河水流动的样子。
⑦ 檐牙:指房檐的滴水瓦排列得和牙齿一样。
⑧ 囷(qūn)囷焉:曲折回旋的样子。
⑨ 复道:楼阁之间架木构成的通道。
⑩ 霁(jì):雨后初晴。
⑪ 妃(fēi):指皇帝的妾、太子王侯的妻。 嫔(pín)、嫱(qiáng):都是宫廷里的女官。这里指宫妃。 媵(yìng):陪嫁的人。这里指宫女。
⑫ 辇:帝王和皇后所乘的车,这里作动词用。
⑬ 鬟(huán):古代妇女梳的环形发结。
⑭ 椒兰:都是香料。
⑮ 缦立:久久地站立。缦,通"慢"。
⑯ 幸:古代指天子车驾到达某地。
⑰ 铛(chēng):一种平底浅锅。
⑱ 逦迤(lǐyǐ):连续不断的样子。
⑲ 锱铢(zīzhū):古代重量单位,六铢为一锱,一铢略等于后来一两的二十四分之一。用来比喻轻微。
⑳ 磷(lín)磷:这里是形容显露的样子。
㉑ 庾(yǔ):露天的谷仓。
㉒ 呕哑(ōuyā):形容杂乱的乐器声。
㉓ 函谷:指函谷关,在今河南灵宝东北。
㉔ 亦使后人而复哀后人:前一个"后人"指唐代以后的人,后一个"后人"指唐代统治者。

# 【译文】

　　六国覆亡,天下统一。蜀中山林砍伐一空,阿房宫得以建成。它覆盖了三百多里的地面,遮蔽了天空和太阳。从骊山开始向北构筑,再往西折,直达咸阳。渭川、樊川的水缓缓流动,一直流入宫墙。五步一楼,十步一阁。游廊如绸带回绕,飞檐像鸟嘴仰啄。楼阁各依地势,参差环抱,房心勾连,檐牙如飞龙斗角。盘盘绕绕,曲折回旋,像蜂房那样密集,如水涡那样套连,高高耸立,不知有几千万座。没有云彩哪里会有游龙?原来是长桥横卧在水波上!没有雨后斜阳,怎么会有彩虹？原来是沟通楼阁的复道架设在高空！高高低低，幽冥迷离，辨不出南北西东。台上歌声温柔，使人感到春天一样的和煦，殿中舞袖低昂，使人感到风雨交加的一片寒意。在一天之内，一座宫殿里，气候的变化竟是这样不同。

六国的妃嫔媵嫱、王子皇孙，离开了故国的楼阁、宫殿，乘车来到秦国。他们早上唱歌，晚上弹琴，成了秦国的宫人。明星闪烁，是他们打开了梳妆的明镜；绿云纷扰，是他们早晨在梳理发鬟。渭水上泛起一层油腻，是他们泼下的洗脸水；烟雾到处弥漫，是他们在焚烧椒兰。雷霆般的响声骤然而起，是宫车从这里经过；车轮声渐远渐弱，不知它去向何方。每一个宫人都尽量显示自己的妩媚娇妍，久久地伫立着遥望远方，盼望皇帝的到来。其中有的三十六年始终不曾与始皇见面。燕赵收藏的奇珍、韩魏经营的宝物、齐楚保存的重器，都是多少代、多少年从它们国家的人民手中抢夺来的，堆积得像山一般。一旦国破家亡，都远到这里来。在这里视鼎如铛，视玉如石，把金子当土块，拿珍珠做瓦片，四处抛弃，秦人见了，也不觉得可惜。

唉！一个人的心，也就是千万人的心！秦始皇喜欢奢侈，百姓也眷念着自己的家。为什么掠夺时连一点点也不放过，使用起来却把它当成泥沙呢？使得负荷大梁的柱子，比在地里耕田的农夫还要多；架在屋梁上的椽子，比织机上的织女还要多；一个个显露的钉头，比粮仓里的谷粒还要多；参差不齐的瓦缝，比人们身上穿的丝缕还要多；直的栏杆、横的门槛，比九州的城郭还要多；呕哑的管弦声，比市上人们的言语还要嘈杂。使天下人都敢怒而不敢言，秦始皇这个独夫的心却日益骄横顽固。陈胜、吴广振臂一呼，刘邦一举攻占函谷关，楚霸王项羽的一把大火，可惜那阿房宫变成了一片焦土！

唉！灭掉六国的，是六国本身，而不是秦国；灭掉秦国的，也是秦国本身，而不是天下的人！唉！假使六国君主能爱抚他们自己的百姓，就足以抵挡秦国了；秦始皇如果也能爱抚六国的百姓，那么就可以传到三世，以至万世，世世为君主，谁又能灭亡秦国呢？秦始皇没有顾得上哀怜自己，却使后代的人哀怜他；后代的人哀怜他而不以他为借鉴，那就会使后代的人再来哀怜他们啊！

# 原　道

## 韩　愈

## 【题解】

韩愈(768年—824年),字退之,河内河阳(今河南孟州)人。出身于中小地主家庭,勤奋自学,二十五岁中进士,二十九岁应宣武节度使董晋征为属官。后官至吏部侍郎。

韩愈生活在中唐时期。当时社会危机四伏,藩镇割据和朝廷内部的权力争夺,成为直接威胁唐王朝的两大祸患,更兼政治腐败、经济凋敝,人民苦不堪言。韩愈维护中央集权,反对藩镇割据,也比较关心人民疾苦,曾上书要求减免灾区赋税,罢除宫市。被贬为地方官后,还曾赎出过一些债务奴婢。韩愈站在正统儒家的立场上反对佛教和道教,曾因上书劝阻迎佛骨触怒唐宪宗,几乎被杀。

韩愈是当时古文运动的领导者。他提出"文以载道"的主张,反对南北朝以来华而不实的文风,反对当时流行的骈文,提倡学习先秦两汉的"古文",要求变革文体。在他和柳宗元等人的倡导下,在文坛上开展了一个古文运动,使文体为之一变,促进了散文的发展。

本文是韩愈的一篇著名哲学论文。

唐朝中后期,由于封建统治者的热心提倡,佛教、道教泛滥成灾,僧侣、道士中的上层人物拥有大量寺院田产,勾结官府,兼并土地,剥削农民,形成一个特殊的大地主阶层,加重了人民的负担,也影响了封建政府的财政收入。韩愈在本文中从维护封建统治的立场出发,猛烈地抨击佛道二教。这在当时是有积极意义的。

但是,韩愈反佛道二教是从正统的儒家思想出发的。他在文章中反复论证的,就是用儒家的思想体系来建立封建社会秩序的合理性和必要性。他着重驳斥佛道二教的,也正是佛道二教的"道"所不利于封建秩序的地方,以封建正统的道德伦理观来批判宗教。

　　这篇文章大开大阖,有破有立,反复论述,气势充沛,有如大江奔流,一泻千里,代表了韩文的主要风格。语言也有一定特色,其中"不塞不流,不止不行"等语已成为今天常用的语句。

　　博爱之谓仁,行而宜之之谓义,由是而之焉之谓道[①],足乎己无待于外之谓德。仁与义为定名,道与德为虚位。故道有君子小人,而德有凶有吉。老子之小仁义[②],非毁之也,其见者小也。坐井而观天,曰天小者,非天小也。彼以煦煦为仁[③],孑孑为义[④],其小之也则宜。其所谓道,道其所道,非吾所谓道也。其所谓德,德其所德,非吾所谓德也。凡吾所谓道德云者,合仁与义言之也,天下之公言也。老子之所谓道德云者,去仁与义言之也,一人之私言也。

　　周道衰,孔子没[⑤],火于秦[⑥]。黄老于汉[⑦],佛于晋魏梁隋之间[⑧]。其言道德仁义者,不入于杨[⑨],则入于墨[⑩];不入于老,则入于佛。入于彼,必出于此。入者主之,出者奴之。入者附之,出者污之。噫,后之人其欲闻仁义道德之说,孰从而听之?老者曰:"孔子,吾师之弟子也。"佛者曰:"孔子,吾师之弟子也。"为孔子者,习闻其说,乐其诞而自小也,亦曰"吾师亦尝师之"云尔[⑪]。不惟举之于其口,而又笔之于其书。噫,后之人虽欲闻仁义道德之说,其孰从而求之?甚矣!人之好怪也。不求其端,不讯其末,惟怪之欲闻。

　　古之为民者四[⑫],今之为民者六[⑬]。古之教者处其一,今之教者处其三。农之家一,而食粟之家六。工之家一,而用器之家六。贾之家一[⑭],而资焉之家六[⑮]。奈之何民不穷且盗也?古之时,人之害多矣。有圣人者立,然后教之以相生相养之道。为之君,为之师。驱其虫蛇禽兽而处之中土。寒然后为之衣,饥然后为之食。木处而颠,土处而病也,然后为之宫室⑯。为之工以赡其器用⑰,为之贾以通其有无,为之医药以济其夭死,为之葬埋祭祀以长其恩爱,为之礼以次其先后,为之乐以宣其湮郁⑱,为之政以率其怠倦⑲,为之刑以锄其强梗。相欺也,为之符、玺、斗斛、权衡以信之⑳。相夺也,为之城郭甲兵以守之㉑。害至而为之备,患生而为之防。今其言曰㉒:"圣人不死,大盗不止。剖斗折衡,而民不争。"呜呼!其亦不思而已矣。如古之无圣人,人之类灭久矣。何也?无羽毛鳞介以居寒热也㉓,无爪牙以争食也。

是故君者,出令者也;臣者,行君之令而致之民者也;民者,出粟米麻丝,作器皿,通货财,以事其上者也。君不出令,则失其所以为君;臣不行君之令而致之民,则失其所以为臣;民不出粟米麻丝,作器皿,通货财,以事其上,则诛。今其法曰:"必弃而君臣㉔,去而父子,禁而相生相养之道,以求其所谓清净寂灭者㉕。"呜呼!其亦幸而出于三代之后,不见黜于禹、汤、文、武、周公、孔子也㉖;其亦不幸而不出于三代之前,不见正于禹、汤、文、武、周公、孔子也。

帝之与王㉗,其号虽殊,其所以为圣一也。夏葛而冬裘㉘,渴饮而饥食,其事虽殊,其所以为智一也。今其言曰:"曷不为太古之无事?"是亦责冬之裘者曰:"曷不为葛之之易也?"责饥之食者曰:"曷不为饮之之易也?"传曰㉙:"古之欲明明德于天下者,先治其国;欲治其国者,先齐其家㉚;欲齐其家者,先修其身;欲修其身者,先正其心;欲正其心者,先诚其意。"然则古之所谓正心而诚意者,将以有为也。今也欲治其心,而外天下国家,灭其天常㉛,子焉而不父其父,臣焉而不君其君,民焉而不事其事。孔子之作《春秋》也㉜,诸侯用夷礼㉝,则夷之;进于中国,则中国之。经曰㉞:"夷狄之有君,不如诸夏之亡㉟。"《诗》曰㊱:"戎狄是膺㊲,荆舒是惩㊳。"今也,举夷狄之法,而加之先王之教之上,几何其不胥而为夷也㊴?

夫所谓先王之教者，何也？博爱之谓仁，行而宜之之谓义，由是而之焉之谓道，足乎己无待于外之谓德。其文，《诗》《书》《易》《春秋》⑩；其法，礼乐刑政；其民，士农工贾；其位，君臣父子、师友、宾主、昆弟、夫妇；其服，麻丝；其居，宫室；其食，粟米果蔬鱼肉。其为道易明，而其为教易行也。是故以之为己，则顺而祥；以之为人，则爱而公；以之为心，则和而平；以之为天下国家，无所处而不当。是故生则得其情，死则尽其常。郊焉而天神假㊶，庙焉而人鬼飨㊷。曰："斯道也，何道也？"曰："斯吾所谓道也，非向所谓老与佛之道也㊸。"尧以是传之舜㊹，舜以是传之禹，禹以是传之汤，汤以是传之文武周公，文武周公传之孔子，孔子传之孟轲㊺。轲之死，不得其传焉。荀与扬也㊻，择焉而不精，语焉而不详。由周公而上，上而为君，故其事行。由周公而下，下而为臣，故其说长。然则如之何而可也？曰："不塞不流，不止不行。人其人，火其书，庐其居。明先王之道以道之㊼。鳏寡孤独废疾者有养也㊽，其亦庶乎其可也㊾。"

【注释】

① 之：至，到达。
② 老子：春秋时著名哲学家，姓李，名耳，楚国人。创立道家学派，并被后来的道教奉为始祖。著有《老子》（又名《道德经》）一书。
③ 煦（xù）煦：指小恩小惠。
④ 孑（jié）孑：形容谨小慎微。
⑤ 孔子：名丘，字仲尼，鲁国陬邑（今山东曲阜）人。春秋末年著名思想家、教育家，儒家学派的创始人。　没：通"殁"，死。
⑥ 火于秦：指秦始皇焚书。
⑦ 黄老：道家流派，汉初流行并发展起来，以道家为本，兼采各家学说，比较注重法治，主张守成无为，为汉初统治者所尊奉。黄，指黄帝，传说中的古帝王。老，即老子。

⑧ 佛:佛教,世界主要宗教之一。前6世纪至前5世纪释迦牟尼创立。释迦牟尼出生于今尼泊尔境内,后在印度从事宗教活动。佛教主张"众生平等""有生皆苦",以涅槃(超脱生死)为理想境界。后为剥削阶级所利用。东汉初年传入我国洛阳。 魏:指南北朝时期由鲜卑族拓跋氏建立的北魏。

⑨ 杨:杨朱,战国时哲学家,主张"轻物重生""为我",并和儒家墨家对立。

⑩ 墨:墨翟,鲁国人,战国初年的思想家。主张"兼爱""薄葬",和儒家对立。

⑪ 云尔:语助词,相当于"等等"。

⑫ 为民者四:指士、农、工、商四种人。作者认为"士"是施行教化的人,故下文说"处其一"。

⑬ 为民者六:指当时的士、农、工、商和佛教徒、道教徒。作者认为,佛教徒、道教徒也是施行教化的人,故下文说"处其三"。

⑭ 贾(gǔ):商人。这里用作动词,是经商的意思。

⑮ 资:依赖。 焉:于此。

⑯ 宫:房屋。

⑰ 赡:供应。

⑱ 宣:排解。 湮(yān)郁:心中的积闷。

⑲ 率:通"律"。

⑳ 符:古代一种凭证,双方各执一半。 玺(xǐ):印信。 斛(hú):量器。权:秤砣。 衡:秤杆。

㉑ 郭:外城。

㉒ 今其言曰:引文出自《庄子·胠箧》篇。

㉓ 介:甲。

㉔ 而:通"尔",你们。下两句中的"而"同此。

㉕ 清净寂灭:道教和佛教修行的理想境界,指一切欲望和念头以及现实世界都是虚幻的。

㉖ 禹:传说中古代部落联盟领袖,曾治理过洪水。其子启建立了夏朝。汤:商王朝建立者。 文:周文王,商末周族领袖。 武:周武王,周文王之子,灭商,建立西周。 周公:西周初年政治家,周武王弟,曾协助武王灭商。武王死后,又辅佐年幼的成王,建立了周朝的典章制度,加强了奴隶主阶级的统治。

㉗ 帝：这里指尧舜的称号。　王：这里指禹、汤、文、武的称号。

㉘ 葛：多年生藤本植物，茎纤维可织葛布，古时作夏衣。这里用作动词，是穿夏衣的意思。

㉙ 传(zhuàn)：解释儒家经典的书籍。引文出自《礼记·大学》。

㉚ 齐：整治。

㉛ 天常：这里指天伦，即君臣、父子等封建伦理关系。

㉜ 《春秋》：春秋时鲁国史官所编的史书。过去相传为孔子所作。

㉝ 夷：古代泛指当时中原以外的少数民族。下文"夷狄"合称，义同。

㉞ 经：指儒家经典。引文出自《论语·八佾》篇。

㉟ 诸夏：古代指中原各诸侯国。　亡：通"无"。

㊱ 《诗》：《诗经》，西周及春秋前期的诗歌总集。引文见《诗经·鲁颂·閟宫》。

㊲ 戎狄：古代指西北方的少数民族。　膺：攻击。

㊳ 荆舒：古代指东南方的少数民族。

㊴ 几何：多少。　胥(xū)：都。

㊵ 《书》：《尚书》，上古历史文件的汇编。　《易》：《周易》，古代流传下来的占卜书。这些都被儒家列为经典。

㊶ 郊：郊祀，祭天。　假：通"格"，到。

㊷ 庙：指祭祖。　飨：通"享"，享用。

㊸ 向：从前。

㊹ 尧：传说中父系氏族社会后期的部落联盟领袖。曾把职位禅让给舜。舜：也是传说中父系氏族社会后期的部落联盟领袖。

㊺ 孟轲：战国时邹(今山东邹县)人。政治倾向比较保守。被后来的儒家尊为"亚圣"。

㊻ 荀：荀子，名况，又称荀卿、孙卿。战国末年著名的思想家和教育家。他的学说吸收了春秋战国时期许多学派的进步观点，反映了新兴封建地主阶级建立封建统治秩序的要求。　扬：扬雄(约前53年—18年)，字子云，西汉末年的文学家和思想家。学术思想具有无神论倾向。

㊼ 道之："道"通"导"。

㊽ 鳏(guān)：没有妻子的老人。　独：没有子女的老人。

㊾ 庶乎：差不多。

## 【译文】

博爱叫作仁,实行仁而且实行得适宜叫作义,从这里达到仁义的途径叫作道,自我完善而又不依赖外界的力量叫作德。仁与义为确定的名分,道与德为虚设的位置。所以道有君子和小人的界限,而德有凶险和吉祥的区别。老子轻视仁义,并不是诋毁仁义,而是他的视野狭小。坐在井里看天,说天小,并不是天小。老子把小恩小惠当作仁,把谨慎小心当作义,这样,他轻视仁义就是很自然的。老子所说的道,是把他说的道当作道,不是我所说的道。他所说的德,是把他说的德当作德,不是我所说的德。凡是我说的道德,都是结合仁和义而说的,这是天下的公论。老子所说的道德,是抛开了仁和义去说的,这是他一个人的说法。

周道衰落,孔子去世,秦朝焚书。黄老学说盛行于汉初,佛教盛行于晋、北魏、梁、隋之间。那时谈论道德仁义的人,不归入杨朱,就归入墨子;不归入道教,就归入佛教。归入那家,必然违背这家。对归入的学派就尊崇,对其他的学派就贬低。对归入的学说就附和,对其他的学说就污蔑。唉!后来的人想知道仁义道德的学说,到底听从谁的呢?道家说:"孔子是我们老师的学生。"佛教徒们也说:"孔子是我们老师的学生。"研究孔学的人,听惯了他们的说教,喜好他们的怪诞言论,而妄自菲薄,也说"我们的老师也曾向他们学习过"一类话。不只在嘴上说说,而且还把它写在书上。唉!后来的人虽然想知道关于仁义道德的学说,又从哪里去探求它们?人们喜好怪诞的言论也太厉害了!他们不探求它的本原,不考察它的流变,只是一心一意地想听怪诞的言论。

古时称为民的有四类人,今天称为民的有六类人。古时施行教化的人只是其中的一类,今天施行教化的人却是三类。种田的只有一家,可是吃粮的却有六家。做工的只一家,可是使用器具的却有六家。经商的只一家,可是依靠它贩运货物的却有六家。这又怎么能使人民不因穷困而去做盗贼呢?古时候,人的灾害很多。圣人出世以后,才教给人们互助谋生、彼此供养的办法,给他们设置了君主,设置了老师。为人们驱走虫蛇禽兽,把他们安顿在中原。冷了就教他们做衣裳,饿了就教他们种庄稼。住在树上容易掉下来,住在洞穴里容易生病,这样就为他们建造房屋。为人们设置工匠,供应人们使用的器具;为人们设置商贾,使他们互通有无;为人们发明医药,拯救那些短命死亡的人;为人们制定葬埋祭祀的制度,增进相互间的恩爱;为人们制定礼节,规定尊卑秩序;为人们创制音乐,疏导人们心中的郁闷;为人们规定政令,督促那些怠慢松懈的人;为人们设立刑法,铲除那些强暴之徒。因为有相互欺骗的事发生,于是为人们制定符节、印玺、斗斛、权衡作为凭信。因为有相互争夺的事发生,于是为人们设置城池、盔甲、兵器来守卫。灾害来了,为人们防备,患难将要发生,为人们预防。现在他们却说:"圣人如果不死,大盗就不会停止。砸烂斗斛,折断秤杆,人民就不会争夺。"唉! 这也只是不假思索而随便一说罢了。如果古时没有圣人,人类早就灭亡了。为什么呢? 因为人们没有羽毛鳞甲足以处在冬冷夏热的地方,没有强硬的爪牙用来争夺食物。

因此,君主,是发布命令的;大臣,是执行君主的命令并且施加到百姓身上的;百姓,是生产粮食麻丝,制作器物,交流商品,来供奉在上的人的。君主不发布号令,就失去了做君主的职责;大臣不执行君主的命令并且施行到百姓身上,就失去了做大臣的职责;百姓不生产粮食麻丝、制作器物、交流商品来供应在上的人,就应该受到惩罚。现在他们的说法却是:"一定要抛弃你们的君臣,丢开你们的父子,禁绝你们互助谋生,彼此供养的办法,去追求那种所谓的清净寂灭的境界。"唉! 他们也幸而出生在三代之后,没有受到夏禹、商汤、文王、武王、周公、孔子的贬斥;也很不幸,他们不是出生在三代之前,没有得到夏禹、商汤、文王、武王、周公、孔子的纠正。

帝和王,他们的称号虽然不同,但他们成为圣人的原因却是一样的。夏天穿葛布衣,冬天穿皮衣,渴了喝水,饿了吃饭,这些事虽然不同,但它们所以称为聪明举动的原因却是一样的。现在他们谈论时却说:"为什么不实行远古的无为而治呢?"这也就像是责备冬天穿皮衣的人说:"为什么不穿夏衣,那样做,多么简单呀?"责备饿了吃饭的人说:"为什么不喝水,那样做,多么简单呀?"《礼记》上说:"古时想让天下的人都具备光辉的德行的,必先治理他的国家;想治理他的国家的,必先整治他的家庭;想要整治他的家庭的,必先自我修养;想自我修养的,必先端正他的思想;想端正他的思想,必先使他的意念纯真。"既然这样,那么古时所谓端正思想,使意念纯真的人,是将要有所作为的。现在想修养心性,却撇开天下国家,毁弃天然的伦理纲常,儿子不把自己的父亲作为父亲,臣子不把自己的君主作为君主,百姓不做自己的事情。孔子作《春秋》时,诸侯当中那些使用夷狄的礼仪的,都把他们当作夷狄;接受中原的礼仪的,就把他们当作中原的国家。《论语》上说:"即使夷狄有了君主,也还不如华夏各国没有君主。"《诗经》上说:"进攻戎狄,惩罚荆舒。"现在,却采用夷狄的法度,并且把它抬高到先王的遗教之上,这不是差不多很快都要变为夷狄了吗?

所谓先王的教化,是什么呢?博爱叫作仁,实行仁而实行的适宜叫作义,从这里到达仁义的途径叫作道,自我完善而又不依赖外界的力量叫作德。它的文献就是《诗经》《尚书》《易经》《春秋》;它的法度就是礼仪、音乐、刑法、政令;它对人民的分法就是士人、农夫、工匠、商人四类;它的名位就是君臣、父子、师友、宾主、兄弟、夫妇;它规定的服装就是麻布和丝绸;它规定的住处就是房屋;它规定的食物就是粮食、瓜果、蔬菜、鱼肉。它作为道理是容易明白的,而作为教化是容易推行的。因此,把它用于自身,就顺利而吉祥;拿它对待别人,就博爱而公平;拿它修养身心,就中和而平静;用它治理天下国家,就到处都适用。因此,人活着就会感受到人类之间的感情,人死了就能受到合乎纲常的礼遇。祭天则天神降临,祭祖则祖宗的灵魂享用。有人问:"这个道是什么道?"我说:"这是我所说的道,不是过去所说的老子和佛的道。"尧把它传给舜,舜把它传给禹,禹把它传给汤,汤把它传给文王、武王、周公,文王、武王、周公传给孔子,孔子传给孟轲。孟轲死了,没有能够继续传下去。荀子和扬雄,从中吸取过一些东西但不精当,论述也不详尽。从周公而上,传道的都是在上作为君主的,所以道能够得到推行。自周公以下,传道的都是在下作为臣属的,所以他们的学说能得以长久流传。然而,怎么样才可以传道呢?我说:"不阻塞佛老之道,儒道就不流通,不禁止佛老之道,儒道就不能推行。把佛老的教徒变为百姓,把他们的书籍烧掉,把他们的寺庙道观变成民房。阐明先王的儒道来教导他们。使鳏夫、寡妇、孤儿、老人、残疾人都能生活,这样做差不多就可以了。"

# 原　毁

## 韩　愈

【题解】

　　本文以古今君子在"责己""待人"两方面的不同表现作为对比,分析了"事修而谤兴,德高而毁来"的思想根源在于"怠"和"忌",既是对当时社会风气的谴责,又是对自己仕途坎坷、怀才不遇的遭遇鸣不平。最后穿插"某良士""某非良士"的一正一反的"试语",把"今之君子"的卑劣嘴脸刻画得入木三分。

　　古之君子①,其责己也重以周②,其待人也轻以约③。重以周,故不怠;轻以约,故人乐为善。闻古之人有舜者④,其为人也,仁义人也。求其所以为舜者,责于己曰:"彼,人也。予,人也。彼能是,而我乃不能是⑤。"早夜以思,去其不如舜者,就其如舜者。闻古之人有周公者⑥,其为人也,多才与艺人也⑦。求其所以为周公者,责于己曰:"彼,人也。予,人也。彼能是,而我乃不能是。"早夜以思,去其不如周公者,就其如周公者。舜,大圣人也,后世无及焉。周公,大圣人也,后世无及焉。是人也,乃曰:"不如舜,不如周公,吾之病也⑧。"是不亦责于身者,重以周乎?其于人也,曰:"彼人也,能有是,是足为良人矣。能善是,是足为艺人矣。"取其一,不责其二;即其新,不究其旧,恐恐然惟惧其人之不得为善之利。一善,易修也。一艺,易能也。其于人也,乃曰:"能有是,是亦足矣。"曰:"能善是,是亦足矣。"不亦待于人者,轻以约乎?

今之君子则不然⑨。其责人也详,其待己也廉⑩。详,故人难于为善。廉,故自取也少。己未有善,曰:"我善是,是亦足矣。"己未有能,曰:"我能是,是亦足矣。"外以欺于人,内以欺于心,未少有得而止矣⑪。不亦待其身者已廉乎⑫?其于人也,曰:"彼虽能是,其人不足称也;彼虽善是,其用不足称也⑬。"举其一,不计其十;究其旧,不图其新,恐恐然惟惧其人之有闻也⑭。是不亦责于人者已详乎?夫是之谓不以众人待其身,而以圣人望于人,吾未见其尊己也。

虽然,为是者,有本有原,怠与忌之谓也。怠者不能修⑮,而忌者畏人修。吾尝试之矣。尝试语于众曰⑯:"某良士,某良士。"其应者必其人之与也⑰。不然,则其所疏远,不与同其利者也。不然,则其畏也⑱。不若是,强者必怒于言,懦者必怒于色矣。又尝语于众曰:"某非良士,某非良士。"其不应者,必其人之与也。不然,则其所疏远,不与同其利者也。不然,则其畏也。不若是,强者必说于言⑲,懦者必说于色矣。是故事修而谤兴,德高而毁来。呜呼,士之处此世,而望名誉之光,道德之行,难已。将有作于上者,得吾说而存之⑳,其国家可几而理欤㉑!

【注释】

① 君子:古代指有道德修养的人。
② 责:要求。　重:严格。　周:全面。
③ 轻:宽容。　约:简略。

④ 舜:传说中我国氏族社会末期的部落联盟领袖。
⑤ 乃:竟然,却。
⑥ 周公:姓姬名旦,周文王之子,周武王之弟。西周初年杰出的政治家。
⑦ 艺:技能。
⑧ 病:瑕疵,缺点。
⑨ 君子:这里指那些有地位的人。
⑩ 廉:少,低。
⑪ 少:稍微。
⑫ 已:太,甚。
⑬ 用:作用,这里指才能。
⑭ 闻(wèn):声望,声誉。
⑮ 修:求上进。
⑯ 语(yù):告诉。
⑰ 与:朋友。
⑱ 畏:害怕他的人。
⑲ 说:通"悦",高兴。下句"说"同此。
⑳ 存:记在心中。
㉑ 几:庶几,差不多。 理:即"治",治理。唐代为避高宗讳,"治"改为"理"。

【译文】

　　古时候的君子,他们要求自己既严格又全面,他们对别人的要求既宽容又平易。严格而全面,所以就不会懈怠;宽容而平易,所以别人就都愿意做好事。他们听说古人中间有个叫舜的,他的为人,是一个有仁德义气的人。他们探求舜之所以成为舜的原因,于是就要求自己说:"他是人,我也是人,他能够这样,可是我却不能这样。"朝夕思索,去掉那些不如舜的地方,发扬那些与舜相似的地方。他们听说古人中间有个叫周公的,他的为人,是一个多才多艺的人。他们探求周公之所以成为周公的原因,于是就要求自己说:"他是人,我也是人,他能够这样,可是我却不能这样。"朝夕思索,去掉那些不如周公的地方,发扬那些与周公相似的地方。舜,是个大圣人,后世没有人赶得上他。周公,是个大圣人,后世没有人赶得上他。可是,这些君子却说:"不如舜,不如周公,这就是我的缺点。"这不就是要求自己既严格而又全面吗? 另一方面,他们对待别人,就说:"那个人能够这样,就算得上是个好人了。能够擅长这个,也就完全称得上是个有技能的人了。"他们只要求别人有一种长处,而不苛求人家有两种长处;他们肯定别人最近的表现,而不追究人家的过去,提心吊胆地只怕人家得不到做好事的益处。一件好事,是容易做到的。一种技能,是容易掌握的。可是,他们看待别人时,却说:"能够这样,也就足够了。"又说:"能够擅长这种技艺,也就足够了。"这不就是对别人的要求既宽容而又平易吗?

现在的君子却不是这样。他们对别人求全责备,对自己却要求很低。求全责备,所以别人就很难去做好事。对自己要求低,所以自己的收获就很少。自己没有什么优点,却说:"我能够这样,也就足够了。"自己没有什么技能,却说:"我能够有这种技能,也就足够了。"对外欺骗别人,对内欺骗自己,还没有一点收获就停止下来了。这不就是对自己要求太低了吗? 他们对于别人,说:"他虽然能够这样,这个人也是不值得称道的;他虽然有这种技能,这点本事是不值得称道的。"抓住别人的一点,而不管人家的其他方面;追究人家的过去,而看不到人家的现在,提心吊胆地只怕别人有了声望。这不就是对别人求全责备吗? 这就叫作不拿一般人的标准要求自己,却用圣人的标准苛求别人,我看不出这是在尊重自己。

虽然如此,这样做的人,是有根有源的,就是所谓懈怠和嫉妒。懈怠的人,就不会有上进心;而嫉妒别人的人,却又生怕别人有所造就。我曾经试验过。试着对大家说:"某人是好人,某人是好人。"那些随声附和的人一定是他的朋友;要不,就是和他比较疏远,跟他没有利害关系的人;要不,就是害怕他的人。如果不是这样,厉害的人就一定会说出愤怒的话,懦弱的人就一定面带怒色了。我还曾经试着对大家说:"某人不是好人,某人不是好人。"那些不应和的人,一定是他的朋友;要不,就是和他比较疏远,跟他没有利害关系的人;要不,就是害怕他的人。如果不是这样,厉害的人就一定会说出高兴的话,懦弱的人就一定喜形于色了。因此,如果一个人的事业有所成就了,诽谤也就随之产生了;如果一个人的品德是高尚的,诋毁也就随之而来了。唉,读书人生活在这样的时代,而指望着名誉显扬,道德推行,真是难啊!打算在朝廷上有所作为的人,听到我的话,并牢记在心上,国家大概差不多就可以治理好了吧!

# 获 麟 解

## 韩 愈

【题解】

　　作者在文中以麒麟自喻。他认为麒麟之所以称为仁兽,是由于出现在圣人在位的时候;如果不等待圣人在位的时候而出现,就会称为不祥之兽了。他借此抒发自己怀才不遇、生不逢时的感慨。文章曲折反复,富于变化,故显得波澜起伏而寓意深远。

　　麟之为灵①,昭昭也②。咏于《诗》③,书于《春秋》④,杂出于传记、百家之书。虽妇人小子,皆知其为祥也。

　　然麟之为物,不畜于家,不恒有于天下。其为形也不类⑤,非若马、牛、犬、豕、豺、狼、麋、鹿然⑥。然则虽有麟,不可知其为麟也。角者,吾知其为牛;鬣者⑦,吾知其为马;犬、豕、豺、狼、麋、鹿,吾知其为犬、豕、豺、狼、麋、鹿。惟麟也,不可知。不可知,则其谓之不祥也亦宜。

　　虽然,麟之出,必有圣人在乎位,麟为圣人出也。圣人者,必知麟。麟之果不为不祥也⑧。

　　又曰:麟之所以为麟者,以德不以形。若麟之出,不待圣人,则谓之不祥也亦宜。

## 【注释】

① 麟:麒麟,古代传说中的一种动物。状如鹿,牛尾,狼额,马蹄,五彩腹。其性柔和。古人把它当作仁兽,作为吉祥的象征。
② 昭昭:明白。
③ 《诗》:《诗经》,我国最早的诗歌总集,其中有《周南·麟之趾》篇。
④ 《春秋》:春秋时期鲁国的编年体史书。相传由孔子删定整理而成。鲁哀公十三年(前482年)有"西狩获麟"的记载。
⑤ 类:相似。
⑥ 麋(mí):也叫"驼鹿"或"犴"(hān)。
⑦ 鬣(liè):马颈上的长毛。
⑧ 果:确实,果然。

## 【译文】

麒麟作为灵物,是人人皆知的。《诗经》里有歌咏它的篇章,《春秋》里有关于它的记载,还间或出现在各种传记和诸子百家的书中。即使是妇女小孩,也都知道它是象征吉祥的灵兽。

但是,麒麟作为一种动物,不是在家里畜养的,也不经常在人间出现。它的形状不同于其他动物,不像马、牛、狗、猪、豺、狼、麋、鹿那样。既然如此,那么即使出现了麒麟,也不能认识那就是麒麟。有角的动物,我认识那是牛;有鬣的动物,我认识那是马;狗、猪、豺、狼、麋、鹿,我也都认识那是狗、猪、豺、狼、麋、鹿。只有麒麟,我不认识。因为不认识,那么,说它是不祥之物,也未尝不可。

虽然如此,麒麟的出现,一定是有圣人在位的时候,麒麟是专为圣人而出现的。圣人,是一定认识麒麟的。这样看来,麒麟确实不是不祥之物。

有人说:麒麟之所以称为麒麟,是凭着它的德行,而不是凭着它的形状。如果麒麟不等待圣人在位的时候就出现,那么,说它是不祥之物也未尝不可。

# 杂　说　一

## 韩　愈

【题解】

　　这是一篇杂文,以龙和云的关系来说明君臣之间必须相互依赖,贤臣不可没有圣君,圣君也须依靠贤臣。写作目的在于提醒君主重用贤臣。但文章写得很含蓄委婉,其真正用意在文中始终没有明确点出。

　　文章仅百余字,但波澜起伏,富于变化。

　　龙嘘气成云①,云固弗灵于龙也②。然龙乘是气,茫洋穷乎玄间③,薄日月④,伏光景⑤,感震电⑥,神变化⑦,水下土⑧,汩陵谷⑨。云亦灵怪矣哉!

　　云,龙之所能使为灵也。若龙之灵,则非云之所能使为灵也。然龙弗得云,无以神其灵矣。失其所凭依,信不可欤⑩。异哉,其所凭依,乃其所自为也。《易》曰:"云从龙。"⑪既曰龙,云从之矣!

【注释】

① 嘘(xū)气:吐气。
② 灵:神奇灵通。
③ 茫洋:辽阔深远的样子。　穷:到尽头。　玄间:指苍穹、宇宙。玄,深青色,这里指天空。
④ 薄:迫近。
⑤ 伏:藏匿,这里是遮蔽的意思。　景:日光。
⑥ 感:通"撼",动摇。　震电:雷电。震,雷。

⑦ 神:变幻莫测。
⑧ 水下土:水,用作动词,淹灌。下土,大地。
⑨ 汩(gǔ):汩没,淹没。
⑩ 信:确实。
⑪ 《易》:《周易》,我国古代卜筮用书,相传为周文王所作。书中引文见于《易·乾卦》。

### 【译文】

　　龙吐出的气形成云,云本来不比龙灵异。但是龙乘着这股云气,可以在茫茫的太空中四处遨游,接近日月,遮蔽它的光芒,震撼起雷电,变化神奇莫测,雨水降落在大地,使得山谷沉沦。这云也是很神奇灵异的呢!

　　云,是龙的能力使它有灵异的。至于龙的灵异,却不是云的能力使它这样子的。但是龙没有云,就不能显示出它的灵异。失去它所凭借的云,实在是不行的啊。多么奇怪啊,龙所凭借依靠的,正是它自己造成的云。《周易》说:"云跟随着龙。"那么既然叫作龙,就应该有云跟随着它啊!

# 杂 说 四

## 韩 愈

### 【题解】

　　本文以千里马作喻,含蓄地指责了当权者昏庸偏私,讽刺了那种压抑人才的不合理现象,为受屈的人才鸣不平。它给人们一个重要的启示:人才是到处都有的,关键在于识别,并给予较好的条件,才能使他们发挥出较大的作用。

　　文章篇幅短小,但气势刚劲,笔锋活泼,是脍炙人口的名篇。

世有伯乐①,然后有千里马。千里马常有,而伯乐不常有。故虽有名马,只辱于奴隶人之手②,骈死于槽枥之间③,不以千里称也。

　　马之千里者,一食或尽粟一石。食马者,不知其能千里而食也④。是马也,虽有千里之能,食不饱,力不足,才美不外见⑤。且欲与常马等不可得,安求其能千里也?策之不以其道⑥,食之不能尽其材,鸣之而不能通其意⑦,执策而临之曰:"天下无马!"呜呼!其真无马邪?其真不知马也!

【注释】

① 伯乐:相传为春秋时善于相马的人,姓孙,名阳。
② 奴隶人:地位低下受人役使的人,这里指凡夫俗子。
③ 骈死:成双成对地死去。　枥(lì):马槽。
④ 食:通"饲"。
⑤ 见:同"现",显现。
⑥ 策:马鞭,这里用作动词,使用。　道:指千里马的习性。
⑦ 鸣之而不能通其意:传说伯乐曾道逢一匹拉盐的马伏在车下,马见伯乐而长鸣,伯乐知其为千里马,为之落泪。这里指饲马者没有辨认千里马的能力。

【译文】

　　世上有了伯乐,然后才能发现千里马。千里马常有,可是伯乐却不常有。因此,虽然有出色的马,也只是辱没在庸夫的手里,一个接一个地死于马槽之间,不能因日行千里而出名。

　　日行千里的马,一顿有时能把一石小米全吃了。饲马人不知道它能日行千里,从而不把它作为千里马来喂养。这样的马,虽然有日行千里的本领,但由于吃不饱,力气不足,因而能力与特长不能表现出来。这样想要它同普通的马一样尚且做不到,又怎么能要求它日行千里呢?驾驭它,不能用正确的方法;饲养它,又不能满足它的食量;听到它的嘶鸣,又不能理会它的意思,却拿着鞭子面对它说:"天下没有好马!"唉!是真的没有好马吗?是真不能识别好马罢了!

# 师　　说

## 韩　愈

【题解】

　　这是一篇有名的议论文。"说"是古代议论文中的一种。《师说》是论述从师求学的道理的。韩愈针对当时士大夫耻于从师的风气,反复阐述了从师的重要性,提出了"无贵无贱,无长无少",只要"道之所存",人皆可以为师的观点。这种注重"师道"和能者为师的思想,无论在当时,还是在今天,都是有一定积极意义的。

　　文章用朴素的语言把道理说得透彻而浅显易懂,有很强的说服力。

　　古之学者必有师。师者,所以传道受业解惑也①。人非生而知之者,孰能无惑?惑而不从师,其为惑也,终不解矣。生乎吾前,其闻道也②,固先乎吾,吾从而师之③;生乎吾后,其闻道也,亦先乎吾,吾从而师之。吾师道也,夫庸知其年之先后生于吾乎④?是故无贵无贱,无长无少,道之所存,师之所存也。

　　嗟乎!师道之不传也久矣,欲人之无惑也难矣。古之圣人,其出人也远矣⑤,犹且从师而问焉;今之众人,其下圣人也亦远矣⑥,而耻学于师。是故圣益圣,愚益愚。圣人之所以为圣,愚人之所以为愚,其皆出于此乎?爱其子,择师而教之;于其身也⑦,则耻师焉,惑矣。彼童子之师,授之书而习其句读者也⑧,非吾所谓传其道解其惑者也。句读之不知,惑之不解,或师焉,或不焉⑨,小学而大遗⑩,吾未见其明也。巫医、乐师、百工之人⑪,不耻相师⑫。士大夫之族⑬,曰师曰弟子云者,则群聚而笑之。问之,则曰:"彼与彼年相若也⑭,道相似也!"位卑则足羞⑮,官盛则近谀⑯。呜呼!师道之不复,可知矣。巫医、乐师、百工之人,君子不齿⑰。今其智乃反不能及,其可怪也欤!

圣人无常师。孔子师郯子、苌宏、师襄、老聃⑱。郯子之徒,其贤不及孔子。孔子曰⑲:"三人行,则必有我师。"是故弟子不必不如师,师不必贤于弟子,闻道有先后,术业有专攻⑳,如是而已。

李氏子蟠㉑,年十七,好古文㉒,六艺经传皆通习之㉓,不拘于时㉔,学于余。余嘉其能行古道㉕,作《师说》以贻之㉖。

## 【注释】

① 受:通"授"。 惑:疑惑,这里指疑难问题。
② 闻:知道,懂得。
③ 师之:以他为师。师,名词用作动词。
④ 庸:岂,何必。
⑤ 出:超出。
⑥ 下:低于,不如。
⑦ 身:自身。
⑧ 之:指童子。 句读(dòu):指文章的断句。
⑨ 不:通"否"。
⑩ 小学而大遗:学了小的而丢了大的。小,指句读;大,指解惑、学道。
⑪ 巫医:古代以装神弄鬼替人祈祷、治病为职业的人。 乐师:以歌唱、奏乐为职业的人。 百工:各种工匠。
⑫ 相师:指师徒代代传授。相,更相。
⑬ 士大夫:古代指官僚阶层和有地位、有声望的读书人。
⑭ 相若:相似。

⑮ 足:极度,十分。
⑯ 盛:大。
⑰ 不齿:不屑与他们同列,指极端鄙视。齿,齐列。
⑱ 郯(Tán)子:春秋时郯国(今山东郯城一带)国君,孔子曾向他请教过有关少皞氏时代的官职名称。 苌(Cháng)宏:东周敬王时候的大夫,孔子曾向他请教古乐。 师襄:春秋时鲁国的乐官,名襄。孔子曾向他学习弹琴。师,乐师。 老聃(dān):老子,春秋时楚国人,思想家,道家学派创始人。孔子曾向他请教礼仪。
⑲ 孔子曰:下面引文出自《论语·述而》篇。原句为:"三人行,必有我师焉。"
⑳ 攻:研究。
㉑ 李氏子蟠(pán):唐德宗贞元十九年(803年)进士。
㉒ 古文:指秦汉时代的文章。
㉓ 六艺:即六经,指《诗》《书》《礼》《乐》《易》《春秋》。
㉔ 时:时俗,指当时耻于从师的不良风气。
㉕ 嘉:赞许。
㉖ 贻(yí):赠。

## 【译文】

古代求学的人一定有老师。老师,是传授道理、教授学业、解除疑难的人。人不是生下来就懂道理、有知识的,谁能没有疑难问题呢?有了疑难问题却不请教老师,那些疑难问题便始终不能解除。年岁比我大的,他懂得道理自然比我早,我向他学习,拜他为师;年岁比我小的,他懂得道理要是也比我早,我也向他学习,拜他为师。我学习的是道理,何必管他的年龄比我大,还是比我小呢?因此,不论地位高低,不论年龄大小,道理在哪里,老师也就在哪里。

唉!从师求学的风尚已经失传很久了,想要人没有疑难是很不容易的了。古代的圣人,远远超过一般人,尚且拜人为师,向人请教;当今的一般人,他们远远不如圣人了,却把从师求学当作羞耻。因此,圣人更加圣明,愚人更加愚昧。圣人之所以成为圣人,愚人之所以成为愚人,原因大概都出自这里吧?人们爱自己的子女,选择好的老师来教他们；可是对于自己，却把从师学习当作羞耻，这太糊涂了。那个儿童的老师是教儿童读书、学习断句的人，不是我所说的传授道理、解除疑难的人。不懂断句，有疑难问题不能解决，对于前者倒从师求学，对于后者反而不愿从师求学，小事学习了，大事却放弃了，我看不出他明白事理的地方。巫医、乐师、各种工匠不以从师求学为羞耻。而士大夫这类人，一旦有以"老师"和"弟子"相称的，就聚在一起嘲笑人家。问他们为什么这样，他们就说："那人和那人年纪差不多，学问也差不多。"他们认为称地位低的人为老师则极为可耻，称地位高的人为老师则近于谄媚。唉！从师求学的风尚不能得到恢复，由此可知了。巫医、乐师、各种工匠，这些人受到士大夫们的鄙视。如今，士大夫们的智能却反而不如他们，这不是很值得奇怪的吗！

圣人没有固定的老师。孔子曾经向郯子、苌宏、师襄、老聃请教。郯子这些人，他们的品德、能力不如孔子。孔子说："三个人在一起走，其中一定有可以做我老师的人。"因此，学生不一定不如老师，老师不一定就比学生贤能，懂得道理有早有晚，学术、技能各有专长，如此而已。

李家的孩子名蟠，今年十七岁，喜爱古文，六经的经文和传注全都学习了，但他不受耻于从师的时俗的影响，跟从我学习。我赞许他能够实行古人的传统做法，写《师说》赠送给他。

# 进 学 解

## 韩 愈

【题解】

本文是韩愈于元和七年（812年）由职方员外郎再次被贬为国子博士之后写的，他仿照汉代东方朔《答客难》、扬雄《解嘲》、班固《答宾戏》的形式，设为问答，借"诸生"之口发泄自己有才有德却被贬黜在闲散职位上的不满，表白自己具有远大的抱负和精深的学业，同时以含蓄的反话讽刺了当时执政者不识贤愚。

本文沿用汉代赋体的形式，又吸收散文的长处，并夹杂些散文化的句子，使行文更加新鲜活泼，富于变化。

国子先生晨入太学①，招诸生立馆下②，诲之曰："业精于勤，荒于嬉③；行成于思④，毁于随⑤。方今圣贤相逢，治具毕张⑥。拔去凶邪，登崇俊良。占小善者率以录⑦，名一艺者无不庸⑧。爬罗剔抉⑨，刮垢磨光⑩。盖有幸而获选⑪，孰云多而不扬⑫？诸生业患不能精⑬，无患有司之不明⑭。行患不能成，无患有司之不公。"

言未既，有笑于列者曰："先生欺余哉！弟子事先生，于兹有年矣。先生口不绝吟于六艺之文⑮，手不停披于百家之编⑯。纪事者必提其要⑰，纂言者必钩其玄⑱。贪多务得，细大不捐⑲。焚膏油以继晷⑳，恒兀兀以穷年㉑。先生之业，可谓勤矣。觝排异端㉒，攘斥佛老㉓。补苴罅漏㉔，张皇幽眇㉕。寻坠绪之茫茫㉖，独旁搜而远绍㉗。障百川而东之，回狂澜于既倒。先生之于儒，可谓劳矣。沉浸醲郁㉘，含英咀华㉙，作为文章，其书满家。上规姚姒㉚，浑浑无涯㉛；周《诰》殷《盘》㉜，佶屈聱牙㉝；《春秋》谨严㉞，《左氏》浮夸㉟；《易》奇而法㊱，《诗》正而葩㊲；下逮《庄》《骚》㊳，太史所录㊴，子云相如㊵，同工异曲。先生之于文，可谓闳其中而肆其外矣㊶。少始知学，勇于敢为。长通于方㊷，左右具宜。先生之于为人，可谓成矣。然而公不见信于人，私不见助于友，跋前踬后㊸，动辄得咎㊹。暂为御史㊺，遂窜南夷㊻。三年博士㊼，冗不见治㊽。命与仇谋，取败几时。冬暖而儿号寒，年丰而妻啼饥。头童齿豁㊾，竟死何裨㊿。不知虑此，反教人为？"

先生曰："吁，子来前！夫大木为杗(51)，细木为桷(52)，欂栌侏儒[53],椳阑扂楔[54],各得其宜,施以成室者,匠氏之工也。玉札丹砂[55],赤箭青芝[56],牛溲马勃[57],败鼓之皮[58],俱收并蓄,待用无遗者,医师之良也。登明选公,杂进巧拙,纡余为妍[59],卓荦为杰[60],校短量长,惟器是适者[61],宰相之方也。昔者孟轲好辩[62],孔道以明,辙环天下[63],卒老于行[64]。荀卿守正[65],大论是宏[66],逃谗于楚[67],废死兰陵[68]。是二儒者,吐辞为经,举足为法,绝类离伦[69],优入圣域,其遇于世何如也?今先生学虽勤而不由其统[70],言虽多而不要其中[71],文虽奇而不济于用,行虽修而不显于众。犹且月费俸钱、岁縻廪粟[72]。子不知耕,妇不知织。乘马从徒[73],安坐而食。踵常途之役役[74],窥陈编以盗窃[75]。然而圣主不加诛[76],宰臣不见斥,非其幸欤!动而得谤,名亦随之。投闲置散,乃分之宜。若夫商财贿之有亡[77],计班资之崇庳[78],忘己量之所称[79],指前人之瑕疵[80],是所谓诘匠氏之不以杙为楹[81],而訾医师以昌阳引年[82],欲进其豨苓也[83]。"

## 【注释】

① 国子先生:韩愈自称。国子,国子学,唐代的教育主管机构和最高学府。国子监下属的七个部门之一。韩愈当时任国子学博士(也称国子博士)。

② 诸生:国子学中肄业的许多弟子。

③ 嬉:游戏,玩乐。

④ 行(xìng):操行,品德。

⑤ 随:因循。

⑥ 治具:指法令。

⑦ 占:有。  率:大都。  录:录用。

⑧ 名一艺者:有一技之长的人。  庸:任用。

⑨ 爬罗剔抉(jué):发掘,挑选,指搜罗人才。

⑩ 刮垢磨光:刮去尘垢,使之光亮,指造就人才。

⑪ 幸:侥幸。

⑫ 扬:这里作"进举"讲。

⑬ 患:担心,忧虑。

⑭ 有司:主管官吏。
⑮ 六艺:即六经,指《易》《礼》《乐》《诗》《书》《春秋》。
⑯ 披:翻阅。
⑰ 纪事者:指史书之类。
⑱ 纂言者:辑录古人言论的书,如《论语》《孟子》及诸子百家书。纂,集的意思。
⑲ 捐:舍弃。
⑳ 膏油:指灯烛。 晷(guǐ):日影。
㉑ 恒:长久。 兀(wù)兀:劳苦。
㉒ 觝(dǐ)排:排斥。 异端:指非儒家的思想。
㉓ 攘:排斥。 佛老:佛教和道教。
㉔ 补苴(jū):弥补。 罅(xià):裂缝。
㉕ 张皇:张大。 幽眇:深微。
㉖ 坠绪:衰落的儒学。绪,事业,这里指儒学的道统。
㉗ 绍:继续。
㉘ 酖郁:浓厚。
㉙ 咀(jǔ):细嚼,含味。
㉚ 规:取法。 姚姒(sì):虞舜的姓,这里指《尚书》中的《虞书》《夏书》。
㉛ 浑浑:浑厚博大。 涯:极限。
㉜ 周《诰》:指《尚书》中的《大诰》《康诰》《酒诰》《召诰》《洛诰》等编。殷《盘》:指《尚书》中的《盘庚》三篇。
㉝ 佶(jié)屈聱(áo)牙:形容文句艰涩生硬,读起来不顺口。
㉞ 《春秋》:孔子修撰的一部编年断代史著作,记载历史十分简略,用词很有讲究,常常寓褒贬于一字之中,故称谨严。
㉟ 《左氏》:指《左传》,相传鲁国史官左丘明采各国史书作《左传》,以阐述《春秋》的正文。因《左传》比《春秋》记事为详,所以韩愈认为它文辞铺张,不如《春秋》言简意赅,故称"浮夸"。
㊱ 《易》:《易经》,古代卜筮专著。
㊲ 《诗》:《诗经》,周代的诗歌总集。 葩(pā):华。以上诸书都是儒家经典。
㊳ 逮:到了。 《庄》:《庄子》,战国时庄周的著作。 《骚》:《离骚》,战国末年伟大诗人屈原的诗篇,这里泛称楚辞。

㊴ 太史:指司马迁,我国伟大的史学家,西汉人,曾任太史令,著《史记》。
㊵ 子云、相如:扬雄(字子云)和司马相如,两人都是西汉著名的辞赋家。
㊶ 闳:深博。 肆:奔放。
㊷ 方:义方,旧指行事应该遵守的规矩法度。
㊸ 跋前疐(zhì)后:比喻进退困难。《诗经·豳风》:"狼跋其胡,载疐其尾。"说老狼往前则踩住自己颔下的悬肉,往后则被尾巴绊住。跋,踏。胡,老狼颔下的悬肉。疐,一作"踬",绊。
㊹ 咎:加罪。
㊺ 御史:也称御史大夫,专掌监察。
㊻ 南夷:南方少数民族地区,这里指阳山(今广东阳山县)。贞元十九年(803年),韩愈由监察御史贬为阳山令。
㊼ 三年博士:韩愈在元和元年(806年)至四年,共做了三年国子博士。
㊽ 冗(rǒng):闲散。 见(xiàn):同现。
㊾ 童:山无草木叫童,比喻秃顶。 豁(huō):脱落。
㊿ 竟:终。 裨:益。
(51) 宋(máng):屋梁。
(52) 桷(jué):屋椽。
(53) 欂栌(bólú):短柱。 侏儒:短椽。
(54) 椳(wēi):门臼,用来承门枢。 闑(niè):古代门中央所竖短木。 扂(biàn):门闩。 楔(xiē):古代门两旁所竖的长木柱。
(55) 玉札:地榆。 丹砂:朱砂。
(56) 赤箭:天麻。 青芝:又名龙芝。以上四种都是较贵重的药材。
(57) 牛溲:车前草。 马勃:又名马屁菌。
(58) 败鼓之皮:破鼓的鼓皮。以上三种都是价贱的药材。
(59) 纡余:宁静的样子。 妍:美好。
(60) 卓荦(luò):指性格旷达,胸襟豪放。
�061 惟器是适:根据其才能来任用。
㊶2 孟轲(约前372年—前289年):战国邹(今山东邹县东南)人,孔子学说的继承者。
㊶3 辙(zhé):车轮的迹印。
㊶4 卒:终于。
㊶5 荀卿:荀子,战国时思想家。名况,时人尊为荀卿。

⑥⑥ 宏:发扬光大。
⑥⑦ 诼:毁谤。
⑥⑧ 废死兰陵:荀卿从齐至楚,楚相黄歇(春申君)任命他为兰陵令。黄歇死后,荀卿被废,他就住在兰陵,著书数万言,最后死在兰陵(今山东峄县东)。
⑥⑨ 伦:同辈。
⑦⑩ 统:道统。
⑦① 要(yāo):约束,把握。
⑦② 糜(mǐ):耗费。  廪(lǐn):米仓。
⑦③ 从(cóng):随从。
⑦④ 役役:拘谨的样子。或作促促。
⑦⑤ 盗窃:指抄袭,是作者谦辞。
⑦⑥ 诛:责罚。
⑦⑦ 若夫:至于。  商:商度。  财贿:俸禄。  亡:通"无"。
⑦⑧ 班资:品级。  崇庳(bì):高低。
⑦⑨ 己量:自己的分量。  称(chèn):相称。
⑧⑩ 前人:指当权的人。  瑕(xiá)疵:过失。
⑧① 诘:责问。  杙(yì):小木桩。  楹:柱。
⑧② 訾(zǐ):诋毁,指责。  昌阳:菖蒲,旧说久服可以长寿。  引年:延年。
⑧③ 豨苓(xīlíng):猪苓,菌类植物,可作利尿逐水药,作用与滋补药相反。

**【译文】**

国子先生清早走进太学,招呼各位弟子站立在校舍前面,教导他们说:"学业精深来自勤奋,荒废是由于玩乐;道德的完成在于多作反省,败坏由于一味因循。当今圣君得到贤臣辅佐,法律政令无不完备,铲除凶恶奸邪的坏人,进用和推崇优秀人才。只要有点德行的,全都录取;凡有一技之长的,无不任用。搜罗选拔,训练造就人才。看来只有侥幸被选录的,谁说品学兼优的反得不到举用?只怕各位学生课业不能精熟,不怕主管官员不明察;只怕品行不能具备,不怕主管官员不公平。"

话未说完,有人在队列中笑着说:"先生骗我吧!我跟着先生学习,到现在已有好几年了。先生不停口地念诵六经的文章,不停手地翻阅诸子百家的著作。阅读史籍必定作出提要;阅读辑录古人言论的书,一定要探索它的旨意。博览群书务求所得,知识不管大小,兼收并蓄。经常夜以继日,一年到头地劳碌用功。先生对于学业可以说是勤奋了。排斥异端邪说,反对佛教道教,弥补充实儒学的缺漏不足之处,发扬张大儒学幽深隐微的道理。独自旁征博引地寻求那行将衰竭的儒学,让它持续到久远。条条江河,引导它流向东方,奔腾的波澜,把它挽回正道。先生对于儒家,可以说是有功劳的了。深入融会贯通古书的含义,细细体会和咀嚼它的精华,写起文章来,满屋的书可供参考。向上效法远古虞夏的著作深广无边;《尚书》中《大诰》《盘庚》等篇,文字艰深难读;《春秋》用词谨严,《左传》铺张夸大;《易经》文辞奇特,但包含的道理可为法则,《诗经》义理正大而又辞藻华丽;向下直至《庄子》《离骚》,司马迁的《史记》,扬雄、司马相如的辞赋,虽然风格迥异,却一样美妙出众。先生在文章方面,可以说内容博深而文辞恣肆奔放的了。先生少年时代开始知道学习的时候,敢作敢为,成年以后通晓行事的规矩法度,处理问题得心应手。先生的为人,也可以说是老成的了。然而办公事得不到别人的信任,办私事得不到朋友的帮助,进退两难,动不动就受到指责。刚当上御史就被贬到边远的南方。做了三年国子博士的闲官,无从表现自己的政治才能。拿命运和仇敌打交道,不断受到挫折和打击。冬天天气还暖和,儿女因少衣服穿就喊冷了,年成丰收,妻子却因粮食不足喊叫饥饿。先生的头发也没了,牙齿也掉了,到死又有什么益处呢?不知道考虑这些,却反来教训别人吗?"

先生说:"喂!你到前边来听着:那大木材做屋梁,小木材做瓦椽,做短柱、短椽,做门臼、门橛、门闩、门柱等等,都各自得到合理的使用,用它们构成房屋,这是木匠的巧妙安排。不论贵重的地榆、朱砂、天麻、青芝,还是便宜的车前草、马屁菌、破鼓皮,兼收并蓄,备用不遗,这是医师的妥善筹划。用人明智,选拔公正,进用不同的各种人才,有的以端庄厚重、小心谨慎超群,有的以性格旷达、胸襟豪放出众,衡量各人的优缺点,根据才能任用,这是宰相用人的原则。从前孟轲善于辩论,孔子的学说得以阐明发扬,他游说诸侯,车迹遍布天下,终于在奔走中衰老。荀卿遵守正统的政治主张,发扬光大儒家的学说,因避谗言从齐国逃到楚国,后来被废失官死在兰陵。试看这两位大儒,言论成为后人的经典,行动成为后人的榜样,他们远远超出常人,已达到圣人的境地,可是他们当时的遭遇又怎么样呢?现在我治学虽然勤奋,但还不能继承道统,言论虽多,却不能抓住中心,文章虽然高超,却没什么实际作用,操行虽然有一定的修养,但并未超出众人,而且还月月领取俸钱,年年耗费国家粮食,儿子不知耕作,妻子不知织布,乘着高头大马,使仆人跟随伺候,心安理得地过日子,谨小慎微地追随世俗,到古书里去抄袭一些前人的东西。我这个样子而圣明的君主不加指责,宰相不贬退我,这不是很幸运的吗?一举一动都遭到别人的毁谤,名誉也跟着受到影响。把我安置在闲散的位置上,原是理所当然的。至于考虑俸禄的有无,计较品级的高低,忘记了自己的才能和什么位置相称,却批评当政者的缺点,这正同质问工匠为什么不用小木桩做柱子,责怪医师把菖蒲当作长寿药,却想推荐自己的猪苓去代替它一样荒谬。"

# 圬者王承福传

## 韩 愈

【题解】

泥瓦匠人王承福本身是个有战功、有功勋的人,可是他自认为没有能力去做官治理百姓,所以,抛弃了官爵禄位,来到市镇中做一个泥瓦匠人。韩愈便借记叙他的事迹和言谈,来讥讽社会上那种本无才能,却又不自量力、贪图官禄富贵的人。规劝世人要量才度力,安守本分。赞扬王承福有自知之明,不患得患失,勤于自己所适宜的职业。然而,韩愈尽管称赞王承福是一个能独善其身的贤者,却并不完全赞同王承福只顾个人、毫无济世之心的做法,这正是儒家一贯提倡的"达则兼济天下"的主张。作者把统治与被统治的阶级关系说成是由于人的能力不同而造成的,宣扬"劳心者治人,劳力者治于人",这显然是错误的。

作者借圬者之口表述自己的见解,夹叙夹议,衔接自然灵活,最后一讥一赞,更波澜迭起,尤其新颖。

圬之为技①,贱且劳者也。有业之,其色若自得者。听其言,约而尽。问之,王其姓,承福其名,世为京兆长安农夫②。天宝之乱③,发人为兵,持弓矢十三年,有官勋。弃之来归。丧其土田,手镘衣食④。余三十年,舍于市之主人⑤,而归其屋食之当焉⑥。视时屋食之贵贱,而上下其圬之佣以偿之。有余,则以与道路之废疾饿者焉。

又曰:粟,稼而生者也。若布与帛,必蚕绩而后成者也。其他所以养生之具,皆待人力而后完也。吾皆赖之。然人不可遍为,宜乎各致其能以相生也。故君者,理我所以生者也,而百官者,承君之化者也⑦。任有大小,惟其所能,若器皿焉。食焉而怠其事,必有天殃。故吾不敢一日舍镘以嬉。夫镘,易能,可力焉。又诚有功,取其直⑧。虽劳无愧,吾心安焉。夫力,易强而有功也⑨;心,难强而有智也。用力者使于人;用心者使人,亦其宜也。吾特择其易为而无愧者取焉。

嘻!吾操镘以入富贵之家有年矣。有一至者焉,又往过之,则为墟矣。有再至、三至者焉⑩,而往过之,则为墟矣。问之其邻,或曰:噫!刑戮也。或曰:身既死而其子孙不能有也。或曰:死而归之官也。吾以是观之,非所谓食焉怠其事而得天殃者邪?非强心以智而不足,不择其才之称否而冒之者邪⑪?非多行可愧、知其不可而强为之者邪?将富贵难守、薄功而厚飨之者邪⑫?抑丰悴有时、一去一来而不可常者邪⑬?吾之心悯焉,是故择其力之可能者行焉。乐富贵而悲贫贱，我岂异于人哉？又曰：功大者，其所以自奉也博。妻与子，皆养于我者也，吾能薄而功小，不有之可也。又吾所谓劳力者，若立吾家而力不足，则心又劳也。一身而二任焉，虽圣者不可为也。

愈始闻而惑之，又从而思之，盖贤者也，盖所谓独善其身者也。然吾有讥焉，谓其自为也过多，其为人也过少。其学杨朱之道者邪⑭？杨之道，不肯拔我一毛而利天下。而夫人以有家为劳心，不肯一动其心以畜其妻子，其肯劳其心以为人乎哉？虽然，其贤于世之患不得之而患失之者，以济其生之欲，贪邪而亡道⑮，以丧其身者，其亦远矣！又其言有可以警余者，故余为之传，而自鉴焉。

【注释】

① 圬(wū)者：泥瓦匠。圬，涂抹、粉刷墙壁。
② 京兆：府名，治所在长安。 长安：唐朝的国都。旧址在今西安市。
③ 天宝之乱：唐朝天宝十四载(755年)，兼任平卢、范阳、河东三道节度使的安禄山反叛朝廷，相继占领了洛阳、长安等地，唐玄宗逃到成都。安禄山死后，其将领史思明继续叛乱，前后共达九年之久，史称"安史之乱"。天宝，唐玄宗李隆基的年号(742年—756年)。
④ 镘(màn)：泥瓦匠抹墙的工具。也叫"圬"。 衣、食：这里指获取衣食。
⑤ 舍(shè)：居住。
⑥ 当：这里是"与……相当的钱"的意思。
⑦ 承：通"丞"，辅佐。
⑧ 直：通"值"，这里指工钱。
⑨ 强(qiǎng)：迫使。
⑩ 再：两次。
⑪ 称(chèn)：适合。
⑫ 将：还是。 飨(xiǎng)：通"享"。
⑬ 抑：还是。 丰悴：指家境的兴盛衰落。
⑭ 杨朱：战国时期的思想家，魏国人。杨朱反对墨子的兼爱和儒家的伦理，

主张"贵生重己",公开宣扬"为我"主义。
⑮ 亡:通"无"。

**【译文】**

　　抹墙这个手艺,是一种既卑贱而又劳苦的职业。但有一个以此为职业,而样子却好像很自得的人。听他说的话,扼要而又周全。询问他,才知道此人姓王,名承福,世代在京兆长安当农夫。天宝之乱时,征发百姓当兵,于是,他从军征战十三年,立下了可以做官的功勋。可是,他放弃了做官,回到故乡。由于土地已经丧失,就操镘做工来谋生。以后三十年,住在雇用他的主人家里,而付给人家房租和伙食费。他根据当时房租、伙食费的贵贱而增减抹墙的工价,来交纳食宿的费用。如果有剩余,就拿来送给路上那些残废、患病、饥饿的人。

　　他又说:谷子,是要经过耕种才能有收获的东西。至于布和帛,是一定要经过养蚕、纺织才能得到的。其他各种借以养育生命的东西,都要经过人的劳动才能制成。我都要依赖它们。然而,一个人不可能什么都做,应该各尽所能、互通有无而生活。所以,国君是治理我们,使我们得以生存的人,而百官是辅佐国君推行教化的。担子,有大有小,要根据你的能力,就像器皿各有不同的用途一样。吃了饭却又工作懒惰,定会遭受天灾的惩罚。所以,我一天也不敢放下镘子去玩乐。至于抹墙,那是容易学会的,也可以凭力气做到。如果确实有功效,就能得到工钱。虽说劳苦,却没什么可惭愧的,我的心里安稳。力气这东西,是容易勉强使它发挥出来并收到成效的;而心灵呢,却难以勉强使它变得明智起来。劳力者,被人役使;劳心者,役使别人,也是应该的吧。我只选择那容易干、得了报酬又受之无愧的事情去做。

　　唉!我拿着镘子出入富贵人家已有很多年了。有的去过一次,再路过时就已经变成废墟了。有的去过两次、三次,再路过时,也变成废墟了。向他们的邻舍打听为什么这样,有的说:唉!被判刑处死了。有的说:本人死了,他的子孙们又不能保住家产。有的说:人死了,家产已归入公家。我从这里看出,这不就是那种吃了饭却工作懒惰,因而遭到天祸的情况吗?这不就是那种强使自己去做需要用智力才能办成的事,而你的智力又不足,不看自己的才能是否相称,却硬要去干的情况吗?这不就是那种做了许多有愧的事,明知不对而硬要去做的情况吗?这是属于难以长保富贵、功劳小而享用太过分这种情况呢,还是属于盛衰都有一定的运数,互相更替,不能久长这种情况呢?我的心对此非常伤感,因此,选择那能力可以做到的事情干。以富贵为快乐而以贫贱为悲伤,我岂能和别人不同?又说:功劳大的人,他用来供养自己生活的东西就多。妻子和儿女,都是要靠我来供养的,我能力微薄而又功劳小,不要他们是应该的。再说,我是所说的那种劳力者,如果成了家而力量又不足,那么心又要劳苦了。一身肩负两副担子,即使是圣人也做不到啊!

　　我开始听到很不理解,再按着他说的道理想想,觉得他也许是个贤人,大概就是所说的那种独善其身的人吧。然而,我要指责他,说他为自己太多,为别人太少。他难道是学习杨朱学说的人吗?杨朱的主张,就是不肯拔自己的一根毫毛而使天下得利。而这个人正是认为成家太操心,不肯为了养活妻子、儿女而费一点心,这样的人难道还肯为别人操心吗?尽管如此,他比起世上那些对官禄患得患失的人,比起那些为了满足自己生活中的欲望,贪图不义之财而忘记一切道义,以致最后丧命的人来,又要好得多呢!而且,他的话又有可以使我警诫的地方,所以,我为他作了传,用来对照、检查自己。

# 讳　　辩

## 韩　愈

【题解】

　　封建时代对于君主与尊长的名字不能直接说出或直接写出,叫作"避讳"。这在唐代强调得尤其过分,简直成了限制人们言行的精神桎梏。李贺因父亲名叫晋肃,因而不能参加进士科的考试(因"晋"和"进"同音)。韩愈也因劝说李贺参加考进士,而遭到众人的非议。这种陈腐风气,韩愈为之深恶痛绝。《讳辩》正是为此而作。他引经据典,多方设问,对这种腐朽的时尚做了痛快淋漓的抨击。

文章说理充分,辩驳有力,但对于正面结论却没有一字点破,只用设疑两可之辞,让读者自己选择,别具一格。

愈与李贺书①,劝贺举进士②。贺举进士有名,与贺争名者毁之曰:"贺父名晋肃,贺不举进士为是,劝之举者为非。"听者不察也,和而倡之③,同然一辞。皇甫湜④曰:"若不明白,子与贺且得罪。"愈曰:"然。"

律曰⑤:"二名不偏讳⑥。"释之者曰⑦:"谓若言'征'不称'在',言'在'不称'征'是也。"律曰:"不讳嫌名⑧。"释之者曰:"谓若'禹'与'雨'、'邱'与'蓲'之类是也。"今贺父名晋肃,贺举进士,为犯二名律乎?为犯嫌名律乎?父名晋肃,子不得举进士。若父名"仁",子不得为人乎?

夫讳始于何时?作法制以教天下者,非周公、孔子欤⑨?周公作诗不讳⑩,孔子不偏讳二名⑪,《春秋》不讥不讳嫌名⑫。康王钊之孙,实为昭王。曾参之父名晳,曾子不讳"昔"⑬。周之时有骐期⑭,汉之时有杜度⑮,此其子宜如何讳?将讳其嫌,遂讳其姓乎?将不讳其嫌者乎?汉讳武帝名"彻"为"通"⑯,不闻又讳车辙之"辙"为某字也;讳吕后名"雉"为"野鸡"⑰,不闻又讳治天下之"治"为某字也。今上章及诏,不闻讳"浒""势""秉""机"也⑱。惟宦官宫妾,乃不敢言"谕"及"机"⑲,以为触犯。士君子立言行事⑳,宜何所法守也?今考之于经,质之于律,稽之以国家之典㉑,贺举进士为可邪?为不可邪?

凡事父母,得如曾参,可以无讥矣。作人得如周公、孔子,亦可以止矣。今世之士,不务行曾参、周公、孔子之行,而讳亲之名,则务胜于曾参、周公、孔子,亦见其惑也。夫周公、孔子、曾参,卒不可胜。胜周公、孔子、曾参,乃比于宦官宫妾。则是宦官宫妾之孝于其亲,贤于周公、孔子、曾参者邪?

### 【注释】

① 李贺(790年—816年):字长吉,唐代著名诗人,因避父讳,终身没有参加进士科的考试,只做过奉礼郎之类的小官。著作有《昌谷集》。
② 进士:这里指唐代科举制度中的进士科。
③ 和(hè)而倡之:一唱一和,互相呼应。"倡"也作"唱"。
④ 皇甫湜:唐代文学家。曾跟着韩愈学古文,思想倾向与韩愈相近。
⑤ 律:这里指《礼记》。下面两处引文"二名不偏讳""不讳嫌名"均见《礼记·曲礼上》。
⑥ 二名不偏讳:封建时代遇到君主或尊长的名字是两个字时,只讳其中一字。偏,本作"遍",普遍、全部。另外一种说法是,名有二字的不能只避讳一个字,两字都避讳,即两个字中哪一个也不能称说或书写。根据后说,"偏"为一半的意思。这里韩愈显然是指前一说。
⑦ 释之者:指为《礼记》作注的汉代人郑玄。下面引文见于《礼记·曲礼上》郑玄注所举的例子。"征在"是孔子母亲的名字。
⑧ 嫌名:指与人姓名字音相近的字。下句中的"禹"与"雨"、"邱"与"丘"都是同音字。
⑨ 周公:西周初年政治家。姬姓,名旦,是周武王弟弟,相传他建立了周朝的典章制度。他和孔子都被历代封建统治阶级尊崇为"圣人"。
⑩ 周公作诗不讳:诗指《诗经》。《诗经·周颂》中的《噫嘻》与《雝》两篇,相传为周公所作,篇中有"克昌厥后"和"骏发尔私"句,"昌"和"发"是周文王和周武王的名字,所以韩愈说"周公作诗不讳"。
⑪ 孔子不讳二名:《论语·八佾》孔子有"杞不足征也……宋不足征也"这样的话。又《论语·卫灵公》孔子有"某在斯"这样的话。"征"和"在"是孔子母亲的名字,孔子说话时并未回避,所以韩愈认为孔子不是两个字同时都避讳。

⑫ 《春秋》:春秋时鲁国的一部编年体史书,相传孔子曾加以整理,后来被奉为儒家经典。卫恒公名完,"桓"与"完"同音;西周的第三个君主康王名钊,其孙为西周的第四个君主昭王,"钊"和"昭"同音。《春秋》对此都没有提出异议,所以韩愈说《春秋》不讥不讳嫌名。

⑬ 曾子:曾参。春秋时人,孔子的弟子,相传事亲至孝。其父名晳,也是孔子的弟子。《论语·泰伯》记载曾子有这样的话:"昔者吾友尝从事于斯矣。""昔"与"晳"同音,所以韩愈说曾子不讳"昔"。

⑭ 骐期:春秋时楚国人。

⑮ 杜度:东汉章帝时齐国的相。

⑯ 汉武帝:前140年至前87年在位,西汉中期皇帝,名彻。当时为避汉武帝讳,将"彻侯"改为"通侯",人名蒯彻改为蒯通。

⑰ 吕后:汉高祖刘邦的皇后,名雉。当时为避吕后讳,将"雉"改为"野鸡"。

⑱ 浒、势、秉、机:这四个字与唐朝太祖、太宗、世祖、玄宗的名同音。太祖名虎,太宗名世民,世祖名昞,玄宗名隆基。

⑲ 谕:这个字与唐代宗的名"豫"同音。

⑳ 士君子:古代对官僚以及乡绅等人物的通称。

㉑ 稽:考核,查。 国家之典:政府收藏的文献书籍。这里指典籍中有关前代避讳的种种记载。唐代法律规定,犯讳者判处徒刑三年,名字的两个字中,只触讳了其中一个字的无罪。韩愈所依据的正是这一点。但是在实际的生活中,往往兼讳嫌名。

## 【译文】

我曾写信给李贺,劝他参加进士科的考试。李贺如果应考就会考中,所以同李贺争名的人便攻击这件事说:"李贺的父亲名晋肃,因此李贺不参加进士科的考试是对的,劝他考的人是不对的。"听到这种议论的人不仔细想想,也异口同声,跟着附和。皇甫湜对我说:"如果不把这事辩说清楚,你同李贺都将会蒙受不好的名声。"我回答说:"的确如此。"

《礼记》上说:"名字的两个字不必都避讳。"解释的人说:"孔子的母亲名'征在',这是说如果说'征',就不称'在';说'在',就不称'征'。"《礼记》上又说:"人名所用的字,声音相近的不避讳。"解释的人说:"说的是像'禹'和'雨'、'邱'和'茝'之类的字就是这样。"如今李贺的父亲名叫晋肃,李贺参加考进士科,是违反了名字的两个字不必全避讳的礼法呢,还是违反了声音相近不避讳的礼法呢?父亲的名字叫晋肃,儿子就不能参加进士科的考试,倘若父亲的名字叫"仁",那么儿子就不能做"人"了吗?

避讳的规定从什么时候开始的呢?制定礼法制度来教化天下百姓的,不就是周公和孔子吗?周公作诗不避讳,孔子对人名的两个字也不都避讳,《春秋》中对人名声音相近不避讳的,不加以讥讽。周康王钊的孙子,谥号为昭王。曾参的父亲名叫曾晳,曾参不避讳"昔"字。周代有个叫骐期的人,汉代有个叫杜度的人,像这样,他的儿子该怎么避讳呢?是为了避讳与名字声音相近,连姓也避讳了呢,还是不避讳与名字声音相近呢?汉代避讳汉武帝的名,把"彻"改为"通",然而从来没听说又把车辙的"辙"改作别的什么字;避讳吕后的名,把"雉"叫作"野鸡",可是从来没听说又把治理天下的"治"改作别的什么字。如今呈给皇帝的奏章及皇帝下的诏书,也从来没听说避讳"浒""势""秉""机"几个字;只有宦官和宫女,才不敢说"谕"字和"机"字,认为这是触犯皇帝。君子著书、做事,应当遵循什么样的礼法呢?现在考察经典,对照礼法,检核前代有关避讳的记载,李贺参加进士科的考试,是可以呢,还是不可以呢?

凡是侍奉父母能够像曾参那样,便无可指责了。做人能够像周公、孔子那样,也就算达到顶点了。现在的读书人,不去努力学习曾参、周公、孔子的品行,可是在避讳亲人名字的事情上,却一定要超过曾参、周公、孔子,这也可以看出他们的糊涂!周公、孔子、曾参这些人,毕竟是超不过的。在避讳的事情上,如果说超过了周公、孔子、曾参,那便是等同于宦官、宫女了。那么,这些宦官、宫女对于他们亲人的孝顺,能比周公、孔子、曾参这些人还好吗?

# 争 臣 论

## 韩 愈

【题解】

"争"是直言规劝的意思,这个意义的"争"字后来写作"诤",《争臣论》即是《诤臣论》。它论述怎样做一个名副其实的谏议大夫。

素有贤名的隐士阳城,应诏任谏议大夫。五年来,他依然是超然物外,"未尝一言及于政"。韩愈认为,身为谏官却不问政事得失,这是放弃职守的行为,不能算是道德高尚。于是写了这篇文章加以指责。尽管韩愈发这番议论的出发点是为了巩固封建政权,但他所主张的"在其位则谋其政"的原则,在今天仍有一定的认识作用。

文章采用问答的形式,层层设问,又逐一回答,步步深入地阐发作者自己的观点,驳斥对方的辩解。首尾贯通,前后呼应,气势十分凌厉。

或问谏议大夫阳城于愈①,可以为有道之士乎哉?学广而闻多,不求闻于人也。行古人之道②,居于晋之鄙③。晋之鄙人,薰其德而善良者几千人④。大臣闻而荐之,天子以为谏议大夫。人皆以为华,阳子不色喜。居于位五年矣,视其德如在野,彼岂以富贵移易其心哉!

愈应之曰:是《易》所谓恒其德贞⑤,而夫子凶者也。恶得为有道之士乎哉⑥?在《易·蛊》之"上九"云⑦:"不事王侯,高尚其事。"《蹇》之"六二"则曰:"王臣蹇蹇,匪躬之故⑧。"夫亦以所居之时不一,而所蹈之德不同也⑨。若《蛊》之"上九",居无用之地,而致匪躬之节;以《蹇》之"六二",在王臣之位,而高不事之心,则冒进之患生⑩,旷官之刺兴⑪,志不可则⑫,而尤不终无也⑬。今阳子在位,不为不久矣;闻天下之得失,不为不熟矣;天子待之,不为不加矣⑭,而未尝一言及于政。视政之得失,若越人视秦人之肥瘠,忽焉不加喜戚于其心⑮。问其官,则曰谏议也;问其禄,则曰下大夫之秩也⑯;问其政,则曰我不知也。有道之士,固如是乎哉?且吾闻之⑰:"有官守者,不得其职则去;有言责者,不得其言则去。"今阳子以为得其言乎哉?得其言而不言,与不得其言而不去,无一可者也。阳子将为禄仕乎?古之人有云⑱:仕不为贫,而有时乎为贫。谓禄仕者也。宜乎辞尊而居卑,辞富而居贫,若抱关击柝者可也⑲。盖孔子尝为委吏矣⑳,尝为乘田矣㉑,亦不敢旷其职,必曰会计当而已矣㉒,必曰牛羊遂而已矣㉓。若阳子之秩禄,不为卑且贫,章章明矣㉔,而如此其可乎哉?

或曰:否,非若此也。夫阳子恶讪上者㉕,恶为人臣而招其君之过㉖,而以为名者。故虽谏且议,使人不得而知焉。《书》曰㉗:"尔有嘉谟嘉猷㉘,则入告尔后于内㉙,尔乃顺之于外,曰:'斯谟斯猷,惟我后之德。'"夫阳子之用心,亦若此者。

愈应之曰:若阳子之用心如此,滋所谓惑者矣㉚。入则谏其君,出不使人知者,大臣宰相之事,非阳子之所宜行也。夫阳子,本以布衣隐于蓬蒿之下㉛,主上嘉其行谊㉜,擢在此位㉝。官以谏为名,诚宜有以奉其职,使四方后代,知朝廷有直言骨鲠之臣,天子有不僭赏、从谏如流之美㉞。庶岩穴之士㉟,闻而慕之,束带结发㊱,愿进于阙下而伸其辞说㊲。致吾君于尧舜,熙鸿号于无穷也㊳。若《书》所谓,则大臣宰相之事,非阳子所宜行也。且阳子之心,将使君人者恶闻其过乎㊴?是启之也㊵。

或曰:阳子之不求闻而人闻之,不求用而君用之,不得已而起,守其道不变,何子过之深也?

愈曰：自古圣人贤士，皆非有求于闻用也。闵其时之不平㊶，人之不乂㊷，得其道，不敢独善其身，而必以兼济天下也。孜孜矻矻㊸，死而后已。故禹过家门不入㊹，孔席不暇暖而墨突不得黔㊺。彼二圣一贤者㊻，岂不知自安佚之为乐哉㊼？诚畏天命而悲人穷也。夫天授人以贤圣才能，岂使自有余而已，诚欲以补其不足者也。耳目之于身也，耳司闻而目司见。听其是非，视其险易，然后身得安焉。圣贤者，时人之耳目也；时人者，圣贤之身也。且阳子之不贤，则将役于贤以奉其上矣。若果贤，则固畏天命而闵人穷也，恶得以自暇逸乎哉？

或曰：吾闻君子不欲加诸人㊽，而恶讦以为直者㊾。若吾子之论，直则直矣，无乃伤于德而费于辞乎？好尽言以招人过㊿，国武子之所以见杀于齐也[51]，吾子其亦闻乎？

愈曰：君子居其位，则思死其官；未得位，则思修其辞以明其道。我将以明道也，非以为直而加人也。且国武子不能得善人，而好尽言于乱国，是以见杀。《传》曰[52]："惟善人能受尽言。"谓其闻而能改之也。子告我曰："阳子可以为有道之士也"，今虽不能及已，阳子将不得为善人乎哉？

## 【注释】

① 谏议大夫：官名，掌侍从规谏，唐时隶属门下省。　阳城：人名，字亢宗，定州北平（治所在今河北顺平县东南）人，曾隐居中条山（今山西西南部），后徙居陕州夏县（今山西运城东北），有贤德之名。唐德宗时召为谏议大夫。
② 行古人之道：指隐居山野，不慕利禄功名。
③ 晋：古国名。所辖区域包括今山西大部、河北西南部、河南北部和陕西一角。阳城曾隐居过的中条山、陕州夏县，都在古晋国的边境地区。　鄙：边境地区。
④ 薰：熏陶，影响。　几：接近。
⑤ 《易》：《周易》，周代卜筮吉凶的书，传说是周文王所作，内分六十四卦，

下文的"蛊""蹇"都是其中的卦名。　恒其德贞:连同下句"夫子凶"都是《易》上的话。《易·恒》"六五":"恒其德贞,妇人吉,夫子凶。"意思是说,长久地保持一种道德节操,不能通时达变,这是妇人的美德,而对男子来说,则是不可取的。

⑥ 恶(wū):哪里。

⑦ 上九:《周易》每卦有六条爻辞,"上九"和下文的"六二"都是爻的名称。

⑧ 王臣蹇(jiǎn)蹇,匪躬之故:臣子能不避艰,难辅助国君,是由于他能不顾自身的缘故。蹇蹇,尽忠的样子。匪,通"非"。躬,自身。

⑨ 蹈:践、踩。引申为遵循。

⑩ 冒进:指贪求仕进。

⑪ 旷官:放弃职守。　刺:指责。

⑫ 则:效法。

⑬ 尤:弊病。　不终无:等于说终将会有。

⑭ 加:重用的意思。

⑮ 忽焉:不经意的样子。

⑯ 下大夫:唐制,谏议大夫秩为正五品,年俸二百石,秩品约相当于古代下大夫(列国之卿)。

⑰ 吾闻之:下面引的话,出自《孟子·公孙丑下》。

⑱ 古之人有云:下面的话直至"必曰牛羊遂而已"是韩愈从《孟子·万章下》摘引的,文字稍有改动。

⑲ 抱关:守关门。　击柝(tuò):打更。柝,打更用的梆子。

⑳ 委吏:古代掌管粮仓的小官。

㉑ 乘(shèng)田:古官名。春秋时鲁国主管畜牧的小官。

㉒ 会计:管理财、物及出纳事务。　当(dàng):合宜。

㉓ 遂(suì):成功、顺利。引申为长成。

㉔ 章章:显明的样子。

㉕ 讪(shàn):讥笑。

㉖ 招(qiáo):举,这里是揭露的意思。

㉗ 《书》:《尚书》。儒家经典之一。相传由孔子删改编成,书中保存了一些上古历史文献和追述古代史事的资料。下面一段话出自《尚书·周书·君陈》。

㉘ 谟(mó):计谋。　猷(yóu):谋划、谋略。

㉙ 后:天子。

㉚ 滋:更。

㉛ 布衣:指平民身份的人,旧时也称没有做官的读书人。 隐于蓬蒿之下:指隐居。

㉜ 行谊:品行和道义。谊,通“义”。

㉝ 擢(zhuó):指提拔。

㉞ 僭赏:不适当的奖赏。 从谏如流:非常乐于接受别人的劝诫。如流,像流水一样畅快迅速。

㉟ 岩穴之士:泛指隐居不仕的人。

㊱ 束带结发:整束衣带,盘结头发。表示庄重。

㊲ 阙:原是天子宫门外两边的高台,后亦指宫殿。 伸:通“申”,陈述。

㊳ 熙(xī):明、显。 鸿号:伟大的名声。

㊴ 君人者:做君主者。君,这里作动词。

㊵ 启:开,促成。

㊶ 闵(mǐn):通“悯”。

㊷ 乂(yì):治理。

㊸ 孜孜矻(kū)矻:勤奋不懈的样子。

㊹ 禹:传说中上古时代的部落联盟领袖。据说他曾奉舜之命治理洪水,十三年中三过家门而不入。

㊺ 孔席不暇暖而墨突不得黔:出自班固《答宾戏》。意思是说,孔子回家,连席子都没坐暖和便走了;墨子回来,连烟囱都没烧黑,又离开了家。形容他们专心于自己的事业。突,烟囱。黔,黑色。

㊻ 二圣一贤:儒家尊禹和孔子为圣人,而认为墨子只能算贤人。

㊼ 佚:通“逸”。

㊽ 君子不欲加诸人:语出《论语·公冶长》。加诸人,凌驾于人之上。

㊾ 恶讦(jié)以为直者:语出《论语·阳货》。讦,攻击或揭发别人的短处。

㊿ 尽言:说话无保留。

(51) 国武子:名佐,春秋时齐国国卿。因为直言斥责庆尅与齐灵公母孟子私通事,被齐灵公所杀。

(52) 《传》:这里指《国语》。因《国语》又称《春秋外传》。下面的话出自《国语·周语下》。

## 【译文】

有人问我:谏议大夫阳城可以算是有道德的人了吧?他学问渊深,见识广博,却不想出名。效法古人的行为,隐居在晋国的边境,那里的百姓被他的道德所感化,因而品行善良的有近千人。大臣听说后便荐举了他,天子任用他为谏议大夫。大家都认为很荣耀,阳子却没有高兴的表现。他任职已经五年了,看他的德行还是和隐居时一样,他哪里会因为富贵而改变自己的心志呢!

我回答说:这正是《周易》所说的,长久地保持一种德操,不知变通,对男子来说是危险的。这哪里算得上是有道德的人呢?《周易·蛊》"上九"爻辞说:"不侍奉王侯,力求使自己的行为高尚。"而《蹇》卦的"六二"爻辞则说:"臣子能不避危难去扶助国君,是由于不顾自身的缘故。"这也就是因为所处的时代和境遇不同,所奉行的道德也就不一样了。如果处在《蛊》卦"上九"爻辞所说的没被录用的境地,却履行奋不顾身的节操;而处在《蹇》卦"六二"爻辞所说的做臣的地位,却把不侍奉天子诸侯的心志当作高尚的话,那么贪求仕禄的祸害就会产生,对于官吏失职的指责也会纷纷而起,这样的心志不可效法,而他的过失最终也是免除不了的。现在阳子担任官职,不算不久了;对国家朝政得失的了解,不算不熟悉了;天子对待他,不能不算重用了,然而阳子却从没有一句话涉及朝政。他看待朝政的得失,就好像越国人旁观秦国人的胖瘦一样,漫不经心,无动于衷。问他的官职,则是谏议大夫;问他的爵禄,则是相当于下大夫的品秩;问他朝政的情况,却说我不知道。有道德的人,难道就是如此吗?况且我听说:"有官职的人,不称职就应该辞职;负责进谏的人,不能提出规劝意见的也应该离去。"现在阳子自认为提出过规劝意见了吗?能够提出规劝意见而不提,不提出规劝意见又不离职,都是不对的。阳子难道是为了俸禄而做官的吗?古人说过:做官本不是因为家贫,但也有因为家境贫穷的。说的就是为了俸禄而做官的人。这样的人应该辞去高位而担任贱职,放弃富裕的生活而安居贫寒的生活,做像守门巡夜之类的差使就差不多了。孔子曾做过管仓库的小官,还当过管牛羊的小官，却也不敢放弃职守，说一定要使事务不出差错，使牛羊长得肥壮才行。像阳子这样的爵秩和俸禄，不算低下和贫苦，这是很明显的，却是这样行事，难道可以吗？

有人说：不对，不是这样的。那阳子是厌恶讥讽君上，厌恶作为臣子却揭露君主的过错，并以此换取名声的人。所以虽然规谏并且评议政事得失，却不让别人知道。《尚书》说："你有好主意好计谋，就进去告诉你的君主，你于是在外边附和说：'这些计谋，都属于我们君主的美德。'"阳子的用意，也是这样的。

我回答说：如果阳子的用心果真如此，这就更是所谓的糊涂认识了。入朝则规劝君主，出来不让别人知道，这是大臣宰相们的事，不是阳子所应该做的。阳子，本是平民，隐居在草莽之中，主上赞赏他的品行，提拔他到这个职位上。官职既然以"谏议"为名，实在应该有相称的行动，来履行自己的职责，让天下之人、子孙后代，知道朝廷上有直言敢谏的臣子，天子有不随便奖赏、从谏如流的美德。这样一来，隐居的人听说以后，就会很羡慕，整整衣带，盘结头发，来到宫阙阐述自己的意见。从而使我们君主德同尧舜，崇高的名声流传千古。至于《尚书》所说的则是大臣宰相的事，不是阳子所应该做的。况且照阳子的用心，将使做君主的人厌恶听到自己的过失吗？这是开了为君主文过饰非的弊端。

有人说：阳子不想出名却出了名，不希望被录用却被君主任用了，不得已做了官，保持自己的德行不变，为什么您却这样苛刻地非难他呢？

我说：自古以来的圣人贤士，都不是由于追求名望而被录用的。他们忧虑当时世道不平，人民的事业没得到治理，有了道德学问，不敢用来独善其身，而一定要用来拯救天下，勤奋不懈，死而后已。所以大禹治水，经过家门却不进去，孔子回到家中连席子都来不及坐暖，墨子连烟囱也没等烧黑，就出门奔波了。那二位圣人一位贤人，难道自己不知道闲暇安逸是快乐的事吗？实在是敬畏天命并且悲悯人民穷困的缘故啊。上天把道德、聪明和才干授给人，哪里只是让他个人生活宽裕就算了，实在是希望用来弥补众人在这些方面的不足啊！耳目对于人的身体来说，耳朵管听而眼睛管看。耳朵能辨明是非，眼睛能识别安危，这样身体也就能平安了。圣贤，相当于世人的耳目；世人，就相当于圣贤的身体。再说阳子要不是贤人，就应该服从贤人来侍奉君主。如果确有贤德，那么本来就应该敬畏天命而悲悯人们的穷困，怎么能贪图个人的闲适安逸呢？

有人说：我听说君子不想凌驾在别人头上，并且厌恶把揭发别人的短处当作耿直。像您的这番议论，直率倒是直率，只恐怕是有损于自己的道德修养，而且浪费了口舌吧？喜欢直言不讳地揭露别人的过失，这正是国武子在齐国被杀的原因，您大概也听说了吧？

我说：君子做了官，就要准备以身殉职；没有做官，就应该考虑著书立说来阐明道理。我就是为了阐明道理，并不是自认为耿直而想指责他人的。何况国武子是因为没有遇到有道德的人，在昏乱腐败的国家讲话常常不留余地，因而被杀。《国语》说："只有有道德的人才能接受直截了当的批评。"是说他听到批评以后能注意改正。你告诉我说，"阳子算得上是有道德的人"，现在看来虽然还没达到，难道阳子将来就不能做个道德完善的人吗？

# 后十九日复上宰相书

## 韩　愈

【题解】

本文与下一篇《后二十九日复上宰相书》，是韩愈在唐德宗贞元十一年(795年)写给当时宰相的两封书信。当时，韩愈正处于郁郁不得志的状况，要求仕进的心情很迫切。作为一个封建知识分子，为了实现自己的政治理想，韩愈也只有去走权贵的门路，求他们引荐和提拔。本文就表现了他希望宰相不拘一格提拔自己的心情。

全文巧妙地利用比喻、设问、反驳等手法,使仅六百字的文章跌宕曲折,富于变化,情辞恳切而不卑不亢。在同样内容的书信中,手法的确是高出一筹。

二月十六日①,前乡贡进士韩愈②,谨再拜言相公阁下③。

向上书及所著文,后待命凡十有九日,不得命。恐惧不敢逃遁,不知所为。乃复敢自纳于不测之诛④,以求毕其说⑤,而请命于左右⑥。

愈闻之,蹈水火者之求免于人也,不惟其父兄子弟之慈爱⑦,然后呼而望之也。将有介于其侧者⑧,虽有所憎怨,苟不至乎欲其死者,则将大其声,疾呼而望其仁之也⑨。彼介于其侧者,闻其声而见其事,不惟其父兄子弟之慈爱,然后往而全之也。虽有所憎怨,苟不至乎欲其死者,则将狂奔尽气,濡手足⑩,焦毛发,救之而不辞也。若是者何哉?其势诚急而其情诚可悲也。

愈之强学力行有年矣。愚不惟道之险夷⑪,行且不息,以蹈于穷饿之水火,其既危且亟矣⑫,大其声而疾呼矣,阁下其亦闻而见之矣。其将往而全之欤,抑将安而不救欤?有来言于阁下者曰,有观溺于水而爇于火者⑬,有可救之道而终莫之救也,阁下且以为仁人乎哉?不然,若愈者,亦君子之所宜动心者也。

或谓愈,子言则然矣,宰相则知子矣,如时不可何。愈窃谓之不知言者,诚其材能不足当吾贤相之举耳。若所谓时者,固在上位者之为耳,非天之所为也。前五六年时,宰相荐闻⑭,尚有自布衣蒙抽擢者⑮,与今岂异时哉?且今节度、观察使⑯,及防御、营田诸小使等⑰,尚得自举判官⑱,无间于已仕未仕者⑲,况在宰相,吾君所尊敬者,而曰不可乎?古之进人者,或取于盗⑳,或举于管库㉑,今布衣虽贱,犹足以方于此㉒。

情隘辞蹙㉓,不知所裁,亦惟少垂怜焉㉔。

　　愈再拜。

## 【注释】

① 二月十六日:唐德宗贞元十一年(795年)二月十六日。古人书信格式,多将时间、写信人姓名、收信人姓名写在信的最前面。
② 乡贡:唐代由州县荐举出来参加科举考试而考中进士的人,称为乡贡进士。
③ 再拜:一拜而又拜,表示恭敬的礼节。古人用在书信中表示对收信人的尊重。
④ 诛:责备。
⑤ 毕:全部、完全。这里作动词。
⑥ 左右:旧时书信中对对方的称呼。不直称某人,而称他的左右执事人以表示尊敬。
⑦ 惟:因为。
⑧ 将(qiāng):副词,表示意愿,希望。　介:挨近。
⑨ 仁:这里作动词,指施行仁义。
⑩ 濡(rú):沾湿。
⑪ 惟:考虑,想。　夷:平坦,与险相对。
⑫ 亟(jí):急迫。
⑬ 爇(ruò):焚烧。
⑭ 荐闻:向上推荐。
⑮ 布衣:平民。　抽擢(zhuó):选拔,提升。
⑯ 节度:官名,即节度使,是唐代各边疆地区掌管军事、民政、财务的大臣。　观察使:官名,是唐代掌管州县官吏政绩、兼管民事的长官。
⑰ 防御:官名,即防御使,唐初置于西北各镇,"安史之乱"后又设于各军事要冲,专掌军事的官吏,多以刺史兼任。　营田:官名,即营田使,唐代设于边区专掌屯田的官吏。由于防御使、营田使地位低于节度、观察使,所以称为"小使"。
⑱ 判官:官名,唐代是节度、观察、防御使等的属官。
⑲ 间:区别。
⑳ 盗:《礼记·杂记》中记载管仲曾在盗贼中提拔两人为官。

㉑ 管库:《礼记·檀弓》中记载春秋末年晋国的赵文子在管仓库的人中提拔了七十多名人才。韩愈在这里用以上两个典故比喻要不拘一格用人才。
㉒ 方:比拟,相比。
㉓ 隘(ài):窘迫。 蹙(cù):急促。
㉔ 少:稍。 垂怜:照管,爱惜。

**【译文】**

二月十六日,前乡贡进士韩愈,怀着敬意向宰相阁下进言。

前些日子曾给您送呈过一封书信和我所写的文章,从那以后,恭候回音已十九天了,却一直没有得到消息。心中惶惶不安,不敢擅自离去,又不知该怎么办。于是,我宁愿遭受那意想不到的责备,再次给您写信,以求陈述完我的意见,并等候您的回音。

我听说,陷入水火之中的人在向人求救的时候,并不因为那人与自己有什么父子兄弟的慈爱之情才去呼喊他、指望他。而是希望在他左右的人,即使与自己曾有过仇怨,但只要是还不至于希望自己死掉的,都将大声疾呼,盼望他同情和解救自己。那在他左右的人,听到这声音,看到这情景,也并不是因为出于父子兄弟的慈爱之情,然后才去救援他。即使有些仇怨,只要还不到盼望他死去的地步,就会拼命奔跑,使尽力气,为了救他即使自己沾湿手脚,烧焦毛发,也在所不辞。这样是为了什么呢?是由于他的处境的确危急,他的心情的确可怜的缘故啊!

我努力学习,身体力行已经好多年了。我不考虑道路的崎岖与平坦,前进不止,以致陷入窘迫贫困的水深火热之中,处境确实是又危险又急迫了,我也大声疾呼过了,阁下恐怕也是听到看到了吧!您是准备去援助呢,还是坐视不救呢?如果有人来向阁下说,有那么一种人,看到别人被水淹被火烧,虽有可救的办法却终于没有去救,您还认为他是仁人君子吗?如果不这样认为,那么像我这样的人,也是仁人君子所应该动心同情的了。

有人向我说,你的话倒是不错,宰相也是了解你的,但时势不允许,又有什么办法呢?我认为,那些不明道理的人,他们的才能的确不足以得到我们贤明的宰相的推荐。至于所谓"时势",本来只不过是在上位的人的行为罢了,并不是上天的安排。前五六年,宰相向上荐举人才,还有从平民百姓中挑选上来的人,那时与现在,"时势"又有什么不同呢?况且,现在节度使、观察使,以及各防御使、营田使等品位较低的官吏,还能自己选用判官,无须区别于有无职位这一点,更何况宰相是我们皇上所尊敬的人,难道还能说不行吗?古代向上推荐人才的人,有的能从盗贼中发现人才,有的能从管仓库的人中荐举贤良,如今,我这个平民虽地位卑下,但比起管仓库的人和盗贼来,还是绰绰有余。情况窘迫,言辞急切,也不知该怎么斟酌,只是希望您稍许施以爱惜之心。

韩愈再拜。

# 后二十九日复上宰相书

## 韩 愈

【题解】

本文是韩愈继《后十九日复上宰相书》后,再一次向宰相要求对自己加以任用的书信。但与上封信不同,这封信是韩愈在等待回音的时间越来越长,失望和愤慨越来越强烈的情况下写的,所以言辞较尖刻激烈。

在这篇文章中,韩愈用周公"吐哺""握发",如饥似渴地对待人才的态度与当时宰相对待人才"默默而已"的态度作了比较,讽刺了权贵们封闭贤路的做法,并申明自己是为了"忧天下",不愿独善其身才求仕进的。

文章前半部分运用大段对比,将周公和当时宰相的行为、条件及所处社会环境一一对比,并采用排比、反问的句式,形成了鲜明、强烈的对照,增强了效果。后半部分笔锋一转,表白自己的志趣,语气略显尖利,但据理以言,头头是道;情绪颇为激动但仍娓娓而谈,光明正大,在正面说理中暗含讽刺。此信实际上是一篇很好的论说文。

三月十六日，前乡贡进士韩愈，谨再拜言相公阁下。

愈闻周公之为辅相①，其急于见贤也，方一食，三吐其哺，方一沐，三握其发②。当是时，天下之贤才，皆已举用。奸邪谗佞欺负之徒③，皆已除去。四海皆已无虞④。九夷八蛮之在荒服之外者⑤，皆已宾贡⑥。天灾时变，昆虫草木之妖⑦，皆已销息。天下之所谓礼乐刑政教化之具⑧，皆已修理。风俗皆已敦厚。动植之物、风雨霜露之所沾被者⑨，皆已得宜⑩。休征嘉瑞⑪，麟凤龟龙之属⑫，皆已备至。而周公以圣人之才，凭叔父之亲，其所辅理承化之功⑬，又尽章章如是⑭。其所求进见之士，岂复有贤于周公者哉？不惟不贤于周公而已，岂复有贤于时百执事者哉⑮？岂复有所计议，能补于周公之化者哉？然而周公求之如此其急，惟恐耳目有所不闻见，思虑有所未及，以负成王托周公之意⑯，不得于天下之心。如周公之心，设使其时辅理承化之功，未尽章章如是，而非圣人之才，而无叔父之亲，则将不暇食与沐矣，岂特吐哺握发为勤而止哉⑰？维其如是⑱，故于今颂成王之德，而称周公之功不衰。

今阁下为辅相亦近耳。天下之贤才，岂尽举用？奸邪谗佞欺负之徒，岂尽除去？四海岂尽无虞？九夷八蛮之在荒服之外者，岂尽宾贡？天灾时变，昆虫草木之妖，岂尽销息？天下之所谓礼乐刑政教化之具，岂尽修理？风俗岂尽敦厚？动植之物，风雨霜露之所沾被者，岂尽得宜？休征嘉瑞，麟凤龟龙之属，岂尽备至？其所求进见之士，虽不足以希望盛德，至比于百执事，岂尽出其下哉？其所称说⑲，岂尽无所补哉？今虽不能如周公吐哺握发，亦宜引而进之，察其所以而去就之⑳，不宜默默而已也。

愈之待命，四十余日矣。书再上㉑，而志不得通㉒。足三及门,而阍人辞焉㉓。惟其昏愚,不知逃遁㉔,故复有周公之说焉,阁下其亦察之。

　　古之士,三月不仕则相吊㉕,故出疆必载质㉖。然所以重于自进者,以其于周不可,则去之鲁;于鲁不可,则去之齐;于齐不可,则去之宋,之郑,之秦,之楚也㉗。今天下一君,四海一国,舍乎此则夷狄矣㉘,去父母之邦矣㉙。故士之行道者㉚,不得于朝,则山林而已矣。山林者,士之所独善自养,而不忧天下者之所能安也。如有忧天下之心,则不能矣。故愈每自进而不知愧焉,书亟上㉛,足数及门而不知止焉。宁独如此而已,惴惴焉惟不得出大贤之门下是惧㉜。亦惟少垂察焉㉝!渎冒威尊㉞,惶恐无已。愈再拜。

**【注释】**

① 周公:西周初年的政治家。周武王的弟弟,周成王的叔叔。姓姬名旦,因封地在周(今陕西岐山东北),所以称周公。
② 方一食,三吐其哺,方一沐,三握其发:传说周公凡有人来访,他立刻接待,生怕轻慢了贤人。他曾在一顿饭之中为接待来访的人而三次吐出含在口中的食物,在洗一次头之间,三次握住解开了的头发与来访者会面。哺,口中所含的食物。沐,此处指洗头发。
③ 谗(chán):用坏话挑拨离间。　佞(nìng):用花言巧语谄媚人。　欺:骗人。　负:背信弃义,不守诺言。
④ 虞(yú):担心。
⑤ 九夷八蛮:这里泛指少数民族。夷,我国古代对东方少数民族的泛称。蛮,对南方少数民族的泛称。　荒服:古代统治者设想中的统治区域划分法,曾把天下按远近分为五等,即甸服、侯服、绥服、要服、荒服。荒服指极边远的地方。
⑥ 宾:服从,归顺。　贡:向天子进献礼物。
⑦ 时变:指大自然呈现的与时令不同的一些反常现象。　昆虫草木之妖:指昆虫草木等物的一些变异和反常现象。古人迷信,认为这些都是天上将要降下灾祸的不祥征兆,所以称为"妖"。

⑧ 礼:泛指奴隶社会及封建社会用以维护等级制度而设的道德规范和礼仪制度。　乐:音乐,旧时统治者认为这也是维护等级制度及陶冶性情、宣扬统治阶级意识的工具。　刑:刑法律令。　政:政治制度。　具:指以上这些制度。

⑨ 沾被:沾,浸湿。被,覆盖。

⑩ 宜:合适。

⑪ 休征嘉瑞:都指美好吉祥的征兆。休,美善。

⑫ 麟凤龟龙:都是预示吉祥的动物。麟,麒麟。凤,凤凰。龟,灵龟。龙,蛟龙。

⑬ 辅理:辅佐治理。唐代避高宗李治的讳,"治"写作"理"。　承化:秉承教化。

⑭ 章章:显著,明晰。

⑮ 百:泛指众多。　执事:古时指侍从左右供使令的人,这里指周公手下的官吏。

⑯ 成王托周公:史书记载说,周成王曾将天下大事委托给周公治理。

⑰ 特:仅,只。

⑱ 维:同"唯"。

⑲ 称说:建议、主张。

⑳ 去就:去,离开。就,挨近。这里都是使动用法,即"使……离开"和"使……挨近"的意思。

㉑ 再:两次。

㉒ 通:达。这里是"使其知晓"的意思。

㉓ 阍(hūn)人:看门人。

㉔ 逃遁:这里是擅自离开的意思。

㉕ 仕:做官。　吊:慰问丧家或遇不幸者。

㉖ 质:通"贽"。古时初次求见所赠的礼物。

㉗ 鲁、齐、宋、郑、秦、楚:都是春秋时诸侯国名。

㉘ 狄:古时泛指北方少数民族的称号。

㉙ 父母之邦:指自己生长的故国。

㉚ 道:指某种政治主张或理想。

㉛ 亟(qì):屡次。

㉜ 惴(zhuì)惴焉:惶恐不安的样子。

㉝ 惟:表示意愿、希望的语气助词。
㉞ 渎(dú):轻漫,没有礼貌。 冒:冒犯。

## 【译文】

三月十六日,前乡贡进士韩愈,恭敬地向宰相阁下进言。

我听说,周公做辅佐君主的宰相的时候,他急于求得贤才,在一顿饭之间,三次吐出口中的食物去会见来访者,在洗一次头发的时间里,三次握着已经解开了的头发去接待客人。在那时,天下的人才,都已被选拔任用。阴险狡猾、花言巧语、反复无常、背信弃义的小人,都已被清除。四海之内已没有什么可以担心的了。极边远的少数民族也都已归顺进贡。天灾变异,各种妖邪,都已销声匿迹。天下凡是可称为礼乐刑政教化的制度,都已整顿制定。风俗都已变得敦厚淳朴。天下万物,凡是受到风雨霜露滋润的,都已各得其所。吉祥的征兆、美好的符瑞、麒麟凤凰灵龟蛟龙之类,都已全部出现。而周公本人凭着圣人的才能,凭着天子叔父的亲近关系,他协助治理天下,继承先王德化又都是那样尽善尽美。那些求见周公的人,难道还有比周公更加贤能的吗?不仅比不上周公,就是和当时的公卿百官相比,难道还有更贤能的吗?难道还有什么计谋方略,可以对周公的德化有所裨益吗?然而周公寻求贤才的心情却是那样的急迫,生怕自己耳不聪,眼不明,考虑还有不周到的地方,以致辜负了成王委托自己的意愿,失去天下的民心。推想周公的心情,假如那时辅佐治理天下,继承先王德化,还没有像这样尽善尽美,而他又没有圣人之才,没有天子叔父的亲近关系,那就顾不上吃饭和洗发了,哪能仅仅有吐哺握发这样的勤奋行为就完了呢?正因为他是这样,所以,直到今天人们还不住地称颂成王的德行,夸奖周公的丰功伟绩。

如今阁下作为辅佐君主的宰相这一点同周公比很相近。天下的人才,难道都已被选拔任用?阴险狡猾、花言巧语、反复无常、背信弃义的小人,难道都已清除?四海之内难道已没有什么可担心的了?极边远的少数民族难道都已归顺朝贡?天灾变异、各种妖邪难道都已销声匿迹?天下凡可称为礼乐刑政教化的制度,难道都已整顿制定？风俗难道都已敦厚淳朴？天下万物、凡是受到风雨霜露滋润的，难道都已各得其所？吉祥的征兆、美好的符瑞、麒麟凤凰灵龟蛟龙之类，难道都已全部出现？那些要求进见的士人，虽然不能希望他们有极为美好的仁德，但与您手下的办事官吏相比，难道才能都在他们之下吗？他们的计谋方略，难道对您一点补益也没有吗？现在即使不能做到像周公那样的吐哺握发，但也应该接见并推荐他们，观察他们究竟如何，然后再决定对他们是否使用，而不应该冷漠对待，无所反应。

我等候回音，已经四十多天了。接连递交了两封书信，可我的意思仍然不能使您了解。三次登门求见，都被您府上看门的人挡了回来。只因为我生性愚钝，不懂得自己离开了事，所以才发了关于周公的这一通议论，希望您也能够仔细地看看它。

古代的士人，三个月不能得到官职，就互相慰问，所以，他们离开国家时就一定要带上见面礼。但是他们所以重视自我推荐，就是因为若在周不被任用，就可以离开周到鲁去；在鲁不被任用，就可以离开鲁到齐去；在齐还不被任用，就可以离开齐到宋去，到郑去，到秦去，到楚去。可是现在，普天之下只有一个君主，四海之内只是一个国家，抛开它，就只有夷狄这些地方了，就只好离开故国了。所以，要求实现自己的抱负和主张的士人，不在朝廷上得到任用，那就只有到山林隐居去了。在山林过隐居生活，是士人中那些只顾独善其身，保养自己，不为天下大事担忧的人才能安心的。如果怀有为天下担忧之心的人，则不能安心。正因为如此，所以，我才经常自我推荐而不感到羞愧，屡次递交书信，登门求见而不知道应该停止。又哪里仅仅如此而已，我还惶惶不安，生怕不能成为您的门生呢。希望您稍微给以重视吧！冒昧地渎犯了您的威严和尊贵，心中惶恐不已。韩愈再拜。

# 与于襄阳书

## 韩 愈

【题解】

这是韩愈写给于襄阳请求引荐的信。于襄阳,河南人,名頔(dí),字允元。因做过襄州大都督,故称于襄阳。贞元十四年由工部尚书徙任山南东道节度使。

在封建社会,读书人做官扬名往往需要有地位的人引荐,而有地位的人也需要收录有前途的门生使自己声名显赫。他们荣辱相连,利害相关。韩愈正是看出了这一点,为了自己出仕显名,才写了这封信,向于頔毛遂自荐。在韩愈看来,有地位的达官与有前途的门生应该彼此了解,结合在一起,才能建功立业。所以,本来是一件俯身人下、求人引荐的事,在他笔下却成了一件堂堂正正的事情。

文章前半部分是一般议论,析理透彻,笔势刚健;后半部分转入正文,语气委婉,感情凄怆。通篇措辞立意,不卑不亢,文情绝妙。

七月三日[①],将仕郎、守国子四门博士韩愈[②],谨奉书尚书阁下[③]。

士之能享大名,显当世者,莫不有先达之士[④],负天下之望者,为之前焉[⑤]。士之能垂休光[⑥],照后世者,亦莫不有后进之士,负天下之望者,为之后焉[⑦]。莫为之前,虽美而不彰;莫为之后,虽盛而不传。是二人者,未始不相须也[⑧],然而千百载乃一相遇焉。岂上之人无可援[⑨],下之人无可推欤[⑩]?何其相须之殷而相遇之疏也[⑪]?其故在:下之人负其能,不肯谄其上[⑫];上之人负其位,不肯顾其下。故高材多戚戚之穷[⑬],盛位无赫赫之光。是二人者之所为皆过也。未尝干之⑭,不可谓上无其人;未尝求之,不可谓下无其人。愈之诵此言久矣⑮,未尝敢以闻于人⑯。

侧闻阁下抱不世之才⑰,特立而独行⑱;道方而事实,卷舒不随乎时⑲,文武唯其所用,岂愈所谓其人哉?抑未闻后进之士⑳,有遇知于左右㉑,获礼于门下者。岂求之而未得邪,将志存乎立功,而事专乎报主,虽遇其人,未暇礼邪?何其宜闻而久不闻也?

愈虽不材,其自处不敢后于恒人。阁下将求之而未得欤,古人有言:"请自隗始㉒。"愈今者惟朝夕刍米仆赁之资是急㉓,不过费阁下一朝之享而足也㉔。如曰"吾志存乎立功,而事专乎报主,虽遇其人,未暇礼焉",则非愈之所敢知也。世之龊龊者㉕,既不足以语之㉖;磊落奇伟之人,又不能听焉,则信乎命之穷也㉗!谨献旧所为文一十八首㉘,如赐览观,亦足知其志之所存。

愈恐惧再拜。

【注释】

① 七月三日:当指贞元十八年(802年)七月三日。这年春韩愈做了国子监四门学博士。
② 将士郎:官名,文散官。 守:唐代品级较低的人担任较高的官叫守。
 国子:国子监,当时中央教育机构。 四门:四门学,国子监统辖的六个部门之一,掌教七品以上官吏和一般地主子弟。这个部门设博士官若干人。
③ 尚书:原为官名,这里用于对于襄阳的称呼。于頔做过工部尚书,故称。
 阁下:对人的尊称。
④ 莫:没有谁。 先达:有地位,有名望的先辈。
⑤ 为之前:为他做前导。
⑥ 垂:流传。 休:美。

⑦ 后:继承功业。
⑧ 未始:未尝。 须:等待。
⑨ 援:攀附。
⑩ 推:引荐。
⑪ 殷:殷切,恳切。
⑫ 负:倚恃,自恃。 诏:巴结,奉承,在这里有请求的意思。
⑬ 戚戚:忧愁的样子。 穷:困窘,不得志。
⑭ 干:求。
⑮ 诵:在这里含有思考、琢磨、念叨等义。
⑯ 敢:表示谦敬,这里有"冒昧地"的意思。
⑰ 侧闻:从旁边听说,"曾有所闻"的谦敬说法。
⑱ 特立:不随波逐流。
⑲ 卷舒:弯曲和伸直。这里指行动、地位的变化、进退。 时:时俗,这里指当时的潮流。
⑳ 抑:然而。
㉑ 左右:指于𬱖。旧时书信称对方,不称其本人,而称其左右执事人,以示尊敬。
㉒ 请自隗始:公元前311年燕昭王即位后,为了拯救战败的燕国,去向郭隗请教,郭隗说:"王必欲致士,先从隗始,隗且见事,况贤于隗者,岂远千里哉。"燕昭王依郭隗的话去做,果然各国的贤士源源而来。"请自隗始",意思是请拿自己做一个榜样,来吸引其他贤者。
㉓ 刍:喂牲口的草。 赁(lìn):租用。
㉔ 一朝(zhāo)之享:请一顿早晨的饭食,比喻要求很低。享,同"飨",用酒食款待人。
㉕ 龊(chuò)龊:器量狭小,拘谨于小节。
㉖ 语(yù):告诉。
㉗ 信:确实,真是。
㉘ 首:篇。

# 【译文】

七月三日,将士郎兼国子监四门博士韩愈谨将书信呈给尚书阁下。

读书人能够享有盛名,显达于当世,没有谁不是靠有地位的先辈、有声望的人物,为他引荐的。读书人能够流传功业,照耀后世,也没有谁不靠后起之秀和有声望的晚辈给他做继承人的。没有人替他引荐,即使有美好的才华,也不能显扬;没有人做他的后继,即使功业很大,也不能流传。这两种人,未尝不互相等待,然而千百年才能相遇一次。难道是上面没有可以攀附的人,下面没有可以推举的人吗?为什么互相等待是那样迫切而相遇的机会却那样稀少呢?其原因就在于:在下的人自恃才高而不肯向上求荐,在上的人自恃位尊而不肯对下关照。因此有才学的人往往因为没有出路而忧伤,而地位显要的人也不能留传显赫的名声。这两种人的所作所为都是错误的。没有向上请求,就不能说上边没有可以依靠的人;没有向下寻求,也不能说下边没有可以推举的人。我琢磨这句话已经很久了,但未曾冒昧地对别人说起过。

　　听说阁下具有非凡的才干,超群而自立,不随时俗;行道有规矩,处事踏实,进退有度而不随波逐流,对文武官员量才任用,难道您就是我在前面所说的那种人吗?然而未听说过有为您所赏识的,蒙您以礼相待的后进之士。是您寻求而没有得到呢,还是由于您有志于建立功业,把精力倾注于报答君主,因而虽然遇到了后进之士,却无暇以礼相待呢?为什么本应听到您任用人才的事却久久没有听到呢?

　　我虽然才能低下,但对自己的要求却不敢落后于一般人。您要是想寻求人才却尚未得到的话,那么古人说过:"请从我郭隗开始。"我现在正为每天的柴草、粮食、仆役的费用着急,这些只不过耗费您一顿早饭的费用就够了。如果您说:"我的志向在于建立功业,精力全用于报答君主,即使遇到了后进之士,也无暇以礼相待",那就不是我敢去了解的了。世间那些器量狭小的人是不值得告诉他这些话的,而那些光明磊落、心胸宽广的人,又无法使他们听到我的这些话,那么我的命运的确是很不幸啊!谨献上我以前所作的文章十八篇,如蒙过目,也足以知道我的志向所在。

　　我诚惶诚恐,再拜。

# 与陈给事书

## 韩 愈

【题解】

　　这是韩愈写给陈京的信。陈京,字庆复,唐德宗贞元十九年(803年)由考功员外郎升为给事中(当时门下省的要职,主管驳正政令的得失),所以称陈给事。信中回顾和反省了与陈给事之间一段不愉快的交往,委婉地表示了对陈给事的不满,同时,也表达了希望陈给事重新了解自己、恢复友谊的心情。

　　书信在叙述上运用对比和转折的手法,波澜层叠,姿态横生,委婉地倾诉出复杂的感情,表现了较高的写作技巧。

　　愈再拜:愈之获见于阁下有年矣①。始者亦尝辱一言之誉②。贫贱也,衣食于奔走③,不得朝夕继见。其后阁下位益尊,伺候于门墙者日益进④。夫位益尊,则贱者日隔;伺候于门墙者日益进,则爱博而情不专。愈也道不加修⑤,而文日益有名。夫道不加修,则贤者不与;文日益有名,则同进者忌。始之以日隔之疏,加之以不专之望,以不与者之心,而听忌者之说。由是阁下之庭,无愈之迹矣。

　　去年春,亦尝一进谒于左右矣⑥。温乎其容,若加其新也⑦;属乎其言⑧,若闵其穷也。退而喜也,以告于人。其后如东京取妻子⑨,又不得朝夕继见。及其还也,亦尝一进谒于左右矣。邈乎其容⑩,若不察其愚也⑪;悄乎其言,若不接其情也。退而惧也,不敢复进。

今则释然悟,翻然悔曰:其邈也,乃所以怒其来之不继也;其悄也,乃所以示其意也。不敏之诛⑫,无所逃避。不敢遂进⑬,辄自疏其所以⑭,并献近所为《复志赋》以下十首,为一卷,卷有标轴⑮。《送孟郊序》一首⑯,生纸写⑰,不加装饰,皆有揩字注字处⑱。急于自解而谢,不能俟更写⑲。阁下取其意,而略其礼可也。愈恐惧再拜。

**【注释】**

① 阁下:对对方的尊称。
② 誉:称誉,赞赏。
③ 衣食于奔走:"奔走于衣食"的倒装。
④ 伺候:等候,这里是"依附"的意思。 门墙:旧时指师长之门。 进:增加。
⑤ 道:道德、品行。
⑥ 进谒:前去拜见。 左右:旧时书信中称对方,不直称其人,而称他的左右执事人以表示尊敬。
⑦ 加:附于……之上,这里是对待的意思。 新:新交。
⑧ 属:连续不断,这里形容话很多,很热情。
⑨ 东京:这里指今河南洛阳。 妻子:指妻子和儿女。
⑩ 邈:远。这里形容脸上表情冷漠。
⑪ 愚:谦辞,指自己的心怀。
⑫ 敏:敏捷、聪敏。 诛:责备。
⑬ 遂:就,立刻。
⑭ 疏:分条陈述。
⑮ 标轴:古书用纸或帛做成卷子,中心有轴,所以一卷就叫一轴。标轴即是卷轴上做的标记。
⑯ 孟郊:字东野。唐代诗人,韩愈的朋友。
⑰ 生纸:未经煮捶或涂蜡的纸。唐代书写分熟纸与生纸。生纸用于丧事和作草稿用。韩愈为了急于自解谢罪,所以不暇选择熟纸重写。
⑱ 揩:涂抹。 注:添加。
⑲ 俟(sì):等待。

## 【译文】

　　韩愈再拜:我为您所结交已经多年了。开始时也曾承蒙您的夸奖,但我由于贫贱,为衣食奔走,所以不能朝夕领受您的教诲。其后您的地位越来越尊贵,依附在您门下的人一天天地增多。地位越尊贵,那么贫贱的人就被日益疏远;求做门生的人一天比一天增多,那么您喜欢的人多了,而对旧友的情意也就不专了。我在道德修养方面没有加强,而在文章上却日益有了名气。在道德修养方面没有加强,那么贤人就不屑于同我交往;文章日益有名气,那么与我一同上进的人便产生妒忌。起初,您我由于经常不见而疏远,以后又加上我对您疏远朋友的不满,而您又怀着不愿与人交往的心情,又听信妒忌者的闲话。因此,阁下的门庭就不再有韩愈的足迹了。

　　去年春天,我也曾去拜访过您一次。您面色温和,好像接待初次见面的朋友;言语殷切热情,像是同情我落魄失意的处境。从您那儿出来,心里很高兴,并把这事告诉了别人。那以后,我往东京接取家眷,又不能朝夕与您相见。等到回来,又一次去拜访您。您表情冷漠,像是不体察我的衷怀;沉默寡语,像是不理会我的情意。离开您后,感到非常不安,不敢再去见您了。

　　现在我才恍然醒悟,幡然懊悔到:您那种冷漠的表情,全是因为我不能常常来看您而生气;您那种沉默不语的神态,就表示出这种意思。对我生性愚钝的责怪,我是不能逃避的。现在,我不敢立刻就去见您,陈述事情的缘由,并献上新近所作的《复志赋》以下十篇文章,作为一卷,卷上都有标记;《送孟郊序》一篇,用生纸写成,没加装饰,都有涂改添字的地方。因为急于表白自己的心迹和向您谢罪,所以等不及重新誊写清楚。希望您接受我的情意而原谅我在礼节上的不周。我恐惧不安,再拜。

# 应科目时与人书

## 韩 愈

【题解】

"应科目"就是参加科举考试。这篇文章是韩愈在唐德宗贞元九年(793年)参加博学宏词科考试时写给韦舍人的一封信。韩愈在信中写了一个与"常鳞凡介"不同、能"变化风雨,上下于天"的"怪物",并用这个"怪物"来自喻,暗示自己有才能,但得不到推荐而处境窘困,希望对方能帮助自己,以获得提拔。但是,韩愈却不明说,始终以怪物作比喻,转弯抹角,最后才点明"愈今者,实有类于是",言辞卑中有亢,恳切而又含蓄。

月、日,愈再拜:天池之滨①,大江之濆②,曰有怪物焉③,盖非常鳞凡介之品汇匹俦也④。其得水,变化风雨,上下于天不难也。其不及水,盖寻常尺寸之间耳⑤。无高山大陵旷途绝险为之关隔也⑥,然其穷涸⑦,不能自致乎水,为獱獭之笑者⑧,盖十八九矣⑨。如有力者,哀其穷而运转之⑩,盖一举手一投足之劳也。然是物也,负其异于众也⑪,且曰:"烂死于沙泥,吾宁乐之⑫。若俯首帖耳,摇尾而乞怜者,非我之志也。"是以有力者遇之,熟视之若无睹也。其死其生,固不可知也。

今又有有力者当其前矣。聊试仰首一鸣号焉⑬,庸讵知有力者不哀其穷⑭,而忘一举手一投足之劳,而转之清波乎?其哀之,命也。其不哀之,命也。知其在命,而且鸣号之者⑮,亦命也。愈今者,实有类于是。是以忘其疏愚之罪⑯,而有是说焉。阁下其亦怜察之⑰。

## 【注释】

① 天池:寓言中所说的海。《庄子·逍遥游》:"南冥者,天池也。"
② 濆(fén):水边。
③ 怪物:指龙。
④ 鳞、介:水族的统称,鳞指鱼龙之类,介指龟鳖之类。 品、汇:都是类的意思。 匹、俦:都是匹配相比的意思。
⑤ 寻常尺寸:古以八尺为寻,二寻为常。此指范围狭小。
⑥ 陵:大山。 关隔:屏障。关,关口。隔,障隔。
⑦ 穷涸(hé):处于缺水的困境。穷,困厄。涸,水干,枯竭。
⑧ 獱(bīn):即猵,小獭。 獭(tǎ):生活在水边的小兽,善游泳,捕鱼为食。
⑨ 十八九:十分之八九,形容多。
⑩ 哀:可怜。
⑪ 负:恃,依仗。
⑫ 宁:宁可,甘愿。
⑬ 聊:姑且。
⑭ 庸讵:哪儿,岂。
⑮ 且:副词,表示就要,将。
⑯ 忘:这里有抛开、不管的意思。
⑰ 阁下:对对方的尊称。 其:语气词,表示希望。

## 【译文】

某月某日,韩愈再拜:在天池岸旁,长江水边,据说有一种怪物,这种怪物不是一般的鳞甲之类的动物所能相比的。它得到水,就能兴风作浪,上天下地也并不困难。它得不到水,恐怕只能在很小的范围内活动。虽然并没有什么高大的山陵、宽阔的道路、特别的险阻成为它的障碍,然而它窘困于干涸的泥沙中,自己没有办法得到水,大概十之八九会被獱獭这些小东西所讥笑。要是有力量的人,可怜它的窘困,把它转移到水中,只不过是一举手、一抬脚的工夫而已。然而这种怪物,仗恃自己与众不同,却说:"即使烂死在泥沙中,我也甘愿。像俯首帖耳、摇尾乞怜的做法,不是我的性情。"因此,尽管有力量的人常常遇上它,但由于看惯了,也就像没看见一样。它是死是活,当然是不可预料的。

现在又有有力量的人出现在它的面前了。姑且抬头叫一声,怎么知道有力量的人就会不可怜它的困境,不愿意花一点微不足道的力气,把它转移到清水中去呢?有力量的人可怜它,这是由命运安排的;不可怜它,也是由命运安排的。明知这是由命运安排的,却仍将要呼喊,这也是命运安排的。我现在的处境,确实跟这怪物很类似。因此不顾我疏忽的罪过,发了这番议论。希望您能体谅和考虑我的处境。

# 送孟东野序

## 韩 愈

【题解】

孟郊(751年—814年),字东野,中晚唐著名诗人,一生处于贫寒境地,直到五十岁那年,才做了溧阳县尉。孟郊诗中多有寒苦之音和怀才不遇的感慨。韩愈与他交情很深,很同情他的命运,珍惜他的才能。当孟郊赴任时,韩愈写了这篇文章来宽慰和勉励他。韩愈从"物不平则鸣"谈起,历数古往今来"善鸣者"的不同际遇和他们作品与思想的不同气质、风格、内容,暗讽当权者不能任用人才,使作家的才能埋没于不幸的命运之中。文章字里行间,充满了深切的同情和惋惜。同时,文章也说明了作家、作品和时代的关系,说明只有表现真情实感才能写出好的作品。这些都是韩愈"文以载道"、反对六朝浮靡文风、提倡古文运动的宗旨。

全篇紧扣一"鸣"字,由远至近,层层深入,立意深刻。

大凡物不得其平则鸣①。草木之无声,风挠之鸣②。水之无声,风荡之鸣。其跃也,或激之③;其趋也④,或梗之⑤;其沸也,或炙之⑥。金石之无声,或击之鸣。人之于言也亦然,有不得已者而后言,其歌也有思,其哭也有怀⑦。凡出乎口而为声者,其皆有弗平者乎!

乐也者,郁于中而泄于外者也⑧,择其善鸣者而假之鸣。金、石、丝、竹、匏、土、革、木八者⑨,物之善鸣者也。维天之于时也亦然,择其善鸣者而假之鸣。是故以鸟鸣春,以雷鸣夏,以虫鸣秋,以风鸣冬。四时之相推夺⑩,其必有不得其平者乎!其于人也亦然,人声之精者为言⑪。文辞之于言,又其精也,尤择其善鸣者而假之鸣。

其在唐、虞⑫,咎陶、禹⑬,其善鸣者也,而假以鸣。夔弗能以文辞鸣⑭,又自假于《韶》以鸣⑮。夏之时,五子以其歌鸣⑯。伊尹鸣殷⑰。周公鸣周⑱。凡载于《诗》《书》六艺⑲,皆鸣之善者也。周之衰,孔子之徒鸣之⑳,其声大而远。传曰㉑:"天将以夫子为木铎㉒",其弗信矣乎?其末也,庄周以其荒唐之辞鸣㉓。楚,大国也,其亡也,以屈原鸣㉔。臧孙辰、孟轲、荀卿㉕,以道鸣者也。杨朱、墨翟、管夷吾、晏婴、老聃、申不害、韩非、慎到、田骈、邹衍、尸佼、孙武、张仪、苏秦之属㉖,皆以其术鸣㉗。秦之兴,李斯鸣之㉘。汉之时,司马迁、相如、扬雄㉙,最其善鸣者也。其下魏、晋氏,鸣者不及于古,然亦未尝绝也。就其善者,其声清以浮,其节数以急㉚,其辞淫以哀㉛,其志弛以肆㉜。其为言也,乱杂而无章。将天丑其德莫之顾邪?何为乎不鸣其善鸣者也?

唐之有天下,陈子昂、苏源明、元结、李白、杜甫、李观㉝,皆以其所能鸣。其存而在下者,孟郊东野始以其诗鸣。其高出魏、晋,不懈而及于古㉞,其他浸淫乎汉氏矣㉟。从吾游者,李翱、张籍其尤也㊱。三子者之鸣信善矣。抑不知天将和其声而使鸣国家之盛邪㊲?抑将穷饿其身,思愁其心肠,而使自鸣其不幸邪?三子者之命,则悬乎天矣。其在上也㊳,奚以喜?其在下也,奚以悲?东野之役于江南也㉙,有若不释然者㊵,故吾道其命于天者以解之。

【注释】

① 鸣:这里泛指有所抒发或表示。"不平则鸣"是本文的中心论点,作者把由于心中有了不平而有所抒发或表示,统称作"鸣",但在论述到具体事物时又各有具体意思,故应灵活理解。
② 挠:搅动。
③ 激:阻遏水势,激起波涛。
④ 趋:疾行,指水流得很快。
⑤ 梗:阻塞。
⑥ 炙(zhì):烧。
⑦ 思:与下句的"怀"同义,情感。 哭:悲歌。
⑧ 郁于中:指在心中郁结着某种感情。 泄:倾泄。
⑨ 金、石、丝、竹、匏(páo)、土、革、木:中国古代做乐器的八种材料,常用来泛指各种乐器。金,指钟、镈(bó);石,指磬(qìng);丝,指琴、瑟;竹,指箫、管;匏,指笙、竽;土,指埙(xūn);革,指鼗(táo)、鼓;木指柷(zhù)、敔(yǔ)等。
⑩ 推夺:推移变化。
⑪ 言:指表达心意的语言。
⑫ 唐、虞:唐尧、虞舜,都是传说中的父系氏族社会后期的部落联盟领袖,这里指他们所在的时代。
⑬ 咎陶(Gāoyáo):又作"皋陶""咎繇"。相传为舜的臣,掌管刑法,曾制定法律条文。 禹:传说中的父系氏族社会后期部落联盟领袖,姓姒(Sì),亦称大禹、夏禹、戎禹,曾奉舜命治理洪水,卓有功绩。
⑭ 夔(Kuí):传说中舜时的乐官。
⑮ 《韶》:传说中舜时的乐曲,为夔所作。
⑯ 五子:传说中夏王太康的五个弟弟。太康整日游乐,不理民事,因而失国,他的五个弟弟很怨恨,作《五子之歌》,陈述大禹的警诫。
⑰ 伊尹:名挚,商初的贤相,先辅佐商汤伐桀(Jié)灭夏,后又辅佐汤的孙子太甲。太甲无道,伊尹曾将他放逐到桐地三年。据说他曾作《汝鸠》《咸有一德》《伊训》《太甲》等文,今皆失传。

⑱ 周公:西周初年的政治家,姓姬,名旦,亦称叔旦。曾辅佐他的哥哥周武王灭商,武王死后辅助年幼的成王,代行政事,作《大诰》《多士》《无逸》《立政》等文,创立了一套统治国家的礼乐制度。
⑲ 《诗》《书》:《诗经》《尚书》。 六艺:《诗经》《尚书》《易》《礼》《乐》《春秋》六经。
⑳ 孔子:名丘,字仲尼,春秋末期鲁国陬邑(今山东曲阜)人,思想家、教育家,儒家学派的创始人。曾周游各国,不被任用,晚年致力教育,传说曾编订《诗经》《尚书》等古代文献,删修《春秋》。他的弟子记录他的言行为《论语》一书。
㉑ 传:古书记载。这里指《论语》。
㉒ 天将以夫子为木铎(duó):这句话出自《论语·八佾》。夫子,是对孔子的尊称。木铎,以木为舌的铃,古代宣布和施行新的政教时,摇铃召集百姓来听。这里是代言人的意思。
㉓ 庄周:战国时期宋国人,哲学家,道家学派的代表人物。他的思想集中反映在《庄子》一书中。 荒唐:广大无边的样子。这里指《庄子》为文汪洋恣肆,旨趣深奥。
㉔ 屈原:名平,字原,我国最早的大诗人,战国楚人,楚怀王时先为左徒,后为三闾大夫,几次遭谗,被放逐后作《离骚》,后投汨罗江而死。
㉕ 臧(Zāng)孙辰:春秋时鲁国大夫,曾废关卡以利经商。 孟轲:字舆,一字子车,战国时期邹(今山东邹县)人,思想家,孔子学说的继承者,他的言行主要记载于他的门人编辑的《孟子》一书中。 荀卿:名况,战国末期赵国人,思想家,言论见《荀子》一书中。
㉖ 杨朱:字子居,战国初期卫国人,哲学家,他的言论散见于《孟子》《庄子》《韩非子》《吕氏春秋》中。 墨翟(dí):春秋战国之际鲁国人,思想家,墨家学派创始人,言论见《墨子》一书中。 管夷吾:字仲,春秋时齐国人,政治家,辅佐齐桓公称霸。有《管子》一书,是后人收集他的言论编辑而成。 晏婴:字平仲,春秋时期齐国大夫,夷维(今山东高密)人,后人采集他的言行资料编为《晏子春秋》。 老聃(dān):一说姓李,名耳,字聃,春秋末期楚国人,思想家,道家学派创始人,著有《老子》一书。 申不害:战国时期郑国人,法家代表人物之一,曾做韩昭侯的相,主张用"术"加强国君集权,相传著有《申子》一书,现仅存《大体篇》。 韩非:战国末期韩国人,法家思想的集大成者,著有《韩非子》一书。 慎到:战

国时期赵国人,学黄老道德之术,著有《慎子》一书。　田骈(pián):战国时期齐国人,哲学家,著有《田子》二十五篇,今皆失传。　邹衍:又作驺衍,战国末期齐国人,哲学家,阴阳五行学派的代表人物。　尸佼(jiǎo):战国时鲁人,曾为商鞅的门客。　孙武:春秋时齐国人,军事家,著有《孙子兵法》十三篇。　张仪:战国时期魏国人,纵横家代表人物,秦惠文王十年任秦相,游说六国,以连横破苏秦的合纵,使秦更加强大。　苏秦:字季子,战国时洛阳(今河南洛阳)人,纵横家代表人物,游说六国,合纵抗秦,挂六国相印,使秦兵十五年不敢攻打六国。

㉗ 术:这里指手段、策略、思想、主张等。

㉘ 李斯:楚国上蔡(今属河南)人,秦政治家,任秦朝丞相,在统一全国、建立中央集权统治的过程中,起了很大的作用,著有《谏逐客书》《苍颉篇》(此文已佚,今有辑本)。

㉙ 司马迁:字子长,夏阳(今陕西韩城)人,西汉伟大的史学家、文学家,著有我国第一部通史《史记》。　相如:司马相如,字长卿,蜀郡成都(今属四川)人,西汉辞赋家,有《司马文园集》。　扬雄:字子云,蜀郡成都(今属四川)人,西汉辞赋家,著有《法言》《太玄》《方言》及《扬子云集》。

㉚ 节:节拍。　数(shuò):频数,屡次。

㉛ 淫:靡丽。

㉜ 弛:松弛。

㉝ 陈子昂:字伯玉,梓州射洪(今属四川)人,唐初文学家,有《陈拾遗集》。　苏源明:初名预,字弱夫,唐武功(今属陕西)人,善于文辞,有集三十卷。　元结:字次山,河南(今河南洛阳)人,唐代文学家,有《元次山集》。　李白:字太白,号青莲居士,祖籍陇西成纪(今甘肃天山),隋末其先代因罪徙西域。李白是唐代伟大诗人,有《李太白集》三十卷。　杜甫:字子美,自号少陵野老或杜陵野客,原籍襄阳(今属湖北),其先代迁居巩县(今属河南)。杜甫是唐代伟大诗人,有《杜工部集》。　李观:字元宾,赵州(今河北赵县)人,唐代文学家,有《李元宾文编》。

㉞ 不懈:无懈可击,这里指文章精妙。

㉟ 浸淫:逐渐渗透,这里比喻接近。

㊱ 李翱:字习之,陇西成纪(今甘肃天水)人,一说赵郡人,唐代散文家,曾从韩愈学古文,是古文运动的积极参加者,有《李文公集》。　张籍:字文昌,原籍吴郡,少时侨居于和州乌江(今安徽和县),曾任国子司业等职,

有《张司业集》。 尤:特出。

㊲ 抑:然而。后一“抑”字是“还是”的意思。

㊳ 其在上:指身居高位或得意,即“鸣国家之盛”。后句的“其在下”,则指身居下位或被贬、革职,即“自鸣其不幸”。

㊴ 役于江南:指孟郊做溧阳县尉事,溧阳唐代属江南道。役,服役。

㊵ 不释:指心放不开,郁郁不乐。

## 【译文】

大凡物得不到它原有的平静就要发出声音。草木本来是没有声响的,风吹拂它就发出声响。水本来是没有声响的,风激荡它就发出声响。水的腾跃,是因为有东西阻遏了它;水流得很急,是因为有东西堵塞了它;水沸腾了,是因为有东西烧它。钟、磬一类乐器本来寂静无声,但如果有人敲击它,它就发出声响。人在言论方面也是这样,内心有了不可抑制的情感然后才表达出来,他们的吟诵是有所思念的,他们的哀歌是有所怀想的。凡是从口中发出而成为声音的,大概都是因为有不平这个原因吧!

音乐,是由郁结在心中的情感倾吐出来而形成的,它要选择那些善于发出声响的东西从而凭借它们来鸣。金、石、丝、竹、匏、土、革、木这八类乐器,就是万物中善于发出声响的东西。自然界的四季变化也是这样,选择那些善于发出声响的东西从而凭借它们来鸣。因此,春天用鸟来鸣,夏天用雷来鸣,秋天用虫子来鸣,冬天用风来鸣。四季相互推移变化,大概一定有什么不能使它们处于平静状态的原因吧!这个道理对于人也是一样,人类声音的精华是语言。文辞在语言中,又是其中的精华,尤其要选择那些善于鸣的人从而凭借他们来鸣。

在唐尧、虞舜的时候,皋陶、禹是善鸣的人,因而凭借他们发出时代的声音。夔不能用文辞来表达,于是自己借助于《韶》乐来鸣。夏代的时候,太康的五个弟弟用他们的歌来鸣。伊尹为商王朝鸣。周公为周王朝鸣。凡是记载在《诗》《书》等六经上的都是鸣得好的。周代衰落的时候,孔子一派鸣起来了,鸣声宏大而又长远。《论语》记载说:“上天要让孔子做百姓的老师”,难道不是真的吗?周代末年,庄周用他那汪洋恣肆的言辞来鸣。楚国是一个大国,到了灭亡前夕,屈原用楚辞来鸣。臧孙辰、孟轲、荀卿,用他们的学说来鸣。杨朱、墨翟、管夷吾、晏婴、老聃、申不害、韩非、慎到、田骈、邹衍、尸佼、孙武、张仪、苏秦等人,都以他们各自的政治主张来鸣。秦兴起的时候,李斯鸣。汉朝的时候,司马迁、司马相如、扬雄,是鸣得最出色的人。那以后的魏晋两个朝代,鸣的人都达不到前人的高度,可是也不曾中断过。就其中优秀的来说,他们的文辞清丽而浮华,音节细密而急促,语言靡丽而哀婉,思想空疏而放纵。他们作的文章,纷乱繁杂而脉络不清。大概是上天认为他们的德行丑恶而不肯眷顾他们吧!为什么不让那些善鸣的人来鸣呢?

唐朝夺得天下后,陈子昂、苏源明、元结、李白、杜甫、李观,都各自用自己的特长来抒发自己的情怀。那些活在世上晚于他们的人中,孟郊开始用自己的诗抒发情感。他的诗超过魏晋时代,其中精妙的可以达到上古诗歌的水平,其他诗也接近汉代的水平。同我一起交游的人中,李翱、张籍是最杰出的。这三个人鸣得确实很好。然而不知是上天将要使他们的声音和谐而歌颂国家的兴盛呢,还是要使他们穷困饥饿、心情愁苦,而为自己的不幸悲歌呢?这三个人的命运,就决定于上天了。他们即使是身居高位,又有什么可高兴的呢?若是屈居于下位,又有什么可悲哀的呢?东野这次到江南出任,好像有些郁郁不乐的样子,所以我讲些命运取决于上天的道理来宽慰他。

# 送李愿归盘谷序

## 韩 愈

【题解】

李愿是韩愈的好朋友,因对当时权贵不满而隐居于太行山南面的盘谷。

韩愈在贞元十六年(800年)失官以后,多次求官不得,心情抑郁,牢骚满腹。本文写于贞元十七年。作者通过李愿的口,将入仕与退隐作了一番对比,对玩弄权势的显贵官僚和趋炎附势的庸碌小人进行了辛辣的讽刺,把那些不肯追逐世俗的人称为"不遇"的大丈夫。这实际上都是在排遣自己内心怀才不遇和对当权者不满的情绪。

文章对上述三种人作了生动的描写,警句迭出,褒贬自明,文笔含蓄曲折,骈散交融,抒情意味较浓。

太行之阳有盘谷①。盘谷之间,泉甘而土肥,草木丛茂,居民鲜少②。或曰:谓其环两山之间,故曰盘。或曰:是谷也,宅幽而势阻③,隐者之所盘旋。友人李愿居之。

愿之言曰:"人之称大丈夫者,我知之矣。利泽施于人④,名声昭于时。坐于庙朝⑤,进退百官,而佐天子出令。其在外,则竖旗旄⑥,罗弓矢⑦,武夫前呵,从者塞途,供给之人,各执其物,夹道而疾驰。喜有赏,怒有刑,才俊满前,道古今而誉盛德,入耳而不烦。曲眉丰颊,清声而便体⑧,秀外而惠中⑨,飘轻裾⑩,翳长袖⑪,粉白黛绿者⑫,列屋而闲居⑬。妒宠而负恃⑭,争妍而取怜⑮。大丈夫之遇知于天子⑯,用力于当世者之所为也。吾非恶此而逃之,是有命焉,不可幸而致也。

"穷居而野处,升高而望远。坐茂树以终日,濯清泉以自洁⑰。采于山,美可茹⑱;钓于水,鲜可食。起居无时,惟适之安⑲。与其有誉于前,孰若无毁于其后;与其有乐于身,孰若无忧于其心。车服不维⑳,刀锯不加㉑,理乱不知㉒,黜陟不闻㉓。大丈夫不遇于时者之所为也,我则行之。

"伺候于公卿之门㉔,奔走于形势之途㉕,足将进而趑趄㉖,口将言而嗫嚅㉗。处污秽而不羞,触刑辟而诛戮㉘。侥幸于万一,老死而后止者,其于为人贤不肖何如也㉙。"

昌黎韩愈,闻其言而壮之。与之酒,而为之歌曰:"盘之中,维子之宫㉚;盘之土,可以稼;盘之泉,可濯可沿㉛;盘之阻,谁争子所?窈而深㉜,廓其有容㉝;缭而曲㉞,如往而复㉟。嗟盘之乐兮㊱,乐且无央㊲。虎豹远迹兮,蛟龙遁藏;鬼神守护兮,呵禁不祥。饮且食兮寿而康,无不足兮奚所望?膏吾车兮秣吾马㊳,从子于盘兮,终吾身以徜徉㊴。"

【注释】

① 太行:太行山。在今山西高原和河北平原之间。 阳:山的南面。 盘谷:山谷名。
② 鲜(xiǎn):少。
③ 宅:位置,环境。
④ 利泽:利益,恩泽。
⑤ 坐于庙朝:指参与政事。庙,这里指帝王的宗庙,是帝王举行祭祀和议事的地方。朝,朝廷。
⑥ 旄(máo):古代的一种旗,旗杆头用牦牛尾装饰。
⑦ 罗:排列。
⑧ 便(pián)体:体态轻盈。
⑨ 惠:通"慧",聪敏。
⑩ 裾(jū):衣服的前襟。
⑪ 翳:通"曳",拖曳。
⑫ 粉白黛绿:形容女子打扮得娇艳妩媚。黛,古代女子用来画眉的颜料。绿,黑色。
⑬ 列屋:屋子一间挨一间地罗列着。
⑭ 负恃:依恃。这里指依恃自己的容貌和技艺。
⑮ 怜:爱。
⑯ 遇知:得到赏识。
⑰ 濯(zhuó):洗涤。
⑱ 茹:吃。
⑲ 惟适之安:安于舒适。
⑳ 车服:车马和服饰。古代依官阶的高低,规定使用不同的车服。 维:约束。

㉑ 刀锯:指刑罚。
㉒ 理:治,天下安宁。 乱:天下动荡。
㉓ 黜(chù):贬斥。 陟(zhì):晋升。
㉔ 公卿:指显贵的官僚。
㉕ 形势:指有权有势的人家。
㉖ 趑趄(zījū):踌躇难进的样子。
㉗ 嗫嚅(nièrú):要说不说的样子。
㉘ 刑辟:刑法。
㉙ 肖:贤。
㉚ 宫:房屋。
㉛ 沿:这里指沿水散步。
㉜ 窈:幽远。
㉝ 廓:空阔。
㉞ 缭:盘绕。
㉟ 如往而复:指山谷曲折,好像是走过去了,却又绕了回来。
㊱ 嗟:赞叹。
㊲ 央:穷尽。
㊳ 膏(gào):在车轴上涂油。
㊴ 徜徉(chángyáng):自由自在地走动。

## 【译文】

太行山的南面有个盘谷。盘谷中间,泉水甜美,土地肥沃,草木繁茂,人烟稀少。有人说:因为它环绕在两山之间,所以称作"盘"。也有人说:这个山谷,环境幽静,地势险阻,是退隐的人逗留的地方。我的朋友李愿就住在这里。

李愿说:"人们所说的大丈夫,我知道他们了。他们把恩惠施给别人,名声显扬于当世。在朝廷参与政事,任免百官,辅助天子发布命令。到了外面,就树起旗帜,摆开弓箭,武夫在前面吆喝开道,随从人员堵塞了道路,供给东西的仆役拿着所需物品,在路两边飞快地奔跑。他高兴时就奖赏,动怒时就处罚,身边聚集着很多才华出众的人,这些人谈古论今,赞扬他的美德,满耳都是赞誉之声,也不觉得厌烦。众多的美人,眉毛弯弯,脸颊丰满,声音清亮,体态轻盈,相貌秀丽,心灵聪敏,飘动着轻柔的衣襟,拖曳着长长的衣袖,浓妆淡抹地打扮着,闲住在一排排的房屋里。她们互相妒忌,争艳斗美,都想依恃自己的色艺讨取主人的宠爱。这就是那些得到了君主信任,在当世施展才干的大丈夫的所作所为。我并不是因为厌恶这些才要躲避它,这是命运决定的,不能侥幸取得啊。

"生活贫寒穷困,住在荒远的地方,登上高处眺望远方。坐在树荫下度过一天,沐浴在清澈的泉水里,保持着自身的净洁。山上采来的果实,甜美可食;水中钓获的鱼虾,新鲜可口。作息没有一定时间,只求安逸舒适。与其当面得到赞誉,不如背后不遭诋毁;与其身体得到安乐,不如心里没有忧虑。既不受官职的约束,也不受刑罚的惩处;既不理会天下的治乱,也不管仕途的进退。这是生不逢时的大丈夫所做的啊,我就这样去做。

"伺候在达官贵人的门下,奔走在通往权势之家的路上,想迈脚却战战兢兢,想说话又吞吞吐吐。处在污浊的地方而不觉得羞耻,触犯了刑律又会受到诛杀。这样的人,即使非常侥幸地活下来,直到老死为止,他们的为人究竟是贤还是不贤呢?"

昌黎人韩愈,听到他的话,称赞他的豪壮,给他斟上酒,并为他作一支歌:"盘谷之中,是你的屋室;盘谷的土地,可以种田;盘谷的泉水,可以洗浴,又可以沿着水边散步;盘谷的地势险阻,谁来争夺你的住所?环境幽静深远,宽阔而空旷,山路回环曲折,像是走了过去,却又回到原处。好啊!盘谷的快乐,乐而无穷。虎豹远离这儿啊,蛟龙逃遁躲藏;鬼神守护着盘谷啊,驱走了灾难与祸殃。有喝有吃啊,得以长寿健康,没有不满足的事了啊,还有什么期望?给我的车辆加好油吧,喂饱我的马,跟着你到盘谷去,让我终生都漫游在这里。"

# 送董邵南序

## 韩 愈

【题解】

　　韩愈的朋友董邵南,寿州安丰(今安徽寿县)人,因多次投考进士未中,郁郁不得志,想离开京城,前往当时在藩镇势力割据下的河北寻找出路。于是韩愈写了这篇序文赠给他。文中委婉地告慰他,时过境迁,那里也不一定是施展抱负的理想之地,并通过追怀历史人物,含蓄地表示应该留在长安为朝廷效力。

　　本文只有一百多字,但内容还是很丰富的,宛转含蓄,富于变化,看出作者很善于写作短文。

　　燕赵古称多感慨悲歌之士①。董生举进士②,连不得志于有司③,怀抱利器④,郁郁适兹土⑤。吾知其必有合也⑥。董生勉乎哉!

　　夫以子之不遇时⑦,苟慕义强仁者皆爱惜焉⑧。矧燕赵之士⑨,出乎其性者哉!然吾尝闻风俗与化移易,吾恶知其今不异于古所云邪⑩?聊以吾子之行卜之也⑪。董生勉乎哉!

　　吾因之有所感矣。为我吊望诸君之墓⑫,而观于其市,复有昔时屠狗者乎⑬?为我谢曰:明天子在上⑭,可以出而仕矣⑮!

【注释】

① 燕赵:古国名,西周时,燕国领地有今河北省北部和辽宁西端。战国时,赵国领地有今河北省南部和山西、河南部分地区。　感慨悲歌之士:慷

慨激昂的豪侠义士。感慨,也作"慷慨"。
② 董生:指董邵南。 举进士:指董邵南为乡里所推举,去长安参加进士科考试。举,推荐。
③ 有司:古代设官分职,各有专司,后因称官吏为有司。这里指主管考试的官员。
④ 利器:比喻杰出的才能。
⑤ 郁郁:忧伤、沉闷的样子。 兹土:这块地方,指燕、赵所在地。
⑥ 有合:有所遇合。
⑦ 时:指时机。
⑧ 苟:假如,只要。 慕义强(qiǎng)仁者:指仰慕追求仁义的人。强,努力做到。
⑨ 矧(shěn):连词,况且,何况。
⑩ 恶(wū):怎么。
⑪ 聊:姑且。 吾子:对人亲昵的称呼。这里指董邵南。 卜:估计,猜测,这里是验证的意思。
⑫ 望诸君:乐(Yuè)毅,战国时赵人,辅佐燕昭王击破齐国,先后攻下七十多座城。晚年在燕不得志,归赵。赵封于观津(今河北武邑东南),称"望诸君"。
⑬ 屠狗者:指高渐离。据《史记·刺客列传》记载,高渐离是荆轲的好朋友,曾以屠狗为业。荆轲刺秦王未遂而被杀,高渐离替他报仇,也未遂而死。这里泛指不得志之士。
⑭ 明天子:圣明的天子。这里可能是指唐德宗。
⑮ 仕:古称做官为仕。

【译文】

　　自古称说燕赵一带多出慷慨激昂的豪侠义士。董生考进士,一直不被主考官录取。他带着卓越的才能,怀着郁闷的心情,打算到那里去。我看此行一定会有所际遇。董生,努力吧!

　　你没有赶上好时运,但只要是仰慕道义、力行仁德的人,就都会同情你。何况燕赵一带的侠义之士,本性就是这样的呢!然而我曾听说,一个地方的风俗会随着教化而改变,我怎么能知道那里的风俗与古人所说的没有两样了呢？姑且以你此行去验证一下吧。董生，努力吧！

我因此产生一些想法。请你替我到望诸君乐毅的墓上去凭吊一下，并到那里的街市上去看看，还有没有从前那样的"屠狗者"。替我劝勉他们：如今在位的是圣明的君主，可以出来做官了！

# 送杨少尹序

## 韩　愈

【题解】

杨少尹，名巨源，唐蒲州（今山西永济蒲州镇）人，官至国子监司业。辞官返乡后又曾任河东郡少尹。

杨巨源辞官返乡时，韩愈写了这篇序文送给他。文中将杨巨源和汉代的疏广、疏受相比，赞美他具有功成身退的美德。

将含蓄的意思融合于流畅、明白的叙述之中，是本文的一个特色。

昔疏广、受二子①，以年老，一朝辞位而去。于时公卿设供张②，祖道都门外③，车数百两④。道路观者，多叹息泣下，共言其贤。汉史既传其事⑤，而后世工画者，又图其迹。至今照人耳目，赫赫若前日事⑥。

国子司业杨君巨源⑦，方以能《诗》训后进⑧，一旦以年满七十，亦白丞相去归其乡⑨。世常说古今人不相及，今杨与二疏，其意岂异也？

子忝在公卿后⑩，遇病不能出。不知杨侯去时，城门外送者几人、车几两、马几匹，道边观者，亦有叹息知其为贤与否。

而太史氏又能张大其事⑪,为传继二疏踪迹否,不落莫否⑫。见今世无工画者,而画与不画,固不论也⑬。然吾闻杨侯之去,丞相有爱而惜之者,白以为其都少尹⑭,不绝其禄。又为歌诗以劝之。京师之长于诗者,亦属而和之⑮。又不知当时二疏之去,有是事否。古今人同不同,未可知也。

中世士大夫⑯,以官为家,罢则无所于归⑰。杨侯始冠⑱,举于其乡⑲,歌《鹿鸣》而来也⑳。今之归,指其树曰:"某树吾先人之所种也㉑,某水某丘,吾童子时所钓游也。"乡人莫不加敬,诫子孙以杨侯不去其乡为法㉒。古之所谓乡先生㉓,没而可祭于社者㉔,其在斯人欤㉕?其在斯人欤?

【注释】

① 疏广、受:疏广、疏受,西汉兰陵(今山东枣庄市东)人。疏广曾为太子太傅,疏受是疏广的侄子,同时为太子少傅。
② 供张(gòngzhàng):也作"供帐",陈设帷帐等用具。供,陈设。张,即"帐",帷帐。
③ 祖道:古代一种在道旁设宴饯行的仪式。祖,祭祀道神。
④ 两:古"辆"字。
⑤ 汉史:指《汉书》,其中有《疏广传》。
⑥ 赫赫:显盛、明亮的样子。
⑦ 国子:国子监,国家最高教育机构。 司业:官名,国子监的副主管官。
⑧ 方:始。 《诗》:《诗经》。 训:教诲。
⑨ 丞相:官名,朝廷中最高官职,辅佐皇帝,管理全国政务。
⑩ 忝(tiǎn):谦辞,辱,有愧于。韩愈当时为吏部侍郎,所以说"忝在公卿后"。
⑪ 太史氏:指史官。
⑫ 落莫:冷落。莫,通"寞"。
⑬ 固:通"姑",姑且。
⑭ 少尹:官名,唐朝中期所置,相当于郡守的副手。
⑮ 属(zhǔ):作文章。
⑯ 士大夫:古代对官僚阶层的称呼。

⑰ 于:动词词头,无义。
⑱ 冠(guàn):古代男子成年时(二十岁)行加冠礼,所以常用"冠"表示成年。
⑲ 举:旧时以科考取士之称,也指赴试或考中。这里意为通过乡试而中举。乡:指乡试。
⑳ 《鹿鸣》:《诗经·小雅》的一篇。唐代乡举考试后,州县长官宴请中举的人,宴会上歌《鹿鸣》之诗。
㉑ 先人:指祖先,包括死去的父亲。
㉒ 法:楷模。
㉓ 乡先生:古时称辞官乡居或在乡任教的老年人。
㉔ 没(mò):通"殁",死亡。 祭:旧时祀神、供祖或以仪式追悼死者的通称。 社:土地神,这里指祭祀社神的地方。
㉕ 欤:疑问语气词,这里还带有推测、估计的语气。

**【译文】**

从前疏广、疏受两人,因为年老的缘故,便在一个早上辞掉官职,离开了朝廷。当时,朝中官员们在城门外设宴为他们饯行,车子多到好几百辆。在路旁观看的人,不住地叹息和落泪,无不称颂他们的美德。汉代的史书已经记下了他们的事迹,并且后世擅长绘画的人,又画下了他们的肖像。直到今天,肖像仍然光彩照人,清晰得就像不久前发生的事一样。

国子司业杨巨源先生,正当他以精通《诗经》的才学来教导学生的时候,一到年满七十,也禀告丞相离开朝廷返归故乡。人们常说今人不能和古人相比,如今杨先生和二疏,他们的心志难道有什么不同吗?

我当时也在朝廷任职,因为碰上生病不能前去送行。不知杨先生离开的时候,到城门外送行的人有多少,车有多少辆,马有多少匹,在道旁观看的人,是否也有知道他是贤人而加以赞叹的。而史官又能否对这件事情大加宣扬,继二疏的事迹为他立传,不至于让他冷落。现今世上没有善于画画的人,画还是不画,姑且不管它吧。然而,我听说杨先生离开的时候,丞相表露出怜惜而又不忍让他离开的心情,并让他担任家乡河东郡的少尹,不中断他的俸禄。还作了诗来勉励他。长安城中擅长写诗的人,也都作诗应和。又不知当时二疏辞官离去的时候,是否有这样的事情。古人和今人相同还是不相同,是不能知道的。

中古时候的士大夫,往往以官为家,一旦被免职就无处可归。杨先生刚成年,就通过乡试中举,在《鹿鸣》的乐曲声中前来京城做官。如今他回乡,指着那些树说:"某棵树是我父亲种的。某条河流,某座小山,是我童年时钓鱼玩耍过的地方。"乡里的人没有不敬重他的,并且告诫自己的子孙要把杨先生做官不忘故乡的美德当作榜样。古时所说的死后能够在社庙里享受祭祀的"乡先生",大概就是像杨先生这样的人吧?大概就是像杨先生这样的人吧?

# 送石处士序

## 韩 愈

【题解】

石处士,名洪,字濬川,唐代河阳(今河南孟州南)人。曾做过黄州录事参军,后又回到河阳,隐居十年之久。乌重胤到河阳后,召他为幕僚,后奉诏为昭应尉、集贤校理。这篇序文就是在欢送石处士前往乌重胤处就职时写的。文章通过对乌公盛情邀请石处士,以及石处士一反常态欣然应召等情态的具体叙写,赞扬了乌公的知人善任和石处士的以道自任,并对他们的不谋私利、真心合作寄予了热烈的希望。

作者善用比喻,写石处士知人论事的才能,连用三个"若"字来极力加以形容,使他的形象更生动突出。借别人的话表达自己的赞美和愿望,也是本文的特点。

河阳军节度、御史大夫乌公①,为节度之三月,求士于从事之贤者②。有荐石先生者。公曰:"先生何如?"曰:"先生居嵩邙、瀍穀之间③,冬一裘④,夏一葛⑤,食朝夕,饭一盂⑥,蔬一盘。人与之钱,则辞;请与出游,未尝以事免;劝之仕,不应。坐一室,左右图书。与之语道理,辨古今事当否,论人高下,事后当成败,若河决下流而东注;若驷马驾轻车就熟路⑦,而王良、造父为之先后也⑧;若烛照,数计而龟卜也⑨。"大夫曰:"先生有以自老,无求于人,其肯为某来邪⑩?"从事曰:"大夫文武忠孝,求士为国,不私于家。方今寇聚于恒,师环其疆⑪,农不耕收,财粟殚亡⑫。吾所处地,归输之涂⑬,治法征谋,宜有所出。先生仁且勇,若以义请而强委重焉,其何说之辞?"于是撰书词⑭,具马币,卜日以受使者⑮,求先生之庐而请焉。

先生不告于妻子,不谋于朋友,冠带出见客,拜受书礼于门内。宵则沐浴,戒行李,载书册,问道所由,告行于常所来往。晨则毕至张上东门外⑯,酒三行,且起。有执爵而言者曰⑰:"大夫真能以义取人,先生真能以道自任,决去就⑱。为先生别。"又酌而祝曰:"凡去就出处何常? 惟义之归。遂以为先生寿。"又酌而祝曰:"使大夫恒无变其初,无务富其家而饥其师,无甘受佞人而外敬正士⑲,无昧于谄言⑳,惟先生是听。以能有成功,保天子之宠命。"又祝曰:"使先生无图利于大夫㉑,而私便其身图。"先生起拜祝辞曰:"敢不敬蚤夜以求从祝规㉒?"于是东都之人士㉓,咸知大夫与先生果能相与以有成也。遂各为歌诗六韵,遣愈为之序云。

【注释】

① 乌公:乌重胤(761年—827年),唐代张掖(今甘肃张掖)人。起初在昭义节度使卢从史部下任都知兵马使。元和五年(810年)升河阳节度使,后参与讨淮西节度使吴元济,累官横海、天平等镇节度使。 河阳军:唐时所

置,治所在今河南孟州南。因唐代节度使的辖区也是军区,故称"军"。
② 士:这里指有节操、有学问的人。 从事:汉以后三公及州郡长官皆自辟僚属,称为"从事",到宋代废除。
③ 嵩(Sōng):山名,五岳之一,古名嵩高,在河南登封北。 邙(Máng):山名,在河南西部。 瀍(Chán):水名,源出河南洛阳市西北,入洛水。 縠:水名,源出河南陕县东部,于洛阳西南与洛水会合。
④ 裘:皮衣服。
⑤ 葛:本是一种植物,古代用葛织布做夏衣。这里指粗布的衣服。
⑥ 盂:古代一种圆口器皿。
⑦ 驷:古代一车套四马,因此称驾车的四马为"驷"。
⑧ 王良:春秋时晋国的善御者。 造父:周代善御者,曾为周穆王驾车。 先后:如"左右",这里是辅助的意思。
⑨ 数计:用蓍草计数算卦。 龟卜:古人用火灼龟甲,依据裂纹以推测吉凶。
⑩ 其:表示疑问的语气词。下文"其何说之辞"的"其"同此。 某:乌公自称。
⑪ 寇聚于恒,师环其疆:唐元和四年,成德节度使王士真死,长子副大使王承宗叛乱,唐宪宗派吐突承璀统兵讨伐,没有成功。第二年被迫任命王承宗为成德节度使。这里指受其威胁。恒,州名,治所在今河北正定县。
⑫ 殚(dān):尽。
⑬ 归输:来往运输。 涂:通"途",道路。
⑭ 撰:写作。
⑮ 卜日:占卜选择日期,表示郑重其事。
⑯ 张:供张。为饯别在郊野设置的宴席。
⑰ 爵:酒器。
⑱ 去就:等于说"去留"。
⑲ 佞人:指善以巧言献媚的人。
⑳ 昧:昏暗,引申为心不明。
㉑ 图:谋取。
㉒ 蚤:通"早"。
㉓ 东都:指洛阳。

## 【译文】

　　河阳军节度使、御史大夫乌公,担任节度使的第三个月,就向幕僚中贤能的人访求人才。有人推荐了石先生。乌公问道:"石先生怎么样?"回答说:"石先生居住在嵩邙二山和瀍穀二水之间,冬天穿着一件皮衣服,夏天穿着一件葛布衫,早晚吃饭,只是一碗饭,一盘菜。人家给他钱,他辞谢不受;请他一起出去游玩,从未借故推脱;劝他做官,却总不答应。坐在一间屋子里,身边都是图书。和他谈论道理,辨析古今事情的正确与否,评论人物的高下长短,事情的结果是成功还是失败,他的话就像河水决堤,由高处向东涌流那样滔滔不绝;就像四匹马驾着轻车,走上了熟悉的道路,而由王良、造父那样具有高超技艺的人做助手;就像烛光照耀那样明亮,用著草算卦、龟甲占卜那样准确灵验。"乌大夫说:"石先生怀着自己的信念以度过一生,不想求助于人,难道肯为我而来吗?"僚属说:"大夫您文武忠孝具备,为国家寻找人才,不是为个人谋利。现在敌寇集结在恒州,军队环布在边界,农民不能耕种收获,钱财粮食都已用尽。我们所处的地方,是运输粮食、财物的重要枢纽,应该有人来帮助出谋划策。石先生仁爱并且果敢,如果凭借大义去聘请他,并一定将重任委派给他,他还有什么可以推辞的呢?"于是写好书信,准备了马匹、礼品,选择了个好日子,交给使者,找到石先生的住处,去请他。

　　石先生不告诉家里人,也不同朋友商量,就穿戴得整整齐齐地出门迎接客人,在屋里接受了书信、礼物。当夜就沐浴,准备行李,装好书籍,问明道路,并向经常来往的朋友告别。清晨朋友们都来到上东门外为他设宴饯行,酒过三巡,将要起身时,有人端着酒杯说道:"乌大夫真能以义求士,石先生也真能以道义自任,从而决定自己的去留。这杯酒为您送别。"又斟了一杯酒祝愿说:"大凡出仕还是退隐,有什么一成不变的规定?只要合于义,就去做。这杯酒祝先生长寿。"又斟了杯酒祝愿说:"希望乌大夫永远不改变他的初衷,不去做专使自家富贵而使士兵饥饿的事,不是内心喜好阿谀奉承的人而只在表面上尊重正直的人,不被逸言所蒙蔽,只愿他听从石先生的意见。这样做了就能获得成功,保全天子的恩宠。"又祝愿说:"希望先生也不要有在大夫那里为个人图谋私利的打算。"石先生起身敬答这番祝词说:"怎敢不从早到晚都恭恭敬敬地按照祝词里的规劝去做?"这样一来,东都洛阳的人们都知道乌大夫与石先生一定能相互配合而有所成就。于是,在座的人便各作了十二行古诗,让我为它写下了这篇序文。

# 送温处士赴河阳军序

## 韩　愈

【题解】

　　温处士名造,字简舆,并州(治所在今山西太原西南)人,当时隐居在洛阳附近,与韩愈、石处士都是好朋友,他们之间来往很密切。石处士被征召后不久,温处士也被乌公聘请到河阳节度使幕下。这篇序就是在送温处士时写的。
　　作者在短短的一段时间里,送别了两个朋友,心里自然是难过的。但是,他更衷心希望人才都能得到任用,国家因此得人。所以,他热情地赞扬乌公知人善任,对他们合力报国寄以深切的希望。
　　文章开头用伯乐得良马而马群空,来比喻乌公擢用温、石两处士而东都才尽,笔法很巧妙。在一些似乎是抱怨的话中,更表现出作者由衷的喜悦与无限的留恋相互交织的心情。

　　伯乐一过冀北之野①,而马群遂空。夫冀北马多天下,伯乐虽善知马,安能空其群邪?解之者曰:吾所谓空,非无马也,无良马也。伯乐知马,遇其良,辄取之,群无留良焉。苟无良,虽谓无马,不为虚语矣。

东都②,固士大夫之冀北也。恃才能深藏而不市者③,洛之北涯曰石生④,其南涯曰温生。大夫乌公⑤,以铁钺镇河阳之三月⑥,以石生为才,以礼为罗,罗而致之幕下。未数月也,以温生为才,于是以石生为媒,以礼为罗,又罗而致之幕下。东都虽信多才士,朝取一人焉,拔其尤⑦;暮取一人焉,拔其尤。自居守河南尹⑧,以及百司之执事⑨,与吾辈二县之大夫⑩,政有所不通,事有所可疑,奚所咨而处焉?士大夫之去位而巷处者,谁与嬉游?小子后生,于何考德而问业焉?缙绅之东西行过是都者⑪,无所礼于其庐。若是而称曰:大夫乌公,一镇河阳,而东都处士之庐无人焉,岂不可也?

夫南面而听天下,其所托重而恃力者,惟相与将耳。相为天子得人于朝廷,将为天子得文武士于幕下,求内外无治,不可得也。愈縻于兹⑫,不能自引去,资二生以待老。今皆为有力者夺之,其何能无介然于怀邪⑬?生既至,拜公于军门,其为吾以前所称,为天下贺;以后所称,为吾致私怨于尽取也。留守相公⑭,首为四韵诗歌其事⑮,愈因推其意而序之。

【注释】

① 伯乐:传说中古代善于相马的人。 冀:古九州之一,今河北省一带。
② 东都:指洛阳。
③ 市:买卖,这里指恃能求官。
④ 石生:石洪,字濬川,洛阳人。
⑤ 乌公:乌重胤,字保君,元和五年(810年)任河阳军节度使、御史大夫。
⑥ 铁钺(fūyuè):古代军法用以杀人的斧子,后也用来指负责一方军务、执掌一方军权的人。这里代指节度使身份。 河阳:在今河南孟州南,唐德宗建中年间,置河阳三城节度使于此。
⑦ 尤:特异的。
⑧ 居守:指东都留守。 河南尹:河南府的长官。
⑨ 司:官署。 执事:本指举行典礼时担任专职的人,这里指官员。

⑩ 二县:指洛阳城郊洛阳、河南二县,韩愈当时为河南县令。
⑪ 缙绅:同"搢绅"。古代官员插笏于绅带间。这里指官员。
⑫ 縻(mí):束缚。
⑬ 介然:耿耿于心。
⑭ 相公:当时的东都留守郑余庆曾两度为相,故称相公。
⑮ 四韵:四个韵脚,即八句。

**【译文】**

　　伯乐经过冀北的原野,于是马群里的马就空了。天下数冀北的马多,伯乐虽然善于相马,怎么能使马群都空了呢?解释的人说:我所说的"空",不是指没有马,而是指没有好马。伯乐善于识马,遇到好马,就把它挑走,马群中就没有好马了。如果没有好马,即使说没有马,也不算虚妄了。

　　东都洛阳,本来就是士大夫的"冀北"。具有才能而隐居不出来做官的,洛水北岸有一个石生,洛水南岸有一个温生。御史大夫乌公,以节度使的身份镇守河阳三个月时,认为石生是个人才,就依照礼节罗致而去,把他罗致到军幕下面。没过几个月,又认为温生是个人才,于是通过石生介绍,依照礼节罗致,又把他罗致到了军幕下面。东都虽然确实有很多有才能的人,但早晨选取一人,拔走其中特出的;晚上选取一人,拔走其中特出的。这样一来,从东都留守、河南尹以及各部门的长官,和我们这些洛阳、河南二县的官员,碰到不好处理的政事,遇到可疑的事情,到哪里去请教从而加以处理呢?离职在家的士大夫,跟谁去娱乐交游呢?青年后辈,到哪里去考究德行、请教学业呢?东西来往路过洛阳的官员,也无法拜访他们的住处了。如果这样,那么说道:御史大夫乌公,一镇守河阳,而东都处士的住处就无人了,难道不可以吗?

　　君主居帝位而处理天下大事,他所重加委托而依恃其力量的人,只是宰相和大将罢了。宰相为天子搜罗人才到朝廷,大将为天子搜罗文人武士到军帐里,如果这样,要想使国家内外不平安,是不可能的。我羁留在这里任职,不能自行引退,借助二位的谋划以度过晚年。现在他们都被有力的人物要走了,又怎么能不使我耿耿于怀呢?温生到了军门,拜见了乌公,就我前面所讲的说,是国家的喜事;就我后面所讲的说,是因为把人才都要走了而给我召来了个人的不满。东都留守相公,首先作了八句诗颂扬这件事,我仿照和推演他的意思而作了这篇序文。

# 祭十二郎文

## 韩　愈

【题解】

　　十二郎是韩愈的次兄韩介之子,过继给韩愈的长兄韩会,在韩族中排行十二。韩愈幼年丧父,由他的兄嫂韩会夫妇抚养。他从小和十二郎在一起,叔侄间感情特别深厚,这篇祭文就是他为悼念十二郎而写的。
　　文章打破了传统祭文的固定格套,用自由的散体追忆幼时与十二郎共患难的情景,通过对一系列家常琐事的诉说,慨叹"少者殁而长者存"。祭文表面上平平淡淡,而实际上正是极度悲伤时的哀悼。作者反复抒发无尽的悲痛,每字每句,都那么凄楚动人,熔铸了深挚的骨肉之情。

　　年、月、日①,季父愈闻汝丧之七日,乃能衔哀致诚,使建中远具时羞之奠②,告汝十二郎之灵:
　　呜呼!吾少孤,及长,不省所怙③,惟兄嫂是依。中年④,兄殁南方,吾与汝俱幼,从嫂归葬河阳⑤。既又与汝就食江南⑥,零丁孤苦,未尝一日相离也。吾上有三兄,皆不幸早世⑦。承先人后者,在孙惟汝,在子惟吾。两世一身,形单影只。嫂尝抚汝指吾而言曰:"韩氏两世,惟此而已!"汝时尤小,当不复记忆;吾时虽能记忆,亦未知其言之悲也!

吾年十九,始来京城⑧。其后四年,而归视汝。又四年,吾往河阳省坟墓⑨,遇汝从嫂丧来葬。又二年,吾佐董丞相于汴州⑩,汝来省吾,止一岁,请归取其孥⑪。明年,丞相薨⑫,吾去汴州,汝不果来。是年,吾佐戎徐州⑬,使取汝者始行,吾又罢去⑭,汝又不果来。吾念,汝从于东,东亦客也,不可以久;图久远者,莫如西归,将成家而致汝。呜呼!孰谓汝遽去吾而殁乎⑮?

吾与汝俱少年,以为虽暂相别,终当久相与处。故舍汝而旅食京师,以求斗斛之禄⑯。诚知其如此,虽万乘之公相⑰,吾不以一日辍汝而就也⑱。

去年,孟东野往⑲,吾书与汝曰:"吾年未四十,而视茫茫,而发苍苍,而齿牙动摇。念诸父与诸兄,皆康强而早世,如吾之衰者,其能久存乎?吾不可去,汝不肯来,恐旦暮死,而汝抱无涯之戚也⑳。"孰谓少者殁而长者存,强者夭而病者全乎?

呜呼!其信然邪?其梦邪?其传之非其真邪?信也,吾兄之盛德而夭其嗣乎?汝之纯明而不克蒙其泽乎㉑?少者强者而夭殁,长者衰者而存全乎?未可以为信也!梦也,传之非其真也,东野之书,耿兰之报㉒,何为而在吾侧也?呜呼!其信然矣!吾兄之盛德而夭其嗣矣,汝之纯明宜业其家者㉓,不克蒙其泽矣。所谓天者诚难测,而神者诚难明矣!所谓理者不可推,而寿者不可知矣!

虽然,吾自今年来,苍苍者或化而为白矣,动摇者,或脱而落矣,毛血日益衰㉔,志气日益微㉕,几何不从汝而死也㉖。死而有知,其几何离?其无知,悲不几时,而不悲者无穷期矣。

汝之子始十岁,吾之子始五岁,少而强者不可保,如此孩提者,又可冀其成立邪?呜呼哀哉!呜呼哀哉!

汝去年书云:"比得软脚病,往往而剧。"吾曰:"是疾也,江南之人，常常有之。"未始以为忧也。呜呼，其竟以此而殒其生乎？抑别有疾而致斯乎？

汝之书，六月十七日也；东野云，汝殁以六月二日；耿兰之报无月日。盖东野之使者不知问家人以月日？如耿兰之报，不知当言月日？东野与吾书，乃问使者，使者妄称以应之耳？其然乎？其不然乎？

今吾使建中祭汝，吊汝之孤与汝之乳母。彼有食可守，以待终丧，则待终丧而取以来；如不能守以终丧，则遂取以来。其余奴婢，并令守汝丧。吾力能改葬，终葬汝于先人之兆㉗，然后惟其所愿。

呜呼！汝病吾不知时，汝殁吾不知日，生不能相养以共居，殁不能抚汝以尽哀，敛不凭其棺㉘，窆不临其穴㉙。吾行负神明，而使汝夭。不孝不慈，而不得与汝相养以生，相守以死。一在天之涯，一在地之角。生而影不与吾形相依，死而魂不与吾梦相接，吾实为之，其又何尤㉚！"彼苍者天㉛"，"曷其有极㉜"！自今以往，吾其无意于人世矣！当求数顷之田于伊、颍之上㉝，以待余年。教吾子与汝子，幸其成；长吾女与汝女，待其嫁，如此而已。

呜呼，言有穷而情不可终，汝其知也邪？其不知也邪？呜呼哀哉！

尚飨㉞！

【注释】

① 年、月、日：《文苑英华》作于贞元十九年（803年）五月二十六日。
② 建中：人名，韩愈的家人。　时羞：应时的鲜美食品。　奠：祭品。
③ 省(xǐng)：知道。　怙(hù)：依靠，这里指父亲。《诗经·小雅·蓼莪》里有"无父何怙"的句子，后来就用"怙"来表示对父亲的依靠。
④ 中年：指韩会死于贬所，时年四十三岁。
⑤ 河阳：县名，故城在今河南孟州。

⑥ 就食江南:等于说去江南谋生。建中二年(781年),韩愈因中原兵乱不息,随嫂移家到江南。
⑦ 早世:早没世,早死。
⑧ 始来京城:韩愈在贞元二年(786年)游京城长安(在今陕西西安市)。
⑨ 省(xǐng):察看,探望。
⑩ 董丞相:名晋,字混成。唐德宗时,曾任御史中丞、御史大夫,兼任过汴州刺史。汴州,唐时州名,治所在今河南开封。
⑪ 孥(nú):妻子儿女的统称,即家属。
⑫ 薨(hōng):唐代二品以上的官员死了都称"薨"。
⑬ 佐戎徐州:指韩愈在徐州任节度推官。佐戎,辅助军事。徐州,今徐州市。
⑭ 吾又罢去:指韩愈于唐德宗贞元十六年调为四门博士,迁监察御史。
⑮ 遽(jù):急,突然。
⑯ 斗斛(hú)之禄:比喻微少的俸禄。斛,古量器,唐时十斗为一斛。
⑰ 万乘(shèng)之公相:这里泛指地位显赫的官职。乘,古时一车四马为一乘。公,公卿。相,宰相。
⑱ 辍(chuò):停止,这里指离开。
⑲ 孟东野:名郊,唐代著名诗人,韩愈的朋友。
⑳ 戚:忧伤。
㉑ 克:能。
㉒ 耿兰:十二郎的仆人。
㉓ 业:继承。
㉔ 毛血:这里指身体。
㉕ 志气:这里指精神。
㉖ 几何:多久。
㉗ 兆:墓地。
㉘ 敛不凭其棺:指不能亲自为他入殓。敛,通"殓"。凭,靠。
㉙ 窆(biǎn):落葬。
㉚ 尤:怨恨。
㉛ 彼苍者天:语出《诗经·秦风·黄鸟》。
㉜ 曷(hé)其有极:语出《诗经·唐风·鸨羽》。曷,何。
㉝ 伊、颍(Yǐng)之上:这里指韩愈的故乡。伊,伊河,在河南西部。颍,颍

河,在安徽西北部及河南东部,是淮河最大的支流。
㉞ 尚飨(xiǎng):亦作"尚享",意思是希望死者来享用祭品,旧时祭文常用作结语。飨,祭品。

## 【译文】

　　某年、某月、某日,叔父韩愈在听说你去世后的第七天,才得以含着哀痛向你表达心意,派建中从远方备办了应时的佳肴作为祭品,告慰你十二郎的魂灵:

　　唉!我幼年丧父,等到大了,不知道父亲是什么样子,只依靠哥哥和嫂嫂。哥哥在中年时死在南方,我和你都很小,跟随嫂嫂把灵柩送回河阳安葬。随后又和你在江南谋生,孤苦伶仃,从来没有一天分离过。我上面有三个哥哥,都不幸早死。继承先父的后代,在孙子辈里只有你,在儿子辈里只有我。子孙两代各剩一人,孤孤单单。嫂嫂曾经抚摸着你指着我说:"韩氏两代,就只有你们两个了!"那时你比我更小,当然不会再记得了;我当时虽然能够记事,但也还不能体会她话中的悲凉啊!

　　我十九岁时,初次来到京城。四年以后,才回去看你。又过了四年,我去河阳凭吊祖先的坟墓,碰上你护送嫂嫂的灵柩来安葬。又过了两年,我在汴州辅佐董丞相,你来看望我,住了一年你请求回去接妻子儿女。第二年,董丞相逝世,我离开汴州,你没能来成。这年,我在徐州任职,派去接你的人刚刚动身,我又免官离职,你又没能来成。我想,你跟我在东边的徐州,也是客居,不可能久住;从长远考虑,还不如我回到西边去,打算在那里安家再把你接来。唉!谁能料到你竟突然离开我而死去了呢?

　　当初,我和你都年轻,以为虽然暂时相分别,终究会长久在一起的。因此我离开你而旅居长安,以寻求微薄的俸禄。如果真是知道这样,纵然是做极尊极贵的公卿宰相,我也不愿一天离开你而去就任。

　　去年,孟东野到你那里去,我写信对你说:"我年纪还不到四十,但视力模糊,头发花白,牙齿松动。想起各位父兄,都在健康强壮的盛年早早去世,像我这样衰弱的人,难道能长久地活在世上吗?我不能离开职守,你又不同意来,恐怕我早晚一死,你就将会怀有无穷无尽的忧伤。"谁知年轻的却先死去了,而年老的反而还活着,强壮的却早早死去,而衰弱的反而还活在人间呢?

唉!是真的这样呢?还是在做梦呢?还是这传来的消息不可靠呢?如果是真的,那么我哥哥有美好的品德反而早早地丧失了后代吗?你纯正聪明反而不能承受他的恩泽吗?难道年轻强壮的反而要早早死去,年老衰弱的却应活在世上吗?实在不敢把它当作真的啊!如果是梦,传来的噩耗不是真的,可是东野的来信,耿兰的报丧,却又为什么在我身边呢?啊!大概是真的了!我哥哥有美好的品德竟然早早地失去后代了,你纯正聪明本来是应该继承家业的,现在竟不能承受你父亲的恩泽了。这正是所谓苍天确实难以揣测,而神意实在难以知道了!也就是所谓天理不可推求,而寿命的长短不能预知呀!

虽然这样,我从今年以来,花白的头发,变得全白了,松动的牙齿,有的脱落了,身体越发衰弱,精神也越来越差,没有多久也就要随着你死去了。如果死后有灵,那么我们又能分离多久呢?如果没有灵,那么我也不能悲痛多少时间了,而不悲痛的时间却是无穷无尽的。

你的儿子刚十岁,我的儿子刚五岁,年轻而强壮的都不能保全,像这么大的小孩,又怎么能希望他们成人立业呢?啊,悲痛啊!真是悲痛!

你去年来信说:"近来得了软脚病,时常发作得很厉害。"我说:"这种病,江南的人常常得。"没有把它当作值得忧虑的事。唉,难道竟然仅仅因为这个病而丧了命吗?还是由于别的病而导致这样的不幸呢?

你的信是六月十七日写的;东野说你死于六月二日;耿兰报丧没有说日期。大概是东野的使者不知道向你家里的人问明日期,而耿兰报丧竟不知道应该告诉日期?或是东野给我写信时,才去问使者,使者随便说了一个日子了?是这样的呢,还是不是这样的呢?

现在我派建中来祭奠你,安慰你的孩子和你的乳母。他们有食粮能够守丧到丧期终了,就等到丧期结束后再把他们接来;如果不能守到丧期终了,那么我就立刻把他们接来。剩下的奴婢,叫他们一块儿守丧。如果我有能力迁葬,最后一定把你安葬在祖先的墓地中,这样办了,才算了却我的心愿。

唉,你患病我不知道时间,你去世我不知道日子,活着的时候不能相互照顾,共同生活,死的时候不能抚摸着你的遗体来表达我的哀思,入殓时不能靠着棺木扶灵,落葬时不能亲临你的墓穴。我的行为辜负了神明,而使你早早死去,我对上不孝,对下不慈,我既不能与你相互照顾着生活,又不能和你一块死去。一个在天涯,一个在地角。你活着的时候不能和我形影相依,死后灵魂又不在我的梦中显现,这都是我造成的灾难,又能抱怨谁呢?"那青青的上天啊","我的悲痛哪里有尽头"!从今以后,我没有心思奔忙于人世了!还是回到老家去置办几顷田地,度过我的余年。教养我的儿子和你的儿子,希望他们成才;抚养我的女儿和你的女儿,等到她们出嫁。我的心愿如此而已。

唉,话有说完的时候,而哀痛之情却没有终止,你是知道呢,还是不知道呢? 啊,悲哀呀!

请享用祭品吧!

# 祭 鳄 鱼 文

## 韩　愈

## 【题解】

韩愈因谏迎佛骨被贬到潮州做刺史。到任后不久便询问民间疾苦,百姓都说恶溪中鳄鱼危害很大。韩愈便令属下抬一羊一猪做祭品,自己亲自写了这篇祭文,一同投入水中,表示祭祀。文中历数鳄鱼的罪状,并用严词加以痛斥,寄托了作者对恶势力的满腔愤慨,并表达了同它斗争到底的决心。

文章写得很有气魄,堂堂正正,大义凛然,然而又富于变化,显示出作者驾驭语言的非凡才华。

维年月日①,潮州刺史韩愈②,使军事衙推秦济,以羊一、猪一,投恶溪之潭水③,以与鳄鱼食④,而告之曰:昔先王既有天下⑤,列山泽⑥,网绳擉刃⑦,以除虫蛇恶物为民害者⑧,驱而出之四海之外⑨。及后王德薄,不能远有,则江、汉之间⑩,尚皆弃之,以与蛮夷楚越⑪。况潮,岭海之间⑫,去京师万里哉? 鳄鱼之涵淹卵育于此⑬,亦固其所。今天子嗣唐位,神圣慈武,四海之外,六合之内⑭,皆抚而有之,况禹迹所揜⑮,扬州之近地⑯,刺史、县令之所治⑰,出贡赋以供天地宗庙百神之祀之壤者哉⑱? 鳄鱼其不可与刺史杂处此土也⑲!

刺史受天子命,守此土,治此民,而鳄鱼睅然不安溪潭⑳,据处食民畜、熊、豕、鹿、獐㉑,以肥其身,以种其子孙,与刺史亢拒㉒,争为长雄。刺史虽驽弱,亦安肯为鳄鱼低首下心㉓,伈伈睍睍㉔,为民吏羞,以偷活于此邪㉕? 且承天子命以来为吏,固其势不得不与鳄鱼辨。

鳄鱼有知,其听刺史言:潮之州,大海在其南。鲸鹏之大,虾蟹之细,无不容归,以生以食㉖。鳄鱼朝发而夕至也。今与鳄鱼约,尽三日,其率丑类南徙于海,以避天子之命吏。三日不能,至五日;五日不能,至七日;七日不能,是终不肯徙也,是不有刺史听从其言也。不然,则是鳄鱼冥顽不灵,刺史虽有言,不闻不知也。夫傲天子之命吏,不听其言,不徙以避之,与冥顽不灵而为民物害者,皆可杀。刺史则选材技吏民㉗,操强弓毒矢,以与鳄鱼从事㉘,必尽杀乃止。其无悔!

【注释】

① 维:句首语气词,祭文篇首常用此词,以便引出年月日。 年月日:指唐宪

① 宗元和十四年(819年)四月二十四日。韩愈在这年三月二十五日被贬到潮州,本文所记驱鳄鱼事发生在韩愈到任一个月之后。
② 潮州:地名。辖境相当于今广东平远、梅县、丰顺、普宁、惠来以东地区,旧治在今潮安。　刺史:官名。唐代全国行政区域分州、县二级,刺史为州一级的行政长官。　军事衙推:官名。唐时节度、观察、团练诸使的下属官吏。
③ 恶溪:水名。指今广东的韩江及其上游梅江。
④ 鳄鱼:指湾鳄,长七八米,是鳄类中最大的一种,性凶猛,常袭击人畜,一般生活在热带海洋、河流中,我国广东地区也偶有发现。
⑤ 先王:古代统治者对前代帝王的称呼。
⑥ 列:同"迾"(liè)。遮挡、阻遏。
⑦ 网:名词用作动词。　攫(chuō):刺。
⑧ 虫蛇恶物为民害者:"为……者",定语后置。
⑨ 四海:等于说天下。古人以为中国四境都有海环绕,所以常以四海来代替全国各处。
⑩ 江:长江。　汉:汉水,长江最大的支流。
⑪ 蛮夷:古代对南方和东方少数民族的蔑称。　楚:古代国名。在今两湖、安徽、江苏、浙江一带,后为秦国所灭。　越:古代国名。疆域包括今江、浙及皖、赣的一部分。
⑫ 岭海:岭,指五岭,即越城、都庞、萌渚、骑田、大庾五岭的总称,在今湖南、江西、广西、广东等省区的边境。海,指南海。潮州地处五岭以南,南海以北,所以说"岭海之间"。
⑬ 涵淹:意为潜伏。
⑭ 六合:等于说普天之下。古代称天、地、四方为六合。
⑮ 禹:相传为古代治平洪水的部落联盟首领。　揜(yǎn):覆盖,这里指履践。
⑯ 扬州:古代分天下为九州,扬州是其中之一。潮州在古扬州境内。
⑰ 县令:县的最高行政长官。
⑱ 宗庙:帝王、诸侯祭祀祖先的地方。
⑲ 其:语气词,这里表示命令的语气。
⑳ 睅(hàn)然:形容凶狠的样子。睅,眼睛突出。　不安:不老实。
㉑ 豕:这里指野猪。　麞(zhāng):野兽名,像鹿,但比鹿小。

㉒ 亢:通"抗"。
㉓ 下心:指甘心屈服。
㉔ 伈(xǐn)伈:恐惧的样子。 睍(xiàn)睍:不敢正视的样子。
㉕ 以:意同"而"。
㉖ 以生以食:"以"后省略宾语,意为"以之生,以之食"。
㉗ 材技:等于才能和技艺。
㉘ 从事:本来是管理、处置的意思,这里是"见个高低"的意思。

**【译文】**

　　某年某月某日,潮州刺史韩愈,派军事衙推秦济,把一只羊、一头猪投进恶溪的深水中给鳄鱼吃,并警告鳄鱼说:过去先王据有天下之后,封禁山林湖泽,用罗网利刃来清除那些成为百姓祸害的毒蛇猛兽,把它们赶到四海之外。等到后王的时候,功德浅薄,没有能力统辖远方的领土,就连江汉一带都抛弃了,把它让给了楚越这样的蛮夷之国,更何况潮州这样地处五岭与南海之间、远离京城万里的地方呢?鳄鱼在这里潜伏繁衍,自然也是它生息的地方。如今天子继承了唐朝的皇位,神圣仁慈而又威武,四海以外、六合之内,全都在他的统辖之下。何况潮州是大禹亲自来过,属于古扬州境内,刺史、县令所治理,贡奉赋税来祭祀天地、宗庙、百神的地方呢?鳄鱼不能和刺史在这块土地上共处!

　　刺史受天子之命,来守卫这块疆土,治理这里的人民,然而鳄鱼却凶狠作恶,不老老实实地在恶溪中生活,盘踞在这里吞噬百姓的家畜以及熊、豕、鹿、獐,以此来养肥它的身体,繁衍它的后代,和刺史抗衡争雄。刺史虽然软弱无能,可是又怎能在鳄鱼面前低头屈服,战战兢兢,不敢正视,受到百姓和同僚的耻笑,在这里苟且偷生呢?况且受天子之命而来做官,在情理上,本来就不能不和鳄鱼分个高低。

　　鳄鱼如果能通人意的话,请听刺史说:潮州,大海位于它的南边。在大海中,鲸鱼、鹍鹏这样大的动物,鱼虾螃蟹这样小的东西,都容纳进来了,它们依靠大海生存,依靠大海获取食物。这样的大海,鳄鱼早上从这里出发,晚上便可到达。现在和鳄鱼约定:三天之内,你要率领你们一伙丑恶的东西南迁到大海中去,以便回避天子派来的官吏。三天不能,到五天;五天不够,到七天;七天还不行,这就是最后也不肯迁徙了,这就是眼里没有刺史,不听从刺史的忠告了。如果不是这样,那么就是鳄鱼愚顽不通人性,刺史虽然有忠告在先,却既不会听,也不懂得。如果傲慢地对待天子的官吏,不听他的忠告,不迁徙到别处来回避他,和那些愚顽不通人性、残害百姓的东西,都应该杀掉。因此,刺史就要挑选有才干、有技艺的官吏和百姓,带上强弓毒箭,跟鳄鱼见个高低,一定要把你们杀尽才罢休。到那时不要后悔!

# 柳子厚墓志铭

## 韩　愈

【题解】

　　墓志铭是一种悼念死者的文体,包括"志"和"铭"两部分。"志"是用散文写出死者的姓名、籍贯、生平,"铭"则以韵文安慰、赞颂死者,统括全篇。柳宗元字子厚,是中唐杰出的文学家、哲学家和进步政治家,参与过王叔文革新运动,失败后屡遭贬谪,死于元和十四年(819年)。柳宗元死后,韩愈为他写下了这篇墓志铭,赞扬他的才华及文学上的成就,称颂他关心人民疾苦、为人民做好事,以及对朋友重信义、舍己为人的美德,表达了自己对柳宗元的惋惜和哀悼。

　　从政治上说来,韩柳二人的见解有很大的分歧,所以韩愈在这里也委婉地批评了柳宗元不能"自持其身"。这种批评当然是不妥当的。但是,韩愈并没有因为政治见解不同而对柳宗元采取不公正的态度,也不像那些专事歌颂的人那样一味颂扬。文章自然流畅,感情真挚,有一种感人的力量。

　　子厚讳宗元①。七世祖庆②,为拓跋魏侍中③,封济阴公。曾伯祖奭④,为唐宰相,与褚遂良⑤、韩瑗⑥,俱得罪武后⑦,死高宗朝。皇考讳镇⑧，以事母弃太常博士⑨，求为县令江南⑩。其后以不能媚权贵⑪，失御史。权贵人死，乃复拜侍御史。号为刚直，所与游，皆当世名人。

子厚少精敏，无不通达，逮其父时⑫，虽少年，已自成人。能取进士第，崭然见头角⑬，众谓柳氏有子矣。其后以博学宏词⑭，授集贤殿正字⑮。俊杰廉悍⑯，议论证据今古，出入经史百子⑰，踔厉风发⑱，率常屈其座人，名声大振，一时皆慕与之交。诸公要人，争欲令出我门下⑲，交口荐誉之。

贞元十九年⑳，由蓝田尉拜监察御史㉑。顺宗即位㉒，拜礼部员外郎㉓。遇用事者得罪㉔，例出为刺史㉕。未至，又例贬州司马㉖。居闲，益自刻苦，务记览㉗，为词章，泛滥停蓄，为深博无涯涘㉘，而自肆于山水间㉙。

元和中㉚，尝例召至京师，又偕出为刺史，而子厚得柳州㉛。既至，叹曰："是岂不足为政邪？"因其土俗㉜，为设教禁㉝，州人顺赖。其俗以男女质钱㉞，约不时赎，子本相侔㉟，则没为奴婢。子厚与设方计，悉令赎归。其尤贫力不能者，令书其佣㊱，足相当，则使归其质。观察使下其法于他州㊲，比一岁㊳，免而归者且千人。衡湘以南㊴，为进士者，皆以子厚为师。其经承子厚口讲指画为文词者，悉有法度可观。

其召至京师而复为刺史也，中山刘梦得禹锡㊵，亦在遣中，当诣播州㊶。子厚泣曰："播州，非人所居，而梦得亲在堂，吾不忍梦得之穷㊷，无辞以白其大人，且万无母子俱往理。"请于朝，将拜疏㊸，愿以柳易播，虽重得罪，死不恨。遇有以梦得事白上者，梦得于是改刺连州㊹。呜呼，士穷乃见节义。今夫平居里巷相慕悦，酒食游戏相征逐㊺，诩诩强笑语以相取下㊻，握手出肺肝相示，指天日涕泣，誓生死不相背负，真若可信。一旦临小利害，仅如毛发比，反眼若不相识，落陷阱，不一引手救，反挤之又下石焉者，皆是也。此宜禽兽夷狄所不忍为㊼，而其人自视以为得计，闻子厚之风,亦可以少愧矣⑱。

子厚前时少年,勇于为人,不自贵重顾藉⑲,谓功业可立就,故坐废退⑳。既退,又无相知有气力得位者推挽㉑,故卒死于穷裔㉒。材不为世用,道不行于时也。使子厚在台省时㉓,自持其身,已能如司马刺史时,亦自不斥。斥时有人力能举之,且必复用不穷。然子厚斥不久,穷不极,虽有出于人,其文学辞章,必不能自力以致必传于后如今,无疑也。虽使子厚得所愿,为将相于一时,以彼易此,孰得孰失,必有能辨之者。

子厚以元和十四年十一月八日卒㉔,年四十七。以十五年七月十日,归葬万年先人墓侧㉕。子厚有子男二人。长曰周六,始四岁。季曰周七,子厚卒,乃生。女子二人,皆幼。其得归葬也,费皆出观察使河东裴君行立㉖。行立有节概,重然诺㉗,与子厚结交,子厚亦为之尽,竟赖其力。葬子厚于万年之墓者,舅弟卢遵㉘。遵,涿人㉙,性谨慎,学问不厌,自子厚之斥,遵从而家焉,逮其死不去,既往葬子厚,又将经纪其家㉚,庶几有始终者。

铭曰:是惟子厚之室㉛,既固既安,以利其嗣人㉜。

# 【注释】

① 讳:避讳,古人尊敬死者,不直呼其名,故在死者的名前加一"讳"字。
② 七世祖庆:据史书载,柳庆曾任北魏侍中,到北周时,他的儿子柳旦为北周中书侍郎,封为济阴公。这里说柳庆被封为济阴公,是作者误记。
③ 拓跋魏:北魏,南北朝时方方鲜卑族拓跋氏建立的政权。 侍中:官名。初时侍从皇帝,出入宫廷,伺应杂事。南北朝时始掌机要,地位日贵,北魏时呼为"小宰相"。
④ 曾伯祖奭(shì):柳奭在唐初曾当过中书令,后因得罪武后被贬官,又遭到武则天重用的许敬宗的诬陷,被杀。按:柳奭是柳宗元的高伯祖,作者在这里误为曾伯祖。

⑤ 褚遂良:唐代高宗时官侍中、大书法家,官至尚书右仆射,因反对立武则天为后,屡被贬职。
⑥ 韩瑗:唐代,曾劝阻高宗废王皇后。褚遂良被贬职后他竭力营救。后亦被贬职。
⑦ 武后:名曌(zhào),唐代女皇帝,杰出政治家。高宗时参与国政,中宗即位后她临朝称制,后来又自称帝,在位十六年(690年—705年),实际把持朝政四十余年,她重视选拔人才,但也重用酷吏。中宗复位后上尊号为则天大圣皇帝。
⑧ 皇考:古人称已死的父亲叫考,也叫皇考。皇,大。 镇:柳镇,是柳宗元的父亲。
⑨ 太常博士:唐太常寺置博士四人,必须由有学识的人担任,主要职务是讨论谥法。
⑩ 县令:县的行政长官。
⑪ 不能媚权贵:柳镇后升任殿中侍御史,因为不肯与宰相窦参等诬陷别人,被窦参借故贬职,后窦参因罪被德宗赐死,柳镇又任侍御史。侍御史,官名。负责纠劾百官、督察郡县及处理御史台内部的事情。
⑫ 逮:到。
⑬ 崭然见(xiàn)头角:比喻青年人显露才华。崭然,突出的样子。见,显露。
⑭ 博学宏词:唐代科举设博学宏词科。
⑮ 集贤殿正字:官名。掌刊刻经籍,搜求佚书,校正文字等职务。
⑯ 俊杰:才智出众。
⑰ 经史百子:儒家经典著作、史书和先秦百家著作。
⑱ 踔(chuō)厉风发:精神奋发,议论纵横。
⑲ 出我门下:做我的学生、门人,是被我推荐任职的意思。
⑳ 贞元十九年:公元803年。贞元,唐德宗年号。
㉑ 蓝田尉:蓝田县尉。蓝田治所在今陕西蓝田县。县尉,官名,辅佐县令的军事官员。 监察御史:官名,属御史台,掌监察百官,巡视郡县,复审刑狱,整肃朝仪等职务。
㉒ 顺宗:李诵,公元805年在位。
㉓ 礼部员外郎:官名,掌管礼仪。
㉔ 遇用事者得罪:顺宗时,王叔文力图改革政治。宪宗即位后,贬黜王叔

文。柳宗元等也被株连贬官。用事者,当权的人,指王叔文。
㉕ 例出:一道被遣出。这是指永贞元年(805年)柳宗元被贬为邵州(治所在今湖南邵阳市)刺史一事。例,一概。刺史,官名,一州的行政长官。
㉖ 州司马:指永州(治所在今湖南零陵)司马。司马,官名,刺史的属官,在当时实际上是个闲官。
㉗ 务:勉力从事。
㉘ 涯涘(sì):水的边际。
㉙ 肆:任意放纵。
㉚ 元和:唐宪宗李纯的年号。公元806年至820年。
㉛ 柳州:地名。治所在今广西柳州市。
㉜ 因:顺着。
㉝ 教禁:教化和禁令。
㉞ 质:抵押。
㉟ 子:利息。 本:本钱。 侔(móu):相等。
㊱ 佣:这里指劳动该得的报酬。
㊲ 观察使:官名。掌考察州县官吏政绩。
㊳ 比:将近。
㊴ 衡湘:指衡山和湘水,均在今湖南省。
㊵ 中山刘梦得禹锡:刘禹锡,字梦得,中山无极(今属河北省)人,当时著名的文学家,也因参与王叔文集团的改革而被贬职。
㊶ 播州:治所在今贵州遵义县。
㊷ 穷:困窘。
㊸ 拜疏:向皇帝上疏。
㊹ 连州:治所在今广东连州。
㊺ 征逐:朋友互相邀请过从晏饮。
㊻ 诩(xǔ)诩:融洽地集合在一起的样子。
㊼ 夷狄:泛指少数民族。这里把禽兽与夷狄并称,表现了作者思想的局限性。
㊽ 少:稍微。
㊾ 顾藉:爱惜。
㊿ 坐废退:因获罪被贬黜。坐,因罪或受牵连。
㉛ 推挽:推举提拔。挽,拉。

㉒ 卒:终于。 穷裔:穷困的边远地方。
㉓ 台省:御史台和尚书省。
㉔ 元和十四年:公元819年。
㉕ 万年:县名,在今陕西西安境内。
㉖ 河东裴君行立:裴行立,元和十二年为桂管观察使。河东,郡名,治所在今山西永济蒲州镇。
㉗ 重然诺:重信用。然和诺都是答应的声音。
㉘ 舅弟:表弟。柳宗元的母亲姓卢。涿郡人。卢遵是柳宗元舅舅的儿子,故称舅弟。
㉙ 涿:今河北涿州。
㉚ 经纪:安排料理。
㉛ 室:这里指坟墓。
㉜ 嗣人:指后代子孙。

## 【译文】

　　子厚,名宗元。他的七世祖柳庆,当过北魏的侍中,被封为济阴公。曾伯祖父柳奭,是唐朝宰相,和褚遂良、韩瑗一道,得罪了武后,在高宗时死去。父亲名镇,为了侍奉母亲,放弃了太常博士的职位,请求做江南的一个县令。后来又因为不能谄媚权贵,丢了御史的职务。直到那个权贵死后,才重新被任命为侍御史。他以刚强正直著称,跟他来往的,都是当时的知名人士。

　　子厚小时候就非常聪敏,通晓百事。他父亲在世时,他虽然还年轻,但已经成才,能考取进士,出色地显示了自己的才华,大家都说柳家有个好儿子了。以后又通过博学宏词科的考试,被任为集贤殿正字。他才智出众,方正刚勇,发表议论时旁征博引,精通古史今事和诸子百家,言辞锋利,见识高远,常常使在座的人为之折服。于是他的名声轰动一时,人们都希望与他交往。显贵们也都争着要收他做自己的门生,同声推荐称赞他。

　　贞元十九年,他由蓝田尉升为监察御史,顺宗继位,又升为礼部员外郎。遇到当权的人获罪,他也被一起遣出做刺史,还未到任,又一道被贬为州司马。处于闲散的职位,他更加刻苦用功,专心致志地读书和写作。他作的诗文,文笔汪洋恣肆,风格雄厚凝练,像无边的海水那样精深博大。他自己则恣意寄情于山水之间。

　　元和年间,曾经将他和同他一起贬官的人一律召到京城,又一起被遣放出做刺史,子厚分在柳州。到任之后,感叹地说:"这里难道就不能施行政教了吗?"他依据当地的风俗,推行教化和政令,柳州民众都顺从信服。当地有个风俗,把子女当作抵押来借钱,约定如果不能按时赎取,等到利息与本钱一样多的时候,债主就把人质收为奴婢。子厚为此想方设法,让他们都能被赎回去。那些特别贫穷实在无能为力的,就让债主记下人质的劳动应得的报酬,等到与抵押的钱相等了,就让债主归还人质。观察使把这个办法推行到其他州,到了一年,免去奴婢身份得以回到自己家中的有近千人。衡山、湘江以南准备考进士的人,都把子厚当作老师,他们之中经过子厚亲自讲解指点而作文章的人,所作文章的章法和技巧都有很多可取之处。

　　他被召回京城并且再次被派做刺史的时候,中山人刘梦得禹锡也在被遣放之列,应当到播州。子厚流着泪说:"播州不是人住的地方,况且刘梦得的母亲还在,我不忍心看到梦得处境困窘如此,以至没法对母亲说,而且也万万没有母子一同去的道理。"将要向朝廷上疏请求,愿意拿柳州换播州,即使因此再次获罪,至死也不遗憾。正好有人把刘梦得的情况报告了皇帝,梦得于是改任连州刺史。啊!人们在困窘的时候才能显出气节道义,现在有些人安居无事的时候,相爱友好,经常相约宴饮游戏,来来往往,很融洽地在一起,强作笑语,装出谦恭的样子,握手言欢时似乎肝胆相照,指着天日流泪赌咒,发誓不论生死都不背弃朋友,简直像真的一样可信。然而一旦碰上小小的利害冲突,哪怕只有毛发般大小,就翻脸不认人,朋友掉下陷阱,竟至不伸手去搭救,反而趁势推挤,往下丢石头,这种人到处都是啊!这些事情连禽兽和野蛮人都不忍心干,而那些人却自以为得计,他们听到子厚的高尚德行,也该有点惭愧了吧。

　　子厚当初年轻,勇于帮助人,不知道珍重爱惜自己,以为功名业绩唾手可得,因此受牵连而遭贬斥。贬斥后,又没有知心的、有力量有地位的人帮助,因此最终死在穷困的边地。才能不能在当世发挥,抱负不得在当时施展。假使子厚当时在尚书省、御史台任职时,能谨慎约束自己,像在做司马、刺史时一样,也自然不会遭贬斥了。被贬斥后,如果有有能力的人推举他,也必然会再被任用而不至于潦倒一生。可是,如果子厚被排斥的时间不长,困厄不深重,即使才能比别人高,可他在文学著作方面就必然不会下苦功夫,以致达到像现在这样必定会流传于后世的成就,这是毫无疑问的。即便让子厚实现了心愿,一时为将为相,拿那个换这个,何者为得,何者为失,人们对它一定能够做出判断的。

　　子厚在元和十四年十一月八日去世,终年四十七岁。在十五年的七月十日,葬于万年县祖先的墓旁。子厚有两个儿子,大的名周六,才四岁,小的名周七,是子厚去世后才出生的,两个女儿,都还幼小。子厚的遗骨能回乡安葬,费用全是观察使、河东人裴行立先生出的。行立为人有节操,讲信用,跟子厚是朋友,子厚对他也很尽心,最后还是依靠了他的力量。把子厚安葬到万年县墓地上去的,是他的表弟卢遵。卢遵是涿州人,为人谨慎,做学问永远不感到满足。自从子厚被贬斥后,卢遵就跟他家住在一起,直到他去世也没有离开,既送子厚归葬,又准备安排料理子厚家属的生活,可以说是一位有始有终的人。

　　铭文是:这里是子厚安息的地方,既稳固又安逸,让他的后代能享受到好处。

# 驳《复仇议》

## 柳宗元

【题解】

　　柳宗元(773年—819年),字子厚,河东解(今山西运城解州镇)人,世称柳河东。他是唐代杰出的文学家和唯物主义哲学家。在政治上,他有抱负,有理想,参加了主张革新政治的王叔文集团,并成为核心人物之一。革新失败后,遭到长期贬谪,先为永州(今湖南零陵)司马,后改作柳州(今属广西)刺史,所以又称柳柳州。柳宗元是唐代古文运动的倡导者之一,在文艺理论和创作实践上都有卓越的贡献。他的散文内容丰富,形式多样。山水游记清新优美,富有诗情画意;寓言小品简洁生动,辛辣锋利;传记散文多取材于劳动人民,深刻感人;论说文缜密谨严,峭拔劲健。这些作品大都具有现实主义精神,反映了当时的社会政治矛盾,以及人民的痛苦生活和愿望,思想性强,时有卓见。这一切,与他朴素的唯物主义世界观及进步的社会政治思想是分不开的。著作有《柳河东集》。

《驳〈复仇议〉》一文是柳宗元针对初唐陈子昂的《复仇议》所作的奏议。对徐元庆为报杀父之仇而杀死县尉一事,陈子昂认为,报杀父之仇是孝,合乎礼义,而杀人则违犯法律,所以既要判处死刑又要给以表彰,并且要将这种做法"编之于令,永为国典"。柳宗元却认为,礼和法之间是不矛盾的,关键在于要辨明报仇杀人的是非曲直。因此,他分析当事者的行为,引经据典,全面驳斥了陈子昂的观点。他指出徐元庆的做法是合乎礼的,因此也就合乎法。主张对其赏罚要明确,不能既表彰又处刑。这实质上是在用封建的道德观即"孝"与"义"来论证封建礼教和封建法律的统一性。官吏的滥用职权、枉法济私是封建社会的通病,所以,徐元庆式的复仇具有一定的反抗意义。柳宗元赞扬了这种行动,事实上也就在一定程度上承认了这种反抗的合法性。这较之陈子昂的见解要胜出一筹。

  臣伏见天后时①,有同州下邽人徐元庆者②,父爽为县尉赵师韫所杀③,卒能手刃父仇,束身归罪。当时谏臣陈子昂建议诛之而旌其闾④,且请"编之于令,永为国典"。臣窃独过之⑤。

  臣闻礼之大本⑥,以防乱也。若曰无为贼虐,凡为子者杀无赦。刑之大本,亦以防乱也。若曰无为贼虐,凡为治者杀无赦。其本则合,其用则异。旌与诛莫得而并焉。诛其可旌,兹谓滥,黩刑甚矣。旌其可诛,兹谓僭⑦,坏礼甚矣。果以是示于天下,传于后代,趋义者不知所向,违害者不知所立,以是为典可乎？盖圣人之制⑧，穷理以定赏罚，本情以正褒贬，统于一而已矣。

向使刺谳其诚伪⑨，考正其曲直，原始而求其端⑩，则刑礼之用，判然离矣。何者？若元庆之父，不陷于公罪，师韫之诛，独以其私怨，奋其吏气，虐于非辜；州牧不知罪⑪，刑官不知问，上下蒙冒⑫，吁号不闻⑬。而元庆能以戴天为大耻⑭，枕戈为得礼⑮，处心积虑，以冲仇人之胸，介然自克⑯，即死无憾。是守礼而行义也。执事者宜有惭色，将谢之不暇⑰，而又何诛焉？

其或元庆之父，不免于罪，师韫之诛，不愆于法⑱。是非死于吏也，是死于法也。法其可仇乎？仇天子之法，而戕奉法之吏⑲，是悖骜而凌上也⑳。执而诛之，所以正邦典㉑，而又何旌焉？

且其议曰："人必有子，子必有亲，亲亲相仇，其乱谁救？"是惑于礼也甚矣。礼之所谓仇者，盖其冤抑沉痛而号无告也；非谓抵罪触法，陷于大戮。而曰彼杀之，我乃杀之，不议曲直，暴寡胁弱而已。其非经背圣，不亦甚哉！

《周礼》㉒："调人㉓，掌司万人之仇。凡杀人而义者，令勿仇，仇之则死。有反杀者，邦国交仇之。"又安得亲亲相仇也？《春秋公羊传》曰㉔："父不受诛，子复仇可也。父受诛，子复仇，此推刃之道㉕，复仇不除害㉖。"今若取此以断两下相杀，则合于礼矣。且夫不忘仇，孝也；不爱死，义也。元庆能不越于礼，服孝死义，是必达理而闻道者也㉗。夫达理闻道之人，岂其以王法为敌仇者哉？议者反以为戮。黩刑坏礼，其不可以为典，明矣。

请下臣议附于令。有断斯狱者，不宜以前议从事。谨议。

## 【注释】

① 伏：旧时下对上的谦辞。　天后：即武则天武曌(zhào)，唐高宗李治的皇后。690年自立为皇帝，直到705年逝世。
② 同州：州治在今陕西大荔县。　下邽(guī)：县名，在今陕西渭南县。
③ 县尉：官名，掌管一县军事、治安。
④ 陈子昂(661年—702年)：初唐著名文学家，字伯玉，曾受到武则天的赏识，官至右拾遗。　旌：表彰。　闾(lǘ)：里巷的大门，这里指代乡里。
⑤ 过：过错。这里是意动用法，意为"以……为错"。
⑥ 礼：社会规范和道德规范的泛称。
⑦ 僭(jiàn)：过分，超越本分。
⑧ 制：法式，原则。
⑨ 刺：探察。　谳(yàn)：审判定罪。
⑩ 原：推究。　端：缘由。
⑪ 州牧：指行政长官刺史。
⑫ 蒙冒：蒙蔽。
⑬ 吁(yù)：呼。
⑭ 戴天：共存于天下。语出《礼记》："父之仇，不与共戴天。"
⑮ 枕戈：睡觉时都枕着兵器，形容时刻准备报仇。语出《礼记》："居父母之仇……枕戈，不仕，弗与共天下也。"
⑯ 介然：坚定不移的样子。　克：约束。
⑰ 谢：认错，道歉。
⑱ 愆(qiān)：失误。
⑲ 戕(qiāng)：残害。
⑳ 悖(bèi)：违背。　骜(ào)：轻视，傲慢。　凌：侵犯。
㉑ 邦：即国家。
㉒ 《周礼》：也叫《周官》，儒家经典之一。由战国到西汉的儒家学者采择周及战国各国的官制，加上自己的理想，分类编排而成。这段引文见于《周礼·地官》。
㉓ 调人：官名。
㉔ 《春秋公羊传》：儒家经典之一。约成书于汉初，是一部专门阐释《春秋》的书。这段引文见于《公羊传·定公四年》。

㉕ 推刃:一往一来的仇杀。本句意思是,如果父罪当诛,儿子也报仇,就是无谓的行动。而且,仇家的儿子也必报仇,这样就会一往一来而没有了结。

㉖ 复仇不除害:指无意义的仇杀,复仇者不能免除祸害。

㉗ 道:一定的思想体系。这里指儒家"圣人"的思想。

# 【译文】

  我了解到在则天皇后时,有同州下邽县徐元庆这样一个人,父亲徐爽被县尉赵师韫杀了。他最后能够亲手杀掉他父亲的仇人,捆绑自己,投案自首。当时,谏官陈子昂建议,处死他,但在他的家乡加以表彰。并且请求将这种处理方式"编入法令,永远作为国家的典则"。我个人认为,这样做是不对的。

  我听说,礼的根本是为了防乱。倘若说不要让杀人者逞凶,那么凡是做儿子的,杀了不应当作为仇人的人,都应当处死而不赦免。刑法的根本也是为了防乱。倘若说不要让杀人者逞凶,那么凡是做官的,不按刑法杀了不该杀的人,也都应当处死而不赦免。它们的出发点是一致的,但采取的手段则不同。因此,表彰与诛杀是不能够同时并行的。杀掉应当表彰的人,这叫作乱杀,滥用刑法太过分了。表彰应当杀掉的人,这叫作过失,把礼破坏得太严重了。果真拿这些示范天下,传给后代,那么,追求正义的人就会迷失方向,躲避祸害的人就会不知道怎样立身行事。以此作为典则行吗?大凡圣人的原则,是深究事理来规定赏罚,推原事实来确定褒贬,无非是把礼和刑结合在一起罢了。

  当初假使能调查、审定这个案情的真伪,研究、确定它的是非,推究案子的发端,进而追查原因,那么刑和礼的作用就显出了明确的区别。为什么呢?如果徐元庆的父亲,不构成法律规定的犯罪,那么赵师韫杀人,就只是由于他个人的怨仇,发泄他做官的蛮横气焰,对无罪者施加暴虐。州上的长官不去治赵师韫的罪,执法的官员也不去过问这件事,上上下下都互相蒙骗包庇,对喊冤叫屈的呼声听而不闻。然而徐元庆却能够把容忍杀父之仇视作奇耻大辱,而把时刻不忘复仇看作是合乎礼,处心积虑,伺机戳穿仇人的胸膛,坚定不移地以礼约束自己,虽死无憾。这正是遵守礼而实行义的表现。执政的官员对此本应当感到惭愧,去道歉都怕来不及,又有什么理由要将他处死呢?

或者是徐元庆的父亲真的犯了死罪,赵师韫杀死他,并不违反法律。这就不是死于官吏的私怨,而是由于犯法而死。法律难道是可以被仇视的吗?仇视皇帝的法令,而且杀害执法的官员,这是悖逆犯上的行为。应该抓起来处死他,以此来严肃国法,为什么还要表彰他呢?

而且陈子昂在奏议中说:"人必有儿子,儿子必有父母,如果各爱其亲人,为亲人而相互仇杀,这种混乱靠谁来解救呢?"这是对礼的意义太不理解了。礼所说的"仇",指的是由于蒙冤受屈,悲痛难忍,而且哭诉无门啊;并不是指触犯法律,以身抵罪而被判处死刑这种情况。如果说他杀了人,我就要把他杀掉,这只是不论是非曲直,威胁欺负弱者罢了。这种做法违反经典,背离圣人,岂不是太过分了吗?

《周礼》说:"调人负责调解众人的怨仇。凡合乎义的杀人,规定不许报仇,报仇者要判处死刑。如果有反过来杀人的,全国都把他作为仇敌。"这样,又怎么会发生各人由于爱自己的亲人而互相仇杀的现象呢?《春秋公羊传》说:"父亲不应当被处死而被处死了,儿子复仇是可以的。父亲应当处死而被处死了,儿子复仇,这就会变成一来一往的仇杀。这种复仇不能免除彼此仇杀下去的祸害。"如果现在以此来判定徐元庆和赵师韫双方的互相杀人,那就会合乎礼了。而且,不忘记父仇,这是孝;不吝惜生命,这是义。徐元庆能够不越出礼的范围,遵从孝的做法,为义而死,他一定是一位通晓事理而明白道义的人。通晓事理、明白道义的人,难道会把王法作为仇视的对象吗?可是,上奏议的人反而认为应当处以死刑。这种滥用刑法、败坏礼义的意见,不可以作为典则,是很清楚的了。

请把我的意见,附在法令后面颁发下去。凡是审理这类案件的人,不应当再按照从前的意见处理。谨对此发表以上意见。

# 桐叶封弟辨

## 柳宗元

【题解】

　　作者在这篇辨伪文章中借题发挥,指出君主应当按照实际效果反复修正自伪的言行,而辅臣则不能用花言巧语逢迎君主,应当用"道"引导君主,使君主的言行合乎道。

　　本文上半篇是驳论,下半篇是立论,破立结合,结构严谨。结尾处,看似闲笔而实是一个论据,构思新颖,别开生面。

　　古之传者有言①:成王以桐叶与小弱弟戏②,曰:"以封汝。"③周公入贺④。王曰:"戏也。"周公曰:"天子不可戏。"乃封小弱弟于唐⑤。

　　吾意不然⑥。王之弟当封邪,周公宜以时言于王,不待其戏而贺以成之也。不当封邪,周公乃成其不中之戏⑦,以地以人与小弱弟者为之主,其得为圣乎?且周公以王之言不可苟焉而已⑧,必从而成之邪?设有不幸,王以桐叶戏妇寺⑨,亦将举而从之乎⑩?凡王者之德,在行之何若。设未得其当,虽十易之不为病⑪;要于其当,不可使易也,而况以其戏乎!若戏而必行之,是周公教王遂过也⑫。

　　吾意周公辅成王,宜以道⑬,从容优乐⑭,要归之大中而已,必不逢其失而为之辞⑮。又不当束缚之,驰骤之⑯,使若牛马然,急则败矣。且家人父子尚不能以此自克,况号为君臣者邪!是直小丈夫缺缺者之事⑰,非周公所宜用,故不可信。

或曰:封唐叔⑱,史佚成之⑲。

**【注释】**

① 传(zhuàn):书传。这里指《吕氏春秋·重言》和刘向《说苑·君道》。二文中均载有周公促成桐叶封弟故事。
② 成王:生卒年不详,姓姬,名诵,西周武王之子。即位时年幼,由叔父周公摄政。 小弱弟:指成王的弟弟叔虞。
③ 封:帝王赐给臣下爵位或土地。
④ 周公:姓姬,名旦,周武王之弟,西周初年著名政治家。
⑤ 唐:古国名,故地在今山西翼城西。
⑥ 意:料想。
⑦ 不中(zhòng):不恰当,不合适。
⑧ 苟:苟且,轻率。
⑨ 妇寺:妇人和宦官。
⑩ 举:推举。
⑪ 病:弊病。
⑫ 遂:成。
⑬ 道:一定的政治主张或思想体系。这里指中道,即不偏不倚,无过无不及的恰如其分的道理、原则。下文"大中"即此意。
⑭ 从(cōng)容:指举止行动。 优乐:开玩笑,娱乐。
⑮ 辞:陈说。
⑯ 驰骤:奔驰。
⑰ 直:只,只是。 缺(quē)缺:耍小聪明的样子。
⑱ 唐叔:即叔虞。
⑲ 史佚:周武王时太史尹佚。史,官名,即太史,掌管祭祀和记事等。《史记·晋世家》载有史佚促成桐叶封弟之戏的故事。

**【译文】**

古书上记载说:周成王拿桐树叶子与年幼的弟弟开玩笑,说:"把它封给你。"周公进去祝贺。成王解释说:"这是开玩笑呀。"周公说:"天子不可以开玩笑。"于是成王就把唐封给了年幼的弟弟。

我想这件事不会是这样的。如果成王的弟弟应当受封,那么周公就应当及时地告诉成王,而不应该等到成王开玩笑的时候,才趁机用祝贺的方式来促成它。如果成王的弟弟不应当受封,而周公竟然促成他那不合情理的玩笑,使成王把土地和人民封给了年幼的弟弟,让年幼的弟弟作为这里的土地和人民的主人,周公这样做能算是圣人吗?况且周公只是认为君王的言谈不可轻率罢了,难道是一定要顺从和促成君王的言谈吗?假设不幸,成王拿桐树叶子与亲近的妇人、宦官开玩笑,周公难道也将按照成王的言谈去推举他们吗?凡是帝王的恩德,在于推行得怎么样。假如推行得不恰当,那么即使反复地改变也没有关系;关键在于恰当,恰当,就不能让它改变,而何况是用它来开玩笑的呢!如果开玩笑时说的话也一定要执行,这样做就是周公教唆成王铸成过错啊。

　　我想周公辅佐成王,应当按照中道去诱导他,使他举止行动以至嬉戏、娱乐,总要合乎中道就行了,周公一定不会去逢迎成王的过失,为他巧言辩饰。又不应当对成王管束太严,使他终日忙碌,像牛马那样,管束太严就坏事了。而且同为一家人的父子,尚且不能用这种方法来约束,更何况名分上有君臣之别的人啊!急急忙忙促成桐叶封地,这只能是耍小聪明的小丈夫干的事情,绝不会是周公所应该采用的做法,因此不可相信。

　　又有的古书记载说:封唐叔的事情,是太史尹佚促成的。

# 箕　子　碑

## 柳宗元

【题解】

　　箕子是商纣王的叔父,名胥余,太师。因封在箕地,所以叫箕子。殷朝末年,纣王昏乱无道,箕子劝谏不从,便佯装狂癫,被囚为奴。周灭商后,向武王陈《洪范》大法。在封建时代,士大夫十分推崇他,认为他是"智"和"忠"的楷模。唐代建立祠庙来祭祀他。柳宗元这篇文章,就是为祠庙中的箕子碑作的碑文。

柳宗元在这篇碑文里,极力赞颂箕子忍辱负重以坚持正道,辅助圣君建立法典,推崇教化治理人民的功绩。这实际上是作者对自己,也是对一切有志于改革之士的勉励。

凡大人之道有三①:一曰正蒙难②,二曰法授圣,三曰化及民。殷有仁人曰箕子,实具兹道以立于世③。故孔子述六经之旨④,尤殷勤焉。

当纣之时⑤,大道悖乱⑥,天威之动不能戒,圣人之言无所用。进死以并命⑦,诚仁矣。无益吾祀⑧,故不为。委身以存祀⑨,诚仁矣。与亡吾国⑩,故不忍。具是二道,有行之者矣。是用保其明哲⑪,与之俯仰⑫,晦是谟范⑬,辱于囚奴。昏而无邪,隤而不息⑭。故在《易》曰:"箕子之明夷⑮。"正蒙难也。及天命既改,生人以正⑯。乃出大法,用为圣师。周人得以序彝伦⑰,而立大典。故在《书》曰:"以箕子归作《洪范》⑱。"法授圣也。及封朝鲜,推道训俗,惟德无陋⑲,惟人无远,用广殷祀,俾夷为华⑳。化及民也。率是大道㉑,丛于厥躬㉒,天地变化,我得其正,其大人欤?

呜呼!当其周时未至,殷祀未殄㉓,比干已死,微子已去。向使纣恶未稔而自毙㉔,武庚念乱以图存㉕,国无其人,谁与兴理㉖?是固人事之或然者也。然则先生隐忍而为此,其有志于斯乎?

唐某年,作庙汲郡㉗,岁时致祀。嘉先生独列于《易·象》,作是颂云㉘。

**【注释】**

① 大人:指道德高尚的人。

② 蒙:冒犯。
③ 兹:此。
④ 六经:指《诗》《书》《易》《礼》《乐》《春秋》六部书籍,它们被儒家尊为经典,所以称作六经。
⑤ 纣(Zhòu):商朝的末代君主,名辛。历史上称为暴君。
⑥ 悖(bèi):违背。
⑦ 进死以并命:这里指的是比干。比干,商王朝宗室大臣,因直言劝谏殷纣王,被杀死。并,通"屏",舍弃。
⑧ 祀:祭祀,这里指宗族。
⑨ 委身以存祀:这里指的是微子。微子,名启,纣王的庶兄,因多次劝谏商纣王不被采纳而出走。武王灭商,他拿着商祭器,自缚降周。被封于宋,保存了商宗族。
⑩ 与:通"预"。预先。 亡:出走。
⑪ 是用:因此。 明哲:明智。
⑫ 俯仰:周旋,随波逐流。
⑬ 晦:昏暗,使……模糊不清。 谟:谋。 范:法,原则。
⑭ 陨(tuí):跌倒。
⑮ 明夷:卦名,见于《易经·明夷》。卦象说"明入地中"。据说它象征着暗主在上,明臣在下,明臣不敢显露自己的明智。
⑯ 生人:即生民,意谓教育抚养人民。
⑰ 彝(yí)伦:封建社会中人与人之间必须遵守的道德准则。彝,常规。伦,人伦,封建社会人与人之间的关系。
⑱ 《洪范》:《尚书》中的一篇,相传为禹时文献,箕子予以增订并授给周武王的"天地之大法",内容是关于帝王统治人民的各项政治经济原则。
⑲ 惟:语助词。 陋:微贱。
⑳ 俾:使。 夷:东方的少数民族。
㉑ 率:遵循。
㉒ 厥:其,他的。
㉓ 殄(tiǎn):灭绝。
㉔ 向使:假如,假使。 稔(rěn):庄稼成熟。这里用的是引申义,指罪恶发展到了极点。
㉕ 武庚:纣之子,商亡后受周封,承续殷祀,后因反叛被杀。

㉖ 与:为。 理:治理。
㉗ 汲郡:治所在今河南汲县西南。
㉘ 颂:古代文体的一种,用于歌颂咏叹。原文后面有近百字的颂文,这里未录。

## 【译文】

凡是道德高尚的人,他的处世之道有三方面:一是坚持正道,不顾冒犯大难;二是把法典交给圣王;三是将教化施及人民。商朝有个仁人叫箕子,确实是具备了这些德行而为世人所尊重。所以,孔子阐述六经大义的时候,曾特别关切地提到他。

商纣王在位的时候,大道被颠倒了,搞乱了。上天震怒不能使他受到警诫,圣人的教导也不起作用。那时,冒死进谏,不顾性命,确实称得上仁了,但对保存自己的宗族不利,所以箕子不这样做。委屈自己以保存宗族,的确也做到了仁,但先要离开自己的国家出走,所以箕子也不忍这样做。上述的两条道路,已经有人走过了。因此,箕子保持了自己的明哲睿智,暂且随波逐流,隐藏起自己高明的谋略,在囚奴之间受辱。处于黑暗的环境却不改变正道,虽然跌倒了仍然努力不止。因此,《易经》中说:"箕子的明智隐藏在内心。"这就是在患难中坚持正道。到了天命使商灭周兴以后,周用正道教养人民。这时,箕子便献出了他那宏伟的大法,因而成为圣君的老师。周公因此得以整顿伦常纲纪,并制定了法典。因此,《尚书》中说:"因为箕子归来才开始作《洪范》。"这就是把法典交给圣君。等到箕子受封朝鲜以后,他推行王道,诱导风俗,恩惠布及卑微的人身上,仁爱施及远处,以此扩大殷族的文化,使边远的民族与华夏民族相同。这就是把教化施及人民。遵循大道,把这些好品德集于一身,天地间事物变化无常,而自己却能始终坚持正道,这就是道德高尚的人吧?

啊!当周人的时运还没有到来,商的国运还没有断绝,比干已被杀,微子已出走。假使在纣没有被推翻的时候箕子就死了,商亡国后,武庚又考虑用叛乱的手段图谋复辟,这时,国中没有箕子这样的人,周人能同谁来振兴国家呢?这本来也是人情事理中可能出现的情况。那么,先生含垢忍辱地这样做,大概是有志于此吧?

唐朝某年,在汲郡建庙,每年按时给予祭祀。我钦佩先生独能列名在《易经》的卦象中,便写了这篇颂。

# 捕蛇者说

## 柳宗元

【题解】

本文是柳宗元被贬到永州以后写的,文中通过三代以捕蛇为业的蒋氏一家及其乡邻的悲惨遭遇,揭示出唐代中期,由于赋税、徭役的沉重,加上朝廷和官府的超经济掠夺,使得农村破产,农民生活极端困苦,指出赋敛之毒,甚于毒蛇猛兽,从而有力地控诉了封建统治者残酷剥削和迫害人民的罪行,表达了对劳动人民的深切同情。"说",也是古代散文的一种文体,可以就事论理,也可以夹叙夹议。

文章开始极写毒蛇之毒和捕蛇之苦,接着又笔锋一转拓开一层,又说这比种田的乡邻还要强得多,相形之下,九死一生的捕蛇业反而成为"美差"了,由此主题更显得鲜明、突出。全文以蒋氏叙述为主,最后加以简短评论,写法上也较为灵活。

永州之野产异蛇①,黑质而白章②。触草木,尽死,以啮人,无御之者。然得而腊之以为饵③,可以已大风、挛踠④、瘘、疠⑤,去死肌,杀三虫⑥。其始太医以王命聚之⑦,岁赋其二。募有能捕之者,当其租入。永之人争奔走焉。

有蒋氏者,专其利三世矣。问之,则曰:"吾祖死于是,吾父死于是,今吾嗣为之十二年,几死者数矣。"言之貌若甚戚者。余悲之,且曰:"若毒之乎?余将告于莅事者⑧,更若役,复若赋,则何如?"蒋氏大戚,汪然出涕曰:"君将哀而生之乎?则吾斯役之不幸,未若复吾赋不幸之甚也!向吾不为斯役,则久已病矣。自吾氏三世居是乡,积于今六十岁矣。而乡邻之生日蹙,殚其地之出,竭其庐之入,号呼而转徙,饥渴而顿踣⑨。触风雨,犯寒暑,呼嘘毒疠,往往而死者相藉也⑩。曩与吾祖居者⑪,今其室十无一焉;与吾父居者,今其室十无二三焉;与吾居十二年者,今其室十无四五焉。非死则徙尔,而吾以捕蛇独存。悍吏之来吾乡,叫嚣乎东西,隳突乎南北⑫,哗然而骇者,虽鸡狗不得宁焉。吾恂恂而起⑬,视其缶⑭,而吾蛇尚存,则弛然而卧。谨食之⑮,时而献焉。退而甘食其土之有,以尽吾齿。盖一岁之犯死者二焉。其余则熙熙而乐,岂若吾乡邻之旦旦有是哉?今虽死乎此,比吾乡邻之死,则已后矣。又安敢毒邪?"

  余闻而愈悲。孔子曰:"苛政猛于虎也⑯。"吾尝疑乎是。今以蒋氏观之,犹信。呜呼!孰知赋敛之毒,有甚是蛇者乎?故为之说,以俟夫观人风者得焉⑰。

**【注释】**

① 永州:治所在今湖南零陵县。
② 质:底色。
③ 腊(xī):风干。
④ 挛踠(luánwǎn):肢体蜷曲不能伸直的病。
⑤ 瘘(lòu):颈部生的脓肿毒疮。 疠(lì):恶疮。下文"疠",指疫气。
⑥ 三虫:这里泛指人体脑、胸、腹内的寄生虫。
⑦ 太医:官名。掌医药之政令。
⑧ 莅(lì):临,管理。
⑨ 顿踣(bó):困顿跌倒。这里指倒毙。
⑩ 藉:叠压。

⑪ 曩(nǎng):从前。
⑫ 隳(huī)突:破坏奔突。
⑬ 恂恂:担心的样子。
⑭ 缶:一种口小腹大的瓦器。
⑮ 食(sì):饲,喂养。
⑯ 苛政猛于虎也:语出《礼记·檀弓下》。
⑰ 人风:即民风,民间情况。

**【译文】**

　　永州的山野出产一种奇异的蛇,黑色的皮上有白色的花纹。它碰到草木,草木都要死掉。如果咬人,没有医治的办法。然而捕到以后将它风干,做成药品,可以治好麻风、肢体僵曲、瘘、疠等恶疮,消除坏死的肌肉,杀死人体内的寄生虫。起初,太医用皇帝的命令去收集这种毒蛇,每年征收两次。招募能捕到这种毒蛇的人,拿蛇抵他的赋税。永州的百姓都争着去干这件事。

　　有个姓蒋的,独自取得捕蛇免赋的好处已经三代了。我问他,他却说:"我爷爷死在捕蛇这件事上,我父亲死在捕蛇这件事上,现在我接手干这事十二年,也有好几次险些死去了。"言语之间脸色好像很忧伤。我很同情他,并且说:"你怨恨这种事吗?我打算告诉主管这事的人,变换你的差役,恢复你的赋税,你认为怎么样?"蒋氏更加悲伤,眼泪汪汪地说:"您想可怜我,让我能活下去吗?可是我干这种差事的不幸,还比不上恢复我的赋税的不幸呢!假若过去我不干这种差事,那我早就困苦不堪了。自从我们家祖孙三代定居在这个地方,到现在已经六十年了。而乡邻们的生活一天比一天窘迫,用尽他们田地里的出产,花完他们家庭里的全部收入,哭号着四处迁徙,由于饥渴倒死在地上。人们受着狂风暴雨和严寒酷暑的摧残,呼吸着瘟疫的毒气,常常是死者一个压着一个。当年和我祖父住在一起的,现在这些人家十户当中难得有一户了;和我父亲住在一起的,现在十户当中难得有两三户了;和我在一起住了十二年的人家中,到现在十户中难得有四五户了。不是死绝了,就是搬走了。然而我却因为捕蛇而独自活了下来。凶悍的官吏来到我们乡的时候,四处吆喝叫骂,冲撞骚扰,因此受惊骇而呼喊的,不仅是百姓,连鸡狗都不得安宁。我提心吊胆地爬起来,看看那瓦罐子,我的蛇还在里面,就放心地躺下了。我小心地喂养它,到了时候把它献上去。回到家里就可以香甜地吃着那自己田地里所收获的东西,来度过我的余年。大约一年当中冒生命危险的时候只有两次,其余的时间则舒舒坦坦地过安乐日子。哪里像我的乡邻们,天天都有那种死亡的威胁呢?即使现在我死在捕蛇这种事上,比起我那些死去的乡邻们也已经算是死得晚的了,又怎么敢怨恨这种事呢?"

我听了他的话更加难过。孔子说:"残酷的暴政比老虎还凶猛。"我曾经怀疑过这句话。今天从蒋氏的遭遇来看,才相信了。唉!谁能想到赋敛的毒害比毒蛇更厉害呢?因此,我为这件事写了篇《捕蛇者说》,用来等待那视察民间情况的人,请他们从中得到所需要的东西。

# 种树郭橐驼传

## 柳宗元

【题解】

这是一篇寓言体的政论性散文,通过一个种树者栽培、管理树木的方法,阐明了作者自己的政治观点,即做官治民,应顺乎自然,减少繁杂的政令滋扰。这样,老百姓才能得到休养生息。

文章层次井然,对比生动,特别是论种树的一段话富有哲理,耐人深思。

郭橐驼,不知始何名。病偻①,隆然伏行,有类橐驼者②,故乡人号之"驼"。驼闻之曰:"甚善,名我固当。"因舍其名,亦自谓"橐驼"云。

其乡曰丰乐乡,在长安西③。驼业种树,凡长安豪家富人为观游及卖果者,皆争迎取养。视驼所种树,或迁徙,无不活,且硕茂,蚤实以蕃④。他植者,虽窥伺效慕,莫能如也。有问之,对曰:"橐驼非能使木寿且孳也,能顺木之天⑤,以致其性焉尔⑥。凡植木之性,其本欲舒⑦,其培欲平,其土欲故,其筑欲密⑧。既然已,勿动勿虑,去不复顾。其莳也若子⑨,其置也若弃。则其天者全,而其性得矣。故吾不害其长而已,非有能硕茂之也;不抑耗其实而已,非有能蚤而蕃之也。他植者则不然,根拳而土易。其培之也,若不过焉则不及。苟有能反是者,则又爱之太殷,忧之太勤。旦视而暮抚,已去而复顾。甚者爪其肤以验其生枯,摇其本以观其疏密,而木之性日以离矣。虽曰爱之,其实害之;虽曰忧之,其实仇之。故不我若也,吾又何能为哉!"

问者曰:"以子之道,移之官理可乎?"驼曰:"我知种树而已,官理非吾业也。然吾居乡,见长人者⑩,好烦其令,若甚怜焉,而卒以祸⑪。旦暮吏来而呼曰:'官命促尔耕⑫,勖尔植⑬,督尔获,蚤缫而绪⑭,蚤织而缕⑮,字而幼孩⑯,遂而鸡豚⑰。'鸣鼓而聚之,击木而召之⑱。吾小人辍飧饔以劳吏者⑲,且不得暇,又何以蕃吾生而安吾性邪?故病且怠若是。则与吾业者,其亦有类乎?"

问者嘻曰:"不亦善夫!吾问养树,得养人术。"传其事以为官戒也!

【注释】

① 偻(lóu):是一种病,患者鸡胸、驼背。
② 橐驼(tuótuó):骆驼。
③ 长安:唐代的都城,即今陕西西安市。
④ 蚤:通"早"。 蕃:繁多。

⑤ 天:天性。这里指树木生长的自然规律。
⑥ 致其性:充分发展它的本性。致,尽。
⑦ 本:树根。
⑧ 筑:用木杵把土砸实。
⑨ 莳(shì):栽种。
⑩ 长人者:指官吏。长,官长。用作动词,等于说管辖。
⑪ 卒:终于。
⑫ 尔:你们。
⑬ 勖(xù):勉励。
⑭ 缫(sāo):抽茧出丝。 而:通"尔",你们。 绪:丝头。
⑮ 缕:线。
⑯ 字:养育。
⑰ 遂:成长。 豚(tún):小猪。
⑱ 木:这里指梆子。
⑲ 辍(chuò):中止。 飧(sūn):晚饭。 饔(yōng):早饭。 劳:慰劳。

**【译文】**

郭橐驼,不知他最初叫什么名字。由于得了佝偻病,走路时隆背俯身,有点像骆驼的样子,所以乡里人把他叫"橐驼"。橐驼听到别人这样叫他,说:"很好,这样叫我本来很恰当。"因此便放弃了他原来的名字,也自称"橐驼"。

他居住的地方叫丰乐乡,在长安城的西边。橐驼的职业是种树,凡是长安那些豪门富人建造观赏游乐的园林,以及种果树卖钱的,都争相雇用他。考察橐驼种的树,即使移植的,也没有不成活的,并且长得高大茂盛,果实结得又早又多。其他种树的,尽管是偷偷仿效,也没有谁能赶得上他。有人问他这是什么原因,他回答说:"我并没有什么使树木具有旺盛的活力并结实很多的特殊本领,只不过能顺着树木的天性,使它的本性能够得到充分发展罢了。种树的方法,一般来说树根要舒展,培土要平,要用熟土,土要砸密实,种完后就不要再去动它,也不必担心它不能成活,离开后就不必再照管它了。栽种时,要像爱护自己的孩子一样,种完之后,放到那里就如同扔掉一样。

这样,树木的天性没有被破坏,它的本性就能得到发展了。所以说,我只不过是不妨害树木的自然生长而已,并没有什么特殊的本领使它高大茂盛;我只不过是不抑制和损耗它的果实罢了,并没有什么使它的果实早熟多结的诀窍。别人种树却不是这样,树根屈曲,并且换了土,培土时不是过多就是过少。即使有不那样做的人,却又过分地关心它的生长,过多地忧虑它不能成活。早晨去看看,晚上去摸摸,刚刚离开就又回头来看看,甚至用指甲抠破树皮来检验树的死活,摇动树根来观察培的土是松是实,因而树木的本性就逐渐被破坏了。这样做,虽说是爱护它,实际是害它;虽说是为它担心,其实是以它为敌。所以这些都不如我种的树好。其实我又有什么特殊的本领呢?"

发问的人说:"把你这些种树的道理运用到做官治理百姓方面可以吗?"橐驼说:"我只知道种树罢了,做官治理百姓不是我的事情。然而,我住在乡里,看到那些做官的,喜欢颁布繁多的政令,似乎是很爱惜百姓,但最终却给百姓带来了灾难。一天到晚只见衙役来了就喊:'官府下令催促你们耕作,勉励你们种植,督促你们收获,快点缲你们的丝,快点织你们的布,抚养好你们的小孩,喂养好你们的鸡和猪!'又是擂鼓召集他们,又是敲梆子传呼他们。我们这些小小百姓,即使放下碗筷不吃饭,专来招待这些官吏都应接不暇,又哪里有时间使我们子孙兴旺,生活安定呢?因此才困苦劳累到这种程度。那么,这些人同我那些种树的同行们,大概也有类似之处吧!"

发问的人高兴地说:"这不是很好吗?我问怎样养树,却从中获得了治民的道理。"于是记下这件事,作为官箴吧!

# 梓 人 传

## 柳宗元

【题解】

梓人原是小器作的工人。这里的梓人是建筑房屋的一种技术人员。他能设计房屋,并根据设计要求选用材料,指挥工匠操作。作者借梓人的故事叙述了宰相的治国之道。他认为宰相应坚守其道,合则用,不合则去,不能屈就;宰相应抓大事,顾全局,举贤任能,不宜事必躬亲,陷入事务、文牍的圈子里去。这是作者对宰相的要求,同时也是他自己守身处世的原则。

作者在文中细致地叙述了一个普通工匠的品德和技能,并且把他和宰相相比,这是很难得的。

　　裴封叔之第①,在光德里②。有梓人款其门③,愿佣隙宇而处焉④。所职寻引规矩绳墨⑤,家不居砻斫之器⑥。问其能,曰:"吾善度材⑦。视栋宇之制、高深圆方短长之宜,吾指使而群工役焉。舍我,众莫能就一宇。故食于官府⑧,吾受禄三倍;作于私家,吾收其直大半焉⑨。"他日,入其室,其床阙足而不能理⑩,曰:"将求他工。"余甚笑之,谓其无能而贪禄嗜货者⑪。

　　其后,京兆尹将饰官署⑫,余往过焉。委群材⑬,会众工。或执斧斤,或执刀锯,皆环立向之。梓人左持引,右执杖,而中处焉。量栋宇之任⑭,视木之能举⑮,挥其杖曰:"斧!"彼执斧者奔而右。顾而指曰:"锯!"彼执锯者趋而左。俄而,斤者斫,刀者削,皆视其色,俟其言,莫敢自断者。其不胜任者,怒而退之,亦莫敢愠焉⑯。画宫于堵⑰,盈尺而曲尽其制,计其毫厘而构大厦，无进退焉⑱。既成，书于上栋曰："某年某月某日某建。"则其姓字也，凡执用之工不在列。余圜视大骇，然后知其术之工大矣⑲。

继而叹曰：彼将舍其手艺⑳，专其心智，而能知体要者欤㉑！吾闻劳心者役人，劳力者役于人。彼其劳心者欤！能者用而智者谋，彼其智者欤！是足为佐天子相天下法矣㉒，物莫近乎此也。

彼为天下者，本于人。其执役者，为徒隶㉓，为乡师里胥㉔。其上为下士㉕，又其上为中士，为上士。又其上为大夫，为卿，为公。离而为六职㉖，判而为百役㉗。外薄四海㉘，有方伯连率㉙。郡有守㉚，邑有宰㉛，皆有佐政㉜。其下有胥吏㉝，又其下皆有啬夫版尹㉞，以就役焉。犹众工之各有执技以食力也。彼佐天子相天下者，举而加焉㉟，指而使焉。条其纲纪而盈缩焉㊱，齐其法制而整顿焉，犹梓人之有规矩绳墨以定制也。择天下之士，使称其职，居天下之人㊲，使安其业。视都知野，视野知国㊳，视国知天下。其远迩细大㊴，可手据其图而究焉，犹梓人画宫于堵而绩于成也㊵。能者进而由之㊶，使无所德；不能者退而休之，亦莫敢愠。不炫能㊷，不矜名㊸，不亲小劳㊹，不侵众官，日与天下之英才，讨论其大经㊺。犹梓人之善运众工而不伐艺也㊻。夫然后相道得而万国理矣㊼。

相道既得，万国既理，天下举首而望曰："吾相之功也。"后之人循迹而慕曰㊽："彼相之才也。"士或谈殷周之理者，曰伊傅周召㊾，其百执事之勤劳，而不得纪焉。犹梓人自名其功而执用者不列也。大哉相乎！通是道者，所谓相而已矣。

其不知体要者反此。以恪勤为公㊿，以簿书为尊㉛，炫能矜名，亲小劳，侵众官，窃取六职百役之事，听听于府庭㉜，而遗其大者远者焉。所谓不通是道者也。犹梓人而不知绳墨之曲直、规矩之方圆、寻引之短长，姑夺众工之斧斤刀锯以佐其艺,又不能备其工㉝,以至败绩。用而无所成也,不亦谬欤?

或曰:"彼主为室者,倘或发其私智,牵制梓人之虑㉞,夺其世守而道谋是用㉟,虽不能成功,岂其罪邪?亦在任之而已。"

余曰不然。夫绳墨诚陈,规矩诚设,高者不可抑而下也,狭者不可张而广也,由我则固,不由我则圮㊱。彼将乐去固而就圮也,则卷其术,默其智,悠尔而去㊲,不屈吾道㊳,是诚良梓人耳。其或嗜其货利,忍而不能舍也;丧其制量,屈而不能守也,栋桡屋坏㊴,则曰:"非我罪也。"可乎哉!可乎哉!

余谓梓人之道类于相,故书而藏之。

梓人,盖古之审曲面势者㊵,今谓之"都料匠"云。余所遇者,杨氏。潜,其名。

【注释】

① 裴封叔:名瑾,柳宗元的姊夫,闻喜(今属山西省)人,曾做过唐长安县令。
② 光德里:旧址在今西安市西南郊。
③ 款:通"叩"(kòu)。
④ 佣:受人雇用,这里指出劳力以抵房租。 隙宇:空闲的房子。
⑤ 职:掌管。这里有随身带着的意思。 寻引:都是古代长度单位,八尺为"寻",十丈为"引"。这里指测量长度的工具。 规矩:古代木工工具,校正圆形的叫"规",校正方形的叫"矩"。 绳墨:木工画直线的工具。
⑥ 居:积存。 砻(lóng):磨。 斫(zhuó):砍,削。
⑦ 度(duó):量长短。
⑧ 食于官府:从官府得到生活资料,等于说受官府雇用。
⑨ 直:通"值",报酬,工钱。
⑩ 阙:通"缺"。
⑪ 货:钱币,财物。
⑫ 京兆尹:官名。唐京兆府(治所在今陕西西安市)的长官。
⑬ 委(wěi):堆积。
⑭ 栋宇之任:房屋的规模。

⑮ 举:承担。
⑯ 愠(yùn):怨恨。
⑰ 宫:房屋。这里指房屋的设计图。　堵:墙壁。
⑱ 进退:等于说"出入"。
⑲ 工大:技巧精深博大。
⑳ 将:打算,带有推测的语气。
㉑ 体要:大体和纲要。指事物的关键。
㉒ 相:这里是治理的意思。
㉓ 徒隶:原指服役的犯人,这里泛指处于社会底层从事各种劳动的人。
㉔ 乡师里胥:古代社会基层行政组织的官吏。乡师,一乡之长。里胥,一里之长。乡师里胥都是小官吏。
㉕ 下士:西周时期统治阶级中的最低等级。其上有中士、上士、大夫、卿、公等各级官僚的名称。这些名称有的后代已不用,有的内容有所变化。这里借以指统治阶级中的各阶级官吏。
㉖ 离:这里是大致区分的意思。　六职:指王公、士大夫、百工、商旅、农夫、妇功六种职别。
㉗ 判:这里是细分的意思。
㉘ 薄:迫近。　四海:指国家的四境。
㉙ 方伯连率:方伯,殷周时一方诸侯中的领袖。连率,即"连帅",古代统辖十国的诸侯。
㉚ 守:太守,一郡的最高行政长官。
㉛ 邑:这里指县。　宰:指一县的最高行政长官。
㉜ 佐政:指郡、县等的副长官。
㉝ 胥吏:在官府中办理文书的小吏。
㉞ 啬(sè)夫:佐助县令管理赋税、诉讼等事务的乡官。　版尹:主管户籍的官吏。版,版籍,即户籍。
㉟ 焉:代词,指各级官吏。
㊱ 条其纲纪:使纲纪条款清楚。等于说整理纲纪。　盈缩:增减。
㊲ 居:安置。
㊳ 国:古代诸侯王的封地。这里指略等于郡的地域。
㊴ 迩(ěr):近。
㊵ 绩:业绩,这里用如动词。

㊶ 由:用。
㊷ 炫(xuàn):卖弄。
㊸ 矜:自夸。
㊹ 不亲小劳:不亲自去做无关紧要的小事。
㊺ 大经:大的原则、法则。
㊻ 伐:自夸。
㊼ 相道:当宰相的方法。 万国:万方,指整个国家。 理:治。
㊽ 循迹:这里是学习、模仿的意思。
㊾ 伊:伊尹,商初的功臣,曾辅佐商汤攻灭了夏桀。 傅:傅说(yuè),相传原是在傅岩地方筑墙的奴隶,后被商王武丁任命为大臣,治理国政。 周:周公,周武王之弟,曾佐助武王灭了商,后辅佐成王,在巩固周朝统治,建立典章制度方面起了重要作用。 召(Shào):召公,姓姬,名奭(shì),古燕国的始祖,曾佐武王灭商,后与周公一起辅佐成王。
㊿ 恪(kè)勤:谨慎勤恳,这里指忙碌于小事。
(51) 簿书:文书。这里用如动词,泛指陷入具体事务。
(52) 听(yín)听:通“龂龂”,争辩的样子。
(53) 备:完备、完成。
(54) 虑:思考、谋划。
(55) 世守:指固有的经验法则。 道谋是用:造屋的主人没有主见,不信任梓人的方案而同过路的人商量,过路人一人一个意见,屋子终于造不成。
(56) 圮(pǐ):倒塌。
(57) 悠尔:远的样子。尔,形容词词尾,无义。
(58) 屈:受压而弯曲,这里指因外力而改变。
(59) 桡(náo):弯曲变形。
(60) 审曲面势:审视各种材料的曲直和向背形势。

## 【译文】

裴封叔的住宅,在光德里。有个梓人敲他的门,愿意用佣工的方式抵租,租赁空闲的房屋居住。这个梓人随身带着量尺、圆规、方矩、绳墨等物,家里不搁置磨刀石和刀斧等工具。问他有什么技能,他说:“我擅长度量木材。根据房屋的规模、高深、方圆、长短,用什么材料合适,由我指挥而众工匠从事具体工作。如果离开我,他们就不能建成一座房屋。所以要是受官府雇用,我得到的工资是他们的三倍;要是为私人建造,我收取总报酬的大半。"一天,我走进他的屋里,见他的床缺了腿却不能修理。他对我说:"打算请别的工匠。"我觉得非常好笑,认为他是没有本领而贪图财物的人。

后来,京兆尹准备修理官署,我去拜访他。看见那儿堆积了很多木材,会集了许多工匠。他们有的操着斧头,有的拿着刀锯,都围成一圈面向梓人站着。梓人左手拿尺,右手执杖,站在他们中间。他估量着房屋的规模,看需用什么木材能够承受得了,挥动着他的木杖说:"斧子!"那些操斧头的便都奔到右边。回过头来指着说:"锯子!"那些拿锯的便又跑到左边。一会儿,握斧的砍,持刀的削,都看他的眼色,等待他的吩咐,没有敢自作主张的。那些不能胜任工作的人,梓人发着脾气辞退了他们,也没有谁敢抱怨。他又在墙壁上绘制房屋的图样,只一尺见方的图样就详尽地描绘出了房屋的规模结构,按照图样的尺寸计算来建造大厦,没有一点出入。竣工后,又在上梁上写:"某年某月某日某人修建。"就是他的姓名,而那些被任用的所有工匠都不列名。我瞪圆眼睛注视,大为惊讶,通过这件事我算知道他的技术是多么的精深博大了。

接着我又感叹说:他大概是个存心丢掉木工手艺,专一动脑,因而能掌握事物关键的人吧!我听说劳心的人役使别人,劳力的人受人役使。他大概是个劳心的人吧!有技能的人使用他的技能,有智慧的人施展他的谋略,他大概是个有智慧的人吧!这就完全值得辅佐天子治理天下的人所仿效了,再没有比这更相似的事情了。

那些治理天下的人都是把治人当作根本大事。那些干具体事物的人,是徒隶,是乡师里胥。他们上边有下士,再上有中士,有上士,再往上是大夫,是卿,是公。大概区分为六种职别,细分为多种职役。京城外面靠近边境的地方,有方伯、连率。郡有郡守,县有县令,并都有协助他们的副职。他们的下面有胥吏,再下也都有啬夫、版尹,来担任职役,就好像众工匠掌握技能,依靠自己的劳动生活一样。那辅佐天子治理国家的宰相,选拔各级官吏,交给他们各种职务,指挥、使用他们。提举纲纪,并常常加以调整;统一法度,并常常进行整顿,就好像梓人用规矩绳墨来确定规格一样。挑选天下有才能的人,使他们胜任本职工作,安置好天下百姓,使他们安于自己的职业。考察了都城的情况就可以了解都城外的情况,考察了都城外的情况可以了解一个封国的情况,考察了一个封国就可以了解整个天下。那些远近大小的地方,都可以凭着手里的地图去推求它,就好像梓人在墙上绘制房屋图样而后按图使工程完成一样。对有才能的人,推举他们,让他们放手工作,不要他们感恩戴德;没有才能的人辞退他们,也没有谁敢怨恨。不卖弄才能,不自夸名望,不埋头于日常小事,不侵犯众官的权限,每天和天下才能出众的人,讨论治国的大纲,这就好像梓人善于指挥众工而不夸耀自己技艺一样。这样做才算掌握了做宰相的道理,天下也就能达到大治了。

做宰相的道理已经掌握,天下已经大治,人们就都会抬头仰望说:"这是我们宰相的功绩啊!"后世的人也按照前人的说法,敬慕地说:"这是那宰相的才能啊。"读书人如果谈起治理商、周的人,只提伊尹、傅说、周公、召公,至于那众多执行具体事务的人的辛勤劳苦,却得不到记载。如同梓人在梁上写上自己的名字,所任用的人都不能列名一样。伟大啊宰相!精通这个道理的人,就是所说的宰相啊。

那些不知道事情关键的人则与此相反。他们把恭谨地忙碌于日常琐事当作是一心为公,把处理文书等具体事务当作尊贵,卖弄才能自夸名望,埋头于小事,干涉众官的权限,包揽各种具体的事务,在官府朝廷上争辩不休,却把事关重大、影响深远的事情遗漏了。这就是所说的不懂做宰相道理的人。这也就好像作为一个梓人却不知道绳墨的曲直、规矩的方圆、寻引的短长,姑且夺过众工匠的斧头刀锯来帮助他们一块干木匠手艺,但又不能完成他们的工作,以致事情失败一样。干了事情却没有成绩,这不是很荒谬吗?

有人说:"那主管建造房屋的人,倘若想实行他自己的主张,牵制梓人的计划,舍弃梓人固有的经验,却随便采用过路人的意见,致使造房不能成功,这难道是梓人的过错吗?这是由于主管造房的人是否信用梓人罢了。"

我认为不是这样。假如设计确实已经完备,曲直方圆都定下来了,高的不能使它压低,窄的不能使它加宽。由我安排就能牢固,不听从我的安排就将倒塌。如果那人乐意放弃使房屋牢固的安排而采用使房屋坍塌的意见,那么就收起自己的技术,藏起自己的智谋,远远地离开。不改变自己的主张,这才真是优秀的梓人呢!如果贪图他的钱财,容忍他的错误而不能离开他;丢掉自己的法式,屈从别人的主张而不能坚持,等到栋梁断折,房屋毁坏时,却说:"这不是我的过错。"难道可以吗?难道可以吗?

我认为当好梓人的道理和当好宰相的道理很相似,所以写了这篇文章保存起来。

梓人,大概就是古代审察各种材料的曲直和形状的人,现在称之为"都料匠"。我所遇到的梓人,姓杨,名潜。

# 愚溪诗序

## 柳宗元

【题解】

本文是作者贬永州后,为其所作《八愚诗》写的序。序里说明了他命名溪、丘、泉、池等八物为"愚"的原因,借以抒发其愤懑不平的情绪。当时,立志改革弊政的人,都以"违理""悖事"而遭到贬斥。在当政者眼中美和丑、智和愚全是颠倒的。因此作者把所居之溪命名为"愚溪"。溪水清明透彻,可以鉴照万物。

这是一篇趣味隽永的讽刺小品,比起作者其他各篇山水游记来,其不平之情更为激越。

灌水之阳有溪焉①,东流入于潇水②。或曰:冉氏尝居也,故姓是溪为冉溪。或曰:可以染也,名之以其能,故谓之染溪。余以愚触罪,谪潇水上③。爱是溪,入二三里,得其尤绝者家焉。古有愚公谷④,今余家是溪,而名莫能定,土之居者,犹龂龂然⑤,不可以不更也,故更之为愚溪。

愚溪之上,买小丘,为愚丘。自愚丘东北行六十步,得泉焉,又买居之,为愚泉。愚泉凡六穴,皆出山下平地,盖上出也。合流屈曲而南,为愚沟。遂负土累石,塞其隘,为愚池。愚池之东为愚堂。其南,为愚亭。池之中,为愚岛。嘉木异石错置,皆山水之奇者,以余故,咸以愚辱焉。

夫水,智者乐也⑥。今是溪独见辱于愚,何哉?盖其流甚下,不可以灌溉。又峻急多坻石⑦,大舟不可入也。幽邃浅狭⑧,蛟龙不屑⑨,不能兴云雨,无以利世,而适类于余,然则虽辱而愚之,可也。

宁武子"邦无道则愚"⑩,智而为愚者也;颜子"终日不违如愚"⑪,睿而为愚者也。皆不得为真愚。今余遭有道而违于理,悖于事⑫,故凡为愚者,莫我若也。夫然,则天下莫能争是溪,余得专而名焉。

溪虽莫利于世,而善鉴万类,清莹透澈,锵鸣金石⑬,能使愚者喜笑眷慕,乐而不能去也。余虽不合于俗,亦颇以文墨自慰,漱涤万物,牢笼百态⑭,而无所避之。以愚辞歌愚溪,则茫然而不违,昏然而同归,超鸿蒙⑮,混希夷⑯,寂寥而莫我知也。于是作《八愚诗》,记于溪石上。

【注释】

① 灌水:湘江的支流,在今广西壮族自治区东北部。阳,水的北面。
② 潇水:湘江的支流,在湖南零陵县入湘江。灌水、潇水都在当时的永州境内。
③ 谪:古代官吏被降职或流放,称为谪。
④ 愚公谷:在今山东淄博市北。《说苑·政理》记载:齐桓公出去打猎,走入山谷中,见一老翁,便问他这叫什么谷? 老人说,愚公谷。桓公问为什么

叫这个名字？回答说，是按照我的情况命的名。

⑤ 龂(yín)龂然：争辩的样子。

⑥ 乐(yào)：爱好。语出《论语·雍也》"知者乐水，仁者乐山"。

⑦ 坻(chí)：水中小洲。

⑧ 邃(suì)：深远。

⑨ 不屑(xiè)：因轻视，所以不肯或不愿做。

⑩ 宁武子：名俞，谥武，春秋时卫国大夫。《论语·公冶长》记载：宁武子在国家太平时便表现聪明，在国家不太平时便装傻。

⑪ 颜子：颜回，字子渊。《论语·为政》记载：孔子给颜回讲学，颜回从不提出不同意见，好像很愚笨。可是讲完以后发现他不但懂了，而且能有所发挥。所以孔子说，颜回并不愚笨。

⑫ 悖：违反。

⑬ 锵(qiāng)鸣金石：这里是说水流能发出金石般的响声。锵，金玉相击声。

⑭ 牢笼：作动词用，包罗。

⑮ 鸿蒙：旧指宇宙形成以前的混沌状态，也指一种气。

⑯ 希夷：指无声无色、空虚寂静的境界，语出《老子》。

## 【译文】

灌水的北面有一条小溪，往东流入潇水。有人说，过去有个姓冉的人居住在这里，所以把这条溪水叫作冉溪。还有人说，溪水可以用来染色，依据这种性能，所以称它为染溪。我因愚昧而犯了罪，被贬到潇水。我喜爱这条溪水，沿着它往里走了二三里，发现了一个风景绝佳的地方，就在这里安了家。古代有个愚公谷，如今我把家安置在这条溪水旁，可是它的名字没人能定下来，当地的居民还在争论不休，看来不能不改名了，所以把它定名为愚溪。

我在愚溪上面，买了个小丘，叫作愚丘。从愚丘往东北走六十步，发现一处泉水，又买下来居住，把它称作愚泉。愚泉共有六个泉眼，都在山下平地，泉水都是往上涌出的。泉水合流后弯弯曲曲向南流去，经过的地方就称作愚沟。于是运土堆石，堵住狭窄的泉水通道，筑成了愚池。愚池的东面是愚堂。它的南面是愚亭。池子中央是愚岛。美好的树木和奇异的岩石参差错落。这些都是山水中瑰丽的景色,因为我的缘故都用愚字来玷辱了它们。

　　水这东西本是聪明人所喜好的。可现在这条溪水竟然被愚字所辱没,这是为什么呢?因为它水道很低,不能用来灌溉。又险峻湍急,有很多浅滩和石头,大船不能驶入。幽深浅狭,蛟龙不屑居住在这里,不能凭借它兴云布雨,对世人没有什么好处,但正好像我,既然如此,即使是玷辱了它,用愚字来称呼它,也是可以的。

　　宁武子"在国家动乱时便显得很愚昧",那是本来聪明而故意装作糊涂的。颜子"从来不提与老师不同的见解,像是很迟钝",也是本来很聪明而表现得很愚笨。他们都不是真正的愚笨。如今我在政治清明之时,却做了与事理相悖谬的事情,所以愚人当中没有谁像我这么愚笨的了。正因为如此,所以天下人没有谁能和我争这条溪水,我可以专断地给它命名了。

　　溪水虽然对世人没有什么好处,可它却能够映照万物,清秀明澈,能发出金石般的响声,能使得愚笨的人喜笑颜开,对它眷恋爱慕不忍离去。我虽然不合世俗,也还能稍用文章来安慰自己,洗涤万物,囊括各样形态,而无所避忌。我用愚笨的言辞来歌唱愚溪,觉得茫茫然没什么悖于事理的,昏昏然似乎都是一样的归宿,超越天地尘世,融入玄虚静寂之中,而寂寞清静之中没有谁能了解我。于是作《八愚诗》,记在溪石上面。

# 永州韦使君新堂记

## 柳宗元

【题解】

　　使君是汉以来对州郡长官的尊称。韦使君是当时永州刺史。本文作者通过韦使君建造新堂前后的变化,歌颂他所施行的顺应民情、铲除贪暴、保护贤良和裕民的政策。柳宗元在被贬谪的逆境中仍然坚持他立志改革政治的主张和理想,即使在描写山水景物的记叙文字中,也常常有所表现。

　　将为穹谷嶛岩渊池于郊邑之中①,则必辇山石②,沟涧壑③,陵绝险阻④,疲极人力,乃可以有为也。然而求天作地生之状,咸无得焉。逸其人,因其地,全其天,昔之所难,今于是乎在。

　　永州实惟九疑之麓⑤。其始度土者⑥,环山为城。有石焉,翳于奥草⑦;有泉焉,伏于土涂⑧。蛇虺之所蟠⑨,狸鼠之所游。茂树恶木,嘉葩毒卉⑩,乱杂而争植,号为秽墟。

　　韦公之来,既逾月,理甚无事⑪。望其地,且异之。始命芟其芜⑫,行其涂⑬。积之丘如,蠲之浏如⑭。既焚既酾⑮,奇势迭出。清浊辨质,美恶异位。视其植,则清秀敷舒;视其蓄⑯,则溶漾纡余⑰。怪石森然,周于四隅⑱,或列或跪,或立或仆。窍穴逶邃⑲,堆阜突怒。乃作栋宇⑳,以为观游。凡其物类,无不合形辅势,效伎于堂庑之下㉑。外之连山高原,林麓之崖,间厕隐显㉒,迩延野绿㉓,远混天碧,咸会于谯门之内㉔。

　　已,乃延客入观㉕,继以宴娱。或赞且贺曰:见公之作,知公之志。公之因土而得胜,岂不欲因俗以成化?公之择恶而取美㉖,岂不欲除残而佑仁?公之蠲浊而流清,岂不欲废贪而立廉?公之居高以望远,岂不欲家抚而户晓㉗?夫然,则是堂也,岂独草木土石水泉之适欤?山原林麓之观欤?将使继公之理者,视其细知其大也。

　　宗元请志诸石,措诸壁㉘,编以为二千石楷法㉙。

【注释】

①　穹谷:深谷。　嵁(kān)岩:峭壁。　渊池:深池。

② 輂:人推或拉的车,这里用如动词,用车装载的意思。
③ 沟:这里用如动词,沟通、开凿的意思。
④ 陵绝:超越。
⑤ 九疑:九嶷山,在今湖南蓝山西南。
⑥ 度(duó):量度,这里有勘测规划的意思。
⑦ 翳:遮蔽。 奥草:深草。
⑧ 涂:污泥。
⑨ 虺(huí):一种毒蛇。 蟠:盘屈而伏。
⑩ 葩(pā):花。 卉(huì):草。
⑪ 理:治理。
⑫ 芟(shān):割除。 芜:荒草。
⑬ 行:流通,流动。这里是疏导的意思。
⑭ 蠲(juān):清洁,使动用法。 浏如:水清澈的样子。
⑮ 酾(shī):疏导。
⑯ 蓄:指积蓄的湖水。
⑰ 溶漾:水动荡的样子。 纡(yū)余:曲折萦绕。
⑱ 四隅:这里指四方。
⑲ 窍穴:这里指山洞。 逶邃(suì):曲折深远。
⑳ 栋宇:堂屋。
㉑ 庑(wǔ):堂下四周的屋子。
㉒ 间厕:参加,这里是交错的意思。
㉓ 迩:近。
㉔ 谯(qiáo)门:古代建筑在门楼上用以瞭望的楼。
㉕ 延:邀请。
㉖ 择:应作"释",舍弃。
㉗ 晓:据另本,晓应作"饶",富裕。
㉘ 措:放置。这里是嵌置的意思。
㉙ 编:指编入书籍。 二千石:汉代郡守的俸禄为二千石,后来习惯上也称州郡一级的长官为二千石,这里指州刺史。

## 【译文】

如果打算在城邑营造幽谷、峭壁和深池,那就必须运载山石,开凿山涧沟壑，逾越险阻，耗尽人力，才可能办到。可是要想有那种天造地设的景致，是不能完全做到的。不必耗费民力，顺应地形，且能保持天然之美，这种在过去很难办到的事情，如今却在这里出现了。

永州就在九嶷山麓，最初在这里测量规划的人，环绕着山麓建起了城市。这里有山石，却被茂密的草丛遮蔽着；这里有清泉，却埋藏在污泥之下，成了毒蛇盘踞、狸鼠出没的地方。嘉树和恶木，鲜花与毒草，混杂一处，竞相争长，因此被称为荒凉的地方。

韦公来到永州，过了一个月，州政大治，没有多少事情。望着这块土地，感到它很不平常，才让人铲除荒草，挖去污泥。铲下来的草堆积如山，疏通后的泉水晶莹清澈。烧掉了杂草，疏通了清泉，奇特的景致层出不穷。清秀和污浊分开了，美景代替了荒凉。看那树木，则清秀挺拔，枝叶舒展；看那湖水，则微波荡漾，曲折萦回。怪石阴森繁密，环绕四周，有的排列成行，有的如同跪拜，有的站立，有的卧倒。石洞曲折幽深，石山突兀高耸。于是建造厅堂，作为观赏游览的地方。所有的怪石安排得无不适应地形地势，献伎于堂庑之下。新堂的外边，和山连接的，高原、林木覆盖的山脚悬崖，穿插交错，或隐或现。绿色的原野从近处伸向远方，跟碧蓝的天空连成一体，这一切，都汇集在门楼之内。

新堂盖好后，便邀请客人前来参观，接着又设宴娱乐。有人边赞誉，边祝贺说："看到您建这新堂，便知道您的心志。您随着地势开辟出胜景，难道不就是想顺着当地的风俗来形成教化吗？您铲除恶木毒草而保留嘉树鲜花，难道不就是想铲除凶暴而保护仁人吗？您挖除污泥而使清泉流淌，难道不就是想除去贪污而提倡廉洁吗？您登临高处而纵目远望，难道不就是想让每个家庭都安定和富饶吗？"正是这样，那么建这个新堂难道仅仅是为了草木土石清泉流水怡人心意吗？或是为了观赏山峦、原野和林麓的景色呢？而是希望继使君之后治理这个州的人，能够通过这件小事，懂得治民的大道理啊。

宗元请求把这篇记文镌刻在石板上，嵌在墙里，编入书中，作为刺史的楷模。

# 钴鉧潭西小丘记

## 柳宗元

【题解】

柳宗元被贬到永州后,就在这里流连山水,写下了不少优美的山水游记。本篇就是其中之一。

作者一方面用简洁的语言对小丘作了极其生动的描写,另一方面又借小丘不幸被人遗弃的遭遇发出了深沉的感慨。小丘的秀美和不被人重视,正是作者自己怀才不遇和遭遇不幸的写照。

本文写景和抒情紧密结合,达到了寄情于景,情景交融的境界,是写景小品中的佳作。

得西山后八日①,寻山口西北道二百步②,又得钴鉧潭③。西二十五步,当湍而浚者为鱼梁④。梁之上有丘焉,生竹树。其石之突怒偃蹇⑤,负土而出,争为奇状者,殆不可数。其嵚然相累而下者⑥,若牛马之饮于溪;其冲然角列而上者⑦,若熊罴之登于山。

丘之小不能一亩,可以笼而有之⑧。问其主,曰:"唐氏之弃地,货而不售⑨。"问其价,曰:"止四百。"余怜而售之⑩。李深源、元克己时同游⑪,皆大喜,出自意外。即更取器用⑫,铲刈秽草⑬,伐去恶木,烈火而焚之⑭。嘉木立,美竹露,奇石显。由其中以望,则山之高,云之浮,溪之流,鸟兽之遨游,举熙熙然回巧献技⑮,以效兹丘之下⑯。枕席而卧,则清泠之状与目谋⑰,潺潺之声与耳谋⑱,悠然而虚者与神谋⑲,渊然而静者与心谋⑳。不匝旬而得异地者二㉑,虽古好事之士,或未能至焉。

噫!以兹丘之胜㉒,致之沣、镐、鄠、杜㉓,则贵游之士争买者㉔,日增千金而愈不可得。今弃是州也,农夫渔父过而陋之,价四百,连岁不能售。而我与深源、克己独喜得之,是其果有遭乎㉕?

书于石,所以贺兹丘之遭也㉖。

## 【注释】

① 得:这里是发现的意思。 西山:在永州城(今湖南零陵)西。柳宗元在唐元和四年(809年)九月二十八日发现西山。

② 寻:沿着。 道:动词,行走。 步:古代五尺为一步。

③ 钴𬭚(gǔmǔ)潭:潭名。钴𬭚,熨斗。潭的形状像熨斗,故名。

④ 湍(tuān):指水流很急。 浚(jùn):指水很深。 鱼梁:阻水的堰,中间有缺口,用来放置捕鱼的工具笱(gǒu),以便捕鱼。

⑤ 突怒:形容石头突起耸立。 偃蹇(yǎnjiǎn):形容山石盘曲起伏、横卧直起的姿态。

⑥ 嶔(qīn)然:高耸的样子。

⑦ 冲(chòng)然:向上、向前的样子。 角列:像兽角一样排列。

⑧ 笼:装进笼子,用作动词。

⑨ 货:卖。 售:卖出。

⑩ 怜:喜爱。 售:这里是买下的意思。

⑪ 李深源、元克己:都是与作者同游的朋友,生平不详。

⑫ 更:轮流更替。

⑬ 刈(yì):割。

⑭ 烈火:燃起大火。

⑮ 举:全部。 熙熙然:快乐的样子。

⑯ 效:献出。

⑰ 清泠(líng):形容景色清凉。 与目谋:同眼睛接触,即映入眼中。

⑱ 潆(yíng)潆:溪水回流的声音。

⑲ 悠然:幽远的样子。

⑳ 渊然:静默的样子。

㉑ 不匝(zā)旬:不满十天。
㉒ 胜:秀美的景色。
㉓ 沣(Fēng)、镐(Hào)、鄠(Hù)、杜:都是地名,全在唐朝首都长安附近,为当时豪门贵族居住地。沣,水名。镐,在今陕西西安西南,为古代周武王的都城。鄠,在今陕西户县北。杜,在今陕西西安东南。
㉔ 贵游之士:这里指没有官职的一般豪门贵族,如王公子弟一类人。
㉕ 遭:名词,际遇,运气。
㉖ 遭:动词,碰上了好运气。

## 【译文】

发现西山后的第八天,沿着山口往西北走二百步,又发现了钴𬭬潭。潭西二十五步在水深流急的地方有鱼梁。鱼梁的上面有一个小丘,小丘上生长着竹子和树木。小丘上的岩石,有的危然高耸,有的仰卧丘上,有的拔地而起,顶着土向上钻,各种奇形怪状多得难以尽数。那些高高地耸起互相重叠又倾斜着向下延伸的,宛如牛马探身在溪边饮水;那些直立着像兽角一样排列向上的,犹如熊罴向山上登攀。

山丘狭小,不足一亩,几乎一个小笼子就可以把它全部装下。问到小丘的主人是谁,有人说:"这是唐家废置的土地,要卖却卖不出去。"问它的价钱,回答说:"只要四百文。"我很喜欢这个小丘,从而把它买了下来。李深源、元克己当时与我同游,也都非常高兴,对只花这么一点钱就买到这么好的一个小丘,感到意外。我们就轮流拿起各种工具,铲除乱草,砍掉坏树,并放火把它们烧掉。于是俊美的树木挺立,秀丽的青竹露出,奇妙的山石显现出来了。从中望去,山峰高峻,云彩飘浮,溪水流淌,鸟兽遨游,它们全都快乐地显现出巧妙的姿态,献出高超的技艺,在这座小丘的上下表演着。铺席设枕,躺在上面,于是溪水清凉的景色跃入眼帘,潺潺的水声传入耳中,恬淡空虚的境界融入神思,深沉而幽静的气氛沁入心灵。不到十天就发现奇特的地方两处,即使古代爱好山水的人,也许还没有遇到过这种境地吧。

唉！像小丘这样美丽的景色，如果把它放置在沣、镐、鄠、杜等地，那么那些公子王孙会争着购买，即使每天增价千金也还是不能买到。现在却被遗弃在这个地方，不要说别的，就是农夫渔人从旁边来往经过，也都认为它很简陋。虽然价钱只要四百文，也还多年卖不出去。唯独我和深源、克己高兴地把它买下了。这小丘果然有这样的运气吗？

将以上这些话写在岩石上，用来祝贺这座小丘碰上了好运气。

# 小石城山记

## 柳宗元

【题解】

本篇也是著名的"永州八记"之一。小石城山在今湖南零陵县境内，当时属于永州所辖。文中记述了小石城山奇异的景致，并感叹这样奇妙的山水，不在繁华的大都市附近，却置于偏僻荒凉的地方。由此让人自然想起作者的不幸遭遇。最后一段议论，表现出作者对于天命的怀疑。

文章善于抓住事物的特征，准确、逼真地加以描绘，并借景抒情，把内心深处的想法，通过对山水的记述，含蓄、曲折地表现出来。

自西山道口径北①，逾黄茅岭而下，有二道：其一西出，寻之无所得；其一少北而东，不过四十丈，土断而川分，有积石横当其垠②。其上为睥睨梁欐之形③，其旁出堡坞④，有若门焉。窥之正黑，投以小石，洞然有水声，其响之激越，良久乃已。环之可上，望甚远。无土壤而生嘉树美箭⑤，益奇而坚。其疏数偃仰⑥，类智者所施设也。

噫！吾疑造物者之有无久矣⑦。及是，愈以为诚有。又怪其不为之于中州⑧,而列是夷狄⑨。更千百年不得一售其伎⑩,是固劳而无用。神者倘不宜如是,则其果无乎?或曰:"以慰夫贤而辱于此者。"或曰:"其气之灵⑪,不为伟人,而独为是物,故楚之南⑫,少人而多石。"是二者,余未信之。

**【注释】**

① 西山:在永州(今湖南零陵)西面潇江边。
② 垠:边界。
③ 睥睨(bìnì):城上的矮墙。 梁㰍(lì):栋梁,这里借指房屋。
④ 堡(bǎo):小城。 坞(wù):小城墙,防卫用的障蔽物。
⑤ 箭:一种竹名。因质地坚韧可做箭杆,故名。
⑥ 数(cù):密。
⑦ 造物者:这里指创造万物的神灵。
⑧ 中州:中原,黄河中下游文化发达地区。
⑨ 夷狄:古代称我国东方少数民族为"夷",称北方少数民族为"狄"。这里的"夷狄"是泛指距中州遥远的永州一带。
⑩ 更:经历。
⑪ 气:古人认为天地间有一种灵秀之气,它赋在人的身上,便造就伟大的人物;它赋在物上,便造就出奇特美好的东西。
⑫ 楚之南:指包括永州在内的南方各地。楚在战国时南部疆域到今湖南南部。

**【译文】**

　　从西山路口一直往北,翻过黄茅岭下山,有两条路:一条向西伸展,沿路没有发现什么景色;一条稍偏北再向东,往前走不过四十丈,就发现地层断裂,被一条河水分开,有一个由积石构成的小山岗横立在河岸上。山冈上面,有的石堆像城墙上的女墙,有的则像房屋。积石的旁边,有一座天然石堡突兀而出,上面有像门一样的石洞。往里一望黑洞洞的,投一块石头进去,传来咚咚的水声,那回声激扬清越,许久才消失。围绕着它可以登上山顶,在那上面,可以望见很远的地方。山上没有土壤,然而却从石缝中生长出美好的树木和箭竹,这些树木和竹子显得格外奇特而坚实。竹木的疏密高低适中,很像是有智慧的人所安排设计的。

唉!我对有造物主的怀疑已经很久了。等到看了这里的景致,才更加相信确实是有的。但是,我又对它不将这些景致设置在中原内地,却安置在这边远偏僻的地区而感到奇怪,使它们历经千百年而不能向人们呈献一次自己美好的姿态,这真是劳而无功。天神或许是不会这样做的,那么,天神果真不存在吗?有的人说:"将这些山水设置在这里是为了用来安慰那些贤能而被贬黜到这里来的人。"又有人说:"这里的天地灵秀之气,不造就伟大的人物,却只造就这些奇特的山水,所以楚国的南部贤人少而奇石多。"对于这两种说法,我都不相信。

# 贺进士王参元失火书

## 柳宗元

【题解】

王参元,濮阳(今属河南)人,鄜坊节度使王栖曜少子。唐宪宗元和二年(807年)进士。家富多财,不幸遭遇火灾,家产荡然无存。本文就是柳宗元听到他家失火后写的一封祝贺信。朋友家里遭到火灾,不去慰问,反而祝贺,不是违反人之常情吗?可作者却写得入情入理,快语惊人。十年相知,不如一夕大火之助,充分显示了作者愤世嫉俗和不向厄运屈服的精神。

这封信也是作者被贬到永州以后写的,选入本书时,删去了末尾一段。

得杨八书①,知足下遇火灾②,家无余储。仆始闻而骇③,中而疑,终乃大喜,盖将吊而更以贺也。道远言略,犹未能究知其状,若果荡焉泯焉而悉无有④,乃吾所以尤贺者也。

足下勤奉养,乐朝夕,惟恬安无事是望也。今乃有焚炀赫烈之虞⑤,以震骇左右⑥,而脂膏滫瀡之具⑦,或以不给,吾是以始而骇也。

凡人之言皆曰:盈虚倚伏⑧,去来之不可常。或将大有为也,乃始厄困震悸,于是有水火之孽,有群小之愠。劳苦变动,而后能光明,古之人皆然。斯道辽阔诞漫,虽圣人不能以是必信,是故中而疑也。

以足下读古人书,为文章,善小学⑨,其为多能若是⑩,而进不能出群士之上,以取显贵者,盖无他焉⑪。京城人多言足下家有积货,士之好廉名者,皆畏忌,不敢道足下之善,独自得之心,蓄之衔忍⑫,而不能出诸口。以公道之难明,而世之多嫌也。一出口,则嗤嗤者以为得重赂。

仆自贞元十五年⑬,见足下之文章,蓄之者盖六七年未尝言⑭。是仆私一身而负公道久矣,非特负足下也。及为御史尚书郎⑮,自以幸为天子近臣,得奋其舌⑯,思以发明足下之郁塞。然时称道于行列⑰,犹有顾视而窃笑者。仆良恨修己之不亮,素誉之不立,而为世嫌之所加,常与孟几道言而痛之⑱。

乃今幸为天火之所涤荡,凡众之疑虑,举为灰埃。黔其庐⑲,赫其垣,以示其有无。而足下之才能,乃可以显白而不污,其实出矣,是祝融回禄之相吾子也⑳。则仆与几道十年之相知,不若兹火一夕之为足下誉也。宥而彰之,使夫蓄于心者,咸得开其喙㉑,发策决科者㉒,授子而不慄。虽欲如向之蓄缩受侮㉓,其可得乎?于兹吾有望于子,是以终乃大喜也。

古者列国有灾㉔,同位者皆相吊。许不吊灾,君子恶之㉕。今吾之所陈若是,有以异乎古,故将吊而更以贺也。颜、曾之养㉖,其为乐也大矣,又何阙焉?

**【注释】**

① 杨八:名敬之,行八。柳宗元的亲戚,王参元的好朋友。

② 足下:敬辞,尊称对方。
③ 仆:对人自称的谦辞,即"我"。
④ 焉:形容词词尾,表示"……的样子"。　悉:全、都。
⑤ 炀(yáng):这里指焚烧。　赫烈:火势猛烈的样子。
⑥ 左右:旧时书信中称对方。不直称其人,仅称他的左右执事人以表示尊敬。
⑦ 潃(xiǔ)瀡(suǐ):这里指淀粉一类烹调用的东西。潃,淘米水。瀡,古时把使菜肴柔滑的作料叫"滑",齐国人称之为"瀡"。
⑧ 倚伏:《老子》:"祸兮福之所倚,福兮祸之所伏。"意为祸是福依托之所,福又是祸隐藏之所,祸福可以互相转化。
⑨ 小学:旧时对文字学、音韵学、训诂学的总称。
⑩ 其:表示揣测的语气词。
⑪ 盖:表示原因的副词。
⑫ 衔:含,这里指藏在心里。
⑬ 贞元:唐德宗年号(785年—805年)。
⑭ 盖:副词,表示不肯定的语气。
⑮ 御史:指监察御史。　尚书郎:指尚书省礼部员外郎。
⑯ 奋其舌:这里指对皇帝劝谏、上疏等。奋,鼓动。
⑰ 行列:这里指同僚。
⑱ 孟几道:孟简,字几道,擅长写诗,尚节好义,是柳宗元的好朋友。
⑲ 黔:黑色,在这里用如动词。下文"赭",红色,用如动词。
⑳ 祝融、回禄:都是传说中的火神名。　相(xiàng):辅助。
㉑ 喙:鸟兽的嘴。这里借指人的嘴。
㉒ 策:策问,唐代科举考试的方法之一。　科:科举取士。
㉓ 蓄缩:指做事懈怠,这里指不得仕进。
㉔ 列国:指春秋时各诸侯国。
㉕ 许不吊灾,君子恶之:据《左传》记载,鲁昭公十八年(前520年)宋、卫、陈、郑四国发生火灾,许国没有去慰问,当时的有识之士据此推测许国将要灭亡。许,春秋时国名,在今河南许昌一带。
㉖ 颜、曾:颜回、曾参,两人都是孔子的弟子。据《论语》记载,孔子曾经称赞颜回能安贫乐道。又据史书记载,曾参事亲至孝。

## 【译文】

收到杨八的信,知道您遭到了火灾,家里没有一点东西留存下来。我刚听说时吃了一惊,继而是怀疑,最后竟感到非常高兴。本来打算慰问您,可现在却改成祝贺您了。由于路途遥远,书信言辞简略,还未能确切地了解您的具体情况。假若果真是荡然无存,那么,这正是我特别要祝贺您的了。

您殷勤地奉养父母,终日安乐,只希望恬静安闲不出事情。如今竟然遇到意外的大火灾,使您震动惊惧,甚至连普通饭食的供给,也许都已经很困难了。因此,我刚听说时吃了一惊。

大凡人们的话都是这样说的:盛衰祸福都是互相依存、来去不定的。一个人将要大有作为之前,最初反而处于困苦动荡不安的境地,遭到水火的灾祸,受到众小人的怨恨毁谤。历经了忧劳、辛苦、变乱、动荡,然后才能取得显赫的成就,古代的人都是这样的。然而,这些道理玄远迂阔而又荒诞,即使是圣人也不能认为它是完全确实的东西,所以我随即又发生了怀疑。

凭着您能读古书,能作文章,又精通"小学",如此多才多艺,但做官却不能超出众人之上,从而获得显赫的功名,这里没有别的原因,就在于京城的人都说您家里积有很多钱财,那些喜好廉洁名声的士大夫,都顾忌别人说坏话不敢称道您的才能,只是自己心中明白,藏在心里,不敢说出。这实在是因为公正的道理难以彰明,而世人又多疑忌的缘故。谁要一开口,那些惯于讥笑别人的人就会认为这个人准是得了许多贿赂。

我自从贞元十五年,看见了您的文章,赞誉之心藏在心里大约六七年了,一直没有说出口。这是我只顾个人却长久地违背了公道,不仅仅是有负于您啊。等到我在御史、尚书郎任上时,自以为有幸做了皇帝身边的大臣,从此得到了说话的机会,打算借此向上推荐您,以便消除您的郁闷。然而,当我在同僚中称道您的时候,仍然有相视而暗笑的人。我实在遗憾自己的修养不能为世人所见,清白的名声不能确立,因而遭到世人的疑忌。我经常和孟几道谈到这事,并为此感到痛心。

如今有幸受到天火的荡涤，凡是众人所疑惧顾忌的一切，全都成了灰烬。房屋烧焦了，墙壁烧红了，以此显示出您家已是一无所有了。因而您的才能，就可以显露出来，而不再受到辱没，您的真才实学也可以表现出来了。这实在是火神对您的帮助啊。这样一来，我和孟几道十年来对您的了解，还不如这把火一个晚上给您带来的名声。此后，人们都会谅解您，而且会宣扬您的才能，使那些有话藏在心底的人，都能够毫无顾忌地开口为您说话了；那些主考官，敢于授给您官职而不再害怕了。这样一来，即使想像过去那样被人疑忌、受到讥笑，难道还能做得到吗？在这方面，我对您寄予很大的期望，因此，最终才非常高兴起来。

古时候，各国发生灾祸，同等地位的诸侯国都对该国表示慰问。有一次许国没有这样做，君子都憎恶它。现在我所说的这些情况和古代的有些不同，所以把安慰改成了祝贺。像颜回、曾参那样奉养父母，从中得到的乐趣是很大的，比照他们的情况，您还缺少什么呢？

# 宋　文

## 待漏院记

### 王禹偁

【题解】

王禹偁(954年—1001年)，字元之，巨野(今属山东)人。北宋太宗太平兴国八年(983年)中进士。官至翰林学士。他对当时北宋王朝"积贫积弱"的形势十分忧虑，以直言敢谏著称。在太宗、真宗二朝曾几次向朝廷建议减裁冗兵冗员，巩固边防。但屡次遭到贬谪，最后竟由于直笔写史，为宰相不满，遭到打击排斥，出知黄州，后迁蕲州病死。

王禹偁是北宋最早起来要求改革弊政的政治家之一，也是北宋文坛最早起来扫除浮艳靡丽文风的文学家之一。他的诗文都比较平易简明，生动活泼，自然清新，而且能托讽寄怀，表述理想，针砭现实，对于北宋一代文风的转变，有很大的影响。著有《小畜集》《小畜外集》四十三卷。

待漏院，是宰相上早朝时，等候召见的休息场所。王禹偁写这篇文章，希望能把它抄在待漏院的墙壁上，目的是为了告诫当权的宰相要勤谨于政事，一心为国为民，而不要为谋私利而误国误民，也不要为保全自身官职、俸禄而无所事事、碌碌无为。

本文描绘了三种宰相的形象：贤相一心为国，磊落光明；奸相一心为私，龌龊卑鄙；庸相占据高位，随俗浮沉。运用对比的手法，褒贬深刻，越发激起了人们对贤者的敬爱，对奸者的憎恶。

天道不言，而品物亨①，岁功成者②，何谓也？四时之吏、五行之佐③，宣其气矣④。圣人不言⑤，而百姓亲，万邦宁者，何谓也?三公论道⑥,六卿分职⑦,张其教矣⑧。是知君逸于上,臣劳于下,法乎天也⑨。古之善相天下者⑩,自咎、夔至房、魏⑪,可数也。是不独有其德,亦皆务于勤耳。况夙兴夜寐⑫,以事一人,卿大夫犹然,况宰相乎?

朝廷自国初,因旧制⑬,设宰相待漏院于丹凤门之右⑭,示勤政也。乃若北阙向曙⑮,东方未明,相君启行,煌煌火城⑯。相君至止,哕哕銮声⑰。金门未辟⑱,玉漏犹滴⑲。撤盖下车,于焉以息。待漏之际,相君其有思乎?

其或兆民未安,思所泰之⑳。四夷未附㉑,思所来之㉒。兵革未息,何以弭之㉓。田畴多芜,何以辟之。贤人在野,我将进之。佞人立朝,我将斥之。六气不和㉔,灾眚荐至㉕,愿避位以禳之㉖。五刑未措,欺诈日生,请修德以厘之㉗。忧心忡忡,待旦而入。九门既启㉘,四聪甚迩㉙。相君言焉,时君纳焉。皇风于是乎清夷㉚,苍生以之而富庶。若然,则总百官,食万钱,非幸也,宜也。

其或私仇未复,思所逐之。旧恩未报,思所荣之。子女玉帛㉛,何以致之。车马玩器,何以取之。奸人附势,我将陟之㉜。直士抗言㉝,我将黜之。三时告灾,上有忧色,构巧词以悦之。群吏弄法,君闻怨言,进谄容以媚之。私心慆慆㉞,假寐而坐。九门既开,重瞳屡回㉟。相君言焉,时君惑焉。政柄于是乎隳哉㊱。帝位以之而危矣。若然,则死下狱、投远方㊲,非不幸也,亦宜也。

是知一国之政,万人之命,悬于宰相,可不慎欤?复有无毁无誉,旅进旅退㊳,窃位而苟禄,备员而全身者㊴,亦无所取焉。

棘寺小吏王禹偁为文㊵,请志院壁㊶,用规于执政者。

【注释】

① 品:众。 亨:通达顺利。

② 岁功成:这里指使一年的农事都得到满意的结果。
③ 四时之吏、五行之佐:古代迷信的说法,认为天上有掌管四时变化、五行代兴的官员。四时,春夏秋冬。五行,金木水火土。
④ 宣其气:这里是说天上的官员使气候风雨等通畅顺达。宣,疏通。
⑤ 圣人:指皇帝。
⑥ 三公:王禹偁在这里是用《周礼》的说法。三公,指太师、太傅、太保。旧说三公"坐而论道",即讨论制定国家大计。
⑦ 六卿:《周礼》中指天官冢宰、地官司徒、春官宗伯、夏官司马、秋官司寇、冬官司空。三公六卿等官职北宋已无,作者借以泛指朝廷大臣。 分职:分掌自己的职责。
⑧ 张:扩大,广泛散布,推行。
⑨ 法:效法。
⑩ 相:这里用如动词,意为做宰相。
⑪ 咎(Gāo):皋陶(yáo),传说中舜的大臣。 夔(Kuí):传说中尧舜时的大臣。 房:房玄龄,唐太宗时的名相。 魏:魏徵,唐太宗时的名臣。
⑫ 夙(sù)兴夜寐:指早起晚睡。夙,早。兴,起。寐,和衣而眠。
⑬ 旧制:据《唐国史补》记载,待漏院始设于唐宪宗元和初年,所以这里说"因旧制"。
⑭ 丹凤门:宋汴京城内南面皇城门名。
⑮ 北阙向曙:指将破晓时分。北阙,指皇宫。古代大臣办公处一般都在皇宫之南,故称皇宫为北阙。向曙,迎着曙光。
⑯ 煌煌:明亮。 火城:百官朝会时聚在宫门前的灯火仪仗。
⑰ 哕(huì)哕:有节奏的铃声。 鸾(luán):通"銮",古代的一种车铃,一般置于轭的顶端。
⑱ 金门:指皇宫的门。 辟:开。
⑲ 漏:古代以滴水计时的一种器具,即古代的时钟。
⑳ 泰:平安,安定。
㉑ 附:归服。
㉒ 来:使动用法。使……来归顺、服从。
㉓ 弭(mǐ):停止,消除。
㉔ 六气:指阴、阳、风、雨、晦、明。
㉕ 灾眚(shěng):灾异。 荐:通"洊",屡次,接连。

㉖ 禳(ráng):祭祷消灾。
㉗ 厘:治理。
㉘ 九门:指皇宫众门。
㉙ 四聪甚迩:指四方的消息顺畅地传入天子耳中。聪,耳明。迩,近。
㉚ 皇风:指社会风尚。冠以"皇"字,是说由皇帝的功德所造成的风尚。清夷:清平。
㉛ 子女玉帛:泛指金银财宝、声色狗马之类。
㉜ 陟(zhì):升迁,提拔。
㉝ 抗言:指正直不阿地议论、进谏。
㉞ 慆(tāo)慆:纷乱不息的样子。
㉟ 重瞳:眼中有两个瞳子。据说舜、项羽都是重瞳,这里指天子的眼睛。屡回:顾盼失措,迷惑不解的样子。
㊱ 隳(huī):毁坏。
㊲ 投远方:指发配充军到边远地区。
㊳ 旅:众。
㊴ 备员:充数。
㊵ 棘寺:大理寺的别称,是宋中央政府掌刑狱的最高机关。　小吏:王禹偁的自称。
㊶ 志:记,写。

## 【译文】

　　天道并不说话,而万物却能顺利成长,庄稼却能丰收,这是为什么呢?就是由于掌握四时和统辖五行的天官们,使四时风雨顺畅通达的结果。圣人并不说话,而百姓却能和睦,四方万国却能安宁,这是为什么呢?就是由于三公商讨了大计,六卿分掌自己的职责,推广了圣人教化的结果。这就可以明白,君主在上清闲安逸,臣子在下辛勤劳苦,是取法于天道的缘故。古代善于做宰相治理天下的,从皋陶、夔到房玄龄、魏徵,历历可数。他们不光是有德行,也都是十分辛勤的。而且,早起晚睡,为天子效劳,连卿大夫都是这样,更何况做宰相的呢?

　　朝廷自建国之初,沿袭前代的制度,在丹凤门的右边,设置了宰相待漏院,那是表示要勤于政务。当北面的宫阙映着一线曙光,东方尚未明亮的时候,宰相动身上朝,那仪仗烛火辉煌灿烂如同火城。当宰相到了宫外,停止了车马,那阵阵有节奏的銮铃声还在回响。那时,官门尚未打开,玉漏还在滴水。于是便撤除车上的帷盖,下车到待漏院去稍事休息。在等待朝见的时候,宰相大概有许多考虑吧?

也许想的是百姓尚未安定,想着怎样使他们得到平安。四方民族尚未归顺,想着怎样使他们前来归服。战争尚未停息,想着怎样使它平息。田地还有许多荒芜的,想着怎样将它们开辟出来。贤能的人才还未得任用,我将把他们推荐上来。奸邪的小人还待在朝廷里,我将把他们贬斥出去。天气不协调,灾害不断到来,那我愿意辞掉相位,向上天祷告来消除灾难。各种刑法并没有废置,社会上欺诈行为日有发生,那我将请修养德行,加强治理。怀着这样深深的忧虑,等候到天亮入宫。当皇宫的大门打开,四方的消息顺畅地送到了天子耳中,宰相向天子诉说了他这些想法,君主采纳了这些奏议,国家风气因此而清平,人民生活因此而富裕。如果这样,那么宰相总领百官,享受很高的俸禄,便不是侥幸受宠,而是十分应该的啊!

而有人也许想的却是私仇尚未报复,想着怎样驱逐自己的政敌,旧恩还没报答,想着怎样使自己的恩人荣华富贵。金钱美女,怎样才能搜罗到手,车马玩物,怎样才能取得。奸邪小人依附自己的权势,我将怎样提升他,正直的人直言谏争,我将怎样贬黜他。春、夏、秋各处来报告灾情,皇上忧虑,我又怎样编造花言巧语使皇上高兴。众官吏玩弄法令,皇上听到怨恨的言论,我又怎样以谄媚求得皇上的欢心。私心纷乱不息,强闭眼睛假睡。当皇宫的大门打开,皇上的目光却被奸人蒙蔽而困惑。宰相向天子诉说了他的建议,君主被他蒙惑,政权因此毁坏,皇上的天下也因此而遭到危险。如果这样,那么这宰相被下狱处死,流放远方,不是不幸,也是十分应该的啊!

因此,可以明白一国之政,万人之命,都系在宰相身上,难道宰相能不小心谨慎吗?此外,还有那种既无人咒骂,也无人称赞,随大流进退,占据高位而只是贪图利禄,在朝廷充数而只知道保全自己的人,也是毫不足取的。

大理寺的小官吏王禹偁作这篇文章，希望写在待漏院的墙壁上，用以告诫执政的大臣。

# 黄冈竹楼记

## 王禹偁

【题解】

宋真宗咸平元年(998年)，王禹偁被贬为黄州刺史，第二年修建黄冈竹楼，楼成后写作此文。

这是一篇出色的散文作品。作者以婉转的笔调描绘了竹楼的景致以及登楼赏玩的种种乐趣，抒发谪居的情怀，表露出自己官场失意、寓情山水、既安逸自乐又凄楚悲凉的复杂感情。

黄冈之地多竹①，大者如椽②，竹工破之，刳去其节③，用代陶瓦④，比屋皆然⑤，以其价廉而工省也。

子城西北隅⑥，雉堞圮毁⑦，蓁莽荒秽⑧。因作小楼二间，与月波楼通⑨。远吞山光⑩，平挹江濑⑪，幽阒辽夐⑫，不可具状。夏宜急雨，有瀑布声；冬宜密雪，有碎玉声；宜鼓琴，琴调和畅；宜咏诗，诗韵清绝；宜围棋，子声丁丁然⑬；宜投壶⑭，矢声铮铮然。皆竹楼之所助也。

公退之暇，被鹤氅衣⑮，戴华阳巾⑯，手执《周易》一卷⑰，焚香默坐，消遣世虑⑱。江山之外，第见风帆沙鸟⑲，烟云竹树而已。待其酒力醒，茶烟歇，送夕阳，迎素月，亦谪居之胜概也⑳。

彼齐云、落星㉑，高则高矣。井幹㉒、丽谯㉓，华则华矣。

止于贮妓女,藏歌舞㉔,非骚人之事㉕,吾所不取。

吾闻竹工云,竹之为瓦,仅十稔㉖。若重复之,得二十稔。噫,吾以至道乙未岁㉗,自翰林出滁上㉘,丙申移广陵㉙,丁酉又入西掖㉚,戊戌岁除日㉛,有齐安之命㉜,己亥闰三月到郡㉝。四年之间,奔走不暇,未知明年又在何处,岂惧竹楼之易朽乎?后之人与我同志,嗣而葺之㉞,庶斯楼之不朽也。

## 【注释】

① 黄冈:县名。在今湖北黄冈。
② 椽(chuán):安放在檩(lǐn)上支架屋顶的木条。
③ 刳(kū):削剔。
④ 陶瓦:用陶土烧的瓦。
⑤ 比:连。
⑥ 子城:城门外的套城。也称"月城""瓮城"。
⑦ 雉堞(zhìdié):女城城墙上部呈齿状的矮墙。 圮(pǐ)毁:塌毁。
⑧ 榛莽:繁茂的野草。
⑨ 月波楼:也是王禹偁建造的小楼。
⑩ 吞:一览无余的意思。
⑪ 平:平视。 挹(yì):汲取。这里是看的意思。 江濑:流过沙石的浅水。
⑫ 阒(qù):寂静。 夐(xiòng):遥远。
⑬ 丁(zhēng)丁:象声词。走动棋子的声音。
⑭ 投壶:古代的一种游戏。往壶里投箭状的筹棒,中者为胜。
⑮ 被:通"披"。 鹤氅(chǎng)衣:用鸟羽编织的衣裳,指道服。
⑯ 华阳巾:道士的帽子。
⑰ 《周易》:儒家的经典著作之一,也称为《易经》。
⑱ 世虑:世俗的念头。
⑲ 第:只。
⑳ 胜概:优美欣悦的景况。
㉑ 齐云:楼名。在吴郡(今苏州市),五代时韩浦所建。 落星:楼名。在桂林苑(今南京市)落星山,三国时孙权所建。

㉒ 井幹(hán):楼名。在长安,汉武帝所建。
㉓ 丽谯:楼名。三国时曹操所建。
㉔ 歌舞:指能歌善舞的人。
㉕ 骚人:诗人。
㉖ 稔(rěn):庄稼成熟。庄稼一年一熟,所以古人称一年为一稔。
㉗ 至道乙未岁:公元995年。这一年孝章皇后死,王禹偁私下议论应以旧礼殡葬,以讪谤罪被贬滁州。
㉘ 翰林:官名。王禹偁当时为翰林学士。 出:贬谪。 滁上:滁州。治所在今安徽滁县。
㉙ 丙申:公元996年。 广陵:州名。治所在今江苏扬州市。
㉚ 丁酉:公元997年。 西掖:中书省,是北宋国家最高行政机构。真宗即位以后,王禹偁上书言事,提出谨边际,裁冗兵冗吏等事,被召还,在中书省任职。
㉛ 戊戌:公元998年。这一年,王禹偁修《太祖实录》,直书史事,得罪了宰相,被贬为黄州知州。
㉜ 齐安:黄州,宋朝为黄州齐安郡。治所在今湖北黄冈。
㉝ 己亥:公元999年。
㉞ 嗣:接续。 葺(qì):修理。

【译文】

　　黄冈地区盛产竹子,大的像椽子那么粗。竹工破开它,刮去竹节,用来代替陶瓦。家家户户都这样,因为竹瓦既便宜又省工。

　　在月城的西北角,女墙塌毁,野草丛生。我利用那里的空地,盖了两间小竹楼,跟月波楼接通。登上小楼,远眺山色,平视江濑,青山秀水,尽收眼底。那清幽寂静、辽远开阔的景致,实在无法一一描绘出来。夏天,降下骤雨最为相宜,这时小楼会发出瀑布的声响;冬天,飘着大雪最为相宜,这时小楼会发出碎玉落地般的声响。这里最适宜弹琴,琴声和谐流畅;这里最适宜吟诗,诗韵清新绝妙;这里最适宜下棋,棋声丁丁悦耳;这里最适宜投壶,箭声铮铮动听。这些乐趣,都是竹楼给予的。

　　在办完公事后的闲暇时间,披着鹤氅衣,戴上华阳巾,手拿一卷

《周易》,焚香默坐,消除世俗杂念。这时,水色山光以外,眼前只有风帆沙鸟、烟云竹树罢了。等到酒醒之后,茶尽烟消,送走夕阳,迎来皓月,这也正是谪居生活中的快乐之处啊!

那齐云楼、落星楼,高确实是高,井幹楼、丽谯楼,华丽确实是华丽,但它们只不过是用来蓄藏妓女和能歌善舞的人,这不是诗人应做的事情,我也不屑于去做。

我听竹工说,用竹做瓦,只可以用十年。如果铺两层,就可以用二十年。唉,我在至道乙未年,由翰林学士被贬到滁州,丙申年又转到广陵,丁酉年又调入中书省,戊戌年的除夕,奉命调到齐安,己亥年闰三月来到齐安郡。四年之间,奔走不停,不知明年又在什么地方,难道还怕竹楼容易朽坏吗?后来的人如果跟我志向相同,能接着修整它,那么这座竹楼大概就永远不会朽坏了。

# 书《洛阳名园记》后

## 李格非

【题解】

李格非,字文叔,北宋时济南(今属山东)人。宋神宗时官至京东路提点。宋徽宗崇宁元年(1102年),因为被定为元祐党人而罢了官,死时六十一岁。他是宋朝著名女作家李清照的父亲,擅长写诗赋杂文,尤其注重于经学的研究,曾著《礼记说》一书。

北宋后期,统治阶级的生活更加腐化,他们到处建造台榭园囿以供享乐。在这种情况下,李格非从维护本阶级的统治利益出发,写下了《洛阳名园记》,逐一描写洛阳十九座名园的盛景。《书〈洛阳名园记〉后》是写在十九篇文章后的跋。在这里,作者就明确指出,洛阳名园的兴废是洛阳城盛衰的征候,而洛阳城的盛衰又标志着国家的治乱,唐朝正是由于过分贪图享受,大肆兴建名园而灭亡,以此告诫那些公卿大夫,不能只顾个人享乐而不顾国家的安危。

本文逐层推理，严谨整饬。作者在文末合乎逻辑地揭示出写作目的后，便戛然而止，给读者留下思索余地，增强了警诫的力量。

洛阳处天下之中①，挟殽、黾之阻②，当秦陇之襟喉③，而赵魏之走集④，盖四方必争之地也。天下当无事则已，有事则洛阳必先受兵。予故尝曰：洛阳之盛衰，天下治乱之候也⑤。

唐贞观开元之间⑥，公卿贵戚开馆列第于东都者⑦，号千有余邸⑧。及其乱离，继以五季之酷⑨。其池塘竹树，兵车蹂躏⑩，废而为丘墟；高亭大榭⑪，烟火焚燎，化而为灰烬，与唐共灭而俱亡，无余处矣。予故尝曰：园囿之兴废⑫，洛阳盛衰之候也。

且天下之治乱。候于洛阳之盛衰而知⑬；洛阳之盛衰，候于园囿之兴废而得，则《名园记》之作，予岂徒然哉！

呜呼！公卿大夫方进于朝，放乎一己之私，自为之⑭，而忘天下之治忽⑮，欲退享此，得乎⑯？唐之末路是已。

## 【注释】

① 洛阳：今河南洛阳市。东汉、三国魏、西晋、北魏、隋、武周、五代唐曾在这里建都。

② 挟（xié）：挟持。 殽（Xiáo）：同"崤"，指崤山，在今河南洛宁县北。 黾（méng）：黾隘，古隘道名，即今河南信阳西南的平靖关。

③ 秦：指秦地，现在陕西一带。 陇：现在陕西西部和甘肃一带。 襟喉：这里比喻要害之处。襟，衣襟。喉，喉咙。

④ 赵：本是战国时的国名，这里指今山西、陕西、河北一带。 魏：本是战国时的国名，这里指今河南北部、山西西南部一带。 走集：往来必经的险要之地。

⑤ 候：征候。

⑥ 贞观：唐太宗的年号（627年—649年）。 开元：唐玄宗的年号（713年—741年）。

⑦ 第：指宅第。 东都：西周以镐京为西都，所以称王城（即洛阳）为东都，

后来一直袭称。唐时又以洛阳为陪都,也称东都。
⑧ 邸(dǐ):泛指贵族官僚的住宅。
⑨ 五季:指五代。即后梁、后唐、后晋、后汉、后周。
⑩ 蹂:践踏。 蹴(cù):用脚踢。
⑪ 榭(xiè):建在高土台上的敞屋。
⑫ 园囿:这里泛指园林宅第。囿,有林池的园子叫囿。
⑬ 候:观察。
⑭ 放:放纵。
⑮ 治忽:这里指治乱。忽,绝灭。
⑯ 得:能够。

## 【译文】

　　洛阳位于天下的中心,有崤山、黾隘作为屏障,正当秦、陇两地的冲要之处,是赵、魏之间的必经要道,因此成为四方势力必争之地。天下安然太平便罢,一旦发生变乱,洛阳必定首先受到兵灾。所以,我曾说过:洛阳的盛衰,是天下治乱的征候。

　　唐代贞观、开元年间,王公贵族在东都洛阳设置楼馆、营建宅第的,号称有一千多家。到唐末发生战乱,接着又遭五代的严重破坏,那些池塘竹树,在兵车的践踏下,成了废墟;高大的亭台楼阁,被烈火焚烧也化为灰烬,与唐朝同归于尽,一处不剩了。所以,我曾说过:园囿的兴废是洛阳盛衰的征候。

　　并且天下的治乱从洛阳的盛衰中就能看出,洛阳的盛衰又能从园囿的兴废中得知,那么,我写《洛阳名园记》难道是毫无意义的吗?

　　唉,公卿大夫刚到朝廷任职,就放纵自己的私欲,而不管天下治乱的大事,只热心于经营自己的家园,想到退官时再来享受,能得到吗?唐朝的灭亡就是这样的!

# 严先生祠堂记

## 范仲淹

【题解】

范仲淹(989年—1052年),字希文,北宋政治家、文学家。苏州吴县(今属江苏)人。真宗祥符八年(1015年)进士,官至枢密副史,参知政事。

仁宗庆历初,他入朝后,条陈十事,要求简省官吏,改革任官制度,注意农桑,修治武备,减轻徭役等,与富弼、韩琦一道,进行一系列改革,史称"庆历新政"。因为遭到保守派的反对,新政实行一年就失败了。他因此被罢去执政,出任陕西路安抚使。

作者在严光的故乡桐庐任职时,为严光修了一座祠堂,并为祠堂写了这篇"记"。作者针对当时官僚士大夫钻营官场、贪污腐化的恶劣风气,赞扬了严光不图名利,不慕富贵,视官爵如粪土,保持气节的情操,也赞扬了光武帝能以礼待人的气量。

文章把汉光武帝和严光并列起来写。虚写光武帝礼贤下士,气量宏大,实写严光鄙视权贵,气节清高。一虚一实,以虚衬实,相得益彰。最后以歌结尾,打破了通篇排比的结构,更显得活泼生动。

先生①,光武之故人也②。相尚以道。及帝握《赤符》③,乘六龙④,得圣人之时⑤。臣妾亿兆⑥,天下孰加焉⑦?惟先生以节高之⑧。既而动星象⑨,归江湖⑩,得圣人之清⑪。泥涂轩冕⑫,天下孰加焉?惟光武以礼下之⑬。

在《蛊》之上九,众方有为,而独"不事王侯,高尚其事"⑭,先生以之⑮。在《屯》之初九,阳德方亨,而能"以贵下贱,大得民也"⑯,光武以之。盖先生之心,出乎日月之上;光武之量,包乎天地之外。微先生不能成光武之大⑰,微光武岂能遂先生之高哉⑱?而使贪夫廉,懦夫立⑲,是大有功于名教也⑳。

　　仲淹来守是邦㉑,始构堂而奠焉㉒。乃复为其后者四家㉓,以奉祠事。又从而歌曰:云山苍苍,江水泱泱㉔。先生之风㉕,山高水长。

## 【注释】

① 先生:严光,东汉余姚(今属浙江)人,一名遵,字子陵。年轻时与汉光武帝刘秀一同游学。刘秀即帝位后,他改名隐居。光武帝派人找到他,授官谏议大夫。他不肯接受,又回富春山隐居,靠耕钓为生。

② 光武:汉光武帝刘秀,出身皇族。西汉末农民大起义,他起兵加入绿林起义军,逐渐扩大自己的力量,于公元25年称帝,建立东汉王朝。

③ 帝握《赤符》:公元25年,刘秀到鄗(今河北高邑东),儒生彊华从关中带来《赤伏符》,奉献刘秀。《赤伏符》大意是,刘秀起兵伐王莽,其时正合恢复汉室的日子。刘秀于是即位称帝。《赤符》,即《赤伏符》,也称符命,是用隐语记录征兆的谶文。古人以所谓天降"祥瑞"征兆,附会人事,来证明君主登基是天命所授。

④ 乘六龙:六龙指《周易》"乾"卦的六爻。《易·乾》:"时乘六龙以御天。"意思是说国君凭借六爻的阳气来驾驭天地。《易》是周代的卜筮书,以六十四卦为目。每卦由六条或单或双的横画组成,"—"是阳爻,"--"是阴爻。这六条横画称六爻。"乾"是六十四卦中的一卦,它的六爻都是阳爻,古人比之为六龙。

⑤ 圣人之时:此指圣人在位的时候。

⑥ 臣妾:原指男女奴隶,这里引申为被统治的人民。　亿兆:古代以十万为亿,十亿为兆。这里是泛指其多。

⑦ 加:超过。

⑧ 高之:尊崇他,认为他高尚。

⑨ 动星象:封建统治者为了证明其统治的合理性,常把天象与人事相附会。据《后汉书·严光传》载,光武帝同严光一起睡眠,严光把脚伸到光武帝的肚子上。第二天观察天象的太史报告说:"客星犯帝座甚急。"(客星是一种忽隐忽现的星。帝座是星名。)光武帝笑着说:"那是我和老朋友

严子陵睡在一起的缘故。"
⑩ 归江湖:指严光不受谏议大夫之职,归隐富春山一事。
⑪ 清:指精神上自然清静的状态。古人以为只有圣人才能达到这种境界。
⑫ 泥涂轩冕:把官爵视如粪土。泥涂,比喻污浊。轩冕,古代规定,大夫以上官乘轩(一种有帷幕而前顶较高的车子)戴冕(一种礼帽),因此借以指官爵,或者显贵身份。
⑬ 下:旧指与地位在下的人交往。
⑭ 在《蛊》之上九:"蛊"是《周易》的卦名。"上九",指该卦的第六爻为阳爻。《蛊》卦六爻中的前五爻象辞都显示整治此事的意思,只有第六爻象辞说"不事王侯,高尚其事",表示独善其身。
⑮ 以之:这样做。以,动词,为,行事。之,指代所引《周易》的话。
⑯ 在《屯》之初九:"屯"也是《易》的卦名。"初九"指该卦的第一爻为阳爻。"以贵下贱,大得民也"是《屯》卦初九爻的象辞。古人认为《屯》卦初九阳爻处在阴爻之前,表示"能够以贤下人,是得民而可以为君之象"。它的"德"是"大亨"(亨是通的意思),所以说"阳德方亨"。
⑰ 微:表示否定的假设,等于说"假如不是"。
⑱ 遂:完成。
⑲ 立:自立,引申为勇敢。
⑳ 名教:封建社会的礼仪教化。
㉑ 是邦:指严州,州治在今浙江桐庐。
㉒ 构:建筑。
㉓ 复:免除徭役。 后:后裔。
㉔ 泱泱:水深广的样子。
㉕ 风:品德。

# 【译文】

　　严光先生是光武帝的老朋友。他们之间以道义互相推崇。后来光武帝得到《赤符》,乘驾着六龙的阳气,获得了登极称帝的时机。那时他统治着千千万万的人民,天下有谁比得上呢?只有先生能够从节操方面来尊崇他。后来先生触动了天上的星象,归隐江湖,达到了圣人自然清静的境界。先生视官爵如泥土,天下又有谁比得上呢?只有光武帝能够用礼节对待他。

《蛊》卦的"上九"爻,正当其他各爻都显示有所作为,这一爻却偏偏显示"不侍奉王侯,保持自己品德的高尚",先生正是这样做的。《屯》卦的"初九"爻,阳气正开始亨通,因而能够显示"以高贵的身份交结卑贱的人,深得民心",光武帝正是这样做的。可以说先生的品质,比日月还高;光武帝的气量,比天地还大。如果不是先生,就不能成就光武帝气量的宏大;如果不是光武帝,又怎能促成先生品质的崇高呢?先生的作为使贪婪的人清廉起来,胆怯的人勇敢起来,这对维护礼仪教化,确实是很有功劳的。

我到这个州任职后,开始建造祠堂来祭奠先生,又免除了先生的四家后裔的徭役,让他们负责祭祀的事情。从而又作了一首歌:云雾缭绕的高山,郁郁苍苍,大江的水,浩浩荡荡。先生的品德啊,比高山还高,比长江还长。

# 岳 阳 楼 记

## 范仲淹

**【题解】**

　　岳阳楼在今湖南岳阳城西,高三层,从楼上俯瞰碧波万顷的洞庭湖,景物十分壮观。岳阳楼开始建于唐朝初年,北宋滕子京为巴陵郡守时,主持重修,并请范仲淹作《岳阳楼记》以表示纪念。由于范仲淹的纪念文章写得很好,成为千古名篇,因而岳阳楼也就闻名于天下。

　　《岳阳楼记》作于庆历六年(1046年)九月十五日,当时正值"庆历新政"变法运动失败,作者被贬,谪居外地。文章通过对历史上那些"迁客骚人"只局限于个人狭窄圈子里的思想感情的批评,表达了作者自己"先天下之忧而忧,后天下之乐而乐"的心胸和抱负。这种思想,不仅对当时因变法革新运动失败而被贬的作者自己和他的同事们具有巨大的鞭策和鼓舞作用,就是对于后世的一切有志之士也有很大影响。

为了充分表达主题思想,作者采用写景和议论相结合的表现手法。语言简洁,形象生动;骈散结合,波澜起伏,富有节奏感。本文在写景散文中别具一格。

庆历四年春①,滕子京谪守巴陵郡②。越明年,政通人和,百废俱兴。乃重修岳阳楼,增其旧制,刻唐贤、今人诗赋于其上,嘱予作文以记之。

予观夫巴陵胜状③,在洞庭一湖④。衔远山,吞长江,浩浩汤汤⑤,横无际涯。朝晖夕阴,气象万千。此则岳阳楼之大观也,前人之述备矣。然则北通巫峡⑥,南极潇、湘⑦,迁客骚人⑧,多会于此。览物之情,得无异乎?

若夫淫雨霏霏⑨,连月不开,阴风怒号,浊浪排空,日星隐曜,山岳潜形,商旅不行,樯倾楫摧,薄暮冥冥,虎啸猿啼。登斯楼也,则有去国怀乡⑩,忧谗畏讥,满目萧然,感极而悲者矣。

至若春和景明⑪,波澜不惊,上下天光,一碧万顷,沙鸥翔集⑫,锦鳞游泳⑬,岸芷汀兰⑭,郁郁青青⑮。而或长烟一空,皓月千里,浮光耀金,静影沉璧⑯;渔歌互答,此乐何极!登斯楼也,则有心旷神怡,宠辱皆忘,把酒临风,其喜洋洋者矣。

嗟夫,予尝求古仁人之心,或异二者之为,何哉?不以物喜,不以己悲。居庙堂之高⑰,则忧其民;处江湖之远,则忧其君。是进亦忧,退亦忧。然则何时而乐耶?其必曰"先天下之忧而忧,后天下之乐而乐"欤!噫!微斯人⑱,吾谁与归⑲?

## 【注释】

① 庆历四年:公元1044年。庆历,宋仁宗(赵祯)的年号(1041年—1048年)。
② 滕子京:名宗谅,字子京,河南人,与范仲淹同年进士,因被人诬陷,贬为岳州知州。 谪:降职。 巴陵郡:岳州郡,治所在今湖南岳阳。
③ 胜状:美好的景色。

④ 洞庭:湖名。长江流域著名大湖,在湖南北部,岳阳市西。
⑤ 汤(shāng)汤:大水急流的样子。
⑥ 巫峡:也叫"大峡",因巫山而得名。是长江三峡之一,在湖北巴东西。
⑦ 极:尽,这里有远通的意思。 潇、湘:二水名,潇水和湘水合流后流入洞庭湖。
⑧ 迁客:降职外调的官吏。 骚人:屈原曾作《离骚》,所以后世称诗人为骚人。
⑨ 淫雨:久雨。 霏霏:雨下得很大的样子。
⑩ 国:指京城。
⑪ 景:日光。
⑫ 集:栖止。
⑬ 锦鳞:指五光十色的鱼。
⑭ 芷:香草名。 汀:水中或水边平地。
⑮ 郁郁:形容香气很浓。 青青:形容花草茂盛。
⑯ 沉璧:这里指水中月影。璧,圆形的玉,这里用来比喻月亮。
⑰ 庙堂:宗庙和明堂,古代帝王举行祭祀的地方。这里指朝廷。
⑱ 微:假如不是。 斯人:这样的人,指古仁人。
⑲ 谁与归:即"与谁归"。归,归向,同道。

# 【译文】

庆历四年的春天,滕子京被贬为巴陵郡太守。过了第二年,由于政务推行顺利,百姓安居乐业,各种荒废了的事业都兴办起来了。于是重新修建岳阳楼,扩展了它旧有的规模,把唐代名家和今人的诗赋,刻在上面,并要我写篇文章来纪念这件事。

我看那巴陵郡的壮丽景象,全在这洞庭湖上。它口含远山,吞吐长江,浩浩荡荡,无边无际。清晨的阳光,黄昏的夕照,气象千变万化。这些就是岳阳楼的壮丽景象,前人对它的描述已经很详尽了。它的北面通向巫峡,南面直达潇水和湘江,降职外调的官员和吟诗作赋的文士,常常在这里聚会。他们观赏这里自然景物的感触,能够毫无差别吗?

当那连绵细雨纷纷下落,一连数月也不放晴,阴惨惨的风怒号着,浑浊的浪涛翻腾到半天空,日月星辰失去它的光辉,山岳也隐没了它的形体,来往的客商无法通行,桅杆倾倒,船桨断折,一到傍晚,就天色昏黑,似乎有老虎的吼叫和猿猴的悲啼。此刻人们登上这座城楼,就会产生离开京城,怀念家乡,担心遭到他人的诽谤和讥刺的心情,满目都是萧瑟的景象,心情因极度感伤而十分悲痛。

　　至于春日,春风和煦,景色明媚,湖面波平浪静,天光与水色交相辉映,碧绿的湖水一望无际,沙滩上的白鸥,有的展翅飞翔,有的栖止聚集,五光十色的鱼儿游来游去,岸边的芷草和沙洲上的兰花,香气郁郁,颜色青青。有时长空云雾顿时消散,皎洁的月光一泻千里,湖面上闪烁着金色的光辉,明月的倒影犹如一块璧玉,静静地沉浸在水底,渔夫的歌声一唱一和,这样的乐趣,真是无穷无尽!此刻人们登上这座城楼,就会感到胸怀开阔,精神愉快,乃至一切荣辱得失都被置之度外,临风饮酒,真有无限的喜悦。

　　唉,我曾经探索过古代仁人的心情,他们或许有不同于前面两种情况的,这是为什么呢?这是因为他们不因环境的顺心而欣喜,也不因个人的失意而悲伤。在朝廷做官就为平民百姓忧虑,退隐到民间又替君主忧虑。这就是进朝做官也担忧,退处江湖也担忧。那么,他们什么时候才快乐呢?大概他们一定会说"忧在天下人之先,乐在天下人之后"吧!唉,除了这样的人,我还能和谁同道呢?

# 谏院题名记

## 司马光

【题解】

　　司马光(1019年—1086年),字君实,夏县(今山西闻喜)涑水乡人。北宋著名的政治家、史学家。曾任天章阁待制兼知谏院,后官至尚书左仆射兼门下侍郎。在政治上,他作为保守派的首领,反对王安石变法。在学术上,他支持二程(程颐、程颢)的理学,反对王安石的新学。但在史学上成就很高,由他主编的《资治通鉴》是我国封建社会中最好的一部编年通史。

谏院是旧时掌管向皇帝提批评建议的机构。作者通过把谏官姓名刻在石上,留待后人品评一事,说明谏官的责任重大,敦促谏官们为后世留下忠直的清名。简洁朴实、不事雕饰,是本文写作的特色。

古者谏无官,自公卿大夫至于工商,无不得谏者。汉兴以来,始置官。夫以天下之政,四海之众①,得失利病,萃于一官使言之②,其为任亦重矣。居是官者,常志其大③,舍其细;先其急,后其缓;专利国家,而不为身谋。彼汲汲于名者④,犹汲汲于利也。其间相去何远哉?

天禧初⑤,真宗诏置谏官六员⑥,责其职事。庆历中⑦,钱君始书其名于版,光恐久而漫灭,嘉祐八年⑧,刻著于石。后之人将历指其名而议之曰,某也忠,某也诈,某也直,某也曲。呜呼!可不惧哉⑨?

【注释】

① 四海:指全国。古时认为中国四境皆有四海环绕。
② 萃:聚集。
③ 志:记。
④ 汲汲:心情急切的样子。
⑤ 天禧:宋真宗的年号,公元1017年至1021年。
⑥ 真宗:宋真宗赵恒。
⑦ 庆历:宋仁宗赵祯的年号,公元1041年至1048年。
⑧ 嘉祐:宋仁宗的最末一个年号,公元1056年至1063年。
⑨ 惧:这里是令人警诫之意。

【译文】

古时负责进谏的事,没有设置专门的官,从公卿大夫到工商一类人,没有不能进谏的。汉朝以来,才开始设置谏官。把天下的政事、四海的民众、国家的得失利弊,都聚集在一个官吏那里,让他指出来,他承担的责任也可以说是很重的了!担任这个职务的官员,要常记住那些大事,放弃那些细小的事情;先说那些急迫的,后说那些不太急迫的;要专门为国家谋利,而不只考虑自身。那些急切地追求名声的人,就好像那些急切地追求私利的人一样,这两者之间的差别又有多大呢?

　　天禧初年,真宗下诏设置谏官六员,并责成他们应执掌的事宜。庆历年间,钱君开始把谏官的名字写在木板上。我怕时间长了文字磨灭,因此,于嘉祐八年把他们的名字刻写在石头上。后代人将逐个指着他们的名字评论说:某某忠诚,某某奸诈,某某正直,某某不正直。唉!这样一来能不使人警诫吗?

# 义　田　记

## 钱公辅

【题解】

　　钱公辅,字君倚,常州武进(今属江苏)人。约生活于宋仁宗至神宗时。曾任知州等地方官,后官至天章阁待制。

　　本文记载了范仲淹设置义田的经过,赞扬范仲淹为亲友着想的精神。同时也斥责了当时那些身居高位、享受厚禄,却只顾自己享乐的达官。作者呼吁他们都应效法范仲淹的义举,从爱护自己的亲友出发,做些有利于人民的事情。这种善良的愿望,当然是不可能真正实现的,但也表现出对贫苦人民的一定同情。

　　文章写得清晰流利,中间插入一段晏子的故事,起了很好的陪衬作用。

范文正公，苏人也①。平生好施与，择其亲而贫，疏而贤者，咸施之。

方贵显得，置负郭常稔之田千亩②，号曰"义田"，以养济群族之人。日有食，岁有衣，嫁娶凶葬皆有赡。择族之长而贤者主其计，而时共出纳焉。日食，人一升。岁衣，人一缣③。嫁女者五十千④，再嫁者三十千，娶妇者三十千，再娶者十五千，葬者如再嫁之数，葬幼者十千。族之聚者九十口，岁入给稻八百斛⑤。以其所入，给其所聚，沛然有余而无穷⑥。屏而家居俟代者与焉⑦，仕而居官者罢莫给。此其大较也⑧。

初，公之未贵显也，尝有志于是矣，而力未逮者二十年。既而为西帅⑨，及参大政⑩，于是始有禄赐之入，而终其志。公即殁，后世子孙修其业，承其志，如公之存也。公虽位充禄厚⑪，而贫终其身。殁之日身无以为敛，子无以为丧。惟以施贫活族之义，遗其子而已⑫。

昔晏平仲敝车羸马⑬。桓子曰⑭："是隐君之赐也。"晏子曰："自臣之贵，父之族，无不乘车者。母之族，无不足于衣食者。妻之族，无冻馁者。齐国之士，待臣而举火者三百余人。如此，而为隐君之赐乎？彰君之赐乎？"于是齐侯以晏子之觞⑮，而觞桓子。予尝爱晏子好仁，齐侯知贤，而桓子服义也。又爱晏子之仁有等级，而言有次第也。先父族，次母族，次妻族，而后及其疏远之贤。孟子曰："亲亲而仁民，仁民而爱物⑯。"晏子为近之。今观文正公之义田，贤于平仲。其规模远举，又疑过之。

呜呼，世之都三公位⑰，享万钟禄⑱，其邸第之雄，车舆之饰，声色之多，妻孥之富⑲，止乎一己而已。而族之人不得其门者，岂少也哉？况于施贤乎。其下为卿、为大夫、为士⑳，廪稍之充㉑，奉养之厚，止乎一己而已。而族之人，操壶瓢为沟中瘠者㉒，又岂少哉？况于他人乎。是皆公之罪人也。

公之忠义满朝廷,事业满边隅,功名满天下,后世必有史官书之者,予可无录也。独高其义,因以遗其世云。

## 【注释】

① 范文正公:范仲淹,字希文,北宋吴县(今江苏苏州市)人。吴县是北宋苏州府的治所,所以称他为苏人。范仲淹官至参知政事,是北宋著名的政治家、文学家。"文正"是他的谥号。
② 负郭:靠近城郭。负,背倚。郭,外城。　常稔(rěn):常熟,即收成好。稔,庄稼成熟。
③ 缣(jiān):双丝的细绢,这里指一匹丝织物。
④ 五十千:五十贯,古时将方孔制钱用绳穿上,每千个为一贯。
⑤ 斛(hú):古计量单位,北宋时十斗为一斛。
⑥ 沛然:充盛的样子。
⑦ 屏(bǐng):退隐。　俟(sì):等待。
⑧ 较:概略。
⑨ 为西帅:指范仲淹曾出任陕西经略安抚招讨副使。
⑩ 参大政:指范仲淹曾任参知政事。
⑪ 充:高。
⑫ 遗(wèi):留给。
⑬ 晏平仲:名婴。春秋时齐国大夫。
⑭ 桓子:姓田,名无宇,春秋时齐国贵族。
⑮ 齐侯:指齐景公,公元前547年至前489年在位。　觞(shāng):古酒器,这里指罚酒。
⑯ 孟子:名轲,字子舆,战国时邹人,是继孔子后儒家学派的重要人物。引文见《孟子·尽心上》。
⑰ 都:居。　三公:汉时以丞相、太尉、御史大夫合称三公,唐宋时只有虚名,泛指居高位的官吏。
⑱ 万钟禄:形容俸禄的优厚。钟,先秦的一种量器名。
⑲ 孥:儿女。
⑳ 卿、大夫、士:这里借指不同等级的官职。
㉑ 廪稍:公家发给的粮米。
㉒ 沟中瘠者:指因贫困而死无葬身之地的人。瘠,瘦弱。

## 【译文】

范文正公是苏州府人。平生乐于施舍,见到家族中关系亲近而贫困、关系虽疏而有道德的人,都予以周济。

当他刚显贵的时候,就买了一千亩靠近城郭能常年丰收的土地,称作"义田",用来赡养周济亲族。使那些亲族天天有饭吃,年年有衣穿,嫁女娶妻、死亡丧葬都有供给。选择亲族中年岁大而又贤能的人主持这件事,并且按时支出收入。粮食每人每天一升,衣服每人每年一匹缣。女子出嫁的给钱五十贯,改嫁的三十贯,娶妻的三十贯,续弦的十五贯。办丧事的和改嫁的数目一样,死了小孩的给钱十贯。亲族中聚居在一起的有九十人;义田的年收入是八百斛稻谷,用这些收入供给这些聚居的人,绰绰有余,没有困乏的时候。退职家居,等待任用的人在供给之列,做官有职位的停止供给。这是义田的大概情况。

当初,范公还没有显贵时,就曾经有志于这样的事了,然而二十年中一直力不从心。后来他出任西帅和参与国政,这时开始有俸禄和赏赐的收入,终于完成了他的心愿。范公去世以后,子孙后代经管他的产业,继承他的遗志,如同他在世时一样。范公虽然地位显赫,俸禄优厚,却度过了清贫的一生,死的时候连装殓遗体和子孙办丧事的钱都没有。范公只把施舍贫困、周济亲族的道义,留给了他的子孙而已。

古时候晏平仲使用简陋的车和瘦弱的马。桓子说:"这是掩盖君主的恩赐。"晏子说:"自从我显贵以后,父亲的家族没有不乘车的;母亲的家族,没有衣食不充足的;妻子的家族没有受冻挨饿的;齐国的士人,靠我周济才能生火做饭的有三百多人。像这样,是掩盖君主的恩赐呢,还是显扬君主的恩赐呢?"于是齐侯把罚晏子的酒,罚了桓子。我过去喜爱晏子的好仁,齐侯的知贤,桓子对仁人的信服。还喜爱晏子的仁爱有等级,并且说话有伦次,首先说父族,其次是母族,再次是妻族,最后是与他关系疏远的人。孟子说:"亲近亲人而爱民,爱民而爱惜万物。"晏子差不多就是这样子了。现在从文正公举办义田的事来看,他比晏子更为贤德。他施及的范围和长远影响,恐怕还超过了晏子。

唉,世上身居三公的地位,享受万钟俸禄的人,他们府第的雄伟,车舆的华丽,歌伎舞女的众多,妻妾儿女的豪富,仅仅是自己享受而已。而亲族中不能踏进他家门的人,难道会少吗?何况施舍给关系疏远的贤人呢。在他们以下的那些做卿、做大夫、做士的人,官粮充足,俸禄优厚,也仅仅是自己享受而已。而亲族的人,拿着饭瓢乞讨,穷得死无葬身之地的,难道还少吗?何况对于别人呢。这些都是范公的罪人呀!

范公的忠义声誉充满了朝廷,功业遍布边疆,功名传遍天下,后代一定会有史官记下来的,我可以不写。只是仰慕他的道义行为,因此,记下来留传给后世。

# 袁州州学记

## 李　觏

【题解】

李觏(1009年—1059年),字泰伯,建昌军南城(今属江西)人。是宋代具有朴素唯物主义思想的哲学家。家贫好学,一生以教学为主,被称为"盱江先生"。宋仁宗皇祐二年(1050年)被范仲淹推举为太学助教,后升直讲,所以他的文集《盱江文集》又称《直讲先生文集》。

宋初,当权者大力提倡儒学。宋仁宗二十三年(1044年),命令各地设立学馆,这是封建统治者加强思想统治的一个措施。本文就是在袁州(今江西宜春)学馆新舍建成时写的。

作者在文中记叙了袁州州学建立的经过,针砭了建学不力的官吏,称赞了袁州知州和通判大力办学的行动,并引证历史,说明兴办儒学既可以"结人心",治天下,又可以使百姓"为臣死忠,为子死孝"。由此可以看出,封建统治阶级兴办学校的根本目的,正是要巩固自己的统治。

皇帝二十有三年①,制诏州县立学②。惟时守令,有哲有愚。有屈力殚虑,祗顺德意;有假官借师,苟具文书。或连数城,亡诵弦声③。倡而不和,教尼不行④。

三十有二年,范阳祖君无泽,知袁州⑤。始至,进诸生,知学宫阙状。大惧人材放失,儒效阔疏,亡以称上意旨。通判颍川陈君佗⑥,闻而是之,议以克合⑦。

相旧夫子庙,狭隘不足改为,乃营治之东。厥土燥刚⑧,厥位面阳,厥材孔良⑨。殿堂门庑,黝垩丹漆⑩,举以法。故生师有舍,庖廪有次。百尔器备,并手偕作。工善吏勤,晨夜展力,越明年成。

舍菜且有日⑪,盱江李觏谂于众曰⑫:"惟四代之学,考诸经可见已。秦以山西鏖六国⑬,欲帝万世,刘氏一呼而关门不守⑭,武夫健将,卖降恐后。何耶? 诗书之道废,人惟见利而不闻义焉耳。孝武乘丰富⑮,世祖出戎行⑯,皆孳孳学术。俗化之厚,延于灵、献⑰。草茅危言者⑱,折首而不悔。功烈震主者,闻命而释兵。群雄相视,不敢去臣位,尚数十年⑲。教道之结人心如此。今代遭圣神,尔袁得圣君,俾尔由庠序⑳,践古人之迹。天下治,则谭礼乐以陶吾民㉑。一有不幸,尤当仗大节,为臣死忠,为子死孝。使人有所赖,且有所法。是惟朝家教学之意。若其弄笔墨以徼利达而已㉒,岂徒二三子之羞㉓? 抑亦为国者之忧。"

**【注释】**

① 皇帝:指宋仁宗赵祯(1023 年—1063 年在位)。
② 制诏:指皇帝颁发的命令文告。古称君命为"制"。
③ 亡:通"无"。 诵弦:本来指弦歌诵读,这里指读书。

④ 尼:阻止。
⑤ 范阳:县名,治所在今河北涿州。　祖君无泽:祖无泽,字择之,上蔡(今河南汝南)人。　袁州:地名,治所在今江西宜春。
⑥ 通判:官名。地位略次于州府长官,掌有连署州府公事和监察官吏的实权。　颍川:地名,在今河南禹县一带。　陈侁(shēn):人名,生平不详。
⑦ 克合:这里指观点一致。克,能够;合,融洽。
⑧ 厥:其。
⑨ 孔:很。
⑩ 黝(yǒu):淡黑色。　垩:白色土,这里指白色。
⑪ 舍菜:古代读书人入学时,祭祀先圣先师的一种典礼仪式。舍,通"释",陈设;菜指蘋藻之类。
⑫ 盱江:水名,又名汝水,在今江西东部。　谂(shěn):规谏。
⑬ 山西:指崤山以西,当时秦国的所在地。　六国:指战国时期的函谷关以东六国。
⑭ 刘氏:指西汉开国皇帝刘邦(前206年—前195年在位)。
⑮ 孝武:指西汉武帝刘彻(前140年—前87年在位)。
⑯ 世祖:指东汉开国皇帝光武帝刘秀(25年—57年在位)。
⑰ 灵、献:指东汉灵帝刘宏(168年—188年在位),东汉献帝刘协(189年—220年在位)。
⑱ 草茅:指在野未出仕的人。　危言:直言。
⑲ 群雄相视……尚数十年:东汉末年,魏、蜀、吴三国兴起,形成了三国鼎立的局面。但是他们都没有称帝自立,因此,外表上还保存着一个东汉王朝的空架子。直到公元220年,魏国曹丕才正式称帝代汉。这里所说的,就是这段历史。
⑳ 庠序:古代学校名。殷代称庠,周代称序。
㉑ 谭:通"诞",光大。
㉒ 徼:通"邀",谋求。
㉓ 二三子:第二人称复数,你们。

## 【译文】

皇帝继位二十三年,下达一道诏令,命各州县设立学馆。当时的知州县令,有的贤明,有的昏昧。对于这件事,有的尽心竭力,恭敬地顺从皇帝的旨意;有的却假官假师,有名无实,随便写个奉诏文书,塞责了事。以致有的一连几座城邑,竟然听不到一点读书声音。皇帝提倡而下边却不加以响应,教化受到阻碍而不能推行。

三十二年,范阳的祖无泽任袁州的知州。刚一上任,就召见儒生,了解到了袁州学馆残缺破败的情况。他非常担心这样下去,会使人才散失,儒学的功效日益淡薄,这样就不能合乎皇帝的意旨了。通判颍川人陈侁听说后,也认为确实如此,意见与此相合。

他们去察看了旧有的孔庙,觉得那里地方狭窄,不适宜改建学馆,于是就决定在孔庙的东面建造新的学馆。那里土壤干燥,地质坚固,地势向阳,使用的材料也很精良。学馆的殿堂、大门、廊房,涂成青白红黑各种颜色,都按先人的规矩。因此,儒生、先生都有自己的屋舍,厨房和库房也排列有序。各项准备工作做好以后,大家便齐心合力地破土动工。由于工匠技艺娴熟,官吏苦心操劳,昼夜劳作不息,过了一年,学馆便建成了。

学馆开学祭祀先圣先师的日子到了,盱江的李觏劝勉儒生们说:"虞、夏、商、周四代兴建学馆、教化百姓的事情,考察一下各种经书就可以知道了。秦国凭据崤山之西的国土,与关东六国激战,原想要世代称帝,然而刘邦率军振臂一呼,竟然连关门也守不住,武臣大将,争着投降,唯恐落后。这是为什么呢?是因为秦国废弃了诗书教化之道,使人们只看见私利而不见仁义道德。汉武帝即位于国富民丰之时,光武帝出身于行伍,却都致力于推行儒道。他们这种贤德的恩泽,一直影响到汉灵帝、汉献帝。当时,那些身处草野而敢大胆直言的人,即使招来杀身之祸也不反悔。就是那些功绩赫赫,威震天下的人,也都能听到命令就放下武器。就是在那各路群雄眈眈相视的时候,谁也不敢称帝,这种情况尚且还维持了几十年。儒家的道义维系人心的威力就是这样的巨大。如今遇到了圣明的皇帝,你们袁州人又得到了贤明的长官,使得你们能够通过学馆的教化,追随先哲圣人的遗迹。天下安定的时候,可以光大礼乐来陶冶我们的百姓。一旦有了什么变故,那就更应当依靠道义节操,作为臣子,要勇于为君王献身,作为儿子,要勇于为孝道而死。总之,要使得人们有所信奉,并且有所效法。这就是朝廷重视教化百姓的根本用意。如果舞文弄墨只是为了谋取官爵富贵,那这难道仅仅是你们的羞耻?同时也是治理国家的人的忧患。"

# 朋 党 论

## 欧阳修

【题解】

欧阳修(1007年—1072年),字永叔,出身贫寒,宋仁宗天圣年间中进士,曾参加范仲淹领导的政治革新运动,直言敢谏,因而屡遭保守派的诬陷贬斥。后官至枢密副使,参知政事,政治态度逐渐趋向保守。

欧阳修是北宋中期诗文革新运动的领袖,在散文、诗词及文学批评各方面都有很高成就。他主张写文章要切合实用,平实朴素,反对唐末五代以来浮靡晦涩的文风。

朋党,用今天的话来说,就是"宗派"。北宋庆历年间,范仲淹等执政,实行了一些改革措施,遭到保守派的阻挠和攻击。保守派用封建皇帝最忌讳的"朋党"罪名来诬陷打击范仲淹等人,于是欧阳修写下了这篇《朋党论》,针锋相对地进行反驳。

欧阳修在这篇文章中并不直接为妄加在范仲淹等人头上的"朋党"罪名辩护,而是先出人意料地承认"朋党"是"自古有之"的。紧接着笔锋直入,指出"朋党"有君子与小人之分,治理国家必须"退小人之伪朋,用君子之真朋",并历数不用君子之党而招致灭亡,用君子之党而获得大治的历史事例,反复说明君主不应该害怕朋党,而在于分辨贤愚,用君子,退小人。文章写得理直气壮,使保守派强加的罪名不攻自破。气度从容不迫,逻辑清晰严密,心平气和而又颇有锋芒,这正是欧阳修说理文特有的风格。

臣闻朋党之说,自古有之,惟幸人君辨其君子小人而已①。大凡君子与君子,以同道为朋②;小人与小人,以同利为朋。此自然之理也。

然臣谓小人无朋,惟君子则有之。其故何哉?小人所好者利禄也,所贪者货财也。当其同利之时,暂相党引以为朋者③,伪也。及其见利而争先,或利尽而交疏,则反相贼害④,虽其兄弟亲戚,不能相保。故臣谓小人无朋,其暂为朋者,伪也。君子则不然。所守者道义,所行者忠信,所惜者名节。以之修身⑤,则同道而相益;以之事国,则同心而共济⑥;终始如一,此君子之朋也。

故为人君者,但当退小人之伪朋,用君子之真朋,则天下治矣。

尧之时⑦,小人共工、驩兜等四人为一朋⑧,君子八元、八恺十六人为一朋⑨。舜佐尧,退四凶小人之朋,而进元、恺君子之朋,尧之天下大治。及舜自为天子,而皋、夔、稷、契等二十二人⑩,并立于朝,更相称美,更相推让,凡二十二人为一朋,而舜皆用之,天下亦大治。

《书》曰:"纣有臣亿万,惟亿万心;周有臣三千,惟一心⑪。"纣之时,亿万人各异心,可谓不为朋矣,然纣以亡国。周武王之臣三千人为一大朋,而周用以兴⑫。

后汉献帝时⑬,尽取天下名士囚禁之⑭,目为党人。及黄巾贼起⑮,汉室大乱,后方悔悟,尽解党人而释之,然已无救矣。

唐之晚年,渐起朋党之论⑯。及昭宗时⑰,尽杀朝之名士,或投之黄河,曰:"此辈清流,可投浊流⑱。"而唐遂亡矣⑲。

夫前世之主,能使人人异心不为朋,莫如纣;能禁绝善人为朋,莫如汉献帝;能诛戮清流之朋,莫如唐昭宗之世。然皆乱亡其国。更相称美推让而不自疑,莫如舜之二十二臣,舜亦不疑而皆用之,然而后世不诮舜为二十二人朋党所欺⑳,而称舜为聪明之圣者,以能辨君子与小人也。周武之世,举其国之臣三千人共为一朋。自古为朋之多且大,莫如周。然周用此以兴者,善人虽多而不厌也㉑。

嗟呼,治乱兴亡之迹㉒,为人君者,可以鉴矣!

## 【注释】

① 幸:希望。以……为幸。 君子:这里指道德高尚的人。 小人:与君子相对,这里指道德低下的人。
② 道:一定的政治主张或思想体系。
③ 党引:结为私党,互相援引。
④ 贼害:残害。
⑤ 修身:按照一定的道德规范进行自我修养。
⑥ 济:救助。
⑦ 尧:传说中的我国父系氏族社会后期的部落联盟领袖。
⑧ 共工、驩兜(Huāndōu)等四人:指共工、驩兜、鲧(Gǔn)、三苗部落首领,后人称为"四凶",传说是四个被放逐的臣子。
⑨ 君子八元、八恺十六人:八元,传说是上古高辛氏的八个有德才的臣子:伯奋、仲堪、叔献、季仲、伯虎、仲熊、叔豹、季狸。高辛氏,就是帝喾,传说中的古代部落首领。八恺,传说是上古高阳氏的八个有德才的臣子:苍舒、隤敳(Tuíái)、梼戭(Chóuyǎn)、大临、尨(Máng)降、庭坚、仲容、叔达。高阳氏,即颛顼(Zhuānxū),传说中的古代部族首领。元、恺,都是善良、能干的意思。
⑩ 皋(Gāo)、夔(Kuí)、稷(Jì)、契(Xiè):传说都是舜时的贤臣,分别被舜委任为管理刑法、音乐、农事和教育的长官。
⑪ 《书》:《尚书》,是上古时期文献的汇编。引文见《尚书·周书·泰誓》篇。原文为:"受有臣亿万,惟亿万心;予有臣三千,惟一心。"受,即纣,亦称帝辛,商代最后一个帝王。 惟:语气词,这里表判断语气。 亿万:和下文的三千,都是泛指。
⑫ 用:因,因此。
⑬ 汉献帝:名刘协,公元189年至220年在位。东汉最后一个皇帝。
⑭ 尽取天下名士囚禁之:东汉桓帝(147年—167年在位)时,宦官专权,一

⑮ 些名士,如李膺、杜密、陈实等人因反对宦官而被诬为结党营私的党人,逮捕下狱。后赦免,但终身不许做官。到了灵帝(168年—189年在位)时,李膺、陈蕃等一百多人被杀,全国有六七百人受到株连,历史上称为"党锢之祸"。按:本文说是汉献帝时事,系作者误记。

⑮ 黄巾贼起:公元184年,巨鹿人张角聚众数万人起义,因用黄巾裹头作为标志,故称为黄巾军。贼,是封建统治阶级对农民起义军的蔑称。

⑯ 朋党之论:唐宪宗时,代表士族地主的李吉甫与代表庶族地主的牛僧儒、李宗闵,各树朋党,互相斗争,历时四十余年,史称"牛李党争"。

⑰ 昭宗:唐昭宗名李晔,公元889年至904年在位。

⑱ 此辈清流,可投浊流:唐哀帝天祐二年(905年),权臣朱温在白马驿(今河南洛阳附近)杀大臣裴枢等人,朱温手下谋士李振曾多次考进士不中,深恨官绅,因此向朱温建议:"此辈常自谓清流,宜投之黄河,使为浊流。"于是投尸黄河。文中说是昭宗时事,系作者误记。清流,清澈的流水,原指门阀制度中的士族地主官僚,后常用以称负有声望,不肯与权贵同流合污的士大夫。浊流,浑浊的水流。原指门阀制度中门第低下的庶族地主官僚,这里指品格卑污的人,是双关语。

⑲ 唐遂亡矣:唐哀帝天祐四年,朱温取代唐朝,立国号为"梁"。

⑳ 诮(qiào):讥嘲。

㉑ 厌:满足。

㉒ 迹:事迹。

# 【译文】

我听说对于朋党的说法,自古以来就有。只是希望君主能分辨出其中有君子、小人的区别才好。君子与君子,根据相同的道义结为朋党;小人与小人,根据共同的私利结为朋党。这是很自然的道理。

不过我认为:小人是没有朋党的,只有君子才有朋党。这是什么缘故呢?小人喜爱的是私利和禄位,贪图的是财物,当他们私利相同时,暂时地勾结起来成为朋党,这种朋党是虚假的。当他们发现有利可图时便争先恐后,而无利可图时交往也就疏远了,并且反过来互相残害,即使是他们的兄弟亲戚,也不能互相保全。所以我说小人没有朋党,那些暂时结为朋党的,也是虚假的。君子就不是这样。他们坚持的是道义,实行的是忠诚信用,珍惜的是名誉气节。用这些来修养个人的品德,就能志同道合,互相帮助;用这些来为国家效力,就能齐心协力,同舟共济;从始至终都能一贯地坚持下来,这是君子的朋党。

所以作为君主,只应该斥退小人的假朋党,起用君子的真朋党,就能使天下达到大治了。

尧的时候,共工、驩兜等四个小人结为一党,八元、八恺等十六个君子结为一党。舜辅佐尧,斥退四凶的小人朋党,起用八元、八恺的君子朋党,所以尧的天下达到大治。等到舜自己做天子的时候,皋、夔、稷、契等二十二人并立于朝廷上,互相尊敬,互相谦让,二十二人结为一党,而舜都重用他们,天下也得到大治。

《尚书》说:"纣王有亿万个臣子,就有亿万条心;周王有三千臣子,只有一条心。"商纣王时,亿万人各怀异心,可以说不是朋党了,然而纣王却因此而亡国。周武王的三千个臣子结为一个大朋党,周朝却因此而兴起。

东汉献帝时,曾把天下有名的士大夫都逮捕囚禁起来,视之为党人。直到发生了黄巾起义,汉王朝大乱,这才后悔省悟,把全部党人都释放了,但这时已经没有办法挽救汉王朝的灭亡了。

唐朝末年,逐渐发生了关于朋党的议论。到昭宗时,朱温杀光了当朝的名士,把他们扔进黄河,说:"这一批清流,可以投入浊流。"唐朝终于灭亡了。

前代的君主,能使人人各怀异心而不结为朋党的,没有谁比得上商纣王;能禁绝善良的人结为朋党的,没有谁比得上汉献帝;能残杀"清流"朋党的,没有哪个朝代比得上唐昭宗时代的。可是他们的国家也都动乱灭亡了。互相尊重谦让而不自相疑忌,没有谁比得上舜的二十二个臣子的,舜也不猜疑,并且重用他们。虽然这样,后世却没有谁讥讽舜被二十二人结成的朋党所蒙蔽,反而称赞舜是英明的圣人,这是因为舜能分辨君子和小人。周武王时代,全国的臣子三千人都是一个朋党。自古以来的朋党,其人数之多规模之大,没有比得上周武王时期的。然而周朝因此而兴起,其原因正是有德行的人越多越好。

唉,历史上兴盛衰亡、安定混乱的事迹,可以用来作为君主的借鉴了!

# 纵　囚　论

## 欧阳修

【题解】

　　这篇文章是对唐太宗纵放死囚一事的评论。作者认为纵放死囚并不是"施恩德""知信义",而是不近情理的沽名钓誉的做法,并进而指出用这种方法来处理死囚,是抱着侥幸心理,是一种投机行为。他认为治国必须严肃法治,"不立异以为高,不逆情以干誉"。作者在这里提出了维护封建法治的一种见解。

　　本文条理清晰,逻辑性较强,特别是由于采用层层分析和反证法来反驳对立的观点,更具有较强的论辩力量。

　　信义行于君子①,而刑戮施于小人。刑入于死者,乃罪大恶极,此又小人之尤甚者也。宁以义死,不苟幸生,而视死如归,此又君子之尤难者也。

　　方唐太宗之六年②,录大辟囚三百余人③,纵使还家,约其自归以就死。是以君子之难能,期小人之尤者以必能也。其囚及期,而卒自归无后者。是君子之所难,而小人之所易也。此岂近于人情哉？或曰,罪大恶极,诚小人矣,及施恩德以临之,可使变而为君子。盖恩德入人之深,而移人之速,有如是者矣。

　　曰,太宗之为此,所以求此名也。然安知夫纵之去也,不意其必来以冀免④,所以纵之乎?又安知夫被纵而去也,不意其自归而必获免,所以复来乎?夫意其必来而纵之,是上贼下之情也⑤。意其必免而复来,是下贼上之心也。吾见上下交相贼以成此名也,乌有所谓施恩德与夫知信义者哉⑥。不然,太宗施德于天下,于兹六年矣,不能使小人不为极恶大罪。而一日之恩,能使视死如归,而存信义,此又不通之论也。

然则何为而可?曰,纵而来归,杀之无赦。而又纵之,而又来,则可知为恩德之致尔。然此必无之事也。若夫纵而来归而赦之,可偶一为之尔⑦。若屡为之,则杀人者皆不死。是可为天下之常法乎?不可为常者,其圣人之法乎?是以尧、舜、三王之治⑧,必本于人情,不立异以为高,不逆情以干誉⑨。

### 【注释】

① 君子:指有道德的人,与此对举的"小人"是指道德不好的人。
② 唐太宗:李世民(626年—649年在位),在位期间实施了许多有利于发展生产的改革措施,是一个有作为的皇帝。 六年:即贞观六年(632年)。贞观,唐太宗的年号。
③ 录:登记,审查。 大辟:死刑。
④ 意:估计。 冀:希望。
⑤ 贼:偷窃,引申为窥测。
⑥ 乌:哪里,疑问副词。
⑦ 尔:如此,这样。
⑧ 尧、舜、三王:都是古代尊奉的"圣王"。尧、舜都是传说中原始社会后期的部落联盟领袖。三王,即三代之王夏禹、商汤、周文王和武王。
⑨ 干:求取。

### 【译文】

信用、正义在君子中间施行,而刑法和诛杀在小人中间施行。判刑够上死罪的,就是罪大恶极,这又是小人中特别恶劣的。宁愿为正义而死,不希求侥幸地活着,并且视死如归,这又是连君子也特别难以做到的事情。

贞观六年,唐太宗审查了三百多名死刑犯人,放他们回家,并与他们约定,到时候自己回来以就死刑。这是用君子都难以做到的事情,来期望最恶劣的小人一定要做到。那些囚犯到了约定的时间,终于自己回来而没有晚到的。这是君子难以做到的事,却被小人轻易地做到了。这难道是合乎人之常情的吗?有人解释说,罪大恶极,诚然是小人,但等到对他们施加恩德,就可以使他们变成君子。因为恩德深入人心,能使人迅速转化,是会有这种情况的。

我说,太宗这样做,是为了借此求得好名声。但是,怎么能知道放他们回去,不是因为意料到他们为希求免刑而一定会回来,所以才放了他们的呢?又怎么能够知道他们被放回家,不是因为猜想到自动回去一定会得到赦免,所以才又回来的呢?料想到他们一定能回来而放了他们,是在上的人窥测到在下的囚犯们的心思。料想到自己一定会被赦免而回来,是在下的囚犯们窥测到在上者的意图。在这里我看到的只是上下相互暗暗地揣测对方而成就了这个美名,哪里有所谓施加恩德和知道信义的事情呢?不然的话,太宗对天下施加恩德,到这时已经六年了,还不能使小人不再犯极其恶劣的大罪。而一天的恩德,却能使他们视死如归,并且保持信义,这又是根本解释不通的论调。

那么怎样做才可以呢?我说,放了再回来,就杀了他们,不要赦免。然后又放这类人回去,而他们又回来,就可以知道这是由于被恩德感化而回来的。但是,这一定是不可能出现的事情。至于放回去再回来,因而赦免他们,这样的事偶尔做一次还可以。如果多次这样做,那么杀人犯都不会被处死。这能够作为国家固定的法律吗?不能够作为固定的法律,难道是圣人的法律吗?所以,尧、舜、三王治理国家,必然要根据人之常情,不标新立异以表示高明,不违背情理以求得美名。

# 释秘演诗集序

## 欧阳修

### 【题解】

本文是为北宋诗人秘演和尚的诗集所作的序文。释,佛教创始人释迦牟尼的简称,这里指和尚。作者曾因为支持倡导改革的范仲淹而受到了守旧派的压抑打击,因此,他赞美"不屈以求合""以气节自高"的石曼卿和秘演,抓住他们胸有大志、愤世嫉俗的性格特征,用精练传神之笔加以描写,使人物形象跃然纸上。作者一反诗序陈套,对诗只以数笔带过,却通过刻画石曼卿、秘演两人的境遇,表现了他们的高风亮节,并明确指出他们隐居的原因在于"时人不能用其材"。这是作者对朋友以及自己所受到的不公正待遇的含蓄的控诉。

予少以进士游京师①,因得尽交当世之贤豪。然犹以谓国家臣一四海②,休兵革③,养息天下以无事者四十年④,而智谋雄伟非常之士⑤,无所用其能者,往往伏而不出⑥,山林屠贩,必有老死而世莫见者。欲从而求之不可得。其后得吾亡友石曼卿⑦。

曼卿为人,廓然有大志⑧。时人不能用其材。曼卿亦不屈以求合。无所放其意⑨,则往往从布衣野老⑩,酣嬉淋漓,颠倒而不厌。予疑所谓伏而不见者,庶几狎而得之⑪,故尝喜从曼卿游⑫,欲因以阴求天下奇士⑬。

浮屠秘演者⑭,与曼卿交最久,亦能遗外世俗⑮,以气节自高。二人欢然无所间⑯。曼卿隐于酒,秘演隐于浮屠,皆奇男子也。然喜为歌诗以自娱⑰。当其极饮大醉,歌吟笑呼,以适天下之乐⑱,何其壮也!一时贤士皆愿从其游,予亦时至其室。十年之间,秘演北渡河⑲,东之济、郓⑳,无所合,困而归㉑。曼卿已死,秘演亦老病。嗟夫!二人者,予乃见其盛衰,则予亦将老矣。

夫曼卿诗辞清绝,尤称秘演之作,以为雅健有诗人之意。秘演状貌雄杰,其胸中浩然㉒。既习于佛㉓,无所用,独其诗可行于世,而懒不自惜。已老,胠其橐㉔,尚得三四百篇,皆可喜者。

曼卿死,秘演漠然无所向㉕。闻东南多山水,其巅崖崛峍㉖,江涛汹涌,甚可壮也,遂欲往游焉。足以知其老而志在也。于其将行,为叙其诗㉗,因道其盛时以悲其衰。

## 【注释】

① 京师:国都。这里指北宋国都汴梁(今河南开封)。
② 谓:通"为"。 臣:臣服。 一:统一。
③ 休兵革:指停止战争。兵,武器。革,甲胄。
④ 四十年:从宋太宗雍熙二年(982年)宋朝第二次出兵征辽战败求和,到仁宗天圣八年(1021年)欧阳修中进士,正是四十年的时间。
⑤ 非常:不一般。
⑥ 伏:藏匿,指隐居而不求功名。
⑦ 石曼卿:名延年,宋城(今河南商丘南)人,有诗集,今不传。
⑧ 廓然:宽阔的样子。廓,大。
⑨ 放:抒发。 意:志向。
⑩ 布衣:平民。
⑪ 庶几:也许可以。 狎:亲昵。
⑫ 尝:应为"常",唐宋人经常把"尝""常"两字倒用。
⑬ 阴:暗中。
⑭ 浮屠:梵文佛陀的音译,即佛。这里指和尚。
⑮ 遗外世俗:把世俗看作外物而遗忘它。其中包含着消极的避世思想。

⑯ 间:隔阂。
⑰ 歌诗:诗歌。
⑱ 适:达到。
⑲ 河:黄河。
⑳ 济:济州,治所在巨野(今山东巨野南)。 郓:郓州,治所在须城(今山东东平)。
㉑ 困:指境遇艰难窘迫。
㉒ 浩然:阔大的样子。
㉓ 佛:佛学。
㉔ 胠(qū):打开。 橐(tuó):盛物的口袋。
㉕ 漠然:寂寞茫然的样子。
㉖ 崛岉(lù):特起,陡绝。
㉗ 叙:通"序"。指给秘演的诗集作序。

## 【译文】

  我年轻时考中进士,游历了京城,因而能够广泛地结交当代的杰出人物。然而我还以为由于全国统一,不用兵甲,天下休养生息太平无事已经长达四十年之久,因而智谋出众、抱负不凡的人物,没有机会施展他们的才能,往往隐居而不肯出来做官,山林之中和屠夫商贩里面,必定有直到老死都没有被世人发现的人才,想去寻找他们,却找不到。这以后我却找到了已故的朋友石曼卿。

  曼卿这个人,胸襟开阔,有远大的志向。当时的人不能用他的才干。曼卿也不肯屈辱地去迎合他们。他无处抒发自己的心意,就往往跟从那些平民和村野长老饮酒嬉乐,尽情尽兴,即使醉倒也毫不厌倦。我猜想所说的隐居而不让人发现的人,也许在接近这些人时可以找到,所以常常喜欢跟曼卿在一起,想通过他暗中找到天下杰出的人才。

  秘演和尚,与曼卿交往最久,也能超脱世俗,讲究气节而自视清高。他们两人亲密无间。曼卿隐匿在酒肆当中,秘演隐匿在寺庙当中,他们都是奇特的男子。他们又都喜欢作诗自娱。当他们尽情饮酒喝得大醉,歌唱吟咏欢笑狂呼,并以此来求得最大的欢乐,那情景是多么雄壮啊！当时贤能的人都愿意跟从他们交游,我也时常到他们的住处。十年之间,秘演北渡黄河,往东到济州、郓州,没有遇到志同道合的人,于是潦倒而归。曼卿死了,秘演也年老多病。唉！这两个人,我亲见他们的盛年和衰老,那么我也将衰老了吧。

曼卿的诗极为清秀,他尤其称道秘演的作品,认为写得幽雅刚健,有诗人的意趣。秘演的形状相貌雄伟英杰,他的胸怀宽阔。他既然已经做了和尚,没有施展自己才能的机会,只有他的诗可以在世上流传,但他懒得保存,不珍惜自己的作品。年老之后,打开装诗稿的口袋,还能找到三四百篇,都是令人喜爱的。

曼卿死了,秘演寂寞茫然,不知往哪里去好。听说东南有许多名山大川,那里高峰突起,断崖陡绝,江涛汹涌,气势极为雄壮,于是就想去那里游览。这足以知道他虽然年老了,而往昔的志趣却依旧存在。在他将走时,我给他的诗集写了序,借回顾他盛年时的情景来悲叹他的衰老。

# 梅圣俞诗集序

## 欧阳修

【题解】

梅尧臣(1002年—1060年),字圣俞,宣州宣城(今属安徽)人。北宋著名诗人。他的诗以质朴、清新著称,在荡涤宋初浮靡晦涩诗风中起了很大的作用。欧阳修在他死后整理了他的诗集,并写了这篇序。在序中,欧阳修对梅尧臣穷困的一生表示深切的痛惜和不平,对他的诗给予了很高的评价,并提出"穷而后工"的见解,较为深刻地概括了我国古代许多优秀诗人的创作与生活的关系。

本文夹叙夹议,二者间的转换衔接十分自然。议论精辟,语言平易简洁,蕴藏着深厚的感情。

在作此序之前,欧阳修在《书梅圣俞稿后》等文中,对梅圣俞的诗歌已有详尽论述。

予闻世谓诗人少达而多穷①,夫岂然哉?盖世所传诗者,多出于古穷人之辞也。凡士之蕴其所有②,而不得施于世者,多喜自放于山巅水涯之外③。见虫鱼草木,风云鸟兽之状类,往往探其奇怪。内有忧思感愤之郁积,其兴于怨刺,以道羁臣寡妇之所叹④,而写人情之难言,盖愈穷则愈工⑤。然则非诗之能穷人,殆穷者而后工也。

予友梅圣俞,少以荫补为吏⑥,累举进士,辄抑于有司⑦,困于州县,凡十余年。年今五十⑧,犹从辟书⑨,为人之佐。郁其所蓄,不得奋见于事业。其家宛陵⑩,幼习于诗。自为童子,出语已惊其长老。既长,学乎六经仁义之说。其为文章,简古纯粹,不求苟说于世⑪,世之人徒知其诗而已。然时无贤愚,语诗者必求之圣俞。圣俞亦自以其不得志者,乐于诗而发之。故其平生所作,于诗尤多。世既知之矣,而未有荐于上者。昔王文康公尝见而叹曰⑫:"二百年无此作矣!"虽知之深,亦不果荐也。若使其幸得用于朝廷,作为《雅》《颂》以歌咏大宋之功德⑬,荐之清庙⑭,而追商周鲁《颂》之作者,岂不伟欤?奈何使其老不得志而为穷者之诗,乃徒发于虫鱼物类、羁羁愁感叹之言?世徒喜其工,不知其穷之久而将老也。可不惜哉!

圣俞诗既多,不自收拾。其妻之兄子谢景初⑮,惧其多而易失也,取其自洛阳至于吴兴以来所作⑯,次为十卷⑰。予尝嗜圣俞诗,而患不能尽得之,遽喜谢氏之能类次也⑱,辄序而藏之。其后十五年,圣俞以疾卒于京师⑲。余既哭而铭之⑳,因索于其家,得其遗稿千余篇。并旧所藏,掇其尤者㉑,六百七十七篇,为一十五卷。呜呼!吾于圣俞诗,论之详矣,故不复云。

## 【注释】

① 达:得志。 穷:和"达"相反,指政治境遇的窘迫和不得志。
② 所有:这里指才能、抱负。
③ 放:这里是游山玩水的意思。
④ 羁(jī)臣:指在异乡求官或做官的人。羁,寄居在外。
⑤ 工:好。
⑥ 荫(yìn):封建社会的一种承袭制度。梅圣俞依靠"恩荫",任为河南主簿(掌管文书等事务)。
⑦ 有司:这里指主考官。
⑧ 今:这里是"近""即将"的意思。
⑨ 从:听从。 辟(bì)书:招聘之书。
⑩ 宛陵:今安徽宣城。
⑪ 说:通"悦",取悦。
⑫ 王文康公:王曙,字晦叔,河南人。宋仁宗时宰相。"文康"是谥号。
⑬ 《雅》《颂》:这里指像《雅》《颂》一类的作品。《诗经》分为《风》《雅》《颂》三部分,其中《颂》以及《雅》的一部分是当时贵族对他们的祖先歌功颂德的作品。
⑭ 荐:奉献。 清庙:宗庙。
⑮ 谢景初:字师厚,富阳(今属浙江)人。
⑯ 洛阳:今河南洛阳市。 吴兴:今属浙江省。
⑰ 次:编。
⑱ 遽(jù):遂。 类次:分类编排。
⑲ 京师:国都。
⑳ 铭:这里指作墓志铭。
㉑ 掇(duō):选取。

## 【译文】

我听到世人都说,诗人得志的很少,而多数是处于坎坷穷困之中，难道真是这样吗？这大概是因为传世的诗篇大都是古代贫困的人的作品吧。凡是怀有才能抱负，而不能在世上施展的读书人，大都喜欢放浪于山巅水边。看见虫鱼草木、风云鸟兽的状况，常常探索它们的怪异之处。内心积存着忧思感愤，起兴于怨刺，用来表达羁旅官员和寡妇的叹息，描写人们难以述说的感情，大概是越穷困成就就越高。这样说来，不是作诗能使人穷困，恐怕是穷困的人才能写出好诗。

我的朋友梅圣俞，年轻时由于恩荫而补为小官，屡次参加进士考试，都得不到主考官的赏识，困窘在州县，共十多年。年纪近五十岁了，还接受招聘，做人家的幕僚。压抑着胸中蕴藏的抱负，不能在事业上发挥施展出来。他的家乡在宛陵，从小学习作诗。还是孩子的时候，写出的诗句就已经使他的师长前辈感到惊奇了。年纪稍长以后，便学习六经中关于仁义的道理。他作的文章，简练古朴，纯正精当，不迎合世俗以求取世人的喜欢，因此，当世的人只知道他的诗罢了。但是当时无论是贤明的还是愚昧的人，只要是谈到诗，就一定要向圣俞求教。而圣俞自己也爱把他的不得志的心情在诗中抒发出来。所以他一生的作品，诗特别多。世人既然知道他了，可是没有向上推荐他的。过去王文康公曾经看到他的诗作并感叹地说："二百年来没有这样的作品了！"虽然对他了解很深，最终也没有推荐他。假使圣俞有幸被朝廷任用，写作《雅》《颂》一类的诗篇，来歌颂大宋的功德，把它们奉献给祖先，比得上《商颂》《周颂》《鲁颂》的作品，这岂不是伟大的贡献吗？怎么能让圣俞一直到老都不得志，而只写作穷困者的诗，发表一些关于虫鱼等物以及羁旅感叹的言辞？世上的人只喜欢他的诗的工巧，可是不知道他长久地穷困而且将要衰老了。怎能不令人痛惜呢！

梅圣俞的诗很多，他自己却不收集整理。他的内侄谢景初，怕他的诗多了容易失散，就选取他从洛阳到吴兴以来所作的诗，编为十卷。我曾经非常喜爱圣俞的诗，却担心不能全部得到，因此，谢氏能够把它们分类编在一起，我感到十分高兴，就为它作了一篇序，并且收藏起来。从那以后过了十五年，圣俞因病死在京城。我在痛哭并为他作了墓志铭之后,就向圣俞家索取他的诗,得到他的遗稿一千多篇。加上过去我所收藏的,选取其中特别好的六百七十七篇,编成十五卷。唉!我对圣俞的诗,已经评论得很详尽了,所以不再说了。

# 送杨寘序

## 欧阳修

【题解】

欧阳修的朋友杨寘,怀才不遇,屡试不第,后来由于"恩荫",才获得偏远地方的一个小小的官职。他身体多病,心情忧郁,很难适应那里的风情水土。当他去赴任的时候,欧阳修以真挚的友情送给他一张琴,并写了这篇序,以自己用弹琴疗疾的体会,劝慰杨寘用弹琴来寄托情怀,排遣愁绪,去战胜恶劣的环境,度过异乡的艰难岁月。

文章写得含蓄真切,读来十分感人。对琴声的描写,形象、生动。文笔也富于变化,并带有较为浓厚的感情色彩。

予尝有幽忧之疾①,退而闲居,不能治也。既而学琴于友人孙道滋,受宫声数引②,久而乐之,不知其疾之在体也。夫琴之为技,小矣。及其至也,大者为宫,细者为羽③,操弦骤作,忽然变之,急者凄然以促,缓者舒然以和,如崩崖裂石、高山出泉,而风雨夜至也;如怨夫寡妇之叹息,雌雄雍雍之相鸣也④。其忧深思远,则舜与文王、孔子之遗音也⑤;悲愁感愤,则伯奇孤子、屈原忠臣之所叹也⑥。喜怒哀乐,动人必深。而纯古淡泊,与夫尧舜三代之言语、孔子之文章、《易》之忧患、《诗》之怨刺无以异⑦。其能听之以耳,应之以手,取其和者,道其湮郁,写其幽思⑧,则感人之际,亦有至者焉。

予有杨君,好学有文,累以进士举,不得志。及从荫调⑨,为尉于剑浦⑩,区区在东南数千里外,是其心固有不平者。且少又多疾,而南方少医药,风俗饮食异宜。以多疾之体,有不平之心,居异宜之俗,其能郁郁以久乎?然欲平其心以养其疾,于琴亦将有得焉。故予作琴说以赠其行。且邀道滋酌酒,进琴以为别。

【注释】

① 幽:深。
② 宫声:这里指宫调式,我国古代五声(宫、商、角、徵、羽)中以宫声为主的调式。 引:琴曲的数量单位。
③ 大者为宫,细者为羽:宫是最低者,羽是最高音。声宏大者音低,声尖细者音高。
④ 雍雍:鸟和鸣声。
⑤ 舜:传说中我国父系氏族社会部落联盟首领,又称虞舜。 文王:周文王姬昌。舜、文王与孔子同为历代封建统治阶级所尊崇的圣贤。
⑥ 伯奇:周宣王大臣尹吉甫的儿子。吉甫曾听后妻之言将伯奇逐出,伯奇自伤无罪,投河自尽。 屈原:名平,字原,战国楚人。我国最早的伟大诗人,具有远大的政治理想,曾辅佐楚怀王。受到贵族集团的谗言、陷害,长期被放逐。他看到自己无力挽救祖国命运,又不忍心眼看楚国沦亡,于是,自投汨罗江而死。
⑦ 尧:传说中我国父系氏族社会后期部落联盟领袖。 三代:夏、商、周。《易》:《易经》。 《诗》:《诗经》。
⑧ 写:通"泻"。
⑨ 荫(yìn):子孙因祖上有官爵而受封做官。
⑩ 剑浦:县名。在今福建南平一带。

【译文】

我曾经得过一种过分忧郁的病,退职闲居,也未能治好。后来向友人孙道滋学琴,学了几支曲子,时间一长竟成了一种爱好,居然不再觉得身上还有疾病。弹琴作为一种技艺是微不足道的。但等到达到了很高的造诣时,声音洪亮的是宫声,声音尖细的是羽声,骤然拨动琴弦,又忽然改变声调,那急切的,凄恻而紧促,那缓慢的,舒展而柔和,像山崩石裂,像高山中奔泻出泉水,像风雨在半夜里来临;又如怨夫寡妇的叹息,雌鸟雄鸟和悦的鸣叫。那忧深思远的琴声,简直就是虞舜、文王、孔子的遗音;那悲愁感愤的声调,简直就是伯奇那样的孤儿和屈原那样的忠臣的叹息。它所表达的喜怒哀乐的感情,一定会深深地打动人心。而那种纯厚、古雅、淡泊的情调,又与尧、舜、三代的言语、孔子的文章、《易经》中的忧患、《诗经》中的怨刺没有什么不同。如果能够用耳细听,又能以手相应,采取那和谐的声调,疏导那郁悒的心情,抒发那幽思,那么,在感动人的时候,也就会有达到那种境界。

  我的朋友杨君,好学又有文才,多次考进士都不能如愿。最后由于恩荫调补,才做了剑浦的县尉,小小的剑浦在东南数千里之外,这样,他的心当然有所不平。况且他从小又多病,而南方又缺医少药,对那里风俗习惯、饮食又特别不适应。以多病的身体,怀着不平的心情,居住在风俗习惯特别不适应的地方,难道能郁郁愁苦地长久活下去吗?然而,要想平和他的心情,从而调养他的疾病,琴也许会对他有所帮助。因此,我写了这篇谈琴的文章为他送行。又邀请道滋一同饮酒,送一张琴给他,以此表示告别。

# 五代史伶官传序

## 欧阳修

【题解】

  本篇录自作者编修的《新五代史·伶官传》,题目是后人加的。

  唐末朱温建立了后梁,继而李存勖建立了后唐,石敬瑭建立了后晋,刘暠建立了后汉,郭威建立了后周,历史上称为"五代"。这五个朝代相继更替,历时都很短暂,最长的也没有超过二十年。其中后唐历时十四年,而李存勖只做了三年皇帝,就因为过分沉溺于酒色而在兵变中被杀死。伶官是宫廷内表演乐舞的艺人。作者通过后唐盛衰过程的分析,总结出了"忧劳可以兴国,逸豫可以亡身"的历史教训,从而强调了"人事"对国家兴亡所起的重要作用。文章叙事说理,紧密结合,具有较强的说服力。

呜呼!盛衰之理,虽曰天命,岂非人事哉!原庄宗之所以得天下①,与其所以失之者,可以知之矣。

世言晋王之将终也②,以三矢赐庄宗而告之曰:"梁③,吾仇也;燕王④,吾所立;契丹⑤,与吾约为兄弟:而皆背晋以归梁。此三者,吾遗恨也。与尔三矢,尔其无忘乃父之志⑥!"庄宗受而藏之于庙⑦。其后用兵则遣从事以一少牢告庙⑧,请其矢,盛以锦囊,负而前驱,及凯旋而纳之。

方其系燕父子以组⑨,函梁君臣之首⑩,入于太庙,还矢先王,而告以成功。其意气之盛,可谓壮哉!及仇雠已灭⑪,天下已定,一夫夜呼⑫,乱者四应,仓皇东出⑬,未见贼而士卒离散。君臣相顾不知所归,至于誓天断发,泣下沾襟⑭,何其衰也!岂得之难而失之易欤?抑本其成败之迹⑮,而皆自于人欤⑯?

《书》曰:"满招损,谦得益⑰。"忧劳可以兴国,逸豫可以亡身⑱,自然之理也⑲。故方其盛也,举天下之豪杰莫能与之争;及其衰也,数十伶人困之而身死国灭⑳,为天下笑。夫祸患常积于忽微㉑,而智勇多困于所溺㉒,岂独伶人也哉?

**【注释】**

① 原:推究。 庄宗:指五代时后唐庄宗李存勖,李克用之子。后梁龙德三年(923年)称帝,建都洛阳,国号唐。同年灭后梁,同光三年(925年)兵变被杀。

② 晋王：指李克用，西突厥沙陀部首领。唐末因镇压黄巢农民起义有功，被唐王朝任命为河东节度使，后封为晋王。

③ 梁：指后梁太祖朱温，公元 907 年至 912 年在位。朱温在唐乾符四年（877 年）曾参加黄巢起义，后叛变降唐，被任为河中行营招讨副使，唐僖宗赐名"全忠"。朱全忠又参加镇压黄巢起义，封为梁王。他长期和李克用父子交战，曾企图谋害李克用，彼此结下世仇。天祐四年（907 年）代唐称帝，改名"晃"，建都汴（今河南开封），国号梁。

④ 燕王：指刘守光。公元 909 年朱全忠封他为燕王。后背晋归梁。

⑤ 契丹：古民族名，曾建立辽国。这里指契丹族首领耶律阿保机，即辽王朝的建立者辽太祖。李克用曾和耶律阿保机相会，握手约为兄弟，商定共同举兵击梁，但后来阿保机背约遣使和梁通好。

⑥ 其：语气词，表示命令或希望的语气。 乃：你。

⑦ 庙：指宗庙，祭祀祖先的地方，即下文的"太庙"。

⑧ 从事：官名。原指三公及州郡长官的僚属，这里泛指一般官属。 少牢：祭品，古代祭祀，牛、羊、豕各一，称太牢；只有羊、豕而无牛，称少牢。 告庙：在宗庙祷告。

⑨ 系燕父子以组：后梁乾化元年（911 年），刘守光自称大燕皇帝。第二年，李存勖派兵攻燕，生擒刘守光及其父刘仁恭二人，并用绳索捆绑送到太庙祭灵。系，捆绑。组，原指丝带或丝绳，这里泛指绳索。

⑩ 函梁君臣之首：后梁龙德三年（923 年）十月，李存勖领兵攻梁，梁末帝朱友贞使其部将皇甫麟把他杀死，然后皇甫麟也自杀了。李存勖攻入汴京，把他们的头装入木盒，收藏在太庙里。函，这里用作动词，用木匣装起来。

⑪ 仇雠（chóu）：仇敌。

⑫ 一夫：指皇甫晖。后唐同光四年（926 年），李存勖妻刘皇后听信宦官诬告，杀死大臣郭崇韬，一时人心浮动。军士皇甫晖等作乱，攻入邺都（今河南安阳市）。

⑬ 仓皇东出：皇甫晖等作乱后，李存勖命令元行钦进行讨伐，但久而无功，于是又派李存勖的养子李嗣源率兵讨伐，李嗣源到邺都后，也叛变了，李存勖只好从洛阳前往汴州（今河南开封一带）。

⑭ 誓天断发，泣下沾襟：李存勖到汴州时，李嗣源早已进入汴京（今开封市）。李存勖眼见诸军离散，十分沮丧，面对随行臣属元行钦等人痛哭流

涕。这时诸将都相顾号泣,并拔刀断发,对天发誓,表示誓死效忠后唐。
⑮ 抑:或是。　本:考察。
⑯ 自:由。
⑰ 满招损,谦得益:语出《尚书·大禹谟》。"谦得益",原作"谦受益"。
⑱ 逸豫:安逸享乐。　忘:通"亡"。
⑲ 自然:当然。
⑳ 数十伶人困之:李存勖灭梁后,纵情声色,宠信乐工、宦官。公元926年伶人郭从谦指挥一部分禁卫军作乱,李存勖中流矢而死。李存勖死后,李嗣源即位称帝,国号未改,但李嗣源并不是李克用的血统后代,所以本文说李克用"身死国灭"。
㉑ 忽微:忽和微,古代两个极小的度量单位名。这里是细小的意思。
㉒ 所溺:所溺爱的人或事物。

## 【译文】

唉!国家盛衰兴亡的道理,虽然有人说是在于天命,难道不是也在于人为!考察一下后唐庄宗得到天下和失掉天下的原因,便知道这一点了。

世人相传晋王临死的时候,把三支箭赐予庄宗,并且告诉他说:"梁是我的仇敌;燕王是我立起来的;契丹曾同我约为兄弟:可是他们都背叛了晋国投靠了梁国。这三件事,是我的遗恨。现在给你三支箭,希望你不要忘记你父亲报仇雪恨的心愿!"庄宗接受了箭,并且把它们收藏在宗庙里。从此以后,每逢出兵打仗,就派遣官属用一少牢礼祷告于太庙,并请出那三支箭,装进锦囊,背在身上,一马当先,等到胜利归来,再把箭放回原处。

当庄宗用绳索捆绑燕王父子,用木匣装着梁朝君臣的头颅,献入太庙,把箭放回先王灵位之前,禀告大功告成。此时他气概轩昂,真可以说得上是雄壮得很啊!可是等到仇敌已被歼灭,天下已经平定,只是一个普通的军士在夜间一声呼唤,作乱的人便四面响应,而自己仓皇向东出奔,还没有见到叛贼,士卒就已经离散。君臣相对而视,不知投向何处,竟然对天发誓,割断头发,痛哭流涕,这个时候,他是多么悲惨啊!难道是取得天下困难,而失去天下容易吗?或者导致一个人成功或失败的事迹,都是由于人事所决定的吗?

《尚书》说:"自满招致灾祸,谦虚得到益处。"忧虑辛劳可以使国家兴盛,安逸享乐可以使自身败亡,这是当然的道理。所以正当他兴盛的时候,普天之下的英雄豪杰没有谁可以和他争锋;可是当他衰败的时候,数十个伶人围困他,就能使他身死国灭,被天下人讥笑。祸患往往是从细微小事积累起来的,而有才智勇气的人又常常被自己溺爱的人所困惑,足以败国亡身的,难道只有伶人吗?

# 五代史宦者传论

## 欧阳修

【题解】

本篇录自作者编修的《新五代史·宦者传》,题目是后人加的。

宦官专权是中国历史上一些封建王朝在政治腐败、统治阶级内部矛盾尖锐时反复出现的一种现象。作者根据史实分析了这种现象产生的原因、后果及其特点,以警诫封建君主要及早防范。但把封建王朝衰亡的原因归咎于宦官、女祸,而未能触及问题的本质,这是作者的阶级和历史的局限。

自古宦者乱人之国,其源深于女祸[①]。女,色而已;宦者之害,非一端也。

盖其用事也近而习[②],其为心也专而忍,能以小善中人之意,小信固人之心,使人主必信而亲之。待其已信,然后惧以祸福而把持之[③]。虽有忠臣硕士列于朝廷[④],而人主以为去己疏远,不若起居饮食、前后左右之亲为可恃也。故前后左右者日益亲,则忠臣硕士日益疏,而人主之势日益孤。势孤,则惧祸之心日益切,而把持者日益牢。安危出其喜怒,祸患伏于帷闼⑤,则向之所谓可恃者,乃所以为患也。

患已深而觉之,欲与疏远之臣图左右之亲近。缓之则养祸而益深,急之则挟人主以为质。虽有圣智,不能与谋。谋之而不可为,为之而不可成,至其甚,则俱伤而两败。故其大者亡国,其次亡身。而使奸豪得借以为资而起,至抉其种类⑥,尽杀以快天下之心而后已。此前史所载宦者之祸。常如此者,非一世也。

夫为人主者,非欲养祸于内,而疏忠臣硕士于外,盖其渐积而势使之然也⑦。夫女色之惑,不幸而不悟,则祸斯及矣⑧。使其一悟,捽而去之可也⑨。宦者之为祸,虽欲悔悟,而势有不得而去也,唐昭宗之事是已⑩。故曰"深于女祸"者,谓此也。可不戒哉?

## 【注释】

① 女祸:指由女人造成的灾难。女人是祸水,这是夫权社会所形成的历史偏见。
② 近:接近皇帝。 习:亲狎,不正常的亲密关系。
③ 祸福:偏义复词,取"祸"字义。
④ 硕士:旧指学问渊博的人。
⑤ 帷闼(tà):比喻宫室之内,皇帝身边。帷,无顶的围幕。闼,指门内。
⑥ 抉(jué):挖出。 种类:这里指宦官的全部党羽。
⑦ 势:指事物发展过程中的必然趋势。
⑧ 斯:就。
⑨ 捽(zuó):拔,揪。
⑩ 唐昭宗:李晔,公元889年至904年在位。文德元年(889年),被当时任观军容使的宦官杨复恭等拥立为帝。此后,宦官势力更加强大。昭宗任用崔胤为宰相后,采取了一些抑制宦官势力的措施,于是宦官刘季述、王彦范等便在光化三年(900年)借机幽禁昭宗,一直到第二年才让他复位。

## 【译文】

自古以来,宦官扰乱国家,其根源比女人造成的祸患还要深固。女人的祸患,只是美色罢了;宦官的祸患,就不只是一桩了。

宦官由于担任内廷的事务,都和皇帝接近而且关系亲昵,他们的心术专横而且残忍,善于用微小的好处来迎合人家的心意,用微小的信义来骗取别人的信任,使得君主毫不怀疑地信赖和亲近他们。他们一旦取得了君主的信任,就会利用祸患来使君主恐惧,从而控制君主。这样,朝廷上虽有忠臣贤士,可是君主却认为他们和自己关系疏远,不如伺候自己起居饮食、不离前后左右的这些亲信可靠。因此,前后左右的人日益亲近,忠臣贤士日益疏远,而君主的势力就越来越孤单。势力孤单,那么,惧怕祸患的心理就越加严重,因而宦官对他的控制也就日益牢固。于是,安危取决于宦官的喜怒,祸患就潜伏在君主的身边,往日认为可靠的人,常常就是为害作乱的祸首。

当祸患已经很严重,君主才觉察到,想同疏远的忠臣贤士图谋剪除身边的亲信。要是行动慢了,就会酿成更大的灾难;操之过急,宦官又会挟持君主作为人质。这时即使有圣人贤士也不能共同谋划。即使谋划了也无法实行,实行了也不能成功,闹到极其严重的地步,最后往往两败俱伤。因此,最严重的是导致国家灭亡,其次是自身死亡。从而使得那些奸人豪强利用这个事件乘机而起,直到把宦官和他们的党羽全部挖出,斩尽杀绝,使天下人心大快才罢手。以前史籍上所记载的宦官之祸往往都是如此,已经不是一朝一代的事情了。

作为君主,并非存心要在宫廷之中酿成祸患,在宫廷之外疏远忠臣贤士,只是由于事态逐渐发展所造成的形势使得他必然这样做。至于受女色的迷惑,不幸一直不能醒悟,那么,祸患就随之来临了。不过君主一旦醒悟,揪住她的头发,把她撵出去就行了。可是宦官所造成的祸患,君主即使想悔悟,形势也会使得他不能解除掉,唐昭宗的事情正是这样。所以说"宦官造成的祸患严重于女人造成的祸患"这句话,说的就是这种情况。难道可以不警惕吗?

# 相州昼锦堂记

## 欧阳修

【题解】

　　古人把富贵而归故乡,比作白昼穿锦,无比荣耀。韩琦功绩显赫,名重一时,但他却不以威风排场为荣,不以高官显爵为贵。他兼官回归故乡相州(今河南安阳市)时,修建了"昼锦堂",向人们表白了自己的心志。欧阳修对此极为赞叹。他在本文中就围绕"昼锦"二字层层发挥,先说以"荣华富贵,衣锦还乡"为荣,是古今所同,并描绘了古人因衣锦还乡而得志于一时的场面,然后笔锋一转,盛赞韩琦不以前人所夸耀者为荣,而以此为戒,志在建立功业,安邦定国。从而有力地否定了那种"古今所同"的庸俗思想,对当时那些只图个人荣华富贵的官迷,作了强有力的针砭。

　　仕宦而至将相,富贵而归故乡,此人情之所荣,而今昔之所同也。盖士方穷时①,困厄闾里②,庸人孺子,皆得易而侮之。若季子不礼于其嫂③,买臣见弃于其妻④。一旦高车驷马⑤,旗旄导前⑥,而骑卒拥后,夹道之人,相与骈肩累迹⑦,瞻望咨嗟⑧。而所谓庸夫愚妇者,奔走骇汗⑨,羞愧俯伏,以自悔罪于车尘马足之间。此一介之士⑩,得志于当时,而意气之盛,昔人比之衣锦之荣者也⑪。

　　惟大丞相魏国公则不然⑫。公,相人也。世有令德⑬,为时名卿⑭。自公少时⑮,已擢高科⑯,登显士⑰。海内之士,闻下风而望余光者⑱,盖亦有年矣⑲。所谓将相而富贵,皆公所宜素有。非如穷厄之人,侥幸得志于一时,出于庸夫愚妇之不意,以惊骇而夸耀之也。然则高牙大纛㉑,不足为公荣;桓圭衮裳㉑,不足为公贵。惟德被生民㉒,而功施社稷㉓,勒之金石㉔,播之声诗㉕,以耀后世而垂无穷,此公之志,而士亦以此望于公也。岂止夸一时而荣一乡哉?

公在至和中㉖,尝以武康之节㉗,来治于相,乃作昼锦之堂于后圃㉘,既又刻诗于石,以遗相人。其言以快恩仇、矜名誉为可薄㉙,盖不以昔人所夸者为荣,而以为戒。于此见公之视富贵为何如,而其志岂易量哉?故能出入将相㉚,勤劳王家,而夷险一节㉛。至于临大事,决大议,垂绅正笏㉜,不动声色,而措天下于泰山之安㉝,可谓社稷之臣矣㉞。其丰功盛烈㉟,所以铭彝鼎而被弦歌者㊱,乃邦家之光㊲,非闾里之荣也。余虽不获登公之堂,幸尝窃诵公之诗,乐公之志有成,而喜为天下道也。于是乎书。

【注释】

① 穷:与"达"相对,旧指仕途不得意。
② 困厄(è):受困阻。 闾里:周代称二十五家为闾或里,后来用为乡里的通称。
③ 季子不礼于其嫂:季子即苏秦,战国时期洛阳人。据《战国策·秦策一》载,苏秦到秦国游说失败,回到家里时,嫂嫂不为他做饭。后来,他游说六国,为纵约长,兼六国相。有一次路过洛阳,嫂嫂像蛇一样伏在地上,再三谢罪。
④ 买臣见弃于其妻:朱买臣,汉武帝时会稽吴(今江苏苏州市)人,字翁子。据《汉书·朱买臣传》记载,朱买臣家中很穷,靠砍柴为生,同时发愤读书。他妻子不耐贫苦,离婚另嫁。后来他当上会稽太守。回乡上任后不久,他的故妻便羞愧自缢了。
⑤ 高车驷马:古时显贵者的车乘。高车,原指车盖高,可以立乘的车子,后泛称高大的车子。驷马,古代一车套四马,因称驾车的四马或驾四马的车为驷马。
⑥ 旗旄:古代作为仪仗用的一种旗帜。旄,用牦牛尾或鸟类羽毛做的旗杆

饰物。
⑦ 骈肩累迹：肩膀挨着肩膀，脚印压着脚印，形容人多而拥挤。
⑧ 咨嗟：赞叹。
⑨ 骇汗：因惶恐害怕而出汗。
⑩ 一介：一个，含有渺小的意味。
⑪ 衣(yì)锦之荣：比喻荣耀。《史记·项羽本纪》中项羽说："富贵不归故乡，如同穿着锦绣在黑夜里行走，有谁能知道呢？"衣，穿。
⑫ 大丞相魏国公：指韩琦，字稚圭，北宋相州安阳（今属河南）人，仁宗时进士。宝元三年（1040年）出任陕西安抚使，与范仲淹共同抗御西夏的入侵，名重一时。庆历三年（1043年）任枢密副使，与范仲淹等推行"庆历新政"改革，失败后出任地方官，嘉祐年间又入为枢密使、宰相。英宗时任右仆射，封魏国公。神宗即位后，任司徒，外出兼任相州、大名府等知府。
⑬ 世有令德：世代积善德。令，善美。
⑭ 卿：这里泛指高官。
⑮ 公：对尊长或平辈的尊称，等于说"先生"。这里指韩琦。
⑯ 擢(zhuó)：擢第，科举考试登第。　高科：科举中的高等科目，如进士科。
⑰ 显士：达官。
⑱ 下风：在风的下方，比喻低下的地位。
⑲ 有年：多年。
⑳ 高牙大纛(dào)：形容大官的威仪。牙，牙旗的省称，置于军前。军中听号令，必至牙旗之下。大纛，古时军队或仪仗队的大旗。
㉑ 桓圭衮裳：表示三公以上的高官。桓圭，以桓（也称为华表）为饰的圭璧，古代帝王、诸侯或三公朝聘祭祀时所执的玉器。衮裳，古代皇帝或三公穿的礼服，上面画有龙饰。
㉒ 德被生民：把恩德施给人民。被，施加。
㉓ 社稷：本指土神和谷神，后用以代指国家。
㉔ 勒：刻。　金石：指钟鼎（金）碑碣（石）等。因为金石器物不易朽坏，古代统治者常用来铭刻颂词以流传后代。后文的"铭彝鼎"义同。
㉕ 声诗：指乐歌。
㉖ 至和：宋仁宗年号（1054年—1056年）。
㉗ 武康之节：韩琦曾任武康军节度使，兼并州知州。并州治所在今山西太原市。

㉘ 圃:园地。
㉙ 快恩仇:满足于感恩报仇,暗指苏秦、朱买臣等人的行为。按,苏秦游说秦国失败后,又游说六国合纵抗秦,带有报私仇的目的。朱买臣当上会稽太守后,报答了过去对他有恩德的乡人。快,满足。　矜(jīn):夸耀。
㉚ 出入将相:在外为将,在朝为相。按:韩琦曾出任陕西安抚使(边将),又入拜同中书门下平章事(宰相)。
㉛ 夷:平时。　一节:一致。
㉜ 垂绅正笏(hù):形容稳重沉着。绅,古代士大夫束在外面的大带。笏,也叫手板,古代臣属上朝时所执的狭长板子,是用玉、象牙或竹木片制成的。
㉝ 措:安排。　泰山之安:比喻安稳如泰山。
㉞ 社稷之臣:安邦定国的大臣。
㉟ 盛烈:大业。烈,功业。
㊱ 彝鼎:都是金属器物。彝,礼器的通称。鼎,炊器,三足两耳,古代也作为立国的象征。　被弦歌:谱入歌乐。
㊲ 邦家:国家。

**【译文】**

　　当官当到将军宰相,富贵了而返回故乡,这是人们感到荣耀的事,也是古今相同的心理。大凡读书人处于落魄的时候,在乡里窘困失意,平常人以至小孩子,都可以随便地欺侮他。比如苏秦就被他嫂子看不起,朱买臣也被他妻子抛弃了。可是一旦他们乘着高大的车马,前面有旗帜开路,后面有马队相随,夹道观看的人摩肩接踵,惊叹不已。而那些庸夫愚妇,也奔走忙碌,身冒冷汗,惭愧地俯伏在车马扬起的尘埃当中,表示后悔和谢罪。这就是一个微不足道的读书人,得志于一时,便趾高气扬,前人比作穿锦缎一般的荣耀。

　　大丞相魏国公却不是这样。先生是相州人,世代有美德,都是当时有名的官员。先生在年轻时就考中了科举的高等科目,担任了显要的职务。天下的读书人处于下位,而仰望先生的高风亮节,这情形大概也有好多年了。所谓当上将相而享受富贵这些事,都应当是先生早就具备了的。而并不是像一般失意潦倒的人,偶然一时得志,出于庸夫愚妇的意料之外,使他们惊骇而向他们夸耀自己。这样说来,威严的仪仗,并不足以成为先生的荣耀;三公的地位,也不足以显示先生的高贵。只有将恩德施给人民,为国家建立功勋,把这些铭刻在金石上,传颂于乐歌之中,光照后代,流芳千古,这才是先生的志向,而读书人也是由这方面来仰望先生的。哪里仅仅是夸耀于一时,荣耀于一乡呢?

　　先生在至和年间,曾经以武康军节度使的身份来兼相州的知州,于是在后园修建了昼锦堂,建成后又在石碑上刻了诗,把这些留给相州人。诗中认为满足于感恩报仇,炫耀名誉都是可鄙薄的,因为先生不是把历来人们所夸耀的东西当作荣耀,而是当作警诫。由此可见先生对富贵是怎样看待的了,而他的志向难道能够轻易地衡量吗?所以他能够出为将,入为相,为朝廷效劳,不论平时还是紧要关头,始终如一。至于面临大事,立断决策,他更是稳重沉着,不动声色,把国家安排得稳如泰山,真可称得上是安邦定国之臣了。先生这些铭刻金石,谱入乐歌的丰功伟业,实在是国家的光彩,而不仅仅是一个地方的荣耀啊!我虽然没有机会登门拜访先生,却曾有幸读过先生的诗,为先生的志向能够得到实现而感到高兴,也乐于向天下人传播,于是写了这篇记文。

# 丰 乐 亭 记

## 欧阳修

【题解】

　　丰乐亭位于今安徽滁县丰山北麓,是欧阳修被贬到滁州之后建造的。这篇文章就是写于此亭建成之时。作者用生动的笔触描绘了滁州山高水清的景致,同时回顾了百年前这里战乱的往事,今昔对比,从而颂扬了宋王朝建立初期所实行的休养生息的政策。在这里,作者一方面希望统治者继续推行这种政策;另一方面又要求人民安于现状,以便保持长治久安的政治局面。

文章情景交融,巧妙地穿插着议论,文笔自然流畅,很有感染力。

  修既治滁之明年[1],夏,始饮滁水而甘[2]。问诸滁人,得于州南百步之近。其上则丰山[3],耸然而特立[4];下则幽谷[5],窈然而深藏[6];中有清泉,滃然而仰出[7]。俯仰左右,顾而乐之。于是,疏泉凿石,辟地以为亭,而与滁人往游其间。

  滁于五代干戈之际[8],用武之地也。昔太祖皇帝[9],尝以周师破李景兵十五万于清流山下[10],生擒其将皇甫晖、姚凤于滁东门之外[11],遂以平滁。修尝考其山川,按其图记[12],升高以望清流之关,欲求晖、凤就擒之所。而故老皆无在者[13],盖天下之平久矣。自唐失其政,海内分裂,豪杰并起而争,所在为敌国者[14],何可胜数?及宋受天命,圣人出而四海一[15]。向之凭恃险阻[16],铲削消磨。百年之间,漠然徒见山高而水清[17]。欲问其事,而遗老尽矣。今滁介江淮之间,舟车商贾,四方宾客之所不至,民生不见外事[18],而安于畎亩衣食[19],以乐生送死。而孰知上之功德,休养生息,涵煦于百年之深也[20]。

  修之来此,乐其地僻而事简,又爱其俗之安闲。既得斯泉于山谷之间,乃日与滁人仰而望山,俯而听泉,掇幽芳而荫乔木[21],风霜冰雪,刻露清秀[22],四时之景无不可爱。又幸其民乐其岁物之丰成,而喜与予游也。因为本其山川,道其风俗之美,使民知所以安此丰年之乐者,幸生无事之时也。

  夫宣上恩德,以与民共乐,刺史之事也[23]。遂书以名其亭焉。

**【注释】**

① 修:欧阳修自称。古代人自谦称名。  滁(Chú):滁州,治所在今安徽

滁县。
② 滁水:滁河,流经滁州。
③ 丰山:山名,在今滁县城西。
④ 特立:挺立。
⑤ 幽谷:深谷。一说丰乐亭下紫微泉原名幽谷。
⑥ 窈然:深远的样子。
⑦ 滃(wěng)然:大水汹涌的样子。
⑧ 五代:指唐朝灭亡以后出现的后梁、后唐、后晋、后汉、后周五个朝代。干戈:古代的兵器,这里指战争。
⑨ 太祖皇帝:指宋太祖赵匡胤,当时他任后周殿前都点检。
⑩ 周:指五代时的后周。 李景:即李璟,南唐的皇帝。 清流山:在今滁县城西南。
⑪ 皇甫晖:南唐江州节度使。 姚凤:南唐团练使。
⑫ 图记:地图、文字记载。
⑬ 故老:这里指那些经历过战乱的老人。
⑭ 所在:地方。 敌国者:这里指和国家相匹敌的割据势力。
⑮ 圣人:这里指宋朝开国皇帝赵匡胤。 四海一:指国家得到了统一。
⑯ 向:从前。 险阻:险要之地。
⑰ 漠然:这里是宁静无事的意思。
⑱ 不见外事:不和外界接触。
⑲ 畎(quǎn)亩:田地,田间。
⑳ 涵煦(hánxù):滋润化育。
㉑ 掇(duō):拾取。 幽芳:香草。 荫(yìn):乘凉。
㉒ 刻露:清晰地显露出来。
㉓ 刺史:官名。宋代习惯上作为知州的别称。欧阳修此时为滁州知州,根据习惯自称为刺史。

**【译文】**

　　我在治理滁州的第二年夏天,才在饮滁河的水时感到它很甜美。向滁州人打听这泉水的来源,发现就在州南百步的地方。它的上面是丰山,山势高耸挺立;它的下边是深谷,深邃莫测;中间有一股清泉,水势汹涌,向上喷出。上下左右四顾观赏,使人感到快乐。于是,疏通泉水,凿去岩石,开辟出一块地方,建造了亭子,和滁州人一起到上面去游息。

滁州在五代战乱的时期,是一个经常打仗的地方。从前,太祖皇帝曾经率领后周的军队,在清流关下打败了李璟的十五万军队,在滁州东门外,活捉了李璟的大将皇甫晖、姚凤,于是平定了滁州。我曾经考察过那些山川,根据地图和记载,登上高处眺望清流关,想找到皇甫晖、姚凤被活捉的地方。可是那些知道往事的老人都已经去世了,大概是因为天下太平的时间已经很久了。自从唐朝政治混乱以来,天下分裂,豪杰蜂起而互相争夺,各地成为互相对立的敌国的,哪里可以数得清?等到宋朝承受了天命,圣人出来,天下才得到统一。以往的险要地势,都逐渐地铲除消失了。百年之间,太平无事,所见到的景象只是山高而水清。想问问往事,当年留下的老人都不在人世了。现在,滁州地处长江、淮河之间,是一个过往的车船、商人和宾客都不到的地方,老百姓生来不接触外边的事情,只是安于这里的农家生活,无忧无虑地度过一生。可是又有谁知道,皇上休养生息的恩泽,滋润哺育了老百姓百年之久呢!

我来到这里,既喜欢这个地方偏僻,政事清简,又喜爱这里的风俗宁静而悠闲。既然在山谷之间得到了这道清澈的泉水,于是每天和滁州人一起,仰观丰山,俯听清泉,采摘芬芳的鲜花,憩息在树荫之下,风霜冰雪之时,更显得清秀,一年四季的美景没有不招人喜爱的。又幸逢这里的百姓正为丰收而欢乐,喜欢同我一起游玩。因此,我依据这里的山川,来叙说这里民情风俗的美好,使百姓知道所以能够平安地享受这丰收之年的快乐,是由于有幸生活在这太平日子里的缘故。

宣扬皇帝的恩德,来和百姓共享快乐,这本是刺史的职责。于是我写了这篇文章来给这座亭子命名。

# 醉翁亭记

## 欧阳修

【题解】

《醉翁亭记》是欧阳修被贬为滁州太守后写的一篇山水游记。作者以精练、生动的语言,描绘了自己与游客在醉翁亭中开怀畅饮的欢快情景以及亭外变化多姿的自然风光。然而,在这些绘声绘色的描写中,却反映出作者内心深处的抑郁之情。同时也表达了作者希望能保持这种和平安定的政治环境,使人民安居乐业的美好愿望。

骈散结合,似骈非骈,似散非散,长短错落,以及通篇使用说明句,以二十一个"也"字结句,是本文的突出特点。作者采用这种独特的写法,使情和景完美地交融在一起。

环滁皆山也①。其西南诸峰,林壑尤美,望之蔚然而深秀者,琅琊也②。山行六七里,渐闻水声潺潺,而泻出于两峰之间者,酿泉也。峰回路转,有亭翼然临于泉上者,醉翁亭也。作亭者谁?山之僧智仙也。名之者谁?太守自谓也③。太守与客来饮于此,饮少辄醉,而年又最高,故自号曰"醉翁"也。醉翁之意不在酒,在乎山水之间也。山水之乐,得之心而寓之酒也。

若夫日出而林霏开④,云归而岩穴暝⑤,晦明变化者,山间之朝暮也。野芳发而幽香,佳木秀而繁阴⑥,风霜高洁,水落而石出者,山间之四时也。朝而往,暮而归,四时之景不同,而乐亦无穷也。

至于负者歌于涂⑦,行者休于树,前者呼,后者应,伛偻提携往来而不绝者⑧,滁人游也。临溪而渔,溪深而鱼肥。酿泉为酒,泉香而酒洌⑨。山肴野蔌⑩,杂然而前陈者,太守宴也。宴酣之乐,非丝非竹⑪。射者中⑫,弈者胜,觥筹交错⑬,坐起而喧哗者,众宾欢也。苍颜白发,颓乎其中者⑭,太守醉也。

已而夕阳在山,人影散乱,太守归而宾客从也。树林阴翳⑮,鸣声上下,游人去而禽鸟乐也。然而禽鸟知山林之乐,而不知人之乐;人知从太守游而乐,而不知太守之乐其乐也。醉能同其乐,醒能述以文者,太守也。太守谓谁?庐陵欧阳修也⑯。

【注释】

① 滁(Chú):州名,治所在今安徽滁县。
② 琅琊(Lángyá):琅琊山,在滁县西南十里,相传因东晋琅琊王司马睿(元帝)避难于此而得名。
③ 太守:郡的长官叫太守。宋代废郡设州(或府),无太守职称,但人们常把知州(或知府)称作太守。
④ 林霏(fēi):林中云气。
⑤ 暝:昏暗。
⑥ 繁阴:浓密的树荫。
⑦ 涂:通"途"。
⑧ 伛偻(yǔlǚ)提携:这里指老人和小孩。伛偻,腰弯曲背的样子。提携,搀扶,带领着走。
⑨ 泉香而酒洌:由于用泉水酿酒,泉水具有香味,酒色也很纯净。
⑩ 山肴:这里指野味。肴,鱼肉等荤菜。 蔌(sù):野菜。
⑪ 丝竹:这里泛指音乐。丝,弦乐器。竹,管乐器。
⑫ 射:这里指投壶,古代宴会时常玩的一种游戏,把箭投向壶里,按投中的次数多少决定胜负,输了的罚酒。
⑬ 觥(gōng):古代的酒器之一。 筹:酒筹,行酒令时用以计数的签子。
⑭ 颓:倒。
⑮ 阴翳(yīnyì):覆盖、遮蔽。
⑯ 庐陵:县名,今江西吉安市。

## 【译文】

  滁州城的四周都是山峦。它的西南山峰的树林和山谷尤其秀美,放眼望去,那草木繁茂,山林幽深而秀丽的地方,就是琅琊山。沿着山路走六七里,渐渐听到潺潺的水声,从那两座山峰之间倾泻而出的就是酿泉。山峰回环,道路盘旋,有个像飞鸟儿展翅般地坐落在泉水边上的建筑,这就是醉翁亭。建造亭子的人是谁呢?就是这座山上的和尚智仙。给它命名的人是谁呢?就是太守用自己的雅号给它定的名字。太守同宾客们来到这里喝酒,稍微喝一点就醉了,并且年纪又最大,因此自号为"醉翁"。醉翁的意趣不在于酒,而在于山水之间。欣赏山水的情趣,领略在心里,而寄托在酒中!

  如果太阳出来,林中的雾气就消散了;烟云归集,山岩洞穴就又昏暗了:这样阴暗晴朗的变化,就是山间的清晨和傍晚。野花开放,香气清幽;树木繁茂,一片浓密的树荫;天高气爽,霜色洁白;水位下落,山石显露,就是山间的四季变化。早晨出去,傍晚归来,四季的景色又各不相同,这其中的乐趣也是无穷无尽的。

  至于那些背东西的人在路上唱歌,行人在树下休息,前面的呼唤,后面的答应,驼背老人和被领着的孩子往来不绝,这些都是行游的滁州人。到溪边钓鱼,水深而鱼肥。用泉水酿酒,水香而酒清。把各种野味和山菜错杂地摆在面前,这就是太守所设的宴席。宴饮酣畅的乐趣,不在弹琴奏乐。投壶的投中了,下棋的下赢了,酒杯与筹码杂乱交错,人们时起时坐,大声喧哗,这就是宾客们欢乐的情景。那位面容苍老,头发斑白,倾倒在他们中间的,就是喝醉了的太守。

  过了一会儿,夕阳落在山头,人影散乱,这是宾客们跟随着太守回去了。树木浓密成荫,上上下下一片鸟鸣声,这是游人离去了而鸟儿在欢唱。然而,鸟儿只知道山林的乐趣,而不知道人的乐趣;人们只知道跟着太守游览山水的乐趣,却不知道太守也以他们的快乐为快乐啊。醉了,能同大家一起享受这种乐趣,醒了,又能把它写成文章的,就是太守。太守是谁呢?就是庐陵的欧阳修。

# 秋 声 赋

## 欧阳修

【题解】

　　肃杀的秋景,常常是昔日的文人借以抒写感伤、惆怅心情的题材。《秋声赋》正是这一类的代表作品。作者由秋风的来临,联想到万物的凋零,继而联想到人生的易老,抒发出对于世事艰难、人生道路坎坷的感慨。

　　秋,在作者笔下成了有声有色有意有形的东西,使人有宛然在目之感。本文写景、抒情、叙事、议论,浑然一体,不落斧凿的痕迹;在句法上,整齐而富于变化,参差而不散乱,具有一种音乐美,从而增强了艺术感染力。

　　欧阳子方夜读书[1],闻有声自西南来者,悚然而听之[2]。曰:"异哉! 初淅沥以潇飒[3],忽奔腾而砰湃[4]。如波涛夜惊,风雨骤至。其触于物也,鏦鏦铮铮[5],金铁皆鸣。又如赴敌之兵,衔枚疾走[6],不闻号令,但闻人马之行声。"予谓童子:"此何声也?汝出视之。"童子曰:"星月皎洁,明河在天[7]。四无人声,声在树间。"予曰:"噫嘻[8],悲哉! 此秋声也,胡为乎来哉?"

　　盖夫秋之为状也,其色惨淡,烟霏云敛[9];其容清明,天高日晶;其气栗冽[10],砭人肌骨[11];其意萧条,山川寂寥。故其为声也,凄凄切切,呼号奋发。丰草绿缛而争茂[12],佳木葱茏而可悦[13]。草拂之而色变[14],木遭之而叶脱。其所以摧败零落者,乃一气之余烈[15]。

　　夫秋,刑官也[16],于时为阴[17]。又兵象也,于行为金[18]。是谓"天地之义气"[19],常以肃杀而为心。天之于物,春生秋实。故其在乐也,商声主西方之音[20];夷则为七月之律[21]。商,伤也,物既老而悲伤。夷,戮也,物过盛而当杀。

嗟夫!草木无情,有时飘零。人为动物,惟物之灵。百忧感其心,万事劳其形。有动乎中,必摇其精,而况思其力之所不及,忧其智之所不能。宜其渥然丹者为槁木②,黟然黑者为星星㉓。奈何非金石之质,欲与草木而争荣?念谁为之戕贼㉔,亦何恨乎秋声?

童子莫对,垂头而睡㉕。但闻四壁虫声唧唧㉖,如助予之叹息。

【注释】

① 欧阳子:欧阳修自称。　方:正在。
② 悚(sǒng)然:恐惧的样子。
③ 淅(xī)沥:象声词,这里形容雨声。　潇飒(xiāosà):风雨骤至声。
④ 砰:通"澎"。
⑤ 枞(cōng)枞铮(zhēng)铮:金属相互撞击声。
⑥ 枚:形状如箸,两端有带,可系于颈后。古代进军袭击敌方时,常令士兵衔于口中,以防喧哗。这种做法叫作"衔枚"。
⑦ 明河:这里指银河。
⑧ 噫嘻:惊叹声。
⑨ 霏(fēi):云飞的样子。这里是消失的意思。
⑩ 栗冽:通"凛冽",寒冷。
⑪ 砭(biān):古代用于治疗的石针。这里用作动词,即刺的意思。
⑫ 绿缛(rù):绿草茂密。
⑬ 葱茏:草木青翠茂盛。
⑭ 拂:掠过,拂拭。
⑮ 气:古人认为大自然中弥漫着一种气,这种气四季是会发生变化的,如春天是阳和之气,秋天是肃杀之气。
⑯ 刑官:即司寇,古代掌管刑狱、纠察的官。古人将职官与天地四时相配,司寇称为秋官,取其杀戮之意。
⑰ 于时为阴:古人以春夏为阳(春天阳气始出,夏天阳气极盛),秋冬为阴(秋天阴气始出,冬天阴气极盛),所以这里说秋天"于时为阴"。

⑱ 于行为金:行,五行,指金、木、水、火、土五种物质。古代一些思想家曾用五行来解释世界万物的生成及相互关系,并把它们同四季相配,五行配四季,秋为金。
⑲ 天地之义气:《礼记·乡饮酒义》说:天地肃杀之气,始于西南方,到西北方时是极盛的顶点,这是"天地之义气"。由西南方到西北方,正是秋的方位。
⑳ 商声:五声(宫、商、角、徵、羽)之一。古人将五声和四时相配,秋属商。古人又将五行和五方(东、南、中、西、北)、五声相配,秋主西,而秋又属商声,所以说"商声主西方之音"。
㉑ 夷则为七月之律:夷则是七月的音律。古音分十二律,即十二个高度不同的标准音:黄钟、大吕、太簇、夹钟、姑洗、仲吕、蕤(ruí)宾、林钟、夷则、南吕、无射(yì)、应钟。古人又将乐律和历法联系起来,十二律和十二月相配,夷则配七月。
㉒ 渥(wò)然丹者:指丰腴红润的脸庞,这里比喻年轻人的容貌。渥然,润泽的样子。　槁木:枯木,这里比喻衰老。
㉓ 黟(yī)然黑者:指乌黑的头发,这里比喻健壮。黟然,黑的样子。　星星:这里形容鬓发花白。
㉔ 戕(qiāng)贼:残害、伤害。
㉕ 睡:打瞌睡。
㉖ 唧(jī)唧:虫子鸣叫声。

## 【译文】

欧阳子正在夜里读书,听到有一种声音从西南方向传来,便惊恐地听着。自言自语地说:"真奇怪啊!起初淅淅沥沥,潇潇飒飒,忽然变得奔腾澎湃。如同波涛在夜间咆哮,又像风雨骤然来临。它碰在物体上,铮铮,发出兵器相击的声响。又好像奔赴敌阵的军队,衔枚迅跑,听不到号令,只听到人马行进的声音。"于是便对童子说:"这是什么声音?你出去看看。"童子回答说:"星光月色,明亮洁白,浩瀚银河,悬挂在天。四处无人声,声音在树间。"我叹息道:"啊,悲伤呀!这是秋天的风声,它为什么来临了呢?"

那秋天的形状大概是这样的,它的色调惨淡苍凉,烟雾消失,云气散去;它的容貌清新开朗,天高气爽,阳光灿烂;它的气候凛冽寒冷,刺人肌骨;它的意境冷落萧条,山川寂静,无声无形。所以它作为一种声音,就凄凄切切,呼啸激昂。秋风没有降临时,绿草繁茂,欣欣向荣,树木葱茏,令人神怡。然而,秋风一旦降临,草挨到它便要变色,树碰到它便要落叶。它用来摧败花草,使树木凋零的东西,就是一种肃杀之气的余威。

秋天是行刑的季节,在时令方面,它属于阴。它又是战争的象征,在五行中属于金。这就是所说的"天地之义气",常常以肃杀作为心意。自然对于万物,春天使它们生长,秋天让它们结实。所以它在音乐方面属于商声,而商声是代表西方的一种声音;"夷则"是七月的音律。商,是悲伤的意思,万物老了,都会感到悲伤。夷,是杀戮的意思,物类过了繁盛期,就理所当然地会走向衰败。

唉!草木没有情感,到了一定季节尚且飘落凋零。人是有情感的动物,又是万物中最有灵性的。百般的忧戚刺激着他的心,无数的事情劳累着他的躯体。内心受到刺激,必然耗费精力,更何况常常考虑自己力所不及的事,担心自己的智慧达不到所要求的事。这样,红润的容颜变成了槁木一般,乌黑发亮的头发变得花白,这也是很自然的。为什么本不是金石的肌体,却要同草木争荣比盛呢?想想吧,是谁伤害了自己,又怎么可以去怨恨这秋声呢?

童子没有回答,垂头打瞌睡。只听到四壁虫声唧唧,像是在附和我的叹息。

# 祭石曼卿文

## 欧阳修

【题解】

这是作者为悼念亡友石延年而作的祭文。石延年,字曼卿,为人倜傥作文刚健有力,善于写诗,工于书法。曾任太常寺太祝、光禄寺丞、大理寺丞、太子中允等官。他与作者交往甚密。在本文中,作者以真挚的感情,低沉的语调,表达了对他的深切怀念。

这是一篇韵文,但句式灵活,富于变化,避免了一般祭文的呆板格式。内容不是为死者作生平概括,而是先以身虽亡而名长存来告慰亡友在天之灵,接着渲染了墓地的悲凉景象。满目凄怆,更衬托出作者对死者的哀悼之情。

维治平四年七月日[1],具官欧阳修[2],谨遣尚书都省令史李敭[3],至于太清[4],以清酌庶羞之奠[5],致祭于亡友曼卿之墓下,而吊之以文曰:

呜呼曼卿!生而为英[6],死而为灵[7]。其同乎万物生死,而复归于无物者,暂聚之形[8]。不与万物共尽,而卓然其不朽者[9],后世之名。此自古圣贤,莫不皆然。而著在简册者[10],昭如日星[11]。

呜呼曼卿!吾不见子久矣,犹能仿佛子之平生[12]。其轩昂磊落[13],突兀峥嵘[14],而埋藏于地下者,意其不化为朽壤[15],而为金玉之精[16]。不然,生长松之千尺,产灵芝而九茎[17]。奈何荒烟野蔓[18],荆棘纵横,风凄露下,走磷飞萤[19],但见牧童樵叟,歌吟而上下,与夫惊禽骇兽,悲鸣踯躅而咿嘤[20]?今固如此,更千秋而万岁兮[21],安知其不穴藏狐貉与鼯鼪[22]?此自古圣贤,亦皆然兮,独不见夫累累乎旷野与荒城[23]?

呜呼曼卿!盛衰之理,吾固知其如此。而感念畴昔[24],悲凉凄怆,不觉临风而陨涕者[25],有愧夫太上之忘情[26]。

尚飨[27]!

【注释】

① 维:发语词。 治平四年:公元1067年。治平是宋英宗的年号(1064年—1067年)。

② 具官:唐宋以来,在公文函牍等底稿上,常把应写明的官爵品位简写为"具官"。
③ 尚书都省令史:尚书都省,官署名,即尚书省。令史,官名,三省六部及御史台低级事务员。 李敱(yì):事迹不详。
④ 太清:地名,在永城县(今河南商丘东南有永城),石曼卿的故乡。石曼卿死后埋在这里。
⑤ 清酌庶羞:指祭祀酒食。清酌,一般专指祭祀用酒。庶羞,肴美叫羞,品多叫庶。 奠:置酒食而祭。这里用作名词,祭品。
⑥ 英:指杰出人物。
⑦ 灵:神灵。
⑧ 暂聚之形:古人认为天地万物都是由"气"积聚而成,人体也是这样。形,指人的肉体。
⑨ 卓然:高超的样子。
⑩ 简册:指史书。
⑪ 昭:明亮。
⑫ 仿佛:依稀想象的意思。
⑬ 轩昂:仪表英俊非凡。 磊落:心地光明正大。
⑭ 突兀峥嵘:指人的品质气魄突出不凡。
⑮ 意:料想。
⑯ 精:精华,事物中之最佳者。
⑰ 灵芝而九茎:灵芝,一种稀有的药用菌类植物,古人把它看作瑞草。九茎,指灵芝的茎很多。
⑱ 奈何:怎么。
⑲ 走磷:闪动的磷火,俗称"鬼火"。 飞萤:一种尾部能发光的昆虫,俗称"萤火虫"。
⑳ 踯躅(zhízhú):徘徊不前的样子。 咿嘤(yīyīng):象声词,禽兽鸣叫声。
㉑ 更(gēng):经历,经过。
㉒ 狐:狐狸。 貉(hé):形似狐的一种野兽,亦称狗獾。 鼯(wú):形似松鼠,生活在森林里。 鼪(shēng):黄鼬。按,这四种动物都是昼伏夜出的夜行性动物。
㉓ 累(léi)累:相连不断的样子。城,这里指坟墓。
㉔ 畴昔:往日。

㉕ 陨涕:落泪。
㉖ 太上:最上的人,指圣人。
㉗ 尚飨(xiǎng):表示希望死者灵魂来享用祭品。旧时祭文常用作结语。尚,表示希望的意思。飨,享用祭品。

## 【译文】

治平四年七月某日,具官欧阳修,恭敬地委派尚书都省令史李敭来到太清,用清酒和丰盛的佳肴为祭品,在亡友曼卿的墓前奠祭,并作祭文来悼念:

啊!曼卿,你生前是英杰,死后为神灵。和万物有生有死一样,最终又归于消亡的,是暂时存在的躯体。而不与万物一起消亡,却卓然不朽的,是流传后代的名声。这一点,自古以来的圣贤,没有一个不是这样。而记载在史册里的,就像太阳和星星一样明亮。

啊!曼卿,我虽然好久没见到您了,但还能依稀记得您过去的一切。您那英俊的仪表和磊落的胸怀,杰出的品格和不凡的气质,尽管已埋入地下,但料想它不会化为腐朽的泥土,而会变成金玉般的精华。不然的话,就会长成千尺的苍松,或者九茎的灵芝。然而怎么现在却到处是荒凉的烟云,野生的蔓草,荆棘纵横,风雨凄凄,霜露降下,磷火闪动,萤虫飞舞,只见牧童樵夫,歌唱着在你墓前走来走去,还有那些受惊的鸟兽,在凄厉地鸣叫和徘徊?现在就这个样子,再经历千秋万年以后,哪能知道这里不会成为狐貉和鼯鼪的洞穴呢?这一点,自古以来的圣贤,也都是这样的,难道没看见那一片片空旷的荒野和残破的荒坟吗?

啊!曼卿,事物盛衰兴亡的道理,我本来就知道是这样的。然而每当我想起从前的事情,就悲凉凄怆,不由自主地临风洒泪,我惭愧自己不能像圣人那样忘情。

请享用祭品吧!

# 泷冈阡表

## 欧阳修

**【题解】**

泷冈(Shuānggāng)在今江西永丰县的凤凰山,欧阳修的父亲死后埋葬在这里。本文是欧阳修在他父亲死后六十年所作的墓表。表也是一种碑文,因它树立在墓前的道路(即阡)上,故又称"阡表"。欧阳修在本文中极力称颂他父母生前的美德,以此说明自己能够身居高位,完全是先辈积下的"阴德"所致。同时又以自己能够"光宗耀祖",来告慰先人在天之灵。这些都是封建时代一般知识分子所特有的思想感情。但文中反复强调慎重处理狱讼,这种见解还是应当肯定的。本文言辞清新质朴,不尚浮华,用具体的事实代替了空泛的溢美之词。在这类文体的文章中,是别具一格的。

呜呼!惟我皇考崇公①,卜吉于泷冈之六十年②,其子修始克表于其阡③。非敢缓也,盖有待也。

修不幸,生四岁而孤。太夫人守节自誓④,居穷,自力于衣食,以长以教,俾至于成人⑤。太夫人告之曰:"汝父为吏,廉而好施与,喜宾客,其俸禄虽薄,常不使有余,曰:'毋以是为我累。'故其亡也,无一瓦之覆、一垄之植以庇而为生,吾何恃而能自守耶?吾于汝父,知其一二,以有待于汝也。自吾为汝家妇,不及事吾姑⑥,然知汝父之能养也。汝孤而幼,吾不能知汝之必有立,然知汝父之必将有后也。吾之始归也⑦,汝父免于母丧方逾年。岁时祭祀,则必涕泣曰:'祭而丰,不如养之薄也。'间御酒食,则又涕泣曰:'昔常不足,而今有余,其何及也!'吾始一二见之,以为新免于丧适然耳⑧。既而其后常然,至其终身未尝不然。吾虽不及事姑,而以此知汝父之能养也。汝父为吏,尝夜烛治官书,屡废而叹。吾问之,则曰:'此死狱也,我求其生不得耳⑨。'吾曰:'生可求乎?'曰:'求其生而不得,则死者与我皆无恨也⑩。矧求而有得耶⑪?以其有得,则知不求而死者有恨也。夫常求其生,犹失之死,而世常求其死也?'回顾乳者抱汝而立于旁,因指而叹曰:'术者谓我岁行在戌将死⑫,使其言然,吾不及见儿之立也,后当以我语告之。'其平居教他子弟,常用此语,吾耳熟焉,故能详也。其施于外事,吾不能知;其居于家,无所矜饰,而所为如此,是真发于中者耶!呜呼,其心厚于仁者耶!此吾知汝父之必将有后也。汝其勉之。夫养不必丰,要于孝⑬;利虽不得博于物,要其心之厚于仁。吾不能教汝,此汝父之志也。"修泣而志之不敢忘。

先公少孤力学,咸平三年进士及第⑭,为道州判官⑮,泗、绵二州推官⑯,又为泰州判官⑰,享年五十有九,葬沙溪之泷冈⑱。太夫人姓郑氏,考讳德仪,世为江南名族。太夫人恭俭仁爱而有礼,初封福昌县太君⑲,进封乐安、安康、彭城三郡太君⑳。自其家少微时,治其家以俭约,其后常不使过之。曰:"吾儿不能苟活于世,俭薄所以居患难也。"其后修贬夷陵㉑,太夫人言笑自若,曰:"汝家故贫贱也,吾处之有素矣。汝能安之,吾亦安矣。"

自先公之亡二十年㉒,修始得禄而养。又十有二年,列官于朝,始得赠封其亲㉓。又十年,修为龙图阁直学士、尚书吏部郎中、留守南京㉔。太夫人以疾终于官舍,享年七十有二。又八年,修以非才入副枢密㉕,遂参政事㉖。又七年而罢。自登二府㉗,天子推恩,褒其三世。盖自嘉祐以来㉘,逢国大庆,必加宠锡㉙。皇曾祖府君㉚,累赠金紫光禄大夫、太师、中书令㉛。曾祖妣㉜，累封楚国太夫人。皇祖府君，累赠金紫光禄大夫、太师、中书令、兼尚书令㉝。祖妣，累封吴国太夫人。皇考崇公，累赠金紫光禄大夫，太师、中书令、兼尚书令。皇妣，累封越国太夫人。今上初郊㉞，皇考赐爵为崇国公，太夫人进号魏国。

于是小子修泣而言曰：呜呼！为善无不报，而迟速有时，此理之常也。惟我祖考，积善成德，宜享其隆，虽不克有于其躬㉟，而赐爵受封，显荣褒大，实有三朝之锡命㊱。是足以表见于后世，而庇赖其子孙矣。乃列其世谱，具刻于碑。既又载我皇考崇公之遗训，太夫人之所以教而有待于修者，并揭于阡，俾知夫小子修之德薄能鲜，遭时窃位；而幸全大节，不辱其先者，其来有自。

熙宁三年，岁次庚戌㊲，四月，辛酉朔㊳，十有五日、乙亥㊴；男推诚、保德、崇仁、翊戴功臣㊵、观文殿学士㊶、特进㊷，行兵部尚书㊸，知青州军州事㊹，兼管内劝农使㊺，充京东路安抚使㊻，上柱国㊼，乐安郡开国公㊽，食邑四千三百户㊾，食实封一千二百户，修表。

【注释】

① 皇考：旧时对亡父的敬称。　崇公：崇国公，欧阳修父亲欧阳观的封号。
② 卜吉：旧时埋葬死人前用占卜的方法来选择吉祥的墓地。这里指埋葬。
③ 克：能。　表：这里用作动词，修墓表。
④ 太夫人：即国太夫人，欧阳修母亲的封号。宋代按官员的官阶高下，对其曾祖母、祖母和母亲分别授予国太夫人、郡太夫人、郡太君、县太君等封号。
⑤ 俾：使。
⑥ 姑：丈夫的母亲，即婆婆。
⑦ 归：旧称女子出嫁。
⑧ 适：才。

⑨ 求其生:这里指设法免除死刑。
⑩ 恨:遗憾。
⑪ 矧(shěn):何况。
⑫ 岁行在戌:木星运行到戌年。岁,岁星,即木星。古人认为木星十二年绕天一周,每年行经一个特定的星空区域,故把木星运行经过的轨道分为十二等分,并按一定方位配以子丑寅卯辰巳午未申酉戌亥十二地支,用以纪年。
⑬ 要:要旨,关键。
⑭ 咸平:宋真宗赵恒的年号(998年—1003年)。
⑮ 道州:州治在今湖南道县。 判官:官名。宋代在各州、府设置,为州、府佐吏;各路经略使、宣抚使、转运使也设判官,职位略低于副使。
⑯ 泗、绵二州:泗州治所在今安徽泗县。绵州治所在今四川绵阳。 推官:宋代州、府长官的属官,掌管司法。
⑰ 泰州:治所在今江苏泰州市姜堰区。
⑱ 沙溪:地名,在今江西永丰县南。
⑲ 福昌县:今河南宜阳县。
⑳ 乐安:郡名。郡治在今山东博兴县。 安康:郡名。郡治在今陕西汉阴县。 彭城:郡名。郡治在今江苏徐州市。
㉑ 夷陵:县名。今湖北宜昌市。
㉒ 自先公之亡二十年:即宋仁宗天圣八年(1030年)。这一年,欧阳修中进士,任将仕郎、西京留守推官。
㉓ 赠封:皇帝对官员本身及其妻室、父母和祖先所赐的官爵;对女性"叙封"简称为"封",对男性"赠官"简称为"赠"。下文说到欧阳修祖宗三代的官爵都属于赠封。
㉔ 龙图阁直学士:侍从皇帝的文官。龙图阁,保管皇帝的御书、典籍等物的阁名。设有学士等官。直学士,其品位仅次于学士。 尚书吏部郎中:官名。宋代尚书省吏部设郎中四人掌握官员的任免、赠封等事。 留守南京:宋代,西京、南京、北京各置留守一人,以知府兼任。南京为应天府,治所在今河南商丘市。
㉕ 副枢密:即枢密副使,又称同知枢密院事,是中央军事机关的副长官。
㉖ 参政事:宋初以资历较浅的官加参知政事衔,为实际上的副宰相,与宰相同议政事。

㉗ 二府:北宋掌管军事的枢密院和掌管政务的中书省并称二府。
㉘ 嘉祐:北宋仁宗赵祯的年号(1056年—1063年)。
㉙ 锡:通"赐"。
㉚ 府君:旧时子孙对其祖先的敬称。
㉛ 金紫光禄大夫、太师、中书令:这里都是褒赠之官。光禄大夫,宋代为文职阶官称号,是散官。加金章紫绶者为金紫光禄大夫,正三品。太师,三公(太师、太傅、太保)之一,宋代无实职,加太师衔,只表示恩宠。班次在金紫光禄大夫之上。中书令,这里也是赠官,一般授予有特殊资望者,但也常加于武官。
㉜ 妣(bǐ):对去世的母亲的尊称。
㉝ 尚书令:宋代无实职,为赠官,班次在太师之上。
㉞ 今上:指当时在位的宋神宗赵顼(xū)(1068年—1085年在位)。 郊:郊祀,皇帝祭天大典,常在这时对臣下加官赠封。宋神宗初次郊祀的时间是熙宁元年(1068年)十一月丁亥日。
㉟ 躬:亲身。
㊱ 实:事实上。 三朝:指宋仁宗、英宗、神宗三朝。 锡命:指皇帝封赠的诏书。
㊲ 熙宁:宋神宗的年号(1068年—1077年)。熙宁三年(1070年)是庚戌年。
㊳ 辛酉朔:辛酉这一天是四月初一。
㊴ 乙亥:四月十五日。
㊵ 推诚、保德、崇仁、翊(yì)戴:这些都是宋代赐给皇子、皇亲及臣僚的褒奖之词。
㊶ 观文殿学士:宋代官制,宰相免职以后授观文殿大学士。欧阳修曾任副宰相(参知政事),故授观文殿大学士。
㊷ 特进:宋代文散官的第二阶,正二品。
㊸ 行:兼。宋制,以高职兼较低职称"行某官"。 兵部:尚书省六部之一,掌管武官选用和兵籍、军械、军令等事务。 尚书:六部的首长。
㊹ 知青州军州事:宋代派朝臣管理州一级地方行政,带"权知某州军州事"衔,兼管军事,简称"知州"。青州,州治在今山东益都县。
㊺ 内劝农使:宋代为州官的兼职,掌管农事。
㊻ 京东路:宋地方分区名称。辖境相当于今山东东南部和河南、江苏部分

地区。　安抚使：官名，宋代为一路的军政长官，有节制兵马、赏罚官吏等权力。
㊼　上柱国：宋代勋官十二级中最高一级。
㊽　开国公：宋代封爵十二等的第六等。
㊾　食邑：享用封地的租税。下句的"食实封"，是实际封给的食邑。宋制，食邑从一万户至二百户，食实封从一千户至一百户，有时可以特加。又宋代封爵的食邑和实封只是名义上的荣誉，实际上并不按这个数字给俸禄。

## 【译文】

唉！我的父亲崇国公，埋葬在泷冈六十年以后，他的儿子欧阳修才能在墓道上修建墓表。不是我敢于延缓，而是有所等待。

我很不幸，生年四岁，父亲就去世了。母亲立誓守节，家境贫困，靠自己的力量生活，抚养我，教育我，使我长大成人。母亲告诉我说："你的父亲做官，廉洁而好施舍，喜欢接待宾客，虽然他的俸禄微薄，却常常不使它有剩余。说：'不要因为金钱使我受累。'所以他去世的时候，没有留下一间瓦屋、一垄土地使我们有所依赖，以维持生活，我依靠什么能自守呢？我对你父亲，略知一些事情，因此寄希望在你的身上。我自从出嫁到你们家来，没有赶上侍奉我的婆婆，但是我知道你父亲能奉养父母。你失去了父亲，年纪还小，我不能知道你将来就一定能够有所作为，但是知道你父亲一定会有后继人。我刚来你们家的时候，你父亲服完母丧刚过一年。每逢年节祭祀，他一定流着泪说：'祭祀再丰盛，也不如在世时微薄的奉养。'偶尔进用酒食，也流着泪说：'过去常常匮乏，现在生活富裕了，可是又怎么能奉养父母呢！'我起初看见一两次，以为刚刚服完母丧才有这种表示。可是从那以后，却常常是这样，直到他去世一直如此。我虽然没赶上侍奉婆婆，可是从这里知道你父亲是能奉养父母的。你父亲做官的时候，曾经在夜里点着蜡烛批阅官府文书，屡次停下来叹息。我问他，他便说：'这是死罪的案子，我想为他寻求一条活路，却找不到。'我说：'可以寻求活路吗？'他说：'为他寻求活路而得不到，那么，被判处死刑的人和我就都没有遗憾了。何况去寻求而有得到活路的呢？由于有的确实得到了活路，所以我知道不为他们寻求活路而被处死的那些人是有遗憾的。经常为死囚寻求活路，尚且还会有不适当地被处死的，更何况世上的官吏还常常为犯人寻求应该处死的理由呢？'说完，回过头来看到乳母抱着你站在身旁，就指着你叹息道：'算命先生说，我当岁星行经戌年时就会死去，假使像他说的那样，我来不及看到儿子长大成人了，将来要把我的这些话告诉他。'他平常教导别人的子弟，也常用这些话，我听熟了，所以能详细地告诉你。他在外面办的事情，我无法知道；他在家中，没有一点矜持文饰的表现，他所做的是这样，确实是发自内心的啊！唉，他的心比仁人的心还厚道啊！这就是我知道你父亲必将后继有人的根据。你一定要努力按他的话去做。奉养双亲不一定要很丰厚，关键在有孝心；自己做的事虽然不能对所有的人都有益处，但关键在内心要有深厚的仁爱性情。我不能有什么来教导你，这是你父亲的心愿。"我流着眼泪记下了这些话，从不敢遗忘。

先父从小就死了父亲，经过努力学习，于咸平三年考中进士，先后做过道州判官、泗州和绵州的推官，又做过泰州判官，享年五十九岁，葬在沙溪的泷冈。母亲姓郑，她的父亲名德仪，世代为江南有名的家族。母亲恭谨俭朴仁爱而且知礼，最初封为福昌县太君，又晋封为乐安、安康、彭城三郡太君。从家境贫寒时，就以节俭治家，后来也常常不让用度超过那时。她说："我儿不能苟且投合于世人，平时节俭是为了将来生活于患难之中。"后来我被贬为夷陵县令，母亲谈笑自如，说："你家本来就是贫贱的，我在这种境况下生活，由来已久了。你能安于这种生活，我也就安心了。"

从先父死后二十年，我才得到官禄奉养母亲。又过了十二年，到朝廷上做官，才得以赠封亲属。又过十年，我任龙图阁直学士、尚书省吏部郎中，留守南京。母亲因病死在官舍，享年七十二岁。又过了八年，我以不胜任的才能进入枢密院，任枢密副使，于是为参知政事。又过七年，免去官职。自从进入二府为官，天子推行恩德，褒奖我家三代。自从嘉祐以来，每逢国家大庆，必定加给尊贵荣耀的封赏。曾祖父,连续受赐至金紫光禄大夫、太师、中书令。曾祖母,连续受封至楚国太夫人。祖父,连续受赐至金紫光禄大夫、太师、中书令,兼尚书令。祖母,连续受封至吴国太夫人。父亲崇国公,连续受赐至金紫光禄大夫、太师、中书令,兼尚书令。母亲,连续受赐至越国太夫人。当今皇帝初次郊祀时,赐予父亲崇国公爵位,母亲进封号为魏国太夫人。

于是我流着泪说:唉!行善没有不得到报答的,只是时间的早晚有不同,这是常理。我的祖先积累善行,成就仁德,应该享受这种优厚的报答,虽然他们在世时没能得到,但是赐予爵位,封给官职,显赫荣耀,褒扬光大,实际有仁宗、英宗、神宗三朝颁赐的诏命。这就足以刻在墓表上,显耀于后世,荫庇他们的子孙了。于是排列世系家谱,刻在碑上。然后又把我父亲的遗训和母亲用来教导并且期待我的话,一并刻在墓表上,使人们知道我的德行浅薄,才能有限,只是由于生逢其时,才窃居了高位;但是能侥幸保全大节,不使他的先祖受辱,这是有来由的。

熙宁三年,岁次庚戌,四月初一辛酉日,十五乙亥日,子推诚、保德、崇仁、翊戴功臣,观文殿学士,特进,兼兵部尚书,权知青州军州事,兼管内劝农使,充任京东路安抚使,上柱国,乐安郡开国公,食邑四千三百户,食实封一千二百户,修谨立。

# 管 仲 论

## 苏 洵

【题解】

作者苏洵(1009年—1066年),字明允,眉山(今属四川)人。北宋散文家。曾任秘书省校书郎、霸州文安县主簿。

苏洵在政治上主张抗辽，对大地主的土地兼并和政治特权也有所不满。他的文章以雄健、犀利和流畅著称。他和他的儿子苏轼、苏辙并称"三苏"，都列入"唐宋八大家"。

本文强调"荐贤"对保证国家长期安定强盛的重要作用。作者认为齐国富强是由于鲍叔牙荐举了管仲，而齐国内乱是由于管仲临终前没有荐贤自代。所以，治理国家的关键不在于诛杀作乱的人，而在于推举任用贤人。这种荐贤任能的观点，具有深远的意义。

　　管仲相威公①，霸诸侯，攘夷狄②，终其身齐国富强，诸侯不敢叛。管仲死，竖刁、易牙、开方用③。威公薨于乱④，五公子争立⑤，其祸蔓延，讫简公⑥，齐无宁岁。

　　夫功之成，非成于成之日，盖必有所由起；祸之作，不作于作之日，亦必有所由兆。故齐之治也，吾不曰管仲，而曰鲍叔⑦。及其乱也，吾不曰竖刁、易牙、开方，而曰管仲。何则？竖刁、易牙、开方三子，彼固乱人国者，顾其用之者⑧，威公也。夫有舜而后知放四凶⑨，有仲尼而后知去少正卯⑩。彼威公何人也？顾其使威公得用三子者，管仲也。仲之疾也，公问之相。当是时也，吾意以仲且举天下之贤者以对，而其言乃不过曰：竖刁、易牙、开方三子，非人情，不可近而已⑪。

　　呜呼，仲以为威公果能不用三子矣乎？仲与威公处几年矣，亦知威公之为人矣乎？威公声不绝于耳，色不绝于目，而非三子者，则无以遂其欲。彼其初之所以不用者，徒以有仲焉耳。一日无仲，则三子者，可以弹冠而相庆矣⑫。仲以为将死之言，可以絷威公之手足耶⑬？夫齐国不患有三子，而患无仲。有仲，则三子者，三匹夫耳⑭。不然，天下岂少三子之徒哉？虽威公幸而听仲⑮，诛此三人，而其余者，仲能悉数而去之耶⑯？呜呼，仲可谓不知本者矣。因威公之问⑰，举天下之贤者以自代，则仲虽死，而齐国未为无仲也。夫何患三子者？不言可也。

五伯莫盛于威、文⑱。文公之才,不过威公,其臣又皆不及仲。灵公之虐⑲,不如孝公之宽厚⑳。文公死,诸侯不敢叛晋。晋袭文公之余威㉑,犹得为诸侯之盟主百余年㉒。何者?其君虽不肖㉓,而尚有老成人焉㉔。威公之薨也,一败涂地,无惑也㉕,彼独恃一管仲,而仲则死矣。

　　夫天下未尝无贤者,盖有有臣而无君者矣。威公在焉,而曰天下不复有管仲者,吾不信也。仲之书㉖,有记其将死,论鲍叔,宾胥无之为人㉗,且各疏其短㉘。是其心以为数子者,皆不足以托国。而又逆知其将死㉙,则其书诞谩不足信也㉚。吾观史䲡㉛,以不能进蘧伯玉而退弥子瑕㉜,故有身后之谏㉝。萧何且死㉞,举曹参以自代㉟。大臣之用心,固宜如此也。夫国以一人兴,以一人亡。贤者不悲其身之死,而忧其国之衰,故必复有贤者,而后可以死。彼管仲者,何以死哉?

## 【注释】

① 管仲:名夷吾,字仲。春秋初期政治家。由鲍叔牙推荐给齐桓公,被任命为卿,是齐桓公最得力的助手。他在齐国推行一系列新措施,使齐国的力量得到很大的发展。　齐威公:齐桓公。姓姜,名小白。公元前685年至前643年在位。宋人为避宋钦宗赵桓的名讳,改桓为威。他在管仲的辅助下,以"尊王攘夷"为口号,多次大会诸侯,成为春秋时期的第一个霸主。
② 攘:排斥。　夷狄:古代对少数民族的蔑称。
③ 竖刁、易牙、开方:三人都是齐桓公的宠幸近臣。管仲死后,他们三人共同专权。桓公死,诸子争立,他们借机大肆杀戮齐国大臣,拥立公子无亏为国君,齐国因此发生内乱。竖刁,"刁"也作"刀""貂",相传他为了进入齐内宫而自阉。易牙,一作"狄牙"。开方,原卫国公子,后离开卫国,抛弃双亲,臣事齐桓公。
④ 薨(hōng):周代诸侯死亡称作"薨"。
⑤ 五公子:指公子武孟、公子元、公子潘、公子商人、公子雍。
⑥ 简公:齐简公,公元前484年至前481年在位。

⑦ 鲍叔:鲍叔牙,春秋时齐国大夫,以善于知人著称。年少时和管仲友善。在公子纠和齐桓公的争权斗争中,管仲辅佐公子纠,他辅佐齐桓公。齐桓公即位后,要任命他负责管理国内外事务,他谢绝了,并推举管仲。齐桓公听从他的意见,重用管仲,从此齐国逐渐强盛起来。

⑧ 顾:但是。

⑨ 舜:传说中父系氏族社会后期的部落联盟领袖。 四凶:指共工、鲧、骧兜和三苗首领。

⑩ 仲尼:孔子的字。鲁国人,春秋末期著名政治家、思想家、教育家,儒家学派创始人。 少正卯:春秋末期鲁国大夫。史书记载,孔子任鲁国司寇时,少正卯被杀。

⑪ 非人情:管仲认为竖刁、易牙、开方三人,既然能够做出自阉、杀儿、背亲这种不近人情的事,也就不可能忠于君主,所以希望齐桓公不要亲近他们。

⑫ 弹冠:弹去帽子上的灰尘。

⑬ 絷(zhí):用绳索绊住马足。这里是束缚的意思。

⑭ 匹夫:这里指普通人。

⑮ 幸:侥幸。

⑯ 悉:全部。

⑰ 因:顺着,趁着。

⑱ 五伯:即五霸。春秋时期,齐桓公、晋文公、楚庄王、宋襄公、秦穆公,曾先后称霸诸侯,史称五霸。 威、文:即桓、文。文,指晋文公,公元前636年至前628年在位,继齐桓公称霸。

⑲ 灵公:指晋灵公,晋文公之子,公元前620年至前607年在位。

⑳ 孝公:指齐孝公,齐桓公之子,公元前642年至前633年在位。齐桓公死后,他在宋国的支持下夺得了王位。

㉑ 袭:继承。

㉒ 盟主:古代诸侯盟会中的首领。

㉓ 肖:这里是贤明的意思。

㉔ 老成人:原指"年老成德之人",后指阅历多而办事稳重的人。

㉕ 惑:这里指困惑不解。

㉖ 仲之书:指《管子》。相传为管仲所撰,实际上是后人根据管仲的言行编纂而成的。

㉗ 宾胥无:齐国大夫,齐桓公时贤臣。
㉘ 疏:陈述,列举。
㉙ 逆知:预先测知。
㉚ 诞谩:荒诞无稽。
㉛ 史鰌:字子鱼,也叫史鱼,春秋时卫国大夫。
㉜ 蘧(Qú)伯玉:春秋时卫国大夫,卫灵公时贤臣。 弥子瑕:春秋时卫国大夫,善于奉承,曾深得灵公宠爱。
㉝ 身后之谏:卫灵公不用蘧伯玉而用弥子瑕,史鰌多次进谏,灵公一直不听。史鰌临死前,令其子把自己的尸体放在窗下,以表示死后仍要进谏。灵公来吊丧,看到这种情况感到奇怪,史鰌的儿子就跟他说明了原因。灵公醒悟,于是不用弥子瑕而用蘧伯玉。
㉞ 萧何:随汉高祖刘邦起兵,后为汉朝丞相。在汉政权的建立和巩固过程中发挥了重要的作用。他生病时,汉惠帝刘盈前往看望,并问以后谁能继他为相,萧何推荐了曹参。
㉟ 曹参:随刘邦起兵,屡建战功,继萧何为汉丞相,恪守萧何成法。

## 【译文】

管仲辅佐齐桓公,使他能够称霸诸侯,抵御夷狄的侵扰,一直到他死,齐国都很富强,诸侯不敢背叛。管仲死后,竖刁、易牙、开方用事。齐桓公在内乱中死去,五个儿子为王位而互相争斗,这场灾祸蔓延不断,一直到齐简公,齐国没有一年安宁过。

功业的完成,不是完成在成功之日,而是一定有它成功的缘由。灾祸的发生,不是发生在发生之日,也一定有它发生的征兆。所以,齐国的强盛,我不说是由于管仲,而说是由于鲍叔牙。谈到那齐国的动乱,我不说是由于竖刁、易牙、开方,而说是由于管仲。为什么呢?竖刁、易牙、开方这三个人,他们固然是扰乱国家的人,但是任用他们的,却是齐桓公。有了虞舜,然后才知道要流放四凶,有了仲尼,然后才知道要杀掉少正卯。齐桓公又是什么样的人呢?使齐桓公得以任用这三个人的,却是管仲。管仲生病的时候,齐桓公问他谁能继他为相。在这个时候,我以为管仲将会推举天下贤能的人来回答齐桓公,可是他在谈话中只是说:竖刁、易牙、开方这三个人的所作所为不合人情,不可以亲近他们罢了。

　　唉!管仲以为齐桓公果真能不任用这三个人了吗?管仲和齐桓公相处多少年了,也应当知道齐桓公的为人了吧?齐桓公每天沉湎于声色歌舞,如果不是这三个人,那么他的欲望就无法得到满足。这三个人当初所以不被重用,只是因为有管仲在啊。一旦没有管仲了,这三个人就可以弹冠相庆了。管仲以为他临死时说的话,就可以束缚住齐桓公的手脚了吗?齐国不怕有这三个人,而怕没有管仲。有管仲在,这三个人不过是三个普通人而已。如果不是这样,像这三个人一样的人天下难道还少吗?即使齐桓公侥幸听取了管仲的意见,杀了这三个人,但是其余的那些人,管仲能全部点出来,把他们都去掉吗?唉!管仲真可以说得上是一个不知道根本的人。假如趁着齐桓公问他的机会,推举天下贤能的人来代替自己,那么,管仲即使死了,齐国也不能算是没有管仲。这三个人有什么可怕的?不说,也是可以的。

　　五霸中没有哪一个能胜过齐桓公、晋文公。晋文公的才干,不如齐桓公,他手下的大臣又都不如管仲。晋灵公暴虐,当然就更不如齐孝公宽厚。可是,晋文公死后,诸侯却不敢背叛晋国。晋国承袭晋文公的余威,仍然做诸侯的盟主达百余年之久。这是为什么呢?因为晋国的君主虽然不贤能,却有老成练达的大臣在。但是,齐国在桓公死后,便一败涂地,这没有什么不好理解的,他们只靠了一个管仲,而管仲却死了。

　　天下从来不曾没有贤能的人,相反,往往是有贤能的大臣而没有圣明的君主。齐桓公在世时,说天下再没有像管仲那样能干的人,我不相信这句话。在管仲的书里,记载着他快要死的时候,谈论鲍叔牙、宾胥无为人的话,并且分别列举了他们的短处。这就是说,在他心里,这几个人都不足以托付治理国家的重任。可是又预料自己快要死了,这部书荒诞不经,不足以相信。我看史䲡,因不能在生前进荐蘧伯玉,而斥退弥子瑕,所以才有死后用尸体进谏的事情。萧何临死的时候,推举了曹参来接替自己。大臣心中的考虑,本来就应当这样。国家往往由于一个人而兴旺,由于一个人而衰亡。贤能的人不对自己的死亡感到悲伤,而只对他国家的衰败感到忧虑,所以他们一定要在生前找到贤能的人,然后才死去。但是管仲又做了什么才死的呢?

# 辨奸论

## 苏　洵

【题解】

王安石变法在北宋历史上起过积极的作用。但由于它触犯了大地主阶层的利益,所以遭到保守派的极端仇视。据前人考证,《辨奸论》即是南宋初年道学家邵伯温为攻击王安石而假托苏洵之名写作的。

文章列举了王安石的一系列所谓"不近人情"的行为,咒骂他是"祸人家国"的奸臣,并把北宋末年的社会动乱和亡国之祸都委过于王安石。作者为达到在政治上反对他人的目的而进行人身攻击,这种态度和手法是十分卑劣的。前人对此已有过许多批评。

事有必至,理有固然①。惟天下之静者②,乃能见微而知著。月晕而风③,础润而雨④,人人知之。人事之推移,理势之相因,其疏阔而难知⑤,变化而不可测者,孰与天地阴阳之事⑥?而贤者有不知,其故何也?好恶乱其中,而利害夺其外也⑦。

昔者,山巨源见王衍⑧,曰:"误天下苍生者,必此人也。"郭汾阳见卢杞⑨,曰:"此人得志,吾子孙无遗类矣。"自今而言之,其理固有可见者。以吾观之,王衍之为人,容貌言语,固有以欺世而盗名者,然不忮⑩,不求,与物浮沉。使晋无惠帝⑪,仅得中主⑫,虽衍百千,何从而乱天下乎?卢杞之奸,固足以败国,然而不学无文,容貌不足以动人,言语不足以眩世。非德宗之鄙暗⑬,亦何从而用之?由是言之,二公之料二子,亦容有未必然也⑭。

今有人⑮,口诵孔、老之言,身履夷、齐之行⑯,收召好名之士、不得志之人,相与造作言语,私立名字,以为颜渊孟轲复出⑰。而阴贼险狠,与人异趣。是王衍、卢杞合而为一人也,其祸岂可胜言哉?夫面垢不忘洗,衣垢不忘浣⑱,此人之至情也。今也不然,衣臣虏之衣⑲,食犬彘之食⑳,囚首丧面㉑,而谈诗书,此岂其情也哉?凡事之不近人情者,鲜不为大奸慝㉒,竖刁、易牙、开方是也㉓。以盖世之名,而济其未形之患,虽有愿治之主,好贤之相,犹将举而用之。则其为天下患,必然而无疑者,非特二子之比也。

孙子曰㉔:"善用兵者,无赫赫之功㉕。"使斯人而不用也,则吾言为过,而斯人有不遇之叹。孰知祸之至于此哉!不然,天下将被其祸,而吾获知言之名,悲夫!

【注释】

① 理:情理。
② 静:清净,冷静。即在任何时候,任何场合,都不受外界事物和表面现象的干扰、迷惑。道学家崇尚"静",认为这是最高的道德修养。静者,即指达到了这种修养的人。
③ 月晕(yùn):月亮周围的光环。
④ 础:柱子下面的石礅。
⑤ 疏阔:宽大广阔。这里有渺茫难以捉摸的意思。
⑥ 天地阴阳之事:指自然界的一切现象。阴阳,中国古代哲学的一对基本范畴。指自然界两种对立和互为消长的物质势力,并以此解释一切现象的变化。
⑦ 夺:干扰,牵制。
⑧ 山巨源:名涛,晋初人,曾任吏部尚书、太子少傅等官职。当时选用人员,他都亲作评论。当时的士大夫认为他善于识别人才。　王衍:字夷甫,

⑨ 郭汾阳:郭子仪,唐中期著名大将,以平定安史之乱有功,被封为汾阳郡王。　卢杞:字子良,唐德宗时任宰相。在职期间,陷害忠良,搜刮百姓,后被贬职。据《旧唐书·卢杞传》记载,郭子仪病,卢杞来看望他,郭氏让姬妾都回避,独自等候。事后家人问他为什么不让姬妾见客,郭子仪说:"卢杞容貌丑陋,心地险恶,姬妾见了他必定会发笑,这样他怀恨在心,必定要报复,将来他掌权,我的子孙就要被他铲除净尽了。"

⑩ 忮(zhì):忌恨。

⑪ 惠帝:指晋惠帝司马衷,公元290年至306年在位。以昏庸愚蠢出名。在位期间,由其妻贾后专权,酿成"八王之乱"。相传公元306年被东海王司马越毒死。

⑫ 中主:中等才能的皇帝。

⑬ 德宗:指唐德宗李适(kuò),公元780年至805年在位。在位期间曾采取过一些改革措施,企图加强中央集权,增加财政收入。对藩镇割据势力开始想采取抑制政策,但又猜忌有功大臣,信任卢杞等人,因此朝政混乱,没有什么成效。藩镇反叛时,唐德宗一再逃命,对藩镇采取姑息迁就政策。

⑭ 容:或许。

⑮ 有人:指王安石。

⑯ 履:实践。　夷:伯夷。　齐:叔齐。两人都是商朝末年孤竹国(今河北卢龙县)国君的儿子,相传孤竹国国君死后,兄弟互相推让,都不肯继位,一同逃往周地。后武王伐纣,二人叩马而谏,商亡后他们足不踏周地,口不食周粟,饿死在首阳山。他们的行为为后代儒家所推崇。

⑰ 颜渊:孔子的得意学生。　孟轲:即孟子,战国中期儒家的代表人物。

⑱ 垢(gòu):肮脏。　浣(huàn):洗濯。

⑲ 臣虏:奴仆。

⑳ 彘(zhì):猪。

㉑ 囚首丧面:形容不注意修饰。囚首,指头发散乱,如同囚犯。丧面,好像居丧的人的面孔。

㉒ 鲜:少。　奸慝(tè):奸邪。

㉓ 竖刁、易牙、开方：春秋时齐桓公的三个宠臣。据《史记·齐世家》记载，齐桓公问管仲，三人中谁可接他的相位，管仲逐一回答说："易牙烹自己的儿子给国君吃；开方本是卫国贵公子，背离父母来齐国侍奉国君，其父死了也不归国；竖刁甘当太监，入宫侍奉国君。这三人的行为都是不近人情的，不可亲信。"齐桓公没有听管仲的话，反而信任他们，使他们专权。齐桓公死后，三人果然作乱。
㉔ 孙子：名武，齐国人。战国时杰出的军事家。著有《孙子兵法》十三篇。
㉕ 善用兵者，无赫赫之功：此二句不见于今本《孙子兵法》。《孙子兵法·形篇》："善战者之胜也，无智名，无勇功。"曹操注："敌兵形未成，胜之，无赫赫之功也。"古代论战功，根据斩首多少来评定。孙子以为，善于用兵的人往往退敌于未临，所以从表面上看没有显著的战功。

## 【译文】

事情有必然发展到这一步的原因，情理有必定如此的根源。只有那天下最有修养的人，才能从细微的变化中预知事情的明显后果。月亮周围出现了光辉，预示着要刮风，柱石返潮，预示着要下雨，这是尽人皆知的。人世间的事情发展变化，道理情势的相互因循，哪里比得上天地阴阳变幻的渺茫难知？可是贤能的人却有所不知，这是什么缘故呢？这是因为喜好或厌恶的感情搅乱了他们的内心，而利害得失的考虑又影响了他们的行为。

从前，山巨源见了王衍，说："将来使天下百姓遭殃的，一定是这个人。"郭汾阳见了卢杞，说："此人一旦得志，我的子孙后代将会一个也留不下。"就今天的事情说来，的确有可以预见的道理。不过依我看来，王衍的为人，他的容貌言语，确实有欺世盗名的地方，但是他既不忌恨别人，也不过分贪求，只是随波逐流。假使晋朝当时没有惠帝，而只是一个一般的君主当政，即使有千百个像王衍这样的人，又怎么会使天下大乱呢？卢杞的奸险，固然足以使国家衰败，但是他不学无术，容貌既不足以动人，言谈也不足以欺世。如果不是碰上唐德宗这样的鄙陋昏庸的君主，又怎么会得到重用呢？由此说来，山、郭二公对王、卢二人的预言，或许未必一定如此。

现在有个人，嘴上讲的是孔子、老子的话，亲身实践的是伯夷、叔齐的行为,收罗了一些沽名钓誉的士人和一些不得志的人,他们在一起制造舆论,自我标榜,自以为是颜渊、孟轲再生于今世。可是内心却阴险狠毒,志趣和一般人大不一样。这真是合王衍、卢杞于一身了,他所造成的灾难,难道可以用语言形容吗?脸脏了不忘洗净,衣服脏了不忘洗涤,这是人之常情。现在这个人却不是这样,穿的是奴仆的衣服,吃的是猪狗的食物,头发蓬乱,像囚犯一样,满面尘垢像居丧者一般,可是却大谈诗书,这难道合乎情理吗?凡是做事不近人情的人,很少不是大奸贼的,竖刁、易牙、开方就是这类人。以盖世的名望来助成他潜在的祸患,虽然有想要励精图治的君主,以及喜爱贤才的宰相,也还是要提拔并重用他的。那么,这种给天下带来祸患,必然而无疑的情况,就不是王衍、卢杞所能比拟的了。

孙子说:"善于用兵的人,没有显赫的战功。"假使这个人不被重用,那么,人们就会认为我的话是错的,而这个人就会有怀才不遇之感叹。如果这样,又有谁能知道他所造成的祸患将会达到这种严重地步呢?如果不是这样,天下就将遭受他的灾难,而我个人则会获得远见卓识的美名,那就太可悲了!

# 心　术

## 苏　洵

**【题解】**

这是一篇军事论文。作者从将帅的自我修养,即培养智谋胆略说起,谈到只有正义的战争才能激发士气,只有善于备战养兵才能保证百战百胜,只有知己知彼,善于把握战机,因势利导,才能取得战争的胜利。文章分别从几个方面阐述了战争的战略策略思想,具有一定的见解。但所谓"士欲愚"的权术思想,则反映了作者的阶级和时代的局限性。

文章每节自成段落,各有中心,又有着内在的联系,逻辑很严密。

为将之道,当先治心①。泰山崩于前而色不变,麋鹿兴于左而目不瞬②,然后可以制利害③,可以待敌。

凡兵上义④;不义,虽利勿动。非一动之为利害,而他日将有所不可措手足也。夫惟义可以怒士⑤,士以义怒,可与百战。

凡战之道,未战养其财,将战养其力,既战养其气,既胜养其心。谨烽燧⑥,严斥堠⑦,使耕者无所顾忌,所以养其财;丰犒而优游之⑧,所以养其力;小胜益急,小挫益厉,所以养其气;用人不尽其所欲为,所以养其心。故士常蓄其怒,怀其欲而不尽。怒不尽则有余勇,欲不尽则有余贪。故虽并天下⑨,而士不厌兵,此黄帝之所以七十战而兵不殆也⑩。不养其心,一战而胜,不可用矣。

凡将欲智而严,凡士欲愚。智则不可测,严则不可犯,故士皆委己而听命,夫安得不愚?夫惟士愚,而后可与之皆死。

凡兵之动,知敌之主,知敌之将,而后可以动于险⑪。邓艾缒兵于蜀中⑫,非刘禅之庸,则百万之师可以坐缚,彼固有所侮而动也⑬。故古之贤将,能以兵尝敌,而又以敌自尝,故去就可以决。

凡主将之道,知理而后可以举兵,知势而后可以加兵,知节而后可以用兵。知理则不屈,知势则不沮,知节则不穷。见小利不动,见小患不避,小利小患,不足以辱吾技也,夫然后有以支大利大患⑭。夫惟养技而自爱者,无敌于天下。故一忍可以支百勇,一静可以制百动。

兵有长短,敌我一也。敢问:"吾之所长,吾出而用之,彼将不与吾校;吾之所短,吾蔽而置之,彼将强与吾角,奈何?"曰:"吾之所短,吾抗而暴之⑮,使之疑而却;吾之所长,吾阴而养之,使之狎而堕其中⑯,此用长短之术也。"

善用兵者,使之无所顾,有所恃。无所顾,则知死之不足惜;有所恃,则知不至于必败。尺箠当猛虎⑰,奋呼而操击;徒手遇蜥蜴⑱,变色而却步。人之情也。知此者,可以将矣。袒裼而案剑⑲,则乌获不敢逼⑳;冠胄衣甲㉑,据兵而寝,则童子弯弓杀之矣。故善用兵者以形固㉒。夫能以形固,则力有余矣。

**【注释】**

① 心:这里当指下文讲的战争中的胆略、智谋和忍耐性、吃苦精神。
② 左:附近。　瞬:眨眼。
③ 制:掌握。　利害:指战争形势对己有利或有害的变化状况。
④ 上:通"尚",崇尚。
⑤ 怒:激发。
⑥ 烽燧(suì):烽火,古代边防报警的两种信号。白天报警的烟称燧,夜晚报警的火称烽。
⑦ 斥堠(hòu):原指古代探望敌情的土堡,这里指放哨、瞭望。
⑧ 优游:闲暇自得的样子。这里指让士兵得到空闲、休息的时间。
⑨ 并天下:这里指打遍整个天下。
⑩ 黄帝:古代传说中我国中原各族的共同祖先。相传他曾打败炎帝,又杀死作乱的蚩尤,本为部落首领,后被拥戴为部落联盟领袖。　殆:通"怠",懈怠。
⑪ 险:这里指危险的军事行动。
⑫ 邓艾:三国时,魏国将领邓艾,领兵从一条艰险小路进攻蜀汉。这条小路两旁山高谷深,士兵都是用绳子拴住身子送下山去的,邓艾自己也用毡布包住身体,从山顶滑下。兵至成都城下,蜀汉后主刘禅出降,于是蜀汉灭亡。　缒(zhuì):系在绳子上放下去。
⑬ 侮:轻视。
⑭ 支:对付得了,经得住。
⑮ 抗:高举。　暴(pù):显露。
⑯ 狎(xiá):轻忽。　堕(duò):落入。

⑰ 棰:木棍。
⑱ 蜥蜴(xīyì):一种爬行动物,俗称四脚蛇。
⑲ 袒裼(tǎnxī):指脱衣露体。 案:通"按"。
⑳ 乌获:战国时秦国力士,相传能力举千钧,受到秦武王的信任。
㉑ 冠胄(zhòu):戴盔。冠,用作动词。胄,盔。 衣(yì):用作动词,穿。
㉒ 以形固:这里指利用各种条件来保持自己的力量。以,凭借。形,形势,这里指各种条件。固,巩固。

【译文】

　　作将领的方法,首先应当培养智谋胆略。即使是泰山在眼前崩塌,也能做到脸色不变,麋鹿从身边出现,也能做到目不转睛,然后才能把握住战争形势的变化,可以对付敌人。

　　大凡用兵,要崇尚正义;如果不合正义,即使有利,也不轻易出动。这并不是因为一动会决定成败利害,而是因为将来会造成手足无所措的局面。只有正义才能激怒士卒,而士卒一旦为正义所激怒,就可以百战百胜。

　　一切战争的道理是,在战争前做好充分的物质准备,临战时养精蓄锐,在战争中保持士气,胜利后保持斗志。认真做好烽燧报警的事情,严格实行侦察瞭望,使耕田的人没有什么顾忌,以此来积蓄财力;给予士兵丰厚的犒赏,使他们得到休息,以此使士卒养精蓄锐;打了小胜仗,越要精神振作,受到小挫折,更要给予激励,以此来保持士气;用人时不要完全满足他所要求的一切,以此来保持斗志。因此,要让士兵经常保持旺盛的斗志,有所希求而没有完全得到满足。斗志旺盛就有多余的勇气,目的不能完全达到就常有所求。所以,即使兼并天下,士兵仍然不厌战,这也就是黄帝七十余战后士兵仍然毫不懈怠的原因。如果不保持斗志,即使只打了一仗,而且取得了胜利,这军队也不能再用了。

　　凡是将帅,应该使他们足智多谋而又威严,士兵,应该使他们愚昧。足智多谋就能使人感到深不可测,有威严就能使人感到凛然不可侵犯,因此士兵都能不顾自己而俯首听命,这样怎么能不愚昧呢?

只有士兵愚昧了，才能够和将帅同生共死。

　　大凡出兵，要了解敌方的主帅、将领情况，然后才能进行那些冒险的行动。邓艾带兵翻越悬崖峭壁，偷袭蜀国，如果不是刘禅庸懦无能，那么，百万大军也会束手被擒，而邓艾确实是看透了蜀国的情况，才敢于如此行动的。所以古代明智的将领，既能以自己的兵力去试探敌方的虚实，又能根据敌方的强弱正确估价自己的力量，因此，他能够决断自己如何行动。

　　大凡担任主将的方法，在于通晓事理而后才可以动兵，了解敌我双方的形势以后才可以作战，知道节制才可以指挥战事。通晓了事理就不至于屈服，明了敌我双方的形势就不会灰心丧气，知道节制就不会陷入困境。见到小利不出兵，见到小患不躲避，这些小利小患，不值得施展我的本领。只有做到这一步以后，才能应付大利大患。只有善于练成各种本领而又能保存自己力量的人，才能无敌于天下。因此，忍耐一下，可以准备百次的勇敢行动，冷静一下，可以控制百次的轻举妄动。

　　军队各有长处和短处，这是敌我双方都相同的。冒昧地问一句："我方的长处，我拿出来使用它，可是敌方不和我较量；我方的短处，我遮掩起来，搁置起来，可是敌方一定要和我较量，怎么办呢？"回答说："我方的短处，我故意突出地让它显露出来，使敌方疑惧以至退却；我方的长处，我暗中隐蔽起来并保持住这种长处，使敌方轻率大意而落入我的计策中，这就是运用长处和短处的方法。"

　　善于用兵的人，应当使士兵无所顾忌，而有所依靠。无所顾忌，就知道战死是不值得可惜的；有所依靠，就知道不至于一定失败。手中即使只有尺把长的棍子，碰上了猛虎，也可以大声呐喊着，拿起这根棍子去打击；可是，空着两手，即使碰上蜥蜴，也会吓得脸上变色而后退。这是人之常情。知道这个道理的，就可以带兵了。如果袒胸露臂，手持刀剑，那么，即使是乌获那样的大力士也不敢逼近你；如果戴盔穿甲，抱着武器睡大觉，那么，就是小孩也能弯弓射箭把你杀死。所以，善于用兵的人，能利用各种条件来保持自己的力量，而那些能保存自己力量的人，他的力量就是无穷无尽的了。

# 张益州画像记

## 苏 洵

【题解】

张益州,即张方平(1006年—1091年),字道安。北宋南京(今河南商丘)人。官至太子太保(辅导太子的官)。曾在宋仁宗至和元年(1054年)成功地处理了益州(北宋四川路治所,即今成都)的混乱局面,得到了当地人民的爱戴,为他建立殿堂画像。古人常以某人统辖过的地名代替他的名字,所以张方平又称为张益州。

作者在本文中追述了张方平治理益州的功绩,描写了益州人民怀念他的感情,赞扬了他爱护百姓的精神,使一个封建社会的循吏形象跃然纸上。文末又以拟古的四言诗对他唱出了热情的颂歌。但作者对一个官吏过分夸大的称颂,甚至加以神化,则表现了较为浓厚的封建主义色彩。

至和元年秋①,蜀人传言,有寇至边。边军夜呼,野无居人②。妖言流闻,京师震惊③。方命择帅,天子曰:"毋养乱,毋助变。众言朋兴④,朕志自定,外乱不足,变且中起。既不可以文令,又不可以武竞,惟朕一二大吏。孰为能处兹文武之间,其命往抚朕师。"乃推曰:"张公方平其人。"天子曰:"然。"公以亲辞,不可,遂行。冬十一月,至蜀。至之日,归屯军,撤守备,使谓郡县:"寇来在吾,无尔劳苦。"明年正月朔旦⑤,蜀人相庆如他日,遂以无事。又明年正月,相告留公像于净众寺。公不能禁。

眉阳苏洵言于众曰⑥:"未乱易治也,既乱易治也。有乱之萌,无乱之形,是谓将乱,将乱难治。不可以有乱急,亦不可以无乱弛⑦。唯是元年之秋,如器之欹⑧,未坠于地。唯尔张公,安坐于其旁,颜色不变,徐起而正之。既正,油然而退,无矜容。为天子牧小民不倦⑨,惟尔张公。尔繄以生⑩,惟尔父母。且公尝为我言:'民无常性,惟上所待。人皆曰,蜀人多变,于是待之以待盗贼之意,而绳之以绳盗贼之法⑪。重足屏息之民⑫,而以砧斧令⑬,于是民始忍以其父母妻子之所仰赖之身,而弃之于盗贼,故每每大乱。夫约之以礼,驱之以法,惟蜀人为易。至于急之而生变,虽齐鲁亦然⑭。吾以齐鲁待蜀人,而蜀人亦自以齐鲁之人待其身。若夫肆意于法律之外,以威劫齐民⑮,吾不忍为也。'呜呼!爱蜀人之深,待蜀人之厚,自公而前,吾未始见也。"皆再拜稽首曰⑯:"然。"

苏洵又曰:"公之恩在尔心,尔死,在尔子孙。其功业在史官,无以像为也。且公意不欲。如何?"皆曰:"公则何事于斯?虽然,于我心有不释焉⑰。今夫平居闻一善,必问其人之姓名,与其邻里之所在,以至于其长短小大美恶之状,甚者,或诘其平生所嗜好⑱,以想见其为人。而史官亦书之于其传,意使天下之人,思之于心,则存之于目。存之于目,故其思之于心也固。由此观之,像亦不为无助。"苏洵无以诘,遂为之记。

公南京人,为人慷慨有大节,以度量雄天下。天下有大事,公可属。系之以诗曰:天子在祚⑲,岁在甲午。西人传言⑳,有寇在垣㉑。庭有武臣,谋夫如云。天子曰嘻㉒,命我张公。公来自东,旗纛舒舒㉓。西人聚观,于巷于涂。谓公暨暨㉔,公来于于㉕。公谓西人:"安尔室家,无敢或讹㉖。讹言不祥,往即尔常。春尔条桑㉗,秋尔涤场。"西人稽首,公我父兄。公在西囿,草木骈骈㉘。公宴其僚,伐鼓渊渊㉙。西人来观,祝公万年。有女娟娟㉚,闺闼闲闲㉛。有童哇哇,亦既能言。昔公未来,期汝弃捐㉜。禾麻芃芃㉝,仓庾崇崇㉞。嗟我妇子,乐此岁丰。公在朝廷,天子股肱㉟。天子曰归,公敢不承?作堂严严㊱,有庑有庭㊲。公像在中,朝服冠缨。西人相告,无敢逸荒。公归京师,公像在堂。

## 【注释】

① 至和:北宋仁宗赵祯的年号(1054年—1056年)。
② 野:郊外,这里指乡村。
③ 京师:指北宋的京城汴梁,即今开封。
④ 朋:一齐。
⑤ 朔:指阴历初一。
⑥ 眉阳:当指眉州眉山县(在今四川)。
⑦ 弛:松懈。
⑧ 敧(qī):倾侧,不平稳。
⑨ 牧民:治民。古代统治阶级蔑视劳动人民,把统治人民比作牧养牲畜。
⑩ 繄(yī)以生:等于说因此能够生活下来。繄,是,相当于"这""此"。
⑪ 绳:用作动词,这里是"约束"的意思。
⑫ 重(chóng)足:叠足而立,不敢迈步,形容非常恐惧的样子。 屏(bǐng)息:由于注意或恐惧而不敢出气。
⑬ 砧(zhēn)斧:砧板和刀斧,古代用来行刑的工具。砧,通"椹"。
⑭ 齐鲁:春秋战国时期在今山东省的两个诸侯国。这里泛指山东一带。鲁为孔子家乡,被封建统治者视作礼乐之邦。
⑮ 齐民:平民。齐,相等,无贵贱之别,都是平民。
⑯ 拜:这里是打躬作揖的意思。
⑰ 释:放下,这里是安心的意思。
⑱ 诘(jié):问。
⑲ 祚(zuò):这里指皇位。
⑳ 西人:指蜀人,因为四川在我国西部。
㉑ 垣:墙,城墙。这里指边境。
㉒ 嘻:赞叹声。
㉓ 纛(dào):古时军队或仪仗队的大旗。 舒舒:伸展飘扬的样子。
㉔ 暨暨:果敢刚毅的样子。

㉕ 于于:行动舒缓自得的样子。
㉖ 或:语助词,无义。
㉗ 条:修剪枝条。
㉘ 骈骈:茂盛的样子。
㉙ 渊渊:鼓声。
㉚ 娟娟:美好的样子。
㉛ 闺闼:这里指内室,旧时指女子的卧室。 闲闲:娴静从容的样子。
㉜ 期:预定。
㉝ 芃(péng)芃:茂密丛杂的样子。
㉞ 庾:露天的谷仓。 崇崇:高耸的样子。
㉟ 股肱(gōng):比喻帝王左右的得力大臣。股,大腿;肱,指手臂从肘到肩的部分。
㊱ 严严:严肃庄重的样子。
㊲ 庑(wǔ):厅堂四周的廊屋。

**【译文】**

至和元年秋天,蜀地的人传说敌寇侵犯边界。守边的军队夜里慌乱惊叫,城外也没有人敢居住了。谣言流传,京都的人大为震惊。正要准备命令选派将帅时,天子说:"不要酿成乱子,也不要助成变故。即使谣言四起,我自己的意志是坚定的,外患不足以使我们惊慌,内乱倒要从中兴起。这事既不能用文的方式责令他们守法,又不能用武力同他们较量,只需要我的一二个大臣去妥善处理。谁能够处理这种文事和武备之间的事情,就派他去安抚我的军队。"于是大家推荐说:"张公方平就是那样的人。"天子说:"可以。"张公以侍奉双亲为理由表示推辞,但没有得到允许,于是出发了。冬十一月,他到了蜀地。到达的这一天,就让屯守的军队回去,撤除了防备的军队,派人去告谕各郡县说:"敌寇来了由我负责,不需要劳累你们。"第二年正月初一的早晨,蜀人就像往年一样互相庆贺。这样一直平安无事。又过了一年,正月,人们相互商量要把张公的像画在净众寺里。张公也禁止不了。

眉阳人苏洵对人们说:"没有酿成变乱之前,容易治理,已经发生变乱了,也容易治理。有了变乱的萌芽,还没有变乱的表现,这叫作将要变乱,将要变乱的状况是难以治理的。不能因为有发生变乱的趋势,处理就操之过急,也不能因为还没有乱起来就放松警惕。至和元年的秋天,局势就像是器物倾斜了,但还没有掉到地上。只有你们的张公,才能安然坐在旁边,脸色不变,缓缓地站起来,扶正了它。扶正了之后,又从容而退下去了,没有一点骄矜的神色。帮助天子治理百姓而不知疲倦的,只有你们的张公。你们因此而能够生存下来,他就是你们的父母。而且张公曾经对我说过:'百姓没有固定的性情,只在于上面如何对待他们。人们都说,蜀人常发生变乱,于是就用对待盗贼的态度去对待他们,用管束盗贼的法律去管束他们。对本来已经小心翼翼的百姓,还要用残酷的刑法来管束他们,于是百姓便忍心将父母妻儿所依赖的身体投入盗贼的行列,所以常常发生大乱。如果用礼来约束他们,用法令来驱使他们,只有蜀人是最容易治理的。至于逼得他们走投无路因而发生变乱,即使是在礼乐之乡的齐鲁地方也会这样。我拿对待齐鲁地方的百姓那套办法来对待蜀人,而蜀人也会把自己看作是齐鲁之地的人。至于不按法律而为所欲为,用权势胁迫平民百姓,我是不忍这样做的。'唉!对蜀人爱得那样深,对蜀人那样宽厚,在张公以前,我是从来没有见过的。"人们都恭恭敬敬地点头称是:"是这样的。"

　　苏洵又说道:"张公的恩德铭记在你们心里,你们死了,记在你们子孙的心里。他的功业将由史官记载,用不着画像了。而且张公自己也不同意。怎么样?"人们都说:"张公哪里会关心这些事呢?虽然这样,我们心里却是不安的。现在,就是平时在家里听说有人做了一件好事,都必定要问一问那人的姓名和他住的地方,以至于他身材的高矮、年岁的大小、容貌的美丑等情况,甚至有的还问他平生的嗜好,以便想见他的为人。而史官也将这些写在他的传记里,目的是使天下的人,不仅心里都记着他,而且眼里也能看见他。眼里看得见,所以心里也就记得更真切。由此看来,画像也并不是没有帮助的。"苏洵再没有什么可诘难的了,于是就替他们写了这篇画像记。

　　张公是南京人,为人胸怀正气,节操高尚,以度量宏大而闻名于天下。国家有大事，张公是可以委任的。用诗记述他的事迹，就是：皇帝在位后，这年正是甲午岁。西人纷纷传谣言，说有敌寇侵边陲。朝廷里面有武将，谋夫策士多如云。天子却说，委派我们的张公。张公自东来到西，大旗飘扬高高举。西人围拢争观看，大街小巷人拥挤。张公神态刚毅，到达这里镇静从容。他对西人宣布道："安顿好你们的家室，不要再去传谣言。谣言总是不吉祥，料理生活，恢复正常。春天修剪桑枝，秋天清扫谷场。"西人行礼叩头，称他是我们的父兄。张公在蜀地的园林里，园林的草木繁密又茂盛。张公宴请僚属，击鼓作乐响咚咚。西人纷纷来探望，祝愿张公寿万年。姑娘们长得多娇美，居闺楼神态悠闲。哇哇哭闹的小婴儿，如今已经会说话。当初张公没有来，打算把你们丢弃。如今庄稼多茂盛，粮仓高高立起。我们的妇女和儿童，都为丰年而欢娱。张公往昔在朝廷，本是天子的辅佐大臣。天子召他回朝去，张公怎敢不从命？这里兴建起庄严的殿堂，有廊房又有庭院。张公画像就在殿堂正中，穿着朝服系冠带。西人互相来劝勉，从此不再懒惰和放荡。张公回到京城去，画像永留在殿堂。

# 刑赏忠厚之至论

## 苏 轼

【题解】

苏轼（1037年—1101年），字子瞻，号东坡，眉州眉山（今属四川）人。北宋杰出的文学家。苏轼生活在北宋积弱积贫的局势逐渐形成、社会危机急剧发展的时代。他在政治上比较保守，反对王安石变法；但他和司马光等旧党的态度又有所区别。这样他就遭到新旧两党的猜忌和排挤，几次被贬官，最后贬到琼州（今海南岛）。后遇赦北归，死在常州。

苏轼的思想比较复杂,一方面受儒家忠君爱国、积极入世思想的支配,又在长期的地方官任上,对人民的疾苦有所了解,所以能为人民做一些好事,如兴修水利、救赈灾荒等;另一方面又受佛老思想的影响,常常流露出一些消极出世的思想。

苏轼是北宋成就最高的文学家,是继欧阳修而起的文坛领袖。他在诗、词、文章方面都有很深的造诣。他的散文在唐宋八大家中独树一帜,文理自然而又恣肆纵横,气势流畅而又富于曲折变化。

本文是苏轼早年应举时所作的试文,曾受到当时主考官欧阳修的赏识,认为它毫无五代宋初以来浮靡艰涩的风气,能"不为世俗之文",给予很高的评价。所谓"刑赏忠厚之至论",就是论述刑罚和奖赏怎样才能够达到忠厚的极致。苏轼认为,刑、赏都要以仁爱为出发点,要用"君子长者之道待天下",立法贵严,责人贵宽,这样,天下就可以安定,就能达到"忠厚之至"。

本文语言平易晓畅,构思精巧,在写作上有一定特点,但内容比较空泛。

尧、舜、禹、汤、文、武、成、康之际①,何其爱民之深,忧民之切,而待天下以君子长者之道也②!有一善,从而赏之,又从而咏歌嗟叹之,所以乐其始而勉其终。有一不善,从而罚之,又从而哀矜惩创之,所以弃其旧而开其新。故其吁俞之声③,欢休惨戚④,见于虞夏商周之书⑤。成、康既没,穆王立而周道始衰⑥,然犹命其臣吕侯⑦,而告之以祥刑⑧。其言忧而不伤,威而不怒,慈爱而能断,恻然有哀怜无辜之心⑨,故孔子犹有取焉。

传曰:"赏疑从与,所以广恩也。罚疑从去,所以慎刑也。"当尧之时,皋陶为士⑩,将杀人。皋陶曰杀之三,尧曰宥之三。故天下畏皋陶执法之坚,而乐尧用刑之宽。四岳曰⑪:"鲧可用⑫。"尧曰:"不可,鲧方命圮族⑬。"既而曰:"试之。"何尧之不听皋陶之杀人,而从四岳之用鲧也?然则圣人之意盖亦可见矣。《书》曰:"罪疑惟轻,功疑惟重。与其杀不辜,宁失不经⑭。"呜呼,尽之矣。可以赏,可以无赏,赏之过乎仁;可以罚,可以无罚,罚之过乎义。过乎仁,不失为君子;过乎义,则流而入于忍人。故仁可过也,义不可过也。

　　古者,赏不以爵禄,刑不以刀锯。赏之以爵禄,是赏之道行于爵禄之所加,而不行于爵禄之所不加也。刑以刀锯,是刑之威施于刀锯之所及,而不施于刀锯之所不及也。先王知天下之善不胜赏,而爵禄不足以劝也;知天下之恶不胜刑,而刀锯不足以裁也。是故疑则举而归之于仁,以君子长者之道待天下,使天下相率而归于君子长者之道,故曰忠厚之至也。

　　《诗》曰:"君子如祉⑮,乱庶遄已⑯。君子如怒,乱庶遄沮。"夫君子之已乱岂有异术哉?时其喜怒,而无失乎仁而已矣。《春秋》之义⑰,立法贵严,而责人贵宽。因其褒贬之义以制赏罚,亦忠厚之至也。

**【注释】**

① 尧、舜、禹:唐尧、虞舜、夏禹,传说中原始社会末期部落联盟的首领。禹也是夏朝的第一个君主。　汤:商朝的开国君主。　文、武、成、康:指周文王、武王、成王、康王。周文王时即积极从事灭商的活动,至其子武王时灭商,建立周朝。
② 君子长者之道:指仁爱宽恕的品德。
③ 吁:惊叹声,表示不以为然。　俞(yú):表示应允。
④ 休:喜悦。　戚:悲戚。
⑤ 虞夏商周之书:指《尚书》。是我国上古历史文献和后人追述古代史事的著作的汇编,分为《虞书》《夏书》《商书》《周书》四部分。
⑥ 穆王:周朝的第五个帝王。
⑦ 吕侯:周穆王之臣,相传任司寇之职。据《尚书·吕刑》,周穆王曾采纳他的建议,从轻制定了刑法。
⑧ 祥刑:即详刑,谨慎用刑。
⑨ 恻然:伤痛悯恻的样子。
⑩ 皋陶(Gāoyáo):传说是尧的大臣。　士:官名,掌刑狱。
⑪ 四岳:传说为当时的四方部落首领。也有人认为是氏族社会后期掌管祭祀和历法的官职。

⑫ 鲧(Gǔn)：传说为禹的父亲，由四岳推举，奉尧的命令治水，后因治水无功，被舜杀死于羽山。
⑬ 方命：亦作"放命"，违命。方，违抗。 圮(pǐ)：毁坏。引文见《尚书·尧典》。
⑭ 宁失不经：宁愿犯不按成法办案的错误。失，失职。经，成规。这四句引文见《尚书·大诰》。
⑮ 祉(zhǐ)：福。引申为喜悦。这里指对贤人的进谏而感到高兴。下文的"怒"，指对谗言而发怒。这四句引文见《诗·小雅·巧言》。
⑯ 遄(chuán)：快速。
⑰ 《春秋》：鲁国编年史，相传曾经孔子修订，文中寓有褒善贬恶之义。

## 【译文】

唐尧、虞舜、夏禹、商汤、文王、武王、成王、康王的时候，他们爱民的心情是多么深厚，忧民的心情是多么亲切，并且用多么忠厚的君子长者的态度去治理天下啊！一个人做了一件好事，随即奖赏他，接着又歌颂赞美他，为的是用这种办法来表彰他的开端，以勉励他坚持到底。一个人做了一件坏事，随即处罚他，接着又怜惜惩戒他，为的是使他抛弃前非而开始新的生活。因此，那些惊叹应答的声音，欢乐喜悦、哀愁悲戚的感情，都反映在虞、夏、商、周的书上。成王、康王死了以后，穆王即位，周朝的政治才开始衰落。但是穆王还训导他的大臣吕侯，告诉他审慎用刑。他的话忧虑而不哀伤，威严而不愤怒，慈爱而又果断，有哀怜无罪者的同情心，所以孔子对它也还有所肯定。

书上说："赏赐与否难以确定时就赏予，这是用来推广恩德的做法。惩罚与否难以确定时就不罚，这是慎用刑罚的做法。"在尧的时候，皋陶当刑狱官，准备要处死一个人。皋陶多次说杀，尧多次下令赦免。因此天下的人都畏惧皋陶执法坚定，而喜欢尧量刑宽大。四岳说："鲧可以任用。"尧说："不可，鲧违抗命令，坑害族类。"后来又说："可以试用。"为什么尧不听皋陶杀人的意见，却听从四岳任用鲧的意见呢？从这里也可以看出圣人的用意了。《尚书》说："罪行轻重不易确定时，量刑从轻；功劳大小难于确定时，论功从厚。与其杀掉无罪的人，宁可不杀而犯不守成法的错误。"唉，说得透彻极了！

可以奖赏,也可以不奖赏,赏他就是越过了仁;可以惩罚,也可以不惩罚,罚他就是越过了义。越过了仁,仍然是一个君子;越过了义,就会变成残忍的人了。所以仁可以越过,而义不能越过。

古时候,奖赏不用爵位和俸禄,刑罚不用刀锯。用爵位和俸禄来奖赏功劳,这样奖赏的效用只给予得到爵位和俸禄的人身上,而不能给予得不到爵位和俸禄的人身上。刑罚用刀锯,这样刑罚的威力只能施加在可以受刀锯的人身上,而不能施加在不可以受刀锯的人身上。古代帝王知道对天下的善事是赏不胜赏的,而爵位和俸禄也不足以起到勉励的作用;知道对天下的恶事是罚不胜罚的,而刀锯也不足以实现制裁的作用。因此,赏罚不能确定的时候,就根据仁的原则来处理,用君子长者的忠厚之道对待天下的人,使天下的人统统归向于君子长者的忠厚之道,所以说这是忠厚的极致了。

《诗经》上说:"君子如果喜于纳谏,变乱差不多就快结束了。君子如果听到谗言就发怒,变乱也差不多就快终止了。"君子平息变乱,难道有什么特殊的方法吗?使自己的一喜一怒都不违背仁罢了。《春秋》的本义是:建立法度以严厉为贵,而要求人民则以宽恕为贵。根据《春秋》的褒贬原则,来规定奖赏和刑罚的办法,这也是忠厚的极致!

# 范 增 论

## 苏 轼

【题解】

范增是项羽的谋士。楚汉战争中,汉高祖刘邦的谋臣陈平,利用项羽多疑的弱点,施行反间计,使范增被迫离开项羽。作者对这一史实进行分析评论,惋惜范增不识"去就之分"。

文章在结构上很有特色。从一点展开,多方证明,反复设想推测,层层深入,逻辑严密。

汉用陈平计①,间疏楚君臣。项羽疑范增与汉有私②,稍夺其权③。增大怒曰:"天下事大定矣,君王自为之,愿赐骸骨归卒伍④。"归未至彭城⑤,疽发病死⑥。苏子曰:增之去善矣。不去羽必杀增,独恨其不早耳。

然则当以何事去?增劝羽杀沛公⑦,羽不听,终以此失天下,当于是去耶?曰:否。增之欲杀沛公,人臣之分也。羽之不杀,犹有君人之度也。增曷为以此去哉?《易》曰⑧:"知几其神乎⑨!"《诗》曰:"相彼雨雪,先集维霰⑩。"增之去,当于羽杀卿子冠军时也⑪。陈涉之得民也,以项燕、扶苏⑫。项氏之兴也,以立楚怀王孙心⑬。而诸侯叛之也,以弑义帝⑭。且义帝之立,增为谋主矣。义帝之存亡,岂独为楚之盛衰,亦增之所与同祸福也。未有义帝亡,而增独能久存者也。羽之杀卿子冠军也,是弑义帝之兆也。其弑义帝,则疑增之本也。岂必待陈平哉?物必先腐也,而后虫生之。人必先疑也,而后谗入之。陈平虽智,安能间无疑之主哉?

吾尝论义帝,天下之贤主也。独遣沛公入关,不遣项羽⑮;识卿子冠军于稠人之中,而擢以为上将。不贤而能如是乎?羽既矫杀卿子冠军⑯,义帝必不能堪。非羽弑帝,则帝杀羽。不待智者而后知也。增始劝项梁立义帝,诸侯以此服从。中道而弑之,非增之意也。夫岂独非其意,将必力争而不听也。不用其言而杀其所立,羽之疑增,必自是始矣。

方羽杀卿子冠军,增与羽比肩而事义帝⑰,君臣之分未定也。为增计者,力能诛羽则诛之,不能则去之,岂不毅然大丈夫也哉?增年已七十,合则留,不合则去。不以此时明去就之分,而欲依羽成功名,陋矣!虽然,增,高帝之所畏也。增不去,项羽不亡。呜呼,增亦人杰也哉!

## 【注释】

① 陈平:汉初政治家。楚汉之争时,先为项羽部属,后投奔刘邦,任护军中尉,为刘邦的重要谋臣。汉朝建立,封为曲逆侯,历任惠帝、吕后、文帝时丞相。
② 项羽:名籍,楚国贵族出身,公元前209年在陈胜影响下举行起义。秦亡后,自称西楚霸王,封刘邦为汉王,两人展开了争夺统治权的楚汉之争,最后项羽失败。 范增:居鄛(今安徽桐城)人,项羽的主要谋士。曾屡劝项羽杀刘邦,项羽不听,后项羽中刘邦反间计,逐步削夺了范增的权力。范增愤而离去,途中病死。
③ 稍:逐渐。
④ 愿赐骸骨:希望准予辞职归家。骸骨,指身体。 卒伍:秦时乡里的基层组织,这里指家乡。
⑤ 彭城:古县名,在今江苏徐州市。
⑥ 疽:恶疮。
⑦ 沛公:即汉高祖刘邦,公元前206年至前195年在位。沛(今江苏沛县)人,前209年在陈胜影响下举行起义,称沛公。灭秦后,与项羽展开长达五年的楚汉之争,最后获得胜利,建立汉朝。
⑧ 《易》:《周易》,古占卜书。
⑨ 几(jī):微小。引文见《周易·系辞》。
⑩ 相(xiàng):视。 霰(xiàn):小雪珠。引文见《诗经·小雅·頍弁》。"相",《诗经》作"如"。
⑪ 卿子冠军:即宋义。卿子是当时对人的尊称。冠军指他为上将,位在其他将领之上。公元前207年,秦围赵,楚怀王封宋义为上将军,项羽为次将,范增为末将,率兵救赵。宋义在途中畏缩不前,项羽杀宋义,率兵破釜沉舟,在巨鹿消灭秦军主力。
⑫ 陈涉:名胜。秦末农民起义领袖。公元前209年,发动我国历史上第一次大规模的农民起义。陈胜起义时,曾打着项燕、扶苏的旗号,以争取民心。 项燕:战国末年楚国的名将,项羽的祖父。 扶苏:秦始皇的长子。秦始皇死后,被其弟秦二世谋害。
⑬ 楚怀王孙心:楚怀王的孙子熊心。公元前208年,范增为项羽的叔父项

梁献计,拥立楚怀王的后代,以争取民心。项梁立楚怀王之孙熊心,仍称怀王。项羽自称西楚霸王后,尊楚怀王熊心为义帝。
⑭ 弑(shì):古时称臣杀君、子杀父为"弑"。
⑮ 关:指关中之地。楚怀王熊心命令宋义、项籍救赵,而命令刘邦攻打咸阳,并与诸将约定,先到达关中灭了秦朝的为王。
⑯ 矫(jiǎo):假托。
⑰ 比肩:并肩,比喻地位相当。

## 【译文】

汉高祖用陈平的计策,离间楚国的君臣关系,使他们互相疏远。项羽怀疑范增和汉有交往,就逐渐削夺了他的权力。范增非常生气,说:"天下的大事已经大体定局了,君王自己去干吧,希望还给我这把老骨头,回家乡去。"在回去的路上,还没有到达彭城,脊背上的恶疮发作而死去。在我看来,范增离开项羽是对的。不离开,项羽一定要杀范增,使人感到遗憾的只是他没有早点离开罢了。

那么,他应该是为了什么事情而离开呢?范增曾劝项羽杀掉沛公,项羽不听,最终因此失去了天下,应该在这个时候离开吗?回答说:不是。范增想杀刘邦,是尽臣子的职责。项羽不杀,也还有为人君主的度量。范增怎么能因为这事而离开呢?《周易》说:"知道事物变化的微小征兆,那就是神明。"《诗经》说:"看下雪的景象,首先凝聚的是细小的雪珠。"范增离开,应该在项羽杀卿子冠军的时候。陈涉能够得民心,是因为借用了项燕、扶苏的名义。项氏的兴起,是因为拥立了楚怀王的孙子熊心。而诸侯背叛项羽,也正是因为他杀了义帝。说到义帝的拥立,范增是主谋者。义帝的存亡岂止是关系到楚国的兴盛衰败,也是和范增祸福相关联的。不会有义帝死了,而范增偏偏能长久地活在世上的道理。项羽杀卿子冠军,是杀义帝的先兆。他杀义帝,就是怀疑范增的开始,哪里是一定要等陈平的离间呢?物体一定是先腐烂了,然后才会生虫。人一定是先有了疑心,然后谗言才能听得进去。陈平虽然有智谋,又怎么能够离间没有疑心的君主呢?

我曾经评论义帝,认为他是天下贤明的君主。他只派遣沛公入关而不派项羽;能在众人中识别出卿子冠军,而且把他提拔为上将军。不贤明怎么能做到这一步呢?项羽既然假托义帝的命令杀了卿子冠军,义帝一定不能容忍。不是项羽杀义帝,就是义帝杀项羽。这是不必等待聪明的人也能知道的道理。范增当初劝项梁拥立义帝,诸侯因此服从命令。中途杀掉他,不是范增的本意。岂止不是他的本意,而且一定是曾经极力争辩而项羽仍然不听从。不听范增的主张而杀掉他所拥立的义帝,项羽怀疑范增,一定是从这时开始了。

当项羽杀卿子冠军时,范增与项羽并肩而为义帝的臣属,君臣的名分还没有确定。为范增考虑,力量能够杀掉项羽就杀掉他,不行就离开他,如果这样做,难道不是果敢的大丈夫吗?当时范增年纪已经七十岁了,能与项羽相合就留下,不能相合就离开。不在这时确定离开还是留下,却想依靠项羽来成就功名,真是没有见识啊!虽然这样,范增也还是高帝所害怕的人。范增不离开,项羽灭亡不了。唉,范增也是个杰出的人才啊!

# 留 侯 论

## 苏 轼

### 【题解】

留侯就是辅佐刘邦建立汉朝的主要谋士张良。据说他年轻时在桥上遇到一位老人,老人对他进行了几番考验之后,授给他一部兵书。

苏轼在这篇文章中就这件事提出了自己的见解。他认为,桥上老人之所以授给张良兵书,是为了使张良学会忍耐小忿,完成大谋。文章以"忍"字为中心,列举史实,讲明道理,特别是以刘项相争的实例证明能忍的重要,更具有说服力。全文以严肃的议论开始,以闲笔作收尾,含蓄深刻,饶有趣味。

古之所谓豪杰之士，必有过人之节，人情有所不能忍者。匹夫见辱，拔剑而起，挺身而斗，此不足为勇也。天下有大勇者，卒然临之而不惊①，无故加之而不怒，此其所挟持者甚大，而其志甚远也。

夫子房受书于圯上之老人也②，其事甚怪。然亦安知其非秦之世，有隐君子者，出而试之？观其所以微见其意者③，皆圣贤相与警戒之义。而世不察，以为鬼物，亦已过矣。且其意不在书。当韩之亡，秦之方盛也，以刀锯鼎镬待天下之士④，其平居无事夷灭者，不可胜数。虽有贲、育⑤，无所获施。夫持法太急者，其锋不可犯，而其势未可乘。子房不忍忿忿之心，以匹夫之力，而逞于一击之间⑥。当此之时，子房之不死者，其间不能容发，盖亦危矣。千金之子，不死于盗贼，何哉？其身可爱，而盗贼之不足以死也。子房以盖世之才，不为伊尹、太公之谋⑦，而特出于荆轲、聂政之计⑧，以侥幸于不死，此圯上老人所为深惜者也。是故倨傲鲜腆而深折之⑨。彼其能有所忍也，然后可以就大事。故曰："孺子可教也。"

楚庄王伐郑⑩，郑伯肉袒牵羊以迎⑪。庄王曰："其主能下人，必能信用其民矣。"遂舍之。勾践之困于会稽⑫，而归臣妾于吴者⑬，三年而不倦。且夫有报人之志，而不能下人者，是匹夫之刚也。夫老人者，以为子房才有余而忧其度量之不足，故深折其少年刚锐之气，使之忍小忿而就大谋。何则？非有平生之素，卒然相遇于草野之间，而命以仆妾之役，油然而不怪者，此固秦皇之所不能惊，而项籍之所不能怒也⑭。

观夫高祖之所以胜⑮，项籍之所以败者，在能忍与不能忍之间而已矣。项籍唯不能忍，是以百战百胜，而轻用其锋。高祖忍之，养其全锋而待其敝，此子房教之也。当淮阴破齐⑯,而欲自王,高祖发怒,见于词色。由是观之,犹有刚强不能忍之气,非子房其谁全之?

太史公疑子房以为魁梧奇伟⑰,而其状貌乃如妇人女子,不称其志气。呜呼,此其所以为子房欤!

**【注释】**

① 卒(cù)然:突然。卒,通"猝"。
② 子房:张良(?—前186年),字子房。祖、父两代相韩,秦灭韩后,他结交刺客,在博浪沙(今河南原阳东南)狙击秦始皇未中,逃亡至下邳(今江苏睢宁北)。秦末,聚众归附刘邦,为刘邦的重要谋臣。在楚汉战争中,辅佐刘邦打败项羽,建立汉朝。后封为留(在今江苏沛县东南)侯。　圯(yí)上老人:即黄石公。他在下邳桥上使张良为他拾鞋穿鞋,经反复考验,然后授予张良《太公兵法》一书。圯,即桥。古代东楚方言称桥为圯。
③ 微:隐约。
④ 刀锯鼎镬(huò):都是古代的杀人刑具。这里借喻以暴力待人。
⑤ 贲(bēn)、育:孟贲、夏育,都是战国时著名勇士。
⑥ 一击:指张良在博浪沙狙击秦始皇的行动。
⑦ 伊尹:商初大臣。辅佐商汤灭夏,立有大功。　太公:指吕尚。本姓姜,因其先人封于吕,从其封姓。辅佐周武王灭商,建立周朝,封于齐。
⑧ 荆轲:战国时齐人。受燕太子丹的指派,到秦国谋刺秦王政,失败被杀。
　聂政:战国时韩人,曾为韩卿严遂刺杀韩相韩傀。
⑨ 鲜腆(tiǎn):这里指没有恭维的言辞。鲜,少。腆,丰厚,美好。
⑩ 楚庄王:春秋时楚国国君,前613年至前591年在位。　郑:春秋时国名,国都新郑(今属河南)。楚庄王伐郑事发生在前597年。
⑪ 郑伯:指襄公,春秋时郑国国君,公元前604年至前587年在位。　肉袒:去衣露体。古代在祭祀或谢罪时表示恭敬的一种礼节。
⑫ 勾践:春秋末年越国国君,公元前497年至前465年在位。前494年为吴王夫差战败,困于会稽山上,屈服请和,质于吴国。三年后回国,卧薪尝胆,发愤图强,终于战胜吴国。　会稽:山名,在今浙江中部绍兴、嵊州、诸暨、东阳之间。
⑬ 吴:春秋时国名。辖境有今江苏大部和安徽、浙江一部,建都于吴(今江

苏苏州)。
⑭ 项籍：字羽，秦末农民起义军领袖。在楚汉战争中被刘邦打败。
⑮ 高祖：指西汉开国皇帝刘邦，公元前206年至前195年在位。
⑯ 淮阴：指淮阴侯韩信，西汉初年的军事家，辅佐刘邦击败项羽，建立西汉王朝。
⑰ 太史公：指《史记》作者司马迁。司马迁在《史记·留侯世家》中说："余以为其(指张良)人计魁梧奇伟，至见其图，状貌乃如妇人好女。"

## 【译文】

古代所说的英雄豪杰，一定有过人的节操，有一般人情所不能忍受的度量。普通人一旦被侮辱，就拔剑而起，挺身而斗，这不能算是勇敢。天下那些真正有大勇的人，意外事件突然降临而不惊慌，无缘无故地对他加以侮辱，也不发怒，这是由于他的抱负很大，而他的志向又很高远的缘故。

张良从桥上老人那里得到兵书，这件事很奇怪。但是又怎能知道那不是秦时隐居的君子，特意出来考验张良的呢？看他用来隐约显示自己的意思的，都是圣贤相互警诫的道理。而世人却不明白，以为是鬼怪，这已经是错误的了。而且老人的真实用意并不在于授书。当韩国灭亡，秦国正强盛的时候，秦国用刀锯鼎镬等各种酷刑来对付天下的贤士，那些平白无故被杀戮的人，不计其数。当时即使有孟贲、夏育这样的勇士，也无法施展他们的本领。施行严刑峻法过于急切的人，他的锋芒是不能去触犯的，而形势也尚未有可乘之机。张良不能忍耐愤怒的心情，想以个人的力量，逞强于一次阻击之中。这个时候，张良能活下来，生死之间简直缩短到容不下一根头发，实在是非常危险的。富贵人家的子弟，不死于盗贼之手，这是为什么呢？就是因为他们知道生命的可贵，不值得为同盗贼相斗而死去。张良这样出类拔萃的人才，不效法伊尹、太公那样考虑大的谋略，而只想采取荆轲、聂政那样行刺的小计，企图侥幸保住生命，这就是桥上老人深深地为他惋惜的事情。因此，老人在他面前故意摆出了高傲无礼的姿态，狠狠地使他受到挫伤。他如果能忍耐下去，这样才能够成就大的事业。所以老人说:"这小伙子是可以教诲的。"

楚庄王攻伐郑国,郑伯袒露身体,牵着羊去迎接他。楚庄王说:"一国的君主能够屈己尊人,一定会使百姓信服并为他所用。"于是收兵,不再攻伐。勾践被围困在会稽山上,于是到吴国为质,如同臣妾,三年不表示厌倦。再说,有报仇的志向,可是又不能屈己尊人,这是世俗人的刚强。至于那桥上老人呢,他认为张良才能有余,但担心他度量不足,所以才狠狠地挫伤他那年轻人的刚强暴躁的脾气,使他能忍耐微小的愤怒而实现远大的谋略。为什么呢?平常毫无交往,突然相遇在乡野之间,命令他去做奴仆的事情,而他却处之泰然,不以为怪,这当然是秦始皇所不能惊动,也是项籍所不能激怒的。

观察高祖之所以取胜,项籍之所以失败的原因,也是在能忍与不能忍之间罢了。项籍只是由于不能忍耐,所以百战百胜而轻易地使用他的精锐力量。汉高祖能够忍耐,蓄养他的全部精锐力量而等待着项籍的疲敝,这正是张良教给他这样做的。当淮阴侯韩信攻破齐国,而想要自立为王的时候,汉高祖大怒,已经表露在言辞和神情上了。由此看来,高祖还是有刚强不能忍耐的性情,如果不是张良的劝诫,还有谁能成全他呢?

太史公猜测张良一定是身材魁梧、相貌奇伟的人,但是,他的体态、容貌竟像妇人女子一样,和他的志向气节很不相称。唉,这大概就是他之所以成为张良的原因吧!

# 贾 谊 论

## 苏 轼

【题解】

贾谊(前200年—前168年),洛阳人,是西汉初年年轻有为的政治家和文学家。他曾向汉文帝提出了一系列改革政治、加强中央集权的主张，很受汉文帝的赏识。但由于受到当时当权大臣周勃、灌婴等人的排斥，只得出任诸侯王吴芮的太傅，三十三岁便抑郁死去。

自司马迁以来，历代的评论家都对贾谊的怀才不遇、抱恨终生的遭遇，寄予同情。但苏轼在这篇文章里却批评贾谊不能自用其才，操之过急，气量狭小，并借此提出了一个颇有启发意义的观点：政治家要实现其远大理想，就应当善于等待时机；要从事其宏大事业，就必须能经受得住逆境的折磨。作者认为，一个人要做到这点是很难的。不过，苏轼并没有找到贾谊不得志的真正原因，即他的建议不利于当时的王侯贵族。

文章先借所谓圣贤孔、孟的行动作正面发挥，然后再用贾谊的事迹作反衬，正反结合，辨析详明，说理透辟。文章最后又赞扬了苻坚重用王猛的事例，对未能重用贾谊的汉文帝也给予委婉的批评。

非才之难，所以自用者实难①。惜乎！贾生②，王者之佐③，而不能自用其才也。

夫君子之所取者远，则必有所待；所就者大，则必有所忍。古之贤人，皆负可致之才④，而卒不能行其万一者，未必皆其时君之罪，或者其自取也。

愚观贾生之论，如其所言，虽三代何以远过⑤？得君如汉文⑥，犹且以不用死，然则是天下无尧舜，终不可有所为耶？仲尼圣人，历试于天下，苟非大无道之国，皆欲勉强扶持⑦，庶几一日得行其道⑧。将之荆，先之以冉有，申之以子夏⑨。君子之欲得其君，如此其勤也。孟子去齐⑩，三宿而后出昼⑪，犹曰："王其庶几召我。"君子之不忍弃其君，如此其厚也。公孙丑问曰⑫："夫子何为不豫⑬？"孟子曰："方今天下，舍我其谁哉？而吾何为不豫？"君子之爱其身，如此其至也。夫如此而不用，然后知天下果不足与有为，而可以无憾矣。若贾生者，非汉文之不能用生，生之不能用汉文也。

夫绛侯亲握天子玺而授之文帝⑭，灌婴连兵数十万⑮，以决刘吕之雌雄,又皆高帝之旧将。此其君臣相得之分⑯,岂特父子骨肉手足哉⑰?贾生,洛阳之少年,欲使其一朝之间,尽弃其旧而谋其新⑱,亦已难矣。为贾生者,上得其君,下得其大臣,如绛灌之属,优游浸渍而深交之⑲,使天子不疑,大臣不忌,然后举天下而唯吾之所欲为⑳,不过十年,可以得志。安有立谈之间,而遽为人"痛哭"哉㉑?观其过湘,为赋以吊屈原㉒,萦纡郁闷㉓,趯然有远举之志㉔。其后以自伤哭泣,至于夭绝,是亦不善处穷者也㉕。夫谋之一不见用,则安知终不复用也?不知默默以待其变,而自残至此!呜呼,贾生志大而量小,才有余而识不足也。

古之人,有高世之才,必有遗俗之累㉖。是故非聪明睿智不惑之主㉗,则不能全其用㉘。古今称苻坚得王猛于草茅之中㉙,一朝尽斥去其旧臣,而与之谋。彼其匹夫略有天下之半㉚,其以此哉!愚深悲生之志,故备论之。亦使人君得如贾生之臣,则知其有狷介之操㉛,一不见用,则忧伤病沮㉜,不能复振。而为贾生者,亦谨其所发哉㉝!

【注释】

① 自用:发挥自己的才能。
② 贾生:指贾谊,古代称儒者为"生"。
③ 佐:辅助的人。
④ 致:指成就功业。
⑤ 三代:指夏、商、周三个朝代。
⑥ 汉文:指汉文帝刘恒,公元前179年至前157年在位。他采取了一些较进步的措施,旧史家都尊他为明君。
⑦ 勉强:勉力去做。
⑧ 庶几:也许可以,表示希望。
⑨ "将之荆"三句:语出《礼记·檀弓上》,原文是"将之荆,盖先之以子夏,又申之以冉有"。引文与原文有出入。荆,楚国。冉有、子夏,都是孔

子的弟子。
⑩ 去:离开。
⑪ 三宿而后出昼:事见《孟子·公孙丑下》。孟子在齐为卿,由于自己的政治主张不为齐王采纳,便辞官而去,但在昼停留了三天,想等齐王重新召他入朝。昼,齐国地名,在今山东淄博市临淄西北。
⑫ 公孙丑问曰:根据今本《孟子·公孙丑下》,问话的人是孟子弟子充虞。所引充虞的问话,在文字和口气上也与原文有出入。
⑬ 豫:高兴,快乐。
⑭ 绛侯:西汉初年的大臣周勃。秦代末年,他从刘邦起事,多有军功,封为绛侯。刘邦死后,吕后掌权,大力培植吕家势力。吕后一死,诸吕企图夺取刘氏政权,以周勃、陈平、灌婴为首的老臣平定了诸吕叛乱,立代王刘恒为帝,这就是汉文帝。周勃在刘恒回京途中曾向他献上天子印玺。
⑮ 灌婴:西汉初年大臣。曾随刘邦转战各地,封为颍阴侯。诸吕作乱,齐哀王举兵讨伐,吕禄派灌婴迎击。灌婴率兵到荥阳后,与周勃等共谋,与齐联合,平定诸吕,拥立文帝。
⑯ 分(fèn):情分。
⑰ 特:只。
⑱ 尽弃其旧而谋其新:贾谊为太中大夫时,曾向文帝提出更定法令、易服色、改正朔、定官名、兴礼乐、列侯就国等意见,文帝曾打算让贾谊担任公卿的职位。
⑲ 优游:从容不迫的样子。　浸渍:渐渐渗透。
⑳ 举:全。　唯:只有。
㉑ 遽:急,突然。　痛哭:贾谊《治安策》中有这样的话:"臣窃惟事势,可为痛哭者一,可为流涕者二,可为长太息者六。"作者在这里批评贾谊操之过急。
㉒ 吊屈原:贾谊因被朝中大臣排挤,贬为长沙王太傅,路过湘水,作《吊屈原赋》。
㉓ 萦纡(yíngyū):曲折缠绕。这里指赋中反映出的感情委婉而复杂。
㉔ 趯(tì)然:形容心情激荡的样子。　远举:原指高飞,这里指退隐。贾谊《吊屈原赋》中有这样的话:"凤缥缥其高逝兮,夫固自引而远去。"
㉕ 处穷:处于困窘的环境。
㉖ 遗:弃,脱离。　俗:世俗。　累(lèi):带累。

㉗ 睿(ruì)智:英明,卓越。
㉘ 全:保全。
㉙ 苻坚:南北朝时前秦的皇帝,公元338年至385年在位。 王猛:字景略。年轻时贩卖畚箕,隐居华山,后受苻坚征召,与苻坚一见如故,屡有升迁,权倾内外。宗戚旧臣大为不满,尚书仇腾、丞相席宝几次说王猛的坏话,苻坚大怒,贬黜二人,于是上下皆服。 草茅:比喻草野、民间。
㉚ 匹夫:平凡的人,这里指苻坚。 略:夺取,引申为占据。
㉛ 狷(juàn)介:洁身自好,不同流合污。
㉜ 沮:沮丧。
㉝ 所发:所作所为,引申为处世。

## 【译文】

一个人有才能并不难,怎样使自己的才能发挥出来却实在难。可惜呀! 贾谊是辅佐帝王的人才,却不能施展自己的才能。

君子想要达到长远的目标,就必须有所等待;想要完成伟大的事业,就必须有所忍耐。古代的贤人,都有建立功业的才能,可是有的人最终却不能施展自己才能的万分之一,其原因未必都是当时君主的过错,也许是由他们自己造成的。

我看贾谊的议论,如果像他所说的那样,即使是夏商周三代,又怎能远远地超过他的设想呢?贾谊遇到像汉文帝这样的明君,尚且因为不能受到重用而抑郁死去,那么,如果天下没有尧、舜那样圣明的君主,就终生不能有所作为了吗?孔子是位圣人,曾走遍天下,试图实行自己的主张,只要不是过于无道的国家,都想尽力扶助它,希望有朝一日能实行自己的主张。他打算到楚国去,先派冉有去表明自己的想法,接着又让子夏去重申这个意思。君子为了能遇到了解自己的君主,是这样的勤劳! 孟子离开齐国的时候,在昼地停留了三天,然后才走,他还说:"齐王也许还会召见我。"君子不忍心离开他的君主,感情是这样的深厚。公孙丑问他:"先生为什么不高兴?"孟子回答说:"当今的天下,如果想平治天下,除了我还能有谁呢?我又怎么会不高兴呢?"君子爱惜自己,考虑得是这样周到! 如果做到了这一步还不被任用,那就可以知道天下确实没有足以一起有所作为的君主，因而也就没有什么遗憾了。至于像贾谊这样的人，不是汉文帝不能重用他，而是他自己不能效力于汉文帝。

周勃曾亲自捧着皇帝的印玺交给文帝，灌婴曾联合数十万军队，决定了刘、吕二家较量的胜负，他们又都是汉高祖的旧将。他们君臣投合的深厚关系，哪里只是父子兄弟之间的骨肉关系所能比拟的呢？贾谊不过是洛阳的一个年轻人，想让文帝在一个早上的时间，就全部废去旧政而改用新政，这也太难了。为贾谊着想，如果能上得君主的信任，下得大臣的支持，对周勃、灌婴这样一些人，能从容地、逐渐地和他们建立深厚的交谊，使天子不怀疑，大臣不妒忌，这样做了以后，整个天下就能够按照自己的主张去治理了。不出十年，就可以实现自己的抱负。哪里有在短暂的交谈后，就急于对人"痛哭"的道理呢？看他路过湘水时作赋吊屈原，心中蕴结着忧郁苦闷，很有远走退隐的意愿。这以后就时常因感伤而哭泣，以至于过早地死去，可见这也是个不善于处逆境的人。谋略一次没有被采用，怎么知道就永远不会被采用了呢？不知道默默等待着形势的变化，却这样地自我摧残！唉，贾谊真是个志向远大而气量狭小，才能有余而见识不足的人！

古代的人，如果有出类拔萃的才能，就必然会鄙弃世俗，因而给自己招来祸害。所以如果不是非常英明卓越、不受蒙蔽的君主，就不能使他们充分发挥作用。古今的人们都称道苻坚从平民中发现了王猛，就立即贬黜原来的旧臣，而和他商谈国家大事。像苻坚这样一个平凡的人，当时能够占据半个天下，大概就是因为这个原因吧！我为贾谊不能实现自己的志向而深感惋惜，因而对此事详尽地加以评论。同时，也想使君主明白，假如得到像贾谊这样的臣子，就应该知道他们有孤高自爱的操守，一旦不被重用，就会忧郁伤感，沮丧颓废，再也不能振作起来。而对贾生这一类人来说，也应该慎重地对待自己的所作所为！

# 晁 错 论

## 苏 轼

【题解】

西汉景帝年间,分封在各地的诸侯王的势力日益强大,严重地威胁着中央政权。御史大夫晁错(前200年—前154年)提出了"削藩"的建议,被汉景帝采纳。在削夺王国部分封地时,吴、楚等七国贵族借"诛晁错以清君侧"为名,发动叛乱。由于七国的压力和政敌的中伤,晁错被汉景帝杀掉。尽管如此,汉王朝最终仍然取得了削藩的胜利,这是与晁错的努力分不开的。苏轼在肯定这一点之后,又从另一角度进行分析,认为晁错之所以被杀,是由于他缺乏坚韧不拔、临危不惧的精神,在危急关头只想保全自己而不敢冒风险,担重担。后一论点未必完全正确。

文章先从道理上立论,再引出所论的事实,两相对照,增强了说服力。通篇衔接缜密,一气呵成。

天下之患,最不可为者,名为治平无事,而其实有不测之忧。坐观其变,而不为之所①,则恐至于不可救。起而强为之,则天下狃于治平之安②,而不吾信。惟仁人君子豪杰之士,为能出身为天下犯大难③,以求成大功。此固非勉强期月之间,而苟以求名之所能也。天下治平,无故而发大难之端,吾发之,吾能收之,然后有辞于天下。事至而循循焉欲去之④,使他人任其责,则天下之祸,必集于我。

昔者晁错尽忠为汉,谋弱山东之诸侯⑤。山东诸侯并起,以诛错为名。而天子不之察,以错为之说⑥。天下悲错之以忠而受祸,不知错有以取之也⑦。

古之立大事者,不惟有超世之才,亦必有坚韧不拔之志。昔禹之治水⑧,凿龙门⑨,决大河,而放之海。方其功之未成也,盖亦有溃冒冲突可畏之患⑩。惟能前知其当然,事至不惧,而徐为之图⑪,是以得至于成功。夫以七国之强,而骤削之,其为变岂足怪哉?错不于此时捐其身,为天下当大难之冲⑫,而制吴楚之命,乃为自全之计,欲使天子自将而己居守。且夫发七国之难者谁乎⑬?己欲求其名,安所逃其患?以自将之至危,与居守之至安,己为难首,择其至安,而遗天子以其至危,此忠臣义士所以愤怨而不平者也。当此之时,虽无袁盎⑭,亦未免于祸。何者?己欲居守,而使人主自将,以情而言,天子固已难之矣,而重违其议,是以袁盎之说,得行于其间。使吴楚反,错以身任其危,日夜淬砺⑮,东向而待之⑯,使不至于累其君,则天子将恃之以为无恐。虽有百盎,可得而间哉?

嗟夫!世之君子,欲求非常之功,则无务为自全之计。使错自将而讨吴楚,未必无功。惟其欲自固其身,而天子不悦,奸臣得以乘其隙。错之所以自全者,乃其所以自祸欤!

**【注释】**

① 所:这里是处置的意思。
② 狃(niǔ):习以为常。
③ 犯:冒犯。
④ 循循焉:有次序的样子。
⑤ 山东:秦汉时称崤山或华山以东的地区为山东。七国叛乱就发生在这里。 诸侯:指当时的诸侯王。
⑥ 说:通"悦"。这里是使动用法。
⑦ 以:因由。
⑧ 禹:相传为上古夏后氏部落首领,奉部落联盟领袖虞舜的命令治理洪水,因有功而被选为舜的继承人。

⑨ 龙门:即禹门口,在今山西河津西北。此处黄河两岸峭壁对峙,形如阙门,相传为禹所开。
⑩ 溃冒冲突:大水冲破堤防,奔腾泛滥,不可遏止。溃,水冲破堤防。冒,冲犯。冲突,猛烈奔闯。
⑪ 徐:缓慢。这里是从容的意思。
⑫ 冲:交通要道,这里指要害。
⑬ 发难:这里是冒引起危险的意思。
⑭ 袁盎(àng):历任齐相、吴相,因与吴王刘濞有关系,曾被晁错告发降为庶人。七国反叛时,他借机建议汉景帝杀掉晁错。
⑮ 淬砺:磨炼兵刃。淬,锻炼钢质器物时,为了增强其弹性和硬度,烧红后浸入水中。
⑯ 东向:向东。七国都在京城长安的东或东南方向。

## 【译文】

　　天下的祸患,最难以处理的是,表面上平安无事,其实却潜伏着不可预测的隐忧。要是坐等着任其发展,而不采取相应的措施加以处置,那么恐怕会坏到不可收拾的地步。但要是起来硬去制止它,那么天下的人由于习惯于太平生活,却又不会相信我们。只有仁人、君子、豪杰这类人,才能够挺身而出,为天下冒大风险,以求建立大功。这本来就不是勉强靠个把月的努力,而妄图从中求得个人名誉的人所能做到的。在天下太平无事的时候,无故发起大难的事端,就要做到:我既然能够发起,我就能够收拾,这样才能够在天下人面前有话可说。假如事到临头却一步一步地想要躲开,让别人去承担责任,那么天下的灾祸必定集中到自己身上。

　　当年晁错忠心耿耿为汉王朝服务,打算削弱山东诸侯王的力量。结果,山东诸侯王一同起兵,以诛杀晁错为借口。但是天子却不能洞察其中的阴谋,于是用杀晁错的办法来取悦于诸侯。天下人都为晁错因忠君而遭祸感到悲痛,却不知道晁错自己也有咎由自取的原因。

　　古代凡是成就大事业的人,不仅有出类拔萃的才能,也一定有坚韧不拔的意志。过去大禹治水,凿开龙门,疏通黄河,让洪水流入大海。当他的功业还没有完成的时候,大概也存在着洪水冲毁堤防,奔腾泛滥的可怕的灾祸。只是由于能在事先就预料到这种情况必然发生，事到临头，毫不畏惧，因而从容不迫地考虑解决的方法，终于取得了成功。以七国的强大，而想一下子削弱它们，那么它们发动叛乱，难道还有什么奇怪的吗？晁错不在这时挺身而出，为天下把握排除大难的要害以消灭吴楚等国的力量，却作保全自己的打算，想让天子亲自率军出征而自己留守。再说冒引起七国叛乱这种危险的又是谁呢？自己既然想求得功名，又怎能避开它所带来的祸患呢？以带兵出征的极端危险和留守京城的极端安全相比，自己是发难的首倡者，却选择了极端安全的事情，而把极端危险的事情留给了天子，这就是忠臣义士所以感到愤恨而不平的原因。这个时候，即使没有袁盎，晁错也难免于杀身之祸。为什么呢？自己想要留守，却使天子亲自带兵，从情理上说，天子对此本来就作难了，又不好反对他的意见，所以袁盎的话就能在中间起作用。假使吴楚叛乱后，晁错亲自担当危险的任务，日夜不停地做好应战准备，向着东方严阵以待，使这件事情不至于连累他的君主，那么天子就会依靠他，觉得没有什么可害怕的。这样，纵使有一百个袁盎，能有机会进行离间吗？

唉！世上的君子，想求得不寻常的功名，那就不要作专为保全自己的打算。假使晁错自己率兵讨伐吴楚七国，未必就不能成功。只是他想保全自己，才使天子不高兴，使奸臣得以有机可乘。晁错用来保全自身的打算，正是他自取杀身之祸的原因！

# 上梅直讲书

## 苏　轼

【题解】

这是苏轼及第后写给梅尧臣的信。梅尧臣（1002年—1060年）是北宋著名的诗人,官至国子监直讲。苏轼的试文《刑赏忠厚之至论》深受主张诗文革新的主考官欧阳修和参评官梅尧臣的赞赏,认为能"不为世俗之文",录取为第二名。对此,苏轼非常感激。他在这封信中,用周公、孔子比喻欧、梅,极其热烈地推崇他们,真切地表现出旧时代文人为人了解和赏识之后的思想感情。同时,作者又自比于圣门之徒,暗示自己有很高的抱负。

本文纵论古今,直抒胸臆,有气魄,有词采,写出了作者的感恩之心和得意之情,而文章的意境又很深远。

轼每读《诗》至《鸱鸮》①,读《书》至《君奭》②,常窃悲周公之不遇③。及观《史》,见孔子厄于陈、蔡之间④,而弦歌之声不绝⑤,颜渊、仲由之徒⑥,相与问答。夫子曰:"'匪兕匪虎,率彼旷野。'吾道非耶?吾何为于此⑦?"颜渊曰:"夫子之道至大,故天下莫能容。虽然,不容何病⑧?不容然后见君子。"夫子油然而笑曰:"回,使尔多财,吾为尔宰⑨。"夫天下虽不能容,而其徒自足以相乐如此。乃今知周公之富贵,有不如夫子之贫贱。夫以召公之贤,以管、蔡之亲⑩,而不知其心,则周公谁与乐其富贵?而夫子之所与共贫贱者,皆天下之贤才,则亦足以乐乎此矣。

轼七八岁时,始知读书,闻今天下有欧阳公者⑪,其为人如古孟轲、韩愈之徒⑫。而又有梅公者⑬,从之游而与之上下其议论。其后益壮,始能读其文词,想见其为人,意其飘然脱去世俗之乐而自乐其乐也⑭。方学为对偶声律之文⑮,求升斗之禄⑯,自度无以进见于诸公之间。来京师逾年,未尝窥其门⑰。今年春,天下之士群至于礼部⑱,执事与欧阳公实亲试之⑲。轼不自意,获在第二。既而闻之,执事爱其文,以为有孟轲之风,而欧阳公亦以其能不为世俗之文也而取。是以在此,非左右为之先容⑳,非亲旧为之请属㉑,而向之十余年间闻其名而不得见者㉒,一朝为知己。退而思之,人不可以苟富贵,亦不可以徒贫贱。有大贤焉而为其徒,则亦足恃矣!苟其徯一时之幸,从车骑数十人,使闾巷小民聚观而赞叹之,亦何以易此乐也!传曰:"不怨天,不尤人"㉓,盖"优哉游哉,可以卒岁"㉔。执事名满天下,而位不过五品,其容色温然而不怒㉕,其文章宽厚敦朴而无怨言。此必有所乐乎斯道也,轼愿与闻焉。

【注释】

① 《诗》:《诗经》。 《鸱鸮(chīxiāo)》:《诗经·豳风》中的篇名。据旧注说,因周成王对周公东征武庚、管叔、蔡叔的叛乱不理解,周公作了这首诗给周成王,以明心志。
② 《书》:《尚书》。 《君奭(shì)》:《尚书》中的篇名。君,尊称。奭,召(Shào)公姓姬,名奭,是周文王的庶子,和周公共同辅佐成王。他曾怀疑周公有政治野心,周公作《君奭》,以明心志。
③ 周公:姓姬,名旦,周武王之弟,西周初年著名的政治家。
④ 陈、蔡:都是春秋时国名。
⑤ 弦歌:弹琴诵诗。
⑥ 颜渊:名回,字子渊。孔子的学生。 仲由:字子路。孔子的学生。
⑦ 夫子:孔子的学生对孔子的尊称。 "匪兕(sì)匪虎,率彼旷野":语出《诗经·何草不黄》篇。匪,通"非"。兕,古代称犀牛一类的兽。率,这里指来往奔波。
⑧ 病:担忧。
⑨ 油然:自然而然的样子。 宰:这里指家臣。
⑩ 管、蔡:即管叔和蔡叔。管叔名鲜,蔡叔名度,都是周公之弟。
⑪ 欧阳公:指欧阳修,字永叔,庐陵(今江西吉安)人。北宋著名文学家。
⑫ 孟轲(kē):孟子,字子舆,战国时邹(今山东邹县)人。儒家学派的代表人物之一。 韩愈:字退之,唐代著名文学家。
⑬ 梅公:指梅尧臣,字圣俞,宣州宣城(今属安徽)人。
⑭ 飘然:高超的样子。
⑮ 对偶声律之文:指诗赋。
⑯ 升斗之禄:指小官吏。禄,古代官吏的俸给。
⑰ 窥其门:登门拜访的意思。

⑱ 礼部:官署名,掌管礼教和学校贡举等事。
⑲ 执事:原指侍从左右供使令的人。旧时书信里,不直称对方,而以执事指代,表示尊敬。
⑳ 左右:指欧阳修、梅圣俞身边亲近的人。 先容:事先致意或介绍推荐。
㉑ 属:通"嘱"。托付。
㉒ 向:往昔。
㉓ 尤:归咎。引文见《论语·宪问》篇。
㉔ 优游:悠闲自得的样子。引文见《左传·襄公二十一年》。原句为:"《诗》曰:'优哉游哉,聊以卒岁。'"
㉕ 温然:温和的样子。

## 【译文】

每当我读《诗经》读至《鸱鸮》篇,读《尚书》读至《君奭》篇时,常常暗自悲叹周公那样不为人所了解。直到阅读了史书,知道孔子在陈、蔡两国交界处遭受围困,而弹琴唱诵的声音仍旧不断,与颜渊、仲由这些学生相互问答。孔子问:"'不是犀牛,不是老虎,却要在空旷的原野上奔波。'是我要实行的理想不对吗?我为什么落到这个地步呢?"颜渊回答说:"老师的理想非常远大,因而天下不能容纳。虽然这样,不能容纳又有什么可以担忧的呢?不能容纳才更能看出您是君子。"孔子轻松愉快地笑着说:"颜回,如果你有许多财产,我给你做管家。"天下虽然不能容纳,然而孔子和他的学生却能够自感满足,相处如此快乐。我现在才知道周公的富贵有比不上孔子的贫贱的地方。凭召公的贤能,凭管叔、蔡叔的亲近,却不理解周公的心思,那么,周公和谁一起分享他那富贵的快乐呢?而和孔子共贫贱的人,都是天下的贤才,那么,单凭这一点也就足够快乐的了。

我七八岁时,才知道读书,听说当今天下有个欧阳公,他为人像古时候的孟轲、韩愈那些人。而又有一位梅公,随欧阳公交游,并且和欧阳公共同议论文章。从那时起,我日益成长,才能读先生们的文章词赋,想象出先生们的为人,领会到先生们潇洒地摆脱世俗的快乐而陶醉在自己的快乐之中。因为我刚刚学着作诗赋,希望谋求一官半职,思量自己没有什么才能可以进见诸公,所以来京师一年多了,未曾登门拜访。今年春天,天下的读书人聚集在礼部,您和欧阳公亲自主持考试,我意想不到自己会考取第二名。随后听说,您喜爱我的文章,认为有孟轲的风格,而欧阳公也认为那篇文章不同于世俗的文章,予以录取。所以我能在及第的行列里,并不是左右的人事先替我推荐,也不是亲戚旧友为我请托,而过去十多年间听到名声而不能见到的人,现在忽然成为知己。闲暇时思考这件事,觉得人不可以苟且富贵,也不可以白白地处于贫贱的境遇中。有大贤人在世而作为他的学生,那也很值得自负了。假如凭一时的侥幸而得意,身后跟有车骑随从几十人,使里巷的小百姓围观而发出赞叹,又怎么能代替这样的快乐呢!古书上说:"不怨恨天,不责怪人","从容自得,可以一年一年地度过时光"。您誉满天下,官位不过五品,但脸色温和而不恼怒,文章宽厚敦朴而没有怨言。这一定有乐于此道的原因,我很希望听一听。

# 喜雨亭记

## 苏　轼

【题解】

　　喜雨亭是苏轼在凤翔府任签书判官的第二年修造的一座亭子。本文记述了喜雨亭命名的缘由和人们在久旱逢雨后的喜悦心情,表现出作者重民重农的思想。

　　文章句法灵活,寓议论于风趣的谈话之中,用轻松的笔调含蓄地表达了作者的见解,以吟咏的形式结尾,更显得文笔多姿。

　　亭以雨名,志喜也①。古者有喜,则以名物,示不忘也。周公得禾②,以名其书;汉武得鼎③,以名其年;叔孙胜敌④,以名其子。其喜之大小不齐,其示不忘一也。

予至扶风之明年⑤,始治官舍。为亭于堂之北,而凿池其南,引流种树,以为休息之所。是岁之春,雨麦于岐山之阳⑥,其占为有年⑦。既而弥月不雨⑧,民方以为忧。越三月,乙卯乃雨⑨,甲子又雨,民以为未足。丁卯大雨,三日乃止。官吏相与庆于庭,商贾相与歌于市,农夫相与忭于野⑩,忧者以喜,病者以愈,而吾亭适成。

于是举酒于亭上。属客而告之⑪,曰:"五日不雨可乎?曰:五日不雨则无麦。十日不雨可乎?曰:十日不雨则无禾。无麦无禾,岁且荐饥⑫,狱讼繁兴而盗贼滋炽。则吾与二三子,虽欲优游以乐于此亭⑬,其可得耶?今天不遗斯民,始旱而赐之以雨。使吾与二三子得相与优游而乐于此亭者,皆雨之赐也。其又可忘耶?"

既以名亭,又从而歌之,曰:"使天而雨珠,寒者不得以为襦⑭;使天而雨玉,饥者不得以为粟。一雨三日,伊谁之力⑮?民曰太守⑯,太守不有;归之天子,天子曰不然;归之造物,造物不自以为功;归之太空,太空冥冥,不可得而名。吾以名吾亭。"

## 【注释】

① 志:记。
② 周公:西周初期的政治家。传说周成王曾送给他两株苗合生一穗的谷子,为此,他写下了《嘉禾》。这篇文章今已失传,《尚书》仅存篇名。
③ 汉武得鼎:据记载,公元前116年,汉武帝从汾水上得一鼎,于是改年号为元鼎元年。鼎,上古炊具,多用青铜制成,圆形,三足两耳,也有方形四足的。古代贵族多用作祭祀、宴享等活动时的礼器,因此常被看作是国家、权力的象征。
④ 叔孙:这里指叔孙得臣,春秋时鲁国人。他曾率军打败鄋(Sōu)瞒国,俘获其国君侨如。于是他将自己的儿子命名为侨如。

⑤ 扶风:即凤翔府,治所在今陕西凤翔县。苏轼做过凤翔府签书判官(辅佐行政长官的官职),在宋仁宗嘉祐六年(1061年)到任。
⑥ 雨(yù)麦:下麦雨。雨,下雨。龙卷风将地面的麦子带入空中,可以产生"雨麦"的现象,古代多有这一类的记载,但都被涂上了迷信色彩。 岐山:在今陕西岐山县。
⑦ 占:占卜算卦。 有年:指丰收。年,年成,收成。
⑧ 弥月:整月。弥,满。
⑨ 乙卯:记日的干支数,下文"甲子""丁卯"同。这里的"乙卯""甲子""丁卯"分别是四月初二、十一及十四日。
⑩ 忭(biàn):高兴,欢乐。
⑪ 属(zhǔ)客:指劝客饮酒。属,倾注,引申为劝酒。
⑫ 荐饥:连年饥荒。荐,通"洊",屡次,接连。
⑬ 优游:悠闲,闲暇自得的样子。
⑭ 襦(rú):短袄。
⑮ 伊:词头,无义。
⑯ 太守:郡的最高长官。宋时已改郡为州或府,太守也改称知州或知府,但人们仍常常以太守称呼知府。

## 【译文】

亭子用"雨"来命名,是为了记下喜雨的欢乐。古时候有了喜事,就用来给事物命名,以表示永不忘记。周公得到奇异的谷子,就以它作为自己的书名;汉武帝得到宝鼎,就以它作为年号;叔孙得臣战胜了敌人,就用俘虏的名字作自己儿子的名字。这喜事有大有小,但用它们来表示永不忘记,却是一致的。

我到扶风府的第二年,才开始修建官府的房舍。在正堂的北面,建了一座亭子,在亭子的南面开凿了水池,引来流水,种上树木,作为休息的场所。这年春天,岐山南面下了"麦雨",占卜的结果表示,将会有一个丰收年。随后,整整一个月没有下雨,老百姓开始担忧了。过了三月份,四月初二才下了雨,十一日又下了雨,老百姓还认为下得不够。十四日下了大雨,三天才停。官吏们在府庭中共同庆贺,商人们在市场上一同歌唱,农夫们在田野上一起欢笑。忧愁的人因此而高兴,患病的人因此而痊愈。而我的亭子也恰好在这时落成了。

于是,我在亭子中备办酒宴,借着劝酒的机会对客人们说:"五天不下雨行吗?客人一定说,五天不下雨麦子就长不成。十天不下雨行吗?一定说,十天不下雨谷子就活不了。没有麦子,没有谷子,就会出现连年的饥荒,刑事案件将频繁出现,盗贼也会日益嚣张。那么,我与各位先生们,即使想在这个亭子中悠闲自在地聚会欢乐,能做得到吗?现在上天没有遗弃这些百姓,刚有旱情就赏赐给雨水。使我与诸位先生能够在这个亭子中悠闲地聚会欢乐,都是雨水赏赐的。这难道又可以忘记吗?"

给亭子命名之后,接着又为它作歌。歌词说:"如果老天降下珠宝,寒冷的人不能用它做短袄;如果老天降下美玉,饥饿的人不能用它当粮食。一场大雨连下三日,是靠谁的威力?百姓们都说是太守,太守不肯把美名据为己有;把它归功于天子,天子也说不是他;归功于万能的造物主,造物主也不认为是自己的功劳;又归功于茫茫的太空,太空辽远而幽深,没有什么可以作为名字的。我就用'雨'来为我的亭子命名。"

# 凌虚台记

## 苏 轼

**【题解】**

扶风太守陈某为登高眺远建筑了一座土台,并请苏轼为他写了这篇记文。文中在记叙土台修建的经过时,联系到古往今来的废兴成毁的历史,感叹人事万物的变化无常,指出不能稍有所得就"夸世而自足",而应该去探求真正可以永久依靠的东西。这种毫不满足、勇于探求的精神,反映了苏轼思想中对生活积极乐观和对理想执着追求的一面。与当时一些士大夫的消极颓废、吊古伤今的思想相比，更显得可贵。

文章结尾处，不直接点出究竟什么是"足恃"的东西，这就使文章更为含蓄而耐人寻味。

  国于南山之下①，宜若起居饮食与山接也②。四方之山，莫高于终南③，而都邑之丽山者④，莫近于扶风⑤。以至近求最高，其势必得。而太守之居⑥，未尝知有山焉。虽非事之所以损益，而物理有不当然者⑦。此凌虚之所为筑也。

  方其未筑也，太守陈公杖履逍遥于其下⑧。见山之出于林木之上者，累累如人之旅行于墙外而见其髻也⑨。曰："是必有异。"使工凿其前为方池，以其土筑台，高出于屋之檐而止。然后，人之至于其上者，恍然不知台之高，而以为山之踊跃奋迅而出也。公曰："是宜名凌虚。"以告其从事苏轼⑩，而求文以为记。轼复于公曰："物之废兴成毁，不可得而知也。昔者荒草野田，霜露之所蒙翳⑪，狐虺之所窜伏⑫。方是时，岂知有凌虚台耶？废兴成毁，相寻于无穷⑬，则台之复为荒草野田，皆不可知也。尝试与公登台而望，其东则秦穆之祈年、橐泉也⑭，其南则汉武之长杨、五柞⑮，而其北则隋之仁寿、唐之九成也⑯。计其一时之盛，宏杰诡丽，坚固而不可动者，岂特百倍于台而已哉！然而，数世之后，欲求其仿佛，而破瓦颓垣无复存者，既已化为禾黍荆棘丘墟陇亩矣⑰，而况于此台欤！夫台犹不足恃以长久，而况于人事之得丧、忽往而忽来者欤？而或者欲以夸世而自足，则过矣。盖世有足恃者，而不在乎台之存亡也。"

  既以言于公，退而为之记。

## 【注释】

① 国：指都城。这里用作动词。

② 宜若:似乎,好像是。
③ 终南:终南山。主峰在今西安市南。
④ 丽:附着。
⑤ 扶风:即凤翔府,治所在今陕西凤翔县。
⑥ 太守:郡的最高长官。宋时已改郡为州或府,太守也改称为知州或知府,但人们仍常常以太守称呼知州或知府。
⑦ 物理:事物的道理。
⑧ 杖履:这里指持杖着履出游。
⑨ 髻:古时男女皆留发,把它绾束在头顶上,叫髻。
⑩ 从事:辅佐官吏。当时苏轼任凤翔府判官。
⑪ 翳:遮蔽。
⑫ 虺(huǐ):毒蛇。
⑬ 相寻:连续不断。
⑭ 秦穆:秦穆公,春秋时秦国的国君,公元前659年至前621年在位。称霸西戎。 祈年:宫名。秦孝公时又称橐泉宫。传说秦穆公的坟墓在橐泉宫下。
⑮ 汉武:汉武帝刘彻,公元前140年至前87年在位。当时是我国历史上政治统一,经济、军事非常强盛的重要时期之一。 长杨:汉代宫名。 五柞:汉代宫名。
⑯ 仁寿:宫名。隋文帝时建立。 九成:贞观五年改仁寿宫为九成宫。
⑰ 陇:通"垄"。

**【译文】**

都城建立在南山之下,似乎饮食起居都与山不能分离。四方的山,没有比终南山更高的,而靠近终南山的城郭,也没有比扶风更近的了。在距山最近的地方探求山的最高处,一定会得到的。但太守住在这里,却不曾知道有山。虽说事实不会因此而有所损益,但情理是不该这样的。这就是建筑凌虚台的原因。

当它还没有建筑的时候,太守陈公拄着手杖,穿着履,在山下逍遥游玩,看到高出于林木之上的山峰,重重叠叠,犹如人在墙外行走,而在墙内只能看到他的发髻一样。陈公说:"这里一定有奇异的地方。"就派工匠在山前开凿一个方池,用挖出来的土筑成高台,以高出屋檐为止。尔后,登上高台的人,恍惚不知台的高度,而以为山峦是踊跃奔腾、突然间长出来的。陈公说:"这个高台应该称为'凌虚台'。"他把这个意思告诉了他的佐吏苏轼,请他写一篇记文。苏轼回复陈公说:"事物的废兴成毁,是无从知道的。从前,这里是荒草野地,霜露覆盖着,狐狸、毒蛇出没无常。在那时,哪里知道会有今天的凌虚台呢?废兴成毁交相更替,以至无穷无尽,所以,这个高台是否再变成荒草野地,也是不能预知的。我曾经同您登台远望,它的东面是秦穆公的祈年宫、橐泉宫,南面是汉武帝的长杨宫和五柞宫,北面则是隋代的仁寿宫、唐代的九成宫。回想它们当时兴盛的状况,那种宏伟奇丽、坚固而不可动摇的气势,哪里只是超过土台百倍呢?但是,几世之后,要想看到它们大致的样子,连破瓦断墙都没有了,已经变成长满庄稼的田地和荆棘丛生的荒丘了,更何况这一类土台呢?这类土台尚且不能保证它长久存在,何况人事的得失是那样往来飘忽不定呢?如果有的人想要以此向世人夸耀而且感到自足,那就错了。大概世上有足以依靠的东西,而不在于土台的存亡。"

我向陈公说过之后,回来就作了这篇记文。

# 超 然 台 记

## 苏 轼

【题解】

宋神宗熙宁三年(1070年),苏轼调任密州知州。次年,他修复了一座残破的楼台,经常同宾客们在上面饮酒赋诗,抒发情怀。其弟苏辙为此台取名"超然"。他便作了这篇《超然台记》,以说明其超然物外,无往不乐的思想。

苏轼这种思想是由于政治上的失意而引起的。神宗在位时,新旧党的政治斗争很激烈。苏轼由于反对王安石变法的某些措施,数次被贬。仕途上的坎坷使他产生了一种逃避现实的处世思想。他自称超然物外便能悠然自乐,但这种"乐"实际上包含了一种消极的情绪和无可奈何的辛酸。

本文始终紧扣"超然"二字。无论在说理叙事,还是在写景状物上,作者都力图烘托出一种洒脱、深沉而又旷达的心情。行文流畅自然,情理交融,毫无斧凿的痕迹。

凡物皆有可观。苟有可观,皆有可乐,非必怪奇伟丽者也。餔糟啜醨①,皆可以醉。果蔬草木,皆可以饱。推此类也,吾安往而不乐!

夫所为求福而辞祸者,以福可喜而祸可悲也。人之所欲无穷,而物之可以足吾欲者有尽。美恶之辨战于中②,而去取之择交乎前,则可乐者常少,而可悲者常多。是谓求祸而辞福。夫求祸而辞福,岂人之情也哉?物有以盖之矣③。彼游于物之内,而不游于物之外。物非有大小也,自其内而观之,未有不高且大者也。彼挟其高大以临我,则我常眩乱反覆。如隙中之观斗,又乌知胜负之所在④?是以美恶横生,而忧乐出焉,可不大哀乎!

余自钱塘移守胶西⑤,释舟楫之安,而服车马之劳;去雕墙之美,而庇采椽之居⑥;背湖山之观⑦,而行桑麻之野。始至之日,岁比不登⑧,盗贼满野,狱讼充斥⑨,而斋厨索然⑩,日食杞菊⑪,人固疑予之不乐也。处之期年⑫,而貌加丰,发之白者,日以反黑。予既乐其风俗之淳,而其吏民亦安予之拙也⑬。于是治其园圃,洁其庭宇,伐安邱、高密之木⑭,以修补破败,为苟完之计。而园之北,因城以为台者旧矣,稍葺而新之⑮。

时相与登览,放意肆志焉。南望马耳、常山⑯,出没隐见⑰,若近若远,庶几有隐君子乎⑱?而其东则庐山⑲,秦人卢敖之所从遁也⑳。西望穆陵㉑,隐然如城郭,师尚父、齐威公之遗烈㉒,犹有存者。北俯潍水㉓,慨然大息㉔,思淮阴之功㉕,而吊其不终㉖。台高而安,深而明,夏凉而冬温。雨雪之朝,风月之夕,予未尝不在,客未尝不从。撷园蔬㉗,取池鱼,酿秫酒㉘,瀹脱粟而食之㉙,曰:"乐哉!游乎㉚!"

予弟子由㉛,适在济南,闻而赋之,且名其台曰"超然"。以见予之无所往而不乐者,盖游于物之外也。

## 【注释】

① 餔(bǔ):通"哺",食。　糟:酒渣。　啜(chuò):饮。　醨(lí):淡酒。
② 中:指内心。
③ 盖:遮蔽。
④ 乌:何。
⑤ 钱塘:县名,宋时为两浙路治所。即今杭州市。　胶西:指山东胶河以西的地区。这里指密州,治所在山东诸城。
⑥ 采椽:指简陋的房屋。采伐的木椽,不加雕饰。
⑦ 观:这里指景色。
⑧ 比:屡屡。　登:庄稼成熟。
⑨ 狱讼(sòng):指诉讼案件。
⑩ 斋厨:指厨房。
⑪ 杞(qǐ)菊:两种植物,这里泛指野菜。杞,落叶小灌木,嫩茎叶可食。
⑫ 期(jī)年:一周年。
⑬ 拙:笨拙。这里是作者自谦之词,指处理政事而言。
⑭ 安邱、高密:二县名,都属于当时的密州。
⑮ 葺(qì):修理。
⑯ 马耳、常山:二山名,在密州城南。
⑰ 见:通"现",显现。
⑱ 庶几(jī):可能。
⑲ 庐山:山名,在密州城东。
⑳ 卢敖:秦朝博士。为秦始皇求仙药不得,逃避到密州东部的庐山。
㉑ 穆陵:关名,故址在今山东临朐东南大岘山上。春秋时为齐国南境,山谷峻狭,称为齐南天险。

㉒ 师尚父:吕尚,即姜太公。商末周初人。曾辅佐周文王、周武王灭商。后封于齐国(今山东北部)。 齐威公:齐桓公,春秋五霸之一。
㉓ 潍水:即今潍河。汉将韩信破齐,楚使龙且来救。信在潍水两岸破龙且军二十万。
㉔ 大息:太息,叹息。
㉕ 淮阴:指西汉时淮阴侯韩信。公元前196年,因谋反罪被杀。
㉖ 吊:这里是怜悯、伤痛的意思。
㉗ 撷(xié):采摘。 疏:通"蔬"。
㉘ 秫(shú)酒:黄米酒。
㉙ 瀹(yuè):这里是煮的意思。 脱粟:指只去皮壳,不加精制的糙米。
㉚ 游:这里是逍遥的意思。
㉛ 子由:苏辙,字子由。苏轼之弟。当时在齐州(今济南)做官。

## 【译文】

万物都有值得观赏之处。只要值得观赏,就都可以使人快乐,不必是奇异瑰丽的东西。食酒糟,饮淡酒,都能使人醉倒。吃瓜果蔬菜,也都能让人充腹。以此类推,我到哪里去不感到快乐呢!

那些追求福禄而躲避祸患的人,认为福禄使人高兴,祸患使人悲哀。但人的欲望是没完没了的,而能够满足我们欲望的东西却是有限的。如果心里总存在着美与丑的斗争,眼前老是进行着取和舍的选择,那么,使人快乐的事就往往很少,而令人悲哀的事却常常很多。这实际上是追求祸患而抛弃福禄。求祸辞福,哪里是人之常情呢?这是由于受了外物遮蔽的缘故。那些人活动在"物"的里面,而不是活动在"物"的外面。物并没有大小的分别,从它的内部来观察,就会觉得没有不高大的。那些倚仗它们的高大气派耸立在我们面前的,就使我们头昏目眩,难辨是非,恰如通过小小的缝隙来观战,又怎能知道胜败在哪一方呢?因此,美好和邪恶交错地产生,欢喜和忧愁之情也就出现了,这不是很可悲吗!

我从钱塘调任密州知州后,失去了江河乘船的安逸,忍受着骑马坐车的辛劳;离开了华丽的庭堂,栖身于简陋的房舍;离开了赏心悦目的湖光山色,奔走于充满桑麻的荒郊僻野。刚到的时候,庄稼连年歉收，盗贼遍地，诉讼案件多得很。厨房里也是空荡荡的，每天只吃些野菜。人们一定猜想我的心情会抑郁不乐。但是我在这里住了一年，面容却更加丰腴，头上的白发也一天天地重新变黑。我已经很喜爱这里淳朴的风土人情，这里的官属和百姓对于我的拙劣的能力也习以为常了。于是我修建了园囿，整理了房舍院落，砍伐安邱和高密山上的树木来修补破损之处，做暂时修治的计划。在园子的北面，有一个在城墙上建筑的高台已经破旧不堪，我就略加修理，使它焕然一新。

我时常和人们一起登台远眺，在那里纵情欢娱。从台上向南望去，马耳山、常山在云雾中忽隐忽现，时远时近，那里大概有隐居的君子吧？高台东面的庐山，是秦朝的卢敖到这里逃隐的地方。向西望去，隐约可见的穆陵关宛若一座城堡。姜太公和齐桓公的赫赫功业，还有在这里保存着的。向北俯瞰潍水，不禁慨然叹息，追思淮阴侯当年的战功，哀叹他竟然没有得到善终。台子高大而坚实，深广而明亮，冬暖夏凉。无论是雨洒雪飘的清晨，还是月白风清的夜晚，我没有不来的时候，宾客们也总是在这里陪伴着。我们摘采园中的蔬菜，捕捞池里的鲜鱼，酿造米酒，煮些粗米饭，边品尝边说："在这里游玩多么快乐啊！"

我的弟弟子由，正在济南做官，听说这件事便作了一篇赋，并给这个台取名为"超然台"。以此来表现我到任何地方都是非常快乐的，其原因就是我能超然于物外啊！

# 放鹤亭记

## 苏　轼

【题解】

隐居在云龙山的张天骥在草堂被淹之后，又修建了放鹤亭。本文记载了建筑放鹤亭和放鹤娱情的事迹,着重描写了作者与张天骥在亭中共饮的欢乐之情,并引出历史上卫懿公因好鹤亡国和刘伶、阮籍以醉酒保全真性来作对比,强调说明"南面之君"难以享受隐居者的乐趣。

文章写景与叙事结合紧密,以对话方式发表议论,说古道今,饶有兴味。

熙宁十年秋①,彭城大水②。云龙山人张君之草堂③,水及其半扉④。明年春,水落,迁于故居之东,东山之麓。升高而望,得异境焉,作亭于其上。彭城之山,冈岭四合,隐然如大环,独缺其西一面。而山人之亭,适当其缺。春夏之交,草木际天,秋冬雪月,千里一色。风雨晦明之间,俯仰百变。山人有二鹤,其驯而善飞⑤。旦则望西山之缺而放焉,纵其所如,或立于陂田⑥,或翔于云表,暮则傃东山而归⑦,故名之曰"放鹤亭"。

郡守苏轼⑧,时从宾佐僚吏往见山人⑨,饮酒于斯亭而乐之。挹山人而告之曰⑩:"子知隐居之乐乎?虽南面之君⑪,未可与易也!《易》曰:'鸣鹤在阴,其子和之。'⑫《诗》曰:'鹤鸣于九皋,声闻于天。'⑬盖其为物清远闲放,超然于尘埃之外,故《易》《诗》人以比贤人君子。隐德之士,狎而玩之⑭,宜若有益而无损者,然卫懿公好鹤则亡其国⑮。周公作《酒诰》⑯,卫武公作《抑》戒⑰,以为荒惑败乱,无若酒者,而刘伶、阮籍之徒以此全其真而名后世⑱。嗟夫!南面之君,虽清远闲放如鹤者,犹不得好,好之则亡其国。而山林遁世之士,虽荒惑败乱如酒者,犹不能为害,而况于鹤乎?由此观之,其为乐未可以同日而语也。"

山人欣然而笑曰:"有是哉!"乃作放鹤招鹤之歌曰:"鹤飞去兮,西山之缺。高翔而下览兮,择所适。翻然敛翼,宛将集兮,忽何所见,矫然而复击。独终日于涧谷之间兮⑲,啄苍苔而履白石。鹤归来兮,东山之阴。其下有人兮,黄冠草履⑳,葛衣而鼓琴㉑。躬耕而食兮,其余以汝饱。归来归来兮,西山不可久留。"

## 【注释】

① 熙宁十年:公元1077年。熙宁,宋神宗赵顼(xū)的年号。
② 彭城:县名。治所在今江苏徐州市。
③ 云龙:山名,在江苏徐州市云龙区。据说因常有云气蜿蜒如龙,故名。山人:隐士的称号。 张君:指张天骥,因隐居云龙山,称云龙山人。
④ 扉(fēi):门扇。
⑤ 驯:驯顺。
⑥ 陂(bēi):水边。
⑦ 愫(sù):向。
⑧ 郡守:官名。郡的最高长官。宋时已改郡为州或府,但人们仍常常习惯地以"郡守"称知州或知府。
⑨ 宾佐僚吏:泛指苏轼的宾客僚属。
⑩ 挹(yì):酌酒。
⑪ 南面:古代帝王面朝南而坐,故称居帝位为南面。
⑫ 《易》:《易经》。引文见于《易经·中孚》。
⑬ 《诗》:《诗经》。 九皋:深泽。引文见于《诗经·小雅·鹤鸣》。
⑭ 狎(xiá):亲近。
⑮ 卫懿公好鹤:据《左传·鲁闵公二年》记载,卫懿公平日很喜欢鹤,封给鹤以各种爵位,让鹤乘车而行。后来遇到狄人攻打卫国,卫国兵士因国君好鹤,都不愿出战,卫懿公因此亡国。
⑯ 《酒诰》:《尚书》篇名。相传周武王以商旧都封康叔,当地百姓皆嗜酒,故周公以成王之命,作《酒诰》以戒康叔。
⑰ 卫武公作《抑》戒:《抑》戒,即《诗经·大雅·抑》篇,相传为卫武公所作,用以自我警戒。第三章中说:"颠覆厥德,荒湛于酒。"
⑱ 刘伶:字伯伦。曾为建威参军。 阮籍:字嗣宗。曾为步兵校尉。他们都是西晋"竹林七贤"中人。由于对当时的政治不满,又担心遭受迫害,故常以纵酒沉醉,掩盖自己的政治观点,以保全性命。
⑲ 涧(jiàn):两山之间的水流。
⑳ 黄冠:道士所戴之冠。

㉑ 葛衣:用葛布做的衣服。葛,藤本植物,可织成葛布。

## 【译文】

熙宁十年的秋天,彭城发了大水。云龙山人张君的草屋,被水淹到大门的一半。第二年春天,水退了,他便搬到故居东面的东山脚下。登高远眺,发现一块奇异的地方,于是就在那里修筑了一个亭子。彭城的山岭围绕着四周,隐约像一个大玉环,唯独缺少西面的一角,而山人的亭子恰好正对着那个缺口。春夏之交,草木繁茂,与天际相接。秋冬时节,月光雪景,千里一色。当刮风下雨,天色或暗或明的时候,俯视仰观,山间的景象瞬息万变。山人养了两只鹤,非常驯顺,又善于飞翔。清晨朝着西山的缺口放出去,任凭它们自由飞去,有时停在水边田里,有时飞翔在白云之上,傍晚便向东山飞回。因此,把这座亭子称为"放鹤亭"。

郡守苏轼,时常由宾客僚属随从去见云龙山人,在放鹤亭上饮酒,感到十分快乐。于是向山人敬酒,并对他说:"您知道隐居的乐趣吗?即使是南面而坐的君主,也是不能更换的!《易经》说:'鹤在隐蔽幽深的地方鸣叫,它的小鹤便会随声应和。'《诗经》也说:'鹤在沼泽深处鸣叫,它的声音一直传到天上。'这是因为鹤的气质清高闲逸,超然于尘世之外,所以《易经》《诗经》都用它来比喻贤人、君子。归隐而有道德的士人,亲近它,赏玩它,似乎是有益无害的,但是卫懿公喜欢鹤,却使国家灭亡了。周公作《酒诰》,卫武公作《抑》为戒,认为使人放荡迷惑,使政治腐败,国家动乱的,没有比酒更厉害的了。但是刘伶、阮籍这些人,却以饮酒保全了自己的真性,并且名传后世。唉!南面而坐的君主,即使是像鹤这样清高闲逸的飞禽也不能爱好,爱好它就会亡国。而隐居山林,逃避尘世的人,即使是酒这样能使人放荡迷惑,使政治腐败、国家动乱的东西,也不能为害,更何况是鹤呢?由此看来,隐居的乐趣,是没有其他事情能和它相提并论的。"

山人听了这番话后高兴地笑着说:"是这样的道理啊!"于是我就作了放鹤、招鹤的歌。唱道:"鹤飞去啊!飞向西山的山口。高高地飞翔而向下俯瞰啊,选择一个安适的地方。骤然收敛羽翼,好像准备降落下来,忽然又像是看到了什么,矫健地重新振翅高翔。独自终日飞翔在山涧峡谷之间啊,嘴啄青苔而步行在白石之上。鹤归来啊!飞到东山的北面。山下有一个人啊,头戴黄帽,脚着草鞋,身穿葛衣在弹琴。亲自耕种,自食其力,用剩下的食物喂饱你们。归来吧,归来吧,西山不可以久留。"

# 石钟山记

## 苏　轼

【题解】

　　石钟山在江西湖口县鄱阳湖边。对于它命名的缘由,前人有种种说法,作者都表示怀疑。后来,他有机会进行了一番实地考察,终于证实了郦道元的记载,否定了李渤的说法。作者在文中记述了这一考察经过,并对那种"事不目见耳闻",仅凭肤浅的了解便武断臆测的作风,提出了批评。作者不轻易相信传闻,能深入实际,进行调查研究,这种实事求是的态度,无疑是非常可贵的。

　　本文意境新奇,文笔流畅,首尾呼应,丝丝入扣。同时,以生动的笔触,描绘了夜游绝壁时所见的奇特的景象,把写景和说理有机地结合起来,构成一篇优美的说理性游记。

　　《水经》①云:彭蠡之口②,有石钟山焉。郦元以为下临深潭③,微风鼓浪,水石相搏④,声如洪钟。是说也,人常疑之。今以钟磬置水中⑤,虽大风浪不能鸣也,而况石乎?至唐李渤⑥,始访其遗踪,得双石于潭上。扣而聆之⑦,南声函胡⑧,北音清越⑨,枹止响腾⑩,余韵徐歇。自以为得之矣⑪。然是说也,余尤疑之。石之铿然有声者,所在皆是也,而此独以钟名,何哉?

元丰七年六月丁丑⑫,余自齐安舟行适临汝⑬,而长子迈将赴饶之德兴尉⑭。送之至湖口⑮,因得观所谓石钟者。寺僧使小童持斧,于乱石间择其一二扣之,硿硿然⑯。余固笑而不信也。至其夜,月明,独与迈乘小舟,至绝壁下。大石侧立千尺,如猛兽奇鬼,森然欲搏人。而山上栖鹘⑰,闻人声亦惊起,磔磔云霄间⑱。又有若老人咳且笑于山谷中者,或曰,此鹳鹤也⑲。余方心动欲还,而大声发于水上,噌吰如钟鼓不绝⑳。舟人大恐。徐而察之,则山下皆石穴罅㉑,不知其浅深,微波入焉,涵澹澎湃而为此也㉒。舟回至两山间㉓,将入港口,有大石当中流,可坐百人,空中而多窍㉔,与风水相吞吐,有窾坎镗鞳之声㉕,与向之噌吰者相应,如乐作焉。因笑谓迈曰:"汝识之乎㉖?噌吰者,周景王之无射也㉗;窾坎镗鞳者,魏献子之歌钟也㉘。古之人不余欺也㉙!"

事不目见耳闻,而臆断其有无,可乎?郦元之所见闻,殆与余同,而言之不详;士大夫终不肯以小舟夜泊绝壁之下,故莫能知;而渔工水师,虽知而不能言。此世所以不传也。而陋者乃以斧斤考击而求之㉚,自以为得其实。余是以记之,盖叹郦元之简,而笑李渤之陋也。

## 【注释】

① 《水经》:我国古代一部专记江水河道的地理书。相传是汉桑钦或晋郭璞著。经清代学者考证,作者大约是三国时人,姓氏已不可考。
② 彭蠡(lǐ):湖名,即今江西鄱阳湖。
③ 郦元:郦道元,字善长,北魏范阳涿鹿(今河北涿鹿南)人。是我国古代杰出的地理学家。曾任安南将军、关右大使。他博览群书,遍游各地,并为《水经》作注,共四十卷。《水经注》在地理学和文学上都很有价值。
④ 搏:撞击。
⑤ 磬(qìng):古代一种石或玉制的打击乐器。

⑥ 李渤:字濬之,唐代洛阳人。曾写过《辩石钟山记》。
⑦ 聆(líng):听。
⑧ 南声:南边那块石头的声音。　函胡:厚重模糊。
⑨ 清越:清亮高扬。
⑩ 枹(fú):鼓槌。这里用作动词,是敲击的意思。　腾:跳动。这里是回荡的意思。
⑪ 得之:"之"代指石钟山命名的缘故。
⑫ 元丰七年:公元1084年。元丰,宋神宗年号。　六月丁丑:六月初九日(阳历七月十四日)。丁丑,是古人记日的干支。
⑬ 齐安:今湖北黄冈。　适:去。按苏轼曾于1080年贬官到黄州(即齐安),于1084年调赴汝州(即临汝)。　临汝:今河南临汝。
⑭ 迈:苏轼长子苏迈,字伯达,善为文。　饶:州名,治所在今江西鄱阳。德兴:县名,今江西德兴。　尉:县尉,地方官。
⑮ 湖口:县名,今江西湖口。石钟山即在这里。
⑯ 硿(kōng)硿:象声词。
⑰ 鹘(hú):一种像鹰的猛禽。
⑱ 磔(zhé)磔:鸟鸣声。
⑲ 鹳鹤:一种水鸟。形似鹤而顶不红。
⑳ 噌吰(chēnghóng):拟声词,形容钟声。
㉑ 石穴罅(xià):石头间的空隙。罅,裂缝。
㉒ 涵澹(hándàn):水波荡漾的样子。
㉓ 两山:石钟山有南北两座,南面的称上钟山,北面的称下钟山。
㉔ 窍:窟窿。
㉕ 窾坎(kuǎnkǎn)镗鞳(tāngtà):拟声词。窾坎,击物声。镗鞳,钟鼓声。
㉖ 识:知。
㉗ 周景王之无射(yì):史书记载,周景王二十四年铸成"无射"钟。周景王,东周国君(前544年—前520年在位)。无射,本乐律名,用作钟名。
㉘ 魏献子之歌钟:据《经进东坡文集》,魏献子应为魏庄子。魏庄子即魏绛,春秋时晋大夫。据《左传·襄公十一年》载,郑国送给晋侯歌钟二套(每套十六枚),女乐十六人。晋侯将一半赐给魏绛。歌钟,一种乐器,即编钟。
㉙ 古之人:指郦道元。

㉚ 斧斤:都是斧头。纵刃称斧,横刃称斤。　考:通"拷",敲击。

## 【译文】

　　《水经》记载说:彭蠡湖的湖口,有一座石钟山。郦道元认为这座山下面是个深潭,微风吹起波浪,使水石相击,发出洪钟般的响声。这种说法,人们常常怀疑它。现在把钟磬放在水中,即使是大风大浪也不能使它鸣响,更何况石头呢! 到唐代,李渤才探访了石钟山传说的情况,在潭上寻到两块礁石。敲着一听,南边的声音模糊不清,北边的声音高扬清亮,停止敲击后,声音还在回荡,余音许久才消失。李渤自以为是找到了奥秘。但这种说法,使我更加怀疑它。敲击发响的石头,到处都是,偏偏这里却用钟来命名,这是什么缘故呢?

　　元丰七年六月丁丑这一天,我从齐安乘船到临汝去,而我的大儿子苏迈也正要到饶州的德兴县去做县尉。我送他到湖口,因此,有机会去看看所谓石钟这地方。寺院的和尚让小童拿着斧头,在杂乱的岩石间,选择其中的几块来敲击,它们发出了硿硿的响声。我当然觉得可笑,并不相信这是石钟命名的原因。到那天夜里,月光明亮,我单独和迈儿乘着小船,来到峭壁下。巨大的岩石耸立在水旁,高达千尺,形态犹如凶猛的野兽和奇异的鬼怪,阴森森地,像要扑击我们似的。山上栖息着的苍鹘,听到人的声音也惊飞起来,磔磔地叫着飞上云霄。又有什么东西,在山谷中发出像老人边咳嗽边笑的声音,有人说这是鹳鹤。我正有些害怕,打算回去,这时从水上发出巨大的响声,像敲击钟鼓一样,持续不停。船夫十分害怕。我慢慢地察看,才知道原来山下都是石头孔穴,不知道它们有多深,微波冲入,在孔隙里澎湃回荡,才发出这样的声音。小船迂回到两山之间,正要进入港口时,那里有大岩石立在中流,石上约可坐百人,中间空虚并且有很多窟窿,吞吐着风浪,发出窾坎镗鞳的声音,同刚才的响声互相应和,如同奏乐一般。我于是笑着对迈儿说:"你知道吗? 刚才发出响声的,正如周景王的无射钟;眼前发出窾坎镗鞳声的,正如魏庄子的编钟。看来古人并没有欺骗我们!"

　　凡事,不亲眼看见、亲耳听到,就根据自己所想的推断有无其事,这样行吗？郦道元见到听到的,大概和我相同,但是记载得很简略。一般士大夫又始终不愿意乘着小船在晚上来到绝壁之下,所以没有人能知道。而渔人船夫虽然知道,却不能记述。这就是石钟山命名的来历在世上一直不流传的原因。但是见识浅陋的人却用斧头之类敲击石头来探求钟声,还自以为获得了真正的奥秘。因此,我记载了这种情况,既叹惜郦道元的记载过于简略,又讥笑李渤见识的浅陋。

# 潮州韩文公庙碑

## 苏 轼

【题解】

　　这是一篇碑文。潮州(治所在今广东潮安)是韩愈在谏迎佛骨,触怒宪宗后被谪贬的居所。在那里有韩愈的祠庙。宋哲宗元祐年间,潮州人又重修了这个庙。苏轼这篇文章,就是给这座新庙撰写的碑文。

　　苏轼在碑文中,对韩愈的一生,尤其是对韩愈在思想文化上所起的重要作用,给予了极高的评价,对他那忠心耿耿、无所畏惧的精神表示了由衷的钦佩和崇敬,对他在政治上的不遇和人生道路上的坎坷表示了深切的同情和悲哀。苏轼认为韩愈的这种人格、思想、精神之所以不为人们所理解,甚至受到不公平的待遇,是由于他能行天道,而不会尽人力去钻营,不容于世俗的缘故。但本文有些地方对韩愈褒誉过当,甚至加以神化,则是不足取的。

　　文章写得有气势。开头用很多笔墨作为衬托,然后连用几个排比句,一泻而下,一缓一急,很有感染力,同时还运用了比喻、证引、答辩、叙述、议论、歌咏等多种手法,加上错落参差的句子和音调铿锵的语言,使文章生动而又灵活。

　　匹夫而为百世师,一言而为天下法,是皆有以参天地之化,关盛衰之运。其生也有自来,其逝也有所为。故申、吕自岳降①,傅说为列星②。古今所传,不可诬也。

孟子曰:"我善养吾浩然之气③。"是气也,寓于寻常之中,而塞乎天地之间。卒然遇之④,则王、公失其贵,晋、楚失其富⑤,良、平失其智⑥,贲、育失其勇⑦,仪、秦失其辩⑧。是孰使之然哉?其必有不依形而立,不恃力而行,不待生而存,不随死而亡者矣。故在天为星辰,在地为河岳,幽则为鬼神,而明则复为人。此理之常,无足怪者。

自东汉以来,道丧文弊,异端并起。历唐贞观、开元之盛⑨,辅以房、杜、姚、宋而不能救⑩。独韩文公起布衣⑪,谈笑而麾之⑫,天下靡然从公,复归于正,盖三百年于此矣。文起八代之衰⑬,而道济天下之溺⑭,忠犯人主之怒⑮,而勇夺三军之帅⑯,此岂非参天地、关盛衰、浩然而独存者乎?

盖尝论天人之辨⑰,以谓人无所不至,惟天不容伪⑱。智可以欺王公,不可以欺豚鱼⑲;力可以得天下,不可以得匹夫匹妇之心。故公之精诚,能开衡山之云⑳,而不能回宪宗之惑;能驯鳄鱼之暴㉑,而不能弭皇甫镈、李逢吉之谤㉒;能信于南海之民㉓,庙食百世,而不能使其身一日安于朝廷之上。盖公之所能者天也,其所不能者人也。

始潮人未知学,公命进士赵德为之师。自是,潮之士皆笃于文行㉔,延及齐民㉕。至于今,号称易治。信乎孔子之言㉖:"君子学道则爱人,小人学道则易使也。"

潮人之事公也,饮食必祭,水旱疾疫,凡有求必祷焉。而庙在刺史公堂之后,民以出入为艰。前太守欲请诸朝作新庙,不果。元祐五年㉗,朝散郎王君涤来守是邦㉘。凡所以养士治民者,一以公为师。民既悦服,则出令曰:"愿新公庙者听。"民欢趋之。卜地于州城之南七里,期年而庙成㉙。

或曰:"公去国万里而谪于潮,不能一岁而归。没而有知㉚,其不眷恋于潮也审矣。"轼曰:"不然!公之神在天下者，如水之在地中，无所往而不在也。而潮人独信之深、思之至，熏蒿凄怆㉛，若或见之，譬如凿井得泉，而曰水专在是，岂理也哉？"

　　元丰元年㉜，诏封公昌黎伯，故榜曰"昌黎伯韩文公之庙"。潮人请书其事于石，因作诗以遗之，使歌以祀公。其辞曰：公昔骑龙白云乡㉝，手抉云汉分天章㉞，天孙为织云锦裳㉟。飘然乘风来帝旁，下与浊世扫秕糠。西游咸池略扶桑㊱，草木衣被昭回光㊲。追逐李杜参翱翔㊳，汗流籍湜走且僵㊴，灭没倒影不能望㊵。作书诋佛讥君王，要观南海窥衡湘㊶，历舜九嶷吊英皇㊷。祝融先驱海若藏㊸，约束蛟鳄如驱羊。钧天无人帝悲伤㊹，讴吟下招遣巫阳㊺。犦牲鸡卜羞我觞㊻，于餐荔丹与蕉黄㊼。公不少留我涕滂，翩然被发下大荒㊽。

## 【注释】

① 申、吕：指申伯和吕侯。申伯，周宣王时功臣。吕侯，辅周穆王有功。岳：高大的山。传说山岳降神才生出了申伯和吕侯。《诗经·大雅·崧高》有"维岳降神，生甫及申"的诗句。

② 傅说（yuè）：商王武丁时的大臣。相传他原是从事版筑的奴隶，被武丁提拔为大臣，治理国政，使国家大治。传说他得天道，死后升天，比于列星。

③ 浩然之气：这是孟子著作中的一个专门用语。他所谓的这种气，是一种主观的精神状态，是由内心积善所产生的刚正之气。语出《孟子·公孙丑上》。

④ 卒：通"猝"（cù），突然。

⑤ 晋、楚：春秋时两个富强的国家。晋在今山西、河北西南部一带，晋文公曾改革内政，使国力富强。楚在今长江中游一带。楚庄王时曾成为中原霸主。

⑥ 良、平：指张良、陈平。都是汉初大臣，刘邦的重要谋士。

⑦ 贲、育：指战国时卫国勇士孟贲和夏育。

⑧ 仪、秦:指战国时著名的纵横家张仪和苏秦。两人都善于辞辩。
⑨ 贞观、开元:分别为唐太宗(627年—649年在位)、唐玄宗(713年—755年在位)时的年号,是唐代兴盛的时期。
⑩ 房:指房玄龄,唐初政治家。为唐太宗的重要辅臣。　杜:指杜如晦。唐初和房玄龄共掌朝政,辅佐唐太宗。　姚:指姚崇。在武则天、睿宗、玄宗时屡次出任宰相,对"开元之治"起过重大作用。　宋:指宋璟,唐代政治家,继姚崇任宰相。
⑪ 韩文公:指韩愈,字退之,唐代著名文学家、哲学家,河南河阳(今河南孟县)人。唐时,昌黎郡(治所在今辽宁义县)的韩姓为一时著姓,因此韩愈也自称自己的郡望(郡里显贵的家族,为人所仰望)是昌黎,故人称他为昌黎韩愈,世称韩昌黎。死后谥文,世称韩文公。
⑫ 麾(huī):通"挥",指挥、号召。
⑬ 八代:指东汉、魏、晋、宋、齐、梁、陈、隋。从东汉起文坛上出现了一种形式绮靡而内容空洞的文风。韩愈提倡古文运动,从理论和实践上努力纠正这种弊病,起了巨大的作用。
⑭ 济:救助。　溺:淹没。这里指佛、老之道的毒害。
⑮ 忠犯人主之怒:指韩愈谏唐宪宗迎佛骨入宫一事。公元819年,唐宪宗派人到凤翔(今属陕西)迎佛骨入宫中,韩愈上《谏迎佛骨表》劝谏,反对这种做法,触怒了宪宗。因此被贬斥到南疆潮州做刺史。
⑯ 勇夺三军之帅:指韩愈镇抚镇州叛乱一事。穆宗时,镇州军队发生叛乱,杀掉原来的将帅,另立新帅。朝廷派韩愈前去镇抚,很多人为他担心,但韩愈运用谋略,折服了叛乱将领,平息了这场叛乱。
⑰ 天人:指天道和人事。
⑱ 伪:人为的事物,和自然的相对。
⑲ 豚鱼:《易·中孚》曰:"信及豚鱼。"豚,小猪,这里泛指猪。古人认为如果讲求诚信的话,就连对这些动物也会讲求诚信。
⑳ 能开衡山之云:韩愈经过衡山时,正逢秋雨,他潜心默祷一番之后,天就放晴了。他曾作《谒衡山南岳庙》诗纪此事。衡山,在湖南南岳县境内。
㉑ 能驯鳄鱼之暴:指韩愈到潮州后逐恶溪鳄鱼一事。详见本书《祭鳄鱼文》。
㉒ 弭(mǐ):止。　皇甫镈(bó):唐宪宗时的大臣。到处盘剥人民,搜刮财物,并经常诋毁韩愈。　李逢吉:唐宪宗时大臣,诡计多端,陷害忠良。
㉓ 南海:这里指潮州。

㉔ 笃:深好。
㉕ 齐民:平民。
㉖ 信:确实。引文出《论语·阳货》。
㉗ 元祐五年:公元1090年。元祐,宋哲宗的年号。
㉘ 朝散郎:文官名,从七品。 王涤:人名,事迹不详。
㉙ 期(jī)年:一整年。
㉚ 没:通"殁",死亡。
㉛ 熏(xūn):香气。 蒿:雾气蒸发的样子。 凄怆:悲伤的样子。
㉜ 元丰元年:当为元丰七年,即公元1084年。元丰是宋神宗年号。
㉝ 白云乡:古代认为神仙居住在天上,把神仙居住的仙乡叫作白云乡。
㉞ 云汉:指银河。 天章:指分布在天空中的日月星辰等。
㉟ 天孙:即织女。织女是民间神话中巧于织造的仙女,是天帝之孙。 云锦:丝织物品。因图案华丽,宛如云彩,故名。
㊱ 咸池:古代神话中的地名,传说为日浴之处。 略:巡行。 扶桑:神话中的树木名。
㊲ 衣被:原意是给人穿衣服,引申为授给,这里意为"受到"。 昭回:原指星辰光耀在天空回传,后亦借指日月。
㊳ 李、杜:指唐代大诗人李白、杜甫。
㊴ 籍、湜(shí):指唐代诗人张籍和文学家皇浦湜。 僵:仆倒。
㊵ 灭没:淹没,这里指日光照耀的意思。
㊶ 要(yāo):要服。传说上古分天下为五服,要服是离王畿极远之处。 衡、湘:衡山和湘水。都在湖南境内,是韩愈贬潮州路经之处。
㊷ 舜:传说中的我国原始社会的部落联盟首领,又称虞舜。 九嶷:指九嶷山,在今湖南宁远南。相传虞舜死后葬于此。 英皇:即女英、娥皇。相传是唐尧的两个女儿,同嫁给虞舜为妃。后舜出外巡视,死于苍梧,她俩寻至南方,一起投湘水而死。
㊸ 祝融:传说中的火神。 海若:海神。
㊹ 钧天:天之中央。
㊺ 讴吟:这里是歌唱的意思。讴,歌唱。吟,吟咏。 巫阳:古代善于占卜的人。
㊻ 犦(bó)牲:古代祭祀用的牺牲。犦,即犎(fēng)牛,一种高背的大牛。 鸡卜:古代占卜法之一。 羞:进献。 觞(shāng):古代的一种盛

酒器。
㊼ 荔丹与蕉黄：红色的荔枝与黄色的香蕉，这里泛指祭祀供品。韩愈的《柳州罗池庙碑》一文中有"荔子丹兮蕉叶黄"的句子。这里是借用韩愈的话。
㊽ 被发下大荒：韩愈诗"翩然下大荒，被发骑麒麟"。这里借用韩愈的诗句，表示祝他下来享受祭品。被，通"披"。大荒，原是传说中极远的地方，这里指人间。

**【译文】**

一个普通人能够成为百世的师表，一句话能够成为天下人的准则，这都是因为他们有与天地化育万物相等同、与国家命运的盛衰相关联的地方。他们的降生是有来历的，他们的死亡是有作用的。申伯、吕侯出生是山神降世，传说死后化为列星。这些古今传诵的事，不可不信。

孟子说："我善于涵养我的浩然正气。"这种气，寄托在平常的事物之中，而充塞于整个天地之间。假如突然遇到了它，就使人们相形见绌，连君王、诸侯也显现不出他们的尊贵，晋、楚这样的国家也显现不出他们的豪富，张良、陈平也显现不出他们的智谋，孟贲、夏育也显现不出他们的勇猛，张仪、苏秦也显现不出他们的辩才。是什么东西使得他们这样呢？这一定是具有一种不凭借形体而自立，不仗恃外力而自行，不依赖生命而生存，不随着死亡而消逝的东西了。这种东西，在天上就化为星辰日月，在地上就化为河岳山川，在阴间化为鬼神，在世间又变成人。这些都是很平常的道理，是不值得大惊小怪的。

自东汉以来，儒道衰颓，文风败坏，各种异端邪说相继兴起。虽然经过了唐代贞观、开元这样的盛世，又加上房玄龄、杜如晦、姚崇、宋璟这样的贤臣治理，却不能扭转过来。只有韩文公从庶民百姓中崛起，谈笑之间，把手一挥，天下人纷纷跟随着他，回到正路上来，这到今天已经有三百年的时间了。韩文公的文章挽回了已经衰败的八代文风，他的道统把天下从沉沦中拯救出来，他的忠心触怒了君主，智勇战胜了三军主帅,这难道不就是与天地化育万物相等同,与国家命运的盛衰相关联,浩然独存的正气吗?

曾经有人论述过天道和人事的区别,认为人运用智、力就没有做不到的事情,只是天道不是人力所能变易的。人用智谋可以欺侮王公,却不能欺侮小小的豚和鱼;凭借武力可以夺得天下,却不能得到普通人的忠心。所以韩文公的精诚,能够驱散笼罩衡山的乌云,却不能使唐宪宗从迷惑中醒悟过来;能够驯服作恶的鳄鱼,却不能制止皇甫镈、李逢吉的诽谤;能够取信于南海的广大百姓,死后世代享受祭祀,却不能使自己在朝廷上得到一天的安宁。这是因为韩文公的最大本事是顺应天道,而他所不能的是处理人事。

当初,潮州人不知道学习仪礼、文章,韩文公派进士赵德去当他们的老师。从这时起,潮州的学者们才都开始重视仪礼品行,写诗作文,这种风气也影响到了平民百姓。直到今天,这里还被称为是容易治理的地方。孔子说:"君子学了礼义道德就有仁爱之心,平民学了礼义道德就容易驱使。"的确是这样啊!

潮州人对待韩文公,每餐必祭,并且每当遇到水旱灾害、疾病瘟疫等有求于神灵的事情,一定要向他祈祷。可是韩文公的庙宇却处在刺史公堂的后面,百姓觉得进进出出很不方便。因此,前任太守曾想要请示朝廷,另建一座新庙,但没有付诸实施。元祐五年,朝散郎王涤来做这里的地方官。他上任后,所有用来培养贤士、治理百姓的措施,无不仿效韩文公的做法。在百姓已经心悦诚服后,他下令说:"愿意再建韩文公新庙的人就听从命令。"这时,百姓们都欢乐地前去修庙。于是,在距城南七里的地方选定了庙址,一年之后新庙就建成了。

有的人说:"韩文公被贬斥到远离京都的潮州,不到一年就回去了。如果他死后有知,显然是不会眷恋潮州的。"我说:"不对!韩文公的神灵在人间,就好像水在地下一样,到处都是。可是因为潮州人对他特别信赖,无限思念,在祭奠时升腾的香气中人们感到悲伤,好像见到了他,这就如同挖井挖到了泉水,却说泉水只是存在在这里的一样,这难道能够成其为道理吗?"

元丰元年,皇帝下诏令封韩文公为昌黎伯,所以新庙的匾额上写着"昌黎伯韩文公之庙"。潮州人请我把他的事迹刻写在石碑上,于是我写下诗送给他们,让他们歌唱,以此来悼念韩公。歌词是:昔日里您骑龙驹遨游白云仙乡,长空挥手分开银河日月天章,织女为您织造云锦衣裳。您乘风飘游来自天帝身旁,降临人间为的是一扫浊世的鄙陋文章。您像太阳一样西向遨游咸池,经过扶桑,您恩及草木有如日月经天灿灿发光。您追随李、杜和他们比翼翱翔,张籍、皇甫湜惭愧得流汗,退避奔走而僵化跌倒,您的光辉上下照射,让人不能仰望。您排斥佛学,疾书奏章,劝诫君王,反遭贬斥到荒远的地方,谪南海,过衡湘,路经九嶷虞舜墓,您凭吊女英、娥皇。祝融神为您开路,南海怪物躲藏,您为民除害赶走鳄鱼如驱羔羊。九天之上没有贤士上帝悲伤,派遣巫阳高歌下凡招请您回到身旁。今天啊,献上菲薄的祭品表达一片衷肠,请您尝鲜红的荔枝、微黄的香蕉。文公啊,您不稍稍逗留,我会无比悲伤,愿您轻快地披发下太荒!

# 乞校正陆贽奏议进御札子

## 苏 轼

【题解】

陆贽(754年—805年),字敬舆,苏州嘉兴(今属浙江)人。唐德宗时官至宰相。为人耿直,办事干练,史书说他"所言剀拂帝短,恳到深切"。后因受人诬陷而被贬废。他的《陆宣公奏议》以见解精辟、文笔流畅而为后世推重。《新唐书》《资治通鉴》中收录了陆贽的很多奏疏。

"札子"这一名称在宋代才开始出现,是奏疏的一种,即臣属写给皇帝的书信。元祐八年(1093年),苏轼充任端明殿学士兼翰林侍读学士,主礼部尚书。本文是他与吕希哲、吴安礼、吕祖禹等人为校正陆贽的奏议一事而呈给宋哲宗的札子,文中援引史实,娓娓而谈,比喻贴切,对照鲜明,具有较强的说服力。

臣等猥以空疏①,备员讲读②。圣明天纵③,学问日新。臣等才有限而道无穷,心欲言而口不逮④,以此自愧,莫知所为。窃谓人臣之纳忠⑤,譬如医者之用药。药虽进于医手,方多传于古人。若已经效于世间,不必皆从于己出。

伏见唐宰相陆贽,才本王佐,学为帝师。论深切于事情,言不离于道德。智如子房而文则过⑥,辨如贾谊而术不疏⑦。上以格君心之非,下以通天下之志。但其不幸,仕不遇时。德宗以苛刻为能⑧,而贽谏之以忠厚;德宗以猜忌为术,而贽劝之以推诚;德宗好用兵,而贽以消兵为先;德宗好聚财,而贽以散财为急。至于用人听言之法,治边御将之方,罪己以收人心,改过以应天道,去小人以除民患,惜名器以待有功⑨,如此之流,未易悉数。可谓进苦口之药石⑩,针害身之膏肓⑪。使德宗尽用其言,则贞观可得而复⑫。

臣等每退自西阁,即私相告,以陛下圣明,必喜贽议论。但使圣贤之相契,即如臣主之同时。昔冯唐论颇、牧之贤⑬,则汉文为之太息。魏相条晁、董之对⑭,则孝宣以至中兴⑮。若陛下能自得师,则莫若近取诸贽。

夫六经、三史、诸子百家⑯,非无可观,皆足为治。但圣言幽远,末学支离⑰,譬如山海之崇深,难以一二而推择。如贽之论,开卷了然。聚古今之精英,实治乱之龟鉴⑱。臣等欲取其奏议,稍加校正,缮写进呈。愿陛下置之坐隅⑲,如见贽面;反复熟读,如与贽言。必能发圣性之高明,成治功于岁月。

臣等不胜区区之意,取进止⑳。

【注释】

① 猥:谦辞,辱。这里是玷辱职守的意思。

② 讲读:指翰林院的侍讲学士和端明殿的侍读学士,职责是讲论经史,以备皇帝询问。
③ 天纵:天禀,常用为谀美帝王之辞。
④ 逮:到,及。
⑤ 窃:表示自谦,私自的意思。
⑥ 子房:张良,字子房。汉初政治家,智谋出众,曾辅佐刘邦入关灭秦,后又为刘邦打败项羽起过重要作用,封为"留侯"。
⑦ 贾谊:西汉政治家和文学家。曾任太中大夫,太傅等官。他在写给汉文帝的治安策中主张"重本抑末",削弱诸侯王势力。
⑧ 德宗:唐德宗李适(kuò),公元780年至805年在位。
⑨ 名器:古代称代表统治者等级、地位的爵位和车服等。这里指官爵。
⑩ 药石:治病的药物和砭(biān)石(石针),这里用来比喻规劝改过的话。
⑪ 针:这里用作动词,泛指治疗。 膏肓(huāng):古代医学上把心尖脂肪称为膏,心脏和膈膜之间称为肓,认为是药力达不到的地方。
⑫ 贞观:原是唐太宗的年号(627年—649年),这里指贞观之治。唐初由于采取了一系列积极措施,社会生产力有迅速的发展。唐太宗贞观年间出现了经济发展的繁荣局面。历史上称为"贞观之治"。
⑬ 冯唐:西汉文帝时任中郎署长。曾向汉文帝称道廉颇、李牧,文帝听后,为得不到这样的名将以抵御匈奴而叹息。 颇、牧:指廉颇与李牧。廉颇,战国时赵国名将,屡次战胜齐、魏等国。李牧,战国时赵国名将,长期防守赵国北境,屡次击退东胡、林胡、匈奴的骚扰。
⑭ 魏相:西汉宣帝时曾任丞相,封高平侯。主张整顿吏治,考核实效,在奏章中常引用晁错、董仲舒等人的言论。 晁:晁错,西汉政治家。文帝时任太常掌故,景帝时任御史大夫。坚持"重本抑末"政策,主张募民充实塞下,防御匈奴,建议削夺诸侯王国的封地。后在吴、楚七国之乱中被杀害。 董:董仲舒,西汉唯心主义哲学家,今文经学大师。他以《春秋公羊传》为主干,综合先秦各家的思想,创立"天人感应"的思想体系。建议汉武帝"罢黜百家,独尊儒术",为西汉的大一统学说制造舆论。
⑮ 孝宣:西汉宣帝刘询,公元前73年至前49年在位。他在霍光辅佐下,整顿吏治,任用贤能,加强边防,农业呈现出兴盛景象,社会经济有所发展。历史上称当时为"中兴"时期。
⑯ 六经:指《书》《诗》《易》《礼》《春秋》《乐》六部儒家经典。 三史:指《史

记》《汉书》和《后汉书》。
⑰ 末学:与经学相对而言,指诸子的书和史书。
⑱ 龟鉴:借鉴。龟,古代用龟甲占卜,以辨吉凶。鉴,镜。
⑲ 坐:通"座"。
⑳ 取进止:听从裁处。取,听取。进止,进退。

## 【译文】

臣等以浅薄的才识,充任侍讲、侍读之数。陛下有天赋的圣智聪明,学问日益长进。臣等才学有限,而学问本身却无穷无尽,常常心里想说,却词不达意,因此自感惭愧,不知怎样做才好。私下以为,臣属向皇帝敬献忠言,如同医生用药,药虽然是从医生的手里进献的,但药方却大多是从古人那里传下来的。如果药方已经在社会上发生过效验,就不必都从医生本人手里开出。

我们觉得唐朝的宰相陆贽,论才能本来就是帝王的辅佐,论学问可做皇帝的老师。他的议论能深刻地切中事理,言谈不离道德。智慧如同张良而文才则超过他,明辨如同贾谊而在策略上却不像他那样空疏。对上能纠正君主思想上的错误,对下能沟通天下人的心愿。可是他很不幸,做官没有遇上好时候。德宗把苛刻当作自己的本事,而陆贽却用忠厚之道加以劝谏;德宗把猜忌当作自己的权术,而陆贽却劝他对臣下要推心置腹;德宗好用兵,而陆贽却把消除战争作为首要的任务;德宗喜欢聚敛钱财,而陆贽却把散发钱财当作迫切的事情。至于任用人才,听取意见的方法,治理边疆,使用将领的策略,遇事归罪于己,以争取民心,改正过错,以顺应天道,排斥小人,为百姓除害,珍惜官爵,以封赏有功的人,像这一类奏议,举不胜举。可以说是进献苦口的良药,治疗顽疾的针砭。假使德宗全部采纳他的意见,那么,贞观盛世就可以再次出现。

我们每次从西阁退出来,便私下相互谈论,认为陛下神圣明智,一定会欣赏陆贽的议论。只要圣主和贤臣的意志相合,那么,君臣就如同处于同一时代一样。从前冯唐谈论廉颇、李牧的贤能,汉文帝就因得不到这样的将领而叹息。魏相列举晁错、董仲舒的对策,汉宣帝因此实现了中兴。如果陛下能自求老师,那么,没有比就近从陆贽那里取得教益更好的了。

六经、三史、诸子百家,并不是没有可观之处,都足以用来治理国家。但圣人的言论微妙深邃,三史和诸子百家中的理论则支离零散,就像山岳一样崇高,像大海一样幽深,难以求得十分之一二以供应用。像陆贽的议论,一开卷就能了解。它聚集了古今的精华,实在是国家治乱的借鉴。我们打算选取他的奏议,稍稍加以校正,抄写出来献上。希望陛下把它放在座席一侧,如同见到了陆贽一样;反复熟读,就像和陆贽面谈一样。这样就一定能启迪陛下圣明的天性,在短时间内完成天下大治的功业。

臣等表达不尽诚挚的心意,听从陛下裁决。

# 前赤壁赋

## 苏　轼

【题解】

宋神宗元丰二年(1079年),苏轼因所作诗文对政事有所讥讽,被贬为黄州(治所在今湖北黄冈)团练副使。史书说他在黄州"与田父野老相从溪山间"。本文就是他和友人同游黄冈赤壁时写的。因为后来他又写有一篇《赤壁赋》,所以把这篇称为《前赤壁赋》。

黄冈赤壁,并不是三国时孙曹鏖兵的赤壁,那个赤壁在今湖北赤壁市西北长江南岸。但这里也有孙曹交战的传说。他以传神的笔墨,描述了秋夜赤壁的美丽、静谧以及与客人夜游的逸兴,然后通过对明月、江水的变与不变的议论,表现了一种旷达开朗的胸襟和生活态度。但作者的这种旷达和超脱,却是政治失意后的精神苦闷的自我排遣,在旷达的外表下,潜藏着作者的抑郁和悲伤。

文章的语言优美清新,写景、抒情、议论三者结合得极其自然巧妙,不露斧凿之迹,是一篇出色的散赋。

壬戌之秋①,七月既望②,苏子与客泛舟游于赤壁之下③。清风徐来,水波不兴。举酒属客④,诵明月之诗,歌窈窕之章⑤。少焉,月出于东山之上,徘徊于斗牛之间⑥。白露横江,水光接天。纵一苇之所如⑦,凌万顷之茫然⑧。浩浩乎如冯虚御风⑨,而不知其所止;飘飘乎如遗世独立,羽化而登仙⑩。

于是饮酒乐甚,扣舷而歌之。歌曰:"桂棹兮兰桨,击空明兮溯流光⑪。渺渺兮予怀,望美人兮天一方⑫。"客有吹洞箫者,依歌而和之。其声呜呜然,如怨,如慕,如泣,如诉,余音袅袅,不绝如缕。舞幽壑之潜蛟⑬,泣孤舟之嫠妇⑭。

苏子愀然⑮,正襟危坐⑯,而问客曰:"何为其然也?"客曰:"'月明星稀,乌鹊南飞',此非曹孟德之诗乎⑰?西望夏口⑱,东望武昌⑲,山川相缪⑳,郁乎苍苍,此非孟德之困于周郎者乎㉑?方其破荆州㉒,下江陵㉓,顺流而东也,舳舻千里㉔,旌旗蔽空,酾酒临江㉕,横槊赋诗㉖,固一世之雄也,而今安在哉!况吾与子渔樵于江渚之上㉗,侣鱼虾而友麋鹿,驾一叶之扁舟,举匏樽以相属㉘。寄蜉蝣于天地㉙,渺沧海之一粟,哀吾生之须臾㉚,羡长江之无穷。挟飞仙以遨游,抱明月而长终。知不可乎骤得,托遗响于悲风㉛。"

苏子曰:"客亦知夫水与月乎?逝者如斯,而未尝往也;盈虚者如彼㉜,而卒莫消长也。盖将自其变者而观之,则天地曾不能以一瞬;自其不变者而观之,则物与我皆无尽也,而又何羡乎?且夫天地之间,物各有主,苟非吾之所有,虽一毫而莫取。惟江上之清风,与山间之明月,耳得之而为声,目遇之而成色,取之无禁,用之不竭。是造物者之无尽藏也,而吾与子之所共适㉝。"

客喜而笑,洗盏更酌。肴核既尽㉞,杯盘狼藉。相与枕藉乎舟中㉟,不知东方之既白。

**【注释】**

① 壬戌(xū):宋神宗元丰五年(1082年)。
② 既望:过了望日,即十六日。望,夏历每月十五日。
③ 苏子:苏轼自称。
④ 属(zhǔ):原是挹注的意思,引申为劝酒。
⑤ 明月之诗:指《诗经·月出》篇。 窈窕之章:指《月出》篇的第一章。其中有"舒窈纠(jiǎo)兮"一语,"窈纠"与"窈窕"音义相近。
⑥ 斗牛:两个星宿名。斗宿和牛宿,都属于二十八宿。
⑦ 一苇:比喻小船。苇,苇叶。 如:往。
⑧ 凌:越过。
⑨ 冯虚:凌空。冯,通"凭",凭依。虚,指天空。
⑩ 羽化:道教认为人能飞升成仙,如生羽翼一般,故称成仙为羽化。
⑪ 空明:指在月光映照下的清澄的江面。 流光:水波上流动的月光。
⑫ 美人:指所思念的人。
⑬ 幽壑(hè):深谷。
⑭ 嫠(lí)妇:寡妇。
⑮ 愀(qiǎo)然:忧愁凄怆的样子。
⑯ 正襟危坐:整理衣襟,端正地坐着。
⑰ 曹孟德:曹操,字孟德。东汉末年杰出的政治家、军事家、诗人。生前统一了中国北部,封魏王,子曹丕称帝后,追尊为武帝。引诗出自他的《短歌行》。
⑱ 夏口:汉水下游入长江处,古称夏口,又称汉口。
⑲ 武昌:今湖北鄂城。公元221年孙权曾迁都于此。
⑳ 缪(liáo):通"缭",盘绕。
㉑ 周郎:即周瑜,孙权的将领。汉献帝建安十三年(208年)赤壁之战,曹操兵败于吴、蜀联军。周瑜是这次战役的主要指挥者。因年轻,故称"郎"。
㉒ 破荆州:建安十三年,荆州牧刘表死后,曹军南下,刘表次子刘琮以荆州降曹。当时,湖北、湖南等地都属荆州,治所在今湖北襄阳。
㉓ 江陵:今湖北江陵。
㉔ 舳舻(zhúlú):船尾和船头连接。舳,船后掌舵处。舻,船前摇棹处。

㉕ 酾(shī)酒：滤酒。这里是"洒"的意思。在江面上洒酒,表示对古代英雄豪杰的凭吊。
㉖ 槊(shuò)：长矛。
㉗ 渔樵：捕鱼打柴。 渚(zhǔ)：江中小洲。
㉘ 匏(páo)樽：葫芦做的酒器。匏,葫芦的一种。
㉙ 蜉蝣：一种小飞虫,成虫仅能生存几小时。
㉚ 须臾：片刻,很短的时间。
㉛ 遗响：箫的余音。 悲风：秋天凄厉的风。
㉜ 盈虚者：指月亮。月有圆有缺,故称盈虚者。
㉝ 适：享受的意思。
㉞ 肴(yáo)：菜肴。 核：果品。
㉟ 枕藉(jiè)：互相枕着靠着睡觉。

## 【译文】

壬戌年秋天,七月十六日,我同客人乘船游于赤壁之下。清风慢慢吹来,江面水波平静。举起酒杯,邀请客人同饮,吟咏《明月》诗篇的"窈窕"一章。一会儿,月亮从东山上升起,徘徊在斗牛两个星宿之间。白茫茫的雾气笼罩着江面,水光与夜空融成一片。我们听任苇叶般的小船在茫茫万顷的江面上自由飘动。多么辽阔啊,像是凌空乘风飞去,不知将停留在何处；多么飘逸啊,好像离开了人世,无拘无束,飞升变化,登上仙境。

于是,喝着酒,快乐极了,敲着船舷唱起来。歌词说："桂木的棹啊,兰木的桨,拍打着清澈的江水啊,船儿迎来流动的波光。多么深沉啊,我的情怀,仰望我思慕的人啊,他在遥远的地方。"客人中有吹洞箫的,按着歌声吹箫应和。箫声呜呜,像是怨恨,又像是思慕,像是哭泣,又像是倾诉,余音悠悠,像一根轻柔的细丝线延绵不断。箫声啊,能使潜藏在深渊中的蛟龙起舞,孤舟上的寡妇啜泣。

我不禁感伤起来,整理好衣襟,端正地坐着,问客人道："为什么会出现这样的情绪？"客人说："'月明星稀,乌鹊南飞',这不是曹孟德的诗吗？向西望是夏口,向东望是武昌,山川缭绕,郁郁苍苍,这不是曹孟德被周瑜击败的地方吗？当他夺取荆州,攻下江陵,顺长江东下的时候,战船接连千里,旌旗遮蔽天空,在江上洒酒祭奠,横端着长矛朗诵诗篇,本来是一代的英雄啊,可是现在却在哪里呢?何况我同你在江中和沙洲上捕鱼打柴,以鱼虾为伴侣,以麋鹿为朋友,驾着一叶孤舟,在这里举杯互相劝酒。只是像蜉蝣一样地寄生在天地之间,渺小得像大海中的一颗沙粒,哀叹我生命的短暂,而羡慕长江的流水无尽无休。希望偕同仙人遨游,与明月一起长存。我知道这是不可能忽然得到的,因而只能把箫声的余音寄托给这悲凉的秋风。"

我说:"你们也知道那水和月亮吗?江水总是不停地流逝,但是它始终没有流动;月亮总是那样有圆有缺,但是它始终没有增也没有减。这是因为,要是从它们变化的一面来看,那么,天地间的一切事物,甚至不到一眨眼的工夫就发生了变化;要是从它们不变的一面来看,那么,万物和我们都是永远存在的,又何必羡慕它们呢?再说,天地之间,万物各有主人,假如不是为我所有,即使是一丝一毫也不能得到。只有这江上的清风和山间的明月,耳朵听到了,就成为声音,眼睛看到了,就成为颜色,占有它们,无人禁止,使用它们,无穷无尽。这是大自然的无穷无尽的宝藏,而我能够同你们共同享受它们。"

客人听了之后,高兴地笑了。洗涤杯子,重新斟酒。菜肴果品已经吃光了,酒杯菜盘杂乱地放着。大家互相枕着靠着睡在船中,不知不觉东方已经发出白色的曙光。

# 后赤壁赋

## 苏　轼

【题解】

作者第二次游赤壁,离上次只有三个月,但这里已是一片初冬景色。作者描绘了冬夜的江岸,渲染出山间的凄凉气氛,并写了他独自登高而引起的悲戚心情，结尾用白鹤道士的虚幻梦境结束全文，流露出作者幻想脱离尘世，却不能逃避现实的矛盾心理。总的说来，文章的基调是低沉和消极的。

是岁十月之望①，步自雪堂，将归于临皋②。二客从予，过黄泥之坂③。霜露既降，木叶尽脱。人影在地，仰见明月。顾而乐之④，行歌相答⑤。已而叹曰⑥："有客无酒，有酒无肴，月白风清，如此良夜何？"客曰："今者薄暮，举网得鱼，巨口细鳞，状如松江之鲈⑦。顾安所得酒乎⑧？"归而谋诸妇⑨。妇曰："我有斗酒，藏之久矣⑩，以待子不时之需⑪。"

于是携酒与鱼，复游于赤壁之下。江流有声，断岸千尺，山高月小，水落石出。曾日月之几何，而江山不可复识矣！予乃摄衣而上，履巉岩⑫，披蒙茸⑬，踞虎豹⑭，登虬龙⑮，攀栖鹘之危巢⑯，俯冯夷之幽宫⑰，盖二客不能从焉。划然长啸⑱，草木震动，山鸣谷应，风起水涌⑲。予亦悄然而悲⑳，肃然而恐㉑，凛乎其不可留也㉒。反而登舟㉓，放乎中流㉔，听其所止而休焉。时夜将半，四顾寂寥。适有孤鹤，横江东来，翅如车轮，玄裳缟衣㉕，戛然长鸣㉖，掠予舟而西也。

须臾客去㉗，予亦就睡。梦一道士，羽衣翩跹㉘，过临皋之下。揖予而言曰㉙："赤壁之游乐乎？"问其姓名，俯而不答。"呜呼噫嘻㉚！我知之矣。畴昔之夜㉛，飞鸣而过我者，非子也耶？"道士顾笑，予亦惊寤㉜。开户视之，不见其处。

【注释】

① 是岁：这年。指作《前赤壁赋》的同一年，即1082年。 望：旧历十五日。
② 雪堂、临皋：临皋即临皋馆，也称临皋亭，在黄冈市南长江边上。苏轼于1080年贬到黄州（今黄冈）做团练副使，就住在临皋馆，并在附近的东坡筑雪堂，自号为东坡居士。
③ 黄泥之坂（bǎn）：即黄泥坂，在临皋馆附近。坂，山坡。
④ 顾：看。

⑤ 行歌:且行且唱,互相酬答。
⑥ 已而:一会儿。
⑦ 松江:松江县,现属上海市。以产鲈鱼著名。
⑧ 顾:表示转折,等于说"但是""不过"。 安所:何处。
⑨ 诸:"之于"的合音。
⑩ 斗:盛酒器。
⑪ 子:古代对男子第二人称的尊称。 不时:预料不到的时候。
⑫ 履:践,踏。 巉(chán)岩:险峻的山崖。
⑬ 披:分开。 蒙茸(róng):杂乱的丛草。
⑭ 踞:蹲或坐。 虎豹:指虎豹形状的石头。
⑮ 虬(qiú)龙:指虬龙状的树木,形容树干弯曲的形状。虬,古代传说中的一种有角的小龙。
⑯ 鹘(hú):隼,一种凶鸟。 危:高而险。
⑰ 冯(Píng)夷:古代传说中的水神名。 幽宫:幽深的水府。
⑱ 划然:指长啸声。 啸:撮口发出长而清的声音,借以抒发郁郁不乐的情怀。
⑲ 风起水涌:原是自然现象,作者故意附会为长啸的结果,借以衬托自己的心情。
⑳ 悄然:忧愁的样子。
㉑ 肃然:严肃的样子。这里指害怕的样子。
㉒ 凛乎:令人敬畏的样子。
㉓ 反:通"返"。
㉔ 中流:水流当中。
㉕ 玄裳缟衣:黑裙白衣。裳,古人称下衣为裳。
㉖ 戛(jiá)然:象声词。这里指鸟鸣声。
㉗ 须臾:一会儿。
㉘ 羽衣:道士穿的衣服。 蹁跹(piánxiān):旋转的舞态,这里比喻道士体态轻盈。
㉙ 揖:旧时拱手礼。
㉚ 呜呼噫嘻:感叹词。
㉛ 畴昔:往日。这里指昨日。畴,语助词。
㉜ 寤:睡醒。

**【译文】**

　　这一年十月十五日,我从雪堂走出,准备回临皋馆。两位客人和我一块儿路过黄泥坂。这时已经降过霜露,树叶都落光了。人影投在地上,仰看明月当空。我们看着这清幽的景色,心情快乐,一边走,一边吟诗唱和。过了一会儿,我叹息说:"有客却没有酒,有酒也没有菜肴,月明风清,怎样度过这美好的夜晚呢?"客人说:"今天傍晚,撒下渔网,捕得一条鱼,大嘴巴细鳞片,样子像是松江鲈。不过哪里能找到酒呢?"回家后,我同妻子商量这件事。妻子说:"我有一斗酒,贮存好久了,预备供您在料想不到的时候饮用。"

　　于是我们带着酒和鱼,又到赤壁下游览。长江的波涛发出声响,两岸的峭壁高达千尺。山峰高耸,月亮显得很小;江水下落,礁石露出水面。没经过多少时光,江山就变得不能认识了!我于是撩起衣襟上岸,登着险峻的山崖,披开丛生的杂草,蹲在形如虎豹的石头上,爬上状似虬龙的古树,攀缘高处栖鹘的窝巢,俯视水神的宫府。两个客人都不能随我一起攀登了。一声长啸,像划破天空一样,草木震动起来,山谷间荡漾着回声,大风吹起,波涛汹涌。我也觉得忧愁悲凉,心中恐惧。恐怖的气氛使我再也不能留在那里了。我回到船上,任小船飘荡在江中,停在哪里就在哪里休息。这时将近半夜了,环视四周,寂静空荡。正好有只孤鹤,横过长江向东飞来,翅膀张得像车轮一般大,浑身又如穿着黑裙白衣,只听见一声长鸣,从我船边掠过,向西飞去。

　　一会儿客人走了,我也就寝,梦见一位道士,穿着用羽毛制成的衣裳,轻盈飘逸,从临皋馆下经过。他向我行过礼,说:"赤壁游得快乐吗?"问他姓名,低头不答。"啊!我知道了。昨天夜里,一声长鸣从我身边响过的,不正是您么?"道士看着我笑了笑,我也惊醒了。开门一看,哪里还有他的影子。

# 三槐堂铭

## 苏　轼

【题解】

"铭"是古代铭刻在器物上,用以颂德或引为鉴戒的文体。三槐堂,是北宋初期王祐家的厅堂,因王祐曾植三株槐树于庭院而得名。古代相传,三槐象征朝廷官员中职位最高的三公。苏轼为三槐堂写了铭词,歌颂王祐的功业和品格,并论述因果报应的天命观。

本文的思想内容没有什么可取之处,但在写作方面却有一些长处。如剖析事例,叙事证理,旁衬烘托,娓娓而谈,使文章曲折而又通畅。

天可必乎？贤者不必贵,仁者不必寿。天不可必乎？仁者必有后。二者将安取衷哉①？

吾闻之申包胥曰②："人定者胜天,天定亦能胜人③。"世之论天者,皆不待其定而求之,故以天为茫茫。善者以怠,恶者以肆。盗跖之寿④,孔、颜之厄⑤,此皆天之未定者也。松柏生于山林,其始也,困于蓬蒿,厄于牛羊；而其终也,贯四时,阅千岁而不改者,其天定也。善恶之报,至于子孙,则其定也久矣。吾以所见所闻考之,而其可必也审矣。

国之将兴,必有世德之臣,厚施而不食其报,然后其子孙能与守文太平之主共天下之福。故兵部侍郎晋国王公⑥,显于汉、周之际,历事太祖、太宗⑦,文武忠孝,天下望以为相,而公卒以直道不容于时。盖尝手植三槐于庭,曰："吾子孙必有为三公者⑧。"已而其子魏国文正公⑨,相真宗皇帝于景德、祥符之间⑩，朝廷清明，天下无事之时，享其福禄荣名者十有八年。今夫寓物于人，明日而取之，有得有否。而晋公修德于身，责报于天，取必于数十年之后，如持左契⑪，交手相付，吾是以知天之果可必也。

吾不及见魏公，而见其子懿敏公⑫。以直谏事仁宗皇帝⑬，出入侍从将帅三十余年，位不满其德。天将复兴王氏也欤？何其子孙之多贤也？世有以晋公比李栖筠者⑭，其雄才直气，真不相上下。而栖筠之子吉甫、其孙德裕⑮，功名富贵略与王氏等，而忠恕仁厚，不及魏公父子。由此观之，王氏之福，盖未艾也。

懿敏公之子巩与吾游⑯，好德而文，以世其家，吾是以录之。铭曰：呜呼休哉⑰！魏公之业，与槐俱萌。封植之勤，必世乃成。既相真宗⑱，四方砥平⑲。归视其家，槐荫满庭。吾侪小人⑳，朝不及夕，相时射利，皇恤厥德㉑？庶几侥幸，不种而获。不有君子，其何能国？王城之东㉒，晋公所庐，郁郁三槐，惟德之符。呜呼休哉！

【注释】

① 衷：通"中"。这里是正确的意思。
② 申包胥：姓公孙，封地在申，故称申包胥。春秋时楚国大夫。
③ 人定：人的意志。　天定：天的意志，即天道。定，决定，意志。引文见于《史记·伍子胥传》。原文为"吾闻之，人众者胜天，天定亦能破人"。
④ 盗跖：传说中春秋末期的奴隶起义领袖。盗，古代统治阶级对起义者的蔑称。
⑤ 孔：孔丘，字仲尼。春秋末期儒家学派的创始人。　颜：颜渊，字回。孔子的弟子。
⑥ 兵部侍郎晋国王公：即王祐，字景叔。五代末年至宋初时人。后汉、后周时，曾分别任司户参军、县令等职；宋初任潞州知州，后任兵部侍郎（兵部的副长官），死后封晋国公（下文省作"晋公"）。

⑦ 太祖:宋太祖赵匡胤(960年—975年在位)。 太宗:宋太宗赵匡义(976年—997年在位),太祖之弟,即位后改名炅(jiǒng)。

⑧ 三公:西汉以丞相、太尉、御史大夫合称三公,宋仍沿袭此称,但已无实际职务。

⑨ 魏国文正公:王旦,字子明。王祐次子。宋太宗太平兴国年间进士。真宗时拜给事中、同知枢密院事,后又任工部尚书、同中书门下平章事(即宰相)。死后封魏国公(下文省作"魏公"),谥文正。

⑩ 真宗:宋真宗赵恒(998年—1022年在位)。 景德、祥符:宋真宗年号。景德,自公元1004年至1007年。祥符,大中祥符的简称,自公元1008年至1016年。

⑪ 左契:古代契约分为左、右两联,双方各执一联。左契即左联,常用为索偿的凭证。

⑫ 懿(yì)敏公:王素,字仲仪,王旦之子。赐进士出身。曾任鄂州知州、知谏院,因事贬为成都知府;后为渭州知州,教民耕作习战事,积累了十年的粮食,士气振奋,敌人不敢侵犯。官至工部尚书,谥懿敏。

⑬ 仁宗:宋仁宗赵祯(1023年—1063年在位),十三岁继位,太后摄政,太后死后才亲自执政。

⑭ 李栖筠(yún):字贞一。唐代宗时人。进士出身。官至给事中,为元载忌恨,贬为常州刺史,又任浙西观察使。唐代宗拟任命他做宰相,由于元载阻止而未成。

⑮ 吉甫:李栖筠之子李吉甫,字弘宪。唐宪宗时两次为宰相,一任节度使,曾参与策划讨平藩镇叛乱,并改换三十六藩镇,裁减冗官冗员,维护了中央集权。 德裕:李吉甫之子李德裕,字文饶。唐武宗时的宰相。执行削弱藩镇政策,是"牛李党争"中李派官僚的首脑,遭牛派打击,贬死在崖州(今广东海口)。

⑯ 巩:王素之子王巩,字定国,自号清虚先生。擅长作诗,与苏轼交游。后任宗正丞。

⑰ 呜呼休哉:表示感叹、赞美的意思。

⑱ 既:已经,已然。

⑲ 砥(dǐ)平:像磨刀石般的平稳,这里指国家平定。砥,磨刀石。

⑳ 侪(chái):辈。

㉑ 皇:通"遑",闲暇。 厥(jué):其。

㉒ 王城：指宋朝京城汴京(今河南开封)。

# 【译文】

天可以认为是必然要表示它的意志的吗？但是贤明的人却不一定尊贵，仁爱的人却不一定长寿。天不可以认为是必然要表示它的意志的吗？但是仁爱的人却一定有好的后代。这二者中怎样取得正确的说法呢？

我听说申包胥有这样的话："人的意志能胜过天，天的意志也能胜过人。"而世上谈论天的人，都不等到天的意志表示出来就去验证它，所以认为天是渺茫莫测的。善良的人因此而懈怠，邪恶的人因此而放肆。盗跖的长寿，孔子、颜回的困厄，这都是天没有表示出意志来的缘故。松柏生长在山林中，起初，被困在蓬蒿底下，遭到牛羊践踏；而最终却能四季常青，经历千年而不凋零，这就是天的意志。对人的善恶的报应，有的一直到子孙后代才表现出来，那么，天的意志可以说是由来久远。我根据所见所闻来验证，天可以认为是必然要表示它的意志的，这是明白无疑的了。

国家将要兴盛时，必定有世代积德的大臣，做了大量的善事而没有得到善报，但此后他的子孙却能够和恪守成法的太平盛世的君主共同享受天下之福。已故的兵部侍郎晋国公王祐，显赫于后汉、后周之间，并先后在太祖、太宗两朝任职，能文能武，忠孝俱备，天下的人盼望他能出任宰相，但是他终于因为正直不阿，不为当世所容。他曾经在庭院里种了三棵槐树，说："我的子孙将来一定有做三公的。"后来他的儿子魏国文正公，在真宗皇帝景德、祥符年间，朝廷政治清明，天下太平的时候做了宰相，享有十八年的福禄荣誉。现在，把东西寄存在别人处，第二天就去取，尚且有时能得到，有时还得不到。而晋国公自身修养德行，以求取上天的报答，在几十年之后，得到了必然的报答，如同手持契约，亲手交割一样。我因此知道天确实是可以认为它必然要表示它的意志的。

我没有赶上看到魏国公，只见到了他的儿子懿敏公。他常常对仁宗皇帝直言极谏，出外带兵，入内侍从三十多年，这种爵位还不足以和他的德行相称。天将再一次使王氏兴盛吗？为什么他家的子孙有这样多的贤人呢？世上有的人把晋国公比李栖筠，他们杰出的才能，正直的气质，确实不相上下。李栖筠的儿子李吉甫、孙子李德裕，享有的功名富贵和王氏也差不多，但在忠恕仁厚方面，则不如魏公父子。由此看来，王氏的福分大概还没有完结吧。

懿敏公的儿子王巩和我有交往，他崇尚道德而又善为诗文，来继承他的家风，我因此把他记了下来。铭文说：啊，多么美好啊！魏公的家业，和槐树一起萌兴。培土栽植，何等辛勤，必定经过一代才能长成。辅佐真宗，天下安宁。回乡探家，槐荫掩映，笼罩门庭。我们一般小人，一天从早忙到晚，窥察时机，追逐名利，哪里有空闲顾及自己的品德？只希图或许有侥幸的运气，不种植就能收获。如果没有那些君子，又怎么能成为一个国家？京城的东面，是晋国公居住的处所，郁郁葱葱的三棵槐树，正象征着王家的道德。啊，多么美好啊！

# 方山子传

## 苏　轼

### 【题解】

方山子即陈慥。作者在陕西凤翔做官时，曾和他有过交往。十九年后，作者被贬到黄州，又遇到了他。可是这时陈慥却从"使酒好剑"的豪士变成了隐士。于是作者为他写了这篇传记，慨叹人生的变迁，并对他毅然抛弃富贵优裕的生活，来到深山穷谷之中过起归隐生活，表示惊异和敬佩，认为这也是一种精神解脱的方式。这实际上表露出作者因政治上失意而郁郁不得志的心情。

本文虽然很短，但由于作者善于抓住人物的性格特征，进行精心刻画，寥寥几笔，就把方山子在青年时代的豪迈气概和他隐居后的旷达风度，生动而形象地表现了出来。

　　方山子①，光、黄间隐人也②。少时慕朱家、郭解为人③，闾里之侠皆宗之④。稍壮，折节读书⑤，欲以此驰骋当世，然终不遇。晚乃遁于光、黄间，曰岐亭⑥。庵居蔬食⑦，不与世相闻。弃车马，毁冠服⑧，徒步往来，山中人莫识也。见其所著帽，方耸而高，曰："此岂古方山冠之遗像乎⑨？"因谓之"方山子"。

　　余谪居于黄，过岐亭，适见焉。曰："呜呼！此吾故人陈慥季常也！何为而在此？"方山子亦矍然问余所以至此者⑩。余告之故。俯而不答，仰而笑，呼余宿其家。环堵萧然⑪，而妻子奴婢，皆有自得之意。

　　余既耸然异之⑫。独念方山子少时，使酒好剑⑬，用财如粪土。前十九年，余在岐山⑭，见方山子从两骑，挟二矢游西山。鹊起于前，使骑逐而射之，不获。方山子怒马独出⑮，一发得之。因与余马上论用兵及古今成败，自谓一时豪士。今几日耳，精悍之色，犹见于眉间，而岂山中之人哉！

　　然方山子世有勋阀⑯，当得官。使从事于其间，今已显闻⑰。而其家在洛阳，园宅壮丽，与公侯等⑱。河北有田，岁得帛千匹，亦足以富乐。皆弃不取，独来穷山中，此岂无得而然哉。

　　余闻光、黄间多异人，往往佯狂垢污，不可得而见，方山子倘见之欤⑲？

【注释】

① 方山子：姓陈名慥（zào），字季常。太常少卿陈希亮之子，生卒年不详。
② 光：光州，州治在今河南潢川。　黄：黄州，州治在今湖北黄冈。
③ 朱家、郭解：都是西汉时的游侠之士。

④ 闾里:乡里。　宗:尊崇。
⑤ 折节:改变以往的志向和行为。
⑥ 岐亭:岐亭镇,在今湖北麻城西南。
⑦ 庵:小草屋。
⑧ 冠服:指一般读书人穿戴的衣帽。
⑨ 方山冠:汉代乐师戴的帽子,用彩色的丝织品制成。唐、宋时隐士常戴这种帽子。
⑩ 矍(jué)然:吃惊的样子。
⑪ 堵:墙壁。　萧然:冷落的样子。
⑫ 耸然:惊奇的样子。
⑬ 使:纵。这里是纵饮的意思。
⑭ 岐山:今陕西岐山县。
⑮ 怒马:形容马迅猛奔驰。怒,这里是振奋的意思。
⑯ 勋阀:功劳。
⑰ 显闻:显贵闻达。
⑱ 公侯:指大官僚贵族。
⑲ 傥:或者。

### 【译文】

方山子,是光州、黄州一带的隐士。年轻时,仰慕朱家、郭解的为人,乡里的游侠都对他表示敬重。长大以后,改变了以往的志趣,发奋读书,想以此在当世做一番大事业,但是一直没有得到赏识。晚年就隐居在光州、黄州之间的岐亭地方。住在草屋里,吃粗粮素菜,也不同社会交往。他抛弃了车马,毁掉了书生的帽子、服装,徒步往来,山里人都不认识他。看到他戴的帽子又方又高,都说:"这不就是古代方山冠遗留下来的样子吗?"于是,就称他为"方山子"。

我贬居在黄州时,有一次经过岐亭,正好遇到他。我说:"哎呀!这不是我的老朋友陈慥陈季常吗?为什么流落在这里呢?"方山子也惊讶地问我到这里来的原因。我把情况告诉了他。他先是低头不答,继而仰天大笑,邀请我到他家里住宿。他的房舍简陋冷清,但是他的妻子、儿女和奴婢却都显出安适自在的样子。

我对此感到十分惊奇,就想起方山子年轻的时候,纵情饮酒,喜欢剑术,挥金如土的事情。十九年前,我在岐山,看到方山子,有两个骑马的人随从,带着两支箭,在西山游玩。前方飞起一只鹊,方山子让他们追赶射鹊,结果都没能射中。方山子独自跃马而出,一箭就射中了。于是,他就同我在马上谈论起用兵以及古今成败的道理,自认为是一代豪杰。到现在已经过去多少日子了,但是在他的眉宇间,仍然能看到那股精悍的神气,这难道会是一个隐居山中的人吗?

方山子一家,世世代代都有功勋,他自己也应该得到官职。假如他参与政事的话,现在也已经显贵了。他的家原在洛阳,园宅雄伟富丽,可以同公侯之家相比。在河北还有田地,每年有上千匹丝帛的收入,这也足以过富裕安乐的生活了。但是,他抛弃了这一切,偏偏来到这偏僻的山中,如果没有什么自得之乐,难道能这样做吗?

我听说光州、黄州一带有很多奇异的人,常常假装癫狂,浑身污垢,但无法看到他们,方山子或许能看见他们吧?

# 六 国 论

## 苏 辙

【题解】

苏辙(1039年—1112年),字子由,一字同叔。眉州眉山(今属四川)人。北宋著名散文家。父苏洵、兄苏轼,都是著名的文学家,并称"三苏"。十九岁考中进士,官尚书右丞、门下侍郎。政治上属于旧党,但也有改革弊政的要求,一生坎坷,数次被贬。这样的经历,又使他清醒地认识到现实中的一些问题,多少了解到一些民间疾苦,对劳动人民有一定的同情。晚年辞官居许(今河南许昌),号颍滨遗老。

六国,指战国时的韩、赵、魏、齐、楚、燕六国。作者分析了六国先后被蚕灭的历史,指出六国诸侯眼光短浅,胸无韬略,不能联合一致,共同对敌,以致先后灭亡。作者是在宋王朝面临北方辽和西夏威胁的形势下发表这番议论的,要求积极抗敌,具有一定的针对性和现实意义。

本文从六国的灭亡立论,从正反两方面反复论述韩魏的向背在七国争雄中所占有的关键地位。议论纵横,语言明快。

尝读六国世家①,窃怪天下之诸侯以五倍之地、十倍之众②,发愤西向,以攻山西千里之秦③,而不免于灭亡。常为之深思远虑,以为必有可以自安之计,盖未尝不咎其当时之士虑患之疏而见利之浅,且不知天下之势也。

夫秦之所与诸侯争天下者,不在齐、楚、燕、赵也④,而在韩、魏之郊⑤;诸侯之所与秦争天下者,不在齐、楚、燕、赵也,而在韩、魏之野。秦之有韩、魏,譬如人之有腹心之疾也。韩、魏塞秦之冲而蔽山东之诸侯⑥,故夫天下之所重者,莫如韩、魏也。昔者范雎用于秦而收韩⑦,商鞅用于秦而收魏⑧。昭王未得韩、魏之心而出兵以攻齐之刚、寿⑨,而范雎以为忧,然则秦之所忌者可见矣。

秦之用兵于燕、赵,秦之危事也。越韩过魏而攻人之国都,燕、赵拒之于前,而韩、魏乘之于后,此危道也。而秦之攻燕、赵,未尝有韩、魏之忧,则韩、魏之附秦故也。夫韩、魏诸侯之障,而使秦人得出入于其间,此岂知天下之势耶？委区区之韩、魏⑩,以当强虎狼之秦,彼安得不折而入于秦哉⑪?韩、魏折而入于秦,然后秦人得通其兵于东诸侯,而使天下遍受其祸。

夫韩、魏不能独当秦,而天下之诸侯藉之以蔽其西,故莫如厚韩亲魏以摈秦。秦人不敢逾韩、魏以窥齐、楚、燕、赵之国,而齐、楚、燕、赵之国因得以自完于其间矣。以四无事之国,佐当寇之韩、魏,使韩、魏无东顾之忧,而为天下出身以当秦兵。以二国委秦,而四国休息于内,以阴助其急,若此可以应夫无穷,彼秦者将何为哉?不知出此,而乃贪疆场尺寸之利,背盟败约,以自相屠灭。秦兵未出,而天下诸侯已自困矣。至于秦人得伺其隙以取其国,可不悲哉?

**【注释】**

① 世家:西汉司马迁所修《史记》体例的一种,主要用于记载诸侯国、王的历史。六国各有世家。
② 诸侯:西周时周王分封的各国国君。这里指战国时期的各国。
③ 攻山西千里之秦:秦惠文王后元七年(前318年),韩、赵、魏、齐、燕五国曾联合匈奴攻秦,被秦战败。山西,指崤山以西地区,秦处于这一地区。秦,古国名。春秋时占有今陕西中部和甘肃东南端。建都于雍(今陕西凤翔)。战国时迁都咸阳(今属陕西),公元前221年,秦王政攻灭六国,完成统一。
④ 齐:战国时辖有今山东大部及河北一部分,都于临淄(今山东淄博市东北)。公元前221年为秦所灭。 楚:战国时疆域曾扩展到今河南、山东、湖北、湖南、江苏、浙江等省,始建都于郢(今湖北江陵),后迁于陈(今河南淮阳),又迁于寿春(今安徽寿县)。公元前225年被秦所灭。 燕:战国时曾辖有今河北北部和辽宁西、南部。建都于蓟(今北京),又以武阳(今河北易县)为下都。公元前222年为秦所灭。 赵:曾辖有今山西中部、陕西东北角和河北西南部,后扩展至今河北西部、山西北部和河套地区。始建都晋阳(今山西太原),后迁都邯郸(今属河北)。公元前222年为秦所灭。
⑤ 韩:曾辖有今山西东南角和河南中部。始建都于阳翟(今河南禹县),后迁都新郑(今属河南)。地理位置介于魏、秦、楚三国之间,是军事上的必争之地。公元前230年为秦所灭。 魏:疆域西达今山西、陕西两省交界的黄河以西,北达河北定县,南至河南开封等地,与秦、赵、韩、楚等国接壤。地理位置十分重要。始建都安邑(今山西夏县西北),后迁都大梁(今河南开封)。公元前225年为秦所灭。 郊:与下面的"野"都是泛指国土。
⑥ 山东:崤山以东,韩、魏、齐、燕、赵等国处于这一地区。后以此泛指秦以外的诸侯国。

⑦ 范雎(jū):字叔,战国时魏人。曾化名张禄,入秦游说秦昭王,提出远交近攻的政策,建议昭王先取韩国。秦昭王四十一年(前266年)被任为相。因封于应(今河南宝丰西南),又称"应侯"。
⑧ 商鞅:战国时卫人,姓公孙,名鞅,又称卫鞅。后入秦,辅佐秦孝公两次变法,奠定了秦国富强的基础。在他的筹划下,秦国多次攻魏。孝公二十二年(前340年),又用计战胜魏军,俘魏公子卬。因功封商(今陕西商县东南)、於(今河南内乡东)十五邑,故又称为商鞅。
⑨ 昭王:秦昭王,即秦昭襄王。公元前306年至前251年在位。　齐:原作"秦"。据《栾城应诏集》改。　刚:地名,在今山东兖州附近。当时属齐国。　寿:寿张,在今山东东平县北。当时也属齐国。
⑩ 委:放弃。下文中的"委"字是对付的意思。
⑪ 折:屈服。

【译文】

　　我曾经阅读《史记》的六国世家,使我感到奇怪的是,天下的诸侯凭借着五倍于秦的地域,十倍于秦的人口,发愤向西攻打崤山以西方圆千里的秦国,最后却不能免于灭亡。我常常替他们深思远虑,认为一定会有使他们保全的计谋。因此,未尝不责怪当时策士们对祸患的考虑太疏忽,对利害的见识太浅薄,并且不懂得天下的形势!

　　秦国同诸侯们争夺天下的重要地区,不在齐、楚、燕、赵,而在韩、魏境内;各诸侯国同秦国争夺天下的重要地区,同样不在齐、楚、燕、赵,而在韩、魏边境。韩、魏的存在,对秦国来说,就好像人有心腹之患。韩、魏两国阻塞着秦国的要冲,掩蔽着崤山以东的各诸侯国,所以对天下各国来说,没有比韩、魏两国更重要的了。当初范雎被秦国任用后,便去笼络韩国,商鞅被秦国任用后,就去笼络魏国。秦昭王没有得到韩、魏的归服,就出兵进攻齐国的刚、寿等地,范雎为此而担忧。这就可见秦国所顾忌的是什么了。

　　秦国对燕、赵用兵,对秦国来说是危险的事。因为越过韩国、穿过魏国去进攻他人的国都,前有燕、赵的抵抗,而韩、魏又乘机从后面进攻,这是一条危险的道路。但秦国进攻燕、赵时,却不曾担心韩、魏从后面的袭击,这就是由于韩国和魏国依附了秦国的缘故。韩国和魏国是各诸侯国的屏障,却让秦人在那里通行无阻,这难道是明了天下大势的吗?放弃小小的韩、魏,让它们去抵挡强大的如狼似虎的秦国,它们又怎么能不屈服于秦国呢?韩国和魏国屈服于秦国,这以后秦国的军队便可以经过韩、魏对东方各诸侯国用兵,因而使得天下遍受战祸。

韩国和魏国不能独自抵挡秦国,而天下的诸侯却又要凭借它们来作为自己在西方的屏障,所以不如加强与韩、魏的亲密关系,来抗拒秦国。秦人不敢逾越韩、魏来觊觎齐、楚、燕、赵等国,那么,齐、楚、燕、赵等国也就能凭借这种局势使自己保全了。四个没有战争的国家,来支持面对敌寇的韩国和魏国,让韩、魏两国没有东顾之忧,从而替天下的诸侯挺身而出抵抗秦军。让韩、魏两国对付秦国,而四国在后方休养生息,并且暗中协助解决韩、魏的急难,像这样便可以应付一切事情,那秦人又能怎么样呢?不出于这样的考虑,却竟然贪图边境上的尺寸小利,背叛、破坏盟约,自相残杀。秦国尚未出兵而天下的诸侯自己已经疲惫不堪了,致使秦人得到可乘之机,攻取他们的国家,能不令人悲叹吗?

# 上枢密韩太尉书

## 苏　辙

【题解】

韩太尉,名琦,字稚圭。宋仁宗时任检校太傅,充枢密使。宋神宗时任宰相,封魏国公,勋望极高,为当时名臣。本文是作者十九岁考中进士后写给韩琦的一封信。

这封信的本意在于求见韩琦,却采用"王顾左右而言他"的笔法,首先从文与"气"的关系谈起,以孟子、司马迁的文章作例证,引出自己想博览天下奇闻壮观,交结一代贤人的愿望,又以欧阳修作陪衬,最后表明期望得到韩琦重视和提携的殷切心情。文章一气呵成,层层照应。虽不乏溢美之词,但不落俗套。

太尉执事①:辙生好为文,思之至深。以为文者气之所形,然文不可以学而能,气可以养而致。孟子曰:"我善养吾浩然之气②。"今观其文章,宽厚宏博,充乎天地之间,称其气之小大③。太史公行天下④,周览四海名山大川,与燕、赵间豪俊交游⑤,故其文疏荡,颇有奇气。此二子者,岂尝执笔学为如此之文哉?其气充乎其中而溢乎其貌,动乎其言而见乎其文,而不自知也。

辙生年十有九矣。其居家所与游者,不过其邻里乡党之人⑥。所见不过数百里之间,无高山大野可登览以自广。百氏之书,虽无所不读,然皆古人之陈迹,不足以激发其志气。恐遂汩没⑦,故决然舍去,求天下奇闻壮观,以知天地之广大。过秦汉之故都⑧,恣观终南、嵩、华之高⑨;北顾黄河之奔流,慨然想见古之豪杰。至京师,仰观天子宫阙之壮⑩,与仓廪府库城池苑囿之富且大也⑪,而后知天下之巨丽。见翰林欧阳公⑫,听其议论之宏辨,观其容貌之秀伟,与其门人贤士大夫游,而后知天下之文章聚乎此也。太尉以才略冠天下,天下之所恃以无忧,四夷之所惮以不敢发⑬,入则周公、召公,出则方叔、召虎⑭。而辙也未之见焉。

且夫人之学也,不志其大,虽多而何为?辙之来也,于山见终南、嵩、华之高,于水见黄河之大且深,于人见欧阳公,而犹以为未见太尉也。故愿得观贤人之光耀,闻一言以自壮,然后可以尽天下之大观而无憾者矣。

辙年少,未能通习吏事。向之来,非有取于斗升之禄⑮,偶然得之,非其所乐。然幸得赐归待选,使得优游数年之间⑯,将以益治其文,且学为政。太尉苟以为可教而辱教之,又幸矣。

## 【注释】

① 太尉:韩琦曾任枢密使,这是执掌全国兵权的官,职位相当于秦、汉时的太尉,故称韩琦为太尉。 执事:指韩太尉左右的办事人员,实际是对韩太尉的敬称。
② 浩然之气:博大正直的精神气质。语出《孟子·公孙丑上》。
③ 称(chèn):相称。
④ 太史公:司马迁,我国历史上伟大的历史学家、文学家。
⑤ 燕、赵:都是战国时国名。燕在今河北省北部和辽宁西、南部,赵在今山西省中部、北部,陕西省东北角和河北省西部一带。这里泛指北方。
⑥ 邻里乡党:相传周制以五家为邻,二十五家为里,以五百家为党,一万二千五百家为乡,后因以"邻里乡党"泛指乡里。
⑦ 汩没(gǔmò):沉沦,埋没。引申为无所成就的意思。
⑧ 秦汉之故都:秦都咸阳(今属陕西),汉都长安(今陕西西安市),东汉迁都洛阳(今属河南)。
⑨ 终南:山名,在今陕西西安市南。 嵩:嵩山,为五岳中的中岳,在今河南登封。 华:华山,为五岳中的西岳,在今陕西华阴。
⑩ 宫阙:即宫殿。阙,宫门外的望楼。
⑪ 廪(lǐn):粮仓。 苑囿(yuànyòu):种植花木,畜养禽兽以供帝王游玩的园林。
⑫ 欧阳公:即欧阳修,曾任翰林学士(替皇帝起草诏令的官),是著名的文学家。
⑬ 四夷:古代对边境各少数民族的蔑称。
⑭ 入则周公、召公,出则方叔、召虎:这里是作者借用周朝的四个臣来称颂韩琦出将入相,文武兼备的才能。周公旦、召公奭,都是周武王的大臣,政绩卓著。方叔、召虎(即召穆公),都是周宣王时的名臣,征伐猃狁、淮夷有功。
⑮ 斗升之禄:微薄的俸禄,这里指品级不高的官吏。
⑯ 优游:闲暇自得的样子。

【译文】

太尉阁下：我平生喜欢作文章，曾经深入思考过作文章的道理。我认为，文章就是人的精神气质的体现。但是，文章是不可能只学文辞就能作好的，而人的精神气质却能通过修养而获得。孟子说过："我善于修养我的浩然之气。"如今，看他的文章，宽阔、浑厚、宏大、广博，充满于天地之间，正好是和他的浩然之气相称的。太史公周游天下，遍览全国的名山大川，和燕、赵之地的豪杰志士交往，所以他的文章疏朗洒脱，很有独特的气质。这两个人，难道专门拿着笔学过写这样的文章吗？他们的气质充满于心胸，而流露于外表，反映在言谈中，表现在文章里，而他们自己却并没有意识到。

我已经十九岁了，在家时所交游的，不过是左邻右舍本乡本土的人。所见到的不过数百里的地方，没有高山和大平原，可以登高远眺来开阔自己的胸襟。诸子百家的著作，虽然无所不读，但这都是古人遗留下来的陈旧东西，不足以激发自己的志气。我担心就这样下去会一无所成，所以毅然决然地放弃诸子百家之书，探求天下的奇闻和壮丽景色，以了解天地的广大。路经秦汉故都，纵观终南山、嵩山、华山的高峻；北望黄河奔腾的流水，情不自禁地想到古代的英雄豪杰。来到京师，仰观皇帝宫殿的宏伟，仓廪府库、城池苑囿的富足广大，然后才知道天下的巨大和壮丽。见到翰林学士欧阳公，听到他那宏辩的议论，看到他那秀伟的容貌，又和他门下的名人贤士交游，然后才知道天下的文学精华都集中在这里了。太尉文才武略为天下之冠，国家有所依靠而无忧虑，四夷有所畏惧而不敢侵犯，阁下在朝廷如同周公、召公，镇守边疆如同方叔、召虎。但是，我却未能有幸一见。

况且，一个人在学习的时候，如果不从大处着眼，即使学得再多又有什么用呢？我这次出来，游山则看到了终南山、嵩山、华山的高峻，观水则见到了黄河的深广，访求名士则见到了欧阳公，但还没有能够见到太尉。因此，希望能目睹贤人的风采，面聆一句话，以此来激励自己，这样就可以算是阅历了天下的洋洋大观，而没有什么遗憾了。

我年轻，还未能通晓官府事务。当初到京都来，并非为了猎取一官半职,偶然得到它,也并不是我的志趣所在。但是,有幸获得回去等候选用的时机,使我能够从容自得地度过几年光阴,将更好地研究我的学业,并学习治理政事。太尉如果认为我还可以教诲而屈尊指教我,就更使我感到荣幸了。

# 黄州快哉亭记

## 苏 辙

【题解】

　　本文是作者在宋神宗元丰六年(1083年)谪居筠州(今江西高安)时所作。作者描述了快哉亭上所见的景物,说明只有像亭主人一样胸怀坦荡,不因个人遭遇而影响心境,才能从壮丽的自然中得到生活乐趣。这事实上是作者自勉的话。在一些讲求气节的封建文人中,这种思想具有普遍性。

　　议论是本文的中心,但由写景带出,显得流畅自如。在对"快哉"缘由的叙述中,作者以雄壮的笔势,极力摹状亭上所见江水的景象,波澜起伏,富于变化,给人以烟波满目之感。

　　江出西陵①,始得平地,其流奔放肆大②。南合湘、沅③,北合汉、沔④,其势益张。至于赤壁之下⑤,波流浸灌⑥,与海相若。清河张君梦得⑦,谪居齐安⑧,即其庐之西南为亭⑨,以览观江流之胜。而余兄子瞻名之曰"快哉"⑩。

　　盖亭之所见,南北百里,东西一舍⑪。涛澜汹涌,风云开阖⑫。昼则舟楫出没于其前,夜则鱼龙悲啸于其下。变化倏忽⑬,动心骇目,不可久视。今乃得玩之几席之上⑭,举目而足。西望武昌诸山⑮,冈陵起伏,草木行列,烟消日出,渔夫、樵父之舍,皆可指数。此其所以为"快哉"者也。至于长洲之滨,故城之墟,曹孟德、孙仲谋之所睥睨⑯,周瑜、陆逊之所驰骛⑰,其流风遗迹⑱,亦足以称快世俗。

昔楚襄王从宋玉、景差于兰台之宫⑲。有风飒然而至者,王披襟当之,曰:"快哉,此风!寡人所与庶人共者耶。"宋玉曰:"此独大王之雄风耳,庶人安得共之?"玉之言,盖有讽焉。夫风无雄雌之异,而人有遇不遇之变。楚王之所以为乐,与庶人之所以为忧,此则人之变也,而风何与焉?士生于世,使其中不自得,将何往而非病⑳?使其中坦然,不以物伤性,将何适而非快?今张君不以谪为患,收会稽之余㉑,而自放山水之间㉒,此其中宜有以过人者。将蓬户瓮牖㉓,无所不快,而况乎濯长江之清流㉔,挹西山之白云㉕,穷耳目之胜以自适也哉?不然,连山绝壑,长林古木,振之以清风,照之以明月,此皆骚人思士之所以悲伤憔悴而不能胜者㉖,乌睹其为快也㉗!

### 【注释】

① 西陵:又名夷陵,长江三峡之一。在今湖北宜昌西北。
② 肆大:水势浩大。
③ 湘、沅:湘江、沅江。都在今湖南境内。
④ 汉、沔(Miǎn):汉水、沔水。汉水从今陕西流至湖北汇入长江,其上游从源头到今湖北襄樊一段,古代又称为沔水。
⑤ 赤壁:一名"赤鼻矶"。在今湖北黄冈附近。与"赤壁之战"的"赤壁"本不是一处,但苏辙误认为是东汉末年孙、曹交战之处。
⑥ 浸灌:形容水势又大又猛。
⑦ 清河:郡名。在今河北。 张梦得:事迹不详。
⑧ 齐安:即黄州。
⑨ 即:紧靠。
⑩ 子瞻:苏轼的字。
⑪ 舍:古代三十里为一舍。
⑫ 开阖(hé):形容云时而散开,时而聚合,变幻不定。
⑬ 倏(shū)忽:非常快的样子。

⑭ 玩:观赏。　几:古代的一种矮小的桌子,可以凭倚。
⑮ 武昌:县名,今湖北鄂城。
⑯ 曹孟德:曹操,字孟德。东汉末谯(今安徽亳县)人。建安十三年(208年)为丞相,率军南下,被孙权、刘备联军击败于赤壁(今湖北赤壁西北)。封魏王。其子曹丕称帝后,追尊为魏武帝。　孙仲谋:孙权,字仲谋,三国时吴国的建立者(229年—252年在位)。　睥睨(bìnì):侧目窥察。
⑰ 周瑜:孙权的名将。208年率吴军大破曹操于赤壁,后病死。　陆逊:孙权的名将,后官至吴国丞相。　驰骛(wù):奔走,驰骋。
⑱ 流风:原作"风流",据《栾城集》改。
⑲ 楚襄王:战国时楚国君主(前298年—前263年在位)。　宋玉:战国时楚国大夫,擅长辞赋。引文见宋玉的《风赋》。　景差:战国时楚国辞赋家。　兰台宫:在今湖北钟祥。
⑳ 病:这里指忧愁。
㉑ 收:这里是结束的意思。　会稽(kuàijī):指钱财、赋税等事务。这里泛指公务。稽,通"计"。
㉒ 放:任情。
㉓ 蓬户瓮牖(yǒu):用蓬草编成的门,用破瓮做的窗户。
㉔ 濯(zhuó):洗涤。
㉕ 挹(yì):汲取。　西山:在今湖北鄂城西。
㉖ 骚人:诗人,这里指失意的文人。　思士:这里指心怀忧思的人。　胜(shēng):经得起。
㉗ 乌:何。

## 【译文】

　　长江出了西陵峡,开始进入平地,水势奔腾浩荡。南边与湘水、沅水合流,北边与汉水、沔水汇聚,水势显得更加壮阔。流到赤壁之下,波浪滚滚,就像是无际的海洋。清河张梦得君,贬官后居住在齐安,他在房舍的西南方修建了一座亭子,用来观赏长江的胜景。我的哥哥子瞻给这座亭子起名叫"快哉亭"。

　　在亭子里能看到长江南北上百里、东西三十里。波涛汹涌,风云时而出现,时而消失。白天,船只在亭前往来如梭;夜间,鱼龙在亭下悲鸣。景色瞬息万变,令人触目惊心,不能长久地观看。如今,我坐在亭子里几席之间,抬头四望,尽情观赏。向西眺望武昌的群山,只见山陵蜿蜒起伏,草木排列成行,烟云消散,阳光普照,捕鱼、打柴的村民的房舍都历历可数。这就是称亭子为"快哉"的道理。至于沙洲的岸边,故城的废墟,曾为曹孟德、孙仲谋所窥视,是周瑜、陆逊率兵驰骋的地方,那些遗留下来的传说和痕迹也足以使一般人称快的。

  从前,楚襄王让宋玉、景差跟随着游兰台宫。一阵风吹来,飒飒作响,楚王敞开衣襟,迎着风说:"这风多么使人快乐啊!这是我和百姓共有的吧。"宋玉说:"这只是大王的雄风,百姓怎么能和你共同享受它呢?"宋玉的话大概有讽喻的意味吧。风并没有雄雌的区别,而人有是否受到赏识的不同。楚王之所以感到快乐,而百姓之所以感到忧愁,正是由于人们境遇的不同,跟风又有什么关系呢?士人生活在世上,假使心中不坦然,那么,到哪里没有忧愁?假使胸怀坦荡,不因为外界事物的影响而妨害性情,那么,到什么地方没有欢乐呢?现在,张君不把贬官当作忧患,在办完了公务之后,便任情漫游山水之间,这大概是因为他的心胸有超过一般人的地方。即使是用蓬草编门,以破瓮做窗,都没有什么不快乐的事情,更何况在清澈的长江中洗濯,面对着西山的白云,竭尽耳目所能取得的快乐而使自己舒畅呢?如果不是这样,那么,连绵的峰峦,深陡的沟壑,辽阔的森林,参天的古木,清风拂摇,明月高照,这些都会成为失意文人感到悲伤憔悴以至难以忍受的景物,怎见得这是能使人快乐的呢?

# 寄欧阳舍人书

## 曾　巩

### 【题解】

  曾巩(1019年—1083年),字子固,南丰(今属江西)人。少年便有才名,以文章见赏于欧阳修。宋仁宗嘉祐二年(1057年)考中进士,长期任州府通判和刺史。宋神宗时回到京师,最后官至中书舍人。曾巩在政治上比较保守。在文学方面以散文见长,风格冲和平淡,注重布局的完整和谨严,议论萦纡曲折。本文就是一篇代表作。

宋仁宗庆历六年(1046年),欧阳修为曾巩的祖父写了一篇墓碑铭文,曾巩因此写了这封信表示感谢。舍人,一般泛指近侍属官,欧阳修做过枢密副使、参知政事,所以曾巩这样称呼他。本文既着力赞颂了欧阳修的文章功力,又注意到不致因此抹杀先祖功德。在写作上环环系联,层层推进,节奏从容舒缓,议论曲尽其致,别具一格。

去秋人还,蒙赐书及所撰先大父墓碑铭①,反复观诵,感与惭并。

夫铭志之著于世②,义近于史,而亦有与史异者。盖史之于善恶无所不书,而铭者,盖古之人有功德、材行、志义之美者,惧后世之不知,则必铭而见之③。或纳于庙,或存于墓,一也。苟其人之恶,则于铭乎何有?此其所以与史异也。其辞之作,所以使死者无有所憾,生者得致其严④。而善人喜于见传⑤,则勇于自立;恶人无有所纪⑥,则以愧而惧。至于通材达识、义烈节士,嘉言善状,皆见于篇,则足为后法。警劝之道,非近乎史,其将安近?

及世之衰,人之子孙者,一欲褒扬其亲而不本乎理。故虽恶人,皆务勒铭以夸后世⑦。立言者,既莫之拒而不为,又以其子孙之请也,书其恶焉,则人情之所不得⑧,于是乎铭始不实。后之作铭者,当观其人。苟托之非人⑨,则书之非公与是,则不足以行世而传后。故千百年来,公卿大夫至于里巷之士⑩,莫不有铭,而传者盖少⑪,其故非他,托之非人,书之非公与是故也。

然则孰为其人,而能尽公与是欤?非畜道德而能文章者⑫,无以为也。盖有道德者之于恶人,则不受而铭之;于众人,则能辨焉。而人之行,有情善而迹非,有意奸而外淑⑬,有善恶相悬而不可以实指⑭,有实大于名,有名侈于实⑮。犹之用人,非畜道德者,恶能辨之不惑⑯,议之不徇⑰？不惑不徇,则公且是矣。而其辞之不工,则世犹不传,于是又在其文章兼胜焉。故曰非畜道德而能文章者,无以为也,岂非然哉？

然畜道德而能文章者,虽或并世而有,亦或数十年或一二百年而有之。其传之难如此,其遇之难又如此。若先生之道德文章,固所谓数百年而有者也。先祖之言行卓卓⑱,幸遇而得铭其公与是,其传世行后无疑也。而世之学者,每观传记所书古人之事,至于所可感⑲,则往往蠢然不知涕之流落也⑳,况其子孙也哉！况巩也哉！其追晞祖德而思所以传之之由㉑,则知先生推一赐于巩而及其三世㉒。其感与报,宜若何而图之？抑又思若巩之浅薄滞拙,而先生进之；先祖之屯蹶否塞以死㉓,而先生显之；则世之魁闳豪杰不世出之士㉔,其谁不愿进于门？潜遁幽抑之士㉕,其谁不有望于世？善谁不为？而恶谁不愧以惧？为人之父祖者,孰不欲教其子孙？为人之子孙者,孰不欲宠荣其父祖？此数美者,一归于先生。

既拜赐之辱㉖,且敢进其所以然。所论世族之次㉗,敢不承教而加详焉㉘。愧甚不宣。

## 【注释】

① 先大父:去世的祖父。指曾致尧。致尧字正臣,南丰(今属江西)人。南唐时不肯出来做官,宋太宗太平兴国八年(983年)中进士,官至吏部郎中。后因与当政者政见不合,多次直言指陈,屡遭贬黜而死。先,对去世者的尊称。大父,祖父。　铭:指墓碑碑文最后的赞颂文字,一般用韵。
② 志:记事的书或文章,这里指记述死者生前事迹的墓志。
③ 见:通"现",显现。
④ 严:尊敬。
⑤ 善人:指有道德的人。　见传:被传诵。

⑥ 恶人:与"善人"相对,指道德低下者。 纪:通"记"。
⑦ 勒:刻。
⑧ 人情之所不得:等于说不合人情。得,符合,相称。
⑨ 苟:如果。 非人:不适当的人。
⑩ 公卿大夫:指各级官员。 里巷之士:指平民百姓。
⑪ 盖:大概。
⑫ 畜道德:指道德修养很高。畜,通"蓄",积聚。
⑬ 淑:美。
⑭ 善恶相悬:指善恶悬殊。
⑮ 侈:超过。
⑯ 恶(wū):怎么。
⑰ 徇:曲从,徇私。
⑱ 卓卓:杰出,卓越。
⑲ 所可感:感人之处。
⑳ 盡(xì)然:伤痛的样子。
㉑ 晞(xī):仰慕,企望。
㉒ 推一赐:给予一次恩赐。 三世:指祖、父、己三辈。
㉓ 屯(zhūn)蹶(pǐ)塞:不得志,不顺利。屯、否是《易经》上的卦名。屯卦表示艰难,否卦表示困顿。蹶,跌倒。塞,阻塞。
㉔ 魁闳(hóng):俊伟。 豪杰:指德才出众的人。 不世出:世上不常有。
㉕ 潜遁:隐居山野。 幽抑:不显达。
㉖ 辱:对人表示尊敬的谦辞。意思是,这对对方说是屈辱,对自己说则是荣幸。
㉗ 所论世族之次:指欧阳修在《与曾巩论氏族书》中对曾氏族系次第的考辨。
㉘ 加详:进行审核考究。

【译文】

去年秋天,有人回来,承蒙您赐予书信并为先祖父撰写了墓碑铭文,我反复地阅览、诵读,真是又感激又惭愧。

墓志铭所以著称于世,意义与史传相近,而又有所不同。因为史传对于人的善恶都加以记载,而墓志铭,大概是由于古代那些有显著功德、才能操行出众、志气道义高尚的人,怕后人不知道,所以一定要作铭文使之显扬于世。有的藏入家庙,有的放置在坟墓中,其用意是一致的。如果这个人是一个恶人,那么,在铭文上又有什么好记载的呢?这就是铭文与史传不同的地方。写作铭文,是为了使死者没有什么可遗憾的,而让活着的人可以借此表达自己的尊敬的心情。善人喜好使自己的事迹留传后世,就会勇于有所作为;恶人没有可载入铭文的事迹,就会因此感到惭愧和惶恐。至于博学多才、识见通达之人,忠贞英烈之辈,节操高尚之士,他们的美好言论和事迹都出现在铭文里,这就足以成为后人的楷模。铭文警诫勉励的作用,不和史传相近,又和什么相近呢?

到了世道衰微的时候,为人子孙的,一心要赞颂自己的亲人,而不根据事理。所以即使是恶人,也必定镌刻碑铭向后世夸耀。而写铭文的人,既然无法推辞不写,又因为受了死者子孙的请托,如果写下死者恶劣的品行,那是不合人情的,于是铭文内容就开始出现不真实的情况了。后代想给死者作碑铭的人,应当观察作者的为人。如果所托付的是个不适当的人,那么,写的铭文就不公正而且不符合事实,就不能流传于后世。所以千百年来,公卿大夫以至于里巷小民,没有谁没有碑铭,可是流传下来的却不多,这不是别的原因,正是由于所托付的人不适当,写的铭文不公正,不符合事实的缘故!

既然如此,那么,什么样的人才能完全做到公正而又符合事实呢?如果不是道德修养很高并且文章出众的人,是不能做到的。因为具有道德修养的人对于恶人,就不会接受请托去为他们写铭文;而对于一般的人,也能分辨得很清楚。可是人的品行,有的人内心善良而事迹不好;有的人心怀奸诈却貌似贤淑;有的人的行为善恶虽然悬殊,但并不易确切地指明哪是善,哪是恶;有的人的行为高于名望;又有的人却名过其实。就像用人,如果不是道德修养高尚的人,又怎么能明辨善恶而不迷惑,评论是非而不徇私情呢?不受迷惑,不徇私情,这就能做到公正而又符合事实了。但如果言辞不美,依然不能传世,于是,又要求同时具备擅长文章的才能。所以说,不是同时具备高尚道德和擅长文章的才能的人,是不能做这种事的,难道不是这样吗?

但是，道德高尚而又擅长文章的人，虽然有时会同时出现一些，但也往往要数十年或一二百年才有一个。铭文的流传已经是这样困难了，而遇到适当的人来写铭文又是这样的困难。像先生的道德和文章，确实是所谓数百年间才有的。我先祖的言论行为非常高尚，又幸运地遇到先生写成这样公正而符合事实的铭文，它能流传于后世是毫无疑问的了。世上的学者，每当阅览传记所载古人事迹的时候，看到感人之处，往往伤感痛惜，不觉落泪，何况是死者的子孙呢！又何况是我呢！我追怀仰慕先祖的德行，并且寻思所以能传于后世的原因，就知道先生赐给我碑铭，而恩泽实遍及我们祖孙三代。我应该怎样来表示感激和报答之情呢？但是我又想，像我这样知识浅薄、迟钝笨拙的人，都能受到先生提拔；先祖穷愁潦倒而死，先生却能使得他显扬于后世；那么，那些俊伟豪杰、世不多见之士，谁不愿意来到您的门下？那些遁迹山野、默默无闻的人，谁不期望在世上有所作为？好事谁人不做？而丑恶之事谁能不感到羞愧和恐惧？做父亲、祖父的，谁不想教育好自己的子孙？做子孙的，谁不想使自己的父亲、祖父荣耀显扬呢？这种种美德，全都应归功于先生。

我已经荣幸地承受了您的恩赐，又冒昧地禀述了所以感激的原因。您所论及的我的家族世系，一定遵照您的教诲详加审核。惭愧万分，书不尽意。

# 赠黎安二生序

## 曾　巩

【题解】

本文作者针对黎生提出写古文遭到当时人嘲笑一事，提出了自己的看法，委婉地告诫二生不要怕别人讥笑就去迎合世俗，放弃原则，鼓励他们走自己的道路。文中反映出宋代古文运动也是经历了种种斗争的,其中所称的"道"和"古",是宋代文学改革和政治改革运动中革新派所借以实现自己的主张而标榜的两面旗帜,是有现实的进步意义的。

  赵郡苏轼①,予之同年友也②。自蜀以书至京师遗予③,称蜀之士曰黎生、安生者④。既而黎生携其文数十万言,安生携其文亦数千言,辱以顾予⑤。读其文,诚闳壮俊伟⑥,善反复驰骋,穷尽事理。而其材力之放纵,若不可极者也。二生固可谓魁奇特起之士,而苏君固可谓善知人者也!

  顷之,黎生补江陵府司法参军⑦。将行,请予言以为赠。予曰:"予之知生,既得之于心矣,乃将以言相求于外邪⑧?"黎生曰:"生与安生之学于斯文,里之人皆笑⑨,以为迂阔。今求子之言,盖将解惑于里人。"予闻之,自顾而笑。夫世之迂阔,孰有甚于予乎?知信乎古,而不知合乎世;知志乎道,而不知同乎俗。此予所以困于今而不自知也。世之迂阔,孰有甚于予乎?今生之迂,特以文不近俗,迂之小者耳,患为笑于里之人。若予之迂大矣,使生持吾言而归,且重得罪,庸讵止于笑乎⑩?然则若予之于生,将何言哉?谓予之迂为善,则其患若此;谓为不善,则有以合乎世,必违乎古,有以同乎俗,必离乎道矣。生其无急于解里人之惑,则于是焉必能择而取之。遂书以赠二生,并示苏君,以为何如也!

## 【注释】

① 赵郡:即赵州。治所在今河北赵县。 苏轼(1037年—1101年),字子瞻,号东坡。眉州眉山(今属四川)人。宋代著名文学家。因祖籍是赵郡,所以这里称他为赵郡人。
② 同年:同年中考的人。曾巩和苏轼都是宋仁宗嘉祐二年(1057年)进士。
③ 京师:国都。 遗(wèi):给。
④ 黎生、安生:生平不详。

⑤ 辱:谦辞。这里是屈尊的意思。
⑥ 闳(hóng):宏大。
⑦ 江陵府:治所在今湖北江陵。 司法参军:官名,掌刑法。
⑧ 邪:通"耶"。语气词。
⑨ 里:这里指故乡。
⑩ 庸讵(jù):岂,难道。

**【译文】**

　　赵郡苏轼,是和我同年考中进士的学友。他从蜀地写信到京都来给我,推荐当地的士人黎生和安生。不久,黎生带着他的文章有数十万字,安生带着他的文章也有数千字,屈尊来访。我读了他们的文章,觉得确实是雄壮开阔而又俊逸宏伟,善于纵横驰骋,透彻地阐发事理。他们才华横溢,似乎不可估量。他们二人的确称得上是杰出的士人,苏君也的确可以说是善于赏识人才的了!

　　不久,黎生递补为江陵府司法参军。临走的时候,请我以言相赠。我说:"我已经从内心了解你了,还需要再用语言加以表达吗?"黎生说:"我和安生学习文章,乡里的人都讥笑我们,以为迂阔。现在请您赠言,就是为了解除乡里人的迷惑。"我听了他的话,想想自己,竟笑了起来。世人的迂阔,有谁能超过我呢?只知信奉古人,而不知附和当世;只知立志于道,而不知迎合流俗。这正是我现在所以困窘而自己又不觉察的原因。世人的迂阔,有谁能超过我呢?现在你们的迂阔,只是因为文章不合世俗,这不过是小迂罢了,还怕为故乡人讥笑。像我的这种迂阔可就大了,让你们带着我的话回去,将更冒犯乡里人了,岂止是讥笑呢?那么,像我这样的人对你们,又能说些什么呢?如果说我的迂阔是好的,那么,你们已经有这样的忧虑了;如果说这是不好的,那么,有合乎当世之处,就必然要违背古人,有迎合流俗之处,就必然要背离道了。你们还是不要急于解除乡人的迷惑吧,你们对此必然能加以选择而有所采纳。于是把这些话写下来赠给二位,并请苏君过目,他以为如何呢!

# 读孟尝君传

## 王安石

【题解】

王安石(1021年—1086年)字介甫,号半山,因封荆国公,世称荆公,卒谥"文"。北宋抚州临川(今属江西)人。出身于官僚地主家庭。二十二岁中进士,仁宗嘉祐三年(1058年)上万言书,主张改革政治。神宗熙宁二年(1069年)被任为参知政事,后拜相,是北宋杰出的政治家。他代表中小地主阶级的利益积极推行青苗、均输、市易、免役、农田水利等新法,改革学校科举制度,以期富国强兵,缓和阶级矛盾。这些在客观上是有利于人民,有利于社会发展的,但由于触犯了大官僚、大地主和豪商的特权,遭到了保守派的激烈反对。熙宁九年罢相,变法失败,晚年退居江宁(今南京市)。

王安石又是北宋文坛上杰出的文学家。他的政论文观点鲜明,有战斗性,语言简练,结构严谨,逻辑性强,在唐宋八大家中占有重要的地位。他的诗词具有高峻的风格。

这篇短文是王安石读《史记·孟尝君列传》后写的随笔。孟尝君是战国时齐国贵族田文的封号。他以门客众多,人才济济,历来受到人们的称道。王安石则一反世俗之见,指出鸡鸣狗盗之徒并不能作为国家栋梁之"士"。反映出作者对人才的看法,表现了他那敢于冲破传统观念的独创精神。本文仅八十八个字,却写得大起大落,抑扬顿挫,新颖动人,很有说服力。

世皆称孟尝君能得士,士以故归之。而卒赖其力[①],以脱于虎豹之秦[②]。

嗟乎!孟尝君特鸡鸣狗盗之雄耳[③],岂足以言得士。不然,擅齐之强,得一士焉[④],宜可以南面而制秦[⑤],尚取鸡鸣狗盗之力哉[⑥]?鸡鸣狗盗之出其门,此士之所以不至也。

## 【注释】

① 卒：终于。
② 以脱于虎豹之秦：据《史记·孟尝君列传》记载，孟尝君出访秦国，秦昭王软禁了他，并想杀掉他。孟尝君托人到昭王的宠姬那里求情，宠姬提出要以白狐裘作为代价，可是孟尝君唯一的白狐裘已献给秦王了。恰巧在门客中有一个惯偷，半夜里装成狗，偷回了白狐裘。宠姬得到白狐裘，劝说秦王放了孟尝君。孟尝君被放出后，怕秦王反悔，连夜逃跑。到了函谷关，天还未亮。关法规定，鸡叫才开关。这时，门客中一人学鸡叫，骗守门吏开了关口。于是孟尝君逃出了秦国。下文中的"鸡鸣狗盗"即指此事。
③ 特：不过。
④ 擅：据有，引申为凭借。
⑤ 宜：应当。　南面：面向南。古代以面南为尊位，帝王面朝南而坐。
⑥ 尚：还。

## 【译文】

　　世上的人都称赞孟尝君善于收揽士人，士人因此都投奔到他的门下。而孟尝君也终于依靠他们的力量，得以逃离了像虎豹一样凶残的秦国。

　　咳！孟尝君不过是鸡鸣狗盗之徒的首领罢了，怎么能称得上善于得士呢？如果不是这样，凭借齐国的强大，得到一个谋士，就应该南面称王，使秦国臣服，还用得着鸡鸣狗盗这些人的技能吗？鸡鸣狗盗之徒出入他的门下，这正是士人不到他那里去的原因啊！

# 同学一首别子固

## 王安石

## 【题解】

　　这篇文章是王安石二十三岁时写给朋友曾巩的。当时，二人都年少而怀有经世济时的大志。他们互相慰勉,以期携手共进。本文以从容淡雅的笔调叙说了对曾巩(子固)的爱慕,并时时以另一个志同道合的朋友孙侔(正之)作为陪衬,使对朋友的依依怀恋之情显得更加诚挚。文章寄托了作者向往高远目标的志向,同时还多少流露出一种苦于同道者甚少的惆怅心情。情思隽永深长,耐人寻味。

标题中的"同学"二字,是作者表示要和子固共同学习、互勉共进的意思。"一首"即一篇,古代诗文词赋一篇都可以称作一首。

江之南有贤人焉①,字子固②,非今所谓贤人者,予慕而友之。淮之南有贤人焉,字正之③,非今所谓贤人者,予慕而友之。

二贤人者,足未尝相过也,口未尝相语也,辞币未尝相接也④。其师若友⑤,岂尽同哉?予考其言行,其不相似者何其少也。曰:学圣人而已矣。学圣人,则其师若友,必学圣人者。圣人之言行,岂有二哉?其相似也适然⑥。

予在淮南,为正之道子固,正之不予疑也⑦。还江南,为子固道正之,子固亦以为然。予又知所谓贤人者,既相似又相信不疑也。子固作《怀友》一首遗余,其大略欲相扳⑧,以至乎中庸而后已⑨。正之盖亦尝云尔。

夫安驱徐行,䡐中庸之庭而造于其室⑩,舍二贤人者而谁哉?予昔非敢自必其有至也⑪,亦愿从事于左右焉尔,辅而进之其可也。

噫!官有守,私有系⑫,会合不可以常也。作《同学》一首别子固,以相警,且相慰云。

【注释】

① 江之南:长江以南,这里指江西。王安石与曾巩都是江西人。
② 子固:曾巩,子固是他的字。北宋著名散文家。比王安石年长两岁,年轻时与王安石相要好,同有辅国大志。

③ 正之:孙侔,正之是他的字。据说他为文奇古,曾客居江淮间,立志不仕。
④ 辞:相互应对的言辞。 币:缯帛,古人通常用作互相赠送的礼物,也作为礼物的通称。
⑤ 若:与,和。
⑥ 适然:当然。
⑦ 不予疑:即不疑予,"予"是提前的宾语。
⑧ 扳(pān):通"攀",援引。
⑨ 中庸:儒家的道德标准之一,要人们处理事情不偏不倚。
⑩ 辚(lìn)中庸之庭而造于其室:《论语·先进》有"由也升堂矣,未入于室也"的话,后来人们常用"升堂入室"来比喻学习由浅到深的进程。辚,车轮,这里用作动词。造,到。
⑪ 自必:自信一定做到。
⑫ 系:牵绊。

## 【译文】

江南有个贤人,字子固,他不是现在人们所说的那种贤人,我仰慕他,并把他当作朋友。淮南有个贤人,字正之,他也不是现在人们所说的那种贤人,我仰慕他,也把他当作朋友。

这两个贤人,不曾互相拜访,不曾互相交谈,也没有书信、礼品的来往赠答。他们的老师和朋友,难道都是相同的吗?我注意观察他们的言行,他们的不同之处是多么少啊。可以说:这是学习圣人的结果。学习圣人,那么他们的老师和朋友,也必然是学习圣人的人。圣人的言行,难道会有两样的吗?他们相似也是自然的了。

我在淮南,向正之说起子固,正之对我的话毫不怀疑。回到江南,向子固说起正之,子固也认为正之是像我说的这样。于是我又知道被称为贤人的人,彼此言行既相像又互相信任不疑。子固写了一篇《怀友》赠给我,主要的意思是希望互相帮助,以便达到中庸的标准方肯罢休。正之也曾经这样说过。

稳稳地驾着车子从容不迫地走着,经过中庸的门庭而进到它的内室,除了这两个贤人还能有谁呢?我过去不敢认为自己一定能达到中庸的标准,但也愿意跟在他们左右奔走,在二位的帮助下,或许能够达到。

唉,从公事来说,各有自己的职守,从个人来说,又有私事的牵累,我们之间不能经常见面聚会。作《同学》一篇,与子固辞别,用来互相告诫,并且互相慰勉。

# 游褒禅山记

## 王安石

【题解】

本篇是游记形式的说理文,作者通过游褒禅山所见的情景,说明世上神奇雄伟、美丽壮观的景色,常常在艰险、遥远的地方,必须有志气,有毅力,不避艰险,坚持不懈,才有可能领略这种风光。

本文结构严谨,叙事生动,把对具体事物的描写与抽象的说理结合得非常自然,使人感到作者阐发的道理言之有据,不容置疑。

褒禅山亦谓之华山①。唐浮图慧褒②,始舍于其址③,而卒葬之。以故,其后名之曰褒禅④。今所谓慧空禅院者,褒之庐冢也⑤。距其院东五里,所谓华山洞者,以其乃华山之阳名之也⑥。距洞百余步,有碑仆道,其文漫灭,独其为文犹可识曰花山。今言"华"如"华实"之"华"者,盖音谬也⑦。

其下平旷,有泉侧出,而记游者甚众⑧,所谓"前洞"也。由山以上五六里,有穴窈然⑨,入之甚寒,问其深,则其好游者不能穷也,谓之"后洞"。余与四人,拥火以入⑩,入之愈深,其进愈难,而其见愈奇。有怠而欲出者,曰:"不出,火且尽。"遂与之俱出。盖予所至,比好游者尚不能十一,然视其左右,来而记之者已少。盖其又深,则其至又加少矣⑪。方是时,予之力尚足以入,火尚足以明也。既其出⑫,则或咎其欲出者⑬,而予亦悔其随之,而不得极乎游之乐也。

于是予有叹焉:古人之观于天地、山川、草木、虫鱼、鸟兽,往往有得,以其求思之深而无不在也⑭。夫夷以近,则游者众;险以远,则至者少。而世之奇伟、瑰怪、非常之观,常在于险远,而人之所罕至焉,故非有志者不能至也。有志矣,不随以止也,然力不足者,亦不能至也。有志与力,而又不随以怠,至于幽暗昏惑,而无物以相之⑮,亦不能至也。然力足以至焉,于人为可讥,而在己为有悔。尽吾志也,而不能至者,可以无悔矣,其孰能讥之乎?此予之所得也。

余于仆碑,又有悲夫古书之不存⑯,后世之谬其传而莫能名者⑰,何可胜道也哉⑱!此所以学者不可以不深思而慎取之也。

四人者:庐陵萧君圭君玉⑲,长乐王回深父⑳,余弟安国平父、安上纯父㉑。

## 【注释】

① 褒禅(Bāochán)山:在今安徽含山北。
② 浮图:梵(fàn)语(古代印度的一种语言)音译,字又写作佛陀、浮陀等,有佛、塔、和尚等几个意思,这里指和尚。 慧褒:唐代高僧。
③ 舍:用作动词,居住。 址:同"阯",山脚下。
④ 禅:梵语"禅那"的省称,意思是静思,是佛教徒追求的一种境界。凡有关佛教的事物也称为禅。如寺院亦称禅院。"褒禅",就是慧褒和尚的意思。
⑤ 庐:房屋,这里是指居住的地方。 冢(zhǒng):坟墓,这里是指埋葬的地方。
⑥ 阳:山的南面称为阳。
⑦ 华:作者认为,既然碑上是"花"字,"华山"的"华"就应该读"花"(huā),不应该读如"华实"之"华"(huá)。

⑧ 记游者:指在洞壁上题名或题诗文留念的人。
⑨ 窈(yǎo)然:深幽昏暗的样子。
⑩ 拥火:指拿着火把。拥,持。
⑪ 加:更。
⑫ 其:句中语气词。
⑬ 或:有的人。
⑭ 无不在:无所不在,意思是说对任何事情都加以深思。
⑮ 相(xiàng):辅助。
⑯ 悲:感叹。
⑰ 谬其传:以讹传讹。
⑱ 胜(shēng):尽。
⑲ 庐陵:地名,即今江西吉安。　萧君圭:生平不详,君玉是字。
⑳ 长乐:今福建长乐。　王回:字深父(fù),宋代理学家。
㉑ 安国:王安国,字平父。　安上:王安上,字纯父。二人均为王安石之弟。

## 【译文】

褒禅山也叫作华山。唐代的和尚慧褒,开始在这个山下居住,而死后就埋葬在这里。由于这个缘故,以后就把这座山称为褒禅山。现在所谓的慧空禅院,就是慧褒和尚生前居住、死后埋葬的地方。禅院东边距离五里,有个所谓华山洞,是因为它在华山的南面而得名的。离洞百余步的地方,有块石碑倒在路上,碑文已经模糊不清了,唯独"花山"二字,还能辨认出来。现在读"华"字,如同"华实"的"华",大概是把音读错了。

山下平坦而空旷,有一股泉水从旁边涌出,题字记游的人很多,这就是所说的"前洞"。由山下往上走五六里,有个深远幽暗的山洞,进去后感到寒气逼人。问它有多深,就连那些喜欢游览的人,也不能走到尽头,这就是"后洞"。我和其他四人拿着火把走进去,越往里走,前进越难,而见到的景色就越发奇特。有个感到疲倦而要出来的人说:"不出洞,火把就要烧完了。"于是几个人都跟着他一起出来了。大概我所到的地方,同那些喜欢游览的人相比,还不到十分之一,然而看看左右的洞壁,来到这里并且题字留念的人已经很少了。

大概再往里走,到的人就更少了。这时候,我的力气还足以继续往里走,火把也还足够继续照明。出来后,有的人就责怪那个想要出来的人,我也后悔跟着他们一起出来,而不能尽享游玩的乐趣。

于是,我有些感叹。古代的人在观察天地、山川、草木、虫鱼、鸟兽时,往往很有收获,这是因为他们思考得非常深刻,而且没有不考虑到的。那些平坦而邻近的地方,游览的人很多;艰险而遥远的地方,到达的人很少。然而世上的奇伟、美丽、不同寻常的风光,常常是在艰险遥远而人们很少到达的地方,因此不是有志向的人是不能到达的。有志向,不随着别人停下来,但是气力不足,也不能到达。既有志向和气力,又不随着别人停下来,但是到了幽深昏暗,令人迷惑的地方,却得不到外物的辅助,也不能到达。然而在气力能够到达的情况下却没有到达,这在别人看来是可以指责的,而在自己则应当感到懊悔。已经尽了自己的努力而仍然不能到达的人,可以不必懊悔,有谁能指责他呢?这就是我的一点心得。

我对于倒在地上的石碑,又产生了感慨:由于古代文献资料的失散,后代的人以讹传讹,不能明白真实名称的情况,实在太多了!这就是求学的人对于学问不能不深刻思考而慎重取舍的原因。

四个人是:庐陵的萧君圭,字君玉;长乐县的王回,字深父;我的弟弟安国,字平父;安上,字纯父。

# 泰州海陵县主簿许君墓志铭

## 王安石

**【题解】**

许平是个终生不得志的普通官吏。作者感叹他大材小用的可悲结局。本文的议论,实际上是针对当时埋没人才的科举制度而发的,并含蓄地把造成这种现象的原因归结为范仲淹的被贬谪。

本文议论较多,充分表达出作者心中的悲愤和不满,而作者又有意不把话说尽,使文章更加含蓄深沉。

君讳平①,字秉之,姓许氏。余尝谱其世家②,所谓今泰州海陵县主簿者也③。君既与兄元相友爱称天下④,而自少卓荦不羁⑤,善辩说,与其兄俱以智略为当世大人所器⑥。宝元时⑦,朝廷开方略之选⑧,以招天下异能之士,而陕西大帅范文正公、郑文肃公争以君所为书以荐⑨,于是得召试⑩,为太庙斋郎⑪,已而选泰州海陵县主簿。

贵人多荐君有大才,可试以事,不宜弃之州县。君亦尝慨然自许⑫,欲有所为。然终不得一用其智能以卒。噫!其可哀也已。

士固有离世异俗,独行其意,骂讥、笑侮、困辱而不悔⑬,彼皆无众人之求,而有所待于后世者也,其龃龉固宜⑭。若夫智谋功名之士,窥时俯仰⑮,以赴势利之会,而辄不遇者,乃亦不可胜数。辩足以移万物,而穷于用说之时;谋足以夺三军,而辱于右武之国⑯。此又何说哉?嗟乎!彼有所待而不悔者,其知之矣。

君年五十九,以嘉祐某年某月某甲子⑰,葬真州之杨子县甘露乡某所之原⑱。夫人李氏。子男瓌,不仕;璋,真州司户参军⑲;琦,太庙斋郎;琳,进士。女子五人,已嫁二人,进士周奉先、泰州泰兴令陶舜元⑳。

铭曰㉑:有拔而起之,莫挤而止之。呜呼许君!而已于斯,谁或使之?㉒

【注释】

① 讳:避忌。古人尊敬死者,避讳直呼其名,在名前加一"讳"字,表示死者

的名字本该避讳。
② 谱:编列成谱。
③ 泰州:州名,治所在海陵县(今江苏泰州)。 主簿:掌管文书簿籍的官吏。县的主簿为县令的助理。
④ 元:许元,字子春,宣州宣城(今安徽宣城)人。被范仲淹推荐做官,官至郎中。
⑤ 卓荦(luò):卓绝出众。
⑥ 大人:指有地位有名望的人。
⑦ 宝元:宋仁宗的年号(1038年—1040年)。
⑧ 方略之选:宋仁宗时的一种制举科目,即识洞韬略运筹决胜科。
⑨ 陕西:宋代路名。治所在京兆府(今陕西西安市)。 范文正公:范仲淹。北宋著名政治家、文学家。曾任宰相及陕西四路安抚使。谥"文正"。 郑文肃公:郑戬(jiǎn),字天休,吴县人。曾任陕西四路都总管兼经略、招讨使。谥"文肃"。
⑩ 试:考试。
⑪ 太庙斋郎:官名。掌奉宗庙诸陵墓的荐享事宜。太庙,天子的祖庙。
⑫ 自许:自信而又自负。
⑬ 辱:羞辱。
⑭ 龃龉(jǔyǔ):上下齿不相配合。比喻意见不合。这里指不合时宜,不被重用。
⑮ 俯仰:周旋,应付。
⑯ 右:崇尚。
⑰ 嘉祐:宋仁宗年号(1056年—1063年)。 某甲子:某日。古代以天干、地支相配来记日。
⑱ 真州:州名。治所在杨子县(今江苏仪征)。 原:原野。这里指墓地。
⑲ 司户参军:州的佐吏,主管民户。
⑳ 周奉先:生平不详。 泰兴:今江苏泰兴。 陶舜之:生平不详。
㉑ 铭:文体的一种。一般是韵文,用以颂德,或用以申戒。这里是写在墓志最后的铭文,表示对死者的悼念。
㉒ 或:语助词。

## 【译文】

先生名平,字秉之,姓许。我曾经编录他的家谱,他就是现今泰州海陵县主簿。许先生和哥哥许元互相友爱,被天下人所称颂,而且自小就卓绝出众,性格豪放不羁,擅长论辩,和他的哥哥都因为有智谋才略而被当世的大人物所器重。宋仁宗宝元年间,朝廷开设方略科,以此招收天下有特殊才能的人,陕西大帅范文正公、郑文肃公争先拿先生的论著去推荐,于是许先生被召到京城应试,做了太庙斋郎,随后被选任为泰州海陵县主簿。

达官显贵们多次推荐说许先生有大才,可以任用他做大事,而不应当把他弃置在州县。许先生也时常激昂慷慨,自信而又自负,想有所作为。然而最终得不到发挥自己的智谋才能的机会就死去了。唉,这是多么令人悲哀的啊!

读书人里本来就有这样的人,他们超脱世俗,依照自己的意愿行事,受到咒骂、讥讽、嘲笑、欺侮和羞辱却不悔恨,全无一般人的欲望和要求,却对后世有所期待。他们因不合时宜而不被重用,本来就是应当的。至于那些具有智谋、能建立功名的士人,他们窥伺时机,随机应变,追求权势利禄的际遇,然而却总是不得志的,竟然也不可胜数。论辩的才能足以改变万物,却困厄在实际游说的时代;谋略足以慑服三军,却辱没在崇尚武力的国家。这又怎么解释呢?唉!他们对后世有所期待而不悔恨当今遭遇的原因,大概可以知道了。

许先生终年五十九岁。于宋仁宗嘉祐某年某月某日葬在真州杨子县甘露乡某处的墓地。夫人姓李。儿子许瓌,未做官;许璋,是真州司户参军;许琦,为太庙斋郎;许琳,是进士。女儿五人,已出嫁二人,女婿是进士周奉先、泰州泰兴县县令陶舜元。

铭文说:有人推荐提拔他,并没有人排挤阻拦他。唉!许先生,最终落到这种境地,是谁使他这样的呢?

# 明　文

## 送天台陈庭学序

### 宋　濂

【题解】

宋濂(1310年—1381年),明初著名文学家。字景濂,号潜溪,谥文宪,浙江浦江人。幼年家贫,借书苦读。元末被荐举,以父母年老为由辞不赴召,隐居龙门山著书,明初受明太祖朱元璋征聘,主修《元史》,参与制作礼乐,官至翰林学士承旨知制诰。当时被认为是"开国文臣之首",晚年受孙子宋慎牵连谪茂州(今四川茂县),病死途中。文章主张"宗经""师古"。传记文和记叙文写得较有特色。

巴山蜀水险峻奇特,吸引和陶冶了历代不少的文人学士。陈庭学饱览巴山蜀水之后,精神面貌为之一新。可见山水使人在志趣、情操、学业等方面获益匪浅。然而作者却以为有高于山水的东西,那就是孔学儒道,从而强调了尊孔读经的重要性。

本文文笔简练,词采雅洁,运用了衬托和对比的手法。写景状物生动而明朗,文意层层递进,含蓄而深沉。

　　西南山水,惟川蜀最奇①。然去中州万里②。陆有剑阁栈道之险③,水有瞿唐、滟滪之虞④。跨马行,则竹间山高者,累旬日不见其巅际⑤;临上而俯视,绝壑万仞⑥杳莫测其所穷⑦,肝胆为之掉栗⑧。水行,则江石悍利⑨,波恶涡诡⑩,舟一失势尺寸,辄糜碎土沉⑪,下饱鱼鳖。其难至如此。故非仕有力者,不可以游;非材有文者,纵游无所得;非壮强者,多老死于其地。嗜奇之士恨焉⑫。

　　天台陈君庭学⑬,能为诗,由中书左司掾⑭,屡从大将北征,有劳,擢四川都指挥司照磨⑮,由水道至成都。成都,川蜀之要地,扬子云、司马相如、诸葛武侯之所居⑯,英雄俊杰战攻驻守之迹,诗人文士游眺饮射赋咏歌呼之所⑰。庭学无不历览。既览必发为诗,以纪其景物时世之变⑱。于是其诗益工⑲。

　　越三年,以例自免归,会予于京师⑳。其气愈充,其语愈壮,其志意愈高,盖得于山水之助者侈矣㉑。予甚自愧,方予少时,尝有志于出游天下,顾以学未成而不暇㉒。及年壮可出,而四方兵起,无所投足㉓。逮今圣主兴而宇内定,极海之际,合为一家,而予齿益加耄矣㉔。欲如庭学之游,尚可得乎?然吾闻古之贤士,若颜回、原宪㉕,皆坐守陋室,蓬蒿没户㉖,而志意常充然㉗,有若囊括于天地者。此其故何也?得无有出于山水之外者乎㉘?庭学其试归而求焉?苟有所得,则以告予,予将不一愧而已也。

**【注释】**

① 川蜀:今四川。
② 中州:即中原,指黄河流域。
③ 剑阁栈道:古代川、陕间主要通道,在今四川剑阁县东北大剑山、小剑山之间。栈道,又称"栈阁"或"阁道"。古代在今川、陕、甘、滇诸省境内一些峭岩陡壁上凿孔架桥连阁而成的一种道路。
④ 瞿唐:即长江三峡之一的瞿塘峡。一名广溪峡。在四川奉节县东三十里,地当四川江路的门户。　滟滪(Yànyù):滟滪堆。瞿塘峡口有巨石立江中,使江流湍急,形势险要。
⑤ 巅(diān):峰顶。
⑥ 仞:古长度单位,一般认为一仞等于八尺。
⑦ 杳(yǎo):幽暗深远。
⑧ 掉栗:因恐惧而惊颤。
⑨ 悍利:凶悍尖利。

⑩ 诡:奇异多变。
⑪ 糜(mí):碎烂。
⑫ 嗜(shì):爱好,喜欢。
⑬ 天台:浙江天台府(今浙江天台)。
⑭ 中书:中书省。明初设中书省,洪武十三年(1380年)废除。 左司:官署名。明初中书省下设左司。 掾:属官的通称。
⑮ 擢(zhuó):提升。 都指挥司:即都指挥使司,军事机构名称。与掌民政的布政使司、掌刑罚的按察使司合称"三司"。 照磨:都指挥司下属官吏,掌管文书宗卷。
⑯ 扬子云:扬雄,字子云,蜀郡成都人。西汉著名辞赋家、哲学家。 司马相如:字长卿,蜀郡成都人。西汉著名辞赋家。 诸葛武侯:诸葛亮,字孔明,琅玡阳都(今山东沂南)人。三国时著名政治家、军事家,官至蜀汉丞相,封为武侯。
⑰ 射:射覆。古代用文字隐写事物,令人猜度的一种行酒令的游戏。
⑱ 纪:通"记"。
⑲ 工:精。
⑳ 京师:指明初京师应天(今江苏南京)。
㉑ 侈:极多。
㉒ 顾:只,只是。
㉓ 投:托。
㉔ 耄(mào):年老。
㉕ 颜回:亦称颜渊,字子渊。 原宪:字子思。都是孔子的学生。
㉖ 蓬蒿:这里泛指野草。
㉗ 充然:充盛的样子。
㉘ 得无:莫非、岂不是的意思。

【译文】

　　西南地区的山水,唯独四川最奇特。但是,距离中原有万里之遥。陆路有剑阁栈道的危险,水路有瞿塘峡、滟滪堆的忧虑。骑马行走,那竹林间的崇山峻岭,一连走十来天,仍不见它的峰顶;登高俯视,陡峭的山谷深达几千丈,幽深得无法测定谷底,肝胆都被它惊吓得颤抖。从水路走,那江里的石头凶悍尖利,波浪险恶,旋涡变幻,行船稍有差错,就会粉身碎骨,沉没水底,使鱼鳖饱餐。路途竟然艰难到如此程度。因此,不是有能力的官员,不可以去游历;不是有才学的文人,即使去游历,也不能有所收获;不是强壮的人,大多老死在这个地方。爱好奇异山水的人,对此都感到深深的遗憾。

天台陈君庭学,会作诗,任中书左司掾,屡次随从大将北征,有功劳,升任四川都指挥司照磨,从水路到成都。成都,是四川的要地,扬子云、司马相如、诸葛武侯的故居,英雄豪杰们争战攻伐,驻扎防御的遗址,诗人文士们游览眺望、饮酒射覆、赋诗吟咏、歌唱长啸的地方。庭学无处不去游览。既经游览,必定发而为诗,以此来记录这些地方景物和时世的变化。这时他的诗更加精湛了。

过了三年,陈君按照惯例自己辞职归来,在京师遇着我。他的精神更加饱满,他的语言更加豪壮,他的志向意趣更加高远,这大概是在山水中获得了很多帮助。我非常自愧,当我年轻的时候,曾经有志于游历天下,只是因为学业未成,没有空闲的时间。到了壮年可以出游的时候,却是四方战乱,无处落脚。到现在圣主兴起,天下平定,四海之内,统一成一家,而我的年纪却越来越老了。要像庭学那样地游历,还可能吗?然而我听说古时候的贤士,像颜回、原宪那样的人,都是坐守在简陋的屋子里,野草淹没了门户,而志向和意气却始终非常高远、充沛,似乎具有能囊括宇宙的精神力量。这是什么原因呢?莫非有超出山水的东西吗?庭学大概就是尝试着回去探求这方面的东西吧?如果有所收获,就来告知我,我将不会只是惭愧一阵就算了的。

# 阅江楼记

## 宋　濂

【题解】

明太祖朱元璋在金陵狮子山上修建了一座阅江楼,命宋濂为这座楼写一篇记文,以"寓其致治之思"。

由于作者是奉诏而作,故在文章中为朱元璋写了大量歌功颂德的溢美之词,加入许多希望他励精图治的箴规之言。它是应制文中的代表作之一。

本文的结构比较巧妙,言语简洁,写景、叙事和议论穿插得比较自然,具有宽阔舒展的气势。

金陵为帝王之州①。自六朝迄于南唐②,类皆偏据一方③,无以应山川之王气。逮我皇帝④,定鼎于兹⑤,始足以当之。由是声教所暨⑥,罔间朔南⑦,存神穆清⑧,与天同体,虽一豫一游,亦可为天下后世法。

京城之西北有狮子山⑨,自卢龙蜿蜒而来⑩。长江如虹贯,蟠绕其下⑪。上以其地雄胜,诏建楼于巅,与民同游观之乐。遂锡嘉名为"阅江"云⑫。登览之顷,万象森列,千载之秘,一旦轩露⑬。岂非天造地设、以俟夫一统之君⑭,而开千万世之伟观者欤?当风日清美,法驾幸临⑮,升其崇椒⑯,凭阑遥瞩,必悠然而动遐思。见江汉之朝宗⑰,诸侯之述职⑱,城池之高深,关阨之严固⑲,必曰:"此朕栉风沐雨、战胜攻取之所致也⑳。中夏之广㉑,益思有以保之。"见波涛之浩荡,风帆之上下,番舶接迹而来庭㉒,蛮琛联肩而入贡㉓,必曰:"此朕德绥威服,覃及内外之所及也㉔。四陲之远㉕,益思有以柔之。"见两岸之间、四郊之上,耕人有炙肤皲足之烦㉖,农女有捋桑行馌之勤㉗,必曰:"此朕拔诸水火而登于衽席者也㉘。万方之民㉙,益思有以安之。"触类而思,不一而足。臣知斯楼之建,皇上所以发舒精神。因物兴感,无不寓其致治之思,奚止阅夫长江而已哉!

彼临春、结绮㉚,非不华矣;齐云、落星㉛,非不高矣。不过乐管弦之淫响,藏燕赵之艳姬㉜。不旋踵间而感慨系之㉝,臣不知其为何说也。虽然,长江发源岷山㉞,委蛇七千余里而入海㉟,白涌碧翻。六朝之时,往往倚之为天堑。今则南北一家,视为安流,无所事乎战争矣。然则,果谁之力欤?逢掖之士㊱,有登斯楼而阅斯江者,当思圣德如天,荡荡难名,与神禹疏凿之功同一罔极㊲。忠君报上之心,其有不油然而兴耶?臣不敏,奉旨撰记。欲上推宵旰图治之功者㊳,勒诸贞珉㊴。他若留连光景之辞,皆略而不陈,惧亵也。

## 【注释】

① 金陵:今南京市。
② 六朝:时代名。三国的吴、东晋和南朝的宋、齐、梁、陈,都在南京建都,历史上称为六朝。  南唐:五代十国之一,也建都金陵。
③ 偏据一方:指六朝和南唐的统治区域都只有江南一部分和长江中下游地区。
④ 我皇帝:指明太祖朱元璋,公元1368年—1398年在位,明朝的建立者。
⑤ 定鼎:传说禹铸九鼎象征天下九州之土,夏、商、周三代都把它作为传国之宝,随都迁徙,故后代往往称建都为"定鼎"。  兹:此。指南京。
⑥ 声教:指天子的声威、教化。  暨:及,到。
⑦ 罔间:没有间隔。  朔:北。
⑧ 穆:醇和。  清:清明。
⑨ 狮子山:在今南京。
⑩ 卢龙:卢龙山。在今南京。
⑪ 蟠绕:盘绕。
⑫ 锡:通"赐"。
⑬ 轩:显,明朗。
⑭ 俟(sì):等待。
⑮ 法驾:天子的车驾。
⑯ 椒:山巅。
⑰ 朝宗:诸侯朝见天子。这里借指百川入海。
⑱ 述职:诸侯朝见天子,述说自己职守的情况。
⑲ 陑:通"隘",险要的地方。
⑳ 朕:我。秦始皇以后专用于皇帝的自称。  栉(zhì)风沐雨:风梳发,雨

洗头。这里形容创业的艰难。栉,梳头发。沐,洗头。
㉑ 中夏:即中华。
㉒ 番:外国。 庭:通"廷",朝廷。
㉓ 蛮:古代对南方各族的泛称。 琛(chēn):珍宝。
㉔ 覃(tán):延长。
㉕ 陲(chuí):边疆。
㉖ 皲(jūn):皮肤因寒冷而冻裂。
㉗ 捋(luō):用手握住东西,顺着移动。 饁(yè):给在田里耕作的人送饭。
㉘ 衽:床席。
㉙ 万方:各地,各民族。
㉚ 临春、结绮:皆南朝时陈后主建筑的楼阁名。陈后主和张贵妃在此居住,怠于政事,终被隋军所杀。
㉛ 齐云:楼名。在今江苏苏州,唐时兴建,明太祖攻占长江时,吴王张世诚的群妾在此楼焚死。 落星:楼名。三国时吴国兴建,在南京东北的落星山上。
㉜ 燕赵:皆战国时国名。这里指燕赵地区。
㉝ 旋踵:转眼之间。旋,转动。踵,脚后跟。
㉞ 岷山:在四川北部。古人认为长江发源于此。
㉟ 委蛇:同"逶迤"。
㊱ 逢掖:古代读书人穿的一种袖子宽大的衣服。这里代指读书人。
㊲ 禹:我国原始社会末期的部落联盟领袖。曾领导人民治平了洪水。
㊳ 宵旰(gàn):宵衣旰食。天未明就穿衣服,日已暮才吃饭。称颂天子勤于政事。
㊴ 勒:刻。 贞珉:刻碑的美石。

【译文】

　　金陵是帝王居住的地方。从六朝到南唐,大抵都是偏安一方,不能与山川出现的王气相称。到了我大明皇帝定都在这里,才足以与王气相当。从此,声威教化施及南北,无所阻隔,涵养精神,和穆清平,与天同为一体,即使是一次娱乐、一次游玩也值得天下后世效法。
　　在京城的西北方有座狮子山,从卢龙山蜿蜒伸来。长江犹如虹霓一样盘绕在它的脚下。皇上因这里地势雄伟壮丽,诏令在山顶上建造一座楼,与百姓同享游览的乐趣。于是,赐给它一个美好的名字叫作"阅江"。登上阅江楼眺望的时候,可以见到各种景物纷然罗列,似乎千载奥秘一下子全部显露出来。这难道不是天造地设,等待那一统天下的君王,而展现出千秋万代的奇伟壮观的景色吗?当风清日丽,皇上光临,登上高山之巅,凭栏远眺,遐想一定会油然而生。看到那长江、汉水,滔滔东去,各地的官员纷纷前来述职,城高池深,关隘险固,这时一定会说:"这是我栉风沐雨,征战攻取才得到的啊!中华土地这样广阔,更感到要想办法来保住它。"看到那波涛浩浩荡荡,张满风帆的船只随着波浪上下起伏,海外的船舶接踵来朝,南方的珍宝争相入贡,一定会说:"这是我用恩德安抚、凭威力降服,恩泽传布到内外才达到的。四方的边境这样遥远,更感到要想办法去怀柔远人。"看到那长江两岸、四郊的田野上,耕地的人有烈日烤晒皮肤,寒风冻裂双脚的痛苦,农家女子有采桑送饭的辛勤,一定会说:"这是被我从水火中拯救出来,安置在床席上的人。天下有这样多的臣民,就更觉得要想办法让他们安居乐业。"接触到类似的事物,便引起联想,不止一桩。我知道这个楼的兴建,是皇上用来振奋精神的。由不同的事物而产生各种的感慨,无不寄寓着使天下大治的想法,哪里仅仅是为了赏阅长江呢!

  那临春楼、结绮楼,不是不华美;齐云楼、落星楼,不是不高大。但它只不过是用来演奏放荡的乐曲,收藏燕赵的美女。转瞬之间便使人为之感叹,我不知道这到底该怎样去解释。虽然如此,长江发源于岷山,逶迤七千余里而流入东海,白浪奔腾,碧波翻卷。六朝的时候,常常凭借它作为防御敌人的天然屏障。现在则已南北一家,把长江看作一条和平的江水,无须用来进行战争了。那么,这究竟是谁的力量呢?读书人有登上这座楼而观赏这长江风景的,应当想到皇上的圣德如青天一样,浩荡宏伟,难以称说,与神禹开山引水的功业同样是无边无际的。忠于君王,报答皇上的心情,难道能不油然而生吗?我很愚钝,奉皇上的旨意撰写这篇记文。希望借此列述皇帝夙兴夜寐操劳治国的功绩,铭刻在精美的碑石上。其他如流连风光景色的言辞,都略去不写,唯恐有所亵渎啊!

# 司马季主论卜

## 刘　基

【题解】

　　刘基(1311年—1375年),字伯温,处州青田(今属浙江)人。元末进士。做过江西高安县丞、江浙儒学副提举等官,因受排挤,辞官归隐。后又出任浙江元帅府都事,因与他人意见不合被革职。元末农民大起义中,被朱元璋邀请出山,成为朱元璋的重要谋士。在统一战争和制定明初典章制度时起了重要作用,为明朝开国功臣之一。官至御史中丞兼太史令,封诚意伯。刘基在诗文各方面都有一定的成就,文笔生动,富有形象性。尤其是作于元末的《郁离子》,是一部寓言体散文集,能触及当时社会的重大问题,思想性和艺术性都很高。本文即节选自《郁离子·天道篇》。

　　本文采用对话的形式,借东陵侯被废黜后想重新得到起用一事,发表议论。在一定程度上表达出事物必然变化和物极必反的观点,同时对天道、鬼神及占卜也提出了怀疑和否定意见。

　　本文采用《楚辞·卜居》的表现手法,并善作比喻,利用骈句和排比,铺陈畅叙,读起来朗朗上口。整篇文章对比色彩很突出,较好地达到了形式为内容服务的效果。

　　东陵侯既废①,过司马季主而卜焉②。

　　季主曰:"君侯何卜也③?"东陵侯曰:"久卧者思起,久蛰者思启④,久懑者思嚏⑤。吾闻之,蓄极则泄,闷极则达⑥,热极则风,壅极则通。一冬一春,靡屈不伸;一起一伏,无往不复。仆窃有疑⑦,愿受教焉。"季主曰:"若是,则君侯已喻之矣,又何卜为⑧?"东陵侯曰:"仆未究其奥也,愿先生卒教之⑨。"

季主乃言曰："呜呼！天道何亲⑩？惟德之亲。鬼神何灵？因人而灵。夫蓍⑪，枯草也；龟，枯骨也，物也。人灵于物者也，何不自听，而听于物乎？且君侯何不思昔者也？有昔者必有今日。是故碎瓦颓垣，昔日之歌楼舞馆也；荒榛断梗，昔日之琼蕤玉树也⑫；露蚕风蝉⑬，昔日之凤笙龙笛也；鬼磷荧火，昔日之金缸华烛也⑭。秋荼春荠⑮，昔日之象白驼峰也⑯；丹枫白荻⑰，昔日之蜀锦齐纨也⑱。昔日之所无，今日有之不为过；昔日之所有，今日无之不为不足。是故一昼一夜，华开者谢⑲；一春一秋，物故者新。激湍之下，必有深潭；高丘之下，必有浚谷⑳。君侯亦知之矣，何以卜为？"

【注释】

① 东陵侯：邵平。秦时为东陵侯，秦灭被废，在长安城东种瓜。
② 过：这里是拜访的意思。 司马季主：西汉初年的一个善于卜卦的人。 卜：占卜。古代用火灼龟甲来推测吉凶的一种迷信活动方式。
③ 君侯：这里是对东陵侯的敬称。
④ 蛰：冬眠的动物。 启：开，引申为出土。
⑤ 懑（mèn）：心中烦闷。以上四句是借东陵侯比喻自己久废思用。
⑥ 闷：据涵芬楼所藏明刊本，应为"闭"（bì）。闭，关闭。
⑦ 窃：谦辞。用以表示个人意见。等于说"暗自"。
⑧ 为：表示反问的句尾语气词。
⑨ 卒：终。这里有彻底的意思。
⑩ 天道：古代的哲学术语。有唯物的天道观，也有唯心的天道观。这里对天道作了唯心的解释。
⑪ 蓍（shī）：蓍草。古人用来占卦。
⑫ 琼蕤（ruí）：美好的草木之花。蕤，草木花下垂的样子。
⑬ 蚕：据涵芬楼所藏明刊本，应为"蛬"（gǒng）。蛬，蟋蟀。
⑭ 缸：据涵芬楼所藏明刊本，应为"釭"（gāng）。金碗，铜灯。
⑮ 荼（tú）：苦菜。 荠（jì）：菜名，味甜。
⑯ 象白驼峰：都是美味食品。象白，象脂。驼峰，骆驼背部的肉峰。

⑰ 枫:枫树。 荻:与芦苇相似的草本植物。
⑱ 蜀锦齐纨(wán):都是珍贵的丝织品。这里指奢侈品。蜀锦,蜀地(今四川)出产的彩锦。齐纨,齐地(今山东东南部)出产的薄绸。
⑲ 华:古"花"字。
⑳ 浚(jùn):水深的样子。

## 【译文】

东陵侯邵平被废黜以后,到司马季主那里去占卜。

司马季主问:"您要占卜什么事呢?"东陵侯说:"长期卧床的人,想要起来;长期冬眠的动物,想要出洞;长久憋气的人,想打喷嚏。我听说,蓄积太满了就要泄漏,闷得太久了就要通气,热得太厉害了就会刮风,壅塞得过分了就会流畅。历冬经春,没有屈而不伸的;一起一伏,没有去而不复的。我对此还有疑惑,愿听听您的指教。"司马季主说:"要是这样的话,那么您已经明白了,还要占卜什么呢?"东陵侯答道:"我还没有推究出它那深奥的道理,请先生透彻地给我开导一下。"

司马季主于是说:"唉!'天道'亲近什么人呢?只亲近有德行的人。鬼神有什么灵验呢?它是根据不同的人来显灵的。那蓍草,不过是枯草;那龟壳,不过是朽骨,是没有知觉的东西。人比这些东西灵验得多,为什么不相信自己,而听信这些东西呢?况且您为什么不想一想过去呢?有过去也就一定有今天。所以那些碎瓦断墙,曾是昔日的歌楼舞馆;那些荒草败枝,曾是过去的鲜花玉树;那些蟋蟀知了在风露中鸣叫,曾是昔日的凤笙龙笛之声;那些幽暗的磷光荧火,曾是往日辉煌的灯烛;那些秋荼春荠,曾是昔日的山珍美味;那些丹枫白荻,曾是昔日的美锦轻绸。过去没有的,如今有了,不叫过分;过去有的,如今没有了,也不算不足。所以,过了一昼一夜,盛开的花朵会凋谢;历经一春一秋,陈旧的东西会变新。湍急的水流之下,一定有深潭;高峻的山峰之下,必然有深谷。您已经领悟这些道理了,为什么还要占卜呢?"

# 卖柑者言

## 刘 基

【题解】

这是人们熟悉的一篇寓言性的散文。作者通过卖柑者之口,以"金玉其外,败絮其中"的柑子为喻,对元末实际上已腐败透顶而表面上仍装得冠冕堂皇的上层统治者,进行了辛辣的讽刺。

杭有卖果者①,善藏柑,涉寒暑不溃,出之烨然②,玉质而金色。剖其中,干若败絮。予怪而问之曰:"若所市于人者,将以实笾豆③,奉祭祀,供宾客乎?将炫外以惑愚瞽乎④?甚矣哉!为欺也。"

卖者笑曰:"吾业是有年矣。吾业赖是以食吾躯⑤。吾售之,人取之,未闻有言,而独不足子所乎⑥?世之为欺者不寡矣,而独我也乎?吾子未之思也。今夫佩虎符、坐皋比者⑦,洸洸乎干城之具也⑧,果能授孙、吴之略耶⑨?峨大冠,拖长绅者⑩,昂昂乎庙堂之器也⑪,果能建伊、皋之业耶⑫?盗起而不知御,民困而不知救,吏奸而不知禁,法斁而不知理⑬,坐糜廪粟而不知耻⑭。观其坐高堂,骑大马,醉醇醴⑮,而饫肥鲜者⑯,孰不巍巍乎可畏、赫赫乎可象也?又何往而不金玉其外,败絮其中也哉!今子是之不察,而以察吾柑!"

予默默无以应。退而思其言,类东方生滑稽之流⑰。岂其忿世嫉邪者耶,而托于柑以讽耶?

## 【注释】

① 杭:今杭州。

② 烨(yè)然:光彩鲜明的样子。

③ 笾(biān)豆:宴会和祭祀时盛供品的器具。类似后来的盘子。竹制的叫笾,木制的叫豆。

④ 炫(xuàn):炫耀。 瞽(gǔ):瞎子。

⑤ 食(sì):喂养。

⑥ 所:所需。

⑦ 虎符:兵符,古代用来调兵的凭信,一半由皇帝掌握,一半由军队的统帅掌握。 皋比(pí):虎皮。这里指虎皮椅子。

⑧ 洸(guāng)洸:威武的样子。 干城:指保卫国家。干,盾牌。城,城墙。

⑨ 孙:孙武,春秋时齐人,杰出的军事家。 吴:吴起,战国时卫人,有名的政治家、军事家。

⑩ 长绅:古代士大夫腰上系的长带子。峨冠长绅都是文官的服饰。

⑪ 庙堂:这里指朝廷。

⑫ 伊:伊尹,名挚,商汤的大臣,曾帮助汤伐桀。 皋:皋陶(yáo),相传虞舜时的贤臣。

⑬ 斁(dù):败坏。

⑭ 糜:通"靡",耗费。 廪(lǐn)粟:国库的粮食,这里指俸禄。

⑮ 醇醴(lǐ):味道醇厚的酒。

⑯ 饫(yù):饱食。

⑰ 东方生:东方朔,字曼卿,汉武帝近臣,以诙谐和善于讽喻著称。 滑(gǔ)稽:能言善辩,言论诙谐。

## 【译文】

杭州有个卖水果的人,很会贮藏柑子,经过一冬一夏也不腐烂,拿出来仍然光彩鲜艳,碧玉般的质地,黄金般的颜色。但是剖开当中一看,干枯得像破棉絮一样。我很奇怪,就责问他:"你卖给人家的柑子,是准备把它装在盘子里,用来供奉神灵,招待宾客呢,还是炫耀它的外表,用来欺骗傻瓜和瞎子呢?你这样骗人太过分了!"

卖柑子的人笑笑说:"我干这一行有很多年了,我依靠这一行来养活我自己。我卖它,别人买它,从来没有听到有什么议论,却偏偏不能满足您所需要的吗?世上耍弄欺骗手段的不算少,难道只是我一个人?您没有考虑这些。如今那些佩戴兵符,坐在虎皮椅上的武将,威风凛凛地像是保卫国家的人才,果真能够拿出孙武、吴起那样的韬略吗?那些高戴礼帽,拖着长带的文臣,神气十足地像是治理国家的栋梁,果真能够建树伊尹、皋陶那样的功业吗?盗贼兴起却不知道抵御,百姓穷困而不知道赈济,官吏为奸犯法却不知道制止,法律败坏却不知道整顿,白白地耗费国家的粮食却不感到羞耻。看他们坐在高堂上,骑着大马,喝足了美酒,吃腻了鱼肉的样子,哪一个不是仪表堂堂,值得敬重,光明磊落,值得效法呀?然而他们又何尝不是外表像金玉,而腹中像破絮呢!现在您对这些都视而不见,却来挑剔我的柑子!"

我默不作声,无话可答。回来再细细体会他的话,他像是东方朔一类诙谐而能言善辩的人物。莫非他是个愤恨世道、仇视邪恶的人,却借柑子来进行讽刺吗?

# 深 虑 论

## 方孝孺

### 【题解】

方孝孺(1357年—1402年),字希直,又字希古,别号逊志,人称正学先生。明太祖时为汉中府学教授。建文帝继位,召他为侍讲学士,后改为文学博士。燕王朱棣(即明成祖)发动"靖难之役",他为建文帝谋划对策。后燕王攻入京城(今南京),因不肯为燕王起草登极诏书而被杀。

方孝孺主张"文之为用,明道立政",提出"道"是文学的根本,文学不过是阐明"道"的工具。他有许多论史的文章,阐明治国安民的道理和策略。

本文是方孝孺的史论《深虑论》十篇中的第一篇。作者历数各朝兴亡的教训,指出历代君主都仅仅片面地吸取了前代灭亡的教训而忽略了另外一些被掩盖的问题,因而终不免于灭亡。由此得出"祸常发于所忽之中,而乱常起于不足疑之事"的结论。但作者又把这一切归之于天道,认为人的智力"不可以谋天",只能"积至诚,用大德",求天保佑,则又陷入了天命论。

虑天下者,常图其所难,而忽其所易;备其所可畏,而遗其所不疑。然而祸常发于所忽之中,而乱常起于不足疑之事。岂其虑之未周与?盖虑之所能及者,人事之宜然,而出于智力之所不及者,天道也。

当秦之世,而灭诸侯,一天下。而其心以为周之亡在乎诸侯之强耳,变封建而为郡县①。方以为兵革可不复用,天子之位可以世守,而不知汉帝起陇亩之中②,而卒亡秦之社稷。汉惩秦之孤立③,于是大建庶孽而为诸侯④,以为同姓之亲,可以相继而无变,而七国萌篡弑之谋⑤。武、宣以后⑥,稍剖析之而分其势,以为无事矣,而王莽卒移汉祚⑦。光武之惩哀、平⑧,魏之惩汉⑨,晋之惩魏⑩,各惩其所由亡而为之备,而其亡也,盖出于所备之外。唐太宗闻武氏之杀其子孙⑪,求人于疑似之际而除之⑫,而武氏日侍其左右而不悟⑬。宋太祖见五代方镇之足以制其君⑭,尽释其兵权,使力弱而易制,而不知子孙卒困于敌国。此其人皆有出人之智,盖世之才,其于治乱存亡之几⑮,思之详而备之审矣。虑切于此而祸兴于彼,终至乱亡者何哉?盖智可以谋人,而不可以谋天。

良医之子,多死于病;良巫之子⑯,多死于鬼。岂工于活人而拙于谋子也哉?乃工于谋人而拙于谋天也。古之圣人,知天下后世之变,非智虑之所能周,非法术之所能制,不敢肆其私谋诡计,而唯积至诚,用大德以结乎天心,使天眷其德,若慈母之保赤子而不忍释。故其子孙,虽有至愚不肖者足以亡国,而天卒不忍遽亡之。此虑之远者也。夫苟不能自结于天,而欲以区区之智,笼络当世之务,而必后世之无危亡,此理之所必无者,而岂天道哉!

### 【注释】

① 封建:指周朝分封疆土,建立诸侯国的制度。  郡县:秦始皇废除分封制后建立的郡、县两级的中央集权制度。
② 汉帝:指汉高祖刘邦,公元前206年至前195年在位。  起陇亩之中:指出身低微。刘邦曾做泗水亭长(地方上的小官)。陇,通"垄",田埂。
③ 惩:惩戒。
④ 庶孽:妾媵生的子女。这里泛指亲属。刘邦即位后分封了燕、代、齐等十个同姓王,都是刘邦的儿子、兄弟。
⑤ 七国:指汉初分封的吴、楚、赵、胶东、胶西、济南、临淄七国。汉景帝中元五年(前145年),吴王刘濞联合其他六国以诛晁错为名发动叛乱。后被击败,诸王自杀或被杀。
⑥ 武:汉武帝刘彻,公元前141年至前87年在位,他继承景帝的政策,削弱各王国割据势力,加强中央集权。  宣:汉宣帝刘询,公元前74年至前49年在位。
⑦ 王莽:西汉末,以外戚身份掌握政权,公元8年称帝,改国号为"新"。进行过一系列改革,失败。公元23年,被绿林、赤眉起义军所杀。  祚:位,指皇帝之位。
⑧ 光武:东汉光武帝刘秀,公元25年至57年在位,东汉开国皇帝。  哀:即汉哀帝刘欣,公元前6年至前1年在位。  平:汉平帝刘衎(kàn),公元1年至5年在位。
⑨ 魏:三国之一。公元220年曹丕代汉称帝,国号魏,建都洛阳。历史上又称为曹魏。
⑩ 晋:这里指西晋。公元265年,司马炎代魏称帝,国号晋,建都洛阳。史称西晋。
⑪ 唐太宗:李世民,公元626年至649年在位。
⑫ 求人于疑似之际而除之:《资治通鉴》记载,贞观二十二年(648年),据星象和民间流传的《秘记》说,将要有"女主——武王代有天下"。唐太宗

要将可怀疑的人都杀掉,由于太史令李淳风劝谏而停止。
⑬ 武氏:武则天,名曌(zhào),唐高宗皇后。公元683年中宗继位后,她临朝称制。690年废睿宗,称神圣皇帝,国号周。她在执政期间,杀戮了李唐宗室多人。公元705年中宗复位,上尊号为则天大圣皇帝。
⑭ 宋太祖:赵匡胤(yìn),北宋的开国皇帝,公元960年至976年在位。他在建立宋朝以后,用高官厚禄等办法,将武将的兵权收回,以加强中央集权。　五代:唐朝以后的梁、唐、晋、汉、周五个王朝。
⑮ 几:指细微的迹象。
⑯ 巫:古代以替人求神祈祷为职业的人。

## 【译文】

考虑天下大事的人,常常谋划那些困难的事情,而忽略那些简单的事情;防备那些他们以为可怕的事情,而遗忘那些他们所不怀疑的事情。然而祸患常常产生于被忽略的事情当中,变乱常常发生在不足以引起怀疑的事情上。难道他们考虑得不周密吗?这是因为人们所能考虑到的,只是人世间本来就应当如此的事情,而超出人的智力所能达到的范围的,就是天道。

当秦国兴起的时候,灭掉了诸侯,统一了天下。秦始皇以为周朝灭亡的原因只在于诸侯的强大,于是改变分封诸侯的做法而代之以郡县制。正当他认为从此可以不再进行战争,皇位可以世代相传的时候,却不料汉高祖崛起于田野之间,终于推翻了秦王朝。汉代鉴于秦王朝的孤立无辅,于是大封诸子及兄弟为诸侯王,以为靠同姓的血亲关系,可以使自己的统治世代相传而不会有变故了,但是吴楚七国却产生了篡权弑君的阴谋。武帝、宣帝以后,逐渐分割诸侯王的封地,削弱他们的势力,以为再也不会有什么变故了,但是王莽终于夺取了汉朝的皇位。东汉光武帝对于西汉哀帝、平帝,曹魏对于东汉,晋朝对于曹魏,都各自借鉴前朝灭亡的缘由而制定了防范的措施,可是他们的灭亡,大都出于防备之外的变故。唐太宗听说有姓武的人将会杀戮李氏的子孙,就搜查清除所有有嫌疑的人,可是武则天每天都在他身边侍候,却没有被觉察。宋太祖看到五代时期方镇的势力足以挟制君主，就全部解除了武将的兵权，使他们的力量薄弱而容易控制，却没料到他的子孙最终却被敌国所逼迫。这些人都有超人的智慧，盖世的才能，他们对于治乱存亡的微妙之处，考虑得很详尽，防备得也很周密了。但是他们的考虑切中此处，而祸患却从别的方面发生了，终于招致动乱和灭亡，这是为什么呢？就是因为人的智慧只能考虑到人事，而不能考虑到天道的缘故。

高明的医生的子女，大多死于疾病；高明的神巫的子女，大多死于魔法。难道他们善于救活别人却不善于救活自己的子女吗？只是由于他们善于考虑人事而不善于考虑天道罢了。古代的圣人，知道天下后世的变化，不是人的智谋所能考虑周全的，也不是法令权术所能控制的，因此不敢施展阴谋诡计，而只是积累至诚的心意，用大德来感动上天的心，使上天喜爱他们的品德，好像慈母保育婴儿而舍不得放下。所以他们的子孙，虽然有非常愚蠢不成才的，足以使国家灭亡，而上天终于不忍心使他们的国家立刻灭亡。这是考虑得非常深远的！如果自己不能感动上天的心，却想以自己小小的智慧，包揽天下所有的事情，还认为后世一定没有危亡，这在事理上是讲不通的，哪里会符合天道呢！

# 豫 让 论

## 方孝孺

【题解】

豫让在春秋末年曾做过晋贵族范氏、中行氏的家臣，因不被重用而投奔智伯。智伯非常尊重他。在赵、魏、韩三家贵族合谋灭了智氏之后，他改名换姓，潜入赵襄子宫中企图行刺，未遂而被捕获。释放后，他又用漆身吞炭的办法改变了容貌和声音，再一次行刺，结果又一次被俘。于是，他要求赵襄子将衣服脱给他，他朝着衣服"三跃而击之"，然后伏剑自杀。

历来人们都称赞豫让是忠义之士。本文作者认为豫让的行为是不值得称道的。真正的忠义应该表现在诱导君主"销患于未形，保治于未然"，必要时以死进谏，促使君主悔悟。作者所提倡的做法，显然比豫让的行为高明得多，但立论的目的无非是更有效地效忠于君主。文末，对那些朝秦暮楚的政客提出的批评，也是由此而来。

　　士君子立身事主，既名知己①，则当竭尽智谋，忠告善道，销患于未形，保治于未然，俾身全而主安②。生为名臣，死为上鬼，垂光百世，照耀简策③，斯为美也。苟遇知己，不能扶危于未乱之先，而乃捐躯殒命于既败之后，钓名沽誉，眩世炫俗④，由君子观之，皆所不取也。

　　盖尝因而论之。豫让臣事智伯⑤，及赵襄子杀智伯⑥，让为之报仇，声名烈烈，虽愚夫愚妇莫不知其为忠臣义士也⑦。呜呼，让之死固忠矣，惜乎处死之道有未忠者存焉。何也？观其漆身吞炭，谓其友曰："凡吾所为者极难，将以愧天下后世之为人臣而怀二心者也。"谓非忠可乎？及观斩衣三跃，襄子责以不死于中行氏⑧，而独死于智伯，让应曰："中行氏以众人待我，我故以众人报之；智伯以国士待我⑨，我故以国士报之。"即此而论，让有余憾矣⑩。段规之事韩康⑪，任章之事魏献⑫，未闻以国士待之也，而规也章也，力劝其主从智伯之请，与之地以骄其志，而速其亡也。郄疵之事智伯⑬，亦未尝以国士待之也，而疵能察韩、魏之情以谏智伯。虽不用其言以至灭亡，而疵之智谋忠告，已无愧于心也。让既自谓智伯待以国士矣，国士，济国之士也。当伯请地无厌之日，纵欲荒暴之时，为让者，正宜陈力就列⑭，谆谆然而告之曰⑮："诸侯大夫，各安分地，无相侵夺，古之制也。今无故而取地于人，人不与，而吾之忿心必生；与之，则吾之骄心以起。忿必争，争必败；骄必傲，傲必亡。"谆切恳至，谏不从，再谏之，再谏不从，三谏之,三谏不从,移其伏剑之死⑯,死于是日。伯虽顽冥不灵,感其至诚,庶几复悟,和韩、魏,释赵围,保全智宗,守其祭祀⑰。若然,则让虽死犹生也,岂不胜于斩衣而死乎?让于此时,曾无一语开悟主心,视伯之危亡,犹越人视秦人之肥瘠也⑱。袖手旁观,坐待成败,国士之报,曾若是乎?智伯既死,而乃不胜血气之悻悻⑲,甘自附于刺客之流,何足道哉?何足道哉?

虽然,以国士而论,豫让固不足以当矣。彼朝为仇敌、暮为君臣,靦然而自得者⑳,又让之罪人也。噫!

【注释】

① 名:被称为。
② 俾:使。
③ 简策:指史籍。简,古代用来写字的竹片或木片。策,连编诸简而成。
④ 眩世炫俗:欺世盗名的意思。
⑤ 智伯:名瑶,也称智襄子。春秋时晋国贵族。曾联合韩、赵、魏三家贵族吞并并瓜分了范氏、中行氏两家贵族的土地。智伯后来又向韩、魏、赵索地,韩、魏两家送了部分土地给他,赵襄子却拒绝了他。于是引起了战争,赵襄子联合韩、魏吞灭了智伯,并三分其地。
⑥ 赵襄子:名毋邺。春秋时晋国贵族赵简子之子。赵襄子最恨智伯,灭智伯后,曾漆智伯的头骨为饮器。
⑦ 愚夫愚妇:指普通老百姓。这是古代统治阶级对劳动人民的蔑称。
⑧ 中行:复姓。春秋时,晋国大夫荀林父家族的一支。荀林父因掌管晋之中行(háng)军,后遂以官为姓。豫让曾做过中行氏的家臣。
⑨ 国士:一国中才能特出的人物。
⑩ 憾:不足。
⑪ 段规:韩康子的谋臣。 韩康:名虎。春秋时晋国贵族。
⑫ 任章:魏献子的谋臣。 魏献:名舒。春秋时晋国贵族。
⑬ 郗疵(Xīcī):智伯的家臣。
⑭ 陈力就列:施展才力,根据自己之所能以就位。
⑮ 谆谆然:恳切教诲的样子。

⑯ 移:转移。
⑰ 守其祭祀:保持祖庙的祭祀不断,也就是保持智氏的宗族不被灭亡。
⑱ 犹越人视秦人之肥瘠:春秋时代越秦两国相距遥远,中间又隔着辽阔的楚国。因此,相互关系不多,彼此也不太关心。
⑲ 悻(xìng)悻:恼怒的样子。
⑳ 靦(tiǎn):厚着脸皮。

**【译文】**

　　士人君子要建立功名,侍奉主人,既然被称作知己,那就应当竭尽智谋,诚恳地加以劝告,巧妙地加以开导,在祸患还未显露时就消除它,在动乱发生之前保住社会的治安,使自己不受损害,主人没有危险。活着是著名的忠臣,死后做高尚的鬼魂,流芳百世,照耀史册,这才是完美的士人。如果遇到知己,不能拯救危难于动乱之前,而在事情失败之后才去献身自尽,沽名钓誉,迷惑世人,夸耀于社会,这在君子看来,都是不足取的。

　　我曾经因此评论过豫让。豫让做智伯的家臣,等到赵襄子杀了智伯,豫让为他报仇,名声显赫,即使是平民百姓,也没有一个不知道他是忠臣义士的。唉!豫让的死当然可以称为忠了,可惜,在怎样死的方式上还有不忠的表现。为什么呢?看他漆身吞炭,对他朋友说:"我做的事情都特别难,我是想用这种做法使天下后世做臣子而怀有二心的人感到羞愧。"这能说他不忠吗?等看到他连续三次跳起来,用剑来刺赵襄子的衣服,赵襄子责备他不为中行氏而死,却单单为智伯而死的时候,豫让回答说:"中行氏像对待一般人那样对待我,所以我就像一般人那样去报答他;智伯把我当国士对待,所以我就要像国士一样报答他。"就此而论,豫让就有不足之处。段规侍奉韩康子,任章侍奉魏献子,并没有听说待他们如同国士,可是段规、任章却尽力劝说他们的主人顺从智伯的无理要求,割给智伯土地,使他志气骄盛,从而使他更快地灭亡。郄疵侍奉智伯,智伯也没有待他如同国士,可是郄疵却能洞察韩、魏的企图来劝谏智伯。虽然智伯不采纳他的意见以至于灭亡,但是郄疵的智谋忠告,已经是无愧于心了。豫让既然自己认为智伯待他如同国士了,所谓国士,是为国家济困扶危的人。当智伯对土地贪得无厌之日,放纵情欲、荒淫暴虐之时,作为豫让,正应竭力来尽自己的职责,耐心地劝谏自己的主人说:"诸侯大夫应各自安心守着自己分内的土地,不要互相侵夺,这是自古以来的规矩。如今,无缘无故地向人家索取土地,人家不给,就要产生愤恨之心;人家给了,就产生骄横之心。愤恨必然会引起争斗,争斗必然会失败;骄横必然傲视一切,傲视一切必然导致灭亡。"非常耐心诚恳地劝谏,一次不听,再来第二次,第二次不听,再来第三次,第三次劝谏还不听从,再把那伏剑而死的行动安排在这个时候。这样一来,智伯虽然顽固愚昧,但受至诚之心的感动,也许会重新醒悟,从而与韩、魏讲和,解除赵国的围困,保全智氏的宗族,使他们能香火不断,延续不绝。假如这样,豫让虽死犹生,难道不胜过斩衣而死吗?但豫让在那时,竟连一句开导主人,使他醒悟的话都没说,看着智伯的危亡,就像越人远远地看秦人的肥瘦一样。袖手旁观,坐待成败,国士的报答竟然能像这个样子吗?直到智伯已死,才压抑不住愤怒的血气,甘心情愿地加入刺客的行列,这有什么可以值得称道的呢?有什么可以值得称道的呢?

虽然,用国士的标准来评价豫让,豫让的确是不配的了。可是同那些早晨还是仇敌,晚上就变成了君臣,厚着脸皮自以为得意的人相比,他们又都是豫让的罪人了。唉!

# 亲 政 篇

## 王 鏊

【题解】

王鏊(1450年—1524年),字齐之。明代弘治初任侍讲学士,曾提出巩固边防、改革科举、广收人才等措施,未被采纳,因而辞官家居。武宗即位后,又任文渊阁大学士,与韩文等大臣请诛刘瑾阉党,被阉党忌恨。后因刘瑾"权控天下","屡起大狱",便辞官而归。刘瑾被诛后,朝廷虽多次征召,他都推辞不受,于嘉靖三年(1524年)去世。

本文是作者在明世宗即位后所作的一篇答谢世宗慰问的奏疏。

亲政是皇帝直接了解下情,亲自执政的意思。明朝自英宗天顺年间以后,皇帝很少过问政事,宦官乘机窃取大权。作者针对这个问题,引征历史掌故,以期引起世宗的注意,并希望他能设立内朝,多和大臣接触,沟通上下的思想,亲自处理政事。

本文论证严密充实,文字通畅,有一定的说服力。

《易》之《泰》曰①:"上下交而其志同。"其《否》曰:"上下不交而天下无邦。"盖上之情达于下,下之情达于上,上下一体,所以为"泰"。下之情壅阏而不得上闻②,上下间隔,虽有国而无国矣,所以为"否"也。交则泰,不交则否,自古皆然。而不交之弊,未有如近世之甚者:君臣相见,止于视朝数刻③;上下之间,章奏批答相关接,刑名法度相维持而已④。非独沿袭故事,亦其地势使然。何也?国家常朝于奉天门,未尝一日废,可谓勤矣。然堂陛悬绝,威仪赫奕⑤,御史纠仪⑥,鸿胪举不如法⑦,通政司引奏⑧,上特视之,谢恩见辞,惴惴而退,上何尝治一事,下何尝进一言哉?此无他,地势悬绝,所谓堂上远于万里,虽欲言无由言也。

愚以为欲上下之交,莫若复古内朝之法。盖周之时有三朝⑨:库门之外为正朝,询谋大臣在焉;路门之外为治朝,日视朝在焉;路门之内曰内朝,亦曰燕朝。《玉藻》云:⑩"君日出而视朝,退适路寝听政⑪。"盖视朝而见群臣,所以正上下之分;听政而适路寝,所以通远近之情。汉制:大司马、左右前后将军、侍中、散骑诸吏为中朝⑫,丞相以下至六百石为外朝⑬。唐皇城之北南三门曰承天,元正、冬至受万国之朝贡,则御焉,盖古之外朝也。其北曰太极门,其西曰太极殿,朔望则坐而视朝,盖古之正朝也。又北曰两仪殿,常日听朝而视事,盖古之内朝也。宋时常朝则文德殿,五日一起居则垂拱殿⑭,正旦、冬至、圣节称贺则大庆殿⑮,赐宴则紫宸殿或集英殿,试进士则崇政殿。侍从以下,五日一员上殿,谓之轮对,则必入陈时政利害。内殿引见,亦或赐坐,或免穿靴⑯。盖亦有三朝之遗意焉。盖天有三垣⑰,天子象之⑱。正朝,象太极也;外朝,象天市也;内朝,象紫微也,自古然矣。

国朝圣节⑲、正旦、冬至大朝会则奉天殿,即古之正朝也。常日则奉天门,即古之外朝也。而内朝独缺。然非缺也,华盖、谨身、武英等殿,岂非内朝之遗制乎?洪武中如宋濂、刘基⑳,永乐以来如杨士奇、杨荣等㉑,日侍左右;大臣蹇义、夏元吉等㉒,常奏对便殿。于斯时也,岂有壅隔之患哉?今内朝未复,临御常朝之后,人臣无复进见,三殿高闶㉓,鲜或窥焉㉔。故上下之情,壅而不通;天下之弊,由是而积。孝宗晚年㉕,深有慨于斯,屡召大臣于便殿,讲论天下事。方将有为,而民之无禄,不及睹至治之美,天下至今以为恨矣。

惟陛下远法圣祖,近法孝宗,尽铲近世壅隔之弊,常朝之外,即文华、武英二殿,仿古内朝之意。大臣三日或五日一次起居,侍从、台谏各一员上殿轮对㉖,诸司有事咨决,上据所见决之,有难决者,与大臣面议之。不时引见群臣,凡谢恩辞见之类,皆得上殿陈奏。虚心而问之,和颜色而道之㉗。如此,人人得以自尽。陛下虽深居九重,而天下之事,灿然毕陈于前。外朝所以正上下之分,内朝所以通远近之情。如此,岂有近世壅隔之弊哉?唐虞之时㉘,明目达聪,嘉言罔伏㉙,野无遗贤,亦不过是而已。

## 【注释】

① 《易》:也称《易经》《周易》。原是古代卜卦之书,后成为儒家重要经典之

① 一:《泰》与下文的《否(pǐ)》同为《周易》中的两个卦名。
② 阏(è):堵塞。
③ 刻:时间单位。古代用漏壶计时,一昼夜共一百刻。
④ 刑名:古代有所谓刑名之学,讲究"以名责实",即根据一人的名分来责成他们的行为。
⑤ 赫奕:显耀盛大的样子。
⑥ 御史:官名。掌管纠劾百官的职务。
⑦ 鸿胪(lú):官名。明代的鸿胪专门掌管殿廷礼仪。
⑧ 通政司:官署名。明朝设置,掌管内外章疏,凡送给皇帝的文件都由它转交。
⑨ 三朝:相传周代天子与群臣谋议政事之处有三:外朝,在库门外、皋门内;内朝有两处,一在路门外,一在路门内,统称三朝。关于周代王宫宫门的顺序,说法不一,依郑玄《周礼·秋官·朝士》注说,五道宫门从外到里的顺序是:皋门、雉门、库门、应门、路门(也叫寝门)。
⑩ 《玉藻》:《礼记》中的《玉藻》篇。原文是:"君日出而视之"。君,指君主。
⑪ 路寝:古代君主处理政事及入寝的宫室。路,是大的意思。
⑫ 大司马:官名。三公之一。汉武帝时废太尉,设置大司马,为辅佐皇帝的最高武官,掌管全国军事。　将军:武官名。汉代在大司马之下设各种名称的将军,如大将军、车骑将军、前将军、后将军等。　侍中、散骑:均为汉代皇帝的侍从,出入宫廷,随时应对的顾问。
⑬ 外朝:汉代朝官,从武帝以后分为内(中)朝和外朝。内朝由皇帝的近臣组成,成为决策机构。外朝指丞相和所属机构,虽为法定行政机构,诏令亦由此发出,但已无实权。
⑭ 起居:指日常生活。这里引申为问候的意思。
⑮ 圣节:指皇帝的生日。
⑯ 穿靴:唐代规定,臣属上朝必须穿朝靴。
⑰ 三垣:我国古代天文学家分周天之恒星为三垣二十八宿。三垣即太微、紫微、天市。三垣各组星各自环列,都如屏藩之状。
⑱ 象:象征。
⑲ 国朝:这里指明朝。
⑳ 洪武:明太祖朱元璋的年号(1368年—1398年)。　宋濂:字景濂。官至翰林学士承旨知制诰。洪武初年主修元史,并参与制作礼乐。　刘基:

字伯温。元末中进士,曾任江西高安县丞等职。后随朱元璋起义,参与机密谋议,官至御史中丞兼太史令,封诚意伯。

㉑ 杨士奇:名寓。明朝建文年间(1399年—1402年),任翰林院编纂官,修《太祖实录》。永乐(1402年—1424年)初,入内阁。宣宗朝至英宗初年,长期辅政。 杨荣:初名子荣,字勉仁。官至文渊阁大学士。历仕仁宗、宣宗、英宗三朝。

㉒ 蹇(Jiǎn)义:字宜之。原名瑢,后明太祖赐名为"义"。官至少师。熟悉典章制度,历事五朝,谥"忠定"。 夏元吉:字维喆。官至户部尚书,经历五朝,主持财政达二十七年。

㉓ 三殿:这里指华盖殿、谨身殿和英武殿。 闭(bì):关闭。

㉔ 鲜:少。

㉕ 孝宗:名朱祐樘,年号"弘治",公元1488年至1505年在位。

㉖ 台谏:台官和谏官。台官指御史台官员,掌管纠劾百官;谏官指谏议大夫、给事中等。

㉗ 道:通"导"。

㉘ 唐虞:指唐尧与虞舜,古代父系氏族社会部落联盟的首领。

㉙ 罔:通"不"。

【译文】

《周易》的《泰》卦说:"在上的国君和在下的臣子互相通气,他们的志向就会相同。"它的《否》卦说:"上下不相通气,天下就不会成为国家了。"上情下达,下情上达,上下犹如一体,所以说是吉利。下情被堵塞,不能传到上面,上下隔绝,即使名为国家,却像没有国家一样,所以说是不吉利。互相通气就吉利,不通气就不吉利,自古以来都是这样。但上下不通气的弊病,没有像近代这样严重的:君主和大臣相会,仅仅是上朝听政那么一会儿;君臣之间,只是通过奏章和批答相联系,依靠刑名规定和典章制度来维持罢了。这不只是由于沿袭旧的典章制度,也是由于所处的地位造成的。为什么这样说呢?君臣总是在奉天门举行朝会,未尝一天中断,可以说是勤勉了。但殿前的高层台阶隔绝了君主和臣属之间的接触,典礼仪式威严煊赫,御史大夫督察百官的仪节,鸿胪卿纠正不合法度的行动,通政司导引奏事,皇上只是看看罢了。大臣们谢恩告辞,惴惴不安地退下。皇上何尝亲自处理过一件事情,臣属又何尝直接进过一言呢?这没有别的原因,只是因为地势隔绝的关系,也就是所说的虽在同一殿上而君臣相隔却比万里还远,臣属即使想陈述自己的意见也没有机会。

  我认为要使上下通气,没有比恢复古代的内朝制度更好了。周朝的时候,天子有三个听政的地方:库门外面是正朝,在这里向大臣咨询谋划;路门外边是治朝,每天的朝会在这里举行;路门里面是内朝,又叫燕朝。《礼记·玉藻》篇说:"君主在日出的时候上朝,退朝以后到路寝处理政事。"上朝与群臣见面,以此来表示上下的名分;到路寝处理政事,以此来了解远近各处的情况。汉朝的制度,由大司马、左右前后将军、侍中、散骑等文武官吏参加中朝,丞相以下到俸禄六百石的官吏参加外朝。唐朝皇城北面的南三门叫承天门,元旦、冬至节接受各国的朝贡,皇帝便驾临那里,这大概就是古时候的外朝。它的北面是太极门,它的西面是太极殿,每月初一和十五,皇帝在这里听朝处理政事,这大概就是古时候的正朝。再往北是两仪殿,平常听朝处理政事都在这里,这就是古时候的内朝。宋朝的时候,平日上朝则在文德殿,每五天向皇帝问候则在垂拱殿,元旦、冬至和皇上寿辰的庆贺则在大庆殿,对臣属赐宴则在紫宸殿或集英殿,考试进士则在崇政殿。侍从官以下,每隔五天有一个官员上殿见皇帝,称为轮对,轮对时,就一定要向皇帝陈述当前政事的得失。在内殿引见臣属,或让他们坐下,或者免去他们穿朝靴的礼节。这大概还保存着三朝制度的遗风吧。因为天上有三垣,它们象征着天子的地位。正朝象征着太微垣,外朝象征着天市垣,内朝象征着紫微垣。自古以来都是这样。

  本朝皇上寿辰、元旦、冬至的盛大朝会在奉天殿举行,这就是古时候的正朝。日常的朝会在奉天门举行,这就是古时候的外朝。唯独缺少内朝。但实际上并不缺少,华盖、谨身、武英等殿的朝会,难道不就是内朝的遗制吗?洪武年间如宋濂、刘基,永乐以来如杨士奇、杨荣等人,天天侍奉在皇上左右,大臣蹇义、夏元吉等,常在便殿对答皇上的疑问。在这个时候,难道会有上下堵塞隔绝的忧虑吗?现在内朝没有恢复,皇上驾临日常的朝会之后,大臣们便不能再进见了。三座殿高高的大门关闭着,很少有人到这里来瞅一眼。所以上下之间的意见隔绝不能沟通,社会上的弊病也因而越积越多。孝宗皇帝在晚年对此深有感慨,屡次在便殿召见大臣,谈论天下的事情,正要有所作为,但老百姓没有福气,没有来得及看到大治的美好年景,天下的人直到现在还感到遗憾。

望陛下远效圣明的祖先,近学孝宗皇帝,彻底铲除近世上下堵塞隔绝的弊病。除日常的朝会之外,再到文华、武英二殿举行朝会,以仿效古代内朝之意。大臣们三天或五天进来问候一次,侍从官和台官谏官各一人上殿轮对,各主管部门有事来请示决断,皇上根据了解的情况加以决断,有难以决断的,跟大臣们当面商议。经常召见群臣,凡是谢恩告别之类,都可以上殿陈述。虚心地向他们询问,并且和颜悦色地开导他们。这样,人人都能畅所欲言。陛下虽然深居九重深宫,但天下的事情都能清楚地展现在眼前。外朝用来表示上下的名分,内朝用来了解远近的情况。这样做了,怎么会有近世堵塞隔绝的弊病呢?尧舜的时候,帝王目明耳聪,美好的言论不会埋没,朝廷外没有被遗漏的贤人,也不过是这种情况罢了。

# 尊经阁记

## 王守仁

**【题解】**

王守仁(1472年—1528年),字伯安,号阳明,余姚(今属浙江)人。明代著名的哲学家。弘治十二年(1499年)中进士,任刑部侍郎、兵部主事。因触犯宦官刘瑾,被谪贬为贵州龙场驿丞。后以镇压农民起义、平定朱宸濠叛乱有功,封新建伯,官至南京兵部尚书。

在哲学上,他继承和发展了陆九渊一派的主观唯心主义的思想,提倡心学。认为人心是宇宙的本体,也是天地万物的主宰,"心外无物""心外无理"。至于封建伦理道德,也是人心所固有的。他提出"致良知"的学说。

尊经阁,是建立在会稽山阴(今浙江绍兴)的一座藏书阁。作者在本文中借尊经之名宣扬他的主观唯心主义的思想。他认为六经是永恒的真理,它和人的"心""性"以及天命是一回事。六经只不过是心的记录。所以尊经首先要从自己的心里去认识、探求六经的精义,而不必考究传闻的是非,拘泥于"文字之末"。一句话,就是不只要人们在表面上,而且要在内心深处奉行六经中所宣扬的封建伦理道德,服服帖帖地忍受封建统治。这当然是十分反动的。

本文在结构上比较缜密,语言也比较明白流畅。比喻通俗浅近,提出如何学习文化遗产的态度问题,在今天仍有一定的启发意义。

经,常道也①。其在于天谓之"命",其赋于人谓之"性",其主于身谓之"心"。心也,性也,命也,一也。

通人物,达四海,塞天地,亘古今②,无有乎弗具,无有乎弗同,无有乎或变者也,是常道也。其应乎感也③,则为恻隐,为羞恶,为辞让,为是非;其见于事也,则为父子之亲,为君臣之义,为夫妇之别,为长幼之序,为朋友之信。是恻隐也,羞恶也,辞让也,是非也;是亲也,序也,别也,信也,皆所谓心也,性也,命也。

通人物,达四海,塞天地,亘古今,无有乎弗具,无有乎弗同,无有乎或变者也,是常道也。以言其阴阳消长之行④,则谓之《易》;以言其纪纲政事之施⑤,则谓之《书》;以言其歌咏性情之发,则谓之《诗》;以言其条理节文之著⑥,则谓之《礼》;以言其欣喜和平之生,则谓之《乐》;以言其诚伪邪正之辨,则谓之《春秋》。是阴阳消长之行也,以至于诚伪邪正之辨也,一也,皆所谓心也,性也,命也。

通人物,达四海,塞天地,亘古今,无有乎弗具,无有乎弗同,无有乎或变者也,夫是之谓六经。六经者非他,吾心之常道也。是故《易》也者,志吾心之阴阳消息者也⑦;《书》也者,志吾心之纪纲政事者也;《诗》也者,志吾心之歌咏性情者也;《礼》也者,志吾心之条理节文者也;《乐》也者,志吾心之欣喜和平者也;《春秋》也者,志吾心之诚伪邪正者也。君子之于六经也,求之吾心之阴阳消息而时行焉,所以尊《易》也;求之吾心之纪纲政事而时施焉,所以尊《书》也;求之吾心之歌咏性情而时发焉,所以尊《诗》也;求之吾心之条理节文而时著焉,所以尊《礼》也;求之吾心之欣喜和平而时生焉,所以尊《乐》也;求之吾心之诚伪邪正而时辨焉,所以尊《春秋》也。

盖昔圣人之扶人极⑧,忧后世,而述六经也。犹之富家者之父祖,虑其产业库藏之积,其子孙者,或至于遗亡散失,卒困穷而无以自全也,而记籍其家之所有以贻之⑨,使之世守其产业库藏之积而享用焉,以免于困穷之患。故六经者,吾心之记籍也,而六经之实,则具于吾心。犹之产业库藏之实积,种种色色,其存于其家,其记籍者,特名状数目而已⑩。而世之学者,不知求六经之实于吾心,而徒考索于影响之间⑪,牵制于文义之末⑫,硁硁然以为是六经矣⑬。是犹富家之子孙,不务守视享用其产业库藏之实积,日遗亡散失,至为窭人丐夫⑭,而犹嚣嚣然指其记籍曰⑮:"斯吾产业库藏之积也。"何以异于是?

呜呼!六经之学,其不明于世,非一朝一夕之故矣。尚功利,崇邪说,是谓乱经。习训诂⑯,传记诵,没溺于浅闻小见,以涂天下之耳目⑰,是谓侮经。侈淫词⑱,竞诡辨,饰奸心盗行⑲,逐世垄断⑳,而犹自以为通经,是谓贼经。若是者,是并其所谓记籍者,而割裂弃毁之矣,宁复知所以为尊经也乎?

越城旧有稽山书院㉑,在卧龙西冈,荒废久矣。郡守渭南南大吉㉒,既敷政于民㉓,则慨然悼末学之支离,将进之以圣贤之道,于是使山阴令吴君瀛㉔,拓书院而一新之。又为尊经之阁于其后,曰:"经正则庶民兴,斯无邪慝矣。"阁成,请予一言以谂多士㉕。予既不获辞,则为记之若是。呜呼!世之学者,得吾说而求诸其心焉,则亦庶乎知所以为尊经也已。

**【注释】**

① 常道:经久不变的真理。
② 亘(gèn):连续不断,贯通。
③ 应:应和。这里是体现的意思。
④ 阴阳消长之行:指自然界万物的发展变化。阴阳,自然界两种对立变化的力量。消长,消歇,生长。
⑤ 纪纲政事:法制和政治事务。
⑥ 条理:指礼仪的一些准则。 节文:礼仪制度。 著:立,建立。
⑦ 消息:同"消长"。
⑧ 人极:指封建社会的道德准则。极,准则。
⑨ 记籍:也写作"计籍",登记册。这里用作动词。
⑩ 特:只。 名状:名称形状。
⑪ 影响:影子和反响。这里指关于六经的传闻、注疏。
⑫ 文义之末:文句、字义的细枝末节。
⑬ 硁(kēn)硁然:浅陋固执的样子。
⑭ 窭(jù)人:贫穷的人。 丐夫:乞丐。
⑮ 嚣(xiāo)嚣然:自得的样子。
⑯ 训诂:指对古书字义的注释。
⑰ 涂:这里是蒙蔽、迷惑的意思。
⑱ 侈:过分、夸大。 淫词:夸大失实的言辞。
⑲ 奸心:邪恶之心。 盗行:卑鄙的行为。
⑳ 逐世:角逐于社会上。意即排斥异己。 垄断:谋取高利。
㉑ 越城:在今浙江绍兴。
㉒ 郡守:一郡的长官。这里指绍兴知府。 南大吉:字元善,明武宗正德年间进士,绍兴知府,王守仁的门生。
㉓ 敷政:施政。

㉔ 吴君瀛:吴瀛,山阴县令。君,对人的敬称。
㉕ 谂(shěn):规谏。

## 【译文】

经,是永恒的真理。它存在于天,就叫作"命",依附于人,就叫作"性",主宰于人体,就叫作"心"。心、性、命,都是同样的东西。

沟通人类与万物,遍及四面八方,充塞于天地之间,贯穿古今,无所不备,无所不同,无所变化的东西,就是永恒的真理。它反应在人的情感上,就表现为同情之心、羞恶之心、谦让之心和是非之心;它体现在事理上,就表现为父子间的亲爱、君臣间的忠义、夫妇间的区别、长幼间的次序和朋友间的信义。这些同情心、羞恶心、谦让心、是非心,这些父子之亲、长幼之序、夫妇之别、朋友之信,都是上面所说的心、性和命。

沟通人类和万物,遍及四面八方,充塞于天地之间,贯穿古今,无所不备,无所不同,无所变化的东西,就是永恒的真理。用它来阐述人事、自然的阴阳变化、生长消亡的运动,就是《易》;阐述国家典章制度和政事的实施的,就是《书》;记述歌咏感情的抒发的,就是《诗》;谈论礼仪制度的建立的,就是《礼》;记述欣喜和平之音的生成的,就是《乐》;谈论真诚诡诈以及邪恶正直的区别的,就是《春秋》。这些阴阳变化,生长消歇,直至真诚诡诈,邪恶正直的判别,都是一样的,都是所谓的心、性和命。

沟通人类和万物,遍及四面八方,充塞于天地之间,贯穿古今,无所不备,无所不同,无所变化的东西,就叫作六经。六经不是其他什么东西,是自己心中存在的永恒的真理。所以,所谓《易》,是记述我们心中的阴阳消长的变化的;所谓《书》,是记述我们心中的纪纲政事的;所谓《诗》,是记述我们心中的歌咏性情的抒发的;所谓《礼》,是记述我们心中的礼仪制度的生成的;所谓《乐》,是记述我们心中的欣喜和平之音的;所谓《春秋》,是记述我们心中的诚伪邪正的。君子对于六经,能从自己心中探求阴阳消长,并时常地实行它,这就是尊崇《易》;能从自己的心中探求纪纲政事,并时常地施行它,这就是尊崇《书》；能从自己心中探求歌咏性情，并时常地抒发它，这就是尊崇《诗》；能从自己心中探求礼仪规范，并时常地培植它，这就是尊崇《礼》；能从自己的心中探求欣喜和平之音，并时常地促成它，这就是尊崇《乐》；能从自己的心中探求诚伪邪正，并时常地分辨它，这就是尊崇《春秋》。

从前的圣人，建立人们互相间的道德准则，为后世担忧，因而著述六经。就像富家人的父辈、祖辈，忧虑他们的产业和库藏积蓄，到后代子孙手里，有的竟至于将它们丢掉散失，以致最终贫困而无法生存，因而把家里所有的财产登记在簿籍上再传给他们，使他们能世世代代守住这些产业、库藏积蓄，并享用它，以免遭受贫穷和困苦。所以，六经就是我们心灵的"簿籍"，而六经的内容实质，则存在于我们心中。犹如产业库藏的积蓄，各种各样，都储存在他们家中，在簿籍上登记着的，只是它的名称、形状和数目而已。然而，世上的学者，不知道从自己的心中去探求六经的实质，而只在一些传闻和注疏之间思考、求索，拘泥于字义的细节之中，浅陋固执地自以为这就是六经了。这就如同富家子孙，不是想办法守住和享用他们的产业和库藏积蓄，而是一天天地将它们丢掉、散失，以至于成为穷人乞丐，却还仍然洋洋自得地指着他们的簿籍说："这些是我的产业和库藏积蓄。"世上学者的做法，同这种富家子孙的行为有什么两样呢？

唉！六经的学说，在世上不被正确地理解，已不是一天两天的事情了。追求功利，崇尚邪说，这叫作淆乱经义。专习训诂，讲求记忆和诵读，沉溺于肤浅的传闻和一孔之见，以此来蒙蔽天下人的耳目，这叫作侮辱经义。铺张辞藻，竞相诡辩，掩饰邪恶的心迹和卑鄙的品行，争逐于世上，谋取私利，还自以为精通经义，这叫作残害经义。像这种做法，是连同所说的簿籍都一起割裂毁弃了，难道还知道怎样才算是尊崇六经吗？

越城从前有稽山书院，在卧龙山西面山冈上，已经荒废很久了。郡守渭南人南大吉，在对百姓施行政教之余，痛感那种末流之学的支离破碎，想为他们引进古代的圣贤之道，于是让山阴县令吴瀛扩建书院，使它焕然一新。又在它的后面修建一座尊经阁，说："经义一旦被正确地理解了,则百姓也就会振作向善。这样,就不会有邪恶的事情了。"阁建成后,请我写几句话来规劝众士子。既然不容我推辞,就写了这样一篇记文。唉,世上的学者,看了我的记文,从而能从自己心里探求六经的实质,那么也就算是差不多知道怎样才是尊崇六经的了。

# 象 祠 记

## 王守仁

【题解】

象,传说是舜的同父异母兄弟,在他父亲瞽叟的支持下,多次企图杀害舜都没有成功。舜却不予计较,继位以后仍封他为有鼻国国君。本文从贵州苗民为象建立祠庙谈起,引经据典地论述象之所以被苗民所纪念,是因为他在圣人的感化下能够弃恶从善的缘故,从而提出了君子必须修德以感化恶人,而恶人也能够而且必须改恶从善的主张。作者把社会危机归咎于人民不能服从封建道德规范。王守仁在参与残酷地镇压汉族及少数民族人民起义的同时,又企图用这样的改恶从善的说教使人民对封建王朝俯首帖耳。这些都表明了他的哲学思想是为当时的反动政治服务的。

灵博之山①,有象祠焉②。其下诸苗夷之居者③,咸神而祠之④。宣慰安君因诸苗夷之请⑤,新其祠屋⑥,而请记于予⑦。予曰:"毁之乎,其新之也⑧?"曰:"新之。""新之也何居乎⑨?"曰:"斯祠之肇也⑩,盖莫知其原⑪。然吾诸蛮夷之居是者⑫,自吾父吾祖溯曾高而上⑬,皆尊奉而禋祀焉⑭,举而不敢废也⑮。"予曰:"胡然乎⑯? 有鼻之祀⑰,唐之人盖尝毁之。象之道,以为子则不孝,以为弟则傲。斥于唐,而犹存于今;坏于有鼻,而犹盛于兹土也⑱。胡然乎?"

　　我知之矣:君子之爱若人也,推及于其屋之乌⑲,而况于圣人之弟乎哉。然则祠者为舜,非为象也。意象之死⑳,其在干羽既格之后乎㉑。不然,古之骜桀者岂少哉㉒?而象之祠独延于世。吾于是盖有以见舜德之至㉓,入人之深,而流泽之远且久也。㉔

　　象之不仁,盖其始焉耳,又乌知其终之不见化于舜也㉕?《书》不云乎㉖:"克谐以孝,烝烝乂,不格奸㉗。""瞽瞍亦允若㉘。"则已化而为慈父。象犹不弟㉙,不可以为谐。进治于善㉚,则不至于恶。不底于奸㉛,则必入于善。信乎象盖已化于舜矣㉜。《孟子》曰㉝:"天子使吏治其国。"象不得以有为也㉞。斯盖舜爱象之深而虑之详㉟,所以扶持辅导之者之周也㊱。不然,周公之圣㊲,而管蔡不免焉㊳。斯可以见象之见化于舜,故能任贤使能㊴,而安于其位,泽加于其民㊵,既死而人怀之也。诸侯之卿,命于天子,盖《周官》之制㊶,其殆仿于舜之封象欤㊷。

　　吾于是盖有以信人性之善㊸,天下无不可化之人也。然则唐人之毁之也,据象之始也;今之诸苗之奉之也,承象之终也。斯义也,吾将以表于世。使知人之不善,虽若象焉㊹,犹可以改;而君子之修德,及其至也,虽若象之不仁,而犹可以化之也。

【注释】

① 灵博之山:灵博山在贵州黔西县。
② 象祠:供奉象的祠。　焉:相当"于此",在那里。
③ 苗夷:旧时对苗族的蔑称。
④ 祠:春祭叫祠,这里泛指祭祀。
⑤ 宣慰:宣慰使,官名,元代始置,多设于少数民族地区,掌军民事务。明代于西北、西南各少数民族地区设置土司,长官由当地土人世袭,最高的土

司武职是宣慰使。　因:随,顺。
⑥ 新:翻新。
⑦ 记:记载事物的一种文体,这里用如动词,作"写记"讲。
⑧ 其:表示选择的语气词。
⑨ 何居乎:为什么。居,语气助词。
⑩ 斯:这。　肇:初,始。
⑪ 原:起源。
⑫ 蛮夷:古人对少数民族的蔑称。
⑬ 溯(sù):逆水而上,此指追数前代。　曾:曾祖,祖父的父辈。　高:高祖,祖父的祖父辈。
⑭ 禋(yīn)祀:祭祀。
⑮ 举:进行。
⑯ 胡然乎:为什么这样呢。胡,为什么。
⑰ 有鼻:古地名,也作有庳,在今湖南道县北。传说象被封在这里。
⑱ 兹土:这地方。
⑲ 推及于其屋之乌:《尚书大传·大战》:"爱人者,爱其屋上之乌。"比喻因爱一个人而推及爱与他有关系的人或物。若,代词,相当"那个"。乌,乌鸦。
⑳ 意:猜想,估计。
㉑ 干羽:干、羽,都是古代舞人所执的舞具。干,盾。羽,雉尾。舞干羽,表示偃武修文,不再战争。据《尚书·虞书·大禹谟》载,舜曾命令禹征伐有苗(当时中原南方的一个部落联盟),一个月还不能征服,后来禹整师而还。舜于是推行礼乐教化,"舞干羽于两阶",由于受礼乐的感化,有苗归服。　既格:已经使有苗归服。格,来,引申为归服。
㉒ 鷔桀(àojié):暴戾不驯。鷔,马不驯,喻骄傲不驯服。桀,凶暴。
㉓ 有以见:等于说"可以看出……"。　至:顶点,完善的意思。
㉔ 流泽:流传的恩惠。
㉕ 乌:怎么。
㉖ 《书》:《尚书》,儒家经典之一,相传由孔子编选而成。书中保存商周的一些重要史料。下面两段话引自《尚书·尧典》。
㉗ 克:能。　谐:和谐。　烝烝:淳厚的样子。　乂(yì):善。　格:至。　奸:邪恶。

㉘ 瞽瞍(Gǔsǒu):舜的父亲。瞽,瞎眼。瞍,没瞳仁。传说舜的父亲有眼却不辨善恶,所以称为瞽瞍。 允若:确实和顺。

㉙ 犹:仍然。 弟:通"悌",旧称弟弟敬爱哥哥的品德、行为。

㉚ 进:自我勉励。 治:这里指修养道德。

㉛ 底:通"抵",到达。

㉜ 信:确实。

㉝ 《孟子》:儒家经典之一,记载了战国初思想家孟轲的言论。

㉞ "天子使吏"二句:见《孟子·万章上》。原话是:"象不得有为于其国,天子使吏治其国而纳其贡税焉。"使,派遣。其国,指象的封国有鼻。

㉟ 斯:代词,指"天子使吏治其国"。 虑:谋划,考虑。

㊱ 所以:"所以……"在这里等于说"用来……的地方"。

㊲ 周公:西周初的政治家,周武王的同母弟,名旦,因采邑在周(今陕西岐山东北),称为周公。他曾辅助武王灭商。武王死,成王年幼,他代理国政,镇压了武庚和管叔、蔡叔发动的叛乱。成王成年后,他又把政权还给成王。封建社会把他当作圣贤的典型,所以说"周公之圣"。

㊳ 管、蔡:都是周武王的弟弟,也是周公的兄弟,名鲜、度,封于管、蔡,握有重兵,以监视武庚。周公代理成王执政时,二人不满,和武庚一起发动叛乱,被周公镇压。 焉:于此,指因反叛而被镇压这件事。

㊴ 贤、能:指有德有才的人。

㊵ 加:施给。

㊶ 诸侯之卿:诸侯所属的卿。诸侯和卿都是周代官名。天子(最高统治者)所分封的各国国君叫诸侯,天子和诸侯所属的最高臣僚是卿士。按《周礼》,诸侯所属的卿应由天子任命。 《周官》:《周礼》,记载周代的官制。旧传周公所作,经后人考证,应为战国时人所作。

㊷ 其:表示推测的语气词。 殆(dài):大概。

㊸ 人性之善:孟子的重要思想之一,就是认为人性天赋就是善良的,这种"性善"论成为后来宋明理学正统的人性学说。作者正是在这种思想指导下,提出了唯心主义的"致良知"学说。

㊹ 虽:即使。

【译文】

　　灵博山上有一座象祠。住在山下的苗民,都把它当作神灵来祭祀。宣慰使安先生，根据苗民的要求，将象祠的庭宇加以翻修，并且请我作一篇记文。我问："毁掉它呢，还是翻修它呢？"他说："翻修它。""为什么要翻修它呢？"他说："这座祠庙的来历，大概没有谁知道了。然而我们这些住在此地的少数民族，从我父亲祖父上推到曾祖高祖以上，都尊崇而且祭祀它，一直沿袭而不敢取消。"我说："为什么这样呢？有鼻那地方的象祠，唐代人曾经毁掉过。象的品行，拿来做儿子，就会不孝顺父母；拿来做弟弟，就会傲慢而不敬兄长。对象的祭祀，在唐代就废弃了，至今却还有存在的；在有鼻那里被废弃了，在这地方却还盛行。为什么这样呢？"

我知道了：有道德的人爱戴某一个人时，就会推广到爱戴他房屋上的乌鸦，何况对圣人的弟弟呢？这样看来，祭祀为的是舜，而不是象了。我估计象的去世，大概是在舜用德政使有苗归顺以后吧。不然的话，古代凶暴而不守本分的人难道还少吗？可是对于象的祭祀偏偏能在世上延续下来。我从这里也能看出，舜的道德的完满高尚、深入人心，及其恩泽流传的广远和悠久。

象的不仁，大概只是他的前期罢了，又怎么知道他的后期没有被舜感化呢？《尚书》不是这样说吗："舜能用孝德使全家和谐，孝德淳厚完美，使人不犯于奸邪。"还说："舜的父亲瞽瞍也确实和顺了。"这说明瞽瞍已经转变成慈父了。象要是还不敬爱哥哥，就不能认为是全家和谐。不断努力，自我修养向善，就不会到恶邪的地步。不走上邪路，就必然会走上善路。看来象确实被舜感化了。《孟子》说："舜派遣官吏治理象的封国。"是因为象在他的封国里无所作为。这大概就是舜深切地爱护象而为他仔细谋虑，用以帮助辅导他的办法也很周到。不然的话，像周公那样圣明的人，他的兄弟管叔、蔡叔却还免不了身败名裂。这也可见象是被舜感化，所以能任用有德有才的人，并且安于自己的职守，把恩惠施给自己的百姓，死后人们才怀念他的。诸侯所属的卿，由天子直接任命，这是《周官》的规定，大概也是仿照舜封象的做法吧。

我从这里可以相信，人的本性是善良的，世界上是没有不可以感化的人的。那么唐代人毁弃象祠，是根据象的前期表现；现在这些苗民尊崇象祠,是根据象的后期表现。这个道理,我准备把它向人们阐明,让大家知道,人的过错,即使如象那样,还是可以改正的;而高尚的人修养自己的道德,当达到完美地步的时候,即使遇到像象这样不仁的人,也还是能够把他感化过来的。

# 瘗旅文

## 王守仁

【题解】

瘗(yì)旅,就是埋葬客死于外乡的人。作者被贬为贵州龙场驿丞时,目睹吏目主仆三人惨死于赴任途中,不禁触类伤怀,亲自率人收尸,并作了这篇祭文。

作者把对死者的同情和对自己身世的感叹结合在一起,言辞悲哀恳切,纡徐委婉。告祭部分中对死者的诘问,似乎是责备,其实是更深厚的同情,因而也更强烈地抒发出自己内心的不满情绪。特别是使用了第一人称,更增加浓厚的感情色彩。

维正德四年秋月三日①,有吏目云自京来者②,不知其名氏,携一子一仆将之任,过龙场,投宿土苗家。予从篱落间望见之,阴雨昏黑,欲就问讯北来事,不果。明早,遣人觇之③,已行矣。薄午④,有人自蜈蚣坡来,云:"一老人死坡下,傍两人哭之哀。"予曰:"此必吏目死矣。伤哉!"薄暮,复有人来云:"坡下死者二人,傍一人坐哭。"询其状,则其子又死矣。明日,复有人来云:"见坡下积尸三焉。"则其仆又死矣。呜呼伤哉!

念其暴骨无主⑤,将二童子持畚锸往瘗之⑥。二童子有难色然。予曰："嘻！吾与尔犹彼也。"二童闵然涕下⑦，请往。就其傍山麓为三坎，埋之。又以只鸡、饭三盂，嗟吁涕洟而告之曰⑧：

　　呜呼伤哉！繄何人⑨？繄何人？吾龙场驿丞余姚王守仁也⑩。吾与尔皆中土之产⑪。吾不知尔郡邑，尔乌乎来为兹山之鬼乎？古者重去其乡，游宦不逾千里。吾以窜逐而来此⑫，宜也。尔亦何辜乎？闻尔官吏目耳，俸不能五斗，尔率妻子躬耕可有也，胡为乎以五斗而易尔七尺之躯？又不足，而益以尔子与仆乎？呜呼伤哉！尔诚恋兹五斗而来，则宜欣然就道，胡为乎吾昨望见尔容，蹙然盖不胜其忧者⑬？夫冲冒霜露⑭，扳援崖壁⑮，行万峰之顶，饥渴劳顿⑯，筋骨疲惫，而又瘴疠侵其外⑰，忧郁攻其中，其能以无死乎？吾固知尔之必死，然不谓若是其速，又不谓尔子、尔仆亦遽然奄忽也⑱。皆尔自取，谓之何哉？吾念尔三骨之无依而来瘗耳，乃使吾有无穷之怆也。呜呼伤哉！纵不尔瘗，幽崖之狐成群，阴壑之虺如车轮⑲，亦必能葬尔于腹，不致久暴尔。尔既已无知，然吾何能为心乎？自吾去父母乡国而来此，三年矣，历瘴毒而苟能自全，以吾未尝一日之戚戚也。今悲伤若此，是吾为尔者重，而自为者轻也，吾不宜复为尔悲矣。吾为尔歌，尔听之！

　　歌曰：连峰际天兮飞鸟不通，游子怀乡兮莫知西东。莫知西东兮维天则同，异域殊方兮环海之中⑳。达观随寓兮莫必予宫㉑，魂兮魂兮无悲以恫。

　　又歌以慰之曰：与尔皆乡土之离兮，蛮之人言语不相知兮。性命不可期，吾苟死于兹兮，率尔子仆，来从予兮。吾与尔遨以嬉兮，骖紫彪而乘文螭兮㉒，登望故乡而嘘唏兮㉓。吾苟获生归兮，尔子、尔仆尚尔随兮。道傍之冢累累兮，多中土之流离兮，相与呼啸而徘徊兮。餐风饮露，无尔饥兮。朝友麋鹿，暮猿与栖兮。尔安尔居兮，无为厉于兹墟兮㉔。

## 【注释】

① 正德四年:公元1509年。正德,明武宗年号(1506年—1521年)。
② 吏目:官名,明朝在安抚、招讨、市舶、盐课诸司诸衙及各州、各千户所均有设置,是掌管官府文书的低级官吏。
③ 觇(chān):察看。
④ 薄:逼近。
⑤ 暴(pù)骨:暴露在野外的尸骨。
⑥ 畚(běn)锸(chā):畚箕、铁锹。
⑦ 闵(mǐn)然:忧伤的样子。
⑧ 洟(yí):鼻涕。
⑨ 繄(yī):句首语气词。
⑩ 驿(yì)丞:官名,明朝设置,掌管邮传迎送之事。 余姚:县名,今属浙江。
⑪ 中土:指中原地区。
⑫ 窜逐:放逐,这里指被贬谪。
⑬ 蹙(cù)然:忧愁的样子。
⑭ 冲:顶,冒。
⑮ 扳:通"攀"。
⑯ 顿:艰难。
⑰ 瘴疠(lì):指南方山林间可致疾病的湿热之气。
⑱ 遽(jù):突然,急促。 奄忽:死亡。
⑲ 虺(huǐ):毒蛇。
⑳ 环海之中:指中国。古人认为中国的四周是海。
㉑ 达观随寓:心胸开阔,到处为家。寓,指寄身之所。
㉒ 骖(cān):一车三马或一车四马中两旁的两匹叫"骖",这里用作动词。 紫彪:紫色斑纹的虎。 文螭(chī):有花纹的蛟龙。
㉓ 歔欷:哽咽。
㉔ 厉:恶鬼。

## 【译文】

正德四年秋季某月三日,有一个自称是从京城来的吏目,不知他的姓名,带着一个儿子和一个仆人赴任,路过龙场,寄宿在当地一个苗族人家里。我从篱笆的缝隙间看见了他,因为阴雨,天色昏黑,准备到他那儿打听北方的消息,却没有去成。第二天早晨,派人去看他,却说已经走了。将近中午,有人从蜈蚣坡来,说:"一个老人死在山坡下,旁边两个人哭得很悲痛。"我说:"这一定是吏目死了。真令人伤心啊!"傍晚,又有人来说:"坡下死了两个人,旁边一人坐着哭。"询问那情形,则是吏目的儿子又死了。又过一天,又有人来说:"看见坡下堆着三个尸体。"那么,他的仆人又死了。唉,太令人伤心啊!

我想到他们的尸骨暴露在野外没有亲人收敛,就带着两个童仆,拿着畚箕和铁锹去埋葬他们。两个童仆露出为难的神色。我对他们说:"唉,我和你们也会跟他们一样啊。"他俩感伤地流下了眼泪,愿意同去。我们在尸体附近的山脚下,挖了三个坑,埋葬了他们。又将一只鸡、三碗饭供上,叹息流泪,祭奠他们说:

唉,悲痛啊!你是什么人,你是什么人?我是龙场驿丞余姚人王守仁。我和你都出生在中原。我不知道你的乡里,你为什么来做这座山的鬼呢?古时候人们不轻易离开家乡,出外做官不超过千里。我因被放逐来到这里,是应该的。你又有什么罪过呢?听说你的官职只是个吏目,俸禄不过五斗,你带着妻子儿女亲自耕种也能获得这一点收入,又何必为这五斗米的俸禄送掉你这七尺之躯呢?这还不够,又加上你的儿子和仆人呢?唉,令人悲伤啊!你如果真的贪恋这五斗米而来,就应该高高兴兴地上路,为什么昨天我看见你满面愁容,难过得似乎不堪忍受呢?披着风霜,冒着雨露,攀缘山崖石壁,翻越重重山峰,饥渴劳苦,筋骨疲惫,再加上瘴疠之气从外面侵袭,忧郁在内心折磨,难道能不死吗?我本来就知道你一定会死的,但没料到竟然这样快,更没想到你的儿子、仆人,也骤然死去。这都是你自己招来的祸殃,还说什么呢?我是想着这三具尸骨无处依托才来掩埋的,于是使得我自己产生了无尽的悲怆。唉!令人悲伤啊!即使我不埋葬你们,深山里狐狸成群,阴谷里毒蛇像车轮那样粗,也一定能把你们葬身在它们的腹中,不至于把你们的尸骨长久暴露在野外。

你们虽然没有知觉,然而我怎能忍心那样呢!自从我离开父母家乡来到这里已经三年了,经历了瘴疠毒气而能勉强生存下来,是因为我不曾有一天忧伤。现在我却如此悲伤,这是我为你着想得多,而为自己考虑得少,我不应当再为你悲伤了啊。我为你作一首歌,你听着吧!

歌词是:连绵的山峰高耸云天啊,飞鸟都不能行通;远游的人怀念家乡啊,却又不辨西东。不辨西东啊,苍天却是相同;不论异域他乡啊,却总是在四海之中。放开胸怀以四海为家啊,未必要住在自己的家中;魂啊魂啊,不要悲伤惊恐。

又作歌安慰道:我和你都是离开了家乡的人,听不懂蛮人的言语。人的生命长短不能预料,我假如死在这里,你带着儿子、仆人来跟随我。我和你遨游作乐,驾驭着紫色的猛虎和彩色的蛟龙,登上高处眺望故乡而哽咽抽泣。假如我能够活着归去,你的儿子、仆人还跟着你。道旁的坟墓一个挨着一个,多是中原流落之人,你们一起呼啸着徘徊。餐风饮露,不会使你们饥饿。早上与麋鹿为友,晚上与猿猴一起歇息。你可在此安心居住,不要为害在这个山丘里。

# 信陵君救赵论

## 唐顺之

【题解】

唐顺之(1507年—1560年),字应德。武进(今属江苏)人。出身于官僚家庭,自幼好学,知识渊博,二十三岁会试第一。曾率沿海军民,勇敢地抗击倭寇的骚扰。担任过太仆少卿、右佥都御史等职。

唐顺之是明代中叶兴起的文学流派"唐宋派"的重要人物。他和王慎中、茅坤、归有光等人,激烈抨击"前后七子"的拟古主张,提倡学习唐宋散文,反对模拟剽窃、无病呻吟的创作作风。他认为写文章要"直据胸臆,信手拈来,如写家书",强调要有真情实感。同时,他也积极地进行创作实践。唐顺之的文学主张和文学创作,在当时是具有进步意义的。

信陵君窃符救赵,是人们早已熟悉的历史故事。作者对信陵君的功过是非提出了自己的见解。他既肯定信陵君救赵存魏所起的客观作用,又指责他目无君主,为了个人的姻戚而不是从六国或赵魏的利益出发,擅自盗窃兵符的行为。他通过对信陵君的评论,表明了自己反对人臣结党营私,要求加强君主权力的政治主张。但有几处,以封建伦理观念指责古人,显得迂腐可笑。

文章忽起忽跌,转折自如。一开头驳斥了以窃符来怪罪信陵君的说法,接着猛然一转,又指出信陵君仍然是有罪的。然后层层展开,步步深入,详细论证信陵君的罪过。内容丰富生动,文字朴实无华,反映了唐顺之的写作特色。

论者以窃符为信陵君之罪①,余以为此未足以罪信陵也。夫强秦之暴亟矣②,今悉兵以临赵,赵必亡。赵,魏之障也。赵亡,则魏且为之后。赵、魏,又楚、燕、齐诸国之障也。赵、魏亡,则楚、燕、齐诸国为之后。天下之势,未有岌岌于此者也③。故救赵者,亦以救魏,救一国者,亦以救六国也④。窃魏之符以纾魏之患⑤,借一国之师以分六国之灾,夫奚不可者⑥?

然则,信陵果无罪乎?曰:又不然也。余所诛者⑦,信陵君之心也。信陵一公子耳,魏固有王也。赵不请救于王,而谆谆焉请救于信陵⑧,是赵知有信陵,不知有王也。平原君以婚姻激信陵⑨,而信陵亦自以婚姻之故,欲急救赵,是信陵知有婚姻,不知有王也。其窃符也,非为魏也,非为六国也,为赵焉耳。非为赵也,为一平原君耳。使祸不在赵,而在他国,则虽撤魏之障,撤六国之障,信陵亦必不救。使赵无平原,或平原而非信陵之姻戚,虽赵亡,信陵亦必不救。则是赵王与社稷之轻重⑩,不能当一平原公子,而魏之兵甲所恃以固其社稷者,只以供信陵君一姻戚之用。幸而战胜,可也。不幸战不胜,为虏于秦,是倾魏国数百年社稷以殉姻戚⑪。吾不知信陵何以谢魏王也⑫。夫窃符之计,盖出于侯生⑬,而如姬成之也。侯生教公子以窃符,如姬为公子窃符于王之卧内,是二人亦知有信陵,不知有王也。

余以为信陵之自为计,曷若以唇齿之势⑭,激谏于王。不听,则以其欲死秦师者,而死于魏王之前,王必悟矣。侯生为信陵计,曷若见魏王而说之救赵,不听,则以其欲死信陵君者,而死于魏王之前,王亦必悟矣。如姬有意于报信陵⑮,曷若乘王之隙,而日夜劝之救。不听,则以其欲为公子死者,而死于魏王之前,王亦必悟矣。如此,则信陵君不负魏,亦不负赵。二人不负王,亦不负信陵君。何为计不出此?

信陵知有婚姻之赵,不知有王。内则幸姬⑯,外则邻国,贱则夷门野人⑰,又皆知有公子,不知有王。则是魏仅有一孤王耳。呜呼! 自世之衰,人皆习于背公死党之行⑱,而忘守节奉公之道⑲。有重相而无威君,有私仇而无义愤。如秦人知有穰侯⑳,不知有秦王㉑。虞卿知有布衣之交㉒,不知有赵王㉓。盖君若赘旒久矣㉔。由此言之,信陵之罪,固不专系乎符之窃不窃也。其为魏也,为六国也,纵窃符犹可。其为赵也,为一亲戚也,纵求符于王,而公然得之,亦罪也。虽然魏王亦不得为无罪也。兵符藏于卧内,信陵君亦安得窃之? 信陵不忌魏王,而径请之如姬㉕,其素窥魏王之疏也㉖。如姬不忌魏王,而敢于窃符,其素恃魏王之宠也。木朽而蛀生之矣。古者人君持权于上,而内外莫敢不肃㉗,则信陵安得树私交于赵? 赵安得私请救于信陵? 如姬安得衔信陵之恩? 信陵安得卖恩于如姬? 履霜之渐㉘,岂一朝一夕也哉! 由此言之,不特众人不知有王㉙,王亦自为赘旒也。

故信陵君可以为人臣植党之戒㉚,魏王可以为人君失权之戒。《春秋》书葬原仲㉛、翚帅师㉜。嗟夫! 圣人之为虑深矣!

## 【注释】

① 符:指兵符。古代调动军队的凭证,国君和将领各持一半,两者相合,验证无误,才能调兵或移交兵权。 信陵君:姓魏名无忌,战国时人,魏安釐王的弟弟,当时任魏相。他的姐姐是赵相平原君的夫人。公元前 259 年,秦攻赵。前 257 年,赵国通过信陵君向魏国求救。魏王派将军晋鄙救赵,但又害怕秦国,故按兵不动。信陵君用侯生之计,通过魏王的宠妾如姬,窃得兵符,杀死晋鄙,夺取兵权,然后和赵国合兵,击败了秦国。

② 亟:急迫。

③ 岌(jí)岌:危险的样子。

④ 六国:指齐、赵、燕、魏、韩、楚。

⑤ 纾:解除。

⑥ 夫:这。 奚:什么。

⑦ 诛:指责。

⑧ 谆谆焉:恳切、不厌倦的样子。

⑨ 平原君:姓赵名胜,赵惠文王的弟弟,当时任赵相。晋鄙按兵不动,赵国形势十分危急。平原君派使者告诉信陵君,如果赵被攻陷,他姐姐也将受到灾祸,以此来激信陵君出兵。

⑩ 社稷:指国家。

⑪ 殉:陪葬。

⑫ 谢:认罪。

⑬ 侯生:姓侯名嬴,原是魏国的隐士,后为信陵君的食客,为信陵君谋划窃符救赵之计。

⑭ 曷若:即何如。

⑮ 如姬有意于报信陵:如姬的父亲被人杀害,如姬一直想报仇,但始终未能实现。后来信陵君派人杀了她的仇人,为她报了仇。如姬对信陵君感恩不尽,一心想要报答。

⑯ 幸姬:宠妾。

⑰ 夷门野人:指侯生。侯生本是看管夷门的人。夷门,即魏国都城大梁的东门。

⑱ 背公死党:背弃公道,为私人朋党而死。死,这里是动词。

⑲ 守节:旧指坚守节操,不违反封建道德规范。

⑳ 穰侯:姓魏名冉,秦昭襄王的母亲宣太后的弟弟,曾任秦国的将军、相国等职,权势极大。

㉑ 秦王:指秦昭襄王。公元前 306 年到前 251 年在位。

㉒ 虞卿:战国时期的游说之士,赵孝成王时期曾任赵相。他为了帮助朋友魏齐解脱危险,抛弃相印,与魏齐一起出走。　布衣:平民百姓。

㉓ 赵王:赵孝成王,公元前 265 年到前 245 年在位。

㉔ 旒(liū):同"瘤"。

㉕ 径:直接。

㉖ 素:平时。　疏:粗疏。

㉗ 肃:恭恭敬敬。

㉘ 履霜之渐:《易·坤》"履霜坚冰至"。意思是踩到了霜就知道严冬快要到了。以此比喻事情的发生都有一定的过程。履,踩。渐,逐步地。

㉙ 特:只。

㉚ 植党:培植私党。

㉛ 《春秋》:鲁国的编年史书。传说是孔子编定的。　原仲:陈国大夫。原仲死后,他的旧友季友私自来到陈国将其埋葬,孔子认为这是结党营私的行为。

㉜ 翚(Huī):即羽父,鲁国大夫。公元前 719 年,宋、陈、蔡、卫等国伐郑,宋国也要鲁国出兵,鲁隐公不答应,翚执意请求,最后带兵而去。孔子认为这是目无君主的表现。

# 【译文】

　　有人把盗窃兵符看作是信陵君的罪过,我认为这不足以怪罪信陵君。强秦的暴力在当时可以说是非常逼人的,当时动用了全部的军队攻打赵国,赵国必然会灭亡。赵国是魏国的屏障。赵国灭亡了,魏国也将随之而亡。赵国和魏国又是楚、燕、齐等国的屏障,赵国和魏国灭亡了,那么楚、燕、齐等国也将随后灭亡。天下的形势,没有比这更危险的了。所以,救赵国也就是救魏国,救一国也就是救六国。窃取魏国的兵符来解除魏国的危难,借用一国的军队来解除六国的灾祸,这有什么不可以的呢?

　　那么,信陵君难道就真的没有罪过了吗?我说,又不是这样。我要指责的是信陵君的私心。信陵君只是一个公子罢了,魏国本来就有君主。赵国不向魏王求救,而再三地去向信陵君求救,这说明赵国只知有信陵君而不知有魏王。平原君通过婚姻关系来激发信陵君,而信陵君也私自因姻亲的缘故,想赶快去援救赵国,这是信陵君只知有姻亲而不知有魏王。可见他窃取兵符,不是为魏国,不是为六国,而只是为了赵国。其实也不是为了赵国,不过是为了一个平原君而已。假如这场灾祸不是在赵国,而是在别的国家,那么即使是拆除了魏国的屏障,撤除了六国的屏障,信陵君也一定不会去援救的。假如赵国没有平原君,或者平原君不是信陵君的姻亲,那么,即使赵国将要灭亡,信陵君也一定不会去援救的。这样看来,赵王和国家的重要性,还比不上一个平原公子。而魏国用以保卫国家的军队,也只是用来供给信陵君为个人姻亲而使用。侥幸战胜了秦国,还算可以。如果不幸战败了,兵士做了秦国的俘虏,这就是将魏国几百年来建立起来的江山做了姻亲的殉葬品。那时,我不知信陵君将用什么来向魏王请罪。窃符的计策是侯生出的,而由如姬把它完成。侯生教信陵君用计窃符,如姬为信陵君从魏王的卧室内窃出兵符,他们两人也是只知道有信陵君而不知道有君王。

我认为信陵君自己去想办法,不如以唇亡齿寒的危急局势,激烈地向魏王进谏。如果魏王不听,就拿出准备死于秦军的勇气,死在魏王的面前,那魏王一定会醒悟。侯生为信陵君出谋献策,不如去见魏王,劝说魏王出兵救赵。如果魏王不听,就拿出他准备为信陵君而死的勇气,死在魏王的面前,魏王也一定会醒悟。如姬有心报答信陵君的恩情,不如利用各种机会,日夜劝说魏王救赵。如果魏王不听,就拿出她准备为信陵君而死的勇气,死在魏王的面前,魏王也一定会醒悟。这样,信陵君就既对得起魏国,又对得起赵国。侯生和如姬两人,也同样既对得起魏王,又对得起信陵君。为什么不从这方面想办法呢?

信陵君只知道有婚姻关系的赵国而不知道有魏王。在内的宠妾,在外的邻国,地位卑贱的夷门野人,也都是只知道有信陵君而不知道有魏王。那么,这魏国只有一个孤立的君王罢了。唉!自从世道衰落以来,人们都看惯了那种背离公道、为私党而死的行为,忘记了守节奉公的原则。有权重的宰相,却没有威严的君主。有私仇,却没有义愤。如同秦国人只知道有穰侯,不知道有秦王。虞卿只知道同平民的交情,不知道有赵王。把君王当作赘瘤的这种现象已经由来已久了。从这一点来说,信陵君的罪过,本来就不仅仅在于窃不窃兵符。假如他是为了魏国,为了六国,即使是窃取兵符也是可以的。假如是为赵国,为一个亲戚,即使公开地向魏王求得兵符也是有罪的。虽然是这样,魏王也不能算是没有过错的。兵符藏在卧室里面,信陵君又怎么能窃得它呢?信陵君不怕魏王,敢于直接向如姬请求,是因为他平时已经暗中看准了魏王的弱点。如姬不怕魏王,敢于盗窃兵符,是因为她一贯依恃着魏王对自己的宠爱。木头朽烂了就会生出蛀虫。古代的君主在上掌握着大权,里里外外的人无不表示尊敬,在这种情况下,信陵君怎么能跟赵国建立起私人的交情?赵国怎么能私下向信陵君求救?如姬怎么能一直想着报答信陵君的恩情?信陵君又怎么能利用对如姬有恩来获取如姬的帮助呢?寒冬的到来,岂是一朝一夕!由此说来,不只是大家的眼里没有君王,就是君王也使自己成为赘瘤了。

  所以,信陵君此事可以作为臣子结党营私的教训,魏王此事可以作为君主丢失权力的教训。《春秋》就记载了葬原仲、翚帅师的事情。唉!圣人的考虑是多么深远啊!

# 报刘一丈书

## 宗　臣

【题解】

  宗臣(1525年—1560年),字子相,明代兴化(今属江苏)人。曾任吏部考功郎、稽勋员外郎等职。生性耿直,不阿权贵。因作文悼祭被害死的杨继盛而触犯了严嵩,贬为福建布政司左参议,后又因抗击倭寇有功,迁提学副使。

《报刘一丈书》是宗臣的代表作。刘一丈的生平不详,当是作者父亲的至交。作者在这封回信中,用漫画式的手法,淋漓尽致地揭露了一些封建士人寡廉鲜耻地奔走于权贵之门,进行投机钻营活动的种种丑态。同时对权奸的赫赫气焰,贪污纳贿以及奴才们狐假虎威、敲诈勒索的恶劣行径,也作了绘声绘色的刻画。最后表明自己决不同流合污,抱定了疾恶如仇的处世态度。

文中抓住典型人物进行刻画,给人留下了深刻的印象,又通过不同人物的不同思想和不同行动的鲜明对照,更增加了讽刺的效果。

数千里外,得长者时赐一书①,以慰长想,即亦甚幸矣。何至更辱馈遗②,则不才益将何以报焉③?书中情意甚殷,即长者之不忘老父,知老父之念长者深也。

至以"上下相孚,才德称位"语不才④,则不才有深感焉。夫才德不称⑤,固自知之矣。至于不孚之病则尤不才为甚。且今之所谓孚者何哉?日夕策马候权者之门⑥,门者故不入,则甘言媚词作妇人状,袖金以私之⑦。即门者持刺入⑧,而主人又不即出见,立厩中仆马之间,恶气袭衣袖,即饥寒毒热不可忍,不去也。抵暮,则前所受赠金者出,报客曰:"相公倦⑨,谢客矣,客请明日来。"即明日又不敢不来,夜披衣坐,闻鸡鸣即起盥栉⑩,走马推门。门者怒曰:"为谁?"则曰:"昨日之客来。"则又怒曰:"何客之勤也,岂有相公此时出见客乎?"客心耻之,强忍而与言曰:"亡奈何矣,姑容我入。"门者又得所赠金,则起而入之。又立向所立厩中⑪。幸主者出,南面召见⑫。则惊走匍匐阶下⑬。主者曰:"进!"则再拜⑭,故迟不起,起则上所上寿金⑮。主者故不受,则固请。主者故固不受,则又固请,然后命吏纳之。则又再拜,又故迟不起。起则五六揖始出⑯。出揖门者曰:"官人幸顾我⑰,他日来,幸无阻我也。"门者答揖,大喜奔出。马上遇所交识,即扬鞭语曰:"适自相公家来,相公厚我,厚我。"且虚言状。即所交识,亦心畏相公厚之矣。相公又稍稍语人曰:"某也贤,某也贤。"闻者亦心计交赞之。此世所谓上下相孚也。长者谓仆能之乎?

前所谓权门者,自岁时伏腊一刺之外⑱,即经年不往也。间道经其门,则亦掩耳闭目,跃马疾走过之,若有所追逐者。斯则仆之褊衷⑲,以此长不见悦于长吏⑳,仆则愈益不顾也。每大言曰:"人生有命,吾惟守分而已。"长者闻之,得无厌其为迂乎?

【注释】

① 长者:年纪大的长辈,这里指刘一丈。
② 馈遗(kuìwèi):赠送。
③ 不才:自谦之辞,意谓不成才的人。
④ 孚(fú):信任。
⑤ 夫:发语词。
⑥ 策马:用鞭子赶马。 权者:当权的要人。
⑦ 私:用作动词,私下贿赂的意思。
⑧ 刺:谒见时用的名片。
⑨ 相公:对宰相的一种称呼。这里指权贵。
⑩ 盥栉(guànzhì):洗脸和梳头。
⑪ 向:以前。
⑫ 南面:古代以面向南为尊位。
⑬ 匍匐(púfú):趴下。
⑭ 拜:行礼。旧时一种表示敬意的礼节。
⑮ 上寿金:奉献金银以为祝寿进见之礼。
⑯ 揖(yī):作揖。
⑰ 官人:这里是对守门人的敬称。
⑱ 岁时伏腊:指一年中逢年过节的日子。岁时,一年四季,春夏秋冬叫作四时。伏腊,夏天的伏日和冬天的腊日。
⑲ 褊(biǎn)衷:狭隘的心胸。
⑳ 长吏:长官。

**【译文】**

　　在几千里以外,时常得到您的来信,安慰我长久思念的心,这也就非常幸运了。更何况蒙您以礼物馈赠,那么我将用什么报答您呢?信中情意深厚,可见您没有忘记我的父亲,我也理解父亲深深地想念您的缘故。

　　至于信中用"上下要互相信任,才能品德要与职位相称"这样的话来告诫我,那么我是深有感触的。我的才能和品德与职位很不相称,这一点我本来就知道。至于说不能做到上下信任这一弊病,那在我身上又表现得特别严重。那么,现在所说的上下信任又是怎么一回事呢?那就是:从早到晚骑马去恭候在权贵之家的门口,当守门人故意为难不肯进去通报时,他便用甜言媚语作出妇人的姿态,把袖里藏着的金钱暗地里送给他们。守门人拿着名片进去之后,可是主人又不立刻出来会见,他就站在马棚里,在仆人和马中间,臭气熏着衣服,即使是饥饿寒冷或闷热得不可忍受,也不肯离开。一直到傍晚,那个先前曾接受金钱的人出来告诉他说:"相公疲倦了,谢绝会客,客人请明天再来吧。"到了明天,又不敢不来。他夜里披衣坐着,一听到鸡叫就起来梳洗,骑着马跑去推门,守门人厉声问道:"是谁?"他便回答说:"昨天那个客人又来了。"守门人怒气冲冲地说:"客人为什么这样勤快呢?难道相公能在这个时候出来接见客人吗?"客人心里觉得难堪,便尽力忍耐着对守门人说:"没有办法呀,姑且让我进去吧!"守门人又一次得到他所送的钱以后,这才起身让他进去。他又站在上次站过的那个马棚里。幸亏主人出来,坐北朝南召见他。他便慌慌忙忙地跑去趴在台阶下,主人说:"进来!"他便拜了又拜,故意迟迟不起,起来后就献上进见的金银。主人故意不接受,他便再三请求。主人故意坚决不接受,他便一再坚决地请求。然后主人才叫手下人把东西收下。他便拜了两拜,故意迟迟不起,起来后又作了五六个揖才出来。出来便对守门人作揖道:"请您多多关照我,下次再来时,希望不要阻挡我。"守门人向他还了一个礼,他就欣喜若狂地跑出来。他骑在马上遇到相识的人,就扬起马鞭得意地对人说:"我刚从相公府上来,相公很看重我,很看重我。"并且夸张地叙述接待他的情况。即便是和他相识的人,也从心里敬服相公看重他了。相公又偶尔随意地对人说:"某人不错,某人不错。"听到这些话的人也都心里盘算着,而一齐称赞他。这就是世上所说的上下信任。您说我能这样做吗?

对于前面所说的权贵人家,我除了在过节时投一个名片之外,就整年不去了。间或经过他的门前,那也是捂住耳朵,闭上眼睛,催着马飞快地跑过去,就好像有谁在后面追逐似的。这就是我狭隘的心怀,因此长久不被长官所喜欢,而我则更加不顾这些了。我常夸口说:"人生如何,是由命运决定的,我只是守着自己的本分就行了。"您听了我这番话,或许不会讨厌我的迂阔吧?

# 《吴山图》记

## 归有光

【题解】

归有光(1506年—1571年),字熙甫,明代昆山(今属江苏)人。少年时勤奋好学,但至三十五岁才中了举人,此后曾八次考进士都未被录取,于是迁居江苏嘉定安亭江上,讲学二十余年,远近从学的人很多,人称"震川先生"。六十岁时始中进士,出任湖州长兴知县,官至南京太仆寺丞。

归有光是明代后期著名的散文家。他反对当时文坛上"追章琢句、模拟剽窃"的复古主义和形式主义的文风,推崇唐宋以来古文运动的传统和成就,并以自己真实的生活感受写出了不少清新、优美的散文,对当时和后世起了相当大的影响。他的散文,不事雕饰,别具一格,尤其善于从朋友、家人和身边琐事中,选取写作素材加以提炼,用简洁平淡的笔触勾画人物,寄托情怀。但题材较狭窄,应酬之作较多,缺乏深刻的现实内容。

《吴山图》是吴县的百姓送给作者的朋友魏用晦的一幅山水画。本文即以这幅画为线索，淡淡几笔就描绘出吴县的山光水色、风物名胜，生动地写出了他的朋友在担任县令期间，与当地百姓所结下的难以忘怀的真挚情谊。风格淡雅清新，较好地体现了他的散文的优点和特点。

吴、长洲二县①，在郡治所，分境而治。而郡西诸山，皆在吴县。其最高者，穹窿、阳山、邓尉、西脊、铜井②，而灵岩③，吴之故宫在焉，尚有西子之遗迹④。若虎丘、剑池及天平、尚方、支硎⑤，皆胜地也。而太湖汪洋三万六千顷⑥，七十二峰沉浸其间，则海内之奇观矣。

余同年友魏君用晦为吴县⑦，未及三年，以高第召入为给事中⑧。君之为县有惠爱，百姓扳留之不能得⑨，而君亦不忍于其民，由是好事者绘《吴山图》以为赠。夫令之于民诚重矣⑩。令诚贤也⑪，其地之山川草木，亦被其泽而有荣也⑫；令诚不贤也，其地之山川草木，亦被其殃而有辱也。君于吴之山川，盖增重矣。异时吾民将择胜于岩峦之间⑬，尸祝于浮屠、老子之宫也⑭，固宜。而君则亦既去矣⑮，何复惓惓于此山哉⑯？昔苏子瞻称韩魏公去黄州四十余年⑰，而思之不忘，至以为思黄州诗，子瞻为黄人刻之于石。然后知贤者于其所至，不独使其人之不忍忘而已，亦不能自忘于其人也。君今去县已三年矣，一日与余同在内庭，出示此图，展玩太息，因命余记之。噫！君子于吾吴，有情如此，如之何而使吾民能忘之也？

【注释】

① 吴、长洲：均为吴郡辖县，治所同在今江苏苏州市。
② 穹窿、阳山、邓尉、西脊、铜井：山名，都在吴县境内。
③ 灵岩：山名，在吴县境内。春秋时，吴王曾在灵岩山为西施建馆娃宫。
④ 西子：西施，春秋时代吴王夫差的宠妃。
⑤ 虎丘、剑池、天平、尚方、支硎：都是风景胜地，其中剑池是池名，其余都是

山名。

⑥ 太湖:湖名,跨江苏、浙江二省,湖中有很多小山,是著名的风景胜地。

⑦ 同年:科举制度中同科考中的人相互称同年。 魏用晦:归有光的朋友,生平不详。 为:治。

⑧ 高第:高的等第。过去指考试或官吏考绩列入优等。 给事中:官名。掌侍从、规谏,监察六部,纠弹官吏。

⑨ 扳(pān)留:挽留。扳,通"攀"。

⑩ 令:这里指县令。 诚:确实。

⑪ 诚:如果,表示假设的副词。

⑫ 被:受到,遭受。 泽:雨露。引申为恩泽、德泽。

⑬ 异时:他日。

⑭ 尸祝:尸是祭祀时的神主,开始由活人代替,后来改为画像。祝是司祭礼的人。尸祝引申为祭祀。 浮屠:这里指佛。 老子:老聃,春秋时期的思想家,著有《老子》一书,后被尊为道家始祖。

⑮ 去:离开。

⑯ 惓(quán)惓:诚恳深切的意思。

⑰ 苏子瞻:苏轼,字子瞻,号东坡,北宋时著名的文学家。 韩魏公:韩琦,北宋大臣,封魏国公,有《安阳集》。 黄州:府名,在今湖北黄冈一带。

## 【译文】

吴县、长洲二县,在吴郡郡治所在地,划界分别治理。郡西各山,都在吴县境内。其中最高的有穹窿、阳山、邓尉、西脊、铜井几座山,而灵岩山那里有春秋时代吴国遗留下来的宫殿,至今还有西施的遗迹。至于说到虎丘、剑池以及天平、尚方、支硎,都是名胜之地。而汪洋三万六千顷的太湖中,隐伏着七十二峰,更称得上是海内奇观了。

我的同年好友魏用晦君治理吴县,还不到三年,就因为政绩卓著被朝廷召入任给事中。魏君治理吴县时对百姓很有些恩惠,一旦离去,百姓无法挽留,他也不忍心与那里的百姓分离,这时有个热心人画了一幅《吴山图》,作为礼物赠给了他。县令对于百姓来说,的确是很重要的。县令如果贤能的话,那地方的山川草木也会因受到他的恩泽而显得更加光彩;县令如果不贤能,那地方的山川草木也会遭到他的祸害而受到耻辱。魏君对吴县的山川草木,算是增加了它们的光彩吧。有朝一日这里的百姓将在青山秀岩之间选择一处风景胜地,在佛堂和道观里祭祀他,这固然是应该的。可是魏君已经离开了吴县,为什么仍然念念不忘那里的山川草木,人情风物呢?过去苏子瞻称道韩魏公离开黄州已经四十多年,仍然时刻思念它不能忘怀,以至于写下怀念黄州的诗,苏子瞻为黄州的人把这首诗镌刻在石碑上。这以后,人们才知道贤能的人对于他所到的地方,不仅使那里的百姓不忍忘怀自己,而且连他自己也不会忘记那里的百姓。如今魏君离开吴县已经三年了,一天,和我同在内庭,拿出这幅《吴山图》,边欣赏边感叹,于是让我为这事作一篇记文。啊!魏君对吴县有这样深厚的感情,又怎么能使这里的人民忘怀他呢?

# 沧 浪 亭 记

## 归有光

【题解】

沧浪亭,在今江苏苏州市,为宋代诗人苏舜卿所建,后代人在它的遗址上修建了大云庵,明代文瑛和尚又在这里重新修建了沧浪亭。本文作者用朴素简洁的语言,自然流畅的笔调,记述了沧浪亭演变的始末。由于历史的发展,各种古迹都已经不复存在,然而,与盛极一时的吴越国的宫馆园囿相比,苏舜卿的沧浪亭却获得了后人的赞赏。

浮图文瑛①,居大云庵②,环水,即苏子美沧浪亭地也③。亟求余作沧浪亭记,曰:"昔子美之记,记亭之胜也,请子记吾所以为亭者。"

余曰:昔吴越有国时④,广陵王镇吴中⑤,治园于子城之西南⑥，其外戚孙承佑⑦，亦治园于其偏。迨淮南纳土⑧，此园不废。苏子美始建沧浪亭，最后禅者居之⑨。此沧浪亭为大云庵也。有庵以来二百年。文瑛寻古遗事，复子美之构于荒残灭没之余，此大云庵为沧浪亭也。夫古今之变，朝市改易⑩。尝登姑苏之台⑪，望五湖之渺茫⑫，群山之苍翠，太伯虞仲之所建⑬，阖闾夫差之所争⑭，子胥种蠡之所经营⑮，今皆无有矣，庵与亭何为者哉？虽然，钱镠因乱攘窃⑯，保有吴越，国富兵强，垂及四世，诸子姻戚，乘时奢僭，宫馆园囿，极一时之盛，而子美之亭，乃为释子所钦重如此⑰。可以见士之欲垂名于千载，不与澌然而俱尽者⑱，则有在矣。

文瑛读书喜诗，与吾徒游，呼之为沧浪僧云。

【注释】

① 浮图：梵语的音译，即佛。这里指和尚。　文瑛：生平不详。
② 庵：小寺庙，多为尼姑所居。
③ 苏子美：名舜卿，字子美，北宋诗人，著有《苏学士集》。建造沧浪亭，并自号沧浪翁。
④ 吴越：五代十国时的十国之一，辖地包括今浙江、江苏西南、福建东北部。
⑤ 广陵王：吴越王钱镠（907年—932年在位）的儿子钱元瓘（932年—947年在位）。　吴中：指苏州地区。
⑥ 子城：即内城。
⑦ 外戚：指帝王的母族或妻族。　孙承佑：五代十国时期吴越国人，是钱镠之孙钱俶（948年—978年在位）的岳父。
⑧ 迨（dài）：等到。　淮南：唐代设置的淮南道。治所在扬州（今江苏扬州市）。
⑨ 禅者：佛教徒。
⑩ 朝（cháo）市：指朝廷和集市。
⑪ 姑苏台：在今江苏苏州市西南的姑苏山上，春秋时吴王阖闾所建。
⑫ 五湖：泛指太湖流域一带的所有湖泊。
⑬ 太伯：周太王古公亶父的长子。　虞仲：古公亶父的次子，太伯的弟弟。

传说太王欲立幼子季历,太伯、虞仲便奔避江南,改从当地风俗,断发文身,成为当地君长、吴国的开创者。

⑭ 阖闾:春秋时吴王(前514年—前496年在位)。 夫差:春秋时吴王(前496年—前475年在位),阖闾之子。

⑮ 子胥:姓伍,春秋时楚国人,曾辅佐吴王夫差伐越。 种蠡:指文种、范蠡。文种,春秋末年越国大夫;范蠡,春秋末年楚国人,曾辅佐越王灭吴。

⑯ 钱镠:吴越国的建立者(907年—932年在位),谥号武肃。 攘(ráng):窃取,夺取。

⑰ 释子:僧徒的通称,取释迦弟子之意。

⑱ 澌(sī)然:冰块溶解的样子。

## 【译文】

文瑛和尚,居住在大云庵,四周环水,这就是苏子美所造的沧浪亭的旧地。文瑛多次请我写一篇《沧浪亭记》,说:"过去苏子美的《沧浪亭记》,写的只是亭子的胜景,请你记下我修建这个亭子的缘由吧。"

我说:过去吴越建国时,广陵王镇守吴中,他在内城的西南处修建园子,他的外戚孙承佑,也在它的旁边修了园子。到了把淮南之地拱手送给宋朝时,这些园子也没有荒废。这时苏子美才修筑起沧浪亭,后来有些和尚居住在这里。这样,沧浪亭就变成了大云庵。从建成大云庵到如今已有二百年了。文瑛寻访古代的遗迹,在荒芜残破的废墟上重新修复苏子美时的建筑,这样,大云庵又变成了沧浪亭。时代变迁了,朝廷和集市也发生了变化。我曾经登上姑苏台,眺望着浩渺的五湖,苍翠的群山,那太伯、虞仲所建立的国家,阖闾、夫差所争夺的势力,子胥和文种、范蠡所经营的事业,现在都已经消失了,庵与亭子又算什么呢?虽然这样,钱镠只是趁着天下大乱窃取了权位,占有了吴越,国富兵强,延续了四代,子孙亲属乘机兴起,奢侈无度,修造的宫馆园囿,盛极一时,而子美的亭子,却被一个和尚如此重视。由此可见,士人想要千载垂名,不同冰块溶解一样共同消失,是有原因存在的。

文瑛好读书并特别喜欢诗,同我们这些人交游,人们称他为沧浪僧。

# 《青霞先生文集》序

## 茅　坤

【题解】

茅坤(1512年—1601年),字顺甫,号鹿门,归安(今浙江吴兴)人。明嘉靖十七年(1538年)进士,累官至大名兵备副使,后来因受同僚打击,被贬归乡。茅坤是明代散文家。在文学上,他反对"文必秦汉"的观点,主张学习唐宋古文。他和当时的王慎中、唐顺之、归有光等人一起,创立了明代古文运动的"唐宋派"。对后世影响甚大的《唐宋八大家文钞》就是由他编选的。茅坤在文学上的一些主张,在当时具有积极意义。

本文是作者为《青霞先生文集》所写的一篇序言。《青霞先生文集》是同时代人沈炼的诗文集。由于作者也有过政治上的失意,所以他十分同情遭遇更为不幸的沈炼,极其推崇他的人格。在文章中,作者从大处着眼,通过介绍青霞先生生平中最有代表性的片断,说明了文集的由来和作品的风貌,赞扬了青霞先生敢于直谏、疾恶如仇和忧国忧民的可贵精神。作者采用间接描写的手法,从叙述沈炼的悲惨遭遇来衬托他的性格,从而获得了特殊的效果。

　　青霞沈君①,由锦衣经历上书诋宰执②。宰执深疾之。方力构其罪,赖天子仁圣,特薄其谴③,徙之塞上。当是时,君子直谏之名满天下。已而君累然携妻子,出家塞上。会北敌数内犯④,而帅府以下⑤,束手闭垒⑥,以恣敌之出没,不及发一镞以相抗。甚且及敌之退,则割中土之战没者与野行者之馘以为功⑦。而父之哭其子,妻子哭其夫,兄之哭其弟者,往往而是,无所控吁。君既上愤疆场之日弛,而又下痛诸将士日营刈我人民以蒙国家也⑧,数呜咽欷歔⑨。而以其所忧郁发之于诗歌文章,以泄其怀,即集中所载诸什是也⑩。

君故以直谏为重于时,而其所著为诗歌文章⑪,又多所讥刺。稍稍传播,上下震恐。始出死力相煽构,而君之祸作矣。君既没,而一时阃寄所相与谗君者⑫,寻且坐罪罢去⑬。又未几,故宰执之仇君者亦报罢⑭。而君之门人给谏俞君⑮,于是哀辑其生平所著若干卷⑯,刻而传之。而其子以敬,来请予序之首简。

茅子受读而题之曰:若君者、非古之志士之遗乎哉?孔子删《诗》⑰,自《小弁》之怨亲⑱,《巷伯》之刺谗以下⑲,其忠臣、寡妇、幽人、怼士之什⑳,并列之为"风",疏之为"雅"㉑,不可胜数。岂皆古之中声也哉?然孔子不遽遗之者,特悯其人,矜其志,犹曰:"发乎情㉒,止乎礼义","言之者无罪,闻之者足以为戒"焉耳。予尝按次春秋以来㉓,屈原之《骚》疑于怨㉔,伍胥之谏疑于胁㉕,贾谊之疏疑于激㉖,叔夜之诗疑于愤㉗,刘蕡之对疑于亢㉘。然推孔子删《诗》之旨而哀次之,当亦未必无录之者。君既没,而海内之荐绅大夫㉙,至今言及君,无不酸鼻而流涕。呜呼!集中所载《鸣剑》《筹边》诸什㉚,试令后之人读之,其足以寒贼臣之胆,而跃塞垣战士之马㉛,而作之忾也,固矣。他日国家采风者之使出而览观焉㉜,其能遗之也乎?予谨识之。

至于文词之工不工,及当古作者之旨与否,非所以论君之大者也,予故不著。

**【注释】**

① 青霞沈君:沈君,指沈炼,字纯甫,别号青霞山人,明代会稽(治所在今浙江绍兴)人。明世宗嘉靖十七年(1538年)进士,先后出任溧阳花平知县,后又任锦衣卫经历。据明史记载,沈炼一生"为人刚直,嫉恶如仇"。他敢于直谏,因而屡遭奸臣严嵩的打击诬陷,后被罢官流放,遭杀害。

② 锦衣经历:锦衣卫的经历官。锦衣卫,官署名。原来是护卫皇宫的亲军,掌管皇帝的出入仪仗,在皇帝身边侍卫。明太祖朱元璋为加强专制统治,特授权锦衣卫兼管刑狱、巡察和缉捕。明中叶以后,由宦官统领,和东、西厂同为特务组织。经历,官名。　宰执:宰相执国家政柄,故称宰执。本文中的宰执是指严嵩父子。

③ 薄其谴:薄,用作动词,减轻。　谴:罪责。

④ 会北敌数内犯:北敌,指明代居住在今内蒙古自治区呼和浩特一带的蒙古族俺达部。明世宗嘉靖年间,俺达部多次侵入中原地区,三次威逼北京,给明朝造成了严重的威胁。

⑤ 帅府:边境最高军事官署。

⑥ 垒:指边疆上为防御敌人入侵所筑的军事堡垒。

⑦ 馘(guó):被杀者的左耳。古代作战割取所杀敌人的左耳,以作为奖赏战功的依据。

⑧ 菅(jiān)刈:这里的意思是像割草似地随意残害百姓。菅,一种草。

⑨ 鸣咽:低声哭泣。　欷歔:叹息声。

⑩ 什:篇。

⑪ 著为:写作。

⑫ 阃(kǔn):本指外城城门的门槛。古代把军事职务也叫作阃外之事。"阃寄"就是任以阃外之事。

⑬ 坐罪:触犯法律而犯罪。

⑭ 报罢:古代官吏、百姓上书言事,朝廷拒不采纳,宣令退去叫作报罢。这里的"报罢"是罢官、撤职的委婉说法。

⑮ 给谏:给事中和谏议大夫的合称,掌纠正过失及规谏。　俞君:生平不详。

⑯ 裒(póu)集:搜集、编辑。裒,聚集。

⑰ 孔子删《诗》:相传《诗经》原有三千余篇,经孔子删定为三百零五篇。此说不可信。

⑱ 《小弁》:《诗经·小雅》中的篇名。相传西周末年周幽王娶褒姒为妃,听信其谗言,废掉了前妻申后,驱逐了申后所生的太子宜臼,立褒姒所生的儿子伯服为太子。宜臼作此诗,抒发受谗被逐、远离亲人的悲愤心情。

⑲ 《巷伯》:《诗经·小雅》中的篇名。相传巷伯因受谗而遭受宫刑,愤怒之下作此诗,以抒发悲伤、孤愤的心情。

⑳ 幽人:幽居之人,即隐士。 怼(duì)士:心怀怨恨的人。怼,怨恨。
㉑ 风、雅:《诗经》中的"国风"和"大雅""小雅"。
㉒ 发乎情:以下两句均引自《诗经·周南·关雎》序。
㉓ 春秋:公元前770年至前476年,史称春秋。
㉔ 屈原:名平,战国时代楚国人,我国文学史上第一位伟大的诗人。他曾做楚怀王的左徒,后因受谗言被放逐。在流放过程中,写下了以《离骚》为代表的许多不朽诗篇。
㉕ 伍胥:伍子胥,名员,字子胥。春秋时期吴国大夫。曾帮助吴王阖闾夺取王位,攻破楚国。吴王夫差时,因劝吴王拒绝越国求和并停止伐齐,渐被疏远。后又受吴国太宰嚭谗毁,吴王赐剑命他自杀。
㉖ 贾谊:西汉思想家、文学家,洛阳(今河南洛阳东)人。他曾上奏疏建议削弱诸侯王势力,抵抗匈奴侵略。
㉗ 叔夜:嵇康,字叔夜,谯郡铚(今安徽宿县)人。魏末晋初文学家。他崇尚老庄,因为对当时社会政治不满,公开发表离经叛道、菲薄"圣人"的诗文。后被司马昭所杀。
㉘ 刘蕡:字玄华,唐代幽州昌平(今属北京市)人。唐文宗大和二年(828年),应贤良方正、直言极谏科考试,在对策中猛烈抨击宦官乱政和政治的弊病,言辞激切,在封建士大夫中引起强烈反响。因此,遭到宦官的忌恨,不被录取。
㉙ 荐绅:同"搢(jìn)绅"。原是古代官员的一种装束,以后遂作为官员的代称。 大夫:明代为高级官僚的称号。
㉚ 《鸣剑》《筹边》:均为《青霞先生文集》中的篇名。
㉛ 塞垣:边塞的城垣。这里指边防。
㉜ 采风:传说上古时,有采诗官,每年于二月或八月到各地收集民间歌谣,称为采风。

【译文】

　　青霞沈炼君,以锦衣卫经历的身份上书皇帝,批评指责宰相。宰相因此非常痛恨他。正当宰相极力罗织他的罪名的时候,幸亏皇帝仁慈圣明,特别减轻了他的罪责,把他流放到塞外。那时,沈君敢于直谏的美名已传遍天下。不久,就满怀郁闷,带着妻子儿女,迁居塞上。正巧遇上北方的敌寇多次侵扰内地,而帅府以下的各级官员,都束手无策,紧闭城垒,任凭敌人出入骚扰,连发一支箭以抗击敌人都没有做到。更有甚者,等到敌寇退走以后,他们就割下在战争中阵亡的中原士兵和在郊野行走的无辜百姓的耳朵,以此作为邀功的凭据。而百姓当中父亲哭儿子,妻子哭丈夫,哥哥哭弟弟的,到处都是,他们没有地方去控诉呼吁。沈君既对上愤慨边疆防务的日益废弛,对下又痛心将士们任意残害人民,欺骗朝廷,他多次为此哭泣、感叹。于是他将所忧虑苦恼的事情表现在诗歌文章当中,从而抒发他的郁闷的胸怀,文集中所载录的各篇就是这类作品。

　　沈君本来就因为敢于直谏而被当时人所敬重,而他所写作的诗歌文章,对时政又多有讥讽指责。这些诗文逐渐传播开去,从朝廷到地方都感到震惊恐慌。于是他们便开始竭力造谣、陷害,这样沈君的杀身之祸也就铸成了。沈君被害之后,那些曾身居军事要职,一同陷害沈君的人,不久也都因罪而被罢官撤职。又过了不久,过去仇视沈君的宰相也被罢官。沈君的门人——给事中兼谏议大夫俞君,于是就收集编纂了他生前的著述若干卷,刊刻流传。他的儿子以敬,来请我写篇序言放在文集前面。

　　我拜读了文集之后,写道:像沈君这样的人,不就是古代有高尚志向和节操的一类人吗?孔子删定《诗经》,自《小弁》篇的怨恨亲人,《巷伯》篇的讽刺谗人以下,那些忠臣、寡妇、隐居之士、愤世之人的作品,一同被列入"国风",分入"小雅"的,数都数不清。难道这些都是古代的合乎音律的诗歌吗?然而孔子之所以不轻易地删掉它们,只是怜悯那些受谗被害的人们,尊重他们的志向。他还说:"这些诗歌是发自内心的,没有超越礼义","说话的人没有罪,听的人完全可以把它作为行事的借鉴"。我曾经按着次序考察了自春秋以来的作品:屈原的《离骚》好像在发泄怨恨,伍子胥的劝谏好像在进行威胁,贾谊的奏疏好像很激切,叔夜的诗歌好像在抒发愤恨,刘蕡的对策好像表现出亢直的性格。然而按照孔子删定《诗经》的原则而收集、编辑它们,应该又未必没有值得收录的。沈君虽然已经去世,然而海内的官僚士大夫们,直到今天一谈起他,没有一个不鼻酸流泪的。唉!文集中所载的《鸣剑》《筹边》等篇,假使让后代人读了,那么，它们完全可以使奸臣胆寒，使边防将士的战马腾跃，而振奋起同仇敌忾的义愤，这是一定的。有朝一日，国家的采诗官员出使各地看到这些诗篇，难道能把它们遗漏掉吗？恭敬地记在这里。

至于说到文采辞藻的精美不精美，以及是否符合古代作家的意旨，这些不是说明沈君大节的东西，所以我就不加论述了。

# 蔺相如完璧归赵论

## 王世贞

【题解】

王世贞（1526年—1590年），字元美，号凤洲，又号弇州山人。太仓（今属江苏）人。明代著名文学家。嘉靖进士，官至南京刑部尚书。他是明代文坛上著名的"后七子"之一，与李攀龙同为左右当时文坛的重要人物。他们的文学主张是"文必西汉，诗必盛唐"，虽然在反对空洞无力、雍容尔雅的台阁体诗风上起了一定作用，但其一味复古，专事模仿，又给文坛带来了不良影响。他在晚年对这个问题有所领悟，逐步放弃了复古主张。王世贞学问广博，著述丰富，有《弇州山人四部稿》及《弇州山人四部续稿》等著作传世。

蔺相如是战国时赵国人。赵惠文王得到稀有的美玉和氏璧，秦昭王佯言用十五座城交换。赵王便派蔺相如奉璧前往秦国。蔺相如见秦王毫无诚意，便私下让随从把璧送回赵国，自己与秦王展开针锋相对的斗争，最后胜利归来。蔺相如"完璧归赵"的事迹历来被人称道，认为他机智勇敢，有理有节，击败了强秦欺诈的阴谋，维护了赵国的利益。然而作者在本文中却提出了新的看法，认为当时有许多失策的做法，"完璧归赵"仅仅是一时的侥幸。

本文文字简练，逻辑性很强，在史论写作方面有值得借鉴的地方。

蔺相如之完璧①，人皆称之。予未敢以为信也。

夫秦以十五城之空名，诈赵而胁其璧。是时言取璧者情也,非欲以窥赵也。赵得其情则弗予,不得其情则予;得其情而畏之则予,得其情而弗畏之则弗予。此两言决耳,奈之何既畏而复挑其怒也!

且夫秦欲璧,赵弗予璧,两无所曲直也。入璧而秦弗予城,曲在秦。秦出城而璧归,曲在赵。欲使曲在秦,则莫如弃璧;畏弃璧,则莫如弗予。夫秦王既按图以予城,又设九宾,斋而受璧②,其势不得不予城。璧入而城弗予,相如则前请曰:"臣固知大王之弗予城也。夫璧非赵璧乎,而十五城秦宝也。今使大王以璧故,而亡其十五城,十五城之子弟,皆厚怨大王以弃我如草芥也。大王弗予城,而绐赵璧③,以一璧故,而失信于天下,臣请就死于国,以明大王之失信。"秦王未必不返璧也。今奈何使舍人怀而逃之,而归直于秦!是时秦意未欲与赵绝耳。令秦王怒而僇相如于市④,武安君十万众压邯郸⑤,而责璧与信,一胜而相如族,再胜而璧终入秦矣。

吾故曰,蔺相如之获全于璧也,天也。若其劲渑池⑥,柔廉颇⑦,则愈出而愈妙于用。所以能完赵者,天固曲全之哉!

## 【注释】

① 完璧:指完璧归赵。完,保全。璧,美玉,即和氏璧。
② 九宾:即《周礼》九仪,是一种隆重的礼仪。宾指傧(bìn)相,由傧者九人以次传呼,接引上殿。 斋:斋戒,古人在举行祭祀或隆重典礼之前,清心洁身,表示恭敬。
③ 绐(dài):欺骗,欺诈。
④ 令:假如。 僇:通"戮"。
⑤ 武安君:名白起,秦国大将。 邯郸:赵国都城,在今河北邯郸市。
⑥ 劲渑(miǎn)池:赵惠文王二十年(前278年),秦昭襄王邀请赵惠文王在渑池(今属河南)会盟,秦君臣几次侮辱赵王,都遭到蔺相如的还击。
⑦ 柔廉颇:蔺相如由于几次立功,被拜为上卿,地位在大将廉颇之上,廉颇不服,扬言见到蔺相如一定要辱骂,而蔺相如考虑到赵国的利益,屡次回

避退让。后来廉颇深受感动,负荆请罪。

**【译文】**

　　蔺相如完璧归赵,人人都称道他。但我不敢赞同这种看法。

　　秦国用十五座城的空名,欺骗了赵国,并且勒索它的和氏璧。这时说它要骗取璧是实情,但不是想要借此窥视赵国。赵国知道这个实情就不给它,不知道这个实情就给它;知道这个实情而害怕秦国就给它,知道这实情而不害怕秦国就不给它。这只要两句话,就能解决了,为什么既是害怕它而又去激怒它呢!

　　再说秦国想得到这块璧,赵国不给它,双方都没有什么曲直是非。赵国交出璧而秦国不给城,秦国理亏。秦国给城,赵国却把璧拿了回去,赵国理亏。要想使得秦国理亏,就不如放弃璧;害怕丢掉璧,就不如不给。秦王既然按照地图划出了城池,又设九宾的隆重仪式,斋戒以后才来接受璧,那种形势是不得不给城的。如果秦王接受了璧而不给城,相如便可以上前诘问:"我本来就知道大王不会给城的。这块璧不是赵国的吗?而十五座城池也是秦国的宝物。现在假使大王因为一块璧的缘故,而抛弃了十五座城池,十五座城中的百姓都会深深地怨恨大王,说把我们像草芥一样抛弃了。大王不给城,而骗取赵国的璧,因为一块璧的缘故,而在天下失去信用,我请求死在这里,来表明大王的失信。"这样,秦王未必不归还璧。而当时为什么要派手下的人怀揣着璧逃走,而使理直的一方属于秦国呢!那时秦国只是不想与赵国断绝关系罢了。假如秦王发怒,在市上杀掉相如,派武安君率领十万大军逼临邯郸,责问璧的下落以及为何失信,一次获胜就可使相如灭族,再次获胜而璧终究还要归于秦国了。

　　因此我说,蔺相如能保全这块璧,那是上天的保佑。至于他在渑池对秦国显示强硬的态度,在国内温和地对待廉颇,就越做越高明了。赵国之所以能得以保全,的确是上天在偏袒它啊!

# 徐文长传

## 袁宏道

**【题解】**

袁宏道(1568年—1610年),字中郎,公安(今属湖北)人,明代文学家,官至吏部郎中,与兄宗道、弟中道同为"公安派"的代表人物,他接受进步思想家李贽的影响,倡导反复古的文学主张,提出文学作品必须充分表现作者个性的主张,反对用典,反对模拟,并用自己的创作实践为解放文体、推动文学发展,起了很大的作用。他的散文流畅明丽,诗歌清新活泼,但也存在着不敢触及社会现实,多表现封建文人闲情逸致的缺点。

本文是袁宏道为同时代文学家、戏曲家、书画家徐渭所作的传记。徐渭(1521年—1593年)字文长,山阴(今浙江绍兴)人,在文艺上有多方面的成就,却在科场上屡试不中。他愤世嫉俗,潦倒终身,是封建礼教的激烈反对者。袁宏道对徐渭的文学成就和人品都十分推崇。这篇传记怀着惋惜和同情的心情追溯了徐渭的生平,对他的文艺成就,给予了很高的评价。通过对徐渭创作生活的介绍,也表达了作者自己的文学见解,就是要"匠心独出","不以模拟损才,不以议论伤格"。

这篇文章描写徐文长的形象十分鲜明、突出。作者始终抓住能反映人物性格的典型事例,以简洁生动的笔调加以刻画,使一个傲岸不群,举止奇特而又才气横溢的才子形象跃然纸上,使读者对徐渭的成就能有更深刻的认识。徐渭被人们认作晚明艺术的开山大师,这与袁宏道的称颂是分不开的。

徐渭,字文长,为山阴诸生①,声名籍甚②。薛公蕙校越时③,奇其才,有国士之目④。然数奇⑤,屡试辄蹶。中丞胡公宗宪闻之⑥,客诸幕⑦。文长每见,则葛衣乌巾⑧,纵谈天下事。胡公大喜。是时公督数边兵,威镇东南。介胄之士⑨,膝语蛇行⑩,不敢举头,而文长以部下一诸生傲之。议者方之刘真长、杜少陵云⑪。会得白鹿,属文长作表⑫。表上,永陵喜⑬。公以是益奇之,一切疏计⑭,皆出其手。文长自负才略,好奇计,谈兵多中。视一世事无可当意者。然竟不偶⑮。

　　文长既已不得志于有司⑯,遂乃放浪曲糵⑰,恣情山水。走齐、鲁、燕、赵之地⑱,穷览朔漠⑲。其所见山奔海立,沙起雷行,雨鸣树偃,幽谷大都,人物鱼鸟,一切可惊可愕之状,一一皆达之于诗。其胸中又有勃然不可磨灭之气,英雄失路托足无门之悲,故其为诗,如嗔如笑⑳,如水鸣峡,如种出土,如寡妇之夜哭,羁人之寒起㉑。虽其体格时有卑者,然匠心独出,有王者气,非彼巾帼而事人者所敢望也㉒。文有卓识,气沉而法严,不以模拟损才,不以议论伤格,韩、曾之流亚也㉓。文长既雅不与时调合㉔,当时所谓骚坛主盟者㉕,文长皆叱而怒之,故其名不出于越。悲夫!喜作书,笔意奔放如其诗,苍劲中姿媚跃出,欧阳公所谓妖韶女老自有余态者也㉖。间以其余㉗,旁溢为花鸟㉘,皆超逸有致㉙。

　　卒以疑杀其继室㉚,下狱论死㉛。张太史元汴力解㉜,乃得出。晚年愤益深,佯狂益甚。显者至门,或拒不纳。时携钱至酒肆,呼下隶与饮。或自持斧击破其头,血流被面,头骨皆折,揉之有声。或以利锥锥其两耳,深入寸余,竟不得死。周望言晚岁诗文益奇㉝。无刻本,集藏于家。余同年有官越者㉞,托以抄录,今未至。余所见者《徐文长集》《阙编》二种而已㉟。

　　然文长竟以不得志于时,抱愤而卒。石公曰㊱:先生数奇不已,遂为狂疾。狂疾不已,遂为囹圄㊲。古今文人牢骚困苦,未有若先生者也。虽然,胡公间世豪杰㊳,永陵英主。幕中礼数异等㊴,是胡公知有先生矣。表上,人主悦,是人主知有先生矣。独身未贵耳。先生诗文崛起,一扫近代芜秽之习,百世而下,自有定论,胡为不遇哉?

　　梅客生尝寄予书曰⑩:"文长吾老友,病奇于人,人奇于诗。"余谓文长无之而不奇者也。无之而不奇,斯无之而不奇也。悲夫!

**【注释】**

① 诸生:生员,明清时代经过本省各级考试取入府、州、县学的学生。徐渭十九岁时,在山阴县应考,被录取为生员。

② 籍甚:盛大。

③ 薛公蕙:薛蕙,明武宗正德年间进士,官至吏部考功郎中。　校:校官,即学官。这里用作动词。按:薛蕙在嘉靖二年免官,到嘉靖十八年,徐渭考中生员的同年死去,未担任过浙江的学官职务。据记载,薛应旂曾赞扬过徐渭。他是嘉靖十四(1535年)年进士,曾由南吏部考功郎中出为浙江提学副使。这里写作薛蕙,疑是误记。

④ 国士:一国杰出的人物。　目:称。

⑤ 数奇(jī):命运不好。

⑥ 中丞:原为汉代御史大夫的属官名。明代设都察院,掌管监察。其中副都御史之职与御史中丞略同,故称。　胡公宗宪:胡宗宪,明嘉靖年间浙江巡抚,因抗击倭寇有功,被加右都御史衔,后得罪被杀。

⑦ 诸:等于"之于"。　幕:幕府,地方军政大吏的官署。

⑧ 葛衣乌巾:粗布服饰,表明很简朴。葛,藤本植物,其纤维可织成葛布。巾,古人包发的巾帻。

⑨ 介胄:古代武士的护身装束。介,甲。胄(zhòu),盔。

⑩ 膝语蛇行:形容畏服的样子。膝语,跪着说话。蛇行,伏地爬行。

⑪ 方:比。　刘真长:刘惔(tán),东晋简文帝(371年—372年在位)时的宰相,字真长。他为政清静,处事不拘小节。　杜少陵:唐代伟大诗人杜甫。杜甫曾居少陵(今陕西西安市南)附近,自号少陵野老。

⑫ 表:古代奏章的一种。

⑬ 永陵:明世宗朱厚熜(1522年—1566年在位)的陵墓名,这里指代明世宗。

⑭ 疏:奏章。 计:计策,即下文的"奇计"。
⑮ 偶:遇。
⑯ 有司:官吏。
⑰ 曲蘖(niè):酒曲,这里指酒。
⑱ 齐、鲁、燕、赵:本为春秋战国时的国名,它们所在的地区后世多沿称其名。其地大致在今山东、河北、山西一带。
⑲ 朔:北方。
⑳ 嗔(chēn):怒。
㉑ 羁(jī)人:客居他乡的人。
㉒ 巾帼(guó):古代妇女戴的头巾,后作为妇女的代称。
㉓ 韩、曾:指韩愈和曾巩,二人都为唐宋散文八大家中的作家。韩愈是唐代人,散文雄健流畅,成就极高;曾巩是北宋人,散文以简洁平易见长。流亚:同类。
㉔ 雅:素常。
㉕ 骚坛:文坛。
㉖ 韶:美好。这句话出自欧阳修《六一诗话》,原文作"有如妖韶女,老自有余态"。是评梅圣俞诗的句子。
㉗ 间:间或,有时。
㉘ 旁:其他,另外。
㉙ 致:意态,情趣。
㉚ 卒(cù):突然。
㉛ 论:定罪。
㉜ 张太史元汴:徐渭老同学张天复之子张元汴,官至翰林侍读。太史,本为古代起草文书、编写史书的职官,明代的翰林院兼掌制诰、史册文翰之事,所以翰林官亦称太史。
㉝ 周望:陶望龄,字周望。明万历(1573年—1619年)年间曾任国子监祭酒。
㉞ 同年:科举考试中同时考中的人,互称同年。
㉟ 《阙编》:徐渭的诗集,陶望龄编。
㊱ 石公:袁宏道自号。
㊲ 囹圄(língyǔ):监狱。
㊳ 间世:世上罕见。

㊴ 礼数:礼节。

㊵ 梅客生:名国桢。湖北人,徐渭的朋友。

## 【译文】

徐渭,字文长,在山阴县做生员时,名声就很大。薛公蕙在浙江做学官时,很赏识他的才能,认为他是国家的杰出人才。然而他命运不佳,屡次考试都失败了。中丞胡公宗宪听到他的名声后,把他当作客人邀至幕府。文长每次进见,身穿葛布衣,头戴黑头巾,侃侃谈论天下大事。胡公非常高兴。这时胡公正统率好几个防区的军队,威镇东南地区。戴盔穿甲的武士在他面前,还得跪着说话,爬着行走,不敢抬起头来,而徐文长以部下一个生员的身份却表现得很高傲。谈论者都把他比作刘真长、杜少陵一样的人才。适逢胡宗宪猎获白鹿,奉献给皇帝,嘱托文长起草奏表。奏表呈上后,世宗皇帝看了很高兴。胡公因此更加赏识他,所有章奏、簿计都交给他起草。文长对自己的才能、谋略很自负,好出奇计,谈论军事常能切中要害。在他看来,天下事没有一件令人满意的。然而,他终究未能得到施展抱负的时运。

文长既然在官场上不能得志,于是以饮酒来放纵自己,尽情地游山玩水。他漫游齐、鲁、燕、赵等地,看尽北方沙漠的风光。他把见到的山峦奔腾,海浪耸立,黄沙飞扬,迅雷震天,大雨倾注,树木倒伏,幽深的峡谷,盛大的都市,各种人物、鱼、鸟等等,一切能使人震惊、恐惧的景象,都一一写进诗中。在他胸中有奋发而不可磨灭的气概,又有英雄无路可走,无处投身的悲愤,所以他写的诗像是发怒,又像是在狂笑,像是流水在峡谷中激荡,像新苗破土而出,像寡妇在深夜哭泣,游子被寒风惊醒。虽然这些诗歌的体裁格律时有不高明之处,然而却有独到的匠心,具有王侯的气魄,不是那种像女人一样侍奉他人的诗人所敢于企及的。他的文章有非凡的见解,气势深沉而法度谨严,不以模拟减损才气,不以议论妨害格调,是属于韩愈、曾巩一流的作品。文长素来不迎合时兴的调子,对当时所谓的文坛主持者,文长都加以指斥和谴责,所以他的名声没有传出越地。这真可悲啊!他喜欢书法，笔意奔放像他的诗一样，苍劲之中又涌现出媚人的姿态，正像是欧阳公所说的那种妖冶的妇人到老了还仍然保存着未尽的风韵一样。有时，他又把剩余的精力另外倾注在创作花鸟画上，画得都美妙飘逸而有情趣。

后来，他突然由于猜疑而杀死了他的续弦妻子，进了监狱，被定为死罪。太史张元汴极力解救，他才出了监狱。到了晚年，他的愤懑情绪更加深了，故作疯癫也更厉害了。显赫的人物上门，他有时竟闭门不见。他经常带着钱到酒店去，招呼仆隶一起饮酒。有时他手持斧头击破自己的头，血流满面，头骨都断裂了，按揉时可以听到响声。有时用利锥戳自己的两耳，进去一寸多深，却竟然没有死。周望说文长到了晚年诗和文章都更加奇特了。但没有刻印本，仅编辑成集，藏在家中。与我同时中考的人有在越地做官的，我托他替我抄录，到现在还没有送来。我见过的只有《徐文长集》《阙编》两种而已。

可是，文长终于因为在当时不能得志，怀着怨愤而死去。我认为：文长先生遇事一直不能顺心，就得了狂病。狂病没有好转，就进了监狱。古今文人的抑郁不平，遭遇困苦，没有比先生更厉害的了。虽然如此，但是，胡公是世上罕见的豪杰，世宗是英明的皇帝。在幕府中，得到特殊的优待，这说明胡公是了解先生的。表章送上以后，世宗很高兴，这说明皇帝是知道先生的。先生仅仅是没有得到显贵的官职罢了。先生的诗文在文坛上崛起，一扫近代杂乱、污浊的风习，百世之后，自然会有定论，怎么能说他没有遇到时运呢？

梅容生曾经在写给我的信中说："文长是我的老朋友，他的病比他本人还怪，而他本人又比他的诗还要怪。"我认为文长是没有一处不奇怪的人。没有一处不奇怪，这就是他到处都不得志的原因。真让人伤心啊！

# 五人墓碑记

## 张　溥

【题解】

张溥(1602年—1641年),字天如,号西铭,明末太仓(今属江苏)人。崇祯四年(1631年)中进士,是当时江南士大夫主张改良政治的团体"复社"的创始人和领袖之一,曾写过很多文章,抨击明末宦官专擅及腐败政治,在当时影响很大。他对文学、史学都很精通,散文写得很好,内容充实,风格质朴。

明末,以魏忠贤为首的宦官集团祸国殃民,迫害一些平时较同情人民疾苦的正直官吏和读书人,引起人民的愤怒和反抗。《五人墓碑记》就是一篇记叙当时苏州人民不畏强暴与魏忠贤宦官集团进行斗争以及颜佩韦等五壮士因此被害的碑文。作者赞扬了五壮士"激昂大义,蹈死不顾"的豪迈气概,阐发了老死于家,不如为国而死的思想,并且批评了封建士大夫不敢伸张正义,只顾保全自己的卑劣行为。文章夹叙夹议,感情激昂充沛,富有感染力。

　　五人者,盖当蓼洲周公之被逮①,激于义而死焉者也。至于今,郡之贤士大夫②,请于当道③,即除魏阉废祠之址以葬之④,且立石于其墓之门,以旌其所为⑤。呜呼,亦盛矣哉!

　　夫五人之死,去今之墓而葬焉⑥,其为时止十有一月耳⑦。夫十有一月之中,凡富贵之子,慷慨得志之徒,其疾病而死,死而湮没不足道者⑧,亦已众矣。况草野之无闻者欤⑨?独五人之皦皦⑩,何也?

　　予犹记周公之被逮,在丁卯三月之望⑪。吾社之行为士先者⑫,为之声义⑬敛资财以送其行,哭声震动天地。缇骑按剑而前⑭,问谁为哀者?众不能堪,抶而仆之⑮。是时以大中丞抚吴者⑯,为魏之私人,周公之逮所由使也⑰。吴之民方痛心焉,于是乘其厉声以呵,则噪而相逐。中丞匿于溷藩以免⑱。既而以吴民之乱请于朝,按诛五人⑲,曰:颜佩韦、杨念如、马杰、沈扬、周文元,即今之傫然在墓者也⑳。

然五人之当刑也,意气扬扬,呼中丞之名而詈之㉑,谈笑以死。断头置城上,颜色不少变。有贤士大夫发五十金,买五人之脰而函之㉒,卒与尸合。故今之墓中,全乎为五人也。

嗟夫!大阉之乱,缙绅而能不易其志者㉓,四海之大,有几人欤?而五人生于编伍之间㉔,素不闻诗书之训,激昂大义,蹈死不顾,亦曷故哉㉕?且矫诏纷出㉖,钩党之捕遍于天下㉗,卒以吾郡之发愤一击,不敢复有株治㉘。大阉亦逡巡畏义㉙,非常之谋㉚,难于猝发。待圣人之出而投缳道路㉛,不可谓非五人之力也!

由是观之,则今之高爵显位,一旦抵罪㉜,或脱身以逃,不能容于远近,而又有剪发杜门㉝,佯狂不知所之者㉞。其辱人贱行㉟,视五人之死,轻重固何如哉?是以蓼洲周公,忠义暴于朝廷㊱,赠谥美显㊲,荣于身后。而五人亦得以加其土封㊳,列其姓名于大堤之上。凡四方之士,无有不过而拜且泣者,斯固百世之遇也㊴!不然,令五人者保其首领㊵,以老于户牖之下㊶,则尽其天年㊷,人皆得以隶使之,安能屈豪杰之流㊸,扼腕墓道㊹,发其志士之悲哉?故予与同社诸君子,哀斯墓之徒有其石也,而为之记,亦以明死生之大,匹夫之有重于社稷也㊺。

贤士大夫者:冏卿因之吴公㊻、太史文起文公㊼、孟长姚公也。

## 【注释】

① 蓼(liǎo)洲周公:周顺昌,号蓼洲,明末吴县(今属江苏)人,万历年间进

士。明熹宗时任吏部郎中,为官清廉。后因得罪当时朝廷权宦魏忠贤,被逮捕下狱,死在狱中。崇祯初年赠谥"忠介"。

② 士大夫:旧指官僚阶层,这里指有地位有声望的读书人。

③ 当道:执掌政权的人。这里指江苏巡抚和苏州知府。

④ 除:修治。 魏阉(yān):指魏忠贤。魏在明熹宗时为秉笔太监,兼管皇帝的特务机关东厂,专断国政,政事日益腐败。反对他的人虽屡遭镇压,但斗争愈来愈尖锐。熹宗死,黜职。阉,宦官。 废祠:魏忠贤当权时,其党羽和各地无耻官吏为他建立生祠(给活人修的庙),魏党失势后,这些生祠就成为废祠。

⑤ 旌(jīng):表彰。

⑥ 去:距离。 墓:这里用作动词,建坟。

⑦ 止:只。 有:又。

⑧ 湮(yān)没:埋没。

⑨ 草野:指民间。

⑩ 皦(jiǎo)皦:明亮的样子。

⑪ 丁卯:即明熹宗天启七年(1627年)。 望:夏历每月十五日。

⑫ 吾社:指复社。 先:先导,引申为榜样。

⑬ 声义:伸张正义。

⑭ 缇骑(tíjì):本指古代侍从贵官的骑士。缇,帛丹黄色。这里指明代专门逮捕人犯的东厂和锦衣卫特务机关的吏役。

⑮ 抶(chì):笞打。 仆:倒下。这里是使动用法。

⑯ 以大中丞抚吴者:以大中丞衔出任苏州巡抚的人。这里指毛一鹭,他是魏忠贤的死党。大中丞,官名。掌管接受公卿的奏事,以及荐举、弹劾官员的事务。吴,苏州。

⑰ 所由使:由他指使。

⑱ 溷(hùn):厕所。 藩:篱笆。

⑲ 按:审查,查究。

⑳ 傫(lěi)然:堆积的样子。

㉑ 詈(lì):骂。

㉒ 脰(dòu):颈项,这里指头。 函:匣子。这里用作动词,放在匣子里。

㉓ 缙绅:旧时指官僚。或写作"搢绅"。

㉔ 编伍:古时的居民组织,五家编为一伍。这里指平民。

㉕ 曷:何。
㉖ 矫诏:假托皇帝名义下的命令。
㉗ 钩党:相牵连的同党。
㉘ 株治:因一人之罪而惩治受牵连的人。
㉙ 逡(qūn)巡畏义:因畏惧正义而犹豫不前。
㉚ 非常之谋:指篡夺帝位的阴谋。
㉛ 圣人:封建社会中对皇帝的尊称。这里指崇祯皇帝。 投缳(huán)道路:崇祯皇帝即位的当年,根据贡生钱嘉征所控魏忠贤的十大罪恶,将魏忠贤贬谪凤阳(今属安徽),看守皇陵。途中又下诏追回治罪,他知罪大不能免死,行至阜城(今属河北),自缢身死。缳,即绳索。
㉜ 抵罪:根据罪行加以惩治。
㉝ 剪发:剪发为僧。 杜门:闭门不出。杜,关闭。
㉞ 佯狂:假装疯狂。 之:往。
㉟ 辱人贱行:可耻的人品,卑贱的行为。
㊱ 暴(pù):显露。
㊲ 谥(shì):古代的帝王或官僚死后,根据死者生前的事迹给予的表示褒贬的称号。
㊳ 加:扩大。 土封:坟墓。
㊴ 斯:这。
㊵ 令:表示假设。 首领:指头颅。
㊶ 户牖(yǒu)之下:指家中。牖,窗户。
㊷ 天年:天然的年寿。
㊸ 屈:此作使动用法,"使……屈身"。
㊹ 扼腕:用手握腕,表示激动、振奋或惋惜。
㊺ 社稷:古代帝王祭祀的土神和谷神,这里代指国家。
㊻ 冏(jiǒng)卿:太仆卿的别称,为九卿之一,掌管皇帝的车马和马政。 因之吴公:吴默,字因之。
㊼ 太史:史官,明清两朝修史的事由翰林担任,因此,对翰林官也有称"太史"的。 文起文公:文震孟,字文起。

【译文】

这五个人,是在周公蓼洲被捕时,激于义愤而被杀害的。到如今，吴郡的一些贤明士大夫，向有关当局申请后，就清理魏忠贤废祠的地基来埋葬他们，并且在墓门前立了石碑，用来表彰他们的事迹。唉！这也算是够隆重的了！

这五个人从就义到如今修墓埋葬，前后仅有十一个月。在这十一个月中，那些富贵人家的子弟，和志得意满、官运亨通的人当中，因为得病而死去，死后无声无息不足称道的，也够多的了，更何况民间那些默默无闻的人呢？只有这五个人名声显扬，这是为什么呢？

我还记得，周公被捕是在丁卯年三月十五日。那时我们复社的一些品德高尚的人，为他伸张正义，募集钱财给他送行，一时哭声震天动地。当时禁卫吏役按剑向前，喝问，哪个敢哀怜他？大家再也不能忍受了，就把他们打倒在地。当时以大中丞官衔做吴地巡抚的毛一鹭，是魏忠贤的心腹党羽，周公被逮捕，就是由于他的指使。吴地人民正对他切齿痛恨，于是趁他厉声呵斥时，就大声喊叫着，群起而攻之。中丞吓得躲进厕所里，才免受惩罚。事后，他以吴郡人民暴乱的罪名请奏朝廷，经追查处死五个人，他们是：颜佩韦、杨念如、马杰、沈扬、周文元，就是排列着埋葬在墓里的人。

这五个人临刑时，气概昂扬，喊着中丞的名字大骂，谈笑自如，从容就义。砍下的头被放在城上，脸色丝毫不变。有些贤明的士绅，出五十两银子，买下五个人的头放在匣子里，最后与尸体合在一起。所以如今这墓中，是五个人的完整遗体。

唉！在大宦官祸国殃民的时候，当官的能不改变气节的，这么大的天下，能有几个人呢？而这五个人出身于平民之中，平时没受过诗书的教育，却能见义勇为，舍生忘死，又是什么缘故呢？况且当时假传的诏书纷纷下达，对于受牵连的党人的逮捕，遍于全国，终于因为受到我们吴地人民的愤怒抗击，才不敢继续株连治罪。魏忠贤也因为害怕百姓的义愤而有所顾忌，暂时收敛了他那篡夺帝位的阴谋活动。到了圣明的皇帝即位，他在路上自缢身死，这不能不说是这五个人的功绩！

由此看来，如今那些身居高官要职的人，一旦被治罪时，有的脱身逃跑，远近地方都不收留；又有的剃光头发当和尚，闭门念佛，有的则装疯卖傻,不知道窜到什么地方去了。他们这种可耻的人品、卑鄙的行为,比起这五个人的牺牲精神,彼此的轻重到底怎样呢?因此,周公蓼洲,忠义显于朝廷,受到赠谥,美名远扬,死后光荣。而这五个人由于同样的原因,也得以修建大坟墓,并把他们的姓名并排刻在这大堤上面。凡是来自四面八方的过往行人,没有一个不到他们墓前凭吊并且流泪的,这确实是百代一遇的幸运啊!不然的话,假使五人都保全了脑袋,老死在自己家里,平平安安地度过一生,在上的人都可以把他们当作奴仆来使唤,又怎么能使英雄豪杰的一流的人屈身在他们墓前,慷慨激愤,抒发志士仁人的悲壮感情呢?因此,我和复社的各位君子,为这坟墓空有石碑却没有碑文而难过,便给他们作了碑记,也是为了说明死生的重大意义,即使是普通平民也能对国家作出重大贡献。

　　前面提到的几位贤明的士绅是:太仆卿吴公因之、太史文公文起和姚公孟长。

# 编译者简介

阴法鲁　北京大学中文系教授,著名中国古代文化研究专家,已故。
向仍旦　北京大学中文系教授,退休。
王世厚　北京大学中文系教授,退休。
陈宏天　原北京大学中文系教师,后任中南海业余大学校长,已故。
高秀芳　北京大学中文系教师,退休。
安平秋　全国高校古籍整理与研究委员会主任,北京大学中文系教授,博士生导师。
王春茂　北京大学出版社副社长。
王瑞来　日本学习院大学东洋文化研究所研究员。
王　凌　日本庆应义塾大学教师。
冯宝志　中华书局总编辑助理。
吕　艺　北京大学新闻与传播学院新闻学系主任。
江宝章　《人民日报》驻福建记者站记者。
李国新　北京大学信息管理系教授,博士生导师,信息传播研究所所长。
吴　杰　中国图书进出口总公司副总经理。
吴仁华　原中国政法大学古籍研究所研究人员,现在美国。
陈植锷　浙江杭州大学教授,已故。
张力伟　现任职于中国出版集团。
郑仁甲　原中华书局语言文字编辑部主任,清华大学教授,现任韩国黄河文化院院长。
杨继波　中央档案馆副馆长、国家档案局副局长。
郑　超　赴美学者。
胡友鸣　中华书局《文史知识》杂志副主编。
黄爱萍　中国人民大学清史研究所教授。
隽雪艳　清华大学外语系教授。
葛兆光　复旦大学文史研究院院长,教授,博士生导师。
詹鄞鑫　华东师范大学中文系教授,博士生导师。
薛　亮　原深圳海天出版社编辑,退休。
戴　燕　复旦大学中文系教授,博士生导师。